RESPONSABILIDADE CIVIL

O GEN | Grupo Editorial Nacional – maior plataforma editorial brasileira no segmento científico, técnico e profissional – publica conteúdos nas áreas de concursos, ciências jurídicas, humanas, exatas, da saúde e sociais aplicadas, além de prover serviços direcionados à educação continuada.

As editoras que integram o GEN, das mais respeitadas no mercado editorial, construíram catálogos inigualáveis, com obras decisivas para a formação acadêmica e o aperfeiçoamento de várias gerações de profissionais e estudantes, tendo se tornado sinônimo de qualidade e seriedade.

A missão do GEN e dos núcleos de conteúdo que o compõem é prover a melhor informação científica e distribuí-la de maneira flexível e conveniente, a preços justos, gerando benefícios e servindo a autores, docentes, livreiros, funcionários, colaboradores e acionistas.

Nosso comportamento ético incondicional e nossa responsabilidade social e ambiental são reforçados pela natureza educacional de nossa atividade e dão sustentabilidade ao crescimento contínuo e à rentabilidade do grupo.

BRUNO MIRAGEM
RESPONSABILIDADE CIVIL

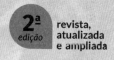

2ª edição revista, atualizada e ampliada

- O autor deste livro e a editora empenharam seus melhores esforços para assegurar que as informações e os procedimentos apresentados no texto estejam em acordo com os padrões aceitos à época da publicação, e todos os dados foram atualizados pelo autor até a data de fechamento do livro. Entretanto, tendo em conta a evolução das ciências, as atualizações legislativas, as mudanças regulamentares governamentais e o constante fluxo de novas informações sobre os temas que constam do livro, recomendamos enfaticamente que os leitores consultem sempre outras fontes fidedignas, de modo a se certificarem de que as informações contidas no texto estão corretas e de que não houve alterações nas recomendações ou na legislação regulamentadora.

- Fechamento desta edição: *14.01.2021*

- O Autor e a editora se empenharam para citar adequadamente e dar o devido crédito a todos os detentores de direitos autorais de qualquer material utilizado neste livro, dispondo-se a possíveis acertos posteriores caso, inadvertida e involuntariamente, a identificação de algum deles tenha sido omitida.

- **Atendimento ao cliente: (11) 5080-0751 | faleconosco@grupogen.com.br**

- Direitos exclusivos para a língua portuguesa
  Copyright © 2021 by
  Editora Forense Ltda.
  Uma editora integrante do GEN | Grupo Editorial Nacional
  Travessa do Ouvidor, nº 11 – 8º andar – Centro
  Rio de Janeiro / RJ – CEP 20040-040
  www.grupogen.com.br

- Reservados todos os direitos. É proibida a duplicação ou reprodução deste volume, no todo ou em parte, em quaisquer formas ou por quaisquer meios (eletrônico, mecânico, gravação, fotocópia, distribuição pela Internet ou outros), sem permissão, por escrito, da Editora Forense Ltda.

- Capa: Fabricio Vale
- Imagem de capa: Wassily Kandinsky, Composition 7 (1913) – Galeria Tretyakov, Moscou, Rússia.

- A partir da 2ª edição esta obra passou a ser publicada pela Editora Forense, sob o título *Responsabilidade Civil*.

- CIP – BRASIL. CATALOGAÇÃO NA FONTE.
  SINDICATO NACIONAL DOS EDITORES DE LIVROS, RJ.

M636d

Miragem, Bruno

Direito civil: responsabilidade civil/Bruno Miragem. – 2. ed. – Rio de Janeiro: Forense, 2021.

Inclui bibliografia e índice
ISBN 978-85-309-9420-4

1. Direito civil – Brasil. 2. Responsabilidade (Direito) – Brasil. I. Título.

21-68572 CDU: 347(81)

Leandra Felix da Cruz Candido – Bibliotecária – CRB-7/6135

A Amanda, Francisco e Joaquim José.

Aos meus mestres.

Aos meus alunos.

SOBRE O AUTOR

Professor da Faculdade de Direito da Universidade Federal do Rio Grande do Sul (UFRGS). Professor permanente do Programa de Pós-graduação em Direito da UFRGS (PPGD/UFRGS). Doutor e Mestre em Direito. Advogado e parecerista.

APRESENTAÇÃO

A responsabilidade civil é dos temas mais dinâmicos do direito privado contemporâneo. Associa o desenvolvimento conceitual da tradição histórica do direito civil, com as exigências de um mundo em transformação. Os riscos da sociedade contemporânea, marcada pela evolução tecnológica, crescimento populacional e mudança da distribuição demográfica – dentre outros fatores – exige uma compreensão renovada da responsabilidade civil, ocupada da proteção da vítima e da adequada distribuição dos riscos da vida comunitária.

A multiplicação de normas dispondo sobre a obrigação de indenizar, e a visão plural sobre os danos a serem indenizados, torna o sistema mais complexo. Isso, ao tempo em que reclama maior efetividade na reparação de danos e a ampliação dos interesses cuja lesão importa dano, reforça a necessidade de estudo da teoria geral da responsabilidade civil, como pressuposto do exame dos modelos de reparação de danos específicos. Assim o caso do dano ambiental, da sistemática de responsabilidade do Estado, dos danos causados pelos meios de comunicação e pela Internet, ou daqueles causados ao consumidor, dentre outros.

Os fundamentos da responsabilidade civil desenvolvem-se historicamente sob a égide do direito civil. Daí a justeza do título desta obra: Direito civil – Responsabilidade civil. Nela reside o reconhecimento da centralidade desta disciplina fundante do direito privado, sua estruturação e delimitação conceitual. Porém, sem desconhecer das nuances que se apresentam no exame das situações específicas da responsabilidade, tanto aquelas sobre as quais se aplicam com exclusividade as normas civis, quanto as que exigem uma compreensão de aspectos peculiares da própria atividade da qual resulta o dano, definindo a aplicação de leis especiais e da própria Constituição.

O objetivo desta obra é ambicioso. Pretende-se que seja clara o suficiente para ser bem compreendida por estudantes e profissionais. Mas sem descuidar da profundidade e amplitude necessárias para contemplar os múltiplos aspectos que envolvem suas questões fundamentais. Pretende-se atualidade jurisprudencial, porém sem subserviência ao entendimento dos tribunais, contemplando a comparação dos encontros e desencontros da doutrina e da jurisprudência. Serve-se do direito comparado como um meio, e aquilo que é, um método, não como um fim em si mesmo para sustentar mera demonstração de cultura. O caráter dinâmico da responsabilidade civil admite esta jornada exploratória, sempre ocupada de oferecer ao estudioso informações seguras, que também chamem à reflexão sobre os desafios contemporâneos desta importante matéria.

No trabalho que segue, miram-se alguns juristas exemplares e sua contribuição para o estudo da responsabilidade civil. A inspiração vem dos trabalhos do nível de Ruy Rosado e seu rigor técnico na doutrina sobre questões difíceis da responsabilidade civil, da preocupação didática de Sérgio Cavalieri, e do humanismo e compromisso ético de Jorge Mosset Iturraspe, dentre outros juristas exemplares que ensinam e conquistam. Da mesma forma, o desafio de um texto escorreito, tecnicamente preciso, mas suficientemente claro, que permita a leitura e compreensão mais abrangente, contou com a ajuda inestimável de uma leitora admirável, Amanda Sartori Grunwald, a quem só tenho a agradecer.

Também nosso Grupo de Estudos de Responsabilidade Civil, atividade levada a efeito na Universidade Federal do Rio Grande do Sul, em sua diversidade criativa e curiosidade genuína de alunos de graduação, pós-graduação e profissionais, permitiu iluminar a possibilidade de melhor apresentar alguns aspectos fundamentais da disciplina.

Em síntese, o que se pretende é que esta obra possa ser útil, na correta sistematização dos fundamentos da responsabilidade civil, e que possa ela, também, inspirar e estimular a atenção e estudo do tema, bem como a solução de questões difíceis que envolvem a disciplina, para estudantes e profissionais que se reconheçam como juristas em permanente formação.

Gramado, março de 2015.
Bruno Miragem

NOTA DO AUTOR À 2ª EDIÇÃO

A responsabilidade civil permanece em movimento. Seus institutos bem demarcados são desafiados dia a dia pela riqueza dos fatos da vida cotidiana, e da inteligência da advocacia, dos tribunais e da academia, quanto às possíveis leituras da realidade, identificando as várias intensidades dos desacertos do convívio social. Discutem-se, permanentemente, os estritos limites entre o que é o incômodo próprio da vida comum e o que é dano injusto indenizável; quais os riscos inerentes a certas atividades ou comportamentos, ou se extravasam a esfera de risco razoável; qual o nível de detalhamento se deve exigir para demonstrar as relações de causa e consequência, para além de inferências lógicas meramente argumentativas. Talvez daí se explique, em parte, a bela acolhida deste estudo sobre a responsabilidade civil em nosso sistema jurídico.

Compreendida, inicialmente, como uma obra eminentemente didática, embora com confessada pretensão de que desde logo fosse o mais completa possível, sempre se quis enfrentar os temas difíceis, porém os tornando mais compreensíveis aos estudiosos do tema. Neste propósito, chegou longe. Teve para si o galardão da conquista do Prêmio Jabuti 2016, principal premiação do mercado editorial brasileiro, promovido pela Câmara Brasileira do Livro, como a melhor obra jurídica editada no ano antecedente (1º lugar). Mas para além disso, fixou um modelo de exame do tema, a partir de uma visão compreensiva do direito comparado como método de estudo para o bom entendimento e aperfeiçoamento do direito nacional brasileiro, a que temos nos dedicado no exame de outros âmbitos do direito civil, como é caso já do direito das obrigações e da própria teoria geral do direito civil.

Esta edição é recebida, para nossa satisfação, em nova casa editorial, a tradicional editora Forense, do Grupo Gen, que reúne há mais de um século autores cujas obras são fontes relevantíssimas de tudo o quanto se expõe nestas páginas. Em tempos de certa fluidez da doutrina jurídica, da rapidez e instabilidade das lições e decisões, cultiva-se a paciência e a reflexão, sob boa tradição e renovação prudente do Direito, frente às exigências da vida social em transformação.

Segue-se avançando. Esta nova edição vem com ampla revisão jurisprudencial, com ajustes pontuais que melhoram a fluidez do texto e das ideias que expressa. Igualmente, complementaram-se discussões atuais, como a relativa à prescrição das pretensões de responsabilidade contratual e extracontratual, ou sobre a relevância do seguro de responsabilidade civil para a evolução da própria compreensão dos regimes de responsabilização – para ficar em apenas dois pontos objeto de atualização. O que se espera, sempre, é que a obra mantenha e tenha renovado seu interesse pelos cultores do direito, juristas e práticos, estudantes e profissionais, convertendo-se em repositório útil da disciplina e contribuindo para seu aperfeiçoamento contínuo.

Porto Alegre, dezembro de 2020.

SUMÁRIO

Primeira Parte
TEORIA GERAL DA RESPONSABILIDADE CIVIL

CAPÍTULO 1 – O NOVO DIREITO DA RESPONSABILIDADE CIVIL E O DIREITO DE DANOS 3

CAPÍTULO 2 – FUNDAMENTOS HISTÓRICOS DA RESPONSABILIDADE CIVIL.... 15

2.1. A responsabilidade por danos no direito romano 15

2.2. A construção da responsabilidade civil moderna a partir da escola jusracionalista.... 20

2.3. As codificações e a definição dos fundamentos modernos da responsabilidade civil... 21

2.4. A evolução histórica da responsabilidade civil no direito brasileiro 26

CAPÍTULO 3 – POSIÇÃO DA RESPONSABILIDADE CIVIL NO SISTEMA JURÍDICO CONTEMPORÂNEO 31

3.1. Distinção da responsabilidade civil e outras dimensões jurídicas de responsabilidade 31

3.2. Responsabilidade civil e responsabilidade penal 32

3.3. Responsabilidade civil e responsabilidade administrativa 34

3.4. Responsabilidade civil e responsabilidade política 34

CAPÍTULO 4 – RESPONSABILIDADE CIVIL E DEVER JURÍDICO 37

4.1. Distinção do regime de responsabilidade pela fonte do dever violado 40

    4.1.1. Responsabilidade contratual (ou negocial) 42

    4.1.2. Responsabilidade extracontratual (extranegocial ou responsabilidade civil em sentido estrito) 43

    4.1.3. A responsabilidade pré-contratual (ou pré-negocial) 44

4.2. Distinção do regime de responsabilidade pelo conteúdo do dever violado 46

    4.2.1. Dever de não causar danos 46

    4.2.2. Dever de segurança 46

    4.2.3. Dever de proteção 47

4.3. Distinção do regime de responsabilidade em razão da exigência de culpabilidade como pressuposto da imputação 48
    4.3.1. Responsabilidade subjetiva 48
    4.3.2. Responsabilidade objetiva 49

CAPÍTULO 5 – RESPONSABILIDADE CIVIL NO DIREITO COMPARADO 53

5.1. Responsabilidade civil nos sistemas de direito romano-germânico 53
5.2. Responsabilidade civil nos sistemas de *common law* (*tort law*) 55

CAPÍTULO 6 – RELAÇÃO JURÍDICA DE RESPONSABILIDADE CIVIL 57

6.1. Condições da responsabilidade civil 57
    6.1.1. Conduta 57
        6.1.1.1. Antijuridicidade 58
        6.1.1.2. Distinção entre antijuridicidade, culpabilidade e imputabilidade 61
        6.1.1.3. Ato ilícito e antijuridicidade 62
        6.1.1.4. Fontes da responsabilidade por ato ilícito 63
            6.1.1.4.1. Ato ilícito (delito) 63
            6.1.1.4.2. Abuso do direito 64
                6.1.1.4.2.1. Limites ao exercício de prerrogativas jurídicas 66
                      6.1.1.4.2.1.1. Fins econômicos ou sociais 66
                      6.1.1.4.2.1.2. Boa-fé 67
                      6.1.1.4.2.1.3. Bons costumes 69
                6.1.1.4.2.2. Sanção do abuso e responsabilidade civil 71
        6.1.1.5. Causas de justificação 72
            6.1.1.5.1. Legítima defesa 75
            6.1.1.5.2. Exercício regular de um direito 76
            6.1.1.5.3. Remoção de perigo iminente (estado de necessidade) ... 77
    6.1.2. Dano 79
        6.1.2.1. O dano injusto como dano indenizável 80
        6.1.2.2. Certeza e atualidade do dano 81
        6.1.2.3. A perda da chance 82
        6.1.2.4. Espécies de danos quanto ao seu conteúdo 85
            6.1.2.4.1. Danos patrimoniais 87

		6.1.2.4.1.1. Prejuízos econômicos (danos emergentes)	87
		6.1.2.4.1.2. Lucros cessantes	87
	6.1.2.4.2.	Danos extrapatrimoniais	88
		6.1.2.4.2.1. Alcance do significado da definição de danos extrapatrimoniais	89
		6.1.2.4.2.2. Dano extrapatrimonial como dano à pessoa: a lesão à personalidade	90
		6.1.2.4.2.3. Formas de proteção da personalidade e os danos extrapatrimoniais	92
		6.1.2.4.2.4. Definição dos atributos da personalidade cuja ofensa origina dano extrapatrimonial	93
		6.1.2.4.2.4.1. Vida	95
		6.1.2.4.2.4.2. Integridade física	96
		6.1.2.4.2.4.3. Integridade e estabilidade psíquica	97
		6.1.2.4.2.4.4. Honra	98
		6.1.2.4.2.4.5. Intimidade e privacidade	100
		6.1.2.4.2.4.6. Imagem	101
		6.1.2.4.2.5. Espécies de danos extrapatrimoniais	103
		6.1.2.4.2.5.1. Danos morais em sentido estrito	103
		6.1.2.4.2.5.2. Dano estético	104
		6.1.2.4.2.5.3. Dano corporal ou à saúde	105
		6.1.2.4.2.5.4. Dano à imagem	106
		6.1.2.4.2.5.5. Dano extrapatrimonial decorrente de lesão a interesses ou bens coletivos (dano moral coletivo)	107
		6.1.2.4.2.6. Dano extrapatrimonial da pessoa jurídica	109
6.1.2.5.	Outras classificações do dano		110
	6.1.2.5.1. Danos diretos e indiretos		110
	6.1.2.5.2. Danos certos e eventuais		113
	6.1.2.5.3. Danos atuais e futuros		114
	6.1.2.5.4. Danos individuais e coletivos		115
6.1.3. Nexo de causalidade			116

6.1.3.1.	O sentido da expressão "causalidade" na responsabilidade civil.		117
6.1.3.2.	As diversas teorias sobre o nexo de causalidade		119
	6.1.3.2.1.	Equivalência das condições.............................	120
	6.1.3.2.2.	Causalidade próxima......................................	121
	6.1.3.2.3.	Causalidade eficiente.....................................	121
	6.1.3.2.4.	Causalidade adequada....................................	122
	6.1.3.2.5.	Causalidade necessária e a teoria do dano direto e imediato..	124
6.1.3.3.	As teorias prevalentes sobre o nexo de causalidade no direito brasileiro..		126
6.1.3.4.	Rompimento do nexo de causalidade		127
	6.1.3.4.1.	Fato exclusivo da vítima.................................	128
	6.1.3.4.2.	Fato de terceiro	128
	6.1.3.4.3.	Caso fortuito e força maior...........................	130
6.1.3.5.	Pluralidade de causas..		132
	6.1.3.5.1.	Causalidade concorrente	133
6.1.3.6.	Causalidade cumulativa...		135
6.1.3.7.	Causalidade alternativa...		135
6.1.3.8.	Causa virtual		135
6.1.4. O nexo de imputação			136
6.1.4.1.	A culpa como critério de imputação na responsabilidade civil....		137
	6.1.4.1.1.	Dolo...	139
	6.1.4.1.2.	Imprudência..	140
	6.1.4.1.3.	Negligência...	140
	6.1.4.1.4.	Imperícia	141
	6.1.4.1.5.	Graduação da culpa	141
	6.1.4.1.6.	A presunção de culpa....................................	144
6.1.4.2.	O risco como critério de imputação na responsabilidade civil...		145
	6.1.4.2.1.	A objetivação da responsabilidade civil no direito positivo atual	147
	6.1.4.2.2.	Sistema dualista de responsabilidade civil e a socialização dos riscos	148
	6.1.4.2.3.	Espécies de risco como critério de imputação da responsabilidade..	149
	6.1.4.2.4.	Responsabilidade civil e dever de segurança............	152
	6.1.4.2.5.	Responsabilidade civil e garantia...................	154
6.1.4.3.	Responsabilidade objetiva no Código Civil		154

	6.1.4.3.1.	Responsabilidade pelo risco da atividade (art. 927, parágrafo único)..	155
	6.1.4.3.2.	Responsabilidade por danos causados por produtos (art. 931)..	157
	6.1.4.3.3.	Responsabilidade indireta por fato de terceiro (art. 932)..	161
		6.1.4.3.3.1. Responsabilidade civil por atos dos incapazes	163
		6.1.4.3.3.1.1. Responsabilidade dos pais por danos causados pelos filhos	165
		6.1.4.3.3.1.2. Responsabilidade dos tutores e curadores por danos causados pelos pupilos e curatelados..........................	168
		6.1.4.3.3.2. Responsabilidade do empregador por atos do empregado	169
		6.1.4.3.3.3. Responsabilidade dos donos de hotéis, estabelecimentos de ensino e similares......	172
		6.1.4.3.3.4. Responsabilidade dos que tenham participado gratuitamente do produto de crime..	174
		6.1.4.3.3.5. Ação de regresso	175
	6.1.4.3.4.	Responsabilidade pelo fato da coisa	175
		6.1.4.3.4.1. Responsabilidade do dono do animal pelos danos por ele causados...................	178
		6.1.4.3.4.2. Responsabilidade pela ruína do edifício....	179
		6.1.4.3.4.3. Responsabilidade por coisas caídas do edifício...	179
6.2.	Reparação do dano..		180
6.2.1.	Conteúdo da indenização em matéria de danos patrimoniais e extrapatrimoniais..		181
6.2.2.	Solidariedade pelo pagamento da indenização...		182
6.2.3.	Indenização pelo inadimplemento da obrigação...		183
6.2.4.	Dos juros devidos sobre a indenização...		183
6.2.5.	Correção monetária do valor da indenização..		184
6.2.6.	Indenização em caso de homicídio..		185
6.2.7.	Indenização em caso de ofensa à saúde		189
6.2.8.	Indenização em caso de lesão incapacitante para o trabalho.....................		189
6.2.9.	Indenização em caso de violação da posse		191

6.2.10. Indenização por ofensa à liberdade pessoal 192
6.2.11. Princípio da reparação integral 193
6.2.12. Causas de redução da indenização 195
        6.2.12.1. Culpa concorrente da vítima – causalidade concorrente 195
        6.2.12.2. Desproporção entre o dano e a culpa 196
6.2.13. Limitação ou exclusão do dever de indenizar por cláusula contratual (cláusula de não indenizar) 199
6.2.14. A indenização de danos patrimoniais 202
        6.2.14.1. Danos emergentes 203
        6.2.14.2. Lucros cessantes 203
        6.2.14.3. Ausência de compensação entre a indenização civil e a indenização previdenciária 205
        6.2.14.4. O pagamento futuro de prestações periódicas 205
6.2.15. A indenização dos danos extrapatrimoniais 208
        6.2.15.1. Função dissuasória da indenização 209
        6.2.15.2. Função compensatória da indenização 211
        6.2.15.3. Liquidação dos danos extrapatrimoniais 212
                6.2.15.3.1. Critérios possíveis de liquidação 213
                6.2.15.3.2. O problema da função punitiva da indenização e a definição de critérios para a indenização de danos extrapatrimoniais 214
6.2.16. Liquidação do dano e perda da chance 218
6.3. Independência entre a responsabilidade civil e criminal 218
6.4. Prescrição da pretensão de indenização 219
6.5. Seguro de responsabilidade civil 223

Segunda Parte
SITUAÇÕES ESPECIAIS DE RESPONSABILIDADE CIVIL

CAPÍTULO 1 – RESPONSABILIDADE DO ESTADO POR DANOS AOS PARTICULARES 231

1.1. As várias concepções acerca do fundamento da responsabilidade do Estado por danos causados aos particulares 233
1.2. Responsabilidade objetiva do Estado – art. 37, § 6º, da Constituição de 1988 ... 235
1.3. Rompimento do nexo causal e afastamento da responsabilidade do Estado 236
1.4. Responsabilidade do Estado e dever de vigilância 242
1.5. Responsabilidade do Estado por atos omissivos 244

1.6. Responsabilidade por danos causados pela má prestação de serviços públicos delegados 250
1.7. Responsabilidade civil por danos causados em razão de atos judiciais 252
    1.7.1. O erro judiciário 254
    1.7.2. A falta do juiz 255
    1.7.3. O caráter subsidiário da ação de indenização 256
    1.7.4. A falta do serviço 256
    1.7.5. A responsabilidade pessoal do juiz 257
1.8. Responsabilidade dos tabeliães, notários e registradores 258
1.9. Responsabilidade civil por atos legislativos 260
1.10. Responsabilidade do Estado por atos lícitos 262
1.11. Responsabilidade do Estado por violação da confiança 263
1.12. Responsabilidade do Estado por inadimplemento contratual 265

CAPÍTULO 2 – RESPONSABILIDADE CIVIL POR DANO AMBIENTAL 267

2.1. O dano ambiental 268
2.2. Fundamento constitucional da proteção ao meio ambiente e os princípios informativos da responsabilidade por dano ambiental 269
2.3. Fundamento legal da responsabilidade por dano ambiental 271
2.4. Condições específicas para a imputação da responsabilidade pelo dano ambiental 272
    2.4.1. Conexão entre a atividade do poluidor e o dano 272
    2.4.2. Nexo de causalidade 273
    2.4.3. Dano 274
2.5. Restrição às excludentes de responsabilidade 275
2.6. Modos de reparação do dano ambiental 276
2.7. Tempo do exercício da pretensão relativa ao dano ambiental 278

CAPÍTULO 3 – RESPONSABILIDADE DO FORNECEDOR POR DANOS AO CONSUMIDOR EM RAZÃO DE ACIDENTES DE CONSUMO: O FATO DO PRODUTO E DO SERVIÇO 281

3.1. Origem da responsabilidade do fornecedor por acidentes de consumo: o fato do produto e do serviço 283
3.2. Definição da responsabilidade pelo fato do produto e do serviço 286
    3.2.1. Critério de identificação 287
    3.2.2. Pressupostos 289
        3.2.2.1. Conduta e atividade 292
        3.2.2.2. Defeito 294

3.2.2.2.1. Defeitos de projeto ou concepção 296
3.2.2.2.2. Defeitos de execução, produção ou fabricação 297
3.2.2.2.3. Defeitos de informação ou comercialização 298
3.2.2.3. Nexo causal 300
3.2.2.4. Danos ao consumidor e reparação integral 301
3.3. Excludentes de responsabilidade 305
3.3.1. Não colocação do produto no mercado 306
3.3.2. Inexistência de defeito 307
3.3.3. Culpa exclusiva de consumidor ou de terceiro 309
3.3.4. Caso fortuito e força maior como excludentes da responsabilidade civil de consumo 314
3.4. O risco do desenvolvimento e responsabilidade civil do fornecedor 318
3.5. Solidariedade dos fornecedores pela reparação do dano 322
3.6. Direito de regresso 324
3.7. Responsabilidade subsidiária do comerciante 325

CAPÍTULO 4 – RESPONSABILIDADE DOS PROFISSIONAIS POR DANOS CAUSADOS NO EXERCÍCIO DA ATIVIDADE 327
4.1. Responsabilidade civil do médico 327
4.1.1. A obrigação médica 329
4.1.2. Natureza da obrigação e deveres jurídicos das partes na relação obrigacional entre médico e paciente 330
4.1.3. Sujeitos da relação obrigacional médica originária e da relação que decorre da responsabilidade do profissional por danos 331
4.1.4. Objeto da obrigação médica: a obrigação de fazer 332
4.1.5. A obrigação de prestação de serviços médicos como obrigação de meio ou de resultado e suas consequências para a responsabilidade do profissional 332
4.1.6. Os deveres do médico 334
4.1.6.1. Deveres de informação e esclarecimento 334
4.1.6.1.1. Conteúdo do dever de informar do médico 335
4.1.6.1.2. O consentimento informado 337
4.1.6.1.3. Autonomia dos danos causados pela violação do dever de informar 338
4.1.6.2. Deveres de técnica e perícia 339
4.1.6.3. Deveres de cuidado ou diligência 339
4.1.7. Natureza da responsabilidade civil médica 340
4.1.8. O regime da responsabilidade civil médica 341

4.1.9.	A responsabilidade civil médica no Código Civil....................................	342
4.1.10.	A responsabilidade civil médica no Código de Defesa do Consumidor...	344
4.1.11.	Culpa médica	347
	4.1.11.1. Culpa médica e ônus da prova..................................	349
	4.1.11.2. Culpa médica e nexo de causalidade	351
4.1.12.	Responsabilidade civil dos hospitais e clínicas..................................	352
4.1.13.	Relação entre a responsabilidade subjetiva do médico e a responsabilidade objetiva das instituições hospitalares	354

4.2. Responsabilidade civil do advogado... 356

4.2.1.	Deveres do advogado no exercício de sua atividade profissional.............	357
	4.2.1.1. Deveres de informação e aconselhamento	358
	4.2.1.2. Deveres de técnica e perícia..	358
	4.2.1.3. Deveres de cuidado ou diligência...................................	359
4.2.2.	Responsabilidade civil do advogado e o Código de Defesa do Consumidor...	360
4.2.3.	Danos indenizáveis..	361
4.2.4.	Perda da chance...	362

CAPÍTULO 5 – RESPONSABILIDADE CIVIL DOS MEIOS DE COMUNICAÇÃO.... 365

5.1. Atividade dos meios de comunicação social e o exercício da liberdade de expressão... 366

5.1.1.	Distinção entre liberdade de expressão, liberdade de imprensa, liberdade de pensamento e liberdade de informação e sua repercussão na responsabilidade civil dos meios de comunicação social..	370
	5.1.1.1. Liberdade de imprensa..	371
	5.1.1.2. Liberdade de informação..	373
	5.1.1.3. Liberdade de pensamento...	374
5.1.2.	Os meios de comunicação e o exercício da liberdade de informação.......	378

5.2. Deveres de conhecimento e procedimento técnico no exercício da atividade de comunicação social e responsabilidade por danos... 381

5.3. O art. 20 do Código Civil e a responsabilidade civil dos meios de comunicação 382

5.3.1.	A proteção da honra e da imagem pessoal...	382
5.3.2.	A proteção da boa fama e da respeitabilidade	383
5.3.3.	Interpretação das exceções legais: autorização expressa ou divulgação necessária à administração da justiça ou à manutenção da ordem pública...	384
5.3.4.	Prevenção de danos e restrição à divulgação	387

5.4. Deveres específicos dos meios de comunicação social.. 388

5.4.1. Dever geral de cuidado 391

5.4.2. Dever de veracidade 396

5.4.3. Dever de pertinência 400

5.5. Divulgação de informações sobre pessoas célebres e pessoas públicas 404

5.6. O dever de pertinência e a adequação temporal da informação: fundamento e crítica do denominado direito ao esquecimento 405

5.7. Situações especiais de proteção da honra e limites à atividade dos meios de comunicação social 409

5.8. Situações especiais de proteção da intimidade e da vida privada 413

5.9. Situações especiais de proteção da imagem 416

5.10. Danos causados pelos órgãos de comunicação social 419

5.11. Legitimidade para a ação reparatória 419

CAPÍTULO 6 – RESPONSABILIDADE CIVIL DO TRANSPORTADOR 423

6.1. Contrato de transporte como obrigação de resultado e responsabilidade do transportador 425

6.2. Fundamento da responsabilidade do transportador 428

6.2.1. A responsabilidade do transportador e o Código Civil 430

6.2.2. A responsabilidade do transportador e o Código de Defesa do Consumidor 432

6.3. O fortuito interno e o fato de terceiro em relação à responsabilidade civil do transportador 435

6.4. A responsabilidade do transportador aéreo e as convenções internacionais 440

CAPÍTULO 7 – RESPONSABILIDADE CIVIL DOS BANCOS 443

7.1. Fundamento da responsabilidade civil dos bancos 445

7.2. Responsabilidade dos bancos e risco inerente à atividade bancária 447

7.3. Deveres fundamentais dos bancos e a responsabilidade decorrente de sua violação 451

7.3.1. Responsabilidade por danos decorrentes da violação do dever de segurança 451

7.3.2. Responsabilidade por danos decorrentes da violação do dever de fidúcia ... 458

7.3.3. Responsabilidade por danos decorrentes da violação de deveres de lealdade e cooperação 463

CAPÍTULO 8 – RESPONSABILIDADE CIVIL DOS PROVEDORES DE INTERNET POR DANOS CAUSADOS A USUÁRIOS E TERCEIROS 465

8.1. Aspectos distintivos da responsabilidade civil por danos na internet 466

8.2. Internet e risco 469

8.3. A responsabilidade civil dos provedores na internet	471
8.3.1. A responsabilidade dos provedores de internet a partir da Lei n. 12.965/2014 (*Marco Civil da Internet*)	472
8.3.2. O dever de guarda dos registros e a responsabilidade por seu descumprimento	475
8.4. Condições para a imputação de responsabilidade dos provedores por conteúdos gerados por terceiros na internet	476
8.5. O denominado *direito ao esquecimento* na internet	480
CAPÍTULO 9 – RESPONSABILIDADE PELO TRATAMENTO IRREGULAR DE DADOS PESSOAIS	**485**
9.1. Condições para responsabilidade dos agentes de tratamento	487
9.2. Excludentes de responsabilidade dos agentes de tratamento	489
9.3. Responsabilidade pelo tratamento irregular de dados nas relações de consumo	490
REFERÊNCIAS	**493**

PRIMEIRA PARTE

TEORIA GERAL DA RESPONSABILIDADE CIVIL

Capítulo 1
O NOVO DIREITO DA RESPONSABILIDADE CIVIL E O DIREITO DE DANOS

A noção de responsabilidade é inerente ao Direito. Só há direito onde há cogência dos preceitos normativos, ou seja, onde é possível impor dever jurídico e assegurar seu cumprimento ou suas consequências a quem tenha violado o dever. Daí falar-se em responsabilidade. As origens antigas da expressão remontam ao direito romano, em que o *spondeo* se caracterizava pelo compromisso que vinculava credor e devedor nos contratos verbais.[1] Há responsabilidade quando se viola o dever jurídico original, tal como não matar outra pessoa, não tomar para si o que não lhe pertence ou não ofender a integridade de pessoal alheia, embora, originalmente, se confundisse o âmbito da responsabilidade penal e da civil,[2] sem formular um princípio geral de responsabilidade por culpa.[3] Na famosa fórmula romana, celebrada nas Institutas de Gaio, *honeste vivere, alterum non laedere, suum cuique tribuere* (viver honestamente, não causar dano a outrem e dar a cada um o que é seu), a revelar os próprios fins do direito.

Em sua origem, as expressões "responsabilidade" ou "responsável" já continham uma acepção jurídica, posteriormente associada à noção de obrigação.[4] A noção de responsabilidade em direito, nesse sentido, é a consequência jurídica do preceito normativo, sob a conhecida fórmula: se A é, B deve ser. Ora, A é dever originário que deve ser respeitado por seu titular. B é a consequência jurídica, deflagrada na hipótese de violação do dever como sanção e, neste caso, tornando responsável o titular do dever que o violou, ou ainda outras pessoas que a lei indique como responsáveis.[5] As responsabilidades em direito são diversas, conforme a natureza do dever violado e o sistema em que se encontre.

No direito privado, central é o conceito de responsabilidade civil. A rigor, o direito das obrigações, no qual se situa a disciplina da responsabilidade civil, estrutura-se sobre a relação

---

[1] Na Roma antiga, a utilização da palavra *spondere* indicava a existência de um compromisso jurado, que, embora não executável, inicialmente, no âmbito processual, determinava a quem violasse o compromisso uma sanção de natureza sacral, decorrente de vingança da divindade pela qual tinha jurado. Percebe-se, contudo, a existência de um gradual processo de secularização da *spondere*, vindo então a se caracterizar como o ato do devedor na celebração dos negócios, conforme: KASER, Max; KNÜTEL, Rolf. *Römisches Privatrecht*. 20. Auflage. München: C. H. Beck, 2014, p. 56; AGUIAR DIAS, José de. *Da responsabilidade civil*. 11. ed. Rio de Janeiro: Renovar, 2006, p. 4.
[2] KASER, Max; KNÜTEL, Rolf. *Römisches Privatrecht*, p. 295.
[3] VINEY, Geneviève. *Introduction a la responsabilité*. Traité de droit civil sous la direction de Jacques Ghestin. 3. ed. Paris: LGDJ, 2008, p. 9.
[4] VILLEY, Michel. Esquisse historique sur le mot responsable. *Archives de Philosophie du Droit*, n. 22, Paris: Sirey, 1977, p. 45. Para uma culta investigação da expressão a partir da literatura, veja-se: HENRIOT, Jacques. Note sur le date et le sens de l'apparition du mot "responsabilité". *Archives de Philosophie du Droit*, n. 22, Paris: Sirey, 1977, p. 59 e s.
[5] LARRAÑAGA, Pablo. *El concepto de responsabilidad*. Mexico: Fontamara, 2000, p. 198.

entre dever/débito e responsabilidade (*Schuld und haftung*, no direito alemão).[6] O objeto da relação obrigacional de responsabilidade civil será sempre o dever de indenizar, aí entendido o dever de responder com seu patrimônio pela reparação da vítima do dano ao qual se lhe imputa responsável.[7] Nesse sentido, há traços comuns entre os sistemas de *common law* e o instituto das *torts*, e a responsabilidade civil que se estrutura nos sistemas de direito continental, ao exigir a existência de um dano que tenha sido causado sem direito. No sistema de *common law*, contudo, há separação estrita entre a *law of torts* e a *law of contracts*, o que no direito romano-germânico é mitigado pela recondução de danos decorrentes do inadimplemento contratual, sob a égide da responsabilidade contratual, ao sistema de responsabilidade civil geral.[8]

Esta breve aproximação é suficiente para despertar quanto à complexidade e amplitude da matéria abrangida pela responsabilidade civil e sua situação atual, inclusive merecendo atenção destacada no âmbito do próprio direito das obrigações.[9] Isto porque, tal como os demais setores do Direito, a responsabilidade civil situa-se historicamente, seja na identificação/determinação dos deveres jurídicos a serem observados pela comunidade, os danos injustos que se considerem indenizáveis, até os critérios da relação entre aquele a quem se imputa a responsabilidade e o dano causado. Neste sentido, a interpretação das normas e institutos afetos à responsabilidade civil deve ser feita em acordo com um sentido de utilidade, pragmático e daí por que historicamente situado.

No Brasil, o direito privado passa nas últimas décadas por uma intensa renovação, a partir da ativa participação da jurisprudência e da doutrina sob o influxo da Constituição de 1988 e da valorização dos direitos fundamentais às relações privadas. Esse fenômeno, conhecido como eficácia dos direitos fundamentais às relações privadas, ou simplesmente eficácia horizontal dos direitos fundamentais, produz profundo impacto no direito privado brasileiro e, por consequência, sobre a responsabilidade civil. Ao se destacar a importância da Constituição como centro do ordenamento jurídico, promove-se uma maior repercussão prática da proteção dos direitos fundamentais nas relações jurídicas de direito privado.[10] A

---

[6] LARENZ, Karl. *Derecho de obligaciones*. Tradução de Jaime Santos Brins. Madrid: Editorial Revista de Derecho Privado, 1958, t. II, p. 31.

[7] SAVATIER, René. *Traité de la responsabilité em droit français*. Paris: LGDJ, 1951, t. I: Les sources de la responsabilité, p. 1; VINEY, Geneviève. *Introduction a la responsabilité*. Traité de droit civil. Jacques Ghestin (Org.). 2. ed. Paris: LGDJ, 1995, p. 1.

[8] Veja-se: TUNC, André. Introduction. In: TUNC, André (Ed.). *International encyclopedia of comparative law*. Torts. Tübingen J. C. B. Mohr (Paul Siebeck), 1983, v. XI, part I, p. 7.

[9] Conforme se verifica não apenas no *civil law*, mas também nos sistemas de *common law*, com a adoção do *tort law*, destacado no interior do *law of obligations*, justamente por sua complexidade e extensão, conforme anotam, no direito inglês: WINFIELD, Percy Henri; JOLOWICZ, John Antony; ROGERS, W. V. H. *Tort*. London: Thomson/Sweet & Maxwell, 2006, p. 19.

[10] TEPEDINO, Gustavo. *Temas de direito civil*. Rio de Janeiro: Renovar, 1999, p. 40; CANARIS, Claus Wilhelm. A influência dos direitos fundamentais sobre o direito privado na Alemanha. In: SARLET, Ingo Wolfgang (Org.). *Constituição, direitos fundamentais e direito privado*. Porto Alegre: Livraria do Advogado, 2003, p. 223-244; MENDES, Gilmar Ferreira. *Direitos fundamentais e controle de constitucionalidade*. 2. ed. rev. e ampl. São Paulo: Celso Bastos, 1999, p. 211-232; SARLET, Ingo Wolfgang. Direitos fundamentais e direito privado: algumas considerações em torno da vinculação dos particulares aos direitos fundamentais. In: SARLET, Ingo W. *A Constituição concretizada*. Construindo pontes entre o público e o privado. Porto Alegre: Livraria do Advogado, 2000, p. 107-163; SILVA, Virgílio Afonso. *A constitucionalização do direito*. Os direitos fundamentais nas relações entre particulares. São Paulo: Malheiros, 2008, p. 50; BARROSO, Luís Roberto. *Curso de direito constitucional contemporâneo*. São Paulo: Saraiva, 2009, p. 57; BODIN DE MORAES, Maria Celina. A caminho de um direito civil constitucional. *Revista de Direito Civil*, São Paulo, v. 65, jul./set. 1993, p. 21-32; HESSE, Konrad. *Derecho constitucional y derecho*

eficácia horizontal dos direitos fundamentais se sustenta na compreensão de que estes estabeleçam influência significativa no âmbito das relações entre os privados, as quais poderão se apresentar de diversos modos. São exemplos o desenvolvimento jurisprudencial do conteúdo e extensão dos direitos fundamentais, bem como sua consideração na interpretação e aplicação das normas de direito privado.[11] Nesse sentido, uma relação jurídica sob normas de direito privado não mais permanece adstrita a este, operando as normas de direito público e, em especial, os direitos fundamentais, como elementos de influência e eficácia na interpretação dessas normas jurídico-privadas,[12] bem como na determinação de limites e possibilidade da ação humana nas diferentes relações da vida.

Em geral, a doutrina distingue duas espécies de efeitos dos direitos fundamentais nas relações entre particulares, classificados como *efeito direto* ou *efeito indireto*. O *efeito direto*, defendido, entre outros, por Nipperdey, reconhece a possibilidade de aplicação desses direitos nas relações entre particulares sem a necessidade de mediação de lei infraconstitucional que especifique o conteúdo da norma de direito fundamental. Já o *efeito indireto* se refere à necessidade de que os efeitos dos direitos fundamentais, quando se irradiarem para as relações entre particulares, deverão ser mediados por norma infraconstitucional que lhe estabeleça seu conteúdo concreto. Determina, assim, um dever ao legislador ordinário, de promover a concretização dos direitos fundamentais,[13] ou mesmo do juiz de um litígio,[14] o qual deverá observar tais direitos na elaboração da norma para o caso.

A consequência prática, nesse caso, será a intensidade com a qual o direito brasileiro passa a ser um relevo expressivo do *princípio da dignidade da pessoa humana*[15] (art. 1º, III, da CF), o qual é complementado pela isonomia formal do art. 5º, bem como a garantia residual do art. 5º, § 2º, todos da Constituição da República. Tais disposições condicionarão o intérprete e o legislador ordinário, "modelando todo o tecido normativo infraconstitucional com a tábua axiológica eleita pelo constituinte".[16]

---

privado. Tradución Ignácio Gutiérrez Gutiérrez. Madrid: Civitas, 1995, p. 20; MAC CRORIE, Benedita Ferreira da Silva. *A vinculação dos particulares aos direitos fundamentais*. Coimbra: Almedina, 2005, p. 5 e s.; GARCÍA TORRES, Jesús; JIMÉNEZ-BLANCO, Antonio. *Derechos fundamentales y relaciones entre particulares*: la Dirittwirkung en la jurisprudencia del Tribunal Constitucional. Madrid: Civitas, 1986, p. 23; BILBAO UBILLOS, Juan María. *La eficacia de los derechos fundamentales frente a los particulares*: análisis de la jurisprudencia del Tribunal constitucional. Madrid: Centro de Estudios Constitucionales, 1997, p. 486 e s.

[11] CANARIS, Claus Wilhelm. A influência dos direitos fundamentais sobre o direito privado na Alemanha, op. cit., p. 238-242.

[12] GARCÍA TORRES, Jesús; JIMÉNEZ-BLANCO, Antonio. *Derechos fundamentales y relaciones entre particulares*, op. cit., p. 29-30.

[13] BILBAO UBILLOS, Juan María. *La eficacia de los derechos fundamentales frente a los particulares*, p. 289-302; MEDINA GUERRERO, Manuel. *La vinculacion negativa del legislador a los derechos fundamentales*. Madrid: McGrawHill, 1996, p. 23 e s.

[14] BILBAO UBILLOS, Juan María. *La eficacia de los derechos fundamentales frente a los particulares*, p. 302 e s.

[15] Conforme ensina Ingo Sarlet, trata-se da "qualidade intrínseca e distintiva de cada ser humano que o faz merecedor do mesmo respeito e consideração por parte do Estado e da comunidade, implicando neste sentido, um complexo de direitos e deveres fundamentais, que assegurem a pessoa tanto contra todo e qualquer ato de cunho degradante e desumano, como venham a lhe garantir condições existenciais mínimas para uma vida saudável, além de propiciar e promover sua participação ativa e corresponsável nos destinos da própria existência e da vida em comunhão com os demais seres humanos". SARLET, Ingo Wolfgang. *Dignidade da pessoa humana e direitos fundamentais*. Porto Alegre: Livraria do Advogado, 2001, p. 60.

[16] TEPEDINO, Gustavo. *Temas de direito civil*, p. 47.

Os efeitos para a disciplina da responsabilidade civil dessa renovação axiológica[17] observada no direito brasileiro será, em primeiro lugar, uma crescente preocupação com a proteção da vítima de danos dos quais se reclamam reparação. Essa característica é notada claramente a partir da ampliação de hipóteses do reconhecimento de danos extrapatrimoniais, que, não associados a perdas de natureza econômica, observaram resistência em diversos sistemas jurídicos quanto à sua reparabilidade, assim como a facilitação do reconhecimento de responsabilidade por danos mediante multiplicação das hipóteses de objetivação da imputação do dever de indenizar – com isso, afastando a exigência de demonstração de culpa do responsável pela vítima.

Ao mesmo tempo, aumentam as hipóteses em que a lei reconhece a responsabilidade pelo dever de indenizar, especialmente a partir do desenvolvimento econômico e tecnológico dos dois últimos séculos, que dão causa a um sensível aumento dos riscos de dano, em face do surgimento de novas máquinas e invenções, mas também pelo aumento sensível da população no último século e a crescente urbanização da vida contemporânea.[18] As relações interpessoais são massificadas, seja no âmbito dos contratos, seja nas relações intersubjetivas em geral, o que representa maiores riscos de danos às pessoas. E mesmo em relação a situações até então desconhecidas da ciência quanto à sua identificação e mensuração, como são os casos de danos de massa (de que é vítima grande número de pessoas) e catástrofes, hoje são objeto de atenção e estudo.[19]

Tais situações imprimem o que se pode identificar como uma crise e renovação da responsabilidade civil, que, em linhas gerais, pode ser resumida em cinco ideias:

a) *A relativização da culpa como critério de imputação da responsabilidade civil.* O aumento das hipóteses em que a legislação reconhece a possibilidade de imputação de responsabilidade *independentemente de culpa* deriva de duas situações concretas observadas na nova sociedade de riscos: de um lado, a dificuldade de demonstração da culpa concreta do causador do dano, o que deriva de uma série de fatores, tais como novas tecnologias e a existência de grandes e complexas organizações em que a segmentação de atividades e responsabilidades dificulta a demonstração individualizada de intenção, negligência ou imprudência. Da mesma forma, em muitos casos,

---

[17] Anota Carlo Castronovo que a pessoa e seus atributos não eram tomados em consideração na tradição romana e medieval, em face da consideração de que a pessoa não pode ter seu valor estimado em dinheiro. Observa, então, que foi a revolução industrial contemporânea que trouxe ao debate o valor do trabalho pessoal e sua dimensão patrimonial, provocando a necessidade de avaliação econômica da lesão à integridade física e suas consequências diante de sua capacidade laborativa. CASTRONOVO, Carlo. *La nuova responsabilitá civile.* 3. ed. Milano: Giuffrè, 2006, p. 57-58.

[18] Vale dizer que a população mundial, entre 1945 e 2000, passou de um bilhão para cinco bilhões de pessoas, ao mesmo tempo em que reduziu o índice de pessoas que viviam isoladas ou em zona rural. Atualmente, nos países desenvolvidos, entre 80% e 90% da população situa-se no meio urbano. Nos países em desenvolvimento este índice não é inferior a 70%. No Brasil, o fenômeno do êxodo rural é amplamente conhecido. Em 1970, 44% da população brasileira vivia na zona rural. Em 1996, esse percentual já havia reduzido à metade, totalizando 22% da população. Nesse sentido, veja-se: CAMARANO, Ana Amélia; ABRAMOVAY, Ricardo. *Êxodo rural, envelhecimento e masculinização do Brasil.* Panorama dos últimos 50 anos. Texto para discussão n. 621. Rio de Janeiro: Ipea, 1998, p. 2-6. No mesmo sentido: MARTINE, G. As migrações de origem rural no Brasil: uma perspectiva histórica. *História e população* – estudos sobre a América Latina. São Paulo: Abep/Iussp/Celade, 1990, p. 22.

[19] Assim, dentre outros: GUÉGAN-LÉCUYER, Anne. *Dommages de masse et responsabilité civile.* Paris: LGDJ, 2006, p. 5-8; POSNER, Richard A. *Catastrophe.* Risk and response. New York: Oxford University Press, 2004, p. 3 e s.

a imputação da responsabilidade independentemente da demonstração da culpa do agente indica determinado modelo escolhido pelo legislador de distribuição dos custos relativos aos riscos da vida em sociedade, de modo a permitir sua diluição para parte da comunidade.

Por outro lado, a culpa como critério para imputação de responsabilidade civil justificou-se, ao tempo em que não restavam sedimentadas as distinções entre a responsabilidade civil e sua finalidade de reparação de danos, e a responsabilidade penal e sua finalidade punitiva; e, da mesma forma, em seguida, quando se compunha o juízo de atribuição de responsabilidade pelo dever de indenizar, de uma compreensão moral sobre o caráter reprovável ou não da conduta do agente. Diga-se que a compreensão contemporânea da responsabilidade civil privilegia sua utilidade para distribuição de custos sociais de danos inerentes à vida comunitária, assim como visa à prevenção e ao desestímulo ao comportamento danoso. Diz-se aqui objetivação da responsabilidade ou ocaso da culpa. Em parte, é verdade, o prestígio da culpa se esmaece, porém, nem de longe há de se falar que se trata de um critério dispensável no âmbito da responsabilidade civil. Trata-se de uma nova perspectiva cultural da própria responsabilidade civil,[20] distinta daquela resultante do Estado liberal do século XIX, em que se formaram as bases atuais do direito civil moderno.[21] Permanece com critério útil para uma série de situações, e assim lhe considera o Código Civil na cláusula geral de ilicitude do art. 186. Todavia, a própria compreensão do que se considere culpa, ou como deva identificá-la em concreto, é que se altera. O juízo de reprovação da conduta, ao distanciar-se da disciplina da responsabilidade civil em geral, também se afasta da definição de culpa. Se de um lado, ao falar em culpa, em sentido amplo, estamos a referir conduta dotada de intenção (dolo), negligência ou imprudência (culpa em sentido estrito), em especial no tocante a estas últimas, o que se considera um comportamento negligente ou imprudente não se dá de acordo com rígidas regras de conteúdo moral, senão a identificação do que seria possível e exigível do comportamento individual em determinada situação, daí surgindo a ideia de *objetivação da culpa*.[22] O que se reveste de certeza, contudo, é o critério da insuficiência da culpa como regra de atribuição de responsabilidade pelo dever de indenizar. Muito longe da realidade, todavia, está qualquer compreensão que indique seu desaparecimento do sistema. Eis aqui um primeiro panorama da crise e renovação da responsabilidade civil, a partir da redefinição do conteúdo e da funcionalidade da culpa nesse sistema.

b) *A crise do nexo de causalidade.* Um segundo aspecto a ser observado, no tocante aos pressupostos da relação jurídica de responsabilidade civil, diz respeito ao nexo de causalidade. Em caráter panorâmico, como convém a este capítulo introdutório, a função do nexo de causalidade é a de estabelecer relação naturalística entre determinado comportamento do agente a quem se visa imputar responsabilidade e o dano sofrido pela vítima. Faz-se como juízo ontológico (Se A é, B é), dando causa a juízo deontológico (Se A é, B deve ser), ao imputar dever de indenizar. O desafio de precisão do nexo de causalidade é comum a todas as situações em que se visa

---

[20] CASTRONOVO, Carlo. *La nuova responsabilitá civile*, 3. ed., p. 277 e s.
[21] BARCELLONA, Pietro. *Diritto civile e società moderna*. Napoli: Jovene Editore, 1996, p. 543 e s.
[22] VINEY, Geneviève. *Traité de droit civil*. Introduction a la responsabilité, p. 265.

apurar responsabilidade, seja responsabilidade civil (imputação do dever de reparar o dano), seja responsabilidade penal (aplicação de pena).[23] A questão é que, por se tratar o Direito de uma Ciência em que a linguagem e a argumentação assumem papel decisivo, a relação de causalidade para efeito de tornar preciso o responsável pelo dever de indenizar muitas vezes não observa uniformidade de tratamento. Mesmo na jurisprudência é possível verificar tal situação, não havendo consenso quanto ao critério ou à teoria prevalente na definição da relação de causalidade.[24] Como regra, identifica-se como aplicável no direito brasileiro a teoria da causalidade adequada como aquela em que cabe ao intérprete/aplicador do direito identificar a causa que, em função da sua possibilidade e probabilidade, mais se vincula ao dano, segundo a experiência diária dos acontecimentos da vida ("*id quod plerumque accidit*").[25] Todavia, sob essa denominação a jurisprudência com maior ou menor rigor elege causas e imputa responsabilidades sob distintos critérios, especialmente mediante a combinação da causalidade adequada a partir de uma combinação negativa, que propõe como causa adequada aquela que não é indiferente ao surgir do dano,[26] no que se aproxima da teoria do dano direto e imediato, permeada pela ideia de causa necessária,[27] segundo a qual será considerada causa do dano aquela sem a qual o resultado não teria sido produzido.[28]

Entretanto, a moderna compreensão da responsabilidade civil parte da consideração de que nem sempre é possível fazer prova da relação entre determinado comportamento e um dano. E, da mesma forma, nem sempre é possível identificar com precisão qual a causa do dano, dentre diversas possibilidades que podem ser consideradas como tal. Daí a busca de soluções pragmáticas, especialmente por parte da jurisprudência, visando indicar em certas situações tanto a presunção de nexo causal[29] quanto limitando o uso das excludentes de causalidade, via interpretação restritiva, como ocorre em relação ao caso fortuito interno como "espécie" de caso fortuito que não exclui a responsabilidade do agente. A interpretação, no caso, é a de que fatos que não decorram diretamente da conduta do agente, porém, resultam qualificados como riscos inerentes, ou seja, intimamente vinculados à atividade do agente, são considerados

---

[23] Daí, inclusive, a sensível influência da doutrina penal sobre o direito civil em tema de relação de causalidade, conforme anota ALTERINI, Atílio. *Responsabilidad civil*. Buenos Aires: Abeledo Perrot, 1999, p. 135.

[24] CAVALIERI, Sérgio; DIREITO, Carlos Alberto Menezes. *Comentários ao Código Civil*. Da responsabilidade civil. Das preferências e privilégios creditórios. Rio de Janeiro: Forense, 2004. v. XIII, p. 79-80; CRUZ, Gisele Sampaio da. *O problema do nexo causal na responsabilidade civil*. Rio de Janeiro: Renovar, 2005, p. 21-22; SCHREIBER, Anderson. *Novos paradigmas da responsabilidade civil*. Da erosão dos filtros da reparação à diluição dos danos. São Paulo: Atlas, 2007, p. 59.

[25] Sobre o desenvolvimento histórico do recurso à probabilidade para a identificação da causa do dano, veja-se: HONORÉ, A. M. Causation and remoteness of damage. In: TUNC, André (Ed.). *International encyclopedia of comparative law*. Torts. Tübingen J.C.B. Mohr (Paul Siebeck), 1983. v. XI, part I, p. 29-30.

[26] NORONHA, Fernando. *Direito das obrigações*. São Paulo: Saraiva, 2010, p. 629-630.

[27] TEPEDINO, Gustavo. Notas sobre o nexo de causalidade. In: *Temas de direito civil*. Rio de Janeiro: Renovar, 2006, t. II, p. 69.

[28] SILVA, Wilson Melo da. *Responsabilidade sem culpa*. 2. ed. São Paulo: Saraiva, 1974, p. 131-133; CRUZ, Gisele Sampaio da. *O problema do nexo causal na responsabilidade civil*, p. 96 e s.

[29] Veja-se: HIRONAKA, Giselda Maria F. Novaes. *Responsabilidade pressuposta*. Belo Horizonte: Del Rey, 2005, p. 253 e s. MULHOLLAND, Caitlin Sampaio. *A responsabilidade civil por presunção de causalidade*. Rio de Janeiro: GZ Editora, 2009, p. 195 e s.

fortuito interno e, deste modo, não excluem a causalidade entre o dano e a atividade (não necessariamente o comportamento concreto) daquele a quem, por isso, se imputa a responsabilidade. Revela-se, daí, um uso crescente da discricionariedade judicial como recurso para identificação da causa de determinado dano, o que, não raro, se revela com duvidosos resultados.

c) *Extensão da responsabilidade para além dos causadores do dano*. Outra marca da disciplina contemporânea da responsabilidade civil é a extensão da responsabilidade civil para além dos causadores diretos do dano. Nesse sentido, a atribuição por lei de responsabilidade solidária pelo dever de indenizar a outras pessoas que não aquelas que tenham causado diretamente o dano, porém estejam relacionadas com ele de modo mediato, em face da qualidade do autor ou da atividade por ele desenvolvida. A distinção entre *autoria* e *responsabilidade*, de modo a estender os efeitos da obrigação a um maior número de pessoas imputadas como responsáveis, se dá em benefício da vítima do dano, cujos interesses são colocados em relevo na moderna disciplina da responsabilidade civil.

Nesses casos, relacionam-se situações que tradicionalmente eram previstas como hipóteses de responsabilidade pelo fato de outrem (caso do atual art. 932 do CC/2002), da mesma forma como hipóteses de extensão da relação de responsáveis por expressa menção legal (arts. 12, 14, 18 e 20 do CDC), ou exceções às regras ordinárias de imputação de responsabilidade mediante critérios abertos, cuja precisão se confia ao juiz, como são os casos de desconsideração da personalidade jurídica (art. 50 do CC/2002; art. 28 do CDC).

d) *O reconhecimento de novos danos*. A centralidade da pessoa humana, a partir do reconhecimento e da maior eficácia dos direitos fundamentais às relações privadas, indica a tendência de proteção da pessoa como principal finalidade do direito privado. Nesse particular, nota-se o afastamento da tradicional tônica patrimonialista do direito privado (e em particular do direito civil), concentrada na dimensão econômica da pessoa humana representada pelo patrimônio, e passa-se a valorizar a pessoa em sua dimensão existencial, especialmente visando à proteção de sua integridade física e moral. Trata-se da *repersonalização do direito civil*, que, como consequência direta, observa a atenção e o reconhecimento de novos interesses da pessoa, e, mediante a eventual violação destes, a identificação de novos danos. Em um primeiro momento, essa situação se apresenta pela afirmação dos danos exclusivamente morais, ou seja, aqueles que produzem lesões ao estado anímico, de saúde, ou psíquico da pessoa, como indenizáveis. Em nosso direito, eventual resistência quanto à indenização desses danos dissipou-se completamente a partir da vigência da Constituição de 1988, que expressamente o prevê (art. 5º, V). Ocorre que, a partir daí, o traço de maior proteção da pessoa passou a indicar, igualmente, o reconhecimento de interesses específicos dentro da abrangente classificação de danos não patrimoniais/extrapatrimoniais, de modo a tutelar de maneira mais efetiva os interesses violados na hipótese de dano. Utiliza-se hoje, em diferentes sistemas jurídicos, de diversas classificações, como, por exemplo, dano existencial, dano biológico, dano à saúde, dano genético, assim também como outras subdivisões, tais como o prejuízo ao lazer (*préjudice d'agrément*), o prejuízo sexual (*préjudice sexuel*) ou o prejuízo juvenil (*préjudice juvénile*), indicando ora a origem, ora determinado aspecto do interesse violado posto em relevo.[30] Isso implica, naturalmente, um aumento da complexidade da responsabilidade civil, assim como a necessidade de sistematização de modo a não permitir sobreposições ou mesmo a atribuição de indenização a interesses que não sejam dignos de tutela pelo direito.

Por outro lado, a dinâmica dos conflitos envolvendo responsabilidade por danos, assim como dos conflitos tradicionalmente disciplinados pelo direito privado observam, de um modo geral, tendência à sua coletivização. Resultado da massificação das relações pessoais e negociais, e dando causa a uma necessária aproximação entre o direito material e o direito processual, o reconhecimento de danos coletivos, reparáveis por intermédio de ações coletivas, exige a reflexão sobre conceitos consagrados da responsabilidade civil. A noção de dano coletivo abrange tanto danos a direitos individuais homogêneos, que têm na sua qualificação como coletivos apenas uma estratégia instrumental, visando à economicidade e efetividade da defesa do direito por intermédio de uma ação representativa de todas as vítimas, quanto os direitos difusos e coletivos, cuja lesão indica propriamente a natureza coletiva do interesse protegido e sua lesão, dada sua indivisibilidade. Tais características impõem uma compreensão mais alargada dos conceitos de dano, indenização, e mesmo das funções da responsabilidade civil. No caso de lesão a direitos difusos (espécie de danos coletivos), a indenização do dano não atende necessariamente à reparação de perdas materiais (econômicas) ou morais em sentido estrito, vinculados ao sofrimento anímico. Assume a indenização, nesses casos, caráter tanto reparatório, acima de tudo – no sentido da recomposição de tudo o quanto afetado pela lesão mediante restauração do *status quo ante* –, quanto satisfatório, visando desestimular a conduta tendente à lesão tanto do causador atual do dano quanto de outros potenciais.

Há, portanto, uma abertura conceitual do que seja dano indenizável, partindo-se a uma progressiva interpretação extensiva do termo, de modo a contemplar interesses dignos de tutela, conforme o estágio atual de evolução da consciência jurídica dominante. Isso é especialmente relevante se considerarmos a tendência afirmada atualmente de tutela integral da pessoa humana. Ocorre que essa referência, por si só, é demasiado abstrata, assim como o é a referência exclusiva à dignidade da pessoa humana.[31] Isso porque o simples recurso à dignidade da pessoa humana, dada sua importância, não pode se limitar a uma estratégia retórica, senão contar com um mínimo de densidade técnico-jurídica visando à sua efetiva tutela. O que implica evitar, igualmente, que a partir dessa abertura conceitual de dano indenizável sejam considerados como tais espécies de lesões que não contem com dignidade jurídica para ser objeto de indenização.

e) *Novas funções da indenização.* A expressão indenização resulta da conjunção de *im + damni*, ou seja: repor o dano. Durante longo tempo, a noção de indenização esteve vinculada à função reparatória, de recomposição do estado anterior à lesão da qual decorre (*status quo ante*). Acontece que, sendo objeto da relação obrigacional que surge da responsabilidade civil, o dever de indenizar e, por consequência, a indenização, têm sua função dependente, em primeiro grau, da natureza do dano. Assim é que, sendo reparável o dano, não resta dúvida de que prevalece a função reparatória, visando à

---

[30] SEVERO, Sérgio. *Danos extrapatrimoniais*. São Paulo: Saraiva, 1996, p. 153 e s.
[31] SCHREIBER, Anderson. *Novos paradigmas da responsabilidade civil*, p. 118.

recomposição do estado de coisas e, especialmente, do patrimônio da vítima, anterior à lesão. Conforme foi examinado no tópico anterior, contudo, o desenvolvimento da responsabilidade civil deu causa ao reconhecimento de novos danos, e mesmo novas perspectivas, visando à identificação e à tutela de certos danos. Daí é que a própria função da indenização, com relação a tais danos, pode ser compreendida de modo distinto. Assim o é em relação à função reparatória da indenização, própria de danos patrimoniais, em comparação à função compensatória no caso dos danos extrapatrimoniais. Diz-se reparatória a função que visa reconstituir o patrimônio lesado, ou seja, restituir o estado anterior; compensatória a função que visa compensar oferecendo vantagem de cunho econômico, de modo a assegurar conforto ou a fruição de algo que lhe é benéfico em face da impossibilidade de recompor o estado anterior à lesão, como ocorre nos danos extrapatrimoniais que, ao indicar lesão à pessoa, impõem que não seja logicamente possível a reparação (não há como compensar a dor ou a perda decorrente de uma lesão à personalidade). Porém, o aspecto novo e mais controvertido diz respeito ao reconhecimento de outra função adicional à indenização: função satisfatória ou punitiva, que, por influência do *common law*, é havida como utilizada no direito brasileiro. Há, contudo, de se registrar as resistências a essa função da indenização, também referida como pedagógica, especialmente em face de dois argumentos: i) primeiro, a norma do art. 944, *caput*, do Código Civil, a qual estabelece que a indenização se mede pela extensão do dano, o que implicitamente indicaria rejeição à ideia de *quantum* indenizatório superior ao dano causado, consequência lógica do reconhecimento de uma função punitivo-pedagógica da indenização; ii) segundo, a identificação de situações em que a vítima fosse indenizada além do dano, como espécies de enriquecimento sem causa, em que o acréscimo representado pelo crédito de indenização não teria causa no dano, razão pela qual seria ilegítimo. Os dois argumentos, todavia, podem ser refutados se for considerado que o próprio Código Civil, no art. 944, parágrafo único, ao admitir a denominada indenização por equidade, observa a possibilidade de que o *quantum* indenizatório seja fixado em valor inferior ao dano, quando houver desproporção entre o dano causado e a culpa do agente. Essa espécie, que a doutrina especializada identifica como espécie de indenização por equidade, em verdade, serve para reduzir o *quantum* quando houver desproporção entre culpa e dano. Entretanto, sua leitura atenta, de um lado, permite que se identifique aí situação restritiva do direito à indenização da vítima, inclusive com reflexos lesivos a direitos fundamentais da pessoa (personalidade e patrimônio). Por outro lado, admitir redução (valor aquém do dano) e não cogitar aumento (valor além do dano) são soluções, em si, desproporcionais, se considerada mesmo a dimensão reparatória ou compensatória do dano.

Já o argumento de se tratar a hipótese de enriquecimento sem causa constitui contradição em termos. Ora, se é sentença judicial que atribui valor de indenização, eis a causa. Não há de se falar em enriquecimento sem causa, na medida em que a causa de atribuição patrimonial, nesse caso, é a sentença do juiz.

f) *A valorização da prevenção e precaução de danos*. Na moderna sociedade de riscos a que se refere Ulrich Beck, o desenvolvimento traz consigo, de modo subjacente, riscos decorrentes do progresso técnico-econômico, a fomentar situações sociais de ameaça caracterizadas por danos que cedo ou tarde podem atingir todos, independentemente de classe social, e inclusive aqueles que, em um primeiro momento, obtiveram ganhos deste progresso.[32] Isso implica a criação de contínuos processos de distribuição destes mesmos riscos, segundo critérios afirmados pelo Direito, especialmente firmados sobre a noção de ganho decorrente da geração do risco, ou ainda, sua diluição conforme a maior aptidão para internalização dos custos e sua distribuição à sociedade. Eis aqui a justificativa das variadas hipóteses de responsabilidade objetiva, em que não se exige a demonstração da culpa para imputação do dever de indenizar, uma vez que a causalidade se atribui, em termos abstratos, a determinada atividade, cujo responsável, por sua posição, será chamado a responder pelos danos que porventura dela decorrerem.

Esse critério largamente desenvolvido pelo direito, e, inclusive, ainda hoje considerado, conforme se mencionou acima, uma das ideias força do sistema de responsabilidade civil, especialmente pela consideração do risco de empresa como critério de racionalização do regime de responsabilidade por danos pelo sistema econômico,[33] não é mais suficiente como solução para tratamento dos riscos da sociedade moderna. Daí por que ganha importância a identificação do período anterior à realização do dano, e as providências para sua prevenção e precaução, de modo a evitar que ocorra.[34] Nesse sentido, tome-se precaução como a providência que visa evitar o dano que, dado o estado da ciência e da técnica, identifica-se como consequência de determinada conduta; e precaução como a providência que visa evitar a ocorrência de danos cuja ocorrência não seja conhecida, isto é, evita-se ou limita-se a conduta do agente mesmo sem a certeza – dado o estado da ciência e da técnica – sobre a ocorrência ou não de um resultado danoso. Preside as noções de prevenção e precaução à evitabilidade do dano. Evita-se o dano, impede-se que ocorra, para tanto limitando/condicionando comportamentos individuais.

A prevenção e a precaução de danos são valores promovidos especialmente em relação a certos danos considerados irreparáveis, como é o caso dos danos ambientais, nos quais a recomposição do ambiente degradado ou ainda a destinação da indenização para recuperação de outros bens ambientais lesados são providências que visam diminuir o impacto lesivo da conduta antijurídica do ofensor, porém, não tem como desconstituir as repercussões do dano. Daí a preferência do Direito pela identificação efetiva dos riscos representados por determinada conduta e, com isso, o impedimento de sua realização como providência para evitar a realização de um potencial dano, ou ainda, a minoração dos seus efeitos, ou o estabelecimento de medidas compensatórias, para, quando for o dano inevitável, seja compelido o causador a adotar medidas que diminuam sua repercussão.

Essa breve passagem pelos principais aspectos da disciplina da responsabilidade civil, no direito brasileiro, demonstra o quão difícil é a organização da matéria em termos didáticos e com o aprofundamento adequado à plena compreensão de seus institutos. Especialmente se for considerada a organização atomística da matéria, a qual, além do Código Civil de 2002 – o qual, ao contrário do anterior Código Civil de 1916, reservou capítulo

---

[32] BECK, Ulrich. *Sociedade de risco*. Rumo a uma outra modernidade. Tradução de Sebastião Nascimento. São Paulo: Ed. 34, 2010, p. 26-28.
[33] BARCELLONA, Pietro. *Diritto civile e società moderna*, p. 554.
[34] LOPEZ, Teresa Ancona. *Princípio da precaução e evolução da responsabilidade civil*. São Paulo: Quartier Latin, 2010, p. 89 e s.

específico para a responsabilidade civil –, diversas outras leis disciplinam, conforme sejam os interesses lesados que deem causa à indenização. Assim, estão presentes hipóteses de responsabilização, entre outras normas, em caráter exemplificativo, no Código de Defesa do Consumidor (Lei n. 8.078/90), na Lei das Sociedades Anônimas (Lei n. 6.404/76), na Lei de Política Nacional do Meio Ambiente (Lei n. 6.938/81), no Estatuto da Criança e do Adolescente (Lei n. 8.069/90), na Lei de Direitos Autorais (Lei n. 9.610/90), e na Lei de Propriedade Intelectual (Lei n. 9.279/96).

Daí por que o desafio que se apresenta é de sistematização dos aspectos teóricos da responsabilidade civil e as diversas hipóteses que constituem a obrigação de indenizar em nosso Direito. Para tanto, não se prescinde do exame da noção histórica de responsabilidade pessoal e sua dimensão jusprivatística de responsabilidade por danos.

Capítulo 2
FUNDAMENTOS HISTÓRICOS DA RESPONSABILIDADE CIVIL

2.1. A RESPONSABILIDADE POR DANOS NO DIREITO ROMANO

Da origem romana da responsabilidade civil até a evolução jurídica dos séculos XVII e XVIII, não se distinguem as dimensões da responsabilidade civil e penal. Ao contrário. A noção de responsabilidade jurídica, em suas origens, alterna elementos religiosos (responsabilidade perante Deus), cuja sanção constituía espécie de pena pela violação das normas religiosas.[1] No direito romano, a identificação da responsabilidade como fonte de obrigações exigiu, em primeiro lugar, sua gradativa diferenciação da hipótese de vingança privada.[2]

A rigor, conforme assinala Max Kaser, "aos romanos é estranho tanto o conceito geral da indenização de prejuízos como o dever geral de indenizar". A rigor, conhece o direito romano casos particulares de danos, vinculados no direito clássico ao princípio da *condemnatio pecuniária*.[3] Não possuía, pois, uma definição geral de delito para imputar responsabilidade do ofensor.[4] Havia, nesse aspecto, série de ações (*actiones*) reconhecidas, como as cabíveis na hipótese de subtração da propriedade (*furtum*), de modo violento (*rapina*) ou não, a violação do escravo, da propriedade (*damnum iniuria datum*), danos pessoais (*iniuria*),[5] entre

---

[1] JOURDAIN, Patrice. *Les príncipes de la responsabilité civile*. 7. ed. Paris: Dalloz, 2007, p. 7.
[2] IHERING, Rudolf Von. *El espíritu del derecho romano*. Madrid: Marcial Pons, 1997, p. 166-168. Observe-se que a tradição jurídica romana, essencialmente pragmática, tinha como marca a construção de um conceito histórico de justiça, a partir das soluções propostas para a realidade da vida, e não de uma noção absoluta e abstrata, própria do direito e da ciência do direito a partir da modernidade. Conforme observa Guido Fassó, a partir da famosa fórmula de Ulpiano ao definir direito (*ius*) com a arte do bom e do equitativo (*ars aequi et boni*), tratou a jurisprudência romana da busca de um direito justo na concretude da vida, em vez da busca de um direito justo em caráter abstrato e absoluto (FASSÓ, Guido. *Antichità e medioevo*. Storia della filosofia del diritto. 5. ed. Roma: Laterza, 2008, t. I, p. 113). Daí a construção histórica dos conceitos e institutos jurídicos romanos observar essa gradativa transformação conforme o sentimento e as necessidades de adaptação das soluções apresentadas às diferentes realidades históricas, como é o caso das várias hipóteses representativas do dever de indenizar.
[3] KASER, Max; KNÜTEL, Rolf. *Römisches Privatrecht*, p. 203.
[4] HARKE, Jan Dirk. *Römisches Recht*. München: C. H. Beck, 2008, p. 195. No direito alemão, por exemplo, a adoção de uma fórmula geral, a partir da influência romana, dar-se-á apenas como contribuição inequívoca da pandectística do século XIX, resultando no conhecido § 823 do BGB, conforme observa igualmente HARKE, *Römisches Recht*, p. 202.
[5] Originalmente previsto como uma espécie de dano específico, mediante violência, à integridade física da vítima (*membrum ruptum, fractum*) – previsto na Lei das XII Tábuas –, a expressão *iniuria* acabou consagrada em sentido geral como causa de dano, em parte, conforme assinala Pugliese, pela sua contraposição às noções de justiça e equidade (p. 14), inclusive por influência da associação à expressão grega correspondente (αἰκία) (p. 39). PUGLIESE, Giovanni. *Studi sull' "iniuria"*. Milano: Giuffrè, 1941, p. 14 e s.

outros.[6] Em especial, a *iniuria* considera-se havida como origem remota da responsabilidade civil por danos, em que a *poena* como sanção privada imposta ao ofensor assemelhava-se à atual indenização por danos.[7]

Nesse caso, o surgimento da ideia de pena como consequência da prática de um delito implicou originalmente a identificação de hipótese de composição dos danos causados por intermédio do pagamento de determinada quantia de dinheiro, evoluindo-se gradativamente para o conceito atual de indenização.[8] Ainda assim, não se tratavam tais hipóteses por responsabilidade, considerando, especialmente, que esta expressão, segundo melhor doutrina romanista, era desconhecida do direito romano.[9] Observavam-se tais hipóteses, basicamente, como fontes de obrigação de indenizar, para o que, no antigo direito romano, era tratado de modo casuístico (hipóteses específicas identificadas causadoras de dano), apenas na hipótese da presença de dolo (*dolus sciens*), caracterizando espécie de dano intencional e moralmente reprovável.[10] Assim, confundiam-se, parcialmente, as modernas esferas de sanções civis (indenização) e penais (multa).[11]

No curso do desenvolvimento do direito romano, as hipóteses que davam causa ao dever de indenizar surgem de modo espontâneo, algo prático, visando à solução de conflitos que surgiam a partir da previsão legal ou pretoriana. Daí a atipicidade das hipóteses reconhecidas como causa do dever de indenizar, como, por exemplo, a *iniuria*, ou, na época clássica o surgimento da violência e do dolo. Uma característica que, todavia, se percebe no direito romano, especialmente a partir da distinção sobre os delitos que dão causa ao dever de indenizar, é a existência de delitos públicos e privados, conforme estejam a lesar o interesse coletivo ou o interesse privado. Conforme ensina Moreira Alves, delito privado é a ofensa feita à pessoa ou aos bens do indivíduo.[12] Na origem romana, a maior parte dos delitos é considerada espécies de delitos privados (*delicta privata*), de modo que eventual sanção era dependente de ação privada, perante tribunais civis, visando à imposição de pena (*poena*) caracterizada por soma de dinheiro a ser paga ao ofendido.[13] Já as condutas que se consideravam lesivas ao interesse da cidade, tais como a traição (*perduellio*) ou o sacrilégio, consideravam-se hipóteses de responsabilidade pública, daí surgindo a noção de delitos públicos (*crimina*).[14] Os delitos privados, que merecerão largo tratamento no Digesto, serão o furto (*furtum*, Livro 47, Título

---

[6] KASER, Max; KNÜTEL, Rolf. *Römisches Privatrecht*, p. 299-307. Sobre o desenvolvimento da noção de *iniuria* no *Corpus iuris civilis*: HAGEMANN, Matthias. *Iniuria*. Von den XII-Tafeln bis zur Justinianischen Kodifikation. Köln: Bohläu Verlag, 1998, em especial p. 223 e s.

[7] A ausência de uma exata distinção entre a natureza da sanção da *iniuria*, compreendendo características penais e civis, é anotada por KUNKEL, Wolfgang; SCHERMAIER, Martin. *Römische Rechtsgeschichte*. 14. ed. Köln: Bölau, 2005, p. 43.

[8] DEROUSSIN, David. *Histoire du droit des obligations*. Paris: Economica, 2007, p. 644-645.

[9] VILLEY, Michel. *Direito romano*. Tradução de Fernando Couto. Porto: Res Editora, [s.d.], p. 147.

[10] DEROUSSIN, David. *Histoire du droit des obligations*, p. 649.

[11] KASER, Max; KNÜTEL, Rolf. *Römisches Privatrecht*, p. 296.

[12] MOREIRA ALVES, José Carlos. *Direito romano*. 6. ed. Rio de Janeiro: Forense, 2000, t. II, p. 223.

[13] DEROUSSIN, David. *Histoire du droit des obligations*, p. 652.

[14] DEROUSSIN, David. *Histoire du droit des obligations*, p. 652. Essa distinção entre pena e indenização como consequência da ação antijurídica do ofensor percebe-se, igualmente, no antigo direito francês, conforme atestam os costumes da Ilha de Jourdain, em Toulouse, do século X, que já indicavam a separação entre a pena corporal e a de ressarcir o dano (*restituere dam-num*), ou ainda os costumes de Thegia, de 1266, que admitiam o confisco de bens do comércio para que servissem à reparação do dano, ou os costumes de Puymirol, de 1286, que indicavam ao tribunal a prerrogativa de estimar o valor da indenização. Conforme DEMOGUE, René. *De la reparation civile des délits*. Étude de droit et de législation. Paris: Librairie Nouvelle de Droit et de Jurisprudence, 1898, p. 9.

II), o esbulho (*vi bonorum raptorum et de turba*, Livro 47, Título VIII), o incêndio, ruína e naufrágio (Livro 47, Título IX), a injúria (Livro 47, título X), entre outros. Sobre a injúria (*iniuria*), referia Ulpiano: "Se diz injúria por isso, porque não se faz com direito; porque todo o que não se faz com direito se diz que se faz com injúria (...) por vezes a denominação de injúria significa o dano causado com culpa, como dizemos na Lei Aquilia. Outras vezes chamaremos de injúria a injustiça; porque quando alguém pronunciou sentença iníqua ou injustamente, a chama injúria, porque carece de direito e de justiça, como se fosse *no-juria* (não conforme a direito)". E prossegue: "Em toda a injúria ou refere-se ao corpo ou à dignidade, ou à infâmia; se o faz ao corpo quando alguém é golpeado, à dignidade quando da mulher se lhe retira o companheiro; e à infâmia, quando se atenta à honestidade".[15]

Será a partir de Justiniano, e da sistematização do direito romano no *Corpus iuris civilis*, que surgirá a ideia de classificação tripartite das ações (*actiones*) relativas aos delitos. A primeira das ações, ações penais propriamente ditas, tinha por objetivo a imposição de pena de indenização (*poena*), consistente na reparação do prejuízo causado à vítima. Tratava-se de hipótese de responsabilidade pessoal que não se transmitia à família do ofensor, mesmo nas hipóteses de morte deste, mantendo-se, contudo, nas hipóteses de *captio diminutio* (redução de capacidade). Da mesma forma, podiam cumular as pretensões, de modo que a procedência da ação em relação a um dos autores do dano não implicava a exoneração dos demais que permaneceriam a responder por sua conduta, dado o fundamento de vingança privada de que se revestia essa espécie de ação.[16]

Assumiram relevância para o exame da responsabilidade civil notadamente duas espécies de delitos: a *iniuria* e o *damnum iniuria datum*. A *iniuria* configurava, em sentido específico, o delito que se apresentava quando havia ofensa à integridade física ou moral de alguém. Possuía como penas a composição legal (pena pecuniária) e a pena de talião, na qual se facultava à vítima produzir no ofensor o mesmo dano que este lhe tenha produzido. No direito clássico, o conceito de *iniuria* abrangia as lesões à honra, bem como deu origem à *actio iniuriarum*, visando à condenação do autor do delito ao pagamento de quantia variável conforme sua gravidade (*actio iniuriarum aestimatoria*).[17] Posteriormente, a *iniuria* grave passou a ser definida como delito público (a partir da *Lex Cornelia*), razão pela qual passou a ser julgada pelos tribunais competentes para tal fim (*Quaestiones perpetuae*).[18]

Já o *damnun iniuria datum* consistia no dano pelo qual alguém causa culposamente dano a coisa alheia, previsto de modo genérico a partir da Lex Aquilia, mediante a presença de três requisitos: a) a *iniuria*, consistente na situação de que o dano decorresse de ato contrário a direito; b) a culpa, aqui entendido que o dano ocorresse de ato comissivo do agente (não se admitindo a omissão); e c) o *damnum*, entendido como o dano causado por lesão em virtude de ação direta do agente exercida diretamente contra o ofensor. Neste caso, conforme leciona Moreira Alves: "as obrigações decorrentes do *damnum iniuria datum* eram sancionadas pela *actio legis Aquiliae*, de caráter penal, que só podia ser intentada pelo proprietário da coisa que

---

[15] Digesto L. XLVII, Tit. X. In: DEL CORRAL, Ildefonso L. García. *Cuerpo del derecho civil romano*. Barcelona 1897. Edição Fac-similar. Valladolid: Lex Nova, 2004, p. 691.
[16] DEROUSSIN, David. *Histoire du droit des obligations*, p. 653.
[17] MOREIRA ALVES, José Carlos. *Direito romano*, p. 233. Para uma visão ampla da *actio iniuriarum* como instrumento de tutela dos interesses da vítima em diversos temas de direito privado, tais como a violação de posse/domínio de bens, bem como a distinção primitiva entre a injúria real e a injúria abstrata, veja-se o clássico de IHERING, Rudolf Von. *Actio injuriarum des lésions injurieuses em droit romain et en droit français*. Paris: Librairie Marescq, 1888, p. 1 e s.
[18] MOREIRA ALVES, José Carlos. *Direito romano*, p. 233.

sofrera o dano,[19] e que implicava para o ofensor, se confessasse, a condenação ao pagamento do valor do prejuízo causado (abrangendo o *lucro cessans* e o *damnum emergens*), e, se negasse a prática do *damnum iniuria datum*, a condenação *in duplum* (pagamento do dobro daquele valor)".[20] Daí por que se considera que da *Lex Aquilia* resulta relação de responsabilidade civil por danos causados por culpa do agente, o que, embora não estivesse identificado plenamente quando da sua edição, tinha caráter complementar em relação aos demais danos que se percebiam da casuística romana,[21] e adquire esse caráter abrangente mediante os usos que lhe são admitidos, no antigo direito de diversos sistemas jurídicos europeus.[22]

As noções de *delictum, dolus, iniuria e culpa* passariam a se desenvolver em relação de interdependência, de modo a confundirem-se, em um primeiro momento, as noções de ilicitude e de culpa.[23]

A autoridade do direito romano, difundido especialmente pelo *Corpus iuris civilis*,[24] desenvolve-se por intermédio do denominado direito comum europeu, considerando indenizáveis primeiramente apenas os danos patrimoniais.[25] Com a interpretação dos glosadores e pós-glosadores, especialmente no direito português, a importância das glosas de Acursio e Bártolo (*communis opinio doctorum*)[26] e a influência do direito canônico firmam as bases do direito que será recebido na modernidade, como esteio para a construção da Ciência do Direito. Nesse sentido, no domínio da responsabilidade civil, o direito canônico, formado a partir da doutrina jurídica cristã-católica, terá grande relevância no tocante à exigência histórica de um dos seus principais elementos: a culpa.[27] Note-se que a exigência de culpa como pressuposto da responsabilidade pelo dever de indenizar já se encontra no direito romano (*culpa lata, culpa levissima, dolus*), especialmente a partir da interpretação do jurista Labeão, que identifica a exigência de culpa (como intenção de lesar) para a ação de *iniuria*, adotando raciocínio em duas partes: primeiro, a presença de uma violação do direito (*iniuria*) e, em seguida, a presença da culpa.[28] A partir de então, a definição da presença da culpa como requisito da ação com fundamento na *Lex Aquilia* (*culpa legis aquiliae*) é realizada em dois níveis:

---

[19] Originalmente era legitimado para a ação apenas o proprietário da coisa, estendendo-se em seguida para todo o titular de direito real sobre a coisa. DEROUSSIN, David. *Histoire du droit des obligations*, p. 674-675.

[20] MOREIRA ALVES, José Carlos. *Direito romano*, p. 235.

[21] DEROUSSIN, David. *Histoire du droit des obligations*, p. 671; CANNATA, Carlo Augusto. Sul testo della Lex Aquilia e la sua portata originaria. In: VACCA, Letizia. *La responsabilità civile da atto illecito nella prospettiva storico-comparatistica*. Torino: G. Giapichelli Editore, 1995, p. 30-31.

[22] CERAMI, Pietro. La responsabilità extracontratuale dalla compilazione di Giustiniano ad Ugo Grozio. In: VACCA, Letizia. *La responsabilità civile da atto illecito nella prospettiva storico-comparatistica*. Torino: G. Giapichelli Editore, 1995, p. 110-111; MAZEAUD, Henri; MAZEAUD, León; TUNC, André. *Tratado teórico práctico de la responsabilidad civil delictual y contractual*. Tradução de Luis Alcalá-Zamora y Castillo. Buenos Aires: EJEA, 1962, v. 2, t. 1, p. 51.

[23] MENEZES CORDEIRO, António. *Tratado de direito civil português*. Coimbra: Almedina, 2010. v. II, t. III, p. 308.

[24] Sobre a autoridade do *Corpus iuris civilis* no direito medieval, veja-se: GROSSI, Paolo. *L'ordine giuridico medievale*. Roma: Laterza, 2004, p. 157.

[25] FISCHER, Hans Albrecht. *A reparação de danos no direito civil*. Tradução de Antonio Ferrer Correia. Coimbra: Armênio Amado Editor, 1938, p. 9.

[26] GOMES DA SILVA, Nuno José. *História do direito português*. Fontes do direito. Lisboa: Fundação Calouste Gulbenkian, 2006, p. 242 e s.

[27] Michel Villey refere-se a uma captura do termo responsabilidade pela moral cristã, conforme: VILLEY, Michel. Esquisse historique sur le mot responsable, p. 53.

[28] DEROUSSIN, David. *Histoire du droit des obligations*, p. 680.

primeiro, de sua apreciação em abstrato, considerando a conduta em exame e a de um homem normalmente diligente e atento, a partir de *standards* de comportamento, especialmente o do bom pai de família (*bonus pater familias*). O segundo nível mostra-se interessado em fatores internos do sujeito, das razões de sua conduta, circunstância em que se distinguem culpa e dolo de acordo com as circunstâncias específicas do autor.[29] Observe-se que o texto da *Lex Aquilia* não continha a expressão culpa, embora a noção estivesse presente especialmente pela interpretação dos juristas da época clássica.[30] E que, da mesma forma, nas hipóteses de responsabilidade por indenizar fatos de outrem, o fundamento para tal responsabilização não era a culpa, mas a assunção de risco.[31]

A partir dos intérpretes do *Corpus iuris civilis*, e especialmente da influência que a filosofia cristã e o direito canônico passam a ter em relação ao direito comum europeu, assume importância crescente o critério da culpa para imputação da responsabilidade civil por danos. No caso, a noção de culpa se torna mais abrangente, alcançando seu exame o significado de julgamento moral sobre a conduta pessoal e a essência de cada comportamento. É em Santo Agostinho que se percebe a noção de culpa como espécie de intenção culpável, daí se excluindo de imediato as noções de erro, ignorância, estado de necessidade ou legítima defesa, conforme restou fixado no direito costumeiro medieval.[32] Em São Tomás de Aquino, da mesma forma, avulta a noção de culpa pelo pecado original, razão pela qual devem submeter-se à pena as gerações que se seguem (Questão 81).[33] "A causa do pecado é o livre arbítrio", refere o filósofo cristão.[34] Já Guilherme de Ockham, ao fixar as bases do moderno conceito de direito subjetivo, identificando-o como um poder cujo exercício submete-se à vontade humana,[35] indica o caminho de subjetivação do direito a partir da perspectiva do indivíduo, abrindo espaço para que se considere a responsabilidade pessoal sobre a consequência desse exercício (ou, ao contrário, da ação sem direito).

Da mesma forma, observe-se a influência do direito germânico no tocante à proporcionalidade do *quantum* da reparação e o dano causado no caso da *wehrgeld*, espécie de indenização por morte, cuja importância na Alta Idade Média indicava um maior valor conforme maior o *status* social da vítima. Tornou-se espécie de composição do dano que afastava a pretensão de vingança privada, no que influenciou também os povos ibéricos.[36] A *wehrgeld*, nesse caso, tinha por finalidade a satisfação do dano, considerando a intensidade da ofensa em vista

---

[29] DEROUSSIN, David. *Histoire du droit des obligations*, p. 685.
[30] DEROUSSIN, David. *Histoire du droit des obligations*, p. 679.
[31] CERAMI, Pietro. *La responsabilità extracontratuale dalla compiliazione di Giustiniano ad Ugo Grozio*, p. 113.
[32] LÉVY, Jean-Philippe; CASTALDO, André. *Histoire du droit civil*. Paris: Dalloz, 2002, p. 916-917.
[33] AQUINO, São Tomás de. *Suma teológica*. São Paulo: Loyola, 2005. v. 4, p. 422-426.
[34] AQUINO, São Tomás de. *Suma teológica*, p. 402. Essa associação entre o pecado e o delito permeará o desenvolvimento do direito, a partir da Idade Média, como demonstra, por exemplo, Alexandro Morin, ao estudar a obra de Afonso el Sabio, da Espanha, e em especial o mais conhecido resultado de seu projeto de reformulação da sociedade castelhana, a notória *Siete partidas*. MORIN, Alejandro. *Pecado y delito en la Edad Media. Estudio de una relación a partir de la obra jurídica de Alfonso el Sabio*. Córdoba: De Copista, 2009, p. 15-46.
[35] VILLEY, Michel. *A formação do pensamento jurídico moderno*. Tradução de Claudia Berliner. São Paulo: Martins Fontes, 2005, p. 252 e s.; TIERNEY, Brian. Villey, Ockham and the origin of the individual rights. In: TIERNEY, Brian. *The idea of natural rights. Studies on Natural Rights, Natural Law and Church Law 1150-1625*. Michigan: Emory University, 1997, p. 13 e s.
[36] Conforme ensina HERCULANO, Alexandre. *História de Portugal*. Lisboa: Casa de Viuva Bertrand e Filhos, 1853. t. 4, p. 386 e s.

da reparação a ser exigida, inclusive mediante a definição da solidariedade dos parentes do ofensor em relação ao dever de indenizar a vítima.[37]

2.2. A CONSTRUÇÃO DA RESPONSABILIDADE CIVIL MODERNA A PARTIR DA ESCOLA JUSRACIONALISTA

A construção de um princípio geral de responsabilidade por danos, separando as noções de pena e reparação,[38] contudo, embora se observe a expansão de hipóteses concretas no direito costumeiro,[39] é obra do direito moderno.[40] Quem o propõem originalmente são os pensadores do direito natural moderno (jusracionalismo), especialmente Hugo Grotius e Samuel Puffendorf. Hugo Grotius constrói a noção de dano reparável na sua obra prima *De iure belli ac pacis*, ao tratar no Livro II, Capítulo XVII, da obra, *Do dano causado injustamente e da obrigação que dele resulta*. Propõe, inicialmente, que o dano causado de modo culposo obriga à reparação do dano.[41] A estrutura da relação que daí resulta observa três elementos: a) uma conduta reprovável culposa; b) o dano, sem o qual não nasce a obrigação de reparação; e c) a obrigação natural de ressarcimento.[42] Já conforme Samuel Pufendorf, no Livro III do seu *Of the Law of nature and nations*, o dever de reparar decorre da culpa ou da negligência, aqui entendidas como únicos fatores que dão causa a que se impute a alguém o dever de reparar o dano, referindo-se inclusive ao dano causado por omissão.[43] Nesse sentido, a liberdade do agente e seu exercício no sentido da realização do dano eram a causa da imputação do seu dever de indenizar, segundo Pufendorf.[44] Ambos os autores, Grotius e Pufendorf, condicionam a imputação de responsabilidade a uma causa moral, da qual depende a realização do dano, e que se identificará com a culpa pessoal, como falha de conduta humana, considerada como causa necessária à realização do dano. No mesmo sentido, propôs o grande jurista francês Jean Domat, embora não deixe de reconhecer a obscuridade e a ambiguidade da expressão

---

[37] Assim refere-se Jacob Friedrich Ludovici. *Sachsenspiegel oder das Sächsische Landrecht*, 1720 [visto em nova edição de 1750], p. 789. No mesmo sentido: VON PFISTER, Johann Christian; MÖLLER, Johann Heinrich. *Geschichte der Deutschen*: nach den Quellen. *Von den ältesten Zeiten bis zum Abgange der Karolinger*: mit zwei ethnographischen Charten. Hamburg: Perthes, 1829, p. 296. A adoção de wehrgeld trata-se de característica do direito anglo-saxão, por influência da Lei Sálica, conforme ensina CRAIK, George Lillie. *The pictorial history of England*: being a history of the people, as well as a history of the Kingdom. London: C. Knight, 1846, p. 243; WITTMANN, Franz Michael. *Bayerische Landes – und Rechtsgeschichte: Die Baiavarier und ihr Volksrecht*. München: Fleischmann, 1837, p. 181-182; DEMOGUE, René. *De la reparatión civile des délits*, p. 8.

[38] Essa distinção, contudo, já estava prevista no direito visigótico, conforme observa DEROUSSIN, David. *Histoire du droit des obligations*, p. 695.

[39] Assim é o caso dos Estatutos de São Luís, no século XIII, e da lista de delitos produzida por Boutillier, no século XIV, ambos na França, os quais, ainda que previssem, em caráter geral, o dever de reparar danos, não chegaram a construir uma visão sistemática da definição. DEROUSSIN, David. *Histoire du droit des obligations*, p. 712.

[40] ZWEIGERT, Konrad; KÖTZ, Hein. *Introducción al derecho comparado*. Tradução de Arturo Aparício Vazquez. México: Oxford University Press, 2002, p. 634.

[41] GROTIUS, Hugo. *Le droit de la guerre e de la paix*. Tradução de P. Pradier-Fódére. Paris: PUF, 2005, p. 415-416.

[42] CERAMI, Pietro. *La responsabilità extracontratuale dalla compiliazione di Giustiniano ad Ugo Grozio*, p. 120.

[43] PUFENDORF, Samuel. *Of the law of nature and nations*. 4. ed. New Jersey: Lawbook Exchange, 2005, p. 218.

[44] HATTENHAUER, Hans. *Conceptos fundamentales de derecho civil*. Tradução de Pablo Coderch. Barcelona: Ariel, 1987, p. 100.

culpa (*faute*),[45] observa que, qualquer que for a natureza do dano, haverá dever de repará-lo proporcionalmente à culpa.[46] No mesmo sentido, observa Pothier, que a lei natural é a causa de todas as obrigações, tanto no tocante ao dever de todos de cumprir com o objeto de sua promessa quanto pelo ressarcimento do dano causado por sua culpa.[47] Da mesma forma é de Domat, na mesma obra, a definição dos contornos atuais da responsabilidade civil, ao afirmar que, como consequência natural de todos os compromissos particulares, e do compromisso geral de não causar dano a ninguém, que aqueles que causam dano, seja por ter infringido um compromisso, seja por ter faltado a ele, estão obrigados a reparar o dano causado.[48]

Essa noção é então desenvolvida por Immanuel Kant, para quem "uma transgressão não intencional que ainda é imputável ao agente é chamada de uma mera culpa (*culpa*). Uma transgressão intencional (isto é, uma transgressão acompanhada da consciência de ser uma transgressão) é chamada de crime (*dolus*). O que é correto de acordo com leis externas é chamado de justo (*iustum*); o que não é, injusto (*iniustum*)".[49] E formula sua célebre consideração: "O princípio supremo da doutrina dos costumes é, portanto: age com base em uma máxima que pode também ter validade como uma lei universal. Qualquer máxima que não seja assim qualificada é contrária à moral".[50] Distingue duas espécies de responsabilidade, moral e jurídica, porém associando-as.[51] Nessa mesma linha de entendimento é o pensamento de Baruch Spinoza, ao sustentar que o homem livre é aquele que se conduz exclusivamente pela razão. Desse modo, "quem nasce livre e permanece livre não em senão ideias adequadas".[52]

E é essa compreensão da relação entre uma falha humana (*culpa*), caracterizada como critério de imputação ao dever de indenizar como objeto das obrigações decorrentes de delitos, que será objeto de sistematização pelo Código Civil francês de 1804 e demais sistemas jurídicos que este vier a influenciar.[53] O art. 1.382 do Código Civil francês caracteriza-se pela atipicidade do dano, cujo objetivo manifesto é indicar a abrangência de situações de dano passíveis de indenização por aquele a quem, em razão da culpa, imputa-se responsabilidade,[54] um princípio geral de responsabilidade por danos.[55]

2.3. AS CODIFICAÇÕES E A DEFINIÇÃO DOS FUNDAMENTOS MODERNOS DA RESPONSABILIDADE CIVIL

O Código Civil francês deve ser observado como o ápice do processo revolucionário que conduziu a burguesia e seus valores ao poder na França. As diretrizes revolucionárias de

---

[45] DOMAT, Jean. *Les loix civiles dans leur ordre naturel, le droit public et legum delectus*. Paris, 1745, t. I, p. 23.
[46] DOMAT, Jean. *Les loix civiles dans leur ordre naturel, le droit public et legum delectus*, p. 226.
[47] POTHIER, Robert. *Treatise on the law of obligations or contracts*. Tradução de Willian David Evans. London: A. Strahan, 1806, t. I, p. 73.
[48] DOMAT, Jean. *Les loix civiles dans leur ordre naturel, le droit public et legum delectus*, cit.
[49] KANT, Immanuel. *A metafísica dos costumes*. Tradução de Edson Bini. São Paulo: Edipro, 2003, p. 67.
[50] KANT, Immanuel. *A metafísica dos costumes*, p. 68.
[51] GOYARD-FABRE, Simone. Responsabilité morale et responsabilité juridique selon Kant. *Archives de Philosophie du Droit*, n. 22, Paris: Sirey, 1977, p. 128-129.
[52] SPINOZA, Baruch. *Ética*. Tradução de Tomaz Tadeu. Belo Horizonte: Autêntica, 2009, p. 200.
[53] HALPÉRIN, Jean-Louis. *Histoire du droit privé français depuis 1804*. Paris: PUF, 2001, p. 33.
[54] ZENO-ZENCOVICH, Vincenzo. Responsabilità civile. In: ALPA, Guido et al. *Diritto privato comparato*. Instituti e problemi. 5. ed. Roma: Laterza, 2004, p. 244-245.
[55] RIPERT, Georges; BOULANGER, Jean. *Tratado de derecho civil*. Buenos Aires: La Ley, 2007. t. 5: Obligaciones, 2ª parte, p. 15 e s.

liberdade, igualdade e fraternidade, de sua vez, inspiravam a nova visão do ser humano livre e autônomo, que responderia apenas ao exercício do seu livre-arbítrio e por suas eventuais consequências. É daí que a exigência da culpa como pressuposto da imputação de responsabilidade representa mais do que um critério útil para identificação do responsável pelo dever de indenizar; configura justificativa moral de reprovação da conduta individual mediante a caracterização de uma vontade dirigida a uma finalidade antijurídica ou mesmo falha no comportamento do agente, que lhe leva à causação do dano. A noção de responsabilidade nesse estágio histórico assume não apenas a função de utilidade, de modo a assegurar a reparação patrimonial, mas, da mesma forma, uma função moralizadora das condutas individuais,[56] sendo o dever de indenizar sua sanção. Pressupõe-se a existência de uma consciência moral individual ínsita a cada indivíduo, que deve conduzir o exercício da sua liberdade.[57] A rigor, a construção do princípio da culpa no Código Civil francês é elevado pelos ideais iluministas, especialmente do ser humano como bom selvagem, conforme a tese de Rosseau, exigindo-se uma falha na formação ou manifestação da vontade humana como critério para imputação da responsabilidade por danos.[58]

Refere o art. 1.382 do Código Civil francês de 1804: "*Tout fait quelconque de l'homme qui cause à autrui un dommage, oblige celui par la faute duquel il ist arrivé, à le réparer*". Em outros termos: "Todo o fato pelo qual um indivíduo causa dano a outrem mediante culpa, obriga à reparação". A cláusula geral do Código Civil francês opera então a generalização (atipicidade) e a unificação do conceito de delito civil e sua associação com a obrigação de indenizar. É complementado pelo art. 1.383, que dispôs: "Cada um é responsável pelo dano que provocou não somente por sua culpa, mas ainda por sua negligência ou por sua imprudência".[59] E a própria expressão "responsabilidade civil", com raízes na expressão *sponsor* (*spondere*), de origem romana a significar *garantidor* ou *devedor*,[60] origina-se para designar, em um primeiro momento, apenas a responsabilidade delitual (extracontratual), distinguindo-se da responsabilidade penal, para já no final do século XIX, abranger toda a responsabilidade por danos, a partir da sua distinção entre responsabilidade contratual e extracontratual.[61]

Da mesma forma, o Código Civil francês trata de outras situações de dano, em que a causa não se reporta à conduta dolosa (delitos) ou culposa (quase delitos) de alguém, mas, sim, que a realização do fato de quem aproveita de certa atividade ou coisa deve suportar também suas consequências negativas (*cuius commoda eius et incommoda*), como é o caso da responsabilidade pelo dono de animal ou de edifício, pelos danos que deles surgirem.[62]

---

[56] VINEY, Geneviève. De la responsabilité personelle à la réparation des risques. *Archives de Philosophie du Droit*, n. 22, Paris: Sirey, 1977, p. 5.
[57] DEROUSSIN, David. *Histoire du droit des obligations*, p. 740.
[58] DESCAMPS, Olivier. *Les origins de la responsabilité por faute personnelle dans le Code Civil de 1804*. Paris: LGDJ, 2005, p. 463-464.
[59] Art. 1.383. *Chacun est responsible du dommage qu'il a causé non seulement par son fait, mais encore par sa négligence ou par son imprudence*.
[60] VILLEY, Michel. *Esquisse historique sur le mot responsable*, p. 46-47.
[61] LEVY, Jean-Philippe. CASTALDO, André. *Histoire du droit civil*. Paris: Dalloz, 2002, p. 916.
[62] Assim, os arts. 1385 e 1386, do Código Civil Francês, a dispor, art. 1.385: "O proprietário de um animal ou aquele que o usa, enquanto estiver sendo usado, é responsável pelos danos que o animal possa provocar, quer enquanto o animal estiver sob sua guarda quer este estiver perdido ou tiver escapado". ("Le proriétaire d'un animal, ou celui qui s'en sert, pendant qu'il est à son usage, este responsible du dommage que l'animal a cuasé, soit que l'animal fût sous as gfarde, sit quíl fût égaré ou échappé.") E art. 1.386: "O proprietário de um imóvel é responsável pelos danos provocados por estragos, quando estes são consequentes de uma falta de manutenção ou de um vício de construção". ("Le proprietário d'un

Partiu-se, originalmente, para essa definição da presunção de culpa do dono do guardião da coisa (*culpa in eligendo* e *in vigilando*) para imputar-lhe responsabilidade. Nesse sentido, o art. 1.384 do Código Civil francês dispõe, considerando sua redação vigente:[63] "Somos responsáveis não somente pelos danos provocados por nossa própria culpa, mas também por aqueles provocados pela culpa das pessoas pelas quais somos responsáveis ou pelas coisas que temos sob nossa guarda. Entretanto, aquele que possui, a um título qualquer, a totalidade ou parte do imóvel ou dos bens mobiliários, nos quais um incêndio começou, será responsável, com relação a terceiros, pelos danos provocados por este incêndio somente se for comprovado que a culpa deve ser atribuída a ele ou às pessoas pelas quais é responsável. Esta disposição somente se aplica às relações entre proprietários e locatários que vivem de acordo com os arts. 1.733 e 1.734 do Código Civil. O pai e a mãe, se exercerem o pátrio poder, são solidariamente responsáveis pelos danos provocados por seus filhos menores que vivem com eles. Os mestres e responsáveis pelo dano provocado por seu doméstico e prepostos nas funções para as quais foram contratados. Os professores e artesões, pelos danos provocados por seus alunos e aprendizes durante o tempo em que estão sob sua supervisão. A responsabilidade acima ocorre salvo se os pais e mães e os artesões comprovarem que não puderam impedir o fato que provocou esta responsabilidade. Para os professores, a culpa, imprudência ou negligência invocadas contra eles como tendo provocado o fato danoso deverão ser comprovados de acordo com o direito comum, pelo requerente na instância".

Essa exigência da culpa como critério para imputação de responsabilidade ou mesmo sua presunção em situações nas quais o dano é causado por terceiro sob a supervisão ou guarda daquele a quem se imputa responsabilidade (responsabilidade pelo fato de outrem) não são critérios suficientes para preservar a atualidade das disposições do Código Civil francês, sobretudo em face das transformações sociais, econômicas e tecnológicas do século XIX. Seu desenvolvimento científico e tecnológico terminou por tornar a identificação e a prova da existência de culpa na conduta de um suposto causador de danos providências de difícil realização prática. Daí o surgimento de uma tendência crescente de interpretação *praeter legem* que resultará no surgimento do risco como critério novo de imputação de responsabilidade por danos.[64]

Por outro lado, o modelo alemão de reparação de danos estabelecido pelo Código Civil alemão de 1896 (*Burgeliches Gezetzbuch*, vigente a partir de 1900) apresenta-se por inter-

---

bâtiment est responsible du dommage causé par sa ruine, lorsqu'elle est arrivée par une suite du défaut d'entretien ou par le vice de sa construction".)

[63] Art. 1.384. "On est responsable non seulement du dommage que l'on cause par son propre fait, mais encore de celui que est causé par le fait des personnes don't on doit répondre, ou des choses que l'on a sous sa garde. Toutefois, celui qui détient, à um titre quelconque, tout ou partie de l'immeuble ou des biens mobiliers dans lesquels um incendie a pris naissance ne sera responsable, vis-à-vis des tiers, des dommages causés par cet incendie que s'il est prouvé qu'il doit être attribué à as faute ou à la faute des personnes dont il est responsable. Cette disposition ne s'applique pas aux rapports entre propriétaires et locataires, qui demeurent régis par les articles 1733 et 1734 du code civil. Le père et la mère, en tant qu'ils exercent 'l'autorité parentale' sont solidairement responsables du dommage causé par leurs enfants mineurs habitante avec eux. – Les maitres et les commettants, du dommage causé par leurs domestique et preposés dans les fonctions auxquelles ils les ont employes. Les instituteurs et les artisans, du dommage causé par leurs élèves et apprentis pendant le temps qu'ils sont sous leur surveillance. La responsabilité ci-dessus a lieu, à moins que les père et m`cere et les artisans ne prouvent qu'ils n'ont pu empêcher le fait qui donne lieu à cette responsabilité. Em ce qui concerne les instituteurs, les faute, imprudences ou négligences invoquées contre eux comme ayant causé le fait dommageable, devront être prouvées, conformément au droit commum, par le demandeur, à l'instance".

[64] ZENO-ZENCOVICH, Vincenzo. Responsabilitá civile, p. 247.

médio da cláusula geral do § 823, selecionando os interesses passíveis de tutela ressarcitória, quais sejam, a vida, a integridade física, a saúde, a liberdade, a propriedade e a reputação. Associam-se aqui os interesses que lesados dão causa à indenização, e a noção de direito subjetivo (responsabilidade por lesão a direito subjetivo),[65] oponível *erga omnes*, consolidado pela pandectística alemã, e cuja violação determina o nascimento da pretensão de reparação. Assim, o texto do § 823 do Código Civil alemão: "§ 823 – Quem, por culpa ou negligência, lesar, antijuridicamente, a vida, o corpo, a saúde, a liberdade, a propriedade ou qualquer ou outro direito de uma pessoa estará obrigado, para com esta pessoa, à indenização do dano daí resultante. Igual obrigação incumbe àquele que infringiu uma lei destinada à proteção de um outro. Se, de acordo com o conteúdo da lei, for possível, mesmo sem culpa, uma infração desta, só caberá a obrigação de indenização no caso de culpa".

Dois elementos indicam caracteres fundamentais do modelo de responsabilidade por danos no direito alemão: a exigência de injustiça do dano e da culpa como critério essencial para imputação de responsabilidade. Todavia, no tocante às hipóteses de presunção de culpa para efeito de imputação de responsabilidade, o modelo alemão observa-se mais restritivo.[66] Veja-se, neste particular, a regra do § 831 do BGB, na hipótese de responsabilidade pelo fato de outrem ("quem designar um outro para uma função estará obrigado à indenização que o outro, no exercício da função, causar..."), a obrigação não prevalece quando "o dono do negócio, na escolha da pessoa designada, ou sempre que tiver ele de fornecer os aparelhos, ou os utensílios, ou de dirigir o exercício da função, no fornecimento ou na direção, observar os cuidados exigíveis na vida usual, ou quando o dano, mesmo com a observância desses cuidados, se havia de produzir". Em outras situações, contudo, como a responsabilidade dos que se obrigam por força de lei à vigilância dos menores ou incapazes (§ 832), ou ainda do animal (§§ 833 e 834), observa o modelo alemão o mesmo critério de presunção de culpa (*in vigilando*) estabelecido no direito francês.

O surgimento do risco como critério de imputação de responsabilidade, esmaecendo a centralidade da culpa como critério de imputação, é resultado, na virada do século XIX para o século XX, do progresso da ciência e da técnica, e – como já mencionamos – da dificuldade prática de identificação e demonstração da culpa no caso concreto. A tendência de dispensa da prova da culpa já se observava em legislações esparsas do século XIX, inicialmente com recurso à presunção de culpa em face da atividade desenvolvida, para em seguida identificar-se propriamente o risco como critério próprio para a imputação de responsabilidade. Será o caso da presunção de culpa a lei prussiana, de 1838,[67] que imputa a responsabilidade por acidentes em estradas de ferro a quem desenvolve a atividade, evoluindo-se para o fundamento do risco da atividade especialmente pela legislação da segunda metade do século XIX.[68] Já

---

[65] ENNECCERUS, Ludwig; KIPP, Theodor; WOLFF, Martin. *Tratado de derecho civil*. Tradução de Blas Pérez Gonzalez y José Alguer. Barcelona: Bosch, 1944. v. 2, t. II: Derecho de obligaciones, p. 631.

[66] Veja-se MARKENSINIS, Basil. *The german law of torts*. A comparative introduction. Oxford: Clarendon Press, 1994, p. 35 e s.; ENNECCERUS, Ludwig; KIPP, Theodor; WOLFF, Martin. *Tratado de derecho civil*, t. II, p. 616 e s.

[67] TUNC, André. *La responsabilité civile*. 2. ed. Paris: Economica, 1989, p. 68.

[68] TUNC, André. *La responsabilité civile*, p. 69; LÉVY, Jean-Philippe; CASTALDO, André. *Histoire du droit civil*, p. 920. A própria noção de responsabilidade por acidentes fomentou gradualmente o reconhecimento da noção de risco como fundamento da responsabilidade, tanto nos sistemas de direito romano-germânico quanto no *common law*. A concepção de acidente, contudo, envolveu inicialmente não apenas fortuitos, mas também danos decorrentes de falhas humanas. A resistência à mudança, nesse sentido, decorre da concepção individualista prevalente no século XIX, e pelo fato de setores econômicos dominantes estarem se beneficiando do desenvolvimento tecnológico da época, sendo as vítimas, geral-

no que diz respeito à interpretação e à aplicação do Código Civil, de sua vez, a dispensa da culpa como critério para imputação de responsabilidade deu-se por intermédio de novas propostas de interpretação das disposições legais. Primeiro, pela extensão do significado do art. 1.386 do Código Civil francês, que se refere à responsabilidade do proprietário de um edifício por vícios construtivos, de modo a estendê-la também ao proprietário de uma máquina industrial que venha a causar dano aos trabalhadores. Nesse sentido, deu-se a decisão da Corte de Cassação no caso Teffaine, de 1896.[69] A vítima não precisaria, no caso, provar a culpa do empregador, mas apenas que a máquina apresentava vício construtivo. Ou, ainda, outro modo de assegurar aos trabalhadores proteção contra danos decorrentes da atividade laboral foi reconduzir a situação a uma relação contratual, identificando-se como obrigação decorrente do contrato de trabalho a garantia de segurança. Essa tese, todavia, não logrou reconhecimento jurisprudencial, resistente em identificar dentre as obrigações do contrato de trabalho o compromisso do empregador com a absoluta integridade física do trabalhador.[70] A responsabilidade do empregador sem demonstração da culpa por acidentes de trabalho logrou ser implementada por intermédio de legislação especial.[71]

Tais situações especiais de responsabilidade evoluem para a identificação, especialmente pela via doutrinária, da responsabilidade por danos fundada no risco da atividade. Contribuem, para tanto, os estudos de Saleilles e Louis Josserand, identificando na conduta de alguém que no desempenho da sua atividade dá causa a riscos de dano a causa da obrigação de reparação na hipótese de virem a se produzir. Para Saleilles, é sinal das transformações da responsabilidade civil as circunstâncias de que os riscos de indústria é que devem fundamentar a responsabilidade do patrão por acidentes de trabalho do empregado.[72] Para tanto, sustentará que a noção de culpa (*faute*) configura o fato causador de dano, e assim deve ser compreendido, sem recurso ao critério subjetivo.[73] Louis Josserand, de sua vez, ao examinar a responsabilidade do dono pelo fato da coisa, observa que esta deve se apoiar em três ideias básicas: primeiro, de que a obrigação decorre de fonte legal; segundo, se o dano é causado realmente pela coisa; e terceiro, de que o fundamento racional desta obrigação é o risco criado pelo dono da coisa.[74]

As tendências observadas no princípio do século XX para o direito da responsabilidade civil, de sua vez, apontavam para o reconhecimento de uma maior liberdade de apreciação dos juízes acerca da presença e intensidade da culpa na conduta do agente, de modo a determinar-lhe papel de crescente importância na identificação da obrigação de indenizar e sua extensão.

---

mente, de outra classe social menos favorecida, distinguindo-se – neste ponto, ao menos – os ônus e os bônus da industrialização. Conforme TUNC, André. Introduction. In: TUNC, André (Ed.). *International encyclopedia of comparative law*, v. XI, part I, p. 41.

[69] JOURDAIN, Patrice. *Les príncipes de la responsabilité civile*, p. 81.

[70] MAZEAUD, Henri; MAZEAUD, León; TUNC, André. *Tratado teórico práctico de la responsabilidad civil delictual y contractual*, t. I, p. 87.

[71] MAZEAUD, Henri; MAZEAUD, León; TUNC, André. *Tratado teórico práctico de la responsabilidad civil delictual y contractual*, t. I, p. 91-92.

[72] SALEILLES, René. Note sus Civ., 16 juin 1896. In: CARVAL, Suzanne. *La construction de la responsabilité civile*. Paris: PUF, 2001, p. 22.

[73] MAZEAUD, Henri; MAZEAUD, León; TUNC, André. *Tratado teórico práctico de la responsabilidad civil delictual y contractual*, t. I, p. 88.

[74] JOSSERAND, Louis. De la responsabilité du fait des choses inanimées. In: CARVAL, Suzanne. *La construction de la responsabilité civile*. Paris: PUF, 2001, p. 35.

2.4. A EVOLUÇÃO HISTÓRICA DA RESPONSABILIDADE CIVIL NO DIREITO BRASILEIRO

Diversas influências convergem para explicar e fundamentar a evolução histórica da responsabilidade civil no direito brasileiro. É o direito brasileiro um sistema de direito continental, direito legislado, daí a importância das influências francesa e alemã na sua conformação contemporânea. E se origina do direito português, na exata medida em que o Brasil nasceu do domínio daquele país. As ordenações filipinas de 1595, vigentes em Portugal e no Brasil até a promulgação do Código Civil de 1916, não contavam com cláusula geral de responsabilidade civil. Eram anteriores às codificações e à evolução da moderna técnica legislativa. Nem por isso, deixa-se de localizar no texto das ordenações diversas passagens indicando delitos e suas consequências civis. Esse é o caso da injúria, ao que dispõem as ordenações: "Dos que ferem ou injuriam pessoas com quem trazem demandas. Toda a pessoa que ferir, disser ou fizer qualquer injúria a outra, que com ela trouxer demanda, ou o mandar fazer, haverá a pena crime e civil em dobro, se com ele não trouxer a demanda. E se a pena for tal que se não possa dobrar, ficará em arbítrio do julgador dar-lhe mais outra, segundo o caso merecer. E no caso de ferir ou mandar ferir, perderá todo o direito que a demanda podia ter em vida do ferido, e por sua morte seus herdeiros poderão conseguir. E isto se entenderá se não provar que o ferimento foi feito por outras injúrias ou causas, que para isso tivessem, mas somente para si entrassem com demanda" (Livro V, Título XLII).[75] Não há, todavia, distinção clara entre os delitos públicos e privados, generalizando-se em várias situações as penas corporais.

A Consolidação das Leis Civis de Teixeira de Freitas, de sua vez, foi a primeira iniciativa de sistematização do direito civil brasileiro.[76] E embora este jurista tenha malogrado na redação do Esboço do Código Civil, compõe com méritos a tradição civilista brasileira, influenciando os trabalhos que posteriormente dariam origem aos Códigos Civis de 1916 e 2002.[77] Na Consolidação das Leis Civis, Teixeira de Freitas previu norma geral de imputação de responsabilidade em seu art. 798, nos seguintes termos: "Todo o delinquente está obrigado a satisfazer o damno que causar com o delicto". A referência a delito, de sua vez, remetia ao Código Criminal de 1830, o qual estabelecia a obrigação do condenado por crime indenizar o dano causado. Tocavam-se às esferas penal e civil. Na mesma linha, o art. 799 da Consolidação de Teixeira de Freitas firmava princípio já assentado no direito brasileiro a partir do art. 68 da Lei n. 261 de 1841, que estabelecia a separação entre as esferas civil e penal. Sobre o tema, dispôs o art. 799 da Consolidação: "A indemnisação em todos os casos será pedida por acção civil. Não se poderá mais questionar sobre a existência do facto e sobre quem seja seu autor, quando estas questões se-achem decididas no crime". Eis princípio que até hoje segue consagrado pela legislação civil.

---

[75] *Ordenações Filipinas*. Rio de Janeiro: Edição de Cândido Mendes de Almeida, 1870, v. 5, p. 1.192.

[76] Sensíveis no trabalho de Teixeira de Freitas as influências do direito civil francês e alemão. Neste sentido: TEIXEIRA DE FREITAS, Augusto. *Consolidação das leis civis*. Brasília: Senado Federal, 2003. t. II, p. CXXXIII-CXLVII. Conforme noticia Orlando Gomes, conhecia Teixeira de Freitas os Códigos da Prússia, de alguns cantões suíços, da Áustria e da Holanda, bem como os projetos dos Códigos português e chileno: GOMES, Orlando. Fontes e diretrizes do pensamento jurídico de Teixeira de Freitas. In: GOMES, Orlando. *Ensaios de direito civil e de direito do trabalho*. Rio de Janeiro: Aide, 1986, p. 142.

[77] Cite-se, ainda, a Nova Consolidação de Carlos de Carvalho, publicada em Bruxelas, em 1899, e que, segundo observa Caio Mário da Silva Pereira (*Direito civil. Alguns aspectos da sua evolução*. Rio de Janeiro: Forense, 2001, p. 110), cogitava da separação entre responsabilidade contratual e extracontratual, bem como a hipótese de exclusão de responsabilidade nas hipóteses de caso fortuito e de força maior, entre outros aspectos relevantes adiante incorporados pela legislação nacional.

No tocante à indenização, o art. 800 da Consolidação das Leis Civis indicava que esta deveria ser a mais completa possível e, em caso de dúvida, ela seria resolvida em favor do ofendido (reproduzindo o art. 22 do Código Criminal de 1830). Em anotação à 3ª edição da sua Consolidação, observava Teixeira de Freitas que "O mal à pessoa e seus bens, quaisquer delitos, avaliado em todas as suas partes e consequências, fora redutível sem inconvenientes ao que se chama prestação – de perdas e danos, perdas e interesses, lucros cessantes e danos emergentes; e que vem a ser o que efetivamente perdeu-se e o que se deixou de ganhar. Estas expressões, entretanto, é de uso aplicarem-se unicamente às faltas dos devedores por obrigações não derivadas de delitos puníveis pelas leis criminais".[78] Nota-se, pois, um vínculo entre a tutela ressarcitória civil e a definição de delito e identificação das suas espécies pelo Código Criminal de 1830, que dispunha em seu art. 21: "O delinquente satisfará o dano que causar com o delito".

A rigor, Teixeira de Freitas sustentou sua definição de delito com vista a distinguir seu sentido em direito civil e em direito criminal, propondo o exame de quatro significados: a) o primeiro, indicando delito como toda violação de direitos; b) o segundo, como toda violação de direitos com intenção malévola; c) o terceiro, como toda violação de direitos com intenção malévola, reprimida pelas leis penais; e d) quarto, toda violação de direitos com intenção malévola, reprimida pelas leis penais, com penas correcionais. E sentencia que "o direito civil somente trata do delito pelo lado da reparação do dano causado, ou o delito seja reprimido pela legislação penal ou não o seja".[79]

No Esboço de Código Civil, de sua vez, optou Teixeira de Freitas por distinguir delitos, ofensas e faltas. Reservou a indicação de delitos aos atos ilícitos igualmente previstos e proibidos pelas leis penais (art. 824); ofensas, quando forem proibidos por lei, sem a existência de obrigação preexistente (art. 825); e faltas, quando proibidas por lei, haja vista obrigação preexistente (art. 826). Em relação aos delitos, propunha o art. 835 do Esboço que, na hipótese de a ação criminal preceder a civil, a regra era de que não restaria configurado para efeitos civis o delito enquanto não houvesse decisão transitada em julgado na demanda criminal. No caso das ofensas, que se aproximam do conceito atual de ilícito civil, perfazia-se mediante a presença de dano tanto causado diretamente pelo ofensor quanto por pessoas responsáveis por ele, assim como os decorrentes de esbulho ou de atos nulos (art. 842). Já no caso das faltas, caracterizavam-se pela violação a dever pré-constituído em obrigação anterior, espécie de responsabilidade negocial.[80]

Na doutrina brasileira do século XIX, Ribas indicava os atos ilícitos como contrários ao Direito ou à moral, indicando como fontes de obrigação, por expressa influência do direito romano, os decorrentes de contratos, delitos, quase contratos e quase delitos, assegurando-se ação para "pleníssima" indenização,[81] indicando a adesão do direito brasileiro, desde as origens, ao princípio da reparação integral.

O Código Civil brasileiro de 1916 resultou do Projeto de Clóvis Beviláqua. Nele, seguindo confessada inspiração do Código de Napoleão, a responsabilidade civil achou-se indicada à norma do art. 159, que dispunha: "Art. 159. Aquele que, por ação ou omissão voluntária, negligência, ou imprudência, violar direito, ou causar prejuízo a outrem, fica obrigado a reparar o dano". Posteriormente, em 1919, a redação da norma foi alterada para incluir que "A

---

[78] TEIXEIRA DE FREITAS, Augusto. *Consolidação das leis civis*, t. II.
[79] TEIXEIRA DE FREITAS, Augusto. *Consolidação das leis civis*, t. II, p. CLXII-CLXIII.
[80] TEIXEIRA DE FREITAS, Augusto. *Esboço do Código Civil*. Brasília: Ministério da Justiça, 1983. v. 1, p. 197-199.
[81] RIBAS, Antônio Joaquim. *Curso de direito civil brasileiro*. Brasília: Senado Federal, 2003. v. II, p. 443.

verificação da culpa e a avaliação da responsabilidade regulam-se pelo disposto neste Código, arts. 1.518 a 1.532 e 1.537 a 1.553".

No caso da responsabilidade pelo fato de outrem, ao tempo em que relacionava aqueles a quem seria imputada em lugar do agente, no caso, os pais em relação aos filhos menores que estivessem sob seu poder e em sua companhia; o tutor e o curador em relação aos pupilos e curatelados que se achassem nas mesmas condições; o patrão, amo ou comitente por seus empregados, serviçais ou prepostos, no exercício do trabalho que lhes competiam ou por ocasião dele; os donos de hotéis e hospedarias, casas ou estabelecimentos, onde se albergasse por dinheiro, mesmo para fins de educação, pelos danos causados por seus hóspedes, moradores e educandos; e os que gratuitamente houvessem participado nos produtos do crime até a concorrente quantia, indicava o art. 1.521 do Código Civil de 1916 sua responsabilidade comum ("são também responsáveis", indicava a norma). Todavia, o art. 1.523 do mesmo Código indicava que, em todos esses casos, com exceção dos que houvessem concorrido com o produto de crime, só responderiam se houvesse prova de culpa ou negligência de sua parte. Aqui, portanto, afirmava-se também o critério ou "princípio" da culpa, apenas excetuado nos casos de danos causados por animais, em que se invertia *ope legis* o ônus da prova, indicando que o dono ou detentor do animal ressarciria o dano causado, se não provasse que agiu sem culpa, indicando "que o guardava e vigiava o animal com cuidado preciso", "que o animal foi provocado por outro", "que houve imprudência do ofendido" ou "que o fato resultou de caso fortuito, ou força maior". Aqui se institui a presunção de culpa contra o agente, porém, fiel ao critério de imputação vinculado à identificação de uma falha de conduta do indivíduo.

As únicas situações em que o Código Civil revogado de fato admitia a possibilidade de responsabilidade sem culpa – ao menos não as indicando no suporte fático da norma de imputação, porém, sem que se possa excluir de fato sua exigência pela praxe jurisprudencial por décadas – eram as hipóteses dos art. 1.528, no tocante aos danos causados por edifício em ruínas "cuja necessidade fosse manifesta" e do art. 1.529, que imputava ao proprietário e a do habitante da casa ou parte dela, por danos provenientes de coisas caídas ou lançadas em lugar indevido. No caso da responsabilidade do proprietário do prédio em ruínas, inclusive, a própria indicação da manifesta necessidade de reparos não deixava de indicar o não atendimento a padrões de diligência média exigíveis do agente.

O fato é que o desenvolvimento das hipóteses de responsabilidade objetiva no direito brasileiro se deu gradativamente, segundo critérios conjunturais, acompanhando a realidade de mecanização e incremento tecnológico crescente, assim como a maior complexidade das relações econômicas e sociais, das atividades empresariais e seus impactos sobre a vida individual. Nesse contexto é que surge, no direito brasileiro, a responsabilidade hoje indicada objetiva, instituída pelo Decreto n. 2.681, de 7 de dezembro de 1912, das "estradas de ferro" (ou seja, do agente econômico que as exploravam) "pela perda total ou parcial, furto ou avaria das mercadorias que receberem para transportar". Leia-se: responsabilidade do transportador por estradas de ferro, contra quem, conforme indicava a última parte do art. 1º da norma, "será sempre presumida a culpa", não sendo provada por este as situações ali relacionadas que envolviam o rompimento do nexo causal,[82] embora referisse em relação

---

[82] "Art. 1º As estradas de ferro serão responsáveis pela perda total ou parcial, furto ou avaria das mercadorias que receberem para transportar. Será sempre presumida a culpa e contra esta presunção só se admitirá alguma das seguintes provas: 1ª – caso fortuito ou força maior; 2ª – que a perda ou avaria se deu por vício intrínseco da mercadoria ou causas inerentes à sua natureza; 3ª – tratando-se de animais vivos, que a morte ou avaria foi consequência de risco que tal espécie de transporte faz naturalmente

a tais situações, no art. 2º do mesmo decreto, hipótese de concorrência de culpas, como causa de redução de indenização.[83]

A partir daí, o direito brasileiro receberá de modo crescente, ao longo do século XX, influência do direito comparado, especialmente em relação a respostas que a disciplina da responsabilidade civil poderá oferecer no tocante ao aumento e socialização dos riscos, na transição do modelo de sociedade agrária para a sociedade industrial (com as peculiares características do desenvolvimento brasileiro, impulsionado apenas em fins da primeira metade do século XX) e a sociedade de consumo de massas do final do século, cujas transformações se fazem sentir até os dias de hoje. Assim é que, embora situações tópicas se desenvolvessem, a mitigação da culpa e o reconhecimento do risco, como critério para imputação de responsabilidade, afirmaram-se apenas no final do século, como no caso da responsabilidade civil objetiva por danos ao meio ambiente, consagrada pela Lei n. 6.938/81, que dispôs sobre a Política Nacional do Meio Ambiente, especialmente a partir da renovação principiológica e dogmática a que dá causa a Constituição Federal de 1988, que, emergente da transição de um regime autoritário para o Estado democrático de direito, representou, por aspectos conjunturais relevantes, capítulo essencial na renovação do direito brasileiro e inclusive do direito privado. No caso da responsabilidade civil, consagrou a Constituição a responsabilidade objetiva do Estado pela reparação de danos causados por seus agentes (art. 37, § 6º), assim como a responsabilidade objetiva por danos nucleares (art. 21, XXIII, d).[84] Da mesma forma, é a partir da Constituição que são reconhecidas novas relações jurídicas que serão objeto de tutela legal, a partir do comando constitucional, como são os casos dos direitos dos consumidores, da criança e do adolescente, do idoso, entre outros. E se constitui na origem de microssistemas normativos, como são os casos do Código de Defesa do Consumidor (Lei n. 8.078/90) e do Estatuto da Criança e do Adolescente (Lei n. 8.069/90).

Em relação à legislação de proteção do consumidor, observe-se que se trata de norma com profunda influência sobre o direito privado em geral, especialmente em matéria de contratos e da responsabilidade civil. Nesse sentido, note-se que a responsabilidade civil objetiva para danos a consumidores, assim como a limitação de causas de exclusão de responsabilidade do fornecedor e a equiparação a consumidores, para lhe estender o regime mais favorável da lei, de todas as vítimas do evento danoso, permitiu comparar a eficácia dessa legislação, fundada no critério do risco do fornecedor como aquele que obtém vantagem econômica da atividade que expõe os consumidores a possíveis danos, e estabelecida pelo Código Civil de 1916.

Essa tendência, então, de objetivação da responsabilidade, identificada também pelo ocaso ou a mitigação da culpa, terminou acolhida pelo Código Civil de 2002, seja em vista da regra de imputação de responsabilidade objetiva prevista no art. 927, parágrafo único ("Haverá obrigação de reparar o dano, independentemente de culpa, nos casos especificados em lei, ou quando a atividade normalmente desenvolvida pelo autor do dano implicar, por sua natureza, risco para os direitos de outrem"), seja pela definição dessa natureza para as

---

correr; 4ª – que a perda ou avaria foi devida ao mal acondicionamento da mercadoria ou a ter sido entregue para transportar sem estar encaixotada, enfardada ou protegida por qualquer outra espécie de envoltório; 5ª – que foi devido a ter sido transportada em vagões descobertos, em consequência de ajuste ou expressa determinação do regulamento; 6ª – que o carregamento e descarregamento foram feitos pelo remetente ou pelo destinatário ou pelos seus agentes e disto proveio a perda ou avaria; 7ª – que a mercadoria foi transportada em vagão ou plataforma especialmente fretada pelo remetente, sob a sua custódia e vigilância, e que a perda ou avaria foi consequência do risco que essa vigilância devia remover."

[83] "Art. 2º Se nos casos dos n/s 2, 3, 4, 5, 6 e 7 do artigo anterior concorrer a culpa da estrada de ferro com a do remetente ou destinatário, será proporcionalmente dividida a responsabilidade."

[84] Com a redação estabelecida pela Emenda Constitucional n. 49/2006.

situações de responsabilidade por fato de terceiros e pelo fato da coisa, sem exceções, bem como do empresário pelo dano causado por produtos colocados no mercado (art. 932), no que, aliás, foi além do disposto no próprio Código de Defesa do Consumidor.

Não resta dúvida, contudo, de que a responsabilidade civil por danos tem como traço elementar a circunstância de ser profundamente associada ao estado da jurisprudência do seu tempo. E as condições essenciais para a imputação do dever de indenizar – conduta, nexo de causalidade e dano –, embora de largo desenvolvimento doutrinário (*law in the books*), têm sua identificação fortemente influenciada pela compreensão cultural da noção de falha da conduta humana, dos riscos a que se expõem os agentes e vítimas e de que modo devem suportá-los. A sociedade contemporânea, sob intensa transformação, observa essa compreensão ser retratada e reformulada muitas vezes pela jurisprudência (*law in action*). Assim também ocorre com o conceito de dano indenizável, que, antes de noção jurídica, é uma noção cultural: afinal, impõe que se responda quais interesses ou bens jurídicos dos indivíduos e da coletividade são merecedores de tutela jurídica e quais não são. Neste particular, o longo caminho de afirmação do dano puramente moral como passível de indenização, desvinculando as noções de dano e prejuízo material, bem demonstram que a compreensão jurídica não se dissocia – por mais que se possa reconhecer o caráter antecipatório de muitas decisões judiciais – da compreensão social e cultural dos institutos jurídicos em geral, o que ocorre a toda evidência com o dano indenizável.

O exame da responsabilidade civil, por isso, exige, quando do exame técnico-jurídico de seus institutos, situar a interpretação de seus significados e alcance em dado contexto de riscos sociais e individuais e os critérios que pelo direito se constroem para distribuir e custear esses riscos. Para tanto, há de se propor o crescente equilíbrio entre a liberdade individual e a proteção da pessoa humana, segundo critérios de distribuição dos custos da vida em sociedade.

Capítulo 3
POSIÇÃO DA RESPONSABILIDADE CIVIL NO SISTEMA JURÍDICO CONTEMPORÂNEO

Orienta-se a disciplina da responsabilidade civil por assegurar o equilíbrio e a segurança das relações jurídicas. A obrigação de reparar contém em si a ideia de equilíbrio entre os patrimônios, e segurança na medida em que a certeza quanto à reparabilidade do dano que se considera dano injusto é fundamento de estabilidade das relações jurídicas em geral.

Define Savatier que "responsabilidade civil é a obrigação que pode incumbir a uma pessoa de reparar o dano causado a outrem por conduta sua ou de pessoas ou coisas que dela dependam".[1] Desenvolve-se, portanto, no âmbito da relação obrigacional, sendo o dever de prestação consistente em indenização, de regra pecuniária, constituindo devedor o causador do dano ou outro a quem a lei confira a obrigação.

O desenvolvimento da noção de responsabilidade jurídica se dá mediante o conhecido binômio preceito-sanção ("se A é, B deve ser, imperativo categórico kantiano), que se especializa a partir da relação entre um dever jurídico originário, decorrente de previsão normativa genérica ou específica, e um dever jurídico sucessivo, relativamente à consequência imputada ao agente que viola o primeiro dever. O que varia, em cada caso, é a espécie de sanção, conforme a natureza da norma, o grau de reprovação social e a consequência, na realidade da vida, que decorrem da violação do dever jurídico originário. Daí o interesse em distinguirem-se a responsabilidade civil e as outras espécies de responsabilidade jurídica, notadamente, a penal, a administrativa e, especialização desta, a política, ou também denominada responsabilidade político-administrativa.

3.1. DISTINÇÃO DA RESPONSABILIDADE CIVIL E OUTRAS DIMENSÕES JURÍDICAS DE RESPONSABILIDADE

A correta compreensão da relação de responsabilidade civil impõe que se estabeleça sua distinção em razão de outras relações jurídicas. No direito alemão, a responsabilidade civil é percebida com base em uma relação dialética à noção de dever. Diz-se Schuld und Haftung, Débito e Responsabilidade.[2] Exprime a relação fundamental da responsabilidade civil entre dever originário e dever sucessivo. No caso, o dever originário decorre da lei ou do contrato, ou ainda, da eficácia jurídica vinculativa decorrente da nomogenética dos princípios jurídicos (criadores de direito, e, portanto, de deveres jurídicos a serem observados pelas partes). Esses deveres originários destinam-se a ser observados e cumpridos pelas partes, sendo que sua violação (= descumprimento), uma vez que decorrem danos injustos a outro sujeito de dada

---

[1] SAVATIER, René. *Traité de la responsabilité em droit français*, t. I, p. 1.
[2] BRINZ, Alois von: Lehrbuch der Pandekten, 2. Aufl. Band 2, Erlangen: Andreas Deichert, 1879, p. 1; LARENZ, Karl. *Lehrbuch des Schuldrechts*, Bd. 1 – Allgemeiner Teil. 14. ed. Munique: Beck, 1987, p. 26-28.

relação jurídica preexistente, ou formada em razão desses danos injustos, dá causa ao dever sucessivo, que é o dever de indenizar.

Quando se fala em imputar/imputação, está-se a indicar alguém; responsabilizar/responsabilidade, diz respeito à indicação a este alguém ou, ainda, a terceiro (p. ex., na responsabilidade pelo fato de outrem), de uma obrigação de realizar determinado comportamento que vise a uma satisfação. Distinguem-se, nesse aspecto, três ordens de imputação, e nem todas se confundem com se dizer que alguém será responsável. Há uma imputação decorrente de causa material, pela qual se diz que alguém fez algo/cometeu determinado ato. Uma segunda espécie de imputação – relevante tanto moralmente quanto para certos âmbitos da responsabilidade jurídica – é aquela que define que alguém fez algo/cometeu determinado ato voluntariamente. E, por fim, um terceiro juízo de imputação, pelo qual se diz que alguém fez algo voluntariamente contra a lei. Apenas na presença dessas três hipóteses de imputação aplicáveis ao mesmo caso é que se admite a presença de um ato ilícito/delito, que é pressuposto da responsabilidade.

Embora seja certo que os domínios da responsabilidade civil atualmente tenham ultrapassado em muito os limites de exigência do ato ilícito (há inúmeras situações em que a responsabilidade e o consequente dever de indenizar decorrem de atos lícitos, mas dos quais decorram danos injustos, e por isso reparáveis), a ilicitude como expressão da reprovação jurídico-legal do comportamento do agente concentra ainda protagonismo na discussão sobre a responsabilidade civil. O que ocorre, todavia, é uma mudança do eixo quanto ao conteúdo dessa reprovação do comportamento de certo causador do dano, que deixa de se vincular a dado juízo moral sobre a correção ou não da conduta, para concentrar-se no interesse da vítima e na prevenção e/ou satisfação dos danos injustos que venha a sofrer.

As comunidades primitivas contavam com um conceito unitário de responsabilidade, traduzido pela noção de equilíbrio e em relação de causa e efeito, dividida entre a noção de ofensa à norma sob diversas formas a ensejar o reconhecimento e a aplicação de determinada sanção.[3] Modernamente, com a especialização das relações jurídicas e de sua respectiva disciplina, a noção de responsabilidade distinguiu-se em várias espécies. Costuma-se reconhecer, ao lado da responsabilidade civil, que se concentra nos danos causados à vítima do evento e, consequentemente, regula o dever de indenizar e/ou recompor o patrimônio jurídico lesado, também a responsabilidade penal, a responsabilidade administrativa, e a responsabilidade política (a que alguns reconhecerão como subespécie de responsabilidade administrativa). Examinemos agora, no que interessa à melhor compreensão da responsabilidade civil, breve comparação entre elas.

3.2. RESPONSABILIDADE CIVIL E RESPONSABILIDADE PENAL

A comparação entre a responsabilidade civil e a responsabilidade penal permite distinguir seus fundamentos e finalidades. Conforme já se mencionou, a responsabilidade civil visa à recomposição do patrimônio jurídico lesado da vítima, mediante indenização e/ou reparação específica de danos suscetíveis ou não de avaliação econômica (patrimoniais e extrapatrimoniais). A responsabilidade penal, ao contrário, tem outro fundamento. Parte da compreensão de sua finalidade como sendo de manutenção da paz social, à segurança pública, individual e coletiva, mediante a definição estrita de certas condutas que, por seu caráter gravoso a interesses socialmente relevantes qualificados como bens jurídicos, assim como o grau de reprovação social que percebem, são definidos como crimes. O cometimento de um fato definido como

---

[3] LARRAÑAGA, Pablo. *El concepto de responsabilidad*, p. 65.

crime (= fato típico segundo exato preenchimento dos fatos previstos no preceito da norma penal) dá causa à incidência da lei penal e imputabilidade do agente. Todavia, nota-se desde sempre que a função sancionatória da norma penal exige o elemento da culpabilidade do agente, ou seja, uma falha imputada no seu comportamento, para que haja a imputação do crime. Exige-se, nesse caso, o comportamento doloso (vontade), ou culposo (por negligência, imprudência ou imperícia), para imputação do crime ao agente.

Na responsabilidade civil, embora na sua origem moderna se tenha elevado o elemento subjetivo da conduta (dolo/culpa) como pressuposto da imputação do dever de reparar o dano (lembre-se de Ihering: "sem culpa nenhuma reparação"), observa-se uma tendência de se admitir, mediante previsão expressa de lei, situações de responsabilidade cuja imputação se dá de modo independente da presença de dolo ou culpa na conduta do agente, denominada responsabilidade objetiva.

Da mesma forma, há distinção quanto à natureza da sanção aplicada quando se trata de responsabilidade civil ou responsabilidade penal.

No caso da responsabilidade civil, a sanção/consequência recai sobre o patrimônio daquele a quem se imputa responsabilidade, às vezes em razão de ter sido o seu comportamento decisivo para a realização do dano, às vezes porque a lei lhe imputa diretamente a responsabilidade, e obriga, como regra, os sucessores (assim, o art. 943 do Código Civil: "O direito de exigir reparação e a obrigação de prestá-la transmitem-se com a herança"). Da mesma forma, poderá responder, seja como obrigação solidária (na qual responde em igualdade de condições com outros devedores por toda a obrigação), seja de modo subsidiário (na qual responde, por força de lei, no caso de outros responsáveis não virem a fazê-lo por qualquer razão).

Já a responsabilidade penal não ultrapassa a pessoa do responsável. Trata-se de responsabilidade pessoal, não patrimonial. As penas que surgem como consequência do cometimento do ilícito se aplicam com a finalidade de castigo e/ou desestímulo à repetição da conduta. Ou como se sustenta, em tese, também com o propósito de reeducação para o convívio social. Tratam-se, como regra, de penas privativas de liberdade e/ou restritivas de direitos daquele considerado responsável pelo crime. Apenas excepcionalmente, também pode haver a condenação ao pagamento de multa, que, embora tenha caráter patrimonial, tem por finalidade castigar o criminoso.

Distinguem-se a responsabilidade civil e a penal, portanto, tanto no tocante aos seus fundamentos quanto ao propósito da sanção.

Por guiar-se pelo princípio da verdade real, contudo, diz-se que certos fatos, quando decididos em juízo criminal (no qual se avalia a responsabilidade penal), fazem coisa julgada no âmbito civil, ou seja, não poderão ser questionados/reexaminados em uma eventual ação indenizatória em que se discuta a imputação de responsabilidade civil de determinada pessoa. Assim dispõe o artigo 935 do Código Civil: "A responsabilidade civil é independente da criminal, não se podendo questionar mais sobre a existência do fato, ou sobre quem seja o seu autor, quando estas questões se acharem decididas no juízo criminal". Isso não significa dizer que não possa o juízo cível, examinando os fatos da causa, e limitado pelo eventual reconhecimento de imputação de responsabilidade pelo juízo criminal, revisitá-los para efeito da incidências das normas civis, como por exemplo, verificando a contribuição causal da vítima em concorrência com o ofensor, reduzir o valor da indenização a ser fixada (art. 945 do Código Civil).[4]

---

[4] REsp 1354346/PR, Rel. Min. Luis Felipe Salomão, 4ª Turma, j. 17/09/2015, *DJe* 26/10/2015; REsp 1474452/SC, Rel. Min. Ricardo Villas Bôas Cueva, 3ª Turma, j. 15/09/2015, *DJe* 18/09/2015.

3.3. RESPONSABILIDADE CIVIL E RESPONSABILIDADE ADMINISTRATIVA

A responsabilidade administrativa é aquela que decorre da violação de deveres inerentes à relação entre determinada pessoa e o Estado-Administração. É relação de direito público, embora se considerem, para efeito da aferição de responsabilidade e seus pressupostos, as noções da teoria geral da responsabilidade civil e, subsidiariamente, as normas do Código Civil.

A relação de administração é cogente e se vincula à sua finalidade de interesse público,[5] impondo aos indivíduos que se relacionam com o Estado deveres cujo descumprimento dá causa à sanção. Distingue-se em responsabilidade *intraneus* e *extraneus*. *Intraneus* será a responsabilidade da pessoa que, investida em determinada qualidade de agente público (exercendo cargo, emprego ou função pública), viola deveres inerentes a esta condição, submetendo-se a sanções disciplinares no âmbito do poder disciplinar do Estado. Nesse sentido, a responsabilidade administrativa possui nítido caráter retributivo.

Já a denominada responsabilidade *extraneus* diz respeito àquela imposta ao administrado em vista do exercício do poder de polícia do Estado em face da população em geral. Nesse caso, não se exige a existência de vínculo jurídico anterior e formal daquele a quem se imputa responsabilidade e o Poder Público (qualidade de agente público, p. ex.), mas se submete às sanções objeto do poder de polícia administrativo. Sua finalidade é a preservação da ordem pública e da paz social, suscitando a aplicação do que se vem denominando *direito administrativo sancionador*.[6]

Como regra, a responsabilidade administrativa se traduz na aplicação de sanção pecuniária (multa e/ou ressarcimento), advertência e restrição de direitos (inabilitação, interdição, apreensão, destruição de bens etc.), que, embora tenha reflexos patrimoniais, observa a finalidade de desestímulo à conduta infrativa de norma legal. Por outro lado, submete-se ao princípio da legalidade estrita que informa a atuação administrativa, de modo que a sanção deve contar com previsão legal específica. Da mesma forma, orienta-se pelo princípio da proporcionalidade, bem como observa a aplicação da sanção do devido processo legal e da motivação do ato que a imponha.

A natureza da responsabilidade administrativa, em face do seu caráter retributivo e sancionatório, guarda semelhanças com a responsabilidade penal, induzindo à existência de mesmas garantias ao indivíduo a quem se pretenda imputá-la. Todavia, distingue-se claramente da responsabilidade civil, cuja característica principal diz respeito à sua finalidade de reparação da vítima e recomposição do patrimônio lesado.

3.4. RESPONSABILIDADE CIVIL E RESPONSABILIDADE POLÍTICA

A responsabilidade política é inerente ao Estado moderno[7] e consiste na possibilidade de que os agentes políticos, no exercício de funções públicas, possam vir a responder pelos atos que pratiquem nesta condição perante a comunidade política. Para muitos autores, considera-se espécie de responsabilidade administrativa, daí falar-se em responsabilidade político-administrativa. Consiste na responsabilidade imputável a certas pessoas que ostentem

---

[5] CIRNE LIMA, Ruy. *Sistema de direito administrativo brasileiro*. Porto Alegre: Sulina, 1953, p. 25.
[6] OSÓRIO, Fábio Medina. *Direito administrativo sancionador*. 2. ed. São Paulo: RT, 2005, p. 165 e s.; MELLO, Rafael Munhoz de. *Princípios constitucionais de direito administrativo sancionador*: as sanções administrativas à luz da Constituição Federal de 1988. São Paulo: Malheiros, 2007, p. 104.
[7] SOUZA PINTO, Paulo Brossard de. *O impeachment*. Porto Alegre: Globo, 1965, p. 10.

a qualidade de agentes políticos, e que nessa condição pratiquem infrações político-administrativas. Assim ocorre com os cargos de chefia dos Poderes do Estado e seus substitutos, bem como seus auxiliares diretos (ministros, secretários de Estado, secretários municipais). Observa o regime de direito público, orientando-se por normas constitucionais.

A principal distinção da responsabilidade política (ou político-administrativa), e as demais havidas, decorre da natureza do juízo que se estabelece nesse caso, vinculada não apenas à prática de determinado fato, mas também à sua repercussão nas condições políticas de o agente público a quem é imputada a conduta manter-se no exercício do cargo público no qual está investido.

São exemplos de responsabilidade política os crimes de responsabilidade, previstos na Constituição Federal relativamente ao Presidente da República (arts. 85 e 86, § 1º, II, da CF), e que dão causa a processo de julgamento que pode levar ao impedimento (*impeachment*), assim também as hipóteses de cassação de mandato eletivo (e.g., art. 55, em relação aos membros do Congresso Nacional).

Não resulta da responsabilidade política *per se* qualquer obrigação de reparar danos causados em decorrência da atividade do agente responsável.

Capítulo 4
RESPONSABILIDADE CIVIL E DEVER JURÍDICO

O instituto da responsabilidade civil funda-se em dados valores do ordenamento jurídico, cuja proteção pretende realizar. Tais valores são historicamente formados e, portanto, cambiantes ao longo do tempo. Bem compreendê-los permite não apenas a identificação dos traços fundamentais do sistema de responsabilidade civil de determinado sistema jurídico, como também de suas funções.

Note-se que, sob as codificações novecentistas, a proteção do patrimônio tinha enorme destaque e, não raro, a própria pessoa tinha eventual lesão sofrida apreendida sob a forma de uma perda patrimonial. Com o desenvolvimento econômico do século XIX, sob os auspícios da Revolução Industrial, observa-se a valorização da iniciativa econômica e a liberdade de organização da empresa.[1] Isso contribui para que, gradualmente, a preocupação com a sanção a um comportamento do ofensor passe a dar lugar a uma noção de eficiência ou utilidade do sistema de responsabilidade civil.

Por outro lado, mais recentemente, especialmente após a Segunda Guerra Mundial, a valorização da pessoa humana e dos direitos humanos a ela concernentes termina por concentrar a plêiade de interesses organizados sob o ordenamento jurídico e, nesses termos, conduzem a responsabilidade civil, gradualmente, a orientar-se no sentido não apenas da proteção do patrimônio, como também das várias dimensões de interesse da pessoa humana, sob o marco do que se reconhece como tutela integral da pessoa. Nesse contexto, multiplicam-se as situações em que passam a ser reconhecidos danos extrapatrimoniais indenizáveis e, sob essa marca, os múltiplos interesses passam a ser subdivididos, diferenciando-se diversos danos extrapatrimoniais entre si.

Está-se a observar a identificação do dever jurídico genérico de não lesar, o que se realiza a partir da violação de outros diversos deveres específicos. Assim, por exemplo: quem tem o dever de realizar o pagamento e não o faz, tornando-se inadimplente, lesa o interesse do credor; ou quem tem o dever de abstenção, de nada fazer e, portanto, suportar o pleno exercício de direito de propriedade ou direito de personalidade de outra pessoa, não o faz, agindo e, portanto, causando dano indenizável.

Daí dizer-se que o dever que surge da responsabilidade civil é dever sucessivo de indenizar, em decorrência de um dever originário positivo (de dar, ou fazer), ou negativo (de abstenção). Todavia, também quando não houver violação de um dever específico, pode surgir o dever de indenizar, como é o caso do dever de indenizar que decorra de danos causados por fatos lícitos, que encontram justificação no ordenamento jurídico (assim, por exemplo, a hipótese do art. 188, II, do Código Civil, que estabelece: "Não constituem atos ilícitos: (...) II – a deterioração ou destruição da coisa alheia, ou a lesão a pessoa, a fim de remover perigo iminente").

---

[1] ALPA, Guido. *Tratatto di diritto civile*. Milano: Giuffrè, 1999. t. IV: La responsabilita civile, p. 112.

Representativa desse pensamento será a obra de Pothier, uma das principais influências do Código Civil francês de 1804, e que inspirou diversas outras codificações – inclusive a brasileira –, ao estabelecer a conhecida distinção entre *delitos* e *quase delitos*, ambos caracterizados sob a égide da ilicitude, a terceira e a quarta causas das obrigações, respectivamente; ambas, todavia, sob a marca do elemento interno do agente. Nos *delitos*, quando "por ato pelo qual uma pessoa, por dolo ou maldade, causa perda ou dano a outra", enquanto nos quase delitos, identificava-se "o ato pelo qual uma pessoa, sem maldade, mas por imprudência que não seja desculpável, causa algum dano a outro".[2]

Ou seja, é um *comportamento humano comissivo* ou *omissivo* que enseja determinado resultado. Trata-se, nesse aspecto, de um comportamento tipicamente humano, uma projeção externa humana causadora de consequências fáticas que, localizadas nas espécies de atuação eleitas pela norma jurídica, tornam-se, por isso, atos jurídicos, em relação aos quais o direito atribui requisitos e consequências. Da conduta contrária a direito – entendida como conduta contrária à norma – surge a classificação própria, em se tratando dos pressupostos da responsabilidade: o *ato ilícito*.[3] Este se traduz como omissão de um comportamento devido, cuja determinação verifica-se expressamente pela norma, ou, de modo implícito, de outros comportamentos exigíveis do titular de um dever.[4] Igualmente, a ilicitude há de ser reconhecida a partir da contrariedade a dever cuja fonte normativa identifica-se tanto nas normas civis quanto nas penais,[5] bem como – em dadas situações – quanto à responsabilidade do indivíduo diante da Administração, em relação a normas editadas no âmbito administrativo.

O ato ilícito com pressuposto da responsabilidade civil, nesse sentir, insere-se na tutela genérica de interesses socialmente valiosos e é compreendido em relação à pessoa como *violação de um dever jurídico de não lesar*. Já o que se há de considerar por lesão é termo de necessária atribuição pela norma no exercício de *função valorativa* que lhe é própria, a partir de um juízo prévio de compreensão de determinadas ações humanas como desejáveis ou não sob o prisma da paz social e, modernamente, na proteção da dignidade da pessoa humana. Em razão de uma compreensão valorativa de certos comportamentos sociais é que, por intermédio de determinações de natureza imperativa, prescritiva ou proibitiva, a norma elege condutas

---

[2] POTHIER, R. J. *Tratado das obrigações*. Campinas: Servanda, 2001, p. 113; COING, Helmut. *Europäisches Privatrecht*, Band I. Älteres Gemeines Recht (1500 bis 1800). München: C. H. Beck, 1985, p. 503 e s.; COING, Helmut. *Europäisches Privatrecht*, Band II. 19. Jahrhundert. Überblick über die Entwicklung des Privatrechts in den ehemals gemeinrechtlichen Ländern. München: C. H. Beck, 1999, p. 512 e s.

[3] PESSOA JORGE, Fernando. *Ensaio sobre os pressupostos da responsabilidade civil*. Coimbra: Almedina, 1999, p. 70.

[4] PESSOA JORGE, Fernando. *Ensaio sobre os pressupostos da responsabilidade civil*, p. 72.

[5] É conhecida a distinção, demonstrada dentre outros por Aftalión, entre a tutela penal e civil, estando a primeira afeita à estimação de atos humanos especialmente perigosos e lesivos à convivência pacífica e à tranquilidade social, ou seja, a tutela reflexa do bem jurídico segurança social. AFTALIÓN, Enrique R.; VILANOVA, José; RAFFO, Julio. *Introducción al derecho*. Buenos Aires: Abeledo Perrot, 1999, p. 891-892. O direito civil, de outro modo, estabeleceria seu paradigma na tutela do interesse individual, na proteção contra violação, dos direitos próprios dos indivíduos, abarcando a órbita de valores de proteção da pessoa, cujo influxo das modernas teorias contemporâneas indica sua articulação necessária com o direito constitucional. Nas relações entre as responsabilidades penal e civil, entretanto, embora se distingam quanto à proteção precípua que estejam a determinar, se há comunidade ou aos interesses individuais do titular de direito subjetivo, de algum tempo a doutrina especializada assinala a conexão de ambos como representativos da proteção de interesses sociais comuns. Nesse sentido são clássicas as considerações de MAZEAUD, Henri; MAZEAUD, Leon. *Traité théorique et pratique de la responsabilité civile*. 4. ed. Paris: Montchrestien, 1945. v. 1, p. 229; LARENZ, Karl. *Derecho de obligaciones*, p. 562. Entre nós, festejado o entendimento de AGUIAR DIAS. *Da responsabilidade civil*. São Paulo: Saraiva, 1979. v. 1, p. 8.

em face da lesão a direito que a ordem jurídica pretende evitar. A regra da culpa tornou-se a base do sistema tradicional da responsabilidade civil, a ponto de, ainda no século XIX, muitos juristas proclamarem a conhecida máxima "nenhuma responsabilidade sem culpa", ou, como resumia Rudolf Von Ihering, "sem culpa, nenhuma reparação".[6]

Todavia, em face das diversas transformações sociais, econômicas e tecnológicas a que já referimos em outros momentos deste trabalho, gradativamente foram aparecendo situações nas quais o requisito da prova da culpa para efeito de imputação da responsabilidade civil foi aos poucos desaparecendo. Até porque a regra da culpa, em certo sentido, tem seu lugar como decorrência do individualismo liberal do século XIX, segundo o qual a liberdade de atuação individual só pode ser restringida pela imposição de responsabilidade por danos, quando lhe seja imputada uma conduta dolosa, negligente ou imprudente, passível de reprovação.

A adoção do regime da responsabilidade objetiva, ou seja, independentemente da verificação da culpa como elemento da conduta do agente causador do dano, é questão de conveniência e utilidade social, a critério do legislador. Daí por que sua adoção, nos diversos sistemas, vai respeitar àquelas situações em que a distribuição dos custos representados pelos danos ou a dificuldade de comprovação da culpa do agente causador de determinado evento danoso possam indicar a opção pela responsabilidade objetiva como capaz de permitir a efetividade da prestação jurisdicional.[7] A lógica que a orienta é uma maior preocupação com a vítima,[8] naquelas situações em que a necessidade da demonstração cabal da culpa invariavelmente ocasiona a ausência de responsabilidade do autor do dano.

Atualmente, vem ganhando destaque o exame das instituições jurídicas em geral a partir de instrumentos de análise econômicos. Na própria economia, essa perspectiva concentra as preocupações de escolas de pensamento, como é o caso da denominada nova economia institucional, que ressalta a importância das instituições e suas características para o desenvolvimento econômico. No direito, desde a década de 1970, passou a desenvolver-se uma escola de pensamento que veio a ficar conhecida como Escola da Análise Econômica do Direito (*Economic Analysis of Law*), que tem entre seus expoentes autores como Richard Posner, Guido Calabresi e Ronald Coase.

Segundo sustenta essa perspectiva econômica de exame da responsabilidade civil, seu sistema envolve a distribuição de custos sociais, devendo ser objeto de controle por intermédio de instituições jurídicas que representem o equilíbrio entre a necessidade de não tornar economicamente vantajoso causar lesão a outrem e a razoabilidade dos custos decorrentes dos riscos de danos previsíveis.[9]

---

[6] Conforme anota AGUIAR DIAS. *Da responsabilidade civil*, v. 1, p. 42.

[7] Veja-se, a respeito, o excelente e didático estudo de VIEIRA, Patrícia Ribeiro. *A responsabilidade civil objetiva no direito de danos*. Rio de Janeiro: Forense, 2004.

[8] MAZEAUD, Henri; MAZEAUD, León; TUNC, André. *Tratado teórico práctico de la responsabilidad civil delictual y contractual*, t. I, p. 95. No mesmo sentido, Alvino Lima, ao referir que "uma das funções primaciais da lei é anular o desequilíbrio das partes, vindo em socorro dos mais fracos; assim se procede no próprio terreno contratual, onde há a livre manifestação da vontade. Com mais força de razão, quando as circunstâncias da vida, múltiplas e imprevisíveis, inexoráveis, colocam os homens mais a mercê dos outros, justifica-se, sobremaneira, o amparo da lei na proteção da vítima". LIMA, Alvino. *Culpa e risco*, p. 335.

[9] Veja-se: CALABRESI, Guido. *The costs of accidents*. A legal and economic analysis. New Haven: Yale University Press, 1970, p. 289 e s. Richard Posner, outro expoente da análise econômica do direito, originalmente criticou a posição de Calabresi, em especial sua opinião sobre o sistema fundado na culpa. Todavia, veio a destacar o mérito do trabalho, em especial por colocar em relevo a utilização de instrumentos econômicos para a avaliação dos danos no âmbito da responsabilidade civil. POSNER,

Sob a perspectiva do Direito, a responsabilidade civil é uma das consequências da violação de um dever jurídico. Há Direito na medida em que existe uma conduta consistente em ação ou omissão a ser realizada pelo sujeito. A não adoção desta conduta devida revela-se como ilicitude, que pode ou não dar causa a danos. Havendo danos decorrentes da violação do dever jurídico, responderá aquele que violou o dever, sendo-lhe imputado dever sucessivo, que é o dever de indenizar. Nota-se, pois, que a responsabilidade civil, pela qual se imputa a alguém o dever de indenizar, decorre da violação de um dever que resulta em dano. Ou ainda, nas situações em que o dever de indenizar é estabelecido por lei mesmo em situações nas quais há causa justificativa para a conduta do agente (de modo que não se estará mais a falar de ilicitude), o que move o direito é a necessidade de reparação à vítima do dano.

Predomina na responsabilidade civil a justiça corretiva (no sentido dado por Aristóteles), de modo que cabe àquele que deu causa à lesão recompor o patrimônio da vítima, restabelecendo o equilíbrio anterior à realização do dano (*status quo ante*).[10] Não se desconhecem, contudo, soluções que encontram na responsabilidade civil a possibilidade de prevenir danos futuros perante o exame e a sanção da conduta do autor do dano. Nesse caso, poderia aproximar-se da noção de retribuição, mediante comparação entre aquele a quem se imputa o dever de indenizar e outros em situação análoga.

Em suma, a responsabilidade civil é instituto jurídico que disciplina a sanção, a violação de um dever jurídico geral (não lesar) ou específico, do qual tenha resultado um dano injusto.

O desenvolvimento da responsabilidade civil, todavia, firmou certas categorias tradicionais que devem ser examinadas com interesse didático, sobretudo em vista das consequências a que dão causa na reparação do dano, como veremos a seguir.

4.1. DISTINÇÃO DO REGIME DE RESPONSABILIDADE PELA FONTE DO DEVER VIOLADO

A evolução do direito privado moderno observa, especialmente, a partir da segunda metade do século XVIII, e com ênfase nas codificações novecentistas, a função da autonomia privada na criação do direito e, deste modo, da capacidade individual de constituição, modificação e extinção de relações jurídicas. A valorização da vontade humana e da possibilidade de, via declaração de vontade, constituir relações jurídicas ou exercer direitos e pretensões dão causa à mais destacada distinção entre regimes de responsabilidade no direito civil clássico, entre situações nas quais a pessoa em relação a quem se imputa responsabilidade assumiu ou não, previamente, no exercício de sua liberdade de ação, o compromisso de cumprir determinado dever jurídico, e vem posteriormente a violá-lo.

Distinguem-se, antes de tudo, autonomia privada e autonomia da vontade. Autonomia privada entende-se como a capacidade reconhecida pelo Direito para que as pessoas autorregulem parcela de seus interesses de acordo com sua vontade, em espaço de liberdade delimitado pelo ordenamento jurídico. Abrange situações distintas entre si, como a dos pais que exercem, com certa discricionariedade admitida, o poder familiar sobre os filhos, ou a

---

Richard A. Guido Calabresi's The Costs of accidents. Reassessment. *Maryland Law Review*, 64, 12, 2005. Na doutrina nacional: VIEIRA, Iacyr Aguilar. A análise econômica da responsabilidade civil – viabilidade jurídica no sistema nacional e o princípio da reparação integral, *RT* 772/128; SANTOLIM, Cesar. Nexo de causalidade e prevenção na responsabilidade civil no direito brasileiro e português. *Revista do Instituto de Direito Brasileiro*, Lisboa: FDUL, ano 3, n. 10, 2014, p. 8.458 e s.

[10] OERTEL, Cristoph. *Objektive Haftung in Europe*. Rechtsvergleichende Untersuchung zur Weiterentwicklung der verschuldensunabhängigen Haftung im europäischen Privatrecht. Tübingen: Mohr Siebeck, 2010, p. 24 e s.

capacidade de testar patrimônio para após a morte, assim como o poder de celebrar e constituir negócios jurídicos. Autonomia da vontade é o princípio que orienta o exercício de direitos e deveres, de modo que cada pessoa possa constituir, modificar ou extinguir relações jurídicas, submetendo-se a seus efeitos.

Derivam ambas do princípio da liberdade ("ninguém é obrigado a fazer ou deixar de fazer algo, senão em virtude de lei"). E daí resultou a divisão original da responsabilidade civil em dois regimes distintos entre si, especialmente no tocante às suas consequências, conhecidos genericamente como responsabilidade contratual e responsabilidade extracontratual. Embora atualmente não sejam tão claros os limites entre um e outro – especialmente pelo dirigismo estatal que dá causa à disciplina por lei, e intervenção no conteúdo dos negócios jurídicos celebrados no exercício dessa liberdade negocial –, bem como possam despertar certa crítica pela centralidade que o negócio jurídico (e o contrato em particular) assume em relação à lei, trata-se da principal classificação entre regimes de responsabilidade. Ou seja, entre responsabilidade que decorre da violação de deveres estabelecidos em um negócio jurídico e aquelas em que o dever jurídico violado não resulta de um negócio jurídico preexistente, constituído entre as partes.

Discute-se a possibilidade do tratamento unitário da responsabilidade, negocial e extranegocial.[11] Há, sem dúvida, elementos comuns, mas que se distinguem especialmente em relação às suas consequências,[12] e à carga probatória.[13] A rigor, contudo, o que há é interpenetração entre os diferentes regimes, mediante o tratamento unitário da obrigação de indenizar, assim como de efeitos da responsabilidade que, mesmo no caso da responsabilidade negocial, decorrem de lei.[14] Um bom exemplo disso se dá na responsabilidade dos profissionais liberais, que, geralmente antecedida de contrato que ajusta determinada prestação de serviços entre o profissional e seu cliente, uma vez ocorrendo falha no comportamento do profissional, de onde decorram danos, resulta a obrigação de indenizar. Ocorre que, nesse caso, pode o inadimplemento da obrigação afetar o próprio cliente, mas também terceiros que serão legítimos para reclamar danos, o que gerou clara tendência, diante da necessidade de proteção de clientes e de consumidores desses profissionais, de limitar, por exemplo, cláusulas contratuais que restrinjam ou exonerem sua responsabilidade, assim como clara tendência da legislação de reduzir a importância dessa distinção.[15] Veja-se, por exemplo, o caso da responsabilidade do médico, em que, a despeito da contratação dos serviços, o regime de responsabilidade, no caso de erro médico, tendencialmente vincula-se ao da responsabilidade aquiliana.

Trata-se, pois, de uma classificação que toma em consideração a fonte do dever violado. Na responsabilidade contratual (ou negocial), o dever violado está estabelecido no respectivo negócio jurídico. Na responsabilidade civil extracontratual (ou extranegocial), o dever violado resulta de outra fonte, geralmente a lei.

---

[11] VINEY, Geneviève. *Introduction a la responsabilité*, 3. ed., p. 395 e s. Para a crítica da distinção, considerando a conformação da responsabilidade civil sob a perspectiva da tutela à integridade, CORSARO, Luigi. *Tutela del danneggiato e responsabilità civile*. Milano: Giuffrè, 2003, p. 49 e s.

[12] MOSSET ITURRASPE, Jorge; PIEDECASAS, Miguel A. *Responsabilidad contractual*. Buenos Aires: Rubinzal Culzoni, 2007, p. 31-33.

[13] VINEY, Geneviève. *Introduction a la responsabilité*, 3. ed., p. 433.

[14] No direito português, à luz do Código Civil de 1966, é a conclusão de MENEZES CORDEIRO, António. *Tratado de direito civil português*, v. II, t. III, p. 394-395.

[15] A tendência se percebe também no direito comparado, como observa VINEY, Geneviève. *Introduction a la responsabilité*, 3. ed., p. 667.

4.1.1. Responsabilidade contratual (ou negocial)

Responsabilidade contratual – ou responsabilidade negocial, considerando o caráter mais abrangente da categoria do negócio jurídico, que é gênero em relação ao contrato, que é espécie[16] – é aquela que decorre do inadimplemento da obrigação assumida em convenção (acordo) entre as partes,[17] e que pode dar causa a danos ocorridos em razão da violação de deveres estabelecidos em negócio jurídico preexistente. Correto é dizer-se da responsabilidade contratual (ou negocial) em sentido amplo como aquela imputada ao devedor em razão do inadimplemento. Uma de suas consequências, sobre a qual aqui se dá mais atenção, é o dever de reparar os prejuízos causados pelo inadimplemento. Todavia, também são efeitos da responsabilidade contratual a pretensão de execução específica da obrigação objeto de inadimplemento, segundo medidas processuais cabíveis (tutela específica da obrigação – art. 497 e 498 do Código de Processo Civil de 2015), assim como o próprio direito de resolução do contrato, que passa a titular o credor que sofre o inadimplemento.[18] É, pois, um prolongamento do negócio jurídico em decorrência do seu descumprimento. O agente está vinculado ao cumprimento de determinado dever em razão de ter constituído negócio jurídico que o estabeleceu. Deixando de cumprir o dever constituído, dá causa a determinado prejuízo para o titular do direito correspondente àquele dever.

A celebração de um negócio jurídico válido depende do atendimento aos requisitos estabelecidos no art. 104 do Código Civil, a saber: "Art. 104. A validade do negócio jurídico requer: I – agente capaz; II – objeto lícito, possível, determinado ou determinável; III – forma prescrita ou não defesa em lei". Observados esses requisitos, e tendo uma das partes violado dever estabelecido no negócio jurídico, dando causa, assim, a dano para a outra parte (o credor), responderá por eles.

O interesse prático da distinção diz respeito aos efeitos da responsabilidade. Descumprindo-se um dever estabelecido em negócio jurídico constituído validamente, configura-se o inadimplemento da obrigação, podendo seus efeitos ser disciplinados pelo próprio negócio jurídico. O art. 389 do Código Civil estabelece: "Não cumprida a obrigação, responde o devedor por perdas e danos, mais juros e atualização monetária segundo índices oficiais regularmente estabelecidos, e honorários de advogado". No caso da responsabilidade contratual ou negocial, usual é falar-se do inadimplemento do devedor, quando não cumpre o dever de prestar ao credor. Contudo, há também inadimplemento do credor quando não cumpra as regras para o recebimento da prestação. O art. 389 do Código Civil, nesse sentido, estabelece os efeitos gerais do inadimplemento, conteúdo da responsabilidade do inadimplente. Nada impede que outros efeitos sejam estabelecidos no próprio negócio, como, por exemplo, a cláusula penal (art. 408 do Código Civil). A utilidade e a função da cláusula penal, todavia, são desafiadas no tocante à responsabilidade contratual em razão de seus limites e mesmo da ampliação das possibilidades de revisão dos termos convencionados, em especial à causa da imposição

---

[16] A expressão "responsabilidade negocial" teria preferência por ser mais abrangente e por alcançar, igualmente, hipóteses de responsabilidade decorrente de negócios jurídicos que não são contratos, como é o caso, por exemplo, da promessa de recompensa prevista no art. 854 do Código Civil, e em razão do qual também se pode imputar a responsabilidade daquele que declara a vontade negocial pelo descumprimento do conteúdo da declaração. Todavia, o direito brasileiro consagra a terminologia "responsabilidade contratual", independentemente do menor rigor técnico que possa oferecer.

[17] VINEY, Geneviève. *Introduction a la responsabilité*, 3. ed., p. 491.

[18] Veja-se: AGUIAR JR., Ruy Rosado. *Extinção do contrato por incumprimento do devedor*. Resolução. De acordo com o novo Código Civil. 2. ed. Rio de Janeiro: Aide, 2004, p. 95 e s.

da penalidade e seu montante, em comparação à prestação objeto de inadimplemento.[19] No tocante aos limites, estabelece o art. 412 do Código Civil que "o valor da cominação imposta na cláusula penal não pode exceder o da obrigação principal". De qualquer sorte, o art. 413 do Código Civil define que "a penalidade deve ser reduzida equitativamente pelo juiz se a obrigação principal tiver sido cumprida em parte, ou se o montante da penalidade for manifestamente excessivo, tendo-se em vista a natureza e a finalidade do negócio". Nota-se, no direito contemporâneo, igualmente, clara tendência de se avaliar a responsabilidade do inadimplente e suas consequências indenizáveis, conforme o tempo de duração do vínculo (contratos de duração) e a natureza do vínculo, para determinação do modo e da intensidade das sanções por descumprimento.[20]

A própria configuração do inadimplemento também interessa nesse caso. O dever de prestação do devedor pode estar submetido a termo, condição ou encargo. Assim, será exigível de acordo com o estabelecido no negócio, a partir do seu implemento. Tradicionalmente, identificava-se na conduta do devedor inadimplente a presunção de culpa. Ou seja, concluía-se que se presumia culpado o devedor que deixou de adimplir a obrigação. Atualmente, distingue-se entre a imputação de responsabilidade do devedor pelo inadimplemento e a culpa. Havendo inadimplemento, imputa-se ao inadimplente a responsabilidade, e este deixará de responder, nos termos do art. 393 do Código Civil, "pelos prejuízos resultantes de caso fortuito ou força maior, se expressamente não se houver por eles responsabilizado".

Por outro lado, quando se trata de inadimplemento, note-se que a responsabilidade varia porquanto se trata de inadimplemento relativo ou absoluto da obrigação. No inadimplemento relativo, também denominado mora, há a possibilidade de realização da prestação ajustada, em termos diversos do originalmente definido pelas partes, mas ainda satisfazendo o interesse do credor (assim, por exemplo, aquele que é obrigado a pagar quantia e o faz após a data de vencimento ajustada). Já o inadimplemento absoluto é aquele em que há o sacrifício do interesse útil do credor. Ou seja, ocorrendo a violação do dever de prestação pelo qual se obriga o devedor, desaparece o interesse do credor na prestação, tornando-a inútil se realizada de modo distinto do originalmente definido pelas partes.

4.1.2. Responsabilidade extracontratual (extranegocial ou responsabilidade civil em sentido estrito)

A responsabilidade extracontratual, como o termo induz concluir, não pressupõe a existência de negócio jurídico válido no qual conste o dever que, violado, deu causa à indenização. Por isso preferimos denominá-la – inspirados na classificação de Fernando Noronha[21] – responsabilidade civil em sentido estrito, embora outros termos conduzam ao mesmo significado, como é o caso de dizer-se, simplesmente, responsabilidade legal. Não é correto, contudo, dizer-se responsabilidade civil por atos ilícitos, já que o regime legal abrange indistintamente as situações que dão causa ao dever de indenizar resultante de atos ilícitos e de fatos lícitos.

O dever originário violado é legal, dando causa a danos. Concentra-se no disposto no art. 927, *caput*, do Código Civil, que dispõe: "Art. 927. Aquele que, por ato ilícito (arts. 186

---

[19] VINEY, Geneviève; JOURDAIN, Patrice. *Les effets de la responsabilité*. Traité de droit civil sous la direction de Jacques Ghestin. 3. ed. Paris: LGDJ, 2010, p. 579 e s.
[20] COULON, Cédric. L'influence de la durée des contrats sur l'évolution des sanctions contractuelles. In: DUTILLEUL, François Collart; COULON, Cédric. *Le renouveau des sanctions contractuelles*. Paris: Economica, 2007, p. 29 e s.
[21] NORONHA, Fernando. *Direito das obrigações*, cit.

e 187), causar dano a outrem, fica obrigado a repará-lo". Nesse caso, estão abrangidos tanto a hipótese de ilicitude culposa, prevista no art. 186 ("que, por ação ou omissão voluntária, negligência ou imprudência, violar direito e causar dano (...)"), como a do abuso do direito, que no Código Civil brasileiro de 2002 definiu-se como espécie de ilicitude objetiva, independentemente de culpa ("também comete ato ilícito o titular de um direito que, ao exercê-lo, excede, manifestamente, os limites impostos (...)").

E, da mesma forma, o parágrafo único do mesmo artigo prevê hipótese de responsabilidade e respectiva obrigação de reparar, independentemente de culpa do agente, quando de sua atividade habitualmente desenvolvida, por sua natureza, implicar riscos aos direitos de outrem.

Além dessas hipóteses, diversas outras emergem da lei, sendo, nesse caso, o dever originário violado propriamente o dever de não causar dano. É o caso, por exemplo, do disposto no art. 931 do Código Civil, relativo à responsabilidade do empresário por produtos colocados no mercado,[22] ou os casos de responsabilidade por fato de outrem previstos no art. 932 do Código Civil.[23]

4.1.3. A responsabilidade pré-contratual (ou pré-negocial)

Além das hipóteses tradicionais de responsabilidade contratual e extracontratual, definidas conforme a preexistência ou não de obrigação entre as partes que se vinculam à obrigação de reparação, há situações em que, mesmo não tendo havido a constituição formal de um vínculo, considera-se que as partes se encaminhavam para esse propósito, o qual vem a ser frustrado por ação ou omissão. Trata-se do que se denomina responsabilidade pré-contratual (ou pré-negocial). Anotem-se, contudo, algumas distinções. Pode ocorrer que alguém assuma expressamente a obrigação de celebrar contrato com outra pessoa no futuro. É o que há quando se refere a pré-contrato ou contrato preliminar. Na hipótese daquele que se obrigou a contratar, recusar-se a fazê-lo não se cogita de responsabilidade pré-contratual, mas sim de responsabilidade contratual, uma vez que a celebração do contrato futuro constitui uma obrigação de fazer, objeto do pré-contrato ou do contrato preliminar.

A responsabilidade pré-contratual tem lugar quando ocorrerem negociações sérias entre as partes, suficientes para criar a confiança legítima de ao menos uma delas na futura celebração do contrato, ou mesmo tendo este sido celebrado, de que se trata de contrato válido. Na doutrina clássica, autores indicavam também os casos de recusa à contratação, independentemente da existência de negociações preliminares, quando houvesse dever de oferta geral como situadas no âmbito da responsabilidade pré-contratual.[24]

A rigor, aliás, o reconhecimento da responsabilidade pré-contratual tem lugar justamente a partir da imputação de responsabilidade pelos prejuízos causados pelo contrato inválido àquele que tenha dado causa à nulidade. Essa noção tem lugar a partir da teoria da *culpa in contrahendo*, desenvolvida no século XIX por Rudolf Von Ihering com base na interpretação

---

[22] "Art. 931. Ressalvados outros casos previstos em lei especial, os empresários individuais e as empresas respondem independentemente de culpa pelos danos causados pelos produtos postos em circulação."

[23] "Art. 932. São também responsáveis pela reparação civil: I – os pais, pelos filhos menores que estiverem sob sua autoridade e em sua companhia; II – o tutor e o curador, pelos pupilos e curatelados, que se acharem nas mesmas condições; III – o empregador ou comitente, por seus empregados, serviçais e prepostos, no exercício do trabalho que lhes competir, ou em razão dele; IV – os donos de hotéis, hospedarias, casas ou estabelecimentos onde se albergue por dinheiro, mesmo para fins de educação, pelos seus hóspedes, moradores e educandos; V – os que gratuitamente houverem participado nos produtos do crime, até a concorrente quantia."

[24] CHAVES, Antônio. *Responsabilidade pré-contratual*. Rio de Janeiro: Forense, 1959, p. 19 e s.

do direito romano,[25] e mediante distinção das hipóteses de responsabilidade aquiliana e da ação fundada no dolo, aproximando-se da noção de culpa contratual – embora com ela não se identificando. Refere Ihering que, "uma vez que o contrato não chegou a se formar não pode falar-se da aplicabilidade dos princípios sobre culpa contratual, mas o caso também não se deixa albergar nos princípios de culpa extracontratual, da *actio legis Aquiliae*".[26]

No caso, distingue-se o interesse negativo decorrente da perda de uma oportunidade de que teriam as partes desistido – movidas pela conclusão do contrato que depois vem a ser tornado inválido ou ineficaz – e o interesse positivo (interesse no cumprimento do contrato), cuja lesão gera um dano positivo, e autoriza a pretensão sobre o que obteria na hipótese do contrato ter sido celebrado validamente e executado.[27]

Jhering, da mesma forma, distingue como causas da responsabilidade pré-contratual aquelas que se associam à falta de fiabilidade na declaração de vontade e a falta de fiabilidade na própria vontade. Na primeira hipótese, por vícios da declaração de vontade que possam tornar o contrato inválido. No segundo caso, as situações em que a alteração de comportamento de um dos futuros contratantes frustra expectativas legítimas da contraparte.[28] Atualmente, tais fatos são reconduzidos no sistema brasileiro à eficácia da boa-fé objetiva e proteção da confiança legítima das partes. Como ensina Antônio Junqueira de Azevedo, "a fase pré-contratual pode ser decomposta, singelamente, em duas fases menores: a das negociações e a da oferta".[29]

Desse modo, a responsabilidade pré-contratual pressupõe a inexistência do contrato válido,[30] seja por falha na declaração de vontade, seja pela ausência da celebração, assim como pela violação de deveres oriundos da mera oferta, ou das negociações preliminares estabelecidas.[31] Da mesma forma, no direito civil, é reconhecida a possibilidade de responsabilidade pré-contratual em face da revogação dolosa ou abusiva da oferta.[32] Tanto quando se tratar de ruptura de negociações quanto na revogação da oferta, a responsabilidade por danos que daí se verifique decorre da violação da boa-fé objetiva, uma vez caracterizado o *venire contra*

---

[25] IHERING, Rudolf Von. *Culpa in contrahendo ou indenização em contratos nulos ou não chegados à perfeição*. Tradução de Paulo Mota Pinto. Coimbra: Almedina, 2008, p. 7.

[26] IHERING, Rudolf Von. *Culpa in contrahendo ou indenização em contratos nulos ou não chegados à perfeição*, p. 2.

[27] IHERING, Rudolf Von. *Culpa in contrahendo ou indenização em contratos nulos ou não chegados à perfeição*, p. 16-17.

[28] IHERING, Rudolf Von. *Culpa in contrahendo ou indenização em contratos nulos ou não chegados à perfeição*, p. 58 e s. A jurisprudência brasileira bem observa que "a responsabilidade pré-contratual não decorre do fato de a tratativa ter sido rompida e o contrato não ter sido concluído, mas do fato de uma das partes ter gerado à outra, além da expectativa legítima de que o contrato seria concluído, efetivo prejuízo material" (STJ, REsp 1051065/AM, Rel. Min. Ricardo Villas Bôas Cueva, 3ª Turma, j. 21/02/2013, DJe 27/02/2013).

[29] AZEVEDO, Antônio Junqueira. Responsabilidade pré-contratual no Código de Defesa do Consumidor: estudo comparativo com a responsabilidade pré-contratual no direito comum. *Revista da Faculdade de Direito da USP*, São Paulo, v. 90, 1995, p. 175.

[30] CHAVES, Antônio. *Responsabilidade pré-contratual*, p. 15 e s. No mesmo sentido, no direito argentino, veja-se o aprofundado estudo de SOZZO, Gonzalo. *Antes del contrato. Los cambios en la regulación jurídica del período precontractual*. Buenos Aires: Lexis Nexis, 2005, p. 17 e s.

[31] ZANETTI, Cristiano de Sousa. *Responsabilidade pela ruptura das negociações*. São Paulo: Juarez de Oliveira, 2005, p. 34 e s.

[32] SOZZO, Gonzalo. *Antes del contrato*, p. 210-211.

factum proprium,[33] o qual consiste no comportamento contraditório daquele que, em razão de conduta que ora gera expectativa legítima, ora se conduz de modo diverso, responde pela frustração da confiança gerada.

4.2. DISTINÇÃO DO REGIME DE RESPONSABILIDADE PELO CONTEÚDO DO DEVER VIOLADO

A evolução do sistema de responsabilidade civil deu causa a que, ao lado da tradicional distinção entre os regimes de responsabilidade fundados na fonte do dever originário violado (contratual ou negocial e extracontratual), passasse a ter destaque o próprio conteúdo do dever jurídico originário, cuja violação dá causa à responsabilidade do agente e à consequente imputação do dever de indenizar.

A adoção, como critério de classificação do dever violado, conduz a uma visão mais unitária da responsabilidade civil,[34] em contraposição à tradicional distinção entre responsabilidade contratual e extracontratual, conforme a existência ou não de contrato prévio entre as partes.

4.2.1. Dever de não causar danos

Desde os romanos, é reconhecido um dever geral de não causar danos (*neminem laedere*). Essa ordem de abstenção geral fundamenta a responsabilidade civil.[35] Pode haver situações em que a lesão decorre do ilícito, tanto quanto outras em que decorrem de fatos lícitos, hipótese em que o dever de indenizar terá por fundamento o sacrifício de determinado interesse, ainda que inexistente a ilicitude (art. 188, II, do Código Civil).

O dever de não causar danos é dever de conduta, tendo por conteúdo uma abstenção. Define-se como proibição a que se interfira na esfera jurídica alheia de modo a prejudicar interesses juridicamente protegidos causando-lhes uma lesão antijurídica. Nesse sentido, bastará a violação do preceito *alterum non laedere* para que se constitua a obrigação de indenizar, sendo desnecessária a remissão a outras normas do ordenamento.[36]

Nesse contexto, observe-se que a proteção da pessoa humana e os interesses que a cercam, de natureza patrimonial e extrapatrimonial, concentram a disciplina da responsabilidade civil.

4.2.2. Dever de segurança

O dever de segurança, no direito brasileiro, desenvolve-se com base no Código de Defesa do Consumidor, porém, expande-se para todo o sistema de responsabilidade civil. No direito do consumidor, consiste no dever dos fornecedores de ofertar no mercado de consumo apenas

---

[33] CUNHA, Daniela Moura Ferreira. *Responsabilidade pré-contratual por ruptura das negociações*. Coimbra: Almedina, 2006, p. 169 e s.; MOSSET ITURRASPE, Jorge; PIEDECASAS, Miguel A. *Responsabilidade contractual*, p. 287 e s. Para os pressupostos concretizadores do comportamento contraditório contra direito, veja-se: JOBIM, Márcio Félix. *Confiança e contradição. A proibição do comportamento contraditório no direito privado*. Porto Alegre: Livraria do Advogado, 2015, p. 195 e s.

[34] COUTO E SILVA, Clóvis. *Principes fondamentaux de la responsabilité civile em droit brasilién et comparé*. Cours fait à la Faculté de Droit et Sciences Politiques de St Maur (Paris XII). Porto Alegre: UFRGS, 1988, p. 7.

[35] SAVATIER, René. *Traité de la responsabilité em droit français*, p. 8.

[36] HERRERA, Edgardo López. *Teoría general de la responsabilidade civil*. Buenos Aires: Lexis Nexis, 2006, p. 95.

produtos e serviços que ofereçam a segurança que legitimamente deles se espera. Ou seja, que ofereçam apenas níveis de risco normais e previsíveis à saúde e à integridade dos consumidores (art. 8º do CDC). Oferecendo riscos anormais, seja porque em sua concepção sejam produtos ou serviços excessivamente perigosos, ou em razão de falha no processo produtivo, serão considerados defeituosos, dando causa à responsabilidade objetiva do fornecedor.

Esse dever de segurança, ao expandir-se sobre o sistema de responsabilidade civil, será observado nas situações em que a conduta do agente der causa a riscos, a direitos e/ou interesses alheios e, por conta disso, seja a ele imputado um dever de prevenir a ocorrência de danos, vindo a responder pelos que der causa. Outro aspecto que merece destaque é o fato de que o dever de segurança não necessita estar previsto expressamente em lei, bem como prescinde da existência de contrato, podendo decorrer de mera exigência de comportamento devido na vida de relações, decorrentes do contato social.[37]

No direito civil, o dever de segurança emerge tanto de quem exerce uma atividade, como é o caso do risco da atividade perigosa (art. 927, parágrafo único) ou do risco empresarial (art. 931), mas igualmente de determinada posição jurídica prevista em lei como suficiente para imputar responsabilidade, como é o caso do dono ou detentor do animal, a quem se imputa dever de indenizar os danos causados por este (art. 936), ou o dono do edifício ou construção em ruínas (art. 937). Da mesma forma, encontra-se por construção jurisprudencial crescente, como fundamento da responsabilidade objetiva por inadimplemento contratual, em vista das características subjacentes à atividade do devedor da prestação (caso do contrato de transporte, em que a obrigação de incolumidade é nuclear).[38] Nesses casos, o fato de ocupar a posição jurídica prevista em lei é suficiente para a imputação do dever de indenizar, admitindo-se, no primeiro caso, a exclusão do dever apenas em razão do rompimento do nexo causal (prova de culpa da vítima ou força maior).

4.2.3. Dever de proteção

A possibilidade de concurso de distintos regimes de responsabilidade (negocial e extranegocial), ou de, ainda, situações em que a inexistência de um dever originário específico a ser violado seja presente em lei ou em contrato, deu causa ao reconhecimento de um fundamento novo da responsabilidade civil, ao qual se acostumou referir como dever de proteção. Esses deveres de proteção surgem, então, da inexistência de um dever originário específico, senão de situações de proximidade negocial, porém sem a celebração, propriamente, de um negócio jurídico.

Desenvolvido no direito alemão, posterior à reforma de 2002, decorre de um dever de proteção unitário, de base legal, cuja violação se situa entre o regime de responsabilidade negocial e extranegocial, suprindo lacunas como as situações características de *culpa in contrahendo* ou violação positiva do contrato, sem a existência de um dever de prestação principal.[39] Originalmente, o § 823, II, do BGB já previa a possibilidade de responsabilidade civil em face da violação de deveres especiais de proteção. Em nosso sistema, derivam da proteção da confiança[40] tanto

---

[37] COUTO E SILVA, Clóvis. *Principes fondamentaux de la responsabilité civile em droit brasilién et comparé*, p. 16.
[38] MIRAGEM, Bruno. *Contrato de transporte*. São Paulo: RT, 2014, p. 64. Para a construção jurisprudencial do dever de segurança como fundamento da responsabilidade o transportador: COUTO E SILVA, Clóvis. *Principes fondamentaux de la responsabilité civile em droit brasilién et comparé*, p. 4.
[39] MENEZES CORDEIRO, António. *Tratado de direito civil português*, v. II, t. III, p. 402-403.
[40] CARNEIRO DE FRADA, Manuel António de Castro Portugal. *Teoria da confiança e responsabilidade civil*. Coimbra: Almedina, 2004, p. 583 e s.

na celebração e na execução dos negócios jurídicos quanto no curso de situações de contato social[41] ou paracontratuais.[42]

4.3. DISTINÇÃO DO REGIME DE RESPONSABILIDADE EM RAZÃO DA EXIGÊNCIA DE CULPABILIDADE COMO PRESSUPOSTO DA IMPUTAÇÃO

Entre os vários critérios para classificação das espécies de responsabilidade civil, destaca-se o que distingue as espécies de responsabilidade quanto à exigência da demonstração de culpa do agente a quem se imputa a obrigação de indenizar. Classifica-se entre responsabilidade subjetiva e objetiva.

4.3.1. Responsabilidade subjetiva

Diz-se responsabilidade subjetiva as hipóteses em que a imputação da sanção ao agente depende da identificação em sua conduta concreta que dá causa ao resultado antijurídico (no caso da responsabilidade civil, ao dano), de culpa ou dolo. Nesse caso, fala-se em culpa em sentido amplo (culpa *lato sensu*), tanto quando se estiver à frente da situação na qual o dano decorre de negligência ou imprudência do agente quanto nas situações em que o dolo seja identificado, ou seja, há a vontade de causar o dano. Refere-se à culpa em sentido estrito (culpa *stricto sensu*) quando presentes a negligência e a imprudência, porém não o dolo. Desse modo, haverá responsabilidade subjetiva quando a lei, ao definir a obrigação de indenizar, exigir que ela seja imputável a determinada pessoa para a qual o dano tenha resultado de um motor subjetivo da sua conduta, culpa ou dolo.

Desde os romanos, entende-se presente a responsabilidade fundada na culpa (*negligentia, imprudentia*), embora existam exemplos, mesmo na Lex Aquilia, nos quais se entenda haver o dever de reparação independentemente de dano.[43] Tradicionalmente, a responsabilidade subjetiva tem sua origem no direito positivo, com base no art. 1.382 do Código Civil francês de 1804, cuja interpretação assentou a exigência de culpa para constituir a obrigação de reparação.[44]

No século XIX, foi Savigny quem identificou como fundamento do dever de reparar, ao associar essa obrigação à existência de um propósito dirigido à violação do direito (dolo) ou à falta de certo esforço requerido pela ordem jurídica (culpa).[45] O que se entende por comportamento doloso exige a consciência do agente quanto à antijuridicidade de sua conduta[46] e a vontade de agir contra o direito.[47] Por outro lado, a noção de culpa pode ser distinguida conforme dois critérios de classificação prevalentes. De um lado, aqueles que sustentam a culpa como violação de um dever legal ou contratual preexistente, no que confunde culpa

---

[41] COUTO E SILVA, Clóvis. *Principes fondamentaux de la responsabilité civile em droit brasilién et comparé*, p. 9-10.
[42] Veja-se: SILVA, Luis Renato Ferreira da. *Reciprocidade e contrato*. Porto Alegre: Livraria do Advogado, 2013.
[43] PEREIRA, Caio Mário da Silva. *Responsabilidade civil*. 10. ed. Rio de Janeiro: GZ, 2012, p. 23.
[44] Veja-se: MAZEAUD, Henri; MAZEAUD, Léon; TUNC, André. *Tratado teórico práctico de la responsabilidad civil delictual y contractual*, v.1, cit.
[45] SAVIGNY, F. C. *Sistema de derecho romano actual*. Madrid: F. Góngora y Compañia, 1879. t. II, p. 150; MENEZES CORDEIRO, António. *Tratado de direito civil português*, v. II, t. III, p. 327.
[46] PECORARO-ALBANI, Antonio. *Il dolo*. Napoli: Casa Editrice Eugenio Jovene, 1955, p. 70.
[47] PECORARO-ALBANI, Antonio. *Il dolo*, p. 110.

e antijuridicidade. Razão existe para quem entenda a culpa como erro de conduta, assim compreendido por ter desviado de certo padrão presumido de correção do comportamento.[48]

Todavia, a exigência da culpa como condição para a reparação civil, afirmada no século XIX, deve-se a Rudolf Von Ihering, com seu estudo *Das Schuldmoment im Römischen Privatrecht* (1867), no qual sustenta que a consequência de qualquer violação culposa de um direito alheio dá causa à obrigação de fazer desaparecer as consequências danosas deste ato, ou seja, a obrigação de indenizar, independentemente de saber-se qual a vantagem obtida pelo culpado em razão de sua conduta. Para ele, o ponto culminante da doutrina sobre a responsabilidade no direito romano seria a distinção entre o dolo e a culpa.[49] Da mesma forma, sentencia: "Nicht der Schaden verpflichtet zum Schadensersatz, sondern die Schuld" ("Não é o dano que dá causa à obrigação de indenizar, mas a culpa").[50]

Exemplo típico de responsabilidade subjetiva no direito brasileiro é a prevista no art. 186 do Código Civil: "Aquele que, por ação ou omissão voluntária, negligência ou imprudência, violar direito e causar dano a outrem, ainda que exclusivamente moral, comete ato ilícito". Exige-se, nesse caso, que seja demonstrada a culpa daquele a quem se pretende imputar a obrigação de indenizar.

A noção de culpa gera um juízo de reprovabilidade da conduta, de modo que se possa dizer que o agente a quem se atribui a conduta culposa não tenha se comportado do modo esperado e considerado adequado pela sociedade, razão pela qual mereceria a reprovação social. Todavia, esse juízo de reprovabilidade, vinculado a uma violação de dever jurídico pela conduta do agente que vem a causar dano, altera-se no direito contemporâneo. Isso porque a culpa psicológica que deu base à responsabilidade subjetiva, desde sua estruturação como categoria jurídica, deu lugar ao que hoje se denomina culpa normativa.[51] Ou seja, deixa de ser decisiva a investigação da conduta do agente, de modo a determinar que tipo de *animus* o tenha movido na conduta causadora do dano, se houve a intenção de causá-lo ou a ausência de um comportamento possível e esperado no atendimento a uma norma de conduta, decorrente da falta de esforço ou atenção necessário para fazê-lo (negligência ou imprudência) – culpa psicológica. Passa-se a orientar a investigação da existência ou não de culpa segundo padrões objetivos de conduta devida, exigíveis em dada situação concreta, que passam a ser comparados com o comportamento que de fato o agente desenvolveu, de modo a considerar culpado aquele que deixou de observar tais padrões.

4.3.2. Responsabilidade objetiva

Responsabilidade objetiva é aquela em que a obrigação de indenizar se constitui independentemente da demonstração de culpa do agente. Desenvolve-se no direito contemporâneo a partir do século XIX, em parte como consequência do desenvolvimento industrial e tecnológico daquela época, assim como da crescente urbanização da vida de relações. Justifica-se pela impossibilidade prática, ou mesmo a inutilidade da investigação acerca da presença de culpa como critério para definir a responsabilidade do agente. E representa, ao mesmo tempo,

---

[48] CALIXTO, Marcelo. *A culpa na responsabilidade civil*. Estrutura e função. Rio de Janeiro: Renovar, 2008, p. 9-11.
[49] IHERING, Rudolf von. *Das Schuldmoment im Römischen Privatrecht. Eine Festschrift*. Giessen: Verlag von Emil Roth, 1867, p. 51.
[50] IHERING, Rudolf von. *Das Schuldmoment im Römischen Privatrecht. Eine Festschrift*, p. 40.
[51] Assim observa Gustavo Tepedino em suas notas de atualização de PEREIRA, Caio Mário da Silva. *Responsabilidade civil*, p. 97.

o desenvolvimento gradual de um novo parâmetro ético da vida de relações, que identifica fundamento suficiente para imputação de responsabilidade a alguém, com base no risco que sua atividade expõe às demais pessoas.

Originalmente, as situações nas quais a lei passou a prever a imputação do dever de indenizar objetiva, independentemente de culpa, eram escassas. Observa-se, contudo, clara tendência de aumento dessas hipóteses por parte do legislador. As premissas para essa imputação de responsabilidade objetiva, embora não sejam idênticas (vejam-se as hipóteses de responsabilidade objetiva do Estado e a responsabilidade do fornecedor no Código de Defesa do Consumidor, por exemplo), reúnem-se a partir da identificação do critério de determinado risco considerado relevante pelo legislador. Assim, responderá objetivamente aquele que der causa, com sua atividade, a determinado risco considerado relevante. Por outro lado, note-se que este a quem se imputa o dever de indenizar terá condições – em regra – de distribuir os custos suportados pelas indenizações na sua atividade econômica (pela fixação de preços, seguros etc.), de modo que, ao final, percebe-se um fenômeno de socialização dos riscos.

No direito brasileiro, a origem da responsabilidade objetiva é referida ao Decreto n. 2.681, de 1912, sobre a responsabilidade das estradas de ferro. Nele constava a regra de que "As estradas de ferro serão responsáveis pela perda total ou parcial, furto ou avaria das mercadorias que receberem para transportar. Será sempre presumida a culpa e contra esta presunção só se admitirá alguma das seguintes provas: (...)". Seguiam-se, então, hipóteses estritas de fatos admissíveis para o afastamento da responsabilidade. Neste particular, vale uma distinção relevante: há responsabilidade independentemente de culpa (ou seja, em que não precisa haver culpa) e responsabilidade com presunção de culpa (hipótese em que, tratando-se de presunção relativa, admite-se que aquele a quem se imputa a culpa faça prova em contrário, afastando sua responsabilidade). E não raro, conforme analisaremos melhor depois (quando tratarmos do nexo de causalidade), em diversas oportunidades o legislador usa culpa quando está se referindo mesmo à causa do dano.[52]

Mais recentemente, o Código de Defesa do Consumidor previu, em 1990, a responsabilidade independentemente de culpa para os fornecedores pelos danos causados por produtos e serviços defeituosos colocados no mercado.[53]

---

[52] Dispõe o art. 1º do Decreto n. 2.681/12: "As estradas de ferro serão responsáveis pela perda total ou parcial, furto ou avaria das mercadorias que receberem para transportar. Será sempre presumida a culpa e contra esta presunção só se admitirá alguma das seguintes provas: 1ª – caso fortuito ou força maior; 2ª – que a perda ou avaria se deu por vício intrínseco da mercadoria ou causas inerentes à sua natureza; 3ª – tratando-se de animais vivos, que a morte ou avaria foi conseqüência de risco que tal espécie de transporte faz naturalmente correr; 4ª – que a perda ou avaria foi devida ao mal acondicionamento da mercadoria ou a ter sido entregue para transportar sem estar encaixotada, enfardada ou protegida por qualquer outra espécie de envoltório; 5ª – que foi devido a ter sido transportada em vagões descobertos, em conseqüência de ajuste ou expressa determinação do regulamento; 6ª – que o carregamento e descarregamento foram feitos pelo remetente ou pelo destinatário ou pelos seus agentes e disto proveio a perda ou avaria; 7ª – que a mercadoria foi transportada em vagão ou plataforma especialmente fretada pelo remetente, sob a sua custódia e vigilância, e que a perda ou avaria foi conseqüência do risco que essa vigilância devia remover." Tratam-se de hipóteses que atualmente identificam-se com o rompimento do nexo de causalidade entre a atividade do transportador e o dano, e não propriamente de culpa, razão pela qual está correto falar-se em hipótese de responsabilidade objetiva, porque independe de culpa.

[53] "Art. 12. O fabricante, o produtor, o construtor, nacional ou estrangeiro, e o importador respondem, independentemente da existência de culpa, pela reparação dos danos causados aos consumidores por defeitos decorrentes de projeto, fabricação, construção, montagem, fórmulas, manipulação, apresentação ou acondicionamento de seus produtos, bem como por informações insuficientes ou inadequadas sobre sua utilização e riscos. (...). Art. 14. O fornecedor de serviços responde, inde-

O Código Civil de 2002, de sua vez, previu diversas hipóteses de responsabilidade objetiva. A principal delas, presente no art. 927, parágrafo único, dispõe: "Haverá obrigação de reparar o dano, independentemente de culpa, nos casos especificados em lei, ou quando a atividade normalmente desenvolvida pelo autor do dano implicar, por sua natureza, risco para os direitos de outrem". Trata-se de cláusula geral de responsabilidade objetiva, inspirada no art. 2.050 do Código Civil italiano, de 1942. Há, contudo, distinções evidentes. No caso da norma italiana, refere que quem causa dano no desenvolvimento de uma atividade perigosa, por sua natureza ou pelos meios de realizá-la, deve indenizar se não provar ter adotado todos os meios para evitar sua ocorrência.[54] Nesse sentido, concorrem os critérios da extensão do dano que normalmente decorrem da atividade em questão, bem como sua gravidade.[55] No caso da norma brasileira, a identificação dos riscos é deixada integralmente ao intérprete no caso concreto, de modo a merecer críticas acerca do excessivo alargamento de hipóteses a serem consideradas, pela jurisprudência, para a imputação de responsabilidade.[56] De fato, a abertura à interpretação permitida pela norma pode conduzir a situações de incerteza. Indiscutível, todavia, o seu sentido de permitir – como é próprio das cláusulas gerais – a permanente atualização da norma, de modo a permitir pela atividade de interpretação e concreção judicial sua aplicação a novas situações ou riscos que venham a surgir ou se desenvolver com base nos avanços da ciência e da técnica.[57]

A previsão da norma do art. 927, parágrafo único, do Código Civil de 2002, contudo, faz com que o sistema brasileiro observe, com fundamento em duas cláusulas gerais, a distinção entre dois regimes de responsabilidade: um subjetivo – fundado no art. 186 c/c art. 927, *caput* –, o qual exige a culpa para a imputação da obrigação e de indenizar; outro objetivo – com base no parágrafo único do art. 927 –, em que se dispensa a demonstração de culpa, fundando-se no risco da atividade a obrigação de indenizar.

---

pendentemente da existência de culpa, pela reparação dos danos causados aos consumidores por defeitos relativos à prestação dos serviços, bem como por informações insuficientes ou inadequadas sobre sua fruição e riscos."

[54] "Art. 2.050 Responsabilità per l'esercizio di atttivitá pericolose – Chiunque cagiona danno ad altri nello svolgimento di un'attività pericolosa, per sua natura o per la natura dei mezzi adoperati, e tenuto al risarcimento, se non prova di avere adottato tutte le misure idonee a evitare il danno."

[55] MONATERI, Pier Giuseppe. *La responsabilità civile*. Torino: UTET, 2006, p. 434.

[56] Para as críticas, veja-se: VENOSA, Sílvio. *Direito civil:* responsabilidade civil. São Paulo: Atlas, 2011, p. 13.

[57] HIRONAKA, Giselda Maria F. Novaes. *Responsabilidade pressuposta*, p. 285 e s.

Capítulo 5
RESPONSABILIDADE CIVIL NO DIREITO COMPARADO

O direito brasileiro assimilou, ao longo dos anos, grande influência de outros sistemas jurídicos, com base no método de direito comparado. Daí por que se justifica o exame breve de características gerais desses sistemas, em vista, inclusive, de uma melhor compreensão da experiência brasileira.

A rigor, em perspectiva comparada são três os grandes modelos da responsabilidade civil nas diferentes tradições jurídicas. O primeiro, fundado a partir da tradição do Código Civil Francês e seguido pelos sistemas fundados na codificação civil, define uma regra singular, a partir de uma cláusula geral de responsabilidade por danos. É o caso do art. 1.382 do Código Civil francês, cujo desenvolvimento parte do reconhecimento de danos à propriedade para expandir-se, depois, também para os danos à pessoa. Um segundo modelo admitirá a convivência de mais de uma regra matriz, como é o caso do direito alemão, cujo sistema de responsabilidade civil funda-se, em comum, nos §§ 823 e 826 do BGB. Um terceiro modelo, por sua vez, próprio do *common law*, será considerado pluralista, por reconhecer distinto tratamento a cada situação que dê causa à responsabilização civil, conforme condições específicas determinadas pela espécie de lesão sofrida pela vítima.[1] Examinam-se, a seguir, suas principais características.

5.1. RESPONSABILIDADE CIVIL NOS SISTEMAS DE DIREITO ROMANO--GERMÂNICO

Nos sistemas de direito continental (ou romano-germânico), o desenvolvimento da responsabilidade civil segue o mesmo curso segundo a influência do direito romano, tendo como marco contemporâneo as codificações. São, na prática, dois os sistemas que influenciam mais diretamente o direito brasileiro, a saber, os sistemas francês e alemão.

A influência do sistema francês é decisiva, de seu art. 1.382 e da noção de *faute*, de cunho doutrinário, que não pode ser traduzida simplesmente como culpa (em especial no sentido psicológico que não raras vezes ocorre impropriamente), senão como associação entre culpa, ilicitude e causalidade.[2] A rigor, contudo, exigia uma ação do agente e, nesse sentido, foi compreendida como violadora de direito e causadora de dano.[3] Em um segundo

---

[1] TUNC, André (Ed.). *Internatonal Encyclopedia of comparative law*. Torts. Tübingen J. C. B. Mohr (Paul Siebeck), 1983. v. XI, part I, p. 5.
[2] MENEZES CORDEIRO, António. *Tratado de direito civil português*, cit., p. 324.
[3] MAZEAUD, Henri; MAZEAUD, León; TUNC, André. *Tratado teórico práctico de la responsabilidad civil delictual y contractual*, t. 1, v. 2, p. 29 e s.; VINEY, Geneviève; JOURDAIN, Patrice. *Traité de droit civil*. Les conditions de la responsabilité. 3. ed. Paris: LGDJ, 2006, p. 363 e s.

momento, passam a se desenvolver hipóteses na legislação, de responsabilidade fundada no risco, especialmente a partir do final do século XIX.

No sistema alemão, embora se tenha defendido a certa altura a adoção, no seu Código Civil (BGB), de uma cláusula geral que contemplasse a universalidade das situações em que presente a obrigação de indenizar, entendeu-se afinal pela enumeração na cláusula do § 823, de interesses violados, no caso, indicando que há responsabilidade quando se causam lesões de modo ilícito e deliberado à vida, saúde, liberdade, propriedade e "qualquer outro direito", assim entendidos os direitos com eficácia *erga omnes*. Com isso, pretendeu-se delimitar situações,[4] evitando a incerteza derivada de uma solução legislativa demasiadamente aberta. Afirmando-se a necessidade de que a conduta seja intencional ou negligente, assim entendida aquela que expresse o cuidado que, em termos gerais, se considera necessário em sociedade (§ 276 do BGB).[5]

Da mesma forma, previu a obrigação de indenizar danos decorrentes da violação de deveres de proteção, hipótese estabelecida na segunda parte do § 823 do BGB. Essas normas de proteção podem ser públicas ou privadas, abrangendo, por exemplo, normas penais cujo bem jurídico protegido se associe à proteção de determinada categoria de pessoas.

E, por fim, o § 826, do BGB estabelece a responsabilidade por danos causados em face da violação e dos bons costumes. Nesse caso, exigirá a consciência dessa possibilidade e a inação em impedir tal resultado. Sob essa noção de bons costumes, a jurisprudência alemã fixou a responsabilidade em diversas situações, desde a violação da livre concorrência até a divulgação de informação falsa que afeta a credibilidade da vítima e os direitos da personalidade.[6]

Essa tipificação das hipóteses de responsabilidade nas disposições do BGB explicará, em parte, o desenvolvimento da boa-fé objetiva e dos usos do tráfego como fontes de deveres jurídicos, cuja violação, posteriormente, permitirá a imputação do dever de indenizar em situações não descritas especificamente na norma, nem tampouco estabelecidas em negócios jurídicos.[7]

No direito comunitário europeu contemporâneo, formam-se atualmente delineamentos que influenciam o sistema de responsabilidade civil interno dos países que compõem a União Europeia, em distintos temas, por meio de diretivas comunitárias ou mesmo do pronunciamento de seus órgãos judiciais.[8] É o caso, por exemplo, da responsabilidade objetiva do produtor por danos causados por produtos defeituosos, objeto da Diretiva n. 85/342, incorporada aos direitos nacionais. Da mesma forma, é de ser citado ao *Draft Common Frame of Reference*, de 2009, que no âmbito da União Europeia visa estabelecer certa aproximação conceitual entre os diferentes sistemas nacionais, especialmente no que se refira a danos juridicamente relevantes, e que, portanto, serão passíveis de indenização.[9] Nesse caso, assenta-se que deve se tratar de dano que deriva de violação de direito, represente um interesse juridicamente relevante, bem como esteja contido nas previsões específicas previstas no Livro VI,[10] assegu-

---

[4] Observa Hans Albrecht Fischer para o caráter preciso em relação aos bens jurídicos definidos pelo § 823, cuja lesão dá causa ao dever de indenizar. FISCHER, Hans Albrecht. *A reparação de danos no direito civil*, cit., p. 260.

[5] ZWEIGERT, Konrad; KÖTZ, Hein. *Introducción al derecho comparado*, cit., p. 636.

[6] Veja-se: MIRAGEM, Bruno. *Abuso do direito*. 2. ed. São Paulo: RT, 2013.

[7] MENEZES CORDEIRO, António. *Tratado de direito civil português*, cit., p. 340.

[8] CASTRONOVO, Carlo; MAZZAMUTO, Salvatore. *Manuale di diritto privato europeo*. Milano: Giuffrè, 2007, v. II, p. 224 e s.

[9] MENEZES CORDEIRO, António. *Tratado de direito civil português*, cit., p. 350-351.

[10] Veja-se: BAR, Christian von; CLIVE, Eric. SCHULTE-NÖLKE, Hans (Eds.). *Principles, definitions and model rules of European Private Law*. Disponível em: <http://ec.europa.eu/justice/contract/files/european-private-law_en.pdf>.

rado ainda à pessoa que esteja submetida à possibilidade de sofrer o dano a pretensão para prevenir sua ocorrência.[11]

5.2. RESPONSABILIDADE CIVIL NOS SISTEMAS DE *COMMON LAW* (*TORT LAW*)

No *common law* – direito norte-americano e inglês – a ausência de um sistema legal geral faz com que o exame da responsabilidade civil se estabeleça com base nas diferentes pretensões que os tribunais passaram a reconhecer em diversos casos concretos, sendo o entendimento sobre eles fixado sob o sistema de precedentes. Distinguem-se pela espécie de lesão, tendo, cada qual, pressupostos específicos. Assim, temos, por exemplo, as situações de difamação (*defamation*), agressão física (*assault and battery*), invasão de privacidade (*invasion of privacy*), dano a coisas móveis (*trespass to goods*) e a imóveis (*trespass to land*), indução ao descumprimento contratual (*inducing a breach of contract*), abuso de poder (*misuse of power*), entre outras.[12] A noção de *tort*, neste sentido, aproxima-se da noção de delito dos sistemas de direito romano-germânico. E se trata da causação de um dano injusto, porque violador de preceito presente no ordenamento, ainda que não necessariamente em uma lei em sentido estrito.

O fundamento da responsabilidade civil (*tort law*), então, situa-se na *fault*, assim considerada a violação por determinada conduta ao conjunto de normas legais e preceitos morais que conformam o direito.[13] Todavia, a previsão das distintas espécies de danos autônomas entre si resulta da compreensão de que a responsabilidade civil não se constitui, por sua amplitude e distinção interna, em tema apto a ser disciplinado por lei.[14] Nesse plano desenvolve-se a responsabilidade por negligência, considerada em vista da violação de um dever de cuidado razoável (*reasonable care*), ao qual se submetem todos em decorrência dos riscos da vida em sociedade.[15] Por outro lado, tem-se a responsabilidade estrita (*strict liability*), pela qual elimina-se a discussão sobre a adoção ou não, pelo agente, de um comportamento negligente, concentrando-se a investigação sobre a presença do nexo de causalidade ("sob a responsabilidade estrita, causa e não culpa é o parâmetro"[16]). Neste sentido, aproxima-se da noção de responsabilidade objetiva presente no direito brasileiro.

Influência mais destacada do *common law* no direito brasileiro é o sistema de responsabilidade do fornecedor por danos causados por produtos e serviços, pelo qual o fabricante, produtor, construtor e importador respondem perante a vítima do dano, independentemente da existência de vínculo jurídico antecedente (ou seja, não se exige, para poder responsabilizar o fornecedor, que a vítima tenha sido quem adquiriu o produto, admitindo-se que qualquer um que sofra o dano possa vir a reclamar indenização).[17]

---

[11] BAR, Christian von; CLIVE, Eric. SCHULTE-NÖLKE, Hans (Eds.). *Principles, definitions and model rules of European Private Law*, Livro VI–1:102, p. 2.998.
[12] MCBRIDE, Nicholas J.; BAGSHAW, Roderick. *Tort law*. Essex: Pearson, 2005, p. 239 e s.
[13] MENEZES CORDEIRO, António. *Tratado de direito civil português*, cit., p. 341.
[14] ZWEIGERT, Konrad; KÖTZ, Hein. *Introducción al derecho comparado*, cit., p. 643.
[15] WEINRIB, Ernest. *The idea of private law*. Cambridge: Harvard University Press, 1995, p. 147.
[16] WEINRIB, Ernest. *The idea of private law*, cit., p. 171.
[17] MIRAGEM, Bruno. *Curso de direito do consumidor*. 8. ed. São Paulo: RT, 2019, p. 681 e s.

Capítulo 6
RELAÇÃO JURÍDICA DE RESPONSABILIDADE CIVIL

A responsabilidade civil se insere no âmbito das relações obrigacionais. É espécie de obrigação, obrigação de indenizar. Conta, assim, com os requisitos próprios da relação jurídica: sujeitos, objeto e vínculo jurídico. São sujeitos da relação de responsabilidade civil: a) a vítima (ou seus sucessores, no caso de morte – art. 12, parágrafo único, do Código Civil); e b) aquele a quem é imputado o dever de indenizar. Pode ser o autor do dano – hipótese mais comum (art. 927, *caput*) – ou outra pessoa a quem a lei atribua a responsabilidade pela indenização (responsabilidade pelo fato de outrem, como ocorre no caso do empregador que responde pelos danos causados pelo empregado, no exercício de sua atividade laboral, hipótese do art. 932, III).

O objeto da relação jurídica obrigacional, nesse caso, é o dever de prestar indenização. Deve o causador do dano, ou quem a lei definir como responsável perante a vítima, prestar certa quantia pecuniária que sirva para compensar os prejuízos experimentados pela vítima. Essa prestação deve ser suficiente para reparar o prejuízo econômico sofrido, no caso de danos patrimoniais, ou para compensar dano extrapatrimonial, insuscetível de avaliação econômica, oferecendo certo conforto à vítima.

A constituição da relação de responsabilidade civil dependerá da presença de certos pressupostos. Sem a presença de qualquer deles, não se cogita da imputação do dever de indenizar. Assim, pode haver uma conduta ilícita da qual não decorra dano, assim como um dano que não decorra de um ato ilícito e que, por isso, não seja indenizável. Para que se constitua a obrigação de indenizar, sendo imputável à determinada pessoa, devem estar presentes todos os pressupostos fixados em lei.

6.1. CONDIÇÕES DA RESPONSABILIDADE CIVIL

São condições para a constituição de relação jurídica de responsabilidade civil, assim entendidos os pressupostos do dever de indenizar, a conduta antijurídica, o dano, o nexo de causalidade entre eles e o nexo de imputação. A investigação desses pressupostos deve ter o cuidado de promover a correta distinção entre eles, de modo a permitir que se lhes trace o exato significado e função ao caracterizarem a relação de responsabilidade.

6.1.1. Conduta

Apenas faz sentido tratar-se de responsabilidade civil na medida em que se considere estar tratando de fatos com o envolvimento direto de pessoas que dão causa ou permitem que ocorram danos a outras pessoas. Pelas normas jurídicas, definir-se-ão os critérios pelos quais esses danos serão suscetíveis ou não de ser indenizados, e por quem.

A conduta é o primeiro dos pressupostos da responsabilidade civil. Trata-se de atuação humana. Nesse sentido, cabe dizer, por mais que muitos juristas identifiquem a conduta apenas na hipótese de responsabilidade subjetiva (ação ou omissão), excluindo-a do exame quando se trate de responsabilidade objetiva, fundada no risco, tal entendimento não parece ser o melhor. Sempre há conduta. A diferença é quanto aos limites de investigação sobre o seu conteúdo, e mesmo o quão associada está ao dano indenizável.

O art. 186 do Código Civil, ao definir o ato ilícito, refere: "Aquele que, por ação ou omissão voluntária, negligência ou imprudência, violar direito e causar dano a outrem, ainda que exclusivamente moral, comete ato ilícito". Eis a conduta claramente definida: ação ou omissão. E sobre ela, dever-se-á investigar sobre a presença de voluntariedade (dolo), negligência ou imprudência; ou seja, qual o móvel da conduta do agente. Em situações de responsabilidade objetiva, fundada no risco, contudo, embora não haja a referência genérica a uma conduta específica, vai haver em relação a uma atividade desenvolvida por aquele a quem se imputa a responsabilidade, ou ainda, por quem ocupe certa posição (é o dono da coisa que causa dano, por exemplo).

Já o art. 187 do Código Civil, dando uma segunda definição de ato ilícito, estabelece: "Também comete ato ilícito o titular de um direito que, ao exercê-lo, excede manifestamente os limites impostos pelo seu fim econômico ou social, pela boa-fé ou pelos bons costumes". Refere-se ao exercício de um direito.

Embora se distingam as situações descritas nos dois artigos, eles contêm um aspecto comum: a violação do direito, que é direta, no caso do art. 186, e no caso do art. 187 decorre de violação a limites no curso do exercício de um direito subjetivo, de modo que, para que haja responsabilidade, deverá ocorrer uma ação ou omissão do agente característica de uma interferência não autorizada pelo Direito na esfera jurídica alheia, provocando o dano.

De modo geral, toda norma jurídica contém em si uma determinação intrínseca que proíbe sua violação (afinal, se é obrigatória, não se admite que deixe de ser observada). Apenas quando o Direito reconhece causas de justificação para violação da norma, pode deixar de haver uma ilicitude. É o caso, por exemplo, da situação descrita no art. 188, II, do Código Civil. Expressamente afasta-se a ilicitude da conduta do agente que deteriora ou destrói coisa alheia, ou causa lesão à pessoa, a fim de remover perigo iminente. Todavia, nem por isso a vítima deixa de ter direito a ser indenizada se não for ela culpada pelo perigo (art. 929 do Código Civil).

A característica da conduta que se considera pressuposto da responsabilidade civil é sua antijuridicidade (contrariedade a direito), que tanto pode decorrer do fato de ser ela a causa de um dano quanto implicar igualmente a violação de preceitos específicos, tendo por consequência a causa de um dano.

Não se perde de vista, contudo, que, além da conduta culposa, também da atividade do agente, quando esta estiver prevista expressamente em lei, resultará a responsabilidade pelo dever de indenizar. É o caso das hipóteses de responsabilidade pelo risco da atividade, como previsto no art. 927, parágrafo único, do Código Civil, ou da responsabilidade do empresário, de que trata o art. 931 do Código Civil.

6.1.1.1. Antijuridicidade

Antijuridicidade significa a contrariedade a direito. Não se confunde com ilicitude, com a qual guarda relação de gênero e espécie. Dependendo do sentido que se tome para o ilícito (como contrário à lei – mais estrito – e não contrário a direito – mais amplo), todo ilícito é antijurídico, porém nem todo antijurídico é ilícito.

A antijuridicidade decorre da violação de disposição de lei ou de preceito integrante do ordenamento jurídico, como é o caso da violação do comando reconhecido de um princípio jurídico, como aquele que viola um dever de informar não escrito, porém advindo do princípio da boa-fé. Também pode decorrer da violação de um direito alheio. Não faz distinção o art. 186 quanto à espécie de direito violado, de modo que a interpretação aqui será a mais ampla possível (abrangendo direitos subjetivos de fonte legal ou obrigacional, direitos potestativos, liberdades e faculdades jurídicas).

A contrariedade a direito (*antijurídico*) ultrapassa a mera violação expressa de preceito normativo (*ilícito ou ilegal*). Isso é bem demonstrado nas hipóteses em que se estabelece a responsabilidade de indenizar prejuízos decorrentes de atos lícitos, como, por exemplo, o art. 188, II, do CC/2002,[1] cujo dever de indenizar, ainda que não se trate de ato ilícito (na medida em que se exclui a ilicitude), é previsto nos arts. 929 e 930,[2] ambos do Código Civil.

O ilícito, em visão tradicional, possui como requisitos: (a) a existência de uma conduta; (b) a violação do ordenamento jurídico; (c) a imputabilidade dessa conduta; e (d) sua penetração na esfera jurídica alheia.[3] Pressupõe, assim, uma violação ao ordenamento jurídico.[4] A antijuridicidade resulta de conceito mais amplo do que o de ilicitude. Isto porque ilicitude é espécie de antijuridicidade, mas não esgota sua definição. Contudo, ambos possuem um elemento de convergência: tanto o ilícito quanto o antijurídico são fatos jurígenos, na medida em que deles resultam uma eficácia jurídica.

A antijuridicidade admite duas concepções: (a) uma primeira, que associa o antijurídico à existência de lesão a situações juridicamente protegidas, em hipóteses nas quais não se possa falar do ato ilícito imputável; (b) uma segunda, que associa o antijurídico como espécie de categoria transcendente à do ordenamento jurídico positivo, podendo-se identificar contrariedade a direito em situações não expressamente identificadas pelo ordenamento jurídico, como nos casos de contrariedade a princípios ou a valores jurídicos. Nesse sentido, identifica Mosset Iturraspe diversas compreensões da expressão *antijuridicidade*. A *antijuridicidade formal* está vinculada à ideia de ilegalidade, segundo a qual toda conduta que não esteja expressamente considerada ilícita na lei não poderá ser considerada como tal; a *antijuridicidade material*, como resultado da evolução jurídica e a consideração de que o conceito de ilícito não se esgota na contrariedade à lei, dá conta de outras fontes, como os bons costumes, a moral social e os princípios gerais de direito. Da mesma forma, distingue o mestre argentino o conceito de *antijuridicidade subjetiva* e *antijuridicidade objetiva*, sendo a primeira fundada

---

[1] "Art. 188. Não constituem atos ilícitos: (...) II – a deterioração ou destruição da coisa alheia, ou a lesão a pessoa, a fim de remover perigo iminente. Parágrafo único. No caso do inciso II, o ato será legítimo somente quando as circunstâncias o tornarem absolutamente necessário, não excedendo os limites do indispensável para a remoção do perigo."

[2] "Art. 929. Se a pessoa lesada, ou o dono da coisa, no caso do inciso II do art. 188, não forem culpados do perigo, assistir-lhes-á direito à indenização do prejuízo que sofreram." E "Art. 930. No caso do inciso II do art. 188, se o perigo ocorrer por culpa de terceiro, contra este terá o autor do dano ação regressiva para haver a importância que tiver ressarcido ao lesado."

[3] PEREIRA, Caio Mário da Silva. *Responsabilidade civil*. 10. ed. Rio de Janeiro: GZ, 2012, p. 654.

[4] Naquele que talvez tenha sido o primeiro trabalho em direito brasileiro sobre o abuso do direito, com sua 1ª edição publicada em 1922, Jorge Americano já assinalava a dificuldade da determinação do conceito de ilícito, indicando que seu significado pela doutrina, após inúmeros debates sobre a necessidade da demonstração de dolo ou má-fé, o traço distintivo do delito civil "da falta de assento em direito no acto danoso". AMERICANO, Jorge. *Do abuso do direito no exercício da demanda*. 2. ed. São Paulo: Saraiva, 1932, p. 21.

na culpa, e a segunda, no caráter injusto do resultado da conduta (dano), não devendo se referir, nesse caso, à culpabilidade.[5]

No que se refere à distinção entre ilícito e antijurídico, observa Fernando Noronha que "a antijuridicidade não se reporta somente às condutas humanas que atingem situações jurídicas de modo não permitido pelo ordenamento, alcança, também, acontecimentos naturais que lesem bens que eram juridicamente protegidos".[6] Nesse sentido, a definição de ilicitude tradicionalmente é indicada a situações em que se tem a contrariedade ao ordenamento jurídico causada por um ato humano subjetivamente reprovável e imputável, em geral ato lesivo causado por dolo ou culpa. Por outro lado, é possível considerarem-se como ato objetivamente ilícito os praticados em circunstâncias nas quais não se examina o elemento subjetivo do agente (dolo ou culpa), tais como as hipóteses de atos justificados (quando inexigível conduta diversa), ou atos praticados por incapazes a que não se possa imputar a responsabilidade. Trata-se, nesta visão, de uma concepção ampla de ilicitude, a qual se confunde com a noção de antijuridicidade.[7]

Segundo ensina Zannoni, "o sistema legal não pode deixar sem repúdio toda uma série de condutas não expressamente vedadas, mas cuja proibição surge da consideração harmônica do sistema jurídico como plexo normativo".[8] Distingue-se, assim, da noção presente no direito de *common law*, no qual a antijuridicidade, para efeitos de responsabilidade civil, vincula-se a certas condutas típicas firmadas, sobretudo, por precedentes. No sistema brasileiro, contudo, a antijuridicidade vai além do conceito de ilicitude, indicando também condutas em que o próprio ordenamento jurídico positivo pré-exclui a ilicitude ou a imputabilidade,[9] mas que por seus efeitos concretos (lesão do patrimônio jurídico alheio) dão causa à configuração de contrariedade a direito. E nessa linha de entendimento, a distinção de uma ilicitude ampla, objetiva, e de uma ilicitude subjetiva, tida como "verdadeira", será a existência ou não da possibilidade de se atribuir ao agente uma conduta censurável.[10]

Note-se, por esta distinção, que, *a priori*, o ato antijurídico não necessita ser nem censurável (pela presença de dolo ou culpa), nem imputável. A rigor, os pressupostos necessários para a antijuridicidade são apenas a existência de um sujeito e de um ordenamento jurídico, sendo que da relação entre eles surge o conceito como juízo valorativo do observador.[11] Isto porque, conforme ensina Carlos Alberto Ghersi, "o antijurídico se dá quando uma conduta que viola o ordenamento jurídico não encontra nele ou em seu contexto valorativo uma causa de justificação".[12]

Assim, a conduta antijurídica que figura como pressuposto da responsabilidade civil será aquela que, ao violar norma ou direito alheio, der causa, por isso, a um dano injusto, independentemente de haver norma proibitiva genérica ou específica.

---

[5] MOSSET ITURRASPE, Jorge. La antijuridicidad. In: MOSSET ITURRASPE, Jorge. (Dir.). *Responsabilidade civil*. Buenos Aires: Hammurabi, 1997, p. 59-61.
[6] NORONHA, Fernando. *Direito das obrigações*. São Paulo: Saraiva, 2003, v. 1, p. 348.
[7] NORONHA, Fernando. *Direito das obrigações*, cit., v. 1, p. 361.
[8] ZANNONI, Eduardo. *El daño en la responsabilidad civil*. Buenos Aires: Astrea, 1987, p. 4.
[9] Em sentido contrário o entendimento de Marcos Bernardes de Mello, segundo o qual o que caracteriza a contrariedade a direito (antijuridicidade) "é a violação da ordem jurídica sem que haja pré-exclusão de ilicitude". MELLO, Marcos Bernardes de. *Teoria do fato jurídico. Plano da existência*. 12. ed. São Paulo: Saraiva, 2003, p. 221.
[10] NORONHA, Fernando. *Direito das obrigações*, cit., v. 1, p. 362.
[11] GHERSI, Carlos Alberto. *Reparación de daños*. Buenos Aires: Editorial Universidad, 1992, p. 162.
[12] GHERSI, Carlos Alberto. *Reparación de daños*, cit., p. 164.

6.1.1.2. Distinção entre antijuridicidade, culpabilidade e imputabilidade

Não se confundem a antijuridicidade da conduta, a culpabilidade do agente e a imputabilidade do dever de indenizar. Será antijurídica, como se viu logo antes, a conduta que viola lei ou preceito jurídico (e seus efeitos, como os que decorrem de princípios jurídicos), ou que se caracteriza pela violação de um direito. Já a culpabilidade é juízo que originalmente tinha conteúdo moral, vindo a evoluir gradualmente para uma análise da conduta pessoal do agente, de modo a inferir se o comportamento adotado foi o devido segundo padrões razoavelmente esperados e/ou socialmente valiosos, considerando a situação concreta em que esse agente se encontrava por ocasião do dano. Isso se percebe claramente quando se põe em causa a conduta omissiva. Só há omissão quando alguém tem o dever de agir, e, nestes termos, percebe-se como contribuição para a ocorrência do dano. Anota, com precisão, Sérgio Cavalieri, que, nesse caso, deve existir o dever de agir, praticando ato que impeça o resultado danoso, e o agente deixa de praticá-lo. Só assim identifica-se a omissão, "porquanto do nada, nada provém".[13] O agente que adota conduta omissiva não causa diretamente, mas, devendo impedir, não o faz, e aí está a antijuridicidade decorrente da violação do dever de agir. Já a culpabilidade resulta de um juízo de censura à conduta do agente, de reprovabilidade pelo direito, na medida em que nela se identifique voluntariedade, negligência ou imprudência.

Antijuridicidade ou culpabilidade não se confundem também com imputabilidade. Dizer-se imputável uma determinada conduta significa declará-la como de autoria de alguém. Ensina Alterini que há distintas ordens de imputação. Pode-se imputar a alguém uma ação, alegando que este a realizou (imputação física); ou dizer-se que agiu voluntariamente (uma imputação moral); ou ainda identificar-se na conduta realizada por alguém como espécie de comportamento contrário ao direito, definindo o fato como um delito (imputação legal).[14] A imputabilidade legal relaciona-se – no plano da responsabilidade civil – com a noção de dano injusto, e dependerá muitas vezes que se identifique a conduta antijurídica e culpável (nos casos de responsabilidade subjetiva), ou que seja fixada a partir de determinado critério que dispense a culpa (exercício da atividade, propriedade da coisa que gera dano etc.).

No caso da responsabilidade subjetiva, a imputabilidade concentra-se na existência de culpa, para o que se funda na capacidade de discernimento do agente. Para tanto, exige-se que tenha atingido certa idade, como critério geral. E, para além disso, cuida-se de verificar se o sujeito imputável está em plenas condições de sanidade mental. Os menores de 16 anos são incapazes para os atos da vida civil (art. 3º, I, do Código Civil), o que significa que não respondem pessoalmente por seus atos, mas respondem civilmente pelos atos que derem causa os pais ou os tutores, conforme o caso (art. 932, I e II, do Código Civil). Note-se, contudo, que o art. 116 do Estatuto da Criança e do Adolescente estabelece uma exceção, de modo que, quando se tratar de ato infracional que dê causa a danos patrimoniais praticado por adolescente (pela legislação brasileira, o maior de 12 anos), possa a autoridade determinar o ressarcimento.

Assim, o art. 116 do ECA: "Art. 116. Em se tratando de ato infracional com reflexos patrimoniais, a autoridade poderá determinar, se for o caso, que o adolescente restitua a coisa, promova o ressarcimento do dano, ou, por outra forma, compense o prejuízo da vítima". Nesse caso, o dever de reparar o dano surge com dupla função: de sanção com caráter pedagógico ao adolescente infrator, e propriamente como direito ao ressarcimento da vítima. Todavia, não se deve perder de vista que se submete à discricionariedade judicial e mesmo à

---

[13] CAVALIERI, Sérgio. *Programa de responsabilidade civil*. 11. ed. São Paulo: Atlas, 2014, p. 38.
[14] ALTERINI, Atílio. *Responsabilidad civil*, cit., p. 17.

possibilidade de sua realização, uma vez que estabelece o parágrafo único do mesmo artigo: "Havendo manifesta impossibilidade, a medida poderá ser substituída por outra adequada".

Em relação aos relativamente incapazes (art. 4º do Código Civil), o direito anterior, no art. 156 do Código Civil revogado, os equiparava aos plenamente capazes para efeito de reparação decorrente de atos ilícitos. O Código Civil de 2002 não reproduziu a regra, estabelecendo em relação a todos os incapazes a obrigação subsidiária de reparação, nos termos do art. 928, que estabelece: "Art. 928. O incapaz responde pelos prejuízos que causar, se as pessoas por ele responsáveis não tiverem obrigação de fazê-lo ou não dispuserem de meios suficientes".

6.1.1.3. Ato ilícito e antijuridicidade

Tradicionalmente, é o ato ilícito definido como pressuposto da responsabilidade civil. Já se viu que atualmente essa afirmação precisa ser revista na medida em que resulta a obrigação de indenizar também de danos causados por fatos lícitos. Contudo, a noção de antijuridicidade é mais ampla do que a de ilicitude (pelo menos tomada esta em seu sentido formal de ilegalidade = contrariedade à lei), como pressuposto da responsabilidade civil. Antijuridicidade caracteriza-se pela causação do dano injusto, em violação do preceito de não causar dano a outrem (*alterum non laedere*).

Nesse sentido, diz-se que a própria ilicitude seria desnecessária, uma vez concorrendo as causas justas para a imputação de responsabilidade objetiva.[15] Todavia, note-se que daí resulta outra classe de deveres que dizem respeito à prevenção do dano, deveres de segurança, de modo que, embora não investigando a existência de dolo ou culpa do agente, vai haver violação de dever jurídico no exato instante em que ocorre o dano.

Desse modo, é correto tratar-se do ilícito como pressuposto do dano, desde que se lhe tome em sentido amplo, semelhante ao de antijuridicidade, de modo que não apenas aquilo que viola a norma legal será considerado, mas também a violação de dever jurídico que resulta da lei, ou outros preceitos, como do negócio jurídico ou de princípios jurídicos (como da boa-fé). Assim, por exemplo, tome-se o caso de alguém que vende uma coisa a outra pessoa e deixa de informar ao comprador, em relação que não seja de consumo (pois aí há deveres específicos de informação presentes em lei), acerca de riscos decorrentes de características dessa coisa ou vícios conhecidos. Diante dessa ausência de informação, o comprador a utiliza de modo a sofrer danos. Em nenhum lugar estará expresso o dever de informar sobre riscos. Contudo, na medida em que há danos que seriam evitáveis mediante informação correta do vendedor, pode-se concluir que houve dele conduta omissiva antijurídica, a qual poderá resultar, se presentes os demais pressupostos, na imputação do dever de indenizar.

Para efeitos de responsabilidade civil – diferente do que ocorre no direito penal – não se exigirá a tipicidade do ilícito, mas tão somente a violação de dever de não causar danos, que também poderá somar-se a deveres específicos de proteção ou de prevenção, os quais, uma vez que ocorra o dano, percebem-se como violados. A expressão antijurídico/antijuridicidade, assim, abarca a noção de ilicitude. Todavia, não é incomum que se considerem expressões sinônimas. O cuidado do intérprete, nesse caso, será o de perceber que a noção de ilicitude deverá ser tomada em sentido amplo, considerando não apenas a contrariedade direta a uma norma jurídica expressa, mas também ao conjunto do ordenamento jurídico.

---

[15] HERRERA, Edgardo López. *Teoría general de la responsabilidad civil*, cit., p. 98-99.

6.1.1.4. *Fontes da responsabilidade por ato ilícito*

Um esforço para a exposição didática da responsabilidade civil exige que se realize a distinção das diversas fontes da qual provém a obrigação de indenizar. Há diversas formas de classificação, conforme o critério adotado.

6.1.1.4.1. Ato ilícito (delito)

Por ato ilícito tem-se o contrário a direito. Pode decorrer de uma violação expressa a dispositivo de lei ou preceito presente no ordenamento jurídico (violação a dever jurídico decorrente da eficácia de princípio), ou de regra estabelecida em negócio jurídico (descumprimento contratual, p. ex.). No primeiro caso (violação a lei ou preceito normativo), costuma-se referir a ilícito absoluto. No caso de violação a dever estabelecido em negócio jurídico (ilícito negocial), refere-se a ilícito relativo.

Durante muito tempo, distinguiam-se, doutrinariamente, delitos e quase delitos, indicando aos primeiros a violação da lei que se dava de modo voluntário (doloso) e aos segundos a violação involuntária (culposa). Essa distinção, muito prestigiada especialmente pela doutrina de influência francesa, não foi acolhida pelo direito brasileiro, que já no Código Civil de 1916 optou-se por prever apenas a definição de ato ilícito (delito).

Nesse sentido, o direito brasileiro seguiu inicialmente o modelo do Código Civil francês, prevendo uma cláusula geral de ato ilícito, que estava presente no art. 159 do Código Civil de 1916, já revogado, em que constava também sua consequência jurídica, o dever de indenizar.[16]

O Código Civil em vigor, de 2002, adotou outra estrutura legal, estabelecendo de um lado a separação entre a definição de ilicitude e sua consequência, de modo que, enquanto o conceito de ato ilícito se estabelece na Parte Geral do Código Civil, a disciplina da responsabilidade civil foi estabelecida no Livro do Direito das Obrigações.

Uma segunda diferença, da maior importância, diz respeito à bipartição de cláusulas gerais de atos ilícitos, arts. 186 e 187. A primeira delas, reproduzindo o revogado art. 159, apenas incluía previsão expressa para o dano moral. Assim, o texto do art. 186 do Código Civil em vigor: "Aquele que, por ação ou omissão voluntária, negligência ou imprudência, violar direito e causar dano a outrem, ainda que exclusivamente moral, comete ato ilícito".

São elementos da cláusula geral prevista no art. 186: a) ação ou omissão humana cujo móvel seja dolo ou culpa; b) a violação de direito; c) a causação de dano. Ao lado dela, tanto as situações em que haja previsão específica sobre indenização decorrente da violação de direitos específicos quanto o descumprimento de deveres previstos em negócio jurídico encaixam-se na noção ampla de ato ilícito.

Já a segunda cláusula geral prevista pelo art. 187 do Código Civil equipara ao ato ilícito o exercício abusivo de direitos. Nesse caso, embora haja a previsão de um direito de titularidade do agente, é no momento seguinte, do exercício desse direito, em que há a violação de limites definidos pelo próprio ordenamento jurídico, e que merecerão concreção do legislador a respeito. Examinamos a seguir, mais pormenorizadamente, o abuso do direito segundo sua equiparação a ato ilícito e as consequências no plano da responsabilidade civil, como fundamento da obrigação de indenizar.

---

[16] Assim, o art. 159 do Código Civil de 1916, revogado: "Aquele que, por ação ou omissão voluntária, negligência, ou imprudência, violar direito, ou causar prejuízo a outrem, fica obrigado a reparar o dano".

6.1.1.4.2. Abuso do direito

Estabelece o art. 187 do Código Civil: "Também comete ato ilícito o titular de um direito que, ao exercê-lo, excede manifestamente os limites impostos pelo seu fim econômico ou social, pela boa-fé ou pelos bons costumes". O art. 927, *caput*, de sua vez, inaugura o capítulo relativo à responsabilidade civil, estabelecendo que "aquele que, por ato ilícito (arts. 186 e 187), causar dano a outrem, fica obrigado a repará-lo". Note-se, contudo, que uma das consequências do exercício abusivo do direito é o dever de indenizar, porém, não a única.[17]

A origem da doutrina do abuso do direito, conforme referem Planiol e Ripert, decorre de duas considerações básicas: a primeira, de que se convertera em regra de direito a regra moral elementar que proíbe prejudicar terceiro por espírito de maldade (ato meramente emulativo); e segundo, a circunstância de que eventual temor das arbitrariedades judiciais na apreciação da intenção não foi obstáculo, quando se tratou, na jurisprudência, de reprimir a fraude e a má-fé, bem como não pode afastar a exigência de moralidade das ações.[18]

Ou como refere o autor referência da teoria do abuso do direito na França, Louis Josserand, que observa a necessidade de distinguir-se, como resposta aos que negam a possibilidade da teoria, ou questionam sua aplicação, entre o ato praticado *sem direito* e o ato *abusivo*.[19] O primeiro é identificado como espécie de violação direta e expressa à regra jurídica, sendo o ato abusivo o que se transmuta da licitude à irregularidade, pela circunstância do exercício. No que se refere às críticas de fundo sobre a teoria, Josserand considera que se concentram, em maior ou menor grau, com o argumento de que se estaria, na teoria do abuso, a estabelecer uma confusão entre o direito e a moral.[20] Contrapõe esse argumento considerando que, desde os romanos, a partir dos preceitos *viver honestamente, não causar dano a outrem e dar a cada um o que é seu*, os quais não contavam com uma precisão legal, assim como as exigências de paz social, responde à limitação do exercício dos direitos a uma condição para seu necessário equilíbrio.[21]

No direito alemão, Karl Larenz refere que "os limites de um direito resultam, por uma parte, de seu conteúdo determinado especificamente pela lei ou por ajuste. Assim, o credor de um crédito não pode, em geral, exigir mais do que a prestação a ele devida; à parte disso, pode esperar o devedor uma conduta que corresponda ao sentido da obrigação e da boa-fé". Contudo, observa que "os direitos subjetivos podem entrar em conflito entre si. Não é possível que uma mesma coisa seja propriedade exclusiva de distintos proprietários, pois a propriedade é um direito que exclui a todos os demais do domínio real (...). Prescindindo das limitações resultantes de cada caso do conteúdo particular de um direito, existem algumas limitações válidas para todos os direitos subjetivos, as quais decorrem, de uma parte, das normas sobre legítima defesa e do estado de necessidade (...). De outra parte, tais limitações resultam do mesmo pensamento jurídico enquanto ao princípio da boa-fé".[22]

---

[17] MIRAGEM, Bruno. *Abuso do direito*, cit., p. 179 e ss.
[18] PLANIOL, Marcel; RIPERT, Georges. *Tratado práctico de derecho civil francés*. Tradução de Mario Diaz da Cruz. Havana: Cultural, 1946, t. 6, p. 789.
[19] JOSSERAND, Louis. *De l'espirit des droits et de leur relativité*. Théorie dite de l'abus des droits. Paris: Dalloz, 2006, p. 334-335.
[20] JOSSERAND, Louis. *De l'espirit des droits et de leur relativité*, cit., p. 347.
[21] JOSSERAND, Louis. *De l'espirit des droits et de leur relativité*, cit., p. 357.
[22] LARENZ, Karl. *Derecho civil*. Parte general. Tradução de Miguel Izquierdo y Macías-Picavea. Madrid: Editorial Revista de Derecho Privado, 1978, p. 296.

Na doutrina latino-americana, ensina Carlos Férnandez Sessarego que "el fenómeno jurídico conocido como 'abuso del derecho' consiste en una conducta que, sustentándose en un derecho subjetivo, se convierte en atisocial al transgredir su ejercicio, o através de su omisión, un genérico deber jurídico que cristaliza el valor solidaridad. Ello origina un especifico sui generis, acto ilícito que no es materia de la responsabilidad civil. Lo antisocial es lo 'irregular', lo "anormal", es decir, contrario a la solidaridad y, por ende, a la moral social".[23]

A identificação do abuso do direito como espécie de ilicitude, como ato ilegítimo (no esteio do art. 334 do Código Civil português), como espécie de figura *sui generis*, de rejeição pelo direito do exercício de prerrogativa jurídica de modo contrário a limites estabelecidos pelo próprio ordenamento jurídico, ou ainda, as teorias que negam a existência do abuso, por sustentarem que – nas hipóteses em que este é aventado – se está presente diante de uma situação de não direito, não desconhece sua funcionalidade como elemento de limite e correção do exercício do direito subjetivo. Na medida em que se trata de categoria cujo exame se estabelece em *dois momentos* – um *prévio, estático*, de conformidade a direito e, inclusive, legitimado no ordenamento jurídico (a titularidade de um direito subjetivo previsto no ordenamento), e um *segundo*, *dinâmico*, de exercício do direito contra limites ou preceitos estabelecidos pelo mesmo ordenamento –, o abuso do direito não pode ser vislumbrado simplesmente em posição de contradição à definição de ilicitude formal, senão de complementaridade.

Isto porque, em tese, não é incorreta a objeção original de Planiol, de que um ato não pode ser ao mesmo tempo conforme e contrário a direito.[24] Trata-se, contudo, de objeção formal, que por si não nega as virtudes da teoria.[25] A rigor, essa perspectiva se justifica dentro de uma visão *estática* da conformidade a direito. Sob uma perspectiva *dinâmica*, o exercício posterior é que transforma o que é lícito em ilícito, o que a princípio tem uma justificação jurídica, em algo que deixa de contar com essa justificação, em vista de, em movimento, violar preceitos do próprio ordenamento jurídico.

Daí a noção de complementaridade. Isto porque as estruturas formais do direito, e em especial as do sistema de Direito Privado, não alcançam, *a priori*, a amplitude das potencialidades da ação humana na atuação legitimada pelo próprio ordenamento. É nesse campo, inclusive, que o recurso a diversas estratégias como a interpretação histórica ou teleológica da norma, em contraposição à atuação do titular de um direito em desconformidade com a norma, encontra seus limites, no mais das vezes no texto da própria norma e da autorização jurídica que ela representa.

Na perspectiva da responsabilidade civil, note-se que duas são as concepções acerca dos elementos caracterizadores do abuso do direito. A concepção subjetiva exige a presença de dolo para caracterizar o exercício abusivo, identificando-a com o exercício emulativo. A concepção objetiva, que é prevalente, dispensa a demonstração de dolo ou culpa, bastando que fique caracterizada a violação dos limites estabelecidos na norma, dando causa à configuração de uma espécie de ilicitude objetiva.

Este, aliás, foi o entendimento consagrado pelas *Jornadas de Direito Civil*, promovidas pelo Superior Tribunal de Justiça sob a coordenação do ministro Ruy Rosado Aguiar Júnior, que, tendo reunido estudiosos civilistas de todo o país para exame do novo Código Civil, fez aprovar, entre os enunciados para interpretação e aplicação da nova lei, o enunciado de n. 37, com a seguinte redação: "Art. 187: a responsabilidade civil decorrente do abuso do di-

---

[23] SESSAREGO, Carlos Férnandes. *Abuso del derecho*. Buenos Aires: Astrea, 1992, p. 179.
[24] PLANIOL, Marcel. *Traité elémentaire de droit civil*. 2. ed. Paris: [s.n.], 1902, v. 2, p. 87.
[25] Nesse sentido: JOSSERAND, Louis. *De l'espirit des droits et de leur relativité*, cit., p. 331.

reito independe de culpa e fundamenta-se somente no critério objetivo-finalístico". Ou seja, reconhece-se o abuso como fundamento de responsabilidade objetiva e, de modo reflexo, a possibilidade de ilicitude objetiva, sem culpa, tal qual estabelecida na segunda cláusula geral de ilicitude presente no novo Código Civil.

6.1.1.4.2.1. Limites ao exercício de prerrogativas jurídicas

São três os limites estabelecidos pelo art. 187 ao exercício de direitos subjetivos: os fins econômicos ou sociais, a boa-fé e os bons costumes. Examinemos cada um deles.

6.1.1.4.2.1.1. Fins econômicos ou sociais

Presume-se que todos os direitos subjetivos são previstos e fundamentados em fins econômicos ou sociais a que devam atender. Ou seja, pressupõe-se que estejam fundados em determinadas finalidades sociais ou econômicas. A definição de uma finalidade econômica como limite do exercício do direito subjetivo direcionava-se, na sua origem, à vedação do exercício emulativo, ou seja, aquele que não traz nenhum benefício ou vantagem ao titular, sendo orientado apenas com vista a causar prejuízo a alguém.

Atualmente, contudo, amplia-se esse conceito, reconhecendo-se a possibilidade de que sejam compreendidos tanto em perspectiva individual do titular do direito quanto em vista dos interesses econômicos da comunidade[26] e a repercussão do exercício do respectivo direito.

No primeiro caso, considerando-se o fim econômico desde a perspectiva individual do titular do direito subjetivo, parece que as hipóteses de configuração do abuso do direito restringem-se, em um primeiro momento, à caracterização do ato emulativo (inútil, mas animado pela intenção de causar dano). Todavia, tomado o fim econômico do direito subjetivo sob uma perspectiva mais ampla, ou seja, diante do interesse da comunidade, o abuso poderá se caracterizar exatamente quando o exercício do direito pelo indivíduo se der em contrariedade a um fim econômico que lhe dê a medida do conteúdo do próprio direito subjetivo. O critério para determinação desse fim econômico parece ser a medida de utilidade do direito, a qual deve ser compreendida desde uma utilidade econômica para o titular, e que deve ser compatibilizada, em seu exercício, com a utilidade econômica para a comunidade. Ou, em outros termos, que a utilidade econômica para o titular do direito não seja contraditória com uma medida de utilidade econômica para a sociedade, o que, quando ocorre, determina inclusive a sanção da conduta individual, conforme se verifica nas hipóteses de abuso da posição dominante de mercado, sancionadas pelo direito da concorrência.

Em linha de princípio, um mesmo direito subjetivo pode ter fim econômico e fim social específicos que, todavia, devem coincidir ou ao menos não se contradizer em vista da coerência lógico-sistemática do ordenamento jurídico. Assim, por exemplo, os direitos de crédito têm o fim econômico de assegurar o cumprimento e a satisfação do crédito pelo devedor, e aí reside

---

[26] Não se pode desconhecer, todavia, que os sentidos econômico e jurídico, embora possam ser convergentes em muitas situações, não partem das mesmas premissas, razão por que estabelecem em relação a dado objeto distintas compreensões. Conforme refere Francesco Messineo, a valoração jurídica implica estabelecer se um ato humano é conforme ou desconforme valorativamente a um imperativo ou a um fim, enquanto a valoração econômica parte de uma noção de valor como utilidade, buscando indicar se o objeto que se valora é útil ou não. MESSINEO, Francesco. *Derecho civil y comercial*. Tradução de Santis Melendo. Buenos Aires: EJEA, 1971, p. 36-37. Aprofundando as distinções entre os juízos jurídico e econômico, veja-se: LOPES, José Reinaldo de Lima. Raciocínio jurídico e economia. *Revista de Direito Público e Economia*, n. 8, Belo Horizonte: Fórum, out./dez. 2004, p. 137-170.

igualmente seu fim social, em vista da proteção da utilidade, previsibilidade e segurança das relações econômicas. Por outro lado, há direitos em relação aos quais não se há de falar em fins econômicos, mas exclusivamente de fins sociais, como no caso dos direitos subjetivos pertinentes às relações jurídicas de direito de família. Isso ainda que se considere que em decorrência de determinados direitos subjetivos, ou mesmo da existência de determinadas relações familiares, surjam efeitos econômicos, como é o caso das interpenetrações entre as relações jurídicas de direito de família e o direito das sucessões, assim como da qualificação ou não, como abusiva, da garantia de crédito (aval ou fiança) concedida pelo pai em favor de um dos filhos, em desprestígio dos demais.

E mesmo nas espécies de direitos subjetivos em que se admite a identificação tanto de fins sociais quanto econômicos, é desprovida de razão qualquer tentativa no sentido de colocá-los em tensão. Ora, o *fim social* é aquele de interesse da sociedade, razão pela qual se previu normativamente determinado direito subjetivo. *Fim social*, contudo, não se confunde com fim coletivo, afinal, pode ser o fim social de determinado direito subjetivo a proteção de determinado interesse individual, inclusive contra a coletividade (assim, a proteção dos direitos da personalidade). Em outras hipóteses, é razoável indicar que o fim social absorve o fim econômico, uma vez que o fim social de um direito também é a realização de seu fim econômico, não se podendo dissociar o que é socialmente útil daquilo que é economicamente útil, como transparece com clareza em relação ao conteúdo e ao exercício do direito de propriedade.[27]

6.1.1.4.2.1.2. Boa-fé

A boa-fé objetiva, conforme já foi referido, é, entre os limites estabelecidos no art. 187 do Código Civil, o que observa tratamento mais aprofundado na doutrina brasileira atual. Trata-se de um dos mais importantes limites para o exercício de direitos subjetivos.[28] Sua aplicação se observa tanto como fonte de deveres jurídicos secundários e anexos ou instrumentais[29] quanto como cânone de interpretação dos negócios jurídicos e limite ao exercício dos direitos subjetivos.[30] Essa terceira função é a que se pretende examinar ao referir-se ao abuso do direito.

Como afirma Diéz-Picazo, a ideia de boa-fé não é outra coisa senão um conceito cunhado pelos técnicos do direito e utilizado como elemento de descrição ou de delimitação. É um *standard*, ou um modelo ideal de conduta social; aquela conduta social que se considera paradigmática.[31] A boa-fé, assim, não é mero *pacto de intenções* dos sujeitos de direitos, que, invocando a vontade de realizar tal ou qual ato, não o trazem à existência fática. A boa-fé que permanece no plano das *"boas intenções"* não há como ser valorada pelo direito, à medida que, permanecendo no âmbito da consciência interna do sujeito, sua compreensão é de todo impossível. Nesse aspecto intuitivo que a boa-fé, princípio de direito, e, portanto, pertinente à

---

[27] MIRAGEM, Bruno. O artigo 1.228 do Código Civil e os deveres do proprietário em matéria de preservação do meio ambiente. *Revista de Informação Legislativa*, n. 168, Brasília: Senado Federal, out./dez. 2005, p. 101-120.
[28] LARENZ, Karl. *Derecho civil*. Parte general, cit., p. 299.
[29] MARTINS-COSTA, Judith. *Boa-fé no direito privado*. São Paulo: RT, 1999, p. 437 e s.
[30] As funções da boa-fé objetiva no direito brasileiro tomam-se de: AGUIAR JÚNIOR, Ruy Rosado. A boa-fé na relação de consumo. *Revista de Direito do consumidor*, v. 14, São Paulo: RT, abr./jun. 1996, p. 20 e s.
[31] DÍEZ-PICAZO, Luís. Prólogo. In: WIEACKER, Franz. *El principio general de la buena fe*. Madrid: Civitas, 1986, p. 12-13.

orientação da vida de relações, é aquela que se depreende dos atos de existência real do sujeito, e que, portanto, pode ser avaliada como paradigma da conduta social.

Entre nós, Clóvis do Couto e Silva, referindo-se sobre a origem do princípio, traz o debate doutrinário estabelecido ainda no século XIX, indagando se, no direito romano, o conceito de boa-fé era unívoco ou, pelo contrário, comportava mais de um significado. Assim, importava saber se no direito obrigacional teria um caráter objetivo e no âmbito dos direitos reais, um caráter subjetivo, ou mesmo a hipótese de que representariam exteriorizações variadas de um só conceito.[32] No mesmo sentido, identificava no § 242 do Código Civil alemão não apenas um dispositivo que autorizaria ao juiz poderes de criação jurídica extraordinária, mas sim, em reforço do § 157, que determinava a interpretação dos negócios jurídicos segundo a boa-fé.

No que se refere à boa-fé como cláusula geral, a regular o exercício dos poderes e faculdades do indivíduo, suscita-se uma série de questões. Primeiro, o espaço que se estaria concedendo ao arbítrio do juiz no exame do caso concreto, possibilitando inclusive eventual julgamento à margem da lei. Segundo, é possível identificar na cláusula geral de boa-fé aquilo que Wieacker denomina *válvula para as exigências ético-sociais*, uma espécie de ilustrado positivismo social, que preconiza a norma em permanente adaptação às necessidades emergentes da sociedade. O limite para essa permanente adaptação, que seria fruto da interpretação da norma sob a perspectiva da boa-fé, seria ela mesma, uma vez que, ainda que se reconheça a pluralidade de sentidos possíveis de ser atribuídos pela atividade interpretativa, nada lhe pode retirar um mínimo de significado que se depreende de sua interpretação gramatical; o significado elementar das palavras que a compõem.[33]

Franz Wieacker assinala que as máximas gerais de conduta ético-jurídica e a nova criação de direito não se limitam ao direito das obrigações, e, por conseguinte, não se encontram vinculadas ao lugar que ocupa atualmente o § 242 do BGB. Situa, nesse sentido, o referido dispositivo da legislação alemã sob o prisma de um plano legislativo de valoração jurídica, que não pode estar adstrito ao dever de prestação.[34] Contudo, não se pode perder de vista que, em termos doutrinários e jurisprudenciais, em grande parte, o desenvolvimento da boa-fé objetiva decorre da nova realidade contratual a que faz referência Cláudia Lima Marques,[35] segundo a qual deverá exigir maior controle do conteúdo dos contratos e de sua dinâmica interna, abrangendo todas as fases da negociação, pré e pós-contratual. Daí por que é correto conceber a boa-fé, sob essa perspectiva, como limite ao exercício do direito ou liberdade de contratar. Não equivale a dizer que a boa-fé, por isso, proíbe a celebração de qualquer contrato. Note-se que se está a referir acerca de um controle de conteúdo do contrato, razão pela qual o desrespeito aos limites do direito de contratar pode ensejar tanto a simples nulidade do pacto contrário à boa-fé quanto o controle de sua eficácia, seja estendendo, suprimindo ou mitigando seus efeitos.

Em razão da boa-fé, conformam-se situações típicas de limitação da autonomia privada e do exercício de direitos dentre as quais se destacam a *exceptio doli*, o *venire contra factum proprium*, a *supressio*, a *surrectio* e o *tu quoque*. A *exceptio doli* aparece como a faculdade

---

[32] COUTO E SILVA, Clóvis. *O princípio da boa-fé no direito brasileiro e português*. I Jornada Luso-Brasileira de Direito Civil. São Paulo: RT, 1980, p. 45.
[33] WIEACKER, Franz. *El principio general de la buena fe*. Madrid: Civitas, 1986, p. 29-30.
[34] WIEACKER, Franz. *El principio general de la buena fe*, cit., p. 87-88.
[35] MARQUES, Claudia Lima. *Contratos no Código de Defesa do Consumidor*. 4. ed. São Paulo: RT, 2002, p. 39.

potestativa de paralisar o comportamento de outra parte na hipótese de dolo.[36] O *venire contra factum proprium* configura-se na proibição do comportamento contraditório,[37] ou seja, a proibição a que alguém que, tendo se conduzido de determinada maneira em razão da qual deu causa a expectativas legítimas da outra parte, venha a frustrar esta expectativa em razão de comportamento diverso e inesperado. Protege-se a preservação da coerência do comportamento individual.[38] A *supressio* caracteriza-se como a situação na qual um direito subjetivo que, não tendo sido exercido em certas circunstâncias, durante determinado lapso de tempo, não possa mais sê-lo por contrariar a boa-fé.[39] Em sentido parcialmente contrário, a *surrectio* é caracterizada como o fenômeno pelo qual há o surgimento de um direito não existente antes de forma jurídica, mas que era socialmente tido como presente.[40] Já o *tu quoque* caracteriza-se pela regra segundo a qual a pessoa que viole uma norma jurídica não pode, sem que se caracterize abuso, exercer a situação jurídica que esta mesma norma violada lhe tenha atribuído.[41] Ou seja, recusa-se a possibilidade de que aja com pesos e medidas distintos em situações que lhe prejudicam e beneficiam, tomando em consideração uma mesma regra.

A boa-fé apresenta, em matéria de limite ao exercício de direitos, papel fundamental, uma vez que, ao ser fonte de deveres anexos como lealdade, colaboração e respeito às expectativas legítimas do outro sujeito da relação jurídica, por evidência lógica limita a liberdade individual do destinatário desses deveres. Este terá, portanto, de exercer os direitos de que é titular, circunscrito aos limites que eles lhe impõem. Em boa parte das situações, contudo, não há necessidade de recorrer-se ao abuso para solucionar questões colocadas nesse plano, ou seja, relacionados a tais deveres anexos. Basta, para regular tais situações, o recurso da boa-fé. Entretanto, em outros casos em que esse comportamento descuidado ou ofensivo ao outro sujeito faz-se acompanhar do desborde do fim econômico ou social do direito, podem surgir situações em que se deva falar em abuso, não mais apenas em violação da boa-fé.[42]

6.1.1.4.2.1.3. Bons costumes

A cláusula de bons costumes talvez seja a que mereça maior consideração como limite do exercício de direitos, em face do pouco interesse que tem demonstrado no Direito Privado brasileiro. Como se sabe, bons costumes têm seu significado associado a questões relativas à moral sexual, ao recato social ou à pudicícia.[43] A perspectiva praticamente exclusiva sobre

---

[36] MENEZES CORDEIRO, António Manuel da Rocha e. *Da boa-fé no direito civil*. Lisboa: Almedina, 2001, p. 740.
[37] MENEZES CORDEIRO, António Manuel da Rocha e. *Da boa-fé no direito civil*, cit., p. 742 e s.
[38] BORDA, Alejandro. *La teoría de los actos propios*. Buenos Aires: Lexis Nexis, 2005, p. 67 e s.
[39] MENEZES CORDEIRO, António Manuel da Rocha e. *Da boa-fé no direito civil*, cit., p. 797.
[40] MENEZES CORDEIRO, António Manuel da Rocha e. *Da boa-fé no direito civil*, cit., p. 816.
[41] MENEZES CORDEIRO, António Manuel da Rocha e. *Da boa-fé no direito civil*, p. 837.
[42] Veja-se, nesse sentido, a decisão do STJ sobre cláusula mandato: "Conta corrente – Apropriação do saldo pelo banco credor – Numerário destinado ao pagamento de salários – Abuso de direito – Boa-fé – Age com abuso de direito e viola a boa-fé o banco que, invocando cláusula contratual constante do contrato de financiamento, cobra-se lançando mão do numerário depositado pela correntista em conta destinada ao pagamento dos salários de seus empregados, cujo numerário teria sido obtido junto ao BNDES. A cláusula que permite esse procedimento é mais abusiva do que a cláusula mandato, pois, enquanto esta autoriza apenas a constituição do título, aquela permite a cobrança pelos próprios meios do credor, nos valores e no momento por ele escolhidos. Recurso conhecido e provido" (STJ, 4ª Turma, REsp 250.523/SP, rel. Min. Ruy Rosado de Aguiar, j. 19-10-2000, *DJU* de 18-12-2000).
[43] LUNA, Everardo Cunha. Bons costumes. Direito penal. *Enciclopédia Saraiva de direito*. São Paulo: Saraiva, 1978, v. 12, p. 131-146.

o tema se dá desde o direito penal, decorrente da concepção própria dos crimes contra os costumes. Não resta dúvida, contudo, sobre a necessidade de romper-se com essa limitação injustificável do significado jurídico de bons costumes, desafio para o qual o intérprete deve servir-se não apenas de aspectos de moralidade subjetiva, ou ainda exclusivamente da tradição histórica,[44] senão do sentimento social da comunidade, em vista dos valores por ela praticados em determinada época.[45]

É recorrente, na doutrina nacional, o recurso ao exemplo indicado por Larenz, relativamente ao caso em que um pai, pertencente à nobreza germânica, impede o filho, com quem está rompido, de visitar o túmulo da mãe, situado nos domínios do palácio de sua propriedade. Alega, nesse sentido, o exercício do direito de propriedade, ao mesmo tempo que argumenta ter uma doença cardíaca, razão pela qual não poderia sofrer vendo o filho adentrar aos jardins para realizar mencionada visita. O filho, então, tendo reclamado judicialmente o direito de visitação, obteve decisão do Tribunal Superior do Reich de que se tratava a hipótese de exercício do direito de propriedade contrário aos bons costumes, e por isso, ilícito.[46]

Difere-se a referência a *costumes*, ou *usos e costumes*, e a *bons costumes*. No caso do direito brasileiro, a referência feita pela norma, tanto do art. 187 quanto das demais previstas no Código Civil, é aos *bons costumes*, não simplesmente aos *costumes*, que, a toda sorte, em nosso sistema, é fonte de direito e critério para interpretação do negócio jurídico (art. 113 do Código Civil), assim como fonte subsidiária de direito. Bons costumes, nesse sentido, são

---

[44] A identificação entre os bons costumes e a tradição histórica é sustentada por: CACHAPUZ, Maria Cláudia. A ilicitude e as fontes obrigacionais: análise do art. 187 do novo Código Civil brasileiro. *Revista Trimestral de Direito Civil*, v. 22, Rio de Janeiro: Padma, abr./jun. 2005, p. 115-135. De fato, é inegável que o que se considera como bons costumes resulta de um desenvolvimento histórico e social dos comportamentos e valores sociais, mas assim também como resulta dessa mesma tradição todo o Direito enquanto objeto cultural. Nesse sentido, recorrer-se exclusivamente à tradição histórica para se determinar o que se devem considerar bons costumes parece um argumento insuficiente. O significado do conceito, conforme se procura examinar neste estudo, como tudo em direito, é resultado de desenvolvimento histórico, mas sua identidade é buscada nos valores sociais, ético-jurídicos e culturais do tempo em que se realiza essa busca de significado. Isso traz para a órbita do preenchimento do significado do conceito não apenas elementos extrajurídicos, da realidade social, senão igualmente valores jurídicos, elevados pela própria sociedade como valores consensuais e superiores de convivência, como aqueles estabelecidos na Constituição, por intermédio dos princípios e direitos fundamentais.

[45] Ensina Mosset Iturraspe, sobre o conceito de "moral e bons costumes", estabelecido como limite do exercício de direitos e critério para o reconhecimento do abuso, no art. 1.071 do Código Civil argentino, que "es preciso aprehender la noción en toda su amplitud, sin las limitaciones o minimizaciones de que fuera objeto. Ampliar el campo de lo moral con relación al Derecho, muchas veces restringido a la 'moral sexual', y combatir la inmoralidad en los negocios patrimoniales, etcétera, sin temor a las consecuencias que se deriven de investir a los jueces de este importante poder". MOSSET ITURRASPE. El abuso en le pensamiento de tres juristas trascendentes. Risolía, Spota y Llambías. Una situación concreta: el abuso y el derecho ambiental. *Revista de Derecho Privado y Comunitario. Abuso del Derecho*, n. 16, p. 139. Buenos Aires: Rubinzal Culzoni, 1998, p. 162.

[46] Karl Larenz, ao referir o caso, faz, contudo, duas ressalvas: a primeira, de que se trata de um dos poucos casos de aplicação do § 226 do Código Civil alemão. Critica, nesse sentido, os termos excessivamente restritivos da disposição, a qual estabelece que "o exercício de um direito é inadmissível se ele tiver por fim, somente, causar dano a outrem". Observa o mestre alemão a enorme dificuldade da parte prejudicada de demonstrar que a ação do titular do direito *não possa ter outra finalidade*. Por outro lado, critica a subsunção do caso à norma do § 226 do Código Civil alemão, uma vez que induz à necessidade da demonstração do elemento subjetivo, aliás, como é o caso, igualmente, do § 826, o qual faz referência expressa à intenção de causar dano. No entendimento de Larenz, deste modo, a hipótese de uma exclusão total da possibilidade de o filho visitar o túmulo da mãe caracteriza a hipótese de um exercício imoral de direito. LARENZ, Karl. *Derecho civil*. Parte general, cit., p. 299.

costumes qualificados como eticamente dotados de valor em si, segundo uma perspectiva social de sua importância e aprovação. Daí por que, segundo bem ensina a doutrina argentina, a existirem maus costumes, estes, embora habituais e enraizados na conduta social, em vista de seu conteúdo injusto, não serão dotados de eficácia jurídica.[47]

Entre os critérios admitidos para a construção do conceito de bons costumes, podem-se identificar dois principais, o *critério sociológico* e o *critério axiológico*. Segundo o *critério sociológico*, bons costumes constituem-se dos hábitos e comportamentos observáveis em uma comunidade, e que se encontram legitimados por serem praticados pela maioria de seus membros, razão pela qual são tidos como condutas desejáveis. Já o *critério axiológico* observa grande conteúdo ético. Segundo essa visão, o conceito de bons costumes não depende de apreciações subjetivas, mesmo que da maioria social, senão de um "critério objetivo e transcendente, perdurável no tempo, e ligado a uma ponderação axiológica".[48]

Conforme ensina Harriet Christiane Zitscher, "não é tanto a mera existência de uma cláusula geral de bons costumes, mas o tipo de desenvolvimento que esta cláusula ocasionou no direito alemão, que torna este exemplo típico para o ordenamento jurídico".[49] A rigor, a ofensa em questão diz respeito tanto aos interesses da comunidade quanto ao interesse das partes ou de terceiros.[50] Para Coutinho de Abreu, trata-se do conjunto de regras morais aceitas pela consciência social, correspondendo à moral objetiva, ao sentido ético que impera na comunidade social.[51]

Entretanto, tal como vislumbrado atualmente, ainda que se possa admitir que os dois conceitos guardem relação, sobretudo, com referência à proteção de valores éticos e morais comuns, a proteção dos bons costumes ultrapassa os limites da relação negocial para pontuar todo e qualquer exercício de direito subjetivo, em face do disposto no mencionado art. 187. No direito alemão, os bons costumes têm servido de veículo para a aplicação das normas da Lei Fundamental às relações privadas (*Drittwirkung*). Nesse sentido, inclusive, o primeiro caso de aplicação do método, o caso Lüth, de 1958, no qual a discussão deu-se exatamente em razão do exercício do direito geral de liberdade de expressão, em face da limitação operada pela cláusula de bons costumes expressa no § 826 do BGB, cuja violação implicaria o dever de indenizar.[52]

6.1.1.4.2.2. *Sanção do abuso e responsabilidade civil*

O estabelecimento do abuso do direito como cláusula geral, embora não pressuponha a existência de dano, caso este venha a ocorrer, determina a responsabilidade do titular do direito que o exerce abusivamente. Trata-se, nesse sentido, de uma *nova fonte de obrigação*, resultado do processo de contínua evolução da responsabilidade objetiva. A tradicional fonte

---

[47] Nesse sentido ensina Ricardo Lorenzetti, dando notícia da lição de Jorge Mosset Iturraspe a respeito do tema. LORENZETTI, Ricardo Luis. *Fundamentos do direito privado*. São Paulo: RT, 1998, p. 274.

[48] LAPALMA, Juan Carlos. Moral y buenas costumbres: un límite poco delimitado? In: BARBERO, Omar et al. *Abuso del derecho*. Buenos Aires: Universitas, 2006, p. 53-58.

[49] ZITSCHER, Harriet Christiane. *Introdução ao direito civil e alemão*. Belo Horizonte: Del Rey, 1999, p. 98.

[50] ZITSCHER, Harriet Christiane. *Introdução ao direito civil e alemão*, cit., p. 99.

[51] COUTINHO DE ABREU, Manuel. *Do abuso do direito*. Ensaio de um critério em direito civil e nas deliberações sociais. Coimbra: Almedina, 1983, p. 63.

[52] BverfGE 7, 198, de 15 de janeiro de 1958. Para íntegra da decisão, veja-se a compilação feita por SCHWABE, Jürgen (Comp.). *Cincuenta años de jurisprudencia del Tribunal Constitucional Federal Alemán*. Traducción Marcela Anzola Gil. Medelín: Gustavo Ibáñez/Konrad Adenauer Stiftung, 2003, p. 132.

de obrigação, da responsabilidade subjetiva, em virtude de ilícito culposo, vem cedendo espaço, gradativamente, para admissão da teoria do risco, por intermédio de hipóteses específicas, determinadas segundo a previsão de situações típicas, em que o fundamento do dever de indenizar se vincula aos riscos que determinadas atividades dão causa para os direitos de outrem. Constitui-se, pois, no traço característico da ascensão da responsabilidade objetiva[53] e orienta-se pela identificação e eleição de riscos sociais relevantes[54] e seu estabelecimento como critério para a responsabilização independentemente da existência de culpa.

A cláusula geral do abuso do direito prevista no art. 187 do Código Civil, como fonte de obrigação por ato ilícito, caracteriza-se como hipótese de responsabilidade objetiva, sem dependência da demonstração da culpa. E, embora prevista no Código Civil, sua incidência se produz sobre todas as relações jurídicas de direito privado, independentemente da existência ou não de lei especial. Isto porque, conforme já se teve oportunidade de observar, os limites nele referidos dizem respeito à expressão de valores ético-sociais ou ao respeito aos fins do próprio ordenamento jurídico, razão pela qual não há se falar em abuso do direito confinado aos estritos domínios das relações jurídicas reguladas pelo Código Civil,[55] senão como fundamento de responsabilidade, enquanto fonte de obrigações, em todo o Direito Privado, seja no sistema de direito civil, nos microssistemas jurídicos ou nas relações sob incidência de uma variedade de leis especiais.

6.1.1.5. *Causas de justificação*

Estabelecido o perfil dogmático do ato ilícito, passa-se a examinar situações em que determinado fato que implique a violação de direito e a causação de dano, por se dar em circunstâncias específicas sob as quais se encontra o agente, entende-se como uma conduta justificável, por isso, afastando-se sua qualificação como ilícito. Trata-se de evento que torna permitida a causação de um dano, excepcionando o sentido do ordenamento jurídico que tem como regra geral não permitir danos. Ou, como ensina Pessoa Jorge, são "as circunstâncias que tornam lícita (ou justa) a omissão do comportamento que, não existindo elas, seria devido".[56] Denominam-se tais situações de causas de justificação, uma vez que eliminam a exigência de determinado comportamento devido.

A rigor, as causas de justificação fundamentam-se nos diferentes sistemas jurídicos, pela exclusão da lesão ao ordenamento jurídico, quando o próprio lesado contribui para que o dano ocorra, de modo que não há fundamento para a proibição da conduta daquele que causa o dano.

---

[53] LIMA, Alvino. *Culpa e risco*, cit., p. 15 e s.
[54] Entre outros, é corrente na doutrina de Direito Privado a menção ao *risco-proveito*, ao *risco-criado*, ao *risco profissional*, ao *risco excepcional*, assim como ao *risco integral* como fundamento das diversas hipóteses de responsabilidade objetiva. CAVALIERI, Sérgio. *Programa de responsabilidade civil*, cit., p. 12-12; CAVALIERI, Sérgio; DIREITO, Carlos Alberto Menezes. *Comentários ao Código Civil*, cit., p. 12-16.
[55] Sérgio Cavalieri Filho sustenta inclusive tratar (a vedação) do abuso do direito como princípio geral do sistema responsabilidade civil. CAVALIERI, Sérgio. *Programa de responsabilidade civil*, cit., p. 144-145. No mesmo sentido: FACCHINI NETO, Eugênio. A responsabilidade civil no novo Código. In: SARLET, Ingo Wolfgang (Org.). *O novo Código Civil e a Constituição*. Porto Alegre: Livraria do Advogado, 2003, p. 151-198. Considerando-se que, nos termos do presente estudo, o art. 187 do Código Civil, ao contemplar o abuso do direito, dá origem a nova espécie de ilicitude civil, identifica-se nessa norma a fonte da obrigação de responsabilidade civil objetiva.
[56] PESSOA JORGE, Fernando. *Ensaio sobre os pressupostos da responsabilidade civil*, cit., p. 153.

Tais causas de justificação são examinadas tanto no âmbito da responsabilidade civil, de modo a delimitar as hipóteses em que se afasta o dever de indenizar, quanto no direito penal, de modo a afastar a definição como crime. Seu desenvolvimento histórico, conforme assinala Menezes Cordeiro, se dá em vista da "necessidade dos tempos", já que não se encaixam necessariamente em um sistema coerente, e, ademais, quando se fazem presentes, podem se traduzir em uma permissão para causar danos.[57]

No sistema brasileiro, nem todas as causas de justificação resultam do Código Civil, sendo, por isso, necessário cuidado no exame das consequências de sua presença. O art. 188 do Código Civil estabelece: "Art. 188. Não constituem atos ilícitos: I – os praticados em legítima defesa ou no exercício regular de um direito reconhecido; II – a deterioração ou destruição da coisa alheia, ou a lesão a pessoa, a fim de remover perigo iminente. Parágrafo único. No caso do inciso II, o ato será legítimo somente quando as circunstâncias o tornarem absolutamente necessário, não excedendo os limites do indispensável para a remoção do perigo". A exclusão de ilicitude, nesse caso, resulta também, de forma absoluta, no caso de legítima defesa e do exercício regular de um direito, na exclusão do dever de indenizar. Nesse sentido, diz-se que poderá haver dano, porém, não será dano injusto, indenizável, na medida em que a ação daquele que causa o dano está pré-autorizada pela ordem jurídica, seja para defesa de direito próprio contra violação antijurídica (legítima defesa), seja por a ação estar legitimada pela ordem jurídica (exercício regular de um direito).

Já no caso da remoção de perigo iminente, a lei legitima a ação daquele que atua para remover o perigo, exonerando-o de indenizar o dano causado para esse fim, desde que não tenha sido o próprio agente quem tenha dado causa ao perigo. Não elimina, contudo, o dever de indenizar, que permanece imputável àquele que deu causa à situação de perigo.

No caso do estado de necessidade e do consentimento do ofendido, observe-se que são excludentes sem previsão legal no Código Civil, ainda que se perceba em parte o estado de necessidade na hipótese de remoção de perigo iminente prevista no art. 188, II.[58] No caso do estado de necessidade, o art. 23, I, do Código Penal estabelece que não há crime, quando o agente pratica o fato em estado de necessidade. Já em relação ao consentimento do lesado, ao contrário do direito estrangeiro, não há norma legal específica no direito brasileiro prevendo a hipótese, tanto na legislação civil quanto na penal. No Código Civil português, o art. 340, primeira parte, é expresso ao estabelecer que "o acto lesivo dos direitos de outrem é lícito, desde que este tenha consentido com a lesão". A ausência de norma expressa no direito brasileiro não elimina a possibilidade de invocação do fato subjacente à excludente. No plano da responsabilidade civil, discussão deve haver para saber se será o caso de direitos disponíveis ou indisponíveis. No primeiro caso, sendo disponível o direito, admite-se a hipótese de que seja sacrificado com o consentimento do titular, o que não ocorre quando se trata de direitos indisponíveis. Nesse sentido, aliás, a segunda parte do art. 340 do Código Civil português: "O consentimento do lesado não exclui, porém, a ilicitude do acto, quando este for contrário a uma proibição legal ou aos bons costumes".

No direito brasileiro, não se trataria de excludente de ilicitude – que a princípio, dado o seu caráter excepcional, deve ser expresso –, situando-se no plano da causalidade, uma vez que o dano se dá com a participação do titular do direito que renuncia ou dispõe sobre ele, permitindo que seja sacrificado ou lesado por ato do agente. O exemplo clássico será o de competições esportivas que envolvam agressão física (esportes de luta), nas quais a aceitação

---

[57] MENEZES CORDEIRO, António. *Tratado de direito civil português*, cit., p. 484.
[58] Neste sentido: CAVALIERI, Sérgio. *Programa de responsabilidade civil*, cit., p. 34.

das condições pelos competidores implica a disponibilidade relativa de direitos, de modo que o seu titular admite interferência no âmbito daquilo que a própria norma lhe confere para atuação. Mesmo nesses casos, note-se que a autorização se dá para a prática de esportes e as lesões que são conaturais aos mesmos, repelindo-se, nesses termos, a agressão dolosa que não seja da essência de determinada prática desportiva.

Note-se, contudo, que há situações no direito civil nas quais os direitos conferidos pelo ordenamento são resguardados por severas restrições a disponibilidade dos direitos, como é o caso dos direitos da personalidade (art. 11 do Código Civil) ou em situações atinentes às relações de família, por exemplo. Nesses casos, não se poderá cogitar de consentimento daquele que não poderia consentir sobre direito próprio, porque marcado pela indisponibilidade absoluta ou relativa.

Em situação semelhante, coloca-se a assunção de risco como espécie de justificação para o dano. Ou seja, quando alguém se expõe voluntariamente a risco conhecido e evitável, demonstrando cabalmente que não deseja adotar as providências que previnam a ocorrência de eventuais danos.[59] Nesse caso, também parece que a solução que se aproxima da quebra do nexo de causalidade em vista da culpa exclusiva da vítima, ou ainda, como causa de redução do valor da indenização pela identificação de culpa concorrente.

Em ambos os casos, contudo, tratando-se do consentimento do lesado ou da assunção de risco, note-se que as situações excepcionais[60] que trazem consigo, admitindo que certa conduta contribua com a realização de dano, mas excluindo ou mitigando o dever de indenizar daí decorrente, exigem que três condições estejam presentes: a) que seja reconhecido ao lesado capacidade para agir voluntariamente (capacidade de exercício de direitos); b) que diga respeito ao exercício, pelo lesado, de direitos disponíveis; e c) que ele esteja suficientemente informado sobre as consequências de sua ação.[61]

Caso interessante diz respeito à submissão voluntária a testes com medicamentos experimentais, em que o possível lesado tem por propósito alcançar benefícios decorrentes de eventual êxito do tratamento. A tendência é de reconhecer-se, nesses casos, a existência de um risco de êxito proporcional ao perigo, considerando-se o estágio da pesquisa e a eventual inexistência ou restrição de acesso a medicamentos já experimentados e de eficácia comprovada. Distingue-se entre experimentação com e sem fins terapêuticos, conforme, aliás, dispõe a Declaração de Helsinque, desde sua versão original, adotada pela 18ª Assembleia Médica Mundial, em 1964. Nesse sentido, inclina-se a doutrina em direito comparado, sobre os limites à assunção de risco na submissão individual, à experimentação científica sem fins terapêuticos imediatos, com propósito apenas no progresso da ciência. Nesse caso, uma visão mais liberal associa a autorização de experimentação humana a uma finalidade de solidariedade social, não se admitindo

---

[59] No direito italiano, o art. 122, *comma* 2, do Codice del Consumo, define como causa de exoneração da responsabilidade do produtor a assunção do risco pela vítima, indicando que "Il risarcimento non e' dovuto quando il danneggiato sia stato consapevole del difetto del prodotto e del pericolo che ne deriva e nondimeno vi si sia volontariamente esposto". Essa solução pressupõe, todavia, o atendimento do dever de informar, como bem assinala CASTRONOVO, Carlo. *La nuova responsabilità civile*, 3. ed., p. 730 e s.

[60] Conforme: DIAS, João António Álvaro. *Dano corporal*. Quadro epistemológico e aspectos ressarcitórios. Coimbra: Almedina, 2001, p. 417 e s.

[61] No direito penal, em relação ao consentimento do ofendido que, embora não conte com norma legal expressa merece acolhimento, discute-se sobre os limites da proteção do bem jurídico-penal em vista da atuação concreta do indivíduo no exercício de sua autonomia. Neste sentido, veja-se: MINHAIM, Maria Alice. O consentimento do ofendido em face de bens jurídicos indisponíveis. *Revista Brasileira de Ciências Criminais*, v. 9, São Paulo: RT, 2008, p. 274 e s.

situações que exponham o indivíduo a riscos graves de dano.[62] No direito brasileiro, a matéria é em parte disciplinada por lei, em parte por normas administrativas. A Resolução RDC n. 39, de 5 de junho de 2008, da Agência Nacional de Vigilância Sanitária, aprovou regulamento para a realização de pesquisa clínica. Já a Lei n. 11.105/2005 (Lei de Biossegurança), ao dispor sobre a pesquisa com organismos geneticamente modificados, estabelece em seu art. 20 a responsabilidade objetiva e solidária por danos ao meio ambiente e a terceiros.

Examinem-se agora, as causas de excludente de ilicitude expressamente previstas no Código Civil.

6.1.1.5.1. Legítima defesa

O art. 188, I, primeira parte, do Código Civil, prevê a legítima defesa como causa de exclusão de ilicitude. O mesmo ocorre com o art. 23, II, do Código Penal, que afasta a caracterização do crime, quando o agente atua em legítima defesa. Da mesma forma, o art. 25 do Código Penal define legítima defesa nos seguintes termos: "Entende-se em legítima defesa quem, usando moderadamente dos meios necessários, repele injusta agressão, atual ou iminente, a direito seu ou de outrem". Nesses mesmos termos, é considerado punível o excesso doloso ou culposo no exercício da defesa (art. 23, parágrafo único, do Código Penal).

Tal definição é, sem dúvida, útil para a interpretação da causa de justificação sob a órbita do direito civil. Note-se que do que aqui se trata como causa que afasta, no plano da responsabilidade civil, o dever de indenizar do causador do dano é a defesa legítima. Essa legitimidade se apresenta de acordo com as seguintes condições:

a) *Agressão ilegítima ou injusta*: que a defesa daquele que atua causando o dano refira-se a uma agressão ilegítima ou injusta que esteja sofrendo ele próprio ou terceiro;

b) *Ausência de provocação do próprio agredido*: não se admite a legítima defesa da legítima defesa, de modo a reconhecer ao agredido defender-se da agressão que se dá em defesa de uma provocação que ele próprio deu causa;

c) *Atualidade da defesa*: a defesa deve referir-se a uma agressão atual, em curso, de modo que o agredido se defenda com o propósito de impedir que se consume o dano ou para que cesse a lesão, mitigando seus efeitos. Não se admite, com isso, que a lesão já esteja consumada tendo cessado a agressão, hipótese na qual em qualquer ação direta o agredido deixa de configurar defesa legítima para traduzir-se em exercício arbitrário das próprias razões, o que não é admitido pelo direito;

d) *Necessidade e proporcionalidade da defesa*: a legitimidade da defesa daquele que, sobre a agressão, submete-se a juízo de utilidade, de modo a investigar-se se sua atuação se deu nos limites do estritamente necessário para impedir ou fazer cessar a lesão. Ou seja, os critérios de necessidade e proporcionalidade da defesa não permitem que se considere legítima a atuação do defensor que cause dano mais gravoso do que seria necessário para impedir a agressão. Não se perde de vista que nem sempre o agente, ao se defender, tem consciência plena da proporcionalidade de sua ação em relação ao agravo que está a sofrer.[63] A avaliação no plano cível do atendimento dessas condições

---

[62] DIAS, João António Álvaro. *Dano corporal*. Quadro epistemológico e aspectos ressarcitórios, cit., p. 417 e s.

[63] WAGNER, Heinz. *Individualistische oder über individualistische Notwehr Begründung*. Berlin: Duncker e Humblot, 1984, p. 30-32.

se dá em vista da situação concreta em que se encontra o defensor e suas condições pessoais de conhecer e mensurar o risco.

Nessa mesma linha, lembre-se de que no direito penal é prevista também a legítima defesa putativa, como espécie que permite a descaracterização de crime diante do erro do agente quanto à ocorrência da agressão (art. 20, § 1º, do Código Penal). Ocorre quando alguém, equivocadamente, acredita estar diante de uma agressão atual e injusta, sendo assim legalmente autorizado à reação, que realiza acreditando defender-se.[64] Todavia, não é relevante no plano da responsabilidade civil, em que, diante do erro, e inexistente situação de legítima defesa, deverá se perquirir da existência de culpa, imputando-se ao agente o dever de indenizar, nos termos do art. 186 do Código Civil.

6.1.1.5.2. Exercício regular de um direito

O exercício regular de um direito constitui causa de justificação tradicional, que exclui a ilicitude da conduta e afasta o dever de indenizar. Trata-se de preceito coerente com a própria autoridade do ordenamento jurídico, uma vez que não se pode prever determinado direito e seu exercício regular para, em situações quaisquer, considerá-lo ilícito e passível de sanção (*qui iure suo utitur nemini facit iniuriam*). Há de se destacar, naturalmente, que se está a tratar de exercício regular, ou seja, exige-se que a conduta do titular do direito se coloque em parâmetros de regularidade, exercício normal de direitos. Quem exerce regularmente direito de que é titular não incorre em responsabilidade, não sendo passível de imputação do dever de indenizar.

Não por acaso, na vigência do Código Civil de 1916, era pela interpretação *a contrario sensu* da regra do seu revogado art. 160, I, que a doutrina identificava a previsão normativa do abuso do direito no sistema brasileiro.[65] Exercício irregular, assim, caracteriza-se como exercício abusivo, atraindo – no direito vigente – a incidência do art. 187 do Código Civil.

Assim, consideram-se parâmetros negativos do exercício regular de direito, ou seja, que será conferida sua regularidade quando não ocorrer de o titular do direito exercê-lo: a) com o propósito deliberado de causar dano a outrem; b) sem ter o propósito de obter qualquer vantagem senão exclusivamente para causar dano; c) contrariar a finalidade para a qual foi instituído; d) violar os limites estabelecidos pela boa-fé e pelos bons costumes. Assim, temos, por exemplo, quem exerce direito de crédito de modo a obter do credor ou pessoa a ele vinculada atitude que não se relaciona aos interesses patrimoniais do titular do direito,[66] ou quem protesta título após conceder prazo ao inadimplente.

Note-se, contudo, que o mero fato de ser titular de um direito não elimina um dever geral de diligência, ademais, porque, se assim não fosse, para defender-se de qualquer imputação por

---

[64] HUNGRIA, Nélson. *Comentários ao Código Penal*. 5. ed. Rio de Janeiro: Forense, 1982, v. 6, p. 292.
[65] MIRAGEM, Bruno. *Abuso do direito*, cit., p. 98.
[66] Não se exclua, nesse caso, igualmente, a atuação de terceiro que, em geral, sem direito especificamente reconhecido, atua no sentido de lesar o direito de crédito havido pelo titular em relação jurídica regularmente constituída, como ocorre, por exemplo, nas situações que se caracterizam como concorrência desleal. Para tanto, distingue-se a exigibilidade do crédito – havido como eficácia própria da relação jurídica existente entre credor e devedor – e sua oponibilidade a terceiros (oponibilidade *in potentia*, a todos os terceiros que não integram a relação jurídica, e oponibilidade *in actu*, a determinado indivíduo que, tendo conhecimento da existência do direito de crédito, deve respeitar o dever de abstenção que se lhe imponha, de não interferir na relação). Veja-se: SANTOS JÚNIOR, E. *Da responsabilidade civil de terceiro por lesão do direito de crédito*. Coimbra: Almedina, 2003, p. 473 e s.

danos causados poderia o agente invocar o exercício de um direito de liberdade. Conclui-se, assim, que o titular não tem de indenizar quaisquer prejuízos causados mediante exercício regular do direito, decorrentes da frustração de interesses em decorrência desse exercício.[67]

6.1.1.5.3. Remoção de perigo iminente (estado de necessidade)

O estado de necessidade resulta de causa de justificação para colisão entre interesses, na qual o ordenamento jurídico autoriza a defesa de interesse próprio ou alheio mediante lesão a direito de terceiros. Nesse caso, a lesão ao direito de terceiro é o único modo de preservar o interesse, razão pela qual se pondera sobre o interesse que se pretende preservar em detrimento daquele que sofre a lesão, de modo que se verifique a superioridade e consequente prioridade da manutenção de um deles. O Código Civil prevê a hipótese em seu art. 188, II, ao excluir a ilicitude da conduta de quem deteriora ou destrói coisa alheia, ou causa lesão à pessoa, a fim de remover perigo iminente. Exprime a ideia de defesa de direito próprio ou alheio, que apenas será eficaz mediante a lesão a direitos de terceiro. Concentra-se a permissão para o dano a terceiro na existência de perigo iminente.

Também no direito penal é previsto o estado de necessidade como justificação que afasta a caracterização de crime (art. 23, I, do Código Penal). O art. 24 do Código Penal assim o define, ao estabelecer: "Considera-se em estado de necessidade quem pratica o fato para salvar de perigo atual, que não provocou por sua vontade, nem podia de outro modo evitar, direito próprio ou alheio, cujo sacrifício, nas circunstâncias, não era razoável exigir-se". Trata-se de provocar dano a bem ou a pessoa, em vista do objetivo de evitar perigo mais grave para o próprio agente ou para terceiro.[68]

Distingue a doutrina entre o estado de necessidade objetivo e o subjetivo.[69] O estado de necessidade objetivo consiste na lesão a interesse alheio como modo razoavelmente perceptível para impedir a ocorrência do perigo maior, caracterizado pela lesão ou sacrifício do interesse superior que o agente tinha o propósito de preservar. Já o estado de necessidade subjetivo é aquele em que o agente acredita que atua para impedir uma lesão a interesse próprio ou de terceiro, e atua movido por esse objetivo, o qual, todavia, não é real. Apenas o estado de necessidade objetivo, em que há de fato perigo iminente ao direito próprio ou de terceiro, há excludente de ilicitude.

O parágrafo único do art. 188 do Código Civil estabelece: "o ato será legítimo somente quando as circunstâncias o tornarem absolutamente necessário, não excedendo os limites do indispensável para a remoção do perigo". Há de existir, portanto, perigo iminente e real. A mera crença sobre a existência do mal, embora possa apresentar efeitos para a interpretação do estado de necessidade no âmbito do direito penal, não é relevante na perspectiva civil, considerando-se que o erro de interpretação sobre a situação de fato que leve a concluir sobre a existência de perigo iminente, contra o que razoavelmente se deve interpretar dos fatos, situa-se no domínio da discussão sobre a culpa do agente.

Exige-se para que se configure o estado de necessidade: a) que haja lesão ao direito de alguém; b) que tal lesão seja o meio necessário para preservar outro interesse; c) que a ação se dê em face de perigo atual, cuja ocorrência não tenha sido provocada pelo titular do direito que se visa preservar; d) em ponderação dos direitos envolvidos, que o direito em causa, do qual é cometida a lesão, seja superior ao direito lesado. Note-se que, quando se diz meio ne-

---

[67] PESSOA JORGE, Fernando. *Ensaio sobre os pressupostos da responsabilidade civil*, cit., p. 207.
[68] BRUN, Philippe. *Responsabilité civile extracontractuelle*. Paris: Litec, 2005, p. 205.
[69] PESSOA JORGE, Fernando. *Ensaio sobre os pressupostos da responsabilidade civil*, cit., p. 251-252.

cessário, subsume-se também que seja proporcional ao propósito de preservação do interesse considerado superior. Sendo permitido exemplificar: não é necessário arrombar a porta do imóvel, cujo acesso se possa fazer pela janela que se encontra aberta. Tratando-se de situação excepcional, as que caracterizam causas de justificação, qualquer atuação excessiva descaracteriza seu conteúdo e efeitos. Assim, por exemplo, quem sofre o ataque de um animal feroz de propriedade alheia, mas que tenha meios de se desvencilhar sem provocar o sacrifício do animal, não poderá alegar estado de necessidade se der causa à morte do mesmo.

No plano do direito penal, distinguem-se as situações em que haja o estado de necessidade e aquelas que se refiram ao estrito cumprimento de dever legal (art. 24, § 1º, do Código Penal). Em muitos sistemas, constitui, mesmo no plano da ilicitude civil, causa justificadora autônoma, de modo a excluir a ilicitude. No direito civil brasileiro, parece-nos que não é o caso de precisar a distinção dos efeitos de um e outro. Isso porque, havendo atuação do agente para remover o dano, não importa se esta ação se dá em vista de um ato de alteridade ou pelo cumprimento do dever. Relevante será o propósito da ação: remover perigo iminente. Sobre as consequências do ato, em relação à possibilidade de indenização ao lesado, incide a regra dos arts. 929 e 930 do Código Civil, podendo, na hipótese de dano causado por agente público, cujo dever de agir seja inerente ao cargo ou função pública que desempenhe, resultar na responsabilidade objetiva do Estado, nos termos do art. 37, § 6º, da Constituição da República.

Por outro lado, note-se que a exclusão de ilicitude não implica, necessariamente, o afastamento do dever de indenizar. A hipótese do art. 188, II, do Código Civil, nesse sentido, constitui a hipótese de maior destaque em que o dever de indenizar pode resultar de fatos lícitos.

Dispõe o art. 929 do Código Civil: "Se a pessoa lesada, ou o dono da coisa, no caso do inciso II do art. 188, não forem culpados do perigo, assistir-lhes-á direito à indenização do prejuízo que sofreram". Esse direito a indenização corresponde ao dever de indenizar do autor do dano, mesmo que se considere tenha agido licitamente. Por outro lado, o art. 930 do Código Civil estabelece: "No caso do inciso II do art. 188, se o perigo ocorrer por culpa de terceiro, contra este terá o autor do dano ação regressiva para haver a importância que tiver ressarcido ao lesado".

Como resultado da interpretação dessas normas, deve-se concluir que o autor do dano, mesmo agindo licitamente (uma vez excluída a ilicitude), responde pela indenização devida ao lesado, quando este não tiver dado causa ao perigo cuja lesão visou impedir que se consumasse ou teve por propósito fazer cessar. Não tendo aquele que cometeu a lesão sido causador da situação de perigo, terá direito a ação regressiva em relação ao terceiro que a esta deu causa.[70]

Tome-se o exemplo simples e elucidativo do proprietário de um imóvel que esquece o fogão aceso e sai de casa, dando causa a um princípio de incêndio. Tendo os vizinhos de arrombar a porta para evitar que o fogo se alastre, não poderão ser responsabilizados pelo dano decorrente do arrombamento, em face da incidência do art. 929 do Código Civil, nem terá o lesado que deu causa ao perigo direito à indenização.

---

[70] Flávio Tartuce critica a norma do art. 929, destacando a inversão de prioridades que consagra entre a vida e integridade da vítima e o patrimônio. Nesses termos, observa que a regra está em dissonância com a tendência contemporânea de *personalização do Direito Civil e consequente despatrimonialização*. TARTUCE, Flávio. *Direito civil*. 8. ed. São Paulo: Método, 2013. v. 2: Direito das obrigações e da responsabilidade civil, p. 574.

6.1.2. Dano

O dano concentra o desenvolvimento contemporâneo da responsabilidade civil, a ponto de muitos estudiosos sugerirem, inclusive, uma alteração da própria denominação da disciplina que concentra o universo de relações a ela atinentes, passando a se referir à existência de um direito de danos.[71]

A noção de dano toma o sentido de perda, uma lesão a um patrimônio compreendido em sentido amplo como conjunto de bens e direitos de que seja titular a pessoa. É lesão a interesses juridicamente protegidos. Ou *a diminuição ou supressão de uma situação favorável reconhecida ou protegida pelo direito*.[72] Ainda que, com a evolução da ordem jurídica, admita-se a lesão bens coletivos, ou seja, que não pertençam a pessoas determinadas, mas à coletividade, como é o caso da lesão a interesses difusos, por exemplo. Não raro, igualmente, deve o estudioso do direito defrontar-se com copiosas terminologias que, afinal, visam designar, essencialmente, o dano. Por diversas vias, usa-se falar em perdas e danos, prejuízos reparáveis, perdas e interesses, ou ainda se desdobra o conceito para dizer de suas espécies danos emergentes e lucros cessantes. O sentido de todas essas expressões reconduz à noção de dano injusto, ou seja, causado por conduta antijurídica mediante interferência indevida no patrimônio jurídico alheio.

Distinguem-se bens jurídicos de interesses. Como ensina a doutrina, bens são externos à pessoa, são corpóreos ou incorpóreos. Interesses relacionam as pessoas aos bens. Podem ser interesses econômicos (com conteúdo ou reflexo econômico), ou interesses ideais.[73] Quando há dano, há lesão a bens ou a interesses. A violação a direitos patrimoniais (descumprimento de um contrato, ou a lesão a um bem de propriedade da vítima, por exemplo) dá causa, como regra, à lesão a interesses econômicos. Pode, todavia, conforme o caso, dar causa à lesão a interesses meramente ideais ou afetivos, como, por exemplo, quando se tratar do descumprimento de um contrato de prestação de serviços de saúde que prejudique atendimento à vítima, ou o bem lesado tenha a estima especial comprovada do proprietário. O inverso é verdadeiro. A lesão a direitos de conteúdo predominantemente extrapatrimoniais (direito à saúde ou integridade física, por exemplo) pode dar causa à lesão de interesses econômicos (na medida em que, por exemplo, incapacite a vítima para o trabalho).

Dano é consequência da violação de um direito. Como pressuposto da responsabilidade civil, note-se que só se pode referir à indenização e ao dever de indenizar na medida em que haja dano injusto. É a existência do dano injusto que se configura causa de atribuição patrimonial para que determinado valor pecuniário se transfira do patrimônio do autor do dano ou de quem responda pelo dever de indenizar para a vítima.

Estabelece o art. 944 do Código Civil: "A indenização mede-se pela extensão do dano". Em geral, a compreensão dessa relação não gera maiores dificuldades quando se tratar de prejuízos passíveis de avaliação econômica, a que se designam genericamente como danos patrimoniais. Assim, se alguém causa a outra pessoa dano suscetível da avaliação em dinheiro, o valor da indenização será rigorosamente o correspondente à perda, e que se considera necessário para a recomposição do estado anterior ao dano (*status quo ante*). Em um caso de colisão de veículos, por exemplo, o valor da indenização corresponderá ao que for necessário

---

[71] Destaca-se, no direito espanhol, a conhecida obra de DIEZ-PICASSO, Luiz. *Derecho de daños*. Madrid: Civitas, 2000. Refira-se, ainda, a obra de SANTOS BRIZ, Jayme. *Derecho de daños*. Madrid: Editorial Revista de Derecho Privado, 1963.
[72] MENEZES CORDEIRO, António. *Tratado de direito civil português*, cit., p. 511.
[73] NORONHA, Fernando. *Direito das obrigações*, cit., 2010, p. 579-580.

para realizar o respectivo conserto daquele pertencente à vítima. Contudo, pode ocorrer que, sem o veículo, a vítima, por suas condições específicas, teve despesas de deslocamento que eram absolutamente necessárias, por outro meio, ou ainda que obtenha vantagem econômica da utilização do veículo, que, em face do período em que permaneceu sem poder utilizá-lo, deixou de obter (a que se denomina lucros cessantes). Tudo isso é reconduzível a uma avaliação econômica e passível de ser recomposto mediante indenização em dinheiro.

Mais difícil, contudo, será o que se entende por danos decorrentes de lesão a interesses insuscetíveis de avaliação econômica, mas que, paradoxalmente, também são indenizáveis sob a forma de indenização em dinheiro. Trata-se, nesse caso, de danos extrapatrimoniais, em que a violação aos direitos subjetivos referentes a atributos da personalidade dá causa a lesões insuscetíveis de avaliação econômica. Recorde-se que os atributos da personalidade visam à proteção de uma dimensão existencial da pessoa, embora nada impeça que do exercício dos direitos que a resguardam seja passível de proveito econômico (assim, por exemplo, uma modelo ou atriz que explore economicamente a própria imagem).

É condição para a constituição da obrigação de indenizar e nascimento da pretensão de indenização que o dano resulte de um fato antijurídico. É essa relação de causa e consequência que dará origem ao dano injusto, qualidade necessária ao dano passível de indenização.

6.1.2.1. O dano injusto como dano indenizável

Os diversos sistemas jurídicos consagram diferentes visões no que se refere à definição dos danos indenizáveis, distinguindo-se aqueles que optam por uma enumeração taxativa dos interesses, cuja violação dá causa a um dano indenizável, e outros que preveem de modo genérico os elementos constitutivos da obrigação de indenizar, sem a menção específica aos interesses, cuja violação enseja dano (a atipicidade do ilícito, como sugerem Alpa e Bessone),[74] ou ainda, quando essa enumeração, mesmo quando presente, não tem caráter exaustivo. Nesse caso, permite-se que o intérprete identifique novos interesses a partir da evolução do pensamento jurídico e dos riscos da vida social. No direito alemão, por exemplo, o § 823, do BGB menciona interesses cuja lesão importa dano indenizável, quais sejam: a vida, a integridade física, a saúde e a propriedade. No direito brasileiro, adotou-se solução diversa, inspirada no modelo francês, mediante cláusula geral, que no Código Civil de 1916 previa diretamente a obrigação de indenizar a quem violasse direito e causasse dano (no revogado art. 159, sem necessariamente especificar a que interesses), e atualmente define do mesmo modo o ato ilícito subjetivo (art. 186), combinando a consequência da reparação (art. 927, *caput*). Tratam-se, pois, de sistemas típicos, aqueles que determinam especificamente os interesses que lesados, dão causa a um dano indenizável, e atípicos os que não enumeram os interesses cuja violação importa dano, deixando a definição para a jurisprudência.[75] O sistema brasileiro deve ser considerado atípico.

É pressuposto constitutivo da relação obrigacional de responsabilidade civil a existência de um dano. Porém, não qualquer dano. Costuma-se referir ao dano injusto como aquele que preenche as condições para despertar a eficácia de indenização. Por dano injusto entende-se aquele causado por interferência externa, de outra pessoa, a partir da violação de direito da vítima, de modo a causar a lesão ao patrimônio ou à pessoa. O que torna o dano indenizável é o fato de decorrer de uma conduta antijurídica.

---

[74] ALPA, Guido; BESSONE, Mario. *Attipicità dell'illecito*, I. Milano: Giuffrè, 1980, p. 247.
[75] SCHREIBER, Anderson. *Novos paradigmas da responsabilidade civil*, cit., p. 95-96.

Não será indenizável o dano que a própria vítima praticar contra si, ou aquele resultante do próprio comportamento da vítima de exposição ao risco, sem qualquer participação ativa de outra pessoa a quem se possa identificar como causador ou que tenha facilitado a ocorrência do dano. Não há violação de direito que permita afirmar ser o dano decorrente de conduta antijurídica, razão pela qual não serve como pressuposto para a constituição da obrigação de indenizar.

Pode haver o dano a pessoas ou a coisas. Em relação ao dano à pessoa, a lesão se pratica contra a pessoa humana, assim considerada ao seu corpo (dano corporal) ou ao seu estado anímico (dano moral em sentido estrito). Os danos a coisas dão conta de lesão a objetos externos à pessoa. Outra definição, como observa Fernando Noronha, diz respeito ao fato de o dano ter em si mesmo um valor econômico, critério que faz com que se distingam os danos patrimoniais (com valor econômico em si mesmos), e os danos extrapatrimoniais (sem valor econômico em si mesmos). Não é correto identificar de modo absoluto danos a coisas e danos patrimoniais, e os danos à pessoa com os danos extrapatrimoniais. Observe-se que de danos à pessoa podem surgir danos patrimoniais (uma lesão que afeta a integridade física da vítima e a impossibilita para o trabalho, ou dá causa a despesas médicas para a recuperação); assim como de danos a coisas podem ser identificados danos extrapatrimoniais (a destruição de coisa que constituía objeto de afeição da pessoa).

Assiste-se a uma expansão quantitativa e qualitativa do dano.[76] Historicamente, essa preocupação existe desde o instante em que a definição da causa de imputação do dever de indenizar é previsto em cláusula geral, pelas codificações.[77] Em relação à expansão quantitativa, note-se que no direito brasileiro o aumento das ações indenizatórias tem, dentre suas razões de ser, a facilitação do acesso ao Poder Judiciário e a maior informação da população. Do ponto de vista qualitativo, da interpretação judicial e doutrinária das normas do sistema jurídico, resultam identificados mediante a especificação de certos direitos e atributos da personalidade espécies e subespécies de dano, que passam a caracterizar novas situações consideradas como dano, assim como o prestígio que se empresta a novos interesses coletivos, cuja lesão também implicará ressarcimento.

6.1.2.2. *Certeza e atualidade do dano*

Exige-se, para que seja indenizável, que o dano seja certo. Ou seja, que não se apresente como uma hipótese, como mera realidade futura condicional. São indenizáveis os danos que razoavelmente resultem de determinada conduta antijurídica, as consequências que razoavelmente dela emergem. Não se admite que sejam abrangidas por indenização, danos que não existam concretamente, e cuja ocorrência futura em razão do mesmo fato não seja razoável supor. Nesse sentido, o art. 402 do Código Civil estabelece: "Salvo as exceções expressamente previstas em lei, as perdas e danos devidas ao credor abrangem, além do que ele efetivamente perdeu, o que razoavelmente deixou de lucrar". Tratam-se, pois de danos emergentes ou lucros cessantes diretamente associados à conduta antijurídica do ofensor. Pense-se no exemplo de um taxista que, ao retardar o transporte de um passageiro ao aeroporto, faz com que ele perca o voo, e tenha de remarcar a passagem para o voo seguinte, para o mesmo destino. No caso de esse segundo voo sofrer um acidente e o passageiro tornar-se vítima fatal, não se cogita que o taxista responda por indenização pelo dano morte.

---

[76] SCHREIBER, Anderson. *Novos paradigmas da responsabilidade civil*, cit., p. 80.
[77] Veja-se: COUTO E SILVA, Clóvis. *Principes fondamentaux de la responsabilité civile en droit brésilien et comparé*, cit., p. 48.

Distingue-se, por outro lado, entre dano atual e futuro. O dano atual é aquele que existe concretamente ao tempo do exercício da pretensão indenizatória. O dano futuro é aquele que ainda não existe, mas que certamente existirá. Assim, considere-se aquele que resulte das despesas necessárias a uma cirurgia estética reparatória, por exemplo. Tradicionalmente, diz-se que o dano indenizável deve ser certo e atual. Atualmente, contudo, não há de se excluir *a priori* o dano futuro, quando for demonstrado que ele efetivamente ocorrerá, como consequência do ilícito. Não se confundem, contudo, dano futuro e dano eventual. A eventualidade do dano, colocando-o sob a incerteza da ocorrência ou não, faz com que não se admita como passível de ser indenizado.

Outra coisa é o dano superveniente ou agravamento do dano. Trata-se de hipótese também indenizável, desde que se possa identificar como decorrente direta e imediatamente da conduta antijurídica imputável. Assim, por exemplo, alguém que venha a ser contaminado por enfermidade em uma transfusão de sangue e sofre dano decorrente do fato. Se vier a morrer em decorrência da enfermidade adquirida, agrava-se o dano decorrente do mesmo fato. E não se rompe a cadeia causal entre a conduta/atividade e o dano, mas sim o seu agravamento. Conserva, assim, as condições de dano indenizável.

6.1.2.3. A perda da chance

Com origem no direito francês,[78] desenvolveu-se no Brasil[79] hipótese de responsabilidade pela perda da chance, assim entendida como o dano decorrente da frustração da chance de obter uma vantagem futura ou de evitar uma lesão, em decorrência da conduta antijurídica imputável. Frustra-se, desse modo, um evento aleatório futuro,[80] que é mais do que uma possibilidade e, todavia, menos do que uma certeza.

O exame das situações abrangidas pela perda da chance tende ao seu exame ora com base na investigação sobre a existência ou não de dano certo e atual, ora com ênfase na investigação do nexo causal. Da mesma forma, distingue-se o dano decorrente da perda da chance e os lucros cessantes (tudo o que a vítima razoavelmente deixou de ganhar), em vista do fato que, em relação a esses últimos, há certeza quanto à sua ocorrência. No caso da perda da chance, como já se disse, o evento futuro que se vê frustrado – a chance – caracteriza-se como evento aleatório. E é daí que decorre sua principal crítica, qual seja, a de possibilidade de vulgarização do exercício da pretensão indenizatória mediante alegação de chances pouco prováveis e de menor importância.

Exige-se, por isso, que a chance perdida seja séria e tenha certa importância como condição para que venha a ser reparada.[81] Nesse sentido, há quem sustente mesmo a necessidade de demonstração estatística e/ou percentual da chance perdida em vista do resultado final.[82] Trata-se de solução, contudo, que oferece grandes dificuldades, seja para determinar e compor o universo sobre o qual se fará a comparação, ou mesmo por excluir a possibilidade de indenização sobre os danos que não tenham, necessariamente, uma base comparativa.

---

[78] Veja-se: VINEY, Geniviève; JOURDAIN, Patrice. *Traité de droit civil:* les conditions de la responsabilité. 3. ed. Paris: LGDJ, 2006.

[79] SAVI, Sérgio. *Responsabilidade civil por perda de uma chance.* São Paulo: Atlas, 2006, p. 7 e s.; SILVA, Rafael Peteffi da. *Responsabilidade civil pela perda de uma chance.* São Paulo: Atlas, 2007.

[80] CHABAS, François. La perte d'une chance en droit français. In: GUILLOD, Olivier (Coord.). *Développements récents du droit de la responsabilité civile.* Zurique: Schulthess, 1991, p. 131-143.

[81] VINEY, Geniviève; JOURDAIN, Patrice. *Traité de droit civil,* cit., 3. ed., n. 283, p. 98-102.

[82] SAVI, Sérgio. *Responsabilidade civil por perda de uma chance,* cit., p. 61.

No direito brasileiro, a responsabilidade pela perda da chance fundamentou diversas decisões,[83] sendo bastante conhecido o acórdão do STJ em caso envolvendo promoção de emissora de televisão, denominado "Show do Milhão".[84] Consistia em programa televisivo de perguntas e respostas, no qual o participante concorria a prêmios em dinheiro na hipótese de responder corretamente às questões formuladas. Já tendo atingido a última fase do programa, um participante foi questionado com pergunta em que todas as possibilidades de resposta apresentadas, de múltipla escolha, estavam incorretas. No caso, sendo quatro as respostas apresentadas, identificou-se que a possibilidade de acerto mínima era de 25%, concedendo-lhe a indenização correspondente a este percentual sobre o prêmio em dinheiro a que faria jus se tivesse respondido corretamente.

Como já se mencionou, são principalmente duas as situações que importam em responsabilidade por perda da chance. A primeira diz respeito à perda da chance de obtenção de uma vantagem futura, causada pela conduta antijurídica do agente. A conduta antijurídica interrompe um processo causal que deveria levar à chance de obtenção da vantagem, de modo que não é possível saber se de fato tal situação viria a se efetivar. É o exemplo do advogado que perde o prazo para pronunciar-se em processo, provocando a preclusão, ou, estando ajustado com o cliente, deixa de interpor determinado recurso. Ou seja, em decorrência de uma conduta antijurídica praticada pelo agente, a vítima perde a chance de obter certa vantagem esperada. Pode ocorrer, contudo, que dessa mesma conduta resulte não a chance de obter vantagem, mas de evitar um prejuízo futuro. É o exemplo dos casos da jurisprudência francesa em que uma empresa de alarmes antifurto foi demandada e respondeu pela indenização perante clientes que, os tendo instalado, foram vítimas de furto sem que os alarmes tivessem funcionado adequadamente. Nesse caso, é interessante notar que, embora não se possa dizer que o funcionamento dos alarmes necessariamente evitaria o furto, identifica-se a possibilidade real de que o fato não ocorresse caso funcionassem adequadamente, razão pela qual se fez jus à indenização pela perda da chance de não ser furtada.[85] No primeiro caso (perda da chance de obter vantagem futura), serão indenizáveis lucros cessantes, na proporção da chance perdida. No segundo caso, em que o dano que poderia ser evitado não o foi em decorrência da chance perdida, há danos emergentes indenizáveis.

Em qualquer caso, contudo, ao estabelecer-se como critério que a chance perdida seja séria e importante, será necessário demonstrar que tal fato resultará necessariamente da conduta antijurídica imputável. Ou seja, que a chance foi perdida por causa da conduta antijurídica

---

[83] Por pioneiras, mencionem-se as decisões da relatoria de Ruy Rosado de Aguiar Jr., no Tribunal de Justiça do Rio Grande do Sul: "Responsabilidade civil. Médico. Cirurgia seletiva para correção de miopia, resultando névoa no olho operado e hipermetropia. Responsabilidade reconhecida, apesar de não se tratar, no caso, de obrigação de resultado e de indenização por perda de uma chance" (TJRS, ApCiv 589069996, 5ª Câmara Cível, Rel. Ruy Rosado de Aguiar Júnior, j. 12-6-1990); e "Responsabilidade civil. Advogado. Perda de uma chance. Age com negligência o mandatário que sabe do extravio dos autos do processo judicial e não comunica o fato a sua cliente nem trata de restaurá-los, devendo indenizar a mandante pela perda da chance" (TJRS, ApCiv 591064837, 5ª Câmara Cível, Rel. Ruy Rosado de Aguiar Júnior, j. 29-8-1991).

[84] "Recurso especial. Indenização. Impropriedade de pergunta formulada em programa de televisão. Perda da oportunidade. 1. O questionamento, em programa de perguntas e respostas, pela televisão, sem viabilidade lógica, uma vez que a Constituição Federal não indica percentual relativo às terras reservadas aos índios, acarreta, como decidido pelas instâncias ordinárias, a impossibilidade da prestação por culpa do devedor, impondo o dever de ressarcir o participante pelo que razoavelmente haja deixado de lucrar, pela perda da oportunidade. 2. Recurso conhecido e, em parte, provido" (STJ, REsp 788459/BA, Rel. Min. Fernando Gonçalves, 4ª Turma, j. 8-11-2005, *DJ* 13-3-2006).

[85] SILVA, Rafael Peteffi da. *Responsabilidade civil pela perda de uma chance*, cit.

imputável. Essa relação de causa e efeito deve estar perfeitamente caracterizada para que se possa identificar um dano indenizável. Note-se, nesse particular, que, no que se refere à perda de uma vantagem futura, a sucessão de fatos deve permitir concluir sobre a possibilidade de aquisição da vantagem pela vítima, no caso de não ter havido a conduta antijurídica. Mesmo aqui, não há certeza sobre essa obtenção, mas mera possibilidade, ainda que séria e importante.

O exame sobre as probabilidades de obtenção da vantagem é examinado pela jurisprudência. Nesse sentido, veja-se a decisão do STJ, em caso recente, no qual um advogado buscava reparação em decorrência de falha dos serviços de correios que fez com que a petição de recurso não chegasse ao destino no prazo processual correto. Deixou a Corte de conceder a indenização por danos materiais reclamada pelo autor, com fundamento na perda da chance, ao proceder à análise da viabilidade do recurso interposto – cuja petição não havia sido entregue no prazo – concluindo pela reduzida probabilidade de êxito.[86] O mesmo ocorreu com vítima de atropelamento que, estando inscrita e bem classificada em concurso público em andamento, pretendeu indenização pela impossibilidade de concluir sua participação, pela perda da chance de prover o cargo público em disputa, o que foi rechaçado pelo Superior Tribunal de Justiça. Destacou a decisão que "a simples inscrição do autor em concurso público ou o fato de estar, no momento do acidente, bem posicionado em lista classificatória parcial do certame, não indicam existir situação de real possibilidade de êxito capaz de autorizar a aplicação, no caso, da teoria da perda uma chance, não havendo falar, portanto, na existência de lucros cessantes a serem indenizados".[87]

Já em relação aos casos de perda da chance de evitar um prejuízo, não se pode dizer que este não teria ocorrido necessariamente se não tivesse havido a conduta antijurídica do agente. Reconduz-se aqui, a um juízo de probabilidade, pelo qual será indenizável a hipótese em que se conclua por certa probabilidade de que o dano tivesse sido evitado. Ou seja, se o agente não tivesse adotado certa conduta antijurídica, poderia ter evitado o dano, interrompendo

---

[86] "Responsabilidade civil. Recurso especial. Advogado que contrata serviços dos correios para o envio de petição recursal. Sedex normal. Contrato que garantia a chegada da petição ao destinatário em determinado tempo. Não cumprimento. Perda do prazo recursal. Responsabilidade civil dos correios para com os usuários. Relação de consumo. Dano moral configurado. Dano material não provado. Teoria da perda de uma chance. Não aplicação no caso concreto. 1. A controvérsia consiste em saber se o advogado que teve recurso por ele subscrito considerado intempestivo, em razão da entrega tardia de sua petição pelos Correios ao Tribunal *ad quem*, pode pleitear indenização por danos materiais e morais contra a mencionada empresa pública. É certo também que a moldura fática delineada demonstra a contratação de serviço postal que, entre Capitais, garantia a chegada de correspondência até o próximo dia útil ao da postagem (SEDEX normal). (...) 4. Descabe, no caso, a condenação dos Correios por danos materiais, porquanto não comprovada sua ocorrência. Também não estão presentes as exigências para o reconhecimento da responsabilidade civil pela perda de uma chance, uma vez que as alegações de danos experimentados pelo autor se revelam extremamente fluidas. Existia somente uma remota expectativa e improvável possibilidade de seu cliente se sagrar vitorioso na demanda trabalhista, tendo em vista que o recurso cujo prazo não foi cumprido eram embargos de declaração em recurso de revista no Tribunal Superior do Trabalho, circunstância que revela a exígua chance de êxito na demanda pretérita. 5. Porém, quanto aos danos morais, colhe êxito a pretensão. É de cursivo conhecimento, no ambiente forense e acadêmico, que a perda de prazo recursal é exemplo clássico de advocacia relapsa e desidiosa, de modo que a publicação na imprensa oficial de um julgamento em que foi reconhecida a intempestividade de recurso é acontecimento apto a denegrir a imagem de um advogado diligente, com potencial perda de clientela e de credibilidade. É natural presumir que eventos dessa natureza sejam capazes de abalar a honra subjetiva (apreço por si próprio) e a objetiva (imagem social cultivada por terceiros) de um advogado, razão suficiente para reconhecer a ocorrência de um dano moral indenizável. 6. Condenação por dano moral arbitrada em R$ 20.000,00 (vinte mil reais). 7. Recurso especial parcialmente provido" (STJ, REsp 1.210.732/SC, Rel. Min. Luis Felipe Salomão, 4ª Turma, j. 2-10-2012, DJe 15-3-2013).

[87] STJ, REsp 1591178/RJ, Rel. Min. Ricardo Villas Bôas Cueva, 3ª Turma, j. 25/04/2017, DJe 02/05/2017.

um processo em curso. Assim, por exemplo, é o caso do erro de diagnóstico pelo médico que retarda o tratamento da doença, permitindo que se desenvolva e frustre as chances de êxito, ou a torne mais gravosa.[88]

Pode ocorrer perda da chance que caracteriza dano indenizável, também, em decorrência da violação do dever de informar, fundado na boa-fé objetiva. Ou seja, em situações na qual a falta de uma informação que deveria ter sido prestada, mas não o foi (eis a conduta antijurídica), faz com que alguém tome uma decisão que não teria adotado se possuísse a informação correta e completa, e da qual decorre a perda de obter vantagem ou evitar dano. É o exemplo do paciente que se submete a procedimento cirúrgico cujos riscos não lhe são devidamente informados, ou ainda, para curar enfermidade para a qual há tratamento menos gravoso que não lhe é ofertado. Neste caso, há de ser analisado o conteúdo do dever de informar, para verificar se na hipótese de que tivesse sido prestada a informação esta seria suficiente para alterar a decisão adotada evitando a perda da chance sofrida.

6.1.2.4. *Espécies de danos quanto ao seu conteúdo*

Os danos podem ser classificados sob diferentes critérios, dando origem à espécie variada. A principal distinção, contudo, será entre danos patrimoniais e danos extrapatrimoniais. Trata-se da natureza da lesão, reconduzida ou não a aspecto patrimonial, uma vez tomada

---

[88] "Apelação cível. Responsabilidade civil. Erro médico. Diagnóstico equivocado. Ausência de medidas preconizadas para avaliação e identificação da causa dos sintomas do paciente. Perda de uma chance. Configuração do dever de indenizar. Na hipótese dos autos, restou provado que os profissionais de medicina da Clínica ré foram negligentes na investigação clínica do quadro que apresentava o paciente, ignorando a evolução da sintomatologia e do quadro clínico que apresentava o paciente. Ainda, restou desconsiderado no segundo atendimento os sintomas apresentados pelo paciente, que recomendavam o aprofundamento diagnóstico, com realização de exames, para tentar identificar a origem das persistentes dores lombares do paciente (apesar da inicial ter referido que a queixa era de dores abdominais, todo o prontuário médico refere persistentemente que a queixa era de dores nas costas – na altura dos arcos costais). Conduta imprudente, negligente e imperita da equipe médica da Clínica ré, que ignorou a sintomatologia apresentada pelo paciente, que demandava uma investigação diagnóstica mais acurada e tratamento mais agressivo para o quadro apresentado. Erro de diagnóstico configurado. Aplicação da teoria da chance perdida, porquanto o erro de diagnóstico tolheu eventuais chances de cura ou melhora do estado de saúde do paciente, contribuindo para a evolução do quadro, que culminou no seu óbito por infecção generalizada. O tumor de que padecia a vítima era raro e agressivo e mesmo que o diagnóstico fosse antecipado isso provavelmente não teria alterado o infeliz desdobramento do episódio, fato é que se tratava de pessoa jovem e portadora, quanto ao mais, de boa saúde. Tais pessoas reagem melhor a tratamentos. Além disso, é sabido que cada organismo é único e apresenta reações diferenciadas tanto às patologias que o acometem quanto ao tratamento adotado para combatê-las. Considerando a carência de elementos concretos nos autos, a partir do senso comum envolvendo casos de tumores, estima-se em 10% a chance perdida pelo filho e irmão das autoras de ter tido uma evolução positiva de sua doença, que era grave, insidiosa e agressiva. Configurada a responsabilidade da Clínica ré devido à evidente falha no atendimento médico-hospitalar ao *de cujus*, bem como o nexo de causalidade entre o ato e o evento danoso, deve ser reconhecido o dever de indenizar. Dano moral *in re ipsa*. Valor da indenização. Critérios de fixação. Inegável a ocorrência do dano moral, que é *in re ipsa*, porquanto decorrente do próprio fato, em virtude da falha no serviço prestado pela Clínica ré que culminou no óbito do filho e irmão das litigantes. Valor da condenação mitigado em razão da aplicação da teoria da chance perdida. Dano material. Pensionamento. Ausência de impugnação específica. Em relação ao pensionamento, não houve impugnação específica dos termos da sentença por parte da Clínica ré, razão pela qual não restou atendido o pressuposto legal previsto no art. 514, inciso II, do CPC, impondo-se a confirmação da sentença, no particular, por ausência de impugnação específica da decisão hostilizada. Por maioria, deram parcial provimento ao apelo" (TJRS, ApCiv 70055821367, 9ª Câmara Cível, Rel. Tasso Caubi Soares Delabary, j. 25-9-2013).

a expressão patrimônio em sentido estrito de conjunto de bens e direitos avaliáveis economicamente. Assim, serão danos patrimoniais aqueles suscetíveis de avaliação econômica, ou seja, que representam determinado prejuízo econômico presente ou perda de vantagem econômica futura. Já os danos extrapatrimoniais são aqueles não passíveis, *a priori*, de avaliação econômica. Por sua natureza, são irreparáveis, uma vez que decorrem de violação a atributos da personalidade.

Por influência da Constituição Federal, não raro há menção como sinônimos do dano moral e do dano extrapatrimonial. Estabelece o art. 5º, V, da Constituição Federal: "é assegurado o direito de resposta, proporcional ao agravo, além da indenização por dano material, moral ou à imagem". Ao distinguir dano moral e dano à imagem, não lhes permitiu mais a relação entre continente e conteúdo, que seria o caso na hipótese de consagrar-se a noção de dano moral para todas as lesões à personalidade. Daí nos parece o acerto de falar-se em danos extrapatrimoniais, abrangendo as subespécies. Aqui, as classificações da doutrina são as mais diversas. Tem interesse didático, e ao mesmo tempo, prático, porquanto a dissociação entre várias subespécies de danos extrapatrimoniais é pressuposto lógico para que se admita, em certas situações, possibilidade de cumulação de indenizações. É o caso, por exemplo, do entendimento jurisprudencial consagrado em relação à cumulação do dano estético e do dano moral, de acordo com a Súmula 387 do STJ: "É lícita a cumulação das indenizações de dano estético e dano moral".

Não é desconhecido, contudo, que a admissão de subespécies de danos extrapatrimoniais pode abrir a oportunidade para a vulgarização das situações nas quais se identifiquem danos indenizáveis. Tecnicamente, porém, identificam-se os danos extrapatrimoniais como gênero, de que sejam espécies os danos morais em sentido estrito, assim entendidos aqueles danos anímicos relativos à estabilidade e à integridade psíquica da pessoa, e os danos corporais, ou danos à saúde,[89] abrangendo as lesões à integridade física da pessoa. Essa classificação, todavia, não elimina a dificuldade de localizar certos danos, como é o caso dos danos estéticos, que ao mesmo tempo que representam uma lesão física, têm a razão de ser de autonomia em relação aos demais danos extrapatrimoniais justificada pelas consequências a que dá causa para a estabilidade psíquica da pessoa.

Daí por que parece correto oferecer uma distinção quatripartida aos danos extrapatrimoniais, no interesse didático de melhor exposição do tema. Assim, seriam identificados: a) o dano moral ou anímico; b) o dano corporal ou à saúde; c) o dano estético; e d) o dano à imagem. O dano moral em sentido estrito ou dano anímico abrange a lesão à estabilidade e integridade psíquica da pessoa. O dano corporal ou à saúde decorre de lesão à integridade física ou físico-psíquica da pessoa.[90] O dano estético, de sua vez, combina a dano à integridade física e, como sua consequência, o abalo moral decorrente do caráter permanente da lesão. Já o dano à imagem decorre do uso indevido de reprodução gráfica da pessoa, que só por isso dá causa à indenização, em face da não autorização para seu uso ou divulgação. Ofende a garantia de exclusividade que a ordem jurídica assegura a pessoa em relação a tudo o que diga respeito à sua dimensão existencial, no que se inclui sua própria aparência e a prerrogativa de controlar sua exposição. Examinaremos, logo adiante, essas distinções.

---

[89] Estabelece, entre nós, a distinção: NORONHA, Fernando. *Direito das obrigações*, cit., 2010, p. 584.
[90] A natureza mais abrangente do dano corporal é sustentada por DIAS, João António Álvaro. *Dano corporal*. Quadro epistemológico e aspectos ressarcitórios, cit., p. 113 e s.

6.1.2.4.1. Danos patrimoniais

Os danos patrimoniais se caracterizam por um prejuízo econômico, decorrente de uma diminuição imediata do patrimônio da vítima ou o impedimento de obtenção de vantagem futura que, se não fosse a conduta antijurídica do agente, razoavelmente poderia esperar obter. O art. 402 do Código Civil estabelece que as perdas e os danos devidos ao credor abrangem, além do que ele efetivamente perdeu, o que razoavelmente deixou de lucrar. Distinguem-se em danos emergentes ou lucros cessantes.

6.1.2.4.1.1. *Prejuízos econômicos (danos emergentes)*

Os prejuízos econômicos que sofre a vítima diretamente, importando na diminuição do seu patrimônio devido a uma conduta antijurídica, denominam-se danos emergentes. Há, pois, um empobrecimento da vítima, decorrente da violação de direito praticada pelo agente. E, nesse sentido, não se confundem no domínio do dano patrimonial com o denominado lucro por intervenção, hipótese em que alguém intervém no patrimônio alheio sem causar dano, mas obtendo dessa intervenção determinada vantagem econômica.[91] A ausência de dano ao patrimônio retira a pretensão do titular do patrimônio, nessa situação, da responsabilidade civil, reconduzindo-a para o domínio do enriquecimento sem causa, hipótese em que o titular do patrimônio que sofreu a intervenção poderá requerer a este título participar das vantagens obtidas (art. 884 do Código Civil).[92]

Os danos emergentes devem ser demonstrados pela vítima e são calculados sobre o valor dos bens e direitos lesados ao tempo do fato, uma vez que por esse valor se compreendem no patrimônio da vítima quando ocorre a lesão. Essa noção apoia-se na teoria da diferença, pela qual o dano corresponde ao resultado aritmético do patrimônio da vítima antes da lesão e aquele posterior à lesão.[93] Na lição de Aguiar Dias, os danos emergentes referem-se ao "cômputo de direitos apreciáveis economicamente e o passivo patrimonial".[94] A parcela em que se reduziu o patrimônio da vítima considera-se dano. Todavia, note-se que, para efeito de cálculo da indenização do dano patrimonial, essa noção nem sempre é diferença. Isso porque o propósito principal da indenização no dano patrimonial será sua função reparatória, de restituição do estado anterior à sua ocorrência. Desse modo, nem sempre há de se identificar exata correspondência entre o valor da perda econômica havida pela vítima e aquele necessário para recompor o bem ou o direito.

6.1.2.4.1.2. *Lucros cessantes*

Os lucros cessantes consistem na vantagem econômica a qual a vítima deveria obter no curso normal de sua atividade, mas que, em razão da conduta antijurídica do agente, restou impedida. Há, nesse caso, a frustração de um enriquecimento legítimo.

Os lucros cessantes devem ser demonstrados pela vítima para efeito de atribuição de indenização, segundo padrões objetivos. Devem permitir aferir, caso não houvesse ocorrido a conduta antijurídica do agente, se o curso normal da atividade da vítima teria permitido

---

[91] COELHO, Francisco Manuel Pereira. *O enriquecimento e o dano.* Coimbra: Almedina, 1999, p. 68 e s.
[92] "Art. 884. Aquele que, sem justa causa, se enriquecer à custa de outrem, será obrigado a restituir o indevidamente auferido, feita a atualização dos valores monetários."
[93] Veja-se: MOMMSEN, Friederich. *Erörterungen aus dem Obligationenrecht.* C. A. Schwetschke, 1859, v. 2, p. 5 e s.
[94] AGUIAR DIAS, José. *Da responsabilidade civil.* São Paulo: Saraiva, 1979, v. 2, p. 403.

que obtivesse, no futuro, determinada vantagem econômica. Assim, por exemplo, ocorre com quem utiliza o automóvel como instrumento de sua atividade de trabalho e, em razão de um acidente de trânsito ao qual não deu causa, deixa de poder utilizá-lo pelo tempo necessário para conserto. Nesse caso, o período que deixa de poder utilizar o veículo deve ser considerado para efeito de determinação do valor da indenização, em acordo com os valores que habitualmente receberia.

Nesse caso, não se exige que haja absoluta certeza quanto ao valor da vantagem futura, o que, por lógica, seria impossível, na medida em que se trata de evento que não ocorrerá em razão do dano. A locução legal, nesse caso, é perfeita, formando o conteúdo da indenização com o que a vítima razoavelmente deixou de lucrar.

Note-se que não há presunção em relação à existência de lucros cessantes, devendo a vítima fazer prova dos mesmos.[95] Pode ocorrer, igualmente, de uma incapacidade laboral decorrente do dano, o que dá causa a que se calcule o valor da remuneração a que a vítima não mais poderá obter em decorrência como resultado da lesão, seja tratar-se de incapacidade transitória ou permanente.

A razoabilidade dos ganhos que deixam de ser obtidos pela vítima deve ser objeto de atento exame pelo intérprete. Ao exigirem-se padrões objetivos para aferição do dano e de suas consequências, note-se que se está a exigir que as expectativas de ganho da vítima, que porventura se vejam frustradas pela ocorrência da lesão, devem contar com certo substrato fático, tanto o que decorre do curso normal da vida da vítima até a ocorrência da lesão (mantinha uma atividade habitual da qual provinha a vantagem econômica, e que é interrompida pela ocorrência da lesão) quanto por fatos externos e passíveis de aferição, identificando-se que a lesão tenha sido impedimento para obtenção de determinada vantagem econômica. Tratam-se de fatos pretéritos relativamente consolidados, como a remuneração até então recebida, ou contratos já formalizados, fora do que se observa certa tendência de considerar, na ausência dessas circunstâncias, como mero dano hipotético, sem substrato na realidade da vida, e por isso não passíveis de indenização.

Para bem compreender, pense-se no exemplo de uma modelo de sucesso que, ao ser vítima de um acidente, sofre danos estéticos que a impedem de cumprir contratos já celebrados com diversas empresas. A vantagem econômica que deixará de obter em razão da impossibilidade de cumprir esses contratos caracteriza-se claramente como lucros cessantes. Considere-se, então, que no mesmo acidente tenha sido vitimada uma modelo iniciante, que ainda não tem contratos a cumprir, mas que também venha a sofrer dano estético, que prejudique sua futura carreira. Neste caso, não se poderá cogitar de lucros cessantes, pelo simples fato de não poder ser determinado, sequer minimamente, as condições em que se desenvolveriam a carreira da modelo na hipótese em que o acidente não tivesse ocorrido. O que não significa que deixará de fazer jus à indenização, porém, não a título de lucros cessantes, pela falta, justamente, de razoabilidade na vantagem econômica frustrada.

6.1.2.4.2. Danos extrapatrimoniais

Os danos extrapatrimoniais decorrem de lesão a atributos da personalidade. A evolução jurídica que levou ao reconhecimento dessa espécie de dano como dano indenizável, contudo, foi lenta. Inicialmente, constrangia o pensamento jurídico admitir que alguém pudesse obter indenização em dinheiro em decorrência de lesão exclusivamente moral, consistente em dor

---

[95] GUEDES, Gisela Sampaio da Cruz. *Lucros cessantes*. Do bom-senso ao postulado normativo da razoabilidade. São Paulo: RT, 2011, p. 86 e s.

ou sofrimento. Rejeitava-se a ideia de haver um "preço" para a dor. Apenas com a evolução do pensamento jurídico passou-se a admitir, gradualmente, a possibilidade de que se reconduza a violação a atributos da personalidade, previstos sob a forma de interesses juridicamente tuteláveis ou mesmo de direitos subjetivos expressos na legislação, a uma indenização em dinheiro.

Tratando-se de violação da integridade ou aos atributos da pessoa,[96] sua identificação como um prejuízo reparável encontrou obstáculo na incerteza do direito violado e na identificação do dano, bem como da forma da reparação, não faltando quem mencionasse a ilegitimidade ou a imoralidade da dor com o dinheiro, bem como a indicação de um excessivo arbítrio judicial na fixação do *quantum* devido.[97]

Em um segundo momento, discutiu-se a possibilidade de cumulação de indenização por danos extrapatrimoniais e danos patrimoniais, que induzia justamente ao debate sobre o caráter autônomo do dano extrapatrimonial.[98] A partir da previsão expressa da Constituição de 1988, que em seu art. 5º, V, previu a ampla reparabilidade do dano moral, material e à imagem, afirma-se a autonomia dessas espécies de dano, e a possibilidade tanto de seu reconhecimento independente um do outro quanto de cumulação. Nesse sentido, aliás, restou consagrado na jurisprudência, por intermédio da Súmula 37 do Superior Tribunal de Justiça, que define: "são cumuláveis as indenizações por dano material e dano moral oriundo do mesmo fato".[99]

Atualmente, não restam dúvidas quanto à ampla reparabilidade do dano extrapatrimonial no direito contemporâneo. Decorrem diretamente da violação dos atributos da personalidade nas mais variadas situações da vida de relações. Da mesma forma, a partir do momento em que reconhecida a possibilidade de sua reparação, desenvolve conteúdo que não apenas tem por propósito compensar a dor ou sofrimento pessoal – afetação do estado anímico da pessoa –, mas também que tem lugar em qualquer situação na qual haja um menoscabo da sua personalidade, o qual, dado seu caráter insuscetível de exata apreciação econômica, resolve-se pela via ressarcitória própria da responsabilidade civil, que, entretanto, assume um caráter funcional[100] de compensação da vítima, e sanção do ato ilícito que deu causa ao dano.

6.1.2.4.2.1. *Alcance do significado da definição de danos extrapatrimoniais*

O dano extrapatrimonial (ou dano moral em sentido lato, como é referido por grande parte da doutrina) consiste no "menoscabo ou lesão a interesses não patrimoniais, provocados pelo evento danoso, ou seja, por fato ou ato antijurídico".[101] Sua definição se estabelece segundo dois elementos de identificação: a natureza do interesse lesado e a extrapatrimonialidade do bem jurídico afetado. No sistema jurídico brasileiro, fundado na Constituição de 1988, a proteção da integridade e dos atributos da personalidade tem seu fundamento no princípio da dignidade humana (art. 1º, III), de modo que se pode reconduzir toda a violação de di-

---

[96] SAVATIER, René. *Cours de droit civil*. Paris: LGDJ, 1949, t. 2, p. 109.
[97] Inventariando as críticas da doutrina, dentre outros: AGUIAR DIAS, José. *Da responsabilidade civil*, cit., v. 2, p. 423; PESSOA JORGE, Fernando. *Ensaio sobre os pressupostos da responsabilidade civil*, cit., p. 374-375.
[98] Assim CAVALIERI, Sérgio. *Programa de responsabilidade civil*, cit., p. 87.
[99] Em mesma linha de princípio, a Súmula 624 do STJ define "É possível cumular a indenização do dano moral com a reparação econômica da Lei n. 10.559/2002 (Lei da Anistia Política)" (STJ, 1ª Seção, j. 12/12/2018, DJe 17/12/2018).
[100] Conforme PIZARRO, Ramón Daniel. *Daño moral*: prevención, reparación, punición, el daño moral en las diversas ramas del derecho. Buenos Aires: Hamurabi, 2000, p. 90-91.
[101] ZANNONI, Eduardo. *El daño en la responsabilidad civil*, cit., p. 287.

reito que implique dano extrapatrimonial, em uma ofensa à dignidade humana.[102] Trata-se do resultado da tutela integral da personalidade promovida como um dos fundamentos do sistema jurídico vigente, com base em sua expressa conformação constitucional.[103]

O dano extrapatrimonial, contudo, por se tratar de afetação anímica – ou, em sua visão mais larga, de um prejuízo causado à coletividade –, nem sempre poderá ser objeto de prova, como condição para o seu reconhecimento. O que se submete a criterioso processo de produção de prova é a violação do direito, os fatos que dão causa à afetação da personalidade, cujo dano extrapatrimonial que daí resulta será presumido.[104] Naturalmente as condições para que determinado fato dê causa à violação de atributos da personalidade dependerão de prova do fato e da interpretação judicial quanto às suas consequências. Contudo, uma vez reconhecida a existência de violação, consequência lógica é a identificação de dano extrapatrimonial. A avaliação desses danos, segundo os interesses não patrimoniais reconhecidos à vítima do dano pelo ordenamento jurídico, faz com que devam ser observados segundo as consequências que resultem do fato ilícito.[105] Nesse sentido, o dano extrapatrimonial, como espécie de dano indenizável, passa a ser configurado, essencialmente, como um dano jurídico, uma vez que suas consequências, como a dor, as frustrações e os sentimentos, ou afetação de bens ou interesses coletivos decorrem da violação de um direito da vítima.[106]

6.1.2.4.2.2. Dano extrapatrimonial como dano à pessoa: a lesão à personalidade

Esta concepção contemporânea do dano extrapatrimonial como resultado da lesão à personalidade é resultado de uma gradual compreensão da tutela da pessoa humana como fim do Direito e, consequentemente, com a necessidade de convergência de todo ordenamento jurídico para esse propósito. Trata-se de uma renovação ética do Direito, identificada especialmente da reflexão que se inaugura após o final da Segunda Grande Guerra, e que resulta na tendência de afirmação dos direitos humanos, incorporados no ordenamento jurídico nacional sob a égide dos direitos fundamentais da pessoa.

Trata-se de noção consolidada da modernidade, devido à longa tradição filosófica que influencia diretamente o Direito, e que tem em Immanuel Kant um dos mais destacados representantes. Ao reconhecer na pessoa um sujeito de direito, dotado de capacidade, faculdade do homem de ser responsável por sua conduta.[107] Da mesma forma, sustentava Kant ideia que será basilar à formação do direito contemporâneo, de que a pessoa humana é fim, e não o meio de todas as coisas. Mencionava, assim, que "o homem não é uma coisa; não é, portanto,

---

[102] CAVALIERI, Sérgio. *Programa de responsabilidade civil*, cit., p. 88-89. Consequência disso, como ensina Daniela Courtes Lutzky em sua tese doutoral, será o reconhecimento da reparação de danos extrapatrimoniais como espécie de direito fundamental. LUTZKY, Daniela Courtes. *A reparação de danos imateriais como direito fundamental*. Porto Alegre: Livraria do Advogado, 2012, p. 217 e s.

[103] TEPEDINO, Gustavo. A tutela da personalidade no ordenamento civil-constitucional brasileiro. In: *Temas de direito civil*. Rio de Janeiro: Renovar, 1999, p. 44-46.

[104] Em certas situações esta presunção de dano extrapatrimonial pode resultar de expressa disposição legal, como ocorre no caso da mulher vítima de violência doméstica, em que poderá no próprio juízo criminal de condenação do agressor requerer indenização mínima a título de danos extrapatrimoniais, a ser fixada na semtença nos termos do art. 387, IV do Código de Processo Penal. Neste sentido: STJ, REsp 1.675874/MS, Rel. Min. Rogerio Schietti Cruz, 3ª Seção, j. 28/02/2018, DJe 08/03/2018.

[105] ZANNONI, Eduardo. *El daño en la responsabilidad civil*, cit., p. 292-293. No mesmo sentido veja-se: BITTAR, Carlos Alberto. *Reparação civil de danos morais*. 3. ed. rev. e atual. São Paulo: RT, 1999, p. 29.

[106] STIGLITZ, Gabriel A.; ECHEVESTI, Carlos A. El daño resarcible. In: MOSSET ITURRASPE, Jorge. *Responsabilidad civil*. 2. ed. Buenos Aires: Hamurabi, 1997, p. 236-237.

[107] HATTENHAUER, Hans. *Conceptos fundamentales de derecho civil*, cit., p. 18-19.

um objeto passível de ser utilizado como simples meio, mas, pelo contrário, deve sempre ser considerado, em todas as suas ações, como fim em si mesmo".[108] E por fim, anota Kant que "no reino dos fins, tudo tem ou um preço ou uma dignidade. Quando uma coisa tem um preço, pode ser substituída por algo equivalente; por outro lado, a coisa que se acha acima de todo preço, e por isso não admite qualquer equivalência, compreende uma dignidade".[109] Nesse sentido, "a autonomia é, pois, o fundamento da dignidade da natureza humana e de toda a natureza racional".[110] E do que surge o princípio básico da ação humana, qual seja, de que "age segundo uma máxima que contenha ao mesmo tempo em si sua própria validade universal para todo o ser racional".[111]

Essa compreensão que moveu a evolução histórica do direito e inspirou a Declaração Universal dos Direitos do Homem de 1948, ao assistir à crescente transformação da estrutura social e econômica e à maior complexidade da vida de relações, passou a definir a pessoa no centro do direito contemporâneo.[112]

No direito brasileiro, como já se mencionou, a Constituição Federal de 1988 deve ser considerada o marco do reconhecimento da pessoa humana, de sua dignidade (a dignidade da pessoa humana), assim como os direitos fundamentais de que é titular. O princípio da dignidade da pessoa humana, assentado na Constituição como um dos fundamentos da República (art. 1º, III), converte-se como o mais importante do nosso sistema jurídico. Daí surge, a esteio do que já se construiu em direito comparado, a proteção da pessoa humana como o elo principal de aproximação entre o direito público e o direito privado, no que se costumou reconhecer com publicização do direito privado, ou simplesmente direito privado constitucional, ou direito civil constitucional. Assim, no direito italiano, o entendimento de Pietro Perlingieri, para quem a tutela da pessoa deve ser compreendida como espécie de cláusula geral de ordem pública constitucional.[113] Ou como já pontificava Ludwig Raiser, na segunda metade do século passado, de que o futuro do direito privado estaria na proteção da humanidade da pessoa.[114] Estabelece-se, pois, no direito uma consciência comum sobre a importância e a respeitabilidade, bem como o caráter fundamental dos direitos do homem.[115] Deste modo, na interpretação de todas as normas do ordenamento jurídico e na aplicação do direito infraconstitucional, o princípio da dignidade da pessoa humana é observado como valor objetivo.[116]

Entre nós, essa centralidade da pessoa humana no ordenamento jurídico e a sua tutela integrada, pelo direito público e pelo direito privado, é sustentada por Gustavo Tepedino, com expressão do projeto constitucional em vigor da dignidade da pessoa humana.[117] A ri-

---

[108] KANT, Immanuel. *Fundamentação da metafísica dos costumes*. Tradução de Leopoldo Holzbach. São Paulo: Martin Claret, 2002, p. 60.
[109] KANT, Immanuel. *Fundamentação da metafísica dos costumes*, cit., p. 65.
[110] KANT, Immanuel. *Fundamentação da metafísica dos costumes*, cit., p. 66.
[111] KANT, Immanuel. *Fundamentação da metafísica dos costumes*, cit., p. 68.
[112] SAVATIER, René. *Les metamorphoses economiques et sociales du droit prive d'aujourd' hui. L'universalisme renouvelé des disciplines juridiques*. Paris: Dalloz, 1959, p. 5.
[113] PERLINGIERI, Pietro. *Il diritto civile nella legalitá constituzionale*. Napoli: Edizione Scientifiche Italiane, 1991, p. 325-326.
[114] RAISER, Ludwig. O futuro do direito privado. *Revista da Procuradoria-Geral do Estado*, Porto Alegre, v. 25, n. 9, 1979, p. 11-30.
[115] CASTAN TOBEÑAS, José. *Los derechos del hombre*. 2. ed. Madrid: Reus, 1976, p. 167-168.
[116] PERLINGIERI, Pietro. *La personalità umana nell'ordinamento giuridico*. Camerino: Jovene, 1972, p. 15.
[117] TEPEDINO, Gustavo. A tutela da personalidade no ordenamento civil-constitucional brasileiro, cit., p. 44-46.

gor, pode-se considerar proteção da pessoa humana o eixo central do ordenamento jurídico brasileiro, sobretudo a partir da vigência, entre nós, da Constituição da República de 1988.[118]

Na perspectiva do direito alemão, ensina Karl Larenz acerca do caráter dúplice do princípio da dignidade da pessoa humana, compreendido como espécie de prerrogativa de todo ser humano de ser respeitado como pessoa, assim como de não ser prejudicado em sua existência, fruindo de um âmbito existencial próprio.[119] Possui, pois, uma dimensão *negativa*, de proteção contra a violação de direito, e *positiva*, de promoção do desenvolvimento da personalidade, na exata medida em que a atuação da pessoa não cause dano a outrem.

Essa compreensão fundamenta o surgimento, na ordem jurídica interna dos países, de normas que assegurem, no plano constitucional, o reconhecimento dos direitos fundamentais. E no direito privado, a construção de instrumentos concretos de proteção à personalidade – sob a forma de previsão de direitos subjetivos (os direitos da personalidade) –, a proteção em relação à sua violação, na qual o reconhecimento da existência de danos daí decorrentes – os danos extrapatrimoniais – e a garantia de sua reparabilidade são algumas das consequências mais destacadas.

É essa orientação ético-jurídica que promove uma ampliação dos interesses dignos de tutela, bem como o reconhecimento, na hipótese de sua eventual lesão, de danos a serem indenizados.

A noção de dano à pessoa, nesse sentido, tem sido utilizada segundo a inspiração, sobretudo, no direito italiano,[120] para designar série de danos causados à personalidade, passíveis de indenização. É o caso do dano biológico ou dano à saúde, que, afetando a integridade psicofísica da pessoa, pode também, ou não, ter reflexos econômicos (p. ex., a lesão física que incapacite para o trabalho). Da mesma forma, tenham-se em vista tanto a possibilidade de pessoa já existente ser vítima de dano quanto o nascituro, cujos direitos são assegurados desde a concepção (art. 4º do Código Civil).[121] Assim, por exemplo, os danos causados ao nascituro em face de manipulação genética imprópria ou exposição indevida a fatores de risco, que podem ensejar responsabilidade.[122]

6.1.2.4.2.3. *Formas de proteção da personalidade e os danos extrapatrimoniais*

Ao ordenamento jurídico-civil cumpre a proteção da personalidade, especialmente sob duas formas de tutela: a) preventiva, visando evitar a ocorrência do dano, mediante instrumentos que constranjam o possível ofensor a abster-se do cometimento da lesão; e b) compensatória, tarefa exercida predominantemente no âmbito da responsabilidade civil, mediante

---

[118] TEPEDINO, Gustavo. A tutela da personalidade no ordenamento civil-constitucional brasileiro cit., p. 46; BODIN DE MORAES, Maria Celina. A caminho de um direito civil constitucional, cit., p. 21 e s. Assim também o professor Eugênio Facchini Neto, que se refere para tanto a um *sentido moderno* da constitucionalização do direito privado: FACCHINI NETO, Eugênio. Reflexões histórico-evolutivas sobre a constitucionalização do direito privado. In: SARLET, Ingo Wolfgang (Org.). *Constituição, direitos fundamentais e direito privado*. Porto Alegre: Livraria do Advogado, 2003, p. 11-60.

[119] LARENZ, Karl. *Derecho civil*. Parte general, cit., p. 46.

[120] MONATERI, Pier Giuseppe; BONA, Marco. *Il danno alla persona*. Padova: Cedam, 1998, p. 9 e s.

[121] STJ, REsp 399.028/SP, Rel. Min. Sálvio de Figueiredo Teixeira, 4ª Turma, j. 26-2-2002, *DJ* 15-4-2002; STJ, REsp 931.556/RS, Rel. Min. Nancy Andrighi, 3ª Turma, j. 17-6-2008, *DJe* 5-8-2008; STJ, AgRg no AREsp 403.761/SC, Rel. Min. Herman Benjamin, 2ª Turma, j. 5-12-2013, *DJe* 6-3-2014.

[122] Veja-se: SILVA, Américo Luís Martins da. *O dano moral e sua reparação*. 2. ed. São Paulo: RT, 2002, p. 276 e s.

a imposição do dever de indenizar nas hipóteses de violação de direito de que resulte ofensa a atributos da personalidade.

Em relação aos instrumentos de tutela preventiva, convergem institutos de direito civil e procedimentos definidos na legislação processual. Entre eles, merece destaque a *tutela inibitória*,[123] prevista no art. 497 do Código de Processo Civil de 2015.

A tutela inibitória, no que diz respeito à proteção da personalidade, visa promover o comportamento daquele que se identifique como possível ofensor, de modo que se abstenha da iniciativa de violação do direito. Para tanto, mediante decisão judicial, inclusive em caráter liminar, impõe ao indivíduo uma obrigação de fazer ou não fazer compatível com a proteção do interesse do titular do direito, cuja violação implica, como regra, sanção pecuniária definida pelo juízo, denominada astreintes.

Por outro lado, compreende-se sob a designação da tutela preventiva também a função satisfativa ou exemplar da indenização em casos de danos extrapatrimoniais. Neles, identifica-se na fixação de valores pecuniários significativos em indenizações por danos extrapatrimoniais um elemento de desestímulo a que o mesmo ofensor ou os demais que, porventura, avaliem a oportunidade de cometer a mesma ofensa no futuro ponderem sobre as consequências desse comportamento e deixem de adotá-lo. Trata-se de fundamento para a fixação de indenização, já reconhecido em certas leis especiais, porém utilizado largamente como critério para a fixação do valor da indenização pela jurisprudência nacional.

Em relação à função reparatória, a tutela da personalidade se perfaz no reconhecimento de ampla reparabilidade dos danos decorrentes de ofensa a seus atributos. O reconhecimento da indenização dos danos extrapatrimoniais pela Constituição de 1988 e, sobretudo, a interpretação que dela fizeram a doutrina e a jurisprudência definem certa amplitude dos interesses merecedores de tutela. Esses interesses, contudo, *a priori*, são inestimáveis economicamente, sendo reconduzidos à indenização em dinheiro, diante da impossibilidade de sua recomposição. Desse modo, dir-se-á que a indenização, nesse caso, terá função predominantemente compensatória, não como "preço da dor" (*pretium doloris*), mas como meio de resposta à vítima, oferecendo-lhe a oportunidade de certo conforto estranho ao interesse lesado decorrente da lesão. Ainda que, atualmente, e dependendo do dano causado, se desenvolvam novas formas de resposta, em geral combinadas com a indenização pecuniária, como é o caso da exigência de declaração do ofensor de reconhecimento da responsabilidade pelo fato que ensejou a lesão, pedido público de desculpas, ou a fixação de obrigações de fazer, atinentes a mesma espécie de interesse violado.

6.1.2.4.2.4 *Definição dos atributos da personalidade cuja ofensa origina dano extrapatrimonial*

A forma de previsão da personalidade varia entre os diferentes ordenamentos jurídicos. No direito português, por exemplo, o art. 70 do Código Civil de 1966 previu: "Art. 70. A lei protege os indivíduos contra qualquer ofensa ilícita ou ameaça de ofensa à sua personalidade física ou moral". Trata-se de solução coincidente com a Proposta de Houin à Comissão de reforma do Código Civil Francês, em 1951, e por fim, com a aprovada proposta de Noboyet, de que resultou Anteprojeto de reforma legislativa inconclusa.[124] Essa disposição do Código Civil português é complementada por disposições do art. 1.474 e seguintes do Código de Processo Civil lusitano, que a exemplo do art. 497 do Código de Processo Civil brasileiro

---

[123] MARINONI, Luiz Guilherme. *Tutela inibitória*. 4. ed. São Paulo: RT, 2006, p. 35 e s.
[124] CAPELO DE SOUSA. *O direito geral de personalidade*. Coimbra: Editora Coimbra, 1995, p. 88-90.

preveem providências inibitórias, antecedentes à violação do direito, visando evitar ou fazer cessar a agressão.

Em perspectiva histórica, anote-se que o direito da personalidade só veio a ser consagrado no direito positivo europeu pelo Código Civil suíço de 1907. No direito italiano, o Código Civil de 1942 previu a proteção de certos direitos da personalidade sob a forma de direitos subjetivos específicos. Optou-se pela previsão exemplificativa desses direitos, nos arts. 5º a 10. É o que Adriano de Cupis salienta tratar-se de uma parcial disciplina legislativa,[125] uma vez que se ocupou somente do direito de disposição do próprio corpo (art. 5º), o direito ao nome (arts. 6º a 9º) e o direito à imagem (art. 10º). Da mesma forma, a indenização por danos extrapatrimoniais segue modelo restritivo, da tipicidade, segundo o art. 2.059 do Código Civil Italiano, que dispôs: "Danni non patrimoniali – Il danno non patrimoniale deve essere risarcito solo nei casi determinati dalla legge".[126]

No direito alemão, o § 823 do Código Civil de 1900[127] especificou determinados interesses atinentes à personalidade na cláusula geral de reparação civil (vida, saúde, liberdade, propriedade).[128] Contudo, segundo a interpretação que a doutrina e a jurisprudência dão à norma em questão, assim como após a Segunda Guerra Mundial, sua aplicação coordenada com as disposições da Lei Fundamental de Bonn vai determinar à personalidade uma crescente e eficaz proteção.[129] Observa-se uma tendência de utilização de um conceito mais amplo de ilicitude,[130] especialmente da proteção da personalidade consagrada pela Lei Fundamental de Bonn, de 1949, que em seu art. 2, parte 1, estabelece: "toda pessoa tem direito ao livre desenvolvimento da personalidade sempre que não viole os direitos de outra nem atente contra a ordem constitucional ou a lei moral". Da mesma forma, seguindo tradição inaugurada por Otto von Gierke na doutrina,[131] dá-se, após a edição da Lei Fundamental, da obra *O direito da personalidade* (1950), de Heinrich Hubman, em que há a defesa da existência de um direito

---

[125] DE CUPIS, Adriano. *Os direitos da personalidade*. Lisboa: Livraria Morais, 1961, p. 33.

[126] CRICENTI, Giuseppe. *Il danno non patrimoniale*. 2. ed. Padova: Cedam, 2006, p. 79 e s.

[127] Para o modo de aplicação do § 823 na proteção dos direitos de personalidade, veja-se LARENZ, Karl. *Derecho civil*. Parte general, cit., p. 155 e s. Distingue o autor que a referida disposição indica quatro bens vitais que, lesionados, equiparam-se a direitos subjetivos, a saber: a vida, o corpo, a saúde e a liberdade.

[128] Anota Gottfried Schiemann que, embora tomada a interpretação dos interesses previstos no § 823 de modo estrito, esta não seria necessariamente o propósito do legislador, mas decorrente de seu apuro técnico na precisa descrição do suporte fático da norma. SCHIEMANN, Gottfried. §§ 823-830, 840, 8420853 Unerlaubte Handlugen (Deliktsrecht). In: SCHMOECKEL, Mathias; RÜCKERT, Joachim; ZIMMERMANN, Reinhard. *Historisch-kritischer Kommentar zum BGB*, Band III Schuldrecht: Besonderer Teil §§ 433-853. Tübingen: Mohr Siebeck, 2013, p. 2.731-2.732.

[129] CAPELO DE SOUZA. *O direito geral de personalidade*, cit., p. 82.

[130] COUTO E SILVA, Clóvis. *Principes fondamentaux de la responsabilité civile en droit brésilien et comparé*, cit., p. 63.

[131] No que se refere aos direitos da personalidade, sua primeira definição jurídica tem sede na obra do jurista alemão Otto von Gierke, no final do século XIX, que em seu *Deutsches Privatrecht*, de 1895, vai fazer referência à possibilidade de proteção de determinados aspectos da personalidade, por intermédio de direitos que garantem ao seu sujeito o domínio sobre um setor da própria esfera de personalidade. E prossegue afirmando que "com esse nome se designam os direitos à própria pessoa, e ao destacar a especialidade do seu objeto, se distinguem todos os demais direitos". Veja-se: PERLINGIERI, Pietro. *Il diritto civile nella legalitá constitucional*, cit., p. 23. Em que pese a relativa indeterminação do que seria ou mesmo do que se comporia o setor da própria esfera da personalidade, Gierke terminará por identificar a característica fundamental desse direito geral, qual seja, a sua consideração como *direito subjetivo que deve ser reconhecido por todos*. Abrangerá, contudo, apenas aspectos relativos à integridade física do indivíduo, deixando de contemplar, nesse primeiro momento, a defesa contra agressão à honra e à privacidade. ZWEIGERT, Konrad; KÖTZ, Hein. *Introducción al derecho comparado*, cit., p. 733.

geral da personalidade que se apresenta tanto como elemento valorativo, merecedor da atenção incondicionada dos demais homens, quanto com a proteção da pessoa contra possíveis perturbações e violações.[132]

A utilidade do reconhecimento de um direito geral de personalidade reside na possibilidade de abranger diferentes interesses atinentes à personalidade, independentemente de sua tipificação legal.[133] Ao proteger a personalidade em geral, aí incluídos seus atributos, a norma estaria compreendendo-a como universalidade concreta,[134] estabelecendo a partir desse conceito-quadro uma maior flexibilidade na identificação dos interesses sob tutela.[135]

No direito brasileiro, observa-se um sistema misto. Embora o Código Civil de 2002 tenha definido uma série de direitos da personalidade (arts. 13 a 21), não deixou de estabelecer uma cláusula geral de tutela desses direitos no art. 12, *caput*, que estabelece: "Pode-se exigir que cesse a ameaça, ou a lesão, a direito da personalidade, e reclamar perdas e danos, sem prejuízo de outras sanções previstas em lei".

Contudo, a existência de um amplo catálogo de direitos fundamentais na Constituição Federal, assim como os interesses que, mesmo não expressos, são reconhecidos por interpretação do princípio da dignidade da pessoa humana, faz com que a proteção da personalidade não esteja restrita aos direitos subjetivos expressamente previstos no Código Civil. E da mesma forma, quando cotejados com a previsão genérica à violação de direito e ao dano, definida no art. 186 do Código Civil, faz com que os interesses cuja violação deem causa a dano extrapatrimonial, definam-se segundo um modelo aberto, suscetível a permanente interpretação e inovação da doutrina e da jurisprudência.

Há nesse modelo distintas consequências. De um lado, a abertura à interpretação jurisprudencial para o reconhecimento de interesses atinentes à personalidade, dignos de tutela, permite maior flexibilidade e atualização do Direito diante das céleres transformações da vida contemporânea. Por outro lado, ao admitirem-se ao intérprete a identificação e a definição de interesses dignos de tutela, se considerado como livre de delimitação legal, podem permitir uma excessiva multiplicação de danos considerados indenizáveis.

Considerando o modelo aberto brasileiro de reparação de danos extrapatrimoniais, convém que se examinem os principais atributos da personalidade, cuja violação importa o surgimento do dano indenizável.

6.1.2.4.2.4.1. Vida

A vida e o direito à vida são pressupostos da existência da própria personalidade. O Código Civil estabelece que a personalidade inicia com o nascimento com vida (art. 2º). Da mesma forma, a proteção da vida como direito fundamental e bem jurídico é assegurado tanto no plano dos direitos fundamentais – o direito fundamental à vida – quanto na tipificação de crimes contra a vida (homicídio, infanticídio, *e.g.*).

No direito privado, a proteção da vida e o direito à vida assumem distintas eficácias.[136] No plano da responsabilidade civil, a lesão à vida dá causa à pretensão indenizatória dos

---

[132] HATTENHAUER, Hans. *Conceptos fundamentales de derecho civil*, p. 26-27; CAPELO DE SOUZA. *O direito geral de personalidade*, cit., p. 139 e s.
[133] MOTA PINTO, Carlos Alberto da. *Teoria geral do direito civil*. 3. ed. Coimbra: Editora Coimbra, 1996, p. 209.
[134] ONDEI, Emilio. *Le persone fisiche e i diritti della personalità*. Torino: Torinese, 1965, p. 233.
[135] CAPELO DE SOUSA. *O direito geral de personalidade*, cit., p. 23.
[136] Nesse sentido, veja-se o clássico estudo de Jorge Mosset Iturraspe no direito argentino: MOSSET ITURRASPE, Jorge. *El valor de la vida humana*. Santa Fé: Rubinzal-Culzoni, 1983, p. 52.

sucessores da vítima (art. 12, parágrafo único c/c art. 948 do Código Civil). Contudo, à proteção jurídica à vida são impostos deveres específicos em uma série de relações jurídicas, como é o caso de certos contratos cuja prestação associa-se à manutenção da vida – caso dos contratos de assistência à saúde, em que a jurisprudência, reiteradas vezes, coloca em destaque a importância do cumprimento da obrigação e a proteção da vida humana pelo direito,[137] e mesmo o dever de prestar alimentos,[138] cuja finalidade é a de assegurar meios para a subsistência do alimentando. Ao deixar de cumprir os deveres de prestação inerentes a essas relações jurídicas, embora não tenham como objeto principal o direito à vida, com ele se associam, podendo resultar no comprometimento ou na lesão à vida humana, de acordo com as circunstâncias do caso.

A importância destacada pelo direito contemporâneo à proteção da pessoa, nesse sentido, faz com que, não apenas na relação do titular do direito à vida com a coletividade (relação jurídica que importa a abstenção geral, *erga omnes*), exista eficácia correspondente à conservação da vida humana, senão também que, em toda a série de relações que em maior ou menor grau diga respeito a interesses reconduzíveis à preservação da vida humana, cuja violação importará responsabilidade civil do ofensor.

Resultam danos extrapatrimoniais, portanto, das situações em que uma conduta antijurídica dê causa à morte da vítima. Nestes casos, a legitimação para reclamar o dano será daqueles a que se refere o art. 12, parágrafo único, do Código Civil: "Em se tratando de morto, terá legitimação para requerer a medida prevista neste artigo o cônjuge sobrevivente, ou qualquer parente em linha reta, ou colateral até o quarto grau".[139]

6.1.2.4.2.4.2. Integridade física

A integridade física como atributo da personalidade compreende o interesse da pessoa em manter as condições biofísicas necessárias à manutenção e qualidade da vida humana. Nesse sentido, compreende a integridade física da pessoa em relação às suas condições de saúde. Sob sua indicação devem estar contemplados os danos à saúde e os danos biológicos, assim denominados especialmente em direito comparado. E também a integridade do corpo, cuja compreensão mais ampla pode abranger tanto as partes do corpo como, pelas lições de direito comparado, devemos denominar de integridade genética – cuja violação importa em um dano genético.

A proteção à integridade do corpo coloca em relevo não apenas a necessidade de manutenção da vida. Ao contrário, abrange o amplo reconhecimento de autonomia do indivíduo sobre o próprio corpo, tornando-o insuscetível de agressões de qualquer espécie. Essa amplitude do direito à integridade do corpo coloca-o a salvo de toda e qualquer violência, independentemente se dela resultar ou não diminuição permanente. Projeta-se como proibição geral a qualquer espécie de lesão física.

Presumem-se danos extrapatrimoniais da violação da integridade física da pessoa. Assim, por exemplo, havendo situação em que a vítima perde um membro do corpo humano, em decorrência de uma conduta antijurídica, como ocorre em um acidente automobilístico, no desabamento de um prédio ou com outro evento semelhante, que comprometa a integridade,

---

[137] STJ, REsp 1.243.632/RS, Rel. Min. Paulo de Tarso Sanseverino, 3ª Turma, j. 11-9-2012, DJe 17-9-2012.
[138] STJ, REsp 1.218.118/SP, Rel. Min. João Otávio de Noronha, 3ª Turma, j. 12-8-2014, DJe 25-8-2014.
[139] STJ, REsp 1071158/RJ, Rel. Min. Nancy Andrighi, 3ª Turma, j. 25/10/2011, DJe 07/11/2011; STJ, REsp 1291845/RJ, Rel. Min. Luis Felipe Salomão, 4ª Turma, j. 04/12/2014, DJe 09/02/2015; STJ, AgInt no REsp 1669328/SC, Rel. Min. Francisco Falcão, 2ª Turma, j. 21/02/2019, DJe 01/03/2019.

há dever de indenizar. Tomado esse atributo em perspectiva ampla, compreenderá não apenas as lesões causadas diretamente ao corpo humano, como também eventualmente aqueles que atingirem a identidade genética da pessoa.

6.1.2.4.2.4.3. Integridade e estabilidade psíquica

Entre os danos extrapatrimoniais mais destacados estão os danos anímicos ou morais, decorrentes da afetação da integridade e estabilidade psíquica da pessoa. Trata-se de um atributo intangível da personalidade, cuja violação presume o dano. Ou seja, qualifica-se o fato da vida e a conduta antijurídica daquele que se considera como sendo o ofensor, e questiona-se se das consequências do fato resulta ou não uma afetação da integridade e estabilidade psíquica da pessoa. A integridade psíquica diz respeito tanto à sanidade mental da pessoa quanto à paz e ao sossego pessoal, cuja violação gera o dano extrapatrimonial.

A integridade psíquica do indivíduo é atributo da personalidade, que se protege diante de duas premissas básicas: a) como regra, todo ser humano é racional e deve ser protegido de modo a assegurar o permanente exercício dessa racionalidade, pela manutenção de boas condições de saúde mental; b) toda a ofensa a atributos da personalidade que dê causa a sofrimento, humilhação ou menosprezo da pessoa é apta a causar dano, ainda que provisórios, à integridade psíquica e emocional do ofendido. A integridade psíquica, nesse sentido, se protege como um estado mental ideal da pessoa, preservado contra violações externas, e que é tutelado em vista da proteção da dignidade da pessoa humana.

Como regra, sempre quando identificada a existência do sofrimento humano decorrente da violação de um direito, se está a observar violação à integridade psíquica do indivíduo. É certo, contudo, que a doutrina e, especialmente, a jurisprudência não irão estabelecer uma presunção absoluta de violação nessas circunstâncias. Não será, assim, qualquer espécie de sofrimento que ensejará a violação da integridade psíquica. Segundo largo universo de decisões judiciais sobre o tema, o mero dissabor ou incômodo decorrente de desencontros no cotidiano da vida não é apto a caracterizar a violação dos direitos de personalidade e, nesse sentido, a ensejar pretensão indenizatória de danos morais.[140]

A afetação psicológica, emocional ou afetiva deve ser em tal grau que permita identificar a existência de um comprometimento menor ou maior à integridade psíquica da pessoa. Assim, por exemplo, é fora de dúvida a existência de dano extrapatrimonial dos filhos em

---

[140] Exemplo ilustrativo é o caso decidido pelo STJ, no qual não se rejeitou a demanda interposta pelo torcedor de um time de futebol, que requereu indenização por danos extrapatrimoniais em razão da derrota do seu clube, atribuída a um erro de arbitragem. Decidiu a corte, afirmando: "A derrota de time de futebol, ainda que atribuída a erro 'de fato' ou 'de direito' da arbitragem, é dissabor que também não tem o condão de causar mágoa duradoura a ponto de interferir intensamente no bem-estar do torcedor, sendo recorrente em todas as modalidades de esporte que contam com equipes competitivas. Nessa esteira, consoante vem reconhecendo doutrina e jurisprudência, mero dissabor, aborrecimento, contratempo, mágoa – inerentes à vida em sociedade –, ou excesso de sensibilidade por aquele que afirma dano moral, são insuficientes à caracterização do abalo, tendo em vista que este depende da constatação, por meio de exame objetivo e prudente arbítrio do magistrado, da real lesão a direito da personalidade daquele que se diz ofendido (...) por não se verificar a ocorrência de dano a direito da personalidade ou cabal demonstração do nexo de causalidade, ainda que se trate de relação equiparada a de consumo, é descabido falar em compensação por danos morais. Ademais, não se pode cogitar de inadimplemento contratual, pois não há legítima expectativa – amparada pelo direito – de que o espetáculo esportivo possa transcorrer sem que ocorra erro de arbitragem, ainda que grosseiro e em marcação que hipoteticamente possa alterar o resultado do jogo" (STJ, REsp 1.296.944/RJ, Rel. Min. Luis Felipe Salomão, 4ª Turma, j. 7-5-2013, *DJe* 1º-7-2013).

relação à morte dos pais, e destes em relação à morte dos filhos. Por outro lado, no caso de descumprimento contratual, sua existência, por si, não está apta a gerar danos extrapatrimoniais, exigindo-se, nesse caso, que estejam presentes outras circunstâncias para que se reconheça a ocorrência de dano.

A afetação da integridade e estabilidade psíquica, mediante imposição do sofrimento da vítima, vem sendo definida como fundamento de série de danos específicos reconhecidos pela doutrina – espécies de danos extrapatrimoniais –, como é o caso do prejuízo de afeição, pelo qual o dano ou esbulho de coisa gera dano em razão do grau de estima e afeição que o dono ou possuidor tinha comprovadamente por ele; ou mesmo o dano existencial, que não se confunde com o sofrimento atual propriamente dito, mas pelas consequências externas à vida da vítima,[141] alterando seus hábitos de vida ou a capacidade e o modo de relacionamento com outras pessoas. Da mesma forma, com o direito francês passou-se a reconhecer o dano extrapatrimonial em decorrência da perda da capacidade de fruição dos prazeres da vida pela vítima (*préjudice d'agrément*).[142]

Por outro lado, a identificação desse sofrimento – ainda quando sua mensuração seja a toda prova de difícil realização, a não ser por critérios relativamente arbitrários – deverá ser determinada a partir das circunstâncias que envolvam o eventual ato danoso, tais como as qualidades pessoais do ofendido e do ofensor, sua capacidade de dar resposta à ofensa, bem como a existência de situações anteriores com conteúdo igual ou semelhante.

6.1.2.4.2.4.4. Honra

A honra pessoal, como atributo da personalidade, compreende duas dimensões: uma *imanente*, dizendo respeito à própria pessoa e à estima por si mesma; outra *transcendente*, de exterioridade.[143] Trata-se, de um lado, da consciência pessoal sobre os próprios atributos e qualidades, e de outro, do reconhecimento social sobre essas características pessoais. Em sentido comum, a honra associa-se a uma conduta pessoal marcada pelas qualidades de probidade, virtude e coragem. É também o sentimento individual sobre a própria dignidade, ou a consideração devida à pessoa por seus dotes intelectuais, artísticos ou morais. E ao mesmo tempo que pode ser traduzida como esplendor e grandeza, também assinala a noção de deferência ou homenagem, respeito e consideração.

Abarca desde os atributos individuais "emergentes da sua mera pertença ao gênero humano, até aqueloutros que cada indivíduo vai adquirindo através do seu esforço pessoal".[144] Na mesma linha de entendimento, observa Adriano de Cupis, para quem "toda a criatura humana tem em si mesmo o bem da própria honra".[145] Relaciona-se, igualmente, com a

---

[141] CHRISTANDL, Gregor. *La risarcibilità del danno esistenziale*. Milano: Giuffrè, 2007, p. 275 e s. No direito brasileiro, Flaviana Rampazzo Soares define o dano existencial como "a lesão ao complexo de relações que auxiliam no desenvolvimento normal da personalidade do sujeito, abrangendo a ordem pessoal ou a ordem social. É uma afetação negativa, total ou parcial, permanente ou temporária, seja uma atividade, seja um conjunto de atividades que a vítima do dano, normalmente, tinha como incorporado ao seu cotidiano e que, em razão do efeito lesivo, precisou modificar em sua forma de realização, ou mesmo suprimir de sua rotina". SOARES, Flaviana Rampazzo. *Responsabilidade civil por dano existencial*. Porto Alegre: Livraria do Advogado, 2009, p. 44.

[142] MOSSET ITURRASPE, Jorge. *Responsabilidad por daños*. Buenos Aires: Rubinzal Culzoni, 1999, t. V, p. 54.

[143] Conforme a lição de LETE DEL RÍO. *Derecho de la persona*. 4. ed. Madrid: Tecnos, 2000, p. 267.

[144] CAPELO DE SOUSA, Raibindrath. *O direito geral de personalidade*, cit., p. 301.

[145] DE CUPIS, Adriano. *Os direitos da personalidade*, cit., p. 115.

dignidade pessoal, é atributo inato do indivíduo, ao qual se acrescentam outras qualidades decorrentes da posição que este exerce socialmente, o gênero da atividade que pratica, as qualidades pessoais que se desenvolvem com a idade, entre outros. Todavia, não deixa de ser um conceito unitário.[146]

Ou seja, aquilo que se percebe como direito à honra é compreensivo tanto de uma visão exterior dos atributos pessoais dignos de estima e tutela comum quanto de uma dimensão individual, em que se percebe a própria pessoa como elemento referencial acerca de qualidades valoradas e estimadas por si, em vista de uma compreensão racional do mundo em que se encontra inserida.

A partir da doutrina e da jurisprudência, então, passou-se a distinguir entre honra objetiva e subjetiva. A honra objetiva traz uma dimensão de exterioridade, de projeção à comunidade de qualidades socialmente apreciadas e efetivamente possuídas pelo titular do direito. Trata-se de um direito de reconhecimento social, de um substrato pessoal de qualidades e características pessoais do titular do direito. Já a honra subjetiva caracteriza-se pelo sentimento de estima da pessoa por si mesma e em vista do respeito ou não da consideração social a que faz jus.

A honra, neste sentir, compreende-se desde atributos ou qualidades inerentes a qualquer pessoa, pelo fato de ser pessoa, e decorrentes da dignidade da pessoa humana, quanto a outros atributos que o indivíduo passa a ter em vista de suas relações ao longo da vida.[147] A dignidade da pessoa humana considerada como atributo essencial reconhecido a todos os seres humanos por si só ingressa em sua dimensão ético-jurídica, como espécie de dignidade individual que, a não ser quando a atuação concreta da pessoa invista contra a consideração determinada *a priori* em seu favor, deve ser integralmente respeitada. Entretanto, para Capelo de Sousa, a dignidade humana essencial não se confunde com a proteção dos bens causantes da projeção social, os quais são objetos – no sistema de tutela da personalidade

---

[146] DE CUPIS, Adriano. *Os direitos da personalidade*, cit., p. 115.

[147] Registre-se o entendimento do STF no tocante ao conflito entre o direito à honra e imagem e a liberdade de expressão no caso da publicação de biografias não autorizadas pelos respectivos biografados ou seus sucessores, em que se impede a proibição da publicação, preservando-se o direito à reparação de danos e o direito de resposta quando cabível. Segundo a decisão: "(...) 4. O direito de informação, constitucionalmente garantido, contém a liberdade de informar, de se informar e de ser informado. O primeiro refere-se à formação da opinião pública, considerado cada qual dos cidadãos que pode receber livremente dados sobre assuntos de interesse da coletividade e sobre as pessoas cujas ações, público-estatais ou público-sociais, interferem em sua esfera do acervo do direito de saber, de aprender sobre temas relacionados a suas legítimas cogitações. 5. Biografia é história. A vida não se desenvolve apenas a partir da soleira da porta de casa. 6. Autorização prévia para biografia constitui censura prévia particular. O recolhimento de obras é censura judicial, a substituir a administrativa. O risco é próprio do viver. Erros corrigem-se segundo o direito, não se coartando liberdades conquistadas. A reparação de danos e o direito de resposta devem ser exercidos nos termos da lei. 7. A liberdade é constitucionalmente garantida, não se podendo anular por outra norma constitucional (inc. IV do art. 60), menos ainda por norma de hierarquia inferior (lei civil), ainda que sob o argumento de se estar a resguardar e proteger outro direito constitucionalmente assegurado, qual seja, o da inviolabilidade do direito à intimidade, à privacidade, à honra e à imagem. 8. Para a coexistência das normas constitucionais dos incs. IV, IX e X do art. 5º, há de se acolher o balanceamento de direitos, conjugando-se o direito às liberdades com a inviolabilidade da intimidade, da privacidade, da honra e da imagem da pessoa biografada e daqueles que pretendem elaborar as biografias. 9. Ação direta julgada procedente para dar interpretação conforme à Constituição aos arts. 20 e 21 do Código Civil, sem redução de texto, para, em consonância com os direitos fundamentais à liberdade de pensamento e de sua expressão, de criação artística, produção científica, declarar inexigível autorização de pessoa biografada relativamente a obras biográficas literárias ou audiovisuais, sendo também desnecessária autorização de pessoas retratadas como coadjuvantes (ou de seus familiares, em caso de pessoas falecidas ou ausentes)" (STF, ADI 4815, Rel. Min. Carmen Lúcia, Tribunal Pleno, j. 10/06/2015, p. 01/02/2016).

que propõe[148] – de proteção específica.[149] A dignidade da pessoa humana, como atributo inato e insuscetível de supressão de qualquer ser humano, em qualquer circunstância, indica à pessoa, para além das suas expressões essenciais, uma honorabilidade média, em todos os seus outros domínios, a não ser que os seus atos demonstrem o contrário.[150]

Daí por que a essa noção de honorabilidade pressuposta de todos os seres humanos agregam-se o bom nome e a reputação, representados pelos atributos determinantes de cada indivíduo, bem como pelos demais valores adquiridos no âmbito moral, sexual, intelectual, familiar, profissional ou político.[151]

A lesão à honra dá causa a danos extrapatrimoniais, devendo-se exigir, para tanto, que haja uma dissociação entre as qualidades da pessoa e a que resulta da divulgada pelo ofensor, bem como o modo como é compreendida por quem dela tem conhecimento. Ou seja, o menoscabo ou desconsideração de atributos pessoais como causa de ofensa à honra pressupõe que efetivamente existam. Assim, por exemplo, quem pratica atos que caracterizam honestidade terá sua honra ofendida se, por qualquer razão, for chamado de desonesto. O mesmo ocorre com quem é inscrito indevidamente em bancos de dados restritivos de crédito, de modo que é exposto indevidamente como inadimplente.

6.1.2.4.2.4.5. Intimidade e privacidade

A intimidade e a privacidade da pessoa são, atualmente, dois dos mais relevantes atributos da personalidade, em vista de sua repercussão para a proteção do indivíduo. Igualmente, trata-se do direito de personalidade que oferece maiores desafios diante da realidade da vida contemporânea de estímulo à exposição pessoal e obstáculos ao controle das informações que transitam pelos meios de informação. Decorrem do reconhecimento de um âmbito de exclusividade conferido à pessoa. E são tratados, intimidade e privacidade, ora como conceitos sinônimos, ora como distintos. A Constituição Federal previu o direito fundamental à intimidade e à vida privada (art. 5º, X), estabelecendo, assim, a distinção.

Nesta linha de entendimento, sustenta-se que a intimidade consistiria na "esfera secreta na vida do indivíduo na qual este tem o poder legal de evitar os demais".[152] Ou seja, é uma esfera exclusiva de conhecimento da própria pessoa, sem nenhuma repercussão social. Já a vida privada (ou privacidade) é reconhecida como a prerrogativa de adotar um modo de ser e viver a própria vida, sem interferências ou perturbações, de forma a permitir o desenvolvimento da própria personalidade. Compreende informações a seu respeito, que a pessoa pode decidir manter ou não sob seu exclusivo controle. Nesse sentido, vincula-se ao direito de liberdade, assim entendido como direito de não ser reprimido ou rechaçado em razão de suas decisões e de sua conduta na esfera privada, sem a interferência de quem seja. A com-

---

[148] O jurista português retira do direito geral de personalidade português no âmbito da proteção do espírito humano a proteção do sentimento, da vontade e da inteligência, as quais se traduzem pela qualidade de caráter, sua imagem de vida e a direção de vida. CAPELO DE SOUSA, Raibindrath. *O direito geral de personalidade*, cit., p. 229 e s.

[149] CAPELO DE SOUSA, Raibindrath. *O direito geral de personalidade*, cit., p. 302-303.

[150] CAPELO DE SOUSA, Raibindrath. *O direito geral de personalidade*, cit., p. 304.

[151] GONZÁLEZ PEREZ, Jesús. *La degradación del derecho al honor*: honor y libertad de información. Madrid: Civitas, 1993, p. 35. Sobre a honra familiar, veja-se o estudo de MEULDERS-KLEIN, Marie-Thérèse. Vie privée, vie familiale et droits de l'homme. *Revue Internationale de Droit Comparé*, Paris, n. 4, oct./ déc. 1992, p. 767-794.

[152] SILVA, José Afonso da. *Curso de direito constitucional positivo*. 16. ed. rev. e aum. São Paulo: Malheiros, 1999, p. 210 e s.

preensão contemporânea da proteção da privacidade tem grande influência norte-americana, com base no famoso trabalho redigido por Samuel Warren e Louis Brandeis, de 1890, considerado precursor do tema.[153]

Ainda na tradição do *common law*, a publicação do artigo *Privacy*, de William L. Prosser, em 1960, é reconhecida pelo fato de que visou sistematizar as formas de atentado à privacidade (espécies de *torts*), relacionando quatro situações: 1) a interferência na esfera de solidão ou reclusão da pessoa; 2) a exposição pública dos fatos da vida da pessoa; 3) a exposição da pessoa a uma falsa expressão do público; e 4) o uso não autorizado do nome ou imagem da pessoa.[154]

Na tradição do direito continental, a proteção da intimidade e da vida privada também se desenvolve como a proteção a uma esfera de reserva do indivíduo. Observe-se que em ambos os casos se protege a autonomia da pessoa para decidir sobre sua vida e as informações que as integram, sobre as quais poderá decidir dar ou não conhecimento a outros, com elas não relacionados. Vai haver ofensa à personalidade quando o alcance ou domínio das informações se derem sem a decisão livre da pessoa a quem se reportam. Assim, por exemplo, ocorre quando houver a divulgação não autorizada de informações sobre a saúde da pessoa, ou sobre suas relações amorosas, sem que tenha havido autorização para esse fim.

6.1.2.4.2.4.6. Imagem

A imagem como atributo da personalidade comporta duas concepções, uma ampla, outra restrita. A concepção ampla define a imagem como a projeção social do indivíduo para a comunidade, no sentido de uma imagem social, pela qual alguém é distinguido pelos demais em razão de determinadas características expostas ao conhecimento geral. Confunde-se, nesse caso, com a definição de honra, uma vez que parte da definição de externidade do conceito: a imagem que se tem é aquela que será percebida pelos demais. Por outro lado, a concepção restrita de imagem é dada com precisão, no direito brasileiro, por célebre artigo de Walter Moraes, em que a refere como a representação de uma pessoa, que inclui tanto a figuração artística da pintura, da escultura, do desenho, como a mecânica da fotografia. "Compreende não apenas essas versões estáticas da pessoa efigiada, como também as formas dinâmicas obtidas pela cinematografia, pela televisão e pela representação cênica".[155] Identifica-a com os atributos físicos quaisquer do indivíduo e o direito de imagem à prerrogativa de controlar o uso e reprodução desses mesmos atributos.[156] Para Carlos Alberto Bittar, trata-se do direito que a pessoa tem sobre a sua forma plástica e seus respectivos componentes distintos (rostos,

---

[153] WARREN, Samuel Dennis; BRANDEIS, Louis Dembitz. The right of privacy. *Harvard Law Review*, v. 4, n. 5, p. 193-220, 1890.

[154] PROSSER, William L. Privacy. *California Law Review*, v. 48, n. 3, ago. 1960, p. 383 e s.

[155] MORAES, Walter. Direito à própria imagem. *RT* 443/64.

[156] Adotando a concepção restrita de imagem e o direito de imagem como proteção da expressão física da pessoa, entre outros: BITTAR, Carlos Alberto. *Os direitos da personalidade*. Rio de Janeiro: Forense Universitária, 1989, p. 92; GUERRA, Sylvio. *Liberdade de imprensa e direito de imagem*. Rio de Janeiro: Renovar, 1999, p. 55-56; ARAÚJO, Luiz Alberto David. *A proteção constitucional da própria imagem*. Belo Horizonte: Del Rey, [s.d.], p. 31; AFFORNALLI, Maria Cecília Naréssi Munhoz. *Direito à própria imagem*. Curitiba: Juruá, 2003, p. 46; DONNINI, Oduvaldo; DONNINI, Rogério Ferraz. *Imprensa livre, dano moral, dano à imagem e sua quantificação à luz do novo Código Civil*. São Paulo: Método, 2002, p. 64-65; CALDAS, Pedro Frederico. *Vida privada, liberdade de imprensa e dano moral*. São Paulo: Saraiva, 1997, p. 27-29; e, com grande profundidade, o trabalho de SAHM, Regina. *Direito à imagem no direito civil contemporâneo, de acordo com o novo Código Civil*. São Paulo: Atlas, 2002, p. 36 e s.; DUVAL, Hermano. *Direito à imagem*. São Paulo: Saraiva, 1988, p. 45 e s.; CHAVES, Antônio. Direito à imagem e direito à fisionomia. *Revista dos Tribunais*, v. 620, São Paulo: RT, jun./1987, p. 7-14.

olhos, perfil, busto etc.), que o individualizam no seio da coletividade.[157] Resume afirmando-o como o vínculo que une a pessoa à sua expressão externa.[158]

A imagem pode ser protegida como atributo da personalidade, sem eventual conexão com outros atributos, como a proteção da honra da vida privada ou da integridade psíquica. Em sentido contrário, observa Pontes de Miranda que "o problema de técnica legislativa e, pois, *de iure contendo*, é o de se saber se convém, ou não, que se tutele o uso exclusivo da própria imagem, ou contra o uso dela por outrem, com prejuízo ou violação de outro direito, ou se a imagem tem de ser considerada mero elemento fático. *De iure condito*, primeiro se há de perguntar se existe direito à própria imagem absoluto; depois, se esse direito é direito de personalidade por si".[159] Adota uma concepção dependente da tutela da imagem e de outros atributos da personalidade.[160] Esse entendimento, contudo, é objeto de aceso debate no direito contemporâneo, considerando-se a possibilidade de reconhecimento do dano à imagem como dano *in re ipsa*, ou seja, basta que se demonstre o uso não autorizado da imagem de uma pessoa para que deste fato presumam-se danos.

É reconhecido à pessoa o poder de controlar a reprodução e a divulgação da sua imagem, de modo que se deverá exigir seu prévio consentimento.[161] Prevalente essa tese, que a define como efeito de atributo da personalidade, é o bastante para que se reconheça dano extrapatrimonial decorrente do uso não autorizado. Outra questão será a hipótese em que, ausente o consentimento prévio, houver, necessariamente, dano ao titular do direito, porque, por vezes, mesmo nessas condições, de tal divulgação, pode resultar vantagens para a pessoa. Poderá ser reconhecida, admirada ou até mesmo obter vantagem econômica da divulgação. O entendimento das Cortes judiciais vem sendo no sentido de que a necessidade de autorização do titular da imagem é a regra, todavia, comportando exceções conforme as circunstâncias do caso,[162] o que especialmente é de ser considerado em vista de que o titular da imagem está em situações especiais. Tais situações especiais podem ser identificadas nos seguintes termos: a) quando se tratar de pessoa célebre; b) participar direta ou indiretamente de fato de interesse público; c) a exposição da imagem for adequada à divulgação de uma notícia ou informação, em especial para fins jornalísticos.

No direito comparado, reside o entendimento de que a titularidade do direito de imagem pressupõe que o sujeito tenha amplo poder de disposição sobre a divulgação de sua imagem, razão pela qual a presunção é de que sua reprodução não consentida enseja *per se* a pretensão à reparação. E sem prejuízo, igualmente, que a proteção da imagem esteja associada à proteção de outros atributos da personalidade, passíveis de ser violados por intermédio da divulgação da imagem.[163] A expressão de significados através da imagem gráfica é uma das características dos modernos meios de comunicação. Assim, por exemplo, o fato de a publicação de uma fotografia não autorizada da pessoa, ao tempo em que fere por si o seu direito à imagem, da

---

[157] BITTAR, Carlos Alberto. *Os direitos da personalidade*, cit., p. 87.
[158] BITTAR, Carlos Alberto. *Os direitos da personalidade*, cit., p. 88.
[159] PONTES DE MIRANDA, F. C. *Tratado de direito privado*. Atualizado por Rosa Maria de Andrade Nery. São Paulo: RT, 2012, v. 7, p. 52.
[160] Sobre a tese de assimilação da proteção da imagem pelo direito à vida privada: GOUBEAUX, Gilles. *Traité de droit civil*: las persones. Paris: LGDJ, 1989, v. 1, p. 287-288.
[161] GOUBEAUX, Gilles. *Traité de droit civil*, cit., p. 299-300.
[162] Assim se pronunciou o STJ: "Civil. Responsabilidade civil. Danos morais. A publicação, em jornal, de fotografia, sem a autorização exigida pelas circunstâncias, constitui ofensa ao direito de imagem, não se confundindo com o direito de informação. Agravo regimental não provido" (STJ, AgRg-AI n. 334.134/RJ, rel. Min. Ari Pargendler, j. 11-12-2001, *DJU* de 18-3-2002, p. 248).
[163] GOUBEAUX, Gilles. *Traité de droit civil*, cit., p. 288-289.

mesma forma poderá violar, pela informação que transmite sobre fatos, outros direitos da pessoa, como a proteção da sua honra ou o respeito à vida privada,[164] bem como violação à proteção legal endereçada ao vulnerável.[165]

6.1.2.4.2.5. Espécies de danos extrapatrimoniais

A classificação dos danos extrapatrimoniais expõe-se a toda sorte de opções, mediante partilha maior ou menor das consequências da lesão a atributos da personalidade, e a identificação de novos danos daí decorrentes. Para fins didáticos, e mesmo para a efetividade da tutela da personalidade, uma distinção excessiva das várias consequências da violação prejudica a sistematização dos danos daí decorrentes. Daí por que parece correto sistematizar os danos extrapatrimoniais em quatro espécies: a) danos morais em sentido estrito; b) dano corporal; c) dano estético; e d) danos extrapatrimoniais decorrentes da lesão a bens e interesses coletivos (dano moral coletivo).

6.1.2.4.2.5.1. Danos morais em sentido estrito

Por danos morais em sentido estrito entenda-se toda a alteração de estado anímico do indivíduo, em decorrência da lesão a atributo da personalidade. Usa-se dano moral em sentido estrito para distinguir do dano moral em sentido lato, que se confunde com a noção abrangente de dano extrapatrimonial. Encontra-se aqui a dor ou sofrimento decorrente da lesão, e que, por isso, afeta o comportamento do indivíduo. Exige-se, para ser considerado dano indenizável, que esta dor ou sofrimento decorra de lesão à personalidade, de modo que – como bem assinala Sérgio Cavalieri – a alteração do estado anímico da pessoa é consequência e não causa da lesão.[166] Essa advertência é relevante para que dela não resulte indevida ampliação das hipóteses de dano em razão de sofrimentos decorrentes de motivos variados, que não resultem necessariamente de lesão à personalidade.

É de deixar claro que não se trata de uma avaliação quantitativa – o quanto de sofrimento ou dor –, senão qualitativa, em que a dor e o sofrimento resultam da lesão. Isso é relevante, pois, para identificar outros danos que resultam da violação da personalidade, como é o caso do dano ao projeto de vida e o dano existencial, conforme as consequências da lesão. Tratam, entretanto, da identificação de consequências e do estabelecimento de critérios para definição da extensão do dano, e não propriamente danos autônomos em relação ao dano moral.

---

[164] Assim o Superior Tribunal de Justiça: "Civil. Direito à imagem. Reprodução indevida. Lei n. 5.988/73 (art. 49, I, f. Dever de indenizar. Código Civil (art. 159). A imagem é a projeção dos elementos visíveis que integram a personalidade humana, e a emanação da própria pessoa, e o eflúvio dos caracteres físicos que a individualizam. A sua reprodução, consequentemente, somente pode ser autorizada pela pessoa a que pertence, por se tratar de direito personalíssimo, sob pena de acarretar o dever de indenizar que, no caso, surge com a sua própria utilização indevida. É certo que se pode cometer o delírio de, em nome do direito de privacidade, estabelecer-se uma redoma protetora da pessoa para torná-la imune de qualquer veiculação atinente a sua imagem; todavia, não se deve exaltar a liberdade de informação a ponto de consentir que o direito à própria imagem seja postergado, pois a sua exposição deve condicionar-se à existência de evidente interesse jornalístico que, por sua vez, tem como informações, isso quando a imagem divulgada não tiver sido captada em cenário público ou espontaneamente. Recurso conhecido e provido" (STJ, RE n. 58.101/SP, Rel. Min. César Asfor Rocha, j. 16-9-1997).

[165] Decidiu o Tribunal de Justiça do Estado do Rio de Janeiro: "Ação ordinária. Fotografias de menor púbere publicadas em jornal. Falta de autorização. Dano material e moral não comprovados. Violação, todavia, do direito à imagem que enseja direito à indenização" (TJRJ, Apelação cível n. 4.324/95, Rel. Des. Humberto Perri, j. 7-3-1996, publ. 7-5-1996).

[166] CAVALIERI, Sérgio. *Programa de responsabilidade civil*, cit., p. 111.

No caso do denominado dano ao projeto de vida, trata-se de afetação do estado anímico da pessoa em razão da frustração de expectativa futura em relação ao curso da própria vida.[167] Aproxima-se do conceito o dano existencial, em que a lesão dá causa a uma alteração de hábitos ou na trajetória pessoal da vítima.[168] Da mesma forma, são reconhecidas no direito comparado situações específicas de dano a partir das consequências da violação da personalidade, como é o caso do prejuízo ao lazer (*préjudice d'agrément*),[169] o prejuízo sexual (*préjudice sexuel*)[170] ou o prejuízo juvenil (*préjudice juvénile*).[171] Ou ainda, conforme a classificação adotada por determinado sistema jurídico, o dano biológico ou dano à saúde.[172]

Importam para caracterização do dano moral em sentido estrito as consequências da lesão. Nesse sentido, independentemente da espécie de ilicitude – se decorrente de violação legal ou mesmo de inadimplemento contratual –, é plenamente admitida a existência do dano indenizável. É o que poderá ocorrer no caso de inadimplemento contratual, cuja ausência da prestação do devedor possa interferir na personalidade do credor. Observe-se, no entanto, que não basta a existência do inadimplemento contratual e do incômodo natural que dele resulta. Será necessário, em razão desse inadimplemento, que exista uma afetação da personalidade. Há duas situações. A primeira, na qual o conteúdo da prestação diz respeito a interesses associados à personalidade. A segunda, quando pela forma como se dá a inexecução geram-se lesões à personalidade. É o que ocorre quando o cumprimento da própria prestação se vincula a um interesse da personalidade, como com os contratos de plano de assistência à saúde, ou o contrato que envolva imóveis para a moradia da vítima, e que, em razão do descumprimento, dê causa à perda ou dificuldade da vítima para formar o lar familiar. No segundo caso, importa decisivamente a conduta dos contratantes. Se qualquer das partes descumprir o disposto em contrato, de forma tal que ofenda a personalidade, haverá dano moral em sentido estrito.

6.1.2.4.2.5.2. Dano estético

O dano estético distingue-se do dano moral em sentido estrito, tem autonomia. Isso porque é considerado como espécie de lesão específica, que não se confunde com o abalo do estado anímico da pessoa, e nem a ele está restrito. É o que Teresa Ancona Lopez entende como "qualquer modificação duradoura ou permanente na aparência externa de uma pessoa, modificação esta que lhe acarreta um 'enfeamento' e lhe causa humilhações e desgostos, dando origem, portanto, a uma dor moral".[173]

O reconhecimento do dano estético parte do princípio de que se integram como atributos da personalidade tanto a saúde e integridade física, quanto a aparência estética da pessoa.[174] Daí por

---

[167] "Agravo regimental no agravo de instrumento. Ação de indenização. Erro médico. Diagnóstico de gestação gemelar. Existência de um único nascituro. Dano moral configurado. Exame. Obrigação de resultado. Responsabilidade objetiva. Agravo regimental improvido. I – O exame ultrassonográfico para controle de gravidez implica em obrigação de resultado, caracterizada pela responsabilidade objetiva. II – O erro no diagnóstico de gestação gemelar, quando existente um único nascituro, resulta em danos morais passíveis de indenização. Agravo regimental improvido" (STJ, AgRg no Ag n. 744.181/RN, Rel. Min. Sidnei Beneti, 3ª Turma, j. 11-11-2008, *DJe* 26-11-2008).

[168] A derrocada da agenda de vida, como sugere CRICENTI, Giuseppe. *Il danno non patrimoniale*, cit., p. 201.

[169] SEVERO, Sérgio. *Danos extrapatrimoniais*, cit., p. 153.

[170] SEVERO, Sérgio. *Danos extrapatrimoniais*, cit., p. 155.

[171] SEVERO, Sérgio. *Danos extrapatrimoniais*, cit., p. 156

[172] CRICENTI, Giuseppe. *Il danno non patrimoniale*, cit., p. 219 e s.

[173] LOPEZ, Teresa Ancona. *Dano estético*. São Paulo: RT, 2004, p. 46.

[174] LOPEZ, Teresa Ancona. *Dano estético*, cit., p. 55.

que, quando se conjugue lesão a tais atributos, há dano estético autônomo. A rigor, entendemos que o dano estético resulta de consequência da lesão à integridade física da pessoa, que, por suas consequências, pode vir a dar causa a ela uma perturbação anímica. Por conjugar consequências diversas de um dano que se dê exclusivamente à integridade física, que poderá ou não se recompor, ou o dano moral em sentido estrito, em vista da perturbação anímica envolvida, é que o dano estético merecerá a autonomia que lhe é reconhecida no direito brasileiro. Nesse sentido, estabelece a Súmula 387: "É lícita a cumulação das indenizações de dano estético e dano moral".

São condições para que se reconheça a existência de dano estético: a) que exista uma lesão à integridade física da pessoa, de natureza duradoura; b) que essa lesão dê causa a uma perturbação anímica na pessoa. Não se exige, para reconhecimento do dano estético, que a lesão seja ostensiva, ou seja, passível de ser identificada pelas demais pessoas na vida de relações. Pode dizer respeito, portanto, a lesões de partes do corpo que permanecem ocultas sob as vestimentas da vítima. Isso porque o dano não resulta do desconforto em relação à exposição de marca, cicatriz ou deformidade para os demais, senão seus efeitos em relação à própria autoestima da vítima.

6.1.2.4.2.5.3. Dano corporal ou à saúde

O dano corporal atinge a integridade física da pessoa. Decorre de lesão ao corpo humano de modo a afetar-lhe a estrutura e a integridade anatômica ou fisiológica, do por que é identificado crescentemente como dano à saúde.[175] A lesão ao corpo humano gera consequências temporárias ou permanentes, sendo ambas indenizáveis. É o caso da perda de motricidade de partes do corpo ou das funções de determinado órgão. Pode ocorrer também que se transmita à vítima ou faça que nela se desenvolva determinada enfermidade.

O dano corporal ou à saúde pode fazer com que dele resulte sofrimento ou mesmo danos patrimoniais, decorrentes da perda de capacidade para o exercício de atividade laborativa, além de configurar, muitas vezes, um dano à vida de relação.

Este aspecto, inclusive, é relevante para distinguir certa compreensão de que o dano corporal ou à saúde é uma espécie de *tertium genus* entre o dano patrimonial e o extrapatrimonial. Isso em razão do fato de que do dano corporal podem resultar consequências econômicas e psíquicas ao indivíduo,[176] o que se verifica quando se refere ao dano biológico como aquele que decorre da violação da integridade do corpo humano.[177]

Não nos parece ser o caso de se classificar de tal modo. A afetação da integridade do corpo humano ou da saúde da pessoa é suficiente para que haja o dano. Será sempre extrapatrimonial, na medida em que afeta *ab initio* um atributo sem avaliação econômica. Outra coisa serão suas consequências, estas que poderão ter consequência econômica ou não, como é o caso em que do dano corporal houver incapacidade ou redução da capacidade de trabalho da vítima. Assim como poderá dele resultar distintas extensões de claro conteúdo extrapatrimonial (espécies de dano-consequência), como é o caso de situações existenciais afetadas (ou como se prefira

---

[175] DIAS, João António Álvaro. *Dano corporal.* Quadro epistemológico e aspectos ressarcitórios, cit., p. 99.

[176] Assim, veja-se a tese doutoral de Álvaro Dias, no direito português. DIAS, João António Álvaro. *Dano corporal.* Quadro epistemológico e aspectos ressarcitórios, cit., p. 136 e s. Referido autor, contudo, busca identificar o dano corporal como um *tertium genus* em relação ao dano patrimonial e ao dano moral, considerando que do dano corporal podem resultar consequências econômicas e psíquicas ao indivíduo. O mesmo se percebe no direito italiano, em relação ao dano biológico e ao dano à saúde, que em grande parte se confundem com o dano corporal (veja-se: CRICENTI, Giuseppe. *Il danno non patrimoniale*, cit., p. 226 e s).

[177] CRICENTI, Giuseppe. *Il danno non patrimoniale*, cit., p. 226 e s.

denominar, o dano existencial da vítima que, em razão da lesão física permanente, deixe de experimentar sensações ou modos de relacionamento social em razão do dano).

Ademais, note-se que o Código Civil, ao prever a consequência do dano corporal ou à saúde, define o conteúdo da indenização a ser suportada pelo responsável. No caso, prevê o art. 949 que o ofensor "indenizará o ofendido das despesas do tratamento e dos lucros cessantes até ao fim da convalescença, além de algum outro prejuízo que o ofendido prove haver sofrido". E da mesma forma dispõe o art. 950: "Se da ofensa resultar defeito pelo qual o ofendido não possa exercer o seu ofício ou profissão, ou se lhe diminua a capacidade de trabalho, a indenização, além das despesas do tratamento e lucros cessantes até ao fim da convalescença, incluirá pensão correspondente à importância do trabalho para que se inabilitou, ou da depreciação que ele sofreu".

6.1.2.4.2.5.4. Dano à imagem

O dano à imagem é aquele que resulta do uso indevido da reprodução estática ou dinâmica de uma pessoa, seja por intermédio de figuração artística da pintura, da escultura, do desenho, seja sob forma mecânica de fotografia, filmagem ou qualquer outro meio. O caráter irregular do uso decorre da ausência de autorização da pessoa a quem a imagem se refere, admitindo-se, contudo, exceções, especialmente vinculadas à liberdade de acesso à informação, no tocante a fatos revestidos de interesse público.

A autonomia do dano à imagem resultará do fato de identificar-se o mero uso não autorizado da imagem da pessoa como suficiente para caracterizar a lesão. Ou seja, que, independentemente da existência ou não de prejuízos econômicos efetivos, ou mesmo de afetação ao estado anímico da pessoa, seja reconhecido o dano. Trata-se do que se designa comumente como dano *in re ipsa*, ou seja, independentemente de outro prejuízo do titular da imagem, seu uso não autorizado é suficiente para fazer presumir a existência do dano. Neste sentido, a Súmula 403 do STJ refere que "Independe de prova do prejuízo a indenização pela publicação não autorizada de imagem de pessoa com fins econômicos ou comerciais." Há, contudo, exceções a este entendimento quando se trate de simples representação da imagem de pessoa em obra biográfica audiovisual que tem por objeto a história profissional de terceiro,[178] ou quando veiculada, sem destaque, em meio a um grupo de pessoas.[179]

É consagrada na jurisprudência brasileira essa presunção de dano, sendo desnecessário ao titular da imagem divulgada sem autorização provar a existência de prejuízo efetivo. Outro entendimento, minoritário, considera essa presunção relativa, podendo o ofensor demonstrar que, mesmo tendo havido a violação do direito, esta teria resultado vantagens para a pessoa titular da imagem. Considere-se, contudo, que, em se tratando de atributo da personalidade, não se deverá admitir o afastamento da presunção de dano pelo simples fato de o titular da imagem vir a obter vantagens patrimoniais do seu não autorizado. A presunção de afetação anímica decorrente do uso não autorizado permanece. Por outro lado, em relação aos danos patrimoniais decorrentes do uso indevido de imagem, é de interesse precedente do STJ que vincula a mensuração da indenização devida à vítima ao lucro obtido pelo ofensor, utilizando-se para tanto não dos fundamentos da indenização, próprios da responsabilidade civil, mas da pretensão subsidiária de enriquecimento sem causa, e de sua subespécie, o lucro de intervenção.[180]

---

[178] REsp 1454016/SP, Rel. Min. Nancy Andrighi, Rel. p/ Acórdão Min. Ricardo Villas Bôas Cueva, 3ª Turma, j. 12/12/2017, DJe 12/03/2018.
[179] REsp 1772593/RS, Rel. Min. Nancy Andrighi, 3ª Turma, j. 16/06/2020, DJe 19/06/2020.
[180] "RECURSO ESPECIAL. DIREITO CIVIL. USO INDEVIDO DE IMAGEM. FINS COMERCIAIS. ENRIQUECIMENTO SEM CAUSA. ART. 884 DO CÓDIGO CIVIL. JUSTA CAUSA. AUSÊNCIA.

6.1.2.4.2.5.5. Dano extrapatrimonial decorrente de lesão a interesses ou bens coletivos (dano moral coletivo)

O reconhecimento de direitos e interesses difusos e coletivos dá causa a uma releitura da própria noção de direito subjetivo e sua tutela pelo direito. No Brasil, a noção foi introduzida pela Lei da Ação Civil Pública de 1985, e posteriormente, pelo Código de Defesa do Consumidor de 1990, que inclusive os definiu. O art. 81, parágrafo único, I, do CDC define os interesses ou direitos difusos como "transindividuais, de natureza indivisível, de que sejam titulares pessoas indeterminadas e ligadas por circunstâncias de fato". Já os interesses e direitos coletivos são os "transindividuais, de natureza indivisível de que seja titular grupo, categoria ou classe de pessoas ligadas entre si ou com a parte contrária por uma relação jurídica base".

Interesses e direitos difusos são aqueles de titularidade coletiva, de todas as pessoas (de toda a humanidade) ou de grupos de pessoas indeterminadas, em razão da finalidade de tutela de determinado bem em comum, como é caso do meio ambiente, do patrimônio histórico ou de grupos, como deficientes, crianças e adolescentes, entre outros. Os interesses e direitos coletivos exigem a existência anterior de uma relação jurídica básica, como a que existe quando se tratar de uma categoria profissional (como ocorre, segundo expressa previsão legal, do disposto na Lei n. 8.906/94, da OAB, em relação aos advogados), os empregados de determinada empresa ou os consumidores que têm contrato com certo fornecedor.

No mesmo sentido, note-se que o CDC foi pioneiro ao equiparar a consumidor a coletividade de pessoas, ainda que indetermináveis, que haja intervindo nas relações de consumo. Mais recentemente, o art. 1º, parágrafo único, da Lei n. 12.529/2011 (Lei de Defesa da Concorrência) estabelece que "a coletividade é titular dos bens jurídicos protegidos por esta lei".

DEVER DE RESTITUIÇÃO. LUCRO DA INTERVENÇÃO. FORMA DE QUANTIFICAÇÃO.1. Recurso especial interposto contra acórdão publicado na vigência do Código de Processo Civil de 2015 (Enunciados Administrativos nos 2 e 3/STJ).2. Ação de indenização proposta por atriz em virtude do uso não autorizado de seu nome e da sua imagem em campanha publicitária. Pedido de reparação dos danos morais e patrimoniais, além da restituição de todos os benefícios econômicos que a ré obteve na venda de seus produtos. 3. Além do dever de reparação dos danos morais e materiais causados pela utilização não autorizada da imagem de pessoa com fins econômicos ou comerciais, nos termos da Súmula nº 403/STJ, tem o titular do bem jurídico violado o direito de exigir do violador a restituição do lucro que este obteve às custas daquele. 4. De acordo com a maioria da doutrina, o dever de restituição do denominado lucro da intervenção encontra fundamento no instituto do enriquecimento sem causa, atualmente positivado no art. 884 do Código Civil. O dever de restituição daquilo que é auferido mediante indevida interferência nos direitos ou bens jurídicos de outra pessoa tem a função de preservar a livre disposição de direitos, nos quais estão inseridos os direitos da personalidade, e de inibir a prática de atos contrários ao ordenamento jurídico. 6. A subsidiariedade da ação de enriquecimento sem causa não impede que se promova a cumulação de ações, cada qual disciplinada por um instituto específico do Direito Civil, sendo perfeitamente plausível a formulação de pedido de reparação dos danos mediante a aplicação das regras próprias da responsabilidade civil, limitado ao efetivo prejuízo suportado pela vítima, cumulado com o pleito de restituição do indevidamente auferido, sem justa causa, às custas do demandante. 7. Para a configuração do enriquecimento sem causa por intervenção, não se faz imprescindível a existência de deslocamento patrimonial, com o empobrecimento do titular do direito violado, bastando a demonstração de que houve enriquecimento do interventor. 8. Necessidade, na hipótese, de remessa do feito à fase de liquidação de sentença para fins de quantificação do lucro da intervenção, observados os seguintes critérios: a) apuração do quantum debeatur com base no denominado lucro patrimonial; b) delimitação do cálculo ao período no qual se verificou a indevida intervenção no direito de imagem da autora; c) aferição do grau de contribuição de cada uma das partes e d) distribuição do lucro obtido com a intervenção proporcionalmente à contribuição de cada partícipe da relação jurídica. 9. Recurso especial provido" (STJ, REsp 1698701/RJ, Rel. Min. Ricardo Villas Bôas Cueva, 3ª Turma, j. 02/10/2018, DJe 08/10/2018).

Uma das características dos interesses e direitos difusos e coletivos é de que são indivisíveis. Ou seja, não há como parcelar a prestação de tutela para um ou outro titular do direito envolvido. A ofensa ao meio ambiente, por exemplo, é uma ofensa a toda a humanidade, que é titular do direito ao meio ambiente sadio. Não poderá qualquer pessoa, individualmente, transigir ou renunciar ao direito, de modo a vincular os demais.

Por isso é que se faz necessário distinguir quando se trata da lesão a interesses difusos e coletivos e que dá causa à lesão de um dano coletivo, e outra situação, que é a lesão de interesses e direitos individuais de que são titulares diversas vítimas, que, por decorrerem do mesmo fato, são passíveis de serem demandados em uma mesma ação coletiva de indenização. Nesse caso, trata-se de interesses individuais, porém homogêneos (porque decorrem do mesmo fato). São passíveis, em benefício da presteza e efetividade da prestação jurisdicional, de serem tutelados por via de ação coletiva, cuja legitimação ativa pertence a uma série de pessoas definidas em lei (art. 82 do CDC).[181] O melhor exemplo será o de uma ação coletiva de indenização que represente os interesses de todas as vítimas de determinado fato danoso, na qual se discuta a responsabilidade dos causadores do dano, ou daqueles que por lei sejam obrigados a indenizar (art. 91 do CDC).[182] Nesses casos, quaisquer dos órgãos ou entidades previstos no art. 82 do CDC terão legitimação ativa na qualidade de substitutos processuais, para interpor a respectiva ação. Obtida a sentença de procedência, esta aproveita a todas as vítimas do fato, cuja responsabilidade tiver sido reconhecida como de determinada pessoa, obrigada ao dever de indenizar. A liquidação e a execução da sentença, contudo, poderão ser individuais (art. 97 do CDC),[183] justamente porque a lesão, nesse caso, é individual, e por isso poderá ser executada pelos interessados.

Nesse caso, de interesses individuais representados por intermédio dos legitimados para a tutela coletiva, os danos extrapatrimoniais se percebem como sendo dano de cada uma das vítimas, que se denominam como danos coletivos pela forma como são tutelados.

Outra questão será a dos danos extrapatrimoniais que resultam de lesão a interesses difusos e coletivos. Ou seja, a admissão de que a própria coletividade possa ser vítima de um dano extrapatrimonial. Essa possibilidade será reconhecida na medida em que se distingam – como já fizemos acima – a noção de dano extrapatrimonial e sua associação exclusiva com a dor e o sofrimento humano. Nesse caso, pressupõe-se a existência de interesses difusos e coletivos, como é o caso de bens culturais, ambientais, paisagísticos ou urbanísticos, por exemplo, de titularidade indistinta de toda uma comunidade, e que ao mesmo tempo não possuem necessariamente uma dimensão econômica. Percebe-se como dano que decorre da violação injusta e intolerável de valores fundamentais da coletividade, sendo desnecessário, inclusive, a prova de prejuízo concreto individualizado.[184] Em vista da afetação causada à co-

---

[181] "Art. 82. Para os fins do art. 81, parágrafo único, são legitimados concorrentemente: I – o Ministério Público; II – a União, os Estados, os Municípios e o Distrito Federal; III – as entidades e órgãos da Administração Pública, direta ou indireta, ainda que sem personalidade jurídica, especificamente destinados à defesa dos interesses e direitos protegidos por este código; IV – as associações legalmente constituídas há pelo menos um ano e que incluam entre seus fins institucionais a defesa dos interesses e direitos protegidos por este Código, dispensada a autorização assemblear."

[182] "Art. 91. Os legitimados de que trata o art. 82 poderão propor, em nome próprio e no interesse das vítimas ou seus sucessores, ação civil coletiva de responsabilidade pelos danos individualmente sofridos, de acordo com o disposto nos artigos seguintes."

[183] "Art. 97. A liquidação e a execução de sentença poderão ser promovidas pela vítima e seus sucessores, assim como pelos legitimados de que trata o art. 82."

[184] STJ, REsp 1517973/PE, Rel. Min. Luis Felipe Salomão, 4ª Turma, j. 16/11/2017, DJe 01/02/2018; STJ, REsp n. 1.574.350/SC, Rel. Min. Herman Benjamin, 2ª Turma, j. 03/10/2017, DJe 6/3/2019; STJ, AgInt no

munidade, em razão da lesão a um bem ou interesse de sua titularidade,[185] é que se reconhece a pretensão a danos extrapatrimoniais.

6.1.2.4.2.6. Dano extrapatrimonial da pessoa jurídica

Questão objeto de inúmeros debates é a possibilidade do reconhecimento de dano extrapatrimonial à pessoa jurídica. A resposta, antecipa-se, deve ser afirmativa. O Código Civil, em seu art. 52, estabelece que se aplicam, no que couber, às pessoas jurídicas os direitos da personalidade. Da mesma forma, o Superior Tribunal de Justiça, por intermédio da Súmula 227, estabeleceu o entendimento de que "a pessoa jurídica pode sofrer dano moral".

A hipótese em que amplamente é reconhecido o dano da pessoa jurídica nessas condições diz respeito à violação de sua honra objetiva, assim entendida como a proteção da credibilidade social, consubstanciada no direito à projeção para a comunidade, de qualidades ou aptidões que possui. Distingue-se da honra subjetiva, que diz respeito ao sentimento de estima da pessoa por si mesma, e, por tratar de elementos subjetivos, apenas admite-se que são titulares pessoas naturais. No que se refere à credibilidade social, contudo, não há dúvida de que também a pessoa jurídica terá interesse máximo em sua tutela, ademais, por ser fator decisivo no exercício de suas atividades. É o caso da denominação social da pessoa jurídica (direito ao nome) e sua preservação, mediante impedimento de seu uso não autorizado. Da mesma forma, pode haver lesão à honra objetiva da pessoa jurídica, na hipótese de se atribuir falsamente a ela ou a pessoas com quem tenha vínculo (sócios, administradores ou empregados, p. ex.) conduta que coloque em dúvida sua idoneidade ou a qualidade das atividades que realiza.

De fato, a doutrina sobre os direitos da personalidade admite, desde longo tempo, a possibilidade de sua tutela em relação à pessoa jurídica, com exceção daqueles direitos que tenham sua razão de ser, necessariamente vinculada à personalidade humana (caso da intimidade, privacidade ou da vida).[186] Todavia, é de se precisar que da ofensa à honra objetiva não resultam apenas danos extrapatrimoniais. A afetação da credibilidade social – tutelada pela honra objetiva –, em relação a uma pessoa jurídica com fins econômicos, caso da sociedade empresária, por exemplo, resultará de modo destacado em danos patrimoniais, os quais, inclusive, poderão, conforme o caso, ser quantificáveis. Em relação a uma pessoa jurídica de fins não econômicos, como é o caso da associação ou da fundação, ressaltam-se os danos extrapatrimoniais, que de sua vez também poderão ter repercussão econômica. Essa distinção é relevante, para efeito de liquidação do dano, considerando-se que a distinção quanto à espécie de dano causado permita ou não demonstração específica dos prejuízos experimentados pela pessoa jurídica.

O que é certo é a possibilidade de a pessoa jurídica, qualquer que seja sua espécie, poder sofrer dano extrapatrimonial mediante afetação da sua honra objetiva e, consequentemente, prejuízo ao seu conceito socialmente estabelecido. Nesse caso, pode ser que o dano tenha ou não como repercussão direta um prejuízo econômico para a pessoa jurídica,[187] porém, isso não se mostra relevante para identificação do dano. Isso, contudo, não é relevante, quando se considera a autonomia do dano extrapatrimonial, cuja indenização, afinal, será definida por arbitramento.

AREsp 1413621/MG, Rel. Min. Francisco Falcão, 2ª Turma, j. 06/05/2020, DJe 11/05/2020.

[185] STJ, REsp 1567123/RS, Rel. Min. Herman Benjamin, 2ª Turma, j. 14/06/2016, DJe 28/08/2020.

[186] KAYSER, Pierre. *La protection de la vie privée par le droit.* Protection du secret de la vie privée. 3. ed. Paris: Economica, 1995, p. 8-12; CAVALIERI, Sérgio. *Programa de responsabilidade civil*, p. 130.

[187] Em sentido contrário: FROTA, Pablo Malheiros da Cunha. *Danos morais e a pessoa jurídica.* São Paulo: Método, 2008, p. 258 e s.

6.1.2.5. Outras classificações do dano

Além das distinções de dano quanto ao conteúdo do interesse lesado, se de natureza patrimonial ou extrapatrimonial, outras distinções são relevantes para a identificação do dano indenizável.

6.1.2.5.1. Danos diretos e indiretos

Danos diretos são aqueles que se configuram como resultado imediato do fato lesivo (conduta antijurídica). Já o dano indireto é aquele que, não sendo resultado imediato do fato lesivo, é produzido pela intercorrência de outra condição que soma à causa original do dano. Assim, por exemplo, a pessoa que deixa arma ao alcance de uma criança, a qual dela se utiliza para desferir disparo que atinge a vítima. A discussão sobre a distinção entre danos diretos e indiretos tem utilidade em relação a estes últimos, no tocante à extensão da obrigação de indenizar do ofensor.

A distinção tem relevância, especialmente, nos danos decorrentes de responsabilidade contratual, em que a situação subjetiva das partes pode tornar imprevisíveis as consequências do inadimplemento.[188] Pense-se no exemplo de alguém que assume, por contrato, o dever de prestar obrigação personalíssima em favor de outrem. Todavia, em razão de ter sofrido dano à sua integridade física (dano direto), mediante ato de terceiro ofensor, deixa de poder cumprir a obrigação pactuada. Essa impossibilidade de cumprimento é dano indireto da violação à integridade física. Porém, como regra, não será indenizável, considerando-se a necessidade de se restringir a reparabilidade às consequências que diretamente resultam do fato danoso.

Dentre os danos indiretos distingue-se outra categoria de dano, os denominados danos reflexos ou danos por ricochete. Tratam-se dos danos causados a pessoas que, por estarem vinculadas à vítima que sofreu de modo imediato determinada lesão, serão, por isso, também atingidas por ela. Assim, por exemplo, o esposo e filhos de pessoa que sofre lesão e vem a morrer. Resultam daí tanto danos de natureza patrimonial (conforme a dependência econômica dos sobreviventes em relação à vítima fatal, poderão ser devidos alimentos) como extrapatrimonial.

O reconhecimento do dano reflexo ou por ricochete, e sua autonomia em relação ao dano da vítima inicial, tem grande desenvolvimento no direito francês,[189] o qual influenciará o direito brasileiro.[190]

Desse modo, como ensinam os irmãos Mazeaud, familiares ou não terão direito à reparação do prejuízo material que sofreram, desde que demonstrem concorrer as seguintes condições: 1) certeza do prejuízo; 2) legitimidade do interesse lesado; 3) relação de causalidade entre o dano sofrido pela vítima e os prejuízos que, por via reflexa, os atingiu. Exercerão pretensão em nome próprio, e não em representação da vítima, para efeito de reclamar o prejuízo que sofreram.[191]

---

[188] COUTO E SILVA, Clóvis. *Principes fondamentaux de la responsabilité civile en droit brésilien et comparé*, cit., p. 54.

[189] VINEY, Geneviève; JOURDAIN, Patrice. *Traité de droit civil. Les conditions de la responsabilité*, cit., 3. ed., p. 172.

[190] SEVERO, Sérgio. *Danos extrapatrimoniais*, cit., p. 146. Paulo de Tarso Sanseverino faz referência ao prejuízo de afeição (*préjudice d'affection*) no dano morte, que naturalmente atinge os familiares da vítima principal. SANSEVERINO, Paulo de Tarso. *Princípio da reparação integral*. Indenização no Código Civil. São Paulo: Saraiva, 2010, p. 293.

[191] MAZEAUD, Henri; MAZEAUD, León; TUNC, André. *Tratado teórico practico de la responsabilidad civil delictual y contractual*. Tradução de Luis Alcalá-Zamora y Castillo. Buenos Aires: Ejea, 1977, t. 2, v. 2, p. 460.

A legislação brasileira admite expressamente o dano reflexo ou por ricochete no caso de morte da vítima que gere consequência em relação aos familiares, em relação ao dano patrimonial (art. 948, II, do Código Civil), reconhecendo a pretensão de alimentos daqueles a quem o morto era obrigado ao sustento. O mesmo ocorre – conforme a jurisprudência – em relação ao dano extrapatrimonial reflexo ou por ricochete decorrente da morte da vítima. Sustentou decisão do STJ, de relatoria da ministra Nancy Andrighi, que, "embora o ato tenha sido praticado diretamente contra determinada pessoa, seus efeitos acabam por atingir, indiretamente, a integridade moral de terceiros. É o chamado dano moral por ricochete ou *préjudice d'affection*, cuja reparação constitui direito personalíssimo e autônomo dos referidos autores".[192] Nesse sentido, note-se que os danos extrapatrimoniais reflexos ou por ricochete têm autonomia em relação aos danos patrimoniais decorrentes de eventual dependência econômica daqueles a quem se reconhece a legitimação para agir.[193] A origem desse entendimento resulta de interpretação análoga à regra do art. 948, II, do Código Civil, também para os danos extrapatrimoniais,[194] considerando-se a impossibilidade de distinguir-se entre interesses com ou sem conteúdo econômico em vista da sistemática de tutela constitucional da personalidade humana e seus atributos.

A legitimação para exercício de pretensão à indenização de danos extrapatrimoniais, na ausência de regra expressa, deve ser reconhecida a familiares com os quais a vítima direta tinha estreita vinculação.[195] Por outro lado, será divergente o entendimento em relação a pessoas a

---

[192] VINEY, Geneviève; JOURDAIN, Patrice. *Traité de droit civil*. Les conditions de la responsabilité, cit., 3. ed., p. 172. Da mesma forma posiciona-se a jurisprudência: "Direito civil. Responsabilidade civil. Compensação por danos morais. Legitimidade ativa. Pais da vítima direta. Reconhecimento. Dano moral por ricochete. Dedução. Seguro DPVAT. Indenização judicial. Súmula 246/STJ. Impossibilidade. Violação de súmula. Descabimento. Denunciação à lide. Impossibilidade. Incidência da Súmula 7/STJ e 283/STF. 1. A interposição de recurso especial não é cabível quando ocorre violação de súmula, de dispositivo constitucional ou de qualquer ato normativo que não se enquadre no conceito de lei federal, conforme disposto no art. 105, III, "a" da CF/88. 2. Reconhece-se a legitimidade ativa dos pais de vítima direta para, conjuntamente com essa, pleitear a compensação por dano moral por ricochete, porquanto experimentaram, comprovadamente, os efeitos lesivos de forma indireta ou reflexa. Precedentes. 3. Recurso especial não provido" (STJ, REsp 1.208.949/MG, Rel. Min. Nancy Andrighi, j. 7-12-2010, DJe 15-12-2010).

[193] "Processual civil. Ministério público. *Custos legis*. Interesse de menor. Legitimidade para recorrer. Orientação da turma. Responsabilidade civil. Morte. Dano moral. Legitimidade e interesse dos irmãos da vítima. Ausência de dependência econômica. Irrelevância. Litisconsórcio ativo facultativo. Pedidos cumulados e distintos. Desnecessidade de que os litisconsortes possuam legitimidade para todos os pedidos. Doutrina. Recurso provido. I – Consoante entendimento fixado pela Turma, o Ministério Público detém legitimidade para recorrer nas causas em que atua como *custos legis*, ainda que se trate de discussão a respeito de direitos individuais disponíveis e mesmo que as partes estejam bem representadas. II – A indenização por dano moral tem natureza extrapatrimonial e origem, em caso de morte, na dor, no sofrimento e no trauma dos familiares próximos das vítimas. Irrelevante, assim, que os autores do pedido não dependessem economicamente da vítima. III – Os irmãos possuem legitimidade para postular reparação por dano moral decorrente da morte de irmã, cabendo apenas a demonstração de que vieram a sofrer intimamente com o trágico acontecimento, presumindo-se esse dano quando se tratar de menores de tenra idade, que viviam sob o mesmo teto. IV – A lei não exige, para a formação do litisconsórcio, que os autores possuam legitimidade em todos os pedidos deduzidos na inicial, bastando que estejam presentes as condições do art. 46, CPC" (STJ, REsp 160.125/DF, Rel. Min. Sálvio de Figueiredo Teixeira, 4ª Turma, j. 23-3-1999, *DJ* 24-5-1999).

[194] CAVALIERI, Sérgio. *Programa de responsabilidade civil*, cit., p. 118.

[195] "RECURSO ESPECIAL. CIVIL E PROCESSUAL CIVIL. AÇÃO DE INDENIZAÇÃO POR DANO MORAL PURO. DIVULGAÇÃO DE NOTÍCIA EM PROGRAMA DE TELEVISÃO. MATÉRIA JORNALÍSTICA DE CUNHO OFENSIVO À VÍTIMA DIRETA. DANO MORAL REFLEXO. POSSIBILIDADE. RECURSO ESPECIAL IMPROVIDO. 1. Conquanto a legitimidade para pleitear a reparação por danos

quem a vítima, mesmo que sem relações formais de parentesco, estivesse ligada por vínculos intensos de afeição. Nesse sentido, refere a jurisprudência que, "atualmente, o que se entende por elo familiar é a ligação duradoura de afeto, mútua assistência e solidariedade entre duas ou mais pessoas, tenham elas ou não vínculos de parentesco, razão pela qual é devida indenização por dano moral à irmã de criação de vítima fatal em decorrência de ato ilícito, se cabalmente demonstrada a real convivência como se parentes fossem, o afeto recíproco e a presunção de dor em decorrência do evento".[196] Este entendimento será desafiado pela necessidade de limitação da legitimação subjetiva para a pretensão indenizatória, nesses casos, de modo a não incentivar demandas em excesso, reduzindo, inclusive, os valores obtidos pelos familiares mais próximos da vítima, a quem se presumem como afetados pelo dano.[197]

---

morais seja, em princípio, do próprio ofendido, titular do bem jurídico tutelado diretamente atingido (CC/2002, art. 12; CC/1916, arts. 75 e 76), tanto a doutrina como a jurisprudência têm admitido, em certas situações, como colegitimadas também aquelas pessoas que, sendo muito próximas afetivamente ao ofendido, se sintam atingidas pelo evento danoso, reconhecendo-se, em tais casos, o chamado dano moral reflexo ou em ricochete. 2. O dano moral indireto ou reflexo é aquele que, tendo-se originado de um ato lesivo ao direito personalíssimo de determinada pessoa (dano direto), não se esgota na ofensa à própria vítima direta, atingindo, de forma mediata, direito personalíssimo de terceiro, em razão de seu vínculo afetivo estreito com aquele diretamente atingido. 3. Mesmo em se tratando de dano moral puro, sem nenhum reflexo de natureza patrimonial, é possível reconhecer que, no núcleo familiar formado por pai, mãe e filhos, o sentimento de unidade que permeia tais relações faz presumir que a agressão moral perpetrada diretamente contra um deles repercutirá intimamente nos demais, atingindo-os em sua própria esfera íntima ao provocar-lhes dor e angústia decorrentes da exposição negativa, humilhante e vexatória imposta, direta ou indiretamente, a todos. 4. Recurso especial improvido" (STJ, REsp 1119632/RJ, Rel. Min. Raul Araújo, 4ª Turma, j. 15/08/2017, DJe 12/09/2017).

[196] 1º TACSP, 8ª C., Ap. 937.949-7, Rel. Antonio Carlos Malheiros, j. 14-2-2001, *RT 791*/248.

[197] Afastando a possibilidade de reconhecer a legitimação ao noivo, nestas condições: "Direito civil. Recurso especial. Responsabilidade civil. Legitimidade para o ajuizamento de ação indenizatória de danos morais por morte. Noivo. Ilegitimidade ativa. Necessária limitação subjetiva dos autorizados a reclamar compensação. 1. Em tema de legitimidade para propositura de ação indenizatória em razão de morte, percebe-se que o espírito do ordenamento jurídico rechaça a legitimação daqueles que não fazem parte da 'família' direta da vítima, sobretudo aqueles que não se inserem, nem hipoteticamente, na condição de herdeiro. Interpretação sistemática e teleológica dos arts. 12 e 948, inciso I, do Código Civil de 2002; art. 63 do Código de Processo Penal e art. 76 do Código Civil de 1916. 2. Assim, como regra – ficando expressamente ressalvadas eventuais particularidades de casos concretos –, a legitimação para a propositura de ação de indenização por dano moral em razão de morte deve mesmo alinhar-se, *mutatis mutandis*, à ordem de vocação hereditária, com as devidas adaptações. 3. Cumpre realçar que o direito à indenização, diante de peculiaridades do caso concreto, pode estar aberto aos mais diversificados arranjos familiares, devendo o juiz avaliar se as particularidades de cada família nuclear justificam o alargamento a outros sujeitos que nela se inserem, assim também, em cada hipótese a ser julgada, o prudente arbítrio do julgador avaliará o total da indenização para o núcleo familiar, sem excluir os diversos legitimados indicados. A mencionada válvula, que aponta para as múltiplas facetas que podem assumir essa realidade metamórfica chamada família, justifica precedentes desta Corte que conferiu legitimação ao sobrinho e à sogra da vítima fatal. 4. Encontra-se subjacente ao art. 944, *caput* e parágrafo único, do Código Civil de 2002, principiologia que, a par de reconhecer o direito à integral reparação, ameniza-o em havendo um dano irracional que escapa dos efeitos que se esperam do ato causador. O sistema de responsabilidade civil atual, deveras, rechaça indenizações ilimitadas que alcançam valores que, a pretexto de reparar integralmente vítimas de ato ilícito, revelam nítida desproporção entre a conduta do agente e os resultados ordinariamente dela esperados. E, a toda evidência, esse exagero ou desproporção da indenização estariam presentes caso não houvesse – além de uma limitação quantitativa da condenação – uma limitação subjetiva dos beneficiários. 5. Nessa linha de raciocínio, conceder legitimidade ampla e irrestrita a todos aqueles que, de alguma forma, suportaram a dor da perda de alguém – como um sem-número de pessoas que se encontram fora do núcleo familiar da vítima – significa impor ao obrigado um dever também ilimitado de reparar um dano cuja extensão será sempre desproporcional ao ato causador. Assim, o dano por ricochete a pessoas não pertencentes ao núcleo familiar da vítima direta da morte, de regra, deve ser

Note-se que o reconhecimento jurisprudencial de danos extrapatrimoniais reflexos ou por ricochete também abrange as hipóteses em que não há a morte da vítima, mas lesão grave que afeta emocionalmente familiares próximos,[198] suprimindo distinção no mesmo sentido apontado pela evolução do direito comparado.[199]

6.1.2.5.2. Danos certos e eventuais

A distinção entre danos certos e eventuais é relevante. Ademais, porque apenas os danos certos são indenizáveis. São danos certos aqueles verificáveis desde logo, pela diminuição

---

considerado como não inserido nos desdobramentos lógicos e causais do ato, seja na responsabilidade por culpa, seja na objetiva, porque extrapolam os efeitos razoavelmente imputáveis à conduta do agente. 6. Por outro lado, conferir a via da ação indenizatória a sujeitos não inseridos no núcleo familiar da vítima acarretaria também uma diluição de valores, em evidente prejuízo daqueles que efetivamente fazem jus a uma compensação dos danos morais, como cônjuge/companheiro, descendentes e ascendentes. 7. Por essas razões, o noivo não possui legitimidade ativa para pleitear indenização por dano moral pela morte da noiva, sobretudo quando os pais da vítima já intentaram ação reparatória na qual lograram êxito, como no caso. 8. Recurso especial conhecido e provido" (STJ, REsp 1.076.160/AM, Rel. Min. Luis Felipe Salomão, 4ª Turma, j. 10-4-2012, *DJe* 21-6-2012).

[198] "Recursos especiais. Responsabilidade civil. Aluna baleada em *campus* de universidade. Danos morais, materiais e estéticos. Alegação de defeito na prestação do serviço, consistente em garantia de segurança no *campus* reconhecido com fatos firmados pelo tribunal de origem. Fixação. Danos morais em R$ 400.000,00 e estéticos em R$ 200.000,00. Razoabilidade, no caso. Pensionamento mensal. Atividade remunerada não comprovada. Salário mínimo. Sobrevivência da vítima. Pagamento em parcela única. Inviabilidade. Despesas médicas. Danos materiais. Necessidade de comprovação. Juros moratórios. Responsabilidade contratual. Termo inicial. Citação. Danos morais indiretos ou reflexos. Pais e irmãos da vítima. Legitimidade. Constituição de capital. Tratamento psicológico. Aplicação da Súmula 7/STJ. 1. Constitui defeito da prestação de serviço, gerando o dever de indenizar, a falta de providências garantidoras de segurança a estudante no *campus*, situado em região vizinha a população permeabilizada por delinquência, e tendo havido informações do conflagração próxima, com circulação de panfleto por marginais, fazendo antever violência na localidade, de modo que, considerando-se as circunstâncias específicas relevantes, do caso, tem-se, na hipótese, responsabilidade do fornecedor nos termos do artigo 14, § 1º do Código de Defesa do Consumidor. 2. A Corte só interfere em fixação de valores a título de danos morais que destoem da razoabilidade, o que não ocorre no presente caso, em que estudante, baleada no interior das dependências de universidade, resultou tetraplégica, com graves consequências também para seus familiares. 3. A jurisprudência desta Corte firmou-se no sentido de que a pensão mensal deve ser fixada tomando-se por base a renda auferida pela vítima no momento da ocorrência do ato ilícito. No caso, não restou comprovado o exercício de atividade laborativa remunerada, razão pela qual a pensão deve ser fixada em valor em reais equivalente a um salário mínimo e paga mensalmente. 4. No caso de sobrevivência da vítima, não é razoável o pagamento de pensionamento em parcela única, diante da possibilidade de enriquecimento ilícito, caso o beneficiário faleça antes de completar sessenta e cinco anos de idade. 5. O ressarcimento de danos materiais decorrentes do custeio de tratamento médico depende de comprovação do prejuízo suportado. 6. Os juros de mora, em casos de responsabilidade contratual, são contados a partir da citação, incidindo a correção monetária a partir da data do arbitramento do *quantum* indenizatório, conforme pacífica jurisprudência deste Tribunal. 7. É devida, no caso, aos genitores e irmãos da vítima, indenização por dano moral por ricochete ou *préjudice d'affection*, eis que, ligados à vítima por laços afetivos, próximos e comprovadamente atingidos pela repercussão dos efeitos do evento danoso na esfera pessoal. 8. Desnecessária a constituição de capital para a garantia de pagamento da pensão, dada a determinação de oferecimento de caução e de inclusão em folha de pagamento. 9. Ultrapassar os fundamentos do Acórdão, afastando a condenação ao custeio de tratamento psicológico, demandaria, necessariamente, o revolvimento do acervo fático-probatório dos autos, incidindo, à espécie, o óbice da Súmula 7/STJ. 10. Recurso Especial da ré provido em parte, tão somente para afastar a constituição de capital, e Recurso Especial dos autores improvido" (STJ, REsp 876.448/RJ, Rel. Min. Sidnei Beneti, 3ª Turma, j. 17-6-2010, *DJe* 21-9-2010).

[199] VINEY, Geneviève; JOURDAIN, Patrice. *Traité de droit civil*. Les conditions de la responsabilité, cit., 3. ed., p. 166-167.

efetiva havida no patrimônio da vítima (dano emergente) ou da demonstração de ter havido violação a atributo da personalidade (dano extrapatrimonial), bem como da vantagem que se apure ter sido frustrada em razão da intervenção do ofensor, de modo a alterar a evolução ordinária dos fatos (lucros cessantes). Trata-se daquele "que tem existência determinada. É o dano efetivo e materializado, embora vinculada a sua apuração a eventualidades futuras, como probabilidade de lucros ou prêmios".[200] Ou como sustenta Pessoa Jorge, em relação a este último caso, "a certeza dos lucros cessantes, bem como dos prejuízos futuros, baseia-se, pois, na evolução normal (e, portanto, provável) dos acontecimentos".[201]

Já os danos eventuais são aqueles que não se verificam desde logo, mas são cogitados como futura consequência possível de uma conduta antijurídica. Todavia, não há como precisar que da evolução ordinária dos fatos da vida se produzirão, nem que derivam necessariamente da conduta antijurídica, de modo que, ao tempo em que são alegados, não têm como ser demonstrados. Por isso, são insuscetíveis de indenização.

6.1.2.5.3. Danos atuais e futuros

A distinção entre dano atual e dano futuro é cronológica. Dano atual é aquele presente, já existente e verificável, tal como os estragos causados por uma colisão de automóvel, ou a redução da credibilidade social de alguém a quem se imputa o cometimento de fato desonroso que se revela falso. Dano futuro é aquele que ainda não ocorreu, mas ocorrerá, o que é deduzível pela compreensão da evolução ordinária dos fatos e de como as coisas normalmente ocorrem. Trata-se de dano que não existe ao tempo do fato lesivo, ou do exercício da pretensão, mas que seguramente ocorrerá, por tratar-se de consequência previsível do fato. É o caso dos valores a serem despendidos para uma cirurgia plástica reparadora em razão de dano estético causado na vítima.

Originalmente, convergiam os entendimentos acerca do não cabimento de indenização nas hipóteses de dano futuro. Todavia, essa conclusão derivava de certa confusão entre dano futuro e dano eventual. Todo dano eventual é de probabilidade futura, subordinado à incerteza. Porém, nem todo o dano futuro é incerto. Por essa razão, deve ser indenizado o dano futuro quando se apresentarem duas condições: a) serem os prejuízos inevitáveis e, por isso mesmo, dotados de certeza, tais como os já verificados; b) seja possível determinar e avaliar, antecipadamente, esses prejuízos. Ou seja, tratando-se de dano futuro, porém certo, será indenizável.[202]

---

[200] MARMITT, Arnaldo. *Perdas e danos*. Rio de Janeiro: Aide, 1987, p. 19.
[201] PESSOA JORGE, Fernando. *Ensaio sobre os pressupostos da responsabilidade civil*, cit., p. 387.
[202] Da mesma forma, observa a jurisprudência a ocorrência de dano futuro como critério para definir o marco inicial da prescrição, em casos de danos à saúde: "Administrativo. Constitucional. Ação Civil Pública. Responsabilidade civil do Estado. Danos morais. "Caso Malathion". Prescrição. Nexo de causalidade. Normas técnicas de segurança. Responsabilidade solidária. Impugnação genérica. Revisão de fatos e provas. Súmula 7/STJ. Quantificação dos danos morais não excessiva ou irrisória. Ausência de prequestionamento. Recurso não conhecido. 1. Trata-se de Ação Civil Pública proposta pelo Ministério Público Federal contra o Município de Serra, a Funasa e o Estado do Espírito Santo em decorrência de grave incidente de utilização equivocada de substância química perigosa (Malathion), durante procedimento de desinsetização em posto de saúde, com sérios danos aos frequentadores do estabelecimento. 2. Está corretamente afastada a prescrição, que, quando cabível, deve ter, como marco inicial, a efetiva ocorrência e a identificação da extensão da lesão (princípio da *actio nata*, segundo o STJ), sobretudo no campo da proteção da saúde das pessoas e de outros direitos da personalidade, bem como de danos futuros, de manifestação diferida, protraída ou prolongada, condições que exigem, amiúde, sofisticados e dispendiosos exames laboratoriais ou de campo (...)" (STJ, REsp 1.236.863/ES, Rel. Min. Herman Benjamin, 2ª Turma, j. 12-4-2011, *DJe* 27-2-2012).

6.1.2.5.4. Danos individuais e coletivos

Os danos podem ser individuais ou coletivos. São individuais os danos quando passíveis de serem experimentados exclusivamente por uma vítima determinada. Já a noção de danos coletivos pode ser compreendida em dois sentidos. O primeiro, como multiplicidade de danos individuais, que resultam de uma origem comum, um mesmo fato lesivo, podendo a tutela do direito à indenização ser exercida coletivamente. Nesse caso, o direito à indenização reveste-se da qualidade de direito individual homogêneo (art. 81, III, do CDC), podendo os substitutos processuais estabelecidos em lei (art. 82 do CDC) serem autores da ação coletiva de indenização. Nestes termos o art. 91 do CDC: "Art. 91. Os legitimados de que trata o art. 82 poderão propor, em nome próprio e no interesse das vítimas ou seus sucessores, ação civil coletiva de responsabilidade pelos danos individualmente sofridos (...)".

Destaque-se, contudo, o segundo sentido de dano coletivo como espécie de dano transindividual. Ou seja, é espécie de dano que atinge um número indeterminado de pessoas, sejam estas consideradas como grupo, categoria, ou toda a coletividade. Nesse caso, os danos decorrem da violação de bens ou interesses coletivos, de titularidade de toda a comunidade (interesses difusos, art. 81, I, do CDC), e que por isso são indivisíveis e indisponíveis (caso do dano ambiental como resultado da violação do direito fundamental ao meio ambiente sadio, ou do dano ao patrimônio histórico, por exemplo).[203] Ou, ainda, são danos experimentados por determinados grupos ou categorias de pessoas ligadas entre si ou com a parte contrária por uma relação jurídica base (os denominados interesses coletivos *stricto sensu*, art. 81, II, do CDC). É o caso dos danos reclamados por uma categoria profissional, por exemplo.[204]

Variante da classificação estabelecida entre danos coletivos por violação a direitos individuais e transindividuais é a identificação dos denominados *danos de massa*, para assinalar a existência de uma série de danos que se produzem segundo fatos lesivos comuns (um mesmo fato como origem de danos a diversas pessoas) ou semelhantes (vários fatos lesivos

---

[203] Questão de difícil solução diz respeito ao reconhecimento da possibilidade de danos às futuras gerações. Para além da dificuldade de precisão quanto a essa espécie de dano futuro, razão pela qual, como regra, na ausência de critérios de certeza quanto ao dano, conclua-se pelo seu caráter incerto, revestindo-se, por isso, como dano eventual e, portanto, não indenizável. Outra questão que se impõe será a relativa ao alcance da natureza transindividual, se abrangente do interesse de pessoas ainda não existentes. Para as origens do tema e sustentando o reconhecimento dos direitos das gerações futuras, veja-se: GAILLARD, Émille. *Générations futures et droit privé*. Vers un droit des générations futures. Paris: LGDJ, 2011, p. 307 e s.

[204] "Apelação cível. Responsabilidade civil. Ação de indenização por danos morais. Discussões veiculadas em emissora radiofônica da cidade. Ofensa a honra dos médicos. Sindicato. Legitimidade ativa. O SIMERS possui legitimidade ativa para propor a presente demanda na condição de substituto processual, em razão do disposto nos artigos 6º do Código de Processo Civil e 8º, inciso III da Constituição Federal, este último responsável por conferir aos sindicatos legitimidade para ingressarem em juízo na defesa de direitos e interesses coletivos e individuais da categoria. Direito de expressão. Abuso. Dano moral. Ocorrência. Verificado nos autos o abuso do direito de expressão por parte do réu, na qualidade de Secretário da Saúde do Município de Salto do Jacuí, ao referir em emissora de rádio local que alguns servidores médicos 'não honram seu juramento, tratam mal os pacientes do município, fazendo com que se tenha uma impressão ruim da saúde municipal, causando lesão à honra dos profissionais da classe médica, caracterizado está o dano moral puro, exsurgindo, daí, o dever de indenizar'. Condenação mantida. Responsabilidade do município. O Município responde objetivamente pelos danos causados pela conduta de seu agente no exercício do cargo em que investido, nos termos do art. 37, § 6º, da Constituição Federal. Sentença mantida. Reexame necessário. Não conhecimento. O reexame necessário não merece ser conhecido quando a condenação do Município não exceder a 60 salários-mínimos. Inteligência do art. 475, § 2º do CPC. Apelações improvidas. Reexame necessário não conhecido" (TJRS, ApCiv 70025819251, 10ª Câmara Cível, Rel. Paulo Roberto Lessa Franz, j. 18-6-2009).

iguais e reproduzidos perante diversas pessoas). Da mesma forma, noção muito divulgada no direito brasileiro é a de dano social, em especial a partir de célebre estudo do Prof. Antônio Junqueira de Azevedo.[205] Por dano social entende-se aquele que resulta de um ato que afeta toda a sociedade indistintamente, podendo inclusive – admitindo-se ampliação de sentido – considerar-se a afetação de gerações futuras.

A rigor, trata-se de fenômeno que desafia a dogmática da responsabilidade civil nos dias atuais, a encontrar soluções que não apenas proporcionem uma adequada reparação às vítimas como, igualmente, desestimulem ocorrências futuras ou a manutenção de comportamento do ofensor que dá causa ao dano. As soluções aventadas no direito brasileiro, visando à prevenção de futuros danos, contudo, até o momento são imperfeitas, tanto pela resistência à adoção de técnica de indenização punitiva, em face da falta de previsão legal e contrariedade à tradição jurídica nacional, quanto pela ausência de efetividade em outras providências preventivas, ao encargo do Poder Público.

6.1.3. Nexo de causalidade

O nexo de causalidade é, atualmente, o grande protagonista da responsabilidade civil. Trata-se do vínculo lógico entre determinada conduta antijurídica do agente e o dano experimentado pela vítima, a ser investigado no plano dos fatos, para a identificação da causa apta a determinar a ocorrência do dano. A identificação do nexo causal não se admite que se dê como puro arbítrio do intérprete. É atividade de investigação, exigindo-se fundamento e método para a devida precisão.

Ensina a doutrina que causa de um dano "é o fato que contribuiu para provocá-lo, ou para agravar seus efeitos".[206] Dizer só isso, contudo, não elucida inteiramente a questão. Ademais, porque, ao tratar-se da contribuição para provocar o dano, significa admitir que se identifiquem causas distintas, mais ou menos remotas, em relação ao dano, e que de sua vez admitirão interpretação. Nesse sentido, vale dizer que o nexo de causalidade não é puro fato, senão a interpretação que se estabelece sobre esses fatos desde quando – como regra – se tenha provado que existiram.

A noção de causa possui, por outro lado, inspiração original da filosofia. Em célebre formulação, Aristóteles referia-se a quatro espécies de causa: formal, material, eficiente e final, a definir, respectivamente, como do que, quem e para que ocorreu determinado evento. São Tomás de Aquino, na Idade Média, partindo da obra de Aristóteles, definiu a causa como aquilo do que algo é consequência necessária. Já na contemporaneidade, de sua vez, é Stuart Mill quem vai definir a noção de causa como a soma total de condições positivas e negativas que tomadas em conjunto concorrem para a produção de determinado resultado.[207]

A prova do nexo de causalidade deve ser realizada, como regra, por aquele que pretende ser indenizado, autor da ação reparatória.[208] Exceções a essa regra são as hipóteses em que se

---

[205] AZEVEDO, Antônio Junqueira. Por uma nova categoria de dano da responsabilidade civil: o dano social. In: FILOMENO, José Geraldo Brito et al. *O Código Civil e sua interdisciplinariedade*. Os reflexos do Código Civil nos demais ramos do direito. Belo Horizonte: Del Rey, 2004, p. 370-377.
[206] NORONHA, Fernando. *Direito das obrigações*, cit., 2010, p. 611. No mesmo sentido: LANGE, Hermann; SCHIEMANN, Gottfried. *Schadensersatz*. 3. ed. Tübingen: J. C. B. Mohr, 2003, p. 75 e s.
[207] HONORÉ, A. M. Causation and remoteness of damage, cit., p. 27-28; HERRERA, Edgardo López. *Teoría general de la responsabilidad civil*, cit., p. 198.
[208] VINEY, Geneviève; JOURDAIN, Patrice. *Traité de droit civil*. Les conditions de la responsabilité, cit., 3. ed., p. 211.

admita a presunção de causalidade,[209] que a rigor se revelam situações de inversão do ônus da prova,[210] como são os casos de responsabilidade pelo fato da coisa, inadimplemento de obrigação de resultado ou acidentes nucleares, nos quais se presume que o dano tenha sido causado por aqueles a quem a lei imputa a responsabilidade.[211] O desafio da definição de causalidade diz respeito à delimitação da sucessão de causas que, por interpretação, é possível determinar como provocadoras do dano. Reside justamente nessa delimitação a utilidade de diversas teorias que buscam identificar elemento que caracterize o nexo de causalidade entre a conduta e o dano.

6.1.3.1. *O sentido da expressão "causalidade" na responsabilidade civil*

A determinação do nexo de causalidade na responsabilidade civil tem duas funções: identificar quem é o autor material do dano, aí compreendidos não apenas quem desenvolveu atuação direcionada à realização do dano, como também o conteúdo da responsabilidade, delimitando até onde este autor, ou a quem a lei expressa atribua o dever de indenizar, irá responder. Trata-se do que, no direito alemão, distingue-se como o nexo de causalidade como fundamento da constituição da obrigação de indenizar (*haftungsbegründende Kausalität*), e, em segundo lugar, para o preenchimento dessa relação de responsabilidade (*haftungsausfüllende Kausalität*), visando definir a extensão da indenização. Em outros termos, servirá a distinção para responder se a violação de direito pode dar causa a um dano e, apenas em um segundo momento, verificar se todos os danos sofridos pela vítima podem ser reconduzidos à violação de direito.[212]

---

[209] Observe-se que a noção de presunção de causalidade pode ser tomada de modo mais abrangente ou mais restrito. Quando se usar dizer determinação probabilística da causa do dano, a rigor se pode associar a ideia à noção de presunção em sentido mais abrangente, ou julgar estar definindo o nexo de causalidade segundo as técnicas adotadas por algumas das teorias admitidas no sistema, inclusive, em termos estritos, pela teoria da causalidade adequada (HONORÉ, A. M. Causation and remoteness of damage, cit., p. 49 e s). Naturalmente que a diferença de qualificação, nesse caso, terá consequências jurídicas e econômicas relevantes. Um bom exemplo se dá em relação aos danos causados por medicamentos, em que não é possível determinar com exatidão um defeito seu como causa do dano, porém verifica-se em relação a um número significativo de vítimas dentre os que o consumiram, verificando-se efeitos epidemiológicos. Assim: GOLDBERG, Richard. *Causation and risk in the law of torts*: scientific evidence and medicinal product liability. Oxford: Hart Publishing, 1999, p. 244 e s. Da mesma forma ocorre, no direito brasileiro, em relação aos acidentes de trabalho, em que o art. 21-A da Lei n. 8.213/1991, relativa ao Plano de Benefícios da Previdência Social, admite o nexo técnico epidemiológico como fundamento da inversão do ônus da prova, e dispensa perícia, em favor da vítima, ao estabelecer presunção de causalidade em caso de doenças ocupacionais relacionadas a determinada atividade laboral.

[210] VINEY, Geneviève; JOURDAIN, Patrice. *Traité de droit civil.* Les conditions de la responsabilité, cit., 3. ed., p. 213.

[211] Caitlin Mulholland sustenta o cabimento da presunção de causalidade com base em três parâmetros fundamentais: a impossibilidade objetiva da prova do nexo de causalidade, o desenvolvimento de atividade altamente arriscada e a verificação de dano tipicamente associada à atividade realizada. Tais parâmetros justificariam, com fundamento na repartição de riscos sociais, a atribuição, por juízo probabilístico da imputação de responsabilidade ao autor da atividade, com fundamento em presunção que desta mesma atividade resultaria o dano. MULHOLLAND, Caitlin Sampaio. *A responsabilidade civil por presunção de causalidade*, cit., p. 295-297. Em sentido mais amplo, fundado na ideia de atividade perigosa e exposição a risco, Gisela Hironaka sustenta a ideia de presunção de responsabilidade (responsabilidade pressuposta), que termina por abranger também a presunção de causalidade, com fundamento na probabilidade elevada de dano em razão de determinada atividade. HIRONAKA, Giselda Maria F. Novaes. *Responsabilidade pressuposta*, cit., p. 336 e s.

[212] MIRANDA BARBOSA, Ana Mafalda Castanheira Neves de. *Responsabilidade civil extracontratual.* Novas perspectivas em matéria de nexo de causalidade. Cascais: Principia, 2014, p. 9-10.

A distinção também existe nos sistemas francês e italiano, embora, nesses casos, seja identificada como fases para determinação de um mesmo processo de causalidade: a) de um fato lesivo a um dano inicial; e b) do dano inicial às consequências danosas.[213] Em uma visão apressada, pode ter destacada sua importância apenas na identificação de danos reflexos indenizáveis; na verdade, é útil para a definição do nexo de causalidade como um todo. É sabido que, com a redução da importância da culpa na responsabilidade civil, a investigação sobre o nexo de causalidade assume ainda maior importância. E não se trata de uma investigação puramente fática, relacionando simplesmente os fatos que desencadearam a consequência danosa. Necessariamente, a identificação dos fatos e a avaliação de sua contribuição para o resultado danoso exigirão juízos de valoração e escolha de certos eventos em detrimento de outros.

No direito brasileiro, tradicionalmente, a investigação dos critérios do nexo de causalidade se dá mediante a identificação da teoria explicativa prevalente e sua aplicação a determinada situação concreta. Observe-se, contudo, que a crescente utilização de outros critérios de imputação, como é o caso da identificação das atividades de risco (arts. 927, parágrafo único, e 931 do CC e arts. 12 e 14 do CDC), ou mesmo de determinada posição jurídica (o dono pelo fato da coisa, art. 937, do CC, ou o habitante pelas coisas caídas do prédio, art. 938, do CC), passa a destacar a importância da distinção do nexo causal que é decisivo para a imputação de responsabilidade e aquele decisivo para determinar a extensão dos danos indenizáveis.

Em alguma medida, a teoria do dano direto e imediato, considerada prevalente por muitos no direito brasileiro,[214] e que nasce da interpretação do art. 1.060 do Código Civil de 1916, hoje reproduzido no art. 403 do Código Civil vigente, e que tem suas origens na distinção original entre danos direitos e indiretos,[215] conduz a uma visão unitária do problema do nexo causal, seja como pressuposto para imputação da indenização, seja na sua função original de determinar a extensão dos danos indenizáveis.[216]

A distinção entre a definição do nexo de causalidade, para efeitos de imputação (causalidade fundamentadora) e da causalidade para efeitos de definição da extensão dos danos (causalidade preenchedora da responsabilidade), embora não adotada no direito brasileiro, pode ter uma finalidade didática de facilitar a definição e a aplicação de padrões para a determinação do nexo de causalidade, reduzindo o espaço em que – na prática – sua identificação observa um largo espaço para a escolha do intérprete, contribuindo para maior previsibilidade e estabilidade das decisões judiciais em matéria de responsabilidade civil. No primeiro caso, para a imputação, o nexo de causalidade concentra-se na seleção dada causa que, entre diferentes condições, tenha sido determinante para a realização do dano. Em um segundo momento, para o preenchimento da responsabilidade e verificação da extensão dos danos indenizáveis, a atividade do intérprete concentra-se na seleção, dentre as consequências possíveis, daquelas que são atribuíveis ao fato original que definiu a imputação da responsabilidade.

---

[213] VINEY, Geneviève; JOURDAIN, Patrice. *Traité de droit civil*. Les conditions de la responsabilité, cit., 3. ed., p. 197. No direito italiano, Bordon refere as funções de imputação e definição da extensão do nexo de causalidade. BORDON, Raniero. *Il nesso di causalità*. Torino: UTET, 2006, p. 34-35.

[214] SILVA, Wilson Melo da. *Responsabilidade sem culpa*, cit., p. 129; GOMES, Orlando. *Obrigações*. 15. ed. Rio de Janeiro: Forense, 2002, p. 275; TEPEDINO, Gustavo. Notas sobre o nexo de causalidade, cit., p. 63-81; BENJAMIN, Antônio Herman V. Responsabilidade civil pelo dano ambiental. *Revista de Direito Ambiental*, v. 9, São Paulo: RT, jan./mar. 1998, p. 5-52; CRUZ, Gisele Sampaio da. *O problema do nexo causal na responsabilidade civil*, cit., p. 107.

[215] Notadamente Pothier, ao distinguir entre os danos passíveis ou não de indenização: POTHIER, R. J. *Tratado das obrigações*, cit., p. 148 e s.

[216] CRUZ, Gisele Sampaio da. *O problema do nexo causal na responsabilidade civil*, cit., p. 100-101.

6.1.3.2. As diversas teorias sobre o nexo de causalidade

São várias as teorias explicativas sobre o nexo de causalidade, que orientam seu exame na responsabilidade civil. Essa profusão de teorias imputa-se ao esforço para a definição de regras gerais, a partir do exame da casuística do direito romano, próprias das escolas de interpretação do século XIX, especialmente na Alemanha.[217] Observam desenvolvimento tanto no direito privado quanto no direito penal, como condição para a imputabilidade de determinada conduta. Em comum, tais teorias visam delimitar o modo de incidência de determinada causa para a realização do dano, e em que medida esta causa torna-se fundamento para a imputação da responsabilidade do agente. Note-se que nem sempre o fato de ter contribuído para a ocorrência de um dano é decisivo para que determinado evento possa ser considerado gerador do dano. A contribuição do fato para o dano, nesse sentido, pode assumir diferentes graduações, de modo que a definição de qual teoria explicativa do nexo causal deve ser admitida poderá determinar conclusões diversas sobre a aptidão do fato como critério de imputação da responsabilidade do agente.

Da mesma forma, não se pode perder de vista que os danos podem ocorrer em sucessão de acontecimentos que fazem com que os eventos posteriores só possam ter ocorrido em razão de eventos anteriores. Observe-se um exemplo sintético: alguém acidentalmente esbarra em outra pessoa, que cai no chão, sofre ferimentos e precisa ser internada em estabelecimento hospitalar. Durante o período de atendimento no hospital, contrai infecção hospitalar que o faz prorrogar o tempo de recuperação. Em razão disso, deixa de celebrar determinado negócio que lhe seria vantajoso. Considerando-se que o esbarrão foi o início da sucessão de eventos mencionados, estaria correto imputar àquele que deu causa à queda da vítima a responsabilidade pelos outros danos que ela sofreu? A extensão da cadeia causal, mediante interpretação livre, pode chegar à proposição de relações de causa e efeito diversas, e absolutamente inconciliáveis. Conforme se valorem os diferentes eventos que integram determinada sucessão de fatos, a conclusão sobre a causa do dano pode ser diversa. Daí a importância das teorias explicativas do nexo de causalidade e de sua adoção pelo intérprete, de modo a oferecer coerência e estabilidade ao juízo de imputação de responsabilidade definida no Código. Nesse sentido, considerando-se que os fatos considerados na cadeia causal o serão em vista de dada valoração no conjunto das causas, trata-se de uma causalidade que não é meramente fática, senão de uma causalidade jurídica.[218] Isso porque exige-se que se interpretem e ordenem fatos, que, embora limitados por preceitos lógicos, são qualificáveis,[219] de modo a reconhecê-los como elementos decisivos para a realização de determinado evento danoso.

Distinguem-se, igualmente, causa e condição para efeito da determinação da responsabilidade pelo dever de indenizar. Condições serão os eventos que, embora não possam ser qualificados como causa do dano, são antecedentes a esta e, desse modo, a influenciam ou viabilizam sua ocorrência. Causa será o evento determinante do resultado danoso. A esse

---

[217] Assim: QUÉZEL-AMBRUMAZ, Cristophe. *Essai sur la causalité en droit de la responsabilité civile.* Paris: Dalloz, 2010, p. 22.

[218] QUÉZEL-AMBRUMAZ, Cristophe. *Essai sur la causalité en droit de la responsabilité civile,* cit., p. 197 e s.; MOSSET ITURRASPE, Jorge. *La relación de causalidad em la responsabilidad extracontractual.* Revista de Derecho de daños. La relación de causalidad en la responsabilidad civil. Buenos Aires: Rubinzal Culzoni, 2003, p. 59 e s. No Brasil, veja-se a recente tese doutoral de: FROTA, Pablo Malheiros da Cunha. *Responsabilidade por danos.* Imputação e nexo de causalidade. Curitiba: Juruá, 2014, p. 281.

[219] BONA, Marco. Causalità materiale, causalità scientifica e causalità giuridica a confronto: quale ruolo ai consulenti tecnici nell'accertamento del nesso di causa? In: MONATERI, Pier Giuseppe. *Il nesso di causa nel danno alla persona.* Cesano Boscone: Ipsoa, 2005, p. 147 e s.

respeito, Fernando Noronha menciona um interessante exemplo, por demais reproduzido, em versões semelhantes, no estudo do nexo de causalidade tanto no direito privado quanto no direito penal. Propõe, então: "Se uma pessoa é atropelada e depois sofre novo acidente quando é conduzida para o hospital, é evidente que o primeiro acidente foi a razão pela qual se fazia o transporte, mas sem que isso signifique que seja a causa do segundo acidente".[220] A rigor, a causa do dano será, dentre as diferentes condições antecedentes a ele, aquela determinante para sua ocorrência. Torna-se decisivo, assim, o desenvolvimento de um critério para a definição do evento que, sendo antecedente (portanto, uma condição), assuma caráter determinante na realização do dano, de modo a ser considerado como sua causa.

As principais teorias explicativas do nexo de causalidade analisadas no direito brasileiro são: a) a equivalência das condições; b) a causalidade próxima; c) a causalidade necessária; d) a causalidade adequada; e e) a causalidade direta e imediata. Apresenta-se a seguir cada uma dessas teorias.

6.1.3.2.1. Equivalência das condições

Pela teoria da equivalência das condições, não se distingue entre os eventos integrantes da sucessão de fatos antecedentes ao dano, de modo que todos eles serão considerados aptos para a definição da imputação de indenizar. É também denominada teoria da *conditio sine qua non* (condição sem a qual), e tem vocação expansiva da relação de causalidade na sucessão cronológica dos acontecimentos, de modo que qualquer um daqueles que promovem um dos eventos da cadeia causal poderá ser responsabilizado pelo dano sofrido pela vítima.

Desenvolve-se especialmente no direito penal, com base na obra de Von Buri (*Über Causalität und deren Verantwortung*),[221] resultando, inclusive, na identificação do cúmplice como alguém que contribui para a ocorrência do crime, razão pela qual sua conduta será imputável. No âmbito da responsabilidade civil, trata-se de teoria de pouca ou nenhuma aceitação, em especial pela extensão que ela pode conferir à identificação da causa do dano, a produzir certa insegurança e imprevisibilidade a tais relações jurídicas. Observe-se que, ao se considerar igualmente todas as condições como aptas à realização do dano, a sucessão de eventos pode levar a soluções distintas entre si. Por exemplo: "Por que houve o homicídio? Porque X efetuou o disparo. Por que efetuou o disparo? Porque possui a arma. E por que a possui? Porque Y lhe vendeu. Pois Y será responsável pela morte da vítima". Todavia, na mesma hipótese, note-se que a aplicação da teoria poderá ter por resultado outra conclusão, decorrente de interpretações irrazoáveis, ou a extensão da cadeia causal, inclusive pela identificação, em tese, de condutas omissivas. Assim: Por que possui a arma? Porque a furtou de Z, que a deixou exposta sobre o móvel de casa. Então, Z é quem responde pela morte de Y, pois se não tivesse deixado a arma exposta, ela não seria furtada e, nessas condições, X não a teria consigo para efetuar o disparo.

É certo que se devem delimitar as condições admissíveis apenas àquelas razoáveis, decorrentes das regras de experiência sobre como as coisas ocorrem ordinariamente. Porém, note-se que, ao tratar do nexo de causalidade, a operação mental do intérprete se estabelece em duas fases. A primeira, de identificação do fato; a segunda, de sua qualificação como condição apta à realização do dano.

A teoria da equivalência das condições, nesse sentido, ao menos no âmbito da responsabilidade civil, oferece excessiva margem de discricionariedade ao intérprete, ao mesmo

---

[220] NORONHA, Fernando. *Direito das obrigações*, cit., 2010, p. 613.
[221] BURI, Maximilian von. Über Causalität und *deren Verantwortung*. Leipzig: Gebhardt, 1873.

tempo que não delimita critérios que permitam reduzir o exame objetivo das causas. Da mesma forma, resulta crítica pelo fato de confundir as várias condições e a causa do dano.[222] Por outro lado, revela excessivo apego à causalidade naturalística, sem maior atenção de que todo o fato deverá necessariamente ser qualificado juridicamente. Outras objeções que lhe são endereçadas dão conta de sua incapacidade de solução do problema da causalidade concorrente, quando mais de uma causa concorre para a realização do dano.

6.1.3.2.2. Causalidade próxima

A causalidade próxima resulta de teoria atribuída a Francis Bacon, que, ao expor a dificuldade da delimitação da série de causas para determinado evento, sustentou que para efeitos práticos a identificação da causa que lhe fosse cronologicamente mais próxima deveria servir à imputação da responsabilidade, sem a necessidade de se investigarem as causas mais remotas.[223] Sob esta denominação, desenvolve-se no *common law* certo prestígio à teoria,[224] ainda que, na prática, a identificação da causa próxima não se dê apenas pelo critério cronológico, mas apoiada, igualmente, por outros elementos que a identifiquem como decisiva à realização do dano. Ademais, porque a última condição é que se considera como dando ao conjunto de causas que integram a cadeia causal a unidade lógica e finalística que resulta na produção do dano.[225]

As críticas a essa teoria são evidentes. Em primeiro lugar, nem sempre é exata a identificação da causa mais próxima ao dano (a última causa), na investigação sobre a sucessão de fatos que levaram à sua ocorrência. E da mesma forma, não é possível definir que, em todos os casos, a última será o fator determinante do dano.

6.1.3.2.3. Causalidade eficiente

Pela teoria da causalidade eficiente, parte-se da premissa de que as diversas condições do dano não são iguais, mas sim definem diferentes contribuições para a realização do evento danoso.[226] A teoria da causalidade eficiente visa identificar e individualizar certa causa como determinante para o dano. Para alcançar esse propósito, parte-se de critérios quantitativo e qualitativo. Pelo critério quantitativo (desenvolvido especialmente por Karl Von Birkmeyer, no seu *O conceito de causa e nexo de causalidade no direito penal*),[227] distingue-se que é considerada causa eficiente aquela que em maior medida e com maior força houver contribuído com o resultado. Neste sentido, refira-se ao exemplo formulado por Atílio Alterini: se uma pessoa fornece fósforos a outra, e esta causa um incêndio, ambas as ações (o fornecimento dos fósforos e de quem os acendeu) são inescusáveis para que se produza o efeito; porém, deve-se considerar que este foi causado por quem de fato provocou o fogo, por ser a condição mais ativa e eficaz do efeito.[228] Já o critério qualitativo (defendido por Max Ernst Mayer e J. Kohler)

---

[222] COSTA JÚNIOR, Paulo José. *Nexo causal*. 3. ed. São Paulo: Siciliano Jurídico, 2004, p. 104.
[223] BACON, Francis. Maxims of the law. In: BACON, Francis. *The works of Francis Bacon*. London: J. Johnson, 1803, v. IV, p. 16 e s.
[224] ALTERINI, Atílio. *Responsabilidad civil*, cit., p. 148.
[225] PESSOA JORGE, Fernando. *Ensaio sobre os pressupostos da responsabilidade civil*, cit., p. 391.
[226] HERRERA, Edgardo López. *Teoría general de la responsabilidad civil*, cit., p. 202; HONORÉ, A. M. Causation and remoteness of damage, cit., p. 38-39.
[227] BIRKMEYER, Karl von. Über Ursachenbegriff und Kausalzusammenhang im Strafrecht. Rostock: Rectoratsrede, 1885.
[228] ALTERINI, Atílio. *Responsabilidad civil*, cit., p. 148-149.

vai sustentar que é decisiva a avaliação quanto à eficácia da causa no curso da sucessão de fatos que determinam a ocorrência do evento danoso.

Note-se que a avaliação da causa eficiente não se dá em abstrato, mas sempre em vista dos fatos, distinguindo-se a causa que produz o resultado de outras condições que não o produzem, mas que atuam para remover obstáculos para seu desenvolvimento. E, da mesma forma, outros eventos que favorecem a produção dos resultados pela causa.

A principal crítica que se estabelece à causa eficiente é da ausência de critérios definidos para se estabelecer uma ordem de importância entre os vários eventos do processo causal.

6.1.3.2.4. Causalidade adequada

A causalidade adequada é considerada, igualmente, como espécie de teoria individualizadora do nexo de causalidade. Formulada com base no desenvolvimento teórico de Von Bar[229] e, sobretudo, de Von Kries,[230] parte do pressuposto, igualmente, da existência de distinção quanto à contribuição que várias condições podem conferir à realização do evento danoso. Desse modo, orientam a investigação, em abstrato, da sucessão de eventos que antecedem ao evento danoso, se das várias condições que a integram alguma pode ser elevada ao conceito de causa.

Para tanto, distinguem-se três variantes: a posição subjetiva, pela qual se consideram as condições que o agente conhecia ou poderia conhecer, faz-se, assim, um juízo de previsibilidade das condições e a capacidade de identificação das mesmas pelo agente. Já a posição objetiva tem em consideração não a capacidade de previsão de uma pessoa determinada, senão um critério de previsibilidade geral, a que uma pessoa normal devesse prever. Nesse caso, cabe ao intérprete colocar-se em posição como se o evento danoso ainda não tivesse ocorrido e, a partir daí, avaliar a previsibilidade da ocorrência do dano, em vista das condições antecedentes. Por fim, uma terceira posição coloca em destaque uma circunstância genericamente favorável, pela qual se estabelece a avaliação da previsibilidade do resultado em vista das condições de prever o resultado danoso por parte de uma pessoa perspicaz, alguém que deva contar com formação ou informações especializadas, razão pela qual terá superioridade técnica para o exame da possibilidade ou não de ocorrência do dano.

Nesse sentido, em termos gerais, a causalidade adequada é definida pelo evento sem o qual o dano não teria ocorrido. Nesta leitura, causa seria "o antecedente não só necessário, mas também adequado à produção do resultado".[231] Ou, como expõe Von Kries, se o evento que dá causa a determinado efeito pode ser considerado como geralmente determinante deste resultado, ou se trata de uma peculiaridade do caso, ocasionado apenas acidentalmente.[232]

---

[229] BAR, Ludwig von. *Die Lehre vom Kausalzusammenhang im Recht, besonders im Strafrecht*. Leipzig: Verlag von Bernhard Lauchnitz, 1871, p. 1 e s.

[230] KRIES, J. von. Über den Begriff der objektiven Möglichkeit und einiger Anwendungen desselben, *Vierteljahrsschrift für wissenschaftliche Philosophie*, 12, 1888, p. 140-179. Em alguma medida, citam-se as considerações de Ernst Zitelman, no âmbito de trabalho monográfico sobre o erro do negócio jurídico, como precursor da teoria da causalidade adequada: ZITELMAN, Ernst. *Irrtum und Rechtsgeschäft*: Eine psychologisch-juristische Untersuchung. Leipzig: Duncker & Humblot, 1879.

[231] SANTOLIM, Cesar. Nexo de causalidade e prevenção na responsabilidade civil no direito brasileiro e português, cit., p. 8.447.

[232] HEIDELBERGER, Michael. From Mill via Von Kries to Max Weber: Causality, explanation, and understanding. In: FEEST, Uljana. *Historical perspectives on Erklären and Verstehen*. Heidelberg: Springer, 2010, p. 250.

Em outros termos, conforme ensina Agostinho Alvim, "o raciocínio em que ela se apoia é o seguinte; apreciando certo dano, temos que concluir que o fato que o originou era capaz de lhe dar causa. Mas pergunta-se: tal relação de causa e efeito existe sempre, em casos dessa natureza, ou existiu nesse caso, por força de circunstâncias especiais? Se existe sempre se diz que a causa era adequada a produzir o efeito; se somente uma circunstância acidental explica essa causalidade, diz-se que a causa não era adequada".[233] A relação de causa e efeito entre o evento e o dano se dá de uma avaliação abstrata, colocando-se o intérprete, mentalmente, no momento da ação, de modo a verificar, naquele instante, sua probabilidade.

A causalidade adequada, neste sentido, orienta-se pela sucessão de acontecimentos ordinários, tendo por critério a comparação entre a situação concreta e o juízo abstrato de como as coisas normalmente ocorrem (*id quod plerumque accidit*). Por essa razão, determinada condição deve ser considerada como causa do dano quando, de acordo com o curso ordinário dos acontecimentos, esteja apto a produzi-lo. Trata-se de uma consequência previsível em vista da sequência de evento que torna apto a realizar o dano.

Ou, como propõe Antunes Varela, "o pensamento fundamental da teoria é que, para impor a alguém a obrigação de reparar o dano sofrido por outrem, não basta que o facto praticado pelo agente tenha sido, no caso concreto, condição (s.q.n.) do dano; é necessário ainda que, em abstracto ou em geral, o facto seja uma causa adequada do dano. Há que escolher, entre os antecedentes históricos do dano, aquele que, segundo o curso normal das coisas, se pode considerar apto para produzir, afastando aqueles que só por virtude de circunstâncias extraordinárias o possam ter determinado. Que o facto seja condição do dano será requisito necessário; mas não é requisito suficiente, para que possa ser considerado como causa desse dano".[234]

Propõe-se, então, que a identificação da causa do dano se faça partindo-se dele próprio, o que se denomina prognose, uma vez que se busca identificar o que pode vir a ocorrer a partir de determinado fato. Ou seja, é o que se faz, desde quando ocorra o dano, considerando-se que o intérprete tenha conhecimento sobre o dano. Por essa razão, usa-se qualificar-se como prognose retrospectiva (ou prognose póstuma), uma vez que se volta para o passado, considerando apenas os efeitos abstratos, que ao terem identidade com os efeitos concretos que resultam do fato, caracterizam a existência do dever de indenizar. Por outro lado, não há dano indenizável quando este (efeito abstrato) pudesse ter ocorrido mesmo sem a intervenção da condição em exame.

A teoria da causalidade adequada admite uma formulação positiva e outra negativa. A formulação positiva põe em destaque que a condição definida como causa será aquela da qual o dano resulta como uma consequência normal e típica.[235] Por outro lado, a formulação negativa compreende a orientação de que a causa adequada é aquela que, de acordo com as regras de experiência, não é indiferente ao dano. Nesse sentido, não é indiferente ao dano, de modo que a exclusão da causa se dá quando se tenha em exame consequências que sejam estranhas ao fato.[236] Trata-se, pois, de um juízo de possibilidade e probabilidade de um evento vir a ocorrer à luz da experiência ordinária.

---

[233] ALVIM, Agostinho. *Da inexecução das obrigações e suas consequências*. 4. ed. São Paulo: Saraiva, 1972, p. 345.
[234] ANTUNES VARELA. *Das Obrigações em geral*. 10. ed. Coimbra: Almedina, 2000, v. I, p. 889.
[235] TRAEGER, Ludwig. *Der Kausalbegriff im Straf- und Zivilrecht*: Zugleich ein Beitrag zur Auslegung des B G B. Marburg: Elwert, 1904, p. 189 e s.
[236] Atribui-se a origem da formulação negativa a RÜMELIN, M. Die Verwendung der Causalbegriffe in Straf- und Zivilrecht. *Archiv für die civilistische Praxis*, 49, 1900, p. 171 e s.

A questão mais difícil reside em identificar, afinal, o que se deve considerar consequência normal e, portanto, previsível. Ademais, por que o intérprete, ao realizar a prognose posteriormente à ocorrência do dano, pode contar com a tendência de expandir excessivamente o conjunto de situações que entender como previsíveis, o que pode reduzir a própria capacidade da teoria de delimitar a responsabilidade pessoal do agente.[237]

No direito brasileiro, contudo, encontram-se simpatizantes da formulação negativa da causalidade adequada, de modo que "quando o dano só poderá ser considerado como consequência do fato, quando este pela sua natureza geral, fosse totalmente indiferente para o nascimento de semelhante dano, tendo chegado a ser condição dele só em consequência de outras circunstâncias extraordinárias".[238] Há, nesta formulação, um aspecto prático. Se o fato o qual se atribui ao agente foi suscetível de causar dano, ou decorre de risco de sua atividade, quando se tratar de responsabilidade objetiva, cabe a este agente, para efeito de afastar sua responsabilidade, demonstrar a falta de adequação entre o fato e o dano. Assim, por exemplo, tratando-se de profissional médico que prescreve tratamento inadequado ao paciente, e este vem a sofrer determinados danos ou o agravamento da enfermidade, caberá ao médico demonstrar que estas não foram causadas por sua conduta equivocada, sob pena de vir a responder pela indenização devida.

Embora conte com a adoção majoritária no direito brasileiro, a teoria da causalidade adequada não é isenta de críticas. Em especial com relação à excessiva margem de avaliação que pode deixar ao julgador na avaliação da situação concreta e na definição do paradigma de causa e efeito, e sua comparação com a situação concreta. Não se perde de vista, contudo, que sob a expressão da teoria da causalidade adequada, em face da possibilidade que permite da qualificação sobre os vários fatos da vida, a jurisprudência, durante largo tempo – e de algum modo, prevalente ainda hoje –, faz prevalecer *a causalidade comum, assente no bom senso e na experiência*.[239]

6.1.3.2.5. Causalidade necessária e a teoria do dano direto e imediato

Outra teoria explicativa do nexo de causalidade será a da causalidade necessária, que no direito brasileiro resultou explicitada pela *teoria do dano direto e imediato*, ademais, mencionada também como *teoria da interrupção do nexo causal*.[240] Trata-se de teoria que conta com muitos defensores no direito brasileiro,[241] sustentada que está pela exigência de necessariedade da causa para a realização de determinado resultado. E do ponto de vista legislativo, entre seus defensores, sustenta-se que resulta da interpretação do art. 1.060 do Código Civil brasileiro de 1916, hoje reproduzido no art. 403 do Código Civil de 2002. Estabelece o art. 403: "Ainda que

---

[237] A crítica é de Larenz, conforme aponta MARKENSINS, Basil. *The german law of torts*. A comparative introduction, cit., p. 108.
[238] NORONHA, Fernando. *Direito das obrigações*, cit., 2010, p. 631.
[239] Assim, Menezes Cordeiro refere-se à experiência da jurisprudência portuguesa, em consideração plenamente aplicável à experiência brasileira. MENEZES CORDEIRO, António. *Tratado de direito civil português*, cit., p. 542.
[240] Definindo a causalidade necessária como espécie de derivação da teoria do dano direto e imediato no direito brasileiro, veja-se: TEPEDINO, Gustavo. Notas sobre o nexo de causalidade, cit., p. 369; CRUZ, Gisele Sampaio da. *O problema do nexo causal na responsabilidade civil*, cit., p. 111; SCHREIBER, Anderson. *Novos paradigmas da responsabilidade civil*, cit., p. 58. Para uma crítica do conceito no direito brasileiro e português: PRATA, Ana. *Responsabilidade delitual nos Códigos Civis português de 1966 e brasileiro de 2002*. Separata de Estudos em homenagem ao Prof. Doutor José Lebre de Freitas. Coimbra: Coimbra Editora, [s.d.]., p. 53 e s.
[241] SILVA, Wilson Melo da. *Responsabilidade sem culpa*, cit., p. 129.

a inexecução resulte de dolo do devedor, as perdas e danos só incluem os prejuízos efetivos e os lucros cessantes por efeito dela direto e imediato, sem prejuízo do disposto na lei processual". Embora diga respeito às consequências do inadimplemento contratual, a interpretação da norma em questão é realizada, tradicionalmente, como fundamento geral para os efeitos decorrentes da responsabilidade civil, em especial do conteúdo da indenização, nas variadas situações das quais decorram danos.

A teoria do dano direto imediato, ao derivar para a noção de causalidade necessária, tem suas raízes no direito francês sobre as distinções entre dano direto e indireto, desde os formulados historicamente por Pothier,[242] havendo inclusive quem reconheça seus primórdios, mesmo no direito romano, a partir de interpretação de situações relatadas pelo Digesto e as soluções apontadas pelos juristas romanos.[243] Em essência, propugna identificar como critério de determinação da causa do dano o seu caráter necessário, de modo que seja possível afirmar que sem tal causa o evento danoso não teria ocorrido. A teoria em questão, diante de suas diversas subdivisões e proposições de diversos estudiosos, logrou êxito ao propor que as expressões "direto" e "imediato", propugnadas na legislação, fossem interpretadas em conjunto, a partir da ideia de necessariedade, o que impôs a conclusão de que o agente apenas responderia pelas consequências necessariamente advindas da sua conduta.[244]

Segundo a melhor lição doutrinária, trata-se de dano imediato, porque em intervalo entre a causa e o evento reputado danoso e direto, reputando aquilo que vem em linha reta, havendo ou não intervalo.[245] Nesse sentido, ao adotar-se a teoria do dano direto e imediato, não se submete o autor do dano a toda e qualquer consequência de sua conduta, senão apenas àquelas que sejam diretamente ligadas a ele. Assim, ao mesmo tempo que apresenta um critério para imputação da responsabilidade, limita a extensão desta responsabilidade apenas aos danos que decorrerem diretamente da atuação do agente, ou seja, sem que haja a interposição de qualquer fato natural, ou que possa ser atribuído à própria vítima, ou a terceiro. Isto é, impede que haja a responsabilidade ilimitada do autor do primeiro dano.

Mas o que se deve entender por *causalidade necessária*? Diz-se, nesse caso, que a causa que servirá de critério para imputação da responsabilidade é aquela que, se não existisse, não faria existir o dano. Ou seja, se a cadeia causal de acontecimentos tivesse se rompido pela interrupção do nexo causal, o dano não teria se efetivado. A aparente vantagem dessa teoria é a de permitir um critério um tanto mais preciso de identificação da causa, ainda que não se desconheça – como de resto nas situações de responsabilidade civil – algum grau para a discrição do juiz.

Uma crítica que se faz à teoria do dano direto e imediato diz respeito à exclusão, mediante sua aplicação, dos denominados danos indiretos ou reflexos, por não terem uma vinculação imediata com o fato atribuível ao agente, e que fundamenta a atribuição de responsabilidade. De fato, essa insuficiência da teoria não escapa à doutrina especializada. Contudo, é de observar o argumento em sua defesa, de que o conteúdo da teoria não pode ser tomado do sentido literal do art. 403 do Código Civil, e tampouco de uma interpretação restrita do que se considera consequência direta e imediata. Nesse sentido, a necessariedade da causa para a realização de determinado dano admite que se considere a sucessão causal normal para que,

---

[242] Notadamente Pothier, ao distinguir entre os danos passíveis ou não de indenização. POTHIER, R. J. *Tratado das obrigações*, cit., p. 148 e s.
[243] SILVA, Wilson Melo da. *Responsabilidade sem culpa*. 2. ed. São Paulo: Saraiva, 1974, p. 129.
[244] ALVIM, Agostinho. *Da inexecução das obrigações e suas consequências*, cit., p. 360; CRUZ, Gisele Sampaio da. *O problema do nexo causal na responsabilidade civil*, cit., p. 100-101.
[245] ALVIM, Agostinho. *Da inexecução das obrigações e suas consequências*, cit., p. 322 e s.

em termos razoáveis, contemplem-se como dano indenizável também aqueles que sejam afetados de modo reflexo, quando esta lesão resultar de uma consequência danosa direta (o dano inicial), reconhecida à conduta. Isso que permite que, de certo modo, seja contemplada a indenização por dano reflexo em situações em que ele se caracterize como consequência necessária de um dano inicial.

Outra crítica formulada à teoria do dano direto e imediato, tal qual foi desenvolvida no direito brasileiro por Agostinho Alvim, diz respeito à exigência de que a causa identificada como provocadora do dano seja necessária e suficiente. Nos termos propostos pelo eminente jurista, necessária, porque sem ela não teria havido o dano, e suficiente, porque sozinha era idônea para produzir o resultado. Nesse caso, opõe-se ao requisito de suficiência da causa a constatação de que, ao exigi-lo, estaria-se ignorando a possibilidade real de que uma multiplicidade de causas possa concorrer para a realização do dano.[246]

Todavia, os defensores da teoria indicam que, ao exigir-se a necessariedade da condição para a realização do dano, apenas será admitida a exclusão da responsabilidade se demonstrada a interrupção da cadeia causal, por interposição de outro evento que possa ser considerado como causa do dano. Essa compreensão termina por explicar da melhor forma o disposto no art. 403 do Código Civil, e se traduz como instrumento útil para a identificação do nexo causal.

6.1.3.3. As teorias prevalentes sobre o nexo de causalidade no direito brasileiro

A rigor, não se pode perder de vista que nenhuma das teorias explicativas do nexo causal, por maior que sejam seus méritos, deixará de ser desafiada por situações da realidade da vida, em que se ponha em dúvida sua autoridade. Em outros termos, não faltarão situações em que os fatos teimem em desmentir ou desafiar as várias teorias. Fora de discussão, apenas, é que a determinação da causa do dano, como pressuposto da responsabilidade civil, não pode resultar de puro arbítrio do intérprete, senão de método que assegure a devida isenção na identificação e qualificação das várias condições do dano, de modo a determinar sua causa juridicamente relevante para a ocorrência do dano.

No direito português, há o entendimento da adoção da causalidade adequada. Assim o art. 563 do Código Civil português de 1966: "A obrigação de indemnização só existe em relação aos danos que o lesado provavelmente não teria sofrido se não fosse a lesão". Falta, no direito brasileiro, disposição legal explícita sobre o nexo de causalidade. Sustenta-se, em parte, a interpretação do art. 403 do Código Civil, uma vez que, versando sobre as perdas e danos, estabelece que elas "só incluem os prejuízos efetivos e os lucros cessantes por efeito dela direto e imediato (...)".

Contudo, no estudo da responsabilidade civil e sua aplicação prática, é de observar que a doutrina brasileira divide-se quanto à teoria adotada entre nós, se da causalidade adequada[247] ou da interrupção do nexo causal (dano direto e imediato).[248] De qualquer sorte, em

---

[246] Assim, NORONHA, Fernando. *Direito das obrigações*, cit., 2010, p. 624-625; CRUZ, Gisele Sampaio da. *O problema do nexo causal na responsabilidade civil*, cit., p. 109-110.

[247] AGUIAR JÚNIOR, Ruy Rosado. Responsabilidade civil do médico. *Revista dos Tribunais*, v. 84, n. 718, São Paulo: RT, ago. 1995, p. 33-53; COUTO E SILVA, Clóvis. Dever de indenizar. In: FRADERA, Vera (Org.). *O direito privado brasileiro na visão de Clóvis do Couto e Silva*. Porto Alegre: Livraria do Advogado, 1997, p. 195; SANSEVERINO, Paulo de Tarso Vieira. *Responsabilidade civil no Código do Consumidor e a defesa do fornecedor*. São Paulo: Saraiva, 2002, p. 243.

[248] GOMES, Orlando. *Obrigações*, cit., p. 275; TEPEDINO, Gustavo. Notas sobre o nexo de causalidade, cit., p. 63-81; BENJAMIN, Antônio Herman V. Responsabilidade civil pelo dano ambiental, cit., p. 5-52; CRUZ, Gisele Sampaio da. *O problema do nexo causal na responsabilidade civil*, cit., p. 107.

perspectiva prática, o critério de interrupção do nexo causal, dada sua utilidade lógica (em face da pergunta: "o dano teria se realizado caso tivesse sido interrompido o nexo causal?"), vem sendo utilizado também entre os defensores da teoria da causalidade adequada como um critério útil de valoração da causa mais adequada à realização do dano.

Afinal, a teoria da causalidade adequada pode ser explicada sinteticamente como resposta a uma questão de probabilidade, de modo a definir um método que resulte na identificação e no afastamento, dentre os antecedentes do dano, daqueles menos relevantes para a sua ocorrência, de modo que resulte apenas aquele que necessariamente veio a produzi-lo.[249] Tal entendimento resulta na aproximação das duas teorias, sobretudo na jurisprudência em que a adoção nominal da causalidade adequada muitas vezes parece induzir, quanto aos fundamentos da decisão, a adoção do critério da causalidade necessária.[250] O que deve resultar claro, contudo, é que o autor do dano não responde ilimitadamente por todas as consequências que derivem de sua ação. Nesse sentido, é didática a expressão "dano direto e imediato" para identificar que todas as causas que venham a se realizar depois da conduta do autor, e que venham a aumentar a extensão ou gravidade do dano, quando não ligadas imediatamente a este autor, não serão de sua responsabilidade, senão daquele que deu causa à sua ocorrência.

6.1.3.4. *Rompimento do nexo de causalidade*

Considerando-se o crescente desenvolvimento da responsabilidade objetiva com a correspondente diminuição do papel da culpa como critério para imputação do dever de indenizar, ganha destaque o nexo de causalidade como pressuposto da responsabilidade e, no seu âmbito, as hipóteses de rompimento do nexo de causalidade como situações de afastamento do dever de indenizar.

As situações reconhecidas como suficientes para romper o nexo de causalidade entre o agente sobre quem se investiga a conduta e/ou atividade e o dano sofrido pela vítima são em parte previstas originalmente na lei, e em parte decorrentes de construção doutrinária e jurisprudencial. Tradicionalmente, usa-se mencionar três situações no âmbito do direito privado como excludentes de responsabilidade civil: a) o fato exclusivo da vítima (ou simplesmente fato da vítima); b) o fato exclusivo de terceiro (ou simplesmente fato de terceiro); e c) o caso fortuito e a força maior.

Em relação ao fato exclusivo da vítima e ao fato exclusivo de terceiro, não se encontram previstos no Código Civil, razão pela qual se diz que se tratam de construção pretoriana. Correto é referir-se como fato exclusivo e não culpa exclusiva, uma vez que se trata de fato apto ao rompimento do nexo de causalidade e não de elemento subjetivo da conduta do agente.

Embora estejam mais recentemente previstas em outras normas, como é o caso dos arts. 12, § 3º, III, e 14, § 3º, II, ambos do CDC. Já o caso fortuito e a força maior são previstos no Código Civil como causa de afastamento da responsabilidade do devedor por inadimplemento da obrigação, art. 393 do Código Civil, que prevê: "Art. 393. O devedor não responde pelos prejuízos resultantes de caso fortuito ou força maior, se expressamente não se houver por eles responsabilizado". O parágrafo único do mesmo artigo disciplina a definição comum a ambos os conceitos, indicando que "o caso fortuito ou de força maior verifica-se no fato necessário, cujos efeitos não era possível evitar ou impedir". A rigor, opera-se no caso o rompimento do nexo causal em face de causa estranha ao devedor – ou, no caso da responsabilidade em sentido estrito (extracontratual), estranha ao agente a quem se pretende imputar a indenização.

---

[249] PEREIRA, Caio Mário da Silva. *Responsabilidade civil*, cit., 10. ed., p. 110.
[250] TEPEDINO, Gustavo. Notas sobre o nexo de causalidade, cit., p. 63 e s.

Todavia, no tocante à distinção entre caso fortuito e força maior, não se observa convergência doutrinária ou jurisprudencial, embora ambos guardem identidade quanto à sua característica comum da necessariedade da causa.

6.1.3.4.1. Fato exclusivo da vítima

O fato exclusivo da vítima é o evento que se identifica como causa necessária de um dano sofrido por ela, e cuja realização só possa ser a ela imputável. Trata-se de causa que exclui a responsabilidade do agente, uma vez identificado que o dano ocorreu não em razão de conduta ou atividade sua, senão em razão de comportamento da própria pessoa que sofreu o dano. Originalmente, usava-se referir a culpa exclusiva da vítima, o que revela clara confusão entre os juízos de imputabilidade da conduta e de causalidade. Embora a conduta da vítima que se identifique como necessária à realização do dano possa ter sido realizada por atuação culposa ou dolosa sua, isso não é decisivo. Importa, de fato, que tenha sido ela a causa necessária do dano, de modo a afastar as demais causas possíveis, inclusive a conduta ou a atividade do agente de que se investigue eventual responsabilidade.

Sobre o comportamento da vítima, destaque-se a exigência de que se trate de causa exclusiva do dano. Ou seja, trata-se de contribuição que afasta todas as demais, tornando-se ela própria a causa necessária de realização do dano. Situação bastante ilustrativa enfrentada pelos tribunais nacionais diz respeito aos danos sofridos por vítimas pela prática do denominado "*surf* ferroviário". Trata-se de situação em que pessoas escolheram utilizar-se do transporte ferroviário para deslocar-se entre estações, não na parte interna do trem, mas sobre os vagões, expondo-se a altíssimo nível de risco, de modo contrário aos regulamentos e à fruição razoável desse serviço de transporte. No caso, tendo sido sofridos danos em decorrência de quedas ou choques pelo contato com a rede elétrica própria dessa modalidade de transporte, ingressaram com demandas de indenização contra a concessionária do serviço. A jurisprudência, então, corretamente identificou que a causa necessária do dano sofrido pela vítima foi o seu próprio comportamento de utilização indevida do serviço, expondo-se ao risco de dano.[251]

O mesmo se diga de uma criança que, estando a brincar com bola, a arremessa em terreno alheio e ingressa no imóvel para resgatá-la, sem o consentimento ou o conhecimento do dono, vindo a ser atacada por cão feroz que lá se encontre, de propriedade ou na posse do dono do imóvel. Nesse caso, igualmente, estando o cão no interior do terreno, apenas porque a criança nele ingressou é que houve a possibilidade de se causar o dano.

6.1.3.4.2. Fato de terceiro

O fato de terceiro que exclui a responsabilidade de determinado agente será o fato exclusivo de terceiro. Aqui também, a exemplo do que se menciona em relação ao fato da vítima, exige-se que a causa que tiver associada ao terceiro seja exclusiva, assim entendida aquela que foi determinante, excluindo-se todas as demais possíveis para a realização do

---

[251] "Responsabilidade civil. Acidente ferroviário. Queda de trem. 'Surfista ferroviário'. Culpa exclusiva da vítima. I – A pessoa que se arrisca em cima de uma composição ferroviária, praticando o denominado 'surf ferroviário', assume as consequências de seus atos, não se podendo exigir da companhia ferroviária efetiva fiscalização, o que seria até impraticável. II – Concluindo o acórdão tratar o caso de 'surfista ferroviário', não há como rever tal situação na via especial, pois demandaria o revolvimento de matéria fático-probatória, vedado nesta instância superior (Súmula 7/STJ). III – Recurso especial não conhecido" (STJ, REsp 160.051/RJ, Rel. Min. Antônio de Pádua Ribeiro, 3ª Turma, j. 5-12-2002, *DJ* 17-2-2003).

dano à vítima. Usa-se mencionar, também, culpa exclusiva de terceiro. Melhor é dizer-se fato exclusivo, inclusive porque não se há de perquirir, quando se apresentar determinada causa atribuível a terceiro como excludente do nexo de causalidade, se este terceiro atuou com culpa ou dolo. Tratando-se de rompimento do nexo causal, basta que se identifique a causa, não suas motivações.

Contudo, para que se caracterize o fato exclusivo de terceiro, é necessário, igualmente, que se identifique quem é o terceiro. Ou seja, que de fato seja terceiro estranho à uma relação originária entre as partes, seja ela de natureza contratual, pretérita ao dano, ou mesmo de natureza processual, posterior ao dano. Assim, pode devedor eximir-se das consequências do inadimplemento alegando que não lhe deu causa, uma vez que demonstre o fato exclusivo de terceiro. Ou o réu de ação indenizatória, que, para defender-se, demonstra que o dano alegado pela vítima decorre de fato cuja ocorrência se deve exclusivamente à conduta ou à atividade de terceiro. Nesse âmbito não se incluem as situações em que a conduta do agente concorre com a conduta de terceiro, hipótese em que, ao contrário de permitir a exclusão de responsabilidade, induz a responsabilidade solidária entre o agente e o terceiro pela reparação à vítima.[252]

Mencione-se, contudo, que nem sempre o fato exclusivo de terceiro tem por consequência o afastamento da responsabilidade do agente. Isso porque há situações em que, mesmo tendo a realização do dano, por causa necessária, o fato de terceiro, tal evento é colocado na esfera de risco de determinado agente, que terá de por ele responder. É o caso do inadimplemento da obrigação do transportador, por exemplo, em que este deve responder pelos danos causados por terceiro. Nesse sentido é a Súmula 187 do STF: "A responsabilidade contratual do transportador, pelo acidente com passageiro, não é elidida por culpa de terceiro, contra o qual tem ação regressiva". O critério para que dado fato de terceiro seja considerado inserido na cadeia causal entende-se que seja o da sua associação com a conduta que deu causa ao dano. Por outro lado, se na atividade do agente se insere risco que abrange mesmo o fato de terceiro (caso da atividade do transportador, por exemplo). Ou ainda, no direito do consumidor, quando aquele que deu causa ao dano, embora não sendo o agente principal, também integra a cadeia de fornecimento do produto, o fato de terceiro não se considera como causa excludente do dever de indenizar.

O exame do nexo causal é imprescindível também para identificar-se o fato exclusivo de terceiro. Isso porque o juízo que deverá ser realizado é o de que determinada causa originária, imputável a um agente, não será considerada causa do dano em razão da intervenção no processo causal do fato de terceiro, que assume plenamente a natureza de causa do dano. Ou seja, na investigação sobre a contribuição da conduta do terceiro para a realização do dano,

---

[252] "Agravo no recurso especial. Civil e processual civil. Acidente de trabalho. Sentença anterior à EC/45. Competência da justiça comum para conhecimento e julgamento da lide. Omissão inexistente. Nulidade de julgamento por falta de intimação. Ausente. Havendo mais de um advogado constituído nos autos, é válida a intimação feita em nome de um único causídico. Súmula 83/STJ. Mérito recursal. Preposto da recorrente que foi vítima fatal de descarga elétrica de maquinário de empresa por ela contratada para prestação de serviço. Responsabilidade solidária. Fato de terceiro não exclusivo. Súmulas 211 e 7/STJ. Reconhecida negligência da empresa empregadora que permitiu que seu funcionário, sem conhecimento técnico, nem segurança adequada, manipulasse equipamento com defeito visível de instalação elétrica. Responsabilidade pelos danos advindos ao seu preposto. A incolumidade física do empregado é garantida pelo empregador ao atender todas medidas de segurança. Responsabilidade solidária entre a empresa empregadora e a empresa dona da coisa. Agravo desprovido" (STJ, AgRg no REsp 1.121.466/SP, Rel. Min. Paulo de Tarso Sanseverino, 3ª Turma, j. 6-8-2013, *DJe* 12-8-2013).

deve surgir, sem qualquer dúvida, o caráter necessário da causa que lhe é imputada para a ocorrência do evento.[253] Nesse sentido, não bastará que o terceiro seja mero causador direto, quando se entender que a causa necessária para o dano seja outra que não lhe é imputado.[254]

6.1.3.4.3. Caso fortuito e força maior

Entre as situações que afastam a responsabilidade civil em razão do rompimento do nexo causal entre determinada conduta ou atividade do agente estão os eventos qualificados como caso fortuito ou força maior. A previsão do caso fortuito e da força maior como eventos que rompem o nexo de causalidade se dá expressamente pelo art. 393 do Código Civil, que estabelece: "O devedor não responde pelos prejuízos resultantes de caso fortuito ou força maior, se expressamente não se houver por eles responsabilizado". E, da mesma forma, o parágrafo único do mesmo artigo busca definir o caso fortuito e a força maior, indicando que se verificam como "fato necessário, cujos efeitos não eram possíveis evitar ou impedir". Trata-se, pois, de fato externo e irresistível ao agente, que não pode impedi-lo, de modo que assume, o próprio evento, a causa do dano.

Sobre a orientação legislativa – que, ademais, segue longa tradição, como se pode perceber da previsão expressa da força maior e do caso fortuito como causa de exclusão de responsabilidade, já no Decreto n. 2.681/1912, em seu art. 1º, 1ª –, note-se que se situa dentre as normas que disciplinam o inadimplemento das obrigações, logo, associadas à responsabilidade negocial ou contratual. Isso, aliás, é que levou com que durante muito tempo se sustentasse o caso fortuito e a força maior como causas de exclusão da culpa do agente, a qual era presumida na hipótese de inadimplemento. Esta era a denominada corrente de interpretação subjetivista, que concentrava seu exame na presença ou não de culpa. Por outro lado, a corrente de interpretação objetivista sustentou que o efeito do caso fortuito e da força maior, de exoneração do devedor, não decorria de ausência de culpa, mas do rompimento do nexo causal entre a conduta imputada ao devedor e a causa necessária do inadimplemento, no caso uma causa necessária, que fazia com que fosse impossível evitar ou impedir. Portanto, era um evento irresistível e exterior ao agente, que se converte em causa, afastando aquela originalmente imputada a ele.

Embora prevista como causa de exoneração da responsabilidade pelo inadimplemento, é fora de qualquer dúvida que sua abrangência revela-se tanto em relação a esta como aos demais casos de responsabilidade por danos.[255] Ou seja, o rompimento da conduta e do nexo causal opera-se tanto nas hipóteses de responsabilidade contratual ou extracontratual, assim também considerado na legislação especial em que não houver expressa referência ao caso fortuito e à força maior, como é o caso da responsabilidade do fornecedor por danos

---

[253] Assim, será considerado fortuito externo, excluindo a responsabilidade da concessionária de uma rodovia, o assalto praticado por terceiros em estabelecimento de atendimento aos usuários, às margens da pista, uma vez compreendido, nesta hipótese, que a ocorrência de roubo e sequestro, com emprego de arma de fogo, é evento capaz e suficiente para romper com a existência de nexo causal (STJ, REsp 1749941/PR, Rel. Min. Nancy Andrighi, 3ª Turma, j. 04/12/2018, *DJe* 07/12/2018).

[254] Assim decidiu corretamente o STJ: "Responsabilidade civil. Acidente automobilístico. Culpa de terceiro. Hipótese em que, reconhecida a culpa exclusiva de um dos motoristas implicados no evento danoso, não há razão para atribuir-se responsabilidade aquele que, mero agente físico dos prejuízos, foi envolvido involuntariamente no acidente. Inteligência dos arts. 160, II, 1.520 e 1.524 do Código Civil. Recurso especial não conhecido" (STJ, REsp 37.062/MG, Rel. Min. Barros Monteiro, 4ª Turma, j. 10-5-1994, *DJ* 5-9-1994).

[255] Trata-se de um princípio geral da responsabilidade civil, conforme observa ANTONMATTEI, Paul--Henri. *Contribution à l'étude de la force majeure*. Paris: LGDJ, 1992, p. 177.

causados ao consumidor (arts. 12 e 14 do CDC). Nesse caso, mesmo diante da ausência de previsão expressa, não se deixa de admitir tais eventos como capazes de afastar a responsabilidade do fornecedor.

Questão mais tormentosa é a identificação exata da distinção entre caso fortuito e força maior. Ainda que de interesse mais acadêmico do que prático, resulta que a distinção entre os dois conceitos não se dá do mesmo modo pela doutrina.[256] Segundo certos autores, caso fortuito seria aquele derivado da força da natureza, tais como o raio, o terremoto ou a inundação; enquanto a força maior conteria intervenção humana, como é o caso da ação da autoridade (fato do príncipe), furto, roubo, ou a desapropriação. Em sentido diverso, há quem sustente que a distinção reside no fato de o caso fortuito tratar de hipótese que caracteriza impossibilidade relativa, enquanto a força maior seria o caso de impossibilidade absoluta. Ou seja, que no caso fortuito, o inadimplemento ou o dano estaria associado a uma impossibilidade relacionada à pessoa do titular do dever, enquanto na força maior a impossibilidade seria genérica, reconhecida a qualquer pessoa. A distinção que opera essa classificação tem relevância quando se trata de responsabilidade objetiva, fundada no risco. Isso porque, enquanto na responsabilidade subjetiva, fundada na culpa do agente, tanto o caso fortuito quanto a força maior caracterizam-se como impossibilidade de atuação diversa, no caso da responsabilidade objetiva, a culpa é irrelevante, de modo que apenas aquela impossibilidade genérica, reconhecida a qualquer pessoa, poderá ser invocada para escusar a responsabilidade do agente, portanto, a força maior, também denominada aqui como caso fortuito externo.

Ou seja, embora como regra geral identifique-se o caso fortuito e a força maior quanto aos efeitos, a adoção de outro critério de classificação, diferenciando impossibilidade relativa na hipótese de caso fortuito da impossibilidade absoluta no caso de força maior, permite que no caso de responsabilidade objetiva apenas se admita a alegação como causa de exoneração de responsabilidade, por rompimento do nexo causal com a conduta ou a atividade do agente, aquela que seria comum a todas as pessoas. E não algo característico a esta mesma conduta, o que se passaria a identificar como risco inerente à conduta ou atividade do agente, que, nesses termos, passa a ter de responder pelo fato. Diz-se, assim, caso fortuito interno porque o risco representado pelo fato é inerente, interno à conduta ou à atividade do agente, de modo que deve responder quando dele decorra o dano. Distingue-se, nesse particular, do caso fortuito externo (ou força maior), em que o dano decorre de causa completamente estranha à conduta do agente,[257] e por isso causa de exoneração de responsabilidade. Nesse ponto, convém

---

[256] A razão para tanto, segundo observa Giuseppe Luzzatto, se dá pelo modo como os compiladores medievais passaram a interpretar as noções romanas de *casus* em contraposição à culpa e a construção do sentido de um novo conceito *justinianeu* de custódia, a justificar uma responsabilidade sem culpa em vista da atividade ordinária do custodiante, para o que se tornou necessária a contraposição entre um *casus minor* e um *casus maior*, e de um *casus voluntarius* de um *casus fortuitus*, uma *vis cui resisti non potest*, em contraposição à violência ordinária *cui resisti potest*. Para tanto, os compiladores passaram a considerar os termos originais utilizados no *Corpus Iuris Civilis* como fungíveis, passando a empregá-los deste modo. LUZZATTO, Giuseppe Ignazio. *Caso fortuito e forza maggiore come limite alla responsabilità contrattuale*. La responsabilità per la custodia. Milano: Giuffrè, 1938, p. 20-21.

[257] "Agravo regimental no recurso especial. Processual civil. Responsabilidade civil. Estacionamento de lanchonete. Roubo de veículo. Força maior. Precedentes. Súmula n. 7/STJ. 1. 'A força maior deve ser entendida, atualmente, como espécie do gênero fortuito externo, do qual faz parte também a culpa exclusiva de terceiros, os quais se contrapõem ao chamado fortuito interno. O roubo, mediante uso de arma de fogo, em regra é fato de terceiro equiparável a força maior, que deve excluir o dever de indenizar, mesmo no sistema de responsabilidade civil objetiva' (REsp 976.564/SP, Rel. Min. Luis Felipe Salomão, *DJe* 23/10/2012). 2. A desconstituição das conclusões a que chegou o Colegiado *a quo* em relação à ausência

observar que a exterioridade da causa é condição que se afirma para excluir a imputação de responsabilidade. Assim, para que se admita a exoneração de responsabilidade, a causa deve ser estranha, externa ao agente.[258]

A jurisprudência brasileira admitiu expressamente a distinção entre o caso fortuito externo (força maior) e o caso fortuito interno, identificando, neste último, situações de risco inerentes à atividade do agente. A hipótese consagrada é a prevista na Súmula 479 do Superior Tribunal de Justiça, que dispõe: "As instituições financeiras respondem objetivamente pelos danos gerados por fortuito interno relativo a fraudes e delitos praticados por terceiros no âmbito de operações bancárias". Em outros termos, a Súmula 479 consagra entendimento daquela Corte no sentido de que as fraudes e delitos praticados por terceiros, no curso das operações bancárias, integram-se à esfera de risco da instituição financeira, de modo que os danos daí decorrentes são de sua responsabilidade. Será o caso de desvio de recursos por terceiros,[259] como os praticados na internet ou mesmo em terminais de autoatendimento, por exemplo.

Questão mais tormentosa será a de identificar as situações que se qualifiquem como caso fortuito interno, ou seja, em que as características de determinada atividade possam definir certa esfera de risco inerente àquela atividade, pela qual o agente venha a responder independentemente da demonstração de culpa. Conforme ensina a jurisprudência "o conceito de fortuito interno reflete um padrão de comportamento, um standard de atuação, que nada mais representa que a fixação de um quadrante à luz das condições mínimas esperadas do exercício profissional, que deve ser essencialmente dinâmico, e dentro dos quais a concretização dos riscos em dano é atribuível àquele que exerce a atividade".[260] Este exame, contudo, não deve ser feito genericamente, senão em atenção às circunstâncias concretas que caracterizam a atividade e a coerência de utilização do mesmo critério para definição de determinada situação como dotada de risco inerente e outras semelhantes.

6.1.3.5. *Pluralidade de causas*

Pode ocorrer que para um mesmo dano concorra mais de uma causa, estabelecendo-se uma pluralidade de causas ou concausalidade. Nesse sentido, tais causas não iniciam ou interrompem o processo causal, mas o reforçam em direção a dado resultado. Havendo pluralidade de causas, costuma-se mencioná-las cada uma como espécie de concausa. Por concausa entenda-se a condição que concorre para a realização do dano juntamente de outra originalmente considerada para este fim, alterando-se o normal desenvolvimento do processo causal. Assim, pode denominar-se concausa tanto as causas que, independentes entre si, contribuem com o dano, não sendo possível identificar entre uma causa principal e outras

---

de responsabilidade da lanchonete pelo roubo ocorrido em seu estacionamento, como pretendido pelo recorrente, ensejaria incursão no acervo fático da causa, o que, como consabido, é vedado nesta instância especial, nos termos da Súmula n. 7 desta Corte Superior. 3. Agravo regimental não provido" (STJ, AgRg no REsp 1.218.620/SC, Rel. Min. Ricardo Villas Bôas Cueva, 3ª Turma, j. 15-8-2013, DJe 22-8-2013).

[258] VINEY, Geneviève; JOURDAIN, Patrice. *Traité de droit civil*. Les conditions de la responsabilité, cit., 3. ed., p. 252-253.

[259] "As instituições bancárias respondem objetivamente pelos danos causados por fraudes ou delitos praticados por terceiros – como, por exemplo, abertura de conta-corrente ou recebimento de empréstimos mediante fraude ou utilização de documentos falsos –, porquanto tal responsabilidade decorre do risco do empreendimento, caracterizando-se como fortuito interno" (REsp 1.199.782/PR, Rel. Min. Luis Felipe Salomão, 2ª Seção, j. 24-8-2011, DJe 12-9-2011).

[260] STJ, REsp 1786722/SP, Rel. Min. Nancy Andrighi, 3ª Turma, j. 09/06/2020, DJe 12/06/2020.

secundárias;[261] quanto as causas que possam ser diferenciadas entre si, entre causa principal e causas secundárias.[262]

As concausas podem ser preexistentes, concomitantes ou supervenientes, conforme já existam ou venham a surgir antes, junto ou após a causa atribuída ao agente. De regra, a causa atribuída ao agente não é interrompida ou excluída pela interferência de outras causas. Quando se tratar de causas plurais, mas interdependentes, de modo que se somam para a realização de um resultado que não seria obtido sem a intercorrência de cada uma delas, a concausalidade induz a solidariedade, quando forem atribuídas a diferentes pessoas. Nesse sentido a solidariedade de autores e coautores do dano na obrigação de reparação, conforme estabelece o art. 942, parágrafo único, do Código Civil, e o art. 7º, parágrafo único, do Código de Defesa do Consumidor.

Em relação à solidariedade dos autores do dano pela obrigação de reparação, a regra do art. 942 do Código Civil constitui espécie de obrigação *in solidum*, com antecedentes bastante antigos, remontando à solução romana para o caso dos danos decorrentes de dolo e violência, presentes no Digesto.[263]

Já na situação em que as causas que se identificam como absolutamente independentes da conduta do agente, e nesses termos elas próprias se configuram como causa do dano, não se tratará de concorrência de causas, mas de hipótese de exoneração da responsabilidade em face da exclusão da causalidade entre a conduta e/ou atividade atribuída ao agente e o dano que veio a se realizar. É o caso da causa atribuível exclusivamente à vítima (fato da vítima) ou a terceiro (fato de terceiro).

6.1.3.5.1. Causalidade concorrente

Há causalidade concorrente quando mais de uma causa, independente uma da outra, concorre para a realização de um dano que não teria ocorrido na mesma extensão, pelo advento exclusivo de qualquer uma das causas.[264] Referência doutrinária expressiva é a do caso em que dois poluidores despejam dejetos no rio, de modo que a ação de qualquer deles tomada individualmente seria suficiente para matar todos os peixes.[265] Nessa situação, todos os agentes respondem solidariamente pelo dano causado.

Pode ocorrer, por outro lado, situação em que causa atribuída ao agente concorra com outra, atribuída à própria vítima. Nessa hipótese, há causas concorrentes que se somam na realização de um dano à vítima, de modo que não haveria o dano, ou não, naquela extensão, se não houvesse a contribuição da própria vítima para sua realização. Nesse caso, a causalidade concorrente, em que uma das causas é atribuída à vítima, implica que se reduza o valor da indenização para menos do que o próprio dano, nos termos do art. 945 do Código Civil: "Se a vítima tiver concorrido culposamente para o evento danoso, a sua indenização será fixada tendo-se em conta a gravidade de sua culpa em confronto com a do autor do dano".[266] Nesse

---

[261] NORONHA, Fernando. *Direito das obrigações*, cit., 2010, p. 670-671.
[262] Como ensina Cavalieri, "concausa é outra causa que, juntando-se à principal, concorre para o resultado. Ela não inicia e nem interrompe o processo causal, apenas o reforça, tal como um rio menor que deságua em outro maior, aumentando-lhe o caudal". CAVALIERI, Sérgio. *Programa de responsabilidade civil*, cit., p. 78.
[263] RIPERT, Georges; BOULANGER, Jean. *Tratado de derecho civil*, cit., p. 111-112.
[264] STJ, REsp 1615971/DF, Rel. Min. Marco Aurélio Bellizze, 3ª Turma, j. 27/09/2016, *DJe* 07/10/2016.
[265] NORONHA, Fernando. *Direito das obrigações*, cit., 2010, p. 677.
[266] "Recurso especial. Civil. Responsabilidade civil. Prescrição. Não configuração. Fuga de paciente menor de estabelecimento hospitalar. Agravamento da doença. Morte subsequente. Nexo de causalidade. Con-

caso, a conduta da vítima contribui para o dano, mas não é decisiva, de modo que isoladamente não teria alcançado o resultado, daí a razão para redução do *quantum* indenizatório e não de exclusão do dever de indenizar.[267]

---

corrência de culpas. Reconhecimento. Redução da condenação. Recurso parcialmente provido. 1. Não incidem as normas do Código de Defesa do Consumidor, porquanto o evento danoso ocorreu em data anterior à sua vigência. Ficam, assim, afastadas a responsabilidade objetiva (CDC, art. 14) e a prescrição quinquenal (CDC, art. 27), devendo ser a controvérsia dirimida à luz do Código Civil de 1916. 2. Aplica-se o prazo prescricional de natureza pessoal de que trata o art. 177 do Código Civil de 1916 (vinte anos), em harmonia com o disposto no art. 2.028 do Código Civil de 2002, ficando afastada a regra trienal do art. 206, § 3º, V, do CC/2002. 3. Na aferição do nexo de causalidade, a doutrina majoritária de Direito Civil adota a teoria da causalidade adequada ou do dano direto e imediato, de maneira que somente se considera existente o nexo causal quando o dano é efeito necessário e adequado de uma causa (ação ou omissão). Essa teoria foi acolhida pelo Código Civil de 1916 (art. 1.060) e pelo Código Civil de 2002 (art. 403). 4. As circunstâncias invocadas pelas instâncias ordinárias levaram a que concluíssem que a causa direta e determinante do falecimento do menor fora a omissão do hospital em impedir a evasão do paciente menor, enquanto se encontrava sob sua guarda para tratamento de doença que poderia levar à morte. 5. Contudo, não se pode perder de vista sobretudo a atitude negligente dos pais após a fuga do menor, contribuindo como causa direta e também determinante para o trágico evento danoso. Está-se, assim, diante da concorrência de causas, atualmente prevista expressamente no art. 945 do Código Civil de 2002, mas, há muito, levada em conta pela doutrina e jurisprudência pátrias. 6. A culpa concorrente é fator determinante para a redução do valor da indenização, mediante a análise do grau de culpa de cada um dos litigantes, e, sobretudo, das colaborações individuais para confirmação do resultado danoso, considerando a relevância da conduta de cada qual. O evento danoso resulta da conduta culposa das partes nele envolvidas, devendo a indenização medir-se conforme a extensão do dano e o grau de cooperação de cada uma das partes à sua eclosão. 7. Recurso especial parcialmente provido" (REsp 1.307.032/PR, Rel. Min. Raul Araújo, 4ª Turma, j. 18-6-2013, *DJe* 1º-8-2013).

[267] "Responsabilidade civil. Recurso especial submetido à sistemática prevista no art. 543-C do CPC. Acidente ferroviário. Vítima fatal. Concorrência de causas: conduta imprudente da vítima e descumprimento do dever legal de segurança e fiscalização da linha férrea. Redução da indenização por danos morais pela metade. Indenização por danos materiais. Não comprovação de dependência econômica pelos genitores. Vítima maior com quatro filhos. Súmula 7 do STJ. 1. A responsabilidade civil do Estado ou de delegatário de serviço público, no caso de conduta omissiva, só se concretiza quando presentes estiverem os elementos que caracterizam a culpa, a qual se origina, na espécie, do descumprimento do dever legal atribuído ao Poder Público de impedir a consumação do dano. Nesse segmento, para configuração do dever de reparação da concessionária em decorrência de atropelamento de transeunte em via férrea, devem ser comprovados o fato administrativo, o dano, o nexo direto de causalidade e a culpa. 2. A culpa da prestadora do serviço de transporte ferroviário configura-se, no caso de atropelamento de transeunte na via férrea, quando existente omissão ou negligência do dever de vedação física das faixas de domínio da ferrovia – com muros e cercas – bem como da sinalização e da fiscalização dessas medidas garantidoras da segurança na circulação da população. Precedentes. 3. A exemplo de outros diplomas legais anteriores, o Regulamento dos Transportes Ferroviários (Decreto 1.832/1996) disciplinou a segurança nos serviços ferroviários (art. 1º, inciso IV), impondo às administrações ferroviárias o cumprimento de medidas de segurança e regularidade do tráfego (art. 4º, I) bem como, nos termos do inciso IV do art. 54, a adoção de 'medidas de natureza técnica, administrativa, de segurança e educativas destinadas a prevenir acidentes'. Outrossim, atribuiu-lhes a função de vigilância, inclusive, quando necessário, em ação harmônica com as autoridades policiais (art. 55). 4. No caso sob exame, a instância ordinária consignou a concorrência de causas, uma vez que, concomitantemente à negligência da concessionária ao não se cercar das práticas de cuidado necessário para evitar a ocorrência de sinistros, houve imprudência na conduta da vítima, que atravessou a linha férrea em local inapropriado, próximo a uma passarela, o que acarreta a redução da indenização por dano moral à metade. 5. Para efeitos do art. 543-C do CPC: no caso de atropelamento de pedestre em via férrea, configura-se a concorrência de causas, impondo a redução da indenização por dano moral pela metade, quando: (i) a concessionária do transporte ferroviário descumpre o dever de cercar e fiscalizar os limites da linha férrea, mormente em locais urbanos e populosos, adotando conduta negligente no tocante às necessárias práticas de cuidado e vigilância tendentes a evitar a ocorrência de sinistros; e (ii) a vítima adota conduta imprudente, atravessando a via férrea em local inapropriado. 6.

6.1.3.6. Causalidade cumulativa

Diz-se causalidade cumulativa quando diversas causas, distintas e independentes entre si, contribuem para a realização de uma parte delimitada do dano total. Nesse caso, entende-se que cada agente contribuiu apenas com determinado dano, ou parte dele, não tendo qualquer vinculação com as demais consequências. Ou seja, cada agente responderá por parcela delimitada do dano, podendo-se mesmo dizer-se que são danos distintos.

6.1.3.7. Causalidade alternativa

A causalidade alternativa (ou disjuntiva) é a situação em que, havendo dois ou mais fatos atribuíveis a pessoas distintas, cada qual capaz de dar causa ao dano, porém, sem a possibilidade de identificar-se com precisão qual deles pode ser determinado exclusivamente como tal.[268] Decisiva aqui será a prova do nexo de causalidade e sua interpretação pelo julgador, não se deixando de definir que, caracterizada a situação de fato, em que do grupo de pessoas resulte a causa do dano, presuma-se em favor da vítima.[269]

Tem lugar a causalidade alternativa, no direito brasileiro, quando se tratar da responsabilidade de fatos com a participação de grupos de pessoas, nos quais não é possível individualizar a conduta de cada um deles, de modo que se deve imputar a todos os membros do grupo a responsabilidade solidária pelos danos causados.[270] Se estabelece nessa situação uma presunção de causalidade em relação a todos os agentes.

6.1.3.8. Causa virtual

Denomina-se causa virtual determinado fato imputável ao agente, em relação ao qual, embora possa ser identificado como causa possível de um dano, deixa de ter esta contribuição na cadeia causal, em face da intervenção de uma causa real, que termina por tornar efetiva sua ocorrência. A causa virtual, portanto, é aquela que remanesce de processo causal determinado, que, todavia, é interrompido pelo advento de uma causa real, a qual vem efetivamente realizar o dano. Em outros termos, a causa virtual seria aquela que realizaria ordinariamente o dano, não fosse a intercorrência de outra causa – dita real –, que vem de fato a produzi-lo. Nesse caso, como regra, responde pelo dano apenas aquele a quem é atribuída sua causa real.[271]

O efeito da causa virtual pode ocorrer na mensuração do dano e da indenização. Assim ocorre com aquele que vem a causar o homicídio de vítima que já se encontrava adoentada e com previsão de pouco tempo de vida, e é demandado a indenizar danos patrimoniais decorrentes da morte. É certo que terá de indenizar, tomada a responsabilidade aqui como

---

Recurso especial parcialmente conhecido e, nesta extensão, parcialmente provido. Acórdão submetido ao regime do art. 543-C do CPC e da Resolução STJ 08/2008" (STJ, REsp 1.172.421/SP, Rel. Min. Luis Felipe Salomão, 2ª Seção, j. 8-8-2012, *DJe* 19-9-2012).

[268] GOLDENBERG, Isidoro. *La relación de causalidad en la responsabilidad civil*. Buenos Aires: Astrea, 1989, p. 141 e s.

[269] SAUX, Edgardo Ignácio. Causalidad y responsabilidad de los grupos. Caso de autor anônimo y de autor identificado. *Revista de Derecho de Daños*, 2003-2, Buenos Aires: Rubinzal Culzoni, 2003, p. 318.

[270] DELLA GIUSTINA, Vasco. *Responsabilidade civil dos grupos*. Inclusive no Código do Consumidor. Rio de Janeiro: Aide, 1991, p. 139.

[271] Em sentido contrário, veja-se: FROTA, Pablo Malheiros. Eficácia causal virtual e a causalidade disjuntiva como fatores de erosão das teorias do nexo causal nas relações civis e de consumo. *Revista de Direito do Consumidor*, v. 93, São Paulo: RT, maio/jun. 2014, p. 101 e s.

sanção,[272] porém, atento às circunstâncias em que se deu, em vista de uma causa virtual que, antecedente, reduz a extensão do interesse, em especial na esfera patrimonial.

6.1.4. O nexo de imputação

Além dos três pressupostos clássicos – conduta/atividade, nexo de causalidade e dano –, deve ser destacado, também como outro pressuposto da responsabilidade civil, o nexo de imputação. A imputação pressupõe a realização de um juízo valorativo sobre a situação de fato, cujo exame poderá determinar o reconhecimento da responsabilidade civil. Esse juízo desenvolve-se nos planos fático e jurídico.[273] No primeiro caso, no plano dos fatos, a identificação da relação entre o fato danoso e sua autoria desenvolve-se por meio do que também se denomina atributividade, ao passo que o exame das circunstâncias próprias do autor do ato danoso e o nível de consciência, discernimento que lhe reconhece o direito, denomina-se imputação em sentido estrito.[274] A imputabilidade, como ato em que é indicada a livre determinação do seu autor em perspectiva realística,[275] não é demais afirmar, será elemento essencial na hipótese da responsabilidade civil subjetiva, fundada na culpa.[276]

Tradicionalmente, a imputação do dever de indenizar se dava fundamentalmente pela exigência de culpa. Reproduza-se, aqui, a conhecida máxima: *sem culpa, nenhuma reparação*. Ao afirmar-se que só o culpado responde pelos danos, vincula-se à presença da culpa a existência de responsabilidade. Todavia, aqui se está a tratar de noção jurídica de culpa, não a culpa psicológica. E essa noção jurídica de culpa decorre da violação de certos deveres jurídicos gerais, exigíveis de toda a comunidade, os deveres de diligência e de prudência. Em muitas situações, contudo, esses deveres gerais assumem feições específicas, exigindo-se da conduta do agente a adequação a certos padrões que, não sendo genéricos e exigíveis de todas as pessoas, o serão a determinadas pessoas, ou porque exercem certas funções, ou porque ostentam certa qualificação.

O advento da sociedade industrial, no século XIX, por outro lado, desafiou a necessidade de investigação da culpa na conduta do agente como elemento necessário à responsabilidade civil. Embora desde as origens da responsabilidade civil não se possa falar de um princípio geral de responsabilidade por culpa,[277] é nessa quadra histórica em que passa a fornecer importante solução para duas questões: a dificuldade prática, que muitas vezes se encerrava na possibilidade de identificar-se e demonstrar-se a culpa; e pela própria inexistência de culpa em situações nas quais a própria atuação humana seria indireta, como no caso dos danos causados por objetos mecânicos em geral. Isso dá causa à identificação de que certas atividades, quando desenvolvidas habitualmente, podem dar causa a maiores probabilidades de causarem danos do que outras, ou seja, a riscos maiores do que outras.

Por outro lado, também o desenvolvimento da atividade de seguros contribuiu para retirar do dever de reparação sua natureza sancionatória da culpa.[278] Nesse sentido,

---

[272] PEREIRA COELHO, Francisco Manuel. *O problema da causa virtual na responsabilidade civil*. Coimbra: Almedina, 1998, p. 218.

[273] GHERSI, Carlos Alberto. *La imputación*. Responsabilidad civil. 2. ed. Buenos Aires: Hamurabi, 1997, p. 93.

[274] GHERSI, Carlos Alberto. *La imputación*, cit., p. 93.

[275] ESPÍNOLA, Eduardo. *Sistema de direito civil brasileiro*. São Paulo: Freitas Bastos, 1945, v. 2, t. 2, p. 262.

[276] PESSOA JORGE, Fernando. *Ensaio sobre os pressupostos da responsabilidade civil*, cit., p. 331.

[277] MARTON, G. *Les fondements de la responsabilité civile*. Paris: Sirey, 1938, p. 156-157; VINEY, Geneviève; JOURDAIN, Patrice. *Traité de droit civil*. Les conditions de la responsabilité, cit., 3. ed., p. 9.

[278] VINEY, Geneviève. *Le déclin de la responsabilité individuelle*. Paris: LGDJ, 1965, p. 221-222. No mesmo sentido: VINEY, Geneviève. De la responsabilité personelle à la réparation des risques, cit., p. 11-16.

afirmou-se a compreensão de insuficiência da culpa como critério exclusivo de imputação de responsabilidade, o que levou ao desenvolvimento gradual da denominada *teoria do risco*, a qual foi assentada, sistematizada e divulgada no final do século XIX, pelos conhecidos trabalhos, na França, de Raymond Saleilles[279] e Louis Josserand.[280] Por essa teoria, que tinha seu campo de aplicação reconhecido a toda a atividade individual, aquele que dava causa com sua atuação ao surgimento de um risco deveria suportar os custos desses riscos, de modo a imputar àqueles que davam causa ao surgimento dos riscos os danos causados pelos chamados acidentes anônimos, em que não era possível delimitar a culpa pela sua ocorrência.

Essa teoria alcançou, então, crescente êxito,[281] seja pela interpretação jurisprudencial das cláusulas de responsabilidade presentes no ordenamento jurídico, seja como fundamento de normas legais específicas de imputação de responsabilidade independente de culpa. E expandiu-se para além dos limites do direito francês, sendo recepcionada amplamente por outros sistemas jurídicos, dentre os quais o brasileiro.[282]

Atualmente, convivem no sistema de responsabilidade civil ambos os nexos de imputação. A culpa é fundamento nuclear do conceito de ato ilícito presente no art. 186 do Código Civil, e consequentemente da responsabilidade por ato ilícito prevista no seu art. 927, *caput*. O risco é o fundamento da responsabilidade objetiva prevista no art. 927, parágrafo único, além de diversas outras disposições previstas no Código Civil e na legislação especial.

6.1.4.1.   *A culpa como critério de imputação na responsabilidade civil*

A exigência da culpa como nexo de imputação da responsabilidade civil implicava, de um lado, a motivação interna do sujeito na realização da conduta que resultava no dano, do modo como se dava a violação de um dever jurídico originário, cuja consequência, resultando em dano, implicava o dever sucessivo de indenizar. Sob a égide da *teoria da culpa*, os juristas clássicos dos séculos XVIII e XIX estabeleceram como elemento necessário da conduta a presença da culpa em sentido amplo, como condição necessária para a imputação de responsabilidade e do consequente dever de indenizar. Pothier, por exemplo, cuja obra é das principais inspirações do Código Civil francês, identifica nos *delitos* e nos *quase delitos*, ambos caracterizados sob a égide da ilicitude, a terceira e a quarta causa das obrigações, respectivamente. Ambas, todavia, sob a marca do elemento interno do agente. Nos *delitos*, quando "por ato pelo qual uma pessoa, por dolo ou maldade, causa perda ou dano a outra",

---

[279]   SALEILLES, Raymond. *Les acidentes du travail et la responsabilité civile*. Paris: A. Rosseau, 1897.

[280]   JOSSERAND, Louis. De la responsabilité du fait des choses inanimées. A. Rosseau, 1897. Decisivo na jurisprudência francesa, foi o *arrêt Teffaine*, de 1896, pelo qual a Corte de Cassação atribuiu indenização à viúva de um mecânico que morrera em face de acidente causado por máquina à vapor, com fundamento no art. 1384 do Código Civil francês, que dispõe sobre a responsabilidade pelo fato da coisa de que se tenha a guarda. Conforme: PRATA, Ana. *Responsabilidade delitual nos Códigos Civis português de 1966 e brasileiro de 2002*, cit., p. 70-71.

[281]   Embora não se desconsiderem as conhecidas críticas doutrinárias sobre a teoria do risco, em especial as de Marcel Planiol, em defesa do critério da culpa, e argumentando que um conceito mais amplo da noção seria suficiente para abranger também as situações que a teoria do risco situava no campo da responsabilidade objetiva. Veja-se: PLANIOL, Marcel. Études sur la responsabilité civile. Revue critique de legislatión, 1905, cit., p. 277 e s.

[282]   De grande repercussão no Brasil é a notável obra de Alvino Lima, *Da culpa ao risco* (atualmente publicada sob o título *Culpa e risco*), pela qual o professor da Universidade de São Paulo desenvolve no direito brasileiro a aplicação sugerida pelo direito francês, apontando a coexistência dos dois regimes de responsabilidade. LIMA, Alvino. *Culpa e risco*, cit., p. 41 e s.

enquanto nos quase delitos, identificava-se "o ato pelo qual uma pessoa, sem maldade, mas por imprudência que não seja desculpável, causa algum dano a outro".[283]

A noção de culpa transforma-se com o tempo. A visão original, associada à concepção psicológica de falha da vontade humana, dá lugar – em especial, a partir das críticas oferecidas pela teoria do risco, a uma compreensão ampla da culpa, e da natureza jurídica desse conceito. A culpa *lato sensu* abrange o dolo (entendido como a intenção de produzir certo resultado) e a culpa em sentido estrito, assim entendidas a imprudência e a negligência. Caracteriza a noção jurídica de culpa a infração de um dever jurídico. Será o dever de prudência ou de diligência, cujo conteúdo não é definido pela lei, mas resulta de significados construídos pela doutrina e pela jurisprudência.

Distingue-se o exame da *culpa in abstracto* e da *culpa in concreto*. *Culpa in abstracto* é o que resulta do exame da culpa que se dá pela comparação entre a atuação do agente e aquela que se define como padrão de comportamento desejado em sociedade. *Culpa in concreto* é aquela que resulta do exame da situação específica em que se colocou o agente, como indivíduo situado e concreto, de modo a definir que comportamento lhe seria exigido de acordo com as circunstâncias que envolveram determinado evento.

Em termos clássicos, a fórmula para a definição da culpa resulta da inobservância ao comportamento que teria adotado o bom pai de família[284] que fosse colocado nas mesmas condições do agente, cuja conduta seja investigada – o que no *common law* usa-se mencionar como o *reasonable man*. Nesse sentido, originalmente, adota-se um conteúdo moral para a definição de culpa, como comportamento que, a par de causar o dano, provoca reprovação social. Gradualmente, esse componente "subjetivo" da culpa perde espaço para uma nova compreensão de violação de dever de conduta, imposto às pessoas em geral como desdobramento do dever de não causar dano a outrem.[285]

Daí decorre a redefinição da noção jurídica de culpa, não mais como elemento psicológico da conduta, senão com deveres jurídicos definidos como *standards* de conduta aos quais deverá atender o agente, sob pena de caracterizar-se falha de comportamento da qual decorre um dano. O art. 186 do Código Civil refere-se a um comportamento voluntário, negligência ou imprudência. O comportamento voluntário é o dolo. Ou seja, há comportamento culposo em sentido amplo quando alguém, voluntariamente, comporta-se de modo a causar dano a outrem. Por outro lado, a negligência e a imprudência constituem, respectivamente, a violação do dever de diligência e de prudência, respectivamente. Aqui, por óbvio, resultará a pergunta: e como identificar precisamente que comportamento devido resulta, em concreto, dos deveres de diligência e prudência?

---

[283] POTHIER, R. J. *Tratado das obrigações*, cit., p. 113.

[284] A noção de bom pai de família é objeto de conhecidas críticas. Originalmente, recorde-se a crítica de Anton Menger, em seu direito civil das classes populares sem propriedade (*Das bürgerliche Gesetzbuch und die besitzlosen Volksklassen*), também traduzido em versão espanhola, como direito civil dos pobres, no qual o autor refere que, em vez da expressão diligente pai de família que só cuida dos seus, o homem honrado deve ter em consideração também os interesses alheios, não apenas seu bem-estar, mas dos demais. MENGER, Anton. *El derecho civil de los pobres*. Madrid: Libreria General de Victoriano Suárez, 1898, p. 319. Embora conhecida a inclinação crítica e socialista do autor, esta sua ponderação, associada a outra, dando conta do caráter excessivamente abstrato da noção de bom pai de família, fomentaram as restrições à noção do bom pai de família expressa como *standard* de conduta pela legislação.

[285] Nesse sentido, igualmente, os critérios utilizados no *common law* para a caracterização da violação do dever de cuidado (*duty of care*), fundado na noção de *reasonable man*, identificada nos diversos precedentes dos tribunais. THOMSON, Joe. *Delictual liability*. Edinburgh: Butterworths, 1999, p. 57 e s.

São inúmeras, e nem sempre bem-sucedidas, as tentativas de classificar a culpa. Segundo as conhecidas lições de Savatier,[286] Albert Rabut[287] e dos irmãos Mazeaud,[288] a culpa supõe a violação de um dever originário de conduta. Já antes, Planiol[289] propunha a noção de culpa associada à violação de um dever de honestidade, de habilidade, ou a própria legalidade. Atualmente, ao concentrar-se a noção jurídica de culpa na responsabilidade civil, à presença de negligência e imprudência, não se exigirá da conduta imputável o reconhecimento das condições subjetivas do agente para reconhecimento e atendimento ao dever, senão a falta de adesão do comportamento do agente a um *standard* afirmado socialmente. Há, com isso, um distanciamento entre a noção jurídica de culpa civil e a culpa penal. Esta segunda permanecerá investigando os aspectos psicológicos do comportamento do agente. A culpa civil, todavia, que interessa à responsabilização do agente por eventuais danos causados por seu comportamento estará vinculada ao atendimento de certo padrão de conduta entendida por razoável socialmente. Essa conduta devida, todavia, não será escrutinada quanto às razões do agente para adoção de determinado comportamento, senão de sua adesão a uma concepção social de comportamento devido.

Essa nova compreensão da culpa, designada com certo exagero (e para distinguir da culpa psicológica) por alguns autores como *culpa objetiva*, ou também *culpa normativa* – expressão esta que nos parece melhor –, permite a associação da culpa e, consequentemente, da responsabilidade subjetiva à função de garantia que também passa a cumprir a responsabilidade civil,[290] independentemente da sua natureza. Isso permite que se reconheçam deveres de conduta[291] que se orientam ao atendimento de um dever geral de segurança contra danos. Ou seja, mesmo no tocante à culpa, é reconhecida a necessidade do atendimento de certos padrões de conduta razoáveis e socialmente admitidos, que serão identificados pelo intérprete e/ou objeto de concreção judicial.[292]

Isso não tem maior dificuldade quando de tratar do dolo. Porém, nesses termos também é que devem ser compreendidos, atualmente, os conceitos de imprudência, negligência e imperícia, como espécies de conduta culposa, em virtude da violação de deveres inerentes aos *standards* de conduta socialmente exigíveis.

6.1.4.1.1. Dolo

Quando se trata da responsabilidade por culpa, usa-se a noção em sentido amplo, ou seja, a responsabilidade culposa abrange tanto a imputação de responsabilidade fundada no comportamento do agente por negligência, imprudência ou imperícia – a que se denomina

---

[286] SAVATIER, René. *Traité de la responsabilité em droit français*, cit., t. I, p. 7-8.
[287] Rabut, inclusive, identificará 23 conceitos distintos de culpa na literatura jurídica de seu tempo, conforme se vê em: RABUT, Albert. *De la notion de fauté en droit privé*. Paris: LGDJ, 1949, p. 199-200.
[288] MAZEAUD, Henri; MAZEAUD, León; TUNC, André. *Tratado teórico práctico de la responsabilidad civil delictual y contractual*, t. 1, v. 2, cit., p. 36 e s.
[289] PLANIOL, Marcel. Études sur la responsabilité civile, cit., p. 283.
[290] A tese da função de garantia da responsabilidade civil resulta do conhecido trabalho de STARCK, Boris. *Essai d'une theorie générale de la responsabilité civile considérée em as double fonction de garantie et de peine privée*. Paris: L. Rodstein, 1947, p. 50 e s.
[291] Relevante, nesse aspecto, será o papel da boa-fé objetiva, conforme ensina COUTO E SILVA, Clóvis. *Principes fondamentaux de la responsabilité civile en droit brésilien et comparé*, cit., p. 30.
[292] Assim no direito alemão, em que sobretudo submete-se à concreção judicial a definição precisa dos *Verkehrspflichten*, conforme refere DAM, Cees Van. *European tort law*. 2. ed. Oxford: Oxford University Press, 2013, p. 85 e s.

culpa em sentido estrito (ou *stricto sensu*) – quanto a responsabilidade fundada no comportamento doloso do agente. A noção de dolo é ampla. No que interessa à responsabilidade civil, é a vontade do agente dirigida à realização do dano. O agente, voluntariamente, por ação ou omissão, comporta-se tendo por propósito a realização do dano.

A voluntariedade da conduta que se caracteriza como dolosa compreende tanto o conhecimento do agente sobre a consequência danosa de sua conduta quanto também de seu caráter antijurídico.

Distingue-se do dolo característico do ilícito absoluto (art. 186 do Código Civil) o dolo contratual. O dolo contratual se dá no plano da relação obrigacional, e consiste na intenção deliberada do devedor de descumprir o dever de prestação. Todavia, para sua caracterização não basta o propósito de descumprir a prestação – o que, no caso, assemelha-se quanto aos efeitos, o descumprimento doloso e culposo –, mas igualmente o propósito de causar dano ao credor. Tal circunstância deverá ser considerada na eventual ação de responsabilização do devedor.

6.1.4.1.2. Imprudência

A imprudência, conforme talentosa formulação doutrinária, pode ser sintetizada como *todo ato de imprevisão de uma possibilidade previsível e danosa a outrem*.[293] Ou seja, será imprudente a conduta do agente que, tendo condições de prever suas consequências danosas à vítima, deixa de fazê-lo, dando início ou continuidade ao comportamento do qual decorrerá o dano.

Note-se que a previsibilidade das consequências é da conduta como razão pela qual seria exigível, segundo certo padrão de prudência, que o agente não realizasse ou mantivesse o comportamento que conduz ao dano, sendo elemento central para a definição da imprudência. Nesse ponto, diga-se: para que haja a imprudência, é necessário que, sendo previsíveis as consequências, o agente mesmo assim não as preveja.

A questão que se apresenta, então, é justamente sobre quais são os critérios para identificação da previsibilidade. São essencialmente dois. O critério objetivo tem em conta o padrão médio de conhecimento do indivíduo em sociedade, de modo a exigir razoavelmente da pessoa comum, do homem médio, a antecipação do resultado danoso advindo do seu comportamento. Ou seja, coloca-se a possibilidade de previsão sobre as consequências do comportamento, segundo o que se deve exigir de um indivíduo de atenção e conhecimento ordinários.

O critério subjetivo, por sua vez, tem em conta as qualidades pessoais do agente. Ou seja, parte da investigação do que seria exigível de um indivíduo concreto, nas circunstâncias em que se desenvolve o comportamento que resultará no dano, sobre sua capacidade ou não de prever o resultado. Assim se exigirá maior capacidade de distinguir fenômenos que tenham a ver com consequências específicas daqueles que se presumem deter este conhecimento por razões de idade, grau de cultura e/ou escolaridade, ou experiência relacionada ao evento.

Anote-se que os critérios objetivo e subjetivo para determinação do comportamento imprudente não se excluem entre si, devendo ser utilizados de modo coordenado pelo intérprete em vista de determinada situação concreta.

6.1.4.1.3. Negligência

O dever de diligência consiste no dever de ser cuidadoso. Exige-se das pessoas em geral que se comportem segundo certo grau de diligência ordinária, ou seja, com a atenção razoável

---

[293] SODRÉ, Eurico. Da imprudência culposa. In: *Doutrinas essenciais de direito civil*. São Paulo: RT, 2010, v. 4, p. 665.

de modo a não causar danos. Nesses termos, caracteriza-se a negligência quando o agente deixa de realizar determinada conduta ou a realiza mal, dada a ausência de atenção necessária, que teria evitado a realização do dano.[294]

A questão que se coloca aqui também será qual o grau de diligência ordinária exigível da conduta individual. Aqui vale, igualmente, o critério do homem médio. Ou seja, o cuidado que se exige seja objeto do comportamento individual será aquele que se exige do homem médio, isto é, um *standard* que não exigirá nem que o agente seja o mais cuidadoso dos homens, nem o menos cuidadoso, mas um padrão médio de conduta ordinária observável do indivíduo em sociedade, na sua relação com as demais pessoas.

Todavia, esse grau de diligência pode ser elevado conforme sejam as condições pessoais do agente. Maior ou menor cuidado deve-se exigir em vista da qualidade e conhecimento do réu, mesmo sua capacidade de reconhecer o risco inerente ao seu comportamento, como é o caso do especialista, do profissional, que tem conhecimento técnico ou mesmo decorrente da experiência sobre fatos sobre os quais intervém sua atuação.

Destaque-se: o comportamento diligente, cuidadoso, cuja violação do dever caracteriza a negligência, tem por critério o que razoavelmente se exige de certo padrão médio de conduta social, sem descurar de qualidades pessoais do agente, seja seu conhecimento técnico, qualificação profissional ou mesmo experiência pretérita, a definir a caracterização do comportamento concreto exigível.

6.1.4.1.4. Imperícia

A imperícia, decorrente da violação do dever de agir com a perícia que deveria o agente possuir, embora não prevista expressamente no Código Civil, integra a concepção mais ampla de culpa. O Código Penal, ao definir o crime culposo, refere que será aquele a que "o agente deu causa ao resultado por imprudência, negligência ou imperícia" (art. 18, II, do Código Penal).

Ao contrário dos deveres de diligência e prudência, que se exigem indistintamente de todas as pessoas, o dever de perícia só será exigível na medida em que o agente tiver, em razão de qualidade que ostenta, profissional ou técnica, conhecimento específico com o qual se orienta sua atuação, e cuja ausência teve por consequência o dano. Do médico exige-se que tenha conhecimento de sua profissão, assim como do advogado, do engenheiro e assim por diante. Se de uma conduta em que esteve ausente perícia presumida em caráter absoluto, em razão de sua qualificação, e por conta desse fato, dá causa ao dano. Por essa razão associa-se à culpa profissional.[295]

Há imperícia quando o médico erra na interpretação de exame, porque não soube identificar enfermidade ou lesão, ou quando o advogado erra na qualificação jurídica de determinado fato; ou no erro de cálculo do engenheiro. Se resulta dano da conduta de qualquer desses agentes, tendo por causa a ausência de domínio técnico que se presume devesse ter, está caracterizada a imperícia e, por conseguinte, a culpa.

6.1.4.1.5. Graduação da culpa

Classificação comum, de índole doutrinária, dá-se pelo critério da graduação da intensidade da culpa, distinguindo-a em grave, leve ou levíssima. Tem sua origem na tentativa de

---

[294] ALTERINI, Atílio. *Responsabilidad civil*, cit., p. 94.
[295] GONÇALVES, Carlos Roberto. *Direito civil brasileiro. Responsabilidade civil*. 5. ed. São Paulo: Saraiva, 2010, v. 4, p. 35.

classificação e sistematização da culpa, segundo critérios perseguidos pelo direito civil desde os juristas medievais.[296] Na culpa grave, a falta de cuidado é manifesta, imprópria do comportamento esperado de um indivíduo com o comportamento médio da sociedade. Aproxima-se do conceito de culpa consciente, própria do direito penal, em que o agente prevê o resultado danoso, porém, acredita que não deve alcançá-lo. A culpa leve é aquela cuja falta pode ser evitada pela atenção ordinária, própria ao *standard* de conduta social (*bonus pater familias*). E a culpa levíssima, aquela que resulta da ausência de conhecimento especial ou singular.[297]

O interesse prático da distinção dos graus de culpa encaminhava-se para ser reduzido no direito civil, considerando a abrangência do dolo e da culpa para fins de caracterização do ato ilícito próprio da responsabilidade civil. Contudo, o Código Civil de 2002 coloca em relevo o grau de culpa para determinação do efeito de indenização, mitigando o princípio da reparação integral, no art. 944, parágrafo único, que assim estabelece: "Se houver excessiva desproporção entre a gravidade da culpa e o dano, poderá o juiz reduzir, equitativamente, a indenização".

A norma em questão é objeto de vivo debate. Isso porque a exceção ao princípio da reparação integral, por si, é suficiente para fazê-la objeto de fundadas dúvidas. Localiza-se sua inspiração, claramente, no art. 43 do Código Suíço das Obrigações[298] e no art. 494 do Código Civil português. Este último assim dispõe: "Art. 494: Quando a responsabilidade se fundar na mera culpa, poderá a indemnização ser fixada, equitativamente, em montante inferior ao que corresponderia aos danos causados, desde que o grau de culpabilidade do agente, a situação económica deste e do lesado e as demais circunstâncias do caso o justifiquem".

O sentido da regra de redução da indenização tem em vista a preservação do suficiente ao ofensor que tenha operado com culpa leve ou levíssima e desproporcional ao dano, para

---

[296] Conforme ensina Serpa Lopes, "quanto à intensidade da culpa, no tocante à sua gravidade, é fato incontestável encontrarem-se nas fontes romanas as expressões *culpa lata, culpa latior, magna culpa dolo proxima, culpa levis, culpa levior* e uma única vez *culpa levissima*. Daí a razão pela qual os glosadores, dominados pela ideia constante de tudo classificar, não hesitaram, sob o impulso dessa tendência sistematizadora, em estabelecer categorias e graus estimativos da intensidade da diligência empregada pelo devedor, no cumprimento da obrigação, ou, por outra, para o conhecimento da proporção de sua negligência no não cumprimento da obrigação. Surgiu então a *communis opinio* da tripartição da culpa em lata, leve e levíssima". SERPA LOPES, Miguel Maria de. *Curso de direito civil:* obrigações em geral. 7. ed. Rio de Janeiro: Freitas Bastos, 2000, v. II, p. 344.

[297] CAVALIERI, Sérgio. *Programa de responsabilidade civil,* cit., p. 53.

[298] "Art. 43 (III. Fixação do Dano) (1) O juiz determina o modo e a extensão da reparação, de acordo com as circunstâncias e a gravidade da culpa. (...) Art. 44 (IV. Motivos de redução) (1) Se o lesado concordou com o ato danoso, ou se circunstâncias, pelas quais deve ele responder, atuaram para criar ou aumentar o dano ou agravaram, de outro modo, a situação do obrigado à indenização, poderá o juiz minorar a obrigação de indenização ou, inteiramente, não a reconhecer. (2) Se o obrigado à indenização que não causou o dano nem intencionalmente nem por negligência grave, ficar, pela prestação da indenização, reduzido a estado de necessidade, poderá o juiz, também por esse motivo, minorar a obrigação de indenizar". No original: "Art. 43 – III. Fixation de l'indemnité 1. Le juge détermine le mode ainsi que l'étendue de la réparation, d'après les circonstances et la gravité de la faute. 1bis Lorsqu'un animal qui vit en milieu domestique et n'est pas gardé dans un but patrimonial ou de gain, est blessé ou tué, le juge peut tenir compte dans une mesure appropriée de la valeur affective de l'animal pour son détenteur ou les proches de celui-ci. 2. Des dommages-intérêts ne peuvent être alloués sous forme de rente que si le débiteur est en même temps astreint à fournir des sûretés. Art. 44 – IV. Réduction de l'indemnité 1. Le juge peut réduire les dommages-intérêts, ou même n'en point allouer, lorsque la partie lésée a consenti à la lésion ou lorsque des faits dont elle est responsable ont contribué à créer le dommage, à l'augmenter, ou qu'ils ont aggravé la situation du débiteur. 2. Lorsque le préjudice n'a été causé ni intentionnellement ni par l'effet d'une grave négligence ou imprudence, et que sa réparation exposerait le débiteur à la gêne, le juge peut équitablement réduire les dommages-intérêts".

que mantenha sua subsistência, conforme, aliás, percebe-se de norma presente em outros sistemas, como é o caso do § 829 do BGB alemão.[299]

A comparação com outros sistemas jurídicos deve servir para bem situar a questão no direito brasileiro. A possibilidade de redução da indenização para menos do que o valor do dano suscita, inclusive, discussões sobre sua eventual inconstitucionalidade, diante do reconhecimento de direito à reparação integral consagrado, no art. 5º, V, da Constituição Federal.

Trata-se, contudo, de regra de exceção, abrangendo o que Agostinho Alvim qualifica como dose de fatalidade,[300] quando, apesar da culpa levíssima do agente, termina por ocorrer um dano significativo à vítima. E, como tal, com razão estão aqueles que entendem que deve ser interpretada restritivamente. Nesse sentido encontra-se o entendimento de que a incidência do art. 944, parágrafo único, está subordinada à situação patrimonial das partes e ao gravame excessivo que o pagamento da indenização pode dar causa no patrimônio do ofensor.[301] Ou seja, o fim da norma será o de evitar que, em cumprimento ao princípio da reparação integral, veja-se privado o ofensor do mínimo necessário à sua subsistência.[302]

De fato, nota-se que a própria norma prevê certos critérios para sua aplicação. A primeira é a de excessiva desproporção entre a gravidade da culpa e o dano, o que, por si, exigirá que a culpa seja leve ou levíssima. Da mesma forma, terá sentido apenas em relação às hipóteses de responsabilidade subjetiva, ou seja, em que a culpa é relevante como nexo de imputação de responsabilidade.[303] Esse entendimento, contudo, não é isento de debate. Mencione-se, por exemplo, o fato de o Enunciado 46 da I Jornada de Direito Civil do STJ, ao dispor sobre a interpretação do art. 944, estabeleceu que "a possibilidade de redução do montante da indenização em face do grau de culpa do agente, estabelecida no parágrafo único do art. 944 do novo Código Civil, deve ser interpretada restritivamente, por representar uma exceção ao princípio da reparação integral do dano, não se aplicando às hipóteses de responsabilidade objetiva". Todavia, em 2006, a IV Jornada Civil alterou o enunciado para suprimir da parte final quanto à sua não aplicação às hipóteses de responsabilidade objetiva.

Independentemente dessa proposta de interpretação, contudo, notem-se as dificuldades evidentes de incidência da regra a hipóteses específicas, como é o caso do regime de responsabilidade do fornecedor previsto no CDC, que, a par de ser de natureza objetiva (independente

---

[299] Assim: KFOURI NETO, Miguel. *Graus da culpa e redução eqüitativa da indenização. Revista dos Tribunais*, v. 839, São Paulo: RT, set. 2005, p. 57.
[300] ALVIM, Agostinho. *Da inexecução das obrigações e suas consequências*, cit., p. 201.
[301] Conforme ensina Carlos Edison do Rego Monteiro Filho, "o sacrifício da tutela especial da vítima (e do princípio da reparação integral) para se autorizar a redução equitativa da indenização só ocorrerá quando houver, em contraposição, um conjunto de circunstâncias de tal força que permita justificar o mecanismo. Não basta, como aparentemente se deduz do parágrafo único do art. 944, que haja excessiva desproporção entre a culpa e o dano. Para que a solução seja verdadeiramente condizente com a equidade, deve-se estar em presença de outros requisitos, como as situações patrimoniais do ofensor e da vítima – que se revelam, em definitivo, como componentes essenciais na equação. Serão o limite e o fundamento da redução". MONTEIRO FILHO, Carlos Edison do Rêgo. Art. 944 do Código Civil. O problema da mitigação do princípio da reparação integral. In: *O direito e o tempo: embates jurídicos e utopias contemporâneas – estudos em homenagem ao Professor Ricardo Pereira Lira*. Rio de Janeiro: Renovar, 2008, p. 757-796.
[302] CAVALIERI, Sérgio. *Programa de responsabilidade civil*, cit., p. 54.
[303] CAVALIERI, Sérgio. *Programa de responsabilidade civil*, cit., p. 54. Milton Paulo de Carvalho Filho, em entendimento que resultou minoritário, sustentou em trabalho monográfico que, preenchidas as condições da lei, a hipótese de redução constitui-se em direito público subjetivo do responsável pelo dano. CARVALHO FILHO, Milton Paulo. *Indenização por equidade no novo Código Civil*. 2. ed. São Paulo: Atlas, 2003, p. 103.

de culpa), também submete-se ao princípio da vulnerabilidade do consumidor e ao direito fundamental de proteção, previsto no art. 5º, XXXII, da Constituição Federal.

Em matéria de responsabilidade contratual, algumas disposições dão conta de certa importância do grau de culpa para imputação de responsabilidade do agente. É o caso do art. 392 do Código Civil, pelo qual, "nos contratos benéficos, responde por simples culpa o contratante, a quem o contrato aproveite, e por dolo aquele a quem não favoreça". Da mesma forma, mediante construção jurisprudencial, e considerando a exclusão do transporte oferecido por amizade ou cortesia das regras atinentes ao contrato de transporte, segundo o art. 736 do Código Civil, é afirmado o entendimento de que a responsabilidade do transportador, nesses casos, apenas é imputável nos casos de dolo ou culpa grave. Nesses termos, a Súmula 145/STJ: "No transporte desinteressado, de simples cortesia, o transportador só será civilmente responsável por danos causados ao transportado quando incorrer em dolo ou culpa grave".[304]

6.1.4.1.6. A presunção de culpa

A presunção de culpa como regra geral consistiu em estágio do desenvolvimento da objetivação da responsabilidade civil. No sistema do Código Civil de 1916, usava-se tratar das hipóteses de culpa presumida, quando se tratava da inversão legal do ônus da prova em favor da vítima, determinando ao ofensor a incumbência de demonstrar que não agiu com dolo ou culpa. Nesse sistema, presumia-se a culpa *in eligendo* (falha na escolha do causador do dano), ou a culpa *in vigilando* (culpa na supervisão da conduta do causador do dano), imputável na hipótese de não se demonstrar situação que afastasse sua caracterização.

Nesses termos, a presunção de culpa adequava-se ao sistema de responsabilidade subjetiva, com o propósito de facilitar a tutela dos interesses da vítima, com a respectiva inversão do ônus da prova, pela imposição de presunção *juris tantum* (admitindo a prova em contrário). É de ressaltar, contudo, que a adoção dessas presunções não se afastava do regime de responsabilidade subjetiva, mitigando apenas, nesse caso, o ônus probatório.

Um aspecto que deve ser aqui mencionado é a denominada culpa contra a legalidade. Consiste na consideração de que a infração a dever legal expresso induz à presunção de culpa, sendo desnecessária a demonstração de qualquer imprevisão ou imprudência do agente.[305] Ademais, porque incide a regra amplamente conhecida do art. 3º da Lei de Introdução às Normas do Direito Brasileiro, de que "Ninguém se escusa de cumprir a lei, alegando que não a conhece". A utilidade do reconhecimento da tese de culpa contra a legalidade concentra-se atualmente nas situações de dano atinentes à responsabilidade automobilística, na qual a transgressão às normas regulamentares caracterizaria, *per se*, a culpa do condutor do veículo, bastando, ademais, a demonstração do dano e do nexo causal entre o dano e a culpa.[306]

---

[304] Veja-se: MIRAGEM, Bruno. *Contrato de transporte*, cit., p. 188. Note-se, contudo, que os pais responderão objetivamente no caso do condutor do veículo for menor e for demonstrada a culpa grave na sua atuação, conforme decidiu o STJ: REsp 1637884/SC, Rel. Min. Nancy Andrighi, 3ª Turma, j. 20/02/2018, DJe 23/02/2018.

[305] GARCEZ NETO, Martinho. *Prática da responsabilidade civil*. São Paulo: Editora Jurídica, 1971, p. 50 e s.; SILVA, Wilson Melo da. A culpa contra a legalidade, a culpa comum, e a responsabilidade civil automobilística no transporte de passageiros. *Revista da Faculdade de Direito da UFMG*, n. 13, Belo Horizonte, 1973, p. 7 e s. CAVALIERI, Sérgio. *Programa de responsabilidade civil*, cit., p. 57.

[306] SILVA, Wilson Melo da. A culpa contra a legalidade, a culpa comum, e a responsabilidade civil automobilística no transporte de passageiros, cit., p. 8.

A adoção da teoria do risco, e suas respectivas hipóteses de responsabilidade objetiva, fizeram com que, de modo geral, a presunção de culpa tenha perdido relevância no direito brasileiro.

6.1.4.2. O risco como critério de imputação na responsabilidade civil

A regra da culpa, em certo sentido, tem seu lugar como decorrência do individualismo liberal do século XIX,[307] segundo o qual a liberdade de atuação individual só pode ser restringida pela imposição de responsabilidade por danos, quando lhe seja imputada uma conduta dolosa, negligente ou imprudente, passível de reprovação.

A certa altura, diversos países passaram a reconhecer situações nas quais a responsabilidade civil poderia ser imputável a alguém que estivesse suficientemente vinculado à causação de um dano, ainda que não se pudesse por isso comprovar comportamento doloso, negligente ou imprudente. Ou seja, ainda que não fosse possível provar a culpa. A partir daí tem origem, nos diferentes sistemas jurídicos, leis visando à imputação de responsabilidade do agente, independente da demonstração de culpa.

Trata-se do que nos sistemas de direito romano-germânico, como o direito brasileiro, vai denominar-se genericamente responsabilidade objetiva extracontratual, ou no *common law*, a *strict liability* (responsabilidade estrita). Seu desenvolvimento inicial deu-se, sobretudo, nos danos decorrentes de danos causados por serviços de transporte e de acidentes de trabalho. No direito alemão, já na década de 1880, instituiu-se um sistema de indenizações para trabalhadores vítimas de acidentes industriais sem a exigência da prova de culpa, repetindo o que já ocorria na Prússia com relação à responsabilidade por acidentes em estradas de ferro desde 1838,[308] estendido a todo o Império Alemão em 1871. Tais disposições, seguidas por diversos países com relação a uma série de eventos danosos decorrentes de novas máquinas ou tecnologias, decorriam naturalmente dos riscos que apresentavam esses inventos e, com eles, a impossibilidade da vítima em assumir tais riscos.[309]

Com isso se estabelecem legislações concentradas em uma espécie de princípio de proteção da vítima, o que também se assiste nos países de *common law*, em um primeiro momento, pelo estabelecimento de uma presunção de negligência contra o acusado, pela regra da *res ipsa loquitur*. No direito brasileiro, essa tendência passa a ser considerada a partir do Decreto n. 2.861, de dezembro de 1912, que regula a responsabilidade civil das estradas de ferro e que, ao contrário de requerer como requisito da sua imputação a prova da culpa, apenas vai admitir

---

[307] Neste sentido, resulta entendimento considerando hipóteses de responsabilidade fundada em *actiones* previstas no direito romano, o fundamento no risco, e não na presunção de culpa. Seria o caso, entre outros, das tradicionais *actio aquae pluviae arcendae*, pelas quais o proprietário de imóvel vizinho do qual escorre água ao outro imóvel, causando danos, deve indenizá-los, assim como nas coisas caídas de edifícios (fato da coisa), cujo dever de indenizar decorria da *actio de deiectis et effusis*. Neste sentido: ETIER, Guillaume. *Du risque à faute*: evolution de la responsabilité civile pour le risque du droit romain ao droit comum. Scultess: Genève, 2006, p. 55 e s. Observe-se, todavia, que muitas dessas situações foram traduzidas, pela força da centralidade da culpa na modernidade, sob a justificativa de presunção de culpa, apenas associadas à ideia de risco, propriamente, a partir do desenvolvimento contemporâneo da responsabilidade civil.

[308] É considerada como primeira norma sobre responsabilidade objetiva, fundada no risco, a Lei Prussiana sobre Estradas de Ferro (*Preussisches Eisenbahngesetz*), de 1838, promulgada em época na qual a Prússia contava com menos de cem quilômetros de trilhos instalados. Veja-se KÖTZ, Heinz. *Deliktsrecht*. 8. ed. Neuwied: Luchterhand, 1998, p. 136.

[309] ZWEIGERT, Konrad; KÖTZ, Hein. *Introducción al derecho comparado*, cit., p. 689-690.

exclusão da responsabilidade atribuída nas hipóteses estritas em que provarem circunstâncias taxativamente relacionadas no art. 1º da norma em comento.

A partir de então, observa-se uma tendência de abandono da regra "nenhuma responsabilidade sem culpa", e de proteção da vítima em matéria de responsabilidade civil. Essa tendência obedece a exigências de maior utilidade e mesmo justiça, no que modernamente muitos têm denominado *direito de danos*.[310] *Utilidade*, na medida em que permite que se contemplem situações nas quais a prova do dano ou da conduta determinante imputada ao ofensor são de difícil realização, ou mesmo impossível de serem produzidas em certas situações. *Justiça*, em face do estabelecimento de uma nova distribuição dos ônus decorrentes dos riscos sociais da sociedade de massas, pela admissão da imputação objetiva de responsabilidade àqueles que imediatamente auferem benefícios econômicos da atividade produtora de riscos.[311] Ou, nos termos que propõe, no direito norte-americano, Roscoe Pound, no sentido da proteção da *segurança geral da comunidade*.[312]

O risco, portanto, é um fato reconhecido pelo Direito e que lhe dota de efeito, convertendo-se em conceito fundamental do direito privado.[313] Distingue-se entre os riscos previsíveis e aceitáveis, cujo custo aloca-se por intermédio do sistema de responsabilidade civil ou de seguros e riscos incertos, para o que o Direito gradualmente constrói soluções ainda incompletas, como é o caso do princípio da precaução.[314] Atualmente, no direito brasileiro, são diversas as disposições, além das previstas na disciplina no Código de Defesa do Consumidor, versando sobre a responsabilidade objetiva, e nas quais não se exige a verificação de culpa para imputação do dever de indenizar. Nesse sentido, são previstas, entre outras, a responsabilidade civil por danos ambientais (art. 14, § 1º, da Lei n. 6.938/81), por danos nucleares (art. 21, XXIII, c, da Constituição da República e art. 8º da Lei n. 6.453/77), a responsabilidade civil do Estado (art. 37, § 6º, da Constituição da República), assim como as diversas hipóteses de responsabilidade objetiva previstas nas disposições do Código Civil em vigor (art. 927, parágrafo único; art. 931, sobre a responsabilidade do empresário; art. 932, sobre a responsabilidade por representação, entre outros).

Ensina Karl Larenz que a responsabilidade pelo risco "se trata de uma imputação mais intensa desde o ponto de vista social a respeito de uma determinada esfera de riscos, de uma distribuição de riscos de dano inerentes a uma determinada atividade segundo os padrões ou medidas, não da imputabilidade e da culpa, senão da assunção de risco àquele que o cria ou domina, ainda que somente em geral".[315]

A *teoria do risco*, nesse sentido, surge para resolver questões que a *teoria da culpa*, em face da complexidade da vida moderna, não tem o condão de fazer, seja pela dificuldade ou mesmo pela inconveniência do dever de reparação da vítima de um dano, aspecto objetivo colocado em relevo pela responsabilidade civil em direito privado, seja orientado pelo mesmo

---

[310] A expressão *direito de danos*, em grande medida, indica a mudança do paradigma de exame das questões relativas à responsabilidade civil, assim como seus fundamentos. A diretriz básica do direito de danos é a reparação desses danos, relativizando ou esmaecendo as diferenças entre as fontes do dever violado (contratual ou extracontratual). O direito de danos, assim, tem sua unidade assegurada pelo atingimento dos objetivos de reparação dos danos causados e da proteção da vítima, aproximando as duas principais fontes das obrigações, quais sejam, contrato e delito.

[311] Nesse sentido ensina Alvino Lima, em sua obra clássica: LIMA, Alvino. *Culpa e risco*, cit., p. 113 e s.

[312] POUND, Roscoe. *An introduction to the philosophy of law*, cit., p. 100.

[313] VOIDEY, Nadège. *Le risque en droit civil*. Aix-Marseille: Presses Universitaires d'Aix-Marseille, 2005, p. 207.

[314] VOIDEY, Nadège. *Le risque en droit civil*, cit., p. 289 e s.

[315] LARENZ, Karl. *Derecho de obligaciones*, t. II, cit., p. 665.

princípio subjetivo (a reclamar a investigação de elementos psicológicos do agente) que se estabelece como regra na responsabilidade penal,[316] por exemplo.

6.1.4.2.1. A objetivação da responsabilidade civil no direito positivo atual

A teoria do risco é o fundamento principal da imputação de responsabilidade objetiva, independente de culpa, no direito positivo. No direito brasileiro, para além da responsabilidade das estradas de ferro, prevista no Decreto n. 2.681/1912, também fundamenta-se na responsabilidade objetiva, fundada no risco, a legislação sobre a responsabilidade do empregador por acidentes de trabalho (desde o Decreto n. 3.724/1919 até a vigente Lei n. 6.367/76),[317] responsabilidade do transportador aéreo (desde o Decreto-Lei n. 483/38 até o vigente Código Brasileiro de Aeronáutica – Lei n. 7.565/86), o Código de Defesa do Consumidor (Lei n. 8.078/90), dentre outras normas específicas.

A tendência de objetivação da responsabilidade, então, passou a notar-se mediante previsões específicas na legislação até sua consagração, com o advento do Código Civil de 2002, de cláusula geral de responsabilidade objetiva, prevista no art. 927, parágrafo único, do Código Civil, que dispõe: "Haverá obrigação de reparar o dano, independentemente de culpa, nos casos especificados em lei, ou quando a atividade normalmente desenvolvida pelo autor do dano implicar, por sua natureza, risco para os direitos de outrem".

A regra do art. 927, parágrafo único, consagra a teoria do risco criado, indicando que aquele que dá causa à atividade da qual resulta o dano responde pelo dever de indenizar.

Como observa a professora Bodin de Moraes, "o Código Civil de 2002 alterou substancialmente o sistema ao adotar a regra geral de responsabilidade objetiva para as atividades de risco. Deixou, contudo, à doutrina e à jurisprudência a tarefa de esclarecer o sentido e o alcance da expressão, isto é, de que espécie de risco se trata e ainda se se refere à pessoa, incidindo em profissionalidade ou habitualidade, ou se o desenvolvimento da norma diz respeito à própria atividade".[318]

Note-se, por fim, que não se confunde o risco próprio da atividade, que seja da natureza dessa atividade, e o denominado risco adquirido. No risco adquirido há falha. Certo risco não é próprio da atividade, mas vem a se agregar a ela por intervenção posterior, não natural. É o caso do defeito dos produtos e serviços previstos como pressuposto da responsabilidade do fornecedor no Código de Defesa do Consumidor (arts. 12 e 14). Em si, o risco não está previsto. Admite-se a oferta de produtos e serviços com riscos normais e previsíveis (art. 8º do CDC). Todavia, só há responsabilidade do fornecedor quando existir um risco anormal, decorrente de falha no fornecimento do produto ou serviço (defeito de concepção, de fabricação ou execução, ou de informação ou comercialização). Ou seja, se fabricado adequadamente não haveria dano, se comercializado adequadamente não haveria dano. Só há porque houve falha no processo de fornecimento do produto ou serviço. Aí o risco é adquirido. Diferentemente de algo que é natural a determinada atividade, é um

---

[316] LIMA, Alvino. *Culpa e risco*, cit., p. 116-117.
[317] Sobre o estágio atual da tutela do trabalhador em relação aos acidentes de trabalho, anota Sommer Santos acerca da tendência de destaque do caráter preventivo da tutela, visando evitar danos por intermédio de uma estrutura de reparação que associa instrumentos clássicos da responsabilidade civil e de seguridade social. SOMMER SANTOS, Marco Fridolin. *Acidente de trabalho*. Entre a seguridade social e a responsabilidade civil. Elementos para uma teoria do bem-estar e da justiça social. 3. ed. São Paulo: LTr, 2015, p. 45 e s.
[318] MORAES, Maria Celina Bodin de. Risco, solidariedade e responsabilidade objetiva. *Revista dos Tribunais*, v. 854, São Paulo: RT, dez. 2006, p. 11-37.

risco próprio, inerente a esta atividade. É a isso que se refere o art. 927, parágrafo único, do Código Civil. E, da mesma forma, não exige, absolutamente, que se trate de atividade econômica ou com fins lucrativos. A hipótese não é de risco proveito, em que a imputação tem por causa a obtenção de vantagem econômica por quem dá causa ao risco, mas de risco criado, em que aquele que gera o risco só por isso responde pelos danos que a atividade venha a causar.

Inclui-se no âmbito de incidência da norma o risco empresarial, seja pelos danos causados por produtos, que conta com regra própria no art. 931 do Código Civil e no Código de Defesa do Consumidor, seja por quaisquer outros riscos decorrentes desta atividade.

6.1.4.2.2. Sistema dualista de responsabilidade civil e a socialização dos riscos

O Código Civil vigente opera sensível alteração no sistema clássico de responsabilidade civil, originalmente fundado na ação ou omissão culposa do agente. A rigor, o fundamento da culpa segue preservado no art. 186 do Código Civil, que firma a responsabilidade do agente pela reparação do dano causado pela ação ou omissão voluntária, negligência ou imprudência, que, tomado em conjunto com o art. 927 do Código Civil, dá causa ao dever de indenizar. Todavia, o advento do parágrafo único do art. 927 do Código Civil, ao estabelecer a responsabilidade independente de culpa em razão do risco da atividade normalmente desenvolvida pelo agente, permite identificar não uma, mas duas regras gerais fundantes do sistema de responsabilidade civil vigente.

Pode-se argumentar que, independentemente do disposto no art. 927, parágrafo único, este teria aplicação subsidiária, permanecendo o sistema de responsabilidade civil, por razões de tradição histórica e fundamento ético da noção de responsabilidade, ainda fundado na culpa, e, portanto, tendo por base essencial o art. 186 do Código Civil. Não se compartilha, nesta obra, dessa visão.

A opção do sistema brasileiro é dualista. Isso se vê claramente não apenas pela presença do art. 927, parágrafo único, na abertura do capítulo relativo à responsabilidade civil, mas em diversas outras disposições, como é o caso da responsabilidade dos empresários (art. 931), as hipóteses de responsabilidade indireta (art. 932), a responsabilidade pelo fato da coisa (arts. 936 e 937), assim como, principalmente, pela formação do microssistema de responsabilidade por danos ao consumidor (arts. 12 a 25 do Código de Defesa do Consumidor). Há, pois, convivência de vários regimes de responsabilidade fundados na culpa e no risco.

A rigor, quando se trata de conduta individual, que por ação ou omissão vem a causar dano, prevalece o sistema de responsabilidade subjetiva. Todavia, quando se tratar de conduta de maior repercussão social, como é o caso, por exemplo, da atividade habitual ou organizada, ou ainda quando a própria atividade individual revestir-se de certo caráter especial – qualidade que o próprio direito lhe dá –, restará então associada ao regime de responsabilidade ao risco, que em última análise privilegia a tutela do interesse da vítima na reparação do dano ou da própria comunidade em sua prevenção.

Nesse sentido, a adoção de um sistema dualista de responsabilidade civil revela igualmente a opção pela socialização de certos riscos sociais, especialmente por intermédio de instrumentos de mercado, como é o caso do seguro ou de introdução do custo dos danos na estimação de valor e preço de bens e serviços ofertados. Não se desconsidere também a possibilidade de intervenção, ainda que parcial, do próprio Estado, na imposição e gestão de certos seguros sociais, cuja existência, de rigor, afasta situações de responsabilidade civil em sentido estrito, em benefício de mecanismos permanentes de reparação e compensação do dano.[319]

Porém, mais do que a aceitação do risco como fundamento da responsabilidade por danos, atualmente discute-se a coletivização dos riscos e suas consequências, seja em vista dos próprios limites que os seguros de responsabilidade civil possam admitir,[320] seja por intermédio de instrumentos processuais de coletivização de demandas de massa – o que no direito brasileiro se expressa por meio das ações coletivas.

6.1.4.2.3. Espécies de risco como critério de imputação da responsabilidade

Desde seu surgimento, a teoria do risco vem experimentando grande evolução. Sobretudo no que diz respeito às espécies de riscos reconhecidos como determinantes à imputação de responsabilidade objetiva. Entre outros, é corrente na doutrina de direito privado a menção ao *risco proveito*, ao *risco criado*, ao *risco profissional*, ao *risco excepcional*, assim como ao *risco integral*.[321]

Por risco proveito entende-se aquele que decorre de atividade desenvolvida pelo agente, com o propósito de obtenção de vantagem econômica (*Cuius commoda eius et incommoda*). Diz-se risco-proveito justamente porque funda a imputação da responsabilidade ao agente que, ao desenvolver a atividade, com a finalidade de obter ganhos econômicos, vem a dar causa aos riscos de dano, cuja realização efetiva dá causa, por sua vez, ao dever de indenizar. A responsabilidade do empresário (art. 931 do Código Civil), assim como a do fornecedor, por danos ao consumidor (art. 12 a 25 do Código de Defesa do Consumidor), fundam-se no *risco proveito*, uma vez que se imputa àqueles que tem a vantagem econômica do desenvolvimento de uma determinada atividade a responsabilidade pelos danos que estas venham a causar.[322]

O risco criado é critério de imputação de risco que toma em consideração, exclusivamente, aptidão de determinada atividade desenvolvida pelo agente para dar causa a danos a outrem.[323] Conforme já mencionamos, a possibilidade de riscos é inerente a qualquer ativi-

---

[319] Um dos exemplos mais abrangentes de seguro social para riscos de acidentes e danos diversos decorrentes da atividade econômica foi introduzido em 1972 na Nova Zelândia. A crítica mais destacada diz respeito ao fato de que tal sistema não pode ser garantidor de riscos totais, sob pena de sua inviabilidade e mesmo de destacar questão de justiça social, em vista da repartição de custos por toda a sociedade em razão de danos causados e sofridos por apenas parte dela. Veja-se: TUNC, André. Introduction. In: TUNC, André (Ed.). *International encyclopedia of comparative law*, v. XI, part I, cit., p. 82-83. Propondo a adoção, no Brasil, de um modelo de seguro abrangente para acidentes com automóveis, veja-se a tese de BERNARDO, Wesley Louzada. *Responsabilidade civil automobilística*. Por um sistema fundado na pessoa. São Paulo: Atlas, 2009, p. 157 e s.

[320] VINEY, Geneviève. *L'indemnisation des victimes d'accidents de la circulation*. Paris: LGDJ, 1992, p. 87 e s.

[321] Veja-se, a respeito, o elucidativo resumo de CAVALIERI, Sérgio; DIREITO, Carlos Alberto Menezes. *Comentários ao Código Civil*, cit., p. 12-16.

[322] MIRAGEM, Bruno. *Curso de direito do consumidor*. 8ª ed. São Paulo: RT, 2019, p. 760.

[323] Discute-se em que termos a identificação do risco coloca-se também como fator de instabilidade do sistema de responsabilidade civil, afinal, segundo a teoria do risco criado, é a atividade ou a posição que causa o risco a direitos de outrem, fazendo dele o fator de imputação de responsabilidade sem culpa. Contudo, varia o momento da apreensão do risco, que pode ser considerado *a priori*, para atividades notoriamente perigosas, ou *a posteriori*, considerada a ocorrência do dano e, em razão disso, a identificação do risco. Da mesma forma, nota-se que a transição de certas situações de responsabilidade fundadas, originalmente, na presunção de culpa para a responsabilidade independente de culpa, também acaba, por vezes, sendo justificada sob a noção genérica do risco. Como bem observa Clothilde Grare, no direito francês após o Arrêt Bertrand, de 1997, a identificação da responsabilidade objetiva dos pais pelos danos causados

dade. Isso não basta para a imputação de responsabilidade. Aqui se está a tratar de risco que é inerente a determinada atividade, que integra sua natureza ao denotar certa potencialidade de causar danos. O critério do risco criado é adotado pelo direito positivo no tocante ao art. 927, parágrafo único, do Código Civil, quando define a responsabilidade independente de culpa quando a atividade normalmente desenvolvida pelo autor do dano implicar, por sua natureza, riscos aos direitos de outrem.

O risco profissional é aquele que se verifica pelo desempenho de certa atividade profissional e dá causa *per se* à potencialidade de dano à vítima. Tem seu desenvolvimento associado à disciplina da responsabilidade por acidentes de trabalho, de modo a superar a exigência de culpa do empregador para imputação de responsabilidade, a qual esbarrava em série de dificuldades práticas, as quais terminavam por impedir a reparação.

O risco excepcional, por sua vez, diz respeito àquele que decorre de uma atividade incomum que gera grande grau de perigo à coletividade, daí impondo-se o dever de reparação de danos, independentemente da prova da culpa, nos casos em que resultem danos que possam ser associados à atividade em questão. É lembrado, como exemplo, o caso de redes elétricas de alta tensão ou os danos decorrentes de atividade nuclear, cuja responsabilidade independente de culpa, ademais, tem fundamento no art. 21, XXIII, *d*, da Constituição Federal.

Já o risco integral constitui-se na mais grave imposição entre os riscos que fundamentam o nexo de imputação para a responsabilidade civil. Isso porque, ao indicar seu caráter integral como fundamento da responsabilidade por danos, serve inclusive para dispensar a demonstração do nexo de causalidade como condição para a imputação do dever de indenizar. Nesses termos, basta haver o dano para que haja a responsabilidade pela indenização imputada a quem se associa ao risco. Ou seja, o dano em si não decorre propriamente da atividade, mas sua existência favorece sua ocorrência na medida em que, mesmo que tenha sido deflagrado por outras causas, não teria oportunidade de realizar-se não fosse a existência da atividade. Nesse sentido, a teoria do risco integral serve para abranger a responsabilidade por riscos diretos e indiretos associados a determinada atividade.

A doutrina sustenta a hipótese de ter sido adotada a teoria do risco integral no caso dos danos decorrentes de atividades nucleares, fundada no art. 21, XXIII, *d*, da Constituição Federal. De fato, se for admitido que situações qualificadas como caso fortuito ou força maior não servem para exoneração da responsabilidade por danos nucleares, a tese pode se manter. Assim, se o dano decorre dos efeitos de um fenômeno qualquer da natureza, sobre as atividades de uma usina nuclear, por exemplo, e ainda assim mantém-se a imputação sobre a atividade desenvolvida pela usina nuclear, estar-se-á à frente do risco integral. Contudo, nesse caso, será preciso bem situar a questão diante do que dispõe o art. 8º da Lei n. 6.453/77, que refere: "O operador não responde pela reparação do dano resultante de acidente nuclear causado diretamente por conflito armado, hostilidades, guerra civil, insurreição ou excepcional fato da natureza". E, igualmente, do que dispõe o art. 6 º da mesma lei: "Uma vez provado haver o dano resultado exclusivamente de culpa da vítima, o operador será exonerado, apenas em relação a ela, da obrigação de indenizar". Nesse sentido, o reconhecimento do risco integral na responsabilidade por danos nucleares só tem lugar se entender-se como derrogada a norma

---

pelos filhos se estabelece pela identificação genérica da ideia de responsabilidade fundada no risco: "(...) la responsabilité est devenue sans faute. L'identification du risque est relativement simple: c'est l'enfant (...) Les parents seraient alors créateurs de risque par le simple fait d'avoir 'choisi' d'être parents (...)". GRARE, Clothilde. *Recherches sur la cohérence de la responsabilité délictuelle*. L'influence des fondements de la responsabilité sur la réparation. Paris: Dalloz, 2005, p. 33.

em questão, em face de sua contrariedade com a Constituição de 1988, tese sustentada pelo magistério de Sérgio Cavalieri.[324]

Outra situação fundada na responsabilidade pelo risco integral é a do dano ambiental.[325] Esse entendimento decorre da interpretação combinada do art. 225, § 3º, da Constituição Federal com o art. 14, § 1º, da Lei n. 6.398/81, que, ao estabelecerem a responsabilidade independente de culpa pela reparação dos danos ambientais, também restringem a alegação de excludentes de causalidade.[326] Estabelece o art. 225, § 3º, da Constituição Federal: "As condutas e atividades consideradas lesivas ao meio ambiente sujeitarão os infratores, pessoas físicas ou jurídicas, a sanções penais e administrativas, independentemente da obrigação de reparar os danos causados". Já o art. 14, § 1º, da Lei n. 6.938/81, ao consagrar o princípio do poluidor-pagador, dispõe: "Sem obstar a aplicação das penalidades previstas neste artigo, é o poluidor obrigado, independentemente da existência de culpa, a indenizar ou reparar os danos causados ao meio ambiente e a terceiros, afetados por sua atividade. O Ministério Público da União e dos Estados terá legitimidade para propor ação de responsabilidade civil e criminal, por danos causados ao meio ambiente". Na prática, segundo interpretação prevalente, o princípio do poluidor-pagador vem mitigando a demonstração cabal do nexo de causalidade, o

---

[324] CAVALIERI, Sérgio. *Programa de responsabilidade civil*, cit., p. 196.

[325] Assim, entre outros: BENJAMIN, Antônio Herman V. Responsabilidade civil pelo dano ambiental. *Revista de Direito Ambiental*, v. 9, São Paulo: RT, jan./mar. 1998; ATHIAS, Jorge Alex Nunes. Responsabilidade civil e meio ambiente. Breve panorama do direito brasileiro. In: BENJAMIN, Antônio Herman V. (Coord.). *Dano ambiental*: prevenção, reparação e repressão. São Paulo: RT, 1993, p. 237-249; LYRA, Marcos Mendes. Dano ambiental. *Revista de Direito ambiental*, v. 8, São Paulo: RT, out./dez. 1997, p. 49-83; FERRAZ, Sérgio. Direito ecológico, perspectivas e sugestões. *Revista da Consultoria-Geral do Estado do Rio Grande do Sul*, Porto Alegre, v. 2, n. 4, 1972, p. 43-52; MILARÉ, Édis. *Direito do ambiente*. São Paulo: RT, 2000, p. 338; SILVA, José Afonso da. *Direito ambiental constitucional*. 2. ed. rev. São Paulo: Malheiros, 1995, p. 215; ROCHA, Maria Isabel de Matos. Reparação de danos ambientais. *Revista de Direito Ambiental*, v. 19, São Paulo: RT, jul./set. 2000, p. 129 e s.; MACHADO, Paulo Afonso Leme. *Direito ambiental brasileiro*. 8. ed. São Paulo: Malheiros, 2006, p. 321; NERY JÚNIOR, Nelson; NERY, Rosa Maria B. B. de Andrade. Responsabilidade civil, meio ambiente e ação coletiva ambiental. In: BENJAMIN, Antônio Herman V. (Coord.). *Dano ambiental*: prevenção, reparação e repressão. São Paulo: RT, 1993, p. 278; e JUKOVSKY, Vera Lúcia Rocha Souza. Estado, ambiente e danos ecológicos: Brasil e Portugal. *Revista de Direito Ambiental*, v. 11, São Paulo: RT, jul./set. 1998, p. 93 e s.

[326] Assim a decisão do STJ, para efeito de uniformização do entendimento nos termos do art. 543-C do Código de Processo Civil: "Responsabilidade civil por dano ambiental. Recurso especial representativo de controvérsia. Art. 543-C do CPC. Danos decorrentes de vazamento de amônia no Rio Sergipe. Acidente ambiental ocorrido em outubro de 2008. 1. Para fins do art. 543-C do Código de Processo Civil: (...) a responsabilidade por dano ambiental é objetiva, informada pela teoria do risco integral, sendo o nexo de causalidade o fator aglutinante que permite que o risco se integre na unidade do ato, sendo descabida a invocação, pela empresa responsável pelo dano ambiental, de excludentes de responsabilidade civil para afastar a sua obrigação de indenizar (...) (REsp 1.354.536/SE, Rel. Min. Luis Felipe Salomão, 2ª Seção, j. 26-3-2014, *DJe* 5-5-2014). Da mesma forma: "Recurso especial. Responsabilidade civil. Dano ambiental privado. Resíduo industrial. Queimaduras em adolescente. Reparação dos danos materiais e morais. 1 – Demanda indenizatória movida por jovem que sofreu graves queimaduras nas pernas ao manter contato com resíduo industrial depositado em área rural. 2 – A responsabilidade civil por danos ambientais, seja por lesão ao meio ambiente propriamente dito (dano ambiental público), seja por ofensa a direitos individuais (dano ambiental privado), é objetiva, fundada na teoria do risco integral, em face do disposto no art. 14, § 1º, da Lei n. 6.938/81. 3 – A colocação de placas no local indicando a presença de material orgânico não é suficiente para excluir a responsabilidade civil. 4 – Irrelevância da eventual culpa exclusiva ou concorrente da vítima. 5 – *Quantum* indenizatório arbitrado com razoabilidade pelas instâncias de origem. Súmula 07/STJ. 6 – Alteração do termo inicial da correção monetária (Súmula 362/STJ). 7 – Recurso especial parcialmente provido" (REsp 1.373.788/SP, Rel. Min. Paulo de Tarso Sanseverino, 3ª Turma, j. 6-5-2014, *DJe* 20-5-2014).

que, no caso, apresenta grandes dificuldades quando há dano ambiental – em especial nos casos de multiplicidade condutas envolvidas[327] –, inclusive com a redução de hipóteses em que se admitem excludentes do nexo causal. Em especial, fenômenos da natureza que atuam como causa imediata do dano, os quais, todavia, não teriam se realizado não fosse a existência anterior da conduta ou atividade do poluidor.

Segundo Anelise Steigleder, pela teoria do risco integral "todo e qualquer risco do empreendimento deverá ser internalizado pelo processo produtivo, devendo o responsável reparar quaisquer danos que tenham conexão com sua atividade".[328] Trata-se, pois, da internalização dos custos sociais de qualquer atividade, dentre os quais o risco de dano ao ambiente. Assim, o entendimento doutrinário dominante é no sentido de afastar as excludentes de causalidade, como bem ensina Antônio Herman Benjamin: "se o evento ocorreu no curso ou em razão de atividade potencialmente degradadora, incumbe ao responsável por ela reparar eventuais danos causados, ressalvada sempre a hipótese de ação regressiva".[329]

6.1.4.2.4. Responsabilidade civil e dever de segurança

A responsabilidade civil contemporânea, seja pelo advento e expansão das hipóteses de responsabilidade objetiva (independente de culpa), seja pelos critérios de interpretação e aplicação das hipóteses de responsabilidade subjetiva – e a tendência de objetivação dos padrões para identificação da culpa –, é observada pela tendência da valorização do dever geral de segurança. O dever de segurança resulta, de um lado, da obrigação que em certos contratos assumem as partes em relação à preservação da pessoa e do patrimônio do devedor. O melhor exemplo, a este respeito, é a construção pretoriana da obrigação de incolumidade no contrato de transporte, pela qual o transportador deve transportar o passageiro ou a coisa da origem ao destino de modo a preservar sua integridade.[330]

Desenvolve-se, da mesma forma, como dever acessório, presente em muitos contratos de assegurar sua execução,[331] de modo a preservar igualmente a integridade pessoal e patrimonial dos contratantes (o cumprimento do contrato não pode se dar de modo a causar dano a qualquer dos contratantes). Esse dever de segurança expande-se para uma série de contratos de serviços, conforme lição de direito comparado,[332] vindo no sistema brasileiro a desenvolver-se com mais vigor no direito do consumidor, a partir da vigência do Código de Defesa do Consumidor.

Antonio Rinessi examina o dever de segurança sob a perspectiva contratual, definindo-o como "aquele em virtude do qual uma das partes do contrato se compromete a devolver ao outro contratante seja sua pessoa ou seus bens sãos e salvos quando da expiração do contrato,

---

[327] Conforme ensina Benjamin, "o dano ambiental pode ser resultado de diversas causas concorrentes, simultâneas ou sucessivas, dificilmente tendo uma única e linear fonte". BENJAMIN, Antônio Herman V. Responsabilidade civil pelo dano ambiental, cit., p. 44.

[328] STEIGLEDER, Anelise. *Responsabilidade civil ambiental*. As dimensões do dano ambiental no direito brasileiro. Porto Alegre: Livraria do Advogado, 2004, p. 198.

[329] BENJAMIN, Antônio Herman V. Responsabilidade civil pelo dano ambiental. *Revista de Direito Ambiental*, v. 9, São Paulo: RT, jan./mar. 1998, p. 8. No mesmo sentido: PASQUALOTTO, Adalberto. Responsabilidade civil por dano ambiental: considerações de ordem material e processual. In: BENJAMIN, Antônio Herman V. (Coord.). *Dano ambiental*: prevenção, reparação e repressão. São Paulo: RT, 1993, p. 456.

[330] MIRAGEM, Bruno. *Contrato de transporte*, cit., p. 64.

[331] Criticando a noção de dever acessório: RINESSI, Antonio Juan. *El deber de seguridad*. Buenos Aires: Rubinzal Culzoni, 2007, p. 17.

[332] HERRERA, Edgardo López. *Teoría general de la responsabilidad civil*, cit., p. 381-382.

podendo ser assumida de forma expressa, ou imposta pela lei, ou bem surgir do conteúdo do contrato por meio de sua interpretação com base no princípio da boa-fé".[333]

No direito do consumidor, desenvolve-se como dever exigível dos fornecedores de produtos e serviços, a obrigar-lhes, em concreto, que ofereçam a segurança que legitimamente se espera, ou seja, que ofereçam apenas riscos normais e previsíveis. Nessa situação, a violação do dever de segurança implica a responsabilidade do fornecedor por danos causados por produtos e serviços que, neste caso, serão considerados defeituosos (arts. 12 a 14 do CDC).

Implica, na prática, a criação de um dever positivo de proteção em relação a riscos que somente o titular do dever controla.[334] É o caso, por exemplo, do fabricante ou do prestador de serviços cuja posição contratual permite que se desincumba com maior eficiência de dada obrigação. O mesmo ocorrerá no caso do empregador em relação ao empregado, ou aquele que, ao prestar serviços a menores de idade, e submete-se ao dever de assegurar sua integridade.

---

[333] RINESSI, Antonio Juan. *El deber de seguridad*, cit., p. 16.

[334] "Responsabilidade civil. Recurso especial submetido à sistemática prevista no art. 543-C do CPC. Acidente ferroviário. Vítima fatal. Comprovada a culpa exclusiva da vítima na instância ordinária. Súmula 7 do STJ. Não comprovação do dissídio jurisprudencial nos moldes exigidos pelo RISTJ. 1. A culpa da prestadora do serviço de transporte ferroviário configura-se no caso de atropelamento de transeunte na via férrea quando existente omissão ou negligência do dever de vedação física das faixas de domínio da ferrovia com muros e cercas bem como da sinalização e da fiscalização dessas medidas garantidoras da segurança na circulação da população. Precedentes. 2. A responsabilidade civil do Estado ou de delegatário de serviço público, no caso de conduta omissiva, só se desenhará quando presentes estiverem os elementos que caracterizam a culpa, a qual se origina, na espécie, do descumprimento do dever legal atribuído ao Poder Público de impedir a consumação do dano. 3. A exemplo de outros diplomas legais anteriores, o Regulamento dos Transportes Ferroviários (Decreto 1.832/1996) disciplinou a segurança nos serviços ferroviários (art. 1º, inciso IV), impondo às administrações ferroviárias o cumprimento de medidas de segurança e regularidade do tráfego (art. 4º, I) bem como, nos termos do inciso IV do art. 54, a adoção de 'medidas de natureza técnica, administrativa, de segurança e educativas destinadas a prevenir acidentes'. Outrossim, atribuiu-lhes a função de vigilância, inclusive, quando necessário, em ação harmônica com as autoridades policiais (art. 55). 4. Assim, o descumprimento das medidas de segurança impostas por lei, desde que aferido pelo Juízo de piso, ao qual compete a análise das questões fático-probatórias, caracteriza inequivocamente a culpa da concessionária de transporte ferroviário e o consequente dever de indenizar. 5. A despeito de situações fáticas variadas no tocante ao descumprimento do dever de segurança e vigilância contínua das vias férreas, a responsabilização da concessionária é uma constante, passível de ser elidida tão somente quando cabalmente comprovada a culpa exclusiva da vítima. Para os fins da sistemática prevista no art. 543-C do CPC, citam-se algumas situações: (i) existência de cercas ao longo da via, mas caracterizadas pela sua vulnerabilidade, insuscetíveis de impedir a abertura de passagens clandestinas, ainda quando existente passarela nas imediações do local do sinistro; (ii) a própria inexistência de cercadura ao longo de toda a ferrovia; (iii) a falta de vigilância constante e de manutenção da incolumidade dos muros destinados à vedação do acesso à linha férrea pelos pedestres; (iv) a ausência parcial ou total de sinalização adequada a indicar o perigo representado pelo tráfego das composições. 6. No caso sob exame, a instância ordinária, com ampla cognição fático-probatória, consignou a culpa exclusiva da vítima, a qual encontrava-se deitada nos trilhos do trem, logo após uma curva, momento em que foi avistada pelo maquinista que, em vão, tentou frear para evitar o sinistro. Insta ressaltar que a recorrente fundou seu pedido na imperícia do maquinista, que foi afastada pelo Juízo singular, e na responsabilidade objetiva da concessionária pela culpa de seu preposto. Incidência da Súmula 7 do STJ. 7. Ademais, o dissídio jurisprudencial não foi comprovado nos moldes exigidos pelo RISTJ, o que impede o conhecimento do recurso especial interposto com fundamento tão somente na alínea "c" do permissivo constitucional. 8. Recurso especial não conhecido. Acórdão submetido ao regime do art. 543-C do CPC e da Resolução STJ 08/2008" (STJ, REsp 1.210.064/SP, Rel. Min. Luis Felipe Salomão, 2ª Seção, j. 8-8-2012, *DJe* 31-8-2012).

Nesses termos, o dever de segurança surge como contraponto à liberdade de ação individual que permite a organização e/ou execução de atividades perigosas ou, simplesmente, a exposição a riscos em razão desta atuação, tanto aos indivíduos quanto à coletividade.

6.1.4.2.5. Responsabilidade civil e garantia

O desenvolvimento da responsabilidade objetiva retoma a importância do debate sobre a função da responsabilidade civil. Originalmente, a afirmação da exigência da culpa foi considerada, a seu tempo, uma conquista da civilização. E foi justamente ao identificar-se a insuficiência da culpa como critério de responsabilização que o desenvolvimento da teoria do risco fornece um novo instrumento para tutela do interesse da vítima e mesmo de segurança da coletividade.

Nesse curso é que, em conhecido trabalho doutrinário, Bóris Starck identifica como função da responsabilidade civil na sociedade contemporânea a de fornecer a garantia contra riscos sociais.[335] Nesse sentido, o único pressuposto do dever de indenizar deve ser a existência de um dano injusto.[336]

A tese merece críticas pelo caráter demasiadamente amplo da expressão "garantia" e seu significado como segurança,[337] como qualquer meio de um direito ao adimplemento de uma obrigação,[338] observando Guido Alpa que a responsabilidade civil é o *prius* lógico e jurídico da garantia.[339]

A grande contribuição da teoria da garantia, entretanto, será uma reorientação do exame da responsabilidade civil a partir da perspectiva da vítima. Nesse sentido, um atentado à integridade da pessoa ou de seu patrimônio é suficiente para fundamentar a responsabilidade do ofensor. Desse modo, não haveria cogitar-se mais de fundamentos distintos, na culpa e no risco, conforme o regime de responsabilidade. Toda a situação de responsabilidade civil, assim, teria um fundamento único, que é a garantia de direitos essenciais do indivíduo e dos grupos.

Nesse sentido, também se associa à noção de garantia a função dissuasória e preventiva, que se exercerá, sobretudo, no plano da tutela coletiva.[340]

6.1.4.3. *Responsabilidade objetiva no Código Civil*

O Código Civil adotou, conforme já foi observado, um sistema dualista de responsabilidade, mediante a previsão de duas normas gerais de responsabilidade por danos: uma subjetiva (art. 186 c/c art. 927, *caput*) e outra objetiva, independente de culpa (art. 927, parágrafo único). Para além dessas situações, todavia, diversas outras hipóteses de responsabilidade objetiva são pontuadas no Código Civil. Em parte, pela evolução do sistema de responsabilidade fundada na presunção de culpa, para a responsabilidade independente de culpa. Em outros casos, pela formulação original de responsabilidade fundada no risco, na

---

[335] STARCK, Boris. *Essai d'une theorie générale de la responsabilité civile considérée em as double fonction de garantie et de peine privée*, cit., p. 217.
[336] STARCK, Boris. *Essai d'une theorie générale de la responsabilité civile considérée em as double fonction de garantie et de peine privée*, cit., p. 475 e s.
[337] TUNC, André. *La responsabilité civile*, cit., p. 154-155.
[338] GRARE, Clothilde. *Recherches sur la cohérence de la responsabilité délictuelle. L'influence des fondaments de la responsabilité sur la réparation*, cit., p. 20.
[339] ALPA, Guido. *Tratatto di diritto civile*. v. IV: La responsabilitá civile, cit., p. 108.
[340] VINEY, Geneviève. *Introduction a la responsabilité*, 3. ed., cit., p. 86 e s.

linha já trilhada por outras legislações (caso da responsabilidade do empresário pelos danos causados por produtos, por exemplo).

Examinemos cada um desses casos.

6.1.4.3.1. Responsabilidade pelo risco da atividade (art. 927, parágrafo único)

Estabelece o art. 927, parágrafo único, do Código Civil: "Haverá obrigação de reparar o dano, independentemente de culpa, nos casos especificados em lei, ou quando a atividade normalmente desenvolvida pelo autor do dano implicar, por sua natureza, risco para os direitos de outrem".

Conforme já se teve a oportunidade de mencionar, a regra do art. 927, parágrafo único, consagra a teoria do risco criado. Outra, aliás, não poderia ser a interpretação da norma, sob pena de reduzir demasiadamente seu alcance. Não se encontra a regra em comento em sistema que exija a vantagem econômica que o agente postulasse pelo exercício de determinada atividade (como é o caso do Código de Defesa do Consumidor, por exemplo), razão pela qual não se exige que se organize a atividade sob modelo empresarial. Por outro lado, coloca-se em evidência que a noção de risco da atividade merece concreção específica.

São três os elementos previstos na norma em exame: a) o exercício habitual de certa atividade; b) a capacidade dessa atividade de, por sua natureza, gerar riscos aos direitos alheios; e c) a ocorrência de dano e seu nexo causal com a atividade em questão.

A noção de atividade normalmente desenvolvida indica sua habitualidade, continuidade no tempo. Nesses termos, não se tem em vista uma ação ou omissão específica, mas um conjunto de ações, dotadas de permanência, com capacidade de múltiplas ações em série. Refere-se a doutrina aos serviços públicos ou aos serviços objeto das relações de consumo e objeto de disciplina pelo Código de Defesa do Consumidor. Nesses casos, e em quaisquer outros, concentra-se o significado na sua habitualidade e permanência no tempo. Não se exige necessariamente a profissionalidade dessa atuação.

O segundo elemento presente na definição legal é o da capacidade da atividade para, por sua própria natureza, implicar riscos. Segundo a dicção legal, a geração de riscos é da natureza da atividade. Porém, é preciso dizer mais do que isso, afinal, a noção de risco é inerente a qualquer agir humano. Dizer-se, assim, atividade que gera risco seria abranger todas as atividades. Por outro lado, se exigir certo nível de risco, ou mesmo risco elevado de dano – o que se definiria por critérios probabilísticos –, se estaria a tornar demasiadamente restrita a enunciação das atividades sob incidência da norma, ou como bem nota Sérgio Cavalieri, seria uma remissão indevida à teoria do risco excepcional, pela qual apenas se poderia considerar de risco as atividades de acentuada potencialidade lesiva.[341] Na mesma linha de entendimento, identifica-se por um risco destacado, decorrente dos meios normais de desenvolvimento da atividade, cuja prática é fundamento de imputação da responsabilidade.[342]

Não se pode perder de vista que a regra do art. 927, parágrafo único, é espécie de cláusula geral. Nesses termos, dependerá de concreção judicial. Esta deverá ter em vista atividades com certo grau de risco, o que afasta da responsabilidade objetiva riscos irrelevantes, porém, sem exigir que o risco seja em tal ou qual nível, o que, por si, seria impraticável, embora a probabilidade de ocorrência de danos e sua extensão sejam elementos a serem considerados pelo intérprete.

---

[341] CAVALIERI, Sérgio. *Programa de responsabilidade civil*, cit., p. 219.
[342] GODOY, Claudio Luiz Bueno de. *Responsabilidade civil pelo risco da atividade*. São Paulo: Saraiva, 2009, p. 94-101.

Essa noção de risco, contudo, não se afasta da ideia de perigo, atividade perigosa, indicando uma atividade que tenha aptidão maior de causar dano a outrem do que o risco normal e ordinário da vida de relações. Na qualificação do que se trata de atividade perigosa, a jurisprudência pontua, mesmo antes da vigência do Código Civil, por exemplo, a atividade de fornecimento de energia elétrica,[343] ou a atividade profissional no caso de conflito de vizinhança.[344] Todavia, não a reconhece em relação à divulgação de conteúdos pela internet.[345]

---

[343] "Processo civil. Recurso especial. Ação de reparação por danos materiais e compensação por danos morais proposta por família de vítima de acidente fatal. Concessionária de energia elétrica. Responsabilidade civil objetiva. (...) 3. Mesmo antes da Constituição Federal de 1988 e da entrada em vigor do Código Civil de 2002, já se reconhecia a responsabilidade objetiva da empresa concessionária de energia elétrica, em virtude do risco da atividade. 4. O risco da atividade de fornecimento de energia elétrica é altíssimo sendo necessária a manutenção e fiscalização rotineira das instalações. Reconhecida, portanto, a responsabilidade objetiva e o dever de indenizar. 5. Conforme a jurisprudência sedimentada no Superior Tribunal de Justiça, sendo incontroverso o óbito, as despesas com o funeral, são presumidas, de modo que é adequada sua fixação limitada ao mínimo previsto na legislação previdenciária. (...)" (STJ, REsp 1.095.575/SP, Rel. Min. Nancy Andrighi, 3ª Turma, j. 18-12-2012, *DJe* 26-3-2013).

[344] "Agravo regimental. Ação de indenização por danos materiais e morais. Transporte diário de mercadorias por via pública ligado à atividade industrial da ré. Imóvel dos autores que teve que ser demolido. Prova pericial estabelecendo o nexo de causalidade. Risco da atividade. Teoria das concausas. Recurso especial. Reexame de provas. Descabimento. 1. – A partir da interpretação do laudo pericial, bem como dos demais elementos de prova coligidos no processo, concluiu o Tribunal estadual pelo nexo de causalidade entre o tráfego de caminhões da ré, ora agravante, e os problemas constatados no imóvel de propriedade dos autores, caso em que a obrigação de reparar o dano – considerada a teoria das concausas – independe de culpa, por decorrer do risco da própria atividade, em consonância com o art. 927, parágrafo único, do Código Civil. 2. – Nesse contexto, a revisão do julgado – que condenou a recorrente a arcar com 30% dos prejuízos sofridos pelos recorridos, além de danos morais – com o consequente acolhimento da pretensão recursal não prescindiria do reexame do acervo fático-probatório da causa, o que não se admite em âmbito de Recurso Especial, a teor do enunciado 7 da Súmula deste Tribunal. 3. – Agravo Regimental improvido" (STJ, AgRg nos EDcl no AREsp 210.505/SP, Rel. Min. Sidnei Beneti, 3ª Turma, j. 16-10-2012, *DJe* 31-10-2012).

[345] "Recurso especial. Agravo regimental. Direito eletrônico e responsabilidade civil. Danos morais. Provedor da internet sem controle prévio de conteúdo. Orkut. Mensagem ofensiva. Notificação prévia. Inércia do provedor de busca. Responsabilidade subjetiva caracterizada. Agravo desprovido. 1. Este Tribunal Superior, por seus precedentes, já se manifestou no sentido de que: I) o dano moral decorrente de mensagens com conteúdo ofensivo inseridas em site por usuário não constitui risco inerente à atividade desenvolvida pelo provedor da internet, porquanto não se lhe é exigido que proceda a controle prévio de conteúdo inserido e disponibilizado por usuários, pelo que não se lhe aplica a responsabilidade objetiva, prevista no art. 927, parágrafo único, do CC/2002; II) a fiscalização prévia dos conteúdos postados não é atividade intrínseca ao serviço prestado pelo provedor no ORKUT. 2. A responsabilidade subjetiva do agravante se configura quando: I) ao ser comunicado de que determinado texto ou imagem tem conteúdo ilícito, por ser ofensivo, não atua de forma ágil, retirando o material do ar imediatamente, passando a responder solidariamente com o autor direto do dano, em virtude da omissão em que incide; II) não mantiver um sistema ou não adotar providências, que estiverem tecnicamente ao seu alcance, de modo a possibilitar a identificação do usuário responsável pela divulgação ou a individuação dele, a fim de coibir o anonimato. 3. O fornecimento do registro do número de protocolo (IP) dos computadores utilizados para cadastramento de contas na internet constitui meio satisfatório de identificação de usuários. 4. Na hipótese, a decisão recorrida dispõe expressamente que o provedor foi notificado extrajudicialmente, por meio de ferramenta que ele próprio disponibiliza para denúncia de abusos – na espécie, criação de perfil falso difamatório do suposto titular e ofensivo a terceiros –, não tendo tomado as providências cabíveis, optando por manter-se inerte, motivo pelo qual responsabilizou-se solidariamente pelos danos morais infringidos ao promovente, configurando a responsabilidade subjetiva do réu. 5. Agravo regimental não provido" (STJ, AgRg no REsp 1.396.963/RS, Rel. Min. Raul Araújo, 4ª Turma, j. 8-5-2014, *DJe* 23-5-2014).

6.1.4.3.2. Responsabilidade por danos causados por produtos (art. 931)

O advento da sociedade de consumo, entre diferentes consequências, deu causa à exposição da coletividade de consumidores a riscos decorrentes dos bens de consumo de massa (produtos e serviços), oferecidos no mercado de consumo. Como efeito da produção de massa, a possibilidade de falhas no processo produtivo dá causa a riscos de dano, cuja reparação insere-se no âmbito do dever de segurança da coletividade. Da mesma forma, é inerente ao exercício da atividade de empresa a assunção do risco.[346] Nesse sentido, a evolução do sistema de responsabilidade civil operou o reconhecimento da responsabilidade objetiva dos empresários pelos produtos colocados no mercado.

Essa evolução é marcante no sistema de *common law*. Merece destaque, nesse particular, o caso *McPherson* vs. *Buick Motor Co.*, decidido pelo Tribunal de Apelações de Nova York, em 1916. No caso em questão, discutia-se a extensão da responsabilidade de uma fábrica de automóveis pelos veículos por ela fabricados. Na ocasião, decidiu o tribunal que, tendo em vista se tratarem de produtos "perigosos", o fabricante tinha a obrigação de adotar precauções não apenas em relação ao comprador do produto, mas também em relação a quaisquer usuários do automóvel, razão pela qual poderia ser imputada responsabilidade por negligência na hipótese de danos a quaisquer terceiros usuários do bem.[347]

No mesmo sentido, no direito britânico, foi a decisão da Câmara dos Lordes, em 1932, responsabilizando o fabricante de uma garrafa de cerveja por danos causados ao consumidor, que, vindo a consumi-la em uma *coffee shop*, observou desprender-se do fundo da garrafa os restos de um caracol em decomposição.[348]

Em ambos os casos, a inovação residiu justamente na superação da exigência de um vínculo jurídico antecedente, um vínculo contratual entre as partes, para que a vítima pudesse demandar contra o fabricante, em razão de defeitos de fabricação. Passou a bastar, assim, a condição de vítima para que a pessoa tivesse reconhecida sua legitimidade para demandar contra o causador do dano. Ou seja, houve a superação da exigência de uma relação jurídica previamente constituída entre o fabricante e a vítima, que não precisa mais ser necessariamente quem tenha sido o adquirente do produto, mas simplesmente quem tenha sofrido prejuízo dele decorrente.

Da mesma forma, a partir desses dois casos, passou-se a ser reconhecida no *common Law* uma autêntica obrigação de tomar precauções com relação aos fabricantes de produtos, assim como outras situações que passaram a ser reconhecidas pelos tribunais.[349] E é a ausência dessas precauções que, segundo a jurisprudência norte-americana, dará ensejo à caracterização de um *defeito do produto*, como foi decidido na primeira demanda em que se discutiu a *strict defect liability in torts*, o caso *Escola* vs. *Coca-Cola Bottling*, julgado pela Corte Estadual da Califórnia em 1944, envolvendo a explosão de uma garrafa de refrigerante, e na qual o juiz Roger Trainor concluiu pela responsabilidade do fabricante pelo defeito de segurança dos produtos colocados no mercado.[350]

Anos depois, outro caso de grande repercussão também foi o *Greenman* vs. *Yuba Powers Product*, pelo qual a Suprema Corte da Califórnia reconheceu, em 1963, a responsabilidade do

---

[346] Veja-se: ALPA, Guido. *Tratatto di diritto civile*, t. IV: La responsabilitá civile, cit., p. 291.
[347] ZWEIGERT, Konrad; KÖTZ, Hein. *Introducción al derecho comparado*, cit., p. 649.
[348] ZWEIGERT, Konrad; KÖTZ, Hein. *Introducción al derecho comparado*, cit., p. 649.
[349] ZWEIGERT, Konrad; KÖTZ, Hein. *Introducción al derecho comparado*, cit., p. 649.
[350] CHRISTIE, George C.; MEEKS, James E.; PRYOR, Ellen S.; SANDERS, Joseph. *Cases and materials on the law of torts*. Saint Paul: West Publishing Co., 1997, p. 630-631.

fabricante por danos físicos causados na vítima, em razão do uso de uma máquina para realizar reparos domésticos com madeira. No caso, a vítima havia ganhado a máquina de sua esposa, por ocasião do Natal. Concluiu a Corte haver responsabilidade do fabricante pelo defeito do produto, independentemente de considerar-se a existência de negligência, mas, exclusivamente, em razão do defeito em produto introduzido no mercado, determinando com isso o dever de indenizar decorrente da *strict defect liability*.[351] É então que esta orientação se consolida, com a publicação do *Second Restatement of Torts*,[352] de 1965, o qual previa em seu § 402 A:

> 1. A pessoa que venda um produto em condições defeituosas que, de maneira irracional, representem um perigo para o usuário, ao consumidor e a sua propriedade deverá responder pelo dano físico causado pelo produto ao usuário ou consumidor final, ou a sua propriedade se:
>
> a) o vendedor se dedica a atividades relacionadas com a venda do referido produto, e
>
> b) se espera que o produto chegue e leve ao usuário ou consumidor sem alteração substancial nas condições em que é vendido.
>
> 2. Se aplica a regra estabelecida na Subseção 1 ainda quando:
>
> a) o vendedor tenha tomado todos os cuidados possíveis na preparação e venda do seu produto, e
>
> b) o usuário ou consumidor não tenha comprado do vendedor, nem tenham celebrado nenhuma relação contratual com o mesmo.[353]

Essa regra, que fundamenta a *strict liability* em matéria de danos causados por defeitos de produtos no direito norte-americano, desenvolve-se a partir de novos fundamentos para a imputação da responsabilidade. Em um primeiro momento, concentra-se na caracterização da quebra de uma garantia implícita (*breach of implied warrant*), protegendo as expectativas relativas ao uso normal de um produto,[354] para desenvolver-se, em seguida, admitindo a hipótese de responsabilização quando constatados defeitos que comprometem a segurança do produto (*manufacturing defects*, *design defects* ou *warning defects*).[355]

Em paralelo, o desenvolvimento da responsabilidade civil do produtor, no direito europeu continental, também observou situações de danos causados em decorrência da intoxicação com produtos impróprios para o consumo, tais como pães feitos com farinha contaminada ou biscoitos estragados, para os quais, em geral, se estabeleceu – mesmo sem previsão expressa – a presunção de culpa do fabricante.[356] Da mesma forma, é conhecido o caso na Alemanha, em 1968, pelo qual a morte de milhares de frangos de uma granja, em razão da falta

---

[351] CHRISTIE, George C.; MEEKS, James E.; PRYOR, Ellen S.; SANDERS, Joseph. *Cases and materials on the law of torts*, cit., p. 632-634.

[352] O *Second Restatement of Law* é espécie de consolidação das reflexões decorrentes da jurisprudência norte-americana e adotado como fundamento das decisões seguintes, assim como das alegações das partes no processo. Os Estados Unidos encontram-se atualmente às voltas com a aprovação do *Third Restatement of Torts*, em avançado processo de discussão no American Law Institute, órgão encarregado de coordenar as discussões sobre o documento.

[353] Traduzimos da transcrição de: ZWEIGERT, Konrad; KÖTZ, Hein. *Introducción al derecho comparado*, cit., p. 717.

[354] PRIEST, George S. A theory of consumer product warranty. In: CRASWELL, Richard; SCHWARTZ, Alan. *Foundations of contract law*. New York: Oxford University Press, 1994, p. 174-180.

[355] CHRISTIE, George C.; MEEKS, James E.; PRYOR, Ellen S.; SANDERS, Joseph. *Cases and materials on the law of torts*, cit., p. 624 e s.

[356] ALPA, Guido; BESSONE, Mário. *La responsabilità del produttore*. Milano: Giuffrè, 1987, p. 27.

de informação pelo fabricante sobre o modo como deveria lhes ser ministrado determinado medicamento, deu ensejo à responsabilidade por falta ao dever de informar, inclusive com o estabelecimento de uma presunção de culpa do fabricante.[357] É, então, que a Comunidade Europeia, ao verificar a necessidade do estabelecimento de um regime uniforme acerca de responsabilidade civil em decorrência de danos causados por produtos defeituosos, editou em 1985 a Diretiva 85/374/CEE, regrando tais situações.

No direito brasileiro, a previsão original do art. 931 do Código Civil inspira-se nesse processo evolutivo, e resulta já do anteprojeto do Código Civil 634-B de 1973. Porém, mesmo antes da vigência do Código Civil, em 2003, o advento do Código de Defesa do Consumidor, em 1990, criou sistema próprio de responsabilidade do fornecedor de produtos e serviços, como regra, independente de culpa (ressalvada a responsabilidade dos profissionais liberais) e fundado no risco da atividade.

Dispõe o art. 931 do Código Civil: "Ressalvados outros casos previstos em lei especial, os empresários individuais e as empresas respondem independentemente de culpa pelos danos causados pelos produtos postos em circulação". Um primeiro aspecto a ser notado é a ressalva estabelecida à legislação especial, o que no caso preserva a incidência do Código de Defesa do Consumidor às relações de consumo.

Indica a regra da responsabilidade objetiva – independente de culpa – dos empresários individuais e das "empresas" pelos danos causados pelos produtos colocados em circulação. No caso dos empresários individuais, refere-se à hipótese do art. 966 do Código Civil, que, ao definir empresário, dispõe: "Considera-se empresário quem exerce profissionalmente atividade econômica organizada para a produção ou a circulação de bens ou de serviços".

A expressão "empresa", contudo, destoa da melhor técnica. Afinal, empresa é a *atividade* exercida pelo empresário individual ou por sociedade empresária. A rigor, refere-se às sociedades empresárias, embora, também, especialmente com a introdução do art. 980-A do Código Civil, à empresa individual de responsabilidade limitada (Eireli).

A responsabilidade independente de culpa abrange os produtos colocados em circulação. Vale dizer, os produtos colocados no mercado. Para a definição de produto, vale referência ao art. 2º do Código de Defesa do Consumidor. Dele resulta que produto é todo o bem móvel ou imóvel, material ou imaterial. A interpretação doutrinária e jurisprudencial acresce ao conceito a circunstância de que deve ser o produto oferecido no mercado de consumo. A determinação do instante inicial em que nasce a responsabilidade do empresário é decisiva. Se fabricou e não ofereceu à venda, não colocou em circulação. Se fabricou e não levou ao público, não colocou em circulação.

Por outro lado, não se perca de vista que a aplicação do art. 931 do Código Civil se dá, como regra, quando não houver relação de consumo, hipótese em que o regime de responsabilidade pelo fato do produto e do serviço é definido pelo Código de Defesa do Consumidor. Contudo, ressalvadas as relações de consumo, estariam sob o alcance da norma as relações puramente civis, entre iguais, reguladas então pelo Código Civil. Nesse sentido, por exemplo, os danos causados por uma máquina vendida de uma empresa a outra, por intermédio de um contrato de compra e venda comercial, estariam sob a égide deste art. 931, o qual não estabelece diferença entre os vários agentes da cadeia de fornecimento. Imputa-se responsabilidade objetiva a quem tenha colocado o produto em circulação. Aqui, um aspecto deve ser destacado. No regime do Código de Defesa do Consumidor, o art. 12 imputa responsabilidade solidária pelo dano causado pelo fabricante, produtor, construtor e importador. Na prática,

---

[357] ALPA, Guido; BESSONE, Mário. *La responsabilità del produttore*, cit., p. 157.

contudo, o produto terá ou fabricante, ou produtor, ou construtor, conforme tenha sido objeto de fabricação, produção ou construção. E apenas quando for importado há de se cogitar do importador. Por outro lado, o comerciante não responde direta e solidariamente, mas apenas quando os demais não forem identificados (responsabilidade subsidiária), ou ainda quando não tenham sido conservados adequadamente produtos perecíveis, e disso decorra o dano – hipótese de responsabilidade por ato próprio (art. 13 do CDC).

Segundo a regra do art. 931 do Código Civil, não há tais condicionantes. Responde objetivamente pelos danos causados por produtos o empresário individual e a empresa (leia-se: a sociedade empresária) que tenham colocado o produto em circulação. Três interpretações são possíveis da norma em questão. A primeira, que responde exclusivamente aquele que colocou em circulação, portanto, o primeiro elo da cadeia negocial relativa ao produto, no caso, o fabricante. A segunda, de que há responsabilidade solidária de todos os que participam da cadeia negocial. A terceira, em que se considera como colocar em circulação apenas a conduta daquele que, no extremo da cadeia negocial, oferece o produto para o destinatário final, caso do varejista/comerciante.

Imputando-se ao comerciante a responsabilidade nos termos do art. 931 do Código Civil, enfrenta-se um paradoxo. Isso porque, no regime de responsabilidade do Código de Defesa do Consumidor, conceitualmente mais protetivo da vítima consumidora, o comerciante só responde por danos causados por produtos colocados em circulação em situações bastante restritas. Enquanto na norma geral do Código Civil, que regula as relações entre iguais, este mesmo comerciante é responsabilizado solidariamente com os demais agentes, sem qualquer espécie de restrição.

Nesses termos, seria mais vantajoso ao consumidor alegar a aplicação do art. 931 do CC do que o art. 13 do CDC, que, em tese, é a norma que apresentaria responsabilidade mais gravosa para proteção dos seus interesses constitucionalmente assegurados. A solução da questão parece-nos passar pela interpretação e aplicação que a jurisprudência vier a fazer do art. 931 do CC. Nessa situação, dois são os entendimentos possíveis: a) o primeiro, vinculado ao método do *diálogo das fontes*, e com fundamento no art. 7º do CDC, o qual dispõe que os direitos estabelecidos nesta lei não excluem outros decorrentes da legislação interna ordinária,[358] pela qual toda norma que possuir maior conteúdo de proteção dos interesses dos consumidores deve ter preferência na sua aplicação. Isso autorizaria a aplicação do art. 931 como fundamento da responsabilidade direta e objetiva do comerciante, em caso de danos causados por produtos colocados em circulação (fato do produto); b) o segundo, reconhecendo a diferença de regimes e a ressalva expressa do art. 931 às relações reguladas por lei especial, como é o caso da responsabilidade pelo fato do produto nas relações de consumo. Nesse caso, concluir-se-ia por confinar a aplicação do art. 931 do Código Civil apenas às situações não abrangidas pelas normas previstas pelo CDC, ou por outras que regulassem responsabilidade civil, como no caso da responsabilidade civil por dano ambiental, por exemplo.

Contudo, qual será o alcance do art. 931 do CC? Resulta clara a necessidade de compatibilizar a interpretação e a aplicação da disposição legal com o regime de responsabilidade para o fato do produto e do serviço previsto no CDC. Em um primeiro aspecto, note-se que a redação do artigo, embora faça referência a empresários individuais e empresas, a rigor está a referir as sociedades empresárias (pessoas jurídicas) e não a atividade de empresa. Por

---

[358] "Art. 7º Os direitos previstos neste código não excluem outros decorrentes de tratados ou convenções internacionais de que o Brasil seja signatário, da legislação interna ordinária, de regulamentos expedidos pelas autoridades administrativas competentes, bem como dos que derivem dos princípios gerais do direito, analogia, costumes e equidade."

outro lado, fica estabelecida uma imputação objetiva de responsabilidade dos empresários ou sociedades empresárias pelos *danos causados por seus produtos postos em circulação*. A crítica mais destacada a essa disposição legal é de que ela afasta o critério da anormalidade do risco do produto, característica da noção de defeito do Código de Defesa do Consumidor, fazendo com que a responsabilidade determinada no Código Civil, em razão de danos provocados por produtos colocados no mercado, assuma verdadeira característica de responsabilidade por risco integral.[359]

As Jornadas de Direito Civil promovidas pelo Superior Tribunal de Justiça – STJ –, visando ao estabelecimento de diretrizes para interpretação e aplicação do Código Civil, em diversos enunciados, ocuparam-se do tema. Na I Jornada, de 2002, o Enunciado n. 42 contava com a seguinte redação: "O artigo 931 amplia o conceito de fato do produto existente no artigo 12 do Código de Defesa do Consumidor, imputando responsabilidade civil à empresa e aos empresários individuais vinculados à circulação dos produtos". E logo em seguida, o Enunciado n. 43 referia: "A responsabilidade civil pelo fato do produto, prevista no art. 931 do Código Civil, também inclui os riscos do desenvolvimento". Em 2004, na III Jornada de Direito Civil, o Enunciado n. 190, de sua vez, indicava: "A regra do artigo 931 do novo CC não afasta as normas acerca da responsabilidade pelo fato do produto ou do serviço previstas no artigo 12 do CDC, que continuam mais favoráveis ao consumidor". E, por fim, em 2006, o Enunciado n. 378 refere: "Aplica-se o artigo 931 do Código Civil, haja ou não relação de consumo". Parece claro, portanto, que ainda não se observa uma interpretação estável no direito brasileiro sobre a eficácia e aplicação do art. 931 do CC/2002.

De fato, parece claro que o art. 931 do CC não pode afastar o regime legal do CDC. Mas pode somar-se a ele. A presença do defeito e, de certo modo, da presunção de defeito por ocasião de dano causado por produtos ou serviços (cabe ao fornecedor demonstrar sua inexistência) é requisito necessário para fazer incidir a responsabilidade com fundamento no CDC. Isso não exclui que, por intermédio do diálogo das fontes, se encontre um efeito útil para a norma, sobretudo em vista da finalidade da responsabilidade objetiva por danos causados por produtos, que em primeiro plano é a proteção do consumidor no mercado de consumo. Pode-se retirar como efeito útil, nesse sentido, um reforço ao argumento da admissão da responsabilidade por riscos do desenvolvimento em nosso sistema, ou ainda, conforme for a interpretação que a jurisprudência indique à disposição, de modo compatível ao CDC, a extensão da responsabilidade dos comerciantes por acidentes de consumo,[360] além das hipóteses restritas estabelecidas no art. 13, reconhecendo a incidência da norma de imputação do art. 931 a qualquer um dos empresários individuais ou sociedades empresárias (ou empresas, como refere a norma) que tenham posto o produto em circulação.

6.1.4.3.3. Responsabilidade indireta por fato de terceiro (art. 932)

A base do sistema de responsabilidade civil é de que o agente causador do dano responda pelo dever de indenizar, o que se denomina responsabilidade direta ou também responsabilidade por fato próprio. Ocorre, contudo, que algumas vezes não há elementos que permitam identificar todos os pressupostos da responsabilidade civil em relação a determinada pessoa, indicada como causadora do dano. Tratando-se de situações de responsabilidade subjetiva,

---

[359] CALIXTO, Marcelo Junqueira. O artigo 931 do Código Civil de 2002 e os riscos do desenvolvimento. *Revista Trimestral de Direito Civil*, v. 21, Rio de Janeiro: Padma, jan./mar. 2005.

[360] CALIXTO, Marcelo Junqueira. O artigo 931 do Código Civil de 2002 e os riscos do desenvolvimento, cit., p. 92-93.

exige-se a demonstração da culpa, que nem sempre é fácil, considerando qualidades pessoais do agente que deu causa ao dano, ou mesmo a delimitação, na situação de fato em que se realiza o dano, da culpa individual concreta.

Bom exemplo disso são os incapazes, que, em razão desta sua qualidade especial, não têm, como regra, sua vontade considerada pelo Direito, seja na realização de atos ou negócios jurídicos, seja para preencher condição para caracterização do ato ilícito – voluntariedade e/ou falha na conduta individual. A falta de discernimento para os atos da vida civil, que dá causa à incapacidade, produz seus efeitos sobre a responsabilidade civil e, em tese, a ausência de responsabilidade do incapaz.

As situações em que se admite a responsabilidade indireta têm caráter excepcional, e exigem que se abstraia a ideia básica de imputação da responsabilidade com fundamento na culpa individual. E se dão da mesma forma em proteção da vítima, na medida em que se imputa a outra pessoa, que não o autor, a responsabilidade pelo dever de indenizar. Em geral, essa pessoa, a quem se imputa o dever de indenizar, presume-se que tenha, inclusive, melhores condições de fazer frente ao dever de indenizar.

Em que pese essa exigência de abstração da culpa, não se perca de vista que na vigência do Código Civil de 1916 estabeleceu-se com fundamento para as hipóteses previstas na legislação, de responsabilidade indireta, a presunção de culpa – notadamente, as categorias de culpa *in eligendo* e culpa *in vigilando*. Aquele a quem se imputa, assim, a responsabilidade responderá por fato de terceiro ou porque se comportou escolhendo mal o causador do dano (*in eligendo*), ou porque falhou ao fiscalizar e supervisionar a conduta do causador do dano (*in vigilando*).

Entretanto, o texto do art. 1.523 do Código Civil de 1916, em vez de impor presunção absoluta de culpa nos casos relacionados na lei, em especial aos pais, tutores, curadores, patrões, amos, comitentes, donos de hotéis e estabelecimentos onde se alberguem por dinheiro, exigia a prova da culpa, ou seja, quando fosse possível imputar a culpa, na medida em que não caracterizada a diligência necessária, nem as precauções acautelatórias que prevenissem a ocorrência do dano.[361] Diga-se a esse respeito, contudo, que não era a ideia original do anteprojeto de Código Civil, elaborado por Clóvis Beviláqua, mas resultara de alteração do texto durante o processo legislativo.

A interpretação jurisprudencial e doutrinária, contudo, inclusive por influência do direito comparado, acabou por consagrar – mesmo diante da regra do art. 1.523 do Código Civil de 1916 – a noção de presunção de culpa, *in vigilando* ou *in eligendo*. Mas desde então sendo notado que o passo seguinte da evolução do sistema, inclusive com o propósito de favorecer o interesse de reparação da vítima, seria o de adoção da responsabilidade objetiva fundada no risco.

Essa tendência confirma-se com o advento do Código Civil de 2002, que estabeleceu, em seu art. 932:

> Art. 932. São também responsáveis pela reparação civil:
> I – os pais, pelos filhos menores que estiverem sob sua autoridade e em sua companhia;
> II – o tutor e o curador, pelos pupilos e curatelados, que se acharem nas mesmas condições;

---

[361] Sustentando esse entendimento sob o direito anterior, veja-se: MELO, Albertino Daniel de. *A responsabilidade civil pelo fato de outrem nos direitos francês e brasileiro*. Rio de Janeiro: Forense, 1972, p. 130 e s.

III – o empregador ou comitente, por seus empregados, serviçais e prepostos, no exercício do trabalho que lhes competir, ou em razão dele;

IV – os donos de hotéis, hospedarias, casas ou estabelecimentos onde se albergue por dinheiro, mesmo para fins de educação, pelos seus hóspedes, moradores e educandos;

V – os que gratuitamente houverem participado nos produtos do crime, até a concorrente quantia.

E, no art. 933, define a natureza objetiva da responsabilidade, em clara distinção do Código Civil anterior: "Art. 933. As pessoas indicadas nos incisos I a V do artigo antecedente, ainda que não haja culpa de sua parte, responderão pelos atos praticados pelos terceiros ali referidos".[362] Note-se, então, que a responsabilidade pelo fato de terceiro no direito vigente será espécie de responsabilidade objetiva, independente de culpa, deixando de ter aplicação prática, nesse ponto, a construção teórica da presunção de culpa *in vigilando* e/ou de culpa *in eligendo*, desenvolvida no direito anterior.

Examine-se, agora, cada uma das hipóteses previstas de responsabilidade por fato de terceiro.

6.1.4.3.3.1. *Responsabilidade civil por atos dos incapazes*

A responsabilidade indireta de terceiros por danos causados por incapazes observa dupla dimensão: de proteção dos incapazes a quem a lei não reconhece discernimento para prática dos atos da vida civil; e de proteção do interesse de reparação da vítima, considerando que a imputação da responsabilidade a terceiro tem em vista oferecer melhores condições para a reparação.

As regras sobre incapacidade estão previstas nos arts. 3º e 4º do Código Civil. Estabelece o art. 3º:

Art. 3º São absolutamente incapazes de exercer pessoalmente os atos da vida civil os menores de 16 (dezesseis) anos. (Redação dada pela Lei nº 13.146, de 2015)
I – (Revogado); (Redação dada pela Lei nº 13.146, de 2015)
II – (Revogado); (Redação dada pela Lei nº 13.146, de 2015)
III – (Revogado). (Redação dada pela Lei nº 13.146, de 2015)

No mesmo sentido, dispõe o art. 4º do Código Civil:

Art. 4º São incapazes, relativamente a certos atos ou à maneira de os exercer: (Redação dada pela Lei nº 13.146, de 2015)

---

[362] No direito comparado, notam-se situações em que a responsabilidade indireta, a partir de desenvolvimento jurisprudencial, não ficará restrita apenas às hipóteses literais previstas na lei, avançando para situações em que aquele a quem se imputa responsabilidade vem a responder por ter assumido, contratualmente, o cuidado do incapaz. É o caso do conhecido *arrêt Blieck*, decidido em 1991, pela Corte de Cassação Francesa, em que a clínica em que estava internado paciente com problemas mentais, que em uma de suas saídas autorizadas causou dano, foi obrigada a repará-lo. Veja-se: ALBRECHT, Annette. *Die deliktische Haftung für fremdes Verhalten im französischen und deutschen Recht. Eine rechtvergleichende Untersuchung unter besonderer Berücksichtigung der Blieck-Rechtsprechung der Cour de cassation*. Tübingen: Mohr Siebeck, 2013, p. 26 e ss. No direito brasileiro atual, examinando a evolução jurisprudencial dos julgados que demonstram a superação do critério de culpa presumida nas hipóteses de responsabilidade indireta previstas no Código Civil de 2002, veja-se: TARTUCE, Flávio. *Manual de responsabilidade civil*. São Paulo: Método, 2018, p. 565 e ss.

I – os maiores de dezesseis e menores de dezoito anos;

II – os ébrios habituais e os viciados em tóxico; (Redação dada pela Lei nº 13.146, de 2015)

III – aqueles que, por causa transitória ou permanente, não puderem exprimir sua vontade; (Redação dada pela Lei nº 13.146, de 2015)

IV – os pródigos.

Parágrafo único. A capacidade dos indígenas será regulada por legislação especial. (Redação dada pela Lei nº 13.146, de 2015)

Da mesma forma, estabelece o art. 5º, *caput*, que a menoridade civil cessa aos dezoito anos completos. Trata-se do termo final da responsabilidade dos pais pelos filhos menores, a que se refere o art. 932, I, do Código Civil.

A rigor, são duas as situações em que se prevê a responsabilidade por danos causados por incapazes. A primeira, dos pais em relação aos filhos menores que se encontrem sob sua autoridade e em sua companhia (art. 932, I, do Código Civil). A segunda, de tutores e curadores, por danos causados por tutelados e curatelados que se encontrem nas mesmas condições, ou seja, sob sua autoridade e em sua companhia (art. 932, II, do Código Civil).

Tenha-se em conta, contudo, que esta responsabilidade dos pais por danos causados pelos filhos tem um limite definido no art. 928 do Código Civil. Estabelece a regra: "Art. 928. O incapaz responde pelos prejuízos que causar, se as pessoas por ele responsáveis não tiverem obrigação de fazê-lo ou não dispuserem de meios suficientes. Parágrafo único. A indenização prevista neste artigo, que deverá ser equitativa, não terá lugar se privar do necessário o incapaz ou as pessoas que dele dependem". Observe-se que pode a ação de indenização da vítima ser movida diretamente contra o incapaz, se estiver caracterizado que os pais, assim como os tutores ou curadores, não tenham como responder por não contar com meios suficientes para este fim. Porém, desde que também não privem o próprio incapaz do necessário para subsistência e daqueles que dele dependem. Entendimento doutrinário consagrado no Enunciado n. 39 da I Jornada de Direito Civil do STJ sustenta a extensão aos pais, tutores e curadores, do limite à indenização de que trata o art. 928 do Código Civil, nos seguintes termos: "A impossibilidade de privação do necessário à pessoa, prevista no art. 928, traduz um dever de indenização equitativa, informado pelo princípio constitucional da proteção à dignidade da pessoa humana. Como consequência, também os pais, tutores e curadores serão beneficiados pelo limite humanitário do dever de indenizar, de modo que a passagem ao patrimônio do incapaz se dará não quando esgotados todos os recursos do responsável, mas se reduzidos estes ao montante necessário à manutenção de sua dignidade". A jurisprudência, contudo, reconhece que entre os pais e o filho, na hipótese do art. 932, I, do Código Civil, não se exige da vítima que necessariamente exerça sua pretensão de reparação contra ambos. Não será o caso de litisconsórcio necessário, constituindo liberalidade da vítima, ao atender os pressupostos legais, dirigir sua pretensão contra ambos.[363]

---

[363] "DIREITO CIVIL. RESPONSABILIDADE CIVIL POR FATO DE OUTREM – PAIS PELOS ATOS PRATICADOS PELOS FILHOS MENORES. ATO ILÍCITO COMETIDO POR MENOR. RESPONSABILIDADE CIVIL MITIGADA E SUBSIDIÁRIA DO INCAPAZ PELOS SEUS ATOS (CC, ART. 928). LITISCONSÓRCIO NECESSÁRIO. INOCORRÊNCIA. 1. A responsabilidade civil do incapaz pela reparação dos danos é subsidiária e mitigada (CC, art. 928). 2. É subsidiária porque apenas ocorrerá quando os seus genitores não tiverem meios para ressarcir a vítima; é condicional e mitigada porque não poderá ultrapassar o limite humanitário do patrimônio mínimo do infante (CC, art. 928, par. único e En. 39/CJF); e deve ser equitativa, tendo em vista que a indenização deverá ser equânime, sem a privação do mínimo necessário para a sobrevivência digna do incapaz (CC, art. 928, par. único e En. 449/CJF). 3. Não há litisconsórcio passivo necessário, pois não há obrigação – nem legal, nem por força da relação

A responsabilidade do incapaz, nesse sentido, nos termos do art. 928 do Código Civil, assume caráter subsidiário. Pode ocorrer, contudo, de o ressarcimento do dano configurar-se como efeito de lei, hipótese do art. 116 do Estatuto da Criança e do Adolescente, que dispõe: "Art. 116. Em se tratando de ato infracional com reflexos patrimoniais, a autoridade poderá determinar, se for o caso, que o adolescente restitua a coisa, promova o ressarcimento do dano, ou, por outra forma, compense o prejuízo da vítima. Parágrafo único. Havendo manifesta impossibilidade, a medida poderá ser substituída por outra adequada".[364] Da mesma forma, pode ocorrer quando o incapaz não tiver representante legal, quando houver a falta dos pais e a ausência de nomeação de tutor ou curador. Nesses casos, a conclusão autorizada é de que a responsabilidade pela indenização do dano causado recairá diretamente sobre o incapaz.[365]

6.1.4.3.3.1.1. Responsabilidade dos pais por danos causados pelos filhos

Estabelece o art. 932, I, do Código Civil: "São também responsáveis pela reparação civil: I – os pais, pelos filhos menores que estiverem sob sua autoridade e em sua companhia". Entende-se que a imputação aos pais pelos danos causados pelos filhos menores é desdobramento dos efeitos do poder familiar. O poder familiar tem natureza de poder-dever, de modo que seu exercício não se submete ao arbítrio do titular, mas, ao contrário, orienta-se pela finalidade expressa de proteção do incapaz. Nele se insere o dever de cuidar e educar. A responsabilidade por danos causados pelo filho menor, em alguma medida, não deixa de fazer sentir aos pais, por vezes, a falta aos deveres em relação ao filho.[366] Na interpretação do Código Civil anterior, inclusive – conforme mencionamos –, usava-se invocar nesse caso a culpa *in vigilando*. No direito vigente, não há lugar para a presunção de culpa.[367]

---

jurídica (unitária) – da vítima lesada em litigar contra o responsável e o incapaz. É possível, no entanto, que o autor, por sua opção e liberalidade, tendo em conta que os direitos ou obrigações derivem do mesmo fundamento de fato ou de direito (CPC,73, art. 46, II) intente ação contra ambos – pai e filho –, formando-se um litisconsórcio facultativo e simples. 4. O art. 932, I do CC ao se referir a autoridade e companhia dos pais em relação aos filhos, quis explicitar o poder familiar (a autoridade parental não se esgota na guarda), compreendendo um plexo de deveres como, proteção, cuidado, educação, informação, afeto, dentre outros, independentemente da vigilância investigativa e diária, sendo irrelevante a proximidade física no momento em que os menores venham a causar danos. 5. Recurso especial não provido" (STJ, REsp 1436401/MG, Rel. Min. Luis Felipe Salomão, 4ª Turma, j. 02/02/2017, DJe 16/03/2017).

[364] Assim o Enunciado 41 da I Jornada de Direito Civil do STJ: "O incapaz responde pelos prejuízos que causar de maneira subsidiária ou excepcionalmente como devedor principal, na hipótese do ressarcimento devido pelos adolescentes que praticarem atos infracionais nos termos do art. 116 do Estatuto da Criança e do Adolescente, no âmbito das medidas socioeducativas ali previstas."

[365] SIMÃO, José Fernando. *Responsabilidade civil do incapaz*. São Paulo: Atlas, 2008, p. 154-156.

[366] Não se pode desconhecer, em especial no direito comparado, as discussões sobre as dificuldades relativas ao exercício do poder familiar, em especial na adolescência dos filhos, a promover a discussão sobre os limites da responsabilidade dos pais, e a eventual irresponsabilidade dos menores. A respeito, veja-se: FERREIRA, Nuno. *Fundamental rights and private law in Europe*. The case of tort law and children. Oxford: Routledge, 2013, p. 186 e s.

[367] A evolução jurisprudencial no direito francês, por exemplo, passou de uma responsabilidade decorrente de presunção de culpa para estágio em que a responsabilidade do menor deve ser imputada em razão de um ato objetivamente ilícito, destacando a relação entre pais e filhos no âmbito da responsabilidade civil pelo fato de outrem, porém sem exigir falha ou omissão específica na relação entre o autor do dano e aquele que deverá responder pelo dever de reparar. BACACHE-GIBEILI, Mireille. *Droit civil*. Paris: Economica, 2007, t. V: Les obligations. La responsabilité civile extracontractuelle, p. 296. No mesmo sentido: VINEY, Geneviève; JOURDAIN, Patrice. *Traité de droit civil*. Les conditions de la responsabilité, cit., 3. ed., p. 1.136 e s.

O Código de Menores de 1927 previa a responsabilidade dos pais ou a quem incumbisse legalmente a vigilância do filho, salvo se provada a inexistência de culpa ou negligência. Neste particular, a ausência de previsão semelhante no Código Civil de 1979 deu causa a controvérsia de direito intertemporal, especialmente, questionando se a revogação do Código de 1927 estaria a repristinar a regra do art. 1.521 do Código Civil de 1916, que exigia a prova da culpa. Todavia, rejeitando nossa legislação a repristinação tácita, não restaurou a regra do Código Civil de 1916, preservando-se a interpretação doutrinária pela presunção da culpa. O Estatuto da Criança e do Adolescente de 1990 não alterou esse entendimento.

Nesse sentido, são critérios de imputação da responsabilidade dos pais por atos praticados pelos filhos, nos termos do art. 932, I, do Código Civil: a) a menoridade civil do filho; b) se, quando do cometimento do dano, encontre-se o filho sob sua autoridade e em sua companhia; c) a culpa do menor, afinal, a responsabilidade objetiva será dos pais pelos atos dos filhos – a responsabilidade do causador direto do dano deve estar demonstrada. Esses critérios merecem ser bem examinados. A responsabilidade, nesse caso, segue o poder familiar, que recai sobre os filhos como menores (art. 1.630 do Código Civil). Implica, entre outros deveres, o de companhia e guarda, criação e educação dos menores (art. 1.634). Maior controvérsia vai haver, contudo, em relação ao segundo critério, de que o filho encontre-se sob sua autoridade e em sua companhia.

A autoridade parental deriva do poder familiar. Quem tem o poder familiar tem a autoridade sobre os filhos, mas não só. Pode ser que não tenha poder familiar, mas tenha guarda. Guarda é instituto próprio do direito de família, que impõe ao titular deste poder – que é ínsito ao poder familiar, mas que pode ser dele desdobrado, compartilhado entre os pais, ou concedido a terceiros sob determinadas circunstâncias. Pode ocorrer de um dos pais não ter a guarda, quando tiver perdido o poder familiar, ou estar ele suspenso, ou ainda quando for concedido com exclusividade ao outro genitor.

O instituto da guarda também induz que o filho menor se encontre em companhia daquele que a detenha, mesmo os pais. Sob sua autoridade e companhia, a que se refere a lei, não se deve entender como companhia física dos pais no momento do ato que dá causa ao dano, mas sim em vista de que se encontra na companhia dos pais, pela possibilidade real destes de vigiar o filho, portanto, que haja convivência dos pais entre si, o que a doutrina menciona como sendo a existência de coabitação entre pais e filhos menores.[368]

No direito francês, exige-se o exercício da autoridade de fato pelo pai como condição para a imputação a si de responsabilidade por danos causados pelos filhos. Vincula-se à noção tradicional de culpa (exercia ou devia exercer autoridade e não evitou o dano), inclusive com a exigência de coabitação com o menor, o que, todavia, até hoje é causa de dificuldades na interpretação do art. 1.384 do Código Napoleônico.[369] No direito brasileiro, admite-se a responsabilidade dos pais que não detenham a guarda,[370] significando a locução "sob sua

---

[368] PEREIRA, Caio Mário da Silva. *Responsabilidade civil*, cit., 10. ed., p. 128.
[369] BRUN, Philippe. *Responsabilité civile extracontractuelle*, cit., p. 255-256. Conforme Geneviève Viney e Patrice Jourdain, a tendência é que desapareça de fato essa condição de coabitação prevista no Código Civil francês: VINEY, Genieviève; JOURDAIN, Patrice. *Traité de droit civil*. Les conditions de la responsabilité, cit., 3. ed., p. 1.122.
[370] "Responsabilidade civil dos pais pelos atos ilícitos de filho menor. Presunção de culpa. Legitimidade passiva, em solidariedade, do genitor que não detém a guarda. Possibilidade. Não ocorrência *in casu*. Recurso especial desprovido. I – Como princípio inerente ao pátrio poder ou poder familiar e ao poder--dever, ambos os genitores, inclusive aquele que não detém a guarda, são responsáveis pelos atos ilícitos praticados pelos filhos menores, salvo se comprovarem que não concorreram com culpa para a ocorrência do dano. II – A responsabilidade dos pais, portanto, se assenta na presunção *juris tantum* de culpa e de

autoridade e em sua companhia" apenas como expressão da titularidade de poder familiar.[371] Assim ocorre no caso de separação judicial, por exemplo, quando a guarda é exercida por um dos pais, o que relativiza a exigência de que esteja o menor em companhia do pai, conforme dispõe o art. 932, I, do Código Civil.[372]

Pode ocorrer, ainda, de o filho estar internado em estabelecimento escolar, ou que seja empregado de alguém. Se nessas condições vier a causar dano, não se deve cogitar a responsabilidade dos pais, mas, no caso, a do estabelecimento de ensino ou do empregador, conforme o caso (art. 932, III e IV, do Código Civil).

No caso de emancipação do filho, o entendimento majoritário é o de que há necessidade de distinguir, para efeito de manutenção ou fim da responsabilidade dos pais pelos danos causados, se o caso é de emancipação legal ou voluntária. A emancipação legal tem lugar com o casamento (art. 5º, parágrafo único, I, do Código Civil) e, neste caso, ao extinguir o poder familiar, faz acompanhá-lo a responsabilidade por danos causados pelos filhos, que se extingue.[373] No caso da emancipação voluntária, contudo, entende-se que não exclui a responsabilidade.[374] Isto sob o argumento de que não pode um ato de vontade extinguir responsabilidade imputada por lei. E, ademais, fomentaria o exercício abusivo da emancipação para proteger os pais (e não os filhos), em relação aos credores da indenização, ao mesmo

---

culpa *in vigilando*, o que, como já mencionado, não impede de ser elidida se ficar demonstrado que os genitores não agiram de forma negligente no dever de guarda e educação. Esse é o entendimento que melhor harmoniza o contido nos arts. 1.518, § único e 1.521, inciso I do Código Civil de 1916, correspondentes aos arts. 942, § único e 932, inciso I, do novo Código Civil, respectivamente, em relação ao que estabelecem os arts. 22 do Estatuto da Criança e do Adolescente, e 27 da Lei n. 6.515/77, este recepcionado no art. 1.579, do novo Código Civil, a respeito dos direitos e deveres dos pais em relação aos filhos. III – No presente caso, sem adentrar-se no exame das provas, pela simples leitura da decisão recorrida, tem-se claramente que a genitora assumiu o risco da ocorrência de uma tragédia, ao comprar, três ou quatro dias antes do fato, o revólver que o filho utilizou para o crime, arma essa adquirida de modo irregular e guardada sem qualquer cautela (fls. 625/626). IV – Essa realidade, narrada no voto vencido do v. acórdão recorrido, é situação excepcional que isenta o genitor, que não detém a guarda e não habita no mesmo domicílio, de responder solidariamente pelo ato ilícito cometido pelo menor, ou seja, deve ser considerado parte ilegítima. V – Recurso especial desprovido" (STJ, REsp 777.327/RS, Rel. Min. Massami Uyeda, 3ª Turma, j. 17-11-2009, *DJe* 1º-12-2009).

[371] Segundo decidiu o STJ, "o art. 932, I do CC ao se referir a autoridade e companhia dos pais em relação aos filhos, quis explicitar o poder familiar (a autoridade parental não se esgota na guarda), compreendendo um plexo de deveres como, proteção, cuidado, educação, informação, afeto, dentre outros, independentemente da vigilância investigativa e diária, sendo irrelevante a proximidade física no momento em que os menores venham a causar danos" (STJ, REsp 1436401/MG, Rel. Min. Luis Felipe Salomão, 4ª Turma, j. 02/02/2017, *DJe* 16/03/2017).

[372] Nos termos da jurisprudência do STJ, "a mera separação dos pais não isenta o cônjuge, com o qual os filhos não residem, da responsabilidade em relação aos atos praticados pelos menores, pois permanece o dever de criação e orientação, especialmente se o poder familiar é exercido conjuntamente (...)" (STJ, REsp 1.074.937/MA, Rel. Min. Luis Felipe Salomão, 4ª Turma, j. 1º-10-2009, *DJe* 19-10-2009). Assim também a decisão do STJ que frente ao reconhecimento da culpa grave do menor que conduzia automóvel em transporte de cortesia, reconheceu a responsabilidade dos pais para indenização da vítima de acidente por ele causado: REsp 1637884/SC, Rel. Min. Nancy Andrighi, 3ª Turma, j. 20/02/2018, *DJe* 23/02/2018.

[373] VENOSA, Sílvio. *Direito civil*: responsabilidade civil, cit., p. 93; GONÇALVES, Carlos Roberto. *Direito civil brasileiro. Responsabilidade civil*, cit., p. 121.

[374] "A emancipação por outorga dos pais não exclui, por si só, a responsabilidade decorrente de atos ilícitos do filho" (STJ, REsp 122.573/PR, Rel. Min. Eduardo Ribeiro, 3ª Turma, j. 23-6-1998, *DJ* 18-12-1998). No mesmo sentido o entendimento doutrinário do Enunciado n. 41 da I Jornada de Direito Civil do STJ: "A única hipótese em que poderá haver responsabilidade solidária do menor de 18 anos com seus pais é ter sido emancipado nos termos do art. 5º, parágrafo único, inc. I, do novo Código Civil".

tempo frustrando o interesse das vítimas. Desse modo, havendo a emancipação voluntária pelos pais, a hipótese será de responsabilidade solidária dos pais e subsidiariamente do filho emancipado causador do dano. Da mesma forma, quando se verificar que o ato tenha sido praticado pelos pais com o objetivo específico de furtar-se do dever de indenizar os danos causados pelo emancipado, hipótese em que se cogitará de exercício abusivo desta faculdade de promover a emancipação e, nestes termos, sua ineficácia perante a vítima, mantendo-se a responsabilidade dos pais.

Por outro lado, há autorizada doutrina, no sentido de que, independentemente da causa de emancipação, esta tem por efeito necessário a extinção da autoridade parental dos pais sobre os filhos, e nesses termos, da responsabilidade por seus atos.[375]

Assim, consideram-se como condições para imputação dos pais sobre os filhos, quando houver o cometimento de um dano pelo filho menor, a existência da autoridade parental e a convivência entre pai e filho, que pode se revelar, no mundo dos fatos, pela coabitação. Esta, contudo, não é regra absoluta, podendo-se demonstrar a companhia a que se refere a norma por modo que indique a possibilidade de exercício da autoridade (poder familiar), e com ele o dever de cuidado e educação dos pais sobre os filhos.

6.1.4.3.3.1.2. Responsabilidade dos tutores e curadores por danos causados pelos pupilos e curatelados

O art. 932, II, do Código Civil estabelece a responsabilidade do tutor e do curador pelos danos causados por pupilos e curatelados que se acharem nas mesmas condições dos filhos em relação aos pais, ou seja, sob sua autoridade e em sua companhia.

O poder de tutela substitui o poder familiar. Assim o art. 1.728 do Código Civil: "Art. 1.728. Os filhos menores são postos em tutela: I – com o falecimento dos pais, ou sendo estes julgados ausentes; II – em caso de os pais decaírem do poder familiar". O poder de curatela se exerce perante os interditados que, uma vez declarados incapazes (arts. 3º e 4º do Código Civil), não são considerados aptos ao exercício dos atos da vida civil. Assim o art. 1.767 do Código Civil, com a redação que lhe determina o Estatuto da Pessoa com Deficiência (Lei 13.146/2015): "Art. 1.767. Estão sujeitos a curatela: I – aqueles que, por causa transitória ou permanente, não puderem exprimir sua vontade; II – (Revogado); III – os ébrios habituais e os viciados em tóxico; IV – (Revogado); V – os pródigos". A redação anterior do art. 1.767 fazia referência a expressões abertas como "enfermidade ou doença mental", "deficientes mentais" e "excepcionais, sem desenvolvimento mental completo", que foram retiradas pelo Estatuto da Pessoa com Deficiência visando a promoção de autonomia e inclusão que o orienta. Neste sentido, também no âmbito da responsabilidade civil deve ser percebida esta alteração, uma vez que se estenderá às pessoas com deficiência também a responsabilidade por danos, a não ser quando excepcionalmente se coloquem sob curatela, pela incidência do inciso I do art. 1.767 (não possam exprimir vontade).[376]

O primeiro aspecto a se ter em vista em relação a tutores e curadores é se o fato danoso do qual se pretende imputar-lhes a responsabilidade ocorreu no período em que existente o respectivo poder. Isso porque, não se perca de vista, trata-se de poder temporário, havido

---

[375] LIMA, Alvino. *A responsabilidade civil pelo fato de outrem*. Rio de Janeiro: Forense, 1973, p. 35; CHAVES, Antônio. *Tratado de direito civil*. São Paulo: RT, 1985, v. 3, p. 97.

[376] Veja-se comentário às alterações do art. 1.767 de: GAMA, Guilherme Calmon Nogueira da. Comentário ao art. 1767 do Código Civil. In: NANNI, Giovanni Ettore (Coord.). *Comentários ao Código Civil*: direito privado contemporâneo. São Paulo: Saraiva, 2019, p. 2168-2173.

enquanto presente a circunstância pessoal que o justifique, no caso, a menoridade daquele submetido à tutela e a causa que justifica a incapacidade do curatelado.

A tutela e a curatela, contudo, não são poderes absolutos e, ao mesmo tempo, desenvolvem-se no interesse da proteção do incapaz. Nesses termos, não se pode perder de vista que tutor e curador, nesse caso, exercem encargo caracterizado como *munus publico*, sob a supervisão judicial direta, assim como do Ministério Público. Isso deve ser considerado para efeito da interpretação dos fatos e circunstâncias do dano e da possibilidade de ação do tutor e curador – especialmente, a presença do nexo de causalidade e seu rompimento, por caso fortuito e força maior.

Nesses termos, distinga-se a responsabilidade de tutor e curador como atos do tutelado e curatelado pelo mau exercício do respectivo poder-dever que lhe é conferido. A responsabilidade de tutores e curadores pelos danos causados por tutelados e curatelados funda-se na teoria do risco, responsabilidade objetiva, independente de culpa. A responsabilidade pelo mau exercício do poder-dever, por outro lado, será subjetiva. Assim ocorre se o curador exerce o poder de modo a dilapidar o patrimônio do curatelado, ou ainda, se deixa de adotar providência no seu interesse, como é o caso, por exemplo, de impor-se em proteção do incapaz, sua internação em estabelecimento adequado, o que não é promovido pelo curador. Nesses casos, a hipótese é de responsabilidade subjetiva, exigindo-se a culpa.

Aspecto relevante em relação à responsabilidade indireta dos tutores e curadores é a possibilidade de ação regressiva, prevista no art. 934 do Código Civil. Estabelece a regra em comento: "Aquele que ressarcir o dano causado por outrem pode reaver o que houver pago daquele por quem pagou, salvo se o causador do dano for descendente seu, absoluta ou relativamente incapaz". Cabe a ação de regresso contra tutelado e curatelado pelo que tiverem pago tutor ou curador, a título de indenização por danos que tenham os primeiros praticado. Note-se, contudo, a exceção prevista na norma: salvo se o causador do dano for descendente seu. A regra exclui, então, hipótese na qual tutor ou curador sejam ascendentes do tutelado e curatelado (por exemplo, avós como tutores ou curadores dos netos; ou pais como curadores dos filhos).

O sentido do art. 934, entretanto, é evidente, no sentido de assegurar a possibilidade de ressarcimento do dano pelos tutelados e curatelados, quando tenham patrimônio para tanto. Em benefício da vítima, contudo, esse ressarcimento não se dá diretamente à vítima, que poderá demandar contra os responsáveis previstos em lei, mas a estes que venham a responder em nome dos incapazes. Incide, também, em relação a tutores e curadores, o art. 928 do Código Civil ("Art. 928. O incapaz responde pelos prejuízos que causar, se as pessoas por ele responsáveis não tiverem obrigação de fazê-lo ou não dispuserem de meios suficientes. Parágrafo único. A indenização prevista neste artigo, que deverá ser equitativa, não terá lugar se privar do necessário o incapaz ou as pessoas que dele dependem").

6.1.4.3.3.2. Responsabilidade do empregador por atos do empregado

Estabelece o art. 932, III, do Código Civil: "Art. 932. São também responsáveis pela reparação civil: III – o empregador ou comitente, por seus empregados, serviçais e prepostos, no exercício do trabalho que lhes competir, ou em razão dele". O direito vigente tem sua origem no art. 1.521, III, do Código Civil, sobre o qual desenvolveu-se diversidade de teses acerca da natureza jurídica e extensão do empregador ou comitente. A primeira, que terminou por ser refutada, é a tese da representação pela qual se considerava o empregado representante do empregador, ou ainda, seu *longa manus*. O mesmo fundamento da presunção de culpa (no caso específico, da culpa *in vigilando* e *in elegendo*), estabelecido nas demais hipóteses de responsabilidade indireta previstas no Código Civil de 1916, aqui também era observado, o que no Código Civil de 2002 não mais se cogita, em vista da adoção, no direito vigente, da teoria do risco.

A relação de subordinação entre empregado e empregador, contudo, difere daquela havida entre filhos e pais, ou tutelados e curatelados em relação a seus tutores e curadores. Nesses casos, a relação de subordinação tem por fundamento a lei, portanto, subordinação legal. No caso da relação entre empregado e empregador, a relação de subordinação é voluntária, decorrente da vontade das partes. Nesse sentido, é necessário observar que os riscos do empregador ou comitente fundamentam-se nessa relação de subordinação. Ou seja, porque exerce trabalho ou missão subordinada ao empregador ou comitente é que este assume o risco das eventuais falhas do empregado, serviçal ou preposto, no exercício dessa atividade, e, nessa medida, torna-se responsável pelos danos que vier a causar.

Isso tem relevância quando se trata, especialmente, da preposição. Note-se que o preposto será aquele que exerce atividade subordinada e sob a direção de outrem. Não se confunde, nesse sentido, com o representante, que, ademais, terá regime de responsabilidade próprio, conforme os poderes que lhe forem concedidos (arts. 116 a 118). A noção de preposição, desse modo, pressupõe a existência de uma relação de dependência entre as partes,[377] o que não é um elemento essencial na relação de representação.[378] Da mesma forma, note-se que a

---

[377] "A subordinação, ainda que sem estabelecimento de vínculo empregatício, é imprescindível ao reconhecimento da preposição, haja vista ser o traço característico de tal instituto a imposição de ordens, com sua respectiva obediência" (STJ, REsp 1428206/RJ, Rel. Min. Luis Felipe Salomão, 4ª Turma, j. 02/02/2017, DJe 16/03/2017).

[378] Será de preposição a relação havida entre o padre e a diocese: "Civil e processo civil. Ação de compensação por danos morais. Cerceamento de defesa. Inexistência. Vítima de crime cuja autoria é conhecida. Ação penal em curso. Termo inicial do prazo prescricional. Trânsito em julgado da sentença penal. Relação de preposição entre a diocese e o padre a ela vinculado. Subordinação configurada. Responsabilidade solidária e objetiva da instituição. Artigos analisados: 130, CPC, 200, 932, III, 933, CC/02. 1. Ação de compensação por danos morais distribuída em 24-3-2010, da qual foi extraído o presente recurso especial, concluso ao Gabinete em 21-8-2013. 2. Discute-se a ocorrência de cerceamento de defesa pelo indeferimento da produção de provas, o termo inicial do prazo prescricional da pretensão de compensação por danos morais de vítima de crime, e a responsabilidade civil solidária e objetiva de entidade eclesiástica pelos danos advindos da prática do delito cometido por padre a ela vinculado. 3. Não configura cerceamento de defesa o indeferimento das provas requeridas com o fim de comprovar a ausência de relação de preposição, quando a própria Diocese afirma que o causador do dano é padre vinculado à Instituição, cumprindo funções, horários e normas relacionadas à administração da paróquia, fato esse, para o Tribunal de origem, suficiente para configurar a responsabilidade solidária e objetiva. 4. A regra inserta no art. 200 do CC/02 não ofende a teoria da *actio nata*, tampouco a independência das esferas cível e criminal, porquanto o prazo em curso da prescrição da pretensão reparatória se suspende apenas no momento em que o mesmo fato é apurado na esfera criminal, passando o ofendido, então, a ter também a faculdade de executar ou liquidar a sentença penal transitada em julgado. 5. Se o procedimento criminal não for iniciado no lapso temporal de três anos, não há falar em suspensão da prescrição da pretensão reparatória no juízo cível, de modo que, nesse caso, a inércia da parte em propor a ação de conhecimento naquele prazo será punida com a extinção daquela pretensão, restando-lhe apenas a possibilidade de executar a sentença definitivamente proferida pelo juízo criminal. 6. O STJ há muito ampliou o conceito de preposição (art. 932, III, do CC/02) para além das relações empregatícias, ao decidir que na configuração de tal vínculo 'não é preciso que exista um contrato típico de trabalho; é suficiente a relação de dependência ou que alguém preste serviço sob o interesse e o comando de outrem' (REsp 304.673/SP, Rel. Min. Barros Monteiro, 4ª Turma, *DJ* de 11-3-2002). 7. Evidencia-se, no particular, a subordinação caracterizadora da relação de preposição, porque demonstrada a relação voluntária de dependência entre o padre e a Diocese à qual era vinculado, de sorte que o primeiro recebia ordens, diretrizes e toda uma gama de funções do segundo, e, portanto, estava sob seu poder de direção e vigilância, mesmo que a ele submetido

jurisprudência confere interpretação ampla à preposição, independentemente da existência de relação formal, de modo que bastará a existência de relação subordinada[379] ou no interesse de outrem.[380] Historicamente, inclusive, a relação de preposição configurou-se no fundamento para a responsabilidade do dono do automóvel pelos danos por acidentes de trânsito causados quando o veículo estivesse sendo conduzido por terceiro. Assim, aliás, a Súmula 492 do STF,

---

por mero ato gracioso (voto religioso). 8. A gravidade dos fatos reconhecidos em juízo, sobre crimes sexuais praticados por religiosos contra menores, acarreta responsabilidade civil da entidade religiosa, dado o agir aproveitando-se da condição religiosa, traindo a confiança que nela depositam os fiéis. 9. Notadamente em circunstâncias como a dos autos, em que o preposto, como sacerdote, é, em geral, pessoa de poucas posses, às vezes por causa do voto de pobreza, e, portanto, sem possuir os meios necessários para garantir a justa indenização, assume o preponente, nítida posição de garantidor da reparação devida à vítima do evento danoso, porque, em regra, possui melhores condições de fazê-lo. 10. Recurso especial conhecido e desprovido" (STJ, REsp 1.393.699/PR, Rel. Min. Nancy Andrighi, 3ª Turma, j. 19-11-2013, *DJe* 24-2-2014).

[379] "RECURSO ESPECIAL. CIVIL. RESPONSABILIDADE CIVIL POR ATO DE TERCEIRO. DEVER DE GUARDA E VIGILÂNCIA. CUNHO OBJETIVO. DEVER DE INDENIZAR. VÍNCULO DE NATUREZA ESPECIAL. EMPREGADO E EMPREGADOR. RELAÇÃO DE SUBORDINAÇÃO. TEORIA DA SUBSTITUIÇÃO. NEXO CAUSAL INCIDENTAL. (...) 4. A responsabilidade indireta decorre do fato de os responsáveis exercerem poderes de mando, autoridade, vigilância ou guarda em relação aos causadores imediatos do dano, do que decorre um dever objetivo de guarda e vigilância. 5. A responsabilidade do empregador pelos atos do empregado deriva, ainda, da teoria da substituição, segundo a qual o empregado ou preposto representa seu empregador ou aquele que dirige o serviço ou negócio, atuando como sua longa manus e substituindo-lhe no exercício das funções que lhes são próprias. 6. Segundo o art. 932, II, do CC/02, não se exige que o preposto esteja efetivamente em pleno exercício do trabalho, bastando que o fato ocorra "em razão dele", mesmo que esse nexo causal seja meramente incidental, mas propiciado pelos encargos derivados da relação de subordinação.7. Na espécie, em virtude de desavenças relativas ao usufruto das águas que provinham das terras que pertencem aos requeridos, o recorrente foi ferido por tiro desferido pelo caseiro de referida propriedade. O dano, portanto, foi resultado de ato praticado no exercício das atribuições funcionais de mencionado empregado – de zelar pela manutenção da propriedade pertencente aos recorridos – e relaciona-se a desentendimento propiciado pelo trabalho a ele confiado – relativo à administração da fonte de água controvertida. (...)" (STJ, REsp 1433566/RS, Rel. Min. Nancy Andrighi, 3ª Turma, j. 23/05/2017, DJe 31/05/2017. No mesmo sentido: "Responsabilidade civil. Usina. Transporte de trabalhadores rurais. Motorista prestador de serviço terceirizado. Vínculo de preposição. Reconhecimento. Para o reconhecimento do vínculo de preposição, não é preciso que exista um contrato típico de trabalho; é suficiente a relação de dependência ou que alguém preste serviço sob o interesse e o comando de outrem. Precedentes. Recurso especial não conhecido" (REsp 304.673/SP, Rel. Min. Barros Monteiro, 4ª Turma, j. 25-9-2001, *DJ* 11-3-2002, p. 257).

[380] Assim o banco mandatário por intermédio de endosso-mandato, que leva o título a protesto:"Recurso especial. Civil e processual civil. Responsabilidade civil. Negativa de prestação jurisdicional. Não ocorrência. Endosso-mandato. Protesto de duplicata após o pagamento. Culpa exclusiva do banco endossatário. Responsabilidade objetiva da empresa endossante. Preposição caracterizada. Doutrina sobre o tema. Boa-fé objetiva. Julgamento 'ultra petita'. Inocorrência. Danos morais. Revisão. Óbice da Súmula 7/STJ. 1. Demanda indenizatória por danos morais em face do protesto indevido de duplicata quitada mediante pagamento em agência lotérica. 2. 'Só responde por danos materiais e morais o endossatário que recebe título de crédito por endosso-mandato e o leva a protesto se extrapola os poderes de mandatário ou em razão de ato culposo próprio, como no caso de apontamento depois da ciência acerca do pagamento anterior ou da falta de higidez da cártula' (REsp 1.063.474/RS, rito do art. 543-C, do CPC). 3. Responsabilidade objetiva e solidária do mandante (comitente), mesmo na hipótese de culpa exclusiva do endossatário-mandatário, por força do disposto no art. 932, inciso III, do CCB/2002. Doutrina e jurisprudência sobre o tema. 4. Aplicação do princípio da boa-fé objetiva na fase pós-contratual. 5. Inocorrência de julgamento 'ultra petita'. 6. Inviabilidade de se revisar, no âmbito desta Corte, indenização por danos morais arbitrada em valor que não se mostra irrisório nem excessivo. Óbice da Súmula 7/STJ. 7. Recurso especial desprovido" (STJ, REsp 1.387.236/MS, Rel. Min. Paulo de Tarso Sanseverino, 3ª Turma, j. 26-11-2013, *DJe* 2-12-2013).

de 1969, relativa à responsabilidade das locadoras de automóveis.[381] Atualmente, em auxílio à tese, o veículo é considerado objeto perigoso, justificando a imputação.

A responsabilidade do empregador decorre da circunstância de o dano ter sido realizado em razão do trabalho desenvolvido. Ou seja, deve haver vínculo lógico entre o exercício da atividade laboral pelo empregado e o dano causado, de modo a caracterizar o risco que lhe é inerente. Ou seja, deveria e deve haver conexão entre a conduta do empregado que dá causa ao dano e sua relação com o empregador. Porém, a lei diz mais: o art. 932, III, refere os danos causados *no exercício do trabalho* (...) ou *em razão dele*. Assim, se no exercício do trabalho envolver a relação de subordinação ou interesse do tomador do serviço, mesmo sem a existência de relação formal de emprego, ainda assim responderá pelos danos que cause culposamente o preposto.

Nesse ponto, contudo, coloca-se em destaque, historicamente, a conduta do empregado, de modo a investigar-se se agiu no cumprimento ou não das orientações do empregador e, nesse sentido, a própria atitude deste na supervisão da atuação do empregado (culpa *in vigilando*). Esse aspecto, hoje, é irrelevante. Basta para caracterizar a responsabilidade do empregador que o dano praticado pelo empregado se dê a partir de ato caracterizado no âmbito do exercício normal de suas atribuições. Recorde-se, igualmente, da incidência, na espécie, da teoria da aparência que reconhece a eficácia – para efeito de responsabilização do empregador – dos atos praticados pelo empregado ou preposto. Nesse sentido, tem relevância para o exame da responsabilidade do empregador o fato de como é percebida exteriormente a atuação daquele a quem se reputa empregado ou preposto, de modo que o dano causado possa ser considerado decorrente de atribuições inerentes ao exercício do trabalho.

6.1.4.3.3.3. *Responsabilidade dos donos de hotéis, estabelecimentos de ensino e similares*

A responsabilidade dos donos de hotéis, estabelecimentos de ensino e similares por danos causados por hóspedes ou educandos consta no art. 932, IV, do Código Civil, que dispõe: "São também responsáveis pela reparação civil: (...) os donos de hotéis, hospedarias, casas ou estabelecimentos onde se albergue por dinheiro, mesmo para fins de educação, pelos seus hóspedes, moradores e educandos". Presume-se, nesse caso, que aquele que acolhe hóspede ou educando o faz com a finalidade econômica, visando obter determinada vantagem econômica. E no caso dos educandos, a regra resume-se às hipóteses hoje mais raras, em que haja o albergue por dinheiro, ou seja, sob o regime de internato, no qual se transferem os deveres de vigilância e guarda do educando. Funda-se, assim, a responsabilidade objetiva dos donos de hotéis, hospedarias ou estabelecimento que albergue por dinheiro, no risco-proveito.

São duas as situações que se apresentam. Em primeira, diz respeito à responsabilidade relativa a danos causados por empregados de hotéis e estabelecimentos de ensino onde se albergue por dinheiro, em relação a seus próprios hóspedes e educandos. Ou ainda que por terceiros, mediante violação do dever de segurança imputado ao estabelecimento.[382] Sendo

---

[381] Assim a Súmula 492, do STF: "A empresa locadora de veículos responde, civil e solidariamente com o locatário, pelos danos por este causados a terceiro, no uso do carro locado". Sustentando a responsabilidade objetiva, veja-se: RIZZARDO, Arnaldo. *A reparação nos acidentes de trânsito*. 10. ed. São Paulo: RT, 2009, p. 82.

[382] A título ilustrativo, refira-se caso no qual incidia ainda o Código Civil de 1916, em que o STJ negou indenização a vítima de roubo em hotel sob o argumento da adequação da conduta dos empregados do estabelecimento e o excessivo risco a que estava submetida a vítima em face da atividade que desenvolvia no comércio de joias: "Direito civil. Assalto à mão armada no interior de hotel. Hipótese em que, durante a noite, os recepcionistas do estabelecimento foram rendidos pelos criminosos, que invadiram

remunerado, caracteriza-se na hipótese relação de consumo, atraindo a incidência do Código de Defesa do Consumidor que, no caso, prevalece sobre o regime do Código Civil. Este é o entendimento de doutrina[383] e jurisprudência prevalentes sobre o tema.[384] Assim, respondem os donos de hotéis pelos bens mantidos pelo hóspede em cofres de segurança que tenha disponibilizado, respondendo, no caso, pela violação do dever de segurança. Todavia, não se exime o hóspede de demonstrar a existência do dano, como é o caso de que se consiga caracterizar quem trouxe ao estabelecimento o bem furtado e colocou no respectivo cofre.

Em relação aos educandos, é reconhecido o dever de segurança do estabelecimento educacional enquanto estiverem sob sua vigilância e autoridade. E, nesse caso, a regra não é distinta, conforme esteja ou não o estudante sob o regime de internato. Assim, a responsabilidade por danos sofridos por educandos permanece mesmo em hipóteses nas quais se encontra fora do estabelecimento educacional, mas em atividade escolar, como é o caso do dano que ocorrer durante passeios dos estudantes, sob o acompanhamento da escola.[385]

Tratando-se de relação de consumo, neste caso, não prevalece cláusula de não indenizar, que, porventura, seja imposta pelo fornecedor do serviço. Nesses termos, quaisquer danos que decorram de serviços defeituosos prestados pelo fornecedor (dono do hotel ou estabelecimento onde se albergue por dinheiro, inclusive para fins de educação) serão de sua responsabilidade, independentemente de culpa. Nesse caso, só deixará de responder se presente uma das excludentes previstas no art. 14, § 3º, do CDC (ausência de defeito, fato exclusivo do próprio consumidor ou de terceiro), e ainda, o caso fortuito e a força maior, que promovem o rompimento do nexo causal entre a atividade e o dano sofrido pela vítima.

Outra situação é a da responsabilidade dos donos de hotéis e estabelecimentos que alberguem por dinheiro, inclusive para fins de educação, em relação a danos causados por seus

---

o quarto do autor e lhe roubaram joias que portava consigo, para venda em feira de artesanato. Caso fortuito configurado. – De acordo com as regras do Código Civil de 1916, a responsabilidade do hotel por roubo à mão armada no interior do estabelecimento somente se caracteriza caso fique comprovado que agiu com culpa, facilitando a ação dos criminosos ou omitindo-se de impedi-la. – Comprovado que os recepcionistas do hotel agiram de maneira correta, procurando barrar a entrada dos criminosos, e que a chave mestra dos quartos somente foi entregue aos assaltantes mediante ameaça de morte com arma de fogo, resta caracterizado caso fortuito. – Na hipótese, o hóspede portava quantidade considerável de joias, que expunha para venda em público em feira livre. Desempenhava, portanto, atividade de risco, que não declarou ao hotel no *check in*. Também não se utilizou do cofre conferido pelo estabelecimento para guarda de objetos de valor. Recurso especial não conhecido" (STJ, REsp 841.090/DF, Rel. Min. Nancy Andrighi, 3ª Turma, j. 24-10-2006, *DJ* 12-2-2007).

[383] Veja-se o nosso: MIRAGEM, Bruno. *Curso de direito do consumidor*. 8ª ed. São Paulo: RT, 2019, , p. 250 *passim* 277.

[384] STJ, REsp 1.376.460/RS, Rel. Min. Marco Aurélio Bellizze, 3ª Turma, j. 23-9-2014, *DJe* 30-9-2014.

[385] "Civil e processual civil. Acidente ocorrido com aluno durante excursão organizada pelo colégio. Existência de defeito. Fato do serviço. Responsabilidade objetiva. Ausência de excludentes de responsabilidade. 1. É incontroverso no caso que o serviço prestado pela instituição de ensino foi defeituoso, tendo em vista que o passeio ao parque, que se relacionava à atividade acadêmica a cargo do colégio, foi realizado sem a previsão de um corpo de funcionários compatível com o número de alunos que participava da atividade. 2. O Tribunal de origem, a pretexto de justificar a aplicação do art. 14 do CDC, impôs a necessidade de comprovação de culpa da escola, violando o dispositivo ao qual pretendia dar vigência, que prevê a responsabilidade objetiva da escola. 3. Na relação de consumo, existindo caso fortuito interno, ocorrido no momento da realização do serviço, como na hipótese em apreço, permanece a responsabilidade do fornecedor, pois, tendo o fato relação com os próprios riscos da atividade, não ocorre o rompimento do nexo causal. 4. Os estabelecimentos de ensino têm dever de segurança em relação ao aluno no período em que estiverem sob sua vigilância e autoridade, dever este do qual deriva a responsabilidade pelos danos ocorridos. (...)" (STJ, REsp 762.075/DF, Rel. Min. Luis Felipe Salomão, 4ª Turma, j. 16-6-2009, *DJe* 29-6-2009).

hóspedes e educandos a terceiros. A doutrina dominante revolta-se, aqui, contra a imputação de responsabilidade objetiva nesses casos, considerando a impossibilidade prática e o caráter excessivo da medida que lhe imputar dever de acompanhar todos os atos praticados pelos hóspedes, mesmo os fora de seu conhecimento. Nesse sentido, as soluções propostas vão desde a exigência de concorrência de culpas entre o hóspede ou educando, e o estabelecimento.[386] Ou ainda, a restrição espacial da responsabilidade apenas aos atos praticados pelos hóspedes no prédio ou em seus domínios.[387]

Esse segundo critério é o mais razoável. Afinal, a regra é clara ao imputar a responsabilidade dos donos de hotéis ou estabelecimentos onde se albergue por dinheiro, mesmo para fins de educação, *pelos seus hóspedes, moradores e educandos*. E essa responsabilidade é objetiva (art. 933 do Código Civil). O desafio está em identificar a conexão entre a atividade do estabelecimento e o dano causado a terceiro por aquele que se qualifique como hóspede, morador e educando. Razoável, assim, é que tal responsabilidade, reconhecida apenas na hipótese em que o dano, se dê a partir de ato praticado dentro do estabelecimento, do qual resulte dano. É o caso do astro de *rock*, que, ao hospedar-se no hotel, arremessa de seu quarto objetos que vêm a ferir seus fãs; ou educandos que, jogando futebol, dão causa a que a bola seja lançada atingindo e danificando automóvel estacionado em frente ao estabelecimento. A conexão da atividade do estabelecimento e o dano pelo qual responde perante terceiro estará submetida, assim, a escrutínio judicial.

Questão relevante em relação aos incapazes diz respeito à possibilidade ou não, uma vez tendo respondido pela indenização perante terceiros, de o dono do hotel ou estabelecimento educacional demandar, via ação de regresso, contra os pais, tutores ou curadores, visando ressarcir-se do que pagou. A rigor, a lei impõe a responsabilidade de pais, tutores e curadores, uma vez encontrando-se sob sua autoridade e em sua companhia. Logo, não estando presentes tais circunstâncias, e com fundamento no art. 932, não está correto admitir a possibilidade de ação daquele que indenizou terceiro contra os pais, tutores ou curadores do incapaz.

6.1.4.3.3.4. *Responsabilidade dos que tenham participado gratuitamente do produto de crime*

Prevê o Código Civil, em seu art. 932, V, uma última hipótese de responsabilidade indireta: a imputável àqueles que tenham participado do resultado de crime. Não se confunde aqui com a coautoria, hipótese disciplinada pelo art. 942, que refere: "Se a ofensa tiver mais de um autor, todos responderão solidariamente pela reparação". A coautoria, portanto, diz respeito à participação na realização do fato do qual resulta dano. Induz a solidariedade dos coautores pelo dever de reparar o dano. O art. 932, V, diz respeito a qualquer pessoa que tenha participado gratuitamente do produto do crime. Ou seja, não se cogita de participação no cometimento do fato, mas apenas no resultado.

A rigor, não seria necessária disposição expressa sobre essa hipótese, cujo dever de restituição já resulta da própria vedação ao enriquecimento sem causa, por intermédio da ação *in rem verso*. O dever aqui não é de indenizar, mas de devolver (dever de restituição). Há, portanto, dever de devolver aquilo que resulte de participação gratuita no produto de crime.

Exigem-se, no caso do art. 932, V, do Código Civil, dois pressupostos: a) que haja um dano causado por fato definido como crime; e b) que alguém tenha se beneficiado, mesmo sem ter participação ou conivência na sua realização, com o produto desse crime.

---

[386] PEREIRA, Caio Mário da Silva. *Responsabilidade civil*, cit., 10. ed., p. 135.
[387] CAVALIERI, Sérgio. *Programa de responsabilidade civil*, cit., p. 254.

6.1.4.3.3.5. *Ação de regresso*

Em todos os casos de responsabilidade indireta, em que a lei imputa a alguém diverso do causador do dano o dever de indenizar, admite-se a ação de regresso daquele que respondeu pelo dano contra o agente que o tenha causado. Nesse sentido, estabelece o art. 934 do Código Civil: "Aquele que ressarcir o dano causado por outrem pode reaver o que houver pago daquele por quem pagou, salvo se o causador do dano for descendente seu, absoluta ou relativamente incapaz". Note-se que as hipóteses de responsabilidade indireta revelam-se como solução concebida de um lado, para permitir que a vítima seja indenizada, indicando-lhe a possibilidade de interposição da ação contra outra pessoa que não o causador do dano, com meios de fazer frente à indenização. Por outro lado, não exime o causador do dano de seu dever de indenizar, exceção feita aos descendentes incapazes.

Essa única exceção ao direito de regresso, preservando os descendentes absoluta ou relativamente incapazes em relação àquele que pagou a indenização de dano que tenham causado, justifica-se por razões de ordem moral e mesmo econômica – na maior parte das vezes – da relação entre o ascendente e o descendente. A rigor, as relações entre ascendentes e descendentes, que se presumem pautadas pelo afeto e pela solidariedade, não são próprias à ação de regresso. A crítica que surge, nesses casos, é da situação em que tenha um ascendente pobre de responder pelos danos causados pelo descendente rico. Nesses casos, o art. 928 do Código Civil, a princípio, traz solução equilibrada, uma vez que preceitua: "O incapaz responde pelos prejuízos que causar, se as pessoas por ele responsáveis não tiverem obrigação de fazê-lo ou não dispuserem de meios suficientes".

Por outro lado, note-se que a exceção ao direito de regresso se dá apenas em relação aos descendentes incapazes. Não abrange, portanto, nem todos os descendentes, nem todos os incapazes. A incapacidade em si, desse modo, não é suficiente para que se exclua, em qualquer situação, o patrimônio do incapaz como garantia de indenização. Nesse sentido é que o art. 928 do Código Civil define a responsabilidade substitutiva ou subsidiária de todos os incapazes, observando apenas a exceção da relação entre ascendente e descendente, prevista no art. 934.

6.1.4.3.4. Responsabilidade pelo fato da coisa

A responsabilidade pelo fato da coisa é tema de vivas discussões doutrinárias quanto à sua exata delimitação no âmbito da responsabilidade civil. É célebre a consideração de Aguiar Dias, para quem "a coisa não é capaz de fato". Tal consideração remete à ideia de que a possibilidade de imputação de condutas humanas é que fundamenta a responsabilidade civil, seja como critério de responsabilização, seja no sentido de que só aos seres humanos há possibilidade de impor dever jurídico originário, cuja violação importa, tendo causado dano, no dever de indenizar.

Ocorre que há coisas cujo movimento e cuja ação são relativamente independentes do controle estrito do ser humano. Ou ainda, seres vivos não humanos que tradicionalmente foram qualificados como coisas – embora, atualmente, a tendência evidenciada é a de distingui-las de coisas –, caso dos animais.[388] O art. 936 do Código Civil preceitua: "o dono, ou detentor,

---

[388] Tradicionalmente, a doutrina e a legislação qualificaram os animais como coisas. Na atualidade, fatores como a valorização do meio ambiente, bem como maior incidência de domesticação de animais em geral importa na rediscussão desse velho conceito, a partir de novos parâmetros éticos da sociedade contemporânea. Assim, as mais recentes legislações, como na Alemanha (2002) e na Tchecoslováquia (2013), passaram a distinguir expressamente animais e coisas no Código Civil. Veja-se, a respeito, as considerações feitas no primeiro volume deste curso. No âmbito da responsabilidade civil, contudo,

do animal ressarcirá o dano por este causado, se não provar culpa da vítima ou força maior". Da mesma forma, a responsabilidade pela ruína de edifício (art. 937) ou pelas coisas caídas do edifício (art. 938) são classificadas na categoria abrangente de fato da coisa.

Originalmente, o fundamento afirmado para a responsabilidade pelo fato da coisa foi o da presunção de culpa. Desse modo, acolhida a partir da identificação da presunção de culpa, e segundo entendimento presente especialmente no direito francês, na presunção de responsabilidade.

Todavia, para manter a coerência do sistema de responsabilidade civil, só havia a possibilidade de cogitar a presunção de culpa em relação à violação de determinado dever jurídico que identificasse a conduta exigível do agente, o que daria causa à identificação do dever de guarda.[389] Nesse sentido, o fato da coisa decorre, nessa ordem, da violação de um dever de guarda da coisa, que se imputa a quem tenha relação de fato e poder sobre ela. É o dever de guarda que estabelece a conexão entre determinada pessoa e o dano causado à vítima pela coisa. Essa constatação tem consequências.

Em primeiro lugar, o reconhecimento do dever de guarda é de quem tem a coisa consigo, exercendo poder sobre ela. Não se trata aqui, necessariamente, do proprietário – embora a regra seja de que o proprietário se presume como guardião, podendo cogitar-se do possuidor. Há, nesse caso, responsabilidade do guardião, por não ter exercido esse poder de guarda adequadamente, permitindo que a coisa desse causa ao dano.

A origem desse argumento associa-se à noção fixada por interpretação doutrinária e jurisprudencial da presunção de culpa *in vigilando* do guardião da coisa. Esta visão, contudo, está relativamente superada. Isso porque a guarda da coisa não é necessariamente a relação material entre o sujeito e a coisa. A noção que se desenvolve em relação a esse dever de guarda da coisa não exigirá a culpa para ter sua conduta avaliada em um ou outro sentido, o que seria próprio de um sistema de responsabilidade subjetiva. A responsabilidade do guardião, nesse sentido, estaria associada à sua conduta no cuidado com a coisa, de modo a evitar que ela cause danos às pessoas.

O conceito de guardião, no entanto, é mais amplo. Dizer-se que alguém é o guardião da coisa trata-se, atualmente, de imputar à pessoa qualificada como tal uma esfera de risco pela qual terá de responder. O proprietário da coisa presume-se ser o guardião, mas poderá demonstrar que não o era por ocasião do dano causado, mostrando que terceiro foi quem assumiu, pela posse, essa qualidade. Elemento essencial para identificar-se quem se pode considerar como guardião da coisa é o exercício do poder sobre ela. Trata-se do exercício do poder de fato sobre a coisa, a posse.

Esse esforço, para a identificação do guardião, de modo a imputar-lhe a responsabilidade pelo fato da coisa, não elimina a necessidade de demonstrar-se a presença das outras condições da responsabilidade, quais sejam, o dano e o nexo de causalidade entre este e a coisa. Nesse sentido, a responsabilidade pelo fato da coisa abrange as situações em que não é a conduta humana direta que causa um dano, senão em decorrência da situação de uma coisa, como ocorre com os animais.

Da mesma forma, quando se diz que o proprietário é o guardião presumido da coisa, isso deve ser visto com atenção. Isso porque pode o proprietário demonstrar que, com

---

permanece a associação doutrinária entre animais e coisas, embora a norma de imputação de responsabilidade seja específica ao referir-se aos animais.

[389] VINEY, Geneviève; JOURDAIN, Patrice. *Traité de droit civil. Les conditions de la responsabilité*, cit., 3. ed., p. 686 e s.

seu consentimento ou autorização, a coisa passa à posse ou detenção de terceiro, como é o caso do preposto, do locatário, do comodatário, do transportador, do empregado de oficina mecânica, do depositário, entre outros. O proprietário, nessas hipóteses, não deixa de ser o dono da coisa e, em muitos casos, pode conservar seu poder sobre ela, ainda que indiretamente. Assim, conservando o poder sobre a coisa, responderá pelo dano que ela vier a causar. Nesse sentido, é o caso do dono do veículo pelos danos causados em razão do seu uso por terceiro autorizado.[390]

A jurisprudência do Superior Tribunal de Justiça inclina-se pelo reconhecimento de responsabilidade solidária do proprietário com o condutor para quem emprestou o veículo e causou o dano.[391] Esse entendimento, todavia, é objeto de crítica, na medida em que o empréstimo transmite a posse da coisa, e com ela a guarda do veículo. Todavia, suporta o juízo, pela responsabilidade do proprietário, o fato de que se trata a circulação de veículos de atividade perigosa e, nesses termos, apontaria para a responsabilidade solidária do dono, a exemplo do que já se verifica em outros sistemas jurídicos,[392] como demonstra o art. 2.054 do Código Civil italiano, ao dispor sobre a circulação de veículos automotores e prever: "O proprietário do veículo, ou, a sua vez, o usufrutuário (978 e seguintes), o adquirente com pacto de reserva de domínio (1.523 e seguintes) é responsável *in solido* (1.292) com o condutor, se não prova que a circulação do veículo se deu contra a sua vontade".[393]

Acolhendo o argumento da transferência da guarda, a Súmula 132 do STJ distingue a situação de alienação sem registro posterior do negócio no órgão de trânsito, ao definir: "A ausência de registro da transferência não implica a responsabilidade do antigo proprietário por dano resultante de acidente que envolva o veículo alienado", justamente por implicar a alienação na transferência da guarda sobre a coisa.

Por outro lado, se a coisa é retirada do proprietário ou possuidor justo sem autorização sua, violando as prerrogativas do domínio ou da posse, deixa ele de ser guardião da coisa e, nesses termos, deixa de responder pelos danos que possam causar.

As hipóteses disciplinadas especificamente no Código Civil do fato do animal, da ruína do edifício e das coisas caídas do edifício são hipóteses de responsabilidade objetiva, independentemente da culpa do dono ou, no último caso, do habitante, evoluindo em relação à

---

[390] Entendimento atual do STJ reconhece, inclusive, a responsabilidade da locadora do automóvel por acidente causado pelo locatário, independentemente de estipulação contratual entre as partes: REsp 1354332/SP, Rel. Min. Luis Felipe Salomão, 4ª Turma, j. 23/08/2016, DJe 21/09/2016. Trata-se de hipótese em que se afasta completamente, entretanto, da noção de "guarda da coisa" considerando a mediatização da posse que se estabelece com a locação.

[391] "Acidente de trânsito. Transporte benévolo. Veículo conduzido por um dos companheiros de viagem da vítima, devidamente habilitado. Responsabilidade solidária do proprietário do automóvel. Responsabilidade pelo fato da coisa. – Em matéria de acidente automobilístico, o proprietário do veículo responde objetiva e solidariamente pelos atos culposos de terceiro que o conduz e que provoca o acidente, pouco importando que o motorista não seja seu empregado ou preposto, ou que o transporte seja gratuito ou oneroso, uma vez que sendo o automóvel um veículo perigoso, o seu mau uso cria a responsabilidade pelos danos causados a terceiros. – Provada a responsabilidade do condutor, o proprietário do veículo fica solidariamente responsável pela reparação do dano, como criador do risco para os seus semelhantes. Recurso especial provido" (STJ, REsp 577.902/DF, Rel. p/ Acórdão Min. Nancy Andrighi, 3ª Turma, j. 13-6-2006, *DJ* 28-8-2006).

[392] Nesse sentido, veja-se: LAWSON, F. H.; MARKESINIS, Basil S. *Tortius liability for unintentional harm in the common law and the civil law*. Cambridge: Cambridge University Press, 1982, v. I, p. 174 e s.

[393] No original: "Il proprietario del veicolo, o, in sua vece, l'usufruttuario (978 e seguenti) o l'acquirente con patto di riservato dominio (1.523 e seguenti), è responsabile in solido (1292) col conducente, se non prova che la circolazione del veicolo è avvenuta contro la sua volontà".

culpa presumida em que se sustentava a tese no Código Civil de 1916, ora revogado, e que já tinha na jurisprudência avançado na direção da responsabilidade fundada no risco da coisa.

6.1.4.3.4.1. Responsabilidade do dono do animal pelos danos por ele causados

Tratando-se de dano causado pelo animal, dispõe o art. 936 do Código Civil: "o dono, ou detentor, do animal ressarcirá o dano por este causado, se não provar culpa da vítima ou força maior".[394] Conforme se viu, a lei consagra a responsabilidade objetiva nesses casos, desonerando-se o dono ou o detentor apenas se demonstrar a quebra do nexo de causalidade mediante a prova da culpa da vítima ou força maior.[395]

Observe-se que o critério para a imputação de responsabilidade não se dá pela razão de que alguém seja o proprietário do animal. A lei refere-se a dono ou detentor justamente para chamar a atenção de que o responsável, de fato, trata-se do guardião do animal – que é quem terá poder de direção, controle e uso do animal. Do proprietário, presume-se a guarda, e daí o poder sobre o animal. Contudo, admite-se prova em contrário, indicando-se claramente quem seja o detentor ao tempo do dano.[396]

São vários os exemplos possíveis da distinção entre o dono e o detentor. Pense-se na pessoa que se dedique conduzir o passeio de cães mediante remuneração; o cavalo que fique hospedado em haras para treinamento; ou os bois deixados para engorda na fazenda de terceiro. Importa quem tenha a guarda da coisa e que, portanto, deva promover as providências para evitar que o animal cause danos, afinal, sua obrigação é de guardá-lo, de modo que não venha a causar danos. Por isso, responderá objetivamente pelos danos causados.[397] Pode ocorrer também que o animal fique sob a detenção do preposto do dono. Nesse caso, o dono há de responder pelo efeito do art. 932, III, do Código Civil.[398]

O Código Civil anterior, baseado na presunção de culpa do dono do animal, sustentava como causas de exoneração da responsabilidade a prova de que guardava e vigiava com o cuidado preciso, que o animal foi provocado por outro, que houve imprudência do ofendido, ou que o fato resultou de caso fortuito ou força maior. O Código Civil vigente exonera o dono do animal de responsabilidade, se provar fato da vítima ou força maior, caracterizando a quebra do nexo de causalidade entre o fato do animal e o dano. Será fato

---

[394] A origem da responsabilidade pelo fato do animal se dá no direito romano, por intermédio da *actio de pauperie*, pela qual o dono do animal que causasse o dano era obrigado a entregar ao lesado o animal, ou reparar o dano em dinheiro. KASER, Max; KNÜTEL, Rolf. *Römisches Privatrecht*, p. 298.

[395] TJRS, ApCiv 70040673287, 9ª Câmara Cível, Rel. Leonel Pires Ohlweiler, j. 23-3-2011, *DJ* 31-3-2011.

[396] VINEY, Geneviève; JOURDAIN, Patrice. *Traité de droit civil*. Les conditions de la responsabilité, cit., 3. ed., p. 734 e s.

[397] Interessante é a hipótese prevista no direito argentino, pelo art. 1.124 do Código Civil de 1869, que preserva a possibilidade de recurso do detentor do animal contra o proprietário, o que a doutrina enquadra tradicionalmente sob as hipóteses de ausência de informação pelo dono sobre características do animal, de modo a advertir o detentor sobre os cuidados necessários para prevenir eventuais danos. CAMMAROTA, Antonio. *Responsabilidad extracontractual*. Buenos Aires: Arayu, 1947, t. 2, p. 550-551. Note-se, contudo, que o art. 1.125, do Código Civil argentino define uma interessante exceção, ao prever que, se o animal tiver sido incitado por um terceiro a causar o dano, a responsabilidade passa a ser deste e não mais do dono do animal. Embora fundada sob os auspícios da teoria da culpa – e, no caso, da presunção de culpa própria da previsão tradicional da responsabilidade pelo fato da coisa –, a rigor poderia propor-se que a hipótese fosse tomada atualmente como quebra do nexo de causalidade, afastando-se a responsabilidade original do proprietário.

[398] TJRS, ApCiv 70027815810, 9ª Câmara Cível, Rel. Des. Tasso Caubi Soares Delabary, j. 5-8-2009, *DJ* 12-8-2009.

da vítima quando ingressa no imóvel em que se situa o animal, sem aviso e autorização do dono, por exemplo.

6.1.4.3.4.2. *Responsabilidade pela ruína do edifício*

A responsabilidade pela ruína do edifício é prevista no art. 937 do Código Civil, que estabelece: "O dono de edifício ou construção responde pelos danos que resultarem de sua ruína, se esta provier de falta de reparos, cuja necessidade fosse manifesta". Sua origem está no instituto da *cautio damni infecti* presente no direito romano, pela qual o pretor podia ordenar ao proprietário do imóvel sob risco de ruína que prestasse caução na hipótese de ela ocorrer, caso preferisse não abandoná-lo.

Há nessa disposição, que de resto se reproduz no art. 1.528 do Código Civil de 1916, a conciliação de elementos da responsabilidade objetiva, com resquício da teoria da culpa, quando indica a necessidade manifesta de reparos. Poderá, como bem alerta Caio Mário da Silva Pereira, escusar-se o proprietário, alegando que ignorava a necessidade de reparos, colocando em xeque seu caráter manifesto.[399]

Por outro lado, a noção de ruína indica a desagregação do edifício, ou melhor, dos materiais que o integram, na ausência de intervenção humana que lhe provocasse. Caberá à vítima, nesse caso, provar que o dano decorreu do prédio em ruínas e de que estas eram manifestas ao tempo da realização do dano.

A incidência da norma do art. 931 do Código Civil, note-se, pressupõe a preexistência da situação de ruína do prédio, cuja necessidade de reparos seja manifesta. Ausente tal circunstância, porém, havendo a queda de partes do prédio, causando danos a terceiros, a responsabilidade por eles pode ser imputada, como fato da coisa, ao proprietário, porém, também cumprirá investigar as causas do dano, em relação à própria participação do construtor – que responderá pela higidez da obra –, hipótese que pode atrair a incidência do art. 618 do Código Civil, no caso de imóveis construídos ou não sob o regime de empreitada, ou caso se tratar de relação de consumo, do art. 12 do Código de Defesa do Consumidor, que dispõe sobre a responsabilidade pelo fato do produto.

6.1.4.3.4.3. *Responsabilidade por coisas caídas do edifício*

O art. 938 do Código Civil estabelece que "aquele que habitar prédio, ou parte dele, responde pelo dano proveniente das coisas que dele caírem ou forem lançadas em lugar indevido". Trata-se, uma vez mais, de hipótese de responsabilidade objetiva, independente de culpa, pela qual basta a verificação da existência de dano causado pela queda ou arremesso do objeto.[400] É desnecessário perquirir a autoria ou a culpa pela queda ou arremesso. Tem origem no direito romano, na *actio effusis et deiectis*, pela qual reconhecia-se a responsabilidade *in solidum* dos habitantes do prédio pelo dano decorrente da queda ou arremesso da coisa em via pública.

Note-se que, em se tratando de responsabilidade objetiva, os habitantes do prédio deixam de responder pelo dano apenas se provarem que o dano de que se reclama a indenização não decorre da coisa caída ou arremessada.

Outra questão diz respeito a edifícios de apartamentos, espécies de condomínios edilícios, nos quais convivem no mesmo prédio diversas unidades autônomas com distintos habitantes.

---

[399] PEREIRA, Caio Mário da Silva. *Responsabilidade civil,* cit., 10. ed., p. 152-153.
[400] TJRS, ApCiv 70056079981, 9ª Câmara Cível, Rel. Des. Eugênio Facchini Neto, j. 13-11-2013, *DJ* 19-11-2013.

A hipótese, aqui, será de causalidade alternativa, de modo que, não identificada a unidade autônoma de onde provém a coisa, reputa-se como responsável o condomínio, ente dotado de capacidade processual, para responder pelo dano, impondo com isso a solidariedade de todos os condôminos.

Alguma discussão gera a matéria, uma vez que sustenta autorizado entendimento doutrinário,[401] pela possibilidade de exclusão do polo passivo, daqueles que provem não ter a coisa caído ou sido arremessada do seu imóvel, ou ainda que tal circunstância não seria possível em razão de sua localização em relação à via, ou outras circunstâncias que demonstram a impossibilidade. Ou ainda, quando identificada a unidade autônoma da qual houve a queda ou arremesso da coisa, adequado é que se considerem devedor da reparação os habitantes daquele imóvel, ou seja, daquela determinada unidade autônoma. Essa hipótese parece razoável, de modo que associa a necessidade de garantia de indenização à vítima, e a necessária estabilidade e segurança dos condôminos que, pelo simples fato de habitarem o mesmo prédio, não podem ser conduzidos à condição de solidariedade a todo e qualquer ato impensado ou mesmo doloso que, praticado por um dos habitantes do prédio, devidamente identificado, comprometa a todos. Nesse sentido, o recurso à causalidade alternativa só terá sentido para responsabilizar todos os condôminos, na hipótese de não ser possível identificar os causadores do dano.

6.2. REPARAÇÃO DO DANO

Uma vez verificados os pressupostos da responsabilidade civil, imputa-se ao causador do dano, ou àquele a quem a lei previu como responsável, o dever de reparação. Aqui, cumpre fazer, desde logo, uma distinção entre a noção de reparação (que é gênero) e a de indenização (que é espécie). Reparação é conceito mais amplo, que envolve não apenas a indenização, mas todas as providências, visando recompor – quando possível – o direito violado. Em relação a certos danos, fala-se em reparação específica, ou seja, a recomposição do bem ou direito violado, e não de indenização pecuniária. Por vezes, é verdade, esta reparação específica não será possível, ou porque a natureza do dano não permite – dano-morte, por exemplo –, ou porque a coisa afetada não pode ser reconstruída ou substituída.

Por outro lado, ocorrerão situações em que a reparação do dano se darão pela exigência de determinado comportamento, como é o caso da retratação, nos danos contra a honra e à reputação, a cessação da conduta lesiva, ou outra medida que atenda ao interesse da vítima pela remoção do ilícito e cessação do dano. Entende-se, muitas vezes, que a reparação específica do dano seja, especialmente em casos de conflitos individuais, a forma de reparação mais conveniente, considerando a máxima de recomposição do estado anterior ao dano (*status quo ante*), tomado como propósito da responsabilidade civil. A rigor, aliás, as perdas e danos têm lugar apenas quando o titular do dever não cumprir espontaneamente, ou ainda coativamente, com o comportamento que lhe é exigível.

A indenização, por sua vez, é espécie de reparação. Por indenização entenda-se a reparação por seu equivalente em dinheiro. Tem lugar, em especial, quando se torna impossível recompor o patrimônio anterior da vítima, de modo que a pretensão de indenização terá em vista a imputação de uma obrigação de dar ao responsável pelo dano consistente no equivalente em dinheiro dos prejuízos e lucros cessantes da vítima, ou ainda, quando isso não for possível, prestação em dinheiro, que sirva como compensação dos danos sofridos e que são irreparáveis.

---

[401] PEREIRA, Caio Mário da Silva. *Responsabilidade civil*, cit., 10. ed., p. 157.

Observe-se, ainda, que é preciso distinguir em relação à reparação do dano entre a violação do direito, que dá causa ao dano, e suas consequências, ou, conforme a doutrina brasileira, inspirada no direito comparado, bem distingue como dano-evento e dano-consequência.[402] Em relação ao primeiro, cumpre verificar a existência ou não do dano. Em relação ao segundo, cumpre verificar sua extensão, decisiva para determinação do *quantum debatur*, a quantificação da indenização.

Assim, fixe-se que há dois modos de reparação: a) a reparação específica; e b) a reparação pelo equivalente em dinheiro (indenização). Note-se que não se tratam de modos de reparação excludentes entre si, mas, ao contrário, podem ser aplicados de modo complementar. Assim, por exemplo, o caso daquele que é difamado por intermédio de publicação periódica, e poderá exigir não apenas indenização pecuniária, como também a publicação de retratação ou da própria decisão judicial, visando dar conhecimento amplo sobre o caráter inverídico do que foi publicado contra si.[403]

Estabelece o art. 947 do Código Civil: "Se o devedor não puder cumprir a prestação na espécie ajustada, substituir-se-á pelo seu valor, em moeda corrente". A expressão "não puder" é exata, na medida em que pode o titular do direito, a que corresponde o dever a ser cumprido pelo credor, obrigá-lo a cumprir por intermédio de tutela específica da obrigação, de que tratam os arts. 497 e 498 do Código de Processo Civil de 2015. Assim, também pode ocorrer que o comportamento posterior à violação do direito já não seja útil ao credor ou à vítima, nesse caso, exercendo a pretensão de reparação para obter o equivalente em dinheiro (indenização).

6.2.1. Conteúdo da indenização em matéria de danos patrimoniais e extrapatrimoniais

No caso da indenização, estabelece o art. 944 do Código Civil: "A indenização se mede pela extensão do dano". Entende-se que sua função é a recomposição do estado anterior com o equivalente em dinheiro. Todavia, não se perca de vista que a indenização, nesse caso, compreenderá todos os prejuízos que a vítima sofreu, assim como aquilo que razoavelmente deixou de lucrar (art. 402 do Código Civil).

Originalmente, obteve prestígio a noção de *compensatio lucri cum damno*, pela qual a indenização seria medida pelos lucros que o ofensor adquiriu com a lesão. De sua evidente impropriedade, considerando-se que nem sempre de um dano resulta benefício ao ofensor,[404] passou-se a prestigiar a teoria da diferença (*Differenztheorie*), de matriz alemã, reconhecida não apenas para identificar o dano, como também para definir sua indenização. Foi então superada pela denominada teoria do interesse, consistente no reconhecimento da lesão de bens juridicamente protegidos, assim entendido o interesse de uma pessoa

---

[402] CAVALIERI, Sérgio. *Programa de responsabilidade civil*, cit., p. 152.
[403] "Recurso especial. Responsabilidade civil. Dano moral. Pessoa jurídica. Condenação apenas à retratação pública. Insuficiência. Indenização pecuniária. Reparação integral do dano moral. 1. Limitação da reparação por danos morais pelo tribunal de origem à retratação junto à imprensa. 2. A reparação natural do dano moral, mesmo se tratando de pessoa jurídica, não se mostra suficiente para a compensação dos prejuízos sofridos pelo lesado. 3. Concreção do princípio da reparação integral, determinando a imposição de indenização pecuniária como compensação pelos danos morais sofridos pela empresa lesada. 4. Sentença restabelecida, mantendo-se o valor da indenização por ela arbitrado com razoabilidade. 5. Recurso especial parcialmente provido" (STJ, REsp 959.565/SP, Rel. Min. Paulo de Tarso Sanseverino, 3ª Turma, j. 24-5-2011, *DJe* 27-6-2011).
[404] FISCHER, Hans Albrecht. *A reparação de danos no direito civil*, cit., p. 198.

em relação a um bem que seja capaz de satisfazer uma necessidade sua. Todavia, para efeito da quantificação do dano patrimonial, a noção de diferença entre o patrimônio da vítima antes da lesão e após sua ocorrência continua útil para a determinação do valor da indenização. Assim, se o prejuízo econômico demonstrado pela vítima, por intermédio de provas, na ação de reparação, corresponder ao valor de redução de seu patrimônio, desse deverá constituir a indenização.

Pouca utilidade, todavia, encontra-se nesse critério quando se tratarem de danos extrapatrimoniais, que conceitualmente são insuscetíveis de reparação, razão pela qual o direito deverá reconhecer função compensatória à indenização em dinheiro por um dano cuja recomposição do estado anterior é impossível. Nesse caso, a liquidação dos danos se dará, como regra, por arbitramento judicial, pelo qual o juiz definirá valor específico a ser pago como indenização à vítima, o qual deve conjugar os critérios que assegurem razoabilidade e isonomia da decisão em relação a outros casos semelhantes. Doutrina e jurisprudência, nesse particular, vêm associando critérios para o arbitramento de indenização em caso de danos extrapatrimoniais, como a intensidade e a duração do sofrimento experimentado pela vítima, a reprovabilidade da conduta, a capacidade econômica do ofensor, dentre outras circunstâncias.

Já no caso de danos coletivos e difusos, a possibilidade de recomposição do bem ou interesse lesado é critério admitido para determinação da indenização. Todavia, quando isso não é possível, admite-se a técnica de estimativa, considerando a extensão do dano e sua reprovabilidade social, assim como o atendimento do caráter de desestímulo da conduta do ofensor. É o caso da poluição ambiental, em relação à qual, embora se possa adotar providências para mitigar seus efeitos, ou ainda para prevenir a ocorrência de danos futuros – tudo o quanto, sendo mensurável, pode compor a indenização a ser paga pelo ofensor –, de resto pode ter dado causa a efeitos permanentes e irreversíveis. Desse modo, os danos poderão ser estimados segundo critérios que permitam também servir o *quantum* a ser definido, como desestímulo à conduta do ofensor e para a comunidade em geral, em relação à causação daquela determinada espécie de dano.

6.2.2. Solidariedade pelo pagamento da indenização

Estabelece o art. 942 do Código Civil: "Art. 942. Os bens do responsável pela ofensa ou violação do direito de outrem ficam sujeitos à reparação do dano causado; e, se a ofensa tiver mais de um autor, todos responderão solidariamente pela reparação. Parágrafo único. São solidariamente responsáveis com os autores os coautores e as pessoas designadas no art. 932."

Em relação à solidariedade dos autores do dano pela obrigação de reparação, a regra do art. 942 do Código Civil constitui espécie de obrigação *in solidum*, com antecedentes bastante antigos, remontando à solução romana para o caso dos danos decorrentes de dolo e violência, presentes no Digesto.[405] Note-se, porém, que não há solidariedade entre o responsável pelo pagamento da indenização e seu cônjuge que não participou ou deu causa ao dano.[406]

Será a contribuição causal de cada um que determinará a solidariedade pela dívida de indenização, caso seja reconhecida a contribuição causal de cada um dos autores do dano, de modo que se possa afirmar que ele não teria ocorrido, ou não teria a mesma extensão, caso no houvesse a participação de todos os que se reconhecem como responsáveis solidários.

---

[405] RIPERT, Georges; BOULANGER, Jean. *Tratado de derecho civil*, cit., p. 111-112.
[406] REsp 857.557/RS, Rel. Ministro RAUL ARAÚJO, QUARTA TURMA, julgado em 15/09/2016, *DJe* 18/10/2016

6.2.3. Indenização pelo inadimplemento da obrigação

A indenização pelo inadimplemento de obrigação – responsabilidade contratual ou negocial – tem em conta a distinção entre lesão de interesses positivos e interesses negativos do credor em relação ao contrato. Por interesses positivos, entendam-se os interesses de cumprimento da prestação, com a execução do contrato. Ou seja, são indenizáveis os interesses contratuais positivos, na medida em que se reconheçam como dano os prejuízos que decorrem do inadimplemento do contrato, assim entendido tanto o seu inadimplemento absoluto quanto o cumprimento tardio ou defeituoso da prestação pelo devedor. Serve para repor a parte na situação que estaria, se o contrato tivesse sido cumprido. Ou seja, a pretensão de indenização de interesses contratuais positivos não exclui a pretensão de cumprimento do contrato, apenas a cumula com as perdas e danos devidas pelo inadimplemento originário (art. 402 do Código Civil).

Já os interesses contratuais negativos são aqueles que decorrem da não celebração definitiva e válida do contrato. Encontram-se tutelados pela proteção da confiança e da boa-fé, e consistem no interesse daquele que tem frustrado seu interesse legítimo na celebração do contrato, em razão da recusa injustificada de uma das partes que havia estabelecido negociações, ou pela conduta da contraparte de violação dos deveres de sigilo e/ou de informação, ou ainda que tenha dado causa à invalidade do contrato.[407] Nesse sentido, a pretensão de indenização pelos interesses contratuais negativos abrange os prejuízos que o lesado poderia ter evitado se não tivesse confiado legitimamente na conduta da contraparte, acreditando que o responsável cumpria os deveres impostos pela boa-fé às partes, ou ainda a crença na própria validade do negócio.

Diversas disposições do Código Civil conferem ao credor que sofre o inadimplemento direito a perdas e danos (arts. 234-236 e 247). Em matéria de inadimplemento das obrigações, a indenização deve corresponder à estimativa do valor da prestação que deveria ter sido executada, em moeda corrente deste local (art. 315 do Código Civil), tratando-se, no caso, do método de sub-rogação, ou seja, no qual a prestação originária é substituída por prestação de indenização em dinheiro.

Resiste, igualmente, a possibilidade de exigir-se o cumprimento sem prejuízo de perdas e danos pela resistência no cumprimento da prestação. Nesse caso, mesmo havendo o cumprimento forçado da obrigação, o credor que sofre a resistência do devedor poderá suportar danos decorrentes da mora. E, da mesma forma, sobre a possibilidade de exercer o direito de resolução mais o direito à indenização pelas perdas e danos, na hipótese em que o credor sofra o inadimplemento.

6.2.4. Dos juros devidos sobre a indenização

O art. 389 do Código Civil estabelece: "Não cumprida a obrigação, responde o devedor por perdas e danos, mais juros e atualização monetária segundo índices oficiais regularmente estabelecidos, e honorários de advogado". Nesse caso, os juros estarão definidos na própria obrigação ou, na falta de estipulação, nos termos do art. 406 do Código Civil, serão aqueles estipulados "segundo a taxa que estiver em vigor para a mora do pagamento de impostos devidos à Fazenda Nacional".[408] Essa regra para a liquidação das obrigações dá causa à discussão sobre a

---

[407] MOTA PINTO, Paulo. *Interesse contratual negativo e interesse contratual positivo*. Coimbra: Editora Coimbra, 2008, v. I, p. 1.197 e s.

[408] No caso de débitos de natureza trabalhista, que envolvem as indenizações pagas no âmbito da relação de trabalho, são atualizadas pela taxa referencial diária, divulgada pelo Banco Central do Brasil, de acordo com o disposto no art. 39 da Lei n. 8.177/91, com as alterações que estabelece Lei n. 12.703/2012.

taxa aplicável no caso de ausência de estipulação. O primeiro entendimento sustenta a aplicação da taxa Selic, (Sistema Especial de Liquidação e Custódia), que remunera os títulos da dívida pública federal, e é definida pelo Comitê de Política Monetária (Copom), do Banco Central do Brasil, que remunera os títulos da dívida federal e é utilizado para cálculo dos juros de mora do pagamento de impostos devidos à Fazenda Nacional, em vista do que dispõe o art. 84 da Lei n. 8.981/95. Outro entendimento conduz à aplicação da taxa de 1% ao mês, prevista pelo art. 161, § 1º, do Código Tributário Nacional. A jurisprudência do STJ, todavia, consolidou-se no sentido da aplicação da taxa Selic para a correção dos valores devidos a título de perdas e danos.[409]

Aspecto de especial interesse é, também, a fixação do termo inicial da fluência dos juros no caso de indenização decorrente de danos em geral. Há célebre máxima em nosso direito pela impossibilidade de fluência de juros nas obrigações ilíquidas, *in illiquidis non fit mora*. No Código Civil de 1916, havia regra expressa no sentido de que os juros nas obrigações ilíquidas passavam a contar desde a citação inicial (art. 1.536, § 2º). O art. 405 do Código Civil vigente, de sua vez refere: "Art. 405. Contam-se os juros de mora desde a citação inicial". Tal regra deve incidir sobre as ações de indenização decorrentes de inadimplemento contratual. No caso de indenizações decorrentes de responsabilidade extracontratual, os juros contam desde a data do evento danoso.[410] Nesse sentido dispõe a Súmula 54 do STJ: "Os juros moratórios fluem a partir do evento danoso, em caso de responsabilidade extracontratual". Contudo, sendo a indenização paga sob a forma de pensionamento periódico, os juros deverão incidir sobre o vencimento de cada parcela, de modo a preservar a finalidade da reparatória ou compensatória da indenização.[411]

6.2.5. Correção monetária do valor da indenização

Estabelece o art. 389 do Código Civil:

> Não cumprida a obrigação, responde o devedor por perdas e danos, mais juros e atualização monetária segundo índices oficiais regularmente estabelecidos, e honorários de advogado.

Da mesma forma, estabelece o art. 395 do Código Civil:

> Responde o devedor pelos prejuízos a que sua mora der causa, mais juros, atualização dos valores monetários segundo índices oficiais regularmente estabelecidos, e honorários de advogado.

Assim, refere o art. 398 do Código Civil:

> Nas obrigações provenientes de ato ilícito, considera-se o devedor em mora, desde que o praticou.

---

[409] "Civil. Juros moratórios. Taxa legal. Código Civil, art. 406. Aplicação da taxa SELIC. 1. Segundo dispõe o art. 406 do Código Civil, 'Quando os juros moratórios não forem convencionados, ou o forem sem taxa estipulada, ou quando provierem de determinação da lei, serão fixados segundo a taxa que estiver em vigor para a mora do pagamento de impostos devidos à Fazenda Nacional'. 2. Assim, atualmente, a taxa dos juros moratórios a que se refere o referido dispositivo é a taxa referencial do Sistema Especial de Liquidação e Custódia – SELIC, por ser ela a que incide como juros moratórios dos tributos federais (arts. 13 da Lei 9.065/95, 84 da Lei 8.981/95, 39, § 4º, da Lei 9.250/95, 61, § 3º, da Lei 9.430/96 e 30 da Lei n. 10.522/02). 3. Embargos de divergência a que se dá provimento" (EREsp 727.842/SP, Rel. Min. Teori Albino Zavascki, Corte Especial, j. 8-9-2008, *DJe* 20-11-2008).

[410] AgRg no AREsp 486.514/SP, Rel. Min. Sidnei Beneti, 3ª Turma, j. 24-4-2014, *DJe* 16-5-2014; AgRg no REsp 1.209.123/SP, Rel. Min. Luis Felipe Salomão, 4ª Turma, j. 18-2-2014, *DJe* 12-3-2014.

[411] REsp 1270983/SP, Rel. Min. Luis Felipe Salomão, 4ª Turma, j. 08/03/2016, DJe 05/04/2016.

A perda de valor da moeda influencia no valor da indenização e mesmo sob eficácia do princípio da reparação integral, a recomposição total do patrimônio da vítima no estado anterior à lesão causada pelo ofensor. Observe-se que, entre a ocorrência da lesão e o efetivo pagamento da indenização definida em ação judicial, transcorre tempo significativo. Manter-se o valor nominal da indenização a valores demonstrados da época do dano, sem a devida atualização, seria fazer a vítima suportar os efeitos do tempo e do comportamento antijurídico do ofensor. Neste sentido a correção monetária tem por finalidade a preservação do valor da moeda para as dívidas de valor a serem pagas com prazo, ou ainda em prestações periódicas.

A Lei n. 6.899/81 estabeleceu que a correção monetária incide desde a data da decisão judicial, de modo que, sendo certa e líquida a dívida, passa a calcular-se desde o seu vencimento. Ocorre que tal disposição foi objeto de severo debate jurisprudencial, tendo o STJ editado a Súmula 43, nos seguintes termos: "Incide a correção monetária sobre a dívida por ato ilícito a partir da data do efetivo prejuízo".

Daí a incidência de correção monetária, que hoje é estabelecida como devida desde a mora do devedor – no caso de responsabilidade contratual – ou desde a data do dano, conforme dispõe o art. 398 do Código Civil, em se tratando de obrigações decorrentes de atos ilícitos. Ocorre que nem sempre se sabe qual é o valor da indenização devida pelo dano, o que acontece especialmente quando se tratar do dano extrapatrimonial, cuja indenização seja definida por arbitramento.

Desse modo, resta definido atualmente que a correção monetária incide desde o arbitramento da indenização, quando se tratar de hipótese de responsabilidade extracontratual.[412] Dispõe a Súmula 362 do STJ: "A correção monetária do valor da indenização do dano moral incide desde a data do arbitramento". No caso de danos patrimoniais, incidirá, todavia, desde a data do efetivo prejuízo (Súmula 43 do STJ). No caso de responsabilidade contratual, a correção monetária é devida desde o inadimplemento.[413]

6.2.6. Indenização em caso de homicídio

No caso de o dano consistir em homicídio da vítima, o Código Civil estabelece, em seu art. 948, o conteúdo da indenização pelos danos patrimoniais. Estabelece a regra em destaque:

> Art. 948. No caso de homicídio, a indenização consiste, sem excluir outras reparações:
> I – no pagamento das despesas com o tratamento da vítima, seu funeral e o luto da família;
> II – na prestação de alimentos às pessoas a quem o morto os devia, levando-se em conta a duração provável da vida da vítima.

Note-se, em primeiro lugar, que a regra do art. 948 faz referência ao cabimento da indenização dos interesses que menciona, "sem excluir outras reparações". Assim, como é evidente em casos de homicídio, caberá, além dos danos reconhecidos *a priori* pela lei, também outros que venham a ser provados e, ainda, o dano extrapatrimonial da vítima, que poderão reclamar os sucessores em seu nome, ou também, conforme proximidade afetiva ou parentesco,

---

[412] REsp 862.346/SP, Rel. Min. Hélio Quaglia Barbosa, 4ª Turma, j. 27-3-2007, *DJ* 23-4-2007; AgRg no REsp 1.209.123/SP, Rel. Min. Luis Felipe Salomão, 4ª Turma, j. 18-2-2014, *DJe* 12-3-2014.
[413] AgRg no Ag 925.081/RS, Rel. Min. Raul Araújo, 4ª Turma, j. 18-3-2014, *DJe* 25-4-2014.

inclusive em nome próprio, admitindo-se, nesse caso, mesmo o dano próprio do nascituro pela perda dos pais que não virá a conhecer.[414]

No que diz respeito ao conteúdo da indenização previsto em lei, o inciso I do art. 948 faz referência às despesas com o tratamento da vítima, seu funeral e o luto da família. Trata-se de despesas cuja comprovação deve se dar com documentos idôneos que permitam bem caracterizar o *quantum debeatur*. Integram-se tanto de despesas médico-hospitalares quanto de despesas de hospedagem e alimentação dos familiares por ocasião do tratamento, funeral e luto, transporte do cadáver quando se fizer necessário, as cerimônias de despedida, aquisição de jazigo ou sepultura, enterro e/ou cremação.

No caso do inciso II do art. 948, há previsão da prestação de alimentos a pessoas a quem o morto os devia, levando-se em conta a duração provável da vida da vítima. O significado dessa norma deve estar de acordo com a noção de dependência econômica da vítima, não admitindo-se interpretação restritiva em vista do princípio da reparação integral. Nesse sentido, são considerados normalmente dependentes da vítima – o que não afasta a necessidade de que seja provada essa dependência econômica[415] – o cônjuge viúvo, os filhos, assim como outros descendentes ou ascendentes, conforme o caso. Admite-se, naturalmente, que, de acordo com as circunstâncias, e mediante realização de prova, outras pessoas possam ser consideradas como tal.[416] Em relação a famílias de baixa renda, contudo, admite-se a presunção de dependência recíproca dos integrantes do núcleo familiar.[417]

---

[414] REsp 399.028/SP, Rel. Min. Sálvio de Figueiredo Teixeira, 4ª Turma, j. 26-2-2002, *DJ* 15-4-2002; AgRg no AgRg no AREsp 150.297/DF, Rel. Min. Sidnei Beneti, 3ª Turma, j. 19-2-2013, *DJe* 7-5-2013.

[415] "Recurso especial. Responsabilidade civil. Acidente ferroviário. Atropelamento. Vítima fatal. Pensão por morte de filho com 19 anos aos pais. Necessidade da demonstração da dependência econômica dos genitores. Súmula 07/STJ. Dano moral. *Quantum* indenizatório. Dissídio jurisprudencial. Valor irrisório. Majoração. Precedentes. 1. Ação de indenização por danos materiais e morais movida pelos genitores de vítima fatal, que contava com dezenove anos de idade na data do evento danoso, morto em razão de atropelamento em via férrea. 2. A concessão de pensão por morte de filho que já atingira a idade adulta exige a demonstração da efetiva dependência econômica dos pais em relação à vítima na época do óbito (art. 948, II, do CC). 3. Distinção da situação dos filhos menores, em relação aos quais a dependência é presumida (Súmula 491/STF). 4. Majoração do valor da indenização por dano moral na linha dos precedentes desta Corte Superior, restabelecendo o montante arbitrado pelo juiz de primeira instância em razão da falta de elementos nesta instância especial e de seu maior contato com o conjunto fático-probatório. 5. Recurso especial parcialmente provido (STJ, REsp 1.320.715/SP, Rel. Min. Paulo de Tarso Sanseverino, 3ª Turma, j. 7-11-2013, *DJe* 27-2-2014).

[416] A necessidade de prova da dependência econômica, ademais da própria relação com a vítima do dano-morte, é exigida considerando-se, também, o limite para a legitimidade ativa para a ação de indenização, como se vê do caso decidido pelo STJ, em que este afastou a legitimidade do noivo da vítima para pretender indenização: REsp 1.076.160/AM, Rel. Min. Luis Felipe Salomão, 4ª Turma, j. 10-4-2012, *DJe* 21-6-2012.

[417] "RECURSO ESPECIAL. RESPONSABILIDADE CIVIL. MORTE DE PASSAGEIRO EM ACIDENTE DE TRÂNSITO. DISSÍDIO JURISPRUDENCIAL NÃO DEMONSTRADO. VIOLAÇÃO DO ARTIGO 535 DO CÓDIGO DE PROCESSO CIVIL. INEXISTÊNCIA. VIÚVA E PAIS DA VÍTIMA. PRESUNÇÃO DE DEPENDÊNCIA. PENSIONAMENTO. DANOS MORAIS. CABIMENTO. DECURSO DE TEMPO PARA PROPOSITURA DA AÇÃO QUE DEVE SER LEVADO EM CONSIDERAÇÃO NA FIXAÇÃO DO VALOR DA CONDENAÇÃO. PRECEDENTES. (...) 3 – No que se refere aos danos materiais, a jurisprudência desta Corte Superior há muito converge no sentido de que, nas famílias de baixa renda, há presunção relativa de dependência econômica entre seus membros, notadamente em razão da dificuldade da sobrevivência da família com o salário de apenas um deles. Quanto aos genitores, a presunção de assistência vitalícia dos filhos diminui depois que o filho completa 25 anos de idade ou constitui sua própria família, como na hipótese. Precedentes. 4 – Nos termos da orientação desta Corte, o direito à indenização por dano moral não desaparece com o decurso de tempo (desde que não transcorrido o lapso prescricional), mas é fato a ser considerado na fixação do valor da condenação. 5 – "A demora

O prazo da obrigação de pagamento dos alimentos, segundo define a lei, é pelo período de duração provável de vida da vítima. A jurisprudência adotará como critério de identificação deste prazo o tempo médio de vida, segundo tabela de sobrevida para fins de previdência social, elaborada pelo Instituto Brasileiro de Geografia e Estatística – IBGE.[418]

Em relação aos filhos menores, admite o estágio atual da doutrina e da jurisprudência o reconhecimento do dano patrimonial presumido. Isso porque, tratando-se de filhos menores, questionava-se sua capacidade para contribuir com o sustento familiar e, no caso de morte, a possibilidade de indenização por danos. O Supremo Tribunal Federal, contudo, editou súmula indicando que "é indenizável o acidente que cause a morte do filho menor, ainda que não exerça trabalho remunerado". Nesse sentido, a prestação de alimentos a que se refere o art. 948, II, do Código Civil é tomada com indicação subsidiária, uma vez que a indenização pelo dano-morte não se concede apenas como prestação alimentar, sendo admissível o reconhecimento de outros danos comprovados, e inclusive o dano extrapatrimonial dos pais em relação à perda dos filhos.

No caso de deferimento do pensionamento, admite-se regularmente, segundo jurisprudência consolidada, que deverão ser pagos alimentos integrais aos pais até o tempo em que a vítima completasse 25 anos de idade, reduzindo-se à metade a partir de então, até os 65 anos da vítima.[419] Ou, ainda, avaliando as circunstâncias do caso, reduzindo-se o valor conforme idade da vítima.[420] Por outro lado, quando o credor da indenização por morte for o menor

---

na busca da reparação do dano moral é fator influente na fixação do quantum indenizatório, a fazer obrigatória a consideração do tempo decorrido entre o fato danoso e a propositura da ação" (EREsp 526.299/PR, Corte Especial, Rel. Ministro Hamilton Carvalhido, *DJe* 5-2-2009). 6 – Recurso especial parcialmente conhecido e, nessa parte, provido" (STJ, REsp 1.133.033/RJ, Rel. Min. Ricardo Villas Bôas Cueva, 3ª Turma, j. 7-8-2012, *DJe* 15-8-2012). No mesmo sentido: AgRg no REsp 1.123.125/RJ, Rel. Min. Benedito Gonçalves, 1ª Turma, j. 9-3-2010, *DJe* 17-3-2010; REsp 1.179.717/SC, Rel. Min. Eliana Calmon, 2ª Turma, j. 4-3-2010, *DJe* 18-3-2010; REsp 956.037/RN, Rel. Min. Teori Albino Zavascki, 1ª Turma, j. 19-3-2009, *DJe* 26-3-2009.

[418] REsp 268.265/SP, Rel. Min. Aldir Passarinho Junior, 4ª Turma, j. 4-4-2002, *DJ* 17-6-2002; REsp 1.353.734/PE, Rel. Min. Castro Meira, 2ª Turma, j. 5-9-2013, *DJe* 12-9-2013; REsp 885.126/RS, Rel. Min. Nancy Andrighi, 3ª Turma, j. 21-2-2008, *DJe* 10-3-2008; REsp 1.244.979/PB, Rel. Min. Herman Benjamin, 2ª Turma, j. 10-5-2011, *DJe* 20-5-2011.

[419] "Civil. Responsabilidade civil. Morte de filhos menores (5 e 8 anos) não trabalhadores. Dissídio restrito ao termo final da pensão: se quando a vítima viesse a completar 25 anos (acórdão embargado) ou 65 anos (acórdão paradigma). Assim como é dado presumir-se que o filho, vítima de acidente fatal, teria, não fosse o infausto evento, uma sobrevida até os sessenta e cinco anos, e até lá auxiliaria a seus pais, prestando alimentos, também pode-se supor, pela ordem natural dos fatos da vida, que ele se casaria aos vinte e cinco anos, momento a partir do qual já não mais teria a mesma disponibilidade para ajudar materialmente a seus pais, pois que, a partir do casamento, passaria a suportar novos encargos, que da constituição de uma nova família são decorrentes. A pensão fixada, com base nas peculiaridades da espécie pelo Tribunal de origem, deve, a partir de quando a vítima viesse a completar vinte e cinco anos, ser reduzida pela metade, assim ficando, caso haja a sobrevida dos pais, até os presumíveis sessenta e cinco anos da vítima. Embargos de divergência acolhidos" (STJ, EREsp 106.327/PR, Rel. Min. Cesar Asfor Rocha, 2ª Seção, j. 23-2-2000, *DJ* 1º-10-2001).

[420] "Recurso especial. Responsabilidade civil. Acidente de trânsito. Transporte escolar. Morte de criança. Responsabilidade solidária do transportador e da instituição de ensino contratante. Pensionamento. Dano moral. *Quantum* indenizatório. Dissídio jurisprudencial. Critérios de arbitramento equitativo pelo juiz. Método bifásico. Valorização do interesse jurídico lesado e das circunstâncias do caso. Juros legais moratórios. Taxa Selic. 1. Ação de indenização por danos materiais e morais movida pelos pais de adolescente morto em acidente de trânsito com ônibus escolar na qual trafegava, contando com 14 anos de idade. (...) 4. Discussão em torno do valor da indenização por dano moral, do montante da pensão e da taxa dos juros legais moratórios. Dissídio jurisprudencial caracterizado com os precedentes das duas turmas integrantes da Segunda Secção do STJ. 5. Redução do valor da indenização por dano moral na

(em razão da morte dos pais ou de quem respondia por seu sustento econômico), a regra é de que a indenização se conceda até os 25 anos.[421]

Havendo danos extrapatrimoniais, como regra, são legítimos para reclamar indenização no caso de morte seus sucessores, nos termos do art. 12, parágrafo único, do Código Civil, sem prejuízo do exame em concreto de situações específicas, de acordo com a relação havida entre a pessoa morta e aquele que pretende demonstrar sua pretensão, como espécie de direito personalíssimo e autônomo (*préjudice d'affection*).[422] A orientação jurisprudencial predominante é a de que a indenização por dano-morte seja concedida de modo global para toda a família,[423] ademais, para evitar a multiplicação de ações de diferentes sucessores perante o autor do dano, e o número de indenizações a serem pagas, dissociando-se dos valores praticados pela jurisprudência.

---

linha dos precedentes desta Corte, considerando as duas etapas que devem ser percorridas para esse arbitramento, para o montante correspondente a 500 salários mínimos. Aplicação analógica do enunciado normativo do parágrafo único do art. 953 do CC/2002. 6. Fixação do valor da pensão por morte em favor dos pais no valor de dois terços do salário mínimo a partir da data do óbito, pois a vítima já completara 14 anos de idade, até a data em que ela completaria 65 anos idade, reduzindo-se para um terço do salário mínimo a partir do momento em faria 25 anos de idade. Aplicação da Súmula 491 do STF na linha da jurisprudência do STJ. 7. Fixação do índice dos juros legais moratórios com base na taxa Selic, seguindo os precedentes da Corte Especial do STJ (REsp 1.102.552/CE, Rel. Min. Teori Albino Zavascki). 8. Recursos especiais parcialmente providos" (STJ, REsp 1.197.284/AM, Rel. Min. Paulo de Tarso Sanseverino, 3ª Turma, j. 23-10-2012, *DJe* 30-10-2012).

[421] STJ, AgRg no REsp 1.183.495/DF, Rel. Min. Paulo de Tarso Sanseverino, 3ª Turma, j. 14-8-2012, *DJe* 28-8-2012; REsp 1.159.409/AC, Rel. Min. Eliana Calmon, 2ª Turma, j. 11-5-2010, *DJe* 21-5-2010.

[422] VINEY, Geniéviève; JOURDAIN, Patrice. *Traité de droit civil*. Les conditions de la responsabilité, cit., 3. ed., p. 74-77; SANSEVERINO, Paulo de Tarso. *Princípio da reparação integral*, cit., p. 293.

[423] "(...) em caso de dano moral decorrente de morte de parentes próximos, a indenização deve ser arbitrada de forma global para a família da vítima, não devendo, de regra, ultrapassar o equivalente a quinhentos salários mínimos, podendo, porém, ser acrescido do que bastar para que os quinhões individualmente considerados não sejam diluídos e nem se tornem irrisórios, elevando-se o montante até o dobro daquele valor. 7. A discussão acerca do termo inicial da correção monetária está preclusa, tendo em vista ter sido definida na sentença e não impugnada pelas partes. Manutenção do termo inicial da correção monetária quanto à indenização devida a S. G. T. 8. Havendo resistência da litisdenunciada, mostra-se de rigor haver condenação aos ônus da sucumbência. Incidência da Súmula 7/STJ. 9. Recursos especiais conhecidos em parte e, na extensão, parcialmente providos" (STJ, REsp 1.127.913/RS, Rel. p/ Acórdão Min. Luis Felipe Salomão, 4ª Turma, j. 20-9-2012, *DJe* 30-10-2012). No mesmo sentido: "Agravo regimental no agravo (art. 544 do CPC). Ação de indenização por danos morais e materiais. Decisão monocrática negando provimento ao agravo. Insurgência do réu. 1. Nos termos da jurisprudência consolidada neste Superior Tribunal de Justiça, a revisão de indenização por danos morais é possível, em recurso especial, somente quando o valor fixado nas instâncias locais for exorbitante ou ínfimo, de modo a afrontar os princípios da razoabilidade e da proporcionalidade. Ausentes tais hipóteses, incide a Súmula n. 7 do STJ, a impedir o conhecimento do recurso. 2. A eg. Quarta Turma desta Corte, no julgamento do Recurso Especial n. 1.127.913/RS, em 30-9-2012, firmou o entendimento de que 'em caso de dano moral decorrente de morte de parentes próximos, a indenização deve ser arbitrada de forma global para a família da vítima, não devendo, de regra, ultrapassar o equivalente a quinhentos salários mínimos, podendo, porém, ser acrescido do que bastar para que os quinhões individualmente considerados não sejam diluídos e nem se tornem irrisórios, elevando-se o montante até o dobro daquele valor'. 3. Hipótese em que o Tribunal local, após sopesados os elementos fáticos do caso, entendeu por majorar a indenização fixada em R$ 25.000,00 (vinte e cinco mil reais) para a viúva, H. N., e R$ 50.000,00 (cinquenta mil reais), a ser dividido entre os 5 (cinco) filhos, para o montante de R$ 210.000,00 (duzentos e dez mil reais), sendo R$ 60.000,00 para a viúva e R$ 30.000,00 para cada um dos 5 (cinco) filhos, valor esse que não ultrapassa os parâmetros adotados neste Sodalício. 4. Agravo regimental não provido" (STJ, AgRg no AREsp 255.249/SC, Rel. Min. Marco Buzzi, 4ª Turma, j. 15-8-2013, *DJe* 23-8-2013).

6.2.7. Indenização em caso de ofensa à saúde

No caso de ofensa à saúde, estabelece o art. 949 do Código Civil: "No caso de lesão ou outra ofensa à saúde, o ofensor indenizará o ofendido das despesas do tratamento e dos lucros cessantes até ao fim da convalescença, além de algum outro prejuízo que o ofendido prove haver sofrido". Abrange, portanto, a indenização todas as despesas necessárias à obtenção da cura da lesão, incluindo a assistência médica e hospitalar e todas as terapias necessárias para a perfeita recuperação da vítima, assim como eventuais aparelhos ou acessórios, cujo uso tenha se tornado necessário em face da lesão. Em relação aos lucros cessantes devidos até o fim da convalescença, abrangerá todos os ganhos que a vítima, em razão da lesão, deixar de auferir, presumindo-se que, se não fosse o dano sofrido, razoavelmente as teria obtido. São exemplos desses ganhos que deixa de auferir tanto a remuneração dos dias que deixou de trabalhar quanto a expectativa de ganhos que tinha a vítima na atividade econômica que desenvolvia.

Aqui, uma vez mais, percebe-se que cuidou o Código Civil de especificar o conteúdo da indenização por danos patrimoniais, admitindo, todavia, a possibilidade de indenização de outros danos, como é o caso daqueles de natureza extrapatrimonial. Nos mesmos termos, aliás, já apontava a jurisprudência, conforme se percebe da Súmula 37 do STJ: "são cumuláveis as indenizações por dano material e dano moral oriundos do mesmo fato". Nesse caso, da ofensa à saúde, observe-se que podem resultar danos anímicos, assim como danos existenciais ou ao projeto de vida, conforme a lesão limite ou comprometa a capacidade da pessoa de fruir ou perceber sensações ou experiências.

Recorde-se, igualmente, a possibilidade de cumulação de indenizações por dano moral em sentido estrito (sofrimento, dor ou contrariedade) e o dano estético.[424] Note-se que dano estético se refere à natureza da lesão, cuja consequência pode se dar por danos tanto patrimoniais quanto extrapatrimoniais. Justifica-se sua definição como parcela autônoma, em vista da diferenciação entre o abalo psicológico decorrente da lesão em si e que advém do comprometimento da aparência física da vítima, o qual tende, inclusive, a se projetar no tempo, ainda que admitida sua mitigação por intervenções cirúrgicas posteriores.

6.2.8. Indenização em caso de lesão incapacitante para o trabalho

Da ofensa à saúde pode resultar lesão incapacitante para o trabalho. Nesse sentido, o art. 950 do Código Civil estabelece: "Se da ofensa resultar defeito pelo qual o ofendido não possa exercer o seu ofício ou profissão, ou se lhe diminua a capacidade de trabalho, a indenização, além das despesas do tratamento e lucros cessantes até ao fim da convalescença, incluirá pensão correspondente à importância do trabalho para que se inabilitou, ou da depreciação que ele sofreu". Ou seja, para além das despesas de tratamento prevista no art. 949 e dos lucros cessantes até o fim da convalescença, inclui a indenização da vítima também a pensão em valor correspondente ao que recebia por ocasião do trabalho para o qual ficou incapacitada. Essa parcela da indenização, de sua vez, ou será paga sob a forma de pensão mensal vitalícia à vítima, ou poderá – por exigência e interesse desta – ser paga de uma só vez, mediante arbitramento judicial, nos termos do parágrafo único do art. 950.

A incapacidade para o trabalho pode ser total ou parcial, conforme esteja incapacitada a vítima para o exercício de todo e qualquer trabalho, ou apenas para aquele que originalmente exercia. Nesse sentido, note-se que a jurisprudência fixa entendimento no sentido de que basta a incapacidade para o trabalho exercido pela vítima no momento da lesão, sendo irrelevante

---

[424] STJ, REsp 457.312/SP, Rel. Min. Ruy Rosado de Aguiar, 4ª Turma, j. 19-11-2002, *DJ* 16-12-2002.

para o reconhecimento do dano a possibilidade de encontrar ou não outro ofício.[425] Todavia, se permaneceu a trabalhar em outro ofício, com mesma remuneração, discute-se se seria o caso ou não de concessão ou manutenção da pensão vitalícia. O argumento em favor da tese sustenta que a pensão de natureza civil não se confunde com a de finalidade previdenciária, e contempla não apenas o dano patrimonial, mas igualmente a ofensa decorrente da incapacidade física imposta à vítima. Assim, mesmo que haja a manutenção do trabalho pela vítima, com maiores sacrifícios, a dificuldade de obter melhores condições no futuro é suficiente para justificar o pagamento de pensão, que, nesse caso, tem função ressarcitória.[426] Por outro lado, há os que entendem que, ocorrendo a lesão, porém, mantendo-se a vítima no exercício de outro trabalho, com a mesma remuneração, tal circunstância configura o enriquecimento injustificado, que não deve ser estimulado pelo direito,[427] embora possa fazer jus às outras

---

[425] STJ, REsp 569.351/MG, Rel. Min. Carlos Alberto Menezes Direito, 3ª Turma, j. 7-12-2004, *DJ* 4-4-2005.

[426] "Recurso especial. Ação de reparação por danos materiais e compensação por danos morais e estéticos. Acidente de veículo. Responsabilidade. Incapacidade parcial temporária. Funcionário público. Pensão. Cabimento. 1. Ausente a ofensa ao art. 535 do CPC, quando o tribunal de origem pronuncia-se de forma clara e precisa sobre a questão posta nos autos. 2. A ausência de decisão sobre os dispositivos legais supostamente violados, não obstante a interposição de embargos de declaração, impede o conhecimento do recurso especial. Incidência da Súmula 211/STJ. 3. O reexame de fatos e provas em recurso especial é inadmissível. 4. O art. 950 do Código Civil não exige que tenha havido também a perda do emprego ou a redução dos rendimentos da vítima para que fique configurado o direito ao recebimento da pensão. O dever de indenizar decorre unicamente da perda temporária da capacidade laboral, que, na hipótese foi expressamente reconhecida pelo acórdão recorrido. 5. A indenização civil, diferentemente da previdenciária, busca o ressarcimento da lesão física causada, não propriamente a mera compensação sob a ótica econômica. 6. A análise da existência do dissídio é inviável, porque não foram cumpridos os requisitos dos arts. 541, parágrafo único, do CPC e 255, §§ 1º e 2º, do RISTJ. 7. Recurso Especial provido" (STJ, REsp 1.306.395/RJ, Rel. Min. Nancy Andrighi, 3ª Turma, j. 4-12-2012, *DJe* 19-12-2012). No mesmo sentido: "Civil e processual. Acidente de trabalho. Sequela limitadora da capacidade. Pensionamento. Natureza. Manutenção da remuneração do empregado no período de afastamento. Acordo coletivo. *Dies a quo* da prestação mensal. CC, art. 1.539. Exegese. Dano moral. Elevação a patamar razoável. Honorários advocatícios. Juros moratórios. Súmula n. 54-STJ. I. Diversamente do benefício previdenciário, a indenização de cunho civil tem por objetivo não apenas o ressarcimento de ordem econômica, mas, igualmente, o de compensar a vítima pela lesão física causada pelo ato ilícito do empregador, que reduziu a sua capacidade laboral em caráter definitivo, inclusive pelo natural obstáculo de ensejar a busca por melhores condições e remuneração na mesma empresa ou no mercado de trabalho. II. Destarte, ainda que paga ao empregado a mesma remuneração anterior por força de cumprimento a acordo coletivo de trabalho, o surgimento de sequelas permanentes há de ser compensado pela prestação de pensão desde a data do sinistro, independentemente de não ter havido perda financeira concretamente apurada durante o período de afastamento. III. Acidente de trabalho configura espécie de ilícito extracontratual, de sorte que os juros moratórios fluem a partir do evento danoso, nos termos da Súmula n. 54 do STJ. IV. Dano moral elevado a patamar condizente com a dor e sofrimento infligidos ao empregado acidentado. V. Integralmente exitosa a parte autora, prejudicada a discussão sobre a sucumbência recíproca, aumentados os honorários, em consequência, para percentual mais condizente com a vitória alcançada e o trabalho profissional desenvolvido. VI. Recurso especial conhecido e provido" (STJ, REsp 402.833/SP, Rel. Min. Aldir Passarinho Junior, 4ª Turma, j. 6-2-2003, *DJ* 7-4-2003). E ainda: "Responsabilidade civil. Acidente no trabalho. Direito comum. Redução da capacidade laborativa. Perda de dedos da mão esquerda. Retorno às atividades profissionais. Irrelevância. Constituição de capital. – Ainda que tenha retornado o obreiro às mesmas funções, o desempenho do trabalho com maiores sacrifícios e a dificuldade natural de obter melhores condições no futuro justificam o pagamento de pensão ressarcitória, independentemente de ter havido ou não perda financeira concretamente apurada (REsps ns. 402.833-SP e 588.649-RS). – 'Em ação de indenização, procedente o pedido, é necessária a constituição de capital ou caução fidejussória para a garantia de pagamento da pensão, independentemente da situação financeira do demandado' (Súmula n. 313-STJ). Recurso especial conhecido e provido parcialmente" (STJ, REsp 536.140/RS, Rel. Min. Barros Monteiro, 4ª Turma, j. 14-2-2006, *DJ* 17-4-2006).

[427] STJ, REsp 235.393/RS, Rel. Min. Sálvio de Figueiredo Teixeira, 4ª Turma, j. 23-11-1999, *DJ* 28-2-2000.

parcelas da indenização, conforme o caso. A rigor, embora se reconheça o caráter ressarcitório da pensão, nesse caso, a ser paga com a finalidade de permitir a subsistência daquele que se torna incapacitado total ou parcialmente para o trabalho, é de se reconhecer que a indenização adota também caráter compensatório em relação à ofensa física sofrida pela vítima, assim como os esforços e sacrifícios que, porventura, tenha de realizar para o desempenho de atividade laborativa ou outras da vida cotidiana. Dessa forma, não será o caso de afastar-se o direito à indenização – mesmo sob a forma de pensionamento – da vítima, mas de avaliação das suas circunstâncias concretas para o fim de definição do seu valor. Considerando-se, ademais, que, para além das condições atuais da vítima, tenha-se em vista a possibilidade de depreciação futura de sua capacidade laborativa ou, ainda, de alcance das promoções e vantagens inerentes à trajetória profissional com que contava antes da lesão.

Da mesma forma, a lesão pode ser temporária ou definitiva, conforme sua duração por certo tempo, até o restabelecimento das condições físicas e de saúde da vítima, ou quando não houver condições de recuperação das consequências da lesão. Da mesma forma, embora a lei faça referência ao "defeito" pelo qual a vítima não possa exercer seu ofício ou profissão, a causa da incapacidade não se limita à ofensa física, podendo tratar-se de trauma psíquico que pode ter essa consequência.

Importante destacar que a indenização, quando se tratar de incapacidade permanente e paga sob a forma de pensionamento, é vitalícia, não havendo limitação segundo expectativa de vida da vítima.[428] A obrigação de pagamento da pensão transmite-se com a herança, no limite de suas forças (art. 943 do Código Civil).

6.2.9. Indenização em caso de violação da posse

O art. 952 do Código Civil estabelece: "Havendo usurpação ou esbulho do alheio, além da restituição da coisa, a indenização consistirá em pagar o valor das suas deteriorações e o devido a título de lucros cessantes; faltando a coisa, dever-se-á reembolsar o seu equivalente ao prejudicado. Parágrafo único. Para se restituir o equivalente, quando não exista a própria coisa, estimar-se-á ela pelo seu preço ordinário e pelo de afeição, contanto que este não se avantaje àquele".

A proteção possessória é corolário da proteção que o Direito oferece ao patrimônio. Os efeitos da violação da posse se dão tanto no plano do direito reconhecido à sua recuperação pela via da reintegração ou imissão da posse, da prevenção ao esbulho ou turbação por intermédio do interdito proibitório. Uma vez violada a posse, sendo o poder de fato do possuidor justo retirado da coisa, será cabível a indenização que contemple tanto o valor de suas deteriorações quanto os lucros cessantes decorrentes da perda ou interrupção do poder do possuidor sobre a coisa, e o que em razão disso deixou de ganhar.

Pode ocorrer que a violação da posse seja temporária, sendo a coisa objeto de esbulho ou turbação restituída ao possuidor legítimo. Nesse caso, este possuidor ainda assim terá direito a reclamar danos. Por outro lado, pode ocorrer que a violação da posse retire de modo definitivo a coisa do poder da vítima. Caso deixe de existir a coisa, ou se torne impossível restituí-la, deve o responsável pela violação restituir o equivalente, mais o valor de afeição, se houver. O valor econômico da coisa será – como regra – o de mercado, ou seja, o valor pelo qual se encontram interessados em adquiri-la. O valor de afeição é o valor sentimental que a coisa tem para aquele que sofreu o esbulho possessório e, nesse sentido, deverá equivaler – na ausência de critérios objetivos para sua determinação – ao dano extrapatrimonial que

---

[428] STJ, REsp 1.278.627/SC, Rel. Min. Paulo de Tarso Sanseverino, 3ª Turma, j. 18-12-2012, *DJe* 4-2-2013.

decorre de sua perda. Pense-se em alguém que sofra esbulho em relação a um objeto que se encontrava há gerações na família, ou fosse representativo um dado momento ou memória familiar, ou mesmo um animal de estimação, destinatário de carinho e afeição do possuidor. O valor da indenização não deve corresponder apenas ao valor econômico da perda, senão fazer jus à prestação relativa ao dano anímico que dela resulte.

Todavia, em relação ao valor de afeição, note-se que encontra limite no valor econômico da coisa. Estabelece a parte final do parágrafo único do art. 952, com relação à coisa objeto de esbulho, que "estimar-se-á ela pelo seu preço ordinário e pelo de afeição, contanto que este não se avantaje àquele". Assim, a hipótese é do estabelecimento de valor da indenização pelo valor de afeição que tem por limite o valor econômico da coisa. Essa limitação, contudo, não se justifica e, ademais, parece contrariar a própria Constituição. Imagine-se o caso de bens de valor econômico pouco expressivo, mas cuja posse pela vítima justifica-se justamente pelo seu valor de afeição. Não há sentido em limitar o valor de afeição pelo valor econômico pela própria autonomia assegurada entre os danos patrimoniais e extrapatrimoniais. Dizer-se de antemão que o valor pelo dano extrapatrimonial decorrente da perda da coisa é limitado pelo seu próprio valor econômico contraria a ampla reparabilidade dos danos extrapatrimoniais consagrada no direito brasileiro pelo art. 5º, V e X, da Constituição Federal.

6.2.10. Indenização por ofensa à liberdade pessoal

Estabelece o art. 954 do Código Civil:

> Art. 954. A indenização por ofensa à liberdade pessoal consistirá no pagamento das perdas e danos que sobrevierem ao ofendido, e se este não puder provar prejuízo, tem aplicação o disposto no parágrafo único do artigo antecedente.
> Parágrafo único. Consideram-se ofensivos da liberdade pessoal:
> I – o cárcere privado;
> II – a prisão por queixa ou denúncia falsa e de má-fé;
> III – a prisão ilegal.

As hipóteses mencionadas pelo art. 954 são consideradas meramente exemplificativas, podendo ser reputadas como ofensivas à liberdade pessoal outras situações de fato.[429]

Quando não houver a possibilidade de a vítima provar o dano decorrente do ilícito, o art. 954 remete ao disposto no art. 953 do Código Civil, que dispõe: "Se o ofendido não puder provar prejuízo material, caberá ao juiz fixar, equitativamente, o valor da indenização, na conformidade das circunstâncias do caso".

Na hipótese de erro judiciário objeto de revisão criminal, incide igualmente a regra do art. 630 do Código de Processo Penal, que estabelece:

> Art. 630. O tribunal, se o interessado o requerer, poderá reconhecer o direito a uma justa indenização pelos prejuízos sofridos.
> § 1º Por essa indenização, que será liquidada no juízo cível, responderá a União, se a condenação tiver sido proferida pela justiça do Distrito Federal ou de Território, ou o Estado, se o tiver sido pela respectiva justiça.

---

[429] STJ, REsp 872.630/RJ, Rel. Min. Francisco Falcão, Rel. p/ Acórdão Min. Luiz Fux, 1ª Turma, j. 13-11-2007, *DJe* 26-3-2008.

§ 2º A indenização não será devida:

a) se o erro ou a injustiça da condenação proceder de ato ou falta imputável ao próprio impetrante, como a confissão ou a ocultação de prova em seu poder;

b) se a acusação houver sido meramente privada.

Observe-se, contudo, que, mesmo quando a vítima não requer a indenização nos termos do art. 630 do Código de Processo Penal, conserva-se a pretensão de reparação contra o Estado, ou ainda contra quem tenha dado causa à prisão na hipótese do art. 954, parágrafo único, II, do Código Civil, por ter formulado denúncia ou queixa por má-fé.

Da mesma forma, aqui, terá lugar as condições para a responsabilidade objetiva do Estado, com fundamento no art. 37, § 6º, da Constituição Federal, na medida em que o erro judiciário dá causa ao dano à vítima, de ofensa à sua liberdade pessoal.

6.2.11. Princípio da reparação integral

O princípio da reparação integral orienta a responsabilidade civil no direito contemporâneo, mediante a obrigação do responsável pelo dever de reparar todos os danos causados por determinada conduta imputável. Trata-se da consagração de célebre adágio: "tout le dommage, mais rien que le dommage" (todo o dano, nada mais do que o dano).[430] Trata-se de princípio cuja prevalência atual é resultado da orientação contemporânea da responsabilidade civil voltada *à priorização dos interesses da vítima. E, nesse* sentido, não se desconhece do caráter severo que pode assumir para o autor do dano, responsável pela indenização, a qual não guarda *a priori* qualquer relação com sua capacidade patrimonial para o pagamento, situação que será mitigada pela expansão do seguro de responsabilidade civil.[431] No *common law*, há a referência ao *full compensation* (compensação total), ao qual se opõe, contudo, o *reasonable* ou *fair compensation* (compensação razoável ou justa), pelo que a indenização deve ser aferida segundo a possibilidade de contemplar ou não todo o dano causado.

A rigor, pode ocorrer de não ser possível a reparação integral. É o que acontece no caso de danos extrapatrimoniais, e mesmo em certos danos patrimoniais, nos quais se estima o prejuízo, que jamais poderá ser demonstrado de modo estrito. Todavia, percebe-se no princípio da reparação integral o mais hábil instrumento visando à prevenção de danos, considerando-se como eficaz para dissuasão de condutas tendentes à sua causação.

É certo, igualmente, que por diversas razões muitos danos causados não chegam a ser reparados, seja pelo desinteresse da vítima – caso de pequenos danos tolerados, como os decorrentes de conflitos de vizinhança, ou microdanos a consumidores, por exemplo –, seja pela ausência de legitimidade ativa para reclamá-los – caso de amigos ou noivos da vítima, a quem, apesar de afetados, não se reconhece, como regra, a possibilidade de reclamar danos. Da mesma forma, as restrições que se estabelecem à relação de causalidade entre a conduta imputável e o dano fazem com que juridicamente considerem-se indenizáveis apenas os danos previsíveis. E, por fim, questões de prova, a definir que os danos indenizáveis não serão necessariamente os sofridos, mas os demonstrados mediante dilação probatória.

Da mesma forma, no plano da responsabilidade contratual, o limite à reparação pode decorrer da autonomia da vontade das partes, por intermédio da fixação de cláusula penal, admitida sua função de pré-estimativa de danos e que libera, ao mesmo tempo, o credor do

---

[430] COUTANT-LAPALUS, Christelle. *Le principe de la réparation intégrale en droit privé*. Aix-Marseille: Presses Universitaires d'Aix-Marseille, 2002, p. 20.

[431] VINEY, Geneviève; JOURDAIN, Patrice. *Les effets de la responsabilité*, cit., p. 159.

ônus da prova em relação aos prejuízos sofridos pelo descumprimento da obrigação, que serão presumidos.[432] Assim, o art. 416 do Código Civil, o qual, ao estabelecer que para exigir a pena convencional não é necessário que o credor alegue prejuízo, em seu parágrafo único define que, na hipótese de o prejuízo exceder o previsto na cláusula penal, não pode o credor exigir indenização suplementar se assim não foi convencionado.

No direito brasileiro, contudo, por força do disposto no art. 5º, V e X, da Constituição Federal de 1988 e, sobretudo, da interpretação que a doutrina e a jurisprudência outorgaram a essas duas normas, consagra-se o princípio da reparação integral como base do sistema de responsabilidade civil, servindo para afastar qualquer espécie de tarifamento ou limitação *ex ante* de valores de indenização por danos sofridos pela vítima. O art. 5º, V, da Constituição Federal estabelece: "é assegurado o direito de resposta, proporcional ao agravo, além da indenização por dano material, moral ou à imagem". Essa disposição definiu-se como direito fundamental à indenização de danos, do qual, dentre os efeitos, conta-se a reparação integral do dano.

No Código Civil, o princípio da reparação integral é consagrado pelo disposto no art. 944, ao estabelecer que "A indenização mede-se pela extensão do dano". Observe-se que a eficácia do princípio objeto da norma é dúplice: de um lado, define um limite mínimo da indenização – deve ser todo o dano; por outro, um limite máximo – não pode ser mais do que o dano. Nesse sentido, o princípio da reparação integral estabelece que a indenização deve contemplar todo o dano. Assim, é célebre a formulação presente em diferentes sistemas jurídicos que a adotam de que a indenização da vítima em valor inferior ao dano significa responsabilizar a vítima pelo próprio prejuízo.

Por outro lado, ao ser reconhecido o dano como limite máximo da indenização, dá causa a que se considere o impedimento de que seja determinado valor de reparação maior do que sua extensão, o que serve de argumento para afastar qualquer espécie de caráter punitivo ou sancionatório à indenização civil.[433] Esse limite, que é incontestável no sistema brasileiro, quando se tratar de danos patrimoniais, é relativizado no tocante à indenização dos danos extrapatrimoniais, em face da adoção, como critérios para sua determinação, da finalidade de desestímulo ou pedagógica que deve assumir. Nesse caso, contudo, note-se que, pelo caráter inestimável dos danos extrapatrimoniais e pela função compensatória que assume a indenização, será impróprio tratar-se de limite máximo de indenização, sendo adequado referir a critérios de fixação que observem coerência com o universo das decisões em casos semelhantes, em respeito à segurança jurídica e à previsibilidade das decisões judiciais.

Da mesma forma, a eficácia do princípio da reparação integral submete-se à prova dos danos realizada na respectiva ação judicial que veicula a pretensão reparatória. Ou seja, os limites para a indenização serão os danos provados no processo ou, quando se autorizar, daqueles que se presumam em face da violação do direito (hipótese dos danos *in re ipsa*, como o são os que resultam da lesão a atributos da personalidade).

O princípio da reparação integral, contudo, não é absoluto. Admite exceções legais e convencionais.[434] Sob o fundamento legal, o direito brasileiro prevê situações nas quais a indenização poderá ser fixada aquém do dano sofrido pela vítima, em hipóteses estritas que menciona definidas em homenagem a outros interesses juridicamente relevantes, ou ainda

---

[432] PINTO MONTEIRO, António. *Cláusula penal e indenização*. Coimbra: Almedina, 1990, p. 619 e s.

[433] Assim já propugnava, antes do Código Civil, como característica do sistema brasileiro de responsabilidade, COUTO E SILVA, Clóvis. O conceito do dano no direito brasileiro e comparado. In: FRADERA, Vera (Org.). *O direito privado brasileiro na visão de Clóvis Couto e Silva*. Porto Alegre: Livraria do Advogado, 1997, p. 225.

[434] BACACHE-GIBEILI, Mireille. *Droit civil*, cit., p. 526-527.

em vista da contribuição da própria vítima para a ocorrência e/ou extensão do dano. Por outro lado, o dever de indenizar pode ser afastado ou limitado no exercício da autonomia privada – portanto, quando se referir a hipóteses de responsabilidade contratual – mediante cláusulas que limitem a indenização ou a excluam (cláusula de não indenizar). Examinam-se, a seguir, as hipóteses legais de redução da indenização e, adiante, a possibilidade de limitação ou exclusão do dever de indenizar por intermédio de disposição contratual anterior.

6.2.12. Causas de redução da indenização

Como exceção ao princípio da reparação integral, o Código Civil prevê duas causas de redução de indenização, de modo que a vítima possa ser indenizada aquém do dano sofrido. Trata-se da hipótese de culpa concorrente da vítima – a qual, conforme examina-se a seguir, prefere-se identificar como hipótese de causalidade concorrente, prevista no art. 945 do Código Civil – e a hipótese de desproporção entre a culpa do ofensor e o dano sofrido pela vítima – prevista no art. 944, parágrafo único, do Código Civil.

6.2.12.1. *Culpa concorrente da vítima – causalidade concorrente*

A primeira situação que autoriza a redução da indenização, de modo que ela seja fixada a menor que o dano, é a denominada culpa concorrente da vítima, que tecnicamente melhor é que se identifique como fato concorrente da vítima ou causalidade concorrente do ofensor e da vítima.[435] Isso porque, a rigor, conforme já se distinguiu, não é de culpa que se trata, mas da contribuição causal comum que o comportamento da vítima e do ofensor deu para a realização do resultado danoso.

Estabelece o art. 945 do Código Civil: "Se a vítima tiver concorrido culposamente para o evento danoso, a sua indenização será fixada tendo-se em conta a gravidade de sua culpa em confronto com a do autor do dano". Trata-se de situação excepcional, dependendo de prova da conduta da vítima e sua contribuição para a causação do dano de que se reclama indenização.

O direito brasileiro, conforme se percebe da norma do art. 945, adota sistema de concorrência de culpas e aponta a necessidade de verificar a gravidade da culpa da vítima em confronto àquela reconhecida no ofensor. A interpretação correta da norma, contudo, exige que se confronte não o elemento subjetivo da conduta dos sujeitos da relação de responsabilidade, senão sua contribuição causal efetiva na realização do dano. Nesse sentido é que a doutrina[436] e a jurisprudência[437] contemporâneas abordam a questão sob a perspectiva do nexo

---

[435] No mesmo sentido: CALIXTO, Marcelo. *A culpa na responsabilidade civil*, cit., p. 33.

[436] PEREIRA, Caio Mário da Silva. *Responsabilidade civil*, cit., 10. ed., p. 116; CAVALIERI, Sérgio. *Programa de responsabilidade civil*, cit., p. 58. Flávio Tartuce, examinando a questão exclusivamente no âmbito da responsabilidade objetiva, sustenta a noção de risco concorrente: TARTUCE, Flávio. *Responsabilidade civil objetiva e risco*. A teoria do risco concorrente. São Paulo: Método, 2011, p. 221 e s.

[437] "Recurso especial. Civil. Responsabilidade civil. Prescrição. Não configuração. Fuga de paciente menor de estabelecimento hospitalar. Agravamento da doença. Morte subsequente. Nexo de causalidade. Concorrência de culpas. Reconhecimento. Redução da condenação. Recurso parcialmente provido. (...) 4. As circunstâncias invocadas pelas instâncias ordinárias levaram a que concluíssemos que a causa direta e determinante do falecimento do menor fora a omissão do hospital em impedir a evasão do paciente menor, enquanto se encontrava sob sua guarda para tratamento de doença que poderia levar à morte. 5. Contudo, não se pode perder de vista sobretudo a atitude negligente dos pais após a fuga do menor, contribuindo como causa direta e também determinante para o trágico evento danoso. Está-se, assim, diante da concorrência de causas, atualmente prevista expressamente no art. 945 do Código Civil de 2002, mas, há muito, levada em conta pela doutrina e jurisprudência pátrias. 6. A culpa concorrente é fator

de causalidade e não da culpa. A distinção faz todo o sentido na medida em que se admite sua adoção como critério geral para redução da indenização tanto em hipóteses de responsabilidade subjetiva (em que é exigida a culpa) quanto nas de responsabilidade objetiva (em que a culpa do ofensor não é necessariamente objeto de investigação pelo juiz);[438] nas relações disciplinadas tanto pelo Código Civil quanto pelo Código de Defesa do Consumidor.[439]

É o que ocorre no caso de uma colisão de automóveis em que um dos envolvidos trafegava no sentido contrário ao da via e o outro encontrava-se estacionado em lugar proibido. Há causas concorrentes para o dano. Ou na hipótese de pessoa que é vitimada por acidente em veículo de transporte ferroviário, em razão de sua conduta contrária às normas de segurança, sem que o transportador, todavia, tenha se desincumbido do dever de fiscalizar.[440]

Situação mais difícil será a definição da proporção da redução da indenização em face da contribuição da vítima à causação do dano. Trata-se de decisão subordinada ao prudente arbítrio judicial, considerando-se a possibilidade ou não de reconhecer maior ou menor contribuição da vítima e do ofensor para a ocorrência do dano. Proporção esta que poderá ser diversa, conforme a interpretação das circunstâncias do caso (de metade, um terço, um quarto ou outra proporção da indenização).

6.2.12.2. Desproporção entre o dano e a culpa

Outra causa de redução da indenização – sobre a qual já se teve a oportunidade de examinar quando cuidou-se do exame da função atual da culpa na responsabilidade civil e do

---

determinante para a redução do valor da indenização, mediante a análise do grau de culpa de cada um dos litigantes, e, sobretudo, das colaborações individuais para confirmação do resultado danoso, considerando a relevância da conduta de cada qual. O evento danoso resulta da conduta culposa das partes nele envolvidas, devendo a indenização medir-se conforme a extensão do dano e o grau de cooperação de cada uma das partes à sua eclosão. 7. Recurso especial parcialmente provido" (STJ, REsp 1.307.032/PR, Rel. Min. Raul Araújo, 4ª Turma, j. 18-6-2013, *DJe* 1º-8-2013).

[438] STJ, REsp 1.349.894/SP, Rel. Min. Sidnei Beneti, 3ª Turma, j. 4-4-2013, *DJe* 11-4-2013; REsp 1234966/RJ, Rel. Min. Raul Araújo, 4ª Turma, j. 19/09/2017, *DJe* 07/11/2017.

[439] "A culpa concorrente da vítima permite a redução da condenação imposta ao fornecedor. Art. 12, § 2º, III, do CDC" (STJ, REsp 287.849/SP, Rel. Min. Ruy Rosado de Aguiar, 4ª Turma, j. 17-4-2001, *DJ* 13-8-2001).

[440] "DIREITO CIVIL E PROCESSUAL CIVIL. AÇÃO DE INDENIZAÇÃO POR DANOS MORAIS E COMPENSAÇÃO POR DANOS MATERIAIS. PREQUESTIONAMENTO. AUSÊNCIA. FUNDAMENTAÇÃO. AUSENTE. DEFICIENTE. SÚMULA 284/STF. ACIDENTE FERROVIÁRIO. VÍTIMA FATAL. CULPA CONCORRENTE. INDENIZAÇÃO POR DANOS MATERIAIS E MORAIS. (...) 3. A jurisprudência do STJ firmou entendimento no sentido de que há culpa concorrente entre a concessionária do transporte ferroviário e a vítima, seja pelo atropelamento desta por composição ferroviária, hipótese em que a primeira tem o dever de cercar e fiscalizar os limites da linha férrea, mormente em locais de adensamento populacional, seja pela queda da vítima que, adotando um comportamento de elevado risco, viaja como "pingente". Em ambas as circunstâncias, concomitantemente à conduta imprudente da vítima, está presente a negligência da concessionária de transporte ferroviário, que não se cerca das práticas de cuidado necessário para evitar a ocorrência de sinistros. Precedentes. 4. Por não se enquadrar como excludente de responsabilidade, a concorrência de culpas não é suficiente para afastar o dever da concessionária de transporte ferroviário de indenizar pelos danos morais e materiais configurados, mas mostra-se como fundamento para que as indenizações sejam fixadas pelo critério da proporcionalidade. (...) (STJ, REsp 1034302/RS, Rel. Min. Nancy Andrighi, 3ª Turma, j. 12/04/2011, *DJe* 27/04/2011). No mesmo sentido: AgInt nos EDcl no REsp 1175601/SP, Rel. Min. Luis Felipe Salomão, 4ª Turma, j. 16/11/2017, *DJe* 23/11/2017; EREsp 705.859/SP, Rel. Min. Castro Filho, Segunda Seção, julgado em 13.12.2006, *DJ* 08.03.2007); REsp 437.195/SP, Rel. Min. Hélio Quaglia Barbosa, 4ª Turma, j. 19-6-2007, *DJ* 6-8-2007.

interesse prático na distinção quanto à sua intensidade – tem lugar no exame do disposto no parágrafo único do art. 944 do Código Civil, que estabelece: "Se houver excessiva desproporção entre a gravidade da culpa e o dano, poderá o juiz reduzir, equitativamente, a indenização".

A inspiração remota da norma, conforme já mencionado, reside no art. 43 do Código Suíço das Obrigações,[441] e imediatamente no art. 494 do Código Civil português. Este último assim dispõe: "Art. 494º Quando a responsabilidade se fundar na mera culpa, poderá a indemnização ser fixada, equitativamente, em montante inferior ao que corresponderia aos danos causados, desde que o grau de culpabilidade do agente, a situação económica deste e do lesado e as demais circunstâncias do caso o justifiquem". Encontram-se, ainda, no direito estrangeiro, outras situações semelhantes de redução da indenização, inclusive mais genéricas, como é o caso do art. 1069, segunda parte, do Código Civil argentino, que dispõe: "Os juízes, ao fixar as indenizações por danos, poderão considerar a situação patrimonial do devedor, atenuando-a se for equitativo; porém, não será aplicável esta faculdade se o dano for imputável ao dolo do responsável". E no mesmo sentido, o Código Civil holandês, que em seu art. 6:109, n. 1, refere que o tribunal pode reduzir o valor da indenização se sua fixação levar a resultados inaceitáveis, em vista das circunstâncias do caso, da natureza da obrigação, da relação jurídica havida entre as partes e de seus recursos financeiros.[442]

A preocupação do legislador com a desproporção entre o dano e a culpa orienta-se igualmente, pela finalidade de assegurar ao ofensor que tenha agido com culpa leve ou levíssima condições de subsistência, limitando a possibilidade de que venha a ser condenado, nessa situação, à indenização excessivamente gravosa, a exemplo do que ocorre – observadas as devidas distinções – com a responsabilidade dos pais, tutores e curadores pelos atos do incapaz (art. 928 do Código Civil).

Trata-se, a toda evidência, de regra excepcional, abrangendo o que Agostinho Alvim qualifica como dose de fatalidade,[443] quando, apesar da culpa levíssima do agente, termina por ocorrer um dano significativo à vítima. E, como tal, com razão estão aqueles que entendem que deve ser interpretada restritivamente. Nesse sentido, encontra-se o entendimento de que a incidência do art. 944, parágrafo único, está subordinada à situação patrimonial das partes e ao gravame excessivo que o pagamento da indenização pode dar causa no patrimônio

---

[441] "Art. 43 (III. Fixação do Dano) (1) O juiz determina o modo e a extensão da reparação, de acordo com as circunstâncias e a gravidade da culpa. (...) Art. 44 (IV. Motivos de redução) (1) Se o lesado concordou com o ato danoso, ou se circunstâncias, pelas quais deve ele responder, atuaram para criar ou aumentar o dano ou agravaram, de outro modo, a situação do obrigado à indenização, poderá o juiz minorar a obrigação de indenização ou, inteiramente, não a reconhecer. (2) Se o obrigado à indenização que não causou o dano nem intencionalmente nem por negligência grave, ficar, pela prestação da indenização, reduzido a estado de necessidade, poderá o juiz, também por esse motivo, minorar a obrigação de indenizar". No original: "Art. 43 III. Fixation de l'indemnité 1. Le juge détermine le mode ainsi que l'étendue de la réparation, d'après les circonstances et la gravité de la faute. 1bis Lorsqu'un animal qui vit en milieu domestique et n'est pas gardé dans un but patrimonial ou de gain, est blessé ou tué, le juge peut tenir compte dans une mesure appropriée de la valeur affective de l'animal pour son détenteur ou les proches de celui-ci. 2. Des dommages-intérêts ne peuvent être alloués sous forme de rente que si le débiteur est en même temps astreint à fournir des sûretés. Art. 44 – IV. Réduction de l'indemnité 1. Le juge peut réduire les dommages-intérêts, ou même n'en point allouer, lorsque la partie lésée a consenti à la lésion ou lorsque des faits dont elle est responsable ont contribué à créer le dommage, à l'augmenter, ou qu'ils ont aggravé la situation du débiteur. 2. Lorsque le préjudice n'a été causé ni intentionnellement ni par l'effet d'une grave négligence ou imprudence, et que sa réparation exposerait le débiteur à la gêne, le juge peut équitablement réduire les dommages-intérêts".

[442] Sobre o tema, veja-se: PROENÇA, João Carlos Brandão. *A conduta do lesado como pressuposto e critério de imputação do dano extracontratual*. Coimbra: Almedina, 1997.

[443] ALVIM, Agostinho. *Da inexecução das obrigações e suas consequências*, cit., p. 201.

do ofensor,[444] de modo que o ofensor não se veja privado do necessário à sua subsistência. De qualquer sorte, é norma que permite ao juiz, por intermédio de seu prudente arbítrio, corrigir, mediante recurso à equidade, sanção que, porventura, se revele excessivamente gravosa ao ofensor.[445]

De fato, nota-se que a própria norma prevê certos critérios para sua aplicação. A primeira é a de excessiva desproporção entre a gravidade da culpa e o dano, o que, por si, exigirá que a culpa seja leve ou levíssima. Um primeiro entendimento sustentará que tem lugar apenas nos casos de responsabilidade subjetiva, ou seja, em que a culpa é relevante como nexo de imputação de responsabilidade.[446] O argumento contrário, todavia, sustenta que, se o caso é de redução da indenização com a finalidade de assegurar a subsistência do ofensor que tenha agido com culpa leve ou levíssima, deveria também ter lugar nas hipóteses de responsabilidade objetiva.

Os problemas colocados nesta órbita se manifestam no dissenso doutrinário sobre o tema. Exemplo disso é o fato de o Enunciado n. 46 da I Jornada de Direito Civil do STJ, ao dispor sobre a interpretação do art. 944, estabelecer que "a possibilidade de redução do montante da indenização em face do grau de culpa do agente, estabelecida no parágrafo único do art. 944 do novo Código Civil, deve ser interpretada restritivamente, por representar uma exceção ao princípio da reparação integral do dano, não se aplicando às hipóteses de responsabilidade objetiva". Contudo, anos mais tarde, por ocasião da IV Jornada de Direito Civil, este mesmo enunciado restou alterado para suprimir a parte final, que fazia referência, justamente, à não aplicação da norma às hipóteses de responsabilidade objetiva.

Note-se que afastar toda e qualquer hipótese em que a lei preveja a responsabilidade objetiva poderá frustrar os objetivos da norma. Embora sejam mais numerosas as situações que envolvem o risco da atividade do ofensor, que por isso responderá independentemente de culpa, geralmente associado a determinada vantagem econômica (risco proveito), ou exposição da comunidade ao risco (risco criado), não se percam de vista situações, embora excepcionais, que envolvam a responsabilidade objetiva pelo fato do animal (art. 936 do Código Civil), pela ruína do edifício (art. 937 do Código Civil), ou pelas coisas dele caídas (art. 938), nas quais a realidade poderá demonstrar a reduzida participação ou limitação da conduta do ofensor na ocorrência do dano, assim como a extensão da indenização pelos danos causados, muito superior à capacidade econômica do responsável.

Nesses casos, cumprirá à jurisprudência distinguir as situações em que é cabível a redução equitativa da indenização sem ofensa ao princípio da reparação integral e outros direitos objetos de proteção constitucional e legal. Nesse sentido, notem-se as dificuldades evidentes

---

[444] Conforme ensina Carlos Edison do Rêgo Monteiro Filho, "o sacrifício da tutela especial da vítima (e do princípio da reparação integral) para se autorizar a redução equitativa da indenização só ocorrerá quando houver, em contraposição, um conjunto de circunstâncias de tal força que permita justificar o mecanismo. Não basta, como aparentemente se deduz do parágrafo único do art. 944, que haja excessiva desproporção entre a culpa e o dano. Para que a solução seja verdadeiramente condizente com a equidade, deve-se estar em presença de outros requisitos, como as situações patrimoniais do ofensor e da vítima – que se revelam, em definitivo, como componentes essenciais na equação. Serão o limite e o fundamento da redução". MONTEIRO FILHO, Carlos Edison do Rêgo. Artigo 944 do Código Civil. O problema da mitigação do princípio da reparação integral, cit., p. 757-796.

[445] Aplicando a regra do art. 944, parágrafo único para valorar a contribuição causal para o dano, e não como grau de culpa do ofensor, em caso de emissão fraudulenta de título de crédito interpretado como contribuição, porém não decisiva, para a quebra de instituição financeira, veja-se: STJ, REsp 1724719/SP, Rel. p/ Acórdão Min. Ricardo Villas Bôas Cueva, 3ª Turma, j. 15/05/2018, DJe 05/06/2018; REsp 1569088/SP, Rel. Rel. p/ Acórdão Min. Moura Ribeiro, 3ª Turma, j. 10/04/2018, DJe 01/06/2018.

[446] CAVALIERI, Sérgio. Programa de responsabilidade civil, cit., p. 54.

de incidência da regra a hipóteses específicas, como é o caso do regime de responsabilidade do fornecedor previsto no CDC, que, a par de ser de natureza objetiva (independente de culpa), também submete-se ao princípio da vulnerabilidade do consumidor e ao direito fundamental de proteção previsto no art. 5º, XXXII, da Constituição Federal. E da mesma forma, situações em que a responsabilidade objetiva fundamenta-se no risco que o exercício de uma atividade organizada, exercida sob forma empresarial, causa a bens e direitos protegidos, do que será exemplo ainda a responsabilidade por dano ambiental.

6.2.13. Limitação ou exclusão do dever de indenizar por cláusula contratual (cláusula de não indenizar)

Admite-se a possibilidade, quando se tratar de responsabilidade contratual (negocial), de as partes definirem previamente limite à indenização devida em razão de certos danos decorrentes do inadimplemento total ou parcial da obrigação assumida, ou ainda, a pré-exclusão do dever de indenizar por intermédio da denominada cláusula de não indenizar. Privilegia-se, nesses casos, a liberdade contratual, assinando às partes a possibilidade de identificar riscos de inadimplemento e suas consequências em relação aos quais pretendam limitar o dever de indenizar, seja em relação ao valor da indenização a ser observado na hipótese de um certo dano vir a ser realizar, seja para excluir previamente hipóteses em que a ocorrência de dano não dará causa à obrigação de indenizar entre as partes. Cumpre a finalidade de moderar responsabilidade pelo agravamento dos riscos de que se revista o contrato e seus respectivos custos. Há, no caso, uma renúncia antecipada a eventual pretensão de indenização, por intermédio de cláusula acessória de convenção estabelecida pelas partes.

As cláusulas de limitação e exclusão de responsabilidade decorrem do exercício da autonomia privada no plano negocial, resultando da convenção das partes que, avaliando determinada distribuição de riscos relativos ao cumprimento da obrigação,[447] ajustam limitar ou excluir a responsabilidade do devedor, em relação a fatos que caracterizem o inadimplemento de deveres nela estabelecidos. São cláusulas de limitação de responsabilidade quando predefinem, em relação a determinados fatos que caracterizem o inadimplemento, ou suas consequências, o conteúdo e extensão da responsabilidade do devedor. Assim, pode haver a limitação no tocante à extensão dos danos abrangidos pela responsabilidade do devedor, ou até qual valor será devida a indenização por perdas e danos. Já as cláusulas de exclusão afastam a responsabilidade do devedor em relação às perdas e danos decorrentes de determinados eventos que caracterizem o inadimplemento do dever.

Trata-se, desse modo, de convenções que, mediante exercício da autonomia privada, limitam ou excluem efeito jurídico ordinário das obrigações, que é a responsabilidade do devedor no caso de seu inadimplemento. Por esta razão, historicamente, são cláusulas que se submetem a limitações legais, seja por intermédio de cláusulas gerais ou regras específicas, assim como a estrito controle judicial.[448] Nesse sentido, não se perde de vista que o exercício da autonomia privada, e consequentemente da liberdade contratual que encerra, tem a reconhecida utilidade social de permitir, aos indivíduos, a gestão dos próprios riscos, em

---

[447] As cláusulas de exclusão da responsabilidade, ao lado das cláusulas de interpretação contratual, consideram-se entre os principais instrumentos de gestão dos riscos contratuais, conforme observa ALPA, Guido. *Il contratto in generale, I – Fonti, teorie, metodi*, *Trattato di diritto civile e commerciale*, Milano: Giuffrè, 2014, p. 532.

[448] PINTO MONTEIRO, António. *Cláusulas limitativas e de exclusão de responsabilidade*, Coimbra: Almedina, 2003, p. 32-33; José de Aguiar Dias, *Cláusula de não indenizar* cit., p. 41-45.

relação às obrigações que constituem, identificando, mensurando e precisando seus custos. Daí a admissão de que seja possível, em relação a alguns destes riscos, limitar sua repercussão patrimonial ou mesmo excluí-lo, mediante convenção das partes.[449]

Embora se possa denominar como espécie de excludente do dever de indenizar, esta não parece a melhor designação. Não é excludente legal, uma vez que decorre da autonomia privada dos contratantes.[450] E refere-se exclusivamente a situações de responsabilidade contratual, em que há oportunidade de predefinir-se o comportamento futuro mediante consentimento das partes envolvidas.

As cláusulas limitativas de responsabilidade do devedor têm, na experiência negocial, uma expressiva diversidade de fórmulas.[451] Em relação às mais comuns, podem se caracterizar com cláusulas de limitação do montante da indenização, ou das situações que dão causa à responsabilidade. No primeiro caso, há geralmente limite de valor pecuniário a ser suportado pelo devedor. No segundo caso, há limite quanto aos fatos que vão dar causa à responsabilidade do devedor. Da mesma forma, pode ocorrer que, da formulação de cláusulas com imputação expressa de responsabilidade do devedor, resultem como efeito consequente a limitação ou exclusão de responsabilidade. Assim ocorre quando se estipula, por exemplo, que "o devedor só responderá..." ou "a responsabilidade do devedor fica restrita a ...". Da mesma forma, produzem efeitos de limitação, ou mesmo de exclusão da responsabilidade, as cláusulas de atribuição do ônus da prova, de modo que definam que só responderá o devedor quando o credor provar determinado fato, ou ao inverso, deixará de responder o devedor se demonstrar tal circunstância. Se a prova que se exige seja extremamente difícil de ser produzida pelo credor, por exemplo, a cláusula equivalerá muitas vezes, na prática, à cláusula de exclusão de responsabilidade.[452]

Da mesma forma, no caso das cláusulas de exclusão de responsabilidade, a técnica jurídica também pode prever distintas fórmulas para sua estipulação, seja de modo genérico, afastando a responsabilidade por certo fato ou sua consequência; mediante qualificação expressa – ao definir que certos eventos não caracterizam inadimplemento –; ou ainda, em sentido positivo, que determinados fatos são considerados como força maior, pelos quais o devedor não responde. Em relação a este último exemplo, naturalmente, o interesse imediato das partes em convencionar o que se deva entender por força maior, em vista da amplitude do

---

[449] Assim decidiu o STJ: "(...) Validade da cláusula limitativa do valor da indenização devida em razão de avaria da carga objeto de transporte marítimo internacional. Nos termos da jurisprudência firmada no âmbito da Segunda Seção, considera-se válida a cláusula do contrato de transporte marítimo que estipula limite máximo indenizatório em caso de avaria na carga transportada, quando manifesta a igualdade dos sujeitos integrantes da relação jurídica, cuja liberdade contratual revelar-se amplamente assegurada, não sobressaindo, portanto, hipótese de incidência do art. 6º, inciso VI, do Código de Defesa do Consumidor, no qual encartado o princípio da reparação integral dos danos da parte hipossuficiente (REsp 39.082/SP, Rel. Ministro Nilson Naves, Rel. p/ acórdão Min. Fontes de Alencar, 2ª Seção, j. 9-11-1994, DJ 20-3-1995). Nada obstante, é de rigor a aferição da razoabilidade e/ou proporcionalidade do teto indenizatório delimitado pela transportadora, o qual não poderá importar em quantia irrisória em relação ao montante dos prejuízos causados em razão da avaria da mercadoria transportada, e que foram pagos pela seguradora. (...)" (REsp 1076465/SP, Rel. Min. Marco Buzzi, 4ª Turma, j. 8-10-2013, DJe 25-11-2013).

[450] COUTANT-LAPALUS, Christelle. *Le principe de la réparation intégrale en droit privé*, cit., p. 262.

[451] PRATA, Ana. *Cláusulas de exclusão e limitação da responsabilidade contratual*, Coimbra: Almedina, 1985, p. 56 e ss. Da mesma forma indique-se sua especial relevância como aceitação de riscos, e seus reflexos para a responsabilidade civil, conforme MALAURIE, Philippe; AYNÉS, Laurent; STOFFEL-MUNCK, Philippe. *Les obligations*, 2. ed., Paris: Defrénois, 2005, p. 64-66.

[452] PINTO MONTEIRO, António. *Cláusulas limitativas e de exclusão de responsabilidade* cit., p. 111.

conceito, pode não estar vinculado ao propósito de afastar, simplesmente, a responsabilidade do devedor, mas reduzir a incerteza quanto a sua interpretação.

O pressuposto do exercício da autonomia privada possui dois limites claros.[453] De um lado, a celebração de cláusula de limitação de indenização e de cláusula de exclusão do dever de indenizar deve observar o limite da ordem pública.[454] Ou seja, quando houver norma que impõe o dever de indenizar e se reveste de ordem pública, não pode ser afastada pela vontade das partes envolvidas. Nesse sentido, importa também a natureza do dano. De difícil admissão, por exemplo, cláusula de não indenizar que excluísse a indenização de danos corporais, diante da intensidade da proteção que a ordem jurídica oferta à personalidade.[455] Conforme ensina Aguiar Dias, "estabelecendo que a liberdade de contratar não é absoluta, mas sujeita às restrições impostas pela ordem pública, temos que as cláusulas de irresponsabilidade não vigoram senão quando se refiram a obrigações legais passíveis de modificação convencional, isto é, só podem ser estipuladas quando a regra legal aplicável, meramente supletiva da vontade das partes, admite a livre manifestação destas".[456]

Da mesma forma, há situações em que a legislação expressamente impede ou delimita estritamente o âmbito de validade dessa espécie de disposição contratual. No caso dos contratos de consumo, na hipótese de descumprimento, o Código de Defesa do Consumidor, em seu art. 51, I, define como cláusula contratual abusiva, e segundo o regime que define, nula de pleno direito, aquelas que "impossibilitem, exonerem ou atenuem a responsabilidade do fornecedor por vícios de qualquer natureza dos produtos e serviços ou impliquem renúncia ou disposição de direitos. Nas relações de consumo entre o fornecedor e o consumidor pessoa jurídica, a indenização poderá ser limitada, em situações justificáveis". Nesse sentido, tratando-se de contrato de consumo, não se admitem cláusulas de não indenizar, apenas hipótese estrita de limitação de indenização, em situações justificáveis, quando se tratarem de contratos celebrados com pessoas jurídicas consumidoras. O sentido evidente da norma é o reconhecimento e a proteção da vulnerabilidade do consumidor.[457]

---

[453] MIRAGEM, Bruno. *Direito civil: direito das obrigações*. 2ª ed. São Paulo: Saraiva, 2018, cit.

[454] Bem observa Pinto Monteiro o desafio de encontrar um ponto de equilíbrio entre o exercício da autonomia privada e a ordem pública, entre as necessidades do tráfico negocial e as necessidades de reparação do lesado. Observa, todavia, que a tendência atual "(...) é no sentido de restringir consideravelmente, neste campo, a liberdade contratual, submetendo as cláusulas de irresponsabilidade a um apertado controlo: proíbem-se não só no caso de dolo, mas também de culpa grave; subordinam-se à mesma disciplina, quer se trate de atos próprios do devedor ou de atos dos seus auxiliares; atribui-se-lhes relevo especial ao fixar-se a disciplina legislativa de controlo dos contratos de adesão; por último, não se admitem, pura e simplesmente, em certas áreas, por razões de ordem pública". PINTO MONTEIRO, António. *Cláusulas limitativas e de exclusão de responsabilidade civil*. Coimbra: Almedina, 2011, p. 76.

[455] Daí por que a simples referência ao cabimento da cláusula de não indenizar ao âmbito da responsabilidade contratual, fazendo crer sobre sua incidência no amplo domínio da liberdade contratual, é entendimento criticado por estar revestido de certo artificialismo, conforme observa BACACHE-GIBEILI, Mireille. *Droit civil*, t. V, cit., p. 528.

[456] AGUIAR DIAS, José de. *Cláusula de não indenizar*. Rio de Janeiro: Forense, 1976, p. 40.

[457] "Apelação cível. Responsabilidade civil. Ação de indenização por danos materiais e morais. Preliminar de ilegitimidade ativa afastada. Furto de 'notebooks' nas dependências do hotel. Evento de informática. Relação de consumo. Aplicação do CDC. Responsabilidade objetiva. Dano material e moral mantidos. 'Quantum' indenizatório mantido. As autoras possuem legitimidade para propor a presente demanda, uma vez que o fato ocorrido envolveu diretamente seus funcionários, os quais participavam do evento em seu nome e sob seus custos, gerando-lhe prejuízos e frustrações. O requerido mantinha dever de vigilância para com as requerentes, devendo, por ser fornecedor de serviço, responder pelos danos causados, independentemente de culpa, nos termos dos arts. 932, IV, do Código Civil e 14 do CDC. A responsabilidade dos fornecedores de serviços é fixada pela lei, não podendo ser afastada por cláusula

Da mesma forma, há de se afastar a hipótese de celebração da cláusula de limite de indenização ou cláusula de não indenizar em relações de natureza trabalhista, ou ainda relações relativas à prestação/fruição de serviços públicos, nas quais o regime de reparação de danos é indisponível para as partes.

Igualmente, mesmo quando se trate de contratos paritários, a celebração de cláusulas de não indenizar não pode ofender a causa e a natureza do contrato. Nesse sentido, havendo o sacrifício da prestação e do interesse útil das partes no objeto do contrato, a exclusão do dever de indenizar do devedor que dá causa ao inadimplemento só deve ser admitida se justificada pelo interesse legítimo das partes presentes na assunção do risco de inadimplemento. O mesmo se diga em relação a cláusulas que atinjam deveres fundamentais das partes inerentes ao contrato – *e.g.* o dever de custódia do credor pignoratício que tenha a posse do bem, no contrato de penhor.[458]

Há situações, ademais, em que o sistema jurídico expressamente rejeita a cláusula de não indenizar, como é o caso dos contratos de adesão, em que o art. 424 do Código Civil expressamente refere: "Nos contratos de adesão, são nulas as cláusulas que estipulem a renúncia antecipada do aderente a direito resultante da natureza do negócio". Nesses termos, a responsabilidade do devedor pelo inadimplemento pode ser considerada como direito do credor, que decorre da natureza do negócio. Da mesma forma, o art. 734 do Código Civil, ao dispor sobre o contrato de transporte, expressamente refere: "O transportador responde pelos danos causados às pessoas transportadas e suas bagagens, salvo motivo de força maior, sendo nula qualquer cláusula excludente da responsabilidade". Segue a linha já consagrada na jurisprudência antes da vigência do Código Civil, por intermédio da Súmula 161 do STF, que referia: "Em contrato de transporte, é inoperante a cláusula de não indenizar".

6.2.14. A indenização de danos patrimoniais

A indenização por danos patrimoniais tem por conteúdo a recomposição das perdas econômicas da vítima em razão da lesão, aí compreendidos tanto a diminuição do patrimônio que tenha por causa necessária a ocorrência da lesão (danos emergentes) quanto as vantagens ou utilidades que, embora não integrassem no momento da lesão o patrimônio da vítima, a estes provavelmente se integrariam, em face do curso normal dos acontecimentos e das providências e cuidados ordinários de sua parte (lucros cessantes). Nesse sentido, estabelece o art. 402 do Código Civil, ao definir as perdas e danos: "Salvo as exceções expressamente previstas em lei, as perdas e danos devidas ao credor abrangem, além do que ele efetivamente perdeu, o que razoavelmente deixou de lucrar". *Damnum emergens est lucrum cessans.*

A indenização dos danos patrimoniais, assim, tem conteúdo eminentemente econômico e, nesses termos, deve considerar a tarefa de recompor o estado do patrimônio da vítima no momento anterior à ocorrência do dano (*status quo ante*). Estabelece o art. 944 do Código Civil: "a indenização mede-se pela extensão do dano". Sua função primordial, portanto, é a

---

de não indenizar unilateralmente estabelecida. O art. 51, I, do Código do Consumidor reputa abusiva essa cláusula, pelo que nula de pleno direito. A responsabilidade do hoteleiro só poderá ser excluída nas hipóteses previstas no § 3º do art. 14 do CDC. Dano material e moral mantidos nos termos da sentença, por terem sido comprovados. Preliminar rejeitada. Apelo desprovido" (TJRS, ApCiv 70033348327, Rel. Romeu Marques Ribeiro Filho, 5ª Cam. Civ., j. 23-2-2011).

[458] Neste sentido dispõe a Súmula 638 do STJ: "É abusiva a cláusula contratual que restringe a responsabilidade de instituição financeira pelos danos decorrentes de roubo, furto ou extravio de bem entregue em garantia no âmbito de contrato de penhor civil" (STJ, 2ª Seção, j. 27/11/2019, DJe 02/12/2019).

reparação da vítima na extensão em que seu patrimônio foi diminuído em razão da lesão. Assim é que, havendo, porventura, situação na qual a vítima da lesão não sofra diminuição patrimonial, ou frustração de expectativa provável futura de ganho, será incabível a indenização por danos patrimoniais, ainda que perfeitamente possível a indenização por danos extrapatrimoniais, conforme o caso.

Pense-se na hipótese de alguém que tenha fotografias suas divulgadas sem autorização e que, em razão disso, tenha obtido reconhecimento e atraído oportunidades profissionais, que implicam a obtenção de vantagens econômicas. Não havendo perda patrimonial em razão da lesão, não se cogita de indenização por dano patrimonial. Todavia, mantém-se a lesão à personalidade em razão do uso não autorizado da imagem da pessoa, pelo que lhe será devida indenização por danos extrapatrimoniais.

Os danos patrimoniais, para que sejam objeto de indenização, devem ser provados. Ou seja, deve ser demonstrada cabalmente sua existência e extensão. Isso, no caso dos danos emergentes, caracteriza-se pela contabilização da perda econômica sofrida pelo patrimônio da vítima e o custo de sua recomposição. No caso dos lucros cessantes, embora não haja prova cabal da sua existência – na medida em que se trata da frustração de vantagem futura que a vítima poderia razoavelmente esperar –, necessário é demonstrarem-se as causas da expectativa de ganho futuro e de sua estimativa.

6.2.14.1. *Danos emergentes*

Os danos emergentes caracterizam-se pela perda patrimonial imediata sofrida pela vítima em razão da lesão. No caso em que o dano consistir na destruição de coisa de propriedade da vítima, a indenização comportará o equivalente em dinheiro da coisa. No caso de avarias à coisa, a indenização comporta o valor necessário para seu conserto. Consideram-se danos emergentes o prejuízo econômico sofrido com a avaria diretamente causada ao patrimônio da vítima pela lesão, assim como as despesas que a vítima fizer em razão do dano, seja para recompor coisas ou para despesas de tratamento e recuperação – no caso de ofensa à saúde.

Pelo fato de a indenização dos danos emergentes abranger a necessidade de recompor o patrimônio da vítima, tal qual se encontrava no passado, vai ocorrer que a definição do *quantum debeatur* sofrerá ainda a influência de fatores que assegurem a integridade da prestação, como é o caso dos juros e da correção monetária.

6.2.14.2. *Lucros cessantes*

As perdas e danos que integram o dever de indenizar integram, "além do que ele efetivamente perdeu, o que razoavelmente deixou de lucrar" (art. 402 do Código Civil). *Aquilo que razoavelmente deixou de lucrar* consiste nos denominados *lucros cessantes*. Os lucros cessantes consistem em toda a vantagem patrimonial que, apesar de não integrar o patrimônio do lesado ao tempo da violação do seu direito, resta demonstrado que seria obtida no curso normal dos acontecimentos, caso a lesão não tivesse ocorrido.

Assim como nos danos emergentes, em relação aos lucros cessantes serão considerados como tais as vantagens patrimoniais futuras que a vítima deixou de obter em razão da lesão. Há uma relação de necessariedade entre a não obtenção da vantagem patrimonial pretendida a título de lucros cessantes e a lesão sofrida pela vítima. Por essa razão, é correto afirmar que a determinação dos lucros cessantes, objeto da indenização devida pelo ofensor, dependerá da relação de causalidade entre a lesão e a perda econômica que dela decorre.

Não há, todavia, em relação aos lucros cessantes, a possibilidade de reclamar-se certeza quanto à realização da vantagem patrimonial futura, que foi impedida pela ocorrência da lesão. Nesse sentido, submete-se à probabilidade de sua ocorrência futura, caso não tivesse havido a lesão. Aqui será exigido pela legislação que se trate de probabilidade razoável e objetiva, o que deve ser demonstrado e não meramente presumido.[459] Assim, embora não haja certeza quanto à sua existência, mas, sim, a expectativa de ganho futuro que vem a ser frustrado em razão da lesão, esta deve estar calcada em elementos fáticos que permitam concluir razoavelmente que a vítima obteria a vantagem, não fosse a interferência do ofensor. Conforme ensina Agostinho Alvim, "há aí uma presunção de que os fatos se desenrolariam dentro do seu curso normal, tendo-se em vista os antecedentes".[460] No direito estrangeiro, é o que se encontra na definição do § 252 do Código Civil alemão, que faz referência aos lucros que seriam obtidos *no curso normal dos acontecimentos ou atendendo a circunstâncias especiais, e que em vista das medidas e precauções adotadas, provavelmente poderia ser esperado.*

Nesse sentido, não apenas a existência, mas também a extensão dos lucros cessantes deve ser submetida à prova. Isso bem se demonstra em caso julgado pelo STJ, no qual o tribunal, em vista da extinção unilateral de contrato administrativo, decidiu pela indenização a título de lucros cessantes cobrindo os ganhos prováveis até o advento do termo contratual, e não apenas até a data da rescisão, dado que este seria o marco do adimplemento total do contrato.[461] Além disso, tratando-se de lucros cessantes reclamados em razão da rescisão indevida de contratos, a vantagem econômica correspondente ao prazo médio de sua vigência, segundo prova pericial.[462]

Entre os critérios determinantes para a verificação dos lucros cessantes, há de se considerar a própria experiência do lesado até a ocorrência do dano e sua real aptidão para obter a vantagem econômica, cuja ausência se reclama em razão da conduta do ofensor. Compreendem-se aí as circunstâncias concretas em que se deu a lesão e sua aptidão para excluir a possibilidade de ganho, assim como as condições de mercado – em especial para verificar se a vantagem, cuja perda é alegada pelo lesado, é compatível com o que comumente ocorre no curso de relações econômicas semelhantes.

---

[459] "Indenização. Contrato de mediação de seguros. Quebra da exclusividade. Pretensão da corretora de receber comissão a título de lucros cessantes. Interesse positivo. Prova. Ausência de dano. – O lucro cessante não se presume, nem pode ser imaginário. A perda indenizável é aquela que razoavelmente se deixou de ganhar. A prova da existência do dano efetivo constitui pressuposto ao acolhimento da ação indenizatória. – Caso em que a corretora não se desincumbiu do ônus de comprovar a existência do dano sofrido com a quebra da exclusividade. – A imposição da multa prevista no art. 538, parágrafo único, do CPC, condiciona-se a que o Tribunal justifique o cunho protelatório dos embargos de declaração. Escopo de promover o prequestionamento das matérias aventadas (súmula nº 98-STJ). Recurso especial conhecido, em parte, e provido" (STJ, REsp 107.426/RS, Rel. Min. Barros Monteiro, 4ª Turma, j. 20-2-2000, *DJ* 30-4-2001).

[460] ALVIM, Agostinho. *Da inexecução das obrigações e suas consequências*, cit., p. 188.

[461] "Administrativo e processo civil. Rescisão unilateral de contrato administrativo. Indenização. Cabimento. Decreto-lei 2.300/86. Lucros cessantes. Termo *ad quem*. Alteração dos honorários pelo tribunal. Possibilidade. O Decreto-lei 2.300/86 estabelece expressamente que incumbe à Administração o dever de indenizar quando há rescisão contratual por motivo de interesse público. Os lucros cessantes são devidos até o momento em que haveria extinção da obrigação pelo advento do termo contratual e não apenas até a data da rescisão, pois, aqueles se referem às verbas que seriam percebidas pelo adimplemento total do contrato, obstado pela Administração. (...)" (STJ, REsp 229.188/PR, Rel. Min. Franciulli Netto, 2ª Turma, j. 4-12-2001, *DJ* 1º-4-2002).

[462] STJ, AgRg no Ag 710.225/RS, Rel. Min. Hélio Quaglia Barbosa, 4ª Turma, j. 5-9-2006, *DJ* 30-10-2006.

6.2.14.3. Ausência de compensação entre a indenização civil e a indenização previdenciária

Efeito do princípio da reparação integral é a ausência da compensação entre indenização civil e previdenciária, ou seja, a impossibilidade do responsável pela indenização de reclamar compensação entre o valor que lhe é imputado pagar e o valor que, porventura, a vítima faça jus em razão do mesmo fato da lesão, de parte da Previdência Social. Dizer-se o contrário seria beneficiar o autor do dano, diminuindo a indenização que lhe incumbe adimplir, assim como tratar-se do mesmo fato implica que é a causa do ilícito que gera o dever de indenizar do responsável, e também situação que enseja direito a benefício previdenciário, circunstâncias, contudo, que são absolutamente independentes entre si. Nesse sentido é o consolidado entendimento do STF, que sobre o tema editou, em 1963, a Súmula 229, nos seguintes termos: "A indenização acidentária não exclui a do direito comum, em caso de dolo ou culpa grave do empregador". No mesmo sentido orienta-se a jurisprudência do STJ,[463] admitindo inclusive a cumulação com a indenização por outros danos, como dano estético e dano moral, na hipótese de estarem presentes no mesmo caso.[464]

6.2.14.4. O pagamento futuro de prestações periódicas

A indenização pode assumir, em diversas situações, o pagamento por intermédio de prestações periódicas, em especial quando servir para assegurar a subsistência da vítima ou das pessoas que dela dependiam. É a hipótese da indenização por homicídio, por ofensa à saúde, ou lesão incapacitante para o trabalho, todas previstas no Código Civil. Nesses casos, parcela do dever de reparação consiste no pagamento de indenização sob a forma de pensão para a vítima ou seus dependentes, cujo sustento econômico viu-se afetado em razão da lesão. A duração do pensionamento vincula-se à necessidade das vítimas, devendo-se atender, igualmente, para efeito de cálculo, aos à expectativa de vida no caso. Conforme ensina a melhor lição da jurisprudência, "o termo final da pensão estabelece-se pela conjugação entre a expectativa de vida com a dependência econômica do pensionista".[465]

Ocorre que, em tais situações, ao constituir-se obrigação duradoura, consistente no pagamento de parcelas mensais por largo tempo, algumas inclusive de caráter vitalício, torna-se a vítima suscetível a eventos futuros, relativamente imprevisíveis, que possam afetar a capa-

---

[463] "Civil e processual. Acidente de trabalho. Hipoacusia. Indenização civil. Nexo causal. Matéria de fato. Reexame. Impossibilidade. Súmula n. 7-STJ. Dano moral. Súmula n. 362-STJ. Indenização por ilícito civil. Possibilidade de cumulação com pensão previdenciária. Danos materiais. Apuração em execução. I. Passível de acumulação a pensão previdenciária, que resulta da contribuição compulsória feita pelo segurado, com aquela vindicada do empregador pelo ilícito civil por ele praticado em detrimento da saúde do empregado, que contraiu doença laboral. II. Expressamente identificados, pelo Tribunal estadual, a lesão e o nexo causal, tanto que já deferira o ressarcimento por danos morais, injustificável se revela, então, o desacolhimento do pedido de danos materiais, ao só argumento de que o autor já fruía de benefício acidentário correspondente ao valor da sua antiga remuneração como trabalhador. III. 'A correção monetária do valor da indenização do dano moral incide desde a data do arbitramento.' (Súmula n. 362/STJ). IV. Recurso especial do autor conhecido e provido. Recurso especial da ré conhecido parcialmente e provido em parte" (STJ, REsp 621.937/RJ, Rel. Min. Aldir Passarinho Junior, j. 19-8-2010, *DJe* 14-9-2010). No mesmo sentido: STJ, AgRg no Ag 875.536/RS, Rel. Min. Luis Felipe Salomão, 4ª Turma, j. 19-10-2010, *DJe* 25-10-2010.

[464] STJ, REsp 711.720/SP, Rel. Min. Aldir Passarinho Junior, 4ª Turma, j. 24-11-2009, *DJe* 18-12-2009.

[465] STJ, REsp 1372889/SP, Rel. Min. Paulo de Tarso Sanseverino, 3ª Turma, j. 13/10/2015, *DJe* 19/10/2015.

cidade econômica do devedor da indenização. Há situações em que se faculta à vítima optar pelo pagamento da indenização de uma só vez (art. 950, parágrafo único, do Código Civil, no caso de ofensa à saúde).[466] Em outras, contudo, nas quais o pagamento das prestações é periódico, a solução encontrada foi a de se exigir a constituição de capital ou oferecimento de garantia do cumprimento pelo devedor.

Essa solução estava presente no art. 602 do Código de Processo Civil anterior, com base na qual o STJ havia consolidado o seguinte entendimento, por intermédio da Súmula 313: "Em ação de indenização, procedente o pedido, é necessária a constituição de capital ou caução fidejussória para a garantia de pagamento da pensão, independentemente da situação financeira do demandado". Ocorre que o art. 602 foi revogado pela Lei n. 11.232/2005, que, ademais, introduziu o art. 475-Q no Código de Processo Civil anterior, que dispunha de critérios para a constituição do capital. O Código de Processo Civil de 2015, em vigor, dispôs sobre a matéria no seu art. 533, nos seguintes termos:

> Art. 533. Quando a indenização por ato ilícito incluir prestação de alimentos, caberá ao executado, a requerimento do exequente, constituir capital cuja renda assegure o pagamento do valor mensal da pensão.
> § 1º O capital a que se refere o caput, representado por imóveis ou por direitos reais sobre imóveis suscetíveis de alienação, títulos da dívida pública ou aplicações financeiras em banco oficial, será inalienável e impenhorável enquanto durar a obrigação do executado, além de constituir-se em patrimônio de afetação.
> § 2º O juiz poderá substituir a constituição do capital pela inclusão do exequente em folha de pagamento de pessoa jurídica de notória capacidade econômica ou, a requerimento do executado, por fiança bancária ou garantia real, em valor a ser arbitrado de imediato pelo juiz.
> § 3º Se sobrevier modificação nas condições econômicas, poderá a parte requerer, conforme as circunstâncias, redução ou aumento da prestação.
> § 4º A prestação alimentícia poderá ser fixada tomando por base o salário-mínimo.
> § 5º Finda a obrigação de prestar alimentos, o juiz mandará liberar o capital, cessar o desconto em folha ou cancelar as garantias prestadas."

A finalidade de constituição do capital diz respeito à segurança da vítima em vista das intercorrências que, ao longo do tempo, poderá sofrer o responsável pela obrigação de indenizar, mesmo quando se tratar de alguém com solidez econômica atual, porém, sujeito à incerteza quanto à manutenção das mesmas condições no futuro.[467]

A inclusão da vítima em folha de pagamento do responsável pelo pagamento da indenização é decisão que se submete à discricionariedade judicial, conforme a identificação da capacidade econômica do devedor da prestação.[468] Não se trata, pois, de direito subjetivo do devedor,[469] mas

---

[466] A opção pelo pensionamento ou pelo pagamento em quota única pertencerá à vítima, com atenção, especialmente da necessidade vitalícia da prestação, conforme bem aponta o STJ: REsp 1282069/RJ, Rel. Min. Luis Felipe Salomão, 4ª Turma, j. 17/05/2016, DJe 07/06/2016.

[467] REsp 23.575/DF, Rel. Min. Cesar Asfor Rocha, 4ª Turma, j. 9-6-1997, DJ 1º-9-1997; REsp 12.846/RJ, Rel. Min. Eduardo Ribeiro, 3ª Turma, j. 24-9-1991, DJ 21-10-1991.

[468] REsp 1732398/RJ, Rel. Min. Marco Aurélio Bellizze, 3ª Turma, j. 22/05/2018, DJe 01/06/2018; REsp 1.292.240/SP, Rel. Min. Nancy Andrighi, 3ª Turma, j. 10-6-2014, DJe 20-6-2014.

[469] AgRg no AREsp 412.643/SC, Rel. Min. Sidnei Beneti, 3ª Turma, j. 26-11-2013, DJe 10-12-2013.

de situação excepcional, que compatibiliza o entendimento consolidado pelo STJ, por intermédio da Súmula 313 e o disposto no art. 533 do CPC/2015.[470]

Não conta com caráter alimentar, contudo, a ação de regresso, como é o caso da interposta pelo INSS contra o empregador para ressarcir-se da indenização que pagou no caso de acidente de trabalho, razão pela qual se afasta a exigência de constituição de capital prevista no art. 533 do Código de Processo Civil.[471]

Uma questão controvertida diz respeito à possibilidade de, alterando-se a situação de fato acerca do dano, ocorrer a revisão do pensionamento concedido em sentença judicial com trânsito em julgado. Pode ocorrer que as condições da vítima, em especial quando se tratar de lesão incapacitante para o trabalho, alterem-se ao longo do tempo, seja em situações nas quais a vítima recupere determinadas capacidades e habilidades, tornando-se apta novamente para o exercício laboral,[472] seja ao contrário, quando se agravar a condição da vítima, em face de intercorrências próprias do organismo humano. Há dois posicionamentos sobre o tema, sendo que o primeiro sustenta a impossibilidade de revisão, por ofensa à coisa julgada. Em outro sentido, sustenta-se a possibilidade de revisão pelo advento de fato superveniente a uma relação contínua – obrigação de duração –, que faz com que a alteração da situação de fato determine a revisão da decisão originalmente estabelecida.

Essa possibilidade de revisão tem apoio no que dispõe o art. 505, I do Código de Processo Civil, que assim refere: "Art. 505. Nenhum juiz decidirá novamente as questões já decididas, relativas à mesma lide, salvo: I – se, tratando-se de relação jurídica de trato continuado, sobreveio modificação no estado de fato ou de direito; caso em que poderá a parte pedir a revisão do que foi estatuído na sentença". O argumento da imutabilidade dos termos originários da decisão que concedeu o pensionamento é, ademais, desmentido pelo já mencionado art. 533, § 3º, que admite a possibilidade de revisão para aumentar ou reduzir a prestação em caso de mudança superveniente nas condições econômicas. Estas podem ser, a toda evidência, condições objetivas – em relação ao valor dos bens ou serviços que a prestação deve atender[473] – ou

---

[470] REsp 1732398/RJ, Rel. Min. Marco Aurélio Bellizze, 3ª Turma, j. 22/05/2018, DJe 01/06/2018; AgInt nos EDcl no AgInt no AREsp 25.729/RJ, Rel. Min. Lázaro Guimarães (Desembargador convocado do TRF 5ª Região), 4ª Turma, j. 07/11/2017, DJe 13/11/2017; REsp 1.308.438/RJ, Rel. Min. Luis Felipe Salomão, 4ª Turma, j. 27-8-2013, REPDJe 7-10-2013, DJe 27-9-2013.

[471] "Processual civil e previdenciário. Acidente de trabalho. Indenização da autarquia previdenciária pelo empregador. Art. 475-Q do CPC. Constituição de capital. 1. O art. 475-Q do CPC dispõe que 'quando a indenização por ato ilícito incluir prestação de alimentos, o juiz, quanto a esta parte, poderá ordenar ao devedor constituição de capital, cuja renda assegure o pagamento do valor mensal da pensão'. 2. A ação do INSS contra o empregador com objetivo de ser ressarcido dos valores pagos a título de benefício decorrente de acidente de trabalho não encerra natureza alimentar, sendo, pois, incabível a determinação de constituição de capital prevista no art. 475-Q do CPC. A propósito: AgRg no REsp 1.293.096/RN, Rel. Ministro Arnaldo Esteves Lima, Primeira Turma, DJe 23-10-2013; AgRg no REsp 1.347.352/RS, Rel. Ministro Mauro Campbell Marques, Segunda Turma, DJe 12-12-2012; AgRg no REsp 1.332.079/RS, Rel. Ministro Humberto Martins, Segunda Turma, DJe 1º-3-2013. 3. Agravo regimental improvido" (AgRg no REsp 1.251.428/RS, Rel. Min. Benedito Gonçalves, 1ª Turma, j. 25-3-2014, DJe 1º-4-2014).

[472] De interesse a defesa de uma interpretação teleológica do art. 950 do Código Civil, de onde se retire, conforme sustenta Daniel Dias em sua tese doutoral, "a incumbência de ele empregar, na medida do razoável, a sua capacidade de trabalho remanescente para exercer outros ofícios ou profissões, e assim evitar o dano decorrente da perda de sua remuneração habitual". Prossegue, então, afirmando que "cabe então ao ofendido tentar achar um novo trabalho, aceitar mudanças em sua atividade profissional e, se necessário, até mesmo mudar de profissão". DIAS, Daniel. Mitigação de danos na responsabilidade civil. São Paulo: RT, 2020, p. 363.

[473] "Direito processual. Responsabilidade civil. Custo de manutenção de aparelho ortopédico. Defasagem da quantia fixada em liquidação de sentença. Prestação de natureza alimentar. Possibilidade de revisão.

subjetivas, conforme a situação da vítima ou do responsável pela obrigação. A possibilidade de reabilitação da vítima, ou mesmo sua possibilidade de exercer outras atividades que não aquela para a qual foi incapacitada devem ser tomadas em consideração, sempre de acordo com a situação concreta, inclusive de recolocação no mercado de trabalho.[474] Uma revisão que se dê no sentido da redução da indenização em face da recuperação da vítima, contudo, observa certa resistência jurisprudencial, sob o argumento de que tal circunstância implicaria o benefício concedido ao ofensor em face dos esforços da vítima para superar as dificuldades decorrentes do dano sofrido.[475] Isso, todavia, coloca em destaque a própria função da indenização, que sendo reparatória no caso dos danos patrimoniais, deve ter por parâmetro, necessariamente, a prejuízo efetivamente experimentado pela vítima ao longo da vida.

6.2.15. A indenização dos danos extrapatrimoniais

A indenização de danos extrapatrimoniais observa, ao longo do tempo, dois desafios. Primeiro, a identificação dos danos extrapatrimoniais decorrentes da lesão à personalidade e seus atributos. Em segundo lugar, a definição de critérios para arbitramento de valores de indenização para danos que, por sua natureza, são insuscetíveis de avaliação econômica.

Inexistência de violação à coisa julgada. Recurso especial não conhecido. 1. A indenização destinada à manutenção dos aparelhos ortopédicos utilizados pela vítima de acidente reveste-se de natureza alimentar, na medida em que objetiva a satisfação de suas necessidades vitais. 2. Por isso, a sentença que fixa o valor da prótese não estabelece coisa julgada material, trazendo implícita a cláusula *rebus sic stantibus*, que possibilita sua revisão face a mudanças nas circunstâncias fáticas que ampararam a decisão. 3. Recurso especial não conhecido" (STJ, REsp 594.238/RJ, Rel. Min. Luis Felipe Salomão, 4ª Turma, j. 4-8-2009, *DJe* 17-8-2009).

[474] STJ, REsp 1650837/RS, Rel. Min. Herman Benjamin, 2ª Turma, j. 21/02/2017, *DJe* 25/04/2017.

[475] "Direito civil e processual civil. Recurso especial. Ação de exoneração com pedido sucessivo de revisão de alimentos decorrentes de indenização por ato ilícito. Coisa julgada. Hipóteses autorizadoras da revisão. – A coisa julgada material se forma sobre a sentença de mérito, mesmo que contenha decisão sobre relações continuativas; todavia, modificadas as situações fáticas ou jurídicas sobre as quais se formou a anterior coisa julgada material, tem-se uma nova ação, fundada em novos fatos ou em novo direito. – Considerando que a indenização mede-se pela extensão do dano (art. 944 do CC/02), ao julgador é dado fixar-lhe o valor, quando dele resultar lesão ou outra ofensa à saúde, com base nas despesas de tratamento e nos lucros cessantes até o fim da convalescença, além de algum outro prejuízo que o ofendido prove haver sofrido (art. 949 do CC/02). E se da ofensa resultar incapacidade física, a indenização incluirá pensão correspondente à importância do trabalho para que a vítima se inabilitou, ou da depreciação que sofreu (art. 950 do CC/02). – As duas únicas variações que abrem a possibilidade de alteração do valor da prestação de alimentos decorrentes de indenização por ato ilícito, são: (i) o decréscimo das condições econômicas da vítima, dentre elas inserida a eventual defasagem da indenização fixada; (ii) a capacidade de pagamento do devedor: se houver acréscimo, possibilitará o pedido de revisão para mais, por parte da vítima, até atingir a integralidade do dano material futuro; se sofrer decréscimo, possibilitará pedido de revisão para menos, por parte do próprio devedor, em atenção a princípios outros, como a dignidade da pessoa humana e a própria faculdade então outorgada pelo art. 602, § 3º, do CPC (atual art. 475-Q, § 3º, do CPC). – Entendimento em sentido contrário, puniria a vítima do ilícito, por ter, mediante esforço sabidamente incomum, revertido situação desfavorável pelas limitações físicas sofridas, com as quais teve que aprender a conviver e, por meio de desafios diários, submeter-se a uma nova vida em que as superações das adversidades passam a ser encaradas sob uma perspectiva totalmente diversa da até então vivenciada. Enfrentar as dificuldades e delas extrair aprendizado é a nova tônica. – Ou ainda, premiar o causador do dano irreversível, pelos méritos alcançados pela vítima que, mediante sacrifícios e mudanças de hábitos, conseguiu alcançar êxito profissional com reflexos patrimoniais, seria, no mínimo, conduta ética e moralmente repreensível, o que invariavelmente faria aumentar o amplo espectro dos comportamentos reprováveis que seguem impunes. Recurso especial não conhecido" (STJ, REsp 913.431/RJ, Rel. Min. Nancy Andrighi, 3ª Turma, j. 27-11-2007, *DJe* 26-11-2008).

Nesse sentido, não se pode atribuir antecipadamente valor econômico/preço a danos, sobretudo quando se tratar de lesões que afetam atributos considerados inestimáveis, como é o caso dos atinentes à personalidade. Todavia, a necessidade de definir ao dano indenização que atenda ao disposto no art. 944 do Código Civil faz com que a jurisprudência e a doutrina necessitem definir critérios para sua quantificação.

6.2.15.1. *Função dissuasória da indenização*

A indenização de danos extrapatrimoniais cumpre duas funções essenciais no ordenamento jurídico brasileiro: a primeira, uma *função dissuasória,* pela qual a indenização deve atender à finalidade de desestimular o comportamento ofensivo que resultou no dano, em relação tanto ao próprio agente quanto aos demais membros da comunidade, uma vez que corresponde a respectiva sanção da lesão a direito. Questão bastante debatida é se integrariam a esta função dissuasória da indenização critérios para a majoração do valor da indenização a ser arbitrado em face do comportamento do ofensor, da reiteração da conduta ou de sua capacidade econômica. Ou seja, critérios associados ao ofensor, e não à vítima ou ao dano.

Nesse caso, dois são os entendimentos existentes. De um lado, o que rejeita a possibilidade de haver critérios que permitam a majoração de um valor de indenização definido em face do comportamento ou das qualidades do ofensor, em razão de essas circunstâncias fazerem com que a condenação passe a ostentar um caráter punitivo ou sancionatório, que não é próprio ao direito privado. E, nesses termos, causar a definição de valores excessivamente elevados a título de indenização, estimulando o ingresso de demandas judiciais de situações de menor relevância, orientado pelo interesse na obtenção de vantagens pecuniárias. Um segundo entendimento, contudo, sustenta que a função dissuasória só será atendida se houver a possibilidade de o juiz tomar em consideração circunstâncias de fato que envolvem a realização do dano, assim como o comportamento do ofensor e sua capacidade econômica. Isso com o objetivo de fixar valores de indenização que sejam percebidos como prejudiciais ao responsável, de modo que se veja estimulado a reorientar sua atuação futura de não voltar a causar dano.

Note-se que a função dissuasória é comum à responsabilidade civil em geral, tanto quanto se tratarem de danos patrimoniais ou extrapatrimoniais. Como recorda Clóvis do Couto e Silva, "um princípio importante em matéria de responsabilidade civil é o princípio da prevenção", de modo que, quanto maior a intensidade da indenização, ela passa a atuar com função de regulação da conduta dos indivíduos.[476] Nesse sentido, a própria função preventiva da responsabilidade civil tem por limite a possibilidade de redução de riscos decorrentes do exercício diligente de determinada atividade, mediante a ameaça de sanção, e mesmo a redução ou eliminação de certas atividades perigosas na sociedade.[477]

A exigência de reparação do dano causado afeta o patrimônio do responsável pela indenização, independentemente da espécie de dano. Outros fatores alheios à necessidade

---

[476] COUTO E SILVA, Clóvis. *Principes fondamentaux de la responsabilité civile en droit brésilien et comparé*, cit., p. 56.

[477] CARVAL, Silvie. *La responsabilité civile dans as fonction de peine privée*. Paris: LGDJ, 1995, p. 379 e s., recuperando a lição de Boris Starck, no seu clássico *Essai d'une theorie générale de la responsabilité civile considérée em as double fonction de garantie et de peine privée*, cit., p. 354 e s. Esta noção, contudo, não elimina a existência de uma finalidade puramente indenitária da indenização, visando ao propósito de reparação do dano sofrido pela vítima. BACACHE-GIBEILI, Mireille. *Droit civil*. Paris: Economica, 2007. t. V: Les obligations. La responsabilité civile extracontractuelle, p. 3. Examinando a função preventiva da responsabilidade civil sob a ótica da análise econômica do direito, veja-se: SANTOLIM, Cesar. Nexo de causalidade e prevenção na responsabilidade civil no direito brasileiro e português, cit., p. 8453 e s.

de indenizar todos os danos causados acabam impactando o cumprimento dessa função reconhecida à responsabilidade civil. Uma delas é o tempo que normalmente decorre entre a causação do dano e o pagamento da indenização pelo responsável. A depender do tempo, mais ou menos extenso entre o ingresso da ação judicial de indenização e a ocorrência do dano, permite-se àquele que dá causa ao dano que pondere a conveniência entre a obtenção do benefício representado pelo dano (ou pelo risco de causar dano) e a necessidade de desembolso futuro da prestação de indenização, de modo que, mesmo com a incidência de juros e correção monetária, torne-se vantajosa a conduta que ofenda o direito da vítima.

O mesmo ocorre com os denominados microdanos, em que o reduzido valor do dano sofrido pela vítima pode firmar seu desinteresse em interpor ação de indenização, dados os custos econômicos e pessoais que envolvem essa iniciativa. Deste modo, o ofensor permanece sem uma sanção ou qualquer desestímulo à sua conduta, tendente à realização de danos.

Nesse sentido, a definição de critérios para fixação da indenização que tenha em consideração o comportamento do ofensor e sua capacidade econômica não é de meros auxiliares, nem contradiz o princípio da reparação integral, quando se tratarem de danos extrapatrimoniais. Pelo contrário, são critérios objetivos, cuja aplicação a todos os casos de dano extrapatrimonial permite o atendimento da função dissuasória da indenização. A dificuldade será a de aplicação desses critérios de modo coerente e sistemático, respeitando um mesmo conteúdo no caso de situações de fato semelhantes entre si, de forma que não será uma escolha do juiz a aplicação de alguns critérios em determinados casos e não em outros, tampouco sua aplicação com diferente conteúdo, em casos semelhantes.

Nesse sentido, não se perca de vista que aos danos extrapatrimoniais em espécie se deve estabelecer um valor de referência comum, de modo que, por exemplo, a morte de uma vítima não seja menos considerada do que a de outra, em situações diversas. Todavia, a partir daí, deve o juiz tomar em consideração circunstâncias agravantes e atenuantes relativamente às consequências concretas do dano em cada caso. Essa iniciativa tendente a assegurar a coerência sistêmica na aplicação desses critérios, associados à função dissuasória da indenização no caso de danos extrapatrimoniais, tem sido o que se vem convencionando denominar *modelo bifásico*.[478] Sustenta-se esse modelo jurídico na fixação do valor da indenização por danos extrapatrimoniais em duas fases. A primeira, comum a todos os casos que envolvam o mesmo interesse lesado, e que se define com base no arbitramento de determinado valor a título de indenização, em conformidade com o entendimento firmado por grupo de precedentes jurisprudenciais em casos semelhantes. E a segunda fase, que se dá mediante verificação das circunstâncias do caso em exame, e servem para reduzir ou aumentar o valor básico definido na fase anterior.[479]

---

[478] Tal modelo foi sugerido e implementado na jurisprudência contemporânea, sobretudo, a partir da iniciativa do ministro do STJ, Paulo de Tarso Sanseverino. Em obra doutrinária, Sanseverino aponta, no exame crítico da jurisprudência do Superior Tribunal de Justiça relativa à indenização dos danos extrapatrimoniais pelo dano-morte que, "embora seja importante que se tenha um montante referencial (...) isso não deve representar um tarifamento judicial rígido, o que entraria em rota de colisão com o próprio princípio da reparação integral. Cada caso apresenta particularidades próprias e variáveis importantes, como a gravidade do fato em si, a culpabilidade do autor do dano, a intensidade do sofrimento das vítimas por ricochete, o número de autores, a situação socioeconômica do responsável, que são elementos de concreção que devem ser sopesados no momento do arbitramento equitativo da indenização pelo juiz". SANSEVERINO, Paulo de Tarso. *Princípio da reparação integral*, cit., p. 313. Na jurisprudência, veja-se, exemplificativamente: STJ, REsp 1.152.541/RS, Rel. Min. Paulo de Tarso Sanseverino, 3ª Turma, j. 13/09/2011, *DJe* 21/09/2011; STJ, REsp 1669680/RS, Rel. Min. Nancy Andrighi 3ª Turma, j. 20/06/2017, *DJe* 22/06/2017.

[479] "Recurso especial. Responsabilidade civil. Dano moral. Inscrição indevida em cadastro restritivo de crédito. *Quantum* indenizatório. Divergência jurisprudencial. Critérios de arbitramento equitativo pelo

Os méritos do modelo são inequívocos no sentido de buscar definir certos padrões de indenização, assegurando a previsibilidade das decisões judiciais. Todavia, não se deixa de notar que a definição do *quantum* indenizatório relativo à primeira fase do modelo permanece sem critérios para sua definição, ou a valoração de danos extrapatrimoniais diversos entre si, preservando, assim, seu caráter autorreferente, mantendo a plena cognição judicial sobre o dano e certa uniformidade de critérios para a definição dos valores da indenização.

O que resulta claro é que a adoção de critérios associados ao comportamento do ofensor e a sua capacidade econômica para efeito de definir o valor da indenização por danos extrapatrimoniais não colidem com o princípio da reparação integral, e se adéquam ao atendimento à sua função dissuasória, em acordo com o sistema de responsabilidade civil.

6.2.15.2. *Função compensatória da indenização*

Considerando-se que os danos extrapatrimoniais são irreparáveis, de modo que a vítima, ao sofrer a lesão, jamais retornará ao estado anterior ao agravo, não se cogitará de reparação de danos. A indenização de danos extrapatrimoniais, desse modo, atenderá a uma *função compensatória*, ou seja, de que a prestação pecuniária exigível do responsável pelo dano tenha o caráter de compensar uma perda, cujas consequências não serão possíveis de serem eliminadas.

A compensação do dano, nesse sentido, é oferecida mediante condenação do responsável à prestação pecuniária que permita à vítima usufruir de certo conforto ou situação agradável, ao mesmo tempo que agrava o patrimônio do devedor. As dificuldades para fixar um valor que corresponda a uma compensação razoável em vista do dano sofrido e de suas consequências para a vítima são semelhantes àquelas dificuldades que envolvem o atendimento da função dissuasória. A prestação pecuniária a que faz jus a vítima, nesse sentido, não pode ser elevada a ponto de estimular demandas visando à indenização sob a alegação de situações de fato em que a própria existência do dano é duvidosa, podendo surgir de interpretação equivocada, motivadas por hipersensibilidade ou propósito exclusivamente financeiro daquele que se apresenta como vítima. Por outro lado, note-se – conforme já foi examinado – que os danos extrapatrimoniais não se resumem ao sofrimento físico ou mental, mas resultam sim de lesão à personalidade. Assim, o que se torna relevante é a aptidão ou não de a violação de direito atingir a personalidade, e não suas consequências. Em relação às consequências sofridas pela vítima, indicam maior ou menor extensão do dano, permitindo definir critérios para a quantificação, conforme a possibilidade de oferecer o conforto ou situação agradável à vítima do dano irreparável.

---

juiz. Método bifásico. Valorização do interesse jurídico lesado e das circunstâncias do caso. 1. Discussão restrita à quantificação da indenização por dano moral sofrido pelo devedor por ausência de notificação prévia antes de sua inclusão em cadastro restritivo de crédito (SPC). 2. Indenização arbitrada pelo tribunal de origem em R$ 300,00 (trezentos reais). 3. Dissídio jurisprudencial caracterizado com os precedentes das duas turmas integrantes da Segunda Secção do STJ. 4. Elevação do valor da indenização por dano moral na linha dos precedentes desta Corte, considerando as duas etapas que devem ser percorridas para esse arbitramento. 5. Na primeira etapa, deve-se estabelecer um valor básico para a indenização, considerando o interesse jurídico lesado, com base em grupo de precedentes jurisprudenciais que apreciaram casos semelhantes. 6. Na segunda etapa, devem ser consideradas as circunstâncias do caso, para fixação definitiva do valor da indenização, atendendo a determinação legal de arbitramento equitativo pelo juiz. 7. Aplicação analógica do enunciado normativo do parágrafo único do art. 953 do CC/2002. 8. Arbitramento do valor definitivo da indenização, no caso concreto, no montante aproximado de vinte salários mínimos no dia da sessão de julgamento, com atualização monetária a partir dessa data (Súmula 362/STJ). 9. Doutrina e jurisprudência acerca do tema. 10. Recurso especial provido" (STJ, REsp 1.152.541/RS, Rel. Min. Paulo de Tarso Sanseverino, 3ª Turma, j. 13-9-2011, *DJe* 21-9-2011).

Aqui, contudo, há um aspecto a ser enfrentado. Considerando-se que a noção de compensação resulta no oferecimento de prestação pecuniária que permita à vítima do dano obter um conforto ou agrado, não é incomum observar – especialmente na jurisprudência – a consideração do perfil ou de qualidades da vítima para fixar o valor da indenização. Desse modo, vítimas de situação econômica privilegiada, com maior poder aquisitivo, têm essas circunstâncias utilizadas em seu benefício, de modo a lhes serem concedidas indenizações em valores maiores do que àquelas em situação econômica menos favorável, em razão de danos extrapatrimoniais semelhantes. O argumento de que a distinção é necessária em vista do fato de que há diferença na percepção de um mesmo valor pecuniário – e nesse sentido o conforto ou agrado pretendido – por pessoas com diferentes situações econômicas fere o princípio da igualdade. Assim, a situação econômica da vítima não pode ser critério para a definição de valor de indenização de danos extrapatrimoniais, embora possa auxiliar na interpretação de situações excepcionais, como no caso do art. 944, parágrafo único, do Código Civil.

Por outro lado, a função compensatória revela-se pela ideia de retribuição. Ou seja, há uma resposta do direito para a violação da personalidade e os danos dela decorrentes para a vítima, e isso, por si, serve de compensação à vítima.

6.2.15.3. Liquidação dos danos extrapatrimoniais

A liquidação de danos extrapatrimoniais se dá, como regra, ou por tarifação de indenização, ou por arbitramento. O sistema de tarifação se define pelo preestabelecimento de valores de indenização conforme a espécie de dano sofrido, seu conteúdo e intensidade. A crítica ao sistema de tarifação, no caso dos danos extrapatrimoniais, se dá por sua capacidade de subverter as funções dissuasória e compensatória da indenização, assim como pela sua própria contradição à natureza desses danos. Isso porque, definir antes da ocorrência do dano qual o valor (ou limites máximo e mínimo) da indenização que deverá ser paga pelo responsável permite que este avalie a conveniência ou não de manutenção da conduta lesiva em vista do conhecimento pleno das consequências do seu ato. Nesse sentido, se a vantagem do comportamento lesivo lhe for superior ao valor da indenização fixada, tenderá a mantê-lo, de modo a causar o dano. Da mesma forma, a estimação em abstrato do valor a ser indenizado em razão de um determinado dano subverte seu caráter inestimável, de modo a dar "preço" à lesão.

Em que pesem tais críticas, a legislação contemplou algumas situações de tarifação, cuja hipótese mais conhecida é a de indenização orientada pela Lei de Imprensa (arts. 51 e 52 da Lei n. 5.250/67). Contudo, no direito brasileiro, a partir da Constituição de 1988 e da consagração do direito fundamental à indenização de danos (art. 5º, V), assim como por efeito do princípio da reparação integral, considera-se inconstitucional qualquer espécie de tarifação legal de danos.[480] Assim, não pode a lei estabelecer limites mínimos ou máximos para a indenização de danos extrapatrimoniais devidos pelo responsável. Essa limitação, contudo, não se confunde com a indenização tomada como prestação securitária, cujo sistema, no caso de seguros, seja definido por lei (caso, por exemplo, do seguro sobre acidentes com veículos automotores em via terrestre – DPVAT), pode ser objeto de tarifação em face das próprias características da atividade de seguro.

A liquidação de danos extrapatrimoniais por arbitramento, de sua vez, é o modo consagrado no direito brasileiro. O art. 946 do Código Civil estabelece: "Se a obrigação for inde-

---

[480] REsp 877.138/SP, Rel. Min. Aldir Passarinho Junior, 4ª Turma, j. 1º-6-2010, DJe 29-6-2010. Da mesma forma, a Súmula 281 do STJ: "A indenização por dano moral não está sujeita à tarifação prevista na Lei de Imprensa".

terminada, e não houver na lei ou no contrato disposição fixando a indenização devida pelo inadimplente, apurar-se-á o valor das perdas e danos na forma que a lei processual determinar". O Código de Processo Civil, por sua vez, estabelece a liquidação por arbitramento "quando determinado pela sentença, convencionado pelas partes ou exigido pela natureza do objeto da liquidação" (art. 509, I). A dificuldade prática, nesse caso, diz respeito ao fato de que cabe ao juiz definir o valor do dano segundo estime e de acordo com critérios que discricionariamente adote. O valor da indenização, contudo, deve constar desde logo na sentença, que deve explicitar os critérios adotados para sua fixação.[481]

Resta examinar quais os critérios possíveis para o arbitramento da indenização dos danos extrapatrimoniais consolidados na doutrina e na *praxis* jurisprudencial, a falta de critérios legais definidos.

6.2.15.3.1. Critérios possíveis de liquidação

Os critérios adotados para a liquidação de extrapatrimoniais são objeto de definição jurisprudencial e doutrinária. Não há, desse modo, critérios legais estabelecidos em termos gerais. Na Lei n. 5.250/67 – Lei de Imprensa – constavam, em seu art. 53, alguns critérios a serem considerados na fixação do valor da indenização de danos extrapatrimoniais. Embora essa lei não tenha sido recepcionada pela Constituição de 1988 e, portanto, não esteja mais vigente, os critérios nela estabelecidos influenciam, até hoje, a decisão sobre fixação de valores de indenização.[482] A utilidade desses critérios, entretanto, é limitada, uma vez que devem estar em acordo com normas e valores estabelecidos pela Constituição Federal de 1988.

Critério a ser utilizado é o da repercussão do dano na esfera jurídica da vítima. Nesse caso, há necessidade de valoração em relação ao evento e sua capacidade de gerar em concreto, para a vítima, sua afetação anímica, sendo relevante examinar a intensidade do sofrimento experimentado, a natureza e a gravidade da ofensa. Note-se que aqui se impõe a exigência de proporcionalidade para distinguir entre diversos danos decorrentes de lesão à personalidade e suas consequências concretas à vítima.

De relevo, assim, identificar se será o caso de danos temporários ou permanentes. Temporários são os danos cuja ocorrência se esgota no tempo, como com os danos à saúde da vítima que é atropelada e necessita de atendimento médico, mas que após o tratamento não permanece com quaisquer sequelas. Permanentes, os danos que se projetam no tempo, acompanhando a vítima, desde a ocorrência do evento danoso, por longo período, ou mesmo até o fim da vida.

No caso de danos temporários, são critérios para liquidação da indenização o tempo de duração da lesão, a natureza dos danos sofridos e a estimação do *pretium doloris*, que devem guardar relação de proporcionalidade em razão da gravidade e do tempo das lesões. Tratando-se de danos permanentes, têm-se em conta diversos critérios, tais como o nível do comprometimento funcional e fisiológico da vítima, a perda de qualidade de vida (*prejudi-*

---

[481] GONÇALVES, Carlos Roberto. *Direito civil brasileiro. Responsabilidade civil*, cit., p. 398.
[482] Estabelecia seu art. 53: "No arbitramento da indenização em reparação do dano moral, o juiz terá em conta, notadamente: I – a intensidade do sofrimento do ofendido, a gravidade, a natureza e repercussão da ofensa e a posição social e política do ofendido; II – A intensidade do dolo ou o grau da culpa do responsável, sua situação econômica e sua condenação anterior em ação criminal ou cível fundada em abuso no exercício da liberdade de manifestação do pensamento e informação; III – a retratação espontânea e cabal, antes da propositura da ação penal ou cível, a publicação ou transmissão da resposta ou pedido de retificação, nos prazos previstos na lei e independentemente de intervenção judicial, e a extensão da reparação por esse meio obtida pelo ofendido".

ce d'agrément), danos a sua vida sexual ou a existência de dano estético. Da mesma forma, tratando-se de vítima criança ou jovem, a frustração ou privações a que se submete ao não poder usufruir dos prazeres desse estágio da vida.[483]

Outro critério, visando o cumprimento da função dissuasória da indenização, é a capacidade econômica do ofensor, de modo que a indenização também sirva para desestimular a reiteração da conduta ofensiva. Nesse caso, serve a indenização também ao objetivo de prevenir danos futuros, seja do próprio ofensor ou de terceiros, cujo comportamento tenderá a evitar a realização de outros danos. No mesmo sentido, deve ser considerado, conforme o caso, o proveito do ofensor com a realização do dano, de modo a evitar que a função dissuasória da indenização veja-se frustrada pelo fato de o valor fixado ser inferior àquele obtido em razão do evento danoso.

6.2.15.3.2. O problema da função punitiva da indenização e a definição de critérios para a indenização de danos extrapatrimoniais

Em relevo, coloca-se a discussão sobre a possibilidade de a sanção servir de punição ao ofensor.[484] Nesse sentido, invoca-se, geralmente, a adoção, no direito brasileiro, das *punitive damages* (ou perdas e danos punitivas), havidas na tradição do *common law*, com destaque, atualmente, no direito norte-americano. As *punitive damages* têm sua origem no direito inglês, notadamente no *Statute of Councester*, de 1278. Observou aperfeiçoamentos sucessivos a partir do século XVIII, com a doutrina dos *exemplary damages*, aplicável às situações de danos extrapatrimoniais. No Código Civil do Quebec, de sistema de direito continental, tem previsão expressa, em seu art. 1.621, que estabelece: "Sempre que a lei prever a concessão de indenizações punitivas, estas não podem exceder, em valor, o que é suficiente para cumprir sua função preventiva. Deverá se ter em conta todas as circunstâncias relevantes, notadamente, a gravidade da culpa do devedor, sua situação patrimonial, a extensão da reparação que ele já é responsável perante o credor, e quando for o caso, se a obrigação de pagamento da reparação é assumida, no todo ou em parte, por um terceiro".[485]

---

[483] LAMBERT-FAIVRE, Yvonne. *Droit du dommage corporel*. 5. ed. Paris: Dalloz, 2004, p. 215 e s.

[484] O reconhecimento da função punitiva na esfera civil, embora esteja concentrado na indenização, também pode ser identificado em outros institutos, como é o caso do uso das astreintes (multa imposta pelo juízo para assegurar a autoridade da decisão que determina o cumprimento específico da obrigação de dar, fazer ou não fazer). Tem paralelo no *common law*, com o denominado *contempt of Court*, espécie de multa imposta em razão do descumprimento de decisão judicial, a qual reverte em favor da parte a quem interessa a medida. Embora originalmente não se revista de função punitiva, acaba alcançando este resultado e, uma vez havendo resistência no cumprimento da medida determinada pelo juízo, o aumento dos valores devidos a título de multa são proporcionais ao tempo de descumprimento. Assumem, assim, segundo observa Guillermo Borda, no direito argentino, o caráter de pena (BORDA, Guillermo. *Tratado de derecho civil*. Obligaciones. 9. ed. Buenos Aires: La Ley, 2008, t. I, p. 41-42). Todavia, verificam-se, igualmente, precauções em relação ao excesso na imposição da medida, como demonstram no direito francês VINEY, Geneviève; JOURDAIN, Patrice. *Les effets de la responsabilité*, cit., p. 13-18. No direito brasileiro percebe-se clara tendência na decisão de recursos da imposição de astreintes, na redução de seus valores, que ademais revertem em favor do titular da pretensão resistida, não raro sob o argumento de desproporção em relação ao valor do dano principal resultante da violação. A crítica a essa tendência jurisprudencial de redução dos valores a título de astreintes situa-se, sobretudo, na confusão entre suas funções de assegurar/reforçar a autoridade da decisão judicial e no que seria, propriamente, a função punitiva da indenização.

[485] Assim o art. 1.621 do Código Civil do Quebec, no original: "Lorsque la loi prévoit l'attribution de dommages-intérêts punitifs, ceux-ci ne peuvent excéder, en valeur, ce qui est suffisant pour assurer leur fonction préventive. Ils s'apprécient en tenant compte de toutes les circonstances appropriées, notam-

A rigor, consiste na definição do valor de indenização em medida além do dano propriamente dito, de modo a cumprir a finalidade de punir o ofensor em razão de sua motivação, ou da reiteração da conduta, para servir como desestímulo a ele próprio e à generalidade das pessoas ao cometimento de condutas semelhantes.[486] Nesse sentido, considerando-se parcela adicional ao valor atribuído ao dano efetivamente sofrido, pode assumir a natureza acessória à indenização principal; ou, ainda, considerar-se como espécie de sanção civil, propriamente dita. Não deixa de ser tomada, também, como espécie de recompensa pelo fato de o autor da ação ter trazido ao Poder Judiciário a possibilidade de responsabilizar o autor do dano.[487]

A comparação entre as *punitive damages* no direito norte-americano e a função punitiva ou dissuasória da indenização não permite que sejam tratadas como um mesmo fenômeno. Suas diferenças são expressivas e devem ser destacadas.[488] Do ponto de vista estrutural mesmo, não se pode falar em um único instituto com características uniformes, tendo-se em conta a substancial diferença de compreensão e aplicação das *punitive damages* nas jurisdições dos vários Estados norte-americanos. Da mesma forma, conforme se percebe que a própria função das *punitive damages* evoluiu desde sua origem, de modo que, uma vez fixada pelo júri, passou de uma função compensatória, no século XIX, para a função punitiva dos dias atuais.[489] As *punitive damages* no direito americano pressupõem o comportamento comprovadamente doloso ou com culpa grave do agente (*reckless disregard*) – neste último abrangendo a indiferença consciente e deliberada (*deliberate indifference*) sobre os direitos de outrem. Compreenderá a culpa do agente, nestes termos, não apenas a partir de sua contribuição para a realização dano, mas também como causa de reprovação moral à conduta lesiva.[490] Em muitos Estados há exigência de clara diferenciação entre os montantes de indenização fixados a título compensatório e a título punitivo, inclusive em situações nos quais o valor da indenização punitiva seja fixada apenas após aquela fixada em caráter compensatório, devendo observá-la como limite, ou com ela guardar proporção.[491]

---

ment de la gravité de la faute du débiteur, de sa situation patrimoniale ou de l'étendue de la réparation à laquelle il est déjà tenu envers le créancier, ainsi que, le cas échéant, du fait que la prise en charge du paiement réparateur est, en tout ou en partie, assumée par un tiers".

[486] Anota Caroline Vaz, ainda, ao sustentar o cabimento da adoção das *punitive damages* no direito brasileiro, a possibilidade de, por seu intermédio, dar conta da concretização de direitos fundamentais. VAZ, Caroline. *Funções da responsabilidade civil. Da reparação à punição e dissuasão*. Porto Alegre: Livraria do Advogado, 2009, p. 97 e s.

[487] Veja-se: LEVY, Daniel de Andrade. Uma visão cultural dos punitive damages. *Revista de Direito Privado*, v. 45, São Paulo: RT, 2011, p. 165 e s. No direito francês, sustentando a relevância da culpa qualificada para fundamentar o que denomina "reparação-expiação" (*réparation-expiation*): GRARE, Clothilde. *Recherches sur la cohérence de la responsabilité délictuelle. L'influence des fondements de la responsabilité sur la réparation*, cit., p. 342 e s.

[488] Veja-se: BODIN DE MORAES, Maria Celina. Punitive damages em sistemas civilistas: problemas e perspectivas. In: BODIN DE MORAES, Maria Celina. *Na medida da pessoa humana. Estudos de direito civil-constitucional*. Rio de Janeiro: Editora Processo, 2016, em especial p. 354 e ss.

[489] SEBOK, Anthony J. What Did Punitive Damages Do – Why Misunderstanding the History of Punitive Damages Matters Today. Chicago-Kent Law Review, v. 78, 2003, p. 163 e ss.

[490] HASTIE, Reid; SCHKADE, David A; PAYNE, John W. Judging corporate recklessness. In: SUNSTEIN, Cass R. et al. *Punitive damages: how juries decide*. Chicago: The University of Chicago Press, 2002, p. 88.

[491] A expressão da proporcionalidade entre o dolo e a culpa grave e certo valor pecuniário, continua a oferecer dificuldades mesmo no sistema norte-americano, conforme demonstram: KAHNEMAN, Daniel; SCHKADE, David A.; SUSTEIN, Cass R. Shared outrage, erratic awards. In: SUSTEIN, Cass R. et alli. *Punitive damages. How juries decide*. Chicago: The University of Chicago Press, p. 31 e ss.

A partir desta identificação entre as *punitive damages* e a função punitiva da indenização, sua adoção no direito brasileiro é objeto de severas críticas,[492] que podem ser sistematizadas nos seguintes termos: a) ofensa ao art. 944 do Código Civil, o qual estabelece que a indenização mede-se pela extensão do dano; b) possibilidade da fixação de valores excessivamente elevados de indenização a partir do arbitramento judicial, ferindo a previsibilidade das sanções;[493] c) incentivo a demandas judiciais reclamando danos extrapatrimoniais em situações nas quais não há, necessariamente, lesão à personalidade; d) confusão entre as funções precípuas do direito civil (reparar/compensar) e do direito penal (punir); e) violação ao princípio da legalidade[494] (*nullum crimen nulla poena sine lege*).

O debate, contudo, deve ser bem delimitado. Em primeiro lugar, a construção histórico-dogmática das *punitive damages* no *common law* não se confunde necessariamente com a tradição de direito brasileiro que levou ao reconhecimento de funções punitiva e dissuasória à indenização. Note-se que, no direito brasileiro, ao estabelecer-se por arbitramento a indenização por danos extrapatrimoniais, já se encontra sob a decisão judicial, que, diante da falta de critérios legais expressos, permite larga margem de cognição judicial motivada, diante das circunstâncias do caso concreto, para avaliar a intensidade e a extensão dos danos sofridos pela vítima, assim como o dolo ou culpa grave do ofensor. Não há, pois, de se falar em parcela adicional de indenização, visando cumprir finalidade punitiva, distinguindo-se de outra, com finalidade compensatória. Há *um só valor de indenização*, que, tomando-se em consideração as circunstâncias e características do dano, será definido.

O que se trata é de fixar os critérios para a indenização em vista das funções que deve cumprir, compensatória e dissuasória. E, por mais próximas que pareçam estar, esclareça-se: não se confundem a função dissuasória da indenização e a função punitiva, que sustenta as *punitive damages*. A *função dissuasória* visa à prevenção de comportamentos futuros do

---

[492] Veja-se: SCHREIBER, Anderson. *Novos paradigmas da responsabilidade civil*, cit., p. 199; MARTINS-COSTA, Judith; PARGENDLER, Mariana. Usos e abusos da função punitiva (*punitive damages* e o direito brasileiro). *Revista do Centro de Estudos Judiciários*, n. 28, Brasília: CEJ, jan./mar. 2005, p. 15-32; TEPEDINO, Gustavo; SCHREIBER, Anderson. *Les peines privées dans le droit brésilien*. L'indeminisation. Travaux de l'Association Henri Capitant. Journees Québécoises, t. LIV, 2004. Paris: Societé de législation comparée, 2007, p. 69-88; REIS, Clayton. *Os novos rumos da indenização do dano moral*. Rio de Janeiro: Forense, 2002, p. 197 e s.

[493] No direito norte-americano essa crítica desloca-se para a disparidade entre distintas decisões do júri em ações indenizatórias, que ao tempo em que resultam de juízos nos quais o componente moral é notado, também resultam de dissociação entre o valor do dano individual e o valor da condenação. O tema foi objeto de decisão da Suprema Corte norte-americana no conhecido caso *BMW v. Gore* (1996), em que o consumidor Ira Gore adquiriu um automóvel BMW novo, que posteriormente descobriu ter sido danificado e repintado para venda. No caso, o júri lhe concedeu indenização de 4 mil dólares por danos compensatórios. Porém, tendo sido revelado que a BMW repintava carros com pequenos danos antes de revendê-los, sem revelar o fato ao consumidor, o júri condenou a empresa à indenização por danos punitivos no valor de 4 milhões de dólares em razão da conduta da empresa em relação a outros consumidores. A Suprema Corte do Alabama reduziu o valor da indenização pelos danos punitivos à metade, sob o argumento de violação da cláusula de devido processo legal presente na Constituição norte-americana, considerando a ausência de critérios para a tomada de decisão discricionária pelo júri e ofensa à razoabilidade. Veja-se: SUNSTEIN, Cass R.; HASTIE, Reid; PAYNE, John W.; SCHKADE, David A.; VISCUSI, W. Kip. *Punitive damages*. How juries decide. Chicago: The University of Chicago Press, 2002, p. 242 e s.

[494] Sustentando a necessidade de distinguir-se a exigência estrita de tipicidade própria do direito penal, porém ainda reclamando a necessidade de intervenção legislativa para o reconhecimento da função punitiva da indenização no direito brasileiro, veja-se a tese pós-doutoral de ROSENWALD, Nelson. *As funções da responsabilidade civil*. A reparação e a pena civil. São Paulo: Atlas, 2012, p. 212-213.

ofensor e de terceiros, desencorajando novos comportamentos lesivos. A *função punitiva* mira o passado, examinando as circunstâncias do dano e o comportamento do ofensor, base da punição. Nesses termos, a função punitiva propriamente dita tem lugar, quando se tratar da fixação, mediante previsão legal, de multa civil, caso em que propriamente há de se reconhecer como sanção pecuniária a um comportamento do ofensor, a ser aplicado pelo juiz.

A ausência de critérios legais, no direito brasileiro, para a fixação da indenização de danos extrapatrimoniais, estimula a discussão sobre quais são os critérios admissíveis para esse propósito. No direito português, o Código Civil, ao dispor sobre os danos extrapatrimoniais, estabelece, no art. 496º, 3, primeira parte: "O montante da indemnização será fixado equitativamente pelo tribunal, tendo em atenção, em qualquer caso, as circunstâncias referidas no art. 494º". O art. 494º, de sua vez, define: "Quando a responsabilidade se fundar na mera culpa, poderá a indemnização ser fixada, equitativamente, em montante inferior ao que corresponderia aos danos causados, desde que o grau de culpabilidade do agente, a situação económica deste e do lesado e as demais circunstâncias do caso o justifiquem".

A questão a rigor é definir em qual medida o grau de culpabilidade do agente é admissível como critério para determinar a indenização de danos extrapatrimoniais. A jurisprudência brasileira largamente a utiliza, tanto para agravar a indenização[495] quanto para reduzi-la,[496] em face do comportamento do ofensor. Todavia, esse entendimento é objeto de crítica justamente por desconcentrar-se do dano sofrido pela vítima para adotar como critério a sanção ao ofensor. Nesse sentido, é preciso haver demonstrado o elemento subjetivo do ofensor, o que não exclui necessariamente as hipóteses de responsabilidade objetiva,[497] uma vez que, mesmo sendo o caso de imputação independente de culpa, no caso concreto verifica-se a presença do comportamento doloso. Por outro lado, há dificuldade de sistematização jurisprudencial, não apenas sobre os critérios adotados na fixação da indenização de danos extrapatrimoniais, como também das consequências de sua aplicação. O Superior Tribunal de Justiça, titular da competência para uniformização da jurisprudência, observa entendimento consagrado no sentido de conhecer e modificar valores arbitrados a título de indenização por danos extrapatrimoniais apenas quando estes forem considerados irrisórios ou excessivos.[498]

---

[495] STJ, REsp 207.926/PR, Rel. Min. Ruy Rosado de Aguiar, 4ª Turma, j. 1º-6-1999, *DJ* 8-3-2000; STJ, REsp 355.392/RJ, Rel. p/ Acórdão Min. Castro Filho, 3ª Turma, j. 26-3-2002, *DJ* 17-6-2002; STJ, REsp 883.630/RS, Rel. Min. Nancy Andrighi, 3ª Turma, j. 16 12 2008, *DJe* 18 2 2009.

[496] "Em se tratando de danos morais, o sistema de responsabilidade civil atual rechaça indenizações ilimitadas que alcançam valores que, a pretexto de reparar integralmente vítimas de ato ilícito, revelam nítida desproporção entre a conduta do agente e os resultados ordinariamente dela esperados" (STJ, REsp 1.127.913/RS, Rel. p/ Acórdão Min. Luis Felipe Salomão, 4ª Turma, j. 20-9-2012, *DJe* 30-10-2012)

[497] Em sentido contrário, sustentando a impossibilidade do reconhecimento da função punitiva da indenização em situações de responsabilidade objetiva: MARTINS-COSTA, Judith; PARGENDLER, Mariana. Usos e abusos da função punitiva, cit., p. 23-24.

[498] "A jurisprudência do STJ admite a revisão do *quantum* indenizatório fixado a títulos de danos morais em ações de responsabilidade civil quando configurada situação de anormalidade nos valores, sendo estes irrisórios ou exorbitantes" (STJ, AgRg no AREsp 490.772/PE, Rel. Min. Mauro Campbell Marques, 2ª Turma, j. 5-6-2014, *DJe* 11-6-2014). No mesmo sentido: REsp 1655632/SP, Rel. Min. Nancy Andrighi, 3ª Turma, j. 04-05-2017, *DJe* 09-05-2017; AgInt no REsp 1591302/BA, Rel. Min. Moura Ribeiro, 3ª Turma, j. 27-04-2017, DJe 16-05-2017; REsp 1540158/PR, Rel. Min. Benedito Gonçalves, 1ª Turma, j. 23-08-2016, *DJe* 31-08-2016; AgRg no AREsp 393.291/RJ, Rel. Min. Herman Benjamin, 2ª Turma, j. 5-11-2013, *DJe* 9-12-2013; AgRg no AREsp 330.835/PE, Rel. Min. Eliana Calmon, 2ª Turma, j. 3-10-2013, *DJe* 14-10-2013; AgRg no AREsp 166.985/MS, Rel. Min. Luis Felipe Salomão, 4ª Turma, j. 6-6-2013, *DJe* 18-6-2013; AgRg no AREsp 309.296/SP, Rel. Min. Sidnei Beneti, 3ª Turma, j. 28-5-2013, *DJe* 5-6-2013; AgRg no REsp 1.194.008/RJ, Rel. Min. Castro Meira, 2ª Turma, j. 23-4-2013, *DJe* 2-5-2013; REsp 1.255.315/SP, Rel. Min. Nancy Andrighi, 3ª Turma, j. 13-9-2011, *DJe* 27-9-2011.

6.2.16. Liquidação do dano e perda da chance

A indenização pela perda da chance, conforme já foi mencionado, pressupõe a existência de possibilidade séria para a vítima de obter determinada vantagem, a qual é impedida pela ação do ofensor. Não há, nesse caso, certeza se na ocorrência normal dos fatos, caso não houvesse existido a interferência do ofensor, a vítima efetivamente faria jus à vantagem pretendida.

Desse modo, a liquidação do dano pela perda da chance deve considerar não a perda da vantagem como paradigma para a fixação do valor de indenização, senão a possibilidade de que isso ocorresse. A avaliação relativa à possibilidade de êxito da vítima, nesse caso, respeitará, tanto quanto possível, um critério de proporção e/ou probabilidade de êxito, tomadas tanto as condições específicas do caso quanto outras situações semelhantes.

No caso de um erro de diagnóstico do médico que deixa de permitir à pessoa que se submeta desde logo ao tratamento de doença, pergunta-se o quanto essa conduta contribuiu, dando causa ao atraso no início dos cuidados da vítima, com a diminuição das chances de êxito na cura, ou para um tratamento menos gravoso. Da mesma forma, na hipótese de advogado que perde o prazo para o recurso da sentença, quais as chances de provimento do mesmo, oferecendo com isso a vantagem pretendida pela vítima. Para esse fim, examinam-se quais as chances, em condições normais, de a vítima obter a vantagem pretendida. No primeiro caso, se a ciência definir que o tratamento iniciado ao tempo do diagnóstico equivocado daria à vítima chances superiores a tal ou qual percentual de obtenção da cura, isso deverá ser considerado. No caso da perda de prazo pelo advogado, embora no mais das vezes não se tenham estudos permitindo fixar percentuais do conhecimento da pretensão e seu acolhimento ou não pelos tribunais, poder-se-á definir um juízo de probabilidade maior ou menor de acolhimento do pedido cuja negligência do profissional impediu que ocorresse.

Não se deixa de considerar, contudo, que a liquidação dos danos pela perda da chance distingue-se quando se tratarem de danos patrimoniais ou extrapatrimoniais. No conhecido caso julgado pelo STJ, relativo ao programa televisivo de perguntas e respostas denominado "Show do Milhão", a decisão da corte orientou-se no sentido de reconhecer a indenização do participante que teve frustrada sua chance de receber o prêmio máximo oferecido, em razão de erro na formulação das questões, de acordo com a possibilidade mínima de acerto. Assim, tendo lhe sido feito pergunta com quatro possibilidades de resposta – todas erradas –, reconheceu-se que teve frustrada a possibilidade de responder corretamente e receber o prêmio estipulado, porém, definindo a indenização em 1/4, ou seja, 25% do valor do prêmio que teria recebido, caso houvesse uma resposta correta e tivesse feito a opção por ela.[499]

6.3. INDEPENDÊNCIA ENTRE A RESPONSABILIDADE CIVIL E CRIMINAL

Estabelece o art. 935 do Código Civil: "A responsabilidade civil é independente da criminal, não se podendo questionar mais sobre a existência do fato, ou sobre quem seja o seu autor, quando estas questões se acharem decididas no juízo criminal." A independência entre a responsabilidade civil e criminal decorre da diferença entre as finalidades que cada uma busca realizar. Enquanto no âmbito da responsabilidade civil visa-se, em especial, à reparação da vítima, no âmbito da responsabilidade criminal o propósito é o de punir o ofensor que cometa crime, no interesse geral da sociedade. Nestes termos, a eficácia da responsabilidade civil será patrimonial, uma vez que a sanção consistirá na prestação de indenização, estimável economicamente. No caso da responsabilidade criminal, a imposição de pena dirige-se

---

[499] STJ, REsp 788.459/BA, Rel. Min. Fernando Gonçalves, 4ª Turma, j. 8-11-2005, *DJ* 13-3-2006.

a restrição da liberdade pessoal, embora possa também, em muitos casos, dirigir-se contra o patrimônio do criminoso (ex. multas de caráter penal). Tratando-se de uma pena pessoal, que ademais, em muitas situações, implica na restrição da liberdade, a exigência de elevado grau de certeza quanto aos fatos que fundamentem a imposição da pena torna imprescindível a verificação da culpa. Daí dizer-se que o processo penal se orienta pela busca da verdade real, ainda que, dado mesmo as dificuldades de conhecimento, pelo juiz, da verdade, senão de realidade mediada pelas provas produzidas no processo,[500] o conceito hoje seja discutido.

Distingue-se, contudo, por isso, a apuração da responsabilidade criminal, que ademais, na falta de provas, impõe a absolvição do réu, e a responsabilidade civil, cujo juízo de imputação, seja por regras de direito material que impõe ficções ou dispensa demonstração de certos fatos (assim, por exemplo, a responsabilidade independente de culpa). Daí a prevalência da decisão no processo penal, quando tiver nela conclusão sobre a existência do fato ou sobre sua autoria. Vale dizer: se na sentença criminal houver juízo definitivo, indicando a existência ou não do fato definido como crime, e que na apuração da responsabilidade civil seja identificado como causa do dano sofrido pela vítima, vincula a decisão do juízo no processo em que a vítima exerça sua pretensão à reparação. O mesmo se diga em relação à autoria. Definindo-se, no processo penal que determinada pessoa é o autor do fato definido como crime, ou o contrário, decidir-se que esta mesma pessoa não é a autora do fato (negativa de autoria), tais conclusões vinculam, igualmente, o processo em que a vítima postula reparação. Mas apenas nestes termos, ou seja, se o fato existiu ou não, se o réu foi ou não seu autor.

Todo o resto decidido no juízo criminal não vincula o juízo cível. Afinal, os elementos para definição do ilícito penal não serão os mesmos do ilícito civil. Mesmo a aferição da culpa, pode ocorrer do juízo criminal entender que determinada conduta do réu não é suficiente para lhe imputar a prática do crime; o juízo cível poderá, revisitando os fatos, entender preenchidas as condições para a imputação de responsabilidade. Todas as demais situações que possam ser reconhecidas no âmbito do processo penal, de regra podem ser revisitadas no âmbito civil, ou mesmo não terão repercussão.[501] É o caso, por exemplo, da absolvição por insuficiência de provas no processo penal, que pode permitir que os fatos seja novamente examinados no âmbito da ação de indenização. Ou a extinção do processo penal pelo advento da prescrição, que, cujos prazos e regras de contagem distinguem-se no âmbito civil.[502]

6.4. PRESCRIÇÃO DA PRETENSÃO DE INDENIZAÇÃO

O prazo para exercício da pretensão indenizatória é de três anos. Estabelece o art. 206, § 3º, V, do Código Civil que prescreve em três anos a pretensão de reparação civil. O termo inicial de contagem do prazo é o da data da lesão, conforme se extrai do disposto no art. 189 do Código Civil: "Violado o direito, nasce para o titular a pretensão, a qual se extingue, pela prescrição, nos prazos a que aludem os arts. 205 e 206".

---

[500] Michele Taruffo. Verità e probabilità nella prova dei fatti. Revista de processo, v. 154. São Paulo: RT, dez./2007, p. 207-222. As dificuldades ou mesmo impossibilidade de identificação da verdade real no processo não afasta a diferença relevante para efeito da distinção entre a responsabilidade civil e criminal. Trata-se, ademais, de oposição antiga no pensamento jurídico. Já na Idade Média, a oposição se punha entre uma denominada "verdade natural" e as ficções do Direito, cujo efeito seria uma tentativa de reorganizar a própria realidade. Neste sentido, veja-se: THOMAS, Yann. Les artifices de la vérité en droit commun médiéval. L'homme: Revue française d'anthropologie. n. 175-176. p. 113-130. Paris: Ehess, jul.-set. 2005.

[501] REsp 1732398/RJ, Rel. Min. Marco Aurélio Bellizze, 3ª Turma, j. 22/05/2018, *DJe* 01/06/2018.

[502] REsp 1642331/SP, Rel. Min. Nancy Andrighi, 3ª Turma, j. 24/04/2018, *DJe* 18/05/2018.

Há certo debate doutrinário a respeito de tratar-se o prazo prescricional previsto no art. 206, § 3º, V, comum às pretensões de reparação decorrentes da responsabilidade por danos em geral (por ilícitos absolutos, extracontratual) e as que tenham por causa o inadimplemento de obrigação pré-existente (por ilícitos relativos, contratual). Quem suscita a distinção argumenta pela ausência de identidade entre as situações, sendo a noção de reparação utilizada pelo Código Civil para as situações de responsabilidade em sentido estrito (extracontratual), como, por exemplo, os arts. 927, 932. Da mesma forma, o reconhecimento do prazo prescricional para a pretensão do credor às perdas e danos, no caso de inadimplemento, daria causa a certo descompasso entre as várias pretensões que lhe cabem. Exemplifica-se demonstrando que poderia exigir o cumprimento específico da prestação devida, ou mesmo o equivalente – na ausência de prazo prescricional específico previsto em lei – exercendo sua pretensão no prazo geral de dez anos previsto no art. 205 do Código Civil, porém as perdas e danos estaria confinado ao prazo menor de três anos, distinguindo dentre os efeitos decorrentes do inadimplemento. Da mesma forma, indica a diferença quanto aos efeitos, em matéria quanto à relevância do grau de culpa na responsabilidade contratual e sua irrelevância como regra na responsabilidade extracontratual, ou a definição do dies a quo para contagem do prazo prescricional, que no caso de responsabilidade extracontratual é a data do dano e nos casos de responsabilidade contratual poderá depender de interpelação prévia do devedor pelo credor.[503]

Em sentido diverso, o entendimento que confirma a incidência em comum do prazo prescricional de três anos para o exercício das pretensões de reparação tanto para quaisquer danos, tanto os que deem causa à responsabilidade em sentido estrito (extracontratual), quanto decorrente de inadimplemento (contratual), sustenta-se na interpretação ampla do vocábulo "reparação civil" do art. 206, § 3º, V, assim também como na diretriz de redução dos prazos prescricionais pelo Código Civil de 2002 com o objetivo de promover a segurança jurídica.

A jurisprudência dividiu-se no entendimento sobre o tema, parte confirmando o prazo prescricional de 3 anos independente da causa que dá origem à pretensão de reparação,[504] parte admitindo o prazo de dez anos, previsto no art. 205 do Código Civil, para a prescrição da pretensão às perdas e danos decorrentes do inadimplemento contratual.[505] Em 2018, a 2ª Seção do STJ reconheceu a distinção, entendendo pela incidência do prazo de dez anos para as pretensões decorrentes de inadimplemento contratual.[506] Prosseguindo a controvérsia, este entendimento veio a ser confirmado, contudo, por julgamento da Corte Especial do STJ, em 2019, nos Embargos de Divergência em Recurso Especial 1281594/SP, entre outros argumentos, pelo fato de que "o caráter secundário assumido pelas perdas e danos advindas do inadimplemento contratual, impõe seguir a sorte do principal (obrigação anteriormente assumida). Dessa forma, enquanto não prescrita a pretensão central alusiva à execução da obrigação contratual, sujeita ao prazo de 10 anos (caso não exista previsão de prazo diferenciado), não pode estar fulminado pela prescrição o provimento acessório relativo à responsabilidade civil atrelada ao descumprimento do pactuado".[507]

---

[503] MARTINS-COSTA, Judith; ZANETTI, Cristiano de Souza. *Responsabilidade contratual: prazo prescricional de dez anos*. Revista dos Tribunais, v.979. São Paulo: RT, maio/2017, p. 215-241. TARTUCE, Flávio. Manual de responsabilidade civil. São Paulo: Método, 2018, p. 1560.

[504] STJ, REsp 1281594/SP, Rel. Min. Marco Aurélio Bellizze, 3ª Turma, j. 22/11/2016, DJe 28/11/2016.

[505] STJ, REsp 1159317/SP, Rel. Min. Sidnei Beneti, 3ª Turma, j. 11/03/2014, *DJe* 18/03/2014; REsp 1280825/RJ, Rel. Min. Maria Isabel Gallotti, 4ª Turma, j. 21/06/2016, *DJe* 29/08/2016.

[506] STJ, EREsp 1280825/RJ, Rel. Min. Nancy Andrighi, 2ª Seção, j. 27.06.2018.

[507] "CIVIL E PROCESSUAL CIVIL. EMBARGOS DE DIVERGÊNCIA NO RECURSO ESPECIAL. DISSENSO CARACTERIZADO. PRAZO PRESCRICIONAL INCIDENTE SOBRE A PRETENSÃO DECORRENTE DA RESPONSABILIDADE CIVIL CONTRATUAL. INAPLICABILIDADE DO ART. 206, § 3º,

Incidem na fluência do prazo prescricional as hipóteses de impedimento, interrupção e suspensão do prazo prescricional. No caso da pretensão de reparação que tenha origem entre cônjuges, na constância da sociedade conjugal, não corre a prescrição até que ocorra sua dissolução. Da mesma forma a pretensão havida entre ascendentes e descendentes, durante o poder familiar, que não começará a fluir o prazo prescricional até sua extinção. Entre tutelados e curatelados, e seus tutores e curadores, não flui o prazo prescricional para exercício da pretensão à reparação enquanto durarem a tutela e a curatela (art. 197).

A pretensão de reparação de que seja titular absolutamente incapaz também não influirá enquanto perdurar esse estado. O mesmo se diga em relação aos ausentes do país em serviço público, enquanto perdurar a ausência, e aos que sirvam às Forças Armadas em tempo de guerra (art. 198).

O art. 200 do Código Civil, de sua vez, estabelece: "Quando a ação se originar de fato que deva ser apurado no juízo criminal, não correrá a prescrição antes da respectiva sentença definitiva".[508] No caso de danos, cuja ofensa caracterize-se também como crime, o art. 935 do Código Civil estabelece: "A responsabilidade civil é independente da criminal, não se podendo questionar mais sobre a existência do fato, ou sobre quem seja o seu autor, quando estas questões se acharem decididas no juízo criminal". Ou seja, justamente porque a decisão do juízo criminal sobre a autoria e materialidade do delito, quando existam, vincula o juízo cível na decisão sobre a reparação dos danos decorrentes do mesmo fato é que a lei estabelece o termo inicial do prazo prescricional com o trânsito em julgado da sentença penal condenatória. Trata-se de opção da vítima,[509] que poderá aguardar ou não, na medida em que, por exemplo, deseje aproveitar as provas que sejam produzidas no juízo criminal.

V, DO CÓDIGO CIVIL. SUBSUNÇÃO À REGRA GERAL DO ART. 205, DO CÓDIGO CIVIL, SALVO EXISTÊNCIA DE PREVISÃO EXPRESSA DE PRAZO DIFERENCIADO. CASO CONCRETO QUE SE SUJEITA AO DISPOSTO NO ART. 205 DO DIPLOMA CIVIL. EMBARGOS DE DIVERGÊNCIA PROVIDOS. I – Segundo a jurisprudência deste Superior Tribunal de Justiça, os embargos de divergência tem como finalidade precípua a uniformização de teses jurídicas divergentes, o que, in casu, consiste em definir o prazo prescricional incidente sobre os casos de responsabilidade civil contratual. II – A prescrição, enquanto corolário da segurança jurídica, constitui, de certo modo, regra restritiva de direitos, não podendo assim comportar interpretação ampliativa das balizas fixadas pelo legislador. III – A unidade lógica do Código Civil permite extrair que a expressão 'reparação civil' empregada pelo seu art. 206, § 3º, V, refere-se unicamente à responsabilidade civil aquiliana, de modo a não atingir o presente caso, fundado na responsabilidade civil contratual. IV – Corrobora com tal conclusão a bipartição existente entre a responsabilidade civil contratual e extracontratual, advinda da distinção ontológica, estrutural e funcional entre ambas, que obsta o tratamento isonômico. V – O caráter secundário assumido pelas perdas e danos advindas do inadimplemento contratual, impõe seguir a sorte do principal (obrigação anteriormente assumida). Dessa forma, enquanto não prescrita a pretensão central alusiva à execução da obrigação contratual, sujeita ao prazo de 10 anos (caso não exista previsão de prazo diferenciado), não pode estar fulminado pela prescrição o provimento acessório relativo à responsabilidade civil atrelada ao descumprimento do pactuado. VI – Versando o presente caso sobre responsabilidade civil decorrente de possível descumprimento de contrato de compra e venda e prestação de serviço entre empresas, está sujeito à prescrição decenal (art. 205, do Código Civil). Embargos de divergência providos" (STJ, EREsp 1281594/SP, Rel. Min.Benedito Gonçalves, Rel. p/ Ac. Min. Felix Fischer, Corte Especial, j. 15/05/2019, *DJe* 23/05/2019).

[508] STJ, REsp 1704525/AP, Rel. Min. Nancy Andrighi, 3ª Turma, j. em 12/12/2017, *DJe* 18/12/2017; REsp 1631870/SE, Rel. Min. Ricardo Villas Bôas Cueva, 3ª Turma, j. 10/10/2017, *DJe* 24/10/2017; AgRg no AREsp 822.399/SP, Rel. Min. Marco Aurélio Bellizze, 3ª Turma, j. 17/03/2016, *DJe* 05/04/2016. Em situação na qual não houve a instauração do processo penal, decidiu o STJ por tomar como dies a quo do prazo prescricional o do arquivamento do inquérito policial: STJ, REsp 1306441/SP, Rel. Min. Og Fernandes, 2ª Turma, j. 10/11/2015, *DJe* 18/11/2015.

[509] REsp 1660182/GO, Rel. Min, Nancy Andrighi, 3ª Turma, j. 20/03/2018, *DJe* 23/03/2018.

O Código de Processo Penal faculta ao juiz, inclusive, a suspensão do curso da ação civil, com a finalidade de aguardar a decisão do juízo criminal (art. 64). Essa faculdade deve ser exercida, contudo, apenas quando para a decisão sobre a ação de indenização dependa-se necessariamente da existência do fato definido como crime.[510] Ou seja, exige-se a prejudicialidade entre a esfera criminal e a esfera cível, o que se demonstra com a existência de inquérito policial ou instauração da ação penal respectiva.[511]

Tratando-se de relação de consumo, contudo, o prazo prescricional para exercício da pretensão de indenização, por danos decorrentes de produtos e serviços, tem sua disciplina no art. 27 do Código de Defesa do Consumidor. Estabelece a norma: "Prescreve em cinco anos a pretensão à reparação pelos danos causados por fato do produto ou do serviço prevista na Seção II deste Capítulo, iniciando-se a contagem do prazo a partir do conhecimento do dano e de sua autoria".

A diferença fundamental entre os prazos para exercício da pretensão de reparação pelo Código Civil e pelo Código de Defesa do Consumidor não reside apenas na sua *extensão* (3 e 5 anos, respectivamente), mas igualmente em relação ao *termo inicial de contagem*. Enquanto na pretensão civil o termo inicial será, como regra, o da *violação do direito da vítima*, no art. 27 do Código de Defesa do Consumidor, prevê-se a fluência do prazo a partir do *conhecimento pelo consumidor, do dano e de sua autoria*.

A opção da lei brasileira visando à proteção dos consumidores distingue-se da solução adotada pela Diretiva europeia 85/374/CEE, que lhe serviu de inspiração. Nesta, o termo

---

[510] Há precedentes do STJ, contudo, admitindo a possibilidade sobrestamento do processo, quando no juízo criminal, a defesa fundamente-se na legítima defesa do ofensor. Neste sentido, veja-se: "Suspensão do processo. Justifica-se sustar o curso do processo civil, para aguardar o desfecho do processo criminal, se a defesa se funda na alegação de legítima defesa, admissível em tese. Dano moral. Resultando para os pais, de quem sofreu graves lesões, consideráveis padecimentos morais, têm direito a reparação. Isso não se exclui em razão de o ofendido também pleitear indenização a esse título. Responsabilidade civil. Pais. Menor emancipado. A emancipação por outorga dos pais não exclui, por si só, a responsabilidade decorrente de atos ilícitos do filho" (STJ, REsp 122573/PR, Rel. Min. Eduardo Ribeiro, 3ª Turma, j. 23-6-1998, DJ 18-12-1998). No mesmo sentido: "RECURSO ESPECIAL – PROCESSUAL CIVIL – AÇÃO PENAL E CORRESPONDENTE AÇÃO DE INDENIZAÇÃO – ART. 110, DO CPC – SUSPENSÃO DO PROCESSO – POSSIBILIDADE – PRAZO MÁXIMO – ART. 265, § 5º, DO CPC. Na hipótese em que, tanto na ação penal, como na correspondente ação indenizatória, o argumento de defesa consubstancia-se na alegação de ter-se agido em legitima defesa, resta evidenciada a possibilidade de decisões contraditórias no tocante a essa excludente de ilicitude, pelo que se justifica a suspensão do processo civil, nos termos do art. 110, do CPC. O prazo de tal suspensão não poderá exceder um ano (art. 265, § 5º, do CPC). Recurso Especial a que se dá provimento" (STJ, REsp 282.235/SP, Rel. Min. Nancy Andrighi, 3ª Turma, j. 19-12-2000, DJ 9-4-2001).

[511] "Recurso especial. Responsabilidade civil. Acidente de trânsito. Prescrição da pretensão indenizatória. Suspensão prevista no artigo 200 do Código Civil. Necessidade de instauração de inquérito policial ou de ação penal. Inaplicabilidade da regra ao caso. 1. Ação de reparação de danos derivados de acidente de trânsito ocorrido em 26 de agosto de 2002 proposta apenas em 07 de fevereiro de 2006, ensejando o reconhecimento pela sentença da ocorrência da prescrição trienal do art. 206 do CC. 2. Reforma da sentença pelo acórdão recorrido, aplicando a regra do art. 200 do CC de 2002. 3. Inaplicabilidade da regra do art. 200 do CC/2002 ao caso, em face da inocorrência de relação de prejudicialidade entre as esferas cível e criminal, pois não instaurado inquérito policial ou iniciada ação penal. 4. Interpretação sistemática e teleológica do art. 200 do CC/2002, com base na doutrina e na jurisprudência cível e criminal desta Corte. 5. Recurso especial provido" (STJ, REsp 118.0237/MT, Rel. Min. Paulo de Tarso Sanseverino, 3ª Turma, j. 19-6-2012, DJe 22-6-2012). No mesmo sentido: REsp 1.135.988/SP, Rel. Min. Luis Felipe Salomão, 4ª Turma, j. 8-10-2013, DJe 17-10-2013; e REsp 996.722/MG, Rel. Min. José Delgado, 1ª Turma, j. 20-11-2007, DJ 10-12-2007.

inicial do prazo prescricional se dá quando o lesado "teve ou devia ter tido conhecimento do dano, do defeito e da identidade do produtor" (art. 10 da Diretiva).

Note-se que não basta ter conhecimento do *dano*, mas é necessário também que se conheça sua *autoria*, o que importa saber para efeito de determinar contra quem exercerá sua pretensão reparatória. A prescrição como fenômeno extintivo da pretensão sustenta-se no conhecido adágio romano *dormientibus ius non sucurrit* (o direito não socorre aos que dormem). No caso, tratou o legislador do CDC de estabelecer a certeza da possibilidade real de exercício da pretensão (consciência do dano e de sua autoria), para então estabelecer critério de início da fluência do prazo prescricional.

Ocorre, contudo, que o conhecimento do dano não assegura que o consumidor-vítima de um acidente de consumo esteja consciente de que este tenha se dado em razão de um defeito imputável ao fornecedor. Eventual identificação da existência do defeito e sua extensão poderão depender de longas investigações,[512] período em que o consumidor, embora já possa ingressar com a ação reparatória, não possuirá, necessariamente, ainda, todas as informações para fundamentar o correto exercício dessa pretensão. Daí por que surge o entendimento, defendido por autores de destaque, indicando o conhecimento do defeito como requisito implícito, ao lado do conhecimento do dano e da autoria, já expressos no art. 27, para a determinação do termo inicial da contagem do prazo prescricional.[513]

Já para a ação de regresso, a que faça jus o fornecedor que pagou a indenização contra o causador do dano (art. 13, parágrafo único, do Código de Defesa do Consumidor), a definição do prazo prescricional, em relação que envolverá dois fornecedores, será cumprida às regras estabelecidas pelo Código Civil.

6.5. SEGURO DE RESPONSABILIDADE CIVIL

A expansão das situações que dão causa à responsabilidade civil tem por efeito também o desenvolvimento significativo de soluções que permitam mensurar e prevenir sua repercussão econômica, tanto daqueles que possam ser responsabilizados pelo dever de indenizar, quanto das próprias vítimas. É neste contexto que ganha importância o contrato de seguro de responsabilidade civil, visando garantir o interesse econômico do segurado que se envolva em situações nas quais lhe seja imputável a responsabilidade pela indenização, sem prejuízo de situações nas quais ele próprio seja vítima de danos causados por terceiros (seguro de dano).

A função econômica e social do contrato de seguro, conforme se sabe, é a garantia de interesses legítimos do segurado em relação a riscos predeterminados (art. 757 do Código Civil vigente).[514] A consagração do seguro de responsabilidade civil no direito brasileiro, contudo, enfrentou alguns debates, hoje superados.

Na vigência do Código Civil anterior, alguma dúvida surgia quanto à possibilidade de contratar-se o seguro de responsabilidade civil, a partir da interpretação literal do art. 1.436,

---

[512] Paulo de Tarso Sanseverino cita o exemplo da queda de um avião, cujas causas do acidente só poderão ser precisadas após longas investigações dos órgãos competentes. SANSEVERINO, Paulo de Tarso Vieira. *Responsabilidade civil no Código do Consumidor e a defesa do fornecedor*, cit., p. 300.

[513] Neste sentido sustentam: ROCHA, Sílvio Luís Ferreira da. *Responsabilidade civil do fornecedor pelo fato do produto no direito brasileiro*. São Paulo: RT, 1992, p. 114; SANSEVERINO, Paulo de Tarso Vieira. *Responsabilidade civil no Código do Consumidor e a defesa do fornecedor*, cit., p. 300.

[514] MIRAGEM, Bruno. O direito dos seguros no sistema jurídico brasileiro. Uma introdução. In: MIRAGEM, Bruno; CARLINI, Angélica (Orgs.). *Direito dos seguros*: fundamentos de direito civil, direito empresarial e direito do consumidor. São Paulo: RT, 2014, p. 25 e ss.

que dispunha: "Nulo será este contrato, quando o resto, de que se ocupa, se filiar a atos ilícitos do segurado, do beneficiado pelo seguro, ou dos representantes e propostos, quer de um, quer do outro." Considerando-se que muitas das situações que dão causa a danos indenizáveis originam-se de atos ilícitos dos seus causadores, a regra do Código Civil revogado poderia ser tomada como causa de impossibilidade da contratação desta espécie de seguro. A rigor, em termos conceituais o seguro de responsabilidade civil, nos diferente sistemas jurídicos, sempre foi desafiado pela dúvida de que, ao garantir o segurado em relação às consequências patrimoniais de um dano a que der causa, não estaria estimulando seu próprio comportamento lesivo.[515] Contudo, a interpretação prevalente, inclusive com fundamento em um dos preceitos básicos do seguro – a obrigação do segurado de não agravar os riscos (art. 1.454 do Código Civil/1916; art. 768 do Código Civil/2002) – admitiu desde logo a possibilidade da contratação do seguro de responsabilidade civil para reparação de danos causados por ilícitos culposos (por negligência ou imprudência), excluindo-se apenas os ilícitos dolosos (decorrentes da ação voluntária do segurado que dá causa ao dano).

O seguro de responsabilidade civil, atualmente, tem expressa previsão no art. 787 do Código Civil, que refere: "No seguro de responsabilidade civil, o segurador garante o pagamento de perdas e danos devidos pelo segurado a terceiro." Cumpre ao segurado comunicar ao segurador sobre as consequências de seus atos que possam dar causa a responsabilidade incluída na garantia, assim como, no caso de ser demandado em ação judicial. Não poderá, contudo, reconhecer a responsabilidade, indenizar diretamente, tampouco celebrar transação com o credor da indenização, sem a anuência expressa do segurador.

Atualmente, são duas as funções principais do seguro de responsabilidade civil, e que por isso interessam à compreensão da própria disciplina da responsabilidade civil: tem função de garantia do patrimônio do causador do dano em relação às consequências patrimoniais de sua responsabilização. É a função tradicional, vinculada ao interesse de preservação do patrimônio do segurado. Deve ser compreendida admitindo a possibilidade de serem ajustadas coberturas para todas as despesas que decorram de eventual responsabilização, não apenas da indenização devida à vítima, mas outras despesas que possam surgir do fato, como a própria contratação de advogados para defesa judicial, por exemplo. Neste particular, considerando que o interesse é de preservação do patrimônio do segurado, não deve ter mais lugar, ao contrário do defendido pela doutrina tradicional, o entendimento de que apenas cumpriria ao segurador reembolsar as despesas efetivamente realizadas pelo segurado. A chamada "teoria do reembolso", neste particular, perde espaço para a compreensão mais ampla da noção de garantia do interesse,[516] que em perspectiva individual, vinculada ao próprio objeto do contrato, é o de preservação do patrimônio do segurado. Nesta perspectiva, condicionar-se à prestação do segurador ao efetivo desembolso de valores pelo segurado contrapõe-se a noção de preservação do patrimônio e mesmo, na elevação de custos em face da sucessão de atos de desembolso e reembolso. Trata-se, a rigor, de identificar-se quando se realiza o sinistro, ou seja, a realização do risco em relação ao qual o interesse do segurado é garantido. Em termos

---

[515] CHAGNY, Muriel; PEDRIX, Louis. Droit des assurances. Paris: LGDJ, 2009, p. 337. No direito brasileiro, veja-se, dentre outros: POLIDO, Walter A. *Seguros de responsabilidade civil. Manual prático e teórico*. Curitiba: Juruá, 2013, p. 143.

[516] Criticando a "teoria do reembolso", a doutrina observa ainda que, independentemente de muitas apólices preverem a obrigação de reembolso do segurado, em termos práticos a regra é dos seguradores realizarem o pagamento diretamente às vítimas: TZIRULNIK, Ernesto; CAVALCANTI, Flávio de Queiroz B.; PIMENTEL, Ayrton. *O contrato de seguro de acordo com o Código Civil brasileiro*. 3ª ed. São Paulo: IBDS/Roncarati, 2016, p. 210.

didáticos, são quatro as possibilidades identificadas pela doutrina:[517] a) quando haja o pagamento da indenização pelo segurado à vítima (o que fundamenta a "teoria do reembolso"); b) no momento da liquidação do dano; c) desde o momento em que surge a dívida, quando da ocorrência do fato danoso; d) a partir do exercício da pretensão de reparação da vítima. Deve acolher-se esta última hipótese, afinal, apenas se cogita de responsabilidade civil, em vista do exercício da pretensão de reparação dos danos sofridos pela vítima.

Porém, uma segunda função do seguro de responsabilidade civil merece ainda mais destaque, que é sua eficácia em relação às vítimas, e neste sentido a toda comunidade. Uma das grandes inovações da teoria contratual contemporânea, com atenção na legislação vigente, é o reconhecimento de que os efeitos do contrato que não se restringem apenas às partes (relatividade dos efeitos contratuais), porém podem repercutir também sobre o interesse de terceiros. Isso implica no reconhecimento, tanto do dever de abstenção de um terceiro, para que não incentive ou dê causa ao inadimplemento de contrato do qual não seja parte, quanto a extensão de efeitos da prestação contratual em favor do interesse de terceiro. Tal como ocorre em situações previstas pela legislação no tocante à estipulação em favor de terceiros, também o cumprimento de certos contratos pode representar uma vantagem ao patrimônio mesmo de quem não seja parte dele. No caso do seguro de responsabilidade civil, isso passou a ser identificado em relação à vítima de danos causados por um segurado, hipótese em que a garantia estipulada no contrato, embora tenha em vista imediatamente o interesse do segurado na preservação do seu patrimônio, também tem por efeito socialmente útil assegurar a indenização da vítima. Compreender-se esta segunda função do seguro de responsabilidade civil tem especial relevância nas situações em que o segurado não tenha condições patrimoniais de indenizar a vítima. Na visão tradicional, não havendo indenização do causador do dano/segurado em favor da vítima, não existiria obrigação do segurador em cumprir a garantia, considerando que esta seria apenas de reembolso das despesas feitas pelo segurado, de modo que, apesar de haver seguro, à seguradora não cumpriria a obrigação de indenizar. Será o próprio desenvolvimento da responsabilidade civil com atenção à prioridade do interesse das vítimas que demandará do seguro a extensão de sua eficácia, não apenas de proteção do patrimônio do segurado, mas também de ressarcimento daqueles que sofreram dano.

A partir desta dupla função do seguro de responsabilidade civil, um novo entendimento passa a sustentar a existência de pretensão da vítima diretamente contra o segurador, independentemente da posição do segurado-causador do dano,[518] o que é admitido em muitos

---

[517] ROTTMAN, Horacio. *El seguro de la responsabilidad civil*. Córdoba: Lerner, 1974, p. 124 e ss; VINEY, Geneviève; JOURDAIN, Patrice. Les effets de la responsabilité. *Traité de droit civil*. 3ª ed. Paris: LGDJ, 2010, p. 838 e ss.

[518] Assim, inclusive, o entendimento aprovado na VI Jornada de Direito Civil, que dá origem ao enunciado 544, com a seguinte redação: "O seguro de responsabilidade civil facultativo garante dois interesses, o do segurado contra os efeitos patrimoniais da imputação de responsabilidade e o da vítima à indenização, ambos destinatários da garantia, com pretensão própria e independente contra a seguradora." Na justificativa do enunciado em questão, sustenta-se: "No seguro de responsabilidade civil, o segurado paga o prêmio à seguradora a fim de garantir eventual indenização a terceiro por danos causados. De tal sorte, a vítima tem legitimidade para pleitear diretamente do segurador o pagamento da indenização ou concomitantemente com o segurado. Há, portanto, uma estipulação em favor de terceiro, que somente será determinado se ocorrer o sinistro, tendo em vista a álea presente nesse contrato. Permite-se concluir que o seguro de responsabilidade civil facultativo garante dois interesses, o do segurado contra os efeitos patrimoniais da imputação de responsabilidade e o da vítima à indenização, ambos destinatários da garantia, com pretensão própria e independente contra a seguradora." Veja-se, igualmente: PIMENTA, Melisa Cunha. *Seguro de responsabilidade civil*. São Paulo: Atlas, 2010, p. 108.

sistemas jurídicos.[519] No direito brasileiro, a jurisprudência, admitirá esta possibilidade em hipóteses muito restritas, como quando haja o reconhecimento da culpa pelo segurado causador do dano.[520] Contudo, o entendimento jurisprudencial prevalente é o do descabimento da ação direta, conforme refere a Súmula 529 do STJ: "No seguro de responsabilidade civil facultativo, não cabe o ajuizamento de ação pelo terceiro prejudicado direta e exclusivamente em face da seguradora do apontado causador do dano".[521] Ademais pelo fato de que frente ao contrato de seguro de responsabilidade civil, é pressuposto da obrigação de indenizar ou, mesmo de garantia pelo segurador, a existência de responsabilização do segurado pelo dano.[522] A Súmula 537, do STJ, dispõe que "em ação de reparação de danos, a seguradora denunciada, se aceitar a denunciação ou contestar o pedido do autor, pode ser condenada, direta e solidariamente junto com o segurado, ao pagamento da indenização devida à vítima, nos limites contratados na apólice".[523]

---

[519] VINEY, Geneviève; JOURDAIN, Patrice. Les effets de la responsabilité. *Traité de droit civil.* 3ª ed. Paris: LGDJ, 2010, p. 894 e ss; CHAGNY, Muriel; PEDRIX, Louis. *Droit des assurances.* Paris: LGDJ, 2009, p. 363-364; ROITMAN, Horacio. *El seguro de la responsabilidad civil.* Córdoba: Lerner, 1974, p. 185-186.

[520] "RECURSO ESPECIAL. CIVIL E PROCESSUAL CIVIL. SEGURO DE AUTOMÓVEL. GARANTIA DE RESPONSABILIDADE CIVIL. ACIDENTE DE TRÂNSITO. TERCEIRO PREJUDICADO. AÇÃO DE REPARAÇÃO DE DANOS. INCLUSÃO ÚNICA DA SEGURADORA. POSSIBILIDADE. SEGURADO. CAUSADOR DO SINISTRO. ADMISSÃO DO FATO. ACIONAMENTO DA APÓLICE. PAGAMENTO NA ESFERA ADMINISTRATIVA. OBJETO DA LIDE. VALOR DA INDENIZAÇÃO SECURITÁRIA. 1. Recurso especial interposto contra acórdão publicado na vigência do Código de Processo Civil de 1973 (Enunciados Administrativos nºs 2 e 3/STJ). 2. Cinge-se a controvérsia a saber se a vítima de acidente de trânsito (terceiro prejudicado) pode ajuizar demanda direta e exclusivamente contra a seguradora do causador do dano quando reconhecida, na esfera administrativa, a responsabilidade dele pela ocorrência do sinistro e paga, a princípio, parte da indenização securitária. 3. A Segunda Seção do Superior Tribunal de Justiça consagrou o entendimento de que, no seguro de responsabilidade civil facultativo, descabe ação do terceiro prejudicado ajuizada direta e exclusivamente contra a seguradora do apontado causador do dano (Súmula nº 529/STJ). Isso porque a obrigação da seguradora de ressarcir danos sofridos por terceiros pressupõe a responsabilidade civil do segurado, a qual, de regra, não poderá ser reconhecida em demanda em que não interveio, sob pena de vulneração do devido processo legal e da ampla defesa. 4. Há hipóteses em que a obrigação civil de indenizar do segurado se revela incontroversa, como quando reconhece a culpa pelo acidente de trânsito ao acionar o seguro de automóvel contratado, ou quando firma acordo extrajudicial com a vítima obtendo a anuência da seguradora, ou, ainda, quando esta celebra acordo diretamente com a vítima. Nesses casos, mesmo não havendo liame contratual entre a seguradora e o terceiro prejudicado, forma-se, pelos fatos sucedidos, uma relação jurídica de direito material envolvendo ambos, sobretudo se paga a indenização securitária, cujo valor é o objeto contestado. 5. Na pretensão de complementação de indenização securitária decorrente de seguro de responsabilidade civil facultativo, a seguradora pode ser demandada direta e exclusivamente pelo terceiro prejudicado no sinistro, pois, com o pagamento tido como parcial na esfera administrativa, originou-se uma nova relação jurídica substancial entre as partes. Inexistência de restrição ao direito de defesa da seguradora ao não ser incluído em conjunto o segurado no polo passivo da lide. 6. Recurso especial provido" (STJ, REsp 1584970/MT, Rel. Min. Ricardo Villas Bôas Cueva, 3ª Turma, j. 24/10/2017, *DJe* 30/10/2017).

[521] STJ, Súmula 529, 2ª Seção, j. 13/05/2015, *DJe* 18/05/2015.

[522] "PROCESSUAL CIVIL. RECURSO ESPECIAL REPRESENTATIVO DE CONTROVÉRSIA. ART. 543-C DO CPC. AÇÃO DE REPARAÇÃO DE DANOS AJUIZADA DIRETA E EXCLUSIVAMENTE EM FACE DA SEGURADORA DO SUPOSTO CAUSADOR. DESCABIMENTO COMO REGRA. 1. Para fins do art. 543-C do CPC: 1.1. Descabe ação do terceiro prejudicado ajuizada direta e exclusivamente em face da Seguradora do apontado causador do dano. 1.2. No seguro de responsabilidade civil facultativo a obrigação da Seguradora de ressarcir danos sofridos por terceiros pressupõe a responsabilidade civil do segurado, a qual, de regra, não poderá ser reconhecida em demanda na qual este não interveio, sob pena de vulneração do devido processo legal e da ampla defesa. 2. Recurso especial não provido" (STJ, REsp 962.230/RS, Rel. Min. Luis Felipe Salomão, 2ª Seção, j. 08/02/2012, *DJe* 20/04/2012).

[523] STJ, Súmula 537, 2ª Seção, j. 10/06/2015, *DJe* 15/06/2015.

São modalidades de seguros de responsabilidade civil os relativos a operações comerciais ou industriais, a danos causados por produtos, obras civis, ou serviços de instalação ou montagem de máquinas e equipamentos, de responsabilidade do empregador pelos danos causados por empregados, os decorrentes de acidentes automobilísticos, de riscos profissionais, poluição ambiental, dentre outros.

A estruturação dos contratos de seguro de responsabilidade civil, de sua vez, compreendem basicamente duas espécies de apólices: a) aquelas em que o fato danoso a cuja cobertura securitária se refira, deva ocorrer durante a vigência do contrato (*occurrence basis*), não importando em que momento o lesado venha a reclamar eventual indenização, desde que observado o prazo prescricional em vigor; e b) aquelas em que estão cobertas pela garantia a responsabilidade pelos danos cujas reclamações sejam feitas pelo lesado durante a vigência da apólice ou de período nela fixado (*claims made basis*).

Em qualquer caso, contudo, a responsabilidade do segurador será limitada aos valores definidos no contrato de seguro, bem como serão considerados cobertos os danos decorrentes das situações descritas na apólice, que é o instrumento contratual típico do seguro. Por outro lado, no tocante à disciplina do agravamento do risco que pode dar causa à perda do direito à garantia, o entendimento prevalente é o de que "a cláusula de exclusão de cobertura pelo agravamento do risco em seguro de responsabilidade civil é ineficaz perante o terceiro inocente, vítima do sinistro".[524]

---

[524] STJ, REsp 1738247/SC, Rel. Min. Ricardo Villas Bôas Cueva, 3ª Turma, j. 27/11/2018, *DJe* 10/12/2018; STJ, AgInt no AgInt no REsp 1835675/MG, Rel. Min. Paulo de Tarso Sanseverino, 3ª Turma, j. 24/08/2020, *DJe* 28/08/2020.

Segunda Parte

SITUAÇÕES ESPECIAIS DE RESPONSABILIDADE CIVIL

Capítulo 1
RESPONSABILIDADE DO ESTADO POR DANOS AOS PARTICULARES

Cumpre ao Estado exercer uma série de atividades em favor do interesse público. Conforme ensina Ruy Cirne Lima, a relação de administração tem finalidade cogente.[1] Esta é a realização do interesse público. No exercício de suas atividades, contudo, o Estado pode vir a dar causa a danos aos particulares. A responsabilidade do Estado por danos causados a particulares sempre foi objeto de sensível debate: originalmente, para definir sua exata caracterização, natureza e extensão; depois, para definir sua exata localização, entre os limites do direito civil e do direito administrativo.[2] O fato é que a responsabilidade do Estado por danos aos particulares converge, atualmente, para a própria noção de Estado de Direito que se perfaz com reconhecimento de limites efetivos ao poder da autoridade pública.

Entende-se a responsabilidade do Estado, em verdade, também, como responsabilidade da Administração Pública. A expressão "responsabilidade do Estado", todavia, é mais abrangente, uma vez que se refere tanto àquela afeta à Administração direta e a seus diversos órgãos quanto às entidades que integram a Administração Indireta, aí compreendidas as fundações públicas, as empresas públicas e as sociedades de economia mista, e, da mesma forma, os danos causados pelo exercício das competências conferidas aos demais poderes, Legislativo e Judiciário.

Historicamente, o reconhecimento da responsabilidade do Estado por danos a particulares observa gradual processo de evolução. Originalmente, ao tempo do Estado absoluto e infenso a qualquer espécie de controle dos governantes, vigorava o entendimento da ausência de responsabilidade por danos causados aos particulares, tornada célebre pela famosa máxima de infalibilidade do soberano: "The king can do no wrong", ou ainda a que subordina a vontade do Estado a do soberano: "quod principex placuit habit legis vigorem". Nesse sentido, para o soberano, nem as leis nem os direitos dos particulares ousam constituir limites ao seu poder, uma vez que assume a posição de um livre criador do Direito (*freier Rechtschöpfer*).[3]

Nesse cenário, a irresponsabilidade do Estado afirmava-se pelo reconhecimento da desigualdade entre o Estado e os particulares, assim como porque o Direito representava o próprio Estado, que, por isso, não podia violá-lo. E se, caso violação houvesse, partiria dos

---

[1] CIRNE LIMA, Ruy. *Princípios de direito administrativo*. São Paulo: RT, 1987, p. 51.
[2] Saber se a matéria é objeto do direito civil ou do direito administrativo trata-se de questão de reduzida relevância prática. É uma obviedade que a responsabilidade do Estado é matéria objeto do direito administrativo por tratar-se de relação de administração. Porém, notória é a dependência do exame da matéria de fundamentos tradicionalmente desenvolvidos no âmbito do direito privado, e que nele ainda hoje têm sua sede, como o são os pressupostos da responsabilidade por danos, suas excludentes, entre outros temas essenciais à exata compreensão da questão.
[3] CANOTILHO, José Joaquim Gomes. *O problema da responsabilidade do Estado por atos lícitos*. Coimbra: Almedina, 1974, p. 35.

funcionários do Estado, e não dele próprio, razão pela qual a responsabilidade pessoal do agente não induziria a do Estado.[4]

Por outro lado, a obrigação de indenização pelo Estado tem sua origem não na relação tradicional de responsabilidade por atos ilícitos, senão como prestação devida em razão da intervenção lícita na propriedade dos particulares, em reparação da perda a que porventura deu causa em razão disso.[5] Gradualmente, os diversos sistemas jurídicos passaram a reconhecer hipóteses tópicas de responsabilidade do Estado por danos causados aos particulares, do que é exemplo a Lei de 28 pluvioso do ano VIII (1800), que, ao dispor sobre a organização administrativa francesa, previu a responsabilidade do funcionário por dano que por dolo ou culpa tivesse dado causa. Da mesma forma a previsão da Constituição de Baviera de 1818, fundada na *culpa in eligendo*, no caso do emprego de pessoa notoriamente inabilitada ou desonesta",[6] do que resulta série de situações no direito alemão, ora reputando ao Estado a responsabilidade pelos atos do funcionário, ora responsabilizando exclusivamente este agente.[7]

No direito brasileiro, a irresponsabilidade do Estado foi consagrada originalmente no art. 99 da Constituição de 1824, relativamente ao Imperador. Esta, todavia, em seu art. 156, definiu a responsabilidade de juízes e oficiais de justiça por abuso de poder e, no art. 179, XXIX, previu a responsabilidade pessoal dos empregados públicos ("Os Empregados Publicos são strictamente responsaveis pelos abusos, e omissões praticadas no exercicio das suas funcções, e por não fazerem effectivamente responsaveis aos seus subalternos"), de modo que se percebe, desde então, um abrandamento na concepção mais radical da teoria da irresponsabilidade do Estado.

É considerado influente para a afirmação da responsabilidade do Estado por danos aos particulares o conhecido *arrêt Blanco*, de 1873,[8] considerado um dos fundamentos do direito administrativo na França, a partir do qual a jurisprudência reconheceu responsabilidade do Estado pela falha na prestação de serviço público,[9] vindo a evoluir no sentido da responsabilidade pelo risco,[10] distinguindo a responsabilidade pessoal do funcionário e a falta do serviço (*arrêt Pelletier*, também de 1873)[11] com grande contribuição no direito brasileiro. Com o caso, que envolvia danos causados a uma criança atingida por uma carroça movida por quatro funcionários de uma fábrica de tabaco de Bordeaux, gerida pelo Estado, foi reconhecida a responsabilidade do Estado pelos danos causados em razão da prestação de serviço público. E o Conselho de Estado, órgão declarado competente para decidir a questão, concedeu, em decisão de 1874, uma renda anual à vítima.

Por outro lado, o caso Blanco teve por resultado, igualmente, a distinção dos atos do Estado entre os de gestão e os de autoridade. Nesse caso, os atos de gestão seriam aqueles em

---

[4] CAHALI, Yussef Sahid. *Responsabilidade civil do Estado*. 3. ed. São Paulo: RT, 2007.
[5] MAURER, Hartmut. *Direito administrativo geral*. Tradução de Luis Afonso Heck. Barueri: Manole, 2002, p. 780. No direito brasileiro, entre outros: ZANCANER, Weida. *Da responsabilidade extracontratual da administração pública*. São Paulo: RT, 1981, p. 34-35.
[6] PONTES DE MIRANDA, F. C. *Tratado de direito privado*. Atualizador: Rui Stoco. São Paulo: RT, 2012, v. LIII, p. 547-548.
[7] MAURER, Hartmut. *Direito administrativo geral*, cit., p. 732.
[8] LONG, Marceau; WEIL, Prosper; BRAIBANT, Guy; DELVOLVÉ, Pierre; GENEVOIS, Bruno. *Les grands arrêts de la jurisprudence administrative*. 16. ed. Paris: Dalloz, 2007, p. 1 e s.
[9] CHAPUS, René. *Responsabilité publique et responsabilité privée. Les influences réciproques des jurisprudences administratif et judiciaire*. Paris: LGDJ, 1954, p. 86.
[10] DUGUIT, Leon. *Les transformations générales du droit privé depuis le Code Napoléon*. 2. ed. Paris: Libraire Félix Alcan, 1920, p. 144-145.
[11] LONG, Marceau et al. *Les grands arrêts de la jurisprudence administrative*, cit., p. 8 e s.

que o Estado atuaria na administração de seu patrimônio, e pelo qual estaria submetido à responsabilidade por danos aos particulares, enquanto os atos de soberania, característicos do exercício do poder pelo Estado, permaneceriam protegidos pela irresponsabilidade do governante. Da mesma forma, a responsabilidade pela culpa do agente é relativizada, originando-se a noção de culpa pela falta do serviço (*faute du service*), em vista da prestação de um serviço público inadequado, tardio ou irregular.

No direito alemão, o § 839 do BGB de 1900 estabeleceu a responsabilidade do funcionário por violação de seus deveres funcionais (*Haftung bei Amtspflichtverletzung*), ao qual seguiu-se o art. 131 da Constituição de Weimar, que estabelece que, quando o funcionário viola seus deveres funcionais, o Estado ou o órgão a serviço do qual esteja deverá responder pelos danos que vier a causar. E, da mesma forma, o art. 34 da Lei Fundamental, ora vigente, reproduz o preceito, ao referir: "Se uma pessoa, no exercício de um cargo público que lhe foi confiado, infringir em relação a terceiros os deveres que o cargo lhe impõe, a responsabilidade recai, em princípio, sobre o Estado ou órgão público ao qual esta pessoa esteja servindo. No caso de falta intencional ou negligência grave, preserva-se o direito de regresso. Para reivindicações de indenização e para o exercício do direito de regresso não poderá ser excluída a via judicial ordinária".

No *common law*, a responsabilidade do Estado por danos a particulares, de rigor, só foi admitida mais recentemente. Nos Estados Unidos, por intermédio do Federal Torts Claims Act, de 1946. Na Inglaterra, pelo Crown Proceeding Act, de 1947.[12]

O direito brasileiro, de sua vez, jamais pré-excluiu a responsabilidade do Estado pelos danos causados por seus agentes.[13] Assim, mencionem-se os arts. 156 e 179, § 29, da Constituição de 1824; os arts. 82 e 83 da Constituição de 1891; o art. 171, *caput* e §§ 1º e 2º, da Constituição de 1934; o art. 158 da Constituição de 1937; o art. 194 da Constituição de 1946, em que se mencionou pela primeira vez a responsabilidade das pessoas jurídicas de direito público; o art. 107 da Constituição de 1967, com a redação da Emenda n. 1/69, até o advento da Constituição de 1988, vigente, que em seu art. 37, § 6º, estabelece, de modo amplo: "As pessoas jurídicas de direito público e as de direito privado prestadoras de serviços públicos responderão pelos danos que seus agentes, nessa qualidade, causarem a terceiros, assegurado o direito de regresso contra o responsável nos casos de dolo ou culpa".

1.1. AS VÁRIAS CONCEPÇÕES ACERCA DO FUNDAMENTO DA RESPONSABILIDADE DO ESTADO POR DANOS CAUSADOS AOS PARTICULARES

O reconhecimento da responsabilidade do Estado por danos aos particulares perpassa, como se viu, por longa evolução histórica. E, da mesma forma, distintos fundamentos serviram para sustentá-la. Uma primeira concepção, denominada civilista, apoiou a responsabilidade do Estado no regime definido pela legislação civil[14] da responsabilidade pelo fato de outrem.

---

[12] DI PIETRO, Maria Sylvia Zanella. *Direito administrativo*. 20. ed. São Paulo: Atlas, 2007, p. 597. Note-se, todavia, que série de situações polêmicas no tocante à exata extensão da responsabilidade do Estado ainda não foi solucionada adequadamente também no *common law*, conforme refere BAILEY, Stephen. Public authority liability in negligence. The continued search for coherence. In: *Legal Studies*, v. 26, n. 2, June/2006, p. 155-184.

[13] PONTES DE MIRANDA, F. C. *Tratado de direito privado*, v. 53, cit., p. 549.

[14] O art. 15 do Código Civil brasileiro de 1916 estabelecia: "As pessoas jurídicas de direito público são civilmente responsáveis por atos dos seus representantes que nessa qualidade causem danos a terceiros, procedendo de modo contrário a direito ou faltando a dever prescrito por lei, salvo direito regressivo".

Assim, de igual modo, como o patrão responde pelos atos do empregado, também o Estado responderia pelos atos danosos praticados por seus funcionários,[15] o que ademais resultava de um temperamento da irresponsabilidade original.[16] Em relação à natureza da responsabilidade, de sua vez, passou-se de um sistema de necessidade de provar a culpa do Estado para o de presunção da culpa.

Uma segunda concepção sustentou que o Estado não seria representado por seus agentes, senão que age por seu intermédio. A ação dos agentes reputa-se como a ação do próprio Estado. Há presentação do Estado por seus agentes, de modo que a imputação ao órgão se caracteriza como imputação direta ao Estado.

Outra concepção bastante difundida diz respeito à *culpa do serviço* ou *falta do serviço* (*faute du service*). Segundo essa teoria, a responsabilidade do Estado não mais se vincula a uma conduta específica do agente público, mas sim em razão da má prestação de um serviço público que deve ser oferecido de modo adequado. A utilidade dessa concepção acerca da responsabilidade do Estado reside na presunção de culpa do Estado na hipótese de demonstrada a má prestação do serviço. Nesse sentido, será do Estado ônus da prova de demonstrar que a má prestação do serviço não se deu por culpa sua, o que poderia fazer demonstrando a existência de caso fortuito ou força maior.

A objetivação da responsabilidade do Estado por danos a particulares passa a estabelecer-se, então, com o advento da teoria do risco administrativo, desenvolvida pelo direito público, embora igualmente se desenvolvam outras teorias justificadoras, em especial as que associam à proteção da igualdade.[17] Segundo a teoria do risco administrativo, o exercício da atividade estatal gera por si risco de danos aos particulares, e que só por isso o Estado deve responder pelos danos daí advindos. Elimina-se, desse modo, o elemento subjetivo da conduta para a responsabilização do Estado, ainda que se mantenha a exigência da culpa no caso da responsabilidade pessoal dos agentes públicos.

Entende-se, atualmente, a teoria do risco administrativo como fundamento principal da responsabilidade do Estado por danos aos particulares.[18] Responde o Estado pelos riscos das atividades que desenvolve no exercício da competência fixada em lei, e mesmo quando existir desvio de finalidade ou excesso de poder por parte dos agentes públicos. Estabelece a norma do art. 37, § 6º, da Constituição Federal que a responsabilidade do Estado abrange os *danos que seus agentes, nessa qualidade, causarem a terceiros*. A qualidade de agente público

---

[15] Assim, PONTES DE MIRANDA, F. C. *Tratado de direito privado*, v. 53, cit., p. 549.

[16] No direito francês, contudo, conforme menciona Bandeira de Mello, as ações dirigidas contra funcionários dependiam de autorização do Conselho de Estado, que raramente as concedia. BANDEIRA DE MELLO, Celso Antônio. *Curso de direito administrativo*. 16. ed. São Paulo: Malheiros, 2003, p. 860-861.

[17] Veja-se sobre o tema: SOUSSE, Marcel. *La notion de réparation de dommages en droit administratif français*. Paris: LGDJ, 1994, p. 110 e s. Exemplo dessa justificação baseada na igualdade na distribuição dos encargos públicos vê-se na fórmula "Qu'elle fasse, mais qu'elle paie", destacada em HAURIOU, Maurice. Les actions en indemnité contre l'État pour préjudices causés dans l'administration publique. *Revue de Droit Public*, v. 3, 1896, p. 51-65. Para críticas a essas teorias, veja-se: SOUSSE, Marcel. *La notion de réparation de dommages en droit administratif français*, cit., p. 125 e s.

[18] Note-se, todavia, que esse acolhimento não é unívoco na doutrina. Há os que entendem pela bipartição dos fundamentos da responsabilidade estatal. Isso se dá, historicamente, na distinção da vítima como usuário de serviço público ou de terceiro, de modo que para o usuário seja o direito ao bom funcionamento do serviço, enquanto para o terceiros seria um direito genérico de não sofrer danos (BÉNOIT, Francis-Paul. *Le droit administratif français*. Paris: Dalloz, 1968, p. 691). Sob outro prisma, distingue-se entre fatos ilícitos e lícitos, de modo a reconhecer, no primeiro caso, como fundamento, o princípio da legalidade, e no segundo, a igualdade dos encargos públicos. Nesse sentido, veja-se: BANDEIRA DE MELLO, Celso Antônio. *Curso de direito administrativo*, cit., p. 853-855.

na causação do dano é essencial, indicando o exercício de atividade administrativa. O que se exige, assim, é o nexo de causalidade entre a conduta imputável ao Estado e o dano sofrido, afastando-se, com isso, a exigência de demonstração da culpa do agente.

1.2. RESPONSABILIDADE OBJETIVA DO ESTADO – ART. 37, § 6º, DA CONSTITUIÇÃO DE 1988

A responsabilidade objetiva do Estado é consagrada pelo art. 37, § 6º, da Constituição de 1988, que refere: "As pessoas jurídicas de direito público e as de direito privado prestadoras de serviços públicos responderão pelos danos que seus agentes, nessa qualidade, causarem a terceiros, assegurado o direito de regresso contra o responsável nos casos de dolo ou culpa".

Pessoas jurídicas de direito público são definidas em caráter não exaustivo pelo art. 41 do Código Civil (União, Estados, Municípios, Distrito Federal, autarquias, inclusive associações públicas). A rigor, serão pessoas jurídicas de direito público todas aquelas a que a lei conferir essa natureza (art. 41, V, do Código Civil). Já a noção de pessoas jurídicas de direito privado prestadoras de serviço público abrange tanto as integrantes da Administração Pública Indireta (empresas públicas, sociedades de economia mista e fundações públicas) quanto outras sociedades concessionárias ou permissionárias de serviços públicos.

Conforme mencionamos, a norma do art. 37, § 6º, exige que o dano sofrido pelo particular tenha relação com o exercício de atividade administrativa pelo agente público. Observe-se, contudo, que a responsabilidade do Estado não está adstrita *apenas* às hipóteses em que o agente público, ao dar causa ao dano, esteja agindo no exercício da atividade administrativa. Como bem anota a doutrina, vai haver responsabilidade do Estado pelo dano causado "sempre que a condição de agente do Estado tiver contribuído de algum modo para a prática do ato danoso, ainda que simplesmente lhe proporcionando a oportunidade para o comportamento ilícito".[19]

Ou seja, a responsabilidade do Estado abrange tanto as situações em que o agente público esteja exercendo sua atividade típica, de modo regular, quanto aquelas em que ocorra abuso ou excesso de poder, por exemplo. Ou ainda quando se utilize dos bens do Estado para realizar o dano. Refere a Constituição *qualidade de agente público*, e não *no exercício da atividade de agente público*, de modo que permanece responsável o Estado quando esta qualidade for ostentada, regularmente ou não, fora do exercício da atividade.[20] O que se exige para atrair a responsabilidade do Estado é a existência de relação entre a atuação do agente e o dano.

Por outro lado, note-se que a noção de agente público é ampla, envolvendo qualquer espécie de vínculo com o Estado, seja sob a forma de servidor público, empregado público,

---

[19] CAVALIERI, Sérgio. *Programa de responsabilidade civil*, 11. ed., cit., p. 291.
[20] "Constitucional. Administrativo. Responsabilidade civil do Estado. CF, art. 37, § 6º. I. – Agressão praticada por soldado, com a utilização de arma da corporação militar: incidência da responsabilidade objetiva do Estado, mesmo porque, não obstante fora do serviço, foi na condição de policial-militar que o soldado foi corrigir as pessoas. O que deve ficar assentado é que o preceito inscrito no art. 37, § 6º, da C.F., não exige que o agente público tenha agido no exercício de suas funções, mas na qualidade de agente público. II. – R.E. não conhecido" (STF, RE 160.401, Rel. Min. Carlos Velloso, 2ª Turma, j. 20-4-1999, *DJ* 4-6-1999). Distinguindo-se da hipótese, em caso no qual policial militar utilizou-se da arma de propriedade do Estado para matar mulher com quem mantinha relacionamento afetivo, o STF afastou a responsabilidade do Estado em face da ausência da conexidade do dano com a condição de agente público: "Constitucional. Administrativo. Recurso extraordinário. Responsabilidade civil do Estado. Lesão corporal. Disparo de arma de fogo pertencente à corporação. Policial militar em período de folga. Caso em que o policial autor do disparo não se encontrava na qualidade de agente público. Nessa contexto, não há falar de responsabilidade civil do Estado. Recurso extraordinário conhecido e provido" (STF, RE 363.423, Rel. Min. Carlos Britto, 1ª Turma, j. 16-11-2004, *DJe* 14-3-2008).

agente político, funcionário temporário ou qualquer outro modo de exercício da função pública pelo particular, mesmo sem vínculo permanente, o que se associa com a necessidade de conexão entre o dano causado e o exercício da atividade pública.[21]

Estabelece a norma, ainda, que a responsabilidade se dá por danos causados a terceiros. Não se distinguem entre as vítimas usuários ou não usuários dos serviços públicos, ambos abrangidos pela norma do art. 37, § 6º, da Constituição.[22] Assim, por exemplo, a vítima que, presenciando o confronto entre policiais e assaltantes, recebe um disparo de arma do policial.[23] Da mesma forma, pode ocorrer de a responsabilidade do Estado recair também sobre danos sofridos por seus agentes, no caso em que estejam associados ao exercício da atividade administrativa. Assim, por exemplo, o caso de servidor policial vitimado por disparo de arma de fogo por criminoso que, por negligência de seu colega policial militar, não foi devidamente revistado e dominado.[24] De resto, convém reafirmar a responsabilidade do Estado em razão da má prestação de serviços públicos em decorrência da qual ocorra o dano.[25]

1.3. ROMPIMENTO DO NEXO CAUSAL E AFASTAMENTO DA RESPONSABILIDADE DO ESTADO

O fato de tratar-se de responsabilidade objetiva, conforme já foi examinado, não elimina a necessidade de demonstrar-se a presença do dano e do nexo causal entre o dano e a qualidade

---

[21] Neste sentido, deixa de caracterizar a o exercício da atividade pública aquela exercida por servidor público fora das suas atribuições funcionais, como é o caso do policial que exercia suas próprias do cargo, porém de modo desvinculado da prestação de serviço público, cometendo infração disciplinar pela oferta de serviços de segurança a particulares (STF, RE 341.776, Rel. Min. Gilmar Mendes, 2ª Turma, j. 17-4-2007, *DJ* 3-8-2007).

[22] "A responsabilidade civil das pessoas jurídicas de direito privado prestadoras de serviço público é objetiva relativamente a terceiros usuários e não usuários do serviço, segundo decorre do art. 37, § 6º, da Constituição Federal" (STF, RE 591.874, Rel. Min. Ricardo Lewandowski, Tribunal Pleno, j. 26-8-2009, Repercussão Geral – Mérito, *DJe* 18-12-2009).

[23] STJ, REsp 737.797/RJ, Rel. Min. Luiz Fux, 1ª Turma, j. 3-8-2006, *DJ* 28-8-2006. No mesmo sentido: STJ, REsp 1.056.605/RJ, Rel. Min. Luiz Fux, 1ª Turma, j. 10-3-2009, *DJe* 25-3-2009.

[24] "Responsabilidade do estado. Natureza. Policiais militares. Diligência. A responsabilidade do Estado é objetiva, pressupondo nexo de causalidade entre o fato ou serviço que lhe seja próprio e a ausência de dolo ou mesmo culpa por parte da vítima. Precedentes: Recursos Extraordinários ns. 179.147, 135.310, 130.764, 109.615 e 140.270, julgados na Segunda (os dois primeiros e o último) e Primeira (o terceiro e quarto) Turmas, relatados pelos Ministros Carlos Velloso, Maurício Corrêa, Moreira Alves, Celso de Mello e por mim, com acórdãos veiculados nos Diários da Justiça de 27 de fevereiro de 1998 (os dois primeiros), 7 de agosto de 1992, 2 de agosto e 18 de outubro de 1996, respectivamente. Responde o Estado por dano decorrente de diligência policial em que servidor policial militar haja atuado com negligência, vindo a ser baleado, por agente que deveria estar sob vigilância, colega de serviço. Hipótese concreta a extrapolar o risco, simples risco, resultante da atividade policial e a ensejar a responsabilidade do Estado no que 'consequência lógica inevitável da noção de Estado de Direito' – Celso Antônio Bandeira de Mello" (STJ, RE 176.564, Rel. Min. Marco Aurélio, 2ª Turma, j. 14-12-1988, *DJ* 20-8-1999).

[25] Assim, por exemplo, a responsabilidade objetiva do Estado nos casos em que o dano ocorra em hospitais públicos (ou mantidos pelo Estado), ou derive de tratamento médico inadequado, ministrado por funcionário público, ou, então, resulte de conduta positiva (ação) ou negativa (omissão) imputável a servidor público com atuação na área médica. Como o caso de servidora pública gestante, que, no desempenho de suas atividades laborais, foi exposta à contaminação pelo citomegalovírus, em decorrência de suas funções, que consistiam, essencialmente, no transporte de material potencialmente infectocontagioso (sangue e urina de recém-nascidos), e que dá causa a filho recém-nascido acometido da 'Síndrome de West', apresentando um quadro de paralisia cerebral, cegueira, tetraplegia, epilepsia e malformação encefálica, decorrente de infecção por citomegalovírus contraída por sua mãe, conforme decidiu o STF no RE 495.740 AgR, Rel. Min. Celso de Mello, j. 15-4-2008, *DJ* 14-8-2009.

de agente público do autor do dano, ou a conexão com a prestação do serviço público. Desse modo, as situações que servem para afastar o nexo de causalidade, como o caso fortuito, a força maior, a culpa exclusiva da vítima e a culpa exclusiva de terceiro, da mesma forma servem para exonerar a responsabilidade do Estado pelos danos sofridos por particulares. Não basta, assim, que haja falha de conduta atribuível ao Estado ou a seus agentes. É necessário que se verifique no processo causal, claramente, a relação entre a atuação atribuída ao Estado e o dano do que se reclama indenização.[26]

Não se desconhece, contudo, que uma interpretação extensiva dos deveres do Estado em relação aos seus agentes pode ampliar a abrangência de sua responsabilidade por danos.[27] Da mesma forma no caso de suicídio de militar dentro da unidade em que servia, hipótese em que se reconhece o dever de vigilância do Estado em relação ao agente. Por essa razão, diversos julgados deixam de reconhecer na hipótese a culpa exclusiva da vítima, reconhecendo a obrigação de indenizar por parte do Estado. Especialmente quando se tratar de alguém sob sua custódia, servidor ou não.[28]

---

[26] Nesse sentido é que decidiu o STF no mais destacado precedente sobre responsabilidade do Estado por danos causados por omissão e a necessidade de demonstração do nexo de causalidade. No caso, afastou-se a responsabilidade do Estado por danos decorrentes de assalto sofrido pela vítima, do qual participou criminoso evadido do sistema penitenciário, sob o argumento de que "o dano decorrente do assalto por uma quadrilha de que participava um dos evadidos da prisão não foi o efeito necessário da omissão da autoridade pública que o acórdão recorrido teve como causa da fuga dele, mas resultou de concausas, como a formação da quadrilha, e o assalto ocorrido cerca de vinte e um meses após a evasão" (STF, RE 130.764, Rel. Min. Moreira Alves, 1ª Turma, j. 12-5-1992, *DJ* 7-8-1992).

[27] De interesse, nesse sentido, o entendimento que sustenta a responsabilidade do Estado por danos causados em razão de tumultos populares, fundado no dever de preservar a integridade e vida da população: STERMAN, Sonia. *Responsabilidade do Estado*. Movimentos multitudinários; saques, depredações, fatos de guerra, revoluções, atos terroristas. São Paulo: RT, 1990, p. 96. Note-se, contudo, que, em tais situações, tratam-se de danos causados por terceiros, cuja responsabilidade será imputada ao Estado apenas na hipótese de resultar demonstrado o nexo de causalidade entre a omissão específica de agente público e o dano sofrido pelas vítimas. Nesse sentido, reclama-se a demonstração da ação comissiva ou omissiva específica do agente público que falha em evitar a realização do tumulto ou suas consequências.

[28] "Administrativo. Militar que sofria de distúrbios psicológicos. Escala para plantão em posto armado. Suicídio com arma da corporação. Necessidade de vigilância do Estado para evitar risco à vida do soldado e de terceiros. Responsabilidade do estado configurada. 1. Em que pese a morte do militar ter sido resultado de suicídio, ou seja, ato próprio e não de terceiros, os fatos demonstram que o Estado falhou ao não exercer a vigilância necessária para impedir que o soldado tivesse acesso aos meios e condições propícias para a prática do ato. 2. Ao contrário do que deveria ter feito, o Estado não impediu que o agente, que estava desequilibrado emocionalmente, tivesse acesso às armas e, ainda, em movimento oposto, escalou-o para dar plantão em posto armado, atividade que possui característica estafante, com potencialidade para majorar o desgaste psicológico e levar o agente a condutas extremas. 3. A conduta do Estado que, mesmo diante dos sintomas de distúrbio emocional, viabilizou o acesso do militar à arma da corporação e escalou-o para o plantão de vigilância armada, enseja responsabilização hábil a caracterizar acidente de serviço. Precedente na Primeira Turma no REsp 1.014.520-DF. Recurso especial provido" (STJ. REsp 605.274/RN, Rel. Min. Humberto Martins, 2ª Turma, j. 18-8-2009, *DJe* 31-8-2009). No mesmo sentido: "Responsabilidade civil do Estado. Suicídio. Tentativa. Negligência. Possibilidade concreta. Dever de vigilância. Direito à proteção da vida própria e de terceiros. Nexo causal. Súmula 7/STJ. 1. O nexo causal ressoa inequívoco quando a tentativa de suicídio respalda-se na negligência do Estado quanto à possibilidade de militar deprimido ter acesso a armas, colocando em risco não apenas a sua própria existência, mas a vida de terceiros. 2. *Ad argumentandum tantum*, ainda que se admitisse a embriaguez afirmada pelo recorrente, incumbe ao Estado o tratamento do alcoolismo, reconhecida patologia que acarreta distúrbios psicológicos e mentais, podendo evoluir para quadro grave, como a tentativa de suicídio. Precedente: RMS 18.017/SP, *DJ* 2-5-2006. 3. *In casu*, assentou o Tribunal *a quo* caber ao Estado vigiar o comportamento e o estado psicológico daqueles que sob sua imediata fiscalização e autoridade estão. Formar soldados não significa querê-los – a qualquer preço – bons atiradores, bem

Destaquem-se, contudo, os mesmos cuidados na interpretação das causas de afastamento do nexo causal. Nesse sentido, o fato de terceiro ou o fato da vítima, para se configurarem como causa de rompimento do nexo causal, tem de ser *exclusivos*, vale dizer, caracterizam-se como contribuição exclusiva para a ocorrência do dano, não podendo, para tanto, rivalizar ou concorrer com outra causa atribuível à atuação estatal. Eis, por exemplo, o caso em que tendo a vítima os documentos furtados, e utilizados pelo criminoso para cometer novos ilícitos, foi submetida a processo criminal, mesmo quando já deveria se encontrar esclarecida a situação. Razão pela qual respondeu o Estado, não podendo sustentar o fato exclusivo de terceiro, quando caracterizada também a sua negligência no esclarecimento dos fatos.[29]

---

preparados fisicamente e cumpridores de ordens. Eventuais desequilíbrios emocionais ou psicológicos podem e devem ser detectados pelo Administrador Público em suas rotineiras rondas. 4. A negligência decorrente dos fatos narrados pelo autor na exordial – em especial no que se refere à configuração da responsabilidade estatal – restou examinada pelo Tribunal *a quo* à luz do contexto fático-probatório engendrado nos autos, é insindicável nesta instância processual, à luz do óbice constante da Súmula 7/STJ. 5. O Estado é responsável pessoas presas cautelarmente ou em decorrência de sentença definitiva; menores carentes ou infratores internados em estabelecimentos de triagem ou recuperação; alunos de qualquer nível (básico, profissionalizante, nível superior etc.); doentes internados em hospitais públicos, e outras situações assemelhadas, torna-se guardião dessas pessoas (Rui Stoco, *Responsabilidade Civil e sua Interpretação Jurisprudencial* – Doutrina e Jurisprudência, 4. ed., Revista dos Tribunais, p. 603). 6. A Fazenda do Estado responde pelo ato ilícito praticado por agentes da Administração, decorrente da deficiência de vigilância exercida sobre oficial da Polícia Militar, portador de esquizofrenia, internado estabelecimento hospitalar da Corporação, que, evadindo-se, suicidou-se com arma por ele encontrada no Batalhão onde servia (TJSP, 4ª C. – Ap – Rel. Médice Filho, j. 24-8-1972, *RT* 445/84) (Rui Stoco, in "*Responsabilidade Civil e sua Interpretação Jurisprudencial* – Doutrina e Jurisprudência", 4. ed., Revista dos Tribunais, p. 604). 7. Precedentes: REsp 466.969/RN, Rel. Ministro Luiz Fux, 1ª Turma, julgado em 15-4-2003, *DJ* 5-5-2003; REsp 785.835/DF, Rel. Ministro Luiz Fux, 1ª Turma, julgado em 13-3-2007, *DJ* 2-4-2007; REsp 847.687/GO, Rel. Ministro José Delgado, 1ª Turma, julgado em 17-10-2006, *DJ* 25-6-2007. 8. A definição dos níveis de participação da vítima nem sempre é muito clara, de modos que, na prática, têm-se admitido a mesma como excludente apenas nos casos de completa eliminação de conduta estatal. Nos casos em que existam dúvidas sobre tal inexistência, resolve-se pela responsabilização exclusiva do Estado" (Heleno Taveira Tôrres, O Princípio da Responsabilidade Objetiva do Estado e a Teoria do Risco Administrativo, *Revista de Informação Legislativa*, Brasília, ano 32, n. 126, Senado Federal, abril/junho 1995, p. 239/240). 9. Inexiste ofensa ao art. 535 do CPC, quando o tribunal de origem pronuncia-se de forma clara e suficiente sobre a questão posta nos autos. Ademais, o magistrado não está obrigado a rebater, um a um, os argumentos trazidos pela parte, desde que os fundamentos utilizados tenham sido suficientes para embasar a decisão. 10. Recurso Especial parcialmente conhecido e, nessa parte, desprovido (REsp 1.014.520/DF, Rel. Min. Francisco Falcão, Rel. p/ Acórdão Min. Luiz Fux, 1ª Turma, j. 2-6-2009, *DJe* 1º-7-2009).

[29] "Processual civil. Administrativo. Condenação injusta. Acusação equivocada. Danos morais. Possibilidade de prisão desarrazoada. Confusão. Configuração da negligência estatal. Omissão. Culpa. Súmula n. 07 do STJ. (...) 3. A negligência decorrente dos fatos narrados pelo autor na exordial – em especial no que se refere à configuração da responsabilidade estatal – restou examinada pelo Tribunal *a quo* à luz do contexto fático-probatório engendrado nos autos. 4. A Corte de origem confirmou integralmente a sentença *a quo*, condenando o Estado ao pagamento da indenização pleiteada, com fulcro na Responsabilidade Objetiva do Estado, calcado na seguinte fundamentação, *in litteris*: A tese lançada pelo Estado de que estaria caracterizada a excludente 'fato de terceiro', em vista de que o equívoco fora decorrente de ato do meliante que havia roubado os documentos do autor, não merece prosperar. Ressalto que o equívoco nunca foi negado pelo Estado, que se restringe a imputar a terceiro a responsabilidade. Ora, não lhe assiste razão, fundamentalmente, porque vulnera todo o sistema e segurança jurídica da atividade policial, pretender eximir-se da indispensável precisão e segurança na identificação de todo e qualquer suspeito por prática delituosa, para ulterior impulso da competente ação penal. Não seria crível admitir que cidadãos estariam em constante iminência de responderem a processo criminal e congêneres, em decorrência de eventual falsidade de identidade de falsários, assaltantes etc. O Estado tem o dever de primar pela segurança e eficiência de sua atuação. Não o fazendo, responderá, objetivamente, nos termos

No caso do fato/culpa exclusiva da vítima, é exemplar o caso do acidente ocasionado em via férrea no qual, a despeito de todos os cuidados de segurança adotados pelo prestador do serviço, a vítima conseguiu colocar-se deitada sobre os trilhos, vindo a ser atingida pelo trem.[30]

---

do § 6º, do art. 37, da Carta Constitucional. Nesse contexto, forçoso reconhecer a responsabilidade do ente público, tornando-o responsável pela reparação do dano, a teor do contido no § 6º, do art. 37 da CF/88, que somente pode ser excluída ou atenuada mediante culpa exclusiva da vítima, caso fortuito, força maior e fato exclusivo de terceiros, excludentes não configuradas no caso concreto. 5. É inadmissível o recurso especial quando 'não ventilada na decisão recorrida, a questão federal suscitada' e 'o ponto omisso da decisão, sobre o qual não foram opostos embargos declaratórios' (Súmulas 282/STF e 356/STF). 6. Inequívoca a responsabilidade estatal, quer à luz da legislação infraconstitucional (art. 159 do Código Civil vigente à época da demanda) quer à luz do art. 37 § 6º da CF/1988, bem como escorreita a imputação dos danos materiais e morais cumulados, cuja juridicidade é atestada por esta Eg. Corte (Súmula 37/STJ) 7. É que a causa retrata Responsabilidade Objetiva porquanto ao Estado, que registrou o roubo de documentos, ainda assim foi capaz de, ciente do fato, impor ao autor os constrangimentos da persecução penal, como se fora o próprio criminoso, que, usando documento falso, perpetrou outro delito. 8. A causa retrata negligência do Estado que registrou a subtração dos documentos e mesmo assim identificou o delinquente como se fosse o próprio recorrente. 9. Nada obstante, o Eg. Superior Tribunal de Justiça invade a seara da fixação do dano moral para ajustá-lo à sua *ratio essendi*, qual a da exemplariedade e da solidariedade, considerando os consectários econômicos, as potencialidades da vítima, etc., para que a indenização não resulte em soma desproporcional. 10. Recurso especial não conhecido" (STJ, REsp 882.166/RS, Rel. Min. Luiz Fux, 1ª Turma, j. 11-3-2008, *DJe* 3-4-2008).

30 "Responsabilidade civil. Recurso especial submetido à sistemática prevista no art. 543-C do CPC. Acidente ferroviário. Vítima fatal. Comprovada a culpa exclusiva da vítima na instância ordinária. Súmula 7 do STJ. Não comprovação do dissídio jurisprudencial nos moldes exigidos pelo RISTJ. 1. A culpa da prestadora do serviço de transporte ferroviário configura-se no caso de atropelamento de transeunte na via férrea quando existente omissão ou negligência do dever de vedação física das faixas de domínio da ferrovia com muros e cercas bem como da sinalização e da fiscalização dessas medidas garantidoras da segurança na circulação da população. Precedentes. 2. A responsabilidade civil do Estado ou de delegatário de serviço público, no caso de conduta omissiva, só se desenhará quando presentes estiverem os elementos que caracterizam a culpa, a qual se origina, na espécie, do descumprimento do dever legal atribuído ao Poder Público de impedir a consumação do dano. 3. A exemplo de outros diplomas legais anteriores, o Regulamento dos Transportes Ferroviários (Decreto 1.832/1996) disciplinou a segurança nos serviços ferroviários (art. 1º, inciso IV), impondo às administrações ferroviárias o cumprimento de medidas de segurança e regularidade do tráfego (art. 4º, I) bem como, nos termos do inciso IV do art. 54, a adoção de 'medidas de natureza técnica, administrativa, de segurança e educativas destinadas a prevenir acidentes'. Outrossim, atribuiu-lhes a função de vigilância, inclusive, quando necessário, em ação harmônica com as autoridades policiais (art. 55). 4. Assim, o descumprimento das medidas de segurança impostas por lei, desde que aferido pelo Juízo de piso, ao qual compete a análise das questões fático-probatórias, caracteriza inequivocamente a culpa da concessionária de transporte ferroviário e o consequente dever de indenizar. 5. A despeito de situações fáticas variadas no tocante ao descumprimento do dever de segurança e vigilância contínua das vias férreas, a responsabilização da concessionária é uma constante, passível de ser elidida tão somente quando cabalmente comprovada a culpa exclusiva da vítima. Para os fins da sistemática prevista no art. 543-C do CPC, citam-se algumas situações: (i) existência de cercas ao longo da via, mas caracterizadas pela sua vulnerabilidade, insuscetíveis de impedir a abertura de passagens clandestinas, ainda quando existente passarela nas imediações do local do sinistro; (ii) a própria inexistência de cercadura ao longo de toda a ferrovia; (iii) a falta de vigilância constante e de manutenção da incolumidade dos muros destinados à vedação do acesso à linha férrea pelos pedestres; (iv) a ausência parcial ou total de sinalização adequada a indicar o perigo representado pelo tráfego das composições. 6. No caso sob exame, a instância ordinária, com ampla cognição fático-probatória, consignou a culpa exclusiva da vítima, a qual encontrava-se deitada nos trilhos do trem, logo após uma curva, momento em que foi avistada pelo maquinista que, em vão, tentou frear para evitar o sinistro. Insta ressaltar que a recorrente fundou seu pedido na imperícia do maquinista, que foi afastada pelo Juízo singular, e na responsabilidade objetiva da concessionária pela culpa de seu preposto. Incidência da Súmula 7 do STJ. 7. Ademais, o dissídio jurisprudencial não foi comprovado nos moldes exigidos pelo RISTJ, o que impede o conhecimento do recurso especial interposto com fundamento tão somente

Danos decorrentes de fenômenos da natureza, tais como chuvas, tempestades, vendavais, etc. não atraem a responsabilidade do Estado, tratando-se, no caso, de hipóteses de força maior quando forem a causa determinante do dano. Há situações, contudo, que a par de se estabelecer fora do controle do Estado, podem ainda assim atrair sua responsabilidade quando se inserirem no risco administrativo.[31] Tais situações, contudo, se inserem na valoração das circunstâncias que envolvam os fatos.[32]

---

na alínea 'c' do permissivo constitucional. 8. Recurso especial não conhecido. Acórdão submetido ao regime do art. 543-C do CPC e da Resolução STJ 08/2008" (STJ, REsp 1.210.064/SP, Rel. Min. Luis Felipe Salomão, 2ª Seção, j. 8-8-2012, *DJe* 31-8-2012).

[31] Inclusive o que a jurisprudência reconhece como risco anormal da atividade, em razão da qual se caracteriza a omissão do Estado que não adota as providências necessárias para evitar o dano, como o caso do homicídio de que é vítima advogado atingindo por disparos de arma de fogo, nas dependências do fórum, por réu de processo criminal: "ADMINISTRATIVO. RESPONSABILIDADE CIVIL OBJETIVA DO ESTADO. FALECIMENTO DE ADVOGADO NAS DEPENDÊNCIAS DO FÓRUM. MORTE CAUSADA POR DISPAROS DE ARMA DE FOGO EFETUADOS POR RÉU EM AÇÃO CRIMINAL. OMISSÃO ESTATAL EM ATIVIDADE DE RISCO ANORMAL. ART. 927, PARÁGRAFO ÚNICO, DO CÓDIGO CIVIL. NEXO DE CAUSALIDADE CONFIGURADO. HISTÓRICO DA DEMANDA 1. Cuida-se, na origem, de 'ação de indenização' em que se buscam o reconhecimento da responsabilidade civil e a condenação da Fazenda do Estado de São Paulo ao pagamento de danos materiais e morais em virtude do falecimento de advogado dentro do Fórum de São José dos Campos, decorrente de disparo de arma de fogo efetuado por réu em processo criminal, no qual a vítima figurava como patrono da parte autora. A sentença julgou parcialmente procedentes os pedidos. O Tribunal de origem, por sua vez, reformou o decisum por entender que 'não restou evidenciado (art. 333, I do CPC), à luz dos elementos trazidos aos autos, o nexo de causalidade a gerar a responsabilidade civil do Estado.' NÃO INCIDÊNCIA DO ÓBICE DA SÚMULA 7/STJ 2. Os fatos foram devidamente descritos no acórdão impugnado, razão pela qual não incide o óbice da Súmula 7/STJ no conhecimento do recurso. RESPONSABILIDADE CIVIL OBJETIVA DO ESTADO POR OMISSÃO: HIPÓTESE EXCEPCIONAL QUANDO CARACTERIZADO RISCO ANORMAL DA ATIVIDADE 3. A regra geral do ordenamento brasileiro é de responsabilidade civil objetiva por ato comissivo do Estado e de responsabilidade subjetiva por comportamento omissivo. Contudo, em situações excepcionais de risco anormal da atividade habitualmente desenvolvida, a responsabilização estatal na omissão também se faz independentemente de culpa. 4. Aplica-se igualmente ao Estado a prescrição do art. 927, parágrafo único, do Código Civil, de responsabilidade civil objetiva por atividade naturalmente perigosa, irrelevante seja a conduta comissiva ou omissiva. O vocábulo 'atividade' deve ser interpretado de modo a incluir o comportamento em si e bens associados ou nele envolvidos. Tanto o Estado como os fornecedores privados devem cumprir com o dever de segurança, ínsito a qualquer produto ou serviço prestado. Entre as atividades de risco 'por sua natureza' incluem-se as desenvolvidas em edifícios públicos, estatais ou não (p. ex., instituição prisional, manicômio, delegacia de polícia e fórum), com circulação de pessoas notoriamente investigadas ou condenadas por crimes, e aquelas outras em que o risco anormal se evidencia por contar o local com vigilância especial ou, ainda, com sistema de controle de entrada e de detecção de metal por meio de revista eletrônica ou pessoal. 5. A Resolução 104, de 6 de abril de 2010, do Conselho Nacional de Justiça determinou o controle de acesso das pessoas aos Tribunais, bem como a instalação de aparelhos de detecção de metal nas áreas de ingresso nos prédios dos fóruns. É incontestável nos autos que a porta do Fórum com detector de metal encontrava-se avariada e que não havia seguranças na entrada do estabelecimento público que pudessem inspecionar os que adentrassem o local. 6. Ademais, também presente o nexo causal, apto a determinar a responsabilização do Poder Público no caso concreto. Se não fosse por sua conduta omissiva, tendo deixado de agir com providências necessárias a garantir a segurança dos magistrados, autoridades, servidores e usuários da Justiça no Fórum Estadual, o evento danoso não teria ocorrido. É certo ainda que a exigência de atuação nesse sentido – de forma a impedir ou, pelo menos, dificultar que réu em Ação Penal comparecesse à audiência portando arma de fogo – não está, de forma alguma, acima do razoável. Conclusão. 7. Recurso Especial provido" (REsp 1869046/SP, Rel. Min. Herman Benjamin, 2ª Turma, j. 09/06/2020, DJe 26/06/2020).

[32] "ADMINISTRATIVO. RESPONSABILIDADE CIVIL OBJETIVA. ACIDENTE DE CONSUMO. ART. 927, PARÁGRAFO ÚNICO, DO CÓDIGO CIVIL. ART. 14 DO CÓDIGO DE DEFESA DO CONSUMIDOR. CAMPANHA NACIONAL DE VACINAÇÃO DE IDOSOS CONTRA VÍRUS

Recentemente, colocam-se em causa as situações de responsabilidade do Estado pelo exercício do poder de polícia administrativo. O critério definidor aqui é de que todo o exercício do poder de polícia deve se dar conforme a lei, e de modo proporcional aos fins de interesse público. Se desborda dos limites legais ou desvia-se dos fins, será atuação imputável ao Estado pelos danos que causar. Neste âmbito também se situam as medidas de polícia adotadas em situação de emergência ou calamidade pública, em que a atuação do Estado visa impedir ou mitigar danos à coletividade. Em certas situações, sempre conforme a lei, admite-se atuação exorbitante, justificada historicamente pela *teoria das circunstâncias excepcionais*, desenvolvida no princípio do século passado para enfrentamento das situações decorrentes da I Guerra Mundial.[33] Recentemente, as medidas de enfrentamento da pandemia de coronavírus são exemplos representativos,[34] sendo autorizado por lei a adoção de medidas restritivas da

---

INFLUENZA-GRIPE. REAÇÃO VACINAL. DESENVOLVIMENTO DA SÍNDROME DE GUILLAIN-BARRÉ. CASO FORTUITO NÃO CONFIGURADO. DANO MORAL PRESUMIDO. INDENIZAÇÃO.1. Hipótese em que o particular, ora recorrido, postulou a condenação solidária dos réus ao pagamento de indenização por danos morais, materiais e pensionamento mensal decorrentes do desenvolvimento da 'Síndrome de Guillain-Barré' (SGB) após tomar dose de vacina contra o vírus influenza (gripe), atendendo à incitação publicitária da 'Campanha Nacional de Vacinação de Idosos'. 2. Uma das mais extraordinárias conquistas da medicina moderna e da saúde pública, as vacinas representam uma bênção para todos, mas causam, em alguns, reações adversas que podem incapacitar e até levar à morte. Ao mesmo Estado a que se impõe o dever de imunizar em massa compete igualmente amparar os poucos que venham a sofrer com efeitos colaterais. 3. Com base no art. 927, parágrafo único, do Código Civil ou no art. 14 do Código de Defesa do Consumidor, é objetiva a responsabilidade civil do Estado por acidente de consumo decorrente de vacinação, descabendo falar em caso fortuito ou imprevisibilidade de reações adversas. 4. Recurso Especial não provido" (REsp 1388197/PR, Rel. Min. Herman Benjamin, 2ª Turma, j. 18/06/2015, *DJe* 19/04/2017).

[33] Veja-se WEINDENFELD, Katia. *Histoire du droit administratif: du XIV siècle à nos jours*. Paris: Economica, 2010, p. 95-96.

[34] Decidiu o STF: "CONSTITUCIONAL. PANDEMIA DO CORONAVÍRUS (COVID-19). AS REGRAS DE DISTRIBUIÇÃO DE COMPETÊNCIAS SÃO ALICERCES DO FEDERALISMO E CONSAGRAM A FÓRMULA DE DIVISÃO DE CENTROS DE PODER EM UM ESTADO DE DIREITO (ARTS. 1º E 18 DA CF). COMPETÊNCIAS COMUNS E CONCORRENTES E RESPEITO AO PRINCÍPIO DA PREDOMINÂNCIA DO INTERESSE (ARTS. 23, II, 24, XII, E 25, § 1º, DA CF). CAUTELAR PARCIALMENTE CONCEDIDA. 1.Em momentos de acentuada crise, o fortalecimento da união e a ampliação de cooperação entre os três poderes, no âmbito de todos os entes federativos, são instrumentos essenciais e imprescindíveis a serem utilizados pelas diversas lideranças em defesa do interesse público, sempre com o absoluto respeito aos mecanismos constitucionais de equilíbrio institucional e manutenção da harmonia e independência entre os poderes, que devem ser cada vez mais valorizados, evitando-se o exacerbamento de quaisquer personalismos prejudiciais à condução das políticas públicas essenciais ao combate da pandemia de Covid-19. 2.A gravidade da emergência causada pela pandemia do coronavírus (Covid-19) exige das autoridades brasileiras, em todos os níveis de governo, a efetivação concreta da proteção à saúde pública, com a adoção de todas as medidas possíveis e tecnicamente sustentáveis para o apoio e manutenção das atividades do Sistema Único de Saúde. 3.A União tem papel central, primordial e imprescindível de coordenação em uma pandemia internacional nos moldes que a própria Constituição estabeleceu no SUS. 4.Em relação à saúde e assistência pública, a Constituição Federal consagra a existência de competência administrativa comum entre União, Estados, Distrito Federal e Municípios (art. 23, II e IX, da CF), bem como prevê competência concorrente entre União e Estados/Distrito Federal para legislar sobre proteção e defesa da saúde (art. 24, XII, da CF); permitindo aos Municípios suplementar a legislação federal e a estadual no que couber, desde que haja interesse local (art. 30, II, da CF); e prescrevendo ainda a descentralização político-administrativa do Sistema de Saúde (art. 198, CF, e art. 7º da Lei 8.080/1990), com a consequente descentralização da execução de serviços, inclusive no que diz respeito às atividades de vigilância sanitária e epidemiológica (art. 6º, I, da Lei 8.080/1990). 5.Não compete, portanto, ao Poder Executivo federal afastar, unilateralmente, as decisões dos governos estaduais, distrital e municipais que, no exercício de suas competências constitucionais, adotaram ou venham a adotar, no âmbito de seus respectivos territórios, importantes medidas restri-

liberdade e propriedade individuais em proteção da coletividade (art. 1º da Lei 13.979/2020), o que inclusive, pode revestir-se de fato do príncipe para excluir a responsabilidade do devedor nas obrigações cuja possibilidade de adimplemento seja atingida por eles.

Registre-se que os esforços de contenção e retardamento dos efeitos da pandemia no Brasil – a exemplo de outros países – vêm sendo adotados, dentre outras razões, pela incapacidade do sistema de saúde para atendimento simultâneo a um número elevado de casos, em especial, no caso de manifestações agudas da doença. Deste modo, conforme já tivemos oportunidade de mencionar,[35] não responde o Estado pelos danos causados por estas medidas excepcionais, a não ser quando demonstrado que, em sua aplicação, houve desvio de finalidade ou excesso de poder, ou mesmo quando se verifiquem desproporcionais em situações concretas, em vista da finalidade a ser atendida.

1.4. RESPONSABILIDADE DO ESTADO E DEVER DE VIGILÂNCIA

Há situações em que na prestação de serviço público, ou em razão do exercício de seu poder de polícia, o Estado toma em custódia pessoas, como pacientes em hospitais públicos ou mesmo presos em estabelecimentos penitenciários, por exemplo. Nesses casos, reconhece-se ao Estado o dever de vigilância, de modo a assegurar a integridade daqueles que tem em custódia e cuja violação importa responsabilidade pelos danos sofridos.

Nesse sentido a jurisprudência reconhece o dever de indenizar do Estado à família do paciente deficiente mental que, internado em hospital público, sofre surto psicótico em razão da enfermidade, foge do estabelecimento e comete suicídio.[36] No caso dos presos recolhidos

---

vas como a imposição de distanciamento ou isolamento social, quarentena, suspensão de atividades de ensino, restrições de comércio, atividades culturais e à circulação de pessoas, entre outros mecanismos reconhecidamente eficazes para a redução do número de infectados e de óbitos, como demonstram a recomendação da OMS (Organização Mundial de Saúde) e vários estudos técnicos científicos, como por exemplo, os estudos realizados pelo Imperial College of London, a partir de modelos matemáticos (The Global Impact of Covid-19 and Strategies for Mitigation and Suppression, vários autores; Impact of non-pharmaceutical interventions (NPIs) to reduce COVID-19 mortality and healthcare demand, vários autores). 6.Os condicionamentos imposto pelo art. 3º, VI, "b", §§ 6º, 6º-A e 7º, II, da Lei 13.979/2020, aos Estados e Municípios para a adoção de determinadas medidas sanitárias de enfrentamento à pandemia do COVID-19, restringem indevidamente o exercício das competências constitucionais desses entes, em detrimento do pacto federativo. 7. Medida Cautelar parcialmente concedida para: (a) suspender, sem redução de texto, o art. 3º, VI, "b", e §§ 6º, 6º-A e 7º, II, excluídos Estados e Municípios da exigência de autorização da União, ou obediência a determinações de órgãos federais, para adoção de medidas de restrição à circulação de pessoas; e (b) conferir interpretação conforme aos referidos dispositivos para estabelecer que as medidas neles previstas devem ser fundamentadas em orientações de seus órgãos técnicos correspondentes, resguardada a locomoção de produtos e serviços essenciais definidos por ato do Poder Público federal, sempre respeitadas as definições no âmbito da competência constitucional de cada ente federativo" (STF, ADI 6343 MC-Ref, Rel. Marco Aurélio, Rel. p/ Acórdão Min. Alexandre de Moraes, Tribunal Pleno, j. 06/05/2020, DJe 17/11/2020).

[35] MIRAGEM, Bruno. Nota relativa à pandemia de coronavírus e sua repercussão sobre os contratos e a responsabilidade civil. *Revista dos Tribunais*, v. 1015. São Paulo: RT, maio/2020.

[36] "Administrativo. Responsabilidade civil do Estado. Ato omissivo. Morte de portador de deficiência mental internado em hospital psiquiátrico do Estado. 1. A responsabilidade civil que se imputa ao Estado por ato danoso de seus prepostos é objetiva (art. 37, § 6º, CF), impondo-lhe o dever de indenizar se se verificar dano ao patrimônio de outrem e nexo causal entre o dano e o comportamento do preposto. 2. Somente se afasta a responsabilidade se o evento danoso resultar de caso fortuito ou força maior ou decorrer de culpa da vítima. 3. Em se tratando de ato omissivo, embora esteja a doutrina dividida entre as correntes dos adeptos da responsabilidade objetiva e aqueles que adotam a responsabilidade subjetiva, prevalece na jurisprudência a teoria subjetiva do ato omissivo, de modo a só ser possível

em estabelecimentos penitenciários, ao encontrarem-se sob a custódia do Estado e, portanto, submetidos à sua vigilância, responde o Estado pelos danos que venham a sofrer nessas condições. Responde pela falha do dever de vigilância que deveria ocorrer, como é o caso do preso ou infrator submetido à medida de internação que vem a ser morto por colega de quarto.[37] O Estado, ao assumir a custódia do preso, tem o dever de preservar sua integridade, respondendo pelos danos decorrentes da falha no cumprimento deste dever.[38] Essa responsabilidade se estende quando a ausência do dever de vigilância sobre o preso permite sua fuga e cometimento de crimes que não teriam ocorrido caso não tivesse ocorrido a falha no atendimento ao dever.[39]

O mesmo ocorrerá em relação aos próprios agentes públicos que, embora não estejam diretamente sob custódia do Estado, devem ter suas condições de saúde aferidas permanentemente, como é o caso do militar em serviço que, em razão de distúrbios psíquicos, venha a cometer suicídio.[40]

Ainda se entende exigível o dever de vigilância imposto aos prestadores de serviços públicos, mesmo com o objetivo de impedir a fruição do serviço pelo usuário de forma prejudicial à sua própria segurança.[41]

---

indenização quando houver culpa do preposto. 4. Falta no dever de vigilância em hospital psiquiátrico, com fuga e suicídio posterior do paciente. 5. Incidência de indenização por danos morais. 7. Recurso especial provido" (STJ, REsp 602.102/RS, Rel. Min. Eliana Calmon, 2ª Turma, j. 6-4-2004, *DJ* 21-2-2005, p. 146).

[37] "Apelação cível. Responsabilidade civil. Ação de indenização por danos materiais e morais. Morte de internado em centro de atendimento socioeducativo. Responsabilidade objetiva da Administração Pública. É cediço que, em se tratando de agressão a detento em estabelecimento prisional, é objetiva a responsabilidade do Estado, a teor do art. 37, § 6º da CF, pois há dever de zelar pela segurança e incolumidade física do preso sob sua custódia, aplicando-se a mesma interpretação a menor, internado em centro de atendimento socioeducativo. Hipótese em que restou demonstrado nos autos que o internado foi vítima de homicídio por seu colega de quarto, por asfixia, evidenciando-se a falha do estabelecimento quanto à garantia de segurança ao menor, notadamente porque evidenciado que vinha sendo vítima de agressões e ameaças pelo demais internos, não havendo falar em exclusão de responsabilidade pelo fato de terceiro (...)" (TJRS, Apelação Cível n. 70055393045, 10ª Câmara Cível, Rel. Paulo Roberto Lessa Franz, j. 26-9-2013).

[38] TJRS, Apelação e Reexame Necessário n. 70032005035, Rel. Niwton Carpes da Silva, 6ª Câmara Cível, j. 29-8-2013; TJRS, Apelação e Reexame Necessário n. 70053848933, Rel. Ney Wiedemann Neto, 6ª Câmara Cível, j. 31-7-2013.

[39] Veja-se: STF, RE 136.247, Rel. Min. Sepúlveda Pertence, 1ª Turma, j. 20-6-2000, *DJ* 18-8-2000.

[40] "Administrativo. Militar que sofria de distúrbios psicológicos. Escala para plantão em posto armado. Suicídio com arma da corporação. Necessidade de vigilância do Estado para evitar risco à vida do soldado e de terceiros. Responsabilidade do Estado configurada. 1. Em que pese a morte do militar ter sido resultado de suicídio, ou seja, ato próprio e não de terceiros, os fatos demonstram que o Estado falhou ao não exercer a vigilância necessária para impedir que o soldado tivesse acesso aos meios e condições propícias para a prática do ato. 2. Ao contrário do que deveria ter feito, o Estado não impediu que o agente, que estava desequilibrado emocionalmente, tivesse acesso às armas e, ainda, em movimento oposto, escalou-o para dar plantão em posto armado, atividade que possui característica estafante, com potencialidade para majorar o desgaste psicológico e levar o agente a condutas extremas. 3. A conduta do Estado que, mesmo diante dos sintomas de distúrbio emocional, viabilizou o acesso do militar à arma da corporação e escalou-o para o plantão de vigilância armada, enseja responsabilização hábil a caracterizar acidente de serviço. Precedente na Primeira Turma no REsp 1.014.520-DF. Recurso especial provido (STJ, REsp 605.274/RN, Rel. Min. Humberto Martins, 2ª Turma, j. 18-8-2009, *DJe* 31-8-2009). No mesmo sentido: REsp 1.014.520/DF, Rel. p/ Acórdão Min. Luiz Fux, 1ª Turma, j. 2-6-2009, *DJe* 1º-7-2009.

[41] REsp 1.172.421/SP, Rel. Min. Luis Felipe Salomão, 2ª Seção, j. 8-8-2012, *DJe* 19-9-2012.

1.5. RESPONSABILIDADE DO ESTADO POR ATOS OMISSIVOS

A causa de danos aos particulares pode ser tanto atos comissivos quanto atos omissivos do Estado. Nesse sentido, note-se que a tendência de objetivação da responsabilidade do Estado por danos aos particulares e a sua consagração no direito brasileiro pelo art. 37, § 6º, da Constituição de 1988 não afastaram completamente a exigência de culpa para a responsabilização estatal. Isso porque, em se tratando de atos omissivos, ou seja, quando o Estado deixa de agir, realizando a prestação devida ao particular, e em razão dessa falta de ação (omissão), dá causa ao dano, discute-se ainda hoje acerca da exigência ou não de culpa para a imputação da responsabilidade.

As razões para o problema são conhecidas. A multiplicação das tarefas confiadas ao Estado, em geral prestações materiais consubstanciadas em serviços públicos que devem ser prestados de acordo com padrões de qualidade e adequação que atendam a sua finalidade, não contam com recursos públicos disponíveis suficientes. Para tal situação, inclusive, desenvolveu-se no direito brasileiro espécie de exceção reconhecida à pretensão de prestação do serviço público respectivo, denominada reserva do possível.[42] Inspirada na máxima do jurista Celso, constante do Digesto justinianeu *Impossibilium nulla obligatio est*, a reserva do possível resulta do reconhecimento do fato da impossibilidade de o Estado dar conta de todas as prestações que lhe são atribuídas, de modo que sua exigibilidade seja limitada apenas àquelas em que haja a possibilidade concreta de realização. Ou, ainda, conforme sustenta parte da jurisprudência, vinculem-se à garantia do mínimo existencial.[43] E, da mesma forma, a violação do dever cuja consequência seja a ocorrência de dano indenizável e dependerá da compreensão sobre a exigibilidade limitada ou não das prestações materiais por parte do Estado.

De outro lado, a limitação da obrigação de reparação do Estado por danos causados por sua omissão apenas às situações em que demonstrada culpa resulta do entendimento de que a responsabilidade objetiva prevista no art. 37, § 6º, da Constituição de 1988 refere-se apenas aos atos comissivos. Ou seja, aqueles em que uma ação estatal é a causa do dano. No caso dos atos omissivos, estes continuariam a exigir, além da necessária prova do nexo de causalidade entre a omissão estatal e o dano, demonstração de que tal violação do dever de agir decorreu de negligência, imprudência ou imperícia do agente público, ou ainda, que a omissão tenha sido realizada com propósito deliberado (dolo).

Na doutrina de direito administrativo, é divergente o entendimento quanto à responsabilidade subjetiva do Estado por omissão, exigindo-se a culpa como fator de imputação do dever de indenizar.[44] Na doutrina da responsabilidade civil, destaque-se o entendimento de Sérgio

---

[42] Sobre o tema, vejam-se os estudos da obra organizada por SARLET, Ingo Wolfgang; TIMM, Luciano Benetti (Org.). *Direitos fundamentais, orçamento e reserva do possível*. 2. ed. Porto Alegre: Livraria do Advogado, 2013. No mesmo sentido a tese de: AMARAL, Gustavo. *Direito, escassez e escolha*: em busca de critérios jurídicos para lidar com a escassez de recursos e as decisões trágicas. Rio de Janeiro: Renovar, 2001. No direito comparado, é bastante invocada na argumentação favorável à reserva do possível no direito brasileiro a obra de HOLMES, Stephen; SUNSTEIN, Cass R. *The cost of rights*: why liberty depends on taxe. New York: Norton & Co., 1999.

[43] AgRg no REsp 1.107.511/RS, Rel. Min. Herman Benjamin, 2ª Turma, j. 21-11-2013, DJe 6-12-2013; AgRg no REsp 1.136.549/RS, Rel. Min. Humberto Martins, 2ª Turma, j. 8-6-2010, DJe 21-6-2010. A alegação da reserva do possível não se presume, nem poderá ser genérica, mas devidamente demonstrada pelo gestor público competente: REsp 1.185.474/SC, Rel. Min. Humberto Martins, 2ª Turma, j. 20-4-2010, DJe 29-4-2010.

[44] Defendendo a responsabilidade subjetiva por danos decorrentes da omissão do Estado, veja-se: BANDEIRA DE MELLO, Celso Antônio. *Curso de direito administrativo*, cit., p. 872; CARVALHO FILHO, José Carlos. *Manual de direito administrativo*. 23. ed. Rio de Janeiro: Lumen Juris, 2010, p. 613. DI PIETRO,

Cavalieri, para quem o art. 37, § 6º, da Constituição é abrangente das situações de responsabilidade do Estado por danos aos particulares quando decorrerem tanto de atos comissivos quanto de atos omissivos. Nesse sentido, sustenta a distinção entre a omissão genérica e a omissão específica do Estado, atribuindo apenas a esta última a aptidão para dar causa à imputação de responsabilidade estatal pelo dano sofrido pelo particular. Define haver omissão específica "quando o Estado estiver na condição de garante (ou guardião) e por omissão sua cria situação propícia para a ocorrência do evento em situação em que tinha o dever de agir para impedi-lo; a omissão estatal se erige em causa adequada de não se evitar o dano (...) pressupõe um dever especial de agir do Estado, que, se assim não o faz, a omissão é causa direta e imediata de não se impedir o resultado". Já a omissão genérica "tem lugar nas hipóteses em que se não se pode exigir do Estado uma atuação específica; quando a Administração tem apenas o dever legal de agir em razão, por exemplo, do seu poder de polícia (ou de fiscalização), e por sua omissão concorre para o resultado". E resume: "na omissão específica o dano provém diretamente de uma omissão do Poder Público; na omissão genérica, o comportamento omissivo do Estado só dá ensejo à responsabilidade subjetiva quando for concausa do dano juntamente com a força maior (fatos da natureza), fato de terceiro ou da própria vítima".[45] Conclui, então, afirmando que, no caso de omissão específica, a responsabilidade será objetiva. Tratando-se de omissão genérica, induz a necessidade de prova da culpa.[46]

A rigor, contudo, a distinção parece que não se encontra isoladamente na presença ou não de culpa, sendo casos de atos comissivos ou omissivos do Estado. Pode ocorrer quando o dano tenha por origem a ação de terceiro ou força maior, em que a conduta do Estado concorra e seja decisiva para a realização do dano. Nesse sentido, a discussão desloca-se da culpa para a relação de causalidade entre a conduta estatal e o dano. E, para tanto, exige-se que haja um dever preexistente do Estado, cujo descumprimento possa ser caracterizado como a causa do dano.[47] Assim ocorre nos casos em que a concausalidade entre a omissão do Estado e a conduta da vítima resulta na responsabilização do Estado, proporcionalmente à sua contribuição para a realização do dano.[48]

Maria Sylvia Zanella. *Direito administrativo*, cit., p. 603. Marçal Justen Filho faz referência à objetivação do elemento subjetivo, estabelecendo-se uma "presunção de culpabilidade derivada de um dever de diligência especial". JUSTEN FILHO, Marçal. *Curso de direito administrativo*. 3. ed. São Paulo: Saraiva, 2008, p. 959. Não abrindo exceção, identificando o caráter abrangente da responsabilidade objetiva: MEDAUAR, Odete. *Direito administrativo moderno*. 6. ed. São Paulo: RT, 2002, p. 444 e s. Admitindo exceções tópicas: MEIRELLES, Hely Lopes. *Direito administrativo brasileiro*. 20. ed. São Paulo: Malheiros, 1995, p. 462.

[45] CAVALIERI, Sérgio. *Programa de responsabilidade civil*, 11. ed., cit., p. 298.
[46] CAVALIERI, Sérgio. *Programa de responsabilidade civil*, 11. ed., cit., p. 299.
[47] Nesse mesmo sentido: COUTO E SILVA, Almiro. A responsabilidade extracontratual do Estado. *Revista da Procuradoria-Geral do Estado*. Cadernos de direito público. Porto Alegre: PGE, 2003, p. 149 e s.
[48] "Recurso especial. Alíneas 'a' e 'c'. Responsabilidade civil do Estado. Ato omissivo. Responsabilidade subjetiva. Negligência na segurança de balneário público. Mergulho em local perigoso. Consequente tetraplegia. Imprudência da vítima. Culpa recíproca. Indenização devida proporcionalmente. O infortúnio ocorreu quando o recorrente, aos 14 anos, após penetrar, por meio de pagamento de ingresso, em balneário público, mergulhou de cabeça em ribeirão de águas rasas, o que lhe causou lesão medular cervical irreversível. Para a responsabilização subjetiva do Estado por ato omissivo, 'é necessário, que o Estado haja incorrido em ilicitude, por não ter acorrido para impedir o dano ou por haver sido insuficiente neste mister, em razão de comportamento inferior ao padrão legal exigível' (Celso Antônio Bandeira de Mello, *Curso de Direito Administrativo*, Malheiros Editores, São Paulo, 2002, p. 855). Ao mesmo tempo em que se exige da vítima, em tais circunstâncias, prudência e discernimento – já que pelo senso comum não se deve mergulhar em local desconhecido –, imperioso reconhecer, também, que, ao franquear a entrada de visitantes em balneário público, sejam eles menores ou não, deve o Estado proporcionar satisfatórias condições de segurança, mormente nos finais de semana, quando,

Todavia, não se deve perder de vista que predomina na jurisprudência orientação no sentido da responsabilidade subjetiva por danos causados pela omissão do Estado.[49] Deve-se tomar a interpretação desses casos, contudo, a partir da identificação do nexo de causalidade entre a contribuição da atuação estatal – comissiva ou omissiva – e a realização do dano, e não propriamente pela demonstração cabal do comportamento negligente ou imprudente do agente público, que ademais nem sempre é possível de ser atestado.

Tome-se como referência caso de fuga de preso do estabelecimento penitenciário em que estiver recolhido para o cumprimento de pena, e que venha em seguida a cometer um crime. Embora a falha do serviço esteja caracterizada, a jurisprudência consolidada exigirá um criterioso exame do nexo de causalidade entre a conduta imputada ao Estado e o dano sofrido,[50] o que nem sempre permitirá que se conclua pela responsabilidade do Estado, quando se verificar que outras causas intervieram para a realização do resultado danoso.

---

certamente, a frequência ao local é mais intensa e aumenta a possibilidade de acidentes. 'Não há resposta *a priori* quanto ao que seria o padrão normal tipificador da obrigação a que estaria legalmente adstrito. Cabe indicar, no entanto, que a normalidade da eficiência há de ser apurada em função do meio social, do estágio de desenvolvimento tecnológico, cultural, econômico e da conjuntura da época, isto é, das possibilidades reais médias dentro do ambiente em que se produziu o fato danoso' (Celso Antônio Bandeira de Mello, op. cit., loc. cit.). Há, na hipótese dos autos, cuidados que, se observados por parte da Administração Pública Estadual, em atuação diligente, poderiam ter evitado a lesão. A simples presença de salva-vidas em locais de banho e lazer movimentados é exigência indispensável e, no particular, poderia ter coibido a conduta da vítima. Nem se diga quanto à necessidade de isolamento das zonas de maior risco, por exemplo, por meio de grades de madeira, cordas, corrimãos etc. Em passeios dessa natureza, amplamente difundidos nos dias atuais sob a denominação de 'turismo ecológico', não somente para as crianças, como para jovens e adultos, é de se esperar, conforme as circunstâncias peculiares do local, a presença de cabos de isolamento e a orientação permanente de guias turísticos e funcionários que conheçam o ambiente visitado. Segundo a lição do notável Aguiar Dias, doutrinador de escol no campo da responsabilidade civil, 'a culpa da vítima, quando concorre para a produção do dano, influi na indenização, contribuindo para a repartição proporcional dos prejuízos' (in *Da responsabilidade civil*, Forense, Rio de Janeiro, 1960, t. II, p. 727). Recurso especial provido em parte para reconhecer a culpa recíproca e, como tal, o rateio das verbas condenatórias e das despesas e custas processuais meio a meio, arcando cada parte com a verba honorária advocatícia do respectivo patrono" (STJ, REsp 418.713/SP, Rel. Min. Franciulli Netto, 2ª Turma, j. 20-5-2003, *DJ* 8-9-2003). Da mesma forma, decidiu o STJ pela responsabilidade do conselho profissional pela omissão na fiscalização por longo período, da atividade de médico que, em razão de erros em cirurgias plásticas por mais de dez anos, causou danos a número expressivo de vítimas: STJ, AgInt no AREsp 968.855/MS, Rel. Min. Herman Benjamin, 2ª Turma, j. 23/05/2017, DJe 16/06/2017.

[49] "Administrativo. Processual civil. Violação do art. 535 do CPC. Alegação genérica. Súmula 284/STF. Responsabilidade civil do Estado. Omissão. Nexo de causalidade. Danos morais e materiais. Reexame de fatos e provas. Impossibilidade. Súmula 7/STJ. 1. A alegação genérica de violação do artigo 535 do Código de Processo Civil, sem explicitar os pontos em que teria sido omisso o acórdão recorrido, atrai a aplicação do disposto na Súmula 284/STF. 2. Nos termos da jurisprudência do STJ, a responsabilidade civil do estado por condutas omissivas é subjetiva, sendo necessário, dessa forma, comprovar a negligência na atuação estatal, o dano e o nexo causal entre ambos. 3. O Tribunal de origem, com base no conjunto fático probatório dos autos, expressamente consignou que 'restou evidente o nexo de causalidade entre a omissão do ente municipal e o evento danoso'. 4. Dessa forma, não há como modificar a premissa fática, pois para tal é indispensável o reexame do contexto fático-probatório dos autos, o que é vedado por esta Corte, pelo óbice da Súmula 7/STJ. Agravo regimental improvido" (STJ, AgRg no AREsp 501.507/RJ, Rel. Min. Humberto Martins, 2ª Turma, j. 27-5-2014, *DJe* 2-6-2014).

[50] Decidiu o STF: "Responsabilidade civil do Estado. Art. 37, § 6º, da Constituição Federal. Latrocínio praticado por preso foragido, meses depois da fuga. Fora dos parâmetros da causalidade não é possível impor ao Poder Público uma responsabilidade ressarcitória sob o argumento de falha no sistema de segurança dos presos. Precedente da 1ª Turma: RE 130.764, Rel. Min. Moreira Alves" (STF, RE 172.025, Rel. Min. Ilmar Galvão, 1ª Turma, j. 8-10-1996, *DJ* 19-12-1996). No mesmo sentido, decidiu

Não se espera, todavia, uma unicidade lógica no entendimento jurisprudencial do tema. Assim, quando se tratar da pretensão de preso em razão da superlotação e de condições impróprias em que se encontra no estabelecimento penitenciário, a jurisprudência originalmente afastava a pretensão, entendendo o descabimento da indenização em razão de argumentos laterais, mas que, ao fim, resultam na conclusão de que a indenização individual ensejaria a retirada de recursos para melhoria do sistema, agravando ainda mais a situação do próprio detento.[51] Este entendimento mereça maior reflexão – conforme já pontávamos na primeira edição deste volume, uma vez que estando fora de qualquer dúvida aa lesão a direitos assegurados aos presos, entre os quais sua integridade, a violação destes, pela ausência de prestações estatais impositivas, caracterizaria o ilícito causador do dano, uma vez que suprime do indivíduo, além de sua liberdade e privacidade – próprias do regime de cumprimento de pena –, também o respeito à sua saúde e segurança. Este entendimento, contudo, sempre foi minoritário, como se vê no voto vencido do Min. Teori Zavascki no EREsp 962.934/MS, ao afirmar que, "mesmo que não haja direito subjetivo individual de deduzir em juízo pretensões que visem a obrigar o Estado a formular esta ou aquela política pública, inclusive em relação à questão carcerária, não é menos certo que ao indivíduo é assegurado o direito de obter, inclusive judicialmente, o atendimento de prestações inerentes ao que se denomina mínimo existencial, a saber: prestações que, à luz das normas constitucionais, podem ser desde logo identificadas como necessariamente presentes qualquer que seja o conteúdo da política pública a ser estabelecida. E ninguém pode duvidar de que, em quaisquer circunstâncias, jamais se poderia excluir das obrigações estatais em matéria carcerária a de indenizar danos individuais de qualquer natureza que venham a ser por ele causados a quem está submetido a encarceramento".[52] Nesse sentido, melhor seria admitir na hipótese, como exceção ao cum-

---

o STJ: "Processo civil. Agravo em recurso especial. Art. 535, II, do CPC. Alegações genéricas. Súmula 284/STF. Dissenso pretoriano não comprovado. Ausência de similitude fática. Nexo de causalidade. Súmula 126/STJ. (...) 2. O nexo de causalidade e, portanto, a responsabilidade civil do Estado foram excluídos, no acórdão recorrido, com base nas peculiaridades existentes no caso concreto como o lapso temporal entre a conduta criminosa e a fuga do presidiário e também a distância entre o local do ato e o estabelecimento prisional. Esses elementos reforçam a inexistência da divergência pretoriana, ante a ausência de similitude fática entre os julgados confrontados. 3. O STJ apenas tem reconhecido a responsabilidade civil estatal por omissão, quando a deficiência do serviço tenha sido a causa direta e imediata do ato ilícito praticado pelo foragido, situação não constatada nos autos. 4. Apesar de haver fundamentação fulcrada no art. 37, § 6º, da Constituição Federal, não foi apresentado pela agravante recurso extraordinário, o que reclama a aplicação do óbice da Súmula 126/STJ. 5. Agravo regimental não provido" (STJ, AgRg no AREsp 173.291/PR, Rel. Min. Castro Meira, 2ª Turma, j. 7-8-2012, *DJe* 21-8-2012).

[51] EREsp 962.934/MS, Rel. Min. Teori Albino Zavascki, Rel. p/ Acórdão Min. Humberto Martins, 1ª Seção, j. 14-3-2012, *DJe* 25-4-2012.

[52] "ADMINISTRATIVO. EMBARGOS DE DIVERGÊNCIA. RESPONSABILIDADE CIVIL DO ESTADO. DETENTO. SUPERLOTAÇÃO. DANO MORAL. RESSARCIMENTO INDIVIDUAL POR DANO COLETIVO INCABÍVEL. PROBLEMA LÓGICO. RETIRADA DE CUSTOS PARA SUPRIR INDENIZAÇÃO INDIVIDUAL QUE MAJORA O GRAVAME COLETIVO. IMPOSSIBILIDADE DE EQUIVALÊNCIA COM CASOS MAIS GRAVES. MORTE. INDENIZAÇÃO INDIVIDUAL COMO MEIO INVIÁVEL DE SOLUÇÃO DO PROBLEMA PRISIONAL. 1. Cuida-se de embargos de divergência opostos contra acórdão da Segunda Turma que deu provimento ao recurso especial para determinar a impossibilidade de obrigar o Estado a indenizar, individualmente, um detento em unidade prisional superlotada. 2. O que se debate é a possibilidade de indenizar dano moral que foi consignado pelas instâncias de origem; logo, o que se discute é a possibilidade de punir o Estado com tal gravame pecuniário, denominado no acórdão embargado como "pedágio masmorra"; a divergência existe, pois há precedentes da Primeira Turma no sentido da possibilidade de indenização: REsp 1.051.023/RJ, Rel. Min. Francisco Falcão, Rel. p/ Acórdão Min. Teori Albino Zavascki, Primeira Turma, *DJe* 1º.12.2008; e REsp 870.673/MS, Rel. Min. Luiz

primento das prestações estatais, a denominada reserva do possível,[53] espécie de razão de Estado genérica para o desatendimento de suas prestações materiais em face da insuficiência de recursos financeiros pelo Erário.

O Supremo Tribunal Federal ao decidir sobre o tema, passou a reconhecer o cabimento de indenização aos presos submetidos a situações degradantes no sistema carcerário brasileiro. Ao julgar a medida cautelar na ADPF 347/DF, entendeu que o sistema carcerário brasileiro se caracteriza como *estado de coisas inconstitucional*.[54] Este entendimento, deu causa a quem em ação reparatória específica, para a qual foi reconhecida a repercussão geral, a Corte tenha reconhecido o direito à reparação por violação de garantia mínima de segurança pessoal, física e psíquica do preso, inclusive afastando o argumento da reserva do possível.[55]

Fux, Primeira Turma, DJe 5.5.2008. 3. O voto condutor do Min. Herman Benjamin – havido do recurso especial, cujo acórdão figura como embargado – deve ser mantido em seus próprios fundamentos, a saber que: a) não é aceitável a tese de que a indenização seria cabível em prol de sua função pedagógica; b) não é razoável – e ausente de lógica – indenizar individualmente, pois isto ensejará a retirada de recursos para melhoria do sistema, o que agravará a situação do próprio detento; e c) a comparação com casos que envolveram a morte de detentos não é cabível. 4. Como bem consignado no acórdão embargado, em vez da perseguição de uma solução para alterar a degradação das prisões, o que acaba por se buscar é uma inadmissível indenização individual que arrisca formar um "pedágio masmorra" ou uma "bolsa indignidade"; em síntese, o tema em debate não trata da aplicação da doutrina da "reserva do possível" ou do "mínimo existencial", mas da impossibilidade lógica de que a fixação de uma indenização pecuniária e individual melhore o sistema prisional.Embargos de divergência conhecidos e improvidos." (STJ, EREsp 962.934/MS, Rel. Min. Teori Albino Zavascki, Rel. p/ Acórdão Min. Humberto Martins, 1ª Seção, j. 14/03/2012, DJe 25/04/2012)

[53] STJ, REsp 1.114.260/MS, Rel. Min. Luiz Fux, 1ª Turma, j. 03/11/2009, DJe 17/11/2009.

[54] "CUSTODIADO – INTEGRIDADE FÍSICA E MORAL – SISTEMA PENITENCIÁRIO – ARGUIÇÃO DE DESCUMPRIMENTO DE PRECEITO FUNDAMENTAL – ADEQUAÇÃO. Cabível é a arguição de descumprimento de preceito fundamental considerada a situação degradante das penitenciárias no Brasil. SISTEMA PENITENCIÁRIO NACIONAL – SUPERLOTAÇÃO CARCERÁRIA – CONDIÇÕES DESUMANAS DE CUSTÓDIA – VIOLAÇÃO MASSIVA DE DIREITOS FUNDAMENTAIS – FALHAS ESTRUTURAIS – ESTADO DE COISAS INCONSTITUCIONAL – CONFIGURAÇÃO. Presente quadro de violação massiva e persistente de direitos fundamentais, decorrente de falhas estruturais e falência de políticas públicas e cuja modificação depende de medidas abrangentes de natureza normativa, administrativa e orçamentária, deve o sistema penitenciário nacional ser caraterizado como "estado de coisas inconstitucional". FUNDO PENITENCIÁRIO NACIONAL – VERBAS – CONTINGENCIAMENTO. Ante à situação precária das penitenciárias, o interesse público direciona à liberação das verbas do Fundo Penitenciário Nacional. AUDIÊNCIA DE CUSTÓDIA – OBSERVÂNCIA OBRIGATÓRIA. Estão obrigados juízes e tribunais, observados os artigos 9.3 do Pacto dos Direitos Civis e Políticos e 7.5 da Convenção Interamericana de Direitos Humanos, a realizarem, em até noventa dias, audiências de custódia, viabilizando o comparecimento do preso perante a autoridade judiciária no prazo máximo de 24 horas, contado do momento da prisão" (STF, ADPF 347 MC, Rel. Marco Aurélio, Tribunal Pleno, j. 09/09/2015, DJe 19/02/2016).

[55] "Recurso extraordinário representativo da controvérsia. Repercussão Geral. Constitucional. Responsabilidade civil do Estado. Art. 37, § 6º. 2. Violação a direitos fundamentais causadora de danos pessoais a detentos em estabelecimentos carcerários. Indenização. Cabimento. O dever de ressarcir danos, inclusive morais, efetivamente causados por ato de agentes estatais ou pela inadequação dos serviços públicos decorre diretamente do art. 37, § 6º, da Constituição, disposição normativa autoaplicável. Ocorrendo o dano e estabelecido o nexo causal com a atuação da Administração ou de seus agentes, nasce a responsabilidade civil do Estado. 3. "Princípio da reserva do possível". Inaplicabilidade. O Estado é responsável pela guarda e segurança das pessoas submetidas a encarceramento, enquanto permanecerem detidas. É seu dever mantê-las em condições carcerárias com mínimos padrões de humanidade estabelecidos em lei, bem como, se for o caso, ressarcir danos que daí decorrerem. 4. A violação a direitos fundamentais causadora de danos pessoais a detentos em estabelecimentos carcerários não pode ser simplesmente relevada ao argumento de que a indenização não tem alcance

Em outra vertente, faz-se exigível, pois, a omissão específica de dever do Estado para caracterizar sua responsabilidade pelo dano causado. Exemplo concreto disso está no caso em que a demora do atendimento de presos que se encontrem sob sua custódia seja causa do dano sofrido pela vítima.[56] Nesse caso, há dever – dever de custódia – que importa no cuidado diligente e atento com as condições da pessoa submetida ao poder concreto do Estado em determinada situação. Quando da falta de ação do agente público que conhecia ou deveria conhecer a situação resulta a causa do dano da vítima, caracteriza-se a responsabilidade do Estado pelo dever de indenizar. Há exigência, nessas condições, da culpa do preposto,[57] sem a qual – segundo este entendimento – o dano não teria ocorrido.

---

para eliminar o grave problema prisional globalmente considerado, que depende da definição e da implantação de políticas públicas específicas, providências de atribuição legislativa e administrativa, não de provimentos judiciais. Esse argumento, se admitido, acabaria por justificar a perpetuação da desumana situação que se constata em presídios como o de que trata a presente demanda. 5. A garantia mínima de segurança pessoal, física e psíquica, dos detentos, constitui dever estatal que possui amplo lastro não apenas no ordenamento nacional (Constituição Federal, art. 5º, XLVII, "e"; XLVIII; XLIX; Lei 7.210/84 (LEP), arts. 10; 11; 12; 40; 85; 87; 88; Lei 9.455/97 – crime de tortura; Lei 12.874/13 – Sistema Nacional de Prevenção e Combate à Tortura), como, também, em fontes normativas internacionais adotadas pelo Brasil (Pacto Internacional de Direitos Civis e Políticos das Nações Unidas, de 1966, arts. 2; 7; 10; e 14; Convenção Americana de Direitos Humanos, de 1969, arts. 5º; 11; 25; Princípios e Boas Práticas para a Proteção de Pessoas Privadas de Liberdade nas Américas – Resolução 01/08, aprovada em 13 de março de 2008, pela Comissão Interamericana de Direitos Humanos; Convenção da ONU contra Tortura e Outros Tratamentos ou Penas Cruéis, Desumanos ou Degradantes, de 1984; e Regras Mínimas para o Tratamento de Prisioneiros – adotadas no 1º Congresso das Nações Unidas para a Prevenção ao Crime e Tratamento de Delinquentes, de 1955). 6. Aplicação analógica do art. 126 da Lei de Execuções Penais. Remição da pena como indenização. Impossibilidade. A reparação dos danos deve ocorrer em pecúnia, não em redução da pena. Maioria. 7. Fixada a tese: "Considerando que é dever do Estado, imposto pelo sistema normativo, manter em seus presídios os padrões mínimos de humanidade previstos no ordenamento jurídico, é de sua responsabilidade, nos termos do art. 37, § 6º, da Constituição, a obrigação de ressarcir os danos, inclusive morais, comprovadamente causados aos detentos em decorrência da falta ou insuficiência das condições legais de encarceramento". 8. Recurso extraordinário provido para restabelecer a condenação do Estado ao pagamento de R$ 2.000,00 (dois mil reais) ao autor, para reparação de danos extrapatrimoniais, nos termos do acórdão proferido no julgamento da apelação" (STF, RE 580252, Rel. p/ Acórdão Min. Gilmar Mendes, Tribunal Pleno, j. 16/02/2017, Repercussão geral – mérito, p. *DJ* 11/09/2017).

[56] "Apelação cível. Reexame necessário. Responsabilidade civil. Apenado portador de HIV, que falece em razão da doença e da demora de atendimento médico. O Estado é responsável pela preservação da integridade física e moral do preso enquanto estiver sob sua custódia. Responsabilidade civil configurada. Dever de cuidado assumido pelo Estado em manter a integridade física de seus apenados, confiados à sua guarda. Presente o dever de indenizar. Pedido de indenização por dano moral em razão de morte de detento em hospital. Demonstrado no caso concreto do dano moral. Pedido de redução da indenização provido. O dano moral deve ser fixado, considerando a necessidade de punir o ofensor e evitar que repita seu comportamento, devendo se levar em conta o caráter punitivo da medida, a condição social e econômica do lesado e a repercussão do dano. Apelo parcialmente provido. Sentença modificada em reexame necessário" (TJRS, Apelação e reexame necessário n. 70054940994, Rel. Ney Wiedemann Neto, 6ª Câmara Cível, j. 19-12-2013).

[57] "Administrativo. Responsabilidade civil do Estado por ato omissivo. Queda de entulhos em residência localizada à margem de rodovia. 1. A responsabilidade civil imputada ao Estado por ato danoso de seus prepostos é objetiva (art. 37, § 6º, CF), impondo-se o dever de indenizar quando houver dano ao patrimônio de outrem e nexo causal entre o dano e o comportamento do preposto. 2. Somente se afasta a responsabilidade se o evento danoso resultar de caso fortuito ou força maior, ou decorrer de culpa da vítima. 3. Em se tratando de ato omissivo, embora esteja a doutrina dividida entre as correntes da responsabilidade objetiva e da responsabilidade subjetiva, prevalece, na jurisprudência, a teoria subjetiva do ato omissivo, só havendo indenização culpa do preposto. 4. Recurso especial improvido" (STJ, REsp 721.439/RJ, Rel. Min. Eliana Calmon, 2ª Turma, j. 21-8-2007, *DJ* 31-8-2007).

1.6. RESPONSABILIDADE POR DANOS CAUSADOS PELA MÁ PRESTAÇÃO DE SERVIÇOS PÚBLICOS DELEGADOS

A prestação de serviços públicos, quando realizada em desacordo com o dever de adequação e dando causa a danos, fundamenta a responsabilidade por indenização. Sabe-se, neste particular, que o conceito de serviço público – que é plurívoco e formado historicamente a partir de distintas concepções – pode ser entendido como "todo aquele prestado pela Administração ou por seus delegados, sob normas e controles estatais, para satisfazer necessidades essenciais ou secundárias da coletividade ou simples conveniências do Estado".[58]

Há conceito estrito de serviço público, indicando aqueles que são prestados diretamente pela Administração, de modo indelegável – são os serviços próprios do Estado. E há serviços públicos que se indicam como de utilidade pública, que podem ser prestados diretamente ou delegados a terceiros, por intermédio de contrato de concessão ou permissão. Aqui se situa, por exemplo, o transporte coletivo, a distribuição de energia elétrica e a telefonia fixa.

O art. 175 da Constituição de 1988 autoriza a prestação direta de uma gama de serviços públicos pelo Estado ou sua delegação aos particulares. E o art. 37, § 6º, de sua vez, é abrangente, contemplando a responsabilidade do Estado por danos tanto em relação a serviços públicos prestados diretamente pelo Estado quanto àqueles delegados a prestação por particulares, inclusive sob o mesmo regime de responsabilidade objetiva. A relação de serviço público, quando envolver delegação do serviço, é plurilateral. Envolve o Estado, titular do Poder Concedente e, por vezes, de competência regulatória específica (em especial por intermédio de entes reguladores, como, por exemplo, as agências reguladoras); os particulares concessionários e/ou permissionários do serviço, a quem cumpre prestá-lo diretamente à população; e os usuários, destinatários dos serviços públicos, a quem cabe fruir destes, remunerando o prestador direto do serviço, nos termos da legislação.

Há um dever geral imposto aos prestadores de serviços públicos, seja o próprio Estado ou particulares delegatários do serviço: o *dever de adequação*. Significa dizer que o serviço deve ser adequado aos fins a que se destina, vinculando-se a atender determinada finalidade ou utilidade pressuposta pela sua previsão legal como serviço público. A Lei n. 8.987/95, ao disciplinar a concessão e permissão de serviços públicos, dispõe sobre definição de serviço adequado em seu art. 6º, § 1º, nos seguintes termos: "Serviço adequado é o que satisfaz as condições de regularidade, continuidade, eficiência, segurança, atualidade, generalidade, cortesia na sua prestação e modicidade das tarifas". A rigor, embora atinente aos serviços públicos submetidos à concessão e permissão aos particulares, a definição contém elementos comuns àqueles prestados diretamente pelo Estado e àqueles submetidos à delegação. Compreende o dever de adequação: a *permanência* e a *continuidade* dos serviços, de modo que não sofra interrupções excessivas;[59] a *generalidade*, que impõe a oportunidade de acesso igualitário ao serviço; sua *atualidade*, a exigir a "modernidade das técnicas, do equipamento e das instalações e a sua conservação, bem como a melhoria e expansão do serviço" (art. 6º, § 2º, da Lei n. 8.987/95); a *cortesia*, pelo que se exige o bom tratamento do usuário; e a *segurança*, que caracteriza justamente a necessária abstenção de ofensa à integridade pessoal e patrimonial do usuário.

---

[58] MEIRELLES, Hely Lopes. *Direito administrativo brasileiro*, cit., p. 294.
[59] O § 3º do art. 3º da Lei n. 8.987/95, considerando tratar a lei de serviços delegados e que deverão ser remunerados pelo usuário ao delegatário da prestação, define que não se caracteriza como descontinuidade do serviço sua interrupção, após aviso prévio, quando "motivada por razões de ordem técnica ou de segurança das instalações", bem como "por inadimplemento do usuário, considerado o interesse da coletividade".

É a violação do dever de adequação que, dando causa a danos ao usuário e mesmo a terceiros não usuários do serviço,[60] gera o dever de indenizar. Compreende a ausência ou interrupção injustificada do serviço, e sua prestação em desacordo com as regras legais e regulamentares dá causa ao dever de adequação.[61]

Note-se que o Estado ou o delegatário da prestação tem o domínio sobre os aspectos técnicos da prestação de serviço, daí exigir-se dele que antecipe as providências necessárias e tecnicamente previsíveis para a manutenção das condições de prestação do serviço adequado, e cuja falha considera-se causa suficiente para a indenização dos danos que dela decorrerem. O mesmo se diga quando, em relação aos serviços públicos cuja fruição se permita que seja feita individualmente e mediante remuneração específica do usuário – denominado serviços públicos *uti singuli* (singulares ou individuais) –, é reconhecida a incidência dos arts. 3º, § 2º, e 22 do Código de Defesa do Consumidor.[62] Nesse caso, a responsabilidade por danos causados permanecerá sendo objetiva e solidária, nos termos do art. 14 do Código de Defesa do Consumidor.[63]

Em relação aos permissionários e concessionários de serviços públicos, contudo, destaca-se a discussão acerca da interpretação devida ao art. 37, § 6º, da Constituição de 1988, quando estabelece a responsabilidade das *pessoas jurídicas de direito público e de direito privado prestadoras de serviço público, pelos danos que seus agentes, nesta qualidade, causarem a terceiros, assegurando o direito de regresso contra o responsável nos casos de dolo ou culpa.* Algumas questões são de interesse.

Primeiramente, embora a norma constitucional faça referência a pessoas jurídicas de direito público e de direito privado, nada impede que pessoas naturais sejam prestadoras de serviço público, em especial mediante permissão administrativa (assim, por exemplo, o serviço de táxi). Nesse caso, a interpretação literal da norma constitucional afastaria sua incidência para o caso de pessoas naturais permissionárias de serviços públicos. Todavia, parece ser o caso de outorgar-se à norma constitucional interpretação lógica, indicando também às pessoas naturais permissionárias, a responsabilidade objetiva, independentemente de culpa.

Da mesma forma, ocorre no debate se, entre o Estado e o delegatário de serviços públicos, configura-se uma relação de solidariedade passiva pelo pagamento de indenização, ou se a hipótese é de subsidiariedade. A rigor, entendimento que se retira do art. 37, § 6º, da Constituição seria de que a responsabilidade do Estado é solidária, de modo a assegurar à vítima a efetividade do direito à indenização, podendo, na hipótese de culpa ou dolo do delegatário do serviço, demandar-lhe pelo que eventualmente pagou como indenização, via

---

[60] STF, RE 591.874-2/MS, Rel. Min. Ricardo Lewandowski, j. 26-8-2009, Repercussão Geral – Mérito, *DJ* 18-12-2009.

[61] TJRS, Apelação Cível n. 70061555702, 9ª Câmara Cível, Rel. Iris Helena Medeiros Nogueira, j. 19-9-2014.

[62] PASQUALOTTO, Adalberto. Os serviços públicos no Código de Defesa do Consumidor. *Revista de Direito do Consumidor*, v. 1, São Paulo: RT, 1993, p. 130-148; MIRAGEM, Bruno. *Curso de direito do consumidor*. 8ª ed. São Paulo: RT, 2019, p. 266 e ss.

[63] "Apelação cível. Responsabilidade civil. Energia elétrica. Interrupção do fornecimento por longo período. Temporal. Evento previsível. Caso fortuito não configurado. Responsabilidade objetiva. Prestação de serviços deficiente. Danos morais ocorrentes. Responsabilidade Objetiva da concessionária de serviços públicos. Falha no serviço prestado. Art. 37, § 6º CF/88 e artigo 14, § 3º, II, do CDC. Caso fortuito não configurado. Não caracteriza caso fortuito a interrupção do fornecimento de energia elétrica por longo período em razão de temporal, por se tratar de fato previsível, sendo ônus da concessionária de serviço público demonstrar que tenha se precavido, com a adequação de sua rede elétrica para tais eventos, bem como de evidenciar que tenha restabelecido o serviço dentro de um prazo razoável e empreendido esforços para tanto. Danos morais. Configurado o dever de indenizar. Fatos que ultrapassaram meras perturbações e aborrecimentos cotidianos, cabendo a reparação. Sentença reformada. Deram provimento ao apelo" (TJRS, Apelação Cível 70059170563, 6ª Câmara Cível, Rel. Giovanni Conti, j. 18-9-2014).

ação de regresso. Entendimento majoritário, contudo, orienta-se no sentido de que a demanda indenizatória deve inicialmente ser direcionada contra o concessionário ou permissionário do serviço público, respondendo o Estado no caso de serviços delegados apenas subsidiariamente.

1.7. RESPONSABILIDADE CIVIL POR DANOS CAUSADOS EM RAZÃO DE ATOS JUDICIAIS

A responsabilidade do Estado por atos praticados pelo Poder Judiciário sempre mereceu grande atenção da doutrina e na jurisprudência ao longo do tempo.[64] O desenvolvimento do tema deu causa a que se sedimentasse a compreensão da irresponsabilidade do Estado em relação aos atos lícitos do juiz, ou ainda ao conteúdo de suas decisões, como expressão da independência do Poder Judiciário e das garantias reconhecidas ao exercício da função jurisdicional. Esse entendimento, contudo, observa temperamentos.

Em primeiro lugar, distinga-se historicamente entre as razões que colocavam, por motivos diversos, o juiz e o Poder Judiciário ao largo de qualquer responsabilidade e a ampla reparabilidade que ora se reconhece – em especial a partir da Constituição de 1988 – aos danos que venham a ser causados pela atuação do Estado, por quaisquer de seus agentes. Do mesmo modo, não se perca de vista que a prestação jurisdicional de que se incumbe o Poder Judiciário deve ser considerada espécie do gênero serviço público, de modo que a falha na sua prestação, quando venha a causar dano, pode ser considerada indenizável. Nesses termos, inclusive, estudos ainda sob a égide da Constituição anterior já destacavam o entendimento de que "a demora na prestação jurisdicional cai no conceito de serviço público imperfeito. Quer ela seja por indolência do juiz, quer seja por o Estado não prover adequadamente o bom funcionamento da Justiça".[65]

A questão, todavia, diz respeito a quem deva indenizar. Edmir Araújo, em destacado estudo sob a égide da Constituição anterior, sustentou a responsabilidade do Estado pelos danos causados pelos juízes, mesmo quando tenham estes agindo com dolo ou culpa.[66]

Atualmente, o reconhecimento do dever de indenizar danos causados pelo Estado em razão de atos jurisdicionais emerge da Constituição de 1988. Notadamente, do art. 5º, LXXV, e do próprio art. 37, § 6º, que deve ser tomado como referência a todos os servidores do Estado, independentemente do regime jurídico específico de sua atividade ou função. Estabelece o art. 5º, LXXV, da Constituição: "o Estado indenizará o condenado por erro judiciário, assim como

---

[64] Veja-se para a evolução histórica do tema: BUZAID, Alfredo. Da responsabilidade do juiz. *Revista de Processo*, v. 9, São Paulo: RT, jan. 1978, p. 15 e s. Observa Ruy Rosado de Aguiar Júnior que "as Ordenações Filipinas adotaram o princípio da responsabilidade pessoal do Juiz, do que se recolhem diversas passagens: Livro I, Título LXXXVIII, § 16 – '... e o Juiz que isto não cumprir, pagará ao órfão toda a perda e dano que por isso se lhe causar'; Livro LIL, Título LXII, § 5º – e o julgador, que os tais atos processou, será obrigado às custas no caso, que processou sem citação, ou com citação nula'; Livro IV, Título CII, § 7º - 'E faça o dito Juiz de tal maneira, que por sua culpa ou negligência os bens dos órfãos não recebam dano, porque todo o dano e perda que receberem pagará por seus bens'. A fim de garantir essa responsabilidade pessoal, a exemplo do que ocorria na Espanha, era o Juiz obrigado a dar residência, com o dever de permanecer por certo tempo no lugar onde exercera a função, para responder as reclamações dos eventuais lesados. Para isso, o novo Juiz do lugar, nos dez dias seguintes a sua posse, deveria proceder à devassa sobre o Juiz anterior, a chamada 'janeirinha', regulada nas Ordenações Filipinas, Livro 1, Título LXV, §§ 39 a 72, enviando seu resultado ao Corregedor da Coroa". AGUIAR JR., Ruy Rosado. A responsabilidade civil do Estado pelo exercício da função jurisdicional no Brasil. *Revista Ajuris*, v. 59, Porto Alegre: Ajuris, 1993, p. 5 e s.

[65] DELGADO, José Augusto. Responsabilidade civil do Estado pela demora na prestação jurisdicional. *Revista de Processo*, v. 40, São Paulo: RT, out. 1985, p. 152 e s.

[66] ARAÚJO, Edmir Netto. *Responsabilidade do Estado por ato jurisdicional*. São Paulo: RT, 1981.

o que ficar preso além do tempo fixado na sentença". Segue, neste particular, clara tendência do direito comparado.[67]

Contudo, observados a espécie e o conteúdo da atividade jurisdicional, o primeiro aspecto a ser definido é se os atos judiciais aptos a provocar a responsabilidade do Estado pelos danos que venham a causar serão apenas os denominados atos jurisdicionais típicos – ou seja, aqueles pelos quais o juiz decide sobre as pretensões deduzidas pelas partes e trazidas ao seu conhecimento –, ou se também pelos atos de administração do processo. Parece claro que a atuação judicial típica não se restringe simplesmente à resolução do processo (decisão sobre o mérito da causa). Ao contrário, a satisfação dos interesses legítimos das partes que deduzem a pretensão, ou, ainda, sua realização substancial depende de vários outros atos a serem realizados pelo juiz, nas várias fases processuais.

Não se cogita de responsabilidade pelos prejuízos causados pelos atos que expressem o exercício regular das funções jurisdicionais. Responsabilidade do Estado por atos jurisdicionais só há para reparar o dano injusto. Dessa forma, não é fato da simples rejeição à pretensão deduzida em juízo e suas consequências prejudiciais à parte que fundamenta a responsabilidade do Estado. A Constituição e a legislação ordinária preveem hipóteses em que tais pode ocorrer. A primeira delas é o erro judiciário, previsto no art. 5º, LXXV, da Constituição de 1988. E, da mesma forma, as hipóteses de falta judicial, assim entendidas as hipóteses relacionadas pelo art. 143 do Código de Processo Civil, que reproduz, quase integralmente, o disposto no art. 55 do Código de Processo Civil italiano. Assim, o art. 143 do CPC brasileiro: "O juiz responderá, civil e regressivamente, por perdas e danos quando: I – no exercício de suas funções, proceder com dolo ou fraude; II – recusar, omitir ou retardar, sem justo motivo, providência que deva ordenar de ofício, ou a requerimento da parte. Parágrafo único. As hipóteses previstas no inciso II somente serão verificadas depois que a parte requerer ao juiz que determine a providência e o requerimento não for apreciado no prazo de 10 (dez) dias."

Em relação às hipóteses de indenização previstas no art. 5º, LXXV, da Constituição, são duas as hipóteses reconhecidas como causas de dano: o erro judiciário, propriamente dito, e a prisão além do tempo fixado em sentença. Neste segundo caso, a lesão pode tanto decorrer do exercício da função jurisdicional do juiz, a quem se atribua competência para promover e fiscalizar a execução da pena, quanto de outras circunstâncias, de natureza administrativa. Todas, contudo, compreendidas na atuação do Estado e, nesses termos, dando causa à sua responsabilidade pelos danos causados.

Destaque-se, assim, que o Supremo Tribunal Federal assentou entendimento de que "a teoria da responsabilidade objetiva do Estado não se aplica aos atos judiciais, salvo nos casos

---

[67] Nesse sentido, veja-se, entre outros, o art. 19 da Constituição do Chile de 1980, que em seu item 7º, alínea *i*, refere: "Una vez dictado sobreseimiento definitivo o sentencia absolutoria, el que hubiere sido sometido a proceso o condenado en cualquier instancia por resolución que la Corte Suprema declare injustificadamente errónea o arbitraria, tendrá derecho a ser indemnizado por el Estado de los perjuicios patrimoniales y morales que haya sufrido. La indemnización será determinada judicialmente en procedimiento breve y sumario y en él la prueba se apreciará en conciencia". Já o art. 121, da Constituição da Espanha de 1978 refere: "Los daños causados por error judicial, así como los que sean consecuencia del funcionamiento anormal de la Administración de Justicia, darán derecho a una indemnización a cargo del Estado, conforme a la ley". O art. 24 da Constituição italiana de 1947, parte final, refere: "La legge determina le condizioni e i modi per la riparazione degli errori giudiziari". O art. 40 da Constituição do Japão, de sua vez, estabelece: "Qualquer pessoa que venha a ser absolvida, após ter estado presa ou detida, pode acionar o Estado para efeito de indenização, na forma que for estipulada em lei". O art. 29, 6, da Constituição de Portugal refere: "Os cidadãos injustamente condenados têm direito, nas condições que a lei prescrever, à revisão da sentença e à indenização pelos danos sofridos".

de erro judiciário e de prisão além do tempo fixado na sentença (inc. LXXV do art. 5º da Constituição da República) e nas hipóteses expressamente previstas em lei".[68]

1.7.1. O erro judiciário

O reconhecimento da responsabilidade do Estado por atos jurisdicionais, da mesma forma, define-se pela incidência do art. 37, § 6º, da Constituição de 1988, que a consagra sob a natureza objetiva, independentemente de culpa. E considerando-se que as hipóteses ou são de erro judiciário ou de falta do juiz, elas são tomadas como causas do dano injusto, pressuposto da responsabilização.

Por erro judiciário entende-se o equívoco do juiz na interpretação dos fatos da causa ou do direito aplicável, de modo a dar origem ao dano injusto sofrido pela vítima. Embora geralmente associado ao processo penal, a rigor qualquer processo judicial pode ser objeto de erro, tanto por culpa ou dolo do juiz quanto por outras circunstâncias diversas, a revelar que o erro judiciário decorre de risco inerente à própria atividade jurisdicional. Note-se, contudo, que o erro de interpretação sobre fatos ou sobre o direito aplicável, para que enseje a responsabilização do Estado, deve ser manifesto.[69] Diz-se erro crasso, notório, assim entendido aquele que não seria cometido pelo sujeito com conhecimentos básicos e diligência média no exame da mesma situação. Isso porque permanece válida a garantia institucional do livre convencimento do juiz sobre os fatos, bem como a possibilidade de adoção de mais de um meio idôneo de interpretação da lei. Considerando-se as garantias institucionais do juiz, não se cogita de erro, tampouco de responsabilidade em decorrência deste erro, porque o juiz não seguiu entendimento dominante nos tribunais, ou porque deu à lei interpretação diversa. A regularidade da conduta judicial, nesse caso, reside na existência de fundamentação para a decisão, diz-se fundamentação racional, a qual, embora se possa discordar, não se deve considerar absurda ou manifestamente incabível. Nesse sentido, aponta Liebman: "Instituição e raciocínio concorrem, em diversas medidas, para formar o juízo, e é inútil tentar estabelecer regras e ordens nos elementos e os casos são infinitos. Para o direito, é irrelevante conhecer dos mecanismos psicológicos que, às vezes, permitem ao juiz chegar às decisões. O que importa, somente, é saber se a parte dispositiva da sentença e a motivação estão, do ponto de vista jurídico, lógicos e coerentes, de forma a constituírem elementos inseparáveis de um ato unitário, que se interpretam e se iluminam reciprocamente".[70]

---

[68] STF, AI 599.501 AgR/PR, Rel. Min. Cármen Lúcia, 2ª Turma, j. 19-11-2013, p. 26-11-2013. Trata-se de entendimento consolidado pela Corte, conforme se vê: "Constitucional. Administrativo. Civil. Responsabilidade civil do Estado: atos dos juízes. C.F., art. 37, § 6º. I. – A responsabilidade objetiva do Estado não se aplica aos atos dos juízes, a não ser nos casos expressamente declarados em lei. Precedentes do Supremo Tribunal Federal. II. – Decreto judicial de prisão preventiva não se confunde com o erro judiciário – CF, art. 5º, LXXV – mesmo que o réu, ao final da ação penal, venha a ser absolvido. III. – Negativa de trânsito ao RE. Agravo não provido" (STF, RE 429.518 AgR, Rel. Min. Carlos Velloso, 2ª Turma, j. 5-10-2004, DJ 28-10-2004). No mesmo sentido: RE 219.117/PR, Rel. Min. Ilmar Galvão, 1ª Turma, j. 3-8-1999, DJ 29-10-1999.

[69] Destaca José Ricardo Alvarez Vianna em sua tese de doutoramento que o erro de fato do juiz só pode ser identificado a partir da atenção e diligência com as quais examina as provas produzidas pelas partes, de modo que não deve confrontá-lo: VIANNA, José Ricardo Alvarez. Erro judiciário e sua responsabilização civil. São Paulo: Malheiros, 2017, p. 297.

[70] LIEBMAN, Enrico Tulio. Do arbítrio à razão. Reflexões sobre a motivação da sentença. Tradução de Tereza Celina de Arruda Alvim. *Revista de Processo*, v. 29, São Paulo: RT, jan. 1983, p. 79 e s. A motivação da sentença, por outro lado, não se destina apenas às partes, seus advogados, ou ao juiz que conhecerá de eventual recurso, mas a toda e qualquer pessoa que dela quiser tomar conhecimento. Trata-se, pois,

No caso de erro judiciário, há direito à indenização da vítima, como regra, a partir da desconstituição da decisão que deu causa ao dano, e cuja própria existência indicará a existência do erro. Da mesma forma, tem legitimidade para pretender indenização aquele que for vítima de prisão preventiva ilegal ou aquele que tenha sido submetido a prisão preventiva, mas que ao final do processo é absolvido, com juízo negativo sobre a existência do fato ou de sua autoria, bem como da ausência de ilicitude de sua conduta.[71]

Esse não parece ser o caso, contudo, na hipótese de absolvição por insuficiência de provas, em que é da natureza do processo penal a possibilidade de formar juízo definitivo sobre a culpabilidade ou não do agente apenas ao final do processo, após a instrução processual, de modo que em favor do réu milite a presunção de inocência que, por si só, não permite que se induza à existência de decisão fundada em erro.[72] Ora, a presunção de inocência não afasta a possibilidade da adoção de medidas cautelares no interesse do processo ou da sociedade.[73] Tanto assim é que não vincula a pretensão que porventura se queira deduzir no âmbito da jurisdição civil contra quem tenha sido absolvido por este fundamento no processo penal – conforme estabelece o art. 935 do Código Civil: "A responsabilidade civil é independente da criminal, não se podendo questionar mais sobre a existência do fato, ou sobre quem seja o seu autor, quando essas questões se acharem decididas no juízo criminal".

1.7.2. A falta do juiz

Há falta do juiz nas hipóteses do art. 143 do Código de Processo Civil. A interpretação da norma, contudo, não pode se dar sem o disposto no art. 49 da Lei Orgânica da Magistratura Nacional (Loman), que dispõe: "Art. 49. Responderá por perdas e danos o magistrado, quando: I – no exercício de suas funções, proceder com dolo ou fraude; II – recusar, omitir ou retardar, sem justo motivo, providência que deva ordenar o ofício, ou a requerimento das partes. Parágrafo único – Reputar-se-ão verificadas as hipóteses previstas no inciso II somente depois que a parte, por intermédio do Escrivão, requerer ao magistrado que determine a providência, e este não lhe atender o pedido dentro de dez dias".

---

de fundamento de legitimidade da decisão. Veja-se: TARUFFO, Michele. *La motivazione della sentenza civile*. Padova: Cedam, 1975, p. 334 passim 406.

[71] AGUIAR JR., Ruy Rosado. A responsabilidade civil do Estado pelo exercício da função jurisdicional no Brasil, cit.

[72] Assim: "Agravo regimental no agravo de instrumento. Responsabilidade civil do Estado. Prisão cautelar determinada no curso de regular processo criminal. Posterior absolvição do réu pelo júri popular. Dever de indenizar. Reexame de fatos e provas. Impossibilidade. Ato judicial regular. Indenização. Descabimento. Precedentes. 1. O Tribunal de Justiça concluiu, com base nos fatos e nas provas dos autos, que não restaram demonstrados, na origem, os pressupostos necessários à configuração da responsabilidade extracontratual do Estado, haja vista que o processo criminal e a prisão aos quais foi submetido o ora agravante foram regulares e se justificaram pelas circunstâncias fáticas do caso concreto, não caracterizando erro judiciário a posterior absolvição do réu pelo júri popular. 2. Inadmissível, em recurso extraordinário, o reexame dos fatos e das provas dos autos. Incidência da Súmula n. 279/STF. 3. A jurisprudência da Corte firmou-se no sentido de que, salvo nas hipóteses de erro judiciário e de prisão além do tempo fixado na sentença, previstas no art. 5º, inciso LXXV, da Constituição Federal, bem como nos casos previstos em lei, a regra é a de que o art. 37, § 6º, da Constituição não se aplica aos atos judiciais quando emanados de forma regular e para o fiel cumprimento do ordenamento jurídico. 4. Agravo regimental não provido" (STF, AI 803.831 AgR/SP, Rel. Min. Dias Toffoli, 1ª Turma, j. 19-3-2013, publ. 16-5-2013). Da mesma forma, observa-se precedente do STF no sentido de distinguir a hipótese de prisão em flagrante do erro judiciário que legitima a pretensão indenizatória, de modo que a simples invocação daquele fato não serve ao reconhecimento do direito à indenização. Nesse sentido: STF, RE 553.637 ED, Rel. Min. Ellen Gracie, 2ª Turma, j. 4-8-2009, publ. 25-9-2009.

[73] STF, RE 133.489/DF, Rel. Min. Paulo Brossard, 2ª Turma, j. 3-12-1991, *DJ* 8-6-2001.

Nesse sentido, responde o Estado quando tenha agido o juiz com dolo ou fraude na realização do ato que dá causa ao dano injusto. Assim estabelece a interpretação combinada do art. 133, I, e do art. 49, I, da Lei Orgânica da Magistratura Nacional.

Igualmente, responde o Estado quando o juiz tenha agido nas mesmas condições, porém com culpa grave, nos termos do art. 133, II, revelada nas hipóteses de negligência manifesta, prevista nos arts. 49, II, e 56, I, da Lei Orgânica da Magistratura Nacional.[74] A culpa grave, nesse caso, é a falta indesculpável a um dever que tenha o juiz de observar em razão de sua função. Ou, ainda, na hipótese de estar incapaz para o trabalho, conforme dispõe o art. 56, III, da mesma Lei Orgânica: "O Conselho Nacional da Magistratura poderá determinar a aposentadoria, com vencimentos proporcionais ao tempo de serviço, do magistrado: III – de escassa ou insuficiente capacidade de trabalho, ou cujo proceder funcional seja incompatível com o bom desempenho das atividades do Poder Judiciário".[75] Nessa hipótese, está abrangida a imperícia do juiz para o exercício de suas funções, aqui caracterizado, no mais das vezes, pelo erro grosseiro na interpretação e/ou aplicação da lei na condução do processo ou em sua solução.

Da mesma forma, pode ocorrer que o dano não decorra de ato jurisdicional em si, mas de atuação dolosa do juiz que induza a parte à realização de ato que lhe seja prejudicial. Assim o exemplo mencionado por Ruy Rosado de Aguiar Júnior, da atuação judicial que maliciosamente estimula a realização de acordo judicial prejudicial à parte.[76]

1.7.3. O caráter subsidiário da ação de indenização

Note-se que, pela própria natureza do processo como conjunto de atos coordenados que se projetam no tempo visando a realização da prestação jurisdicional, só deve ter lugar a ação de indenização na hipótese de a parte lesada não ter outro meio de recompor seu patrimônio atingido pelo ato jurisdicional, o que a toda evidência ocorre com a possibilidade prevista na própria legislação processual, de recursos e outras medidas que impeçam ou façam cessar o dano, mediante modificação do ato ou de suas consequências.

Deixando de recorrer, tendo esta possibilidade, entende-se que tenha concorrido com a manutenção da decisão e de suas consequências. Não poderá reclamar do Estado prejuízo que também se operou com sua omissão na adoção de providências que estavam ao seu alcance para corrigir o equívoco.

1.7.4. A falta do serviço

A responsabilidade do Estado não se esgota, contudo, nas hipóteses de falha na conduta pessoal do juiz. Pode ocorrer, conforme já se mencionou, de o dano injusto decorrer de falha na prestação do serviço, assim entendidos os serviços cartorários, a demora na realização dos atos ordenados pelo juiz ou erros no processamento das demandas. Nesses casos, continua-se a exigir a ilicitude da conduta do Estado decorrente da falha do dever de adequação, a ser reconhecida conforme as circunstâncias concretas de exigibilidade do serviço.[77]

---

[74] Estabelece o art. 56, I, da Lei Orgânica da Magistratura Nacional: "Art. 56. O Conselho Nacional da Magistratura poderá determinar a aposentadoria, com vencimentos proporcionais ao tempo de serviço, do magistrado: I – manifestadamente negligente no cumprimento dos deveres do cargo (...)".

[75] AGUIAR JR., Ruy Rosado. A responsabilidade civil do Estado pelo exercício da função jurisdicional no Brasil, cit.

[76] AGUIAR JR., Ruy Rosado. A responsabilidade civil do Estado pelo exercício da função jurisdicional no Brasil, cit.

[77] "Erro judiciário. Responsabilidade civil objetiva do Estado. Direito à indenização por danos morais decorrentes de condenação desconstituída em revisão criminal e de prisão preventiva. CF, art. 5º, LXXV.

Naturalmente, nesses casos, a demonstração da falha da prestação estatal estará subordinada, muitas vezes, a um juízo sobre sua capacidade de ser causa de um dano cuja indenização se reclame. Assim, por exemplo, pode ocorrer em relação à alegação de morosidade da prestação jurisdicional. Nesse sentido, a Emenda Constitucional n. 45/2004 introduziu no art. 5º da Constituição de 1988 o direito à razoável duração do processo, nos seguintes termos: "LXXVIII – a todos, no âmbito judicial e administrativo, são assegurados a razoável duração do processo e os meios que garantam a celeridade de sua tramitação". O exame da razoabilidade ou não do tempo de duração da demanda, por mais que se submeta a critérios comparativos com fundamento na própria capacidade de trabalho reconhecida aos vários órgãos que compõem o Poder Judiciário, sempre comportará um juízo valorativo, assim como a aptidão para que seja eventual demora a causa de um dano injusto sofrido pela vítima.

Todavia, quando se tratar da falta do serviço, também em relação ao Poder Judiciário se admite, na avaliação da razoabilidade ou não da atuação estatal, a máxima *impossibilium nulla obligatio est*, que fundamenta a reserva do possível, a expressar a limitação de recursos disponíveis para promover a eficaz prestação jurisdicional.

1.7.5. A responsabilidade pessoal do juiz

A responsabilidade pessoal do juiz resulta do disposto no art. 143, I e II, do Código de Processo Civil, combinado com o art. 49 da Lei Orgânica da Magistratura Nacional. Exige-se, pois, a prova do dolo ou fraude por parte do julgador, ou, ainda, simples culpa, quando deixar de providenciar medidas que tenha de ordenar de ofício ou a requerimento da parte. Nesse sentido, também a possibilidade de ação regressiva do Estado contra o juiz só tem lugar caracterizados estes pressupostos,[78] sem os quais restam vulneradas a autonomia e a independência que se reconhecem à magistratura[79] no Estado de Direito.

C. Pr. Penal, art. 630. 1. O direito à indenização da vítima de erro judiciário e daquela presa além do tempo devido, previsto no art. 5º, LXXV, da Constituição, já era previsto no art. 630 do C. Pr. Penal, com a exceção do caso de ação penal privada e só uma hipótese de exoneração, quando para a condenação tivesse contribuído o próprio réu. 2. A regra constitucional não veio para aditar pressupostos subjetivos à regra geral da responsabilidade fundada no risco administrativo, conforme o art. 37, § 6º, da Lei Fundamental: a partir do entendimento consolidado de que a regra geral é a irresponsabilidade civil do Estado por atos de jurisdição, estabelece que, naqueles casos, a indenização é uma garantia individual e, manifestamente, não a submete à exigência de dolo ou culpa do magistrado. 3. O art. 5º, LXXV, da Constituição: é uma garantia, um mínimo, que nem impede a lei, nem impede eventuais construções doutrinárias que venham a reconhecer a responsabilidade do Estado em hipóteses que não a de erro judiciário *stricto sensu*, mas de evidente falta objetiva do serviço público da Justiça" (STF, RE 505.393, Rel. Min. Sepúlveda Pertence, 1ª Turma, j. 26-6-2007, publ. 5-10-2007).

[78] Nesse sentido decidiu o STF: "Recurso extraordinário. Responsabilidade objetiva. Ação reparatória de dano por ato ilícito. Ilegitimidade de parte passiva. 2. Responsabilidade exclusiva do Estado. A autoridade judiciária não tem responsabilidade civil pelos atos jurisdicionais praticados. Os magistrados enquadram-se na espécie agente político, investidos para o exercício de atribuições constitucionais, sendo dotados de plena liberdade funcional no desempenho de suas funções, com prerrogativas próprias e legislação específica. 3. Ação que deveria ter sido ajuizada contra a Fazenda Estadual – responsável eventual pelos alegados danos causados pela autoridade judicial, ao exercer suas atribuições –, a qual, posteriormente, terá assegurado o direito de regresso contra o magistrado responsável, nas hipóteses de dolo ou culpa. 4. Legitimidade passiva reservada ao Estado. Ausência de responsabilidade concorrente em face dos eventuais prejuízos causados a terceiros pela autoridade julgadora no exercício de suas funções, a teor do art. 37, § 6º, da CF/88. 5. Recurso extraordinário conhecido e provido" (STF, RE 228.977, Rel. Min. Néri da Silveira, 2ª Turma, j. 5-3-2002, *DJ* 12-4-2002).

[79] Veja-se: ASCARELLI, Tulio. Processo e democrazia. *Rivista Trimmestrale di Diritto e Procedura Civile*, ano XII, Milano: Giuffrè, 1958, p. 856.

1.8. RESPONSABILIDADE DOS TABELIÃES, NOTÁRIOS E REGISTRADORES

Estabelece o art. 236 da Constituição de 1988 que os serviços notariais e de registro são exercidos em caráter privado, por delegação do Poder Público. Trata-se de reconhecimento de uma tradição do direito brasileiro, ademais também parte da experiência de outros sistemas jurídicos, da delegação a um privado das funções de caráter público para fins de assegurar certeza e/ou validade a determinados atos ou situações jurídicas.[80] O § 1º do mesmo art. 236 da Constituição, de sua vez, refere que a "lei regulará as atividades, disciplinará a responsabilidade civil e criminal dos notários, dos oficiais de registro e de seus prepostos, e definirá a fiscalização de seus atos pelo Poder Judiciário". No caso, a Lei n. 8.935, de 18 de novembro de 1994, define a responsabilidade civil dos delegatários de serviços notariais e de registro, em seu art. 22, nos seguintes termos: "Os notários e oficiais de registro responderão pelos danos que eles e seus prepostos causem a terceiros, na prática de atos próprios da serventia, assegurado aos primeiros direito de regresso no caso de dolo ou culpa dos prepostos". A exegese da norma coloca em destaque a questão de se a responsabilidade de tabeliães e oficiais de registro, nesse sentido, é objetiva, independentemente de culpa, ou se exige a demonstração de sua culpa ou dolo. A redação do art. 22, já transcrito, permite que se cogite da responsabilidade objetiva, ademais coerente ao que dispõe o art. 37, § 6º, da Constituição, embora não se cogite, nesse caso, de pessoa jurídica prestadora de serviço público, uma vez que se trata de delegação feita à pessoa natural.[81] Afinal, deixa de referir expressamente à exigência de dolo ou culpa como pressuposto de sua responsabilização.[82] Em sentido diverso, contudo, o entendimento que equipara os tabeliães e oficiais de registro a serventuários da justiça, e, para além disso, a servidores públicos, estendendo a eles a exigência de culpa para a atribuição de responsabilidade pessoal.[83] Embora esta equiparação do serventuário a servidor público tenha sido expressamente afastada em razão de discussões quanto a efeitos de natureza funcional,[84] mantém-se sua equiparação a agente público no tocante ao regime de responsabilidade do Estado.

O entendimento da jurisprudência do Supremo Tribunal Federal orientou-se no sentido do reconhecimento da responsabilidade subjetiva dos tabeliães e oficiais de registro.[85]

---

[80] BENÍCIO, Hercules Alexandre da Costa. *Responsabilidade civil do Estado decorrente de atos notariais e de registro.* São Paulo: RT, 2005, p. 43 e s.

[81] Nesse sentido, sustentando a responsabilidade objetiva, veja-se: CAHALI, Yussef Sahid. *Responsabilidade civil do Estado*, cit., p. 264; NALINI, José Renato. *Registro de imóveis e notas; responsabilidade civil e disciplinar.* São Paulo: RT, 1997, p. 94. Sustentando entendimento solitário no sentido da aplicação do Código de Defesa do Consumidor aos serviços notariais e de registro, veja-se: MORAES, Paulo Valério Dal Pai. Os tabeliães, os oficiais registradores e o Código de Defesa do Consumidor. *Revista de Direito do Consumidor*, v. 61, São Paulo: RT, jan. 2007, p. 142 e s.

[82] LEVADA, Cláudio Antônio Soares. Responsabilidade civil do notário público. *Revista de Direito Privado*, v. 8, São Paulo: RT, out./dez. 2001, p. 40 e s. No mesmo sentido: SARTORI, Ivan Ricardo. Responsabilidade civil e penal dos notários e registradores. *Revista de Direito Imobiliário IRIB*, n. 53, São Paulo: RT, jul./dez. 2002, p. 105.

[83] STOCO, Rui. *Tratado de responsabilidade civil.* 7. ed. São Paulo: RT, 2007, p. 1.038-1.040; ERPEN, Décio Antônio. Da responsabilidade civil e do limite de idade para aposentadoria compulsória dos notários e registradores. *Revista de Direito Imobiliário*, v. 47, São Paulo: RT, jul./1999, p. 103 e s.

[84] Entre outros: STF, ADI 2.415, Rel. Min. Ayres Britto, j. 10-11-2011, *DJe* 9-2-2012.

[85] "Constitucional. Servidor público. Tabelião. Titulares de ofício de justiça: responsabilidade civil. Responsabilidade do Estado. C.F., art. 37, § 6º. I. – Natureza estatal das atividades exercidas pelos serventuários titulares de cartórios e registros extrajudiciais, exercidas em caráter privado, por delegação do Poder Público. Responsabilidade objetiva do Estado pelos danos praticados a terceiros por esses servidores no exercício de tais funções, assegurado o direito de regresso contra o notário, nos casos de dolo ou culpa (CF, art. 37, § 6º). II. – Negativa de trânsito ao RE. Agravo não provido" (STF, RE 209.354 AgR, Rel.

Todavia, mesmo naquela Corte, verifica-se precedente em sentido diverso, sustentando a responsabilidade objetiva.[86] Já o Superior Tribunal de Justiça sustenta entendimento de que a responsabilidade do Estado seria subsidiária, respondendo o tabelião e o oficial do registro, objetivamente, pelos danos causados no exercício da sua função.[87] Trata-se, contudo, de responsabilidade pessoal, uma vez que o cartório ou tabelionato não detêm personalidade jurídica própria,[88] de modo que pelas obrigações de indenizar de que forem devedores em razão do exercício da atividade responde o patrimônio do registrador ou tabelião.

Min. Carlos Velloso, 2ª Turma, j. 2-3-1999, *DJ* 16-4-1999). No mesmo sentido: "Agravo regimental em recurso extraordinário. Responsabilidade civil do Estado. Danos causados a terceiros em decorrência de atividade notarial. Precedentes. 1. Nos termos da jurisprudência do Supremo Tribunal Federal, 'o Estado responde, objetivamente, pelos atos dos notários que causem dano a terceiros, assegurado o direito de regresso contra o responsável, nos casos de dolo ou culpa (CF, art. 37, § 6º)' (RE 209.354-AgR, da relatoria do ministro Carlos Velloso). 2. Agravo regimental desprovido" (STF, RE 518.894 AgR, Rel. Min. Ayres Britto, 2ª Turma, j. 2-8-2011, *DJe* 23-9-2011); e STF, RE 551.156 AgR, Rel. Min. Ellen Gracie, 2ª Turma, j. 10-3-2009, *DJE* 3-4-2009.

[86] "Responsabilidade objetiva. Estado. Reconhecimento de firma. Cartório oficializado. Responde o Estado pelos danos causados em razão de reconhecimento de firma considerada assinatura falsa. Em se tratando de atividade cartorária exercida à luz do artigo 236 da Constituição Federal, a responsabilidade objetiva é do notário, no que assume posição semelhante à das pessoas jurídicas de direito privado prestadoras de serviços públicos – § 6º do artigo 37 também da Carta da República" (STF, RE 201.595, Rel. Min. Marco Aurélio, 2ª Turma, j. 28-11-2000, *DJ* 20-4-2001).

[87] "Administrativo. Danos materiais causados por titular de serventia extrajudicial. Atividade delegada. Responsabilidade subsidiária do Estado. 1. Hipótese em que o Tribunal de origem julgou procedente o pedido deduzido em Ação Ordinária movida contra o Estado do Amazonas, condenando-o a pagar indenização por danos imputados ao titular de serventia. 2. No caso de delegação da atividade estatal (art. 236, § 1º, da Constituição), seu desenvolvimento deve se dar por conta e risco do delegatário, nos moldes do regime das concessões e permissões de serviço público. 3. O art. 22 da Lei n. 8.935/1994 é claro ao estabelecer a responsabilidade dos notários e oficiais de registro por danos causados a terceiros, não permitindo a interpretação de que deve responder solidariamente o ente estatal. 4. Tanto por se tratar de serviço delegado, como pela norma legal em comento, não há como imputar eventual responsabilidade pelos serviços notariais e registrais diretamente ao Estado. Ainda que objetiva a responsabilidade da Administração, esta somente responde de forma subsidiária ao delegatário, sendo evidente a carência de ação por ilegitimidade passiva *ad causam*. 5. Em caso de atividade notarial e de registro exercida por delegação, tal como na hipótese, a responsabilidade objetiva por danos é do notário, diferentemente do que ocorre quando se tratar de cartório ainda oficializado. Precedente do STF. 6. Recurso Especial provido" (STJ, REsp 1.087.862/AM, Rel. Min. Herman Benjamin, 2ª Turma, j. 2-2-2010, *DJe* 19-5-2010).

[88] "Recurso especial. Negativa de prestação jurisdicional. Não ocorrência. Serviços notariais e de registro. Natureza jurídica. Organização técnica e administrativa destinados a garantir a publicidade, autenticidade, segurança e eficácia dos atos jurídicos. Protesto. Pedido de cancelamento. Obrigação de fazer. Tabelionato. Ilegitimidade de parte passiva reconhecida. Ausência de personalidade. Recurso improvido. I – É entendimento assente que o órgão judicial, para expressar sua convicção, não precisa mencionar todos os argumentos levantados pelas partes, mas, tão somente, explicitar os motivos que entendeu serem suficientes à composição do litígio, não havendo falar, na espécie, em ofensa ao art. 535 do Código de Processo Civil. II – Segundo o art. 1º da Lei n. 8.935/94, que regulamentou o art. 236 da Constituição Federal, os serviços notariais e de registro são conceituados como 'organização técnica e administrativa destinados a garantir a publicidade, autenticidade, segurança e eficácia dos atos jurídicos'. Dispõe, ainda, referida Lei que os notários e oficiais de registro gozam de independência no exercício de suas atribuições, além de que estão sujeitos às penalidades administrativas previstas nos arts. 32, 33, 34 e 35, no caso de infrações disciplinares previstas no art. 31 da mesma Lei. III – Os cartórios extrajudiciais – incluindo o de Protesto de Títulos – são instituições administrativas, ou seja, entes sem personalidade, desprovidos de patrimônio próprio, razão pela qual, bem de ver, não possuem personalidade jurídica e não se caracterizam como empresa ou entidade, afastando-se, dessa forma, sua legitimidade passiva ad causam para responder pela ação de obrigação de fazer. IV – Recurso especial improvido" (STJ, REsp 1.097.995/RJ, Rel. Min. Massami Uyeda, 3ª Turma, j. 21-9-2010, *DJe* 6-10-2010).

No caso dos Tabeliães de protesto de títulos, a Lei n. 9.492, de 10 de setembro de 1997, estabelece claramente sua responsabilidade subjetiva, mediante exigência de dolo ou culpa. Assim, o art. 38 da Lei n. 9.492/97: "Os Tabeliães de Protesto de Títulos são civilmente responsáveis por todos os prejuízos que causarem, por culpa ou dolo, pessoalmente, pelos substitutos que designarem ou Escreventes que autorizarem, assegurado o direito de regresso".

Note-se que, mesmo se admitida a exigência do comportamento culposo, este poderá resultar do desconhecimento da lei que em razão do seu ofício deva ter amplo domínio. Ou ainda, caracterizar-se pela ausência dos cuidados exigidos para o registro e arquivo dos atos, de modo organizado e respeitando os princípios que são próprios da atividade notarial e de registro, como ocorre, por exemplo, com a exigência dos princípios da prioridade e continuidade dos assentos.

A questão, como se vê, foi objeto de acentuada controvérsia. Se é certo que o art. 236, § 1º, remete à lei o regime de responsabilidade dos delegatários dos serviços notariais e de registro, do mesmo modo é correto observar que interpretação possível do texto original do art. 22 da Lei n. 8.935/94 estabelecia a responsabilidade independentemente de dolo ou culpa, só invocada como pressuposto para o regresso do tabelião ou oficial de registro contra seus prepostos. Sucessivas alterações, contudo, estenderam a exigência de dolo ou culpa como pressuposto geral para responsabilização. A redação vigente do art. 22, contudo, determinada pela Lei 13.286/2016, estabelece: "Os notários e oficiais de registro são civilmente responsáveis por todos os prejuízos que causarem a terceiros, por culpa ou dolo, pessoalmente, pelos substitutos que designarem ou escreventes que autorizarem, assegurado o direito de regresso." O legislador, assim, exerceu sua liberdade de conformação no espaço que lhe foi firmado pela Constituição, ainda que não sem deixar patente a desorientação que imprimiu ao tema, primeiro excluindo, e de pois inserindo os pressupostos de dolo e culpa como condição para responsabilização – de resto apartados do critério geral do art. 37, § 6º, da Constituição da República.

Da mesma forma, por tratar-se da prestação de serviço público, responde o Estado pelos danos causados por tabeliães e oficiais de registro no exercício de suas funções.[89] Nesse caso, a responsabilidade é solidária, por força do art. 37, § 6º, da Constituição de 1988, ainda que sejam fortes as razões de justiça que sustentem a tese da subsidiariedade da responsabilidade estatal. Em especial porque o Estado, na medida em que não participa das rendas auferidas pela prestação dos serviços pelo particular, não deveria ficar exposto apenas à obrigação de indenizar eventuais danos decorrentes de falhas desta mesma atividade.[90] Entretanto, nesse caso, não parece haver como se afastar dos efeitos integrais da norma constitucional que fixa a responsabilidade do Estado. É esta objetiva e solidária, nos exatos termos do art. 37, § 6º, da Constituição, de modo que não se identifica interpretação que permita, razoavelmente, parcelar esse comando normativo. Respondem, igualmente, tabeliães e oficiais de registro pelos atos dos seus auxiliares, podendo reclamar destes o que pagarem apenas se demonstrado que agiram com dolo ou culpa.

1.9. RESPONSABILIDADE CIVIL POR ATOS LEGISLATIVOS

A atividade legislativa é uma das expressões mais genuínas da atividade do Estado no exercício do seu poder. No caso, o poder de editar leis é constitutivo do Direito, e a pergunta que surge é se pode haver responsabilização do Estado pelo exercício desse poder. Há grande

---

[89] STJ, REsp 481.939/GO, Rel. Min. Teori Albino Zavascki, 1ª Turma, j. 3-3-2005, *DJ* 21-3-2005.
[90] Veja-se, a respeito: CAVALIERI, Sérgio. *Programa de responsabilidade civil*, 11. ed., cit., p. 309-310.

debate sobre o tema. Isso porque, tratando-se de atos legislativos, não se pode dizer que o Estado, ao editá-los, está agindo de modo antijurídico, vindo a causar dano. Não se cogita, como regra, da ilicitude, ainda que se possam ter, por outro lado, leis que para logo sejam consideradas inconstitucionais, de modo a caracterizar que o legislador, eventualmente, tenha contrariado o direito ao editar norma contrária à Constituição. Da mesma forma, atos legislativos podem ser expressões do planejamento estatal, cujas consequências, especialmente no domínio das relações econômicas, podem dar causa a prejuízo de partes afetadas.

Observe-se, porém, que o exercício do poder de legislar pelo Estado não pode dar causa à sua responsabilização por danos que eventualmente cause. Isso porque há atuação conforme a Direito, inclusive constituindo o próprio Direito. No plano das relações econômicas, a questão consistirá em definir se as alterações legislativas a que se submetem se colocam ou não no âmbito do risco ordinário dos agentes econômicos.[91] O mesmo se diga quando se tratar da alteração substancial de situação de fato ou de plano, por intermédio da edição de leis contraditórias editadas em sequência, e de modo que entre elas a posterior revogue a primeira. A rigor, não se cogita de responsabilidade do Estado pelo exercício regular de seu poder.[92] Todavia, havendo o exercício de poder normativo contra a lei, ou do poder legislativo contra a Constituição, há de se reconhecer a responsabilidade do Estado pelos danos que daí decorrerem diretamente.[93]

---

[91] Assim decidiu o STJ: "(...) 6. O fato do príncipe é arguível *intra muros* entre os particulares e extraterritorialmente pelo Estado, desde que o suposto fato imprevisível e danoso dependa de conjunturas internacionais, imprevisíveis, *ad substantia*. 7. A ciência jurídica-econômica não é imutável e eterna, como não o são os ordenamentos voltados à regulação das atividades econômicas, sujeitas estas às mais diversas espécies de injunções internas e internacionais, como guerras, estratégias de proteção de produtos alienígenas, rompimento de relações diplomáticas, etc. 8. O Estado responde objetivamente pelos seus atos e de seus agentes que nessa qualidade causem a terceiros e, por omissão, quando manifesto o dever legal de impedir o ato danoso, hipótese em que a sua responsabilidade é subjetiva decorrente de imperícia ou dolo. 9. A ingerência de fatores exteriores aliada à possibilidade de o particular prevenir-se contra esses fatores alheios à vontade estatal, acrescido da mera natureza indicativa da política econômica revela a ausência de responsabilização do Estado. 10. O Recurso Especial não é servil ao reexame de matéria fático-probatória. 11. Recurso Especial parcialmente conhecido, e, nesta parte, desprovido" (STJ, REsp 614.048/RS, Rel. Min. Luiz Fux, 1ª Turma, j. 15-3-2005, *DJ* 2-5-2005).

[92] Assim o caso de empresa que, após a edição, pelo Conselho Nacional de Trânsito, de norma tornando obrigatória a existência, em cada veículo automotor, de *kit* de primeiros socorros, adquiriu grande quantidade destes *kits* para revenda. Contudo, a obrigação foi afastada em poucos meses, com a edição da Lei n. 9.792/99. Nesse caso, a Corte não entendeu pela responsabilidade do Estado pelo exercício da função legislativa, considerando que a alteração da situação de fato estava dentro do risco ordinário do empresário. Nesse sentido, vale a referência ao trecho do acórdão da Corte Estadual, transcrita na decisão do STJ: "No caso dos autos, não vejo proceder os argumentos da parte autora, pois não há nexo de causalidade entre a revogação da norma apontada e os prejuízos sofridos pela empresa promovente. Primeiro, porque não se pode apontar a Lei n. 9.792/99 como causadora dos danos sofridos pela demandante, dada a generalidade de seu alcance a todos do país, não podendo ser vista como uma forma de perseguição aos lucros que seriam auferidos pela autora, caso a obrigatoriedade do 'kit' houvesse permanecido. Segundo, porque o investimento da empresa autora foi uma escolha da mesma, não havendo traço algum de obrigatoriedade. Se resolveu comprar uma quantidade enorme destes equipamentos de primeiros socorros, confiante de que a norma iria se manter, e, então, o produto seria gênero de consumo necessário a todo proprietário de veículo automotivo, tal ato decorreu do livre arbítrio da demandante, que, ao fazê-lo, assumiu os riscos inerentes à atividade de comércio. Pelas razões acima elencadas, não vejo como responsabilizar a União pelas perdas sofridas pela parte autora. Não há, pois, no presente caso, danos a serem ressarcidos, sejam de ordem material ou moral" (STJ, REsp 1.319.047/PE, Rel. Min. Herman Benjamin, 2ª Turma, j. 23-10-2012, *DJe* 31-10-2012).

[93] Assim, o entendimento do STF: "A intervenção estatal na economia, mediante regulamentação e regulação de setores econômicos, faz-se com respeito aos princípios e fundamentos da Ordem Econômica. CF,

No caso das leis inconstitucionais, a declaração de inconstitucionalidade, conforme mencionamos, torna a atuação legislativa do Estado antijurídica. Desse modo, quando da eficácia precária e limitada no tempo de lei inconstitucional resultar danos ao particular, será devida a ele indenização.[94] Projetam-se neste caso, em favor da vítima, os direitos fundamentais de propriedade e liberdade, violados pelo ato legislativo inconstitucional.

1.10. RESPONSABILIDADE DO ESTADO POR ATOS LÍCITOS

De grande interesse em relação à responsabilidade do Estado por danos causados aos particulares é aquela que decorre de prejuízos causados em situações nas quais esteja atuando de acordo com a lei, ou seja, a denominada responsabilidade por atos lícitos. Há hipóteses em que o Estado responde por atos lícitos, assim entendidos aqueles em que, no cumprimento de seu *munus publico*, dão causa a prejuízos a terceiros.[95] Nesse caso, a indenização surge como consequência não de um dano injusto – leia-se: antijurídico –, mas com fundamento na proteção no direito fundamental de propriedade, que, embora não assegure ao titular o caráter inalterável de sua posição jurídica (especialmente quando cotejado com a função social da propriedade, que igualmente merece proteção em nosso ordenamento constitucional – arts. 5º, XXIII, e 170, II, da Constituição de 1988), impõe que qualquer sacrifício do direito em favor do interesse coletivo deve ser indenizado.

O art. 5º, XXIV, da Constituição de 1988 estabelece hipótese típica ao dispor que "a lei estabelecerá o procedimento para desapropriação por necessidade ou utilidade pública, ou por interesse social, mediante justa e prévia indenização em dinheiro, ressalvados os casos previstos nesta Constituição".[96] O mesmo ocorre em relação à hipótese prevista no art. 5º, XXV, o qual prevê que, "no caso de iminente perigo público, a autoridade competente poderá usar de propriedade particular, assegurada ao proprietário indenização ulterior, se houver dano".

Naturalmente que toda a ação lícita do Estado, para que se possa indicar conforme a lei em sentido amplo, deve estar de acordo com o princípio da proporcionalidade. Como bem

---

art. 170. O princípio da livre iniciativa é fundamento da República e da Ordem Econômica: CF, art. 1º, IV; art. 170. Fixação de preços em valores abaixo da realidade e em desconformidade com a legislação aplicável ao setor: empecilho ao livre exercício da atividade econômica, com desrespeito ao princípio da livre iniciativa. Contrato celebrado com instituição privada para o estabelecimento de levantamentos que serviriam de embasamento para a fixação dos preços, nos termos da lei. Todavia, a fixação dos preços acabou realizada em valores inferiores. Essa conduta gerou danos patrimoniais ao agente econômico, vale dizer, à recorrente: obrigação de indenizar por parte do Poder Público. CF, art. 37, § 6º. Prejuízos apurados na instância ordinária, inclusive mediante perícia técnica" (STF, RE 422.941, Rel. Min. Carlos Velloso, j. 6-12-2005, 2ª Turma, *DJ* de 24-3-2006). No mesmo sentido: STJ, RE 571.969, Rel. Min. Carmen Lúcia, j. 12-3-2014.

[94] SILVA PEREIRA, *Responsabilidade civil*, cit., 10. ed., p. 186; CAVALIERI, Sérgio. *Programa de responsabilidade civil*, cit., 11. ed., p. 330; AGUIAR DIAS, José de. *Da responsabilidade civil*, cit., 11. ed., p. 847.

[95] Assim decidiu o STF: "A responsabilidade civil do Estado, responsabilidade objetiva, com base no risco administrativo, que admite pesquisa em torno da culpa do particular, para o fim de abrandar ou mesmo excluir a responsabilidade estatal, ocorre, em síntese, diante dos seguintes requisitos: a) do dano; b) da ação administrativa; c) e desde que haja nexo causal entre o dano e a ação administrativa. A consideração no sentido da licitude da ação administrativa é irrelevante, pois o que interessa, é isto: sofrendo o particular um prejuízo, em razão da atuação estatal, regular ou irregular, no interesse da coletividade, é devida a indenização, que se assenta no princípio da igualdade dos ônus e encargos sociais" (STF, RE 113.587, Rel. Min. Carlos Velloso, 2ª Turma, j. 18-2-1992, *DJ* 3-3-1992).

[96] O art. 182, § 3º, da Constituição Federal reforça, no caso de desapropriação de imóvel urbano, o direito à prévia indenização em dinheiro. No caso do imóvel rural, a desapropriação para fins de reforma agrária, na hipótese de descumprimento de sua função social, está prevista no art. 184 da Constituição.

afirma Canotilho, "o princípio da proporcionalidade proíbe a adoção, para um fim concreto, de uma medida idônea e necessária, mas cujos numerosos prejuízos não serão proporcionais ao êxito procurado e alcançável".[97] Essa ação estatal, portanto, está subordinada ao controle jurisdicional, que avalia a proporcionalidade entre o sacrifício imposto ao particular e os fins de interesse público que estejam sendo perseguidos. Em qualquer caso, contudo, a licitude da ação estatal resultará propriamente da realização do interesse público que a legitima e, nesses termos, protegerá sua plena realização, em detrimento imediato do patrimônio do particular, que por isso fará jus à reparação.

Decorre do que se denomina *responsabilidade pelo sacrifício*, assim entendido o dano produzido pelo Estado no exercício de seus poderes legalmente delimitados, e que movido pelo interesse público impõe uma diminuição do patrimônio do lesado. Nesse caso, o ressarcimento devido ao lesado consiste mais em uma conversão de seus direitos em um equivalente pecuniário do que propriamente reparação.[98]

A tentativa de sistematização dessa espécie de responsabilidade do Estado por danos aos particulares orienta-se pela necessidade de se destacar a importância da preservação da esfera jurídica do indivíduo perante o Estado. Desse modo, embora menos numerosos, os danos causados pelo Estado em razão de sua atuação lícita são igualmente ressarcíveis. Ou seja, sem a ele se dar um caráter excepcional ou restrito.

São pressupostos da responsabilidade do Estado por ato lícito: a) a legalidade do ato estatal; b) que a atuação do Estado não se caracterize como mera limitação de direito subjetivo, mas que implique um grave sacrifício patrimonial do lesado; c) o sacrifício deve ter dignidade indenizatória, o que se caracteriza pelo caráter substancial da perda do direito pelo lesado; d) o sacrifício devia ter sido imposto no interesse público e não no interesse do titular do direito submetido ao sacrifício.[99]

1.11. RESPONSABILIDADE DO ESTADO POR VIOLAÇÃO DA CONFIANÇA

Desenvolveu-se no direito administrativo brasileiro recente, por marcada inspiração do direito alemão, o princípio da proteção da confiança dos particulares em relação à atuação estatal, o qual é reconhecido, igualmente, associado aos princípios da segurança jurídica[100] e mesmo da moralidade administrativa.[101] No direito alemão, o princípio da proteção da confiança (*Vertrauensschutz*) desenvolve-se a partir do final da Segunda Grande Guerra, por intermédio da jurisprudência, vindo a oferecer proteção aos cidadãos em suas relações com o Estado, tanto no sentido de preservar posições jurídicas previamente reconhecidas ou outorgadas pela Administração em relação a modificações posteriores a que não tenha dado causa, assim como de modo geral, assegurar o respeito às expectativas legítimas dos administrados

---

[97] CANOTILHO, José Joaquim Gomes. *O problema da responsabilidade do Estado por atos lícitos*, cit., p. 333.
[98] CANOTILHO, José Joaquim Gomes. *O problema da responsabilidade do Estado por atos lícitos*, cit., p. 82.
[99] CANOTILHO, José Joaquim Gomes. *O problema da responsabilidade do Estado por atos lícitos*, cit., p. 83.
[100] MIRAGEM, Bruno. *A nova administração pública e o direito administrativo*. 2. ed. São Paulo: RT, 2013, p. 198 e s.
[101] FIGUEIREDO, Marcelo. *O controle da moralidade na Constituição*. São Paulo: Malheiros, 1999, p. 106; FREITAS, Juarez. *O controle dos atos administrativos e os princípios fundamentais*. 2. ed. São Paulo: Malheiros, 1999, p. 73; GORDILLO, Augustín. *Tratado de derecho administrativo*: 5. ed. Buenos Aires: Fundación de derecho administrativo, 1998, p. X-34.

em relação à conduta do Poder Público. Conforme ensina Hartmut Maurer, "a proteção da confiança parte da perspectiva do cidadão. Ela exige a proteção da confiança do cidadão que contou, e dispôs em conformidade com isso, com a existência de determinadas regulações estatais e outras medidas estatais. Ela visa à conservação de estados de posse uma vez obtidos e dirige-se contra as modificações jurídicas posteriores".[102] Nossa definição é a de que se trata de "mandamento pelo qual é devida a proteção às expectativas geradas nos administrados, em relação ao comportamento atual ou futuro da Administração, de modo razoável, na atuação pretérita desta, ou na sua conformidade com o direito vigente, seja por intermédio da estabilização de relações jurídicas havidas ou da responsabilidade da Administração".[103]

No que se refere exclusivamente às relações jurídico-administrativas, a proteção da confiança desempenha eficácia reconhecida na redefinição de uma série de qualidades da atuação estatal. A rigor, como se vê, a proteção da confiança constitui limite à atuação administrativa, em especial, ao exigir do exercício do poder pelo Estado-Administração a consideração não apenas das razões de interesse público implicadas em determinada conduta administrativa, mas, igualmente, do respeito às situações havidas, constituídas regularmente ou – eventualmente – que padeçam de eventual irregularidade, mas que de algum modo se consolidaram (em especial em razão do decurso do tempo e da boa-fé), representando sua retirada do mundo jurídico, a frustração de expectativas legítimas e prejuízos para aquele que se beneficiava da situação original.

As consequências da eficácia do princípio da proteção da confiança são diversas, sendo reconhecidas como limites ao poder de decretar a nulidade e mesmo a manutenção da eficácia de atos inválidos em face da confiança despertada e de expectativas consolidadas pelo tempo, assim como a exigibilidade de conduta da administração, ou de sua frustração, eventual pretensão à reparação. A rigor, responde o Estado pelos danos causados pela violação ao princípio da proteção da confiança. Nesses casos, há de se exigir que a expectativa frustrada do particular tenha direta relação com a atuação do Estado, que de modo razoável permitiu ou promoveu a confiança despertada. Algumas situações em que se reconhece o dever de indenizar do Estado, inclusive, resultam de lei, como é o caso da indenização ao particular que participa como licitante em procedimento prévio à contratação pública, no caso de nulidade da licitação (art. 59, parágrafo único, da Lei n. 8.666/93). Ou, ainda, no caso de atos inválidos.[104]

Observe-se que o Estado responde por *culpa in contrahendo* quando tiver dado causa à invalidade ou frustre[105] a celebração de negócio jurídico com o particular em violação à boa-fé.[106] E, da mesma forma, pela frustração de expectativas decorrentes da frustração do

---

[102] MAURER, Hartmut. *Elementos de direito administrativo alemão*. Tradução de Luis Afonso Heck. Porto Alegre: Sérgio Antônio Fabris, 2001, p. 68.

[103] MIRAGEM, Bruno. *A nova administração pública e o direito administrativo*, cit., p. 199.

[104] REsp 450.700/SC, Rel. Min. Luiz Fux, 1ª Turma, j. 18-3-2003, *DJ* 7-4-2003.

[105] "Memorando de entendimento. Boa-fé. Suspensão do processo. O compromisso público assumido pelo Ministro da fazenda, através de 'memorando de entendimento', para suspensão da execução judicial de dívida bancária de devedor que se apresentasse para acerto de contas, gera no mutuário a justa expectativa de que essa suspensão ocorrerá, preenchida a condição. Direito de obter a suspensão fundado no princípio da boa-fé objetiva, que privilegia o respeito a lealdade. Deferimento da liminar, que garantiu a suspensão pleiteada. Recurso improvido" (RMS 6.183/MG, Rel. Min. Ruy Rosado de Aguiar, 4ª Turma, j. 14-11-1995, *DJ* 18-12-1995).

[106] COUTO E SILVA, Almiro. Responsabilidade pré-negocial e culpa *in contrahendo* no direito administrativo brasileiro. *Revista de Direito Administrativo*, n. 217, Rio de Janeiro: Renovar, jul./set. 1999, p. 163-164. Da mesma forma, no direito comparado. GIANNINI, Massimo Severo. *Instituizioni di diritto amministrativo*.

planejamento estatal, com a ressalva de que "a responsabilidade do Estado raramente poderá derivar do plano em si, estando geralmente ligada ao procedimento da Administração Pública na fase da execução do plano, e aos atos concretos que pratica visando a esse fim".[107] Nesse sentido, é correta a observação de Almiro do Couto e Silva ao invocar a lição de Forsthoff, para sustentar que a "proteção da confiança e somente ela fundamentam um direito à garantia do plano ou, dito de outro modo, um direito à indenização no caso de uma modificação que resulte prejudicial. Por conseguinte, o plano, como tal, não origina semelhante proteção da confiança. Esta proteção há de vir justificada por circunstâncias especiais, que normalmente são promessas e acordos".[108]

1.12. RESPONSABILIDADE DO ESTADO POR INADIMPLEMENTO CONTRATUAL

Nas situações em que o Estado atua como sujeito de uma relação contratual, assume as obrigações dela decorrentes e responde pelas perdas e danos decorrentes de eventual inadimplemento. Todavia, mesmo na relação contratual, conserva o Estado, por intermédio das pessoas jurídicas que o integram, certas prerrogativas em relação ao contratante particular.

A Lei n. 8.666, de 21 de junho de 1993, dispõe sobre licitações e contratos administrativos e prevê no seu art. 54 que os contratos administrativos, assim entendidos aqueles celebrados entre pessoa jurídica de direito público ou pessoa jurídica de direito privado integrante da Administração Pública, "regulam-se pelas suas cláusulas e pelos preceitos de direito público, aplicando-se-lhes, supletivamente, os princípios da teoria geral dos contratos e as disposições de direito privado".

A regra em relação aos contratos administrativos, tal qual os contratos em geral, é a da responsabilidade do devedor pelo inadimplemento. Ocorrendo o inadimplemento, tem o credor direito à resolução, bem como a exigir outros efeitos decorrentes do próprio contrato ou da lei (art. 77 da Lei n. 8.666/93). O art. 78 da Lei n. 8.666/93 refere como causas para a rescisão do contrato: "I – o não cumprimento de cláusulas contratuais, especificações, projetos ou prazos; II – o cumprimento irregular de cláusulas contratuais, especificações, projetos e prazos; III – a lentidão do seu cumprimento, levando a Administração a comprovar a impossibilidade da conclusão da obra, do serviço ou do fornecimento, nos prazos estipulados; IV – o atraso injustificado no início da obra, serviço ou fornecimento; V – a paralisação da obra, do serviço ou do fornecimento, sem justa causa e prévia comunicação à Administração; VI – a

---

2. ed. Milano: Giuffrè, 2000, p. 563. Nesse sentido: "Administrativo. Obras emergenciais. Contrato com a administração pública. Declaração de nulidade. Enriquecimento sem causa. Direito à indenização. 1. A eventual declaração de nulidade do contrato administrativo não tem o condão de exonerar a Administração Pública do dever de indenizar as obras já realizadas, desde que (1º) tenha ela, Administração, auferido vantagens do fato e (2º) que a irregularidade não seja imputável ao contratado. 2. Reconhecido nos autos que as obras foram não apenas orientadas, acompanhadas e incentivadas pelo município, como também resultaram no seu interesse exclusivo, não há como negar o direito à indenização pleiteada. 3. Recurso especial parcialmente conhecido e, nesta parte, provido" (STJ, REsp 317.463/SP, Rel. Min. João Otávio de Noronha, 2ª Turma, j. 16-3-2004, *DJU* 3-5-2004, p. 126).

[107] COUTO E SILVA, Almiro. A responsabilidade do Estado e problemas jurídicos resultantes do planejamento. *Doutrinas Essenciais de Direito Administrativo*, v. 3, São Paulo: RT, 2012, p. 1.123.

[108] FORSTHOFF, Ernst. *Sobre medios y métodos de la planificación moderna*, Joseph Kaiser, Planificación, Madrid, 1974, v. I, p. 101 e s., apud COUTO E SILVA, Almiro. A responsabilidade do Estado e problemas jurídicos resultantes do planejamento, cit. Da mesma forma, não enseja o dever de indenizar a mera nulidade do processo administrativo: TRF4, EIAC 97.04.44323-4, 2ª Seção, Rel. p/ Acórdão Marga Inge Barth Tessler, *DJ* 17-9-2003.

subcontratação total ou parcial do seu objeto, a associação do contratado com outrem, a cessão ou transferência, total ou parcial, bem como a fusão, cisão ou incorporação, não admitidas no edital e no contrato; VII – o desatendimento das determinações regulares da autoridade designada para acompanhar e fiscalizar a sua execução, assim como as de seus superiores; VIII – o cometimento reiterado de faltas na sua execução, anotadas na forma do § 1º do art. 67 desta Lei; IX – a decretação de falência ou a instauração de insolvência civil; X – a dissolução da sociedade ou o falecimento do contratado; XI – a alteração social ou a modificação da finalidade ou da estrutura da empresa, que prejudique a execução do contrato; XII – razões de interesse público, de alta relevância e amplo conhecimento, justificadas e determinadas pela máxima autoridade da esfera administrativa a que está subordinado o contratante e exaradas no processo administrativo a que se refere o contrato; XIII – a supressão, por parte da Administração, de obras, serviços ou compras, acarretando modificação do valor inicial do contrato além do limite permitido no § 1º do art. 65 desta Lei; XIV – a suspensão de sua execução, por ordem escrita da Administração, por prazo superior a 120 (cento e vinte) dias, salvo em caso de calamidade pública, grave perturbação da ordem interna ou guerra, ou ainda por repetidas suspensões que totalizem o mesmo prazo, independentemente do pagamento obrigatório de indenizações pelas sucessivas e contratualmente imprevistas desmobilizações e mobilizações e outras previstas, assegurado ao contratado, nesses casos, o direito de optar pela suspensão do cumprimento das obrigações assumidas até que seja normalizada a situação; XV – o atraso superior a 90 (noventa) dias dos pagamentos devidos pela Administração decorrentes de obras, serviços ou fornecimento, ou parcelas destes, já recebidos ou executados, salvo em caso de calamidade pública, grave perturbação da ordem interna ou guerra, assegurado ao contratado o direito de optar pela suspensão do cumprimento de suas obrigações até que seja normalizada a situação; XVI – a não liberação, por parte da Administração, de área, local ou objeto para execução de obra, serviço ou fornecimento, nos prazos contratuais, bem como das fontes de materiais naturais especificadas no projeto; XVII – a ocorrência de caso fortuito ou de força maior, regularmente comprovada, impeditiva da execução do contrato; XVIII – descumprimento do disposto no inciso V do art. 27, sem prejuízo das sanções penais cabíveis".

Em grande parte, as hipóteses legais que autorizam a rescisão do contrato caracterizam o inadimplemento contratual. Há hipóteses em que o inadimplemento pode se dar sem culpa do devedor, situação em que não dá causa a responsabilidade por perdas e danos. É o caso dos incisos XII a XVII do art. 78 da Lei n. 8.666/93. Nessas hipóteses, terá o particular que não tiver dado causa à resolução direito ao ressarcimento dos prejuízos regularmente comprovados que houver sofrido, assim como, se for o caso: I) a devolução da garantia; II) os pagamentos devidos pela execução do contrato, devidos até a data da rescisão; III) os custos de desmobilização.

O descumprimento de cláusulas contratuais, especificações, projetos ou prazos ajustados por aquele que contratou com o Poder Público dá causa à resolução do contrato (art. 80 da Lei n. 8.666/93), assim como a assunção imediata do objeto do contrato por ato próprio da Administração (inciso I). Da mesma forma, autoriza a lei a ocupação e a utilização do local, instalações, equipamentos, material e pessoal empregados na execução do contrato, que sejam necessários à manutenção da continuidade do serviço público (inciso II). Há de se cogitar de reintegração ou imissão na posse, conforme o caso. Refira-se, ainda, que poderá haver a execução da garantia contratual para ressarcimento da Administração e dos valores das multas e indenizações a ela devidos (inciso III), assim como a retenção dos créditos decorrentes do contrato, até o limite dos prejuízos causados à Administração (inciso IV), exceção ao cumprimento imperfeito do contrato.

Capítulo 2
RESPONSABILIDADE CIVIL POR DANO AMBIENTAL

O reconhecimento do meio ambiente como objeto de tutela jurídica deu causa a série de inovações no âmbito do Direito, desde providências materiais que passaram a ser exigidas do Estado, a deveres de conduta impostos a todos, com o propósito de assegurar sua preservação. Já o reconhecimento da responsabilidade civil por dano ambiental é consequência dessa proteção jurídica do meio ambiente, em especial, a partir da segunda metade do século XX. Nasce em vista do reconhecimento de que o uso dos recursos naturais até seu esgotamento se dá em prejuízo do futuro da vida humana.

No âmbito do direito privado, se estabelece um dever geral de abstenção, no sentido de exigir-se conduta individual que não intervenha no meio ambiente de modo a promover sua degradação. A violação desse dever geral de abstenção de que resulte dano implica a responsabilidade civil daquele que lhe deu causa e impõe o dever de indenizar.

Uma visão contemporânea da tutela do meio ambiente pelo direito privado, compreendida a noção tanto de tutela do interesse das futuras gerações quanto da responsabilidade por danos que venham a ser causados, tem origem – ainda que em estágio inicial – no desenvolvimento do princípio da precaução e seus efeitos,[1] bem como sobre a possibilidade e conveniência de sua proteção autônoma em relação aos titulares atuais de direitos.[2] O reconhecimento da vulnerabilidade das futuras gerações, de sua vez, se dá pela sua impossibilidade de reivindicar hoje a proteção de seus interesses. Expressa-se como uma decisão de respeito à liberdade das futuras gerações,[3] exigindo um comportamento ativo das gerações atuais na preservação desses interesses.[4]

Na dimensão exclusivamente patrimonial e individualista do direito civil clássico, encontram-se normas que, em alguma medida, podem ser interpretadas segundo a lógica de proteção das gerações futuras. Propõem-se, atualmente, seus fundamentos a partir de um princípio de não discriminação temporal,[5] ou ainda pelo reconhecimento de um princípio da

---

[1] GAILLARD, Émille. Générations futures et droit privé, cit., p. 351-352.
[2] GAILLARD, Émille. Générations futures et droit privé, cit., p. 511 e s.
[3] GAILLARD, Émille. Générations futures et droit privé, cit., p. 39.
[4] O Princípio 1 da Declaração de Estocolmo determinava que as gerações se comprometem a proteger e a melhorar o ambiente para as futuras gerações; já a teoria criada por Edith Brown Weiss (WEISS, Edith Brown, in fairness to future generations, 1989) impõe apenas que a atual geração não deixe para as posteriores um meio ambiente em situações piores do que encontrou. Veja detalhes sobre esta visão em: BORDIN, Fernando Lusa. Die Gerechtigkeit zwischen Generationen. *Revista da Faculdade de Direito da UFRGS*, Edição Especial da Cooperação Brasil-Alemanha, dez. 2007, p. 252 e s.
[5] GAILLARD, Émille. Générations futures et droit privé, cit., p. 431.

dignidade das gerações futuras,[6] todas legitimadas por íntima conexão da preservação desses interesses e dos direitos fundamentais.[7]

No plano internacional a noção de desenvolvimento sustentável afirmou-se a partir de importantes documentos no âmbito das Nações Unidas, como é o caso do conhecido Relatório Brundtland, de 1987, elaborado pela Comissão Mundial do Meio Ambiente e que associa o desenvolvimento sustentável ao atendimento de suas necessidades pelas gerações atuais, sem comprometer a mesma capacidade das gerações futuras.[8] Para tanto, defende-se a necessidade de modernização estrutural do mercado visando à sustentabilidade ambiental.[9]

2.1. O DANO AMBIENTAL

A noção de dano ambiental é abrangente. Envolve desde a representação da perda ou deterioração do bem ambiental em si mesmo, em condição anterior ao dano, até eventual perda econômica decorrente de sua degradação. Da mesma forma se tem claro que sob a mesma ideia incluem-se tanto os danos que da lesão de um bem ambiental se produzem à coletividade quanto os efeitos que poderão ser percebidos individualmente e, nesses termos, serão passíveis de indenização por ofensa ao patrimônio individual do lesado, e sobre o que será legítimo para demandar em juízo.

Todavia, é de mencionar que o dano ambiental possui certas características peculiares, a desafiar a disciplina da responsabilidade civil. Um aspecto relevante diz respeito à dimensão do dano. Nesse sentido, anota a doutrina uma crítica à visão tida como restritiva do dano ambiental pela jurisprudência, segundo a qual não se toma em consideração o risco de dano futuro, mas somente o dano efetivamente ocorrido.[10] A obrigação de preservar o meio ambiente, por outro lado, não retira a possibilidade de que a intervenção humana, na utilização de recursos naturais, dê causa a alguma degradação. No campo do direito ambiental é que se estabelecerão então os limites à intervenção humana do meio ambiente e, com isso, o nível de degradação ambiental admitida, de modo que não comprometa a própria existência e funcionalidade do bem ambiental.

Essas são algumas das características que fazem com que a doutrina identifique na responsabilidade civil por dano ambiental um tema de tal modo especializado que se aparta dos próprios pressupostos tradicionais da responsabilidade civil. Ou mesmo como origem de sua evolução, mediante nova perspectiva de exame dos seus pressupostos essenciais.[11]

Há em relação à responsabilidade civil por dano ambiental aspectos técnicos que se distinguem da disciplina tradicional. São eles: a *dimensão coletiva do dano*, de modo que é afetada pelo dano ambiental uma coletividade de pessoas, e/ou em muitos casos, toda a humanidade. A *fluidez do dano* e a *complexidade do nexo causal* – considerando-se a causalidade multifacetária que envolve o dano ambiental –, o que também implica a dificuldade de se determinar uma única causa como critério seguro para a imputação do dever de indenizar.

---

[6] GAILLARD, Émille. Générations futures et droit privé, cit., p. 455.
[7] GAILLARD, Émille. Générations futures et droit privé, cit., p. 469.
[8] Comissão Mundial sobre o Meio Ambiente e Desenvolvimento. Nosso futuro comum. Rio de Janeiro: FGV, 1987.
[9] NOBRE, Marcos. Desenvolvimento sustentável: origens e significado atual. In: NOBRE, Marcos; AMAZONAS, Maurício de Carvalho. *Desenvolvimento sustentável*: a institucionalização de um conceito. Brasília: Edições Ibama, 2002, p. 71 e s.
[10] ANTUNES, Paulo de Bessa. *Direito ambiental*. 6. ed. Rio de Janeiro: Lumen Juris, 2002, p. 169.
[11] Assim sustenta BENJAMIN, Antônio Herman V. Responsabilidade civil pelo dano ambiental, cit.

A lesão ao meio ambiente implica o reconhecimento de danos que não são normalmente identificados em relação a outros bens jurídicos. Considerando sua natureza espécie de interesse ou direito difuso, assim entendido um direito transindividual, de natureza indivisível, de que são titulares pessoas indeterminadas, todos os indivíduos titulares de direito ao meio ambiente sadio.

Essa especialização do dano ambiental é desafiada ainda pelas dificuldades em mensurar as consequências da sua violação. O que poderá se apresentar tanto em dimensão de um dano patrimonial – definida pela função reparatória da indenização, de modo a precisar qual o custo econômico da recomposição de determinado ambiente degradado – quanto por sua função compensatória, uma vez que, conceitualmente, o dano ambiental é irreparável, na medida em que já afetados os serviços (benefícios) ambientais prestados pelo bem afetado.

Da mesma forma, cumpre a responsabilidade civil por dano ambiental e pela indenização que dela decorre, nítida função preventiva. Isso porque, embora em boa parte das vezes não seja possível recompor pela via da pretensão de indenização o ambiente degradado, a própria possibilidade de responsabilização e sua efetividade contribuem para o desestímulo ao comportamento tendente à realização do dano.

2.2. FUNDAMENTO CONSTITUCIONAL DA PROTEÇÃO AO MEIO AMBIENTE E OS PRINCÍPIOS INFORMATIVOS DA RESPONSABILIDADE POR DANO AMBIENTAL

No direito brasileiro, o direito ao meio ambiente tem natureza de direito fundamental, previsto expressamente no art. 225, *caput*, da Constituição de 1988, que consagra: "Todos têm direito ao meio ambiente ecologicamente equilibrado, bem de uso comum do povo e essencial à sadia qualidade de vida, impondo-se ao Poder Público e à coletividade o dever de defendê-lo e preservá-lo para as presentes e futuras gerações".

O § 1º do mesmo art. 225, de sua vez, refere que, para assegurar a efetividade desse direito, incumbe ao Poder Público: "I – preservar e restaurar os processos ecológicos essenciais e prover o manejo ecológico das espécies e ecossistemas; II – preservar a diversidade e a integridade do patrimônio genético do País e fiscalizar as entidades dedicadas à pesquisa e manipulação de material genético; III – definir, em todas as unidades da Federação, espaços territoriais e seus componentes a serem especialmente protegidos, sendo a alteração e a supressão permitidas somente através de lei, vedada qualquer utilização que comprometa a integridade dos atributos que justifiquem sua proteção; IV – exigir, na forma da lei, para instalação de obra ou atividade potencialmente causadora de significativa degradação do meio ambiente, estudo prévio de impacto ambiental, a que se dará publicidade; V – controlar a produção, a comercialização e o emprego de técnicas, métodos e substâncias que comportem risco para a vida, a qualidade de vida e o meio ambiente; VI – promover a educação ambiental em todos os níveis de ensino e a conscientização pública para a preservação do meio ambiente; VII – proteger a fauna e a flora, vedadas, na forma da lei, as práticas que coloquem em risco sua função ecológica, provoquem a extinção de espécies ou submetam os animais a crueldade".

Já o § 3º do art. 225 estabelece: "As condutas e atividades consideradas lesivas ao meio ambiente sujeitarão os infratores, pessoas físicas ou jurídicas, a sanções penais e administrativas, independentemente da obrigação de reparar os danos causados". Consagra a responsabilidade por danos ambientais que já vinha assegurada na legislação brasileira desde a Lei n. 6.938/81, que instituiu a Política Nacional do Meio Ambiente.

Articulam-se em relação à proteção do meio ambiente princípios próprios que incidem, igualmente, sobre o regime de responsabilidade por danos ambientais. Refiram-se, neste particular, quatro princípios: *o princípio da prevenção, o princípio da precaução, o princípio do poluidor-pagador, e o princípio do usuário-pagador*.[12]

O *princípio da prevenção* tem sua eficácia definida pela imposição de deveres anteriores ao dano, de modo a reduzir o risco de sua ocorrência. No caso do dano ambiental, a exigência constitucional, regulamentada em lei, para que toda a atividade potencialmente degradante do meio ambiente só possa ser realizada mediante prévio estudo do seu impacto ambiental compreende-se dentre as principais iniciativas associadas a este princípio. Porém, da mesma forma, coloca-se como efeito do princípio da prevenção a imposição de restrições ou condicionamentos à atividade econômica de modo a evitar a realização de danos cuja possível ocorrência tenha sido identificada.[13]

O *princípio da precaução* define sua eficácia mediante a imposição de um dever de abstenção no exercício de certa atividade que possa dar causa a danos ao meio ambiente, na hipótese de haver incerteza científica quanto à sua periculosidade, ou, ainda, restringir sua realização a determinados padrões, sob o controle do Poder Público. Tendo em vista a falta de comprovação cabal quanto à possibilidade de dano, a aferição do risco se dará, como regra, a partir de avaliação probabilística, de acordo com o estado da ciência e da técnica contemporâneo a esse exame. Questão de ordem prática será determinar se incumbe ao agente cuja atividade estará sujeita a restrição demonstrar a inexistência de riscos consideráveis de dano, ou ao Poder Público caracterizar a possibilidade de sua existência, como fundamento para a imposição dos condicionamentos à ação do particular. O princípio da precaução, nesses termos, estabelece um contraponto à própria ideia de responsabilidade civil, porquanto, dada a ausência de certeza e previsibilidade do dano, permite impedir sua realização pelo exame da probabilidade de sua ocorrência, em comparação à própria extensão de irreversibilidade do dano a que pode dar causa.[14]

Da mesma forma, tem enorme importância para a responsabilidade civil por dano ambiental o *princípio do poluidor-pagador*. Parte-se da premissa de que toda intervenção humana no meio ambiente produz consequências que podem ser reconhecidas como danos ambientais. Nesse sentido, cumpre àquele que deu causa a esta intervenção responder pelos custos necessários para que o meio ambiente conserve suas características essenciais ou recupere-se, na maior extensão possível, dos efeitos da degradação. Pelo princípio do poluidor-pagador, a degradação ambiental decorrente de iniciativas dos agentes econômicos caracteriza-se como uma externalidade negativa, cujo custo deve ser suportado por aqueles que lhe deram causa, de modo que os distribuam por intermédio de um sistema de preços de mercado.

Por fim, o *princípio do usuário-pagador* desenvolve-se a partir da ideia de poluidor-pagador, e consiste na consideração de que os preços de mercado devem compreender a totalidade dos custos sociais decorrentes do uso do recurso natural e de seu esgotamento no meio ambiente. Nesse sentido, a utilização de um recurso natural, tomado como espécie de bem de uso comum do povo, e a possibilidade do seu esgotamento implicam o dever daquele que utiliza o recurso de compensar a coletividade em razão dessa utilização.

---

[12] BENJAMIN, Antônio Herman V. Responsabilidade civil pelo dano ambiental, cit.
[13] Assim, por exemplo, conforme entendimento do STJ, todavia, não exclui a responsabilidade do poluidor eventual erro na concessão de licença ambiental ao empreendimento: STJ, REsp 1612887/PR, Rel. Min. Nancy Andrighi, 3ª Turma, j. 28/04/2020, DJe 07/05/2020.
[14] DERANI, Cristiane. *Direito ambiental econômico*. São Paulo: Max Limonad, 1997, p. 165 e s.

2.3. FUNDAMENTO LEGAL DA RESPONSABILIDADE POR DANO AMBIENTAL

O fundamento legal da responsabilidade por dano ambiental reside no disposto no art. 14, § 1º, da Lei n. 6.983/81, que refere: "Sem obstar a aplicação das penalidades previstas neste artigo, é o poluidor obrigado, independentemente da existência de culpa, a indenizar ou reparar os danos causados ao meio ambiente e a terceiros, afetados por sua atividade. O Ministério Público da União e dos Estados terá legitimidade para propor ação de responsabilidade civil e criminal, por danos causados ao meio ambiente". Essa regra será corroborada com o advento da Constituição de 1988, pelo disposto em seu art. 225, sendo fundamento da responsabilidade objetiva por dano ambiental, fundada no risco.

Originalmente, discutiu-se sobre qual a espécie de risco que fundamenta a responsabilidade por dano ambiental, considerando-se os critérios tradicionais para a atribuição do risco a determinada pessoa, como é o caso daquele que dá causa ao risco (risco criado), ou se exija que vise obter vantagem econômica da atividade que lhe dá causa (risco proveito). De modo geral, nas diversas hipóteses previstas em lei, de responsabilidade fundada no risco, admite-se o afastamento do dever de indenizar, quando presentes causas excludentes, em especial que impliquem o rompimento do nexo de causalidade.

Ocorre que, a partir do entendimento construído pela doutrina e pela jurisprudência amplamente majoritárias, prevaleceu a compreensão de não se admitir, no caso de dano ambiental, a exclusão de responsabilidade em razão de causas tradicionais de afastamento do nexo de causalidade. Sobretudo porque, nesses casos, nem sempre a demonstração do nexo de causalidade é cabal, admitindo-se como regra sua flexibilização. Daí que, diante dessa restrição à invocação das excludentes do nexo de causalidade, define-se o fundamento da responsabilidade objetiva por danos ambientais como o *risco integral*. Nesse sentido, definiu a jurisprudência do STJ, ao julgar o Recurso Especial 1.114.398/PR, de relatoria do ministro Sidnei Beneti, julgado sob o rito dos recursos especiais repetitivos (art. 543-C do Código de Processo Civil anterior, atual art. 1.036 do Código de Processo Civil vigente), com fundamento no art. 225, § 3º, da Constituição de 1988, e no art. 14, § 1º, da Lei n. 6.938/81. Entendeu serem irrelevantes tanto a presença de culpa do ofensor quanto a diferença entre as causas excludentes de responsabilidade suscitadas em defesa do réu.[15]

Na mesma linha de entendimento, a decisão do STJ no REsp 1.374.284/MG, relativo à responsabilidade de sociedade empresária pelo vazamento de resíduo de lama tóxica, julgado no regime dos recursos especiais repetitivos:

> Responsabilidade civil por dano ambiental. Recurso especial representativo de controvérsia. (...). Danos decorrentes do rompimento de barragem. Acidente ambiental ocorrido, em janeiro de 2007, nos municípios de Miraí e Muriaé, Estado de Minas Gerais. Teoria do risco integral. Nexo de causalidade. 1. Para fins do art. 543-C do Código de Processo Civil: a) a responsabilidade por dano ambiental é objetiva, informada pela teoria do risco integral, sendo o nexo de causalidade o fator aglutinante que permite que o risco se integre na unidade do ato, sendo descabida a invocação, pela empresa responsável pelo dano ambiental,

---

[15] Concluiu o REsp 1.114.398/PR, nos seguintes termos: "(...) Inviabilidade de alegação de culpa exclusiva de terceiro, ante a responsabilidade objetiva. – A alegação de culpa exclusiva de terceiro pelo acidente em causa, como excludente de responsabilidade, deve ser afastada, ante a incidência da teoria do risco integral e da responsabilidade objetiva ínsita ao dano ambiental (art. 225, § 3º, da CF e do art. 14, § 1º, da Lei n. 6.938/81), responsabilizando o degradador em decorrência do princípio do poluidor-pagador" (STJ, REsp 1.114.398/PR, Rel. Min. Sidnei Beneti, 2ª Seção, j. 8-2-2012, *DJe* 16-2-2012).

de excludentes de responsabilidade civil para afastar sua obrigação de indenizar; b) em decorrência do acidente, a empresa deve recompor os danos materiais e morais causados e c) na fixação da indenização por danos morais, recomendável que o arbitramento seja feito caso a caso e com moderação, proporcionalmente ao grau de culpa, ao nível socioeconômico do autor, e, ainda, ao porte da empresa, orientando-se o juiz pelos critérios sugeridos pela doutrina e jurisprudência, com razoabilidade, valendo-se de sua experiência e bom senso, atento à realidade da vida e às peculiaridades de cada caso, de modo que, de um lado, não haja enriquecimento sem causa de quem recebe a indenização e, de outro, haja efetiva compensação pelos danos morais experimentados por aquele que fora lesado. 2. No caso concreto, recurso especial a que se nega provimento.[16]

No caso, as teses aprovadas no julgamento em questão foram:

a) a responsabilidade por dano ambiental é objetiva, informada pela teoria do risco integral, sendo o nexo de causalidade o fator aglutinante que permite que o risco se integre na unidade do ato, sendo descabida a invocação, pela empresa responsável pelo dano ambiental, de excludentes de responsabilidade civil para afastar a sua obrigação de indenizar;

b) em decorrência do acidente, a empresa deve recompor os danos materiais e morais causados;

c) na fixação da indenização por danos morais, recomendável que o arbitramento seja feito caso a caso e com moderação, proporcionalmente ao grau de culpa, ao nível socioeconômico dos autores, e, ainda, ao porte da empresa recorrida, orientando-se o juiz pelos critérios sugeridos pela doutrina e pela jurisprudência, com razoabilidade, valendo-se de sua experiência e bom senso, atento à realidade da vida e às peculiaridades de cada caso, de modo que, de um lado, não haja enriquecimento sem causa de quem recebe a indenização e, de outro lado, haja efetiva compensação pelos danos morais experimentados por aquele que foi lesado.

2.4. CONDIÇÕES ESPECÍFICAS PARA A IMPUTAÇÃO DA RESPONSABILIDADE PELO DANO AMBIENTAL

Das características do dano ambiental já mencionadas, resulta que, ao lado dos pressupostos gerais reconhecidos a quaisquer relações jurídicas obrigacionais que envolvam a responsabilidade por danos, deve-se ter em conta algumas condições específicas para a imputação do dever de indenizar.

2.4.1. Conexão entre a atividade do poluidor e o dano

Tratando-se de responsabilidade objetiva, não se exige a culpa como pressuposto do dever de indenizar. Adota-se o risco como fator de imputação. Ocorre, contudo, que isso não elimina a necessidade de demonstrar-se a conexão entre a atividade realizada por aquele a quem se pretende imputar a responsabilidade e o dano causado, de modo que a possa se identificar a relação de causalidade entre ambas.[17] Não se perde de vista, contudo, a possibi-

---

[16] STJ, REsp 1.374.284/MG, Rel. Min. Luis Felipe Salomão, 2ª Seção, j. 27-8-2014, *DJe* 5-9-2014.
[17] STJ, REsp 1596081/PR, Rel. Min. Ricardo Villas Bôas Cueva, 2ª Seção, j. 25/10/2017, DJe 22/11/2017.

lidade de inversão do ônus da prova nas ações de degradação ambiental, conforme assentado na jurisprudência (Súmula 618 do STJ).[18]

Não se exige, pois, a ilicitude como pressuposto do dever de indenizar.[19] E, deste modo, também não influi na imputação de responsabilidade o fato de terem sido cumpridas ou não todas as exigências previstas na legislação, razão pela qual a existência de licenciamento ambiental não é suficiente para afastar a responsabilização pelo dano.[20]

2.4.2. Nexo de causalidade

Destaca-se, igualmente, o exame do nexo de causalidade. Na responsabilidade por dano ambiental, a investigação sobre o nexo de causalidade entre a atividade desenvolvida por aquele quem se definirá como autor do dano nem sempre exigirá certeza fática quanto à sua contribuição decisiva para a realização do resultado. Isso porque, pelas características do dano, nem sempre será possível determinar, segundo as teorias explicativas clássicas do nexo de causalidade, a relação de causa e efeito entre a atividade desenvolvida e o dano verificado.

O dano ambiental, conceitualmente, admitirá múltiplas causas, nem todas perfeitamente verificáveis após sua ocorrência. É da interação entre elas que pode se produzir o dano. Aqui se costuma fazer referência à *flexibilização* ou *relativização* do nexo de causalidade.[21] Esta, contudo, não parece ser a melhor expressão. Isso porque o que ocorre na responsabilidade civil por dano ambiental é a distinção entre a *causalidade naturalística*, a exigir certeza da vinculação lógica de causa e efeito entre determinada conduta ou atividade e o dano, e a *causalidade jurídica*, que, contemplando os interesses e fatos em exame, admitirá a definição de *probabilidade* de ocorrência do dano. Nesse sentido, considerando-se a multiplicidade de causas que contribuem, inclusive em níveis desiguais,[22] por vezes, com a realização do dano, não se exigirá que seja *certa* a associação entre a conduta e atividade e o dano, mas apenas que seja *provável*.

Por outro lado, sendo vários os causadores do dano, todos respondem solidariamente pela indenização. Contudo, não será hipótese de litisconsórcio necessário, mas sim facultativo, de modo que seja possível demandar contra um ou alguns dos causadores, sem a exigência de que todos eles constem como réus da ação de indenização.[23] Para a medida dessa respon-

---

[18] Súmula 618 do STJ: "A inversão do ônus da prova aplica-se às ações de degradação ambiental." (STJ, Corte Especial, j. 24/10/2018, DJe 30/10/2018)

[19] STJ, AgRg no REsp 1.412.664/SP, Rel. Min. Raul Araújo, 4ª Turma, j. 11-2-2014, *DJe* 11-3-2014.

[20] STJ, REsp 1.394.025/MS, Rel. Min. Eliana Calmon, 2ª Turma, j. 8-10-2013, *DJe* 18-10-2013

[21] BETIOL, Luciana Stoco. *Responsabilidade civil e proteção do meio ambiente*. São Paulo: Saraiva, 2010, p. 181 e s.

[22] Nesse sentido anota Ana Perestrelo de Oliveira, destacando a insuficiência e impropriedade do critério da responsabilidade solidária entre todos os causadores, considerando-se, por exemplo, o caso da poluição atmosférica, em que a responsabilidade solidária equipararia pequenos e grandes emitentes, proprietários de automóveis e grandes indústrias como corresponsáveis pela reparação. OLIVEIRA, Ana Perestrelo de. *Causalidade e imputação na responsabilidade civil ambiental*. Coimbra: Almedina, 2007, p. 111-112.

[23] "Processual civil. Reparação e prevenção de danos ambientais e urbanísticos. Deslizamentos em encostas habitadas. Formação do polo passivo. Integração de todos os responsáveis pela degradação. Responsabilidade solidária. Desnecessidade. 1. Hipótese em que a pretensão recursal apresentada pelo Município de Niterói se refere à inclusão do Estado do Rio de Janeiro no polo passivo da Ação Civil Pública que visa a reparação e prevenção de danos ambientais causados por deslizamentos de terras em encostas habitadas. 2. No dano ambiental e urbanístico, a regra geral é a do litisconsórcio facultativo. Segundo a jurisprudência do STJ, nesse campo a 'responsabilidade (objetiva) é solidária' (REsp 604.725/PR, Rel. Ministro Castro Meira, 2ª Turma, *DJ* 22-8-2005, p. 202); logo, mesmo havendo 'múltiplos agentes

sabilidade, em especial quando não demonstrado cabalmente o nexo de causalidade ou a contribuição individual de cada causador para a realização do evento danoso e sua extensão, distintas técnicas são utilizadas para sua determinação. A doutrina faz referência, a este respeito, a técnicas de direito comparado, como é o caso da *market share liability*,[24] segundo a qual a medida de responsabilidade em relação aos demais coobrigados será definida segundo a participação que cada um ocupa no mercado.

Outra situação é a que ocorre quando o proprietário já tiver adquirido imóvel que tenha sido objeto de degradação ambiental. Considerando-se a hipótese de responsabilidade objetiva pelo dano ambiental, não se perquire a culpa. No mesmo sentido, a Súmula 613, do STJ, consolida o entendimento de que "não se admite a aplicação da teoria do fato consumado em tema de Direito Ambiental."[25]

Todavia, de relevo será a investigação do nexo causal, que poderá ser exigido,[26] presumido (na hipótese de admitir-se a possibilidade de demonstração de que o dano se deu antes da aquisição do bem imóvel pelo atual proprietário) ou dispensado, neste caso deixando-se de cogitar dos pressupostos tradicionais da responsabilidade por danos, para aproximar-se da categoria da obrigação *propter rem*, em que o proprietário do bem, independentemente de qualquer outra condição, constitui-se em devedor da prestação – no caso, o dever de recompor o ambiente degradado ou compensar o dano que se verifique ocorrido. Esse é o entendimento dominante no direito brasileiro, no sentido de reconhecer a obrigação de reparar do proprietário como espécie de obrigação *propter rem*, conforme define, após inúmeros julgados,[27] a Súmula 623 do STJ: "As obrigações ambientais possuem natureza propter rem, sendo admissível cobrá-las do proprietário ou possuidor atual e/ou dos anteriores, à escolha do credor."[28]

2.4.3. Dano

A responsabilidade civil por dano ambiental sustenta-se no reconhecimento da sua autonomia em relação a outros danos indenizáveis. Assim, o sentido do que seja dano ambiental será mais amplo ou restrito conforme os valores dominantes de uma sociedade, abrangendo

---

poluidores, não existe obrigatoriedade na formação do litisconsórcio, abrindo-se ao autor a possibilidade de 'demandar de qualquer um deles, isoladamente ou em conjunto, pelo todo' (REsp 880.160/RJ, Rel. Ministro Mauro Campbell Marques, 2ª Turma, DJe 27-5-2010). No mesmo sentido: EDcl no REsp 843.978/SP, Rel. Ministro Heman Benjamin, 2ª Turma, DJe 26-6-2013. REsp 843.978/SP, Rel. Ministro Herman Benjamin, 2ª Turma, DJe 9-3-2012; REsp 1.358.112/SC, Rel. Ministro Humberto Martins, Segunda Turma, DJe 28-6-2013. 3. Agravo Regimental não provido" (STJ, AgRg no AREsp 432.409/RJ, Rel. Min. Herman Benjamin, 2ª Turma, j. 25-2-2014, DJe 19-3-2014).

[24] Tal critério, contudo, não é aceito em todos os sistemas, conforme refere MAGNUS, Ulrich. Causal uncertainty and proportional liability in Germany. In: GILEAD, Israel; GREEN, Michael D.; KOCH, Bernhard A. (Eds.). *Proportional liability*: analytical and comparative perspectives. Berlin: De Grutyer, 2013, p. 161-162.

[25] STJ, Súmula 613, 1ª Seção, j. 09/05/2018, DJe 14/05/2018.

[26] Como defende LEMOS, Patrícia Faga Iglecias. *Meio ambiente e responsabilidade civil do proprietário*. São Paulo: RT, 2008, p. 160 e s.

[27] AgRg no REsp 1.254.935/SC, Rel. Min. Benedito Gonçalves, 1ª Turma, j. 20-3-2014, DJe 28-3-2014; REsp 1.245.149/MS, Rel. Min. Herman Benjamin, 2ª Turma, j. 9-10-2012, DJe 13-6-2013; REsp 1.251.697/PR, Rel. Min. Mauro Campbell Marques, 2ª Turma, j. 12-4-2012, DJe 17-4-2012; REsp 1.247.140/PR, Rel. Min. Mauro Campbell Marques, 2ª Turma, j. 22-11-2011, DJe 1º-12-2011; AgRg no REsp 1.137.478/SP, Rel. Min. Arnaldo Esteves Lima, 1ª Turma, j. 18-10-2011, DJe 21-10-2011; REsp 1.248.214/MG, Rel. Min. Herman Benjamin, 2ª Turma, j. 18-8-2011, DJe 13-4-2012; REsp 1.227.139/MG, Rel. Min. Herman Benjamin, 2ª Turma, j. 14-4-2011, DJe 13-4-2012.

[28] STJ, Súmula 623, 1ª Seção, j. 12/12/2018, DJe 17/12/2018.

um número maior ou menor de bens ambientais reconhecidos. O dano ambiental se identifica, portanto, de acordo com os bens ambientais passíveis de tutela, cujas consequências poderão ser prejuízos de natureza econômica ou não, todos perfeitamente indenizáveis. Considera-se para sua qualificação a nocividade para o meio ambiente, não se afastando, entretanto, da existência de prejuízos patrimoniais e extrapatrimoniais individualmente aferíveis.

Observa-se tendência, inclusive, de distinguir entre o dano ecológico, causado diretamente ao meio ambiente, sem que necessariamente tenha dado causa a prejuízos a seres humanos e seu patrimônio, e o dano ambiental, que seria categoria mais abrangente. Os vários sistemas jurídicos tratarão de definir de modo específico o dano ambiental como a lesão a certos bens (direito italiano, sobretudo) ou as consequências decorrentes dessa lesão (direito alemão).[29] No direito brasileiro, como se viu, a definição do dano ambiental indenizável é genérica, destacando a importância de fixação dos critérios que indicam o caráter tolerável ou não de determinada situação que causa degradação ambiental. Afetará as pessoas individualmente ou o próprio meio ambiente degradado. No primeiro caso, veja-se, por exemplo, o caso de pessoas que tenham sido prejudicadas diretamente, em razão de contaminação ambiental, como um pescador que adoece em razão de alimentar-se de peixe contaminado. Terá direito à indenização por danos patrimoniais e extrapatrimoniais. Por outro lado, pode ocorrer que do dano ambiental não resulte direta e imediatamente lesão para qualquer pessoa individualmente considerada, de modo que se considerem afetados o meio ambiente e, apenas indiretamente, as pessoas que se relacionem presencialmente com ele. Nesse caso, tomem-se como exemplo os danos à camada de ozônio, dos quais não é possível identificar diretamente um prejuízo individual, lesando indistintamente todos os indivíduos.

2.5. RESTRIÇÃO ÀS EXCLUDENTES DE RESPONSABILIDADE

A adoção da teoria do risco integral como fundamento da responsabilidade civil por dano ambiental revela como consequência a restrição das hipóteses que excluem o dever de indenizar em razão de fato não atribuível àquele que originalmente se imputa a responsabilidade.

Tradicionalmente, exclui-se a responsabilidade de alguém quando fica demonstrado que o dano foi causado por culpa ou fato de terceiro, culpa ou fato exclusivo da vítima, caso fortuito ou força maior. No caso do dano ambiental, contudo, não se admite a demonstração de culpa ou fato de terceiro para afastar-se a responsabilidade daquele que exerce atividade geradora de risco ambiental, uma vez que se identifica no mero exercício da atividade circunstância suficiente para atrair o dever de indenizar. O mesmo ocorre em relação ao caso fortuito e à força maior, uma vez que a atividade desenvolvida por aquele a quem se imputa a responsabilidade é reputada condição para a realização do evento danoso, de modo que não será afastada mesmo quando houver a intervenção de outras causas.

Por outro lado, se for adotada a teoria do risco criado (cujo entendimento é minoritário na doutrina e na jurisprudência nacionais), serão admissíveis as excludentes de responsabilidade. Porém, ainda com restrições, como se observa na hipótese do caso fortuito e da força maior, em que a qualificação do que se considera fortuito toma em consideração aquilo que se reputa como risco inerente à atividade, distinguindo-se as situações qualificadas como fortuito interno – que não servem para a exoneração de responsabilidade – e fortuito externo – cuja ocorrência seja completamente estranha àquele a quem se impute a responsabilidade, e cuja intervenção na cadeia causal configure-se como decisiva para a realização do dano.

---

[29] STEIGLEDER, Anelise. *Responsabilidade civil ambiental,* cit., p. 138.

Anota Annelise Steigleder que tais excludentes são amplamente admitidas no direito estrangeiro, em especial no direito alemão, espanhol e norte-americano.[30] No direito brasileiro, contudo, prevalece claramente a tendência de restrição às causas excludentes de responsabilidade.

2.6. MODOS DE REPARAÇÃO DO DANO AMBIENTAL

No direito brasileiro, a indenização nos casos de dano ambiental tem caráter subsidiário. Ou seja, só haverá condenação em indenização se não for possível a recuperação do bem ambiental lesado. Admite-se como modo de reparação do dano ambiental a imposição da obrigação de fazer[31] e da obrigação de dar.[32] Nesse sentido, pode-se fixar como modo de

---

[30] STEIGLEDER, Anelise. *Responsabilidade civil ambiental*, cit., p. 212. Para o Comprehensive Environmental Response, Compensation, and Liability Act of 1980, dos Estados Unidos da América, veja-se, entre outros: SCHROEDER, Katryn. *Environmental law*. West Legal studies. Colorado: Delmar Cengage Learning, 2007, p. 183 e s. No mesmo sentido: CARDWEL, Ronald E.; KING, Jessica J. O. Comprehensive environmental response, compensation, and liability act. In: *Environmental law handbook*. Plymouth: Bernan Press, 2014, p. 557 e s.

[31] Assim no caso da denominada responsabilidade pós-consumo: "Direito civil. Ação civil pública. Associação de defesa ao meio ambiente. Garrafas 'PET'. Abandono em logradouros públicos. Responsabilidade pós-consumo. Danos ambientais. Obrigação de fazer da ré, fabricante de refrigerante. 1. Condenada a ré em obrigação de fazer requerida na petição inicial, falta-lhe interesse recursal para se insurgir contra a parte subsequente da condenação, na qual o Tribunal de origem permitiu-lhe, 'facultativamente', satisfazer a referida obrigação de fazer de uma outra forma, diversa da postulada na inicial, evidentemente se à própria ré for mais benéfica ou de mais fácil satisfação. 2. Acolhida a pretensão relativa à obrigação de fazer, consubstanciada em campanha publicitária sobre o recolhimento e troca das garrafas 'PET', não caracteriza julgamento *extra* ou *ultra petita* a definição dos contornos e da forma pela qual a referida obrigação deverá ser cumprida com eficácia, antecipando a solução de um tema que geraria discussões na fase de execução, ou seja, de como plenamente cumprir a campanha publicitária. 3. Ausente o alegado decaimento mínimo na demanda por parte da ré, descabe afastar a condenação nos honorários advocatícios. 4. Condenando-se a ré apenas em obrigação de fazer, não é possível fixar a verba honorária entre 10% e 20% sobre o valor da condenação. 5. Aplica-se a vedação da Súmula 283 do STF por ter a recorrente deixado de impugnar a incidência da Lei n. 7.347/1985, dos arts. 1º e 4º da Lei Estadual n. 12.943/1999 e 14, § 1º, da Lei n. 6.938/1981, com base nos quais o Tribunal de origem concluiu que, 'cuidando-se aqui da chamada responsabilidade pós-consumo de produtos de alto poder poluente, é mesmo inarredável o envolvimento dos únicos beneficiados economicamente pela degradação ambiental resultante – o fabricante do produto e o seu fornecedor'. 6. A interpretação da legislação estadual contida no acórdão não pode ser revista nesta instância especial, a teor da Súmula n. 280 do STF ('por ofensa a direito local não cabe recurso extraordinário'). 7. Falta prequestionamento, explícito ou implícito, dos arts. 267, I, 283, 295, parágrafo único, I e II, 333, I, e 396 do CPC, não apreciados nos acórdãos da apelação e dos aclaratórios, cabendo ressaltar que o recurso especial não veicula afronta ao art. 535 do CPC. 8. Sendo incontroversos os fatos da causa e entendendo o Tribunal de origem, com base em normas legais específicas sobre o mérito, haver responsabilidade e culpabilidade por parte da ré, que lucra com o uso das garrafas 'PET', caberia à recorrente trazer normais legais igualmente meritórias em seu favor, não servindo para reformar o acórdão recorrido os arts. 267, I, 283, 295, parágrafo único, I e II, 333, I, e 396 do CPC. 9. Recurso especial conhecido em parte e desprovido" (STJ, REsp 684.753/PR, Rel. Min. Antonio Carlos Ferreira, 4ª Turma, j. 4-2-2014, *DJe* 18-8-2014).

[32] "Administrativo e processual civil. Recurso especial. Ação civil pública. Dano ambiental. Arts. 458, II, e 535, II, do CPC. Ausência de violação. Arts. 130 e 131 do CPC. Não violação. Princípio da persuasão racional. Livre convencimento do magistrado. Responsabilidade objetiva. Art. 14, § 1º, da Lei n. 6.398/1981. Cumulação de obrigação de fazer (reparação da área degradada) e de pagar quantia certa (indenização). Possibilidade. Multa de que trata o art. 538 do CPC mantida. 1. Não prospera a alegação de violação dos arts. 458, II, e 535, II, do CPC, uma vez que os arestos recorridos estão devidamente fundamentados. A jurisprudência desta Corte é uníssona no sentido de que o julgador não está adstrito a responder a todos os argumentos das partes, desde que fundamente sua decisão.

reparação a recuperação do ambiente degradado (recuperação *in situ*), o que tem relevância quando se tratar de elementos corpóreos do ambiente e que deve ser percebido como opção fundamental do sistema, quando se tratar de danos ecológicos.[33]

Ocorre que nem sempre essa reparação *in situ* será possível, considerando-se a qualidade e a extensão do dano, bem como as características de bens degradados. Pense-se no exemplo daquele que dá causa à morte de animais em extinção, promovendo a situação de que se tornem extintos, ou, embora não estejam, seja impossível promover sua reprodução. Não se cogitará, por óbvio, de reparação nesse caso, mas de compensação, de modo que, em razão do dano, fixe-se obrigação de indenizar do responsável que contemple outro aspecto do ambiente, o mais relacionado possível ao objeto do dano.

Não se exclui, igualmente, a necessária preservação do princípio da proporcionalidade, cuja incidência tem lugar para evitar que o excessivo custo para a recuperação do ambiente degradado seja considerado demasiado em vista da capacidade do responsável pela reparação, ou quando seus benefícios não sejam significativos.[34]

Por outro lado, pode-se identificar também como modo de reparação do dano ambiental a denominada compensação ecológica, pela qual, sendo impossível ou excessivamente custosa a reparação *in situ* do dano causado, pode-se definir providências ao encargo do responsável pela indenização, para recuperar área diversa, de modo a promover funções ecológicas equivalentes. Há, nesse caso, a substituição daqueles bens ambientais prejudicados ou sacrificados por outros bens equivalentes, o que também é previsto em políticas públicas de exploração florestal sustentável (p. ex., art. 33 da Lei n. 12.651, de 25 de maio de 2012 – Código Florestal).

Falta o exame do lugar que ocupa a indenização pecuniária na responsabilidade por dano ambiental. Há dissenso quanto às funções da indenização do dano ambiental, uma vez que pelas características que lhe são próprias há, como regra, impossibilidade fática de reparação específica, determinando a restauração do bem e de suas funções para o meio ambiente. Nesse sentido, sustenta-se de modo assertivo a combinação das funções compensatória e punitiva. Aqui, todavia, a função punitiva merecerá crítica, em especial pelo fundamento da impropriedade de essa função ser exercida pela responsabilidade civil,

---

2. Não houve violação dos arts. 130 e 131 do CPC. Isso porque, tais artigos consagram o princípio da persuasão racional (livre convencimento), segundo o qual o magistrado fica habilitado a julgar a demanda, conforme seu convencimento, à luz do cenário fático-probatório dos autos, da jurisprudência aplicável ao caso concreto, da legislação adequada e das circunstâncias particulares da demanda. 3. A responsabilidade pelos atos que desrespeitam as normas ambientais é objetiva, ou seja, independe da existência de culpa (art. 14, § 1º, da Lei n. 6.938/81), mormente quando comprovado o nexo causal entre a conduta e o dano, como no caso presente. Precedentes: AgRg no AREsp 165.201/MT, Rel. Ministro Humberto Martins, 2ª Turma, *DJe* 22-6-2012; REsp 570.194/RS, Rel. Ministra Denise Arruda, Primeira Turma, *DJ* 12-11-2007. 4. A jurisprudência do STJ está firmada no sentido de que a necessidade de reparação integral da lesão causada ao meio ambiente permite a cumulação de obrigações de fazer, de não fazer e de indenizar. Precedentes: REsp 1.227.139/MG, Rel. Ministro Herman Benjamin, Segunda Turma, *DJe* 13-4-2012; REsp 1.115.555/MG, Rel. Ministro Arnaldo Esteves Lima, Primeira Turma, *DJe* 23-2-2011. 5. A exigência da comprovação do cumprimento de 'Condicionantes' impostas pelo IBAMA deverá ser realizada na fase do cumprimento de sentença, por demandar considerável lapso temporal. 6. Não se aplica a Súmula 98 do STJ quando há renovação de embargos declaratórios que apenas repetem os temas elencados nos embargos anteriores. Multa do art. 538 que deve ser mantida. 7. Recurso especial parcialmente conhecido e, nessa parte, parcialmente provido" (STJ, REsp 1.307.938/GO, Rel. Min. Benedito Gonçalves, 1ª Turma, j. 16-6-2014, *DJe* 16-9-2014).

[33] STEIGLEDER, Anelise. *Responsabilidade civil ambiental*, cit., p. 237.
[34] STEIGLEDER, Anelise. *Responsabilidade civil ambiental*, cit., p. 243.

quando de fato deve sê-lo pelas esferas penal e administrativa. Neste sentido orienta-se a jurisprudência do STJ, conforme se percebe da Súmula 629, de 2018, que consigna: "Quanto ao dano ambiental, é admitida a condenação do réu à obrigação de fazer ou à de não fazer cumulada com a de indenizar".[35]

Não se desconhece, contudo, que se tratando de danos extrapatrimoniais, a função compensatória da indenização se destaca, em conjunto com objetivo de desestímulo à reprodução de condutas danosas pelo mesmo ofensor ou por outros, o que é característico do que se convenciona referir como sua função punitiva, ou os denominados efeitos pedagógicos da indenização.

Nesse caso, tratando-se de danos causados à coletividade, os recursos decorrentes daí são destinados ao Fundo de que trata o art. 13 da Lei n. 7.347/85,[36] atualmente designado Fundo Federal de Direitos Difusos, regulamentado pela Lei n. 9.008/95. Tais recursos são utilizados mediante critérios fixados em lei e tomados em conta por um conselho gestor do Fundo, para financiar projetos de recuperação de bens lesados em razão da violação de direitos difusos, como é o que ocorre com o dano ambiental, entre outros.[37]

2.7. TEMPO DO EXERCÍCIO DA PRETENSÃO RELATIVA AO DANO AMBIENTAL

Regra geral é de que o prazo prescricional flua desde a ocorrência do evento cuja violação de direito faz nascer a pretensão (art. 189 do Código Civil). Tratando-se do dano ambiental, contudo, a jurisprudência inicialmente relativizou a regra,[38] definindo que o

---

[35] STJ, Súmula 629, 1ª Seção, j. 12/12/2018, DJe 17/12/2018.

[36] "Art. 13. Havendo condenação em dinheiro, a indenização pelo dano causado reverterá a um fundo gerido por um Conselho Federal ou por Conselhos Estaduais de que participarão necessariamente o Ministério Público e representantes da comunidade, sendo seus recursos destinados à reconstituição dos bens lesados".

[37] O art. 1º da Lei n. 7.347/85 refere que "Art. 1º Regem-se pelas disposições desta Lei, sem prejuízo da ação popular, as ações de responsabilidade por danos morais e patrimoniais causados: l – ao meio-ambiente; II – ao consumidor; III – a bens e direitos de valor artístico, estético, histórico, turístico e paisagístico; IV – a qualquer outro interesse difuso ou coletivo; V – por infração da ordem econômica; VI – à ordem urbanística; VII – à honra e à dignidade de grupos raciais, étnicos ou religiosos; VIII – ao patrimônio público e social".

[38] "Direito civil. Responsabilidade civil. Recurso especial. Indenização em virtude de danos materiais e morais oriundos de contaminação ambiental. Prescrição. Termoinicial. Não ocorrência da prescrição. 1. Alegado dano ambiental consubstanciado na contaminação do solo e das águas subterrâneas na localidade onde o recorrido residia, em decorrência dos produtos tóxicos utilizados no tratamento dos postes de luz destinados à distribuição de energia elétrica aos consumidores, o que foi noticiado no ano de 2005 pela mídia e pela própria AES Florestal. 2. Na responsabilidade contratual, em regra, o termo inicial da contagem dos prazos de prescrição encontra-se na lesão ao direito, da qual decorre o nascimento da pretensão, que traz em seu bojo a possibilidade de exigência do direito subjetivo violado, nos termos do disposto no art. 189 do Código Civil, consagrando a tese da *actio nata* no ordenamento jurídico pátrio. 3. Contudo, na responsabilidade extracontratual, a aludida regra assume viés mais humanizado e voltado aos interesses sociais, admitindo-se como marco inicial não mais o momento da ocorrência da violação do direito, mas a data do conhecimento do ato ou fato do qual decorre o direito de agir, sob pena de se punir a vítima por uma negligência que não houve, olvidando-se o fato de que a aparente inércia pode ter decorrido da absoluta falta de conhecimento do dano. Inteligência da Súmula 278 do STJ. 4. Constata-se aqui a subsunção da situação fática à norma constante do art. 17 do Código de Defesa do Consumidor, uma vez que o recorrido alega que foi vítima de contaminação ambiental decorrente dos produtos venenosos utilizados no tratamento dos postes de luz destinados à distribuição de energia elétrica aos consumidores. Incidência do prazo prescricional quinquenal (art. 27 do Código de Defesa

prazo passa a fluir não do nascimento da pretensão, mas da ciência inequívoca do fato.[39] A razão deste entendimento seria o fato de que, no caso de dano ambiental, a identificação dos efeitos do dano nem sempre será contemporânea à conduta lesiva. A jurisprudência, contudo, considerando as características específicas do dano ambiental, passou a reconhecer que não bastava uma regra flexível para a contagem do prazo prescricional, uma vez que frente ao caráter continuado do dano ambiental, a pretensão de sua reparação não estaria submetida à prescrição.[40]

---

do Consumidor), iniciando-se sua contagem a partir do conhecimento do dano e de sua autoria. 5. No caso, tendo o recorrido tomado ciência da contaminação do solo e do lençol freático de sua localidade – momento em que lhe foi possível dessumir a desvalorização imobiliária (dano material) – no ano de 2005, ressoa inequívoca a não ocorrência da prescrição, haja vista que a demanda foi ajuizada em 2009. 6. Quanto aos danos morais, é certo que, da mera publicização do acidente ambiental, não ocorreu imediatamente o prejuízo à saúde, fazendo-se mister, para o nascimento da pretensão, fosse primeiro diagnosticada a doença e constatado que ela se desenvolvera em decorrência da poluição da área atingida. Assim, parece certa a não ocorrência da prescrição, porquanto não transcorrido o prazo de 5 anos nem mesmo da notícia do acidente ambiental, sendo óbvio que o diagnóstico da doença e sua causa somente se deram em momento posterior. 7. Recurso especial não provido" (STJ, REsp 1.354.348/RS, Rel. Min. Luis Felipe Salomão, 4ª Turma, j. 26-8-2014, *DJe* 16-9-2014).

[39] REsp 1.641.167/RS, Rel. Min. Nancy Andrighi, 3ª Turma, j. 13/03/2018, *DJe* 20/03/2018; REsp 1.346.489/RS, Rel. Min. Ricardo Villas Bôas Cueva, 3ª Turma, j. 11/06/2013, *DJe* 26/08/2013.

[40] "Não existe prescrição, pois a manutenção das construções na área de preservação ambiental impede que a vegetação se regenere, prolongando-se, assim, os danos causados ao meio ambiente. No caso em tela, a lesão perpetuou-se, recriando ou renovando a cada dia a pretensão jurídica do titular do direito ofendido. Não há que se falar de prescrição em ações de natureza ambiental decorrentes de dano permanente, ao menos enquanto se perpetuar o dano ambiental." (STJ, REsp 1081257/SP, Rel. Min. Og Fernandes, 2ª Turma, j. 05/06/2018, *DJe* 13/06/2018); no mesmo sentido: AgRg no REsp 1421163/SP, Rel. Min. Humberto Martins, 2ª Turma, j. 06/11/2014, *DJe* 17/11/2014. Sob outra perspectiva, mas com a mesma conclusão: "conquanto não se possa conferir ao direito fundamental do meio ambiente equilibrado a característica de direito absoluto, ele se insere entre os direitos indisponíveis, devendo-se acentuar a imprescritibilidade de sua reparação e a sua inalienabilidade, já que se trata de bem de uso comum do povo. Assim, não há direito adquirido frente à obrigação de recompor a degradação do meio ambiente, não sendo possível ao proprietário atual continuar a praticar atos proibidos ou usar a propriedade em desacordo com a lei" (REsp 1680699/SP, Rel. Min. Herman Benjamin, 2ª Turma, j. 28/11/2017, *DJe* 19/12/2017).

Capítulo 3
RESPONSABILIDADE DO FORNECEDOR POR DANOS AO CONSUMIDOR EM RAZÃO DE ACIDENTES DE CONSUMO: O FATO DO PRODUTO E DO SERVIÇO

A responsabilidade civil do fornecedor, disciplinada pelo direito do consumidor, produziu sensível influência na responsabilidade civil em geral, no direito brasileiro. Observa José Reinaldo de Lima Lopes que a necessidade de uma reelaboração teórica do tema se impõe uma vez que a realidade social e econômica da sociedade de consumo de massas é substancialmente distinta da realidade anterior. Em primeiro lugar, o causador do dano não é mais um indivíduo, mas uma organização, uma empresa. A vítima, da mesma forma, não é um consumidor individualizado, mas uma massa ou grupo de consumidores, um "conjunto indefinido de pessoas que estão no mercado". Por fim, o requisito clássico da responsabilidade civil, a "ação ou omissão voluntária", passa a se caracterizar como um "processo anônimo, despersonalizado, burocratizado de produção em série de bens da mais variada natureza".[1]

No direito do consumidor, a própria classificação tradicional entre responsabilidade contratual e extracontratual é afastada para dar lugar a uma nova terminologia, da *responsabilidade pelo fato do produto e do serviço* e a *responsabilidade pelo vício do produto e do serviço*. A *summa divisio* da responsabilidade civil no direito do consumidor, assim, não se dá mais em razão da *fonte do dever jurídico* violado (quando o descumprimento de um dever contratual ensejava a responsabilidade contratual, e a violação de um dever legal dava causa à responsabilidade extracontratual).[2] O novo critério do direito do consumidor se dá em vista do *interesse jurídico protegido* pelo ordenamento. Nesse caso, a responsabilidade pelo fato do produto ou do serviço, também denominada responsabilidade por *acidentes de consumo*, tem em vista a proteção da *segurança* do consumidor. Ou seja, responde pelo fato do produto ou do serviço aquele que não oferece a segurança esperada, causando danos ao consumidor.

Por outro lado, a responsabilidade pelo vício do produto ou do serviço visa à proteção do interesse do consumidor quanto à *adequação* do produto ou serviço. Nesse caso, a res-

---

[1] LOPES, José Reinaldo de Lima. *Responsabilidade civil do fabricante e a defesa do consumidor*. São Paulo: RT, 1992, p. 13.

[2] Um exemplo ilustrativo é o da responsabilidade reconhecida aos *shopping centers* ou estabelecimentos empresariais pelo furto ou roubo de veículos de consumidores nos estacionamentos que disponibilizam. Tal responsabilidade, que anteriormente era fundada na equiparação entre o contrato de estacionamento e o contrato de depósito, atualmente é fundamentada exclusivamente no dever de segurança que resulta do regime legal do próprio CDC. Nesse sentido, pronuncia-se o STJ: "É dever de estabelecimentos como *shopping centers*, que oferecem estacionamento privativo aos consumidores ainda que de forma gratuita, zelar pela segurança dos veículos e dos clientes" (STJ, AgRg no AREsp 188.113/RJ, Rel. Min. João Otávio de Noronha, 3ª Turma, j. 1º-4-2014, *DJe* 7-4-2014). No mesmo sentido, em relação ao furto em estacionamento oferecido por banco para atendimento de seus clientes: STJ, AgRg no AREsp 376.268/SP, 4ª Turma, Rel. Min. Maria Isabel Gallotti, j. 18-2-2014, *DJe* 6-3-2014.

ponsabilidade por vício é o efeito da não adequação do produto ou serviço, o que será caracterizado – de acordo com a exata previsão do CDC – quando estes não servirem aos fins que legitimamente deles se esperam (art. 18 do CDC).

Essa nova classificação não significa mera inovação terminológica. A razão de ser dessa definição tem seu lugar na melhor proteção dos interesses de consumidores vítimas de danos no mercado de consumo, a partir do estabelecimento de uma única fonte de responsabilidade: a própria lei.

A sociedade de consumo de massas dá causa à possibilidade de *danos de massa*, em decorrência dos produtos e serviços introduzidos no mercado de consumo. Para a definição dos denominados danos de massa, não se pode deixar de considerar a relevância para sua origem, dos riscos decorrentes de avanços científicos e de novas tecnologias, assim como o grande número de vítimas, ou ainda de danos causados em série, como elementos necessários para sua identificação.[3] E o direito, como ordenador da conduta socialmente desejável e mediador dos conflitos em sociedade, deve estar dotado de instrumentos para responder adequadamente a esta situação.[4]

A proteção do consumidor contra riscos dos produtos e serviços introduzidos no mercado de consumo tem seu fundamento no reconhecimento da existência de interesses legítimos de que esses produtos e serviços sejam seguros, ou seja, de que não apresentem nenhuma periculosidade ou nocividade a causar danos para quem venha a ser a eles exposto. O respeito a esses interesses legítimos dos consumidores, como regra, não se submete à verificação do critério da culpa do fornecedor acerca de eventuais prejuízos causados por seus produtos ou serviços, mas simplesmente à proteção da confiança social de adequação e segurança dos produtos introduzidos no mercado.

Note-se que, com relação ao CDC brasileiro, a proteção da segurança e da saúde dos consumidores é consagrada a partir de sua previsão como direitos subjetivos essenciais, cuja violação importa o efeito da responsabilização civil. Assim o art. 6º, I, do CDC: «São direitos básicos do consumidor: I – a proteção da vida, saúde e segurança contra os riscos provocados por práticas no fornecimento de produtos e serviços considerados perigosos ou nocivos". Da mesma forma, o art. 8º da mesma lei: "Os produtos e serviços colocados no mercado de consumo não acarretarão riscos à saúde ou segurança dos consumidores, exceto os considerados normais e previsíveis em decorrência de sua natureza e fruição, obrigando-se os fornecedores, em qualquer hipótese, a dar as informações necessárias e adequadas a seu respeito". Ainda, no que se refere tanto à responsabilidade pelo fato do produto e do serviço (arts. 12, § 1º, e 14, § 1º) quanto em relação ao vício do produto e do serviço (arts. 18, *caput*, e 20, § 2º), o que fundamenta o conceito de defeito (pressuposto da responsabilidade civil por danos ao consumidor), assim como a definição de vício (que compromete o dever de adequação do produto ou serviço), é a *segurança*[5] ou a *finalidade*[6] que o consumidor legitimamente espera daquele objeto da relação de consumo.

---

[3] GUÉGAN-LÉCUYER, Anne. *Dommages de masse et responsabilité civile*, cit., p. 77.

[4] Apontando a necessidade de um tratamento específico, tanto no âmbito processual quanto de direito material, para os danos de massa, veja-se a tese de GUÉGAN-LÉCUYER, Anne. *Dommages de masse et responsabilité civile*, cit., p. 428 e s.

[5] Assim o art. 12, § 1º, do CDC: "(...) O produto é defeituoso quando não oferece a segurança que dele legitimamente se espera (...)"; no mesmo sentido o art. 14, § 1º, do CDC: "O serviço é defeituoso quando não fornece a segurança que o consumidor dele pode esperar (...)".

[6] Assim o art. 18, *caput*, do CDC: "Os fornecedores de produtos de consumo duráveis ou não duráveis respondem solidariamente pelos vícios de qualidade ou quantidade que os tornem impróprios ou ina-

A proteção da confiança legítima dos consumidores, sistematizada no CDC, é o fundamento da responsabilidade civil de consumo. Nesse sentido, estabelece-se um direito subjetivo básico à segurança do consumidor como efeito da proteção a essa expectativa legítima dos consumidores e da sociedade de que os produtos e serviços colocados no mercado atendam a padrões de segurança razoáveis. Para tanto, o legislador brasileiro, a exemplo do europeu, optou pela imposição da responsabilidade aos fornecedores que introduzam no mercado produtos ou serviços defeituosos, quais sejam, aqueles que apresentem falhas em uma das várias fases do seu processo de concepção e fornecimento, as quais terminem por comprometer sua segurança, gerando danos.

3.1. ORIGEM DA RESPONSABILIDADE DO FORNECEDOR POR ACIDENTES DE CONSUMO: O FATO DO PRODUTO E DO SERVIÇO

A origem da responsabilidade civil pelo fato do produto e do serviço, também denominada responsabilidade por acidentes de consumo, assim como seu maior desenvolvimento, sem dúvida, são observados no direito norte-americano, ao longo do século XX, tendo se apresentado mais recentemente também no direito europeu – notadamente a partir das normas de direito comunitário.

É paradigmático, nesse sentido, o caso *McPherson* vs. *Buick Motor Co.*, decidido pelo Tribunal de Apelações de Nova York, em 1916. No caso em questão, discutia-se a extensão da responsabilidade de uma fábrica de automóveis pelos veículos por ela fabricados. Na ocasião, decidiu o tribunal que, tendo em vista se tratar de produtos "perigosos", o fabricante tinha a obrigação de adotar precauções não apenas em relação ao comprador do produto, mas também em relação a quaisquer usuários do automóvel, razão pela qual poderia ser imputada responsabilidade por negligência na hipótese de danos a quaisquer terceiros usuários do bem.[7]

No mesmo sentido, no direito britânico, foi a decisão da Câmara dos Lordes, em 1932, responsabilizando o fabricante de uma garrafa de cerveja por danos causados ao consumidor, que, vindo a consumi-la em uma *coffee shop*, observou desprender-se do fundo da garrafa os restos de um caracol em decomposição.[8]

Em ambos os casos a inovação residiu justamente na superação da exigência de um vínculo jurídico antecedente, um vínculo contratual entre as partes para que a vítima pudesse demandar contra o fabricante em razão de defeitos de fabricação. Passou a bastar, assim, a condição de vítima para que o consumidor tivesse reconhecida sua legitimidade para demandar contra o causador do dano. Ou seja, houve a superação da exigência de uma relação jurídica previamente constituída entre o fabricante e a vítima, que não precisa mais ser necessariamente quem tenha realizado o contrato de consumo com o fornecedor, mas simplesmente quem tenha sofrido prejuízo decorrente do produto ou serviço oferecido.

Da mesma forma, a partir desses dois casos, passou-se a ser reconhecida no *common law* uma autêntica obrigação de tomar precauções com relação aos fabricantes de produtos, assim como outras situações que passaram a ser reconhecidas pelos tribunais.[9] E é a ausência dessas

---

dequados ao consumo a que se destinam". E o art. 20, § 2º, do CDC: "São impróprios os serviços que se mostrem inadequados para os fins que razoavelmente deles se esperam, bem como aqueles que não atendam as normas regulamentares de prestabilidade".

[7] ZWEIGERT, Konrad; KÖTZ, Hein. *Introducción al derecho comparado*, cit., p. 649.
[8] ZWEIGERT, Konrad; KÖTZ, Hein. *Introducción al derecho comparado*, cit., p. 649.
[9] ZWEIGERT, Konrad; KÖTZ, Hein. *Introducción al derecho comparado*, cit., p. 650.

precauções que, segundo a jurisprudência norte-americana, dará ensejo à caracterização de um *defeito do produto*, como foi decidido na primeira demanda em que se discutiu a *strict defect liability in torts*, o caso *Escola* vs. *Coca-Cola Bottling*, julgado pela Corte Estadual da Califórnia em 1944, envolvendo a explosão de uma garrafa de refrigerante, e na qual o juiz Roger Trainor concluiu pela responsabilidade do fabricante pelo defeito de segurança dos produtos colocados no mercado.[10]

Anos depois, outro caso de grande repercussão também foi o *Greenman* vs. *Yuba Powers Product*, pelo qual a Suprema Corte da Califórnia reconheceu, em 1963, a responsabilidade do fabricante por danos físicos causados na vítima, em razão do uso de uma máquina para realizar reparos domésticos com madeira. No caso, a vítima havia ganhado a mesma de sua esposa por ocasião do Natal. Concluiu a Corte haver responsabilidade do fabricante pelo defeito do produto, independentemente de considerar-se a existência de negligência, mas, exclusivamente, em razão do defeito em produto introduzido no mercado, determinando com isso o dever de indenizar decorrente da *strict defect liability*.[11] É então que esta orientação se consolida, com a publicação do *Second Restatement of Torts*,[12] de 1965, o qual previa em seu § 402 A:

> 1. A pessoa que venda um produto em condições defeituosas e que, de maneira irracional, representem um perigo para o usuário, ao consumidor e a sua propriedade, deverá responder pelo dano físico causado pelo produto ao usuário ou consumidor final, ou a sua propriedade se:
> *a)* o vendedor se dedica a atividades relacionadas com a venda do referido produto, e
> *b)* se espera que o produto chegue e leve ao usuário ou consumidor sem alteração substancial nas condições em que é vendido.
> 2. Se aplica a regra estabelecida na Subseção 1 ainda quando:
> *a)* o vendedor tenha tomado todos os cuidados possíveis na preparação e venda do seu produto, e
> *b)* o usuário ou consumidor não tenha comprado do vendedor, nem tenham celebrado nenhuma relação contratual com o mesmo.[13]

Essa regra, que fundamenta a *strict liability* em matéria de danos causados por defeitos de produtos no direito norte-americano, desenvolve-se a partir de novos fundamentos para a imputação da responsabilidade. Em um primeiro momento, concentra-se na caracterização da quebra de uma garantia implícita (*breach of implied warrant*), protegendo as expectativas relativas ao uso normal de um produto,[14] para desenvolver-se, em seguida, admitindo a hi-

---

[10] CHRISTIE, George C.; MEEKS, James E.; PRYOR, Ellen S.; SANDERS, Joseph. *Cases and materials on the law of torts*, cit., p. 630-631.

[11] CHRISTIE, George C.; MEEKS, James E.; PRYOR, Ellen S.; SANDERS, Joseph. *Cases and materials on the law of torts*, cit., p. 632-634.

[12] O *Second Restatement of Law* é espécie de consolidação das reflexões decorrentes da jurisprudência norte-americana e adotado como fundamento das decisões seguintes, assim como das alegações das partes no processo. Os Estados Unidos encontram-se atualmente às voltas com a aprovação do Third Restatement of Torts, em avançado processo de discussão no American Law Institute, órgão encarregado de coordenar as discussões sobre o documento.

[13] Traduzimos da transcrição de: ZWEIGERT, Konrad; KÖTZ, Hein. *Introducción al derecho comparado*, cit., p. 717.

[14] PRIEST, George S. A theory of consumer product warranty, cit., p. 174-180.

pótese de responsabilização quando constatados defeitos que comprometem a segurança do produto (*manufacturing defects, design defects* ou *warning defects*).[15]

Em paralelo, o desenvolvimento da responsabilidade civil do produtor no direito europeu continental também observou situações de danos causados em decorrência da intoxicação com produtos impróprios para o consumo, tais como pães feitos com farinha contaminada, ou biscoitos estragados, para os quais em geral se estabeleceu – mesmo sem previsão expressa – a presunção de culpa do fabricante.[16] Da mesma forma, é conhecido o caso na Alemanha, em 1968, pelo qual a morte de milhares de frangos de uma granja em razão da falta de informação pelo fabricante sobre o modo como deveria lhes ser ministrado um determinado medicamento deu ensejo à responsabilidade por falta ao dever de informar, inclusive com o estabelecimento de uma presunção de culpa do fabricante.[17] É então que a Comunidade Europeia, ao verificar a necessidade do estabelecimento de um regime uniforme acerca de responsabilidade civil em decorrência de danos causados por produtos defeituosos, editou em 1985, a Diretiva 85/374/CEE, regrando tais situações.

No sistema do direito europeu, as diretivas servem para estabelecer normas que devem ser incorporadas às ordens jurídicas internas dos países. No caso da Diretiva 85/374/CEE, estabeleceu basicamente, em seu art. 1º, que "o produtor é responsável pelo dano causado por um defeito do seu produto". Ao mesmo tempo, então, define no art. 3º quem deve ser considerado produtor, assim como o regime da responsabilidade na hipótese de não se poder identificar quem seja o produtor: "1. O termo 'produtor' designa o fabricante de um produto acabado, o produtor de uma matéria-prima ou o fabricante de uma parte componente, e qualquer pessoa que se apresente como produtor pela aposição sobre o produto do seu nome, marca ou qualquer outro sinal distintivo; 2. Sem prejuízo da responsabilidade do produtor, qualquer pessoa que importe um produto na Comunidade tendo em vista uma venda, locação, locação financeira ou qualquer outra forma de distribuição no âmbito da sua atividade comercial, será considerada como produtor do mesmo, na acepção da presente diretiva, e responsável nos mesmos termos que o produtor; 3. Quando não puder ser identificado o produtor do produto, cada fornecedor será considerado como produto, salvo se indicar ao lesado, num prazo razoável, a identidade do produtor, ou daquele que lhe forneceu o produto. O mesmo se aplica no caso de um produto importado, se este produto não indicar o nome do importador referido no n. 2, mesmo se for indicado o nome do produtor".

A Diretiva europeia, todavia, manteve o ônus da prova com a vítima, no que diz respeito à existência do dano, do defeito e do nexo causal entre o defeito e o dano, assim como definiu as hipóteses excludentes da responsabilidade do produtor (art. 7º), quais sejam: "a) Que não colocou o produto em circulação; b) Que, tendo em conta as circunstâncias, se pode considerar que o defeito que causou o dano não existia no momento em que o produto foi por ele colocado em circulação, ou que este defeito surgiu posteriormente; c) Que o produto não foi fabricado para venda ou para qualquer outra forma de distribuição com um objetivo econômico por parte do produtor, nem fabricado ou distribuído no âmbito da sua atividade profissional; d) Que o defeito é devido à conformidade do produto com normas imperativas estabelecidas pelas autoridades públicas; e) Que o estado dos conhecimentos científicos e técnicos no momento da colocação em circulação do produto não lhe permitiu detectar a existência do defeito, f) No caso do produtor de uma parte componente, que o defeito é im-

---

[15] CHRISTIE, George C.; MEEKS, James E.; PRYOR, Ellen S.; SANDERS, Joseph. *Cases and materials on the law of torts*, cit., p. 624 e s.

[16] ALPA, Guido; BESSONE, Mário. *La responsabilità del produtore*, cit., p. 27.

[17] ALPA, Guido; BESSONE, Mário. *La responsabilità del produtore*, cit., p. 157.

putável à concepção do produto no qual foi incorporada a parte componente ou às instruções dadas pelos fabricantes do produto". Além dessas, refere o art. 8º que a "responsabilidade do produtor pode ser reduzida ou excluída, tendo em conta todas as circunstâncias, quando o dano for causado conjuntamente por um defeito do produto e por culpa do lesado ou de uma pessoa pela qual o lesado é responsável".

Por fim, entre outras disposições estabelecidas na Diretiva, destaca-se a admissão da solidariedade dos fornecedores, assim como sua definição de dano estabelecida no art. 9º, que, embora não abrangendo expressamente os danos morais, admite na categoria de dano os decorrentes de morte e de lesões corporais, assim como refere expressamente que suas disposições não excluem disposições existentes em normas nacionais, relativas a danos não patrimoniais.[18] Da mesma forma, estabelece o prazo prescricional de três anos para o exercício da pretensão indenizatória, contados da data em que o "lesado tomou ou deveria ter tomado conhecimento do dano, do defeito e da identidade do produtor" (art. 10º, 1).

Note-se que a disciplina europeia para a responsabilidade pelo fato do produto foi fonte direta de inspiração do legislador brasileiro ao regular a matéria no CDC.[19] Daí sua importância para efeito de compreensão do sistema brasileiro de responsabilidade do produtor do produto ou do serviço, ainda que em relação a este último não haja, até o presente momento, regulamentação no âmbito do direito comunitário europeu.

3.2. DEFINIÇÃO DA RESPONSABILIDADE PELO FATO DO PRODUTO E DO SERVIÇO

A responsabilidade civil pelo fato do produto ou do serviço consiste no efeito de imputação ao fornecedor, de sua responsabilização em razão dos danos causados em razão de defeito na concepção, produção, comercialização ou fornecimento de produto ou serviço, determinando seu dever de indenizar pela violação do dever geral de segurança inerente à sua atuação no mercado de consumo.

No direito brasileiro, o regime de responsabilidade distingue-se em razão do dever jurídico violado pelo fornecedor. A responsabilidade pelo fato do produto ou do serviço decorre da violação de um *dever de segurança*, ou seja, quando o produto ou serviço não oferece a segurança que o consumidor deveria legitimamente esperar.[20] Já a responsabilidade pelo vício do produto ou do serviço decorre da violação de um *dever de adequação*, qual seja, o dever dos fornecedores de oferecer produtos ou serviços no mercado de consumo que sirvam aos fins que legitimamente deles se esperam.[21]

---

[18] "Art. 9º (...) *a)* O dano causado pela morte ou por lesões corporais; *b)* O dano causado a uma coisa ou a destruição de uma coisa que não seja o próprio produto defeituoso, com dedução de uma franquia de 500 ECUs, desde que esta coisa: i) seja de um tipo normalmente destinado ao uso ou consumo privados, e ii) tenha sido utilizada pela vítima principalmente para seu uso ou consumo privados. O presente artigo não prejudica as disposições nacionais relativas aos danos não patrimoniais."

[19] GRINOVER, Ada Pelegrini et al. *Código brasileiro de defesa do consumidor comentado pelos autores do anteprojeto.* 8. ed. Rio de Janeiro: Forense Universitária, 2005, p. 10.

[20] Para os contornos do dever de segurança, veja-se, no direito argentino: RINESSI, Antonio Juan. *El deber de seguridad*, cit., p. 13 e s.

[21] Nesse sentido, decidiu o TJRS: "Apelação cível. Responsabilidade civil em acidente de trânsito. Transporte rodoviário. Queda de coletivo. Danos materiais. Dano moral. *Quantum* indenizatório. 1- Instituto da decadência: não se trata de ação redibitória por vício do produto, na qual o consumidor pretende a substituição do produto viciado, ou a devolução da quantia paga. No caso em pauta, o autor pleiteia a reparação dos danos experimentados em função da queda, não sendo aplicável à espécie o artigo 26, mas sim o artigo 27 do Código de Defesa do Consumidor, que prevê o prazo de 5 (cinco) anos para

Por outro lado, no que diz respeito à responsabilidade pelo fato do produto ou do serviço, outra questão diz respeito à terminologia para sua designação. A expressão *responsabilidade pelo fato* é criticada por muitos autores em razão do seu caráter estático, a lembrar a responsabilidade pelo fato da coisa presente na doutrina civil, e que colocaria em destaque mais o instrumento imediato de causação do dano, sem a vinculação expressa com a violação do dever jurídico estabelecido (*dever de segurança*). Na doutrina brasileira, há os que sustentam que a expressão mais adequada para designar tais fenômenos seria o de *acidente de consumo*, considerando-se mais relevante para tanto não a origem do fato causador do dano, mas a localização humana do seu resultado.[22] Nesse sentido, é possível mesmo afirmar que a utilização da expressão *acidente de consumo* prevalece atualmente entre nós.[23]

Todavia, mesmo concordando com as bem apontadas razões da doutrina para justificar sua preferência pela expressão *acidentes de consumo* na designação dos eventos danosos decorrentes da falta ao dever de segurança de produtos e serviços, continuamos a nos referir à designação do *fato do produto e do serviço*, em atenção à própria opção do legislador.

3.2.1. Critério de identificação

O CDC, ao estabelecer normas de proteção do consumidor, o faz em consideração a uma série de interesses reconhecidos pela própria norma como legítimos. Não se restringe, portanto, ao interesse meramente econômico, representado pelo equilíbrio das prestações de consumidores e fornecedores. Nem tampouco se pode reconhecer a proteção endereçada apenas aos interesses de conteúdo patrimonial do consumidor, em que pese sejam estes os que se manifestam *prima facie*.

As normas de proteção do consumidor têm por finalidade o suprimento, pelo direito, de toda e qualquer situação de fato em que se reconheça o desequilíbrio entre consumidores e fornecedores, na relação de consumo ou mesmo fora dela, como – por exemplo – através do conceito legal de consumidor equiparado. Nesse caso, a qualidade de consumidor é atribuída pela norma a determinadas pessoas, relativamente aos efeitos que ela própria reconhece. Assim o art. 17 do CDC, que equipara a consumidor todas as vítimas de fato do produto ou do serviço (arts. 12 a 14),[24] para os efeitos da responsabilidade civil imputada ao fornecedor.

---

interpor a ação de indenização. 2- Responsabilidade objetiva do transportador: compete ao transportador conduzir o passageiro são e salvo até o seu local de destino, sob pena de responder pelas desventuras havidas durante o seu deslocamento. A responsabilidade do transportador é objetiva, à luz do artigo 734 do Código Civil, a ele competindo o transporte incólume do passageiro até o local de destino. No caso em pauta, o cenário fático-jurídico comprova que o demandante, ao sair do ônibus da empresa ré, sofreu uma queda e, por consequência, lesões corporais. 3- Tratamento odontológico: levando em conta que, em virtude da queda, o autor sofreu lesões na arcada dentária, faz jus ao valor atinente ao tratamento reparatório. 4- *Quantum* da condenação por danos morais: vai mantida a indenização fixada em R$ 5.000,00 (cinco mil reais), por estar condizente com a intensidade das lesões sofridas e com a equação: função pedagógica x enriquecimento injustificado. 5- Abatimento do seguro DPVAT no '*quantum*' indenizatório: a ré não logrou êxito em demonstrar que o autor recebeu o seguro DPVAT, razão por que não há falar em abatimento do valor da indenização. Agravo retido e apelo desprovidos" (TJRS, ApCiv 70032580136, 12ª Câm. Civ., Rel. Umberto Guaspari Sudbrack, j. 10-12-2009).

[22] BENJAMIN, Antônio Herman de Vasconcelos *et al*. *Comentários ao Código de Proteção do Consumidor*. São Paulo: Saraiva, 1991, p. 43.

[23] Nesse sentido, observa SANSEVERINO, Paulo de Tarso Vieira. *Responsabilidade civil no Código do Consumidor e a defesa do fornecedor*, cit., p. 109.

[24] "Processual civil. Ação civil pública. Explosão de loja de fogos de artifício. Interesses individuais homogêneos. Legitimidade ativa da procuradoria de assistência judiciária. Responsabilidade pelo fato do produto. Vítimas do evento. Equiparação a consumidores. I – Procuradoria de assistência judiciária tem

A proteção indicada ao consumidor pelo CDC, nesse sentido, abarca tanto a esfera de *interesses patrimoniais*, relativos ao objeto imediato do contrato de consumo (o produto ou serviço adquirido), ou quaisquer danos apreciáveis economicamente,[25] quanto *interesses extrapatrimoniais*, que, não tendo relação necessária com a aquisição de produto ou serviço, poderão ser ofendidos pela conduta ilícita do fornecedor.

O Código de Defesa do Consumidor reconhece por meio de uma série de dispositivos esses interesses extrapatrimoniais. Trata-se, nesse sentido, de interesses cuja tutela em direito privado se consigna por intermédio dos direitos da personalidade, podendo mesmo se identificar os direitos violados segundo o mesmo critério do direito civil, quais sejam: os *direitos de integridade física* e os *direitos de integridade moral*.[26]

O dever de segurança do fornecedor, estabelecido no art. 8º do CDC, expressa a proteção integral dos interesses legítimos do consumidor no mercado de consumo, estabelecendo nítida eficácia do princípio da proteção da confiança legítima – ou, entre nós, do princípio da boa-fé.[27]

Nesse sentido, a identificação da responsabilidade do fornecedor pelo fato do produto ou do serviço não prescinde da localização no caso da existência do defeito como característica elementar da violação do dever de segurança. Observe-se que o fornecedor responde por todos os riscos da atividade de fornecimento de produtos ou serviços, mas apenas em relação àquelas nas quais resta demonstrada a existência de um defeito, espécie mencionada nos arts. 12 e 14 do CDC, que inclusive relaciona seus traços principais. Entretanto, ainda que estejam relacionados no CDC os traços principais do que se deva considerar como

---

legitimidade ativa para propor ação civil pública objetivando indenização por danos materiais e morais decorrentes de explosão de estabelecimento que explorava o comércio de fogos de artifício e congêneres, porquanto, no que se refere à defesa dos interesses do consumidor por meio de ações coletivas, a intenção do legislador pátrio foi ampliar o campo da legitimação ativa, conforme se depreende do artigo 82 e incisos do CDC, bem assim do artigo 5º, XXXII, da Constituição Federal, ao dispor expressamente que incumbe ao 'Estado promover, na forma da lei, a defesa do consumidor'. II – Em consonância com o artigo 17 do CDC, equiparam-se aos consumidores todas as pessoas que, embora não tendo participado diretamente da relação de consumo, vêm a sofrer as consequências do evento danoso, dada a potencial gravidade que pode atingir o fato do produto ou do serviço, na modalidade vício de qualidade por insegurança. Recurso especial não conhecido" (STJ, 3ª Turma, REsp 181.580/SP, Rel. Min. Castro Filho, j. 9-12-2003, *DJU* 22-3-2004, p. 292).

[25] Daí por que a distinção realizada pela jurisprudência entre a falha que afeta exclusivamente o interesse patrimonial do consumidor e aquela que afeta sua integridade. Nesse sentido, veja-se como decide o STJ: "Código de Defesa do Consumidor. Compra de veículo novo com defeito. Incidência do artigo 18 do Código de Defesa do Consumidor. Responsabilidade solidária do fabricante e do fornecedor. Indenização por danos materiais e morais. Precedentes da Corte. 1. Comprado veículo novo com defeito, aplica-se o artigo 18 do Código de Defesa do Consumidor e não os arts. 12 e 13 do mesmo Código, na linha de precedentes da Corte. Em tal cenário, não há falar em ilegitimidade passiva do fornecedor. 2. Afastada a ilegitimidade passiva e considerando que as instâncias ordinárias reconheceram a existência dos danos, é possível passar ao julgamento do mérito, estando a causa madura. 3. A indenização por danos materiais nos casos do artigo 18 do Código de Defesa do Consumidor esgota-se nas modalidades do respectivo § 1º. 4. Se a descrição dos fatos para justificar o pedido de danos morais está no âmbito de dissabores, sem abalo à honra e ausente situação que produza no consumidor humilhação ou sofrimento na esfera de sua dignidade, o dano moral não é pertinente. 5. Recurso especial conhecido e provido, em parte" (STJ, 3ª Turma, REsp 554.876/RJ, Rel. Min. Carlos Alberto Menezes Direito, j. 17-2-2004, *DJU* 3-5-2004, p. 159).

[26] MIRAGEM, Bruno. Os direitos da personalidade e os direitos do consumidor. *Revista de Direito do Consumidor*, São Paulo: RT, v. 49, p. 40-76, jan./mar. 2004.

[27] CALVÃO DA SILVA, João. *Responsabilidade civil do produtor*. Coimbra: Almedina, 1990, p. 642; SANSEVERINO, Paulo de Tarso Vieira. *Responsabilidade civil no Código do Consumidor e a defesa do fornecedor*, cit., p. 116.

defeito ("Art. 12, (...) § 1º O produto é defeituoso quando não oferece a segurança que dele legitimamente se espera, levando-se em consideração as circunstâncias relevantes, entre as quais: I – sua apresentação; II – o uso e os riscos que razoavelmente dele se esperam; III – a época em que foi colocado em circulação"), sua definição jurídica é realizada por intermédio de conceito jurídico indeterminado, ou seja, de conceito cuja precisão de significado, dentre os diversos possíveis, é determinada pelo intérprete por ocasião da aplicação da norma ao caso concreto. Daí por que a doutrina vem desenvolvendo sensível trabalho de identificação sobre quais são os defeitos admitidos como determinantes do efeito de responsabilidade, à luz das disposições do CDC.[28]

Por fim, cumpre ainda mencionar a dificuldade havida com relação ao fundamento da responsabilidade pelo fato do produto ou do serviço no direito brasileiro. Como já referimos, o CDC é resultado da influência da experiência jurídica de diferentes ordenamentos jurídicos, em especial, do direito norte-americano e do direito europeu. Nesse sentido, enquanto no direito norte-americano partiu-se do sistema das garantias implícitas (*implied warranties*)[29] para alcançar-se a responsabilidade objetiva, do sistema da diretiva europeia incorporou-se no direito brasileiro a noção de *defeito do produto* (ainda que, no caso europeu, não se tratasse de serviços), e a conveniência de imputar-se a responsabilidade objetiva com vistas a chamar o fabricante para arcar com os ônus dos riscos causados por sua atividade.[30]

Daí surgirá o que a doutrina denomina no direito do consumidor brasileiro como *teoria da qualidade*,[31] pela qual é inerente aos produtos e serviços oferecidos no mercado de consumo (e não apenas aos contratos que os negociam, como seria o caso das garantias implícitas reconhecidas no direito norte-americano) que atendam a um dever de qualidade imposto aos fornecedores de garantir a sua segurança.

O sistema do CDC, todavia, agrega a este dever de qualidade o conceito de defeito, imputando, em matéria de fato do produto, primeiro a alguns (fabricante, produtor, construtor, importador), e apenas em caráter subsidiário a outros fornecedores (comerciantes), a responsabilidade em decorrência da violação do dever. Já no que se refere ao fato do serviço, a existência do defeito será imputável, indistintamente, de modo solidário, a todos os sujeitos da cadeia de fornecimento.

3.2.2. Pressupostos

Os pressupostos essenciais do sistema tradicional da responsabilidade civil não são totalmente afastados do sistema da responsabilidade pelo fato do produto ou do serviço. Nesse sentido, os pressupostos lógico-jurídicos da responsabilidade mantêm-se exigíveis em qualquer dos sistemas de atribuição de responsabilidade: conduta, dano e nexo de causalidade entre ambos.

Distingue a responsabilidade civil pelo fato do produto ou do serviço da responsabilidade civil geral, em primeiro lugar, pela não exigência de culpa como elemento integrante

---

[28] MIRAGEM, Bruno. *Curso de direito do consumidor*. 8ª ed. São Paulo: RT, 2019, p. 694.; SANSEVERINO, Paulo de Tarso Vieira. *Responsabilidade civil no Código do Consumidor e a defesa do fornecedor*, cit., p. 133 e s.

[29] BORGHETTI, Jean-Sébastien. *La responsabilité du fait des produits*. Étude de droit comparé. Paris: LGDJ, 2004, p. 27.

[30] MARQUES, Claudia Lima. *Contratos no Código de Defesa do Consumidor*. 4. ed. São Paulo: RT, 2002, p. 1.037.

[31] BENJAMIN, Antônio Herman de Vasconcelos et al. *Comentários ao Código de Proteção do Consumidor*, cit., p. 45.

do suporte fático da norma que determina a eficácia de responsabilidade. Isso significa que não há necessidade de provar-se a culpa do fornecedor, uma vez que a norma de regência da responsabilidade determina que esta será atribuída "independentemente de culpa". Nesse ponto, afasta-se do regime tradicional da responsabilidade civil, no qual a culpa é requisito essencial para imputação da responsabilidade, conforme estabelece a regra do art. 186 do CC ("Aquele que, por ação ou omissão voluntária, negligência ou imprudência, violar direito e causar dano a outrem, ainda que exclusivamente moral, comete ato ilícito"). O mesmo se confirma quando se trate de serviços públicos sob a égide do CDC – caso dos serviços públicos *uti singuli* –, hipótese em que o regime de responsabilidade objetiva do CDC converge com o sistema de responsabilidade previsto no art. 37, § 6º, da CF.[32]

---

[32] Assim confirma o STJ, em decisão sobre a responsabilidade da Empresa de Correios e Telégrafos em caso envolvendo o descumprimento do prazo para entrega de correspondência expressa (Sedex) contendo peça de recurso enviado por advogado ao Tribunal, em razão do qual o profissional teve o recurso julgado intempestivo: "Responsabilidade civil. Recurso especial. Advogado que contrata serviços dos correios para envio de petição recursal. Sedex normal. Contrato que garantia a chegada da petição ao destinatário em determinado tempo. Não cumprimento. Perda do prazo recursal. Responsabilidade civil dos Correios para com os usuários. Relação de consumo. Dano moral configurado. Dano material não provado. Teoria da perda de uma chance. Não aplicação no caso concreto. 1. A controvérsia consiste em saber se o advogado que teve recurso por ele subscrito considerado intempestivo, em razão da entrega tardia de sua petição pelos Correios ao Tribunal *ad quem*, pode pleitear indenização por danos materiais e morais contra a mencionada empresa pública. É certo também que a moldura fática delineada demonstra a contratação de serviço postal que, entre Capitais, garantia a chegada de correspondência até o próximo dia útil ao da postagem (Sedex normal). 2. As empresas públicas prestadoras de serviços públicos submetem-se ao regime de responsabilidade civil objetiva, previsto no art. 14 do CDC, de modo que a responsabilidade civil objetiva pelo risco administrativo, prevista no art. 37, § 6º, da CF/88, é confirmada e reforçada com a celebração de contrato de consumo, do qual emergem deveres próprios do microssistema erigido pela Lei n. 8.078/90. No caso, a contratação dos serviços postais oferecidos pelos Correios revela a existência de contrato de consumo, mesmo que tenha sido celebrado entre a mencionada empresa pública e um advogado, para fins de envio de suas petições ao Poder Judiciário. 3. Não se confunde a responsabilidade do advogado, no cumprimento dos prazos processuais, com a dos Correios, no cumprimento dos contratos de prestação de serviço postal. A responsabilidade do advogado pela protocolização de recurso no prazo é de natureza endoprocessual, que gera consequências para o processo, de modo que a não apresentação de recursos no prazo tem consequências próprias, em face das quais não se pode, certamente, arguir a falha na prestação de serviços pelos Correios. Porém, essa responsabilidade processual do causídico não afasta a responsabilidade de natureza contratual dos Correios pelos danos eventualmente causados pela falha do serviço, de modo que, fora do processo, o advogado – como qualquer consumidor – pode discutir o vício do serviço por ele contratado, e ambas as responsabilidades convivem: a do advogado, que se limita às consequências internas ao processo, e a dos Correios, que decorre do descumprimento do contrato e da prestação de um serviço defeituoso. Assim, muito embora não se possa opor a culpa dos Correios para efeitos processuais da perda do prazo, extraprocessualmente a empresa responde pela falha do serviço prestado como qualquer outra. 4. Descabe, no caso, a condenação dos Correios por danos materiais, porquanto não comprovada sua ocorrência. Também não estão presentes as exigências para o reconhecimento da responsabilidade civil pela perda de uma chance, uma vez que as alegações de danos experimentados pelo autor se revelam extremamente fluidas. Existia somente uma remota expectativa e improvável possibilidade de seu cliente se sagrar vitorioso na demanda trabalhista, tendo em vista que o recurso cujo prazo não foi cumprido eram embargos de declaração em recurso de revista no Tribunal Superior do Trabalho, circunstância que revela a exígua chance de êxito na demanda pretérita. 5. Porém, quanto aos danos morais, colhe êxito a pretensão. É de cursivo conhecimento, no ambiente forense e acadêmico, que a perda de prazo recursal é exemplo clássico de advocacia relapsa e desidiosa, de modo que a publicação na imprensa oficial de um julgamento em que foi reconhecida a intempestividade de recurso é acontecimento apto a denegrir a imagem de um advogado diligente, com potencial perda de clientela e de credibilidade. É natural presumir que eventos dessa natureza sejam capazes de abalar a honra subjetiva (apreço por si próprio) e a objetiva (imagem social cultivada por terceiros) de um advogado, razão suficiente para

Por outro lado, ao mesmo tempo em que afasta a exigência da culpa, a responsabilidade pelo fato do produto e do serviço acresce novo requisito para imputação da responsabilidade, o defeito. Sobre o conceito de defeito, em geral é estabelecido a partir da sua distinção do conceito de vício. O regime dos vícios, conhecido do direito comum como hipótese de redibição do contrato ou de abatimento do preço da coisa (pretensão *quanti minoris*), os denominados vícios redibitórios, indica sempre uma falta de adequação dos fins a serem obtidos com o uso ou fruição regular da coisa. No caso dos *defeitos*, muitos autores identificam neles uma diferença de gradação, de intensidade, com relação aos denominados *vícios redibitórios*. Segundo esse entendimento, os defeitos do produto ou serviço seriam espécies de imperfeições mais graves, porquanto seriam capazes de causar danos à saúde ou à segurança do consumidor.[33]

Por outro lado, sustenta-se que a distinção entre *vício* e *defeito* é, antes, uma questão de critério. No caso do vício, *a violação do dever de adequação*. Em se tratando de defeito, *a violação do dever de segurança*, o que não há de significar jamais o dever de oferecer segurança absoluta, mas sim a segurança que legitimamente se possa esperar do produto ou do serviço.[34]

Nessa circunstância, deverá estabelecer-se um critério de valoração do que legitimamente poderia se esperar, ou seja, quais características devem ter o produto ou serviço para darem causa ao nível de segurança razoavelmente admitido. O caráter defeituoso do produto ou serviço, portanto, depende de uma valoração, cuja tarefa será do juiz.[35]

A responsabilidade civil de consumo, como já se afirmou, segue a tendência de uma socialização de riscos, cuja consequência básica é a imputação de responsabilidade objetiva, ou seja, na qual a conduta identificada como passível de ser imputada como responsável não há de ser caracterizada necessariamente como negligente, imprudente, ou mesmo dolosa. Bastará, nesse sentido, a demonstração da realização da conduta própria de ter colocado o produto no mercado ou de algum modo ter participado da cadeia de fornecimento do produto em alguma das posições indicadas nas disposições do CDC (fabricante, produtor, construtor, importador, *e.g.*), e ainda que esse produto seja defeituoso, para que estejam preenchidos os pressupostos fáticos concernentes à conduta como elemento da relação de responsabilidade civil de consumo.

Por outro lado, não basta a mera colocação do produto no mercado ou a prestação de um determinado serviço. Também é impositivo, para imputação da responsabilidade, que haja a exata identificação do nexo de causalidade entre o dano causado ao consumidor e aquela dada conduta do fornecedor de oferecimento do produto ou serviço no mercado. Em outros termos, a responsabilidade do fornecedor só se produz na medida em que um determinado dano produzido ao consumidor pode ser vinculado por relação lógica de causa e efeito a certa conduta deste fornecedor no mercado de consumo. Esse elo só se produzirá com a existência de um defeito, ou seja, uma falha no processo econômico que abrange desde a concepção do

---

reconhecer a ocorrência de um dano moral indenizável. 6. Condenação por dano moral arbitrada em R$ 20.000,00 (vinte mil reais). 7. Recurso especial parcialmente provido" (STJ, REsp 1.210.732/SC, 4ª Turma, Rel. Min. Luis Felipe Salomão, j. 2-10-2012, *DJe* 15-3-2013).

[33] MARINS, James. *Responsabilidade da empresa pelo fato do produto*. Os acidentes de consumo no Código de Proteção e Defesa do Consumidor. São Paulo: RT, 1993, p. 109-110.

[34] ROCHA, Sílvio Luís Ferreira da. *Responsabilidade civil do fornecedor pelo fato do produto no direito brasileiro*, cit., p. 93.

[35] ROCHA, Sílvio Luís Ferreira da. *Responsabilidade civil do fornecedor pelo fato do produto no direito brasileiro*, cit., p. 95; SANSEVERINO, Paulo de Tarso Vieira. *Responsabilidade civil no Código do Consumidor e a defesa do fornecedor*, cit., p. 118.

produto ou serviço até a sua disposição e utilização pelo consumidor, com o comprometimento da segurança que legitimamente dele se espera.

O próprio CDC define defeito, ao referir que se considera defeituoso o produto ou serviço que não oferece a segurança que legitimamente dele se espera. Protege-se, no caso, uma expectativa legítima de segurança dos consumidores em relação aos produtos e serviços oferecidos no mercado, o que se traduz, em um primeiro exame, pela razoável expectativa de que eles não causem danos em razão da sua regular utilização ou consumo. Por outro lado, essa proteção à segurança também abrangerá não apenas a concepção do produto em si, suas características ou qualidades intrínsecas, mas, igualmente, o modo como se dá o seu processo de fornecimento no mercado de consumo. A forma do seu oferecimento ao consumidor, as informações prestadas e os eventuais controles na sua comercialização podem ser condutas exigíveis como devidas e variáveis quanto ao seu conteúdo, conforme seja a espécie de produto ou serviço em questão. Na definição desses *standards* com relação à segurança do produto ou serviço ou, ainda, no modo do seu fornecimento ao mercado é que se situa a definição conceitual do que seja defeito e a classificação de suas espécies no direito comparado e no direito brasileiro. Note-se, nesse sentir, que o defeito é elemento inafastável da relação de responsabilidade por fato do produto ou do serviço, razão pela qual não se pode falar dessa modalidade de responsabilidade sem expressa referência a esse seu elemento constitutivo.

Assim, aos requisitos tradicionais da responsabilidade civil – *conduta, nexo de causalidade* e *dano* – agrega-se a responsabilidade civil pelo fato do produto ou do serviço o *defeito*. Não se descure que parte da doutrina sobre o tema relaciona um quinto pressuposto: o denominado *nexo de imputação*. Segundo tal entendimento, o nexo de imputação se estabelece pela verificação de um dano na esfera jurídica alheia pela constituição de uma obrigação de indenizar. Nesse sentido, sustenta-se que na responsabilidade civil pelo fato do produto ou do serviço a atribuição do dever de indenizar deveria recair a princípio apenas em relação aos responsáveis diretos pela criação dos produtos ou serviços defeituosos ou por sua colocação no mercado. Entretanto, com vistas a permitir uma maior proteção das vítimas do evento danoso, o CDC vai determinar que todos os que tenham intervindo de qualquer modo no tráfego daquele produto ou serviço no mercado de consumo serão considerados fornecedores e, como tais, respondem solidariamente pela obrigação de indenizar o consumidor, independentemente da sua contribuição efetiva para a existência do defeito e, consequentemente, para a causação do dano.

Daí por que, para efeitos de sistematização dos elementos da responsabilidade civil pelo fato do produto e do serviço, entendemos por reconhecer quatro requisitos essenciais para sua identificação: a) *conduta*; b) *dano*; c) *nexo de causalidade*; e d) *defeito*. Cumpre aprofundar o exame de cada um desses requisitos.

3.2.2.1. Conduta e atividade

Exige-se para a responsabilidade do fornecedor pelo fato do produto e do serviço a conduta de colocar o produto no mercado, ou seja, que no curso da atividade econômica que exerça atue para colocar no mercado de consumo produto, ou, ainda, preste determinado serviço. Eis a conduta imputável do fornecedor, associada à sua atividade própria de fornecimento de produtos e serviços – significando dizer, sua oferta no mercado de consumo.[36]

---

[36] Não se deixa de notar que autores de primeira linha, como se vê no estudo sobre o tema de Paulo de Tarso Vieira Sanseverino, não relacionam a conduta entre os pressupostos da responsabilidade do fornecedor, uma vez que, por tratar-se de hipótese de responsabilidade objetiva, prefere sistematizá-los

Como regra, aliás, em uma relação de responsabilidade civil, seja qual for sua natureza, o que se objetiva basicamente é a imputação de determinada conduta ou atividade. Assim, no regime geral da responsabilidade civil, não se prescinde que esta venha a emergir de um fato positivo ou ação que viola dever jurídico em relação à outra pessoa ou, ainda, de uma omissão que possa ocasionar danos.[37] Considera-se, da mesma forma, no sistema da responsabilidade tradicional (subjetiva), que esse fato seja "um fato dominável ou controlável pela vontade, um comportamento ou uma forma de conduta humana – pois só quanto a fatos desta índole têm cabimento a noção de ilicitude, o requisito da culpa e a obrigação de reparar o dano nos termos em que a lei impõe".[38]

Refere o art. 12 do CDC: "O fabricante, o produtor, o construtor, nacional ou estrangeiro, e o importador respondem, independentemente da existência de culpa, pela reparação dos danos causados aos consumidores por defeitos decorrentes de projeto, fabricação, construção, montagem, fórmulas, manipulação, apresentação ou acondicionamento de seus produtos, bem como por informações insuficientes ou inadequadas sobre sua utilização e riscos".

Por outro lado, note-se que, entre as causas de exclusão da responsabilidade dos fornecedores mencionados no *caput* do art. 12, refere o § 3º, I, da mesma disposição: "O fabricante, o construtor, o produtor ou importador só não será responsabilizado quando provar: I – que não colocou o produto no mercado (...)".

A conduta que se reclama do fornecedor é sua participação na colocação do produto ou serviço no mercado, em qualquer das fases em que esta tenha se desenvolvido. Nesse sentido, a conduta se caracteriza pela participação do fornecedor no processo de produção e disposição desse produto ou serviço no mercado.

Daí por que o regime de responsabilidade previsto pelo CDC é abrangente de todos os agentes econômicos integrantes da cadeia de fornecimento. Nesse sentido, distinguirá a doutrina diferentes classes de responsáveis, entre os diversos agentes econômicos mencionados nos arts. 12 e 13 do CDC (o fabricante, o produtor, o construtor, nacional ou estrangeiro, o importador e o comerciante), quais sejam: *responsáveis reais*, *responsáveis presumidos* e *responsáveis aparentes*.[39] Os primeiros, responsáveis reais, são os fornecedores que efetivamente participaram do processo de produção do produto, e nessa condição deram causa ao defeito que a seguir determinará a realização do evento danoso. Nesse rol, encontram-se, a princípio, o fabricante, o produtor ou o construtor. O responsável presumido é o importador, de quem se presumiria a condição de causador do defeito ao introduzir no mercado nacional produto estrangeiro que vem a dar origem a evento danoso no Brasil. Nesse sentido, note-se que não é unânime a doutrina que identifica essa responsabilidade como espécie de presunção legal, observando, por exemplo, Zelmo Denari que a hipótese, no caso, seria de ficção legal, uma

---

em a) defeito; b) imputação; c) dano; d) nexo causal. Trabalha nesse sentido, com o pressuposto do nexo da imputação, da doutrina portuguesa (ANTUNES VARELA, entre outros), e discute nesse âmbito "o vínculo que se estabelece entre o produto e o serviço e a atividade desenvolvida pelo fornecedor para atribuição do dever de indenizar os danos sofridos pelo consumidor prejudicado". SANSEVERINO, Paulo de Tarso Vieira. *Responsabilidade civil no Código do Consumidor e a defesa do fornecedor*, cit., p. 112-113.

[37] ALMEIDA COSTA, Mário Júlio. *Direito das obrigações*. 9. ed. Coimbra: Almedina, 2004, p. 511.
[38] ANTUNES VARELA. *Das obrigações em geral*, cit., p. 527.
[39] CALVÃO DA SILVA, João. *Responsabilidade civil do produtor*, cit., p. 551; ROCHA, Sílvio Luís Ferreira da. *Responsabilidade civil do fornecedor pelo fato do produto no direito brasileiro*, cit., p. 73 e s.; SANSEVERINO, Paulo de Tarso Vieira. *Responsabilidade civil no Código do Consumidor e a defesa do fornecedor*, cit., p. 158 e s.

vez que reconhecidamente falsa.[40] Entendemos, todavia, não se tratar nem de uma coisa, nem de outra, mas de autêntica *imputação por risco negocial*, no âmbito do mercado de consumo. E como *responsáveis aparentes* os comerciantes, cuja responsabilidade estabelecida no art. 13 do CDC é subsidiária, uma vez que lhe deverá ser imputada a obrigação de indenizar apenas quando: "I – o fabricante, o construtor, o produtor ou o importador não puderem ser identificados; II – o produto for fornecido sem identificação clara do seu fabricante, produtor, construtor ou importador". Ou ainda, em hipótese de responsabilidade direta, quando "não conservar adequadamente os produtos perecíveis". Nessa última situação, a hipótese de responsabilidade, de modo autêntico, é responsabilidade por fato próprio, uma vez que se perceba a causa determinante de um dano causado ao consumidor na ausência de conservação adequada dos produtos perecíveis.

Insiste-se, pois, que não se reclama na conduta do fornecedor, como pressuposto da responsabilização, a existência de culpa, entendida esta como a falta a um dever de cuidado ou cautela, ou ainda a falta a um dever de prudência, na realização de um determinado comportamento. O que se perquire é sobre sua atuação no mercado de consumo, ou seja, se colocou ou não o produto ou serviço no mercado de consumo, exigindo-se, nesse caso, para efeito de responsabilização, que a resposta seja afirmativa.

Por outro lado, em apenas uma situação o CDC mantém a exigência da culpa como pressuposto da responsabilização civil nas relações de consumo: quando na posição de fornecedor se encontre um profissional liberal. Refere o art. 14, § 4º, do CDC: "A responsabilidade pessoal dos profissionais liberais será apurada mediante a verificação de culpa". O fundamento dessa disposição reside no fato de que, em tais situações, o profissional liberal, ao realizar um serviço objeto de relação de consumo (art. 14), o faria em situação de maior pessoalidade do que a do oferecimento massificado e despersonalizado de produtos e serviços. Nesse sentido, considerando-se a preponderância do elemento humano e de especialidade técnica nessa prestação de serviço, seria desproporcional a imputação de responsabilidade independentemente da avaliação da culpa.

3.2.2.2. Defeito

A definição de defeito é essencial para o de responsabilidade pelo fato do produto ou do serviço no regime do CDC. Exige-se no sistema do CDC, por expressa influência do direito europeu sobre o tema, a existência de defeito para que se possa indicar a imputação de responsabilidade civil ao fornecedor pelos danos causados em razão de acidentes de consumo. Em matéria de responsabilidade pelo fato do produto e do serviço, não há se falar em imputação do dever de indenizar sem a demonstração do defeito, que, por isso, aparece como pressuposto específico do regime de responsabilidade civil estabelecido pelo CDC.

A questão que se apresenta, todavia, diz respeito à correta conceituação jurídica de defeito e sua extensão. Na Diretiva europeia sobre responsabilidade civil pelo fato do produto, de 1985, a imputação do dever de indenizar subordina-se à identificação do defeito, conforme vislumbra-se do seu art. 1º: "O produtor é responsável pelo dano causado por um defeito do seu produto". Por outro lado, no que diz respeito ao que se deva considerar como produto defeituoso, o art. 6º da mesma Diretiva refere: "Um produto é defeituoso quando não oferece a segurança que se pode legitimamente esperar, tendo em conta todas as circunstâncias, tais como: a) a apresentação do produto; b) a utilização do produto que se pode razoavelmente

---

[40] DENARI, Zelmo. *Código brasileiro de defesa do consumidor comentado pelos autores do anteprojeto*. 8. ed. Rio de Janeiro: Forense Universitária, 2005, p. 182.

esperar; c) o momento de entrada em circulação do produto. 2. Um produto não será considerado defeituoso pelo simples facto de ser posteriormente colocado em circulação um produto mais aperfeiçoado".

Como se percebe, o direito brasileiro inspirou-se nessa parte do direito europeu, fazendo constar no art. 12, § 1º, do CDC brasileiro: "(...) § 1º O produto é defeituoso quando não oferece a segurança que dele legitimamente se espera, levando-se em consideração as circunstâncias relevantes, entre as quais: I – sua apresentação; II – o uso e os riscos que razoavelmente dele se esperam; III – a época em que foi colocado em circulação". Igualmente, o mesmo pressuposto estendeu-se à responsabilidade pelo fato do serviço, cuja regulamentação, ainda hoje encontra-se pendente no direito europeu[41] (embora a Diretiva 2001/95/CE inclua na abrangência da responsabilidade por produtos defeituosos ou utilizados na prestação de serviço),[42] mas que no CDC brasileiro foi prevista no art. 14, § 1º, nos seguintes termos: "O serviço é defeituoso quando não fornece a segurança que o consumidor dele pode esperar, levando-se em consideração as circunstâncias relevantes, entre as quais: I – o modo de seu fornecimento; II – o resultado e os riscos que razoavelmente dele se esperam; III – a época em que foi fornecido".

Essa *falha do dever de segurança*, ou seja, de oferecer a segurança legitimamente esperada de produtos e serviços oferecidos no mercado de consumo, considera-se *defeito*. Em muitas oportunidades, confundem-se, em direito do consumidor, os conceitos de vício e defeito. Não há razão para tanto. Entre as principais distinções entre os conceitos de vício e defeito, podemos indicar o interesse jurídico protegido, a necessidade ou não da existência de vínculo contratual, e os efeitos da sua identificação.[43]

O defeito, como pressuposto da responsabilidade pelo fato do produto ou do serviço, é uma falha do atendimento do dever de segurança imputado aos fornecedores de produtos e serviços no mercado de consumo. Difere dos vícios, que representam a falha a um dever de adequação, que se dá quando o produto ou o serviço não servem à finalidade que legitimamente deles é esperada, pelo comprometimento da sua qualidade ou quantidade.

Por outro lado, é intuitivo, sobretudo em face do que estabelecem os arts. 12, 14 e 17 do CDC, que, em matéria de falha ao dever de segurança, ou seja, do defeito, não há necessidade de que haja qualquer espécie de vínculo contratual antecedente para que se caracterize a responsabilidade do fornecedor. Em outros termos, pouco importa que, com relação à eventual vítima de danos do produto ou serviço defeituoso, exista relação contratual direta ou indireta antecedente com o fornecedor. Basta a caracterização do defeito e a demonstração de sua relação de causa e efeito com o dano sofrido para que disso se origine hipótese de responsabilidade pelo fato do produto ou do serviço.

A legislação estabelece (arts. 12, § 1º, I a III, e 14, § 1º, I a III, do CDC) critérios para determinação do caráter defeituoso de um produto ou serviço. Com base nesses critérios, a doutrina brasileira,[44] a par da contribuição do direito comparado, que refere a existência

---

[41] ALPA, Guido. *Il diritto dei consumatori*. Roma: Laterza, 2002, p. 418-422.
[42] ALPA, Guido. *Il diritto dei consumatori*, cit., p. 416-417.
[43] SANSEVERINO, Paulo de Tarso Vieira. *Responsabilidade civil no Código do Consumidor e a defesa do fornecedor*, cit., p. 155.
[44] Nesse sentido, adotando critérios semelhantes, com ligeiras variações no que se refere à terminologia empregada na denominação dos defeitos, veja-se: BENJAMIN, Antônio Herman de Vasconcelos e et al. *Comentários ao Código de Proteção do Consumidor*, cit., p. 61; LEÃES, Luis Gastão Paes de Barros. *A responsabilidade do fabricante pelo fato do produto*. São Paulo: Saraiva, 1987, p. 158; LOPES, José Reinaldo de Lima. *Responsabilidade civil do fabricante e a defesa do consumidor*, cit., p. 29; SANSEVERINO, Paulo de Tarso Vieira. *Responsabilidade civil no Código do Consumidor e a defesa do fornecedor*, cit., p. 133; DENARI, Zelmo. *Código brasileiro de defesa do consumidor comentado pelos autores do anteprojeto*, cit.,

de *manufacturing defects, design defects* ou *warning defects*,[45] vem sistematizando os defeitos dos produtos basicamente nos seguintes: a) *defeitos de projeto ou concepção*; b) *defeitos de execução, produção ou fabricação*; c) *defeitos de informação ou comercialização*. Segundo assinala José Reinaldo de Lima Lopes, essa terminologia é aceita em diversos sistemas (ainda que não com as mesmas e exatas expressões), como nos da Itália, da França, da Alemanha e dos Estados Unidos.[46]

3.2.2.2.1. Defeitos de projeto ou concepção

Na legislação estrangeira, são os denominados: *design defects, diffeti de progettazzione, Konstruktionsfehler* ou *défauts de conception*. Os defeitos de projeto ou concepção são aqueles em que se identifica falha no dever de segurança no momento de concepção ou de elaboração do projeto ou da fórmula de um determinado produto. São expressamente reconhecidos pelo art. 12, *caput*, do CDC, ao fazer referência aos defeitos decorrentes de projetos ou fórmulas. Tais defeitos afetam a característica geral do produto, em vista da falha que pode decorrer desde a escolha inadequada de matérias-primas que coloquem o consumidor em perigo até a escolha de um *design* inadequado do produto, que termine por colocar o consumidor em perigo, vindo a causar-lhe danos.[47] A definição do que se deva reconhecer nesses casos como um risco ou perigo admissível ou inadmissível – nessa última hipótese caracterizado o defeito – deverá realizar-se em face de *standards* determinados em vista do objetivo essencial de evitarem-se riscos à saúde e à segurança dos consumidores.[48]

A dificuldade, nesse caso, situa-se na precisão desses *standards* para aferição do cumprimento ou não do dever de segurança pelo fornecedor. Assim, um critério adequado é observar-se que, para caracterizar-se como defeito de concepção ou projeto, a falha deve alcançar toda uma série de produtos, devendo ser possível identificá-lo de acordo com o estágio atual do conhecimento científico e tecnológico.

Envolve ainda a caracterização do defeito de projeto ou concepção não apenas a escolha de matérias-primas aptas à causação de danos à saúde e à segurança, quanto ao seu emprego inadequado,[49] assim como nas situações em que se observe o planejamento equívoco do acionamento de diferentes itens de um mesmo produto (por exemplo, a relação de coordenação entre o sistema de freios, a identificação da colisão e o acionamento dos *air bags* de um automóvel).

Do mesmo modo, a comparação entre eventual efeito do produto ou serviço e os *standards* de garantia da saúde e segurança do consumidor, para que se identifique ou não esse resultado como espécie de defeito, não pode perder de vista o critério estabelecido no

---

    p. 183-184; MARINS, James. *Responsabilidade da empresa pelo fato do produto*, cit., p. 111; ROCHA, Sílvio Luís Ferreira da. *Responsabilidade civil do fornecedor pelo fato do produto no direito brasileiro*, cit., p. 99.

[45] CHRISTIE, George C.; MEEKS, James E.; PRYOR, Ellen S.; SANDERS, Joseph. *Cases and materials on the law of torts*, cit., p. 624 e s.

[46] LOPES, José Reinaldo de Lima. *Responsabilidade civil do fabricante e a defesa do consumidor*, cit., p. 61.

[47] "Código de Defesa do Consumidor. Lata de tomate Arisco. Dano na abertura da lata. Responsabilidade civil da fabricante. O fabricante de massa de tomate que coloca no mercado produto acondicionado em latas cuja abertura requer certos cuidados, sob pena de risco à saúde do consumidor, e sem prestar a devida informação, deve indenizar os danos materiais e morais daí resultantes. Rejeitada a denunciação da lide à fabricante da lata por falta de prova. Recurso não conhecido" (STJ, REsp 237.964/SP, 4ª Turma, Rel. Min. Ruy Rosado de Aguiar, j. 16-12-1999, DJU 8-3-2000, p. 127).

[48] MARINS, James. *Responsabilidade da empresa pelo fato do produto*, cit., p. 113.

[49] DENARI, Zelmo. *Código brasileiro de defesa do consumidor comentado pelos autores do anteprojeto*, cit., p. 184.

próprio CDC, qual seja, de que são defeituosos os produtos ou serviços que não oferecem a segurança que legitimamente deles se espera. É a proteção dessa expectativa legítima que deve ser levada em consideração em todos os casos, razão pela qual também se poderá considerar defeituoso o medicamento que, a par de possuir determinados efeitos terapêuticos, apresenta efeitos colaterais tão ou mais nocivos à saúde do consumidor do que a moléstia que ele busca combater (exemplo conhecido no Brasil é o da talidomida, cujo uso em pacientes grávidas, para minorar efeitos de indisposição, deu causa a deformações físicas da criança).

3.2.2.2.2. Defeitos de execução, produção ou fabricação

Os defeitos de execução, produção ou fabricação são aqueles que se apresentam como falhas do dever de segurança durante o processo de realização/prestação de um determinado serviço, ou de produção ou fabricação de um determinado produto. Em geral, consideram-se inevitáveis, porquanto intrínsecos aos riscos da atividade econômica do fornecedor de produtos e serviços no mercado de consumo.[50]

Tais defeitos, em se tratando da moderna economia de massas, decorrem do processo de crescente padronização e automatização da produção de produtos e prestação de serviços. Nesse sentido, não são identificadas, *a priori*, falhas na concepção do produto ou serviço, mas sim, no instante da prestação do serviço ou da fabricação do produto, falhas inerentes ao processo produtivo, decorrentes de erros de pessoas envolvidas na atividade ou das máquinas e equipamentos empregados, determinam o defeito que atinge a saúde ou a segurança do consumidor.

Muitos autores buscam estabelecer uma distinção quantitativa entre os defeitos de execução, fabricação ou produção e os defeitos de concepção ou projeto, afirmando que, na primeira hipótese, o defeito se apresentaria em poucas oportunidades – dado o caráter eventual do risco de ocorrência da falha –, enquanto, no segundo caso, uma vez que se trate de um defeito de concepção, existe um defeito que se deve apresentar em toda uma série de produtos prejudicados pela mesma falta. Esse critério de distinção, todavia, não nos parece servir em nada, seja para fins didáticos ou mesmo de definição do conteúdo da responsabilidade no âmbito da ação indenizatória, à precisão do conceito de defeito. Ora, parece evidente que não é o tipo de defeito que vai determinar sua ocorrência em termos quantitativos. Basta considerar que larga quantidade de produtos defeituosos pode surgir tanto em razão de uma falha no projeto desse produto quanto em razão do ajuste de um determinado maquinário do seu processo de fabricação automatizado. E que, nesse último caso, poderá multiplicar-se indefinidas vezes o número de produtos defeituosos, sem que por isso se deixe de tratar, da mesma forma, de defeito de fabricação.

É certo, todavia, que a identificação do defeito de execução, fabricação ou produção é relativamente mais fácil do que a dos defeitos de concepção ou de projeto. Isso porque sua identificação pode ser deduzida da comparação entre produtos de uma mesma série, daqueles que se encontram de acordo com as exigências de segurança legitimamente esperadas, e dos que não as cumprem. O que se pode afirmar é que os defeitos de execução, fabricação ou produção não afetam, em regra, a totalidade dos exemplares de um produto ou serviço de uma série. Da mesma forma, todavia, serão *previsíveis*, uma vez que sua ocorrência é esperada

---

[50] Idem, p. 184; SANSEVERINO, Paulo de Tarso Vieira. *Responsabilidade civil no Código do Consumidor e a defesa do fornecedor*, cit., p. 17; MARINS, James. *Responsabilidade da empresa pelo fato do produto*, cit., p. 67. ROCHA, Sílvio Luís Ferreira da. *Responsabilidade civil do fornecedor pelo fato do produto no direito brasileiro*, cit., p. 100.

dentro da perspectiva de um risco negocial inerente à atividade econômica, sendo possível dele realizar-se, no mais das vezes, cálculo estatístico da sua ocorrência. Por fim, são *inevitáveis*, porquanto integram o risco da atividade de fornecimento de produtos e serviços,[51] e desse modo não podem ser totalmente eliminados pelo fornecedor.

Cabe o reconhecimento desses defeitos também às hipóteses de responsabilidade pelo fato do serviço, na medida em que se caracterize a existência de um defeito de execução do serviço, como é o caso do transportador aéreo que não leva o passageiro ao seu destino, em face de acidente com a aeronave, da alteração de tensão na rede de energia elétrica que estraga aparelhos eletrônicos, ou do cartão de crédito que vem a ser copiado por terceiro e utilizado em prejuízo do consumidor. Nas hipóteses mencionadas, assim como no caso do erro de diagnóstico, segundo a jurisprudência dominante, se está a falar de obrigação de resultado, sob a perspectiva tanto da realização da prestação devida quanto do dever implícito de não causar dano.[52] O mesmo se diga em situação de confronto entre seguranças armados e assaltantes de carro forte, no qual concluiu-se defeituoso o serviço que "atenta contra a segurança do consumidor a opção pelo uso de armas de fogo pelos prepostos da ré em confronto com meliantes, em local de intenso trânsito de pessoas, priorizando a recuperação do dinheiro roubado à integridade física dos consumidores que lá se encontravam".[53] Nesses casos e em outros mais, há espécie de defeito de execução do serviço, a teor do que estabelece o art. 14, § 1º, do CDC, porquanto o modo como o serviço é fornecido passa a não oferecer a segurança que legitimamente dele se espera.

3.2.2.2.3. Defeitos de informação ou comercialização

A última classe de defeitos denomina-se *defeitos de informação ou comercialização*. Ou, ainda, na doutrina estrangeira, *Instruktionsfehler; difetto di informazione, defectos de instrucción o de información* ou *défauts d'instruction*.[54] Esses defeitos restam expressamente mencionados nos arts. 12 e 14 do CDC como aqueles decorrentes da apresentação ou informações insuficientes ou inadequadas sobre a sua fruição e riscos. Ao mesmo tempo, também a publicidade ou o modo como o produto ou serviço é oferecido ao consumidor pode deixar de fornecer informação ou informar de modo equívoco, fazendo com que, apesar de o produto ou serviço não apresentar nenhum defeito inerente, sua característica de defeituosidade resulte da falha ao dever de informar.

---

[51] Assim, por exemplo: "Responsabilidade civil. Dano moral. SPC. CPF. Documento falso. Estelionato. A empresa vendedora (Ponto Frio) que levou ao SPC o número de CPF do autor, usado pelo estelionatário no documento falso com que obteve o financiamento concedido pela vendedora, deve indenizar o dano moral que decorreu do registro indevido do nome do autor no cadastro de inadimplentes, pois o descuido da vendedora foi a causa do fato lesivo que atingiu o autor, terceiro alheio ao negócio. Recurso conhecido e provido" (STJ, REsp 404.778/MG, 4ª Turma, Rel. Min. Ruy Rosado de Aguiar, j. 18-6-2002, *DJU* 12-8-2002, p. 222).

[52] "Responsabilidade civil. Erro de diagnóstico. Exames radiológicos. Danos morais e materiais. I – O diagnóstico inexato fornecido por laboratório radiológico levando a paciente a sofrimento que poderia ter sido evitado, dá direito à indenização. A obrigação da ré é de resultado, de natureza objetiva (artigo 14 c/c o 3º do CDC). II – Danos materiais devidos, tendo em vista que as despesas efetuadas com os exames posteriores ocorreram em razão do erro cometido no primeiro exame radiológico. III – Valor dos danos morais fixados em 200 salários-mínimos, por se adequar melhor à hipótese dos autos. IV – Recurso especial conhecido e parcialmente provido" (STJ, REsp 594.962/RJ, Rel. Min. Eduardo Ribeiro, j. 1º-11-2004, *DJU* 17-12-2004, p. 534).

[53] STJ, REsp 1372889/SP, Rel. Min. Paulo de Tarso Sanseverino, 3ª Turma, j. 13/10/2015, DJe 19/10/2015.

[54] Nesse sentido: MARINS, James. *Responsabilidade da empresa pelo fato do produto*, cit., p. 114.

Trata-se do que a doutrina em geral menciona como defeito de caráter ou natureza externa,[55] espécie de defeito extrínseco,[56] uma vez que a falha ao dever não se apresenta no produto ou serviço em si, mas no modo como este se apresenta. Ou seja, a falha do dever não se dá no âmbito do processo produtivo, senão na fase de oferecimento do produto ou serviço ao consumidor. Nesse particular, há um reforço do dever de informar do fornecedor com fundamento no princípio da boa-fé, dando causa a amplo efeito, pelo estabelecimento de deveres de esclarecimento, informação qualificada e eficiente na fase pré-contratual, orientando a decisão de contratar ou não do consumidor.[57] Assim como na fase posterior à contratação, quando o consumidor vier a utilizar o produto ou serviço adquirido, a falta de informação-colaboração, no sentido de promover a adequada satisfação do interesse legítimo do consumidor na contratação realizada.

O defeito de informação, nesse sentir, apresenta-se como falha ao dever de informar e tem origem na proteção do interesse legítimo do consumidor, decorrente de modo mediato do princípio da boa-fé objetiva, e imediatamente do direito subjetivo básico do consumidor à informação, consagrado no art. 6º, III, do CDC. Portanto, há defeito de informação ou comercialização quando, havendo o dever de informar, em vista da garantia da segurança do consumidor (a segurança legitimamente esperada), este não é cumprido. Trata-se de uma falha ao dever de informar que se traduz, por consequência, em uma falha no dever de segurança, pois apenas a prestação da informação adequada garantiria a segurança do consumidor naquela situação.

Constituem-se defeitos de informação ou comercialização a ausência de instruções sobre a correta utilização de produtos e serviços, os riscos que eles apresentam, eventuais restrições subjetivas (determinadas pessoas) ou objetivas (determinadas qualidades ou circunstâncias) que estabelecem alterações no modo de uso ou mesmo seu impedimento. Assim, por exemplo, a necessidade de informação sobre a presença em determinado produto de substância química em relação à qual determinado grupo de consumidores tenha grave intolerância ou alergia, de modo que o consumo daquele produto causaria sérios prejuízos à sua saúde.

Da mesma maneira, o atendimento ao dever de informar no regime do CDC traduz-se sempre pela prestação de uma *informação eficiente*. Isso implica dizer que não basta para desonerar-se de responsabilidade o fornecedor, formalmente, informar o consumidor, se o modo como tal informação se estabelece não é razoavelmente perceptível ou reconhecível por este. É o caso comum em matéria de consumo o das informações restritivas ou negativas sobre determinado produto ou serviço, prestadas sem qualquer destaque, de modo clandestino ou oculto ao lado de uma infinidade de outras informações (*a hiperinformação que desinforma*), ou ainda a indicação por intermédio de escritos ilegíveis ou indecifráveis.

Sobre quais informações deveriam ser consideradas em relevo José Reinaldo de Lima Lopes[58] observou que, em matéria de insuficiente informação por parte do produtor, é preciso atentar para aos aspectos da publicidade comercial, em especial no que diz respeito àquelas

---

[55] SANSEVERINO, Paulo de Tarso Vieira. *Responsabilidade civil no Código do Consumidor e a defesa do fornecedor*, cit., p. 139.

[56] DENARI, Zelmo. *Código brasileiro de defesa do consumidor comentado pelos autores do anteprojeto*, cit., p. 184.

[57] A título ilustrativo, mencione-se o entendimento do STJ, expedido na Súmula 595, ao definir que "As instituições de ensino superior respondem objetivamente pelos danos suportados pelo aluno/consumidor pela realização de curso não reconhecido pelo Ministério da Educação, sobre o qual não lhe tenha sido dada prévia e adequada informação" (STJ, Súmula 595, 2ª Seção, j. 25/10/2017, DJe 06/11/2017).

[58] LOPES, José Reinaldo de Lima. *Responsabilidade civil do fabricante e a defesa do consumidor*, cit., p. 74.

em que o fornecedor vai camuflando ou mascarando os aspectos perniciosos, assim como o modo como advertências e informações essenciais sobre o produto são apresentadas nessas mesmas peças.

Note-se do mesmo modo que, com relação ao dever de informar vinculado à proteção da integridade do consumidor, é possível identificar no regime legal estabelecido no CDC uma espécie de *dever de informar qualificado* com relação a certos produtos e serviços. Isso porque o art. 9º do CDC, ao referir-se aos fornecedores de produtos e serviços potencialmente nocivos ou perigosos à saúde ou segurança, determinou-lhes expressamente amplo dever de informar, conforme se observa: "O fornecedor de produtos e serviços potencialmente nocivos ou perigosos à saúde ou segurança deverá informar, de maneira ostensiva e adequada, a respeito da sua nocividade ou periculosidade, sem prejuízo da adoção de outras medidas cabíveis em cada caso concreto".

3.2.2.3. Nexo causal

Outro pressuposto que decorre da teoria geral da responsabilidade civil é o *nexo de causalidade*, que deve ser demonstrado cabalmente no processo para que haja a imputação do dever de indenizar. As dificuldades teóricas e práticas de determinação do nexo de causalidade são diversas. Primeiro, a questão de saber-se qual causa indicar como determinante para o dano. Segundo, na hipótese da multiplicidade de causas (concausas), a possibilidade ou não de eleger uma como determinante para realização do dano. E, por fim, as dificuldades práticas que muitas vezes podem existir para a comprovação do nexo causal.

No que se refere à responsabilidade civil de consumo, a teoria do dano direto e imediato responde de modo preciso à questão do defeito como pressuposto do dever de indenizar do fornecedor. Em outros termos, *só há responsabilidade civil pelo fato do produto ou do serviço quando houver defeito* e este for a *causa dos danos sofridos pelo consumidor*. Pela regra da interrupção do nexo causal, a pergunta correta para imputação do dever de indenizar ao fornecedor será: se não houvesse defeito, haveria dano? A resposta afirmativa exonera o fornecedor de responsabilidade. A resposta negativa caracteriza os elementos da responsabilidade civil pelo fato do produto ou do serviço.

Isso porque, em matéria de responsabilidade civil pelo fato do produto ou do serviço, é de sustentar-se a relação de necessariedade lógica entre o defeito do produto e do serviço e o dano causado aos consumidores.

Por outro lado, um aspecto prático que não pode ser desconsiderado em matéria de responsabilidade civil de consumo são as dificuldades muitas vezes presentes na realização da prova do nexo de causalidade.[59] A massificação das relações de consumo e o crescente avanço tecnológico no âmbito do mercado de consumo dão causa a dificuldades na demonstração do nexo de causalidade como pressuposto da imputação do dever de indenizar. Nesse sentido, o próprio CDC, ao estabelecer a solidariedade dos fornecedores que menciona no art. 12 (fato do produto), e dentre as causas de exoneração da responsabilidade a prova pelo fornecedor que não colocou o produto no mercado, adota implicitamente a teoria da *causalidade alternativa*, uma vez que remanescem sob a esfera da imputação de responsabilidade todos os demais fornecedores.[60]

---

[59] Nesse sentido, veja-se o estudo de GONZÁLEZ ZAVALA, Rodolfo M. Prueba del nexo causal. *Revista de Derecho de Daños*, 2003-2. Buenos Aires: Rubinzal Culzoni, 2003, p. 91-102.

[60] SANSEVERINO, Paulo de Tarso Vieira. *Responsabilidade civil no Código do Consumidor e a defesa do fornecedor*, cit., p. 255-257. Por outro lado, note-se que a investigação sobre a causa do dano realiza-se

A teoria da *causalidade alternativa*, nesse caso, tem a finalidade exata de resolver o problema da dificuldade da demonstração de quem tenha sido o agente causador do dano, quando tenha sido causado por pessoa incerta pertencente a um determinado grupo.[61] No dizer de Pontes de Miranda, "trata-se de causalidade alternativa quando o dano pode ter sido causado e o foi, pelo ato de A ou B, sem se poder determinar com certeza qual dos dois o causou".[62] Surge quando estejam presentes as seguintes circunstâncias: a) não é possível determinar o autor do dano; b) se há demonstrada a participação de todos os possíveis autores na ação do grupo; e c) demonstra-se a relação de causalidade entre o dano e a ação individualizada do grupo.[63] Nesse sentido, estendem-se as causas possíveis aos vários membros do grupo, que a partir disso só poderão se desonerar da responsabilidade se afastarem expressamente o nexo causal. Nesse sentido, no CDC, ao indicar a solidariedade dos diversos fornecedores mencionados no *caput* dos arts. 12 e 14 (produtores, construtores, fabricantes, importadores, prestador de serviço), ou mesmo nas hipóteses de responsabilidade subsidiária (comerciantes, referidos no art. 13), utiliza-se da causalidade alternativa com a finalidade de melhor proteger o interesse do consumidor vítima do fato do produto ou do serviço.

3.2.2.4. *Danos ao consumidor e reparação integral*

Em responsabilidade civil, reconhecem-se como indenizáveis os *danos patrimoniais*, prejuízos econômicos que se verificam em relação a interesses avaliáveis em dinheiro; e os *danos extrapatrimoniais*, que se verificam em relação a interesses insuscetíveis de avaliação pecuniária.[64] O art. 6º, VI, do CDC estabelece como direito básico do consumidor a "efetiva prevenção e reparação de danos patrimoniais e morais, individuais, coletivos e difusos".

Os danos materiais a que se refere a lei, aos quais preferimos referir como danos patrimoniais, são os prejuízos econômicos que decorrem de uma determinada ofensa ao direito alheio. Em geral, reclama-se que sejam certos e demonstráveis, compondo-se tanto da parcela de patrimônio diminuída em razão de um determinado comportamento do ofensor quanto dos acréscimos patrimoniais que deixam de ser obtidos em razão desse mesmo comportamento (lucros cessantes).

Já o dano extrapatrimonial, dado seu caráter mais abrangente e preciso no sentido atualmente adotado pela doutrina nacional, é expressão que traduz, em regra, uma ofensa à personalidade. Por essa razão é que, na evolução do direito brasileiro, parte-se de uma rejeição inicial à consideração da possibilidade de indenização de danos morais para a possibilidade de fazê-lo, sobretudo em vista da expressa norma constitucional que estabelece como direito fundamental o direito à indenização por dano moral, material e à imagem (art. 5º, V, da

---

em vista das circunstâncias de cada caso. Nesse sentido, é de mencionar a decisão do STJ, segundo a qual, mesmo não excluindo a possibilidade de reconhecer-se a responsabilidade do hospital por contaminação do paciente por transfusão de sangue em procedimento cirúrgico, a afasta em determinado caso concreto no qual tal procedimento teria ocorrido há sete anos, sem que tenham sido demonstradas maiores provas de verossimilhança quanto à alegação de contágio: STJ, REsp 1.322.387/RS, 4ª Turma, Rel. Min. Luis Felipe Salomão, j. 20-8-2013, *DJe* 26-9-2013.

[61] DELLA GIUSTINA, Vasco. *Responsabilidade civil dos grupos*, cit., p. 61 e s.; SAUX, Edgardo Ignácio. Causalidad y responsabilidad de los grupos. Caso de autor anônimo y de autor identificado, cit., p. 293-319; SANSEVERINO, Paulo de Tarso Vieira. *Responsabilidade civil no Código do Consumidor e a defesa do fornecedor*, cit., p. 250.

[62] PONTES DE MIRANDA, F. C. *Tratado de direito privado*. Rio de Janeiro: Borsói, 1971, t. 22, p. 192.

[63] ZANNONI, Eduardo A. Cocausación de daños. Una visión panorámica. *Revista de Derecho de Daños*, 2003-2. Buenos Aires: Rubinzal Culzoni, 2003, p. 7-20.

[64] PESSOA JORGE, Fernando. *Ensaio sobre os pressupostos da responsabilidade civil*, cit., p. 373.

Constituição da República) e, bem mais recentemente, o art. 186 do CC. Entre os danos extrapatrimoniais, conforme se viu na primeira parte desta obra, podemos distinguir entre os danos corporais ou à saúde e os danos anímicos ou danos morais em sentido estrito como os que atingem a integridade psicofísica da pessoa, desde lesões corporais até a provação da vida, assim como as situações em que as pessoas tornam-se incapazes de experimentar sensações, ou de entender e querer, em face de lesões no sistema nervoso central. Ao seu lado, outra espécie de dano, também abrangidos sob a terminologia dos danos morais, é aquele que decorre de ofensas a pessoa no que diz respeito ao seu sentimento, à sua vida afetiva, social ou cultural, os quais se classificam como danos anímicos ou danos morais em sentido estrito. Todavia, caracteriza dano moral, que pode mesmo ser presumido, qualquer ato de atente igualmente contra a credibilidade do consumidor, em face de práticas abusivas ou falhas no fornecimento de produtos ou serviços.[65]

Atualmente, observa-se certa tendência jurisprudencial de restringir as hipóteses em que, nas relações de consumo, o descumprimento de dever por parte do fornecedor seja reconhecido como causa de danos extrapatrimoniais ao consumidor. Sustenta-se que o mero descumprimento de obrigação contratual ou dever legal, *per se*, não é suscetível de fazer presumir o dano. Em outros termos, expressão comum nos julgados dizer-se da necessidade de distinção entre o *mero dissabor* e quais fatos são aptos a resultar em efetiva afetação da personalidade do consumidor,[66] mediante a caracterização, em especial, de danos anímicos.[67] Aqui, observa-se certa discricionariedade judicial no conhecimento dos fatos, a exigir distinção qualitativa e quantitativa (intensidade) quanto às consequências da violação do direito do consumidor.[68] Essa tendência, contudo, não é isenta de críticas, em especial quanto ao que

---

[65] Nesse sentido, orienta-se a Súmula 388 do STJ: "A simples devolução indevida de cheque caracteriza dano moral".

[66] Assim a divergência sobre o reconhecimento de danos extrapatrimoniais em razão de "corpo estranho" identificado em produtos a serem ingeridos pelo consumidor. Divide-se a jurisprudência entre aqueles que sustentam a necessidade de efetiva ingestão (e.g. STJ, AgInt no REsp n. 1.597.890/SP, Rel. Min. Moura Ribeiro, 3ª Turma, j. 27/9/2016, DJe 14/10/2016; AgInt no REsp 1765845/SP, Rel. Min. Raul Araújo, 4ª Turma, j. 28/05/2019, DJe 14/06/2019), e os que identificam que basta sua presença para caracterizar uma exposição concreta ao risco, suficiente para dar causa à indenização (e.g. STJ, REsp 1818900/SP, Rel. Min. Nancy Andrighi, 3ª Turma, j. 04/08/2020, *DJe* 07/08/2020; AgInt no REsp 1867651/CE, Rel. Min. Paulo de Tarso Sanseverino, 3ª Turma, j. 14/09/2020, *DJe* 21/09/2020).

[67] Por outro lado, vem-se admitindo crescentemente, a partir de provocação doutrinária, a concessão de indenização pelo dano decorrente do sacrifício do tempo do consumidor em razão de determinado descumprimento contratual, como ocorre em relação à necessidade de sucessivos e infrutíferos contatos com o serviço de atendimento do fornecedor, e outras providências necessárias à reclamação de vícios no produto ou na prestação de serviços. Nesse sentido, veja-se: DESSAUNE, Marcos. *Desvio produtivo do consumidor*. O prejuízo do tempo desperdiçado. São Paulo: RT, 2012, p. 42 e s. No direito argentino: BAROCELLI, Sérgio Sebastián. Cuantificación de daños al consumidor por tiempo perdido. *Revista de Direito do Consumidor*, v. 90, São Paulo: RT, nov./dez. 2013, p. 119.

[68] Ilustrativo, nesse aspecto, é a seguinte decisão do STJ: "Consumidor. Responsabilidade civil. Indenização por danos morais. Veículo zero-quilômetro. Recurso especial. Divergência jurisprudencial. Entendimento recente do STJ. 1. O defeito apresentado em veículo novo, via de regra, implica mero dissabor pessoal, sem repercussão no mundo exterior. Todavia, quando o defeito extrapola o razoável, tal como a hipótese de automóvel zero-quilômetro que, em menos de um ano, fica, por mais de 50 dias, paralisado para reparos, por apresentar defeitos estéticos, de segurança, motorização e freios, considera-se superado o mero dissabor decorrente de transtorno corriqueiro, tendo em vista a frustração e angústia, situação que invade a seara do efetivo abalo psicológico. 2. Recurso especial conhecido e desprovido" (STJ, REsp 1.249.363/SP, 3ª Turma, Rel. Min. João Otávio de Noronha, j. 11-3-2014, *DJe* 17-3-2014). No mesmo sentido: "Consumidor e civil. Responsabilidade civil contratual. Defeitos em veículo zero-quilômetro. Extrapolação do razoável. Dano moral. Existência. Juros de mora. *Dies a quo*. Citação. Dispositivos legais

se identifica como certa condescendência jurisprudencial em relação à conduta reiterada de certos fornecedores, e mesmo a desconsideração de expectativas legítimas do consumidor em relação à aquisição de produtos e serviços, e sua posterior frustração.

As normas relativas à responsabilidade civil do pelo fato do produto e do serviço têm por finalidade essencial a proteção da integridade pessoal e patrimonial do consumidor, razão pela qual são indenizáveis nessa matéria tanto danos materiais quanto morais decorrentes de um acidente de consumo. Tais danos decorrem, como já observamos, da violação de um dever de segurança, razão pela qual pouco importa se emergem de uma relação contratual ou não.

A diferença do regime da responsabilidade civil comum, com relação aos danos, determina que algumas questões importantes devem ser consideradas. Primeiro, sobre a reparabilidade dos danos. Não vige no CDC o mesmo regime do Código Civil, que permite a redução equitativa da indenização em vista do grau de culpa do ofensor (art. 944, parágrafo único, do CC). Ao estabelecer como regras o regime da responsabilidade objetiva (afastando-o somente em relação aos profissionais liberais) e o direito básico à efetiva reparação, parece não admitir o CDC uma avaliação da intensidade ou graduação de culpas.[69] Ao contrário, orienta-se pelo princípio da reparação integral. Saliente-se que, nesse particular, o direito brasileiro afasta-se das soluções adotadas no direito europeu (notadamente na Diretiva 85/374/CEE), que acabou por admitir a possibilidade de limitação da indenização, via tarifamento,[70] em que pese a opção expressa de alguns países em afastar essa hipótese, mantendo o princípio da reparação integral, como é o caso do direito francês.[71]

Esse princípio, como é intuitivo, estabelece a necessidade de reparação da totalidade dos prejuízos sofridos pelo consumidor vítima, abrangendo toda a extensão dos danos causados, buscando-se basicamente as funções de reparação dos prejuízos causados e a sua prevenção futura (repara-se todo o prejuízo, mas não unicamente o prejuízo).[72] Dessa forma, ainda que se tenha por paradigma o dano, o juiz goza de certa liberdade para decidir sem a consideração

---

apreciados: Arts. 18 do CDC e 186, 405 e 927 do CC/02. 1. Ação ajuizada em 14-5-2004. Recurso especial concluso ao gabinete da Relatora em 08.08.2013. 2. Recurso especial em que se discute se o consumidor faz jus à indenização por danos morais em virtude de defeitos reiterados em veículo zero-quilômetro que o obrigam a levar o automóvel diversas vezes à concessionária para reparos, bem como o *dies a quo* do cômputo dos juros de mora. 3. O defeito apresentado por veículo zero-quilômetro e sanado pelo fornecedor, via de regra, se qualifica como mero dissabor, incapaz de gerar dano moral ao consumidor. Todavia, a partir do momento em que o defeito extrapola o razoável, essa situação gera sentimentos que superam o mero dissabor decorrente de um transtorno ou inconveniente corriqueiro, causando frustração, constrangimento e angústia, superando a esfera do mero dissabor para invadir a seara do efetivo abalo psicológico. 4. Hipótese em que o automóvel adquirido era zero-quilômetro e, em apenas 06 meses de uso, apresentou mais de 15 defeitos em componentes distintos, parte dos quais ligados à segurança do veículo, ultrapassando, em muito, a expectativa nutrida pelo recorrido ao adquirir o bem. 5. Consoante entendimento derivado, por analogia, do julgamento, pela 2ª Seção, do REsp 1.132.866/SP, em sede de responsabilidade contratual os juros de mora referentes à reparação por dano moral incidem a partir da citação. 6. Recurso especial desprovido" (STJ, REsp 1.395.285/SP, 3ª Turma, Rel. Min. Nancy Andrighi, j. 3-12-2013, rel. Min. Nancy Andrighi, *DJe* 12-12-2013).

[69] Contudo, conforme refere Marcelo Calixto, "é corrente na doutrina, e aceito pela jurisprudência, que também a chamada culpa concorrente do consumidor sirva para reduzir o valor da reparação devida pelos fornecedores na hipótese de defeito no produto ou serviço". CALIXTO, Marcelo Junqueira. *A culpa na responsabilidade civil*. Estrutura e função. Rio de Janeiro: Renovar, 2008, p. 345.

[70] CALVÃO DA SILVA, João. *Responsabilidade civil do produtor*, cit., p. 691.

[71] CALAIS-AULOY, Jean; STEINMETZ, Frank. *Droit de la consommation*. 5. ed. Paris: Dalloz, 2000, p. 227.

[72] COUTANT-LAPALUS, Christelle. *Le principe de la réparation intégrale en droit privé*, cit., p. 20-21.

de fórmulas eminentemente matemáticas, mais rígidas,[73] considerando os elementos do caso e as espécies de danos indenizáveis.

Admite-se além da indenização dos danos ao próprio consumidor vítima (ou equiparado a consumidor por força do art. 17 do CDC) também a possibilidade de indenização de terceiros ligados à vítima diretamente atingida pelo evento, de modo que, em razão desse dano direto, sofrem eles também um dano próprio (dano indireto) a que a doutrina denominou dano por ricochete.[74] Ou seja, a possibilidade de indenização de pais ou outros parentes íntimos da vítima principal por dano próprio decorrente do dano sofrido por aquela pessoa.[75]

Os danos patrimoniais, pela exigência de comprovação ou pela adoção de critérios relativamente objetivos para sua definição, não oferecem maiores dificuldades. É no caso dos danos extrapatrimoniais em que essa situação, em matéria de danos decorrentes do fato do produto ou do serviço, aparece com maior frequência. Isso porque, diante da inexistência de um parâmetro econômico (dado seu caráter extrapatrimonial), a determinação do *quantum* indenizatório prende-se em geral a razões de convicção do julgador. Todavia, não se pode desconhecer que, nessa matéria, o próprio CDC, ao estabelecer o direito básico à efetiva prevenção e reparação de danos, parece ter indicado critério útil à decisão do julgador.[76] Isso porque, conforme já mencionamos, prevenção não significa evitar apenas a realização do dano *in concreto*, como seria o caso da atuação administrativa em casos de *recall*, ou de suspensão ou proibição da comercialização de produto ou serviço, mas também espécie de prevenção *in abstrato*, caracterizada pelo desestímulo à realização de futuros danos, da repetição da conduta ilícita, ou, ao inverso, o estímulo à adoção de comportamentos cautelosos, diligentes, em vista da preservação da segurança dos consumidores. Nesse sentido, o critério de prevenção do dano, no que indicar o desestímulo da realização de determinados atos, constitui orientação útil à decisão judicial na determinação do valor da indenização.

---

[73] VINEY, Genevieve; JOURDAIN, Patrice. *Traité de droit civil*. Les effets de la responsabilité. 2. ed. Paris: LGDJ, 2001, p. 114.

[74] "Recursos Especiais. Responsabilidade civil. Aluna baleada em *campus* de universidade. Danos morais, materiais e estéticos. Alegação de defeito na prestação do serviço, consistente em garantia de segurança no *campus* reconhecido com fatos firmados pelo Tribunal de origem. Fixação. Danos morais em R$ 400.000,00 e estéticos em R$ 200.000,00. Razoabilidade, no caso. Pensionamento mensal. Atividade remunerada não comprovada. Salário mínimo. Sobrevivência da vítima. Pagamento em parcela única. Inviabilidade. Despesas médicas. Danos materiais. Necessidade de comprovação. Juros moratórios. Responsabilidade contratual. Termo inicial. Citação. Danos morais indiretos ou reflexos. Pais e irmãos da vítima. Legitimidade (...) 7. É devida, no caso, aos genitores e irmãos da vítima, indenização por dano moral por ricochete ou *préjudice d'affection*, eis que, ligados à vítima por laços afetivos, próximos e comprovadamente atingidos pela repercussão dos efeitos do evento danoso na esfera pessoal. 8. Desnecessária a constituição de capital para a garantia de pagamento da pensão, dada a determinação de oferecimento de caução e de inclusão em folha de pagamento. 9. Ultrapassar os fundamentos do Acórdão, afastando a condenação ao custeio de tratamento psicológico, demandaria, necessariamente, o revolvimento do acervo fático-probatório dos autos, incidindo, à espécie, o óbice da Súmula 7/STJ. 10. Recurso Especial da ré provido em parte, tão somente para afastar a constituição de capital, e Recurso Especial dos autores improvido" (STJ, REsp 876.448/RJ, 3ª Turma, Rel. Min. Sidnei Beneti, j. 17-6-2010, *DJe* 21-9-2010).

[75] VINEY, Genevieve; JOURDAIN, Patrice. *Traité de droit civil*. Les effets de la responsabilité, p. 249 e s.

[76] Vale mencionar, a respeito, as considerações de Guilherme Ferreira da Cruz acerca dos riscos envolvidos nas relações de consumo. Ensina o magistrado paulista, ao propor uma teoria geral das relações de consumo, que não se exigirá, para efeito de imputação de responsabilidade objetiva, que a atividade seja de risco congênito ou revele defeito. Desse modo, "critérios estatísticos, dados técnicos e até mesmo máximas de experiência poderão ser manejados visando à identificação desse risco especial e particular, num processo que deve sempre que possível anteceder o dano". Advoga, então, o destaque que nas relações de consumo devem observar os princípios da precaução e da prevenção. CRUZ, Guilherme Ferreira da. *Teoria geral das relações de consumo*. São Paulo: Saraiva, 2014, p. 244-245.

3.3. EXCLUDENTES DE RESPONSABILIDADE

As excludentes de responsabilidade civil pelo fato do produto ou do serviço estão expressamente previstas no CDC. No caso do fato do produto, o art. 12, § 3º, estabelece que "o fabricante, o construtor, o produtor ou importador só não será responsabilizado quando provar: I – que não colocou o produto no mercado; II – que, embora haja colocado o produto no mercado, o defeito inexiste; III – a culpa exclusiva do consumidor ou de terceiro". No que se refere à responsabilidade do serviço, de sua vez, o art. 14, § 3º, do CDC estabelece: "(...) § 3º O fornecedor de serviços só não será responsabilizado quando provar: I – que, tendo prestado o serviço, o defeito inexiste; II – a culpa exclusiva do consumidor ou de terceiro".

Em todas as hipóteses, observa-se que as causas de exclusão da responsabilidade representam a desconstituição do nexo de causalidade. Nesse sentido, seja nas hipóteses previstas para a exclusão da responsabilidade pelo fato do produto, seja nas de responsabilidade pelo fato do serviço, exclui-se a responsabilidade pela demonstração cabal de ausência do nexo de causalidade entre a conduta do fornecedor no mercado de consumo e o dano eventualmente suportado pelo consumidor.

Note-se, todavia, que o ônus da prova, nesse caso, é do fornecedor do produto ou serviço, contra quem se estabelece uma presunção *juris tantum* de responsabilidade, ao mesmo tempo que se determinam quais as hipóteses em que se admite exonerar essa responsabilidade. Ao lado dessas hipóteses expressamente previstas no CDC, todavia, encontram-se, igualmente, as circunstâncias que, por força da teoria geral da responsabilidade civil, também são aptas à exclusão da responsabilidade do fornecedor. São as hipóteses de *caso fortuito* e de *força maior*.

Sobre a determinação do caso fortuito e da força maior como excludentes da responsabilidade civil pelo fato do produto ou do serviço, em face da ausência de referência do CDC sobre o tema, há certa discussão sobre sua aptidão para afastar o dever de indenizar do fornecedor. Note-se que não apenas no direito brasileiro deixou de haver a previsão expressa a tais hipóteses de exclusão. Também no direito europeu, a Diretiva 85/377/CEE, sobre responsabilidade pelo fato do produto e do serviço, deixou de fazer referência expressa sobre o tema, em razão da dificuldade em estabelecer-se um significado uniforme para esses conceitos.[77] Entre nós, divide-se a doutrina especializada.[78] Entre os que sustentam a impossibilidade de exclusão

---

[77] CALVÃO DA SILVA, João. *Responsabilidade civil do produtor*, cit., p. 737.

[78] Pela admissão do caso fortuito e da força maior como excludentes de responsabilidade no regime do CDC, entre outros: BENJAMIN, Antônio Herman de Vasconcelos et al. *Comentários ao Código de Proteção do Consumidor*, cit., p. 67; TEPEDINO, Gustavo. Responsabilidade civil por acidentes de consumo na ótica civil-constitucional. In: TEPEDINO, Gustavo. *Temas de direito civil*. Rio de Janeiro: Renovar, 1999, p. 241; SANSEVERINO, Paulo de Tarso Vieira. *Responsabilidade civil no Código do Consumidor e a defesa do fornecedor*, cit., p. 290; MARTINS, Plínio Lacerda. O caso fortuito e a força maior como causas de exclusão da responsabilidade civil no Código do Consumidor. *Revista dos Tribunais*, v. 690, São Paulo: RT, abr. 1991. Contra a admissão do caso fortuito e da força maior como excludentes de responsabilidade, afirmando o caráter exaustivo da enumeração do CDC: LOPES, José Reinaldo de Lima. *Responsabilidade civil do fabricante e a defesa do consumidor*, cit., p. 119; NERY JÚNIOR, Nelson. Os princípios gerais do Código brasileiro de defesa do consumidor. *Revista de Direito do Consumidor*, v. 3, São Paulo: RT, p. 44-77, set./dez. 1992. Ainda de se referir aos entendimentos que visam compatibilizar as causas excludentes com o regime do CDC: no entendimento de Sílvio Luiz Ferreira da Rocha, seria desnecessária menção expressa a essas excludentes, uma vez que o caso fortuito já estaria presente no CDC sob a previsão de inexistência do defeito como espécie excludente (arts. 12, § 3º, II, e 14, § 3º, I), enquanto a força maior se apresentaria como a previsão normativa do fato de terceiro (arts. 12, § 3º, III, e 14, § 3º, II). ROCHA, Sílvio Luís Ferreira da. *Responsabilidade civil do fornecedor pelo fato do produto no direito brasileiro*, cit., p. 112-113; Já para James Marins, são admissíveis a força maior e o caso fortuito como excludentes, contanto que não venham a ocorrer dentro do processo produtivo, onde não

da responsabilidade do fornecedor no regime do CDC, em razão de caso fortuito e de força maior, sustenta-se que as hipóteses enumeradas pelo legislador nos arts. 12 e 14 constituem enumeração taxativa (*numerus clausus*), insuscetível de ampliação por via interpretativa. Por outro lado, os que defendem sua admissão vão salientar que não há como se desconsiderarem excludentes que derivam da teoria geral da responsabilidade civil e que têm por característica a exclusão do nexo de causalidade entre o dano ao consumidor e a conduta do consumidor, lembrando que o regime da responsabilidade objetiva previsto como regra geral do CDC exclui a culpa como requisito da responsabilização, mas não a relação lógica de causalidade entre uma conduta e um dano sobre o qual se deseja imputar o dever de indenizar.

3.3.1. Não colocação do produto no mercado

Entre as excludentes de responsabilidade pelo fato do produto expressamente previstas pelo CDC, a primeira é a prova pelo fornecedor de que não colocou o produto no mercado (art. 12, § 3º, I). Com relação à excludente e, em especial, à possibilidade de sua comprovação pelo fornecedor, a questão que se apresenta é, justamente, a precisão do significado do que consiste essa não colocação do produto no mercado. James Marins, abordando a questão, refere que a hipótese que "mais claramente poderia subsumir a esta excludente seria a do furto ou roubo do produto defeituoso estocado, desde que tomadas as devidas cautelas para sua guarda".[79] No mesmo sentido, referem-se Antônio Herman Benjamin[80] e Paulo de Tarso Sanseverino,[81] incluindo nessa hipótese mesmo o furto de uso.

O critério de não colocação no mercado, nesse sentido, verifica-se pela ausência de voluntariedade por parte do fornecedor, e da mesma forma isenta de culpa no oferecimento do produto no mercado. A exclusão de responsabilidade, assim, surge da ausência de uma conduta que se vincule – via nexo de causalidade – a um dano eventualmente sofrido pelo consumidor. Todavia, há de reconhecer-se na hipótese a existência de uma presunção contra o fornecedor. Ou seja, identificando-se o produto defeituoso no mercado, e verificando-se que em razão dele produziu-se um dano ao consumidor, ensejando a responsabilidade pelo fato do produto, presume-se que o fornecedor tenha colocado o produto no mercado. Incumbe a esse fornecedor, para excluir-se do dever de indenizar, demonstrar o contrário.

O direito brasileiro, todavia, não regulou o modo como se estabelece essa prova, a exemplo do que já havia feito o legislador europeu no art. 7º da Diretiva europeia 85/374/CEE, sobre a responsabilidade pelo fato do produto. Todavia, por ocasião da incorporação da Diretiva nos ordenamentos jurídicos internos dos países da Comunidade, houve situações, como na Itália, em que o legislador nacional optou por precisar o conceito do que se consideraria por colocar em circulação. Daí é que o *Codice del Consumo* italiano de 2005 tenha estabelecido em seu art. 119 (a exemplo do art. 7º D.P.R. 224/88, que vigeu até a edição do *Codice*) que se considera o produto colocado em circulação nas situações em que haja entrega ao consumidor, ainda que para mostruário ou prova; a entrega ao despachante ou transportador para entrega ao adquirente ou usuário, ou ainda na hipótese de venda judicial, mediante leilão, ressalvada,

---

se deverá admiti-las como causa de exclusão da responsabilidade. MARINS, James. *Responsabilidade da empresa pelo fato do produto*, cit., p. 153. No mesmo sentido é o entendimento de: DENARI, Zelmo. *Código brasileiro de defesa do consumidor comentado pelos autores do anteprojeto*, cit., p. 190-191.

[79] MARINS, James. *Responsabilidade da empresa pelo fato do produto*, cit., p. 146.
[80] BENJAMIN, Antônio Herman de V. Comentários ao *Código de proteção do consumidor*, cit., p. 65.
[81] SANSEVERINO, Paulo de Tarso Vieira. *Responsabilidade civil no Código do Consumidor e a defesa do fornecedor*, cit., p. 260.

nesse último caso, a hipótese de o produtor ter dado ciência, no ato da penhora judicial, da existência do defeito.

Em nosso sistema, como afirmamos, a excludente em questão não merece definição normativa nem em caráter positivo (colocação do produto no mercado), nem em caráter negativo (não colocação do produto no mercado). Nesse sentido, vem cabendo especialmente à doutrina especializar-se em distinções. Em primeiro lugar, cumpre distinguir que o ato de colocação no mercado não parece exigir, necessariamente, a retirada física do bem das instalações do fornecedor, nem mesmo, à evidência, da sua posse ou propriedade. Colocar ou não no mercado vincula-se a dispor ao público interessado, o que pode ser feito tanto nas instalações do fornecedor (mesmo do fornecedor fabricante) quanto em qualquer outro local. Esse caráter finalístico da norma – colocação do produto no mercado – não restringe a hipótese a um critério de intencionalidade do fornecedor, ainda que caiba a ele o ônus de demonstrar a ausência de tal finalidade. A pergunta que resta, todavia, é se para tanto deve estar cumprida a plena possibilidade de acesso do mercado ao produto ou serviço. Uma questão de relevo, nesse ponto, como assinala a doutrina, diz respeito aos acidentes de trânsito ocorridos por ocasião do transporte de produtos ou matérias-primas; o extravio durante o transporte, antes da entrega ao consumidor;[82] ou ainda a circunstância de oferecimento de produtos ou amostras gratuitas. Em todos esses casos, parece claro que os produtos, ainda que não disponíveis no mercado para realização necessária de contratos de consumo, de regra já se submetem ao dever de segurança estabelecido pelo CDC.[83] No mesmo sentido, aliás, situa-se a colocação acidental do produto defeituoso no mercado, o que – em um regime de responsabilidade objetiva – não terá o condão de excluir a responsabilidade do fornecedor pelos danos eventualmente causados.

A introdução no mercado parte do pressuposto de sua colocação no espaço do mercado, instante a partir do qual passa a oferecer riscos aos direitos dos consumidores. E, por tal razão, passam tais situações a se submeter ao regime do CDC, não se admitindo, no caso, a alegação da excludente de não colocação no mercado.

3.3.2. Inexistência de defeito

Já se disse que no regime de responsabilidade pelo fato do produto ou do serviço no CDC a existência do defeito é pressuposto essencial da imputação do dever de indenizar ao fornecedor. Daí por que, entre as excludentes previstas pelo CDC como possíveis de demonstração pelo fornecedor para efeito da sua não responsabilização, está a prova da inexistência do defeito do produto (art. 12, § 3º, II) ou do serviço (art. 14, § 3º, I). Demonstrando-se a inexistência do defeito – providência que a lei impõe ao fornecedor –, não se há de falar

---

[82] "Responsabilidade civil. Direito do consumidor. Extravio de malote que contém talões de cheque. Responsabilidade objetiva da instituição financeira. Inclusão indevida nos órgãos de proteção ao crédito. Dano moral. 1. A instituição financeira é responsável por danos morais causados a correntista que tem cheques devolvidos e nome inscrito em cadastro de inadimplentes em decorrência da utilização do talonário por terceiro após o extravio de malotes durante o transporte, pois tal situação revela defeito na prestação de serviços. 2. Agravo regimental desprovido" (STJ, AgRg no Ag 1.357.347/DF, 4ª Turma, Rel. Min. João Otávio de Noronha, j. 3-5-2011, *DJe* 9-5-2011). O mesmo ocorre no caso em que a instituição financeira, por erro, entrega indevidamente o talonário a terceiro (REsp 1.254.883/PR, 3ª Turma, Rel. Min. Paulo de Tarso Sanseverino, j. 3-4-2014, *DJe* 10-4-2014).

[83] No mesmo sentido: SANSEVERINO, Paulo de Tarso Vieira. *Responsabilidade civil no Código do Consumidor e a defesa do fornecedor*, cit., p. 262-263. Em sentido contrário: MARINS, James. *Responsabilidade da empresa pelo fato do produto*, cit., p. 103.

sobre a responsabilidade do fornecedor, que só abrange os danos decorrentes de produtos e serviços defeituosos.[84]

A previsão do *defeito* como *pressuposto* do dever de indenizar tem origem no direito europeu (Diretiva 85/374/CEE) e surge como uma tentativa de delimitação do regime de responsabilidade objetiva do CDC, em contraposição ao tratamento que sobre o tema deu o direito norte-americano, aparentemente sem a eleição expressa de um critério de atribuição da responsabilidade que não o risco da atividade do produtor ou fabricante (nesse sentido, o § 432 do *Second Reestatment of Torts*). O exame da existência ou não do defeito do produto pressupõe, naturalmente, a colocação do produto no mercado.[85]

A principal questão a ser considerada com respeito a essa causa excludente é o modo como se deverá avaliar a presença ou não do defeito. No direito europeu da Diretiva 85/374/CEE, admite-se como excludente da responsabilização do fornecedor a demonstração, por parte deste, da probabilidade de inexistência de defeito. Refere, no caso, o art. 7º da mencionada Diretiva que o produtor não será responsável quando provar, entre outras hipóteses, "que, tendo em conta as circunstâncias, é legítimo estimar que o defeito causador do dano não existia no momento em que o produto foi posto em circulação pelo produtor ou que esse defeito surgiu posteriormente". Em outros termos, no regime europeu, basta a demonstração de uma mera probabilidade de inexistência do defeito para excluir-se a responsabilidade do produtor. Não é, a toda vista, a regra da lei brasileira.

Entre nós, optou o legislador por um regime mais rigoroso de responsabilidade, em conta da proteção do consumidor vítima de acidentes de consumo, ao exigir prova positiva da inexistência do defeito.[86] Não basta, nesse sentido, mera argumentação lógica que busque demonstrar o quão improvável seria a existência de um determinado defeito. Sem a comprovação cabal da ausência de defeito não se afasta a responsabilidade determinada ao fornecedor,[87] submetido

---

[84] "Direito civil. Indenização por danos morais. Transporte rodoviário. Roubo ocorrido dentro do ônibus. Inevitabilidade. Força maior. Exclusão da responsabilidade do transportador. Precedentes. Recurso desprovido. I – A presunção de culpa da transportadora comporta desconstituição mediante prova da ocorrência de força maior, decorrente de roubo, indemonstrada a desatenção da ré quanto às cautelas e precauções normais ao cumprimento do contrato de transporte. II – Na lição de Clóvis, caso fortuito é 'o acidente produzido por força física ininteligente, em condições que não podiam ser previstas pelas partes', enquanto a força maior é 'o fato de terceiro, que criou, para a inexecução da obrigação, um obstáculo, que a boa vontade do devedor não pode vencer', com a observação de que o traço que os caracteriza não é a imprevisibilidade, mas a inevitabilidade" (STJ, REsp 264.589/RJ, 4ª Turma, Rel. Min. Sálvio de Figueiredo Teixeira, j. 14.11.2000, rel. Min. Sálvio de Figueiredo Teixeira, *DJU* 18-12-2000, p. 207).

[85] TEPEDINO, Gustavo. A responsabilidade civil por acidentes de consumo na ótica civil-constitucional. In: TEPEDINO, Gustavo. *Temas de direito civil*, cit., p. 237-250.

[86] MARINS, James. *Responsabilidade da empresa pelo fato do produto*, cit., p. 151.

[87] Contudo, por vezes tal pode ser provado, como se observa da decisão do STJ: "(...) 3. No caso concreto, todavia, mostra-se irrelevante a alegação acerca do ônus da prova, uma vez que a solução a que chegou o Tribunal *a quo* não se apoiou na mencionada técnica, mas sim efetivamente nas provas carreadas aos autos. A improcedência do pedido indenizatório decorreu essencialmente da prova pericial produzida em Juízo, sob a vigilância de assistentes nomeados por autor e réu, prova essa que chegou à conclusão de que a colisão do veículo dirigido pelo consumidor não fora frontal e que, para aquela situação, não era mesmo caso de abertura do sistema de *air bags*. 4. De fato, a despeito de a causa de pedir apontar para hipótese em que a responsabilidade do fornecedor é objetiva, este se desincumbiu do ônus que lhe cabia, tendo sido provado que, 'embora haja colocado o produto no mercado, o defeito inexist[iu]', nos termos do art. 12, § 3º, inciso II, do CDC. Tendo sido essa a conclusão a que chegou o Tribunal *a quo*, a reversão do julgado demandaria reexame de provas, providência vedada pela Súmula 7/STJ. 5. Recurso especial não provido" (STJ, REsp 1.095.271/RS, 4ª Turma, Rel. Min. Luis Felipe Salomão, j. 7-2-2013, *DJe* 5-3-2013).

à interpretação quanto à regularidade de sua conduta.[88] Da mesma forma, sempre deve ser destacado que, em matéria de fato do serviço, sua má prestação que gera danos ao consumidor induz a uma verdadeira presunção de existência do defeito, cuja prova em contrário é exigida do fornecedor, para efeito de eximir-se da responsabilidade.

Note-se, todavia, que a razão de ser desse regime estabelecido pelo CDC também atende a razões de ordem prática, com vista a assegurar a efetividade dos direitos do consumidor. Em geral, a dilação probatória em matéria de acidentes de consumo, no caso para investigação sobre a existência ou não de defeito, se dá por meio de perícias técnicas altamente especializadas, envolvendo conhecimentos aprofundados e complexos, o que por isso termina por apresentar a prova como extremamente custosa.[89] Nesse sentido, nessa matéria o CDC não apenas recorre à faculdade genérica de inversão do ônus da prova, estabelecida no art. 6º, VIII, como determina ao próprio fornecedor, de modo direto, o ônus de demonstrar a inexistência do defeito para efeito de afastar a hipótese de responsabilização.[90]

3.3.3. Culpa exclusiva de consumidor ou de terceiro

A terceira excludente de responsabilidade admitida expressamente pelo CDC (arts. 12, § 3º, III, e 14, § 3º, II) é a culpa exclusiva do consumidor ou a culpa exclusiva de terceiro. Trata-se, como se deduz, de outra hipótese de rompimento do nexo causal entre a conduta do fornecedor e o dano sofrido pelo consumidor, pelo advento de outra conduta que, tendo sido realizada, demonstra-se que tenha dado causa ao evento danoso.[91] No caso, a conduta que vem

---

[88] "Agravo regimental no recurso especial. Civil e processo civil. Responsabilidade civil. Direito do consumidor. Dever de informação. Anticoncepcional. Gravidez indesejada. Possibilidade. Informação constante da bula do medicamento. Inexistência de defeito de informação. 1. Ação de indenização movida por casal contra o laboratório fabricante do anticoncepcional Mesigyna, em decorrência de sua ineficácia, ensejando uma terceira gravidez não planejada. 2. Alegação do laboratório fabricante, acolhida pelas instâncias de origem, de que nenhum anticoncepcional é cem por cento eficaz, tendo essa informação constado de sua bula. 3. Fato notório de que os métodos contraceptivos não são 100% eficazes. 4. Informação constante da bula do medicamento. 5. Não caracterização do defeito de informação. 6. Necessidade de revisão da prova colhida no processo que esbarra no óbice da Súmula 07/STJ. 7. Agravo Regimental desprovido" (STJ, AgRg no REsp 1.261.815/SC, 3ª Turma, Rel. Min. Paulo de Tarso Sanseverino, j. 19-2-2013, *DJe* 25-2-2013).

[89] E por vezes difícil de ser produzida, caso em que, considerando as circunstâncias do caso, imputa-se a responsabilidade ao fornecedor que não se desincumbiu da produção da prova: "Recurso especial. Responsabilidade pelo fato do produto. Automóvel Fiesta. Quebra do banco do motorista. Defeito de fabricação. Perda do controle do veículo. Acidente grave. *Recall* posterior ao evento danoso. Ônus da prova do fabricante. 1 – Ação de indenização proposta com base em defeito na fabricação do veículo, objeto de posterior *recall*, envolvido em grave acidente de trânsito. 2 – Comprovação pelo consumidor lesado do defeito do produto (quebra do banco do motorista com o veículo em movimento na estrada) e da relação de causalidade com o acidente de trânsito (perda do controle do automóvel em estrada e colisão com uma árvore), que lhe causou graves lesões e a perda total do veículo. 3 – A dificuldade probatória ensejada pela impossibilidade de perícia direta no veículo sinistrado, no curso da instrução do processo, não caracteriza cerceamento de defesa em relação ao fabricante. 4 – Inocorrência de violação às regras dos incisos II e III do § 3º do artigo 12 do CDC. 5 – Precedente desta Corte. 6 – Recurso especial desprovido" (STJ, REsp 1.168.775/RS, 3ª Turma, Rel. Min. Paulo de Tarso Sanseverino, j. 10-4-2012, *DJe* 16-4-2012).

[90] SANSEVERINO, Paulo de Tarso Vieira. *Responsabilidade civil no Código do Consumidor e a defesa do fornecedor*, cit., p. 267.

[91] "Civil e processual. Ação de indenização. Assalto a ônibus seguido de estupro de passageira. Caso fortuito. Configuração. Preposto. Omissão no socorro à vítima. Responsabilidade da transportadora. I. A 2ª Seção do STJ, no julgamento do REsp 435.865/RJ (rel. Min. Barros Monteiro, por maioria, *DJU* 12-5-2003), uniformizou entendimento no sentido de que constitui caso fortuito, excludente de responsabilidade da

a causar o dano, afastando por isso a relação de causalidade com respeito ao comportamento do fornecedor, é a conduta do próprio consumidor que tenha sido vítima do dano (culpa exclusiva da vítima) ou de qualquer outro terceiro com a mesma característica.

Note-se que a exclusão da responsabilidade do fornecedor, nesse caso, opera-se apenas se o dano tiver sido causado por evento cuja causa deva-se apenas à própria conduta do consumidor ou de terceiro. Não há de se referir, portanto, à culpa concorrente do consumidor como causa de exclusão de responsabilidade, ainda que se possa admitir, no caso concreto, a possibilidade de redução do *quantum* da indenização.[92] Da mesma forma, não afasta a responsabilidade do fornecedor o fato meramente acidental do consumidor, exigindo-se, para tal finalidade, que o ato seja exclusivo e que seja praticado culposamente, ou seja, movido por dolo, negligência ou imprudência.[93]

A existência da culpa exclusiva da vítima ou de terceiro deve ser cabalmente demonstrada pelo fornecedor para eximir-se da responsabilidade.[94] Ou seja, há imputação objetiva de

---

empresa transportadora, assalto a mão armada ocorrido dentro de veículo coletivo. II. Caso, entretanto, em que a prova dos autos revelou que o motorista do ônibus era indiretamente vinculado a dois dos assaltantes e que se houve com omissão quando deixou de imediatamente buscar o auxílio de autoridade policial, agravando as lesões de ordem física, material e moral acontecidas com a passageira, pelo que, em tais circunstâncias, agiu com culpa a ré, agravando a situação da autora, e por tal respondendo civilmente, na proporção desta omissão. III. Recurso especial conhecido e parcialmente provido" (STJ, REsp 402.227/RJ, 4ª Turma, Rel. Min. Aldir Passarinho Junior, j. 7-12-2004, *DJU* 11-4-2005, p. 305).

[92] No mesmo sentido: SANSEVERINO, Paulo de Tarso Vieira. *Responsabilidade civil no Código do Consumidor e a defesa do fornecedor*, cit., p. 275.

[93] "Recurso especial. Responsabilidade civil. Ação de indenização. Danos materiais. Saques indevidos em conta-corrente. Culpa exclusiva da vítima. Artigo 14, § 3º do CDC. Improcedência. 1 – Conforme precedentes desta Corte, em relação ao uso do serviço de conta-corrente fornecido pelas instituições bancárias, cabe ao correntista cuidar pessoalmente da guarda de seu cartão magnético e sigilo de sua senha pessoal no momento em que deles faz uso. Não pode ceder o cartão a quem quer que seja, muito menos fornecer sua senha a terceiros. Ao agir dessa forma, passa a assumir os riscos de sua conduta, que contribui, à toda evidência, para que seja vítima de fraudadores e estelionatários (REsp 602.680/BA, rel. Min. Fernando Gonçalves, *DJU* 16-11-2004; REsp 417.835/AL, rel. Min. Aldir Passarinho Júnior, *DJU* 19-8-2002). 2 – Fica excluída a responsabilidade da instituição financeira nos casos em que o fornecedor de serviços comprovar que o defeito inexiste ou que, apesar de existir, a culpa é exclusiva do consumidor ou de terceiro (artigo 14, § 3º do CDC). 3 – Recurso conhecido e provido para restabelecer a r. sentença" (STJ, REsp 601.805/SP, 4ª Turma, Rel. Min. Jorge Scartezzini, j. 20-10-2005, *DJU* 14-11-2005, p. 328).

[94] "Civil. Processual civil. Recurso especial. Instalação fraudulenta de linhas telefônicas. Responsabilidade objetiva e solidária das empresas prestadoras de serviço de telefonia, EMBRATEL e Brasil Telecom. Inscrição indevida do nome da autora no SPC. Artigo 14, § 3º, II, do CDC. Culpa exclusiva de terceiro não comprovada. Sucumbência recíproca. Inocorrência. 1. No pleito em questão, as instâncias ordinárias concluíram que restou comprovada a responsabilidade objetiva e solidária das duas empresas prestadoras de serviço de telefonia, pela instalação fraudulenta de linhas telefônicas e inscrição indevida do nome da autora no SPC: 'esta obrigação de checar a veracidade e fidedignidade dos dados dos clientes não é somente da empresa de telefonia local, mas também da Embratel, sendo solidária a responsabilidade entre ambas pela segurança e eficiência do serviço, visto que esta utiliza os dados cadastrais fornecidos pela Brasil Telecom e se beneficia economicamente dos serviços telefônicos prestados' (fls. 270). Ademais, como ressaltado no v. acórdão, a inscrição indevida do nome da autora no SPC, foi promovida 'tanto pela Brasil Telecom S/A – Filial DF, como pela Embratel', conforme se verifica nos documentos de fls. 25 (fls. 270). 2. Destarte, não ocorreu, comprovadamente, as hipóteses elencadas no artigo 14, § 3º, II, do CDC, quanto à alegada culpa exclusiva de terceiro, ou seja, *in casu*, da Brasil Telecom. 3. Conforme entendimento firmado nesta Corte, 'nas reparações por dano moral, como o juiz não fica jungido ao *quantum* pretendido pelo autor na exordial, ainda que o valor fixado seja inferior ao pleiteado pela parte, não há que se falar de sucumbência recíproca'. Precedentes. 4. Recurso não conhecido" (STJ, REsp 820.381/DF, 4ª Turma, Rel. Min. Jorge Scartezzini, j. 21-3-2006, *DJU* 2-5-2006, p. 338). Em sentido semelhante: STJ, AgRg no AREsp 318.307/PE, 4ª Turma, Rel. Min. Marco Buzzi, j. 25-2-2014, *DJe* 5-3-2014.

responsabilidade do fornecedor, cabendo a ele desincumbir-se do ônus de provar a existência dessas excludentes.

No caso de culpa de terceiro, note-se que, ao mesmo tempo em que a responsabilidade do fornecedor é afastada, este terceiro, uma vez tendo sido demonstrado o vínculo lógico da sua conduta com o dano causado, poderá ser reconhecido como legítimo para ser demandado na correspondente ação indenizatória da vítima. A posição de terceiro, nesse sentido, é admitida a todo aquele que, não participando da cadeia de fornecimento, realiza conduta que dá causa ao evento danoso de modo independente da conduta do fornecedor ou do defeito. Ou, para dizer melhor, só é admitido como terceiro quem não participa da cadeia de fornecimento. Assim, se a causa do dano decorrer da conduta de um integrante da cadeia de fornecimento, agente econômico que se vincula ao fornecedor direto imediatamente por contrato, ou de forma mediata, associando-se a outro parceiro negocial de modo a viabilizar a atividade negocial do fornecedor direto, não há de se cogitar nessa hipótese o afastamento da responsabilidade. Seguindo esse entendimento, de modo didático, pronuncia-se o STJ: "A empresa que integra, como parceira, a cadeia de fornecimento de serviços é responsável solidária pelos danos causados ao consumidor por defeitos no serviço prestado".[95]

Ambas as situações, culpa exclusiva do consumidor ou culpa exclusiva de terceiro, são hipóteses que têm o condão de afastar o nexo de causalidade entre o dano e a conduta do fornecedor ao introduzir o produto ou serviço no mercado, e que inclusive poderão ser defeituosos, porém não será essa a causa do evento danoso em questão. Note-se, da mesma forma, que, embora a legislação tenha feito uso da expressão "culpa de terceiro", a rigor, deve-se entender nesse caso o fato de terceiro, que, culposo ou não, serve para romper o nexo de causalidade entre a conduta do fornecedor e o evento danoso, vinculando-o logicamente a outra causa. O que se exige, destaque-se, é culpa exclusiva, e não concorrente, seja esta concorrência entre fornecedor e consumidor ou entre fornecedor e terceiro,[96] hipóteses em que não se vê afastada

---

[95] STJ, AgRg no Ag 1.153.848/SC, 3ª Turma, Rel. Min. Sidnei Beneti, j. 12-4-2011, *DJe* 27-4-2011. No mesmo sentido: STJ, AgRg no AREsp 214.864/SP, 4ª Turma, Rel. Min. Antônio Carlos Ferreira, j. 27-3-2014, *DJe* 9-4-2014.

[96] "Civil. Processual civil. Recurso especial. Ação de indenização. Danos morais. Falsificação da assinatura do autor em contrato de financiamento de veículo. Participação de funcionários da CEF. Ação de busca e apreensão. *Quantum* indenizatório. Redução. 1. Não prospera a alegada infringência ao artigo 14, § 3º, II, do CDC, ao argumento de que houve culpa exclusiva de terceiros. Com efeito, o Tribunal *a quo*, com base nos elementos fático-probatórios trazidos aos autos, concluiu 'que o contrato fraudulento se deu com a participação concorrente dos gerentes da CEF, que sabiam da utilização indevida dos documentos do autor. A ação de busca e apreensão, por sua vez, foi ajuizada pelos advogados da CEF (fls. 234, 237). 2. As instâncias ordinárias concluíram que os danos morais sofridos pelo autor, em decorrência da indevida ação de busca e apreensão, restaram configurados. O nexo causal, consoante os termos do v. acórdão recorrido, 'dispensa maiores esforços para demonstrar a relação íntima existente entre o ato praticado pela instituição bancária e o dano resultante desta ação'. (...) Ademais, 'constam dos autos elementos suficientes a evidenciar a situação vexatória em que se viu exposto o querelante ao ter de responder um processo referente a um contrato que não firmou, inclusive com expedição de ofícios a DETRAN, delegacias, Polícia Rodoviária. Situação essa bastante constrangedora para o cidadão que preza seu bom conceito na sociedade, como, decerto, é o caso do autor, trabalhador humilde e honesto' (fls. 201). 3. Como ressaltado na r. sentença, confirmada pelo v. acórdão recorrido, (fls. 203) 'não foram causados grandes contratempos ao autor em razão da ação de busca e apreensão, o qual se limitou a comparecer a uma audiência e fornecer material para a realização do laudo grafotécnico. Não houve divulgação da questão pela imprensa ou investigações policiais. Além disso, a lide foi rapidamente solucionada, pois – consoante depoimento de fls. 181 – o autor teve ciência da ação em 1997 e já em fevereiro de 1998 a sentença de improcedência era prolatada (documento de fls. 66/69)'. Destarte, o valor fixado pelo Tribunal de origem, em R$ 10.000,00 (dez mil reais), mostra-se excessivo, não se limitando à compensação dos prejuízos advindos do evento danoso, pelo que se impõe a respectiva redução a R$ 5.000,00 (cinco mil

a responsabilidade do fornecedor pela indenização dos danos. Assim, por exemplo, é o caso da responsabilidade pelo fato do serviço decorrente de acidentes de trânsito causados por animais na pista. Não se há de imputar a culpa pela presença do animal apenas ao fornecedor, havendo de se identificar também na conduta do dono do animal, se houver, parcela de contribuição no resultado danoso. Contudo, essa "culpa" não será exclusiva, uma vez que se há de exigir da concessionária da via (quando sob o regime de concessão e, portanto, sob a vigência do CDC) o dever de segurança no fornecimento do serviço. Descumprido este, será imputado o dever de indenizar,[97] inclusive – segundo a jurisprudência – quando se trate de equiparação a consumidor, os terceiros não usuários, que tenham sido vítimas do evento danoso.[98]

Daí é que, com relação a essa culpa ou fato de terceiro, devem-se observar algumas questões importantes. Em primeiro lugar, constata-se que, embora não consagrada expressamente como regra genérica de exclusão de responsabilidade no regime comum (Código Civil), assume esse papel em face da circunstância lógica de romper com a relação de causa e efeito entre a conduta do fornecedor originariamente responsável e o dano causado aos consumidores vítimas. A causa do dano, portanto, é apenas possível no plano dos fatos de ser imputada ao terceiro, não se identificando qualquer contribuição do fornecedor, seja por ação, seja por omissão, na ausência de comportamento concreto condizente com o dever de segurança que lhe é imputado.

Em segundo lugar, no regime do CDC, por terceiro deve ser considerado apenas quem não faça parte, de qualquer modo, da cadeia de fornecimento. Assim, por exemplo, não se

---

reais). 4. Recurso parcialmente conhecido e, nesta parte, provido" (STJ, REsp 654.130/PE, 4ª Turma, Rel. Min. Jorge Scartezzini, j. 25-10-2005, *DJU* 21-11-2005, p. 244).

[97] Nesse sentido, decidiu o STJ: "Recurso especial. Acidente em estrada. Animal na pista. Responsabilidade objetiva da concessionária de serviço público. Código de defesa do consumidor. Precedentes. Conforme jurisprudência desta 3ª Turma, as concessionárias de serviços rodoviários, nas suas relações com os usuários, estão subordinadas à legislação consumerista. Portanto, respondem, objetivamente, por qualquer defeito na prestação do serviço, pela manutenção da rodovia em todos os aspectos, respondendo, inclusive, pelos acidentes provocados pela presença de animais na pista. Recurso especial provido" (STJ, REsp 647.710/RJ, 3ª Turma, Rel. Min. Castro Filho, j. 20-6-2006, *DJU* 30-6-2006, p. 216).

[98] "Responsabilidade civil. Recurso especial. Atropelamento fatal. Travessia na faixa de pedestre. Rodovia sob concessão. Consumidora por equiparação. Concessionária rodoviária. Responsabilidade objetiva em relação a terceiros usuários e não usuários do serviço. Art. 37, § 6º, CF. Via em manutenção. Falta de iluminação e sinalização precária. Nexo causal configurado. Defeito na prestação do serviço configurado. Culpa exclusiva da vítima. Inocorrência. Indenização por danos materiais e morais devidos. (...) 3. No caso, a autora é consumidora por equiparação em relação ao defeito na prestação do serviço, nos termos do art. 17 do Código consumerista. Isso porque prevê o dispositivo que 'equiparam-se aos consumidores todas as vítimas do evento', ou seja, estende o conceito de consumidor àqueles que, mesmo não tendo sido consumidores diretos, acabam por sofrer as consequências do acidente de consumo, sendo também chamados de *bystanders*. 4. 'A responsabilidade civil das pessoas jurídicas de direito privado prestadoras de serviço público é objetiva relativamente a terceiros usuários e não usuários do serviço, segundo decorre do art. 37, § 6º, da Constituição Federal' (RE 591.874, Relator(a): Min. Ricardo Lewandowski, Tribunal Pleno, julgado em 26-8-2009, Repercussão Geral – Mérito *DJe*-237 Divulg 17-12-2009, Public 18-12-2009). 5. Na hipótese, a menor, filha da recorrente, faleceu ao tentar atravessar na faixa de pedestre, em trecho da BR-040 sob concessão da ré, tendo a sentença reconhecido a responsabilização da concessionária, uma vez que 'o laudo pericial da polícia judiciária bem apontou que o local do atropelamento é 'desprovido de iluminação pública', 'com sinalização vertical e horizontal precária devido à manutenção da via', tendo se descurado de sua responsabilidade na 'obrigação direta de manutenção da rodovia', admitindo a ré 'a deficiência de seu serviço no local, quando apressou-se depois e instalou passarela destinada a pedestres naquele trecho', além do fato de não haver prova da culpa exclusiva da vítima. Caracterizado, portanto, o nexo causal, dando azo a responsabilização civil (...)" (STJ, REsp 1.268.743/RJ, 4ª Turma, Rel. Min. Luis Felipe Salomão, j. 4-2-2014, *DJe* 7-4-2014).

poderá considerar como terceiro o comerciante, o distribuidor ou o varejista que integram a cadeia de fornecimento, para efeito de exclusão da responsabilidade dos fornecedores mencionados no *caput* do art. 12 (fabricante, produtor, importador).[99] Alguma polêmica resta no que se refere à consideração do comerciante como terceiro, uma vez que as hipóteses de sua responsabilização estão previstas expressamente no art. 13 do CDC, como situações, em regra, de responsabilidade subsidiária.[100]

Parece-nos, contudo, a posição mais acertada aquela que não admite a qualificação como terceiro de qualquer dos integrantes da cadeia de fornecimento, entre os quais o comerciante. Sustentamos nosso entendimento em razões de ordem teórica e prática, já examinadas vivamente pela doutrina brasileira. Em primeiro lugar, o fato do tratamento diferenciado do comerciante com relação aos demais integrantes da cadeia de fornecimento (art. 13 do CDC) – passível de alguma crítica – não se confunde com o regime de excludentes do art. 12, que imputa a responsabilidade pelo fato do produto aos fornecedores ali referidos. Em outros termos, uma coisa é a determinação das hipóteses de responsabilização do comerciante previstas no art. 13; outra são as hipóteses de exclusão da responsabilidade do fabricante, construtor, produtor ou importador, previstas no art. 12, § 3º. Não se admitir o comerciante como terceiro no regime do art. 12, § 3º, permite restringir as hipóteses de não responsabilização do fornecedor àquelas em que o terceiro é completamente estranho à atividade econômica em questão (fornecimento de produtos e serviços), e, portanto, não estaria de qualquer modo vinculado aos agentes nela envolvidos. Nesse sentido, aliás, decidiu o STJ recentemente, ao indicar expressamente que a atribuição de responsabilidade do comerciante nas hipóteses previstas no art. 13 do CDC não serve para afastar a responsabilidade do fabricante, mas apenas para expandir a legitimação passiva da ação indenizatória em favor do consumidor. O caso dizia respeito à colocação para venda de alimento para bebês com a validade vencida, e que, em face da aquisição e do consumo por bebês com apenas três meses de vida, deu causa ao desenvolvimento de gastroenterite aguda nos menores. Nesse caso, a decisão do STJ foi taxativa ao indicar que "eventual configuração da

---

[99] "Direito do consumidor. Recurso especial. Ação de indenização por danos morais e materiais. Consumo de produto colocado em circulação quando seu prazo de validade já havia transcorrido. "Arrozina Tradicional" vencida que foi consumida por bebês que tinham apenas três meses de vida, causando-lhes gastroenterite aguda. Vício de segurança. Responsabilidade do fabricante. Possibilidade. Comerciante que não pode ser tido como terceiro estranho à relação de consumo. Não configuração de culpa exclusiva de terceiro. – Produto alimentício destinado especificamente para bebês exposto em gôndola de supermercado, com o prazo de validade vencido, que coloca em risco a saúde de bebês com apenas três meses de vida, causando-lhe gastroenterite aguda, enseja a responsabilização por fato do produto, ante a existência de vício de segurança previsto no artigo 12 do CDC. O comerciante e o fabricante estão inseridos no âmbito da cadeia de produção e distribuição, razão pela qual não podem ser tidos como terceiros estranhos à relação de consumo. A eventual configuração da culpa do comerciante que coloca à venda produto com prazo de validade vencido não tem o condão de afastar o direito de o consumidor propor ação de reparação pelos danos resultantes da ingestão da mercadoria estragada em face do fabricante. Recurso especial não provido" (STJ, REsp 980.860/SP, 3ª Turma, Rel. Min. Nancy Andrighi, j. 23-4-2009, *DJe* 2-6-2009).

[100] Afastam a condição de terceiro do comerciante, entre outros: BENJAMIN, Antônio Herman de Vasconcelos et al. *Comentários ao Código de Proteção do Consumidor*, cit., p. 66; TEPEDINO, Gustavo. A responsabilidade civil por acidentes de consumo na ótica civil-constitucional, cit., p. 241; RIZZATTO NUNES. *Curso de direito do consumidor*. São Paulo: Saraiva, 2004, p. 272-273; SANSEVERINO, Paulo de Tarso Vieira. *Responsabilidade civil no Código do Consumidor e a defesa do fornecedor*, cit., p. 282; ROCHA, Sílvio Luís Ferreira da. *Responsabilidade civil do fornecedor pelo fato do produto no direito brasileiro*, cit., p. 107. Em sentido contrário: DENARI, Zelmo. *Código brasileiro de defesa do consumidor comentado pelos autores do anteprojeto*, cit., p. 190.

culpa do comerciante que coloca à venda produto com prazo de validade vencido não tem o condão de afastar o direito de o consumidor propor ação de reparação pelos danos resultantes da ingestão da mercadoria estragada em face do fabricante".[101] Trata-se, certamente, de entendimento que se coaduna com o próprio fundamento das normas de atribuição de responsabilidade civil dos arts. 12 e 13 do CDC.

Já do ponto de vista prático, a exclusão do comerciante da figura de terceiro serve à melhor proteção do consumidor vítima dos acidentes de consumo, assegurando-lhe a possibilidade de ser efetivamente reparado dos danos que tenha sofrido. Um bom exemplo é oferecido por Paulo de Tarso Sanseverino:[102] imagine-se que um consumidor tenha demandado contra o fabricante em razão de danos causados por uma bebida estragada. O fabricante então alega que a bebida em questão foi estragada em razão de sua má conservação no estabelecimento comercial, hipótese em que, admitindo-se o fato de terceiro (do comerciante) nessa alegação, a demanda seria julgada improcedente. Em seguida, o consumidor demandaria, pelo mesmo fato, contra o comerciante, que então comprova que conservou adequadamente o produto. A responsabilidade do comerciante, que nesse caso estaria restrita à demonstração da má conservação de produto perecível, em atendimento ao art. 13, III, acaba não se configurando, e a demanda igualmente é julgada improcedente. Nessa situação, o consumidor ficaria sem qualquer reparação, embora tendo sido vítima de evento que caracteriza evidente acidente de consumo. Tal circunstância, em face da finalidade protetiva do CDC e do direito básico do consumidor à efetiva reparação dos danos causados, não pode subsistir.

Daí por que se nota que as hipóteses de culpa exclusiva do consumidor ou a culpa exclusiva de terceiro (fato de terceiro) são circunstâncias que, para se caracterizarem como excludentes da responsabilidade do fornecedor, exigem que não exista, com relação a elas, nenhuma espécie de participação da cadeia de fornecedores, a qualquer título. Da mesma forma, que o fato ou comportamento do consumidor ou do terceiro seja suficiente para, por si só, dar causa ao evento danoso, razão pela qual se configura como excludente. Nesse sentido, observe-se que as excludentes em questão admitem como tal a culpa exclusiva, não a culpa concorrente. Sendo hipótese de concorrência de culpas, com relação à culpa concorrente do consumidor, compreensão majoritária admite a possibilidade de sua configuração como circunstância apta à redução da indenização. Já na hipótese de se caracterizar a culpa concorrente de terceiro, esta terá como efeito a formação da solidariedade passiva entre os diversos causadores do dano, diante do dever de indenizar o consumidor.

E por fim, na hipótese de culpa de terceiro (fato de terceiro), deve ser considerado como tal apenas aquele que não possua nenhuma espécie de vínculo, não se admitindo como terceiro, portanto, outros agentes econômicos integrantes da cadeia de fornecimento (comerciante, distribuidor, varejista), mesmo que não se impute a eles, expressamente, o dever de indenizar.

3.3.4. Caso fortuito e força maior como excludentes da responsabilidade civil de consumo

Outra questão de fundamental importância diz respeito ao reconhecimento ou não do caso fortuito ou força maior como excludentes de responsabilidade do fato do produto ou do serviço no regime do CDC. A questão se coloca na medida em que tais excludentes não constam entre aquelas expressamente referidas no rol dos arts. 12, § 3º, e 14, § 3º, do CDC. Por

---

[101] STJ, REsp 980.860/SP, 3ª Turma, j. 23-4-2009, Rel. Min. Nancy Andrighi, *DJe* 2-6-2009.
[102] SANSEVERINO, Paulo de Tarso Vieira. *Responsabilidade civil no Código do Consumidor e a defesa do fornecedor*, cit., p. 283.

outro lado, o art. 393 do CC refere que "o devedor não responde pelos prejuízos resultantes de caso fortuito ou força maior, se expressamente não se houver por eles se responsabilizado". E completa em seu parágrafo único: "o caso fortuito ou de força maior verifica-se no fato necessário, cujos efeitos não era possível evitar ou impedir". Tais circunstâncias são consideradas, no direito civil comum, como aptas a afastar a imputação da responsabilidade, seja pelos efeitos do inadimplemento, no âmbito de uma relação contratual, seja pelo dever de indenizar, no âmbito de uma relação de responsabilidade civil em sentido estrito.

No direito do consumidor, e, em especial, na relação de responsabilidade civil pelo fato do produto e do serviço, a questão essencial é admiti-las ou não como hipóteses de exclusão da responsabilidade do fornecedor, mesmo sem sua previsão expressa nos arts. 12, § 3º, e 14, § 3º, do CDC. Em outros termos, se as hipóteses relacionadas nesses artigos são exaustivas ou admitem ainda outras decorrentes da teoria geral da responsabilidade civil, como o são o caso fortuito e a força maior.

Lembre-se, contudo, da distinção entre o *caso fortuito interno* e o *caso fortuito externo*, admitindo-se que apenas quando se trate da segunda hipótese (externo) existiria excludente de responsabilidade. O *caso fortuito interno* consistiria no fato "inevitável e, normalmente, imprevisível que, entretanto, liga-se à própria atividade do agente. Insere-se, portanto, entre os riscos com os quais deve arcar aquele, no exercício da autonomia privada, gera situações potencialmente lesivas à sociedade".[103] Já o caso fortuito externo é aquele fato estranho à organização ou à atividade da empresa, e que por isso não tem seus riscos suportados por ela. Com relação a este, sustenta-se sua aptidão para excluir a responsabilidade objetiva.[104]

No regime de responsabilidade do CDC, a tendência parece ser a da admissão do caso fortuito e da força maior como excludentes da responsabilidade do fornecedor,[105] ainda que não expressamente previstos entre as causas excludentes dos arts. 12, § 3º, e 14, § 3º, do CDC. Nesse sentido, aliás, já se posiciona boa parte da doutrina consumerista e a própria jurisprudência,[106] identificando-se na presença do caso fortuito e da força maior um elemento de rompimento do nexo de causalidade entre a conduta do fornecedor e o dano, indicando a este outra causa.

Diga-se, por outro lado, que a falta de menção expressa do caso fortuito e da força maior entre as causas excludentes causou discussões tanto em direito brasileiro quanto no

---

[103] TEPEDINO, Gustavo; BARBOSA, Heloísa Helena; BODIN DE MORAES, Maria Celina. *Código Civil interpretado conforme a Constituição da República*. Rio de Janeiro: Renovar, 2006, v. I, p. 706.

[104] TEPEDINO, Gustavo; BARBOSA, Heloísa Helena; BODIN DE MORAES, Maria Celina. *Código Civil interpretado conforme a Constituição da República*, cit., p. 706.

[105] "Ação de indenização. Estacionamento. Chuva de granizo. Vagas cobertas e descobertas. Artigo 1.277 do CC. CDC. Precedente da Corte. 1. Como assentado em precedente da Corte, o 'fato de o artigo 14, § 3º, do CDC não se referir ao caso fortuito e à força maior, ao arrolar as causas de isenção de responsabilidade do fornecedor de serviços, não significa que, no sistema por ele instituído, não possam ser invocadas. Aplicação do artigo 1.058 do CC' (REsp 120.647/SP, rel. Min. Eduardo Ribeiro, *DJ* 15-5-2000). 2. Havendo vagas cobertas e descobertas é incabível a presunção de que o estacionamento seria feito em vaga coberta, ausente qualquer prova sobre o assunto. 3. Recurso especial conhecido e provido" (STJ, REsp 330.523/SP, 3ª Turma, Rel. Min. Carlos Alberto Menezes Direito, j. 11-12-2001, *DJU* 25-3-2002, p. 278).

[106] "Administrativo. Responsabilidade civil. Assalto em estação do metrô. Caso fortuito. 1. A empresa prestadora de serviço é responsável pelos danos causados ao usuário em decorrência do serviço ou de sua falta. 2. Foge do nexo de causalidade os eventos ocorridos em decorrência de caso fortuito ou força maior. 3. Assalto ocorrido nas escadas de acesso ao metrô não pode ser considerado como falta do serviço, equiparando-se a assalto ocorrido em transporte coletivo. 4. Recurso especial provido" (STJ, REsp 402.708/SP, 2ª Turma, Rel. Min. Eliana Calmon, j. 24-8-2004, *DJU* 28-2-2005, p. 267).

direito europeu, quando o mesmo silêncio foi observado pela Diretiva 85/374/CEE sobre o tema da responsabilidade pelo fato do produto. Na ocasião, assim posicionou-se, no direito português, João Calvão da Silva: "Porque a regra de direito comum é a oponibilidade à vítima da força maior, se o legislador comunitário pretendesse derrogá-la devia tê-lo feito expressamente. Como não o fez e a lei portuguesa se limitou a incorporar a Diretiva, não consagrando, portanto, a exceção à oponibilidade da força maior ao lesado, deve valer a regra comum".[107]

O direito brasileiro parece seguir essa tendência,[108] observando-se ainda os esforços doutrinários em compatibilizar tais excludentes que se retiram da teoria geral da responsabilidade civil, com a interpretação do texto normativo que não prevê expressamente a exclusão.[109]

Todavia, refira-se que, no direito do consumidor, considerando que o regime de responsabilidade objetiva tem por fundamento o profissionalismo dos fornecedores e a existência do defeito,[110] admite-se atualmente a distinção entre *caso fortuito interno* e *caso fortuito externo*, segundo distinção que já estabelecemos anteriormente. Nesse sentido, de regra só é considerado excludente da responsabilidade do fornecedor o chamado caso fortuito externo, ou seja, quando o evento que dá causa ao dano é estranho à atividade típica, profissional, do fornecedor.[111] Apenas nessa condição estará apta a promover o rompimento do nexo de

---

[107] CALVÃO DA SILVA, João. *Responsabilidade civil do produtor*, cit., p. 737.

[108] Admitindo o caso fortuito e da força maior como excludentes de responsabilidade no regime do CDC, dentre outros: BENJAMIN, Antônio Herman de Vasconcelos e et al. *Comentários ao Código de Proteção do Consumidor*, cit., p. 67; TEPEDINO, Gustavo. A responsabilidade civil por acidentes de consumo na ótica civil-constitucional, cit., p. 240-241; SANSEVERINO, Paulo de Tarso Vieira. *Responsabilidade civil no Código do Consumidor e a defesa do fornecedor*, cit., p. 290; MARTINS, Plínio Lacerda. O caso fortuito e a força maior como causas de exclusão da responsabilidade civil no Código do Consumidor, cit., p. 287-291. Rejeitando-os como excludentes deresponsabilidade, e afirmando o caráter exaustivo da enumeração do CDC: LOPES, José Reinaldo de Lima. *Responsabilidade civil do fabricante e a defesa do consumidor*, cit., p. 119; NERY JÚNIOR, Nelson. Os princípios gerais do Código brasileiro de defesa do consumidor, cit., p. 44-77.

[109] Segundo Sílvio Luiz Ferreira da Rocha, seria desnecessária menção expressa a estas excludentes, uma vez que o caso fortuito já estaria presente no CDC sob a previsão de inexistência do defeito como espécie excludente (art. 12, § 3º II e art. 14, § 3º, I), enquanto a força maior apresentar-se-ia, como a previsão normativa do fato de terceiro (art. 12, § 3º, III, e art. 14, § 3º, II). ROCHA, Sílvio Luís Ferreira da. *Responsabilidade civil do fornecedor pelo fato do produto no direito brasileiro*, cit., p. 112-113. Já no entendimento de James Marins, são admissíveis a força maior e o caso fortuito como excludentes, contanto que não venham a ocorrer dentro do processo produtivo, situação em que não se deverá admiti-la como causa de exclusão da responsabilidade. MARINS, James. *Responsabilidade da empresa pelo fato do produto*, cit., p. 153. No mesmo sentido é o entendimento de: DENARI, Zelmo. *Código brasileiro de defesa do consumidor comentado pelos autores do anteprojeto*, cit., p. 190-191.

[110] MARQUES, Claudia Lima; BENJAMIN, Antônio H.; MIRAGEM, Bruno. *Comentários ao Código de Defesa do Consumidor*, cit., 4. ed., p. 436.

[111] "Processual civil. Recurso especial. Ação indenizatória. Acidente de trânsito envolvendo ônibus em passagem de nível. Previsibilidade. Fato de terceiro não reconhecido. I – Na linha da jurisprudência deste Tribunal, o fato de terceiro que exclui a responsabilidade do transportador é aquele imprevisto e inevitável, que nenhuma relação guarda com a atividade inerente à transportadora. II – Não afasta a responsabilidade objetiva da ré o fato de terceiro, equiparado a caso fortuito, que guarda conexidade com a exploração do transporte. No caso, está dentro da margem de previsibilidade e risco o acidente provocado por abalroamento entre ônibus e vagão em passagem de nível. Recurso especial não conhecido" (STJ, 3ª Turma, REsp 427.582/MS, Rel. Min. Castro Filho, j. 28-10-2004, *DJU* 17-12-2004, p. 515). No mesmo sentido: STJ, REsp 1.045.775/ES, 3ª Turma, Rel. Min. Massami Uyeda, j. 23-4-2009, *DJe* 4-8-2009).

causalidade,[112] afastando *totalmente*[113] a conduta do fornecedor como causadora do dano sofrido pelo consumidor.[114] Não será esse o caso, por exemplo, dos danos causados por assaltos a banco,[115] no qual se vai considerar o caráter previsível do evento ou da fraude cometida por terceiros para abertura de conta-corrente ou obtenção de empréstimos inerente ao risco da instituição,[116] não afastando, desse modo, em nenhum desses casos, a responsabilidade do fornecedor. Nesse sentido, a Súmula 479 do STJ, de agosto de 2012, que, consolidando o entendimento da jurisprudência brasileira sobre o tema, definiu que: "as instituições financeiras respondem objetivamente pelos danos gerados por fortuito interno relativo a fraudes e delitos praticados por terceiros no âmbito de operações bancárias". Da mesma forma, em caso no qual o consumidor é assaltado quando está no *drive-thru* da lanchonete em área contígua ao prédio, foi observado que ao estender deste modo sua atividade, "a lanchonete buscou, no espectro da atividade econômica, aumentar os seus ganhos e proventos, pois, por meio do novo

---

[112] "Processo civil. Agravo de instrumento. Negativa de provimento. Agravo regimental. Indenização por danos morais. Assalto à mão armada no interior de ônibus coletivo. Caso fortuito. Excludente de responsabilidade da empresa transportadora. Súmula 83/STJ. Desprovimento. 1 – Este Tribunal já proclamou o entendimento de que, fato inteiramente estranho ao transporte (assalto à mão armada no interior de ônibus coletivo), constitui caso fortuito, excludente de responsabilidade da empresa transportadora. Precedentes (REsp 402.227/RJ, 435.865/RJ e 264.589/RJ). 2 – Aplicável, portanto, à hipótese, o enunciado sumular de n. 83/STJ. 3 – Agravo Regimental conhecido, porém, desprovido" (STJ, AgRg no Ag 516.847/RJ, 4ª Turma, Rel. Min. Jorge Scartezzini, j. 14-9-2004, *DJU* 8-11-2004, p. 237).

[113] "Direito processual civil e do consumidor. Recurso especial. Roubo de talonário de cheques durante transporte. Empresa terceirizada. Uso indevido dos cheques por terceiros posteriormente. Inscrição do correntista nos registros de proteção ao crédito. Responsabilidade do banco. Teoria do risco profissional. Excludentes da responsabilidade do fornecedor de serviços. Artigo 14, § 3º, do CDC. Ônus da prova. – Segundo a doutrina e a jurisprudência do STJ, o fato de terceiro só atua como excludente da responsabilidade quando tal fato for inevitável e imprevisível. – O roubo do talonário de cheques durante o transporte por empresa contratada pelo banco não constituiu causa excludente da sua responsabilidade, pois trata-se de caso fortuito interno. – Se o banco envia talões de cheques para seus clientes, por intermédio de empresa terceirizada, deve assumir todos os riscos com tal atividade. – O ônus da prova das excludentes da responsabilidade do fornecedor de serviços, previstas no artigo 14, § 3º, do CDC, é do fornecedor, por força do artigo 12, § 3º, também do CDC. Recurso especial provido" (STJ, REsp 685.662/RJ, 3ª Turma, Rel. Min. Nancy Andrighi, j. 10-11-2005, *DJU* 5-12-2005, p. 323).

[114] "Direito civil. Responsabilidade civil. Explosão de bomba em composição ferroviária. Fato de terceiro. Caso fortuito. O depósito de artefato explosivo na composição ferroviária por terceiro não é fato conexo aos riscos inerentes do deslocamento, mas constitui evento alheio ao contrato de transporte, não implicando responsabilidade da transportadora. Recurso especial não conhecido" (STJ, REsp 589.051/SP, 4ª Turma, Rel. Min. Cesar Asfor Rocha, j. 23-3-2004, *DJU* 13-9-2004, p. 258).

[115] "Responsabilidade civil. Morte de menor. Assalto à agência bancária. Indenização. Dano moral. *Quantum* indenizatório. Razoabilidade. Despicienda a análise de eventual conduta culposa por parte da instituição financeira-recorrente, visto ser objetiva a sua responsabilidade em hipóteses como a dos autos. Demais disso, em razão da previsibilidade, não configura o roubo evento de força maior, como pretendido. O valor arbitrado a título de danos morais pelos juízes ordinários não se revela exagerado ou desproporcional às peculiaridades da espécie, não justificando, portanto, a excepcional intervenção desta Corte para rever o *quantum* indenizatório. Recurso especial não conhecido" (STJ, REsp 694.153/PE, 4ª Turma, Rel. Min. Cesar Asfor Rocha, j. 28-6-2005, *DJU* 5-9-2005, p. 429).

[116] "Recurso especial representativo de controvérsia. Julgamento pela sistemática do artigo 543-C do CPC. Responsabilidade civil. Instituições bancárias. Danos causados por fraudes e delitos praticados por terceiros. Responsabilidade objetiva. Fortuito interno. Risco do empreendimento. 1. Para efeitos do artigo 543-C do CPC: As instituições bancárias respondem objetivamente pelos danos causados por fraudes ou delitos praticados por terceiros – como, por exemplo, abertura de conta-corrente ou recebimento de empréstimos mediante fraude ou utilização de documentos falsos –, porquanto tal responsabilidade decorre do risco do empreendimento, caracterizando-se como fortuito interno. 2. Recurso especial provido" (STJ, REsp 1.199.782/PR, 2ª Seção, Rel. Min. Luis Felipe Salomão, j. 24-8-2011, *DJe* 12-9-2011).

serviço, ampliou o acesso aos seus produtos e serviços, facilitou a compra e venda, aumentou as suas receitas, perfazendo um diferencial competitivo para atrair e fidelizar ainda mais a sua clientela. Por conseguinte, chamou para si o ônus de fornecer a segurança legitimamente esperada em razão dessa nova atividade" e "acabou por incrementar, de alguma forma, o risco à sua atividade, notadamente por instigar os consumidores a efetuar o consumo de seus produtos de dentro do veículo, em área contígua ao estabelecimento, deixando-os, por outro lado, mais expostos e vulneráveis a intercorrências".[117]

3.4. O RISCO DO DESENVOLVIMENTO E RESPONSABILIDADE CIVIL DO FORNECEDOR

Os chamados *riscos do desenvolvimento* são aqueles que se constatam apenas após o ingresso do produto ou do serviço no mercado de consumo, em face de melhorias ou avanços científicos e técnicos que permitem a identificação do defeito já existente do produto ou serviço, mas não identificável pelo fornecedor. O critério básico para que se considere que um determinado defeito seja identificável ou não pelo fornecedor é o chamado *estado da ciência*, ou *estado de conhecimento da ciência e da técnica*. O art. 12, § 1º, III, do CDC estabelece entre os critérios de valoração para a avaliação sobre a presença ou não de defeito "a época em que foi colocado no mercado".

O estado da ciência e da técnica, como ensina Adalberto Pasqualotto, "implica saber se, levando em conta os conhecimentos disponíveis no momento em que um produto entrou em circulação, é possível detectar a presença de um defeito".[118] Acresce-se a tal critério, ainda, o que dispõe o art. 10 do CDC, segundo o qual "o fornecedor não poderá colocar no mercado de consumo produto ou serviço que sabe ou deveria saber apresentar alto grau de nocividade ou periculosidade à saúde ou segurança". De modo complementar, observa-se que o art. 12, § 2º, estabelece que um determinado produto não se configura como defeituoso pelo fato de outro de melhor qualidade ter sido colocado no mercado.

No direito europeu, a Diretiva 85/374/CEE expressamente previu os riscos do desenvolvimento como hipótese excludente da responsabilidade do produtor (art. 7º, alínea *e*), ainda que tenha permitido aos países-membros da Comunidade Europeia que, ao mesmo tempo em que incorporassem as normas da diretiva, poderiam derrogar a hipótese excludente.[119] Isso porque se tratou a matéria de uma das mais controversas levada à discussão no contexto de aprovação da norma comunitária, razão pela qual se estabeleceu uma solução de compromisso.[120]

---

[117] STJ, REsp 1450434/SP, Rel. Min Luis Felipe Salomão, 4ª Turma, j. 18/09/2018, *DJe* 09/11/2018.

[118] PASQUALOTTO, Adalberto. A responsabilidade civil do fabricante e os riscos do desenvolvimento. *Revista da Ajuris: responsabilidade civil*. Porto Alegre: Ajuris, [s/d], p. 7-24. Para o exame dos desafios da inovação tecnológica e os riscos do desenvolvimento, veja-se: FACCHINI NETO, Eugênio. Inovação e responsabilidade civil: os riscos do desenvolvimento no direito contemporâneo. In: SAAVEDRA, Giovani Agostini; LUPION, Ricardo (Org.). *Direitos fundamentais, direito privado e inovação*. Porto Alegre: Edipucrs, 2012, p. 95 e s.

[119] Assim o art. 7º da Diretiva: "O produtor não é responsável, nos termos da presente directiva se provar: (...) e) que o estado dos conhecimentos técnicos no momento da colocação em circulação do produto, não lhe permitiu detectar a existência do defeito". Já o art. 15 da Diretiva prevê: "1 Qualquer Estado-membro pode: (...) b) do artigo 7º, manter ou, sem prejuízo do procedimento previsto no número 2, prever na sua legislação que produtor é responsável, mesmo se este provar que o estado dos conhecimentos científicos e técnicos no momento da colocação do produto em circulação não lhe permitia detectar a existência do defeito".

[120] CALVÃO DA SILVA, João. *Responsabilidade civil do produtor*, cit., p. 505.

No direito norte-americano, de sua vez, sobretudo por pressões dos fornecedores, em especial das seguradoras que vinham suportando o pagamento de altos valores de indenização, a tendência jurisprudencial de reconhecimento da responsabilidade do fornecedor, mesmo pelos riscos do desenvolvimento – com fundamento na *strict liability* –, inverteu-se a questão, passando os Tribunais a reconhecê-la como causa de exclusão.[121] Decisão de relevo apontando essa tendência foi o caso *Brown* vs. *Abott Laboratories,* pelo qual a Suprema Corte da Califórnia excluiu a responsabilidade da empresa Abott pelos danos causados por um medicamento que, utilizado com o fim de evitar abortos involuntários, deu causa a tumores vaginais nas consumidoras. Nesse caso, afastou-se a aplicação da *strict liability* em face do interesse público identificado no desenvolvimento de novos medicamentos, os quais, ainda que apresentem sérios riscos à saúde, têm o objetivo maior de salvar vidas. Ao mesmo tempo, sustentou-se que tornar o fornecedor responsável por um perigo impossível de ser conhecido pelo estado atual do conhecimento seria torná-lo espécie de segurador virtual do produto.[122]

Na França, desenvolveu-se uma série de decisões acerca da responsabilidade dos fabricantes, em especial no que diz respeito a danos causados pelo uso de medicamentos, que afastaram o argumento de que se tratava de riscos do desenvolvimento, portanto desconhecidos pelo produtor, como causa de afastamento da imputação. A partir delas, a doutrina especializada passa a considerar que os riscos do desenvolvimento não mais se caracterizam como causa de exoneração de responsabilidade do produtor no direito francês.[123]

A responsabilidade do fornecedor pelos riscos do desenvolvimento ou sua admissão como hipótese excludente, como se vê, apresenta uma série de problemas práticos. Primeiro, importa em um entendimento preciso sobre a distribuição dos riscos no mercado de consumo. Isso implica posicionar-se com relação a quem deve suportar esses riscos e qual o limite dessa responsabilidade. Porque não se duvida que a responsabilidade do fornecedor, por si, não o impede de repassar e diluir os custos dos riscos que venha a suportar no preço de seus produtos e serviços. A estrutura do mercado de consumo assim o admite. Todavia, com relação aos riscos do desenvolvimento, do que se reclama é sobre a relativa imprevisibilidade desses riscos. Trata-se de danos imponderáveis quanto à sua ocorrência e extensão, razão pela qual a simples imputação de responsabilidade ao fornecedor romperia com a lógica do sistema de admissão do risco, em face da possibilidade de sua previsão e internalização como custo da atividade negocial, repassada ao mercado por intermédio da fixação dos preços.

Por outro lado, o argumento em favor da responsabilidade do fornecedor pelos riscos do desenvolvimento afirma que sua eventual admissão como excludente tem por consequência a transferência do risco do consumidor para a vítima, na medida em que à irresponsabilidade do fornecedor corresponderá à transferência do risco e do dano pelo consumidor vítima de evento causado por defeito até então desconhecido. Os argumentos em favor da responsabilização do fornecedor e contra a qualificação dos riscos do desenvolvimento como excludentes situam-se desde a sua consideração como espécie de caso fortuito interno (que por isso não

---

[121] Um argumento utilizado para sustentar a existência de um entendimento favorável aos profissionais, no sistema norte-americano, é o de que, em razão da utilidade social dos medicamentos e a necessidade, é preciso, para que haja sua produção e distribuição em larga escala, assegurar a saúde financeira dos fabricantes. BORGHETTI, Jean-Sébastien. *La responsabilité du fait des produits*, cit., p. 61.
[122] CALIXTO, Marcelo Junqueira. *A responsabilidade civil do fornecedor de produtos pelos riscos do desenvolvimento.* Rio de Janeiro: Renovar, 2004, p. 192.
[123] BORGHETTI, Jean-Sébastien. *La responsabilité du fait des produits*, cit., p. 412-413.

elidiria a responsabilidade),[124] até sua indicação sob a abrangência da garantia geral do CDC quanto a qualquer espécie de dano, como efeito do princípio da solidariedade.[125] Outra linha de argumentação seria a de que os riscos do desenvolvimento não constam expressamente entre as causas excludentes previstas nos arts. 12, § 3º, e 14, § 3º, razão pela qual não poderiam ser admitidos como tal,[126] sobretudo em consideração de que estavam presentes os pressupostos da responsabilidade ao tempo da ação do fornecedor (introdução do produto no mercado), inclusive do defeito, que apenas não seria conhecido naquele instante. Nesse sentido, tratando--se de um sistema de responsabilidade objetiva, não existiria razão para afastar, por essa causa, a responsabilidade por tais riscos.

Por outro lado, há o entendimento dos que sustentam que o fornecedor, não havendo expressa previsão legal que o proíba de oferecer produtos acerca dos quais eventuais riscos sejam desconhecidos, segundo o estado da técnica do momento em que são colocados no mercado, exime-se de qualquer espécie de responsabilidade. Nesse sentido, sustenta-se que o art. 10 do CDC, ao estabelecer a vedação a que o fornecedor ofereça no mercado produtos que saiba ou devesse saber apresentar alto grau de periculosidade ou nocividade, exclui por interpretação em contrário a responsabilidade, uma vez que não há, com relação aos riscos do desenvolvimento, um dever de conhecimento sobre o seu defeito existente, no momento em que o produto é introduzido no mercado.[127]

Atualmente, portanto, divide-se a doutrina especializada com relação à responsabilidade do fornecedor pelos riscos do desenvolvimento. Há inclusive os que sustentam a necessidade de alteração legislativa do CDC, visando maior precisão do tratamento legislativo da matéria.[128] Em nosso entendimento, todavia, dois são os argumentos básicos pelos quais nos parece que os riscos do desenvolvimento se encontram sob a égide da responsabilidade do fornecedor. Em primeiro lugar, um argumento de ordem técnico-legislativa é a circunstância de que o rol de excludentes de responsabilidade previstas nos arts. 12, § 3º, e 14, § 3º, ao não incluir os riscos do desenvolvimento, não permite que sejam consideradas, *praeter legem*, circunstâncias que afastam a responsabilidade do fornecedor. A previsão normativa do art. 12, § 1º, III, que estabelece entre as circunstâncias relevantes a serem consideradas para determinação de um produto como defeituoso ou não "a época em que foi colocado em circulação" constitui critério de valoração para identificação e definição do defeito. Não pode ser confundida, desse modo, com hipótese de exclusão de responsabilidade, sob pena de subverter a sistemática do CDC. Assim também, o art. 12, § 2º, ao estabelecer que "o produto não é considerado defeituoso pelo fato de outro de melhor qualidade ter sido colocado no mercado". Nesse caso, não

---

[124] CAVALIERI, Sérgio. *Programa de responsabilidade civil*. 3. ed. São Paulo: Malheiros, 2002, p. 438.

[125] PASQUALOTTO, Adalberto. A responsabilidade civil do fabricante e os riscos do desenvolvimento, cit., p. 23.

[126] ROCHA, Sílvio Luís Ferreira da. *Responsabilidade civil do fornecedor pelo fato do produto no direito brasileiro*, cit., p. 111.

[127] Nesse sentido é o entendimento de Fábio Ulhôa Coelho. *O empresário e os direitos do consumidor*. São Paulo: Saraiva, 1994, p. 86.

[128] Sugere Marcelo Calixto, na conclusão de sua dissertação sobre o tema, o reconhecimento da responsabilidade do fornecedor pelos riscos do desenvolvimento, mas com a solução, *de lege ferenda*, da adoção de prazo máximo de extensão desta responsabilidade, de dez anos. CALIXTO, Marcelo Junqueira. *A responsabilidade civil do fornecedor de produtos pelos riscos do desenvolvimento*, cit., p. 251-252. Apontando a insuficiência da previsão normativa do CDC sobre a matéria: TEPEDINO, Gustavo. A responsabilidade médica na experiência brasileira contemporânea. *Revista Trimestral de Direito Civil*, v. 2, Rio de Janeiro: Padma, abr./jun. 2002, p. 41-75; e SANSEVERINO, Paulo de Tarso Vieira. *Responsabilidade civil no Código do Consumidor e a defesa do fornecedor*, cit., p. 320.

se trata, mais uma vez, de uma excludente de responsabilidade, mas de uma excludente de um critério de definição do conceito de defeito e de produto defeituoso, a exemplo do que ocorre com o art. 14, § 2º, quando estabelece que "o serviço não é considerado defeituoso pela adoção de novas técnicas".

Pode-se entender, entretanto, que a exegese dessas disposições conduziria não a uma excludente de responsabilidade do fornecedor, mas à conclusão de inexistência do defeito como requisito da responsabilidade civil pelo fato do produto ou do serviço. O argumento, sem dúvida, é sedutor. Contudo, considerando-se que, em regra, ao se tratar das situações abrangidas pelos riscos do desenvolvimento, se estará referindo a defeito intrínseco ao produto, em geral decorrente do momento de sua criação ou concepção, tais defeitos a princípio já estarão presentes, como espécies de defeitos de concepção, ainda que não perceptíveis *a priori*. O que ocorre apenas é que, de acordo com o estado da ciência e da técnica, apenas com o desenvolvimento de novos conhecimentos é que esse defeito vem a ser percebido. Considere-se, ainda, que o próprio Código Civil, ao dispor em seu art. 931 sobre a responsabilidade do empresário pelos danos causados por produtos (não faz referência a serviços), afasta, *a priori*, qualquer restrição ou condicionamento ao dever de indenizar, no que se incluem os riscos do desenvolvimento. Não está claro, contudo, qual será o sentido que a jurisprudência indicará a essa disposição do Código Civil de 2002, em especial em relação à sua compatibilidade com o CDC.

Por outro lado, é necessário igualmente considerar um segundo argumento, relativo à garantia de efetividade do direito do consumidor. Não se pode desconsiderar que o legislador do CDC, ao estabelecer o regime da responsabilidade objetiva e restringir as hipóteses de exclusão da responsabilidade do fornecedor, teve por finalidade a máxima extensão para o consumidor da proteção contra os riscos do mercado de consumo. Nesse sentido, imputou ao fornecedor o ônus de suportar tais riscos, sobretudo por sua capacidade de internalizar os custos que estes representam, e distribuí-los por intermédio do sistema de fixação de preços. Neste sentido, aliás, precedente do STJ identifica os riscos do desenvolvimento com fortuito interno – risco inerente à atividade do fornecedor.[129] A simples exclusão dos riscos do desenvolvimento significaria, em última análise, imputar ao consumidor vítima de um acidente de consumo o ônus de suportar o próprio dano, o que se afasta completamente do sistema protetivo adotado pelo CDC. Daí por que nos parece, no sistema atual, consagrada a responsabilidade do fornecedor pelos chamados riscos do desenvolvimento.

---

[129] Note-se no trecho da mencionada decisão do STJ: " (...) O risco do desenvolvimento, entendido como aquele que não podia ser conhecido ou evitado no momento em que o medicamento foi colocado em circulação, constitui defeito existente desde o momento da concepção do produto, embora não perceptível a priori, caracterizando, pois, hipótese de fortuito interno. 9. Embora a bula seja o mais importante documento sanitário de veiculação de informações técnico-científicas e orientadoras sobre um medicamento, não pode o fabricante se aproveitar da tramitação administrativa do pedido de atualização junto a Anvisa para se eximir do dever de dar, prontamente, amplo conhecimento ao público – pacientes e profissionais da área de saúde -, por qualquer outro meio de comunicação, dos riscos inerentes ao uso do remédio que fez circular no mercado de consumo. 10. Hipótese em que o desconhecimento quanto à possibilidade de desenvolvimento do jogo patológico como reação adversa ao uso do medicamento SIFROL subtraiu da paciente a capacidade de relacionar, de imediato, o transtorno mental e comportamental de controle do impulso ao tratamento médico ao qual estava sendo submetida, sobretudo por se tratar de um efeito absolutamente anormal e imprevisível para a consumidora leiga e desinformada, especialmente para a consumidora portadora de doença de Parkinson, como na espécie" (STJ, REsp 1774372/RS, Rel. Min. Nancy Andrighi, 3ª Turma, j. 05/05/2020, *DJe* 18/05/2020).

3.5. SOLIDARIEDADE DOS FORNECEDORES PELA REPARAÇÃO DO DANO

Dentre as diversas regras de proteção e garantia do ressarcimento de danos do consumidor vítima dos acidentes de consumo está a previsão normativa expressa da solidariedade da cadeia de fornecimento. Estabelece o art. 7º, parágrafo único, do CDC: "Tendo mais de um autor a ofensa, todos responderão solidariamente pela reparação dos danos previstos nas normas de consumo". Por outro lado, distinguem-se, ligeiramente, as previsões normativas relativas à responsabilidade pelo fato do produto (art. 12) e a responsabilidade pelo fato do serviço (art. 14). No caso da norma relativa à responsabilidade pelo fato do produto, optou o legislador do CDC por indicar quais seriam os agentes econômicos da cadeia de fornecimento responsáveis solidariamente pelo dever de reparar danos aos consumidores. Referiu, assim, que "o fabricante, o produtor, o construtor, nacional ou estrangeiro, e o importador, respondem, independentemente da existência de culpa, pela reparação dos danos causados aos consumidores (...)". Indica, portanto, expressamente, os agentes econômicos responsáveis pelo dever de reparação.

No caso da responsabilidade pelo fato do serviço, até pelas dificuldades eventuais em denominar com precisão todos os eventuais agentes da cadeia de fornecimento dos diferentes serviços ofertados no mercado de consumo, a norma do art. 14 do CDC foi mais abrangente ao dispor: "O fornecedor de serviços responde, independente de culpa, pela reparação dos danos causados aos consumidores (...)". Nesse caso, à exclusão dos profissionais liberais, que terão regime de responsabilidade própria, de natureza subjetiva (art. 14, § 4º), os demais participantes da cadeia de fornecimento de serviços qualificam-se, nos termos da norma, como fornecedores de serviço, enquadrando-se na referência expressa prevista no art. 14, *caput*, do CDC. E mesmo em relação aos profissionais liberais, havendo relação de preposição, para o que é desnecessária mesmo a existência de contrato de trabalho entre o fornecedor e o profissional, mas mera relação de subordinação, tal circunstância, por si, induz à solidariedade.[130]

A solidariedade pela obrigação de indenizar que resulta do disposto nos arts. 12 e 14 do CDC é solidariedade legal, ou solidariedade por expressa imputação legal. Ela pode resultar, contudo, também na hipótese em que a causa do dano ao consumidor possa ser atribuída a mais de uma pessoa.

A responsabilidade solidária, no caso, caracteriza espécie de obrigação solidária passiva dos fornecedores referidos na norma, todos coobrigados pelo dever de reparação dos danos aos consumidores; é situação em que na mesma obrigação concorre mais de um devedor, cada um sendo obrigado pela dívida toda (art. 264 do CC). Nesse sentido, assiste ao credor (no caso, o consumidor, credor da indenização) exigir de um ou de alguns devedores a dívida comum (art. 275 do CC). Trata-se, portanto, de espécie de solidariedade passiva, expressamente prevista em lei.

No caso do CDC, o fundamento da responsabilidade solidária dos fornecedores é o princípio da confiança, superando a estrita divisão entre a responsabilização dos indivíduos

---

[130] "Responsabilidade civil. Cirurgia. Queimadura causada na paciente por bisturi elétrico. Médico-chefe. Culpa *in eligendo* e *in vigilando*. Relação de preposição. – Dependendo das circunstâncias de cada caso concreto, o médico-chefe pode vir a responder por fato danoso causado ao paciente pelo terceiro que esteja diretamente sob suas ordens. Hipótese em que o cirurgião-chefe não somente escolheu o auxiliar, a quem se imputa o ato de acionar o pedal do bisturi, como ainda deixou de vigiar o procedimento cabível em relação àquele equipamento. – Para o reconhecimento do vínculo de preposição, não é preciso que exista um contrato típico de trabalho; é suficiente a relação de dependência ou que alguém preste serviços sob o comando de outrem. Recurso especial não conhecido" (STJ, REsp 200.831/RJ, 4ª Turma, Rel. Min. Barros Monteiro, j. 8-5-2001, *DJU* 20-8-2001, p. 469).

ligados ou não por vínculos contratuais, em vista da proteção efetiva da saúde e segurança dos consumidores.[131] Entretanto, destaque-se que a prerrogativa de formar o polo passivo plúrimo é do consumidor, não do fornecedor, diante da expressa vedação, no art. 88 do CDC, da possibilidade de denunciação da lide por qualquer dos réus.[132]

Sendo a responsabilidade dos fornecedores de natureza objetiva e solidária, qualquer um dos referidos nos arts. 12 e 14 poderá ser demandado, conforme o caso, para a satisfação da indenização dos danos causados aos consumidores vítimas de acidentes de consumo. Naturalmente que, nessa situação, não poderão alegar a inexistência de culpa, tratando-se, como é o caso, do regime de responsabilidade objetiva. Os modos de defesa do fornecedor, nesse sentido, estariam restritos à demonstração de uma das excludentes previstas nos arts. 12, § 3º (no caso de fato do produto), ou 14, § 3º (fato do serviço), do CDC. Quem vier a ser demandado e satisfizer a indenização, não sendo o culpado pelo dano causado, poderá ingressar com competente ação de regresso contra o coobrigado que o seja, mediante demonstração da culpa deste (art. 285 do CC), ou ainda o rateio da quantia desembolsada entre os demais coobrigados (art. 283 do CC). Essas pretensões, entretanto, se dão internamente entre os integrantes do polo passivo da relação obrigacional de indenização, em nada afetando o direito do consumidor à reparação.

Com relação à responsabilidade pelo fato do produto, note-se que a responsabilidade solidária se estabelece entre aqueles sujeitos indicados no art. 12, *caput*, não abrangendo, portanto, todos os membros da cadeia de fornecimento. Trata-se de um sistema de imputação objetiva daqueles membros ali mencionados (fabricante, construtor, produtor e importador), em que *o grande ausente*, segundo observa Claudia Lima Marques,[133] será o comerciante, a quem o legislador do CDC optou por separar do regime geral ao prever sua responsabilidade subsidiária ou em circunstâncias específicas, no art. 13 da lei.

No que se refere à solidariedade dos fornecedores de serviços, é interessante observar que a responsabilidade objetiva fixada no art. 14, *caput*, do CDC abrange não apenas o fornecedor direto como, segundo jurisprudência contemporânea nas Cortes brasileiras, também o organizador da cadeia de fornecimento,[134] ou mesmo o locador da área em que se desenvolvia a

---

[131] MARQUES, Claudia Lima; BENJAMIN, Antônio H.; MIRAGEM, Bruno. *Comentários ao* Código de Defesa do Consumidor, cit., 4. ed., p. 432.

[132] Nesse sentido, veja-se: "Civil e processual. Ação de indenização. Estouro de garrafa de cerveja. Ação movida contra a fabricante da bebida. Denunciação da lide contra o produtor do vasilhame e o titular do ponto de venda indeferida corretamente. Perícia técnica no material. Desnecessidade para identificação da responsabilidade da cervejaria. CDC, artigo 12. Recurso especial. Matéria fática. Reexame. Impossibilidade. Súmula 7 do STJ. Dano moral. Valor. Razoabilidade. I. Havendo nos autos elementos suficientes à identificação da origem da lesão causada ao autor – estouro de garrafa – desnecessária a realização de prova técnica para apuração do defeito do produto, o que desejava fazer a cervejaria ré para fins de atribuição de responsabilidade ou à fábrica do vasilhame, ou ao comerciante titular do ponto de venda, porquanto incabível, de toda sorte, a denunciação à lide dos mesmos, por se tratar de relação jurídica estranha àquela já instaurada, pertinente e suficiente, entre o consumidor final e a fabricante da bebida. II. Incabível trazer ao debate responsabilidades secundárias, em atendimento a mero interesse da ré, à qual fica assegurado o direito de regresso, em ação própria. III. 'A pretensão de simples reexame de prova não enseja recurso especial' (Súmula n. 7 do STJ). IV. Dano moral fixado em patamar razoável e compatível com a lesão causada, que levou o autor a submeter-se a intervenção cirúrgica ocular e afastamento do trabalho por cerca de um mês. V. Recurso especial não conhecido" (STJ, REsp 485.742/RO, 4ª Turma, Rel. Min. Aldir Passarinho Junior, j. 16-12-2003, *DJU* 8-3-2004, p. 258).

[133] MARQUES, Claudia Lima. *Contratos no Código de Defesa do Consumidor*, cit., 4. ed., p. 1.034.

[134] "Código de Defesa do Consumidor. Responsabilidade do fornecedor. Culpa concorrente da vítima. Hotel. Piscina. Agência de viagens. Responsabilidade do hotel, que não sinaliza convenientemente a profundidade da piscina, de acesso livre aos hóspedes. Artigo 14 do CDC. A culpa concorrente da ví-

atividade, em razão do fato de que se aproveitava economicamente da atração do público para o seu empreendimento,[135] ainda que não se configurem como prestadores diretos do serviço defeituoso. Não há, nesse sentido, uma referência à solidariedade, mas a referência genérica a "fornecedor de serviço", prevista no art. 14, permite que se identifiquem todos os integrantes da cadeia de fornecimento de uma determinada prestação de serviços com essa qualidade, portanto, passíveis de serem responsabilizados pelo fato do serviço. Tal circunstância induz à solidariedade, na medida em que permite reconhecer diversos fornecedores de um mesmo serviço como integrantes de uma mesma cadeia de fornecimento.[136] É o caso, por exemplo, da agência de viagens, que poderá ser responsabilizada solidariamente por danos decorrentes da má prestação do serviço por outras empresas contratadas por ela, ou ainda a operadora de serviços de assistência médica que se responsabiliza pelos profissionais por ela indicados.[137]

3.6. DIREITO DE REGRESSO

Estabelecendo o art. 7º, parágrafo único, do CDC, de modo expresso, a solidariedade dos responsáveis pelos danos causados aos consumidores, a consequência prática é a possibilida-

---

tima permite a redução da condenação imposta ao fornecedor. Artigo 12, § 2º, III, do CDC. A agência de viagens responde pelo dano pessoal que decorreu do mau serviço do hotel contratado por ela para a hospedagem durante o pacote de turismo. Recursos conhecidos e providos em parte" (STJ, REsp 287.849/SP, 4ª Turma, Rel. Min. Ruy Rosado de Aguiar, j. 17-4-2001, *DJU* 13-8-2001, p. 165).

[135] "Responsabilidade civil e direito do consumidor. Recurso Especial. Alegação de omissão do julgado. Artigo 535 do CPC. Inexistência. Espetáculo circense. Morte de criança em decorrência de ataque de leões. Circo instalado em área utilizada como estacionamento de *Shopping Center*. Legitimidade passiva das locadoras. Desenvolvimento de atividade de entretenimento com o fim de atrair um maior número de consumidores. Responsabilidade. Defeito do serviço (vício de qualidade por insegurança). Dano moral. Valor exorbitante. Redução. Multa. Artigo 538 do CPC. Afastamento. 1. O órgão julgador deve enfrentar as questões relevantes para a solução do litígio, afigurando-se dispensável o exame de todas as alegações e fundamentos expendidos pelas partes. Precedentes. 2. Está presente a legitimidade passiva das litisconsortes, pois o acórdão recorrido afirmou que o circo foi apenas mais um serviço que o condomínio do shopping, juntamente com as sociedades empresárias rés, integrantes de um mesmo grupo societário, colocaram à disposição daqueles que frequentam o local, com o único objetivo de angariar clientes potencialmente consumidores e elevar os lucros. Incidência da Súmula 7/STJ. 3. No caso em julgamento – trágico acidente ocorrido durante apresentação do Circo Vostok, instalado em estacionamento de *shopping center*, quando menor de idade foi morto após ataque por leões –, o artigo 17 do Código de Defesa do Consumidor estende o conceito de consumidor àqueles que sofrem a consequência de acidente de consumo. Houve vício de qualidade na prestação do serviço, por insegurança, conforme asseverado pelo acórdão recorrido. 4. Ademais, o Código Civil admite a responsabilidade sem culpa pelo exercício de atividade que, por sua natureza, representa risco para outrem, como exatamente no caso em apreço. 5. O valor da indenização por dano moral sujeita-se ao controle do Superior Tribunal de Justiça, na hipótese de se mostrar manifestamente exagerado ou irrisório, distanciando-se, assim, das finalidades da lei. O valor estabelecido para indenizar o dano moral experimentado revela-se exorbitante, e deve ser reduzido aos parâmetros adotados pelo STJ. 6. Não cabe multa nos embargos declaratórios opostos com intuito de prequestionamento. Súmula 98/STJ. 7. Provimento parcial do recurso especial" (STJ, REsp 1.100.571/PE, 4ª Turma, Rel. Min. Luis Felipe Salomão, j. 7-4-2011, *DJe* 18-8-2011).

[136] "Civil. Responsabilidade civil. Prestação de serviços médicos. Quem se compromete a prestar assistência médica por meio de profissionais que indica é responsável pelos serviços que estes prestam. Recurso especial não conhecido" (STJ, REsp 138.059/MG, Rel. Min. Ari Pargendler, j. 13-3-2001).

[137] "Responsabilidade civil. Agência de viagens. Código de Defesa do Consumidor. Incêndio em embarcação. A operadora de viagens que organiza pacote turístico responde pelo dano decorrente do incêndio que consumiu a embarcação por ela contratada. Passageiros que foram obrigados a se lançar ao mar, sem proteção de coletes salva-vidas, inexistentes no barco. Precedente (REsp 287.849/SP). Dano moral fixado em valor equivalente a 400 salários mínimos. Recurso não conhecido" (STJ, REsp 291.384/RJ, 4ª Turma, Rel. Min. Ruy Rosado de Aguiar, j. 15-5-2001, *DJU* 17-9-2001, p. 169).

de de dirigir a ação indenizatória visando à reparação dos danos sofridos pelo consumidor vítima a qualquer dos membros da cadeia de fornecimento (respeitado o caráter específico da responsabilidade do comerciante, prevista no art. 13). Trata-se do que a doutrina especializada denomina *causalidade alternativa*, pela qual se imputa a um grupo de pessoas (no caso, fornecedores) a responsabilidade pelos riscos de uma atividade lícita realizada nessas condições.[138] Nesse sentido, segundo as regras sobre solidariedade, quem paga em nome de todos os demais coobrigados solidários pode contra eles exigir sua quota-parte no valor eventualmente desembolsado, conforme estabelece o próprio Código Civil (art. 283). No que se refere à responsabilidade por fato do produto, todavia, o art. 13, parágrafo único, do CDC, vai estabelecer expressamente a faculdade do fornecedor coobrigado pelo dever de indenizar que satisfaz o dever de reparação, na hipótese de não ter sido dele a culpa pela realização do evento danoso de obter via ação de regresso o valor correspondente ao que desembolsou. Assim dispõe o art. 13, parágrafo único, do CDC: "Aquele que efetivar o pagamento ao prejudicado poderá exercer o direito de regresso contra os demais responsáveis, segundo sua participação na causação do evento danoso". Nesse caso, caberá a demonstração da culpa por parte do autor da ação de regresso, o que no caso concreto pode levar a situações concretas bastante difíceis (por vezes de impossibilidade prática de produção da prova).

O reconhecimento expresso da ação regressiva pelo CDC encontra fundamento na divisão dos ônus representados pelos riscos do mercado entre os diversos agentes econômicos envolvidos.[139] No caso da responsabilidade pelo fato do produto, em que a presença do defeito indica uma falha no processo de sua introdução no mercado de consumo, há uma distribuição relativamente equânime dos custos representados por essa falha a partir da identificação de quem tenha dado causa ao defeito.

No caso da responsabilidade pelo fato do serviço, a questão da faculdade da ação regressiva parece estar abrangida pela extensão dos efeitos do art. 13, parágrafo único, do CDC. E, ainda que assim não o fosse, mesmo sem expressa previsão legal no CDC, a possibilidade da demanda regressiva seria deduzida das regras gerais ordinárias sobre solidariedade passiva, pelas quais quem responde em nome de outrem pode reaver deste o que pagou. No caso, o juízo de procedência da ação regressiva não vai prescindir da existência de culpa do réu da mesma,[140] o que deverá ser devidamente demonstrado na ação.

3.7. RESPONSABILIDADE SUBSIDIÁRIA DO COMERCIANTE

A responsabilidade do comerciante, no regime do CDC, não acompanha a dos demais agentes econômicos expressamente referidos no art. 12, *caput*, em matéria de responsabilidade pelo fato do produto. Isso porque a previsão normativa da responsabilidade do comerciante o fez de modo apartado, em artigo próprio – no caso, o art. 13 do CDC. Estabelece a mencionada norma: "O comerciante é igualmente responsável, nos termos do artigo anterior, quando: I – o fabricante, o construtor, o produtor ou o importador não puderem ser identificados; II – o produto for fornecido sem identificação clara do seu fabricante, produtor, construtor ou importador; III – não conservar adequadamente os produtos perecíveis".

---

[138] MARQUES, Claudia Lima. *Contratos no Código de Defesa do Consumidor*, cit., 4. ed., p. 1.044; SANSEVERINO, Paulo de Tarso Vieira. *Responsabilidade civil no Código do Consumidor e a defesa do fornecedor*, cit., p. 249-257. Em profundidade, a obra de DELLA GIUSTINA, Vasco. *Responsabilidade civil dos grupos*, cit., p. 151-152.

[139] MARQUES, Claudia Lima. *Contratos no Código de Defesa do Consumidor*, cit., 4. ed., p. 1.045; BENJAMIN, Antônio Herman de Vasconcelos et al. *Comentários ao Código de Proteção do Consumidor*, cit., p. 34.

[140] MARQUES, Claudia Lima. *Contratos no Código de Defesa do Consumidor*, cit., 4. ed., p. 1.045.

O *caput* do art. 13 ("O comerciante é igualmente responsável...") induz a pensar-se que trata a hipótese de responsabilidade solidária. Todavia, as hipóteses estabelecidas nos incisos I e II da norma, fazendo referência à circunstância de que os responsáveis não possam ser identificados, seja porque essa identificação não exista, seja porque é obscura ou insuficiente,[141] determina a responsabilidade em questão como espécie de responsabilidade subsidiária ou supletiva. Ocorrendo, todavia, qualquer das hipóteses do art. 13, ele passa a integrar, em conjunto – e, portanto, solidariamente – com os demais responsáveis indicados no art. 12 do CDC – o rol de fornecedores que poderão ser demandados pelo consumidor.

No caso do inciso III do art. 13, restando demonstrado que o dano causado aos consumidores decorreu da conservação inadequada de produtos perecíveis, a responsabilidade do comerciante decorre de fato próprio, razão pela qual não se há de falar em subsidiariedade, senão de responsabilidade direta, que vincula sua conduta como causa do evento danoso produzido contra o consumidor vítima.

É possível questionar sobre a conveniência dessa opção legislativa do CDC. Há críticas sobre o acerto ou não do art. 13, ao prever a separação da responsabilidade do comerciante com relação aos demais fornecedores referidos no art. 12. A solução do legislador, contudo, pretendeu restringir a imputação do dever de reparação àqueles fornecedores que, por sua condição dentro do processo produtivo, tenham dado causa ao defeito determinante do evento danoso ao consumidor.

---

[141] MARINS, James. *Responsabilidade da empresa pelo fato do produto*, cit., p. 106-107.

Capítulo 4
RESPONSABILIDADE DOS PROFISSIONAIS POR DANOS CAUSADOS NO EXERCÍCIO DA ATIVIDADE

Assume crescente destaque no direito brasileiro a responsabilidade dos profissionais liberais no exercício de suas atividades. Nesse sentido, embora cada profissional submeta-se a deveres específicos de sua profissão, inclusive constantes de legislação especial, a responsabilidade por danos causados no exercício de seu mister possui um fundamento comum, no âmbito da teoria geral da responsabilidade civil.

Exige-se do profissional que atue com lealdade em relação ao seu cliente. Essa exigência de lealdade, conforme ensina Tourneau,[1] implica uma série de deveres, desde a própria execução do contrato até os deveres de informação e conselho, perseverança na perseguição dos fins, fidelidade, consideração dos interesses da outra parte e facilitação da execução da prestação pela contraparte. E da mesma forma obriga-se a uma atuação eficaz, que, embora por vezes não se comprometa com o resultado, deve contar com a eficácia técnica suficiente para atingi-lo.[2] Por fim, resulta o dever de segurança,[3] cuja violação dá causa à responsabilidade civil.

Daí por que se examina a seguir a disciplina da responsabilidade de alguns desses profissionais, notadamente: a) a responsabilidade civil do médico; e b) a responsabilidade civil do advogado.

4.1. RESPONSABILIDADE CIVIL DO MÉDICO

O estudo da responsabilidade civil médica abrange a responsabilidade civil tanto do profissional da medicina quanto das instituições hospitalares, clínicas e demais estabelecimentos destinados à prestação de serviços de assistência à saúde. O exame das questões que os envolvem possui larga tradição em nossa doutrina,[4] sobretudo em face da exigência, para

---

[1] TOURNEAU, Phlippe le. *La responsabilité civile professionnelle*. Paris: Economica, 1995, p. 57 e s.
[2] TOURNEAU, Phlippe le. *La responsabilité civile professionnelle*, cit., p. 63.
[3] TOURNEAU, Phlippe le. *La responsabilité civile professionnelle*, cit., p. 65.
[4] Entre outros: ALCÂNTARA, Hermes Rodrigues de. *Responsabilidade médica*. São Paulo: José Kofino, 1971; ANDORNO, Luis. La responsabilidad civil médica. *Revista AJURIS*, v. 59, Porto Alegre, 1993; AGUIAR DIAS, José. *Da responsabilidade civil*, cit., v. 2; AGUIAR JÚNIOR, Ruy Rosado. Responsabilidade civil do médico, cit., p. 33-53; BLOISE, Walter. *A responsabilidade civil e o dano médico*. Rio de Janeiro: Forense, 1987; KFOURI NETO, Miguel. *Responsabilidade civil do médico*. 6. ed. São Paulo: RT, 2007; FRADERA, Véra Maria Jacob. Responsabilidade civil dos médicos. *Revista AJURIS*, v. 55, Porto Alegre, jul. 1992, p. 116-139; PACHECO, Newton. *O erro médico*. Porto Alegre: Livraria do Advogado, 1991; MARQUES, Claudia Lima. A responsabilidade dos médicos e do hospital por falha no dever de informar ao consumidor, *RT* 827/11, São Paulo: RT, 2004; PANASCO, Vanderby Lacerda. *A responsabilidade civil,*

sua exata compreensão, do estudo de praticamente todos os principais pressupostos da teoria geral da responsabilidade civil.

Em direito nacional e estrangeiro, a responsabilidade civil decorrente da atividade médica vem apresentando uma mesma série de questões para efeito de imputação do dever de indenizar e sua extensão. Primeiro, no que diz respeito ao modo como demonstrar a existência da responsabilidade médica. Já conhecida discussão sobre a natureza da prestação de serviços médicos, se obrigação de meio ou obrigação de resultado, tem por utilidade maior a determinação do ônus da prova relativamente à culpa do devedor,[5] que nas obrigações de meio cabe a quem alega descumprimento; sendo, de regra, presumida quando havido o inadimplemento das obrigações de resultado. Ou como sustentam os Mazeaud e Tunc, no esteio da festejada doutrina francesa sobre a matéria, que nas obrigações de resultado o devedor compromete-se à realização de um ato determinado, de um resultado. Enquanto nas obrigações de meio, este se compromete apenas a conduzir-se com prudência e diligência em uma determinada direção.[6]

É fora de dúvida que, como regra, a obrigação médica constitui-se de obrigação de meio. Nesse sentido, não haveria comprometimento do médico (devedor da prestação) com a obtenção do interesse específico do paciente (credor da prestação), o que, se exigível, conduziria à improvável situação de que, na ausência da cura da enfermidade ou com a morte do paciente, estaria caracterizado o inadimplemento. Entretanto, no estágio atual do direito das obrigações, sobretudo em face do reforço dos deveres de colaboração e respeito das partes, decorrentes da boa-fé objetiva e da proteção da confiança, o fato de não haver um comprometimento do devedor com o resultado da obrigação não significa simplesmente a indicação genérica de um dever de melhores esforços. Conduz-se o direito das obrigações pela concretização dos deveres das partes, mesmo nas denominadas obrigações de meio, como é o caso dos deveres de informação e de segurança.[7] Considerando-se nesse contexto a obrigação médica, reconhece-se também a ela o dever amplo e genérico de cuidado com o paciente, o qual se deve traduzir por uma série de comportamentos concretos e objetivos do profissional.

Essa compreensão da obrigação médica parece-nos fundamental, e antecede mesmo a identificação do regime de responsabilidade e a caracterização dessa responsabilidade, de acordo com os critérios normativos estabelecidos no ordenamento jurídico. Trata-se, em alguma medida, da imposição daquilo que em direito do consumidor convencionou-se denominar como um dever de qualidade. O dever de qualidade exige a consideração do devedor em relação à totalidade dos interesses legítimos do credor da prestação, pouco importando a existência de motivação ou não, a culpa ou dolo do agente causador de um determinado dano.[8]

---

penal e ética dos médicos. Rio de Janeiro: Forense, 1984; SEBASTIÃO, Jurandir. *Responsabilidade médica. Civil, penal e ética*. Belo Horizonte: Del Rey, 2003; TEPEDINO, Gustavo. A responsabilidade médica na experiência brasileira contemporânea. In: *Temas de direito civil*. Rio de Janeiro: Renovar, 2006, t. II, p. 83-122.

[5] Nesse sentido, aliás, a própria origem da distinção entre as obrigações de meio e de resultado que se indica a Demogue, no princípio do século XX, em seu tratado sobre obrigações. DEMOGUE, René. *Traité des obligations en general*. Paris: Arthur Rousseau, 1925, t. V, p. 398.

[6] MAZEAUD, Henri; MAZEAUD, Léon; TUNC, André. *Tratado teórico práctico de la responsabilidad civil delictual y contractual*, cit., p. 127.

[7] FABRE-MAGNAN, Muriel. *Les obligations*. Paris: PUF, 2004, p. 421-422.

[8] MIRAGEM, Bruno. *Curso de direito do consumidor*. 8ª ed. São Paulo: RT, 2019, p. 751-752.

A responsabilidade civil médica, nesse sentido, a exemplo da responsabilidade civil em geral, decorre da falta, do descumprimento de um dever. Esse dever, como mencionamos, é um dever genérico (cuidado, cautela), ou um dever específico (diagnóstico, informação). Já no que se refere à natureza dessa responsabilidade, a regra entre os profissionais liberais é a responsabilidade subjetiva (mediante verificação da culpa). Contudo, com o advento do Código de Defesa do Consumidor, considerando que as instituições hospitalares e os demais estabelecimentos congêneres caracterizam-se como prestadores de serviço de saúde, sua responsabilidade passa a ser objetiva, de acordo com o art. 14, *caput*, do CDC. Isso conduzirá a outra questão de enorme relevância, que é a da relação a ser considerada entre a responsabilidade do profissional médico e da instituição prestadora de serviços médicos que vier a ser demandada por reparação. Tais questões transcendem a mera delimitação do âmbito das responsabilidades de cada agente. Ao contrário, avança mesmo para o exame do nexo de causalidade e a identificação da conduta decisiva para a realização do dano, assim como, *a contrario*, o exame das excludentes de responsabilidade, no Código de Defesa do Consumidor ou no Código Civil, que em geral levam à quebra do nexo de causalidade entre um dado comportamento e o dano causado.

4.1.1. A obrigação médica

A identificação da responsabilidade civil médica no direito brasileiro passa pela discussão dos debates em relação à sua natureza e extensão. Doutrinariamente, uma primeira larga discussão decorreu da qualificação da responsabilidade médica como espécie de responsabilidade contratual ou extracontratual, no que se refere à fonte dos deveres jurídicos violados pelas partes.

Essa discussão teve lugar, entre nós, em consideração à natureza da relação jurídica originária estabelecida entre o médico e o paciente, de espécie contratual, e à ampliação do campo da responsabilidade extracontratual, seja porque os danos sofridos se descolem da violação de deveres necessariamente expressos no contrato, seja porque a ampliação da incidência da boa-fé objetiva sobre as obrigações em geral vem conduzindo a que a violação dos deveres dela decorrentes seja considerada causa de responsabilidade extracontratual.

Da mesma forma, o objeto da relação obrigacional médico-paciente, que se caracteriza como regra em uma obrigação de fazer visando à preservação da vida, a cura ou prevenção da doença ou moléstia, assim como a melhoria das suas condições pessoais, vincula-se diretamente à vida e à integridade física e moral da pessoa, espécies de direitos subjetivos cuja violação remete à hipótese de responsabilidade extracontratual. A responsabilidade médica, contudo, não segue um regime unitário,[9] uma vez que a prestação de serviços médicos poderá decorrer tanto de um contrato previamente estabelecido quanto simplesmente de uma atuação profissional independente de prévio acordo das partes (um atendimento de emergência ou a assistência pública de saúde). Em qualquer, caso, a utilidade da distinção diz respeito à carga de prova atribuída às partes, o que, no caso da responsabilidade contratual, admite a presunção da culpa médica, bastando à vítima demonstrar a existência do contrato, o dano e o nexo de causalidade com a conduta do profissional, necessitando em acréscimo, na hipótese de responsabilidade extracontratual, da demonstração do dolo, negligência, imprudência ou imperícia do médico.[10]

---

[9] AGUIAR JÚNIOR, Ruy Rosado. Responsabilidade civil do médico, cit., p. 35.
[10] AGUIAR JÚNIOR, Ruy Rosado. Responsabilidade civil do médico, cit., p. 35.

4.1.2. Natureza da obrigação e deveres jurídicos das partes na relação obrigacional entre médico e paciente

A responsabilidade civil médica, em nosso sistema, vem exigindo tradicionalmente a presença de culpa para sua configuração, ou seja, a demonstração de uma falta do profissional em relação aos deveres decorrentes da obrigação de prestação de serviços médicos, que denote o dolo, a negligência, a imprudência ou a imperícia no cumprimento dessa obrigação. Trata-se, pois, a responsabilidade do profissional médico de uma responsabilidade por ato ilícito, fundada no art. 186, combinado com o art. 927, *caput*, do CC/2002. Tratando-se de relação de consumo, quando haja remuneração do serviço prestado diretamente pelo paciente – que neste caso qualifica-se como consumidor – permanece o reconhecimento da natureza subjetiva da responsabilidade do profissional, entretanto com fundamento no art. 14, § 4º, do CDC, que estabelece: "A responsabilidade pessoal dos profissionais liberais será apurada mediante a verificação de culpa".

A responsabilidade dos hospitais e clínicas, contudo, não sendo pessoal, distingue-se da responsabilidade subjetiva do profissional. Nesse sentido, dois são os regimes a serem considerados no direito brasileiro. O direito fundamental à saúde consagrado pelo art. 196 da CF/88 impôs ao Estado a criação e o custeio de um Sistema Único de Saúde, cujos serviços serão de acesso universal e igualitário, portanto, sem a necessidade de remuneração direta pela população, mas sim custeados mediante recursos públicos oriundos de tributos. Trata-se, portanto, de serviços públicos *uti universi*, ou seja, prestados a título universal, razão pela qual não se caracterizam como relações de consumo[11] e, logo, a eles não se aplica a disciplina do Código de Defesa do Consumidor. Todavia, estão submetidos os hospitais e as demais instituições de saúde pública ao regime da responsabilidade objetiva extracontratual do Estado, prevista no art. 37, § 6º, da CF/88 e, da mesma forma, às normas do Código Civil, relativas à determinação da indenização.

Já no que se refere aos hospitais e às demais instituições de prestação de saúde privados, cuja liberdade de fornecimento de serviços de saúde é assegurada pelo art. 199 da CF/88, caracterizam-se como fornecedores de serviços e, nesse sentido, encontram-se sob a égide do CDC (art. 3º). Daí por que respondem por danos causados aos pacientes-consumidores, com fundamento no art. 14, *caput*, que estabelece a responsabilidade objetiva por fato do serviço.

Contudo, embora os deveres impostos originariamente pelo CDC aos fornecedores digam respeito à relação de consumo entre médicos e instituições de saúde e pacientes-consumidores, tais como o dever de informar e o dever de segurança, em face da influência das normas de direito do consumidor sobre as outras áreas do direito, eles passaram a ser considerados como deveres inerentes a todas as obrigações médicas, independentemente do regime a que se vinculem.

A distinção dos regimes de responsabilidade, se aplicáveis o CDC ou a responsabilidade extracontratual do Estado e o Código Civil, vai trazer consequências relevantes no que toca aos pressupostos da responsabilização, às causas excludentes de responsabilidade, bem como ao prazo prescricional da pretensão indenizatória do paciente-vítima. Por outro lado, distinção de enorme importância dirá respeito à atribuição do ônus da prova, que no direito do consumidor pode ser, segundo previsão do art. 6º, VIII, do CDC, invertido na hipótese de hipossuficiência ou verossimilhança da alegação. Entretanto, essa nova leitura da imposição do ônus da prova, faz surgir no processo civil a teoria da carga dinâmica das provas, admitin-

---

[11] PASQUALOTTO, Adalberto. Os serviços públicos no Código de Defesa do Consumidor, cit.; MIRAGEM, Bruno. *Curso de direito do consumidor*. 8ª ed. São Paulo: RT, 2019, p. 266-267.

do o papel do juiz na definição do ônus da prova à parte (autor ou réu) que tenha melhores condições de apresentá-la, conforme é consagrado no art. 373, §1º, do Código de Processo Civil vigente, que dispõe: "Nos casos previstos em lei ou diante de peculiaridades da causa relacionadas à impossibilidade ou à excessiva dificuldade de cumprir o encargo nos termos do caput ou à maior facilidade de obtenção da prova do fato contrário, poderá o juiz atribuir o ônus da prova de modo diverso, desde que o faça por decisão fundamentada, caso em que deverá dar à parte a oportunidade de se desincumbir do ônus que lhe foi atribuído." No caso da obrigação médica, em especial acerca de seus aspectos técnicos, é providência imposta à expertise do profissional médico.

Essa multiplicidade de regimes da responsabilidade médica, como se vê, ao mesmo tempo em que estabelece algumas diferenças, sobretudo no que toca às obrigações médicas caracterizadas como relações de consumo e às decorrentes do cumprimento do dever do Estado de assistência à saúde, vão coincidir no tocante à imposição de novos deveres jurídicos ao profissional médico, em grande parte decorrentes da incidência da boa-fé objetiva. Essa aproximação dos regimes de responsabilidade deve-se, indiscutivelmente, à coincidência de finalidades que preside a disciplina da responsabilidade civil no direito contemporâneo, quais sejam, a realização do princípio de proteção da vítima e a garantia do ressarcimento de danos à pessoa.

4.1.3. Sujeitos da relação obrigacional médica originária e da relação que decorre da responsabilidade do profissional por danos

Os sujeitos da obrigação médica originária são o profissional e o paciente. Na relação de responsabilidade civil que decorre de eventual inadimplemento da obrigação, podem figurar também outras pessoas que na relação originária são terceiros, como é o caso de parentes próximos à vítima, ou ainda pessoas que dela dependiam economicamente, na hipótese de o dano causado pela falha da prestação implicar a incapacidade para o exercício da atividade remunerada ou mesmo a morte do paciente.

Da relação originária, diga-se em primeiro lugar que é o profissional médico a quem se reconhece superioridade técnica, de quem se deve presumir a iniciativa na investigação de informações relevantes do paciente, assim como a prestação de informações, a adoção da técnica terapêutica adequada, a identificação e avaliação dos riscos à saúde o paciente, entre outras providências necessárias ao atingimento do propósito original da obrigação.

Ao paciente, todavia, também é imputado dever de colaboração, visando a satisfação da própria saúde. Afinal, o êxito da técnica médica só há de se realizar na medida em que o paciente atenda às recomendações do profissional, bem como o informe sobre aspectos relevantes para a definição e execução da prestação.

Esses aspectos serão relevantes também quando se verifique, no caso de dano ao paciente, a existência da obrigação de indenizar. Para sua configuração é necessário que se examine todo o *iter* da relação, em especial para determinação da causa do dano. Se for o caso em que o desatendimento ao dever de colaboração pelo paciente, no interesse da própria integridade, tem contribuição decisiva para a realização do dano, poderá estar configurado o fato da vítima, que se for exclusivo – afasta a responsabilidade do profissional. Neste caso, será necessário demonstrar que o dano sofrido apenas se realizou em razão da própria conduta da vítima, que, tendo sido esclarecida sobre as providências que ficariam ao seu encargo para a obtenção da finalidade pretendida, deixa e observar tais condições.

Entretanto, uma vez constituída a obrigação de indenizar, a indicação precisa dos danos faz-se necessária, inclusive para a determinação das vítimas. Nesse ponto surge uma questão decisiva: além do paciente, que é vítima direta do dano, quais outras pessoas serão legítimas para demanda indenizatória? É evidente que o dano do paciente afeta, em distintos graus, emocionalmente, as pessoas que lhe são próximas. Todavia, merecerão, por isso, indenização? Não se pode permitir que a subjetividade do intérprete sirva para alargar em demasia o rol de legitimados para a indenização. Estabelece o art. 12 do CC/2002 que, no caso de lesão à personalidade, no caso de morte da vítima os sucessores são legítimos para reclamar sua proteção. De regra, admite-se que sejam legítimos para reclamar o dano da vítima. Não o serão *per se*, todavia, também vítimas. Necessário examinar-se a existência, segundo as circunstâncias do caso, da legitimidade para reclamarem o dano por ricochete. Nesse caso, sendo patrimoniais, os danos devem ser provados. No caso de danos extrapatrimoniais, apenas se houver situação excepcional, ou alguma situação específica relacionada ao dano do paciente, em que terceiro tenha sido exposto ou participado diretamente, para que se reconheça sua legitimidade para reclamar, em nome próprio, indenização.

4.1.4. Objeto da obrigação médica: a obrigação de fazer

A relação obrigacional médico-paciente possui características bastante específicas no que diz respeito à espécie e qualidade dos deveres jurídicos estabelecidos às partes. Em primeiro lugar, apresenta, como em poucas outras espécies de obrigações, uma enorme disparidade em relação ao conhecimento técnico relativo aos aspectos mais comezinhos sobre as características da prestação do autor. Essa destacada vulnerabilidade técnica do paciente em relação ao profissional, todavia, curiosamente, induz muitas vezes ao reforço dos seus laços de confiança na correção da conduta e no conhecimento do especialista. Tais circunstâncias conferem maior intensidade aos deveres estabelecidos ao profissional, em especial no que diz respeito ao correto esclarecimento do paciente quanto às condições em que se realizam a prestação de serviço, seus objetivos, riscos e, tanto quanto possível, eventuais chances de êxito.

No que diz respeito ao conteúdo da obrigação, entretanto, a determinação dos deveres das partes por ocasião da prestação de serviço médico depende da distinção mais exata quanto à espécie de relação jurídica de que se constitui a obrigação médica, em especial no que diz respeito à sua distinção como obrigação de meio ou de resultado, ou ainda com relação à fonte dos deveres jurídicos inerentes a essa prestação de serviço, se contratuais ou extracontratuais.

4.1.5. A obrigação de prestação de serviços médicos como obrigação de meio ou de resultado e suas consequências para a responsabilidade do profissional

A distinção das obrigações como de meio ou de resultado, já mencionamos, deve-se a René Demogue, em seu *Tratado das obrigações*, segundo o qual a diferença se justifica no tocante à espécie de prestação e, em consequência, às espécies de obrigações devidas pelas partes.[12] No caso das obrigações de resultado, há um comprometimento do devedor com determinado fim, um determinado objeto que satisfaça o interesse do credor com o cumprimento da prestação. Em outros termos, há um critério objetivo de identificação do adimplemento ou não da obrigação, que é a realização ou não do resultado devidamente estabelecido pelas partes.

Já nas obrigações de meio, ao contrário, não há um comprometimento do devedor com a obtenção de um fim específico, ou seja, de alcançar ou realizar uma determinada providência ou resultado. Trata-se, nesse caso, de uma obrigação de melhores esforços, ou seja, do comprometimento do devedor em agir com toda a diligência e perícia que possui para a

---

[12] DEMOGUE, René. *Traité des obligations en general*, cit., p. 398.

melhor realização da prestação. Não se compromete, contudo, com a satisfação específica do interesse do credor na obtenção de um certo resultado, o qual não assegura.

Dessa definição resta claro que, como regra, a obrigação médica, no que diz respeito à prestação de serviços com a qual se compromete o profissional, trata de uma obrigação de meio. Isso porque não há – e não pode haver – comprometimento do profissional com a cura da enfermidade, a salvação da vida ou quaisquer outros resultados cujo alcance depende de fatores orgânicos do próprio paciente ou demais fatores (ação de medicamentos, e.g.), cujo resultado é completamente alheio ao domínio técnico do médico.

Em que pese essa conclusão praticamente unânime da doutrina[13] e da jurisprudência no tocante à quase totalidade das espécies de prestação de serviços médicos, subsiste no direito brasileiro o debate acerca do enquadramento, nessas categorias, da cirurgia plástica. As cirurgias plásticas distinguem-se em meramente estéticas ou reparadoras. As cirurgias plásticas meramente estéticas são aquelas realizadas com o intuito embelezador, ou seja, às quais o paciente se submete a fim de obter determinada modificação física, de modo a alterar sua aparência, tornando-a mais agradável para si. Já a cirurgia plástica reparadora diz respeito ao procedimento de correção ou reconstituição de deformidades, cicatrizes ou alterações corpóreas. No que diz respeito às cirurgias plásticas, a tendência do direito brasileiro vem sendo a de considerá-las espécie de obrigação de resultado. No caso dessa espécie de obrigação médica, verifica-se a tendência de indicá-las como obrigações de resultado, uma vez que existiria a possibilidade de identificação do atingimento ou não do interesse específico do credor. Ou, como menciona Caio Mário da Silva Pereira, considerando-se que nessa espécie cirúrgica o paciente está realizando procedimento facultativo, trata-se de intervenção visando corrigir uma imperfeição ou melhorar a aparência, razão pela qual, não tendo condições de proporcionar-lhe este fim, o cirurgião deve se abster de realizar a intervenção.[14] Mesmo nessa situação, contudo, não se desconsidera a existência de fatores imponderáveis, reações pós-operatórias decorrentes de circunstâncias alheias à perícia do profissional.[15] Outro entendimento é o que distingue entre as espécies de cirurgias plástica, se estética ou reparadora, como critério para sua classificação das obrigações de meio ou de resultado. Segundo tal visão, as cirurgias reparadoras permaneceriam consideradas como obrigações de meio, na medida em que não teria como o profissional assegurar o êxito na correção ou reconstituição física pretendida pelo paciente, enquanto na cirurgia estética a não obtenção do resultado esperado, considerando-se o fato de que o interesse específico do paciente é uma melhora de aparência, implicaria o descumprimento de uma obrigação de resultado, importando, nesse sentido, uma presunção de culpa do paciente.[16]

Não se desconhece, contudo, a existência de determinadas especialidades médicas em que se configura espécie de obrigação de resultado, como é o caso, por exemplo, daquela que incumbe ao anestesista, cuja prestação compreende assegurar o adormecimento do paciente e seu despertar, bem como o controle de eventuais consequências posteriores à realização do procedimento. Resulta inegável, nessas circunstâncias, que qualquer anormalidade na reali-

---

[13] AGUIAR JÚNIOR, Ruy Rosado. *Responsabilidade civil do médico*, cit., p. 35; CAVALIERI, Sérgio. *Programa de responsabilidade civil*. 7. ed. São Paulo: Atlas, 2007, p. 360; KFOURI NETO, Miguel. *Responsabilidade civil do médico*, cit., p. 62; TEPEDINO, Gustavo. A responsabilidade médica na experiência brasileira contemporânea, cit., p. 87; BRANCO, Gérson Luiz. Aspectos da responsabilidade civil e do dano médico. *RT* 733/55, São Paulo: RT, 1996.
[14] PEREIRA, Caio Mário da Silva. *Responsabilidade civil*. 3. ed. Rio de Janeiro: Forense, 1993, p. 168-169.
[15] KFOURI NETO, Miguel. *Responsabilidade civil do médico*, cit., p. 172.
[16] CAVALIERI, Sérgio. *Programa de responsabilidade civil*, cit., 11. ed., p. 369-370.

zação dessa atividade, que importar em danos ao paciente, caracteriza descumprimento da obrigação pelo profissional, presumindo-se sua culpa. Desse modo, por exemplo, não pode alegar o anestesista desconhecimento ou aleatoriedade de eventuais intolerâncias ou alergias do paciente em relação às drogas ministradas na anestesia, ou mesmo as consequências de interações medicamentosas, uma vez que o dever de tomar as precauções devidas e colher as informações do paciente é ínsito à atividade desse profissional (exceção feita a situações de omissão ou falsidade deliberada da informação pelo paciente). Da mesma forma, seu descumprimento acarreta não apenas a responsabilidade do anestesista, como também a responsabilidade solidária do cirurgião em relação à obrigação de indenizar. No mesmo sentido, caracterizam-se como obrigações de resultado a prestação de serviços radiológicos e os que tenham por objeto a realização de exames e diagnósticos em geral, uma vez que se há de exigir, nessas hipóteses, a correta indicação do estado do paciente, caracterizando-se o inadimplemento caso isto não venha a ocorrer.

Não se deve impor, contudo, uma separação rígida entre obrigações de meio e de resultado. Considerando-se que se trata de distinção com o forte apelo prático de estabelecer o ônus da prova ou a presunção de culpa, nesses limites deve ser colocada a discussão. O amplo reconhecimento e a aplicação do princípio da boa-fé no direito das obrigações passam a exigir que a avaliação do cumprimento ou não da obrigação pelo devedor seja examinada em vista também dos interesses legítimos da outra parte, o que torna mais intensos os deveres das partes na relação obrigacional, mesmo os deveres de diligência e cuidado, assim como o dever de informação e esclarecimento.

4.1.6. Os deveres do médico

A prestação de serviços pelo profissional médico pressupõe o cumprimento de uma série de deveres específicos que este deve observar. A sistematização desses deveres pela doutrina[17] dá causa à sua identificação em três grandes grupos, quais sejam: os deveres de informação e esclarecimento; os deveres de técnica e perícia; e os deveres de cuidado ou diligência.

4.1.6.1. Deveres de informação e esclarecimento

Os deveres de informação e esclarecimento têm como fundamento a boa-fé objetiva[18] que informa as relações jurídicas obrigacionais e se estende por diversos outros domínios de nosso sistema jurídico. Note-se que a contratação de uma obrigação médica pelo paciente decorre, muitas vezes, de uma necessidade de diagnóstico ou tratamento em vista da integridade física ou moral do tomador do serviço.

Nessa situação, o profissional encontra-se em autêntica situação de poder. O paciente, doente ou afetado com o risco de doença, assim como seus familiares, encontram-se, em geral, em situação de vulnerabilidade agravada, dada sua situação particular.[19] Conforme refere com rigorosa precisão Claudia Lima Marques, com apoio na doutrina alemã, "trata-se de um

---

[17] José de Aguiar Dias distingue os deveres implícitos à obrigação médica, ao lado do dever principal de prestação: o dever de conselho, o dever de cuidado, a abstenção do abuso por parte do profissional. AGUIAR DIAS, José. *Da responsabilidade civil*, t. 1, cit., p. 292; Ruy Rosado de Aguiar acresce a estes, ainda, os deveres de sigilo, o de não abusar do seu poder, não abandonar seu paciente, o de, no impedimento eventual, garantir sua substituição por profissional habilitado, e o de não recusar o atendimento em caso de urgência. AGUIAR JÚNIOR, Ruy Rosado. *Responsabilidade civil do médico*, cit., p. 37.

[18] MENEZES CORDEIRO, António. *Da boa-fé no direito civil*. Coimbra: Almedina, 2001, p. 53 e s.

[19] GHERSI, Carlos Alberto. *Relação médico-paciente*. Mendoza: Cuyo, 2000, p. 42-43.

dever de informar clara e suficientemente os leigos-consumidores (*hinreichende Aufklärung*), pessoalmente (*in einem persönlichen Gespräch*) sobre os riscos típicos (*typische Gefahren*) e aspectos principais (*wesentliche Ünstande*) do serviço médico naquele caso específico. Um dever diretamente oriundo das exigências de boa-fé (*Pflicht aus Treu und Glauben*) na conduta do *expert* em relação ao leigo durante todo o desenvolver da relação jurídica de confiança (*Vertrauensverhältnis*), alcançando, na fase prévia, graus de dever de alerta (*Warnpflicht*) e de aconselhamento/dever de conselho (*Beratungspflicht*) visando alcançar o consentimento informado, válido e eficaz do paciente (*wirksame Einwilligung des Patienten*), geralmente conhecido pela expressão norte-americana *informed consent*".[20]

O dever de informação e esclarecimento encontra-se positivado no sistema jurídico brasileiro no que respeita às relações de consumo (arts. 6º, 31, 46 e 51 do CDC), resultando, no direito comum, da incidência do princípio da boa-fé, ora indicado nos arts. 113, 187 e 422 do Código Civil. A incidência da boa-fé objetiva na relação obrigacional tem como um de seus efeitos o surgimento de deveres anexos à obrigação principal, entre os quais os deveres de colaboração, lealdade e respeito às expectativas legítimas da outra parte. Nesse sentido, o dever de informação do médico ou da instituição hospitalar serve ao correto atendimento desses deveres. O dever de informação-lealdade diz respeito ao dever de esclarecer ao paciente todos os riscos do tratamento ou mesmo do procedimento ao qual será submetido, ou seja, as implicações possíveis, os efeitos colaterais, assim como, quando for o caso, seu respectivo custo financeiro. O dever de informação-colaboração, de sua vez, tem a ver sobretudo com as informações a serem prestadas visando ao restabelecimento do paciente, as providências a serem tomadas durante o tratamento para obtenção de melhores resultados, os cuidados pós-operatórios, entre outras informações relevantes. Já o dever de informar diz respeito às expectativas legítimas do correto esclarecimento sobre o diagnóstico do paciente, as chances de êxito do tratamento ou do procedimento adotado, ou mesmo, no caso da cirurgia estética, a correta informação sobre que resultados podem ser alcançados, com o devido alerta sobre a possibilidade de eles não serem obtidos ao final.

4.1.6.1.1. Conteúdo do dever de informar do médico

O conteúdo do dever de informar do médico compreende todas as informações necessárias e suficientes para o pleno esclarecimento do paciente quanto aos aspectos relevantes para formação de sua decisão de submeter-se ao procedimento, assim como sobre seus riscos e as respectivas consequências do tratamento ou procedimento a ser realizado. Conforme Gustavo Tepedino, "o dever de informação diz com os riscos do tratamento, a ponderação quanto às vantagens e desvantagens da hospitalização ou das diversas técnicas a serem empregadas, bem como a revelação quanto aos prognósticos e ao quadro clínico e cirúrgico, salvo quando esta informação possa afetar psicologicamente o paciente", da mesma forma como o consentimento do paciente em relação às técnicas a serem empregadas e ao respectivo procedimento a ser adotado.[21] No mesmo sentido ensina Cristoph Fabian, ao mencionar que o "médico deve esclarecer sobre a forma da intervenção e sobre aqueles riscos da intervenção que não ficarem completamente fora da probabilidade. Pressuposto para os dois tipos de esclarecimento é a informação sobre a diagnose. Uma informação não completa sobre a diagnose ou uma diagnose errada também acarreta um consentimento ineficaz. O médico

---

[20] MARQUES, Claudia Lima. A responsabilidade dos médicos e do hospital por falha no dever de informar ao consumidor, cit., p. 11.
[21] TEPEDINO, Gustavo. A responsabilidade médica na experiência brasileira contemporânea, cit., p. 90.

deve informar sobre os riscos possíveis do tratamento, salvo aqueles que acontecem raramente. Para a probabilidade do risco não importa alguma estatística, é preciso informar sobre aqueles riscos raros que podem se realizar especificamente no tratamento. O paciente também deve saber os efeitos colaterais do tratamento. Quando o tratamento pode causar dores fortes, o médico deve informar sobre elas".[22]

Note-se que o atendimento ao dever de informar, por si só, constitui espécie de obrigação de resultado,[23] ainda que a prestação principal seja de meio (a prestação de serviço médico). Isso porque o dever de informar é dever anexo da obrigação, e a aferição do seu correto cumprimento é independente do cumprimento do dever principal de prestação. Segundo essa visão de obrigação como um processo[24] em que se somam e sucedem uma série de condutas visando à satisfação do credor, cada um desses deveres deve ser considerado individualmente, de modo que o descumprimento de qualquer deles pode dar causa a que se caracterize o inadimplemento (a violação positiva do contrato).[25]

Ou seja, a informação deve ser de tal modo inteligível, a fim de que seja corretamente compreendida pelo paciente. Não basta, assim, o cumprimento formal do dever de informar, o que muitas vezes na obrigação médica se dá pela referência excessiva a termos técnicos, em linguagem inacessível ao paciente leigo, não familiarizado com a terminologia médica. Destaque-se, pois, que o correto atendimento ao dever de informar exige que se determine uma informação eficiente, ou seja, que seja compreensível e compreendida pelo paciente, o que constitui a razão para a multiplicação dos procedimentos de obtenção do consentimento informado pelos profissionais das diversas especialidades médicas.

Excetua-se ao dever de informar do médico o denominado privilégio terapêutico. Previsto no art. 34 do Código de Ética Médica, que, ao estabelecer vedação ao profissional de "deixar de informar ao paciente o diagnóstico, o prognóstico, os riscos e os objetivos do tratamento (...)", destaca: "(...) salvo quando a comunicação direta possa lhe provocar dano, devendo, nesse caso, fazer a comunicação a seu representante legal". Nesse caso, não se isenta o cumprimento do dever de informar, apenas modula-se o modo de atendimento. Trata-se de hipótese cuja utilização é restrita às situações em que o médico possa prever razoavelmente que a reação do paciente poderá acarretar danos à sua saúde ou à própria evolução do tratamento. Deve, assim, ser interpretada restritivamente, mantendo-se como regra o pleno e completo atendimento ao dever de informar.[26]

---

[22] FABIAN, Cristoph. *O dever de informar no direito civil*. São Paulo: RT, 2002, p. 136.

[23] MARQUES, Claudia Lima. A responsabilidade dos médicos e do hospital por falha no dever de informar ao consumidor, cit., p. 31; OSSOLA, Federico; VALLESPINOS, Gustavo. *La obligación de informar*. Córdoba: Advocatus, 2001, p. 239.

[24] Sobre este entendimento, veja-se por todos no direito brasileiro: COUTO E SILVA, Clóvis. *A obrigação como processo*. São Paulo: FGV, 2004, p. 63 e s. MIRAGEM, Bruno. *Direito civil: direito das obrigações*. 2ª ed. São Paulo: RT, 2018, p. 45.

[25] COUTO E SILVA, Clóvis. O princípio da boa-fé no direito brasileiro e português. In: FRADERA, Véra (Org.). *O direito privado brasileiro na visão de Clóvis do Couto e Silva*. Porto Alegre: Livraria do Advogado, 1997, p. 38.

[26] RAGAZZO, Carlos Emmanuel Joppert. *O dever de informar dos médicos e o consentimento informado*. Curitiba: Juruá, 2007, p. 109. Do mesmo autor, veja-se: RAGAZZO, Carlos Emmanuel Joppert. Os requisitos e os limites do consentimento informado. In: NIGRE, André Luis; ALMEIDA, Álvaro Henrique Teixeira. *Direito e medicina*. Um estudo interdisciplinar. Rio de Janeiro: Lumen Juris, 2007, p. 162.

4.1.6.1.2. O consentimento informado

O consentimento informado constitui espécie de procedimento prévio à prestação de serviço médico. Situa-se, por isso, na fase pré-contratual, na qual cumpre ao médico o atendimento do amplo dever de informação e esclarecimento do paciente. Seu reconhecimento pelo direito se dá por obra da jurisprudência, que, segundo aponta a doutrina, no direito norte-americano, por intermédio do caso *Schloendorff* vs. *Society of New York Hospital*, o qual discutia situação em que, tendo o paciente autorizado procedimento cirúrgico apenas para identificação da causa de dores que sofria, realizada a cirurgia o médico encontrou e efetuou a retirada de um tumor, sendo que após veio a desenvolver uma gangrena no braço e consequente amputação dos dedos da mão. Entre os argumentos utilizados então pelo juiz Benjamin Cardozo em sua decisão, surge o reconhecimento do direito individual à autodeterminação em relação ao seu próprio corpo.[27]

A afirmação do consentimento informado como procedimento prévio, vinculado a um dever de informar do médico, contudo, surge a partir de longo desenvolvimento jurisprudencial no direito estrangeiro. E no direito brasileiro, com sua adoção pela norma do Código de Ética Médica[28] e sobretudo pelo desenvolvimento do dever de informação previsto no CDC.

O consentimento informado é procedimento que se vincula ao adequado e regular exercício da autonomia da vontade pelo paciente. Cumpre a ele decidir sobre a submissão ou não aos procedimentos e tratamentos, mediante prévia afirmação e sua vinculação ao paciente. Por consentimento informado, entende-se o procedimento pelo qual o paciente é esclarecido pelo profissional médico sobre todos os aspectos relevantes pertinentes ao tratamento, terapia ou procedimento a que será submetido, tais como riscos, efeitos colaterais, chances razoáveis de êxito, custos, e após o qual manifesta concordância expressa com sua realização, nos estritos termos das informações que lhe foram transmitidas. Pressupõe, para sua correta realização, que sejam considerados, entre outros aspectos: a) as condições subjetivas do paciente, tais como idade, nível cultural e de instrução, entre outras qualidades relevantes à compreensão das informações a serem repassadas pelo profissional médico; b) a capacidade do paciente de formular uma decisão racional com base nas informações obtidas; e c) linguagem acessível e precisa (não ambígua) quanto aos procedimentos e riscos.

São duas as principais consequências do consentimento informado. De um lado a prova pelo médico (em geral quando realizado por escrito) de que informou correta e amplamente o paciente quanto aos aspectos relevantes relativos ao procedimento ao qual deverá se submeter. Note-se que não bastam, para tanto, a simples realização do termo escrito e a prova da assinatura pelo paciente. É cabível, no caso, a avaliação, quando o fato de ter sido fornecida a informação for objeto de controvérsia, uma avaliação do conteúdo, do grau de compreensão e sobre quais as informações relevantes foram efetivamente informadas. De acordo com o princípio da boa-fé, que dá causa aos deveres de lealdade e colaboração entre as partes nesse caso, não se admite o simples cumprimento formal do dever de informar, senão um amplo dever de esclarecimento do profissional, *expert* e presumidamente detentor das informações técnico-científicas relevantes para os interesses do paciente, e que se encontra – de regra – em situação de vulnerabilidade fática agravada (pela falta de informação e pelo fato da enfermidade ou da expectativa em relação ao resultado da prestação de serviço).

---

[27] KFOURI NETO, Miguel. *Culpa médica e ônus da prova*. 4. ed. São Paulo: RT, 2002, p. 282 e s.
[28] O art. 59 do Código de Ética Médica veda ao profissional "deixar de informar ao paciente o diagnóstico, o prognóstico, os riscos e objetivos do tratamento, salvo quando a comunicação direta ao mesmo possa provocar-lhe dano, devendo, nesse caso, a comunicação ser feita ao seu responsável legal".

Por outro lado, o consentimento informado caracteriza o atendimento ao dever de informar do prestador do serviço e, por consequência, o direito à informação do paciente. Nas prestações de serviços médicos que constituam relações de consumo realizam o cumprimento do direito à informação do consumidor. Nos outros casos (serviço de saúde pública), o cumprimento ao dever de informação emerge do princípio da boa-fé e informa, indistintamente, tanto as relações de direito privado quanto as de direito público.[29] Aliás, é essa a característica mais destacada do consentimento informado na atualidade. Concebido como um instrumento de proteção do profissional médico, converteu-se em uma garantia de efetividade do direito à informação, caracterizando espécie de direito básico do paciente à informação, decorrente da proteção à confiança.

Observe-se, contudo, que a existência do consentimento informado não exime o profissional médico de responsabilidade por seus atos, senão exclusivamente em relação aos danos que vierem a resultar dos riscos involuntários decorrentes do tratamento ou procedimento médico a que se refiram. Sua exigência decorre, como se afirmou, das exigências de proteção da confiança na relação entre médico e paciente.

4.1.6.1.3. Autonomia dos danos causados pela violação do dever de informar

Constitui questão de grande repercussão prática o exame das consequências da violação, pelo profissional médico, do seu dever de informar. Nos contratos de prestação de serviços médicos, regulados pelo CDC, a violação do dever de informar, quando identificado tal dever como anexo da prestação principal do médico (a prestação do serviço), é causa do dever de indenizar danos eventualmente causados aos pacientes-consumidores. Ocorre que o reconhecimento de tais danos, em uma compreensão tradicional, necessariamente deveria estar associado a um determinado prejuízo que se somasse à falta da informação. Ou seja, a violação do dever de informar, *per se*, não seria suficiente para determinar a indenização.

Essa visão, contudo, parece superada em razão da eficácia que se reconhece à boa-fé objetiva como fonte autônoma de deveres jurídicos, cuja violação importa, sobretudo no domínio da prestação de serviços médicos, a determinação do dever de indenizar. Ensina Claudia Lima Marques que "a boa-fé é uma fonte autônoma de deveres de informação, de cooperação e de cuidado para com o outro, com o parceiro contratual, e que a violação destes deveres secundários ou anexos é um dano, um incumprimento por si só (quebra positiva do contrato). Por isso mister que o dano 'informativo', isto é, o dano derivado do incumprimento do dever autônomo e de boa-fé de informar clara e adequadamente (arts. 6º, 7º, 31, 46, e 51 do CDC) em matéria de serviços médicos (arts. 14 e 20 do CDC) seja ainda mais estudado também no Brasil".[30] Segundo a precisa lição jurisprudencial "o dever de informar é dever de conduta decorrente da boa-fé objetiva e sua simples inobservância caracteriza inadimplemento contratual, fonte de responsabilidade civil per se. A indenização, nesses casos, é devida pela privação sofrida pelo paciente em sua autodeterminação, por lhe ter sido retirada a oportunidade de ponderar os riscos e vantagens de determinado tratamento, que, ao final, lhe causou danos, que poderiam não ter sido causados, caso não fosse realizado o procedimento, por opção do paciente".[31] É reconhecido, portanto, um dano decorrente somente da falta da informação,

---

[29] PÉREZ, Jesus González. *El principio general de la buena fe en el derecho administrativo*, cit., p. 41 e s.
[30] MARQUES, Claudia Lima. A responsabilidade dos médicos e do hospital por falha no dever de informar ao consumidor, cit., p. 30.
[31] STJ, REsp 1540580/DF, Rel. p/ Acórdão Min. Luis Felipe Salomão, 4ª Turma, j. 02/08/2018, DJe 04/09/2018.

como é o caso do profissional médico que, tendo deixado de informar adequadamente o paciente sobre os riscos, é condenado a indenizá-lo quando o risco transmutou-se em dano.

4.1.6.2. Deveres de técnica e perícia

A correta identificação das hipóteses de responsabilidade civil do médico não se desvincula da atenção à permanente evolução da ciência médica.[32] O exame do cumprimento dos deveres de técnica e perícia, como também do dever de diligência, está no cerne da maior parte dos casos em que a violação caracteriza a culpa médica. Há, naturalmente, uma dificuldade de apreciação da violação desses deveres, em razão da dificuldade de demonstração, quanto dos aspectos variáveis na avaliação da conduta médica. O conhecimento técnico em matéria médica não significa – a exemplo de outras profissões – apenas uma compreensão teórica, senão o desenvolvimento prático do conhecimento em vista da situação concreta enfrentada pelo profissional, bem como as possíveis divergências de entendimento que podem existir entre as diferentes linhas de pensamento dentro da ciência médica. Como refere Lorenzetti, "o erro se mostra no juízo profissional que tem de ser feito ao relacionar o método com sua aplicação concreta. Se há afirmado que o erro não é o científico, senão a ignorância das contingências do contexto".[33]

Contudo, isso não dá causa a que a atuação do médico seja infensa ao exame nas ações de responsabilidade. Ao contrário. Os padrões de exigência do conhecimento técnico devem ser considerados em vista da situação do profissional, de modo a exigir-se mais de um especialista do que do generalista. Exigência inafastável, contudo, será a de que o profissional permaneça atualizado na sua área de atuação. Considera-se inerente ao dever de conhecimento técnico do profissional médico sua permanente atualização, o que faz situá-lo de acordo com o grau de desenvolvimento científico da ciência.[34]

4.1.6.3. Deveres de cuidado ou diligência

O dever de cuidado ou diligência é dever genérico que abrange todas as condutas humanas. Reclamar-se um comportamento cuidadoso, com a adoção das cautelas devidas, não é exclusividade de um determinado grupo de profissionais, senão uma exigência de conduta social reclamada por todos, e cuja violação implica responsabilidade. A negligência que se caracteriza pela violação desse dever apresenta-se como espécie de culpa omissiva "em relação a comportamentos recomendáveis pela prática e ciência médica".[35]

O dever de diligência será avaliado com respeito ao grau de atenção devido pelo profissional médico, em vista das circunstâncias específicas da relação médico-paciente.[36] E é por

---

[32] PENNEAU, Jean. *La responsabilité du médicin*. 2. ed. Paris: Dalloz, 1996, p. 1.
[33] LORENZETTI, Ricardo Luis. *Responsabilidad civil de los médicos*. Buenos Aires: Rubinzal Culzoni, 1997, t. II, p. 49.
[34] NIGRE, André Luiz. Responsabilidade civil do médico. In: NIGRE, André Luiz (Coord.). *Direito e medicina: um estudo preliminar*. Rio de Janeiro: Lumen Juris, 2007, p. 206.
[35] TAVARES DA SILVA, Regina Beatriz. Pressupostos da responsabilidade civil na área da saúde. In: TAVARES DA SILVA, Regina Beatriz (Coord.). *Responsabilidade civil na área da saúde*. São Paulo: Saraiva, 2007, p. 26.
[36] "Responsabilidade civil. Erro médico. Profissional que não se acautela em utilizar-se de mecanismos próprios para diagnosticar corretamente a doença. Evolução do mal, com perda da visão do olho esquerdo. Circunstâncias fáticas e probatórias a indicar que o procedimento adotado não se deu dentro da praxe médica, revelando-se conduta negligente, a autorizar um juízo condenatório. Apelo parcialmente provido" (TJRS, ApCív 70016399016, 10ª Câmara Cível, Rel. Luiz Ary Vessini de Lima, j. 30-11-2006).

isso que o juiz, ao se deparar com o exame desse dever de diligência, deve ter em consideração não apenas um padrão de conduta a ser seguido em abstrato, mas também de acordo com as circunstâncias de fato que se apresentavam para o profissional médico.[37]

O mesmo deverá ocorrer em relação ao dever de prudência. Trata-se, igualmente, de um dever genérico, a condicionar a conduta de todas as pessoas em suas relações. No que se refere à atuação do profissional médico, entretanto, considera-se imprudente a adoção de procedimentos que se afastem dos padrões de conduta técnica médica, que suprimam fases de tratamento ou de qualquer modo realizem procedimentos pelos quais o profissional tenha mais confiança em seus próprios juízos do que no que estabelece a ciência.

4.1.7. Natureza da responsabilidade civil médica

No esforço de classificação da responsabilidade médica, outra questão recorrente é sua identificação como obrigação contratual ou extracontratual. A rigor, sabe-se que uma classificação genérica acerca desse critério configura-se imprópria, sobretudo considerando-se os diferentes modos como se realiza a prestação de serviço médico, mediante contrato prévio entre o profissional ou o médico, como espécie de prestação do serviço público, ou mesmo em situações excepcionais, sem uma relação jurídica predeterminada, mas decorrente do dever ético-profissional do médico de prestar socorro a quem se encontre em perigo.

Contudo, a distinção entre deveres contratuais e extracontratuais, sejam eles deveres legais ou decorrentes da incidência de princípios jurídicos, como o da boa-fé, perde força em vista de uma tendência de aproximação do tratamento das diferentes fontes das obrigações.[38] Da mesma forma, a distinção entre as obrigações contratuais e extracontratuais, em termos práticos, leva a consequências muito semelhantes às da diferença entre as obrigações de meio e de resultado, que no caso dizem respeito à distribuição do ônus da prova entre as partes da relação obrigacional.[39] No caso da obrigação contratual, de regra presume-se a culpa do devedor na hipótese de inadimplemento. Já no caso da obrigação extracontratual, a realização de um dano, ao mesmo tempo que exige a demonstração de sua relação causal com a conduta do titular do dever (que pode ser um dever genérico de não lesar), cabe, em regra, demonstrar a existência de culpa.

E se no que tange à distinção entre obrigações contratuais e extracontratuais resulta bastante difícil o estabelecimento de uma separação absoluta, com mais razão isso se dá com respeito aos deveres jurídicos. A rigor, a incidência do princípio da boa-fé objetiva faz com que se observasse na relação obrigacional uma série de deveres a serem atendidos pelos contratantes, sem que estejam expressamente previstos no ajuste.[40] O caráter obrigatório desses independe da existência ou não de previsão contratual expressa, mas simplesmente dos deveres de colaboração, lealdade e respeito decorrentes da boa-fé. Não se descure que a responsabilidade profissional pressupõe, em geral, a existência de um dever de perícia, cuja violação, dando causa a danos, enseja o dever de indenizar. O dever de perícia, nesse sentido, existe independentemente do contrato, sendo próprio ao desenvolvimento da atividade profissional por intermédio ou não de prévio ajuste entre as partes.

---

[37] "Responsabilidade civil médico. Cirurgia estética. Pós-operatório. Reconhecido no acórdão que o médico foi negligente nos cuidados posteriores a cirurgia, que necessitava de retoques, impõe-se sua condenação ao pagamento das despesas para a realização de tais intervenções. Recurso conhecido em parte e provido" (STJ, REsp 73.958-PR, Rel. Min. Ruy Rosado de Aguiar, j. 21-11-1995, *DJU* 11-3-1995).

[38] AGUIAR JÚNIOR, Ruy Rosado. Responsabilidade civil do médico, cit., p. 34.

[39] TEPEDINO, Gustavo. A responsabilidade médica na experiência brasileira contemporânea, cit., p. 86.

[40] MENEZES CORDEIRO, António. *Da boa-fé no direito civil*, cit., p. 53 e s.

Não se perde de vista, ainda, que as regras sobre aplicação da responsabilidade civil médica não se aplicam dissociadas do restante do sistema normativo. Em especial dos princípios constitucionais, entre os quais se destaca a dignidade da pessoa humana. Se em outros setores da responsabilidade civil e mesmo do direito privado a aplicação do princípio da dignidade da pessoa humana sofre, de alguns setores, a crítica sobre um eventual exagero de sua aplicação, no que tange à responsabilidade médica, cujos contornos vinculam-se à preservação do direito à vida e à integridade física e psíquica da pessoa, a proteção da dignidade humana ocupa uma posição de destaque na avaliação do comportamento do profissional no cuidado e tratamento do paciente.

Ensina, a respeito, Gustavo Tepedino que "em qualquer circunstância e acima de qualquer outro interesse – pecuniário, profissional ou mesmo científico – deve o médico zelar pela integridade psicofísica do paciente e por sua dignidade, expressão da tutela constitucional incluída no rol dos fundamentos da República (art. 1º, III, da CF/88)".[41]

4.1.8. O regime da responsabilidade civil médica

A responsabilidade médica, como já se referiu, submete-se a dois sistemas distintos, conforme se caracterize ou não uma relação de consumo. No caso dos serviços médicos prestados como espécie de prestação de serviço público de saúde, a título universal e gratuitamente, e estruturado pelo Sistema Único de Saúde (Lei n. 8.080/90), a princípio regulam-se por normas de direito comum. Trata-se, nesse caso, de serviço público de saúde, prestado gratuitamente pelo próprio Estado por intermédio de seus órgãos competentes.

Destaque-se, contudo, que a participação do médico ou hospital no SUS, embora caracterize uma relação de gratuidade, não determina, por si, a aplicação do direito comum, afastando a incidência do CDC. A aplicação do CDC pressupõe a existência de uma relação de consumo, cujos pressupostos são a existência de consumidor e fornecedor e que a prestação de serviço seja remunerada direta ou indiretamente. Como se sabe, o Sistema Único de Saúde admite a participação de profissionais médicos, instituições hospitalares e clínicas, todos particulares, cuja remuneração advém do valor pago pelo Estado para realização do procedimento. Nesse caso, em que embora não exista o pagamento pelo paciente, há remuneração, pelo Estado, dos serviços prestados, que em tese se pode sustentar a existência de uma relação remunerada, ainda que seja remuneração indireta. Nesse caso, o cidadão, que também será consumidor, faz jus à aplicação do CDC, seja no que se refere ao regime de responsabilidade (arts. 14 e 17), às obrigações de informação e colaboração (arts. 30 e 31), assim como aos direitos básicos do consumidor (art. 6º), e à proibição de condutas que caracterizem práticas abusivas (art. 39). Essa interpretação expansiva do CDC, contudo, parece contradizer a própria definição do que se entenda como âmbito de aplicação da norma especial em matéria de serviços públicos.

Isso porque já se tem estabelecido entre nós que não se trata de relação de consumo quando o serviço é prestado de modo gratuito por órgãos estatais e custeado mediante tributos (serviço público *uti universi*). Nesse caso, aplicam-se à responsabilidade médica as regras gerais da responsabilidade do Estado, associada à aplicação das disposições do Código Civil. Será hipótese de responsabilidade por ato ilícito, de acordo com o disposto no art. 186 do CC/2002, que refere: "Aquele que, por ação ou omissão voluntária, negligência ou imprudência, violar direito e causar dano a outrem, ainda que exclusivamente moral, comete ato ilícito". Da mesma forma, prevê o art. 951 do CC/2002: "O disposto nos arts. 948, 949 e 950 aplica-se ainda no caso de indenização devida por aquele que, no exercício de atividade profissional,

---

[41] TEPEDINO, Gustavo. A responsabilidade médica na experiência brasileira contemporânea, cit., p. 95.

por negligência, imprudência ou imperícia, causar morte do paciente, agravar-lhe o mal, causar-lhe lesão, ou inabilitá-lo para o trabalho". Exige-se a presença do elemento subjetivo do dolo ou da culpa e sua vinculação lógico-factual com o dano sofrido pelo paciente. Trata-se de hipótese de responsabilidade subjetiva, cuja caracterização poderá levar à incidência da responsabilidade objetiva do Estado, com fundamento no art. 37, § 6º, da CF/88 ("As pessoas jurídicas de direito público e as de direito privado prestadoras de serviços públicos responderão pelos danos que seus agentes, nessa qualidade, causarem a terceiros, assegurado o direito de regresso contra o responsável nos casos de dolo ou culpa").

Caracterizando-se como relação de consumo, os danos decorrentes da prestação de serviços médicos ensejam a responsabilidade do profissional e da instituição a que estiver vinculado com fundamento no Código de Defesa do Consumidor. Para tanto é necessário que a prestação de serviços tenha sido realizada de modo profissional, mediante remuneração (direta ou indireta), prestação esta que é oferecida no mercado de consumo. Parecem estar excluídos da aplicação do CDC, nesse caso, os serviços prestados gratuitamente e que integram as iniciativas de políticas públicas de saúde, as quais situam-se, na hipótese de danos causados pela ação ou omissão estatal, no âmbito da disciplina administrativa da responsabilidade extracontratual do Estado. Tais circunstâncias, contudo, embora afastem a aplicação do CDC, não eliminam a aplicação das regras do Código Civil à espécie.

4.1.9. A responsabilidade civil médica no Código Civil

O art. 927 do Código Civil de 2002, como norma geral sobre responsabilidade civil, previu: "Aquele que, por ato ilícito (arts. 186 e 187), causar dano a outrem, fica obrigado a repará-lo". De sua vez, no que se refere à responsabilidade específica dos profissionais liberais, e muito especialmente do médico, dispõe seu art. 951: "O disposto nos arts. 948, 949 e 950 aplica-se ainda no caso de indenização devida por aquele que, no exercício de atividade profissional, por negligência, imprudência ou imperícia, causar a morte do paciente, agravar-lhe o mal, causar-lhe lesão, ou inabilitá-lo para o trabalho". Tais disposições referidas na norma dizem respeito tanto à hipótese da indenização por homicídio (art. 948), lesão ou ofensa à saúde (art. 949) quanto à causação de defeito em razão do qual a vítima não possa exercer ofício ou profissão (art. 950).

A regra de indenização de danos materiais, a par do direito fundamental à indenização de danos, consagrado no art. 5º, V, da CF/88, vai estabelecer critérios para sua quantificação. Na hipótese de homicídio causado pelo profissional médico, em vista da aplicação do art. 948 do CC/2002, abrange tanto as despesas de tratamento, funeral e luto quanto a prestação de alimentos a quem o morto os devia, considerando seu tempo provável de vida. Já no caso de lesão ou outra ofensa à saúde, o art. 949 do CC/2002 refere à obrigação do ofensor do pagamento das despesas de tratamento e os lucros cessantes até o fim da convalescença, além de outros prejuízos que prove haver sofrido. Nesse particular, o Código Civil de 2002 amplia o conteúdo da indenização em tais situações de ofensa à saúde em relação ao Código Civil de 1916, o qual, ao lado das despesas de tratamento, impunha apenas o dever de pagamento de valor correspondente à multa no grau médio da pena criminal correspondente, ou ainda seu valor em dobro nas hipóteses em que dessa ofensa resultasse aleijão ou deformidade (art. 1.538, *caput* e § 1º, do CC/1916).

Por fim, o art. 950 do CC/2002 em vigor estabelece, no caso da lesão que impeça ou diminua capacidade de trabalho da vítima, que a indenização, "além das despesas do tratamento e lucros cessantes até ao fim da convalescença, incluirá pensão correspondente à importância do trabalho para que se inabilitou, ou da depreciação que ele sofreu".

As regras do Código Civil sobre quantificação dos danos materiais podem aplicar-se para a quantificação das indenizações, nas hipóteses de responsabilidade civil sob o regime tanto do Código Civil quanto do CDC. Mas além da indenização dos danos materiais, cujos critérios são estabelecidos expressamente pelo Código Civil, de maior relevo a indenização dos danos morais, decorrentes da violação a direitos de personalidade, que tutelam a integridade psicofísica da pessoa.

A dificuldade de determinação do *quantum* indenizatório na hipótese de indenização de dano moral é uma das questões mais tormentosas do direito da responsabilidade civil em nossos dias. De um lado, pela disparidade entre os valores atribuídos por diferentes Cortes, na falta de um critério uniforme de fixação. Por outro lado, de grande repercussão é a identificação da finalidade a ser atribuída às indenizações por danos morais decorrentes da responsabilidade civil médica. Tratando-se de ofensas à integridade psicofísica do paciente, não há de se falar na reparação desses danos que, por conceito, são irreparáveis. Resta à jurisprudência e à doutrina trabalhar com as finalidades compensatória e punitiva da indenização. No primeiro caso, a compensação é representada por uma espécie de conforto financeiro ao lesado, em vista do dano sofrido e cuja reparação específica é impossível de ser realizada. Já no caso da finalidade punitiva ou satisfativa da indenização, sua razão de ser vincula-se ao desestímulo à repetição da conduta tanto pelo ofensor atual, a quem se imputa o do dever de indenizar, quanto para outros indivíduos que potencialmente poderiam avaliar a possibilidade ou conveniência de causar dano, ou que não observam os deveres na realização da sua atividade.[42] Trata-se de uma espécie de refuncionalização do instituto da indenização, em vista da finalidade pedagógica de desestímulo à conduta que represente o descaso pelo direito da vítima.

Ocorre que o Código Civil de 2002, embora tenha previsto a possibilidade de indenização do dano moral (art. 186 c/c art. 927), no que de resto não inovou em relação ao que já vinha decidindo a jurisprudência com fundamento no direito fundamental à indenização de danos (art. 5º, V, da CF/88), não admitiu expressamente a finalidade punitiva ou pedagógica da indenização. Pelo contrário, identificou, a partir do critério da culpa, fundamento para a redução do *quantum* indenizatório, ao determinar tal consequência nas hipóteses de desproporção da culpa (art. 944, parágrafo único) e culpa concorrente (art. 945) – embora, nesse caso, tenhamos de falar, em verdade, na causalidade concorrente para o dano.

Contudo, em face da ausência de critérios para determinação do *quantum* indenizatório nas hipóteses de dano extrapatrimonial (ou moral), de resto a jurisprudência pode reconhecer a função punitiva das indenizações de dano moral com fundamento no direito fundamental à indenização (art. 5º, V), bem como na função social da propriedade (art. 5º, XXIII), uma vez que se trate o pagamento da indenização em uma transferência de patrimônios entre ofensor e vítima. E sobretudo, parece a função punitiva da indenização moldar-se ao que preconiza o próprio princípio da dignidade da pessoa humana, cuja efetividade pressupõe a existência de mecanismos de desestímulo à ofensa à personalidade.

No caso da responsabilidade civil médica, embora sejam possíveis o reconhecimento e a aplicação dessa finalidade punitiva da indenização de danos morais, essa não é a regra. Terá lugar apenas quando se reconhecer na conduta do profissional médico ou da instituição hospitalar ou clínica um tal grau de intensidade da falta aos deveres que lhe são indicados a ponto de caracterizar um desprezo pela vida e saúde do paciente, ou mesmo a diminuição da

---

[42] ANDRADE, André Gustavo Corrêa. *Dano moral e indenização punitiva*. Rio de Janeiro: Forense, 2006, p. 231 e s.

consideração do valor da vida humana e da integridade da pessoa em vista de outros interesses (tais como financeiros, administrativos, entre outros).

4.1.10. A responsabilidade civil médica no Código de Defesa do Consumidor

O Código de Defesa do Consumidor caracteriza-se como um microssistema protetivo do consumidor, em vista do reconhecimento de sua vulnerabilidade (art. 4º, I, do CDC). Nesse sentido, as regras de tutela ao interesse desse sujeito destinatário final de produtos e serviços são estabelecidas em vista da necessidade de proteção do seu melhor interesse e da condição de desigualdade que se encontra com relação ao fornecedor.

A prestação de serviços médicos, como espécie de serviço especializado prestado por profissional liberal ou por instituição hospitalar, subordina-se ao CDC, porquanto se trate de uma relação de consumo (para o que se exige a remuneração direta ou indireta do serviço). E a aplicação do CDC, nesse sentido, pressupõe a atuação profissional do médico e da instituição hospitalar ou clínica, e exige, no que toca ao regime da responsabilidade pelo fato do serviço, a presença do defeito do serviço e sua vinculação ao dano sofrido pelo consumidor.

As consequências de aplicação do CDC à responsabilidade civil médica são diversas. Em primeiro lugar, note-se que a série de direitos básicos do consumidor, entre os quais o direito à vida, saúde e segurança (art. 6º, I), à informação (art. 6º, III), à efetiva prevenção e reparação de danos (art. 6º, VI), assim como à facilitação da defesa (art. 6º, VIII), outorga ao consumidor-paciente, vítima de danos decorrentes da má prestação de serviços médicos, um regime favorável em matéria de responsabilidade do profissional médico e das instituições hospitalares e clínicas.

Em primeiro lugar, chama-se à atenção que a regra da responsabilidade objetiva para os hospitais, clínicas e demais instituições de saúde elimina a exigência de demonstração da culpa desses fornecedores, de acordo com o disposto no art. 14 do CDC. Por outro lado, a responsabilidade pessoal dos profissionais liberais submete-se à exceção ao regime do CDC, estabelecendo como condição de responsabilidade a necessidade da verificação da culpa (art. 14, § 4º).[43]

---

[43] "Responsabilidade civil. Danos morais. Lesão traumática não observada pelo médico assistente, neurologista. Laudo traumatológico indicativo de lesão. Não realização de cirurgia. Quadro de dor. Nexo causal demonstrado. Agravo retido prejudicado. Regularidade na representação processual da parte autora. Prequestionamento. Descabimento. Ausência de afronta à legislação invocada. 1. Conquanto o estabelecimento hospitalar disponibilize suas dependências para o atendimento médico pelo seu corpo clínico, está igualmente se tornando responsável pelos procedimentos que ali vierem a ser adotados, com todas as consequências daí decorrentes. Aliás, a relação havida entre a vítima e o nosocômio era de natureza contratual, de modo que também o estabelecimento requerido obrigou-se pela incolumidade do indivíduo ali internado. E, de tal sorte, assumiu a ré expressa e contratualmente um dever para com o paciente, devendo responder pelos danos advindos em razão de lesão traumática não tratada quando do período de internação do paciente em seu estabelecimento. 2. Hospitais. Responsabilidade objetiva. Para a responsabilização das entidades hospitalares basta a comprovação de um dano como decorrência lógica de uma ação ou omissão imputada aos seus prepostos e/ou representantes. É o que nos diz o art. 14 do microssistema consumerista. Mais do que isso, o mesmo diploma legal, em seu § 3º, estabelece que o fornecedor somente poderá ilidir sua responsabilidade, que aqui advém pura e simplesmente da má prestação do serviço, mediante a comprovação da inexistência de defeito ou de culpa exclusiva do consumidor. 3. Médico assistente. Em que pese ser o médico responsável pelo paciente especialista em neurologia, teve ele acesso a todos os exames realizados, inclusive traumatológicos, bem como acompanhou sua recuperação, estando ciente do quadro de dor na perna, tendo restado inerte na adoção de providências aptas a restabelecer, com eficiência, a integridade física do paciente. 4. Dever de indenizar. Dano moral. Quadro de dor crônica decorrente do atendimento desidioso ministrado ao paciente

Da mesma forma, restringem-se no CDC as hipóteses excludentes de responsabilidade, que se encontram previstas em seu art. 14, § 4º, como sendo: a) a culpa exclusiva do consumidor ou de terceiro, e b) a inexistência de defeito. Em relação a essas excludentes de responsabilidade, inclusive, note-se que ambas têm seu encargo probatório atribuído ao fornecedor, conforme desde logo se percebe do disposto no art. 14, § 3º, do CDC: "§ 3º O fornecedor de serviços só não será responsabilizado quando provar: I – que, tendo prestado o serviço, o defeito inexiste; II – a culpa exclusiva do consumidor ou de terceiro". Assim dizendo, o ônus da prova da existência de causa excludente é atribuído, *ex vi lege*, ao fornecedor, seja ele o fornecedor de serviços considerado genericamente (art. 14, *caput*) ou o profissional liberal (art. 14, § 4º).

A diferença fundamental no regime de responsabilidade dos hospitais e clínicas (art. 14, *caput*) e dos médicos profissionais liberais (art. 14, § 4º) será que em relação a eles se exige mais uma condição para imputação de responsabilidade, qual seja, a verificação da culpa. Identificada esta, ou, ainda, quando for presumida nas condições em que a lei autorize e o juiz decida (inversão do ônus da prova), ambos respondem nos mesmos termos, a não ser que demonstrem a existência de causa excludente.

As excludentes de prova de inexistência do defeito e da culpa exclusiva do consumidor ou de terceiro são verificadas de modo distinto, conforme se trate de responsabilidade do profissional médico ou de instituição hospitalar ou clínica. No primeiro caso, o defeito na prestação pessoal de serviço pelo médico profissional liberal confunde-se na prática com a existência de culpa no descumprimento dos deveres que lhe são impostos. Já em relação aos hospitais ou clínicas, a inexistência de defeito será observada na medida em que esses fornecedores demonstrem a correção de seus procedimentos em conjunto com a demonstração de que o dano sofrido pelo paciente decorre de uma outra causa que não as de sua responsabilidade ou de outros fornecedores, na hipótese da existência de conexidade contratual (e.g., com laboratórios, fabricantes de equipamentos médicos, distribuidores de medicamentos etc.).

Já no que se tratar da culpa exclusiva de consumidor ou de terceiro, em primeiro lugar destaque-se que, no regime do CDC, qualquer dos membros da cadeia de fornecimento, tais como o profissional médico, o responsável pelo serviço de transporte médico, membros da equipe médica, não é considerado terceiro para efeito da exclusão da responsabilidade do médico ou da instituição hospitalar perante o consumidor.[44] E no que se refere à culpa exclusiva do consumidor-paciente, note-se que a hipótese excludente deve ser demonstrada de modo inequívoco, especialmente porque, desde o ponto de vista da relação de causalidade, esse fato deve ser capaz de determinar por si só a realização do dano, sem qualquer espécie de culpa concorrente do profissional médico ou da violação do dever de segurança pelo profissional médico. Nesse sentido, aliás, já decidiu o STJ, ao reconhecer a responsabilidade do hospital

---

quando de sua internação no nosocômio demandado. Dano que decorre do próprio fato. 5. *Quantum*. Montante fixado na sentença, a título de compensação por danos morais, que se mostra consentâneo com os parâmetros de fixação adotados por esta corte. Apelos improvidos. Sentença mantida" (TJRS, ApCív 70015212483, 10ª Câmara Cível, Rel. Paulo Antônio Kretzmann, j. 15-2-2007).

[44] "Civil. Ação de indenização. Erro médico. Responsabilidade solidária do cirurgião (*culpa in eligendo*) e do anestesista reconhecida pelo acórdão recorrido. Matéria de prova. Súmula 7 STJ. I – O médico-chefe é quem se presume responsável, em princípio, pelos danos ocorridos em cirurgia pois, no comando dos trabalhos, sob suas ordens e que se executam os atos necessários ao bom desempenho da intervenção. II – Da avaliação fática resultou comprovada a responsabilidade solidária do cirurgião (quanto ao aspecto *in eligendo*) e do anestesista pelo dano causado. Insuscetível de revisão esta matéria a teor do enunciado na Súmula 7, STJ. III – Recurso não conhecido" (STJ, REsp 43.104/RJ, Rel. Min. Waldemar Zveiter, j. 4-3-1997; *RT* 748/182).

por suicídio de paciente de câncer que, estando internado, manifestou intenção de suicidar-se, sendo tal propósito de conhecimento do médico responsável. Nesse caso, a responsabilidade do hospital decorre de omissão na adoção de providências para evitar o êxito do paciente em seus propósitos.[45] Destaque-se, assim, que a causa excludente de responsabilidade não é a culpa maior ou menor, concorrente do consumidor, senão sua culpa exclusiva, que, diante de uma situação de vulnerabilidade extremada em que se encontra em razão da enfermidade ou da tensão psicológica que envolve a circunstância de submeter-se a um procedimento médico, deverá ser interpretada restritivamente.

Por fim, cabe ainda referir sobre a eficácia do direito básico do consumidor à efetiva prevenção e reparação de danos, prevista no art. 6º, VI, do CDC. Em primeiro lugar note-se que a expressão afirma a necessária efetividade das medidas visando evitar ou reparar/compensar os danos causados ao consumidor. Da mesma forma, a prevenção de danos a que se refere a norma parecem indicar tanto providências materiais que visem a evitar danos, quanto um critério para fixação da indenização na hipótese de ações de responsabilidade em decorrência de danos causados a consumidores.

O mesmo ocorre em relação ao direito básico à efetiva reparação de danos. Não parece ter o legislador, neste caso, pretendido reforçar a necessidade de reparação do consumidor, o que desde logo seria desnecessário, considerando a reparabilidade de danos consagrada pelo sistema geral de direito privado no que diz respeito à responsabilidade civil. O direito à efetiva reparação, neste particular, consagra em direito do consumidor o princípio da reparação integral dos danos do consumidor. Ou seja, de que devem ser reparados todos os danos causados, sejam os prejuízos diretamente causados pelo fato, assim como aqueles que sejam sua consequência direta.[46]

Destaque-se que o sistema de reparação previsto no CDC se afasta, nesse ponto, do sistema adotado pelo direito civil. Como mencionamos, o art. 944, parágrafo único, do CC/2002 reconhece a possibilidade de redução equitativa da indenização em vista do grau de culpa do ofensor. O regime da responsabilidade civil no CDC, todavia, ao reconhecer como regra geral a responsabilidade de natureza objetiva (com exceção dos profissionais liberais), afasta, a princípio, a possibilidade de uma avaliação da culpa para efeito de redução da indenização. E mesmo quando essa exigência é realizada, como no caso da responsabilidade civil dos médicos, em vista de sua qualidade de profissionais liberais, a verificação da culpa constitui apenas mais uma condição de atribuição da responsabilidade, mas não fundamento para redução da indenização aquém do dano, o que é incompatível com o direito básico à efetiva reparação.

---

[45] "Direito civil. Suicídio cometido por paciente internado em hospital, para tratamento de câncer. Hipótese em que a vítima havia manifestado a intenção de se suicidar para seus parentes, que avisaram o médico responsável dessa circunstância. Omissão do hospital configurada, à medida que nenhuma providência terapêutica, como a sedação do paciente ou administração de antidepressivos, foi tomada para impedir o desastre que se havia anunciado. O hospital é responsável pela incolumidade do paciente internado em suas dependências. Isso implica a obrigação de tratamento de qualquer patologia relevante apresentada por esse paciente, ainda que não relacionada especificamente à doença que motivou a internação. Se o paciente, durante o tratamento de câncer, apresenta quadro depressivo acentuado, com tendência suicida, é obrigação do hospital promover tratamento adequado dessa patologia, ministrando antidepressivos ou tomando qualquer outra medida que, do ponto de vista médico, seja cabível. Na hipótese de ausência de qualquer providência por parte do hospital, é possível responsabilizá-lo pelo suicídio cometido pela vítima dentro de suas dependências. Recurso especial não conhecido" (STJ, REsp 494.206/MG, Rel. p/ Ac. Nancy Andrighi, j. 16.11.2006; *DJU* 18.12.2006).

[46] FABRE-MAGNAN, Muriel. *Les obligations*, cit., p. 903-904; COUTANT-LAPALUS, Christelle. *Le principe de la réparation intégrale en droit privé*, cit., p. 20.

Em vista das diretrizes constitucionais de proteção da dignidade da pessoa humana e da ampla reparabilidade do dano (art. 5º, V, da CF/88), é possível vislumbrar uma concentração do regime da responsabilidade civil, desde essa perspectiva consagradora de direitos fundamentais, na proteção do interesse da vítima. Nesse sentido, considerando as espécies de danos e a realidade de fato em que são causados no direito do consumidor (no âmbito do mercado de consumo), não é conveniente, nem mesmo possível, sob o aspecto prático, uma avaliação sobre o grau de culpa do causador do dano para efeito de reduzir a indenização. E isso mesmo na circunstância em que a imputação de responsabilidade exige a verificação de culpa, como no caso da imputada ao profissional médico.

4.1.11. Culpa médica

A identificação da culpa médica, qual seja, a falta a um ou mais deveres de conduta reconhecidos ao profissional médico, é elemento necessário para imputação de responsabilidade por danos. Sua identificação abrange, em um primeiro plano, antiga divergência sobre a distinção ou identidade entre os conceitos de culpa ordinária e culpa profissional, sendo a primeira a falta a deveres que poderia acometer qualquer pessoa, e a segunda a falta a deveres de conduta específicos do profissional, na sua área de atividade.[47] De regra, em termos de critérios para imputação da responsabilidade médica, essa consideração é superada em matéria de responsabilidade profissional, porquanto não se há de perquirir sobre a espécie de culpa, ou como esta se caracteriza em certos casos. A presença da culpa, por si, seja por falhas a deveres ordinários de conduta ou próprios do desempenho de uma atividade profissional, enseja a responsabilidade subjetiva.

Outra distinção encontrada na doutrina brasileira é a aquela entre culpa médica e erro profissional. Refere Sérgio Cavalieri, na avaliação da culpa médica, acerca de sua eventual identidade com o conceito de erro profissional. Assinala que "há erro profissional quando a conduta médica é correta, mas a técnica empregada é incorreta; há imperícia quando a técnica é correta, mas a conduta médica é incorreta. A culpa médica supõe uma falta de diligência ou de prudência em relação ao que era esperável de um bom profissional escolhido como padrão; o erro é a falha do homem normal, consequência inelutável da falibilidade humana. E, embora não se possa falar em um direito ao erro, será este escusável quando invencível à mediana cultura médica, tendo em vista as circunstâncias do caso concreto".[48] Em resumo, parece fazer crer o eminente professor fluminense que nem todo erro médico deve ser considerado culposo, uma vez que se pode afigurar como erro escusável. Mas não impede que a apuração da culpa, partindo da existência de um erro, possa evidenciar ou mesmo estabelecer uma presunção de culpa, na responsabilidade médica.

Nesse sentido, ensina Savatier, para quem diante das circunstâncias de fato e das precauções que ordinariamente se adotam para evitar complicações decorrentes da atuação do médico, o surgimento dessas complicações faz presumir a existência de culpa.[49] O recurso às presunções de fato, nesse sentido, decorre de uma consideração geral de "como as coisas normalmente ocorrem", não sendo possível ou mesmo aceitável a exigência de prova impossível de uma demonstração cabal daquilo que é um comportamento humano situado a certo tempo

---

[47] KFOURI NETO, Miguel. *Responsabilidade civil do médico*, cit., p. 78-79.
[48] CAVALIERI, Sérgio. *Programa de responsabilidade civil*, cit., 7. ed., p. 362.
[49] SAVATIER, René. *Traité de la responsabilité civil em droit français*. Conséquences et aspects divers de la responsabilité. Paris: LGDJ, 1951, t. II, p. 381.

e em determinadas condições de fato que, senão que se deva entender presente quando o que normalmente resultaria de um certo procedimento, deixa de acontecer.

A exigência da culpa como requisito da imputação da responsabilidade ao profissional médico é requisito tanto no CDC quanto no Código Civil.

No direito francês, a doutrina especializada aponta três exceções ao princípio da responsabilidade por culpa, que caracteriza a prestação de serviços médicos, quais sejam, as infecções nosocomiais, a responsabilidade por fato do produto de saúde (medicamentos, instrumentos médicos, e.g.) e a relativa aos danos causados por pesquisas biomédicas. No caso das infecções nosocomiais, a responsabilidade do médico e da instituição hospitalar tem seu fundamento na presunção de culpa e mesmo de responsabilidade (incluindo o nexo causal), hipótese em que o profissional e a instituição apenas se eximem da responsabilidade se demonstrarem a existência de causa estranha à sua conduta que tenha dado causa ao dano.[50]

A responsabilidade por fato do produto de saúde, ou seja, que seja utilizado como um dos elementos do dever de prestação complexo do hospital ou do médico, será a mesma para o regime dos produtos no *Code de la Consommation*, exigindo o defeito para caracterização da responsabilidade objetiva do fornecedor.

Já em relação às pesquisas médicas, a Lei Huriet, de 20 de dezembro de 1988, distinguiu originalmente as hipóteses em que a pessoa submeta-se a pesquisa com vistas à obtenção de um benefício pessoal, e nas hipóteses em que esse interesse não está presente.[51] No primeiro caso, quando a vítima de um dano em decorrência da pesquisa aceita submeter-se a ela em vista de um interesse pessoal, está prevista a responsabilidade baseada na presunção de culpa de quem promove a pesquisa. Na hipótese de danos causados a participantes de pesquisas médicas que não têm como finalidade obter interesse específico no desenvolvimento ou resultado da pesquisa (p. ex., não são pacientes em busca da descoberta de cura para sua doença), a obrigação dos promotores da pesquisa é reforçada, de natureza objetiva (sem culpa), caracterizando verdadeira obrigação de garantia.[52] Recente lei de 2004 (Código de Saúde Pública) suprimiu a distinção entre as pesquisas com e sem benefício, criando um regime único pelo qual há responsabilidade do promotor da pesquisa desde que ele não prove a ausência de culpa sua por eventuais danos ou a culpa exclusiva da vítima.[53]

No direito brasileiro, a exceção ao princípio da culpa na responsabilidade médica parte de duas distinções, como já mencionamos. A primeira, entre a responsabilidade do profissional e a da instituição hospitalar ou clínica onde eventualmente se realize a prestação de serviço. Enquanto a responsabilidade do profissional é subjetiva, a das instituições de saúde é objetiva, de acordo com o art. 14, *caput*, do CDC. A segunda diz respeito à responsabilidade por prestação de serviços associados à prestação de serviços médicos, mas que com eles não se confundem. Trata-se de toda a atividade que envolva o fornecimento de meios para a prestação de serviços médicos, como é o caso da internação hospitalar, da realização de exames, do transporte de pacientes, e de toda a sorte de serviços que não compreendam uma prestação pessoal de profissional médico, senão o oferecimento de condições para a realização da atuação desse profissional. Nesses casos, a responsabilidade é objetiva em vista tratar-se de prestação de serviços sobre os quais também incide o já referido art. 14, *caput*, do CDC.

---

[50] LAUDE, Anne; MATHIEU, Bertrand; TABUTEAU, Didier. *Droit de la santé*. Paris: PUF, 2007, p. 435-436.
[51] LAUDE, Anne; MATHIEU, Bertrand; TABUTEAU, Didier. *Droit de la santé*, cit., p. 446-447.
[52] LAUDE, Anne; MATHIEU, Bertrand; TABUTEAU, Didier. *Droit de la santé*, cit., p. 447.
[53] LAUDE, Anne; MATHIEU, Bertrand; TABUTEAU, Didier. *Droit de la santé*, cit., p. 448.

4.1.11.1. Culpa médica e ônus da prova

Uma das questões mais sensíveis em matéria da responsabilidade civil médica é a da prova da culpa médica e do nexo de causalidade desta e do dano. A regra do Código de Processo Civil a respeito indica o ônus do autor de provar o fato constitutivo do seu direito, enquanto ao réu cabe a prova da existência de fato impeditivo, modificativo ou extintivo do direito (art. 373, II, do CPC). Trata-se do que a doutrina critica acerca da regra processual sobre o ônus da prova denominado visão estática, em vista da aparente rigidez do critério adotado.[54]

No regime do Código de Defesa do Consumidor, a distribuição do ônus da prova, em razão da proteção do interesse do consumidor nas hipóteses de responsabilidade por falta do serviço, como é o caso da responsabilidade civil médica, se dá em duas situações. Primeiro, em uma espécie de inversão *ex vi lege*, prevista no § 3º do art. 14 do CDC, que estabelece: "§ 3º O fornecedor de serviços só não será responsabilizado quando provar: I – que, tendo prestado o serviço, o defeito inexiste; II – a culpa exclusiva do consumidor ou de terceiro". Esse artigo imporia, assim, uma inversão *ex vi lege* do ônus da prova.[55]

A segunda situação resulta do direito básico do consumidor à facilitação da defesa dos seus direitos (art. 6º, VIII, do CDC), que faculta ao juiz, quando a seu critério observar a verossimilhança das alegações ou a hipossuficiência do consumidor, determinar a inversão do ônus da prova em favor desse consumidor.[56] Trata-se essa hipótese de um dos mais importantes instrumentos previstos no CDC para assegurar a efetividade dos direitos do consumidor. Contudo, a correta interpretação da disposição deve ser observada, sobretudo no que diz respeito ao que se considere como hipossuficiência do consumidor para efeito de atendimento à finalidade para a qual a norma foi criada.

É comum, nesse sentido, encontrarem-se posicionamentos identificando a hipossuficiência do consumidor com uma eventual desigualdade econômica, de conhecimento, ou formação cultural, técnica ou intelectual, que determina a impossibilidade de defender-se

---

[54] DALL'AGNOL JÚNIOR, Antônio. Janyr. Distribuição dinâmica dos ônus probatórios, *RT* 788/92.

[55] "Responsabilidade civil. Erro médico. Código de Defesa do Consumidor. Profissional liberal. Inversão do ônus da prova. Possibilidade. Exegese do artigo 14, § 4º daquele diploma legal. Honorários periciais. Adiantamento da despesa. Rateamento entre as partes. Possibilidade. 1. A exegese do artigo 14, § 4º, do CDC não impossibilita a inversão do ônus da prova quando se trata de profissional liberal. A norma apenas afasta a responsabilização objetiva, mas, como persiste a hipossuficiência do consumidor, ao profissional incumbe o ônus de provar que não laborou com culpa no desenvolvimento de suas atividades. Lição doutrinária. 2. O adiantamento das despesas com o perito, no caso concreto, deve ser suportado por todas as partes litigantes, pois houve a inversão do ônus probatório, sendo também de interesse do réu a produção da prova técnica; depois, porque a autora goza da gratuidade judiciária e o DMJ não dispõe de profissional médico especializado na área técnica e, conforme entendimento do Superior Tribunal de Justiça, não é conveniente se aguarde disponha o Estado de numerário para arcar com a despesa que, ao final, será suportada pelo vencido, o que afasta a lesão grave ou de difícil reparação. Precedente jurisprudencial. 3. Agravo desprovido" (TJRS, AgIn 70005785118, 2ª Câmara Especial Cível, Rel. Nereu José Giacomolli, j. 27-5-2003).

[56] "Responsabilidade civil. Prova. Vítima de um ferimento simples no dedo que, após o atendimento médico-hospitalar, teve a extremidade do membro amputado devido a um foco infeccioso. Inversão do ônus da prova para que o médico e o hospital comprovem que o atendimento foi adequado. Aplicação dos arts. 6º, VIII, e 14, § 4º, da Lei n. 8.078/90 e do art. 1.545 do CC/1916. Ementa da Redação: Não cabe ao paciente, vítima de um ferimento simples no dedo que, após atendimento médico-hospitalar, teve a extremidade do membro amputado devido a um foco infeccioso, demonstrar que o atendimento não foi adequado, pois, segundo o art. 6º, VIII, do Código de Defesa do Consumidor, tal prova deve ser produzida pelo médico e pelo hospital, eis que nos termos do art. 14, § 4º, também da Lei n. 8.078/90 e do art. 1.545 do CC/1916, a responsabilidade dos profissionais é subjetiva, dependendo da verificação de culpa" (STJ, REsp 171.988/RS, 3ª Turma, Rel. Min. Waldemar Zveiter, j. 24-5-1999, *RT* 770/210).

adequadamente em juízo ou mesmo de custear a produção da prova, o que explicaria a inversão do ônus facultada por lei.[57] Contudo, a hipossuficiência é mais do que a mera ausência de recursos financeiros ou intelectuais. Trata-se, antes de tudo, de uma hipossuficiência processual, caracterizada pela impossibilidade de produção da prova, o que pode se dar em razão da carência de recursos financeiros ou de conhecimento técnico, mas igualmente pode resultar das circunstâncias da contratação de consumo, do tipo de prova a ser produzida, do fato de que sua produção dependa do comportamento do fornecedor em fornecê-las e quaisquer outras razões pelas quais não será alcançada sua realização pelo consumidor.

Essa compreensão da hipossuficiência é de extrema importância na responsabilidade civil médica, em que, muito propriamente, a impossibilidade de produção da prova não se vincula a quaisquer outros fatores senão à da dificuldade de demonstrar a existência de uma situação de fato da qual o paciente-vítima de um dano não tem como apresentar, e muitas vezes nem ele próprio tem conhecimento de como ocorreram determinados eventos. Assim, por exemplo, a hipótese de danos sofridos por um paciente em um procedimento cirúrgico durante o qual ele se encontrava sedado e cuja documentação médica é toda ela produzida pelos réus (médico, hospital) ou pessoas associadas a eles. O paciente-vítima, em tal circunstância, não tem como produzir prova relativamente a esses fatos, cujo conhecimento é de domínio exclusivo dos réus, razão pela qual deverá ser reconhecido como hipossuficiente, e invertido o ônus da prova, na forma do art. 6º, VIII, do CDC.

E note-se que nem sequer a verificação da culpa do profissional liberal escapa a possibilidade de inversão do ônus da prova. Ou seja, a responsabilidade subjetiva dos profissionais médicos não resulta, necessariamente, na exigência de uma prova cabal da culpa, em razão das mesmas dificuldades já apontadas quanto à impossibilidade de produção da prova.[58] Nesse caso, a verificação da culpa de que trata o art. 14, § 4º, do CDC admite igualmente a inversão do ônus da prova, a critério do juiz, em vista do direito básico do consumidor de facilitação de sua defesa (art. 6º, VIII), estabelecendo uma presunção relativa (*juris tantum*) de culpa do profissional médico, da qual este terá de se desonerar produzindo prova que demonstre a correção de sua conduta e o atendimento aos deveres que lhe são exigíveis.

Essa possibilidade de inversão do ônus da prova, contudo, não está confinada às relações de consumo. A dificuldade de produção da prova, em vista de uma impossibilidade fática decorrente das circunstâncias de fato que envolve o autor da ação, como é o caso do paciente-vítima de uma má prestação de serviços médicos, observou no processo civil a construção da teoria da distribuição dinâmica dos ônus probatórios, ou simplesmente teoria das cargas processuais dinâmicas.[59] Essa teoria parte do princípio de que o encargo da prova deverá ser estabelecido pelo juiz em vista das circunstâncias do caso, independentemente da regra geral

---

[57] LOPES, João Batista. *A prova no direito processual civil*. São Paulo: RT, 2002, p. 50.
[58] "Responsabilidade civil do médico. Injeção erroneamente aplicada. Amputação do antebraço. Ônus da prova. Danos materiais e morais. *Quantum*. Há que reconhecer a responsabilidade do médico quando se pode constatar pelos elementos dos autos – com observância à teoria da carga probatória dinâmica –, que contribuiu de forma determinante para o evento que culminou com a amputação do braço da autora, já que deixou de recomendar, de qualquer forma, que a aplicação da injeção deveria se dar na região glútea, e não no braço. Ademais, posteriormente à aplicação da injeção demorou a alcançar diagnóstico e providenciar tratamento adequado. Tendo em vista que a indenização a título de reparação de dano moral deve ter em conta a mitigação da ofensa, mas não representar um prêmio para o ofendido, é de ser mantida a fixação da sentença – 400 salários mínimos –, tendo em conta que a autora é pessoa pobre, conforme ela própria refere ao postular o benefício da AJG. Apelação e recurso adesivo desprovidos" (TJRS, ApCív 70016300659, 9ª Câmara Cível, Rel. Marilene Bonzanini Bernardi, j. 28-12-2006).
[59] DALL'AGNOL JÚNIOR, Antônio. Janyr. Distribuição dinâmica dos ônus probatórios, cit., p. 92.

do art. 373, I, do CPC, o qual estabelece que incumbe ao autor a prova do fato constitutivo do seu direito.

Essa teoria das cargas processuais dinâmicas enfrentou certos obstáculos para seu reconhecimento, em especial no tocante à demonstração da culpa (ou ausência de culpa), nas ações de responsabilidade civil dirigidas contra profissionais liberais, entre os quais os médicos. Sustenta a esse respeito Danilo Knijnik,[60] ainda sob a égide do CPC de 1973, já revogado que não se pode afastar a regra que hoje está prevista no art. 373, II, do CPC vigente, sendo que, em relação ao ato médico, ao ato profissional, estes possuem certo grau de discricionariedade, devendo o autor da ação oferecer prova clara e convincente sobre um erro manifesto do profissional. Refere, entretanto, que, muitas vezes, a produção dessa prova é impossível de ser produzida pelo paciente que demanda judicialmente por danos. Nesse sentido, sustenta que "eventuais vedação, limitação ou restrição excessiva quanto às fontes e meio de prova aos litigantes podem caracterizar-se como aplicação inconstitucional de normas processuais civis, por redundarem na chamada inutilidade da ação judiciária".[61] Em outras palavras, seria uma espécie de vedação oculta de acesso ao Poder Judiciário, estabelecida pela impossibilidade de produzir a prova, vedando o acesso efetivo à justiça, razão pela qual a teoria da carga dinâmica da prova tem lugar justamente para afastar as hipóteses em que a aplicação estática do art. 373, II, do CPC leve a uma impossibilidade de sua realização.[62] Daí o entendimento que passa a se afirmar, também na jurisprudência, sobre a possibilidade de inversão do ônus da prova em matéria de responsabilidade civil do médico, inclusive em vista da incidência do princípio da colaboração processual.[63]

4.1.11.2. Culpa médica e nexo de causalidade

No caso da responsabilidade civil médica, a relação de causalidade é demonstrada a partir de danos que se realizem em razão de uma ação ou omissão do profissional médico ou da falta a deveres realizados por hospitais e clínicas. Nesse sentido, é evidente que o dano indenizável não pode ser aquele decorrente da continuidade da enfermidade em razão do insucesso do tratamento ou qualquer outra espécie de procedimento médico. O que não significa que não possa ser indenizado o dano decorrente da atuação do profissional que contribua com o agravamento da situação do paciente.

Por outro lado, situação de difícil solução é a que diz respeito às hipóteses de erro de diagnóstico, em que a imperícia médica dá causa a um retardo no tratamento de enfermidade que, não sendo identificada a tempo, vem a prejudicar ou mesmo comprometer a eficácia de um eventual tratamento. Sem prejuízo sobre os debates doutrinários acerca das condições para que o erro de diagnóstico conduza à responsabilidade do profissional,[64] trata-se aqui de observar de que modo se determinam os danos indenizáveis e, a partir dessa providência, o *quantum* da indenização. Esse é o campo em que hoje vem sendo aplicada com certo entusiasmo jurisprudencial[65]

---

[60] KNIJNIK, Danilo. *A prova nos juízos cível, penal e tributário*. Rio de Janeiro: Forense, 2007, p. 173.
[61] KNIJNIK, Danilo. *A prova nos juízos cível, penal e tributário*, cit., p. 173.
[62] KNIJNIK, Danilo. *A prova nos juízos cível, penal e tributário*, cit., p. 187.
[63] STJ, REsp 1540580/DF, Rel. p/ Acórdão Min. Luis Felipe Salomão, 4ª Turma, j. 02/08/2018, DJe 04/09/2018.
[64] STOCO, Rui. *Tratado de responsabilidade civil*. 6. ed. São Paulo: RT, 2004, p. 541.
[65] "Responsabilidade civil. Ação de indenização. Perda da chance. Diagnóstico médico. Indenização por perda da chance ao tratamento médico adequado. Possibilidade. Diagnóstico de tumor adiado em razão de negligência médica. Redução da possibilidade de cura. Comprovação. Danos morais. Configuração. Danos materiais. Descabimento. Apelação provida" (TJRS, ApCív 70018528760, 5ª Câmara Cível, Rel. Pedro Luiz Rodrigues Bossle, j. 28-3-2007). No mesmo sentido: "Apelação cível. Responsabilidade civil.

e nítida influência francesa a teoria da perda da chance.[66] Essa teoria preconiza a possibilidade de indenização de danos que, embora não se tenha como determinar com certeza que na hipótese em que não tivesse havido a violação do direito o interesse da vítima teria se realizado, e, logo, não existiriam danos, o *quantum* dessa indenização jamais poderá representar o êxito completo desse interesse, que mesmo na ausência de ilícito seria incerto. No caso da responsabilidade civil médica, normalmente essa teoria francesa é utilizada; no Brasil, apenas para pressupor a causalidade, facilitando assim a prova do nexo causal, como na hipótese em que previamente à lesão existe uma chance de vida normal ou de cura, sendo que a intervenção do médico retirou essa chance da vítima. Ou, ainda, que o "evento teria sido possível, mas a atuação do médico tornou-o impossível, provocou a perda de uma chance".[67]

Noutro sentido, em matéria de responsabilidade civil médica, trata-se de hipótese típica em que o retardo do tratamento, em vista do erro de diagnóstico, diminui as chances de cura do paciente, porém não se pode a qualquer tempo assegurar que, não tivesse havido o equívoco, o paciente necessariamente obteria a cura.[68] Considerando que essa afirmação é impossível de ser feita, o que se considerará objeto de indenização, com fundamento na teoria da perda da chance, é o sacrifício de uma probabilidade de êxito, não de uma certeza que este teria se produzido.

4.1.12. Responsabilidade civil dos hospitais e clínicas

A responsabilidade civil dos hospitais e clínicas não se confunde com a responsabilidade do profissional que neles exerce sua atividade. A responsabilidade do médico é subjetiva, nos termos do art. 14, § 4º, do CDC, assim também no regime do Código Civil, pela incidência do seu art. 186. Outra situação é a que ocorre com clínicas e hospitais. No caso de clínicas e hospitais particulares, considera-se que oferecem serviços no mercado de consumo mediante remuneração. Nesses termos, são fornecedoras de serviços, e sua responsabilidade é independente de culpa, nos termos do art. 14, *caput*, do CDC.

No caso de hospitais públicos, aplica-se o regime de responsabilidade próprio da Administração Pública, que no caso também é responsabilidade objetiva, independente de culpa,

---

Entidade hospitalar. Responsabilidade objetiva. Falha na prestação do serviço caracterizada. Fratura do 4º quirodáctilo. Erro de diagnóstico. Danos materiais. Pensão. Danos morais e estéticos. 1. Responsabilidade hospitalar: a responsabilidade civil do hospital é de ordem objetiva, nos termos do art. 14 do Código de Defesa do Consumidor, não cabendo investigar a culpa de seus prepostos, mas se o serviço prestado pelo nosocômio foi defeituoso ou não. A configuração dos elementos nexo causal e dano gera o dever de indenizar, sendo que as excludentes da responsabilidade possíveis para o caso em comento seriam, com supedâneo no art. 14, § 3º, I e II, inexistência de defeito no serviço e culpa exclusiva do consumidor ou de terceiro. No caso concreto, configura falha na prestação do serviço o erro de diagnóstico quanto à lesão no 4º quirodáctilo esquerdo, mormente à vista da existência pré-diagnóstico detectando o deslocamento do referido quirodáctilo. Sendo consabido que o tratamento precoce de fraturas articulares apresenta melhor prognóstico, há de se reconhecer a responsabilidade da ré pela perda de uma chance de o autor se recuperar. 2. Danos Materiais: Laudo pericial conclusivo quanto à redução da capacidade laboral do autor. Pensionamento devido em verba única no caso concreto. 3. *Quantum* indenizatório dos danos morais: Verba indenizatória a título de danos morais mantida nos termos da sentença. Apelação desprovida" (TJRS, ApCív 70016518920, 9ª Câmara Cível, Rel. Marilene Bonzanini Bernardi, j. 14-3-2007).

[66] Trata-se de teoria que tem largo desenvolvimento no direito francês, criada a partir da jurisprudência e desenvolvida desde a primeira decisão em 1889, conforme: VINEY, Geneviève; JOURDAIN, Patrice. *Traité de droit civil*. Les conditions de la responsabilité civile. 2. ed. Paris: LGDJ, 1998, p. 74.

[67] FRADERA, Véra Maria Jacob. Responsabilidade civil dos médicos, cit., p. 130.

[68] BDINE JÚNIOR, Hamid Charaf. Responsabilidade pelo diagnóstico. In: SILVA, Regina Beatriz Tavares da (Coord.). *Responsabilidade civil na área da saúde*. São Paulo: Saraiva, 2007, p. 81 e s.

nos termos do art. 37, § 6º, da Constituição Federal. Subsidiariamente aplica-se o Código Civil. Nesses casos, havendo relação de emprego entre o profissional e o hospital ou clínica, incide o art. 932, III, do Código Civil, que imputa ao empregador responsabilidade objetiva pelos danos causados pelo empregado no exercício da prestação de trabalho.[69]

Observe-se, contudo, que nem todas as situações de responsabilidade de hospitais ou clínicas, particulares ou públicas, decorrem da prestação de serviços médicos. Há situações em que o dano decorre de falha na prestação do serviço do próprio hospital e/ou seu corpo de funcionários não médicos. Assim, por exemplo, o erro ao ministrar alimentos ou medicamentos, de modo distinto da correta prescrição do profissional, ou uma simples queda do paciente em decorrência de descuido de enfermeiros.[70] A responsabilidade nesses casos, reconhecidos os demais pressupostos da responsabilidade civil – com especial atenção ao nexo de causalidade[71] –, é imputada independentemente de culpa, portanto responsabilidade objetiva.[72]

Outra situação que dá ensejo a algum debate quanto à responsabilidade de hospitais e clínicas diz respeito aos danos causados por infecção hospitalar. Esta decorre tanto de falha da prestação de serviços pelo estabelecimento hospitalar ou clínico, na higienização ou tratamento de resíduos, quanto também por circunstâncias inevitáveis e relativamente incontroláveis pelo prestador de serviços. Nesse caso, poderia argumentar-se que por ser incontrolável – e, portanto, inevitável – seria caracterizada como caso fortuito, excluindo, nesse sentido, a responsabilidade do estabelecimento hospitalar ou clínico. Ocorre que só há que se falar em infecção hospitalar em razão de o paciente estar internado, ou ao menos utilizando os serviços daquele estabelecimento hospitalar e/ou clínico. E, nesse sentido, o caráter inevitável não retira, necessariamente, o evento do seu âmbito de responsabilidade. Aqui, parece ser o caso de caracterizar-se o risco inerente à atividade, que atrai a responsabilidade do estabelecimento uma vez que se caracterize o denominado fortuito interno.

---

[69] STJ, AgRg no Ag 1.402.439/RS, Rel. Min. Paulo de Tarso Sanseverino, 3ª Turma, j. 27-3-2012, *DJe* 10-4-2012.

[70] STJ, AgRg no AREsp 292.607/MT, Rel. Min. Sidnei Beneti, 3ª Turma, j. 16-4-2013, *DJe* 2-5-2013.

[71] STJ, REsp 1664907/SP, Rel. Min. Nancy Andrighi, 3ª Turma, j. 06/06/2017, DJe 12/06/2017.

[72] "Direito civil. Responsabilidade do hospital por erro médico e por defeito no serviço. Súmula 7 do STJ. Violação dos arts. 334 e 335 do CPC. Não ocorrência. Dissídio jurisprudencial não demonstrado. Redimensionamento do valor fixado para pensão. Súmula 7 do STJ. Indenização por danos morais. Termo inicial de incidência da correção monetária. Data da decisão que fixou o valor da indenização. 1. A responsabilidade das sociedades empresárias hospitalares por dano causado ao paciente-consumidor pode ser assim sintetizada: (i) as obrigações assumidas diretamente pelo complexo hospitalar limitam-se ao fornecimento de recursos materiais e humanos auxiliares adequados à prestação dos serviços médicos e à supervisão do paciente, hipótese em que a responsabilidade objetiva da instituição (por ato próprio) exsurge somente em decorrência de defeito no serviço prestado (art. 14, *caput*, do CDC); (ii) os atos técnicos praticados pelos médicos sem vínculo de emprego ou subordinação com o hospital são imputados ao profissional pessoalmente, eximindo-se a entidade hospitalar de qualquer responsabilidade (art. 14, § 4, do CDC), se não concorreu para a ocorrência do dano; (iii) quanto aos atos técnicos praticados de forma defeituosa pelos profissionais da saúde vinculados de alguma forma ao hospital, respondem solidariamente a instituição hospitalar e o profissional responsável, apurada a sua culpa profissional. Nesse caso, o hospital é responsabilizado indiretamente por ato de terceiro, cuja culpa deve ser comprovada pela vítima de modo a fazer emergir o dever de indenizar da instituição, de natureza absoluta (arts. 932 e 933 do CC), sendo cabível ao juiz, demonstrada a hipossuficiência do paciente, determinar a inversão do ônus da prova (art. 6º, VIII, do CDC). (...)" (STJ, REsp 1.145.728/MG, Rel. p/ Acórdão Min. Luis Felipe Salomão, 4ª Turma, j. 28-6-2011, *DJe* 8-9-2011).

4.1.13. Relação entre a responsabilidade subjetiva do médico e a responsabilidade objetiva das instituições hospitalares

No caso da prestação de serviços médicos, é admissível a ocorrência de prejuízos ao consumidor somente com relação a riscos razoáveis e suficientemente informados ao paciente. Qualquer outra hipótese de risco não abrangido dentre aqueles que naturalmente decorram da enfermidade em tratamento, ou mesmo da necessidade de intervenção sobre o corpo humano, por intermédio de medicamentos, procedimentos cirúrgicos ou outro modo, caracteriza espécie de risco adquirido e, portanto, defeito do serviço, determinando o dever de indenizar.

As instituições hospitalares, e demais fornecedores de serviços de saúde, respondem objetivamente pelos danos causados aos consumidores-pacientes, na medida em que ofereçam um serviço defeituoso. Nesse sentido, o serviço prestado pela instituição hospitalar deve ser considerado como um todo, diante do atendimento ou não das legítimas expectativas do consumidor e dos riscos que razoavelmente se esperavam daquela determinada atividade. Caracterizam o defeito da prestação de serviço, nesse sentido, a causa ou o agravamento de moléstia decorrente da má administração de medicamentos ao paciente[73] ou no caso de infecção hospitalar, causada por bactérias ou outros agentes nocivos. Nesse último caso, inclusive, não cabe sequer, segundo majoritária jurisprudência do Superior Tribunal de Justiça brasileiro, sua qualificação como caso fortuito, de modo a exonerar a responsabilidade do hospital. Refere o STJ que: "tratando-se da chamada infecção hospitalar, há responsabilidade contratual do hospital relativamente a incolumidade do paciente, no que respeita aos meios para seu adequado tratamento e recuperação, não havendo lugar para alegação da ocorrência de 'caso fortuito', uma vez ser de curial conhecimento que tais moléstias se acham estreitamente ligadas a atividade da instituição, residindo somente no emprego de recursos ou rotinas próprias dessa atividade a possibilidade de prevenção".[74]

---

[73] "PROCESSUAL CIVIL. RECURSO ESPECIAL. AÇÃO DE COMPENSAÇÃO POR DANOS MORAIS. NEGATIVA DE PRESTAÇÃO JURISDICIONAL. INEXISTENTE. ADMINISTRAÇÃO DE MEDICAÇÃO. ERRO MÉDICO. ESTADO VEGETATIVO IRREVERSÍVEL. ÓBITO PRECOCE DA GENITORA. DANO MORAL EM RICOCHETE. ARBITRAMENTO. SÚMULA 7/STJ. VALOR IRRISÓRIO. REVISÃO. POSSIBILIDADE. JUROS DE MORA. TERMO INICIAL. RESPONSABILIDADE CONTRATUAL. DATA DA CITAÇÃO. (...) 5. A responsabilidade civil por erro médico tem natureza contratual, pois era dever da instituição hospitalar e de seu corpo médico realizar o procedimento cirúrgico dentro dos parâmetros científicos. 6. Entretanto, nas hipóteses em que ocorre o óbito da vítima e a compensação por dano moral é reivindicada pelos respectivos familiares, o liame entre os parentes e o causador do dano possui natureza extracontratual, nos termos do art. 927, do CC e da Súmula 54/STJ. Termo inicial dos juros de mora, portanto, é a data do evento danoso, ou seja, a data em que configurado o erro médico causador do dano. 7. Hipótese em que o erro médico configurado no particular foi concausa para concretos elementos de aflição moral, tais como: i) a parada cardio-respiratória na paciente, ii) período de internação hospitalar, em coma, de cento e cinquenta dias; iii) estado vegetativo irreversível; iv) quatro anos de cuidados ininterruptos em casa; iv) óbito precoce aos 58 anos de idade da genitora dos recorrentes. Compensação por danos morais fixada em 150 salários mínimos para cada recorrente. 8. Recurso especial conhecido e parcialmente provido" (STJ, REsp 1698812/RJ, Rel. Min. Nancy Andrighi, 3ª Turma, j. 13/03/2018, DJe 16/03/2018).

[74] "Responsabilidade civil. Indenização por danos sofridos em consequência de infecção hospitalar. Culpa contratual. Danos moral e estético. Cumulabilidade. Possibilidade. Precedentes. Recurso desprovido. I – Tratando-se da denominada infecção hospitalar, há responsabilidade contratual do hospital relativamente à incolumidade do paciente, no que respeita aos meios para seu adequado tratamento e recuperação, não havendo lugar para alegação da ocorrência de 'caso fortuito', uma vez ser de curial conhecimento que tais moléstias se acham estreitamente ligadas à atividade da instituição, residindo somente no emprego de recursos ou rotinas próprias dessa atividade a possibilidade de prevenção. II – Essa responsabilidade somente pode ser excluída quando a causa da moléstia possa ser atribuída a evento específico e deter-

No caso da responsabilidade solidária entre a instituição hospitalar e o profissional médico, esta resulta da solidariedade de todos os integrantes da cadeia de fornecimento previsto pelo art. 7º, parágrafo único, do CDC, que refere: "Tendo mais de um autor a ofensa, todos responderão solidariamente pela reparação dos danos previstos nas normas de consumo".

Neste particular, muito se discute sobre a eventual dependência da responsabilidade objetiva do hospital ou clínica em relação à verificação da culpa do profissional médico que nelas atua, sobretudo em vista da exigência de que este seja demandado obrigatoriamente para que se possa alcançar a responsabilidade da instituição. Ou seja, que só haveria condições de imputação da responsabilidade aos hospitais ou clínicas na medida em que se provasse a culpa do profissional médico, como, aliás, é admitido no direito civil, na hipótese da responsabilidade por preposição (art. 932, III, do CC/2002). Esse raciocínio, contudo, parece confundir os pressupostos de ambas as relações de responsabilidade, do profissional que é subjetiva e, portanto, dependente da verificação da culpa, e a do hospital ou clínica que é objetiva, nesse caso exigindo a presença de defeito na prestação do serviço.

A situação de se confundirem em algumas oportunidades a culpa médica (do profissional) e o defeito do serviço (do hospital ou clínica), como resultantes de um mesmo fato, não faz com que possam ser tratados como um mesmo critério de imputação de responsabilidade, presente nos dois regimes, ou que se conclua por uma dependência necessária entre a existência da culpa do profissional e a possibilidade de responsabilização do hospital.[75] A culpa do profissional médico, quando esteja vinculado como empregado de um determinado hospital ou clínica deve ser exigida, não descaracterizando, contudo, a natureza objetiva da responsabilidade do estabelecimento. A culpa médica é elemento, neste caso, da causa do dano cuja responsabilidade possa ser exigida do hospital ou clínica. Neste sentido, culpa do profissional e causa do dano que atrai a solidariedade do hospital ou clínica são elementos inconfundíveis.[76] Em relação ao defeito do serviço, pode ele ser caracterizado pela violação de deveres pelo médico preposto, empregado ou de qualquer modo associado ao hospital ou clínica, da mesma forma como pode ser caracterizado por qualquer outra falha da instituição na prestação do serviço.

Da mesma forma, ainda quando se considere a exigência de verificação da culpa como condição para o reconhecimento do defeito (a falha do médico transmuta-se na falha do hospital), nem sempre a culpa médica ou o defeito serão objeto de prova. Poderão ser presumidos em vista das circunstâncias do caso ou em decorrência da inversão do ônus da prova prevista no art. 6º, VIII, do CDC nas hipóteses de reconhecimento da hipossuficiência do consumidor ou da verossimilhança de suas alegações, assim como da teoria da carga dinâmica da prova, desenvolvida no âmbito do processo civil. Trata-se, pois, de uma questão circunscrita ao reconhecimento do nexo de causalidade, para o que se deverá examinar a conduta do profissional

---

minado. III – Nos termos em que veio a orientar-se a jurisprudência das turmas que integram a seção de direito privado deste tribunal as indenizações pelos danos moral e estético podem ser cumuladas, se inconfundíveis suas causas e passíveis de apuração em separado" (STJ, REsp 116.372/MG, Rel. Min. Sálvio de Figueiredo Teixeira, j. 11-11-1997; *RT* 751/230).

[75] No caso de dano causado por erro do médico plantonista, firma-se a jurisprudência pelo reconhecimento da responsabilidade objetiva do hospital, com fundamento no art. 932, II, do Código Civil, bem como do art. 14 do CDC: Veja-se: REsp 1679588/DF, Rel. Min. Moura Ribeiro, 3ª Turma, j. 08/08/2017, DJe 14/08/2017. No mesmo sentido: STJ, REsp 696.284/RJ, Rel. Min. Sidnei Beneti, 3ª Turma, j. 3-12-2009, *DJe* 18-12-2009.

[76] Em sentido contrário, denominando como subjetiva a responsabilidade do hospital ou clínica por danos causados pelos médicos que nele trabalham: REsp 1642999/PR, Rel. Min. Nancy Andrighi, 3ª Turma, j. 12/12/2017, DJe 02/02/2018.

e do hospital, e não uma vinculação lógica obrigatória entre a culpa do profissional e o defeito na prestação do serviço pela instituição.

A presença do defeito na prestação do serviço de atendimento de hospitais e clínicas representa a violação do dever de segurança e, em última análise, da qualidade que deve ser assegurada pelo fornecedor aos serviços que tornar disponíveis no mercado de consumo. A identificação da causa que determina o descumprimento do dever de segurança nem sempre será objeto de individualização, sobretudo porque em muitas situações poderá se apresentar de modo associado a uma série de outras causas (concausas), cuja exata separação entre si não é determinante para efeito de exigir a imputação da responsabilidade da instituição prestadora de serviços de saúde. Assim, por exemplo, a hipótese de danos causados a um paciente em decorrência de medicamento ministrado pelo médico que lhe provoca efeitos colaterais pela combinação de fatores pessoais que, de tal modo raro e imprevisível pelo profissional, não lhe teria sido exigível a realização de exames prévios que identificassem o risco de que ocorressem. Nesse caso, não há de se falar em culpa do médico, dispensando mesmo sua responsabilidade. Contudo a responsabilidade do hospital é objetiva, sendo a demonstração sobre a existência ou não do defeito do serviço totalmente dissociada da exigência da culpa do profissional.

E o mesmo deverá ocorrer em todas as situações em que o dano não decorre de uma atuação pessoal do médico, senão da atuação de outros profissionais ou de serviços vinculados ao hospital, como é o caso dos enfermeiros, alimentação, assepsia e limpeza das instalações, entre outros fatores que assegurem a segurança que o paciente legitimamente possa esperar daquela prestação de serviço.

4.2. RESPONSABILIDADE CIVIL DO ADVOGADO

A atividade do profissional da advocacia conta com certas peculiaridades no seu tratamento constitucional e legal. Dado o seu papel no sistema de justiça, a Constituição de 1988 definiu a advocacia como indispensável à administração da justiça, assegurando-lhe a inviolabilidade por seus atos e manifestações no exercício da profissão. Nesse sentido, dispõe o art. 133 da Constituição de 1988: "O advogado é indispensável à administração da justiça, sendo inviolável por seus atos e manifestações no exercício da profissão, nos limites da lei". A profissão de advogado é uma espécie de profissão jurídica, não a única,[77] cuja característica essencial é a prestação de serviços especializados visando o patrocínio de ações perante o Poder Judiciário, assim como consultoria e aconselhamento técnico-jurídico para seus respectivos clientes.

Da mesma forma, a Lei n. 8.906/94, que institui o Estatuto da Advocacia, estabelece em seu art. 2º: "Art. 2º O advogado é indispensável à administração da justiça. § 1º No seu ministério privado, o advogado presta serviço público e exerce função social. § 2º No processo judicial, o advogado contribui, na postulação de decisão favorável ao seu constituinte, ao convencimento do julgador, e seus atos constituem múnus público. § 3º No exercício da profissão, o advogado é inviolável por seus atos e manifestações, nos limites desta lei".

A inviolabilidade do advogado no exercício de sua atividade profissional, entretanto, não significa irresponsabilidade pelos danos a que der causa, em relação tanto a seus clientes quanto a terceiros. Ao contrário, como bem explica Paulo Lôbo, "a responsabilidade é a contrapartida da liberdade e da independência do advogado".[78] A rigor, causando dano em razão do mau exercício profissional, responde o advogado pela obrigação de indenizar as respectivas vítimas.

---

[77] LÔBO, Paulo. *Comentários ao Estatuto da Advocacia e da OAB*. 4. ed. São Paulo: Saraiva, 2007, p. 20.
[78] LÔBO, Paulo. Responsabilidade civil do advogado. *Revista de Direito Privado*, v. 10, São Paulo: RT, abr. 2012, p. 211.

O art. 32 do Estatuto da Advocacia define: "O advogado é responsável pelos atos que, no exercício profissional, praticar com dolo ou culpa. Parágrafo único. Em caso de lide temerária, o advogado será solidariamente responsável com seu cliente, desde que coligado com este para lesar a parte contrária, o que será apurado em ação própria".

Nesse sentido, o mau exercício profissional decorre da atuação culposa ou dolosa do advogado, de quem se exige não apenas a posse de conhecimentos técnico-especializados sobre sua respectiva área de atuação, mas, igualmente, que atue com a diligência e a prudência devidas, tanto no exercício dos poderes de representação de interesses do cliente como na interpretação da lei e na avaliação dos riscos inerentes à situação.

Em relação a terceiros, a responsabilidade civil do advogado é admitida em situações restritas, nas quais se identifica o mau exercício profissional como causa de um dano indenizável. Esse caráter restrito resulta das próprias garantias outorgadas ao profissional para o exercício de sua atividade, nos termos da lei. É o que dispõe o art. 7º do Estatuto da Advocacia, ao relacionar os direitos do advogado no exercício da profissão. Poderá ser reconhecida, contudo, quando o exercício profissional ultrapassar a moderação e decoro exigidos, ou ainda quando, no desempenho de sua atividade, o advogado favoreça que seu cliente cometa ato ilícito, causando danos. Será o caso, por exemplo, do advogado que, para comprovar suas alegações, viole a privacidade e acesse indevidamente dados protegidos da parte adversária para apresentá-los no processo, ou cometa qualquer espécie de crime para favorecer a posição do seu cliente, hipótese em que lhe será imputado o dever de indenizar as respectivas vítimas.

Nesse particular, destaque-se a situação que decorre do reconhecimento de danos por imputação de crimes a terceiros. Preceitua a legislação profissional que o advogado só poderá realizar essa imputação quando devidamente autorizada pelo cliente. Trata-se de dever profissional cuja infração dá causa à sanção disciplinar nos termos do art. 34, XV, do Estatuto da Advocacia, que tipifica a infração de "fazer, em nome do constituinte, sem autorização escrita deste, imputação a terceiro de fato definido como crime". Nesse sentido, se agir em nome do cliente, e sob sua determinação, estará no exercício da representação e, nesses termos, não responde o advogado perante terceiros, em relação às consequências da imputação. Há exclusão da ilicitude do ato em relação ao profissional, podendo, conforme o caso, responder o cliente pelo dano que vier a ser causado à vítima. Outra coisa será se não tiver autorização do cliente para esse fim, hipótese em que excede seus poderes e responde pessoalmente mediante a vítima, uma vez verificada a falsidade da imputação.

Em qualquer caso, seja a responsabilidade contratual, decorrente da relação entre o advogado e seu cliente, ou aquiliana, respondendo o profissional perante terceiros em decorrência do exercício de sua atividade, três são os pressupostos da responsabilidade civil, a saber: a) a culpa de quem presta o serviço, b) dano de quem o serviço é prestado; c) nexo de causalidade entre dano e culpa.[79]

4.2.1. Deveres do advogado no exercício de sua atividade profissional

A natureza da obrigação do advogado perante seus clientes é de uma obrigação de meio.[80] Pauta-se pela confiança.[81] Não se compromete, assim, com o atingimento de um objetivo es-

---

[79] MOITINHO DE ALMEIDA, L. P. *Responsabilidade civil dos advogados*. Coimbra: Editora Limitada, 1985, p. 9-10.
[80] AVRIL, Yves. *La responsabilité de l'avocat*. Paris: Dalloz, 1981, p. 19.
[81] GHERSI, Carlos Alberto (Dir.). *Derecho de daños y contratos*. Responsabilidades profesionales. Buenos Aires: Club del Libro, 1999, p. 90-91.

pecífico, senão de empregar o esforço razoável no exercício do mandato que lhe é concedido para atuar em nome do cliente, na elaboração de instrumentos e demais peças para atuação em processo judicial ou administrativo, e ainda na sua atuação extraprocessual.

Tais deveres podem ser distinguidos em três espécies: a) deveres de informação e aconselhamento; b) deveres de técnica e perícia; e c) deveres de cuidado ou diligência.

4.2.1.1. Deveres de informação e aconselhamento

O advogado, na prestação de serviços que oferece ao cliente, tem o dever de informar acerca dos aspectos técnico-jurídicos envolvidos, da interpretação adequada dos fatos e da lei, bem como dos riscos a que está submetido na posição em que se encontra. Da mesma forma, tem um dever de aconselhamento, que, para além da simples informação, consiste na precisa definição das alternativas possíveis à decisão do cliente, bem como dos riscos que a envolvem, definindo a conveniência ou necessidade das medidas a serem adotadas.

Conforme assinala Lipman, "há no exercício da advocacia um dever profissional de aconselhar o seu cliente, que se consubstancia em inúmeras ocasiões. Estas tanto podem surgir numa fase pré-processual como no decorrer do litígio. O importante é que o advogado esclareça ao cliente da forma mais clara e precisa os aspectos pertinentes de seu problema, evitando empregar termos excessivamente técnicos".[82]

De fato, note-se que é o advogado quem possui a expertise técnica em relação à interpretação adequada dos fatos sob o prisma jurídico, assim também como de torná-los compreensíveis ao cliente quando este reclama seu aconselhamento. Desse modo, o dever de clareza e objetividade está compreendido no aconselhamento ofertado ao cliente.

Observa-se no direito comparado a tendência de responsabilização do advogado pela infração ao dever de aconselhamento.[83] Nesse sentido, também se diga em relação ao conselho insuficiente, ou seja, aquele que deixa de considerar todas as circunstâncias relevantes envolvidas, de modo a não dotar o cliente das condições necessárias para decidir, podendo induzi-lo em erro, e podendo gerar a responsabilidade do advogado.[84] Contudo, é de anotar que o advogado não tem um dever de previdência absoluta sobre fatos futuros. Atende o dever de aconselhamento, desse modo, quando, em vista dos fatos presentes e que são do seu conhecimento, realiza a prognose adequada e sugere as alternativas ao comportamento do cliente. Mais do que isso significaria imputar à responsabilidade do advogado os riscos que decorrem da própria situação sobre a qual seu aconselhamento é demandado.

4.2.1.2. Deveres de técnica e perícia

São exigíveis os deveres de técnica e perícia de todo aquele que se propõe a exercer atividades especializadas, cujo diferencial seja justamente o domínio de certo conhecimento ou expertise. Não é diferente com o advogado. Seu dever é de conhecimento técnico. Deve, pois, conhecer a legislação atualizada, a interpretação prevalente que sobre ela fazem os tribunais, bem como seus aspectos controvertidos. Deve saber, igualmente, qualificar juridicamente os

---

[82] LIPMAN, Ernesto. A responsabilidade civil do advogado vista pelos tribunais. *Revista dos Tribunais*, v. 787, São Paulo: RT, maio 2001, p. 140 e s. No mesmo sentido: ANDRADE, Fabio Siebeneichler de. Responsabilidade civil do advogado. *Revista dos Tribunais*, v. 697, São Paulo: RT, nov. 1993, p. 22 e s.
[83] LIPMAN, Ernesto. A responsabilidade civil do advogado vista pelos tribunais, cit.
[84] MOITINHO DE ALMEIDA, L. P. *Responsabilidade civil dos advogados*, cit., p. 18.

fatos que lhe são trazidos pelo cliente, de modo a permitir a correta identificação das leis que sobre eles incidam, assim como as consequências de sua aplicação.

Assim, por exemplo, infringe o dever de perícia o advogado que erra na contagem do prazo para promover um determinado ato processual, fazendo com que preclua, ou não identifica a prescrição, por má qualificação de que pretensão se trate ou qual prazo se lhe aplica. O mesmo ocorre com o advogado que deixa de recorrer porque ignora a possibilidade de recurso da decisão do juiz, ou que invoca direito já revogado.

Diga-se, uma vez mais: há dever do advogado de manter-se atualizado com as alterações legislativas e com a interpretação que se dê a lei. O atendimento a esse dever torna-se cada vez mais difícil, em face da crescente complexidade e especialização do direito. Por isso, admite-se, quando não tenha conhecimento imediato do direito aplicável, que pode o profissional requerer prazo para estudo e pesquisa, o que não caracteriza infração, mas confirmação do pleno atendimento de seu dever profissional.

Contudo, se age ou deixa de agir em razão da ausência de conhecimento técnico, e com isso dá causa a danos do cliente, incide sua responsabilização pela indenização devida aos prejuízos a que deu causa.

4.2.1.3. *Deveres de cuidado ou diligência*

Outro dever comum a quem presta serviços especializados é o de agir com diligência e cuidado no cumprimento da obrigação. No caso da atuação do advogado, a execução da prestação compreende a representação do cliente e a promoção de seus interesses. Nesse sentido, converge a responsabilidade profissional com aquela que a legislação outorga ao mandatário na execução do objeto do mandato (art. 667 do Código Civil).[85]

Na própria legislação de regência da profissão observa-se série de infrações disciplinares que resultam igualmente na violação de deveres do advogado perante seu cliente. É o caso do disposto no art. 34, VII ("violar, sem justa causa, sigilo profissional"). Deve o advogado manter o sigilo sobre todas as informações que teve conhecimento diretamente do cliente ou em razão do exercício do mandato. Nesse sentido, observa a doutrina que "o advogado é um confidente pela própria natureza dos seus serviços. O sigilo tem, na advocacia, íntimo vínculo com os cânones da intimidade e da privacidade. Integra os chamados direitos da personalidade. Se violado, expõe o advogado agente ao risco de responder por danos morais e materiais". E prossegue notando que esse dever se mantém mesmo após a extinção do vínculo contratual, "em face da existência da responsabilidade pós-contratual".[86]

Da mesma forma ocorre, exemplificativamente, com as infrações capituladas no Estatuto da Advocacia, em seu art. 34, VIII ("estabelecer entendimento com a parte adversa sem autorização do cliente ou ciência do advogado contrário"); IX ("prejudicar, por culpa grave, interesse confiado ao seu patrocínio"); XVI ("deixar de cumprir, no prazo estabelecido, determinação emanada do órgão ou de autoridade da Ordem, em matéria da competência desta, depois de regularmente notificado"); XVII ("prestar concurso a clientes ou a terceiros para realização de ato contrário à lei ou destinado a fraudá-la"); XVIII ("solicitar ou receber de constituinte qualquer importância para aplicação ilícita ou desonesta"); XIX ("receber valores, da parte

---

[85] "Art. 667. O mandatário é obrigado a aplicar toda sua diligência habitual na execução do mandato, e a indenizar qualquer prejuízo causado por culpa sua ou daquele a quem substabelecer, sem autorização, poderes que devia exercer pessoalmente."

[86] FARAH, Elias. Advocacia e responsabilidade civil do advogado. *Revista do Instituto dos Advogados de São Paulo*, v. 13, São Paulo: RT, jan. 2004, p. 181 e s.

contrária ou de terceiro, relacionados com o objeto do mandato, sem expressa autorização do constituinte"); e XX ("locupletar-se, por qualquer forma, à custa do cliente ou da parte adversa, por si ou interposta pessoa").

A diligência que se exige do advogado é aquela que empregaria na defesa de seus próprios interesses. Desse modo, por exemplo, se reconhece que atua de modo negligente o advogado que perde o prazo para recorrer ou interpor ação, porque não o aferiu com precisão ou desconsiderou as consequências, respondendo pelos danos que daí decorrerem ao cliente.[87]

4.2.2. Responsabilidade civil do advogado e o Código de Defesa do Consumidor

O Código de Defesa do Consumidor, como regra, aplica-se aos profissionais liberais que ofereçam seus produtos e serviços no mercado de consumo. Esse é o sentido que se retira da definição de fornecedor constante em seu art. 3º. Por sua vez, em matéria de responsabilidade civil, o art. 14, § 4º, do CDC estabelece que a responsabilidade do profissional liberal por danos causados ao consumidor deve se dar *mediante verificação da culpa*.

A rigor, a atividade da advocacia é onerosa, portanto, prestada mediante remuneração, nos termos do art. 3º, § 2º, do CDC. Trata-se de serviço especializado e, nesses termos, poderia se considerar que atende a uma necessidade do cliente, seja para acesso ou defesa perante o Poder Judiciário, seja para consulta ou realização de série de atos para o que a assistência do advogado oferece os melhores meios ou a melhor técnica de execução.

Duas são, contudo, as objeções principais à aplicação do CDC às relações entre o advogado e seu cliente. Primeiro, que os serviços de advocacia não são oferecidos no mercado de consumo. Ou seja, não estaria correto identificar os serviços profissionais de advogado com outros que se oferecem no mercado de consumo. Isso resultaria da própria função constitucionalmente assegurada a esse profissional, essencial à administração da justiça. Nesse sentido, o entendimento que sustenta a não aplicação do CDC às relações entre cliente e advogado fundamenta-se no fato de que tal serviço é pressuposto à fruição de serviço público essencial, que é o acesso à jurisdição. Nesses termos, não se poderia conceitualmente admitir que uma das condições para o acesso à justiça estaria ofertada a título oneroso no mercado de consumo. Não se adaptam os serviços de advocacia e sua oferta no mercado de consumo, o que ademais seria demonstrado pela própria restrição que o oferecimento ou a publicidade profissional merece no âmbito da legislação.

Da mesma forma, no que diz respeito à responsabilidade do profissional, esta já é disciplinada pelo art. 32 do Estatuto da Advocacia, que lhe confere natureza subjetiva, ou seja, que só poderá ser aferida mediante ação dolosa ou culposa. Nesse sentido, quanto aos pressupostos da imputação de responsabilidade, não diferem nesse aspecto o Estatuto da Advocacia e o art. 14, § 4º, do CDC. Em termos práticos, a não aplicação do Código de Defesa do Consumidor aos serviços de advocacia implica distinção quanto ao regime da prescrição

---

[87] "Direito civil. Responsabilidade civil do advogado. Indenização. Ausência de interposição de recurso ordinário cabível. O advogado que recebe e aceita mandato que veicula poderes para defender o seu constituinte em juízo assume os deveres e responsabilidades inerentes à sua nobre profissão enquanto atuar no patrocínio da causa. A omissão, sem o consentimento prévio do constituinte, quanto à interposição de qualquer recurso ordinário que se impunha necessário para defesa dos interesses do patrocinado, configura-se desídia de todos os outorgados do mandato judicial, quando os poderes foram conferidos para atuação em conjunto ou isoladamente de cada advogado. Recurso especial não conhecido" (STJ, REsp 596.613/RJ, Rel. Min. Cesar Asfor Rocha, 4ª Turma, j. 19-2-2004, *DJ* 2-8-2004, p. 411).

da pretensão indenizatória, incidindo o prazo de três anos para o exercício da pretensão de reparação previsto no art. 206, § 3º, V, do Código Civil, e não o prazo de cinco anos previsto pelo art. 27 do CDC.

A jurisprudência dominante no Superior Tribunal de Justiça sustenta a não aplicação do CDC às relações entre cliente e advogado,[88] incidindo sobre a matéria a disciplina prevista no Estatuto da Advocacia e, subsidiariamente, o Código Civil.[89]

4.2.3. Danos indenizáveis

São indenizáveis os danos patrimoniais e extrapatrimoniais decorrentes do mau exercício profissional. Na relação entre o advogado e o cliente, o descumprimento da obrigação dá causa a danos que deverão ser identificados a partir do interesse que tiver sido prejudicado pela ação ou omissão do profissional. Assim, por exemplo, tratando-se de demanda judicial que verse sobre direito ou bens avaliáveis economicamente, e cuja imperícia ou negligência do advogado deu causa ao insucesso do pleito do cliente, responderá originalmente por danos patrimoniais daí decorrentes. Em sentido diverso, no caso de violação do dever de sigilo pelo profissional, dando conhecimento a terceiros de informações pessoais do cliente, predomina a ocorrência de danos extrapatrimoniais, sem prejuízo de outros de natureza patrimonial que possam decorrer do mesmo fato.

No caso da responsabilidade do advogado em relação a terceiros, de natureza extracontratual, da mesma forma cogita-se de danos patrimoniais e extrapatrimoniais, conforme incida a má atuação profissional na esfera jurídica da vítima. Assim, por exemplo, o profissional dá causa a danos extrapatrimoniais porque imputa, sem a autorização expressa do cliente, o cometimento de crimes por parte de terceiros, sem a devida comprovação. Do mesmo fato poderá decorrer consequências econômicas, como, por exemplo, a circunstância de a vítima vir a ser demitida ou deixar de celebrar contrato em razão das imputações promovidas pelo profissional, o que enseja a indenização por danos patrimoniais.

---

[88] "Recurso especial. Serviços advocatícios. Contrato. Não incidência do CDC. Deficiência na prestação dos serviços. Negativa de que fora efetivamente contratado pelo cliente. Danos morais. Caracterização. Súmula 7/STJ. Prescrição. Não ocorrência. Recurso especial improvido. 1. As relações contratuais entre clientes e advogados são regidas pelo Estatuto da OAB, aprovado pela Lei n. 8.906/94, a elas não se aplicando o Código de Defesa do Consumidor. Precedentes. 2. A convicção a que chegou o Tribunal de origem quanto ao nexo de causalidade entre a conduta do advogado que negou que fora contratado e recebera procuração do cliente para a propositura de ação de cobrança e os danos morais suportados por esse decorreu da análise do conjunto fático-probatório, e o acolhimento da pretensão recursal demandaria o reexame do mencionado suporte, obstando a admissibilidade do especial à luz da Súmula 7 desta Corte. 3. Sendo a ação de indenização fundada no direito comum, regular a aplicação do art. 177 do Código Civil, incidindo a prescrição vintenária, pois o dano moral, na presente hipótese, tem caráter de indenização, de reparação de danos e pela regra de transição (art. 2.028 do Novo Código Civil) há de ser aplicado o novo prazo de prescrição, previsto no art. 206, § 3º, IV do mesmo diploma legal. 4. Recurso Especial improvido" (REsp 1.228.104/PR, Rel. Min. Sidnei Beneti, 3ª Turma, j. 15-3-2012, *DJe* 10-4-2012).

[89] "Recurso especial. Contrato de prestação de serviços advocatícios. Código de Defesa do Consumidor. Inaplicabilidade. Legitimidade do negócio jurídico. Reconhecimento. 1. As normas protetivas dos direitos do consumidor não se prestam a regular as relações derivadas de contrato de prestação de serviços de advocacia, regidas por legislação própria. Precedentes. 2. O contrato foi firmado por pessoa maior e capaz, estando os honorários advocatícios estabelecidos dentro de parâmetros razoáveis, tudo a indicar a validade do negócio jurídico. 3. Recurso especial conhecido e provido" (STJ, REsp 914.105/GO, Rel. Min. Fernando Gonçalves, 4ª Turma, j. 9-9-2008, *DJe* 22-9-2008).

4.2.4. Perda da chance

Quando a falha do advogado diga respeito à sua atuação em processo judicial, de modo a prejudicar os interesses que patrocina, levando a uma decisão contrária ao seu cliente, o desafio consiste em mensurar – uma vez identificada a atuação culposa ou dolosa do profissional – qual o dano causado. Isso porque, conforme já foi mencionado, não se vincula a obrigação do advogado à obtenção de um determinado resultado – trata-se, pois, de obrigação de meio. Da mesma forma, o fato de a falha do profissional ter intervindo no processo causal não assegura plenamente que outro seria o resultado se o profissional tivesse atuado conforme se esperava e estivesse de acordo com os deveres que se lhe impunham. Ou seja, mesmo se não houvesse falhado, ainda assim é impossível afirmar categoricamente que a decisão judicial seria favorável ao interesse do seu cliente.

Para resolver essa questão, observa-se a tendência crescente de invocar a doutrina da perda da chance como fundamento do dever de indenizar do advogado.[90] A adoção da perda da chance permite que a frustração de um evento futuro relativamente aleatório – mais do que uma possibilidade, menos do que uma certeza – seja indenizável, a partir da investigação sobre a razoabilidade de sua ocorrência, de modo que, não fosse a intervenção da conduta imputável, o dano não teria ocorrido. Em outros termos: o evento futuro que se vê frustrado – a chance – caracteriza-se como evento aleatório. Todavia, é afirmado a partir de probabilidade razoável de sua ocorrência.

No caso da decisão judicial que frustra os interesses do cliente e cujo conteúdo se remete à falha da conduta do advogado no cumprimento de sua obrigação, a imputação do dever de indenizar a perda da chance decorre da constatação de que, não tendo ocorrido o mau exercício profissional, seria razoável a chance de a decisão ter se dado de modo a beneficiar o cliente. O exame da probabilidade de isso ocorrer exigirá a interpretação do modo como decidem os tribunais em casos semelhantes, e o quanto o caso em que atuou o advogado contava com os mesmos elementos daqueles que foram julgados em sentido que seria favorável ao cliente. Desse modo, traça-se em relação às vantagens que o cliente teria obtido com a decisão, caso não tivesse ocorrido a má atuação do profissional, determinada parcela correspondente à chance perdida. Note-se: a indenização à perda da chance será sempre menor do que a vantagem que o cliente teria obtido caso sua demanda tivesse uma decisão favorável ao seu interesse. Trata-se de indenizar uma probabilidade cuja ocorrência frustra-se com o mau exercício profissional do advogado e não toda a vantagem que obteria com a decisão, considerando-se que a sua efetiva obtenção era incerta, dependia da decisão judicial e não estaria plenamente assegurada apenas com a atuação correta do profissional.

A jurisprudência vem reconhecendo o direito à indenização por perda da chance do cliente que vem a ser prejudicado pela falha na prestação dos serviços profissionais por advogado. São reconhecidas situações como, por exemplo, a falta de ciência do advogado ao cliente sobre o extravio dos autos, de modo a inviabilizar a possibilidade de sua restauração,[91]

---

[90] Veja-se, na primeira parte deste volume, os pressupostos da perda da chance. Na doutrina, relacionando hipóteses em que a falha profissional dá causa à perda da chance: DIAS, Sérgio Novais. *Responsabilidade civil do advogado*. Perda de uma chance. São Paulo: LTr, 1999, p. 72 e s.

[91] "Responsabilidade civil. Advogado. Perda de uma chance. Age com negligência o mandatário que sabe do extravio dos autos do processo judicial e não comunica o fato à sua cliente nem trata de restaurá-los, devendo indenizar a mandante pela perda da chance" (TJRS, ApCiv. 591064837, 5ª Câmara Cível, Rel. Ruy Rosado de Aguiar Júnior, j. 29-8-1991).

a perda do prazo para contestar,[92] ou para a impetração de mandado de segurança.[93] Em todos os casos, é a conduta do advogado que impede a chance razoável do cliente de obter decisão judicial que favoreça seus interesses, segundo o que se depreende do entendimento prevalente em casos análogos àquele cuja perda da chance se reclama.

---

[92] "Responsabilidade civil. Advocacia. Perda do prazo para contestar. Indenização por danos materiais formulada pelo cliente em face do patrono. Prejuízo material plenamente individualizado na inicial. Aplicação da teoria da perda de uma chance. Condenação em danos morais. Julgamento *extra petita* reconhecido. 1. A teoria da perda de uma chance (*perte d'une chance*) visa à responsabilização do agente causador não de um dano emergente, tampouco de lucros cessantes, mas de algo intermediário entre um e outro, precisamente a perda da possibilidade de se buscar posição mais vantajosa que muito provavelmente se alcançaria, não fosse o ato ilícito praticado. Nesse passo, a perda de uma chance – desde que essa seja razoável, séria e real, e não somente fluida ou hipotética – é considerada uma lesão às justas expectativas frustradas do indivíduo, que, ao perseguir uma posição jurídica mais vantajosa, teve o curso normal dos acontecimentos interrompido por ato ilícito de terceiro. 2. Em caso de responsabilidade de profissionais da advocacia por condutas apontadas como negligentes, e diante do aspecto relativo à incerteza da vantagem não experimentada, as demandas que invocam a teoria da 'perda de uma chance' devem ser solucionadas a partir de uma detida análise acerca das reais possibilidades de êxito do processo, eventualmente perdidas em razão da desídia do causídico. Vale dizer, não é o só fato de o advogado ter perdido o prazo para a contestação, como no caso em apreço, ou para a interposição de recursos, que enseja sua automática responsabilização civil com base na teoria da perda de uma chance. É absolutamente necessária a ponderação acerca da probabilidade – que se supõe real – que a parte teria de se sagrar vitoriosa. 3. Assim, a pretensão à indenização por danos materiais individualizados e bem definidos na inicial, possui causa de pedir totalmente diversa daquela admitida no acórdão recorrido, de modo que há julgamento *extra petita* se o autor deduz pedido certo de indenização por danos materiais absolutamente identificados na inicial e o acórdão, com base na teoria da 'perda de uma chance', condena o réu ao pagamento de indenização por danos morais. 4. Recurso especial conhecido em parte e provido" (STJ, REsp 1.190.180/RS, Rel. Min. Luis Felipe Salomão, 4ª Turma, j. 16-11-2010, *DJe* 22-11-2010).

[93] "Civil e processual civil. Embargos de declaração no recurso especial. Recebimento com agravo regimental. Responsabilidade civil. Danos morais. Conduta omissiva e culposa do advogado. Teoria da perda de uma chance. Razoabilidade do valor arbitrado. Decisão mantida. 1. Responsabilidade civil do advogado, diante de conduta omissiva e culposa, pela impetração de mandado de segurança fora do prazo e sem instruí-lo com os documentos necessários, frustrando a possibilidade da cliente, aprovada em concurso público, de ser nomeada ao cargo pretendido. Aplicação da teoria da 'perda de uma chance'. 2. Valor da indenização por danos morais decorrentes da perda de uma chance que atende aos princípios da razoabilidade e da proporcionalidade, tendo em vista os objetivos da reparação civil. Inviável o reexame em recurso especial. 3. Embargos de declaração recebidos como agravo regimental, a que se nega provimento" (STJ, EDcl no REsp 1.321.606/MS, Rel. Min. Antonio Carlos Ferreira, 4ª Turma, j. 23-4-2013, *DJe* 8-5-2013).

Capítulo 5
RESPONSABILIDADE CIVIL DOS MEIOS DE COMUNICAÇÃO

Os meios de comunicação assumem, na sociedade contemporânea, um papel cada vez mais relevante, tanto na formação do entendimento da comunidade sobre temas de interesse comum, quanto na divulgação de informações e/ou manifestações individuais ou coletivas, para o conhecimento do público. As próprias definições de conhecimento e percepção do mundo exterior modificaram-se. Como demonstra John B. Thompson, "uma ação ou evento pode agora adquirir um caráter público para outros que não estavam presentes no lugar de sua ocorrência, e que não eram capazes de vê-la ou de ouvi-la".[1] Pode-se disso destacar uma perspectiva negativa, como faz Jürgen Habermas, para quem o debate ativo entre os cidadãos informados foi substituído pela apropriação privatizada dessa conversa que é realizada em nome deles.[2] Por outro lado, não se pode deixar de evidenciar os efeitos benéficos do desenvolvimento dos meios de comunicação e, em especial, sua função decisiva no Estado de Direito, como veículo da manifestação do pensamento, e na divulgação e acesso à informação. Um sistema democrático pressupõe um regime de ampla liberdade dos meios de comunicação.

A larga repercussão de tudo o que é objeto de divulgação por intermédio dos meios de comunicação, por outro lado, implica riscos de danos significativos, em especial quando os fatos divulgados não se revelam posteriormente verdadeiros, ou ainda quando estejam protegidos na esfera de exclusividade individual, como é o caso, por exemplo, de informações atinentes à privacidade e à intimidade. Daí surgem danos causados em razão da difusão de informações, pelos quais deverá ser imputado o dever de indenizar ao responsável pela divulgação sobre fatos inverídicos ou restritos em razão da proteção jurídica que lhes consagre, de proteção a uma dimensão exclusiva da pessoa.

A responsabilidade civil dos meios de comunicação social, contudo, exige uma precisão conceitual em relação aos deveres originários imputados aos profissionais e empresas que desempenham a atividade. Em especial, considerando o fundamento constitucional que legitima sua atuação – a liberdade de expressão e comunicação – e sua função institucional de preservação e promoção do Estado de Direito definido pela Constituição.

---

[1] E prossegue: "A ligação entre publicidade e visibilidade se atenuou: uma ação ou evento não tinham que ser literalmente presenciados pelos indivíduos para se tornarem públicos. Além disso, os indivíduos que realizavam ações públicas ou participavam de eventos públicos não poderiam mais ver aqueles outros para os quais as ações e eventos eram, ou poderiam se tornar, fenômenos públicos. Tinham que agir cegamente, no sentido de que o público leitor não estava dentro do seu campo de visão. A ligação entre publicidade e visibilidade, embora significativamente atenuada, não foi, porém, totalmente eliminada: apenas projetada através do prisma da imprensa". THOMPSON, John B. *A mídia e a modernidade:* teoria social da mídia. São Paulo: Vozes, 1995, p. 116-117.

[2] HABERMAS, Jürgen. *The structural transformation of the public sphere:* an inquiry into a category of bourgeois society. Cambridge: Polity, 1989, p. 164 (tradução livre do autor).

Em razão disso, diga-se, inicialmente, a responsabilidade dos meios de comunicação social não prescinde da demonstração da violação dos deveres jurídicos originários que lhe são reconhecidos, assim como da culpa do agente nesse descumprimento. A regra é o reconhecimento da responsabilidade subjetiva, exigindo a culpa para a imputação de responsabilidade dos profissionais e empresas que exercem atividade de comunicação social. Naturalmente que, nesse caso, a culpa será definida segundo o atendimento ou não de padrões de conduta passíveis de certa sistematização, em razão das características da própria atividade. Reclama-se a ilicitude como pressuposto da responsabilidade dos meios de comunicação social, não existindo dever de indenizar quando o exercício da liberdade de expressão, informação ou pensamento se desenvolva de acordo com os limites definidos à atividade.

5.1. ATIVIDADE DOS MEIOS DE COMUNICAÇÃO SOCIAL E O EXERCÍCIO DA LIBERDADE DE EXPRESSÃO

Há vínculos essenciais e, em certo sentido, de interdependência, entre o exercício da liberdade de expressão, que fundamenta e legitima a atividade dos meios de comunicação social, e o Estado Democrático de Direito. Isso porque o Estado Democrático de Direito não pode existir sem uma opinião pública livre e bem informada ao máximo. Um dos princípios fundamentais da democracia é o respeito à opinião política de todos, na medida de sua igualdade e liberdade,[3] bem como o respeito à diversidade, impondo um dever de tolerância.[4] Trata-se de uma garantia institucional[5] do Estado de Direito.

A liberdade de expressão, a exemplo dos demais direitos humanos fundamentais, tem sua origem na modernidade, consolidando-se a partir do século XVIII. O reconhecimento de um vínculo necessário entre a liberdade de pensamento e a liberdade de expressão data, certamente, da modernidade, quando a experiência do pensamento deixa de ter uma perspectiva individual para adquirir dimensão social,[6] expressão da autonomia individual[7] e da sua projeção para a comunidade. É, em grande medida, relativa à própria elevação do racionalismo filosófico, que, apresentando-se como antítese da formação anterior, em que o conhecimento provinha especialmente da autoridade da tradição, terminava por provocar e mesmo estimular a difusão de informações, bem como a exposição do pensamento no espaço público. Identifica-se em

---

[3] KELSEN, Hans. *A democracia*. 2. ed. São Paulo: Martins Fontes, 2000, p. 137 e s.
[4] Sobre o papel do princípio da tolerância na democracia, o desenvolvimento de Kelsen, no mesmo trabalho, p. 183.
[5] Principalmente Carl Schmitt (*Freihetsrechte und Institutionelle Garantien den Reichverfassung*, 1931) e F. Klein (*Institutionelle Garantien*, 1934). Este último confeccionará o conceito definitivo de *Einrichtungsgarantie*, pelo qual a teoria passa a ser conhecida. Identifica-se a garantia institucional quando determinadas instituições, organizações ou figuras formadas por complexos normativos e realidades fáticas se encontram contempladas na Constituição com o fim de proteção. E podem essas garantias referirem-se a *instituições*, quando disserem respeito à proteção de determinados órgãos ou conjuntos de órgãos do Estado, ou *institutos*, ocasião em que se estará a referir sobre os direitos fundamentais. LLAMAZARES CALZADILLA, Maria Cruz. *Las libertades de expresión e información como garantía del pluralismo democrático*. Madrid: Civitas, 1999, p. 34-35. No direito brasileiro, veja-se, no mesmo sentido, entre outros: BONAVIDES, Paulo. *Curso de direito constitucional*. 7. ed. São Paulo: Malheiros, 1997, p. 495. No mesmo sentido: BRANCO, Paulo Gustavo Gonet. Aspectos da teoria geral dos direitos fundamentais. In: MENDES, Gilmar Ferreira; COELHO, Inocência Mártires; BRANCO, Paulo Gustavo Gonet (Coord.). *Hermenêutica constitucional e direitos fundamentais*. Brasília: Brasília Jurídica, 2000, p. 158-160.
[6] BADENI, Gregorio. *Libertad de prensa*. 2. ed. Buenos Aires: Abeledo Perrot, 1997, p. 45.
[7] RENAULT, Alain. Igualdade, liberdade, subjetividade. In: *História da filosofia política*. Lisboa: Instituto Piaget, 2001, v. 2: Nascimento da modernidade, p. 8 e s.

Francisco de Vitoria, no século XVI, a utilização pioneira da expressão *ius communicationis* como conceito universal, associado à difusão universal de informações.[8]

A liberdade de pensamento e a liberdade de expressão são indissociáveis. Nesse sentido ensina Kant, ao sustentar que não há liberdade de pensamento, senão o pensamento em comunhão com os outros. Nesse sentido, a expressão do pensamento seria a forma própria de conferir sua validade, na conferência do pensamento daquele que o expressa e o dos demais em contraposição.[9] Defende que: "Opõe-se a liberdade de pensar, antes de mais nada, à coação civil. Indubitavelmente se ouve dizer: a liberdade de falar ou de escrever pode nos ser tirada por um poder superior, mas este não pode fazê-lo com a liberdade de pensar. Mas quanto e com que correção poderíamos pensar, se por assim dizer não pensássemos em conjunto com os outros, a quem comunicamos nossos pensamentos, enquanto eles nos comunicam os seus! Portanto, com razão podemos dizer que esse poder exterior que aos homens retira a liberdade de comunicar publicamente seus pensamentos rouba-lhes também a liberdade de pensar (...)".[10]

Trata-se de assegurar, em termos contemporâneos, o uso público da razão, de modo que "a razão humana, por ser falível, só pode funcionar se o homem pode fazer uso público dela".[11]

Na tradição inglesa, a liberdade de expressão terá sua fundamentação articulada a partir, sobretudo, da contribuição de John Milton e John Locke,[12] sem deixar de reconhecer a utilidade

---

[8] ESCOBAR DE LA SERNA, Luis. *Derecho de la información*. Madrid: Dickynson, 1998, p. 107.

[9] KANT, Immanuel. Que significa orientar-se pelo pensamento? In: *A fundamentação da metafísica dos costumes e outros escritos*. Tradução de Lepoldo Holzbach. São Paulo: Martin Claret, 2002, p. 110-111.

[10] Para além dessa ideia, sustenta ainda o filósofo alemão: "Em segundo lugar, a liberdade de pensar também se considera no sentido de contraposição a toda coação à consciência moral. Isso acontece quando, sem qualquer poder exterior em matéria de religião, há cidadãos que se arvoram ao papel de tutores dos demais e, em vez de argumentos, conseguem aniquilar qualquer exame da razão mediante uma impressão inicial sobre os espíritos, por meio de fórmulas de fé impostas, acompanhadas do angustiante temor do risco de uma pesquisa pessoal. Em terceiro lugar, a liberdade de pensamento significa que a razão não se submete a nenhuma outra lei senão àquela que dá a si própria. E seu contrário é a máxima de um uso sem lei da razão (para desse modo, como sonha o gênio, ver mais longe do que dá a si conservar limitada por leis). A consequência desse fato é naturalmente a seguinte: se a razão não quer se submeter à lei que ela se dá a si própria, ela precisa se curvar ao jugo das leis que outro lhe dá; pois sem uma lei, nada, nem mesmo o maior absurdo, pode se exercer por muito tempo. Por conseguinte, a consequência inevitável da declarada ausência de lei no pensamento (a emancipação das limitações devidas à razão) é que a liberdade de pensar em última análise fica perdida, e como a culpa não se deve a alguma infelicidade, mas a uma verdadeira arrogância, a liberdade, no verdadeiro sentido da palavra é perdida por leviandade". KANT, Immanuel. Que significa orientar-se pelo pensamento?, cit., p. 110-111.

[11] ARENDT, Hannah. Verdade e política. In: *Entre o passado e o futuro*. 5. ed. São Paulo: Perspectiva, 2000, p. 291. Nesse sentido, a título ilustrativo, mencione-se conhecida decisão do Tribunal Constitucional Alemão, de 1958, no célebre *caso Lüth* (BVerfGE 7, 198), no qual reconhece que: "O direito à liberdade de expressão é , como expressão direta da personalidade humana em sociedade, um dos direitos mais supremos ((un des droits les plus precieux de l'homme em conformidade com o art. 11 da Declaração dos Direitos do Homem e do Cidadão de 1789). Faz parte da ordem estatal democrática e livre, que se possibilite a permanente controvérsia ideológica, a contraposição de opiniões, que são seu elemento vital (BVerfGE 5,85 [205]). Em certo sentido, o fundamento de toda a liberdade, 'the matrix, the indispensable condition of nearly every other form of freedom' (CARDOZO). Desse significado fundamental da liberdade de opinião para o Estado democrático liberal origina-se o que não seria consequente, como ponto de vista desse sistema constitucional, que toda a relativização do alcance material desse direito fundamental se deixe a lei ordinária (e com isso, necessariamente aos tribunais que interpretam a lei mediante a jurisprudência (...)' Sentença da Primeira Sala de 15 de janeiro de 1958 (BVerfGE 7, 198)". SCHWABE, Jürgen (Comp.). *Cincuenta años de jurisprudencia del Tribunal Constitucional Federal Alemán*, cit., p. 135-136.

[12] Sobretudo em relação à subordinação do poder político à sociedade civil. LOCKE, John. *Dois tratados sobre o governo*. Tradução de Julio Fischer. São Paulo: Martins Fontes, 2002, p. 517.

das razões apontadas, igualmente, por Stuart Mill[13] – este último já no século XIX. Milton tornou-se célebre por seu *"Discurso pela liberdade da imprensa ao parlamento da Inglaterra"*, proferido em 1644, o qual se tornou conhecido como *Areopagítica*.[14] Surgido de um drama pessoal de seu autor[15] – destacado membro do parlamento inglês –, terminou por transformar--se em um dos principais textos de defesa da liberdade de expressão, cujo exercício vincula-se à busca do conhecimento e da verdade.[16] Já na tradição continental, a liberdade de expressão está tradicionalmente associada às *Declarações de direitos*[17] – o que não é desconhecido da tradição anglo-saxônica[18] –, mas que terá na contribuição da Declaração Universal dos Direitos do Homem e do Cidadão francesa, de 1789, sua experiência mais radical.[19]

No *Bill of Rights* do Estado da Virgínia, de 1776, restou estabelecido que "a livre comunicação do pensamento e da opinião é um dos direitos mais preciosos do homem; todo o cidadão pode, por conseguinte, falar, escrever, imprimir livremente, respondendo, porém, pelos abusos desta liberdade nos casos determinados pela lei".[20] A Declaração Universal dos Direitos do Homem e do Cidadão, de 1789, repetirá, em seu art. 11, o mesmo texto.[21]

---

[13] Em especial o capítulo II, do seu *Sobre a Liberdade* (1859), intitulado "Da liberdade de pensamento e discussão", em que observa a liberdade de pensamento e de imprensa não apenas como uma forma de oposição a governos tirânicos, mas também como forma de descoberta da verdade. MILL, Stuart. Da liberdade de pensamento e discussão. In: MORRIS, Clarence (Org.). *Grandes filósofos do direito*. São Paulo: Martins Fontes, 2002, p. 386-391.

[14] Título dado em referência ao texto *Areopagiticus*, do orador grego Isócrates, em que este, fazendo uso de um discurso público, criticara o excesso de liberdade dos cidadãos de Atenas. Pedia que fosse reconstituído o Conselho do Areópago, que havia exercido em outro tempo o poder de guardião das leis e da educação dos jovens, evitando seu desvirtuamento.

[15] Sofrendo com uma relação matrimonial desarmoniosa, Milton passou a defender a possibilidade do divórcio, razão pela qual escreveu a obra *The doctrine an discipline of divorce*, em 1643, a qual gerou reações, tanto da Igreja, quanto do parlamento, levando a aprovação de ato legislativo estabelecendo a censura prévia (*Parliamentary Ordinance for Printing*). Milton, então, passa a combater a censura como meio iníquo, defendendo a necessidade de publicação de toda e qualquer ideia como forma para tornar possível o maior avanço sobre o conhecimento e a verdade. FORTUNA, Felipe. Prefácio de John Milton. *Aeropagítica*: discurso pela liberdade de imprensa ao parlamento da Inglaterra. Tradução de Raul de Sá Barbosa. São Paulo: Topbooks, 1999, p. 11 e s.

[16] FORTUNA, Felipe. Prefácio de John Milton, cit., p. 17-18. Milton defenderá, então, que é impossível promover a virtude individual a partir da coação externa, uma vez que esta só poderá ser alcançada pela escolha racional de cada indivíduo.

[17] *Declarar*, no sentido de *aclarar, esclarecer, demonstrar*, conforme refere Comparatto, em extraordinária recolha dos textos históricos capitais sobre os direitos humanos. COMPARATTO, Fábio Konder. *A afirmação histórica dos direitos humanos*. São Paulo: Saraiva, 2001, p. 134.

[18] No caso, a Magna Carta (1215), pela qual o Rei da Inglaterra, João Sem Terra, concedia à Igreja e "para todos os homens livres do reino da Inglaterra, todas as liberdades, cuja continuação se expressam, transmissíveis a seus descendentes". Em 1688, o rei James II, por meio de nova declaração de direitos, reconhecia, entre outros, os direitos de reunião periódica do parlamento e a votação de impostos e leis. No direito norte-americano, a Declaração de Direitos e o *Bill of Rights* dos Estados da Virgínia, Pensilvânia e Maryland (1776) vão consagrar os paradigmas liberais sobre os quais vão se assentar o regime político e jurídico dos Estados Unidos da América. ANDRADE, José Carlos Vieira. *Os direitos fundamentais na Constituição Portuguesa de 1976*. Coimbra: Almedina, 1987, p. 26-28. Para uma visão mais completa veja-se: COMPARATTO, Fábio Konder. *A afirmação histórica dos direitos humanos*, cit., p. 67 e s.

[19] Conforme ANDRADE, José Carlos Vieira. *Os direitos fundamentais na Constituição Portuguesa de 1976*, cit., p. 26-27.

[20] Conforme MIRANDA, Darcy Arruda. *Comentários à lei de imprensa*. 3. ed. rev. e atual. São Paulo: RT, 1995, p. 59.

[21] COMPARATTO, Fábio Konder. *A afirmação histórica dos direitos humanos*, cit., p. 153.

Mais recentemente, a Declaração Universal dos Direitos do Homem, de 10 de dezembro de 1948, dispõe em seu art. 19 que "todo o homem tem o direito à liberdade de opinião e expressão, direito esse que inclui a liberdade de, sem interferências, ter opiniões, e de procurar receber e transmitir informações e ideias por quaisquer meios e independentemente de fronteiras".[22]

No direito interno, a liberdade de expressão e de pensamento é incorporada pela legislação e na própria Constituição dos países, identificada como garantia institucional do regime democrático.[23] É o caso da Primeira Emenda à Constituição dos Estados Unidos da América,[24] de 1791, ou da lei de imprensa francesa (Lei Royer Collard), de 18 de julho de 1881.[25]

No direito brasileiro, todas as Constituições nacionais, com exceção da outorgada em 1937,[26] fizeram referência à liberdade de expressão como espécie de direito subjetivo público.[27] Atualmente, a Constituição de 1988 estabelece, em seu art. 5º, IV, IX e XIV, bem como no art. 220, o direito à liberdade de expressão, inclusive pelos meios de comunicação social em geral, independentemente de censura ou licença.

Dispõe o art. 5º da Constituição de 1988, sobre a liberdade de expressão: "Art. 5º Todos são iguais perante a lei, sem distinção de qualquer natureza, garantindo-se aos brasileiros e aos estrangeiros residentes no País a inviolabilidade do direito à vida, à liberdade, à igualdade, à segurança e à propriedade, nos termos seguintes: (...) IV – é livre a manifestação do pensamento, sendo vedado o anonimato; (...) V – é assegurado o direito de resposta, proporcional ao agravo, além da indenização por dano material, moral ou à imagem; (...) IX – é livre a expressão da atividade intelectual, artística, científica e de comunicação, independentemente de censura ou licença; (...) XIV – é assegurado a todos o acesso à informação e resguardado o sigilo da fonte, quando necessário ao exercício profissional".

Na Constituição vigente, o exercício da liberdade de expressão pelos meios de comunicação social resta consagrado no art. 220 da Constituição da República, de 1988, nos termos seguintes: "Art. 220. A manifestação do pensamento, a criação, a expressão e a informação, sob qualquer forma, processo ou veículo não sofrerão qualquer restrição, observado o disposto nessa Constituição. § 1º Nenhuma lei conterá dispositivo que possa constituir embaraço à plena liberdade de informação jornalística em qualquer veículo de comunicação social, observado o disposto no art. 5º, IV, V, X, XIII e XIV. § 2º É vedada toda e qualquer censura de natureza política, ideológica e artística. § 3º Compete à lei federal: I – regular as diversões e espetáculos públicos, cabendo ao Poder Público informar sobre a natureza deles, as faixas etárias a que não se recomendem, locais e horários em que sua apresentação se mostre inadequada; II – estabelecer os meios legais que garantam à pessoa e à família a possibilidade de se defenderem

---

[22] COMPARATTO, Fábio Konder. *A afirmação histórica dos direitos humanos*, cit., p. 238.
[23] Para um panorama completo do quadro legislativo dos países americanos, veja-se: LANAO, Jairo. *A liberdade de imprensa e a lei*: normas jurídicas que afetam o jornalismo nas Américas. Miami: Sociedade Interamericana de Imprensa, 2000.
[24] Com a seguinte redação vigente: "Congress shall make no law respecting an establishment of religion, or prohibiting the free exercise therof; or abridging the freedom of speech, or of the press; or the right of the people peaceably to assemble, and to petition the Government for a redress of grievances".
[25] Sobre as origens da lei francesa de 1881, e sua necessidade, obrigatória a consulta à: ROYER-COLLARD. *De la liberté de la presse*: discours. Paris: Librairie de Médicis, 1949. Trata-se de texto célebre, cuja edição original é de 1827, contemplando e ampliando a reflexão do seu autor sobre a lei francesa, promulgada em 1816, e que vigeu até 1818, a qual subordinava a circulação de periódicos à autorização governamental.
[26] Na verdade, a Constituição de 1937, embora reconhecesse a liberdade de expressão, determinou-lhe tantas exceções, que se pode afirmar sobre a inutilidade prática da previsão nominal da mesma, como se vê em seu art. 122, item 15.
[27] MIRANDA, Darcy Arruda. *Comentários à lei de imprensa*, cit., p. 74-75.

de programas ou programações de rádio e televisão que contrariem o disposto no art. 221, bem como da propaganda de produtos, práticas e serviços que possam ser nocivos à saúde e ao meio ambiente. § 4º A propaganda comercial de tabaco, bebidas alcoólicas, agrotóxicos, medicamentos e terapias estará sujeita a restrições legais, nos termos do inciso II do parágrafo anterior, e conterá, sempre que necessário, advertência sobre os malefícios decorrentes de seu uso. § 5º Os meios de comunicação social não podem, direta ou indiretamente, ser objeto de monopólio ou oligopólio. § 6º A publicação de veículo impresso de comunicação independe de licença de autoridade".

Entende-se por liberdade de expressão do pensamento "o poder de todos os homens exprimirem ou não exprimirem o seu pensamento por qualquer meio (em sentido positivo), e a proibição de todos os impedimentos ou discriminações a essa expressão (em sentido negativo) quer estes consistam em impor certas expressões não desejadas (confissões ou declarações forçadas, etc.), quer em obstar a determinadas expressões (impondo o silêncio), quer em diferenciar pessoas em situações iguais".[28]

Observa-se, portanto, que há limites consagrados ao exercício da liberdade de expressão aos meios de comunicação. O respeito a tais limites constitui dever que se impõe aos meios de comunicação, e condiciona sua atuação.[29] Se da violação a tais limites resultam danos, daí se origina relação de responsabilidade civil, visando à plena reparação da vítima.

5.1.1. Distinção entre liberdade de expressão, liberdade de imprensa, liberdade de pensamento e liberdade de informação e sua repercussão na responsabilidade civil dos meios de comunicação social

A liberdade de expressão é gênero do que as liberdades de imprensa, de pensamento e de informação são espécies. A *liberdade de expressão* é o direito fundamental pelo qual se assegura ao indivíduo manifestar aos demais quaisquer ideias, opiniões ou informações. É o "direito-mãe" (*Mutterrecht, cluster right*) de uma série de outras liberdades, como as de opinião, informação, criação, crítica, radiodifusão e expressão artística.[30] A *liberdade de informação* diz respeito à autonomia individual de expressar conhecimento sobre fatos e, no mesmo sentido, de ser informado sobre fatos. Contudo, não se perde de vista a impossibilidade de delimitação absoluta entre afirmações sobre fatos (informação propriamente dita), e a formação de juízos de valor sobre esses mesmos fatos.[31] A *liberdade de imprensa*, a toda evidência, encontra-se intimamente vinculada à liberdade de expressão e à liberdade de informação, inclusive em razão de terem todas um percurso histórico semelhante. Apenas se considere que a liberdade de imprensa associa-se ao *meio* pelo qual se exerce a atividade de imprensa, razão pela qual se considera o exercício da liberdade de expressão por intermédio dos meios de comunicação de massa (*mass media*), ou seja, em sentido amplo, por "todos os meios mecânicos, químicos ou electrónicos de impressão, reprodução e difusão de notícias e opiniões".[32]

---

[28] BRITO CORREIA, Luis. *Direito da comunicação social*. Coimbra: Almedina, 2000, p. 478.

[29] Nesse sentido: BITELLI, Marcos Alberto Sant'Anna. *O direito da comunicação e da comunicação social*. São Paulo: RT, 2004, p. 192 e s.

[30] MACHADO, Jônatas E. M. *Liberdade de expressão*. Dimensões constitucionais da esfera pública não sistema social. Coimbra: Editora Coimbra, 2002, p. 370-372.

[31] Assim buscamos demonstrar em: MIRAGEM, Bruno. *Responsabilidade civil da imprensa por dano à honra. O novo Código Civil e a Lei de Imprensa*. Porto Alegre: Livraria do Advogado, 2005, p. 58 e s.

[32] MACHADO, Jônatas E. M. *Liberdade de expressão*, cit., p. 506-507. Prossegue o autor português, inspirado na doutrina alemã, que, "para além de jornais e revistas de todos os tipos, ela abrange livros, cartazes, folhetos, ou quaisquer outros meios de publicação, independente de seu caráter oneroso ou gratuito,

Por intermédio dos meios de comunicação são exercidas distintas liberdades. Há a liberdade de expressão artística, que por eles se manifesta. A liberdade de expressão da opinião, que admite a possibilidade de formulação de crítica pública. A liberdade de informação, que se vincula à possibilidade de divulgar e examinar fatos. Seu meio é a atividade de imprensa, daí falar-se em liberdade de imprensa.[33] Observe-se, igualmente, que a expressão de produtos da razão humana ao público, por meio do exercício da atividade da imprensa, comporta tanto a prerrogativa de expressão de ideias e opiniões quanto a liberdade de informação sobre fatos. O que não significa necessariamente que haja uma coincidência ou identidade sobre os critérios ou limites reconhecidos pelo direito a ambas as liberdades. Ao contrário, as características da liberdade de expressão de ideias e opiniões, que genericamente se identificará com a liberdade de pensamento, e a liberdade de informar fatos da realidade são consideradas juridicamente para determinação de distintos tratamentos pela doutrina e pela jurisprudência.[34]

5.1.1.1. Liberdade de imprensa

No direito brasileiro, durante a vigência da Lei n. 5.250, de 9 de fevereiro de 1967 (Lei de Imprensa), cuja não recepção pela Constituição de 1988 foi afirmada pelo Supremo Tribunal Federal,[35] adotava-se o conceito amplo de imprensa, envolvendo, além das

---

dos processos técnicos, artesanais ou tecnologicamente avançados que lhes estejam subjacentes, ou da existência de estruturas mais ou menos organizadas que lhes sirvam de suporte" (p. 507).

[33] O termo *imprensa*, que na origem dizia respeito à atividade de *imprimir livremente*, admitirá no mínimo três conceitos. Um primeiro, *conceito amplo*, abrange as várias técnicas de difusão do pensamento para o público. O segundo, *conceito material*, restringe a imprensa, em função do conteúdo, à publicação de impressos de interesse público, excluindo publicações de interesse comercial ou de mero divertimento e recreio do público. Nessa segunda hipótese, o conceito ficaria restrito à publicação de notícias. Um terceiro significado, *conceito formal*, baseia-se nos meios ou técnicas de reprodução, ficando abrangidos no mesmo apenas os impressos produzidos por processos mecânicos ou químicos que criam exemplares iguais para divulgação ao público, não sendo necessário que se identifique a periodicidade. Assim, BRITO CORREIA, Luis. *Direito da comunicação social*, cit., p. 490-491. A antiga lei portuguesa (Decreto-Lei n. 85, de 26 de fevereiro de 1975) assumia um conceito restrito e formal, enquanto a lei em vigor, de 1999, adotou em seu art. 9º um conceito de imprensa material. Nesse sentido, veja-se: PEIXE, José Manuel Valentim; FERNANDES, Paulo Silva. *A lei de imprensa comentada e anotada*. Coimbra: Almedina, 1997, em especial p. 43 e s.

[34] Assim, veja-se: SARAZA JIMENA, Rafael. *Libertad de expresión e información frente a honor, intimidad y propia imagen*. Pamplona: Arranzadi, 1995, p. 162-163.

[35] No diz respeito à não recepção da Lei de Imprensa pela Constituição de 1988, assim a decisão definitiva do STF: "(...) Não recepção em bloco da Lei 5.250 pela nova ordem constitucional. 10.1. Óbice lógico à confecção de uma lei de imprensa que se orne de compleição estatutária ou orgânica. A própria Constituição, quando o quis, convocou o legislador de segundo escalão para o aporte regratório da parte restante de seus dispositivos (art. 29, art. 93 e § 5º do art. 128). São irregulamentáveis os bens de personalidade que se põem como o próprio conteúdo ou substrato da liberdade de informação jornalística, por se tratar de bens jurídicos que têm na própria interdição da prévia interferência do Estado o seu modo natural, cabal e ininterrupto de incidir. Vontade normativa que, em tema elementarmente de imprensa, surge e se exaure no próprio texto da Lei Suprema. 10.2. Incompatibilidade material insuperável entre a Lei n. 5.250/67 e a Constituição de 1988. Impossibilidade de conciliação que, sobre ser do tipo material ou de substância (vertical), contamina toda a Lei de Imprensa: a) quanto ao seu entrelace de comandos, a serviço da prestidigitadora lógica de que para cada regra geral afirmativa da liberdade é aberto um leque de exceções que praticamente tudo desfaz; b) quanto ao seu inescondível efeito prático de ir além de um simples projeto de governo para alcançar a realização de um projeto de poder, este a se eternizar no tempo e a sufocar todo pensamento crítico no País. 10.3. São de todo imprestáveis as tentativas de conciliação hermenêutica da Lei n. 5.250/67 com a Constituição, seja

publicações impressas, os meios de radiodifusão e as agências de notícias, estendendo o significado reconhecido à expressão na experiência jurídica anterior (em especial, a Lei n. 2.083, de 12 de novembro de 1953).[36] Desse modo, consagrou-se o termo no direito brasileiro, sendo assim utilizado desde então. Liberdade de imprensa, então, comporta dois critérios, objetivo e subjetivo. É liberdade de exercício da atividade de imprensa, assim compreendida a divulgação de informações ou expressão de opinião. E é critério subjetivo, de modo a proteger o exercício da atividade, em sentido amplo, pelos meios de comunicação social em geral – impressa, radiofônica e televisiva, hoje compreendendo também a divulgação pela internet.

A relevância da liberdade de imprensa, nesse sentido, exercida pelos meios de comunicação de massa, é decisiva. Ademais, porque tem a aptidão de influenciar ou formar a opinião pública,[37] como ensinava Pimenta Bueno.[38] O autor observa que, em relação à imprensa, sua repercussão é sensivelmente mais significativa, uma vez que "consegue o assenso de muitos porque se comunica com todos, porque põe em movimento o pensar de milhões de

---

mediante expurgo puro e simples de destacados dispositivos da lei, seja mediante o emprego dessa refinada técnica de controle de constitucionalidade que atende pelo nome de 'interpretação conforme a Constituição'. A técnica da interpretação conforme não pode artificializar ou forçar a descontaminação da parte restante do diploma legal interpretado, pena de descabido incursionamento do intérprete em legiferação por conta própria. Inapartabilidade de conteúdo, de fins e de viés semântico (linhas e entrelinhas) do texto interpretado. Caso-limite de interpretação necessariamente conglobante ou por arrastamento teleológico, a pré-excluir do intérprete/aplicador do Direito qualquer possibilidade da declaração de inconstitucionalidade apenas de determinados dispositivos da lei sindicada, mas permanecendo incólume uma parte sobejante que já não tem significado autônomo. Não se muda, a golpes de interpretação, nem a inextrincabilidade de comandos nem as finalidades da norma interpretada. Impossibilidade de se preservar, após artificiosa hermenêutica de depuração, a coerência ou o equilíbrio interno de uma lei (a Lei federal n. 5.250/67) que foi ideologicamente concebida e normativamente apetrechada para operar em bloco ou como um todo *pro indiviso*. 11. Efeitos jurídicos da decisão. Aplicam-se as normas da legislação comum, notadamente o Código Civil, o Código Penal, o Código de Processo Civil e o Código de Processo Penal às causas decorrentes das relações de imprensa. O direito de resposta, que se manifesta como ação de replicar ou de retificar matéria publicada é exercitável por parte daquele que se vê ofendido em sua honra objetiva, ou então subjetiva, conforme estampado no inciso V do art. 5º da Constituição Federal. Norma, essa, 'de eficácia plena e de aplicabilidade imediata', conforme classificação de José Afonso da Silva. 'Norma de pronta aplicação', na linguagem de Celso Ribeiro Bastos e Carlos Ayres Britto, em obra doutrinária conjunta. 12. PROCEDÊNCIA DA AÇÃO. Total procedência da ADPF, para o efeito de declarar como não recepcionado pela Constituição de 1988 todo o conjunto de dispositivos da Lei federal n. 5.250, de 9 de fevereiro de 1967" (STF, ADPF 130, Rel. Min. Carlos Britto, j. 30-4-2009, *DJ* 6-11-2009).

[36] MIRANDA, Darcy Arruda. *Comentários à lei de imprensa*, cit., p. 101-102.

[37] A relevância da atividade dos meios de comunicação como realização concreta da liberdade de expressão é, em grande parte, vinculada à formação da opinião pública. É certo que o que seja opinião pública submeta-se a distintos entendimentos. Segundo Nicola Manteucci: "A opinião pública é de um duplo sentido: quer no momento da sua formação, uma vez que não é privada e nasce do debate público, quer no seu objeto, a coisa pública. Como opinião, é sempre discutível, muda com o tempo e permite a discordância: na realidade, ela expressa mais juízos de valor do que juízos de fato, próprios da ciência e dos entendidos. Enquanto 'pública', isto é, pertencente ao âmbito ou universo político, conviria antes falar de opinião no plural, já que nesse universo não há espaço apenas para uma verdade política, para uma epistemodemocracia. A opinião pública não coincide coma verdade, precisamente por ser opinião, por ser doxa, e não episteme; mas na medida em que se forma e fortalece no debate, expressa uma atitude racional, crítica e bem informada". MANTEUCCI, Nicola. Opinião pública. In: BOBBIO, Norberto; MANTEUCCI, Nicola; PASQUINO, Gianfranco. *Dicionário de política*. Brasília: Editora da UnB, 1997, v. 2, p. 842.

[38] PIMENTA BUENO, José Antônio. *Direito público constitucional a análise da Constituição do Império*: do direito, das leis, e bibliografia do direito público. Brasília: Senado Federal, 1978, p. 395.

homens".[39] Dada essa importância, é de se lhe reconhecer limites.[40] Estes darão a medida de licitude do exercício da atividade de imprensa e o pressuposto para a sua responsabilização por eventuais danos.

5.1.1.2. Liberdade de informação

No que diz respeito à liberdade de informação, note-se que é próprio à atividade de comunicação social a difusão de informações sobre fatos. Nesse particular, note-se que *informar* significa projetar externamente um dado conhecimento ou manifestação do espírito humano inspirado pela razão. Nesse sentido, o exercício da liberdade de informação envolverá sempre a participação do titular que atua livremente na determinação do conteúdo divulgado publicamente para a comunidade ou a um grupo mais restrito de pessoas. Há nesse sentido, como bem aponta a doutrina, relação entre o *direito ao fato* e o *direito à notícia*. A notícia "pode ser definida como a relação de conhecimento entre um sujeito e uma realidade (a manifestação, o fato, um documento). É o resultado de uma atividade informativa em relação ao qual surge tal 'relação de conhecimento'".[41] A noção de informação não se desvincula, assim, de uma certa dimensão deontológica, uma vez que resta ao titular da liberdade um dever de não deformá-la quando de sua divulgação ao público.[42]

A liberdade de informação, ao mesmo tempo, uma vez que remete à noção do conhecimento sobre fatos, como decorrência lógica, diz respeito também à possibilidade de acesso às fontes, bem como uma espécie de direito subjetivo à investigação.[43] Essa prerrogativa, aliás, está presente no ordenamento constitucional brasileiro, no art. 5º, XIV, da Constituição em vigor.[44] Mesmo esse direito de acesso à informação, contudo, não é absoluto, estando sob o marco legal da atuação do legislador ao regulamentar as diversas relações da vida de onde se originam tais informações. É o caso das informações relativas a fatos referidos em processo judicial[45] ou quando

---

[39] PIMENTA BUENO, José Antônio. *Direito público constitucional a análise da Constituição do Império*, cit., p. 396.

[40] Ainda segundo Pimenta Bueno: "por isso mesmo é que tal é a alta missão da imprensa, que não se deve abusar della e transforma-la em instrumento de calumnia ou injuria, de desmoralisação, de crime. Sua instituição tem por fim a verdade e o direito, não os ataques grosseiros, os sarcasmos, as perfidias, a desordem e anarchia. Em taes casos os proprios direitos individuaes e publicos são os que clamão pela repressão. Para evitar a parcialidade na respectiva lei regulamentar, o direito constitucional estabelece as seguintes garantias essenciaes: 1º, o direito de livre publicação não póde ser impedido; 2º, não pode haver censura prévia; 3º, o julgamento da criminalidade será de competencia do jury; tudo mais pertence á lei regulamentar, que é sujeita a reforma e perfeição, e que não póde ser immutavel". PIMENTA BUENO, José Antônio. *Direito público constitucional a análise da Constituição do Império*, cit., p. 396.

[41] DOTTI, René Ariel. *Proteção da vida privada e liberdade de informação*. São Paulo: RT, 1980, p. 169.

[42] DOTTI, René Ariel. *Proteção da vida privada e liberdade de informação*, cit., p. 170.

[43] DOTTI, René Ariel. *Proteção da vida privada e liberdade de informação*, cit., p. 169-171.

[44] "Art. 5º (...) XIV – é assegurado a todos o acesso à informação e resguardado o sigilo da fonte, quando necessário ao exercício profissional."

[45] As garantias processuais genéricas estabelecidas pela Constituição em relação ao processo, em especial a cláusula do devido processo, podem determinar em várias hipóteses que esse processo tenha sua tramitação resguardada pelo segredo ("segredo de justiça"). Decisão do Tribunal Constitucional Alemão, (Sentença de 24 de janeiro de 2001), concluiu que as audiências judiciais, em que pese serem fontes de informação, submetem-se à regulação que o legislador ordinário indicar ao processo. Nesse sentido, definiu que a proibição das tomadas televisivas, de rádio e as gravações durante as audiências judiciais é constitucional (BVerfGE 103, 44). SCHWABE, Jürgen (Comp.). *Cincuenta años de jurisprudencia del Tribunal Constitucional Federal Alemán*, cit., p. 155-156. Entre nós, Ana Lúcia Vieira aponta como limites à liberdade de informação sobre o processo penal os direitos da personalidade do acusado, a presunção

as informações reveladas, ainda que verdadeiras, avançam sobre elementos resguardados pelo direito fundamental de outrem,[46] como no caso da proteção da vida privada e da intimidade.[47] Da mesma forma, atualmente, discute-se os limites da liberdade de informação, em especial sobre fatos históricos, ou mesmo acerca de dados disponíveis na internet, em razão do reconhecimento de um direito de seus protagonistas ao esquecimento.[48] Nesse caso, note-se que a admissão do direito ao esquecimento no sistema jurídico brasileiro é controverso, em vista do conflito existente em situações nas quais é invocado, entre o direito de acesso à informação e o direito à honra pessoal, matéria que está submetida à decisão do Supremo Tribunal Federal no Recurso Extraordinário 1.010.606, o qual teve reconhecida sua repercussão geral.

Conclui-se, assim, que a liberdade de informação compreende o direito fundamental de receber, acessar e difundir informações, de acordo com uma relação de adequação jurídica e fática entre o conteúdo da informação difundida e o evento a que ela se refere.

5.1.1.3. Liberdade de pensamento

A liberdade de pensamento[49] (ou de manifestação do pensamento), também identificada em alguns sistemas jurídicos como liberdade de opinião,[50] consiste no reconhecimento jurídico do uso da faculdade da razão pelo indivíduo. Conforme já se afirmou, é conceito indissociável da liberdade de expressão, uma vez que não se há como adquirir certeza sobre o conteúdo do pensamento, se este não puder ser exposto à crítica pública.[51] Em sentido distinto, Pontes de Miranda diferencia a liberdade de manifestação de pensamento da liberdade de pensamento. Liberdade de manifestação diz respeito ao direito do *indivíduo em suas relações com os outros*, enquanto liberdade de pensamento confere proteção ao *indivíduo sozinho*. Aproveita, ainda, para distinguir ambos da inviolabilidade de correspondência, a qual se caracterizaria como espécie de direito de não emitir o pensamento,[52] ao que atualmente se costuma referir como direito ao silêncio.

Embora merecendo habitual homenagem o entendimento de Pontes de Miranda, não é esta a visão mais aceita. Por outro lado, destaque-se que, embora a liberdade de pensamento

---

de inocência insculpida na Constituição, o direito de ressocialização do sentenciado e a garantia de imparcialidade do juiz. VIEIRA, Ana Lúcia Menezes. *Processo penal e mídia*. São Paulo: RT, 2003, p. 154 e s.

[46] MONFORT, Jean Yves. La publication d'informations interdites et le procès penal. In: DUPEUX, Jean-Yves; LACABARATS, Alain. *Liberté de la presse et droits de la personne*. Paris: Dalloz, 1997, p. 105-114.

[47] CUNHA PEREIRA, Guilherme Döring. *Liberdade e responsabilidade dos meios de comunicação*. São Paulo: RT, 2003, p. 99-100. Para a conformação histórica do conceito, WARREN, Samuel Dennis; BRANDEIS, Louis Dembitz. The right of privacy, cit., p. 193-220. E na tradução espanhola WARREN, Samuel; BRANDEIS, Louis. *El derecho a la intimidad*. Madrid: Civitas, 1995. Para uma visão do desenvolvimento jurisprudencial nos Estados Unidos, dos conceitos relativos à privacidade, veja-se: CASTANHO DE CARVALHO. *Liberdade de informação e o direito difuso à informação verdadeira*. Rio de Janeiro: Renovar, 1994, p. 261-282.

[48] STJ, REsp 1.334.097/RJ, Rel. Min. Luis Felipe Salomão, 4ª Turma, j. 28-5-2013, *DJe* 10-9-2013.

[49] Assim o direito brasileiro anterior, como, por exemplo, o art. 179 da Constituição de 1824; o art. 72, § 12, da Constituição de 1891; o art. 113, 9, da Constituição de 1934; o art. 141, § 5º, da Constituição de 1946; o art. 153, § 8º, da Constituição de 1967; e o atual art. 5º, IV, da Constituição de 1988. A Constituição de 1937 faz referência ao direito de manifestar o pensamento, estabelecendo, entretanto, uma série de restrições no próprio texto constitucional (art. 122, XV, *a* a *g*).

[50] Assim, por exemplo, no direito alemão, art. 5º da Lei fundamental, e no direito espanhol, art. 20 da Constituição espanhola de 1978.

[51] Essa consideração, como já mencionamos, é de KANT, Immanuel. Que significa orientar-se pelo pensamento?, cit., p. 110-111. Concorda expressamente com a definição MIRANDA, Jorge. *Manual de direito constitucional*. Coimbra: Editora Coimbra, 1998, v. 4, p. 399.

[52] PONTES DE MIRANDA, Francisco Cavalcanti. *Comentários à Constituição de 1967 com a Emenda n. 1, de 1969*. Rio de Janeiro: Forense, 1987, v. 5, p. 148.

se vincule ao uso público da razão, a ela não se restringe. Compreende-se nela a possibilidade de marcar suas manifestações e representações também pelo próprio sentimento.[53]

Um dos exemplos mais significativos da amplitude das formas de expressão humana e do seu reconhecimento pelo direito é a liberdade artística,[54] consagrada pelo direito brasileiro sob o signo genérico da liberdade de expressão, no art. 5º, IX, da Constituição da República. Este refere: "é livre a expressão da atividade [...] artística [...]". Sob o cunho da liberdade de expressão artística, compreendem-se tanto o direito de criação do indivíduo[55] quanto o direito de acesso a bens culturais e artísticos em geral, com fundamento nos direitos culturais de que tratam os arts. 215 e 216 da Constituição.[56]

Do exercício da liberdade artística pode decorrer também a expressão de uma ideia,[57] não se exigindo que seja coerente ou racional, segundo um standard pré-definido.[58] Assim,

---

[53] Entre outras formas de expressão abrigadas sob o direito de liberdade genérica reconhecido ao ser humano, Pontes de Miranda mencionará ainda os gestos ou mesmo as ações inconscientemente tomadas pelo ser humano, por impulsos ou tendências. Lembra o jurista que "a liberdade do homem primitivo acha-se estreitamente ligada a impulsos e tendências, a arrancos apetitivos, aqui e ali refreados ou expandidos pelas formas mágicas". PONTES DE MIRANDA, Francisco Cavalcanti. *Comentários à Constituição de 1967 com a Emenda n. 1, de* 1969, cit., p. 155.

[54] Para a criação artística como expressão dos direitos da personalidade, veja-se: FERREIRA, Eduardo André Folque. Liberdade de criação artística, liberdade de expressão e sentimentos religiosos. *Revista da Faculdade de Direito da Universidade de Lisboa*, Lisboa, v. 42, n. 1, p. 229-285, 2001.

[55] Segundo San Luca, tal liberdade ocorre quando uma sociedade oferece ao artista a possibilidade de se exprimir "artisticamente" de modo livre, sem o vincular nos conteúdos da expressão e satisfazendo-lhe as necessidades de expressão que inibiriam sua atividade. SAN LUCA, Guido Clemente. *Libertà dell'arte e potere amministrativo*: l'interpretazione costituzionale. Nápoles, 1993, p. 80 apud FERREIRA, Eduardo André Folque. Liberdade de criação artística, liberdade de expressão e sentimentos religiosos, cit., p. 249.

[56] A consideração da liberdade de expressão artística como espécie distinta da liberdade de pensamento não prescinde do que se considere artístico e qual o elemento propulsor dessa atividade. Trata-se, pois, de determinar se a arte é algo estranho à razão, produto exclusivo de elementos atemporais, como a afeição ou sentimento pelo belo. Essas discussões se colocam como pano de fundo da crítica artística em geral, sobre a possibilidade e conveniência da decantada ideia da "arte pela arte", bandeira do modernismo e de outros movimentos de contestação artística do século XX, ou da noção de expressão artística como veículo de uma ideia, de uma concepção sobre algo, a qual se pretende dar a conhecer por meio da obra estranha ao sujeito. Examinando a tendência cultural e artística pós-moderna do *kitsch*, Umberto Eco, com extrema agudeza, provoca: "Bastaria que um só indivíduo, excitado pela leitura de Bradbury, tivesse o seu primeiro contato com Picasso, e diante de suas obras, reproduzidas em algum livro, encontrasse o caminho para uma aventura pessoal, na qual o estímulo de Bradbury, ora consumido, desse lugar a uma vigorosa e original conquista, agora de um modo de formar (...) bastaria isso para que se pusessem de quarentena todas as definições teóricas sobre o bom e o mau gosto". ECO, Umberto. A estrutura do mau gosto. In: *Apocalípticos e integrados*. 6. ed. São Paulo: Perspectiva, 2001, p. 125. Interessante, igualmente, a definição que o pensador italiano indica à cultura *kitsch*, como aquilo que "surge consumido; o que chega às massas ou ao público médio porque está consumido; e que se consome (e se depaupera), porque o uso a que foi submetido por um grande número de consumidores lhe apressou e aprofundou o desgaste". Ibidem, p. 100.

[57] Nesse sentido, igualmente, a aferição sobre a presença e a função do elemento intencional na iniciativa de expressão artística. Assim, Searle, para quem intencionalidade é a "propriedade de muitos estados e eventos mentais, pela qual estes são dirigidos para ou acerca de objetos e estados de coisas no mundo". Exemplifica então afirmando que, se alguém tiver uma crença, essa crença é de que algo seja de determinado modo; uma intenção, como a intenção de fazer algo. Trata-se, assim, de direcionalidade ou aproximação de algo. SEARLE, John R. *Intencionalidade*. Tradução de Júlio Fischer, Tomás Rosa Bueno. São Paulo: Martins Fontes, 1995, p. 1-2.

[58] Nesse sentido o regime jurídico da capacidade de fato ou de exercício de direitos e as consequências que indicam em relação aos que são diagnosticados como portadores de alguma deficiência da razão (os loucos de todo gênero do art. 3º do Código Civil de 1916, a que o novo Código Civil de 2002 prefe-

também o exercício da liberdade artística apresenta dificuldades severas para a determinação de seus limites e, da sua violação, a imputação de responsabilidade por danos eventualmente causados. Isso porque, por definição, a ideia de arte é expressão que se completa apenas com a impressão que causa no receptor da mensagem, a qual, inclusive, será o aspecto determinante do seu significado[59] o que naturalmente dificulta a delimitação do exercício da liberdade fundamental e seu exercício abusivo, de modo a constituir contribuição para a realização de um dano injusto. Todavia, é inegável que também do exercício de liberdade artística podem resultar danos à pessoa.[60]

No caso do exercício da atividade dos meios de comunicação social, a liberdade de pensamento se concretiza do modo próprio, por meio do denominado direito de crítica, que já era consagrado pelo direito brasileiro no art. 27 da antiga Lei de Imprensa. Essa disposição determinava espécie de excludente de ilicitude[61] ao estabelecer no *caput* que "não constituem abusos no exercício da liberdade de manifestação do pensamento e da informação (...)", após o que enunciava uma série de hipóteses, entre as quais a do inciso primeiro, que exclui: "I – a opinião desfavorável da crítica, literária, artística, científica ou desportiva, salvo quando ine-

---

riu identificar como acometidos de enfermidade mental, no seu art. 5º). Para uma visão crítica dessas concepções, veja-se: FOCAULT, Michel. *História da loucura*. Tradução de José Teixeira Coelho Neto. 6. ed. São Paulo: Perspectiva, 2000, p. 435 e s.

[59] ECO, Umberto. *Obra aberta*. Tradução de Giovanni Cutolo. 8. ed. São Paulo: Perspectiva, 2001, p. 137 e s.

[60] Em conhecido caso na jurisprudência alemã, o Tribunal Constitucional Alemão proclamou sentença de enorme repercussão no *caso Mephisto*, de 1971 (BVerfGE 30, 173). Versava o recurso de amparo dirigido ao Tribunal sobre a proibição judicial que obteve o filho adotivo e único herdeiro do ator e diretor Gustaf Gründgens, para que não fosse reproduzida, distribuída, nem publicada a obra *Mephisto Roman einer Karriere*, de autoria do escritor Klaus Mann, cuja primeira edição fora publicada em Amsterdã, na Holanda, em 1946, sendo lançada em Berlim Oriental no ano de 1956. O argumento do romance era de que um talentoso ator, Hendrik Hörgen, para fazer sucesso em sua carreira, celebra um pacto com os detentores do poder na Alemanha sob o regime nacional-socialista, abandonando todo e qualquer vínculo humano ou ético. A personagem em questão, entretanto, fora inspirada no ator Gustaf Gründgen, cujo filho requereu a proibição de veiculação da obra na Alemanha. O Tribunal Constitucional fixou a controvérsia no conflito entre a esfera da personalidade do ator falecido e de seu filho adotivo (art. 1, 1, da Lei Fundamental), e a liberdade artística (art. 5, número 3, frase 1, da Lei Fundamental). Em favor da prevalência do exercício da liberdade artística, referiu a decisão que "a arte, com seu caráter autônomo e que obedece a leis próprias, encontra-se protegida sem reserva alguma pelo art. 5, núm. 3 da Lei Fundamental. O propósito de restringir a liberdade artística, circunscrevendo o conceito de arte mediante uma interpretação ampla, ou a analogia, com base nas restrições contempladas em outras disposições constitucionais, devem fracassar, em vista das disposições expressas do art. 5, núm. 3, parte 1, da Lei Fundamental". Considerou o Tribunal, igualmente, que, não havendo reserva legal expressa do texto constitucional, eventuais limites ao exercício dessa liberdade só poderiam decorrer da própria Lei Fundamental. Em sentido contrário, todavia, houve a consideração de que, "como parte do sistema de valores dos direitos fundamentais, a liberdade artística se encontra subordinada à dignidade humana, garantida no art. 1 da LF, que como valor supremo domina a totalidade do sistema de valores dos direitos fundamentais (...)". No caso, em que pese a ausência de limitação no texto da Lei Fundamental, nota-se que o Tribunal Constitucional reconheceu no princípio da dignidade da pessoa humana "o limite ao qual se subordina o exercício de todos os direitos fundamentais". SCHWABE, Jürgen (Comp.). *Cincuenta años de jurisprudencia del Tribunal Constitucional Federal Alemán*, cit., p. 174-177; MENDES, Gilmar Ferreira. Colisão de direitos fundamentais: liberdade de expressão e de comunicação e direito à honra e à imagem. In: MENDES, Gilmar Ferreira. *Direitos fundamentais e controle de constitucionalidade*. 2. ed. rev. e ampl. São Paulo: Celso Bastos, 1999, p. 93-94.

[61] STJ, Habeas Corpus 16.982/RJ, Rel. Min. Félix Fischer, *DJU* 29-10-1991, p. 229; TJRS, Apelação Cível 70000631119, Rel. Des. Clarindo Favretto.

quívoca a intenção de injuriar ou difamar (...)". Embora não recepcionada pela Constituição de 1988, o fundamento da norma em questão permanece atual.

Daí, por exemplo, o magistério de Serrano Neves, para quem a crítica é espécie de apreciação construtiva, reparadora, analítica ou corregedora,[62] não o fazendo quem tem apenas o prazer de contestar.[63] Em verdade, será reconhecido o abuso quando o que presente o exercício emulativo da liberdade de pensamento, o que, realizado pela atividade de imprensa, se torna especialmente grave, considerando-se a repercussão negativa que a mencionada atuação ilícita pode determinar.

O reconhecimento de limites ao exercício da liberdade de pensamento pela imprensa exige a atenção a uma série de pressupostos. Em primeiro lugar, o fato de a Constituição da República vedar expressamente, no art. 220, § 2º, qualquer espécie de censura; e, segundo. de o § 1º do mesmo artigo impedir o legislador ordinário de estabelecer qualquer embaraço à plena liberdade de informação jornalística.

De qualquer modo, relembre-se que o art. 5º, XIV, da Constituição garante a todos o acesso à informação. É, desse modo, direito que apresenta duas facetas. De um lado, dele são titulares aqueles que produzirão e divulgarão a informação. De outro, são titulares os indivíduos em geral, cujo direito de acesso será oposto aos que produzem e transmitem a informação, para que o façam do modo correto. Das características da relação jurídica determinada pelo art. 5º, XIV (que estabelece um direito oponível *erga omnes*) é que surge o dever de veracidade na produção e transmissão da informação.

O critério para atestar a veracidade da informação compreende a adequação entre o fato da vida e o conteúdo da informação que a ele se refere. No caso da liberdade de pensamento, contudo, em que o conteúdo do juízo formado no exercício da liberdade não se restringe a um conceito de verdade, mas de juízo valorativo sobre fato ou percepção sobre fato, o dever de veracidade passa a ser exigido como atendimento a certo procedimento de verificação dos fatos, assim como limite à falsidade deliberada.[64]

Um bom exemplo disso é o entendimento que o Tribunal Constitucional espanhol já há alguns anos pontificou em sua jurisprudência, sustentando que a liberdade de opinião deve observar o dever de veracidade.[65] Entretanto, esse dever não se confunde com a verda-

---

[62] TJRS, Apelação Cível 70000486878, Rel. Des. Clarindo Favretto; TJRS, Apelação Cível 70000617340, Rel. Des. Antônio Palmeiro da Fontoura.

[63] SERRANO NEVES, Francisco de Assis. *Direito de imprensa*. São Paulo: José Bushatsky, 1977, p. 368-369.

[64] O Superior Tribunal de Justiça, ao reconhecer o dano sofrido por parlamentar retratado falsamente em obra literária como autor de declarações preconceituosas, bem definiu: "(...) 2. A liberdade de expressão acarreta responsabilidade e não compreende a divulgação de falsidade e a prática de crimes contra a honra. A divulgação de episódio falso, como se verdadeiro fosse, além de ofender a honra do lesado, prejudica o interesse difuso do público consumidor de bens culturais, que busca o conhecimento e não a desinformação. 3. Publicação de livro imputando falsamente a pessoa pública afirmações de cunho racista e eugênico. Ampla divulgação na mídia impressa, televisiva e virtual, tendo acarretado também processo criminal contra o autor perante o Supremo Tribunal Federal por crime de racismo e processo de cassação de mandato perante a Câmara dos Deputados por quebra de decoro parlamentar (...)" (STJ, REsp 1440721/GO, Rel. Min. Maria Isabel Gallotti, 4ª Turma, j. 11/10/2016, DJe 11/11/2016).

[65] Sentença 6/88 do Tribunal Constitucional espanhol. Por ironia, diz respeito a uma espécie de filtro que se estabeleceu no oferecimento de informações pela assessoria de imprensa do Ministério da Justiça preferencialmente a alguns veículos de comunicação, em detrimento dos demais, estabelecendo um tratamento desigual no acesso à informação. Nesse sentido, o autor do recurso ao Tribunal foi um funcionário do órgão estatal que, tendo se manifestado contra o filtro das informações, terminou sendo punido em razão da sua opinião. Nesse caso, comprovada a veracidade do objeto da crítica, entendeu o Tribunal por preservar o direito à liberdade de expressão do funcionário em questão. Tratou-se, na

de material – tal qual reconhecida, por exemplo, no processo penal –, pois isso restringiria demasiadamente a liberdade de expressão. O respeito ao dever de veracidade, nesse sentido, será comprovado por meio da adoção de uma conduta diligente.[66]

A evolução jurisprudencial do Tribunal Constitucional Espanhol, entretanto, reconhecerá que o requisito de veracidade deverá ser exigido da informação, não se podendo reclamá-lo em relação a juízos ou valorizações pessoais ou subjetivas (STC 105/90).[67]

No caso da liberdade de pensamento exercida pela imprensa, a formação de juízos críticos sobre a realidade se dá sobre fatos da vida. Nesse sentido, em que pese a subjetividade inerente à atividade de produção e transmissão da informação, e a que está presente no enfoque do próprio titular da liberdade de pensamento, ao exercê-la, é de se reconhecer a existência de um conteúdo mínimo de significado que deve ser respeitado, sob pena da caracterização de culpa grave ou da falsidade deliberada a que referia Hannah Arendt.[68]

A Constituição brasileira, em relação aos limites reconhecidos à manifestação do pensamento, vedou apenas que esta se fizesse sob o manto do anonimato. Entretanto, quando se tratou da atividade dos órgãos de comunicação social, o art. 220, § 1º, determinou que não haverá a constituição de embaraço à plena liberdade de informação jornalística, devendo ser observado o disposto no art. 5º, IV, V, X, XIII e XIV. Tais disposições constituem, desse modo, os limites explícitos da Constituição à liberdade de imprensa como um todo, uma vez que, ao se referir à *informação jornalística*, esta compreenderá, ao nosso ver, toda e qualquer informação veiculada pelos sujeitos passivos dos deveres estabelecidos nos arts. 220 e seguintes da Constituição, quais sejam, os órgãos de comunicação social ou, simplesmente, órgãos de imprensa.

5.1.2. Os meios de comunicação e o exercício da liberdade de informação

Com o advento da imprensa, e dos meios de comunicação em geral, os próprios conceitos de conhecimento e de percepção do mundo exterior se alteraram substancialmente.[69]

---

hipótese, de eficácia do direito fundamental à liberdade de expressão à relação entre particulares, no caso, a relação trabalhista existente entre o funcionário e o órgão em que trabalhava (Ministério da Justiça). Conforme: BILBAO UBILLOS, Juan María. *La eficacia de los derechos fundamentales frente a los particulares*, cit., p. 527-533.

[66] ESCOBAR DE LA SERNA, Luis. *Derecho de la información*, cit., p. 294.

[67] FERIJEDO, Francisco J. Bastida; MENÉNDEZ, Ignacio Villaverde. *Libertades de expresión e información y medios de comunicación:* prontuario de jurisprudencia constitucional (1981-1998). Navarra: Aranzadi, 1998, p. 55-56. Na jurisprudência brasileira: STF, Inquérito 503/RJ, Rel. Min. Sepúlveda Pertence, *DJU* 26-3-1993.

[68] ARENDT, Hannah. Verdade e política, cit., p. 44.

[69] Como demonstra John B. Thompsom, "a ligação entre a publicidade e sentido de percepção se modificou. Uma ação ou evento poderia agora adquirir um caráter público para outros que não estavam presentes no lugar de sua ocorrência, e que não eram capazes de vê-la ou de ouvi-la. A ligação entre publicidade e visibilidade se atenuou: uma ação ou evento não tinham que ser literalmente presenciados pelos indivíduos para se tornarem públicos. Além disso, os indivíduos que realizavam ações públicas ou participavam de eventos públicos não poderiam mais ver aqueles outros para os quais as ações e eventos eram, ou poderiam se tornar, fenômenos públicos. Tinham que agir cegamente, no sentido de que o público leitor não estava dentro do seu campo de visão. A ligação entre publicidade e visibilidade, embora significativamente atenuada, não foi, porém, totalmente eliminada: apenas projetada através do prisma da imprensa". THOMPSON, John B. *A mídia e a modernidade*, cit., p. 116-117. Jürgen Habermas, de outro modo, identifica nas transformações tecnológicas que levaram ao surgimento dos meios de comunicação de massa um fenômeno de consequências negativas. Observa o filósofo alemão que o debate ativo entre os cidadãos informados foi substituído pela apropriação privatizada dessa conversa,

Os avanços tecnológicos observados em relação aos meios de comunicação, inclusive com o surgimento de novos meios, alteraram substancialmente as formas de expressão de ideias e informações e – sobretudo – os efeitos de sua divulgação, uma vez que atingem de forma direta um número cada vez maior de pessoas. Nesse contexto é que a liberdade de informação assume uma importância decisiva, seja na formação da vontade política, seja na determinação de certo conceito social comum, a partir das informações tornadas públicas com tal finalidade.

Como é próprio à atividade de comunicação social, *informar* significa projetar externamente um dado conhecimento ou manifestação do espírito humano inspirado pela razão. Nesse sentido, o exercício da liberdade de informação envolverá sempre a participação do titular que exerce a liberdade na determinação do conteúdo divulgado publicamente para a comunidade ou a um grupo mais restrito de pessoas.

Daí por que se deve compreender que a liberdade de informação, em sua conformação constitucional, constitui-se dos direitos de receber, acessar e difundir informações, de acordo com uma relação de adequação jurídica e fática entre o conteúdo da informação difundida e o evento a que ela se refere.[70]

O direito fundamental de liberdade de informação, entretanto, não se restringe à prerrogativa de difundir informações. Segundo observa Luis de la Serna, "la libertad de información entraña una doble faceta: la libertad de información activa, es decir, el derecho a comunicar libremente información veraz por cualquier medio de difusión y la libertad pasiva o derecho a recibir aquélla, a las que habría que añadir la libertad de creación y gestión de empresas informativas".[71] Prossegue, então, que pode ser entendida em sentido amplo, como liberdade de imprensa e, como tal, é própria essencialmente da profissão jornalística.

O caráter dúplice da liberdade de informação é reconhecido amplamente pela doutrina especializada.[72] Para Castanho de Carvalho, ela divide-se em cinco elementos, quais sejam: *faculdade de investigar; dever de informar; direito de informar; direito de ser informado; e faculdade de receber ou não a informação*.[73] Neste sentido, igualmente, consigna o STF ao decidir a ADI 4815/DF: "O direito de informação, constitucionalmente garantido, contém a liberdade de informar, de se informar e de ser informado. O primeiro refere-se à formação da opinião pública, considerado cada qual dos cidadãos que pode receber livremente dados sobre assuntos de interesse da coletividade e sobre as pessoas cujas ações, público-estatais ou público-sociais, interferem em sua esfera do acervo do direito de saber, de aprender sobre temas relacionados a suas legítimas cogitações".[74] Esse conteúdo amplo determinará a observação de alguns princípios, que segundo a lição do autor, são *a liberdade, o interesse público, a verdade, o pluralismo e a responsabilidade*.[75]

---

que é realizada em nome deles. HABERMAS, Jürgen. *The structural transformation of the public sphere*, cit., p. 164.

[70] STJ, REsp 738.793/PE, Rel. Min. Antonio Carlos Ferreira, Rel. p/ Acórdão Min. Marco Buzzi, 4ª Turma, j. 17/12/2015, DJe 08/03/2016.

[71] ESCOBAR DE LA SERNA, Luis. *Derecho de la información*, cit., p. 292-293.

[72] Ente outros: SILVA, José Afonso. *Curso de direito constitucional positivo*. 18 ed. São Paulo: Malheiros, 2001, p. 218 e s.; BUENO DE GODOY, Claudio Luiz. *A liberdade de imprensa e os direitos da personalidade*. São Paulo: Atlas, 2001, p. 58-61; DOTTI, René Ariel. *Proteção da vida privada e liberdade de informação*, cit., p. 173-174; MIRANDA, Darcy Arruda. *Comentários à lei de imprensa*, cit., p. 103-104.

[73] CASTANHO DE CARVALHO. *Liberdade de informação e o direito difuso à informação verdadeira*, cit., p. 150.

[74] STF, ADI 4815/DF, Rel. Min. Cármen Lúcia, Tribunal Pleno, j. 10/06/2015, DJ 01-02-2016.

[75] CASTANHO DE CARVALHO. *Liberdade de informação e o direito difuso à informação verdadeira*, cit., p. 155-162.

A Constituição da República consagra de modo expresso o caráter dúplice da liberdade de informar. O art. 5º, IX, estabelece como direito fundamental a expressão da atividade de comunicação, ao passo que o inciso XIV do mesmo artigo, como já referimos, assegura a todos o acesso à informação.

A liberdade de informação, quando exercida pela atividade de imprensa, não se determina apenas como fundamento de um direito dos órgãos de comunicação social, de difusão da informação, mas, em sentido idêntico, impõe a eles a subordinação a deveres específicos, cuja violação importará o caráter ilícito da conduta.

E esses deveres, a nosso ver, têm idêntica sede constitucional. Em primeiro lugar, o mesmo inciso XIV do art. 5º da Constituição, que consagra o direito de acesso à informação, o estabelece em caráter geral *a todos*. Nesse sentido, é tanto titular do direito o órgão de comunicação social quanto destinatário da informação, e que a obtém por esse órgão. Daí por que se observa a mesma norma constitucional como fonte de um *dever de adequação da informação*, a ser difundido pelo órgão de imprensa.

O *dever de adequação da informação* será relacionado a dois critérios distintos: uma relação de adequação jurídica e uma relação de adequação fática. A adequação jurídica se demonstra pela estrita observação das normas incidentes nos processos de obtenção, de determinação do conteúdo e de difusão da informação. Nesse sentido, é intuitivo que informações obtidas mediante a violação de direitos fundamentais da pessoa não poderão ser difundidas de forma lícita, em que pese o conceito de *violação*, sobre o qual vamos nos debruçar mais adiante, deva ser examinado em função das características reconhecidas à liberdade de expressão no Estado Democrático de Direito. Mas sem dúvida será o caso das informações que, por exemplo, tenham sido obtidas mediante a violação do sigilo de comunicação, determinado no art. 5º, XII,[76] da Constituição da República, segundo o qual sua forma de obtenção se caracterizará como ilícita.

Ao mesmo tempo, a difusão da informação também responde a deveres específicos,[77] como poderá ser o caso de determinadas exigências de horário ou de restrição de acesso a determinado grupo de pessoas a informações que possam lhes causar um impacto ou gravame excessivamente perturbador. É o caso, por exemplo, da proteção endereçada à criança e ao adolescente pelos arts. 76, 78 e 79 da Lei n. 8.069, de 13 de julho de 1990.[78]

Entretanto, um dos deveres jurídicos mais sensíveis reconhecidos à liberdade de informação, no regime que lhe determina a Constituição, é aquele que se reporta à fase de formação do seu conteúdo pela imprensa. Nesse caso, além dos próprios deveres técnicos que devem ser exigidos de quem desempenha a atividade jornalística (na hipótese, o profissional jornalista), existem outros de caráter geral, incidentes no tocante à determinação do conteúdo da informação, e que se situa no âmbito do dever de adequação fática do exercício do direito. Neste aspecto vão ser identificados, basicamente, dois deveres, quais sejam, os de veracidade[79] e de pertinência.

---

[76] "XII – é inviolável o sigilo da correspondência e das comunicações telegráficas, de dados e das comunicações telefônicas, salvo, no último caso, por ordem judicial, nas hipóteses e na forma que a lei estabelecer para fins de investigação criminal ou instrução processual penal."

[77] Não se deve confundir, nesse caso, a definição objetiva de *dever jurídico*, de caráter cogente, com norma de natureza facultativa, como a do art. 221 da Constituição, que estabelece *conteúdos preferenciais* à programação de rádio e televisão.

[78] Em que pese a ênfase do Estatuto da Criança e do Adolescente seja, nessa parte, o estabelecimento de restrições diversões e espetáculos públicos, os artigos mencionados dizem respeito indiretamente a difusão de informações.

[79] Assim decisão do TJRJ: "Ação ordinária. Danos morais. Notícia veiculada na imprensa. Sentença improcedente. Recurso de Apelação. Manutenção. Quando as notícias têm suporte em fatos verdadeiros e

Trata-se de deveres interdependentes, na medida em que a objetividade será o pressuposto exigido para que se alcance um conteúdo verdadeiro. Nesse mesmo sentido ensina Pizarro, para quem "a objetividade não é outra coisa senão a adequação que deve existir entre o comunicado e a realidade (...)".[80] O dever de veracidade, de sua vez, refere-se a uma relação de adequação entre a informação produzida e os fatos da vida que compõem seu conteúdo.

5.2. DEVERES DE CONHECIMENTO E PROCEDIMENTO TÉCNICO NO EXERCÍCIO DA ATIVIDADE DE COMUNICAÇÃO SOCIAL E RESPONSABILIDADE POR DANOS

A questão que se coloca em relação ao dever de veracidade é em que medida será possível atestar o cumprimento pleno desse dever. A questão situa-se na dúvida sobre a existência ou não da verdade como um conceito objetivo e, para além disso, de que maneira essa possibilidade de identificação vincula o titular da liberdade de informação ao exercê-la.

Aponta-se a veracidade como dever jurídico correlato à liberdade de informação. A definição objetiva desse conceito refere-se à relação de adequação entre o conteúdo da informação e a realidade.[81] Nesse sentido, o que se valorizarão, nesse caso, são a coerência e a adequação lógica entre os pressupostos eleitos e a conclusão alcançada. Daí surge o conceito contemporâneo de *verdade baseada em fatos*, a partir, sobretudo, dos estudos de Hannah Arendt, para quem essa será algo distinto da verdade em sentido filosófico ou científico, uma vez que estas últimas serão obtidas pelo filósofo ou pelo cientista, de acordo com seus métodos ou critérios de transcendência:[82] Diz respeito a eventos que se realizam em um contexto no qual podem se envolver várias pessoas, devendo aquilo que se compreende por verdade ser estabelecido por testemunhas, dependendo de comprovação. A existência da verdade, nesse sentido, será dependente do que dela se mencionará.[83]

Daí por que a marca definitiva da *verdade baseada em fatos* não será necessariamente o erro, em razão de uma falsa impressão, involuntária, da realidade, mas sim a mentira, a falsidade deliberada.[84] A objetividade do fato cede, em maior ou menor medida, às paixões e sensações do autor da informação, confundindo-se com o conceito de *versão sobre a verdade*, cuja existência pretérita e externa ao autor da informação será sempre um fator a exigir uma interpretação, com a carga de subjetividade que ela possa impor.

Essa consideração determinará consequências, em especial no desempenho da atividade dos meios de comunicação social, quando defrontado com um direito subjetivo à informação

---

levados à divulgação, não há como impor qualquer condenação. Aplicação dos arts. 220 e 224 e art. 5, IV e XIV da Constituição Federal. Desprovimento do recurso" (TJRJ, Apelação Cível 2001.001.19183, Rel. Des. Otávio Rodrigues, j. 20-3-2001, publ. 24-4-2001).

[80] PIZARRO, Ramón Daniel. *Responsabilidad civil de los medios masivos de comunicación*: daños por noticias inexactas o agraviantes. Buenos Aires: Hammurabi, 1991, p. 157 apud CUNHA PEREIRA, Guilherme Döring. *Liberdade e responsabilidade dos meios de comunicação*, cit., p. 157. Enéas Garcia observa o dever de objetividade, especialmente a partir da doutrina e da jurisprudência francesas, caracterizando-o como um dever de honestidade intelectual ou de sinceridade do jornalista. GARCIA, Enéas Costa. *Responsabilidade civil dos meios de comunicação*, cit., p. 265-266.

[81] CUNHA PEREIRA, Guilherme Döring. *Liberdade e responsabilidade dos meios de comunicação*, cit., p. 160; CASTANHO DE CARVALHO, Luis Grandinetti. *Liberdade de informação e o direito difuso à informação verdadeira*. Rio de Janeiro: Renovar, 1994, p. 61-62.

[82] ARENDT, Hannah. Verdade e política, cit., p. 284.

[83] ARENDT, Hannah. Verdade e política, cit., p. 295.

[84] ARENDT, Hannah. Verdade e política, cit., p. 308.

verdadeira, consagrado pela Constituição da República. No direito espanhol, por exemplo, o Tribunal Constitucional consolidou sua posição no sentido de que o exercício da liberdade de informação previsto no art. 20 da Constituição de 1978 implica, necessariamente, o respeito à veracidade das informações difundidas.[85] Este, de sua vez, há de ser atestado pelo cumprimento do dever de diligência na averiguação sobre a correção dos fatos de que trata a informação.

As considerações que circunscrevem o exercício da liberdade de informação aos deveres de *objetividade* e *exatidão* – cujo cumprimento comprova-se pela relação de adequação básica entre o seu conteúdo e a realidade fática que o compõe – indicam esses elementos como necessários para aferição da regularidade do exercício do direito fundamental. Não será, entretanto, o que se observará em relação à liberdade de pensamento, em que o conteúdo de tais deveres será amenizado, mas não completamente desconsiderado.

5.3. O ART. 20 DO CÓDIGO CIVIL E A RESPONSABILIDADE CIVIL DOS MEIOS DE COMUNICAÇÃO

Estabelece o art. 20 do Código Civil: "Salvo se autorizadas, ou se necessárias à administração da justiça ou à manutenção da ordem pública, a divulgação de escritos, a transmissão da palavra, ou a publicação, a exposição ou a utilização da imagem de uma pessoa poderão ser proibidas, a seu requerimento e sem prejuízo da indenização que couber, se lhe atingirem a honra, a boa fama ou a respeitabilidade, ou se destinarem a fins comerciais". A finalidade da disposição legal é evidente, visando à proteção da honra e da imagem da pessoa. Entretanto, a redação do artigo, como foi determinada, enseja algumas reflexões.

5.3.1. A proteção da honra e da imagem pessoal

Em primeiro lugar, note-se que os bens jurídicos expressamente tutelados pela norma em questão são a honra, a boa fama e a respeitabilidade da pessoa, bem como a sua exploração comercial, em razão do que se há de reconhecer a dimensão patrimonial dos direitos da personalidade para além do direito à imagem, mas igualmente a todos os signos distintivos da pessoa capaz de associar a algo, com fins comerciais, o seu prestígio social.[86] Esses conceitos conduzem a um conteúdo de proteção em relação à estima de cada pessoa quanto à própria dignidade e à projeção dos elementos que caracterizam essa dignidade para a comunidade.

Entretanto, a interpretação isolada do disposto no art. 20 do Código Civil leva à conclusão de que a divulgação de escritos, a transmissão da palavra, a publicação, a exposição ou a utilização da imagem de uma pessoa poderiam ser proibidas. O elemento finalístico, de outra parte, vem a seguir, quando se refere à proteção da honra, da boa fama e da respeitabilidade da pessoa, bem como a divulgação ou publicação se dê com fins comerciais. Por fim, é possível identificar as ressalvas da proibição, quais sejam: a) o consentimento da pessoa; b) a administração da justiça; e c) a manutenção da ordem pública.

A norma tem o claro objetivo de complementar a proteção geral aos direitos da personalidade, estabelecida no art. 12, no que diz respeito às projeções à comunidade capazes de

---

[85] ESCOBAR DE LA SERNA, Luis. *Derecho de la información*, cit., p. 293. Menciona o autor as Sentenças 107/1988, de 8 de junho, e 6/1988, de 21 de janeiro.
[86] Assim: RIGAUX, François. Liberté de la vie privée. *Revue Internationale de Droit Comparé*, Paris, n. 3, p. 539-563, jul./sept. 1991, p. 543. Em direito brasileiro, estudando a responsabilidade civil decorrente da exploração do próprio prestígio social, veja-se o excelente estudo de: GUIMARÃES, Paulo Jorge Scartezzini. *A publicidade ilícita e a responsabilidade civil das celebridades que dela participam*. São Paulo: RT, 2001, p. 155 e s.

ofender a pessoa. E o âmbito da aplicação da norma tem sua extensão alargada pela conjugação das expressões publicação, exposição e utilização da imagem, as quais abarcam praticamente todas as circunstâncias relacionadas à exposição da pessoa. Parece claro, contudo, que a proibição *a priori*, realizada pelo art. 20 do Código Civil, não pode se coadunar com uma limitação extrema à atividade de imprensa, sob pena de ofender a disciplina constitucional que assegura seu exercício livre. Embora seja possível conceber outras formas de divulgação de escritos e palavras de alguém, além de sua ocorrência por intermédio dos meios de comunicação social, no que se refira a estes, não se pode compreender a proibição *a priori*. Senão apenas quando se tratar de informação restringida em razão de proteção de direito fundamental da pessoa, tal como a privacidade e a intimidade, ou ainda quando se tratar de informação deliberadamente falsa.

O art. 220 da Constituição, de sua vez, ao assegurar a liberdade do exercício da atividade dos meios de comunicação social, consigna, ao mesmo tempo, a locução "*observado o disposto nesta Constituição*". Indica com isso, claramente, que a conformação do direito à liberdade de expressão, e o seu exercício por intermédio dos meios de comunicação social, será fixada exclusivamente a partir da disciplina constitucional a respeito da matéria.

Então que ao § 1º do art. 220 coube determinar, expressamente, os limites ao exercício do direito subjetivo indicado no *caput*. Quais sejam, o respeito às disposições constantes no art. 5º, IV, V, VI, X, XIII e XIV da Constituição da República. Daí por que o estabelecimento de limites ao exercício da atividade de imprensa não pode ser combatido sob o argumento genérico da censura prévia, que, de resto – sendo prévia ou posterior –, a norma constitucional expressamente proíbe no § 2º do art. 220. O exame sobre a legitimidade de eventuais limitações possíveis ao conteúdo da informação divulgada pelos meios de comunicação social deve observar a convergência entre a restrição operacionalizada por lei e os limites indicados no art. 220, § 1º, da Constituição.

Já o art. 20 do Código Civil faz referência expressa à proteção dos seguintes interesses: a) honra; b) boa fama; c) respeitabilidade; e d) imagem. Os direitos à honra e à imagem constituem direitos fundamentais expressamente mencionados pelo art. 5º, X, e referidos no art. 220, § 1º, da Constituição. Refere-se a honra ao direito subjetivo atinente à estima pessoal por determinados atributos de titularidade do indivíduo, em relação aos quais tem protegida sua projeção para a comunidade. O direito à imagem constitui proteção jurídica individual em relação à divulgação de sua reprodução física por qualquer meio, tais como fotografias, filmes etc., visando a preservar a individualidade da pessoa. Questão mais intrincada diz respeito aos demais interesses previstos no art. 20 do Código Civil, porém sem expressa menção constitucional.

5.3.2. A proteção da boa fama e da respeitabilidade

Em relação à boa fama e à respeitabilidade, mencionadas no art. 20 do Código Civil, é de se observar que não são interesses passíveis de proteção de modo autônomo, uma vez que a elas assim não faz referência a Constituição. A compreensão da norma, nesses termos, deve associar a boa fama à proteção constitucional da honra, de modo que o reconhecimento social esteja de acordo com qualidades pessoais que efetivamente ostente a pessoa. Boa fama é conceito integrativo da noção de honra objetiva, assim entendida a divulgação de qualidades pessoais do titular do direito. Deve ser reconhecida, contudo, a presunção de honorabilidade, ou respeitabilidade, decorrente de uma presunção geral de boa-fé reconhecida em Direito, alcançadas todas elas por uma presunção de integridade individual, decorrente do próprio princípio da dignidade da pessoa humana. A boa fama será passível de proteção uma vez associada a qualidades individuais daquele que pretende ostentá-la. Não é desconhecido que a boa fama decorre de uma convergência entre qualidades individuais e os valores comuns de determinada sociedade. Assim, gozará de boa fama aquele que se identificar com os valores sociais dominantes, definidos *a priori*, sem a consideração de alguma situação concreta, ou a partir do juízo que se faça de determinado comportamento individual. Sua proteção, pois, pressupõe a sua correlação com a honra pessoal, e a associação entre as dimensões normativa e fática, de modo que seja protegido, de modo precípuo, apenas o que a realidade apresenta como correto em relação a qualidades reais ou a ações do indivíduo.[87]

O mesmo se diga em relação à proteção da respeitabilidade pessoal, também mencionada no art. 20 do Código Civil. Respeitabilidade é atributo que se reconhece à honra pessoal. Internamente, trata-se da preservação de determinados valores tidos culturalmente como desejáveis, autoconduzindo-se de acordo com eles. Em sua dimensão externa, trata-se do atributo daquele que goza do respeito da comunidade. É conceito cuja expressão não se deve afeiçoar a critérios estanques de identificação, nem com padrões morais uniformes. Nesses termos, pressupõe a convivência entre a comunicação intersubjetiva, o contato social e a conflituosidade.[88] Com fundamento nestes critérios deve ser interpretada a exigência de proteção da respeitabilidade e da boa fama, e o dever de abstenção que daí se impõe aos meios de comunicação social.

5.3.3. Interpretação das exceções legais: autorização expressa ou divulgação necessária à administração da justiça ou à manutenção da ordem pública

Segundo o art. 20 do Código Civil, a divulgação de escritos, palavras ou imagens será permitida "se autorizadas, ou se necessárias à administração da justiça ou à manutenção da ordem pública". Há evidente imprecisão no recurso às expressões *administração da justiça* e *ordem pública*, ademais porque invertem a lógica do exercício da liberdade fundamental, impondo como exceção a divulgação, frente a uma regra de restrição. O mesmo se diga em relação à subordinação da divulgação ao consentimento da pessoa a quem se refira, e cujo conteúdo possa afetar sua honra, boa fama ou respeitabilidade. Trata-se de submeter o exercício da liberdade de expressão e, em especial, da liberdade de imprensa à conveniência subjetiva, restrição que a Constituição não protege. E, ainda que o faça em relação ao direito à honra (art. 220, § 1º), não há disposição que indique a necessidade de consentimento prévio da pessoa a quem diga respeito, sob pena de, praticamente, eliminar-se a esfera de autonomia de atuação dos meios de comunicação, sacrificando a liberdade de expressão a pretexto de conformá-la ao demais direitos em questão.

Não houve em relação ao conflito entre a liberdade de imprensa (art. 220) e os direitos à honra e à imagem (art. 5º, X) reserva legal expressa, devendo as restrições decorrer da própria Constituição.[89] No caso, as restrições à liberdade de imprensa (art. 220, § 1º) deverão

---

[87] ANDRADE, Manuel da Costa. *Liberdade de imprensa e inviolabilidade pessoal*. Coimbra: Editora Coimbra, 1996, p. 78.

[88] ANDRADE, Manuel da Costa. *Liberdade de imprensa e inviolabilidade pessoal*, cit., p. 29.

[89] MENDES, Gilmar Ferreira. *Colisão de direitos fundamentais*, cit., p. 89-99. Utiliza-se a expressão *restrição* para referir os incisos do art. 220, § 1º, da Constituição, no sentido que lhes indica Gilmar Ferreira Mendes, ao noticiar a divergência doutrinária entre os que defendem a existência de cláusulas restritivas de direitos apenas em normas legais, rejeitando-as em relação às normas constitucionais, hipótese em que seriam restritivas de direitos. Conforme afirma o eminente constitucionalista: "se se considerar como restritiva a cláusula que obsta à concretização de um princípio de direito fundamental, então tem-se que admitir, do ponto de vista ontológico, tanto aquelas restrições estabelecidas pelo legislador com respal-

submeter-se, no plano constitucional, a sua ponderação em relação aos demais direitos que eventualmente estejam em conflito. No caso em exame, os direitos à imagem e à honra – sem prejuízo das demais reservas estabelecidas no art. 220, § 1º. Essa ponderação deverá ser feita segundo a proporcionalidade, a qual pressupõe, segundo a lição de Gilmar Ferreira Mendes, "não só a legitimidade dos meios utilizados e dos fins perseguidos pelo legislador, mas também a adequação desses meios para consecução dos objetivos pretendidos (*Geeignetheit*), e a necessidade de sua utilização (*Notwendigkeit oder Erforderlichkeit*)".[90] A utilização do princípio pelo Supremo Tribunal Federal permite vislumbrar a existência de um controle de legitimidade da lei restritiva de direitos estabelecidos na Constituição, em consideração da sua necessidade, adequação e proporcionalidade (justa medida).[91] Nesse sentido, o controle da constitucionalidade da lei poderá determinar sua inconstitucionalidade na hipótese em que essa lei seja dispensável, pelo fato de ser inexigível; inadequada, uma vez que careça de utilidade para obtenção da finalidade perseguida; ou não razoável, na hipótese de o ônus imposto ao atingido ser desproporcional ao objetivo perseguido.[92]

O art. 20 do Código Civil, nesse sentido, deve merecer interpretação restritiva. E, da mesma forma, conforme a Constituição.[93] Esta tem lugar sempre que determinada disposição legal oferece diferentes possibilidades de interpretação, sendo algumas delas incompatíveis com a própria Constituição.[94] Segundo Luís Roberto Barroso, a interpretação conforme a Constituição congrega essencialmente quatro elementos: 1) trata-se da escolha de uma interpretação da norma legal que a mantenha em harmonia com a Constituição, entre outras possibilidades de interpretação admitidas; 2) tem por objetivo a identificação de um sentido possível para a norma, o qual não é o mais evidente; 3) além da eleição de uma linha de interpretação, excluem-se as demais que indicariam resultado contrário à Constituição; e

---

do expresso da Constituição, quanto essas limitações decorrentes diretamente do texto constitucional devem ser consideradas como cláusulas de restrição de direitos". MENDES, Gilmar Ferreira; COELHO, Inocência Mártires; BRANCO, Paulo Gustavo Gonet (Coord.). *Hermenêutica constitucional e direitos fundamentais*, cit., p. 228. Da mesma forma as conclusões de: SCHMITT, Rosane Heineck. Direito à informação: liberdade de imprensa *x* direito à privacidade. In: SARLET, Ingo Wolfgang. *A Constituição concretizada*: construindo pontes entre o público e o privado. Porto Alegre: Livraria do Advogado, 2000, p. 211-241; FERREIRA, Cristiane Catarina Oliveira. *Liberdade de comunicação*: perspectiva constitucional. Porto Alegre: Nova Prova, 2000, p. 98 e s.; PEÑA MORAES, Guilherme. *Direitos fundamentais*: conflitos e soluções. Niterói: Frater et Lebor, 2000, p. 66 e s.; STOFFEL, Raquel. *A colisão entre direitos de personalidade e direito à informação*. São Leopoldo: Unisinos, 2000, p. 37; JABUR, Gilberto Haddad. *Liberdade de pensamento e direito à vida privada*. São Paulo: RT, 2000, p. 329 e s. Em profundidade, no direito alemão: ALEXY, Robert. *Teoria de los derechos fundamentales*. Tradución de Ernesto Garzón Valdez. Madrid: Centro de Estudios Políticos y Constitucionales, 2002, p. 268 e s.

[90] MENDES, Gilmar Ferreira. A proporcionalidade na jurisprudência do Supremo Tribunal Federal. In: MENDES, Gilmar Ferreira. *Direitos fundamentais e controle de constitucionalidade*. 2. ed. rev. e ampl. São Paulo: Celso Bastos, 1999, p. 71-87.

[91] MENDES, Gilmar Ferreira. A proporcionalidade na jurisprudência do Supremo Tribunal Federal, cit., p. 80.

[92] MENDES, Gilmar Ferreira. A proporcionalidade na jurisprudência do Supremo Tribunal Federal, cit., p. 87.

[93] Segundo o magistério de Gilmar Ferreira Mendes, a importância da interpretação conforme a Constituição observa-se graças à sua flexibilidade, que permite uma renúncia ao formalismo jurídico em nome da ideia de justiça material e da segurança jurídica. MENDES, Gilmar Ferreira. *Jurisdição constitucional*. 2. ed. São Paulo: Saraiva, 1998, p. 221-222.

[94] MENDES, Gilmar Ferreira. *Jurisdição constitucional*, cit., p. 222.

4) trata-se de mecanismo de controle de constitucionalidade pelo qual se reconhece como ilegítima determinada interpretação da norma legal.[95]

A possibilidade de proibição prévia da divulgação de escrito e da transmissão da palavra, bem como a divulgação da imagem das pessoas, ofende o direito fundamental à liberdade de expressão e o exercício da atividade dos meios de comunicação social. Supondo, por exemplo, que a divulgação de escrito e a transmissão da palavra sejam realizados com fundamento em fatos verdadeiros não abrangidos pela proteção jurídica da intimidade e da vida privada, ou outro valor constitucional dominante, a proibição de sua veiculação, a requerimento do interessado, com fundamento no art. 20 do Código Civil, ofende *a priori* a livre expressão e comunicação. Eventual abuso ou má-fé deve ser resolvido pela via da responsabilidade civil, verificando-se e compensando os danos sofridos pela vítima.

É este, aliás, o entendimento consagrado pelo Supremo Tribunal Federal ao decidir, em 2015, a ADI 4815/DF, na qual se discutiu a necessidade ou não, no caso da publicação de biografias,[96] do prévio consentimento da pessoa biografada ou de seus sucessores, para o qual se deu interpretação conforme a Constituição aos arts. 20 e 21 do Código Civil, consignando: "(...) 5. Biografia é história. A vida não se desenvolve apenas a partir da soleira da porta de casa. 6. Autorização prévia para biografia constitui censura prévia particular. O recolhimento de obras é censura judicial, a substituir a administrativa. O risco é próprio do viver. Erros corrigem-se segundo o direito, não se coartando liberdades conquistadas. A reparação de danos e o direito de resposta devem ser exercidos nos termos da lei. 7. A liberdade é constitucionalmente garantida, não se podendo anular por outra norma constitucional (inc. IV do art. 60), menos ainda por norma de hierarquia inferior (lei civil), ainda que sob o argumento de se estar a resguardar e proteger outro direito constitucionalmente assegurado, qual seja, o da inviolabilidade do direito à intimidade, à privacidade, à honra e à imagem. 8. Para a coexistência das normas constitucionais dos incs. IV, IX e X do art. 5º, há de se acolher o balanceamento de direitos, conjugando-se o direito às liberdades com a inviolabilidade da intimidade, da privacidade, da honra e da imagem da pessoa biografada e daqueles que pretendem elaborar as biografias. 9. Ação direta julgada procedente para dar interpretação conforme à Constituição aos arts. 20 e 21 do Código Civil, sem redução de texto, para, em consonância com os direitos fundamentais à liberdade de pensamento e de sua expressão, de criação artística, produção científica, declarar inexigível autorização de pessoa biografada relativamente a obras biográficas literárias ou audiovisuais, sendo também desnecessária autorização de pessoas retratadas como coadjuvantes (ou de seus familiares, em caso de pessoas falecidas ou ausentes)".[97]

Tratando-se de fato verdadeiro, cuja divulgação não se limite pelos direitos fundamentais estabelecidos pelo art. 5º, X, da Constituição (vida privada, intimidade, honra e imagem), pergunta-se: será lícita sua proibição com fundamento no art. 20 do Código Civil, sobretudo em vista ao direito fundamental à informação verdadeira (art. 5º, XIV), igualmente conformador da liberdade de imprensa, na sede constitucional do art. 220, § 1º? Nesse sentido, não responde o meio de comunicação social pela divulgação de fato que não viole direito constitucionalmente assegurado, assim como se interpretam conforme a Constituição as noções de

---

[95] BARROSO, Luís Roberto. *Interpretação e aplicação da Constituição*. 3. ed. rev. e atual. São Paulo: Saraiva, 1999, p. 181-182.

[96] Para exame da controvérsia, veja-se a culta tese de doutoramento de BARBOSA, Fernanda Nunes. Biografias e liberdade de expressão. Critérios para a publicação de histórias de vida. Porto Alegre: Arquipélago, 2016, em especial p. 229 e ss.

[97] STF, ADI 4815/DF, Rel. Min. Cármen Lúcia, Tribunal Pleno, j. 10/06/2015, *DJ* 01-02-2016.

boa fama e de respeitabilidade em sentido convergente ao conteúdo do direito fundamental à honra e à preservação da imagem.

5.3.4. Prevenção de danos e restrição à divulgação

Em caráter excepcional, admite-se a possibilidade de proteção prévia do titular do direito à honra e à imagem em relação a danos que possam eventualmente ser causados em razão de divulgação não autorizada. Trata-se de decisão que resulta da solução de conflito entre direitos fundamentais (liberdade de expressão *versus* intimidade, privacidade ou, em menor medida, honra), segundo a proporcionalidade, de modo que se identifique a informação a ser divulgada como irrelevante para a conformação do conhecimento ou juízo do público a que se destina. Nesse sentido, embora não tenha lugar a presunção de inocência no exame da decisão sobre realizar ou não a publicação, exige-se do jornalista ou de quem promova a divulgação, diligência ordinária na coleta de dados e versões sobre os fatos a serem divulgados. Isso implica que se mantenha contato com todas as pessoas envolvidas ou que, em razão de sua função, tenham participação nos fatos ou possuam informações relevantes sobre eles. Contudo, mesmo quando adotadas todas essas providências, há situações em que da colisão de direitos possa resultar, em caráter excepcional, solução em que a irrelevância da informação para a divulgação de determinado fato, ou ainda a ofensa à intimidade e a vida privada, limite a publicação.

Nesses termos restringe-se a divulgação, o que pode ser alcançado na prática pela tutela inibitória prevista no art. 497, parágrafo único, do Código de Processo Civil. Há correspondência no direito comparado. Assim, por exemplo, no direito suíço, a *action en prévention de l'atteinte*, a qual, promovida pela vítima, permite ao juiz realizar, previamente, a adequação do conteúdo a ser divulgado, de modo a impedir o dano, quando razões suficientes o autorize.[98] Do mesmo modo, a *action en cessation de l'atteinte*, pela qual, estando sendo produzido o dano, indica ao juiz o poder de fazer cessá-lo.[99] O mesmo ocorre no direito francês, em que é prevista a possibilidade de intervenções prévias de natureza administrativa ou judicial, nas hipóteses de assegurar a manutenção ou o restabelecimento da ordem pública, a manutenção dos meios de prova de infrações, e na hipótese de prevenção de atentados particularmente graves aos direitos da pessoa.[100]

Luís Roberto Barroso, ao examinar o tema, refere em relação ao art. 20 do Código Civil que "o dispositivo veio a tornar possível o mecanismo de proibição prévia de divulgações (até então sem qualquer previsão normativa explícita), que constitui, no entanto, providência inteiramente excepcional. Seu emprego só será admitido quando seja possível afastar, por motivo grave e insuperável, a presunção constitucional de interesse público, que sempre acompanha a liberdade de informação e de expressão, especialmente quando atribuída aos meios de comunicação".[101] A solução que se dará no caso impõe ao interessado na proibição de divulgação do fato o ônus da prova em relação aos prejuízos que dela podem decorrer. E, nesse caso, a presunção de legitimidade deve ser estabelecida em favor da divulgação da in-

---

[98] BARRELET, Denis. *Droit de la communication*. Berne: Staempfli Editions, 1998, p. 391.
[99] BARRELET, Denis. *Droit de la communication*, cit., p. 392.
[100] DERIEUX, Emmanuel. *Droit de la communication*. 4. ed. Paris: LGDJ, 2003, p. 125 e s.
[101] BARROSO, Luís Roberto. Colisão entre liberdade de expressão e direitos da personalidade. Critérios de ponderação. Interpretação constitucionalmente adequada do Código Civil e da Lei de Imprensa. *Revista Trimestral de Direito Público*, n. 6, São Paulo: Malheiros, 2001, p. 24-53.

formação, sob pena de grave comprometimento dos objetivos do direito constitucionalmente assegurado de liberdade de expressão.

5.4. DEVERES ESPECÍFICOS DOS MEIOS DE COMUNICAÇÃO SOCIAL

A conduta do agente na responsabilidade civil dos meios de comunicação social deve ser examinada tendo-se em vista as peculiaridades da atividade e o modo como se desenvolve. Divulgam fatos, notícias ou opiniões, por intermédio dos meios de comunicação social, tanto profissionais especializados (jornalistas, p. ex.) quanto pessoas de diversos setores da vida social, conforme o interesse despertado pelos temas objeto de divulgação. E interagem aí tanto a conduta dos empregados e terceiros que produzem o conteúdo da divulgação, quanto o exercício da atividade pelas empresas.

É necessária, portanto, para a correta dimensão da conduta imputável, a distinção dos deveres de profissionais (jornalistas) e não profissionais que a rigor podem exercer a atividade de comunicação, fundada em princípio de liberdade, ao tempo em que poderá não ser exigido o domínio da técnica inerente à profissionalidade do exercício. No mesmo sentido, é de diferenciar as situações em que a imprensa exerce sua atividade de interesse público ou serve de veículo para espetáculos de entretenimento, de nítido caráter comercial. Em relação aos não profissionais, bem como ao conteúdo veiculado pelos meios de comunicação que não tenha caráter informativo ou de crítica sobre temas de interesse público, não se exigirão deveres de perícia, próprios do jornalista. Por outro lado, quando o meio de comunicação serve de veículo para exercício de outras atividades, como o comércio, profissões de fé religiosa ou prestação de serviços, por exemplo, o fundamento da liberdade de expressão, embora se preserve, associa-se a outras liberdades (exercício profissional, liberdade religiosa, liberdade comercial etc.), com os condicionamentos a elas inerentes.[102]

No caso da conduta do profissional com atuação nos meios de comunicação social, uma primeira tese a se considerar é a da necessidade de identificação do comportamento culposo do agente. A culpa, nesse caso, em sentido amplo, está dentro da lógica que no direito brasileiro tem seus elementos explicitados no art. 186 do Código Civil.[103] Nesse aspecto, o que se há de identificar sobre o agente é o seu elemento subjetivo próprio, a culpa em sentido estrito (violação involuntária de dever, por negligência ou imprudência),[104] ou a violação voluntária (dolosa).[105]

Há de se reconhecer sua antijuridicidade e sua culpabilidade, para o efeito de ser imputável.[106] A antijuridicidade é contrariedade ao direito ou à moral, e se depreende da existência do dano. Quanto à culpabilidade, conforme já examinado na primeira parte deste trabalho, sua presença é requisito para a imputação de responsabilidade subjetiva. Nesse sentido, é reconhecida em diversos ordenamentos a presença de justificativas para conduta dos órgãos de comunicação social, que excluem sua ilicitude, como o consentimento da vítima, a presença

---

[102] PODESTÁ, Fábio Henrique. *Interesses difusos, qualidade da comunicação e controle judicial*. São Paulo: RT, 2002, p. 121-122.
[103] No direito francês, também se observa a recondução do fundamento da responsabilidade dos meios de comunicação por danos, a cláusula geral de responsabilidade subjetiva do Código Civil (art. 1.382 do Código Civil de 1804), conforme ensina BRUN, Philippe. *Responsabilité civile extracontractuelle*, cit., p. 189-190.
[104] STJ, REsp 109.470/PR, Rel. Min. Carlos Alberto Menezes Direito, j. 15-12-1997, *DJU* 21-6-1999, p. 149.
[105] STJ, REsp 192.786/RS, Rel. Min. Nilson Naves, j. 23-11-1999, *DJU* 27-3-2000.
[106] LARENZ, Karl. *Derecho de obligaciones*, cit., p. 562-563.

de interesse preponderante, ou a expressa autorização da lei.[107] Nesse último caso, no direito anterior, os critérios para exame da licitude da conduta do profissional podiam ser encontrados no art. 27 da Lei de Imprensa que, embora não recepcionada pela Constituição de 1988 e, portanto, tendo perdido sua vigência, indicava critérios úteis para definir a regularidade do exercício da atividade de imprensa. Assim o texto da norma que perdeu vigência:: "Não constituem abusos no exercício da liberdade de manifestação do pensamento e de informação: I – a opinião desfavorável da crítica, literária, artística, científica ou desportiva, salvo quando inequívoca a intenção de injuriar ou difamar; II – a reprodução, integral ou resumida, desde que não constitua matéria reservada ou sigilosa, de relatórios, pareceres, decisões ou atos proferidos pelos órgãos competentes das Casas legislativas; III – noticiar ou comentar, resumida ou amplamente, projetos e atos do Poder Legislativo, bem como debates e críticas a seu respeito; IV – a reprodução integral, parcial ou abreviada, a notícia, crônica ou resenha dos debates escritos ou orais, perante juízes e tribunais, bem como a divulgação de despachos e sentenças e de tudo quanto for ordenado ou comunicado por autoridades judiciais; V – a divulgação de articulados, quotas ou alegações produzidas em juízo pelas partes ou seus procuradores; VI – a divulgação, a discussão e a crítica de atos e decisões do Poder Executivo e seus agentes, desde que não se trate de matéria de natureza reservada ou sigilosa; VII – a crítica às leis e a demonstração de sua inconveniência ou inoportunidade; VIII – a crítica inspirada pelo interesse público; IX – a exposição de doutrina ou ideia".

A responsabilidade pelo exercício da atividade jornalística, ou as demais definidas aos meios de comunicação social, segundo essa visão, só pode surgir do mau exercício, do que se pode inferir a partir da conexão de sentido necessária entre o exercício da atividade e os direitos-liberdades que a legitimam. Nesse aspecto, o mau exercício da atividade confunde-se com o mau exercício do direito subjetivo de que é titular o profissional, o *abuso do direito de informar*.[108] Todavia, à distinção da categoria do abuso do direito prevista em termos gerais pelo art. 187 do Código Civil (que dá causa à responsabilidade objetiva – independentemente de culpa), no caso do mau exercício da atividade jornalística, há de se exigir a culpa, a qual compreende "também aquelas consequências da sua atuação que não haja previsto, ou, ainda, que não haja querido, mas com as quais, segundo a previsão humana, devia contar e, portanto, seriam controláveis por si".[109] Em se tratando de responsabilidade de profissional, o que há de exigir-se, no ordinário do exercício da sua atividade, são as cautelas necessárias, além da técnica do ofício que se investe de profissionalidade.[110]

Em sentido diverso, entretanto, e com fundamento na organização empresarial para o exercício da atividade de comunicação social, atualmente, orientam-se os que, com fundamento nesta característica, entendem que a responsabilidade civil passaria a emergir do risco a que ela dá causa para a coletividade. O argumento essencial que sustenta a responsabilidade objetiva dos meios de comunicação social destaca o caráter substancialmente injusto de, sendo fonte de ganhos econômicos para aquele que explora a atividade, os riscos dela emergentes serem divididos com a comunidade. Esta tese, contudo, não encontra eco na doutrina e jurisprudência

---

[107] Nesse sentido, entre outros, veja-se: BARRELET, Denis. *Droit de la communication*, cit., p. 376 e s.
[108] STJ, REsp 264.515/RJ, Rel. Min. Sálvio de Figueiredo Teixeira, j. 13-9-2000, *DJU* 16-10-2000, p. 318).
[109] LARENZ, Karl. *Derecho de obligaciones*, cit., p. 564, tradução livre.
[110] Assim veja-se: ZENO-ZENCOVICH, Vincenzo; CLEMENTE, Michele; LODATO, Maria Gabriela. *La responsabilità profissionale del giornalista e dell'editore*. Padova: Cedam, 1995, p. 180. Advogam esses autores que guarde o jornalista no desempenho de sua atividade um método científico que garanta o apuro de suas atividades e, mais, que reforcem seu dever de cautela.

nacional. No caso específico da vítima de danos decorrentes da atividade de comunicação social, a atribuição que se lhe faz do ônus de identificar e caracterizar a culpa do ofensor.[111]

É possível afirmar que a conduta como elemento da responsabilidade civil por danos decorrentes do exercício da atividade de imprensa será examinada tendo em conta dois critérios primordiais, um subjetivo e outro objetivo. O *critério subjetivo* é assinalado pelo exame da conduta do agente, e vincula-se à utilização ou não dos conhecimentos técnicos próprios pelo profissional de imprensa, bem como pela observação dos deveres éticos inerentes a esse exercício. Em relação aos deveres éticos do profissional, tome-se como referência os princípios básicos da ética no jornalismo aprovados pela Assembleia da UNESCO de 21 de novembro de 1983, entre os quais se destacam os deveres de "respeito ao direito a uma informação verídica, de adesão à realidade objetiva, de responsabilidade social do jornalista, de integridade profissional, de respeito ao interesse público, de respeito à vida privada e à dignidade humana".[112]

Já o *critério objetivo* é determinado pelo próprio *conteúdo da informação publicada*, qual seja, a versão jornalística de determinado complexo de fatos verdadeiros, examinados sobre sua adequação e em razão dos deveres de objetividade, exatidão e de pertinência da notícia com sua exposição ao domínio do conhecimento público.

De acordo com o *critério subjetivo*, então, a questão fundamental é o *modo* como se realizou o comportamento do agente, na esfera da conduta pessoal do jornalista ou de outro que divulgou a informação. Critério, pois, que diz respeito a aspectos técnico-procedimentais, bem como atinente a um comportamento ético e à observação dos deveres ordinários e gerais de cuidado (cautela e prudência). O *critério objetivo*, ao contrário, sustenta-se pela determinação do *conteúdo material* da realização da atividade de imprensa. Diz respeito, portanto, com a determinação exata dos limites objetivos, ao conteúdo da informação e da sua projeção pública. A rigor, o que se permite e o que não se permite, no âmbito de licitude e legitimidade do exercício do direito-liberdade de informação e de pensamento, que seja divulgado para conhecimento público.

A partir desses critérios, é possível identificar três deveres principais, reclamados no exercício da atividade da imprensa.

Primeiro, um *dever geral de cuidado*, exigível de qualquer atuação humana, considerado como cuidado médio exigível do homem diligente, mas que em relação ao exercício da atividade de imprensa implica a identificação de determinadas providências concretas.

Em segundo lugar, o *dever de veracidade*, exigível em consideração de que a liberdade de informação e de pensamento não reconhece o direito de mentir, nem tampouco a manipulação ou a deturpação da verdade, razão pela qual há de se considerar como deveres acessórios os de *objetividade* e *exatidão* do conteúdo da informação.

Por fim, o *dever de pertinência*, o qual se articula em duas dimensões: uma *interna*, que se refere à adequação lógica entre o conteúdo dos fatos narrados e as conclusões apresentadas no conteúdo da informação, independentemente do fato de que se trate da narração de fatos ou da emissão de opinião acerca do fato. E uma segunda dimensão, *externa*, relacionada à relevância ou transcendência do conteúdo objeto de divulgação, que justifique validamente sua exposição para o público. Em relação a essa dimensão externa do dever de pertinência é

---

[111] Nesse sentido: PIZARRO, Ramón Daniel. *Responsabilidad civil de los medios masivos de comunicación*, cit., p. 386 e s.

[112] A respeito, veja-se: AZNAR, Hugo. Ética y periodismo. Códigos, estatutos y otros documentos de autorregulación. Barcelona: Paidós, 1999, p. 69 e s.

que se reconhecerá o *interesse público* como fundamento de legitimação do direito de divulgar determinados fatos verdadeiros, bem como seus limites.

Nesse sentido, vale referir entendimento do Superior Tribunal de Justiça no julgamento do Recurso Especial 1.269.841/SP, de relatoria da Min. Nancy Andrighi, no qual definiu-se que "a honra e imagem dos cidadãos não são violados quando se divulgam informações verdadeiras e fidedignas a seu respeito e que, além disso, são do interesse público". E da mesma forma, que "o veículo de comunicação exime-se de culpa quando busca fontes fidedignas, quando exerce atividade investigativa, ouve as diversas partes interessadas e afasta quaisquer dúvidas sérias quanto à veracidade do que divulgará. (...) a diligência que se deve exigir da imprensa, de verificar a informação antes de divulgá-la, não pode chegar ao ponto de que notícias não possam ser veiculadas se não forem utilizados os termos estritamente técnicos ou até que haja certeza plena e absoluta da sua veracidade. O processo de divulgação de informações satisfaz verdadeiro interesse público, devendo ser célere e eficaz, razão pela qual não se coaduna com rigorismos próprios de um procedimento judicial, no qual se exige cognição plena e exauriente acerca dos fatos analisados, bem como a sua exata qualificação jurídica".[113]

Examinem-se, individualmente os deveres imputados aos meios de comunicação social.

5.4.1. Dever geral de cuidado

O primeiro dos deveres inerentes ao exercício da liberdade de imprensa é o *dever geral de cuidado*, o qual se impõe, como no restante da disciplina jurídica da responsabilidade pessoal, como espécie de mandamento geral de prudência e diligência próprio da atuação humana social. O dever de cuidado, observado ante as circunstâncias próprias da atividade jornalística, examina-se em vista das características desse ofício. Englobará, então, entre outras providências, a necessidade de *acesso* e *exame* de todas as versões sobre o fato, a *abstenção em promover juízos de valor antecipados* – sem a posse de todas as informações disponíveis – e mesmo a necessidade de *projetar, em estágio anterior à decisão de divulgar ou não o fato, as consequ*ências identificáveis dessa *mesma divulgação*. As situações da vida em que tais deveres serão colocados em relevo são as mais diversas.

Defende Gregório Badeni a existência de um princípio geral – próprio dos sistemas democráticos – de que todos os atos de autoridade pública podem ser amplamente divulgados, sem que se possa determinar responsabilidade jurídica para o emissor da informação, se a difusão se dá com fidelidade aos dados aportados por essa autoridade e pela realidade.[114] Nesse caso, será exigido que: de um lado, a informação seja *veraz*; de outro, que tenha *transcendência pública*.[115]

Uma questão bastante sensível no domínio desse tema dirá respeito, diretamente, ao modo como se realiza parcela mais significativa das notícias divulgadas pela crônica policial, tradicional espaço nos jornais e periódicos brasileiros, e que mais recentemente tem avançado para a programação de radiodifusão. Trata-se da possibilidade e dos limites da divulgação de notícias sobre investigações criminais em curso, em face do direito fundamental de presunção

---

[113] STJ, REsp 1.269.841/SP, Rel. Min. Nancy Andrighi, 3ª Turma, j. 17-10-2013; *DJe* 25-10-2013; REsp 1676393/SP, Rel. Min. Nancy Andrighi, 3ª Turma, j. 07/11/2017, *DJe* 13/11/2017; AgInt no REsp 1678786/SP, Rel. Min. Luis Felipe Salomão, 4ª Turma, j. 30/08/2018, *DJe* 04/09/2018; AgInt no REsp 1279361/SP, Rel. Min. Luis Felipe Salomão, 4ª Turma, j. 17/05/2018, *DJe* 22/05/2018; AgInt no AREsp 1407963/SP, Rel. Min. Raul Araújo, 4ª Turma, j. 23/04/2019, *DJe* 22/05/2019.
[114] BADENI, Gregorio. *Libertad de prensa*, cit., p. 433.
[115] BADENI, Gregorio. *Libertad de prensa*, cit., p. 436-437.

de inocência (art. 5º, LVII). Essa questão pode ser examinada em dois aspectos principais, a saber: a) em que medida a presunção de inocência constitucional limita a divulgação de processos criminais em andamento no Poder Judiciário; e b) quais os limites inerentes à informação divulgada, em razão das características específicas do fato narrado, sobretudo em relação à sua potencialidade de gerar dano. No primeiro caso, parece razoável compreender que não há como impedir a divulgação de existência do processo e dos documentos de caráter público que o componha,[116] a não ser quando razões muito graves autorizem a restrição, como, por exemplo, nos casos de crimes contra os costumes, em que a preservação da vítima eleva-se à máxima consideração pelo ordenamento jurídico. Ou, naturalmente, quando sobre ele recaia o sigilo judicial.

Já em relação aos limites que devem ser observados no exercício da atividade de imprensa ao divulgar fatos de processo ou apuração, estes dizem respeito, fundamentalmente, ao dever de abster-se da realização de qualquer condenação moral do acusado até o trânsito em julgado da sentença, assim como a absoluta fidedignidade aos fatos devidamente comprovados em relação ao crime ou irregularidade, uma vez que ilações ou simples hipóteses sobre aspectos fáticos não esclarecidos podem determinar, por via reflexa, reprovação moral do ofendido, diminuindo em tal grau a estima e a consideração social do envolvido que mesmo o ulterior esclarecimento não terá como repor o estado anterior.[117]

---

[116] "RECURSO ESPECIAL. AÇÃO DE COMPENSAÇÃO POR DANOS MORAIS. VEICULAÇÃO DE MATÉRIA JORNALÍSTICA. CONTEÚDO OFENSIVO. RESPONSABILIDADE CIVIL. LIBERDADE DE IMPRENSA EXERCIDA DE MODO REGULAR, SEM ABUSOS OU EXCESSOS. ARTIGOS ANALISADOS: ARTS. 186 e 927 DO CÓDIGO CIVIL. 1. Ação de compensação por danos morais ajuizada em 14.09.2009. Recurso especial concluso ao Gabinete em 03.10.2013. 2. Discussão relativa à potencialidade ofensiva de matéria publicada em revista de grande circulação, que aponta suposta conduta ilícita de deputado envolvido no esquema do "mensalão", relacionada à remessa ilegal de dinheiro ao exterior, além da acusação de beneficiar empresa em contratos de empréstimos públicos. 3. Inviável o reconhecimento de violação ao art. 535 do CPC quando não verificada no acórdão recorrido omissão, contradição ou obscuridade apontadas pelos recorrentes. 4. A liberdade de informação deve estar atenta ao dever de veracidade, pois a falsidade dos dados divulgados manipula em vez de formar a opinião pública, bem como ao interesse público, pois nem toda informação verdadeira é relevante para o convívio em sociedade. 5. O veículo de comunicação exime-se de culpa quando busca fontes fidedignas, quando exerce atividade investigativa, ouve as diversas partes interessadas e afasta quaisquer dúvidas sérias quanto à veracidade do que divulgará. 6. Na hipótese dos autos, as fontes da notícia eram fidedignas – depoimentos prestados por corretor de câmbio à Procuradoria Geral da República. Além disso, conforme consta do acórdão, procurou-se ouvir os recorrentes. 7. A diligência que se deve exigir da imprensa, de verificar a informação antes de divulgá-la, não pode chegar ao ponto de que notícias não possam ser veiculadas até que haja certeza plena e absoluta da sua veracidade. O processo de divulgação de informações satisfaz verdadeiro interesse público, devendo ser célere e eficaz, razão pela qual não se coaduna com rigorismos próprios de um procedimento judicial, no qual se exige cognição plena e exauriente acerca dos fatos analisados. 8. Não houve, por conseguinte, ilicitude na conduta dos recorridos, devendo ser mantida a improcedência do pedido de compensação por danos morais. 9. Recurso especial desprovido" (STJ, REsp 1414887/DF, Rel. Min. Nancy Andrighi, 3ª Turma, j. 19/11/2013, *DJe* 28/11/2013).

[117] Ilustrativa, a esse respeito, decisão do Superior Tribunal de Justiça: "RECURSO ESPECIAL. RESPONSABILIDADE CIVIL. ALEGAÇÃO DE DANOS MORAIS DECORRENTES DE NOTÍCIA JORNALÍSTICA QUE INCLUI DEPUTADO FEDERAL NO ROL DE ACUSADOS DE PARTICIPAREM DO ESCÂNDALO DO "MENSALÃO".INFORMAÇÃO QUE SE DISTANCIA DA REALIDADE DOS FATOS. INDENIZAÇÃO DEVIDA. 1. Embora a proteção da atividade informativa extraída diretamente da Constituição garanta a liberdade de "expressão, da atividade intelectual, artística, científica e de comunicação, independentemente de censura ou licença" (art. 5º, inciso IX), também se encontra constitucionalmente protegida a inviolabilidade da "intimidade, vida privada, honra e imagem das pessoas, assegurado o direito a indenização pelo dano material ou moral decorrente de sua violação" (art. 5º, inciso X). 2. Nesse passo, apesar do direito à informação e à liberdade de expressão serem resguar-

A jurisprudência diverge quanto à imputação de responsabilidade do Estado[118] ou do órgão de comunicação social, em decorrência da divulgação da notícia, no caso em que o dano tenha sido causado em razão de ato praticado pela autoridade pública (prisão, indiciamento, denúncia).Contudo, tratando-se de notícias acerca do cometimento de crimes, a tendência é de que a divulgação de informações acerca dos procedimentos de apuração criminal, ou de instrução judicial, reveste-se de interesse público, sendo admitida.[119]

Quando a divulgação de informação errônea decorre de ato imputado ao Estado, questiona-se quanto a quem deva responder pela indenização de eventuais danos causados, se o órgão de imprensa ou o Poder Público em decorrência do erro de seus agentes. Aparecido Hernani Ferreira defendeu a adequação, no caso, da imputação da responsabilidade objetiva do Estado por erro no indiciamento indevido em inquérito policial.[120] Lembra o autor episódios tristemente célebres, como o *caso da Escola Base* (1994), ocorrido em São Paulo, em que os proprietários de uma escola infantil foram acusados pela polícia, com fundamento em depoimentos depois refutados, da prática de abuso sexual contra os alunos, versão que, em seguida, foi identificada como completamente falsa. Entretanto, os acusados já haviam sido caracterizados pelos órgãos de comunicação como criminosos perante a comunidade, vindo a sofrer consequências psicológicas, patrimoniais e físicas (agressões) sem paralelo em situações análogas da experiência brasileira. No mesmo sentido se deu no denominado *caso do Bar Bodega* (1996), em que, tendo sido presos suspeitos de roubo e homicídio em um

---

dados constitucionalmente – mormente em épocas eleitorais, em que as críticas e os debates relativos a programas políticos e problemas sociais são de suma importância, até para a formação da convicção do eleitorado –, tais direitos não são absolutos. Ao contrário, encontram rédeas necessárias para a consolidação do Estado Democrático de Direito: trata-se dos direitos à honra e à imagem, ambos condensados na máxima constitucional da dignidade da pessoa humana. 3. O direito à informação não elimina as garantias individuais, porém encontra nelas os seus limites, devendo atentar ao dever de veracidade. Tal dever, ao qual estão vinculados os órgãos de imprensa não deve consubstanciar-se dogma absoluto, ou condição peremptoriamente necessária à liberdade de imprensa, mas um compromisso ético com a informação verossímil, o que pode, eventualmente, abarcar informações não totalmente precisas. Não se exigindo, contudo, prova inequívoca da má-fé da publicação. 4. No caso em julgamento, é fato público e noticiado pela mídia que o Deputado Federal Sandro Mabel foi absolvido de qualquer envolvimento no escândalo "mensalão" pelo Conselho de Ética da Câmara dos Deputados em novembro de 2005, quase um ano antes das matérias veiculadas na rede televisiva da recorrida. Tampouco foi denunciado pelo Ministério Público na propalada ação penal que tramita no Supremo Tribunal Federal, sequer foi indiciado (...)" (STJ, REsp 1331098/GO, Rel. Min. Luis Felipe Salomão, 4ª Turma, j. 05/09/2013, *DJe* 24/10/2013).

[118] TJRS, Apelação Cível e Reexame Necessário 70002595106, Rel. Des. Marco Aurélio Santos Caminha, j. 4-4-2002, *DJ* 4-4-2002.

[119] "Ação indenizatória. Dano moral. Publicação jornalística imputando ao apelante ser o mandante da morte de sua esposa. Condenação, pelo fato confirmatório daquela suspeita. O inquérito e a ação criminal não estão adstritos ao segredo de justiça, inexistindo ilícito se o Delegado ou o representante do Ministério Público deem conhecimento do que está sendo apurado à imprensa que tem o dever de informar ao público leitor. Inexistência de abuso ou violação à imagem do recorrente, ficando a notícia no limite da informação. Proteção do preso contra sensacionalismo não impede a informação. Lesões a imagem causadas pela própria prática-criminosa e não pela notícia que a retratou. Arts. 41 e 42, VII da Lei n. 7.210/84 –Desprovimento do recurso" (TJRJ, Apelação Cível 2000.001.22617, Rel. Des. Leila Mariano, j. 26-6-2001, *DJ* 4-12-2001). Em termos comparativos, quando divulgados fatos relativos a processo judicial que não tramitam em segredo de justiça no sítio eletrônico dos tribunais, dando conta de imputações de crime aos envolvidos, o STJ reconhece a ausência do nexo de causalidade entre a conduta de divulgação e os danos alegados pelas vítimas: STJ, REsp 1293401/PR, Rel. Min. Mauro Campbell Marques, 2ª Turma, j. 03/08/2017, *DJe* 09/08/2017.

[120] FERREIRA, Aparecido Hernani. *Dano moral como consequência de indiciamento em inquérito policial.* São Paulo: Juarez de Oliveira, 2000, p. 77-90.

estabelecimento comercial, estes vieram a confessar os crimes sob tortura policial. E, tendo havido a confissão, passaram a ser tratados pelos órgãos de comunicação social como criminosos, situação esclarecida apenas com a revelação das verdadeiras circunstâncias em que se deram suas declarações, a partir do que foram identificados e presos os verdadeiros autores do crime. Aqui, também, a toda evidência, a consideração social dos suspeitos foi fortemente abalada com sua apresentação como criminosos para a imprensa.[121]

Outra questão diz respeito à divulgação de fatos constantes em processo judicial ou mesmo no inquérito policial. Conforme bem observa a doutrina, a divulgação de fatos do processo penal bem como de sua fase anterior, do inquérito, é limitada em nosso sistema constitucional pela presunção de inocência, pelo direito de ressocialização do sentenciado, bem como pela necessidade de preservação da neutralidade e imparcialidade do juiz.[122] No mesmo sentido, em relação aos crimes de competência do júri, esses limites abrangem também a necessidade de preservação da imparcialidade dos jurados.[123] Daí por que, existindo o desrespeito a qualquer dos limites consagrados na Constituição, estar-se-ia perante a hipótese de responsabilização de quem divulgasse a informação que desse causa à lesão da personalidade dos envolvidos e suas garantias constitucionais.

O dever geral de cuidado, cuja violação pode dar causa a dano, pode ser definido como sendo o dever de adotar as *cautelas que razoavelmente se exigem para qualquer espécie de atuação humana em sociedade, em consideração especial aos deveres específicos que legitimamente podem ser exigidos em razão de formação ou desempenho de determinada atividade de conhecimento minimamente especializado*. A violação do dever de cuidado, nesses termos, é a essência da noção de culpa.[124]

Em relação à atividade da imprensa, pode-se afirmar que, até determinado grau, não se reconhece aos órgãos de comunicação social a faculdade, mas o *dever de investigar* determinados fatos objeto de divulgação,[125] como *imputação de um dever específico* de verificação das informações,[126] as quais, quando documentadas, deverão ser tomadas com fidelidade absoluta aos documentos que lhes dão suporte. Nesse caso, é de interesse examinar em que medida a informação proveniente de autoridade pública, ou órgão de Estado, distingue a constatação do cumprimento ou não do dever de averiguação das informações. Em outros termos, se é possível considerar, em relação às informações repassadas diretamente por órgãos do Estado ou por seus agentes, que elas são revestidas de presunção de correção ou pelo menos atenuam os deveres exigidos para verificar se estão corretas. Parece-nos que, servindo-se formalmente das informações de órgãos de Estado (excluem-se, pois, as informações obtidas de modo informal, clandestino ou extraoficial), é possível reconhecer presunção de cumprimento do dever de cuidado, no que se refere às cautelas de verificação.[127] Não se há de exigir do profissional,

---

[121] FERREIRA, Aparecido Hernani. *Dano moral como consequência de indiciamento em inquérito policial*, p. 101. Viola o dever e cuidado, igualmente, a republicação de matéria em revista de grande circulação, que já havia sido considerada falsa e difamatória à honra do autor por acórdão transitado em julgado: STJ, REsp 1396989/SP, Rel. Min. Moura Ribeiro, 3ª Turma, j. 05/04/2016, DJe 11/04/2016.

[122] VIEIRA, Ana Lúcia Menezes. *Processo penal e mídia*, cit., p. 158-183.

[123] VIEIRA, Ana Lúcia Menezes. *Processo penal e mídia*, cit., p. 246 e s.

[124] CAVALIERI, Sérgio. *Programa de responsabilidade civil*, cit., 3. ed., p. 48.

[125] ESCOBAR DE LA SERNA, Luis. *Derecho de la información*, cit., p. 57.

[126] Nesse sentido: GARCIA, Enéas Costa. *Responsabilidade civil dos meios de comunicação*, cit., p. 266.

[127] De acordo com esse entendimento: "Ação ordinária. Danos morais. Notícia veiculada na imprensa. Quando as notícias têm suporte em fatos verdadeiros e levados ao jornal por informante idônea não há como impor qualquer condenação. Aplicação dos arts. 220 e 224 e art. 5, IV e XIV da Constituição

nesse aspecto, critério de correção da conduta além do razoável.[128] Até porque, no caso de informações oficiais de órgão do Estado ou de seus agentes, não se pode descurar do fato de que os dão causa a tais informações poderão ser responsabilizados em seu regime jurídico próprio – de direito administrativo, ou mesmo penalmente – pela incorreção proposital delas.[129]

Caracteriza o dever de cuidado exigido do jornalista e dos órgãos de imprensa como dever de prudência em relação ao seu ofício,[130] o que determinará, no caso concreto, o exame quanto ao tempo da divulgação das informações, a solidez da versão[131] a ser divulgada e a ponderação prévia quanto às possibilidades de causação de danos decorrentes da publicação. Da mesma forma, devem primar pela exposição de todas as posições dos envolvidos no

---

Federal. Sentença improcedente. Confirmação" (TJRJ, Apelação Cível 1998.001.08706, Rel. Des. Otávio Rodrigues, j. 13-10-1998, DJ 30-11-1998).

[128] "Responsabilidade civil de empresa jornalística. Dano moral. Se o noticiário se baseia em fatos que tem indícios de veracidade, apurados em sindicâncias promovidas por autoridades competentes, inexiste ofensa a reparar. Exercício constitucional do direito de informar. A carta magna assegura a liberdade de imprensa e a lei especial dispõe que a crítica inspirada pelo interesse público não constitui abuso de manifestação do pensamento. Arts. 220 da CF e 27, VIII da Lei n. 5.250/1967, apelação provida" (TJRJ, Apelação Cível 1998.001.114410, Rel. Des. Ely Barbosa, j. 30-9-1999, DJ 5-2-1999).

[129] Não se retira do domínio do Poder Judiciário, entretanto, o controle sobre o modo de utilização dessas informações repassadas por agente público, conforme depreende-se do entendimento do TJRS, cuja ementa transcrevemos parcialmente: "Responsabilidade civil do estado. Dano moral. Decadência do direito de ação (...). A legitimação para residir no polo passivo da demanda, em matéria de responsabilidade civil extracontratual, decorre da imputabilidade de ato omissivo ou comissivo, que não se confunde com a existência e medida de contribuição para o resultado, nem com o elemento subjetivo. Publicação dos maiores proventos pagos pelo poder executivo, em jornal de circulação no estado. Dados obtidos em listagem elaborada pela Secretaria da Fazenda. Emissão do documento por ordem do Governo do Estado, em atendimento a pedido do presidente da Assembleia Legislativa. Licitude da conduta dos agentes dos poderes Executivo e Legislativo. A solicitação de emissão de documento, contendo valor discriminado dos maiores proventos pagos pelo Poder Executivo do estado, formulada pelo presidente da Assembleia Legislativa, bem como o atendimento do pedido, por ordem do Governo do Estado, constituem condutas absolutamente lícitas, a luz dos artigos 55, par. 2, e 82, inc. X, ambos da Constituição Estadual, e artigo 193 do Regimento Interno da Assembleia Legislativa. Eventuais excessos, conferidos na publicação daquele documento, só podem ser imputados ao órgão de imprensa, que divulgou a notícia, com caráter sensacionalista e jocoso, e não ao Estado, sob pena de socialização da responsabilidade civil de empresa privada. Erro do agente da administração pública. Relevância causal. Agravamento do dano. Responsabilidade proporcional. O estado responde perante a vítima da publicação, na medida em que o erro de seu agente assumiu relevância causal para agravamento do dano. Sentença reformada em parte" (TJRS, Apelação Cível 598.102.903, Rel. Des. Mara Larsen Chechi, j. 26-4-2000).

[130] "(...) Notícia que se abstrai dos fatos para fazer sobressair a atuação de quem estava a cumprir o seu dever profissional, declinando o seu nome e rotulando-o de suspeito do furto. Ausência de Ação Judicial e sequer de inquérito. Notícia veiculada de forma precipitada e extrapolando os limites do direito-dever de informar. Inteligência do art. 27 da Lei n. 5.250/67 (Lei de Imprensa). Procedência do pedido inicial. Provimento da apelação" (TJRJ, Apelação Cível 2002.001.25795, Rel. Des. Carlos Ferreira Filho, j. 15-4-2003, DJ 30-5-2003).

[131] "(...) Se a matéria publicada em veículo de comunicação escrita, fruto de entrevista concedida por telefone, ao narrar os fatos emprega termo ofensivo ao entrevistado, revelador da prática de crime previsto na legislação penal, atribuindo-lhe o uso desse termo sem, contudo, demonstrar tal utilização pelo mesmo, ao menos através de gravação, método comum em entrevistas como essa, não bastando o testemunho do entrevistador e autor da matéria, significa que a linguagem jornalística, tendente a despertar o interesse do público à reportagem, distanciando-se do 'ius narrandi', extrapolou a liberdade de informar, transitando da órbita do lícito para o ilícito, com o intuito claro de injuriar. Por isso que, nessa situação, o entrevistado, a quem o órgão de imprensa, distorcendo o fato e carente de prova, imputa o envolvimento em um delito penal ou a prática deste, induvidosamente foi atingido em sua honra, personalidade ou decoro (...)" (TJRJ, Apelação Cível 2000.001.12022, Rel. Des. Antônio Eduardo F. Duarte, j. 6-2-2001, DJ 3-5-2001).

caso,[132] o que deverá ser contemplado pelo conteúdo da informação, de modo a estabelecer um equilíbrio entre as versões divergentes. Com tal providência, visa-se a oportunizar o acesso à informação por parte daqueles que estão diretamente associados a ela como protagonistas.

Da mesma forma, insere-se nas pautas de conduta reclamadas pelo cumprimento do dever de cuidado a imediata retificação das informações equívocas objeto de divulgação pelo órgão de comunicação social, servindo para caracterizar a diligência posterior do órgão de comunicação social que, ainda que não possa não eliminar o dano causado, informa critério de determinação da indenização a ser fixada.

5.4.2. Dever de veracidade

Entre os deveres imputados à imprensa, cuja violação enseja ato ilícito, está o *dever de veracidade*. Seja o exercício da liberdade de informação ou a liberdade de pensamento, tudo o que se divulgar por intermédio da atividade de imprensa, a rigor, deve estar baseado em informações verazes. *Informar* é, em primeiro plano, *divulgar fatos da realidade passada permitindo acesso ao público dessas informações*. De outro modo, o exercício da liberdade de pensamento e da própria liberdade de crítica é considerado sob os marcos da legalidade,[133] uma vez que se apoie em informações verazes.[134] Ou seja, a liberdade de crítica, em que pese o gozo de ampla independência no tocante à formação da opinião e ao livre convencimento pessoal, restringe-se à interpretação de fatos,[135] ainda que se possam admitir, sem objeções,

---

[132] "Apelação cível. Ação ordinária de indenização. Responsabilidade civil. Imprensa. Ofensa à honra. Ausência de provas, quanto a veracidade dos fatos veiculados em periódico. Abuso do direito constitucional de informação. A notícia utilizou-se de comentários duvidosos, não se limitando a narrar apenas o ocorrido. Há nexo causal entre a lesão injusta e a conduta inquinada. Caracterizado o dano moral. A declaração dos entrevistados ensejou a instauração de inquérito administrativo arquivado por falta de provas. Não assiste razão à ré/1º apelante, a qual violou o dever de cautela ao dar credibilidade as versões apresentadas por seus entrevistados, sem antes verificar atentamente a veracidade das mesmas. Quantum indenizatório razoável. Inalterados os honorários advocatícios fixados na forma da lei. Mantida, *in totum*, a sentença *a quo*. Desprovidos os recursos" (TJRJ, Apelação Cível 2000.001.02587, Rel. Des. Carpena Amorim, j. 16-5-2000, *DJ* 23-6-2000).

[133] Assim, decisão do TJRS, que considera ilícita a crítica baseada em descumprimento de dever que não era exigível do agente público: "(...) 1 – Ação de indenização que visa a reparação por danos ocasionados pela veiculação, em jornal, de notícia que criticava de forma veemente o posicionamento de policial civil. O policial civil não está obrigado a divulgar as ocorrências do dia. A divulgação pode inclusive prejudicar as investigações. Risco que advém do direito de informar. Responsabilidade pelos danos causados. Configuração do nexo causal. Responsabilidade da empresa jornalística. 2 – Os critérios de fixação do *quantum* indenizatório são de ordem subjetiva do julgador, e visam reparar os danos, bem como dissuadir o réu da prática reiterada dos atos lesivos. Apelo do réu improvido" (TJRS, Apelação Cível 70002430254, Rel. Des. Paulo Antônio Kretzmann, j. 22-11-2001).

[134] Como ensina o STJ, "o direito à informação não elimina as garantias individuais, porém encontra nelas os seus limites, devendo atentar ao dever de veracidade, ao qual estão vinculados os órgãos de imprensa, pois a falsidade dos dados divulgados manipula em vez de formar a opinião pública, bem como ao interesse público, pois nem toda informação verdadeira é relevante para o convívio em sociedade" (STJ, AgInt no REsp 1626272/DF, Rel. Min. Nancy Andrighi, 3ª Turma, j. 20/03/2018, DJe 04/04/2018).

[135] Nesse sentido a decisão do TJRJ, a qual sustenta que a crítica de decisão judicial pode atingir os protagonistas do fato divulgado: "Imprensa. Dano Moral. Incide na responsabilidade de compor danos morais a empresa jornalística que, após absolvição do autor noticia: 'Liberdade para Federais corruptos'. Julgamento levado a efeito pela imprensa desconsiderando decisão judicial. A sentença tem eficácia *erga omnes* como ato de autoridade e por isso não pode ser desconsiderada. A empresa jornalística que abusa do direito de informar excede os limites de seu exercício e por ele deve responder. A distinção entre o dever de informar e o abuso desse direito está entre a urbanidade da informação e

exercícios de previsibilidade sobre situações futuras. O limite, nesse último caso, é exclusivamente de natureza ético-jurídica, vedando-se o atentado a atributos pessoais[136] com base em exercícios de probabilidade sobre o futuro.

A questão da veracidade da informação é um dos mais sensíveis ao exame da responsabilidade civil da imprensa por dano à honra. Até em razão do direito subjetivo público à informação verdadeira (art. 5º, XIV, da Constituição da República), a veracidade do conteúdo da informação trata de um *dever indisponível* dos órgãos de comunicação social, cujo conteúdo é conformador das liberdades de expressão e de imprensa. Não se reconhece como conteúdo da liberdade de imprensa o direito de mentir. Esse, aliás, é o fundamento do direito de resposta garantido pela Constituição e regulado durante muitos anos por lei, o qual constitui sanção que se identifica com o interesse da coletividade, de uma informação correspondente à verdade.[137]

Não significa, entretanto, que o fato de informar a verdade se constitua em espécie de critério genérico de regularidade do exercício da atividade de imprensa, e que por essa razão exclua-se *a priori* a ilicitude da conduta. Não se pode perder de vista que, em relação aos chamados delitos de indiscrição, ou no âmbito do direito privado, a violação do direito à vida privada e à intimidade, realizam-se a partir da divulgação de informações verdadeiras. Isso não retira o caráter ilícito da conduta do agente, mas, ao contrário, caracteriza elemento do delito causado, uma vez que a lesão se realizará justamente pela exposição pública de informações que, em razão de serem verídicas, mas pertencerem à esfera de interesse exclusivamente pessoal do titular do direito, estão subordinadas a sua decisão sobre mantê-las em reserva. É possível afirmar, assim, que só as informações verdadeiras atingem de forma típica a esfera da intimidade,[138] de modo que nesses casos se há de identificar no âmbito civil a indiferença quanto à verdade ou inverdade da informação para caracterização da lesão ao direito da personalidade. Se verdadeira, mas colocada sob reserva da esfera pessoal, determina ofensa aos direitos de proteção à vida privada e à intimidade. Se não verdadeira,

---

sua fidedignidade e a ofensividade que mesma encerra. Notícia ofensiva gera o dever de indenizar o dano moral, sem limites, obedecido o princípio da razoabilidade. A repercussão da notícia ofensiva é mais contundente sob o enfoque social do que a informação da absolvição, gerando problemas irreversíveis e perpétuos para o lesado, seus familiares e amigos. Inequívoca responsabilidade. Sentença justa e escorreita a revelar a perfeita aptidão de seu prolator para o sacerdócio da magistratura. O desacolhimento dos embargos de declaração não enseja recurso autônomo, porquanto a decisão neles proferida integra-se à decisão supostamente omissa e que é a verdadeira destinatária do recurso da parte. Agravo retido não conhecido. Apelo desprovido" (TJRJ, Apelação Cível 2001.001.3515, Rel. Des. Luiz Fux, j. 11-12-2001, *DJ* 25-2-2002).

[136] "Indenizatória. Publicação, em jornal, de notícia, segundo os autores, inverídica e mentirosa que veio a atingir a honra dos primeiros recorrentes, pessoas de bem e trabalhadoras que sustentam que a imprensa, abusando do direito de informar, divulga informações sem antes procurar ouvir as pessoas atingidas. Rejeição de preliminares. Afastamento de questão regulada à luz da lei de imprensa porquanto sujeitos a ela aqueles que, através dos meios de informação praticarem abusos no exercício da liberdade de manifestação de pensamento e informações. Afastamento de ilegitimidade ativa, dado que o comentário, apesar de genérico, fora feito de forma direta, atingindo uma pequena categoria composta de apenas treze relojoeiros, causando-lhes danos à sua honra. Existência de nexo causal entre a conduta das rés e do dano suportado pelos autores, ensejando o dever de reparar. Não ilidido o direito subjetivo dos autores em pleitear a reparação. A liberdade de expressão, falada ou escrita, deve vir acompanhada de ética e responsabilidade, cabendo ao jornal apurar ou verificar se a declaração era ou não verdadeira, mesmo tratando-se de uma opinião. Conhecimento e improvimento de ambos os apelos" (TJRJ, Apelação Cível 2000.001.06867, Rel. Des. Raul Celso Lins e Silva, j. 9-8-2000, *DJ* 28-9-2000).

[137] MOREIRA, Vital. *O direito de resposta na comunicação social*. Coimbra: Editora Coimbra, 1994, p. 30-31.

[138] ANDRADE, Manuel da Costa. *Liberdade de imprensa e inviolabilidade pessoal*, cit., p. 112.

sua divulgação estará violando o direito à honra, uma vez que represente, sob qualquer aspecto, a diminuição da estima pessoal ou da consideração social do indivíduo em razão da mencionada publicidade.[139]

Entretanto, com relação à ofensa do direito à honra, não há de se reconhecê-la na hipótese de divulgação de fatos verdadeiros.[140] A honra protegida pelo direito é assentada na ideia do "real valor da pessoa", determinando a proteção da "merecida posição de respeito".[141] Diga-se, contudo, que a verdade, como conceito aberto e vago, não consegue compreender todos os elementos a serem considerados na aferição da ocorrência ou não de dano à honra.

Na hipótese do direito à honra, sua proteção vincula-se à integridade de uma projeção externa dos atributos da pessoa, de modo que a efetividade da sua preservação não se percebe dissociada da percepção que os outros – que não o titular do direito, nem tampouco aquele que divulgou a informação ou manifestou opinião – terão estabelecido em relação à pessoa. Nesse caso, não basta como prova do cumprimento do dever de veracidade que os fatos sejam relacionados tais como ocorreram na realidade, senão que na sua divulgação ou utilização como pressuposto de determinada manifestação de pensamento ou opinião respeite-se mínima adequação lógica que permita ao público percebê-los do mesmo modo como percebe quem os divulga. Daí por que o dever de veracidade na atividade de imprensa não é autônomo, devendo relacionar-se a outros dois *deveres anexos*, que determinam seu cumprimento efetivo, quais sejam, os *deveres de objetividade e de exatidão*.[142]

Em relação ao *dever de objetividade*, trata-se de que examinar o quão objetiva e diretamente se dá a narrativa sobre os fatos que compõem a notícia. Segundo Pizarro, "a falta de adequação entre a realidade e o informado priva a notícia de objetividade, e por isto, de exatidão. A verdade da informação não é outra coisa que a reprodução objetiva e exata da realidade pelo meio".[143] A objetividade se vislumbra como um dever de quem divulga a informação por intermédio do órgão de imprensa. Não se percebe como mera atitude ou estado anímico (boa-fé)

---

[139] "Dano moral. Matéria jornalística. Nota em coluna de mexericos. Divulgação maliciosa e distorcidas. Redação deliberadamente contumeliosa. Jogo de palavras que, ao invés de informar ao leitor, deturpa fatos com intuito de ofender. Abuso da liberdade de imprensa. Dever de indenizar. Solidariedade entre a empresa de comunicação e o jornalista. Súmula 221 do STJ. Arbitramento da reparação. Inexistência, após a Constituição de 1988, da tarifação da Lei de Imprensa. Súmula 57 desse Tribunal de Justiça. Valor da indenização. Critério do artigo 53 da Lei n. 5.250. Vinte mil reais. Apelação do autor provida, após a rejeição da preliminar de cerceamento de defesa" (TJRJ, Apelação Cível 2003.001.08635, Rel. Des. Bernardo Moreira Garcez Neto, j. 10-6-2003, *DJ* 28-8-2003).

[140] Nesse sentido, a decisão do Tribunal de Justiça do Rio Grande do Sul, que reconheceu a um criminoso direito à reparação, em razão de o relato do crime cometido por ele, na forma como foi divulgado, conter inverdades, determinando com que fosse apresentado de modo mais ofensivo do que em verdade foi cometido: "Embargos infringentes. Ação de reparação de danos morais. 1. Divulgação de homicídio, contendo inveracidade que afeta a dignidade e a honra do autor. 2. Notícia de que o ato teria sido praticado por tiros desferidos pelas costas, o que não corresponde à verdade, dando conotação de traição e covardia ao evento. 3. Conflito de valores resolvido a favor do autor, em face da inveracidade da notícia. Dever de indenizar os danos morais, tidos como 'in re ipsa'. 4. Recurso desprovido. Votos vencidos" (TJRS, Embargos Infringentes 70002788354, Rel. Des. Carlos Alberto Alvaro de Oliveira, j. 7-12-2001).

[141] ANDRADE, Manuel da Costa. *Liberdade de imprensa e inviolabilidade pessoal*, cit., p. 78.

[142] Nos servimos aqui, de terminologia semelhante a de: PIZARRO, Ramón Daniel. *Responsabilidad civil de los medios masivos de comunicación*, cit., p. 156 e s. Entretanto, na relação dos deveres entre si, e sua contribuição para determinação da ilicitude ou ilicitude da conduta, propomos um entendimento diverso.

[143] PIZARRO, Ramón Daniel. *Responsabilidad civil de los medios masivos de comunicación*, cit., p. 156. Na doutrina brasileira, utilizando a classificação do jurista argentino, veja-se: CUNHA PEREIRA, Guilherme Döring. *Liberdade e responsabilidade dos meios de comunicação*, cit., p. 157 e s.

exigível de quem informa, mas sim em razão de um resultado.[144] Seguindo raciocínio diverso, seria alcançada conclusão sobre a existência de objetividade na medida em que existisse uma atuação diligente e de boa-fé por parte de quem produz e divulga a informação, ainda que a notícia não chegue a reproduzir fiel e exatamente a realidade. Segundo aponta Pizarro, "a objetividade e a exatidão da informação não podem ser ponderadas como uma mera atitude do informador. São um resultado e como tal devem ser valorados".[145] O exercício da atividade de imprensa representa riscos, razão pela qual "não parece justo transferir o risco de possíveis inexatidões ao protagonista da notícia, ainda que a informação provenha de uma fonte veraz".[146] *Objetividade*, assim, no sentido que lhe imprime o dever de veracidade, é a restrição, ao menor número possível, dos significados possíveis de serem apreendidos pelo titular do direito. Caracteriza-se como contraponto ao caráter dúbio da divulgação, reclamando para tanto, inclusive, o adequado domínio da linguagem.[147]

---

[144] "Ação indenizatória. Dano moral. Reportagens jornalísticas imperfeitas e ofensivas da honra de funcionário público. Arbitramento do valor do dano extrapatrimonial. Sentença de procedência do pedido autoral. Apelação da empresa ré. Recurso adesivo do autor. Quando empresa jornalística de porte considerável permite que, mescladas às notícias que até podem refletir legítimo direito de informar, se publiquem excessos indevidos, em jornais que edita, cometendo abuso de direito, civilmente deve responder pela consequência nefasta de seu ato culposo, porque, precipitando-se, assume o risco de produzir o resultado danoso, que se apura, e provoca injusta ofensa à dignidade pessoal e funcional de agente público, violando valores jurídicos amparados pelo direito. A liberdade de imprensa não exclui o dever de apurar a veracidade dos fatos que serão informados jornalisticamente, sendo punível, a título de culpa civil, expressões englobantes, generalizadoras, depreciativas, que incutem no leitor juízo indevido sobre o comportamento ético da pessoa atingida pela notícia desabonadora. Encontrando-se, a pretensão indenizatória de dano moral decorrente da atividade jornalística, arrimada no art. 159 do Código Civil, desde vigência da Constituição/88 não se aplica o previsto na Lei de Imprensa, não mais se admitindo a chamada reparação tarifada. A indenização do dano moral não pode deixar de ser fixada adequadamente, observados os seus fins especiais e o princípio da razoabilidade. Julgado monocrático que dispôs prudentemente sobre todas as matérias versadas nos recursos. Voto vencido, parcial, no sentido da elevação da verba indenizatória arbitrada" (TJRJ, Apelação Cível 2000.001.07051, Rel. Des. Ronald Valladares, j. 2-4-2002, *DJ* 28-5-2002).

[145] PIZARRO, Ramón Daniel. *Responsabilidad civil de los medios masivos de comunicación*, cit., p. 158-159. No mesmo sentido inclinam-se os entendimentos de CUNHA PEREIRA, Guilherme Döring. *Liberdade e responsabilidade dos meios de comunicação*, cit., p. 159-161; FARIAS, Edilson Pereira. *Colisão de direitos: a honra, a intimidade, a vida privada e a imagem versus a liberdade de expressão e informação*. Porto Alegre: Fabris, 1996, p. 132.

[146] PIZARRO, Ramón Daniel. *Responsabilidad civil de los medios masivos de comunicación*, cit., p. 158-159. Igualmente: CUNHA PEREIRA, Guilherme Döring. *Liberdade e responsabilidade dos meios de comunicação*, cit., p. 161.

[147] É paradigmática, neste sentido, a reflexão do Desembargador Paulo César Salomão, do Rio de Janeiro, sobre o modo como a utilização da linguagem pode comprometer a adequada percepção do significado das informações divulgadas: "Responsabilidade civil. Publicação de matéria ofensiva. Dano moral. É óbvio que existem vários modos de noticiar sem resvalar para a ofensa e o atentado à honra de pessoas inocentes. Aplicação do art. 5º, X, da CF e art. 159, do código civil. Os fatos demonstram claramente a lesão à honra, à imagem, ao bom nome e a dignidade dos autores, causando-lhes dor, embaraços, humilhação e constrangimentos. Os valores personalíssimos, que se traduzem no nome, honra, imagem, conduta pessoal e profissional, são constitucionalmente protegidos e clamam por ser respeitados. Um dos defeitos comuns nas reportagens e que basta um pequeno indício – ou nem isso, basta que alguém se refira ao nome de uma pessoa – e ela passa, nas reportagens seguintes, às suítes, a ter seu nome associado a perigosa palavra *envolvido*. *Envolvido* é outro dos truques da imprensa. Protege o jornalista e lança uma sombra sobre a pessoa da qual se fala. *Envolvido* embola culpados e inocentes, suspeitos e vítimas na mesma zona de sombras. Quem não leu o jornal anterior não saberá encontrar a fronteira entre os dois grupos: todos passam a pertencer a categoria suspeitíssima de *envolvidos*. A Constituição de 1988 gizou a ampla liberdade de expressão, mas coíbe o abuso. Estão se tornando corriqueiras as alianças

Em se tratando do direito à honra, por exemplo, seu exato conteúdo é algo a ser estabelecido em razão da influência de ideias sociais vigentes, cujo pronunciamento definitivo é de competência do Poder Judiciário no exame do caso,[148] quando provocado diretamente pela vítima ou por seus sucessores (art. 12, parágrafo único, do Código Civil). Nesse sentido, a ele cabe investigar o conteúdo da conduta apontada como ofensiva à honra da pessoa. De outra sorte, deverá fazê-lo pela ponderação entre o padrão de compreensão médio da sociedade e aquele que se verifica pela percepção da pessoa a quem se dirige a ofensa.

Em relação à *exatidão*, esta se revela pelo conteúdo da divulgação, a partir da identificação dos principais elementos de sentido da informação divulgada e da apresentação dos elementos essenciais para a compreensão do significado da informação. Da mesma forma, revela-se pela atuação concreta do profissional ou de quem promova a divulgação, com a máxima diligência possível, para que as informações, quando possam causar danos, restrinjam-se às essenciais para que o público apreenda o significado pretendido pelo autor do conteúdo,[149] evitando-se acrescentar elementos que possam modificar ou agravar,[150] de modo dissociado dos fatos, a consideração social em relação ao protagonista ou participante da situação divulgada.

5.4.3. Dever de pertinência

O *dever de pertinência* revela a necessidade de *adequação lógica entre a divulgação de informações e críticas no exercício da atividade de imprensa, e critérios intrínsecos e extrínsecos de aferição da sua regularidade.* Os *critérios intrínsecos* dizem respeito, basicamente, à adequação entre a versão informada e o fato, razão pela qual se vinculam intimamente à veracidade

---

espúrias entre autoridades despreparadas e ávidas por promoção com órgãos de comunicação, explorando o sensacionalismo de notícias plantadas ou fabricadas. Isso sem dúvida, acaba por se constituir em grande fonte de vantagens e lucros para ambos, pois o órgão de comunicação fatura mais, enquanto que a autoridade constrói uma imagem pública austera e heroica. Não é por acaso que as conhecidas fontes das reportagens sempre acabam por se tornar candidatos nas eleições (...)" (TJRJ, Apelação Cível 1997.001.06389, Rel. Des. Paulo César Salomão, j. 24-8-1999, *DJ* 19-10-1999).

[148] SARAZA JIMENA, Rafael. *Libertad de expresión e información frente a honor, intimidad y propia imagen*, cit., p. 113-114.

[149] Assim decidiu o STJ: "Lei de Imprensa. Indenização. Notícia abreviada ou resumida. 1. Não pode ser examinada em recurso especial a tese de que a indenização por ação dolosa do autor do escrito ou do responsável pela divulgação não sofre a limitação do artigo 53, se o v. Acórdão não admitiu o fato do dolo. 2. A permissão de publicação de notícia sobre despachos e sentenças de forma resumida ou abreviada (art. 27, IV, da Lei de Imprensa) não alcança os casos de omissão de fato relevante, favorável à pessoa objeto da notícia, indispensável para a avaliação ética da sua conduta, tal como a informação da condenação criminal em primeiro grau, sem registrar a existência de acórdão absolutório já transitado em julgado. Recursos não conhecidos" (STJ, REsp 36.493/SP, Rel. Min. Ruy Rosado de Aguiar, j. 9-10-1995, *DJ* 18-12-1995).

[150] "Responsabilidade Civil. Notícias em jornal que vão além da mera menção a relatório de Comissão Investigatória de Ilícitos Praticados por Policiais, imputando ao relatório de tal Comissão recomendação de afastamento do autor e menção a bens incompatíveis à sua renda que não constam de tal relatório. Abuso do direito de informar, que excede à liberdade de pensamento e de imprensa protegidos pela Constituição Federal, caracterizando violação à honra e imagem do ofendido, o que é vedado pela Carta Magna, em seu art. 5º, inciso X. Dever ressarcitório configurado. Dano moral. Indenização. Arbitramento que deve se dar considerando a gravidade da ofensa, a repercussão na órbita do ofendido e a capacidade econômica do ofensor, sobretudo sopesando que a vítima, então ocupante de cargo de comando na Polícia Militar, deveria ser espelho para seus comandados. Aspecto, ainda, tanto compensatório à vítima, como punitivo ao ofensor, da verba indenizatória, que, porém, não pode representar valor acima do 'prudente arbítrio' do julgador, que vem sendo preconizado pelo STJ. Recurso provido" (TJRJ, Apelação Cível 2001.001.15245, Rel. Des. Binato de Souza Castro, j. 6-11-2001, *DJ* 19-2-2002).

do conteúdo da mensagem. De outro lado, os *critérios extrínsecos* dizem respeito aos limites jurídicos da divulgação. Nesse sentido, destacam-se como critérios extrínsecos o respeito à vida privada e à intimidade, assim como a ofensa aos bons costumes. No primeiro caso, os critérios intrínsecos determinam uma *pertinência fática* entre a versão jornalística e o fato, ao mesmo tempo que os critérios extrínsecos dizem respeito a uma espécie de relação que ora denomina-se *pertinência jurídica*.

No âmbito da *pertinência fática*, trata-se de identificar uma adequação lógica entre o conteúdo da informação ou opinião manifestada e sua ocorrência efetiva[151] na realidade. Quem divulga a informação tem o dever de zelar por sua integridade, de modo a responder pelo dever de demonstrar os fatos com coerência e clareza. Deve haver, para que se ateste o cumprimento do dever, a relação de adequação entre o *signo* caracterizado pela informação divulgada e o *significado* que razoavelmente dela se depreenda, em consideração ao dever de veracidade que se impõe a quem exerce a atividade de comunicação social. Sustenta-se o dever de pertinência, igualmente, em exigir, quando informações ou imagens tenham tido a contribuição para divulgação da própria pessoa a quem se refira, adequação entre o objetivo e os limites da divulgação admitidos e o modo como o veículo de comunicação a realiza.[152]

---

[151] Neste sentido: "RECURSOS ESPECIAIS. RESPONSABILIDADE CIVIL. DANO À HONRA E À IMAGEM. PUBLICAÇÃO DE LIVRO COM A FOTO NÃO AUTORIZADA DO DIRETOR-PRESIDENTE DA COMPANHIA SIDERÚRGICA NACIONAL. UTILIZAÇÃO DE ADJETIVOS OFENSIVOS EM RELAÇÃO À PESSOA DO DEMANDANTE. EXTRAVASO DO DIREITO DE CRÍTICA OU INFORMAÇÃO. INEXISTÊNCIA DE MANIFESTAÇÃO DE OPINIÕES CRÍTICAS EM RELAÇÃO AOS FATOS RELATADOS, ENVEREDANDO-SE PARA OFENSAS PESSOAIS AO EMPRESÁRIO. 1. Demanda indenizatória movida pelo Diretor-Presidente da Companhia Siderúrgica Nacional contra a editora e o autor de obra, alegando-se o extravaso de seu intuito informativo ou jornalístico por ter enveredado para a imputação de adjetivos ofensivos à pessoa do demandante, seja no texto do livro, seja na própria capa, na qual, ainda, foi estampada a sua foto. 2. Desserve para os fins do recurso especial a alegação de ofensa a dispositivo da Constituição Federal. 3. Não se conhece de recurso especial fulcrado, quanto ao propalado ato ilícito, apenas em dispositivos da lei de imprensa, estatuto normativo não recepcionada pela Constituição de 1988, na esteira do entendimento firmado pelo STF (ADPF 130). 4. Reconhecimento pelas instâncias de origem de excesso no exercício da liberdade de informação e do direito de crítica, mediante ofensas à honra e à imagem do demandante, caracterizando a ocorrência de abuso de direito (art. 187, CC). 5. Manifesta a mácula à imagem e à honra do demandante, ensejando o nascimento da obrigação de indenizar os danos causados. 6. Não se revelando exorbitante o valor arbitrado a título de indenização pelos danos morais, especialmente pelo espectro de alcance das ofensas perpetradas, incide o óbice da súmula 7/STJ. 7. Recursos especiais desprovidos" (STJ, REsp 1637880/SP, Rel. Min. Paulo de Tarso Sanseverino, 3ª Turma, j. 03/10/2017, *DJe* 19/10/2017). No mesmo sentido, associando fotografia de pessoa a fatos dos quais ela não havia participado: TJRJ, Apelação Cível 2003.001.02868, Rel. Des. Carlos C. Lavigne de Lemos, j. 24-6-2003, *DJ* 28-7-2003.

[152] Nesse sentido, refira-se como exemplo caso decidido pelo Superior Tribunal de Justiça em que atriz cuja imagem em cenas do dorso frontal desnudo originalmente divulgadas pela televisão, as teve reproduzidas em publicação impressa, sem sua autorização. Decidiu a corte tratar-se de uso indevido de imagem, em especial considerando a distinção entre os modos de divulgação, reconhecendo a responsabilidade da empresa que explorava a publicação impressa. Consta da ementa que "a revista, ao publicar as imagens da atriz, com dorso frontal desnudo, em meio absolutamente diferenciado daquele inicialmente concebido para o trabalho artístico, causou dano à autora. Isso porque a veiculação de imagens desse jaez, em ambientes diversos dos recônditos em que normalmente transitam publicações de cunho sensual, possui a virtualidade de causar, na pessoa retratada, ofensa à sua honra subjetiva, em razão da circulação de sua imagem – até então destinada a certo trabalho artístico – em local diverso daquele contratado e autorizado". E prossegue, sustentando que "as imagens publicadas em mídia televisiva são exibidas durante fração de segundos, em horário restrito e em um contexto peculiarmente criado para aquela obra, bem diverso do que ocorre com a captura de uma cena e sua publicação em meio de comunicação impresso, o qual, pela sua própria natureza, possui a potencialidade de perpetuar a exposição e, por consequência, o constrangimento experimentado" (STJ, REsp 1.200.482/RJ, Rel. Min. Luis Felipe Salomão, 4ª Turma,

Contudo, no que se refere ao exercício da liberdade de pensamento exercida por intermédio dos meios de comunicação social, a relação de pertinência fática entre o conteúdo divulgado sob esse fundamento e os fatos que serviram de objeto ao juízo proferido reveste-se de importância ainda maior. Em que pese seja produto da formação de juízos humanos presumidamente racionais, a divulgação de determinado pensamento, uma vez que se trata de atuação com finalidade ou resultado de causar impressão ao destinatário da mensagem, submete-se à exigência mínima de razoabilidade e adequação lógica entre o juízo realizado e o fato que subsidiou o exame do seu autor.

Quanto à relação de *pertinência jurídica*, é certo que se associa não apenas à necessidade de adequação entre a versão e o fato, senão, igualmente, sobre *quais* fatos podem ser revelados[153] e o *modo* como podem ser revelados. Ao mesmo tempo, considere-se que o exame da veracidade dos fatos é pressuposto de sua pertinência jurídica, uma vez que não assiste ao exercício da comunicação social o direito de mentir. Entretanto, mesmo havendo a divulgação de um fato verdadeiro, a forma como é divulgado o distingue em relação a determinados aspectos, dando causa em muitas situações à deturpação do significado apreendido pela maioria das pessoas. De tal modo, gera ofensa à honra do protagonista da informação, em vista da dependência da noção de honra em relação à compreensão média da comunidade sobre determinadas informações.

Outra questão enfrentada com extremo interesse é a dos limites jurídicos à liberdade de pensamento, pelo exercício do direito de crítica. O exercício da liberdade de pensamento por intermédio da atividade de comunicação social submete-se à avaliação de sua pertinência jurídica, uma vez que *não se há de reconhecer legitimidade à crítica cujo resultado seja atentatório ao próprio Estado de Direito e ao regime democrático que a asseguram*. Ao mesmo tempo, não se admitem críticas que propaguem conceitos ou ideias contrários à dignidade da pessoa humana, como aqueles que estimulem juízos discriminatórios ou reações ilícitas do cidadão, por exemplo, promovendo a utilização de violência física. A esse último limite do exercício da liberdade de crítica denominou-se, em outro estudo, como *manutenção da paz social*,[154] para indicar a ilicitude genérica da divulgação de opinião que promova a violência física ou moral.

De outra parte, a pertinência jurídica, muitas vezes, antes de um dever, converte-se em justificativa ou legitimação para a divulgação da informação (limite interno que qualifica o exercício, se regular ou abusivo). Nesse caso se insere a justificativa do *interesse público*.[155] A amplitude da definição determina a necessidade de sua concreção à luz de um *conceito jurídico de interesse público* de cunho ético-político, associado aos interesses da sociedade em

---

j. 9-11-2010, DJe 7-2-2011). O mesmo entendimento decorre da publicação de imagem semelhante de pessoas não-célebres: AgInt no REsp 1279361/SP, Rel. Min. Luis Felipe Salomão, 4ª Turma, j. 17/05/2018, DJe 22/05/2018.

[153] Assim o abuso do direito decorrente da cogitação, em coluna de fofocas, sobre a paternidade de pessoa célebre, ingressando no âmbito de sua intimidade (REsp 1582069/RJ, Rel. p/ Acórdão Min. Maria Isabel Gallotti, 4ª Turma, j. 16/02/2017, DJe 29/03/2017), ou ainda o uso de provas ilícitas (interceptações telefônicas não autorizadas) como base para a confecção de matéria jornalística (TJRJ, Apelação Cível 2000.001.19135, Rel. Des. Cássia Medeiros, j. 20-2-2001, DJ 20-3-2001).

[154] MIRAGEM, Bruno. A liberdade de expressão e o direito de crítica pública. *Revista da Faculdade de Direito da UFRGS*, Porto Alegre, n. 22, p. 8-30, set. 2002, p. 16.

[155] "Responsabilidade civil. Responsabilidade civil da empresa jornalística. Abuso no exercício da liberdade de manifestação de pensamento não demonstrado. Reportagem com conotação informativa, movido por interesse eminentemente público. Art. 27, VII, Lei n. 5.250/1967. Lei de Imprensa. A Lei n. 5.250, *ex vi* do seu artigo 27, VII, exclui, expressamente, a imputação de abuso no exercício da liberdade de manifestação do pensamento e de informação, quando esta for inspirada pelo interesse público. Sentença confirmada" (TJRS, Apelação Cível 70002534576, Rel. Des. Clarindo Favretto, j. 18-10-2001).

vista do bem comum, sob pena de, assim não o sendo, consagrar-se proteção indiscriminada à divulgação de informações com o objetivo de saciar a mera curiosidade do público, o que por si não merece proteção jurídica.

Como regra geral, a linha divisória que se estabelece para a atuação dos meios de comunicação social refere-se à relação efetiva da divulgação de um fato com o interesse público. Esse conceito, apesar da sua importância, bem como das repetidas vezes em que é invocado como fundamento para certas condutas, não possui um significado determinado em Direito, sendo a sua interpretação adequada às exigências do caso concreto. No âmbito da responsabilidade civil da imprensa por lesão à personalidade, a doutrina construirá diferentes soluções, como o entendimento de que, para sua definição, é preciso afastar-se de interesses momentâneos e transitórios de governo ou de grupos políticos, vinculando-o ao conceito de bom governo e à formação de opinião pública como base da democracia, sendo esta concebida como autogoverno.[156]

No direito português, Costa Andrade indica que o exercício da liberdade de imprensa se justifica pela promoção de interesses legítimos. Entretanto, admite que a avaliação da legitimidade prende-se ao exame casuístico das situações objeto do conflito,[157] bem como ao fato de que não se há reconhecer amplitude desmesurada aos limites da atividade de imprensa como modo a inviabilizar sua atuação prática.[158] De outra parte, Brito Correia assinala a necessidade de tomar o direito à informação, em seu sentido político, assinalando que estará abrangido nele o direito dos cidadãos de participar da vida pública ou de tomar parte em relação a acontecimentos proeminentes.[159] Já Darcy Arruda Miranda refere que a crítica, quando feita pela imprensa, em geral é inspirada pelo interesse público, pois quando deriva de interesse privado ou subalterno, quase sempre resvala para o ilícito penal.[160] Por fim, Cunha Pereira, reconhecendo a existência comum de associação indevida dos conceitos de interesse público e interesse estatal, propõe um *tertium genus*, que qualifica como *interesse social*. Não chega, entretanto, a determinar-lhe definição mais apurada.[161]

A noção de interesse público como critério de aferição da regularidade da atividade da imprensa, mediante o estabelecimento de justificação da divulgação da informação, pode ser compreendida como *as razões ou justificativas que permitem inferir, de modo razoável a necessidade ou utilidade do acesso geral da comunidade a certas e determinadas informações ou juízos críticos acerca de fatos, em decorrência da contribuição efetiva que esse conhecimento pode determinar ao aperfeiçoamento da situação retratada, do próprio meio social, ou do regime político de liberdades do Estado Democrático de Direito*. Submetem-se ao critério, assim, os assuntos relativos às coisas do Estado e à condução do Governo e da Administração, bem como as matérias atinentes ao interesse de grupos sociais,[162] organizados ou não, ou ao desenvolvimento moral e material da sociedade como um todo.

---

[156] GARCIA, Enéas Costa. *Responsabilidade civil dos meios de comunicação*, cit., p. 166.
[157] ANDRADE, Manuel da Costa. *Liberdade de imprensa e inviolabilidade pessoal*, cit., p. 358.
[158] ANDRADE, Manuel da Costa. *Liberdade de imprensa e inviolabilidade pessoal*, cit., p. 359.
[159] BRITO CORREIA, Luis. *Direito da comunicação social*, cit., v. 1, p. 635.
[160] MIRANDA, Darcy Arruda. *Comentários à lei de imprensa*, cit., p. 544.
[161] CUNHA PEREIRA, Guilherme Döring. *Liberdade e responsabilidade dos meios de comunicação*, cit., p. 134.
[162] "Ação de indenização por danos morais. Publicação de reportagem em órgão da imprensa, no qual se atribui a membro de Comissão de Arbitragem da Federação do Rio de Janeiro a prática de atos de extorsão e favorecimento, acusação feita por órgão de classe dos árbitros, que se consideraram diretamente atingidos por tais atos. A divulgação destes partiu do órgão de classe, que inclusive divulgou nota oficial reiterando tais acusações. Dever do órgão de imprensa de comunicar fatos relevantes ao público.

A justificativa do interesse público, entretanto, não autoriza por si mesma a prevalência da divulgação da informação ou publicação da crítica. Essa divulgação de modo lícito terá vez apenas quando, além de indicada como revestida de interesse público, não represente uma interferência excessivamente gravosa a direitos fundamentais de proteção da pessoa humana, o que pode se traduzir, inclusive, pela violação dos deveres procedimentais de como estabelecer o conteúdo ou o modo como se promova a divulgação da informação.[163]

5.5. DIVULGAÇÃO DE INFORMAÇÕES SOBRE PESSOAS CÉLEBRES E PESSOAS PÚBLICAS

Por fim, cabe a referência às chamadas *pessoas célebres* ou *pessoas públicas*. Define-as Alcides Leopoldo e Silva Júnior como "aquelas que se dedicam à vida pública ou que a ela estão ligadas, ou que exerçam cargos políticos, ou cuja atuação dependa do sufrágio popular ou do reconhecimento das pessoas que a elas é voltado, ainda que para entretenimento e lazer, mesmo que sem objetivo de lucro ou com caráter eminentemente social, como são, por exemplo, os políticos, esportistas, artistas, modelos, *socialites*, e outras pessoas notórias".[164] De melhor técnica, contudo, é distinguir uma e outra. *Pessoa célebre* é quem seja conhecida mediante esforço ou intenção própria, constituindo-se em celebridade, pouco importando a razão da fama alcançada. Assim o são os artistas em geral, *socialites*, modelos e esportistas. Perceba-se que aqui não se enquadra aquele que tenha, de modo involuntário, se tornado celebridade em razão de fato ou circunstância para o qual não tenha concorrido, ou ainda pela qual não tinha como propósito que resultasse em reconhecimento e fama (situação relativamente comum nos dias atuais, pelo enaltecimento e valorização do *non sense*).

Já *pessoa pública* é a que tenha notoriedade e fama, ou venha a adquiri-la, em razão do desempenho de funções públicas, seja ligada a instituições estatais ou, de modo mais amplo, a organizações não estatais, bem como quem tenha, por alguma razão, se constituído protagonista ou participante de situações revestidas de relevância pública. Assim as autoridades públicas, os agentes políticos, lideranças do movimento social organizado ou pessoas comuns que se envolvam em assuntos de relevância pública. Em relação a ambas, o dever de pertinência jurídica que se reclama distingue-se em dois aspectos. No que tange às pessoas públicas que se dedicam à atividade de representação política, sujeitam-se, em acordo com o regime

---

Inexistência do dever de apurar tal veracidade, mas tão somente de informar com exatidão sua ocorrência. A divulgação de acontecimentos efetivamente verificados não acarreta o dever de indenizar, ainda que venham a causar constrangimento a quem é nele envolvido, tanto mais que no caso houve regular exercício de um direito. Em não se verificando abuso na divulgação de fatos, por serem eles relatados por órgão de classe idôneo, não se pode considerar existente ofensa passível de indenização por dano moral. Sentença que se mantém" (TJRJ, Apelação Cível 1999.001.09833, Rel. Des. Maria Augusta Vaz, j. 9-11-1999, publ. 28-2-2000).

[163] Nesse sentido, o julgado do TJRJ: "Pleito indenizatório. Dano moral. Matéria publicada na imprensa, a respeito da honorabilidade de oficial da polícia militar, que estaria sendo denunciado por outros oficiais de enriquecimento ilícito. Notícia baseada em fatos, que levou a instauração de Inquérito Policial Militar contra o oficial, em virtude de denúncia anônima. Publicação pela imprensa que não pode ser qualificada como abusiva, mas estribada no livre exercício do direito de expressão e comunicação. Não configuração da litigância de má-fé. Verba honorária fixada em 10% sobre o valor dado à causa, não pode ser reputada como ínfima, já que o vencedor e réu da ação não impugnou o valor dado à causa. Recursos improvidos" (TJRJ, Apelação Cível 2000.001.03642, Rel. Des. Gamaliel Q. de Souza, j. 16-5-2000, *DJ* 11-6-2000).

[164] SILVA JÚNIOR, Alcides Leopoldo. *A pessoa pública e seu direito de imagem*. São Paulo: Juarez de Oliveira, 2002, p. 89.

democrático e de participação do povo nos assuntos estatais (publicidade e transparência), a que seu resguardo de informações pessoais sob a proteção da intimidade reduza-se apenas a questões que, de modo algum possam ter relação com o exercício da atividade. Nesse sentido, existindo qualquer conexão possível com a atividade de natureza política, a reserva quanto a certas informações de interesse do indivíduo é condicionada a declaração expressa ou a comportamento inequívoco. Não há reserva, por outro lado, em relação a assuntos de natureza pública, cuja revelação se relacione ao direito público subjetivo de acesso à informação verdadeira (art. 5º, XIV, da Constituição da República).

A jurisprudência vem definindo critérios para verificar a regularidade da divulgação da imagem pessoal. No Recurso Especial 801.109/DF, julgado em 2013, de relatoria do Min. Raul Araújo, tratou-se da pretensão de magistrado contra veículo de comunicação que publicou sua imagem no exercício da função no Tribunal em que atuava. Observou a decisão que: "(...) tratando-se de imagem de multidão, de pessoa famosa ou ocupante de cargo público, deve ser ponderado se, dadas as circunstâncias, a exposição da imagem é ofensiva à privacidade ou à intimidade do retratado, o que poderia ensejar algum dano patrimonial ou extrapatrimonial. Há, nessas hipóteses, em regra, presunção de consentimento do uso da imagem, desde que preservada a vida privada. 7. Em se tratando de pessoa ocupante de cargo público, de notória importância social, como o é o de magistrado, fica mais restrito o âmbito de reconhecimento do dano à imagem e sua extensão, mormente quando utilizada a fotografia para ilustrar matéria jornalística pertinente, sem invasão da vida privada do retratado. 8. Com base nessas considerações, conclui-se que a utilização de fotografia do magistrado adequadamente trajado, em seu ambiente de trabalho, dentro da Corte Estadual onde exerce a função judicante, serviu apenas para ilustrar a matéria jornalística, não constituindo, *per se*, violação ao direito de preservação de sua imagem ou de sua vida íntima e privada. Não há, portanto, causa para indenização por danos patrimoniais ou morais à imagem".[165]

Por outro lado, as pessoas célebres que se qualificam como tais mediante a contribuição decisiva de comportamentos próprios, e que denotem concessão de maior espaço para a persecução e divulgação de qualidades ou atividades pessoais pelos meios de comunicação social – inclusive com o proveito de eventual exposição –, têm definida a proteção a sua intimidade e vida privada[166] em acordo com exercício de sua autonomia. Ou seja, a reserva de informações será estabelecida em razão do conteúdo de informações que elas próprias indicaram para o resguardo do acesso do público e aquelas que espontaneamente divulgarem para o conhecimento geral.

5.6. O DEVER DE PERTINÊNCIA E A ADEQUAÇÃO TEMPORAL DA INFORMAÇÃO: FUNDAMENTO E CRÍTICA DO DENOMINADO DIREITO AO ESQUECIMENTO

Associando os deveres de pertinência fática e jurídica, resulta a exigência de *adequação temporal* do conteúdo divulgado pelos meios de comunicação e o momento da divulgação. Assim, por exemplo, responde por danos o meio de comunicação que, tendo tomado ima-

---

[165] REsp 801.109/DF, Rel. Min. Raul Araújo, 4ª Turma, j. 12-6-2012, *DJe* 12-3-2013.
[166] "Ação de indenização. Responsabilidade civil. Uso indevido de imagem de conhecido lutador de artes marciais em reportagens vinculadas a condutas antissociais. Abuso de direito. Princípio geral da ampla reparação do Código Civil e da Constituição Federal. Condenação por danos morais. Confirmação. Inaplicabilidade das limitações da Lei de Imprensa. Indenização arbitrada dentro do princípio da razoabilidade. Recurso desprovido" (TJRJ, Apelação Cível 2000.001.23273, Rel. Des. Roberto Wider, *DJ* 14-5-2001).

gens de dois namorados se beijando, reproduz as imagens em mais de uma oportunidade e com certo interstício de tempo, vindo a constrangê-los com nova divulgação depois de já encerrada a relação afetiva entre as pessoas cuja imagem divulgou.[167] O mesmo se diga em relação ao que ora denomina-se *direito ao esquecimento*.[168] Potencializado pelo desenvolvimento da internet, a perenidade de registros de dados, imagens e outras informações pessoais, seja na rede de computadores, seja mesmo pela divulgação pelos meios de comunicação em geral, vem sofrendo crescente crítica em vista do denominado *direito ao esquecimento*. Em linhas gerais, significa reconhecer à pessoa o direito de restringir o conhecimento público de informações passadas, cuja divulgação presente pode dar causa a prejuízos ou constrangimentos.

A discussão não é nova, já tendo sido enfrentada pelo Tribunal Constitucional Alemão em conhecida decisão do denominado *Caso Lebach*, no qual se discutiu a existência ou não do direito de um criminoso – que estava por concluir o cumprimento da pena imposta em razão do crime de homicídio de militares por razões políticas – poder restringir a divulgação de notícias que relembrassem o episódio. O Tribunal Constitucional Alemão, nesse caso, reconheceu ao condenado o direito a que não fosse divulgado documentário relembrando os crimes cometidos. É interessante notar que restaram contrapostos a liberdade de expressão e o direito de ressocialização do autor do crime, o que se indicou, já à época, como o *direito ao esquecimento*. Entre os fundamentos relacionados para deferir a pretensão do preso estava o da proteção da sua personalidade, na forma contemplada pela Lei Fundamental Alemã. Para tanto, foram relacionados como argumentos afirmados na decisão o *nível de intervenção do ato* do órgão de comunicação sobre o fato, bem como as *circunstâncias do caso concreto*, entre as quais a forma duvidosa pela qual se apresentava a estrutura narrativa do referido do programa impugnado.[169]

No direito brasileiro, o tema suscitou interesse, sobretudo a partir de duas decisões do Superior Tribunal de Justiça. O primeiro caso dizia respeito à pretensão dos familiares da vítima de um crime de repercussão cometido há cinquenta anos, de impedir a veiculação de programa de televisão que recordava o fato e suas circunstâncias. Nesse caso, o STJ, considerando a historicidade do fato e sua inaptidão para causar danos aos familiares da

---

[167] "Direito a imagem. Dano moral. Cena afetiva gravada com autorização e transmitida ulteriormente mais duas vezes em contexto diverso. Dano moral reconhecido. 1. Configura dano moral indenizável a exibição televisiva de cena afetiva de beijo na boca com então namorado, inicialmente autorizada pelo casal para reportagem por ocasião do 'Dia dos namorados', mas repetida, tempos depois, por duas outras vezes, quando já cessado o namoro, tendo a autora outro namorado. 2. Indenização por ofensa a direito de imagem afastada pelo Tribunal de origem, sem recurso da autora, de modo que matéria de que ora não se cogita, ante a ocorrência da preclusão. 3. Valor de indenização por dano moral adequadamente fixado em R$ 20.400,00, consideradas a reiteração da exibição e as forças econômicas da acionada, empresa de televisão de caráter nacional. 4. Recurso Especial improvido" (STJ, REsp 1.291.865/RJ, Rel. Min. Sidnei Beneti, 3ª Turma, j. 25-6-2013, DJe 1º-8-2013).

[168] Originalmente o direito ao esquecimento pode ser associado a dois interesses distintos. De um lado, objeto da preocupação penal o reconhecimento à ressocialização de criminosos que tenha cumprido integralmente a pena que lhe foi imposta. De outro, o direito de qualquer pessoa que tenha se envolvido com fatos do passado de proteger-se em relação a informações inverídicas ou vexatórias. Veja-se: FERRI, Giovanni B. Diritto all'informazione e diritto all'oblio. *Rivista di Diritto Civile*, anno XXXVI, Parte prima. Padova: Cedam, 1990, p. 805 e s. Sustentando tratar-se de direito da personalidade autônomo: LIMA, Cíntia Rosa Pereira de. Direito ao esquecimento e internet: o fundamento legal no direito comunitário europeu, no direito italiano e no direito brasileiro. *Revista dos Tribunais*, v. 946, São Paulo: RT, ago. 2014, p. 77 e s.

[169] BVerfGE 30, 137, de 5 de junho de 1973, transcrita em: SCHWABE, Jürgen (Comp.). *Cincuenta años de jurisprudencia del Tribunal Constitucional Federal Alemán*, cit., p. 172-174.

vítima após cinco décadas do fato ocorrido, reconheceu como ausente o dever de indenizar da emissora de televisão. Ressaltem-se, nesse caso, por outro lado, dois votos divergentes, que terminaram vencidos. O primeiro sustentando a finalidade comercial da divulgação uma vez que se tratava de emissora de natureza comercial; o outro, reconhecendo o direito ao esquecimento da família da vítima do crime cuja recordação era objeto do programa televisivo, sobretudo se cotejado com a finalidade comercial do programa e da emissora de televisão.[170]

---

[170] "Recurso especial. Direito civil-constitucional. Liberdade de imprensa vs. Direitos da personalidade. Litígio de solução transversal. Competência do Superior Tribunal de Justiça. Documentário exibido em rede nacional. Linha direta-justiça. Homicídio de repercussão nacional ocorrido no ano de 1958. Caso 'Aida Curi'. Veiculação, meio século depois do fato, do nome e imagem da vítima. Não consentimento dos familiares. Direito ao esquecimento. Acolhimento. Não aplicação no caso concreto. Reconhecimento da historicidade do fato pelas instâncias ordinárias. Impossibilidade de desvinculação do nome da vítima. Ademais, inexistência, no caso concreto, de dano moral indenizável. Violação ao direito de imagem. Súmula n. 403/STJ. Não incidência. (...) O cerne da controvérsia passa pela ausência de contemporaneidade da notícia de fatos passados, a qual, segundo o entendimento dos autores, reabriu antigas feridas já superadas quanto à morte de sua irmã, Aida Curi, no distante ano de 1958. Buscam a proclamação do seu direito ao esquecimento, de não ter revivida, contra a vontade deles, a dor antes experimentada por ocasião da morte de Aida Curi, assim também pela publicidade conferida ao caso décadas passadas. 3. Assim como os condenados que cumpriram pena e os absolvidos que se envolveram em processo-crime (REsp. n. 1.334/097/RJ), as vítimas de crimes e seus familiares têm direito ao esquecimento – se assim desejarem –, direito esse consistente em não se submeterem a desnecessárias lembranças de fatos passados que lhes causaram por si, inesquecíveis feridas. Caso contrário, chegar-se-ia à antipática e desumana solução de reconhecer esse direito ao ofensor (que está relacionado com sua ressocialização) e retirá-lo dos ofendidos, permitindo que os canais de informação se enriqueçam mediante a indefinida exploração das desgraças privadas pelas quais passaram. 4. Não obstante isso, assim como o direito ao esquecimento do ofensor – condenado e já penalizado – deve ser ponderado pela questão da historicidade do fato narrado, assim também o direito dos ofendidos deve observar esse mesmo parâmetro. Em um crime de repercussão nacional, a vítima – por torpeza do destino – frequentemente se torna elemento indissociável do delito, circunstância que, na generalidade das vezes, inviabiliza a narrativa do crime caso se pretenda omitir a figura do ofendido. 5. Com efeito, o direito ao esquecimento que ora se reconhece para todos, ofensor e ofendidos, não alcança o caso dos autos, em que se reviveu, décadas depois do crime, acontecimento que entrou para o domínio público, de modo que se tornaria impraticável a atividade da imprensa para o desiderato de retratar o caso Aida Curi, sem Aida Curi. 6. É evidente ser possível, caso a caso, a ponderação acerca de como o crime tornou-se histórico, podendo o julgador reconhecer que, desde sempre, o que houve foi uma exacerbada exploração midiática, e permitir novamente essa exploração significaria conformar-se com um segundo abuso só porque o primeiro já ocorrera. Porém, no caso em exame, não ficou reconhecida essa artificiosidade ou o abuso antecedente na cobertura do crime, inserindo-se, portanto, nas exceções decorrentes da ampla publicidade a que podem se sujeitar alguns delitos. 7. Não fosse por isso, o reconhecimento, em tese, de um direito de esquecimento não conduz necessariamente ao dever de indenizar. Em matéria de responsabilidade civil, a violação de direitos encontra-se na seara da ilicitude, cuja existência não dispensa também a ocorrência de dano, com nexo causal, para chegar-se, finalmente, ao dever de indenizar. No caso de familiares de vítimas de crimes passados, que só querem esquecer a dor pela qual passaram em determinado momento da vida, há uma infeliz constatação: na medida em que o tempo passa e vai se adquirindo um 'direito ao esquecimento', na contramão, a dor vai diminuindo, de modo que, relembrar o fato trágico da vida, a depender do tempo transcorrido, embora possa gerar desconforto, não causa o mesmo abalo de antes. 8. A reportagem contra a qual se insurgiram os autores foi ao ar 50 (cinquenta) anos depois da morte de Aida Curi, circunstância da qual se conclui não ter havido abalo moral apto a gerar responsabilidade civil. Nesse particular, fazendo-se a indispensável ponderação de valores, o acolhimento do direito ao esquecimento, no caso, com a consequente indenização, consubstancia desproporcional corte à liberdade de imprensa, se comparado ao desconforto gerado pela lembrança. 9. Por outro lado, mostra-se inaplicável, no caso concreto, a Súmula n. 403/STJ. As instâncias ordinárias reconheceram que a imagem da falecida não foi utilizada de forma degradante ou desrespeitosa. Ademais, segundo a moldura fática traçada nas instâncias ordinárias – assim também ao que alegam os próprios recorrentes –, não se vislumbra o

A segunda decisão diz respeito, da mesma forma, a programa de televisão que recordava crime de grande repercussão social ("Chacina da Candelária"), em que se indicava a participação de policiais militares. Todavia, embora estes policiais tivessem sido processados, foram absolvidos por negativa de autoria, razão pela qual pretenderam em juízo a responsabilização da emissora de televisão pela veiculação do programa, sendo reconhecida a decisão da Corte ao direito à indenização. Chama a atenção, nesse caso, que, embora os fatos narrados o tenham sido de modo fidedigno, entre as razões de decidir elencou-se que "a receptividade do homem médio brasileiro a noticiários desse jaez é apta a reacender a desconfiança geral acerca da índole do autor, o qual, certamente, não teve reforçada sua imagem de inocentado, mas sim a de indiciado. No caso, permitir nova veiculação do fato, com a indicação precisa do nome e imagem do autor, significaria a permissão de uma segunda ofensa à sua dignidade, só porque a primeira já ocorrera no passado".[171]

---

uso comercial indevido da imagem da falecida, com os contornos que tem dado a jurisprudência para franquear a via da indenização. 10. Recurso especial não provido" (STJ, REsp 1.335.153/RJ, Rel. Min. Luis Felipe Salomão, 4ª Turma, j. 28-5-2013, *DJe* 10-9-2013).

[171] "Recurso especial. Direito civil-constitucional. Liberdade de imprensa vs. Direitos da personalidade. Litígio de solução transversal. Competência do Superior Tribunal de Justiça. Documentário exibido em rede nacional. Linha direta-justiça. Sequência de homicídios conhecida como Chacina da Candelária. Reportagem que reacende o tema treze anos depois do fato. Veiculação inconsentida de nome e imagem de indiciado nos crimes. Absolvição posterior por negativa de autoria. Direito ao esquecimento dos condenados que cumpriram pena e dos absolvidos. Acolhimento. Decorrência da proteção legal e constitucional da dignidade da pessoa humana e das limitações positivadas à atividade informativa. Presunção legal e constitucional de ressocialização da pessoa. Ponderação de valores. Precedentes de direito comparado. (...) O cerne da controvérsia passa pela ausência de contemporaneidade da notícia de fatos passados, que reabriu antigas feridas já superadas pelo autor e reacendeu a desconfiança da sociedade quanto à sua índole. O autor busca a proclamação do seu direito ao esquecimento, um direito de não ser lembrado contra sua vontade, especificamente no tocante a fatos desabonadores, de natureza criminal, nos quais se envolveu, mas que, posteriormente, fora inocentado. 3. No caso, o julgamento restringe-se a analisar a adequação do direito ao esquecimento ao ordenamento jurídico brasileiro, especificamente para o caso de publicações na mídia televisiva, porquanto o mesmo debate ganha contornos bem diferenciados quando transposto para internet, que desafia soluções de índole técnica, com atenção, por exemplo, para a possibilidade de compartilhamento de informações e circulação internacional do conteúdo, o que pode tangenciar temas sensíveis, como a soberania dos Estados-nações. 10. É que a historicidade de determinados crimes por vezes é edificada à custa de vários desvios de legalidade, por isso não deve constituir óbice em si intransponível ao reconhecimento de direitos como o vindicado nos presentes autos. Na verdade, a permissão ampla e irrestrita a que um crime e as pessoas nele envolvidas sejam retratados indefinidamente no tempo – a pretexto da historicidade do fato – pode significar permissão de um segundo abuso à dignidade humana, simplesmente porque o primeiro já fora cometido no passado. Por isso, nesses casos, o reconhecimento do 'direito ao esquecimento' pode significar um corretivo – tardio, mas possível – das vicissitudes do passado, seja de inquéritos policiais ou processos judiciais pirotécnicos e injustos, seja da exploração populista da mídia. 11. É evidente o legítimo interesse público em que seja dada publicidade da resposta estatal ao fenômeno criminal. Não obstante, é imperioso também ressaltar que o interesse público – além de ser conceito de significação fluida – não coincide com o interesse do público, que é guiado, no mais das vezes, por sentimento de execração pública, pracemento da pessoa humana, condenação sumária e vingança continuada. (...) 15. Ao crime, por si só, subjaz um natural interesse público, caso contrário nem seria crime, e eventuais violações de direito resolver-se-iam nos domínios da responsabilidade civil. E esse interesse público, que é, em alguma medida, satisfeito pela publicidade do processo penal, finca raízes essencialmente na fiscalização social da resposta estatal que será dada ao fato. Se é assim, o interesse público que orbita o fenômeno criminal tende a desaparecer na medida em que também se esgota a resposta penal conferida ao fato criminoso, a qual, certamente, encontra seu último suspiro, com a extinção da pena ou com a absolvição, ambas consumadas irreversivelmente. E é nesse interregno temporal que se perfaz também a vida útil da informação criminal, ou seja, enquanto durar causa que a legitimava. Após essa vida útil da informação seu uso só pode ambicionar, ou um interesse histórico, ou uma pretensão subalterna,

O Enunciado 531 da VI Jornada de Direito Civil do STJ de sua vez, consignou: "A tutela da dignidade da pessoa humana na sociedade da informação inclui o direito ao esquecimento". Assim, o direito ao esquecimento surge como limite ao exercício da liberdade de expressão e informação. Contudo, não se trata de limite que impeça genericamente a divulgação de fatos verdadeiros, senão um critério de controle sobre o modo e a finalidade da divulgação de fatos pretéritos, segundo o interesse e a adequação lógica de sua lembrança.

5.7. SITUAÇÕES ESPECIAIS DE PROTEÇÃO DA HONRA E LIMITES À ATIVIDADE DOS MEIOS DE COMUNICAÇÃO SOCIAL

A honra, considerada atributo da personalidade objeto de proteção pelo direito, diz respeito tanto a atributos pessoais que se tenha pela condição de pertencer ao gênero humano quanto a características próprias de cada indivíduo que as tenha adquirido ao longo de sua existência. Em qualquer caso, são causa e razão de respeitabilidade, estima e credibilidade da comunidade. Daí surge inclusive distinção entre a *honra subjetiva*, considerada o sentimento de estima da pessoa por si mesma, e a *honra objetiva*, como projeção externa dos atributos pessoais, mediante reconhecimento social.[172]

Há situações em que o conflito entre o desempenho da atividade dos meios de comunicação social – mediante exercício da liberdade de imprensa – e a proteção da honra pessoal adquire maior complexidade, em vista de elementos específicos que se associam aos titulares do direito cuja violação seja alegada. É o caso em que se postule a proteção da honra de autoridades ou agentes públicos, assim considerados todos os que exercem funções públicas, tais como os agentes políticos, os dirigentes de órgãos e entidades integrantes da Administração Pública, ou ainda que atuem, mesmo sem vínculo formal com o Estado, no âmbito do debate público e/ou da disputa política. Os deveres de cuidado e de veracidade a serem observados pelos meios de comunicação social, no exercício da atividade e imprensa, exigem que operem com a máxima diligência possível na apuração dos fatos que sustentam a versão jornalística, mas não que realizem cognição exauriente dos fatos, até porque tal providência tornaria inviável a atividade. Desde já se consigne que parte do interesse público reconhecido na atividade de imprensa situa-se no âmbito da investigação e controle do poder político, de modo que

---

estigmatizante, tendente a perpetuar no tempo as misérias humanas. 16. Com efeito, o reconhecimento do direito ao esquecimento dos condenados que cumpriram integralmente a pena e, sobretudo, dos que foram absolvidos em processo criminal, além de sinalizar uma evolução cultural da sociedade, confere concretude a um ordenamento jurídico que, entre a memória – que é a conexão do presente com o passado – e a esperança – que é o vínculo do futuro com o presente –, fez clara opção pela segunda. E é por essa ótica que o direito ao esquecimento revela sua maior nobreza, pois afirma-se, na verdade, como um direito à esperança, em absoluta sintonia com a presunção legal e constitucional de regenerabilidade da pessoa humana. 17. Ressalvam-se do direito ao esquecimento os fatos genuinamente históricos – historicidade essa que deve ser analisada em concreto –, cujo interesse público e social deve sobreviver à passagem do tempo, desde que a narrativa desvinculada dos envolvidos se fizer impraticável. 18. No caso concreto, a despeito de a Chacina da Candelária ter se tornado – com muita razão – um fato histórico, que expôs as chagas do País ao mundo, tornando-se símbolo da precária proteção estatal conferida aos direitos humanos da criança e do adolescente em situação de risco, o certo é que a fatídica história seria bem contada e de forma fidedigna sem que para isso a imagem e o nome do autor precisassem ser expostos em rede nacional. Nem a liberdade de imprensa seria tolhida, nem a honra do autor seria maculada, caso se ocultassem o nome e a fisionomia do recorrido, ponderação de valores que, no caso, seria a melhor solução ao conflito (...)" (STJ, REsp 1.334.097/RJ, Rel. Min. Luis Felipe Salomão, 4ª Turma, j. 28-5-2013, *DJe* 10-9-2013).

[172] Para aprofundar o conceito de honra e sua proteção pelo direito, remetemos ao nosso: MIRAGEM, Bruno. *Responsabilidade civil da imprensa por dano à honra*, cit., p. 139 e s.

se exigir como condição prévia à divulgação de fatos envolvendo pessoas públicas o exame exauriente das informações equivale a tornar inefetiva ou mesmo inexistente essa função de controle, seja em relação às instituições do Estado, ou mesmo em relação ao jornalismo investigativo de modo geral.[173]

Essa distinção quanto aos limites de proteção da honra pessoal da pessoa pública não implica necessariamente maior tolerância com a agressão à personalidade, mas sim quanto ao conteúdo dos fatos que serão considerados agravantes. Avalia-se nos limites do dever de pertinência se determinadas informações divulgadas, mesmo que *a priori* estejam protegidas sob o manto da honra pessoal ou da intimidade, possam ter dimensão pública, uma vez que se associem a situação específica que revele interesse público na sua divulgação. Em qualquer caso, não se pode afastar, sob nenhum argumento, o dever de veracidade da informação, que, uma vez violado, poderá dar causa à lesão.[174]

---

[173] Nesse sentido, aliás, decidiu o STJ, em caso no qual um advogado reclamava de ter sido apresentado em reportagem de televisão como membro de uma organização criminosa. Em acórdão de relatoria da Min. Fátima Nancy Andrighi, observa-se que "o veículo de comunicação exime-se de culpa quando busca fontes fidedignas, quando exerce atividade investigativa, ouve as diversas partes interessadas e afasta quaisquer dúvidas sérias quanto à veracidade do que divulgará". E corretamente aponta que: "o jornalista tem um dever de investigar os fatos que deseja publicar. Isso não significa que sua cognição deva ser plena e exauriente à semelhança daquilo que ocorre em juízo. A elaboração de reportagens pode durar horas ou meses, dependendo de sua complexidade, mas não se pode exigir que a mídia só divulgue fatos após ter certeza plena de sua veracidade. Isso se dá, em primeiro lugar, porque os meios de comunicação, como qualquer outro particular, não detêm poderes estatais para empreender tal cognição. Ademais, impor tal exigência à imprensa significaria engessá-la e condená-la a morte. O processo de divulgação de informações satisfaz verdadeiro interesse público, devendo ser célere e eficaz, razão pela qual não se coaduna com rigorismos próprios de um procedimento judicial". Note-se, ademais, como se depreende do acórdão em questão, que o juízo realizou um amplo controle de conteúdo da informação e do modo como procedeu o veículo de comunicação na construção da matéria jornalística. Nesse sentido, apontou que: "Para sustentar tal afirmação, trouxe ao ar elementos importantes, como o depoimento de fontes fidedignas, a saber: (i) a prova testemunhal de quem foi à autoridade policial formalizar notícia crime; (ii) a opinião de um Procurador da República. O repórter fez-se passar por agente interessado nos benefícios da atividade ilícita, obtendo gravações que efetivamente demonstravam a existência de engenho fraudatório. Houve busca e apreensão em empresa do recorrido e daí infere-se que, aos olhos da autoridade judicial que determinou tal medida, havia fumaça do bom direito a justificá-la. Ademais, a reportagem procurou ouvir o recorrido, levando ao ar a palavra de seu advogado. Não se tratava, portanto, de um mexerico, fofoca ou boato que, negligentemente, se divulgava em cadeia nacional" (REsp 984.803/ES, Rel. Min. Nancy Andrighi; j. 26-5-2009, *Informativo* n. 396 do STJ).

[174] Assim o caso em que conhecido político, sobre o qual são realizadas diversas denúncias de improbidade e crimes contra a administração pública, sofre acusação amplamente divulgada de ter mantido relação extraconjugal com adolescente, inclusive da qual teria resultado gravidez, tudo o quanto divulgado em Comissão Parlamentar de Inquérito que investigava fatos de sua administração. Embora nesse caso pudesse ser afastada a lesão à intimidade, em vista da pertinência pública das informações no contexto em que eram reveladas, mantém-se a exigência de que sejam verdadeiras. Demonstrada a falsidade da imputação, fez jus o político à indenização por dano moral. Assim a decisão do STJ: "Civil. Recurso especial. Compensação por danos morais. Ofensa à honra. Político de grande destaque nacional que, durante CPI relacionada a atos praticados durante sua administração, é acusado de manter relação extraconjugal com adolescente, da qual teria resultado uma gravidez. Posterior procedência de ação declaratória de inexistência de relação de parentesco, quando demonstrado, por exame de DNA, a falsidade da imputação. Acórdão que afasta a pretensão, sob entendimento de que pessoas públicas têm diminuída a sua esfera de proteção à honra. Inaplicabilidade de tal tese ao caso, pois comprovada a inverdade da acusação. – A imputação de um relacionamento extraconjugal com uma adolescente, que teria culminado na geração de uma criança – fato posteriormente desmentido pelo exame de DNA – foi realizada em ambiente público e no contexto de uma investigação relacionada à atividade política

Assim é que, à medida que os órgãos de comunicação social divulgam informação ou crítica[175] em condições de determinar a diminuição da estima e consideração social, ou mesmo de modo a expor a pessoa a reações de deboche, escárnio ou humilhação, é evidente que o dano decorrente da projeção desta imagem pessoal tem na atuação do órgão de comunicação social um elemento essencial e determinante do resultado danoso.

Entretanto, não se há de concluir por isso, que basta a participação da imprensa na divulgação de fatos ou projeção de opiniões para que esteja, por si só, reconhecida sua responsabilidade. Em primeiro lugar, convém examinar as hipóteses excludentes do nexo de causalidade, as quais, em linhas gerais, aplicam-se à responsabilidade civil da imprensa.

O primeiro caso, quando há o consentimento informado do ofendido quanto à realização de determinada matéria jornalística ou mesmo uma entrevista. A eventual afetação da honra por conta de informações ou de atos quaisquer praticados pelo próprio indivíduo em dita matéria jornalística poderá atuar como causa de justificação, afastando o órgão de comunicação da causalidade próxima com o resultado danoso.

Ramón Pizarro relata igualmente, como excludente de responsabilidade, o fato de terceiro estranho pelo qual não se deve responder.[176] Nesse ponto, surge a questão de identificar se não seria o caso dos danos decorrentes de entrevistas ou quaisquer outras formas em que a imprensa oferece apenas o modo de uma manifestação tida por ofensiva. O exame da questão à luz da teoria da causalidade adequada e das concausas fornece elementos sobre a contribuição do órgão de comunicação para a determinação do dano decorrente da ofensa. Ao mesmo tempo, a resposta adequada a essa questão não é possível sem que se considere a necessidade de exigir ou não do órgão de comunicação o comportamento culposo, ou se admissível sua responsabilização pelo risco. E, admitida a necessidade da culpa, regra geral

---

do autor. – A redução do âmbito de proteção aos direitos de personalidade, no caso dos políticos, pode em tese ser aceitável quando a informação, ainda que de conteúdo familiar, diga algo sobre o caráter do homem público, pois existe interesse relevante na divulgação de dados que permitam a formação de juízo crítico, por parte dos eleitores, sobre os atributos morais daquele que se candidata a cargo eletivo. – Porém, nesta hipótese, não se está a discutir eventuais danos morais decorrentes da suposta invasão de privacidade do político a partir da publicação de reportagens sobre aspectos íntimos verdadeiros de sua vida, quando, então, teria integral pertinência a discussão relativa ao suposto abrandamento do campo de proteção à intimidade daquele. O objeto da ação é, ao contrário, a pretensão de condenação por danos morais em vista de uma alegação comprovadamente falsa, ou seja, de uma mentira perpetrada pelo réu, consubstanciada na atribuição errônea de paternidade – erro esse comprovado em ação declaratória já transitada em julgado. – Nesse contexto, não é possível aceitar-se a aplicação da tese segundo a qual as figuras públicas devem suportar, como ônus de seu próprio sucesso, a divulgação de dados íntimos, já que o ponto central da controvérsia reside na falsidade das acusações e não na relação destas com o direito à intimidade do autor. Precedente. Recurso especial conhecido e provido" (REsp 1.025.047/SP, Rel. Min. Nancy Andrighi, 3ª Turma, j. 26-6-2008, *DJe* 5-8-2008).

[175] "Imprensa. Informação jornalística. Dano moral. 1. O ordenamento constitucional, atento à importância dessa atividade para o desenvolvimento da vida social, garante o direito à plena liberdade de informação jornalística, com a narração de fatos e ideias sem lhes alterar o sentido original, e exige sua observância ao direito coletivo de ser corretamente informado. 2. Nesse aspecto, a ordem constitucional também estabelece o dever de respeito a direitos alheios, inclusive a responsabilidade de reparação a dano moral. 3. A matéria jornalística que, de maneira irônica, compara a parte a personagem mentiroso e, sem qualquer indício da sua verdade, divulga fato incompatível com a seriedade do seu trabalho, afigura-se abusiva e afasta-se do exercício da plena informação jornalística. 4. Nessas circunstâncias, essa divulgação expõe um mau conceito da parte para a sociedade, provoca situação que lhe afeta a dignidade, produz sofrimento psicológico e, como consequência, dá causa ao advento de dano moral" (TJRJ, Apelação Cível 2003.001.01526, Rel. Des. Milton Fernandes de Souza, j. 18-3-2003, publ. 22-5-2003).

[176] PIZARRO, Ramón Daniel. *Responsabilidad civil de los medios masivos de comunicación*, cit., p. 292-293.

pela qual nos inclinamos em situações como a presente, se não estaria contido em um dever geral de diligência e cuidado o controle[177] das manifestações do entrevistado,[178] ou quem, por qualquer outro meio, tem a oportunidade de participar da divulgação de um fato ou manifestação de opinião.

Situação análoga observa-se naquelas em que a ofensa à honra está contida em espaço caracterizado como estranho à atividade editorial, como na hipótese de matéria divulgada mediante pagamento, referindo-se à opinião ou à informação de um indivíduo, grupo ou pessoa jurídica devidamente constituída, ou ainda à publicidade. Nesse caso, sendo aquele que produziu a informação divulgada identificado, não há de se considerar a hipótese de imputar a responsabilidade ao veículo de comunicação que lhe dá suporte, sob pena de se impor ônus em desfavor do veículo e homenagear a irresponsabilidade do formulador da ofensa, o que repugna o Direito.[179]

---

[177] Assim entende Guilherme Düring Cunha Pereira, referindo-se aos veículos impressos, indicando que, na hipótese de haver nas entrevistas que publica afirmação de caráter ofensivo, sempre está em suas mãos deixar de publicar referida entrevista. CUNHA PEREIRA, Guilherme Döring. *Liberdade e responsabilidade dos meios de comunicação*, cit.

[178] A jurisprudência do STJ vem reconhecendo, no caso, a responsabilidade de quem explora o meio, bem como do jornalista, ainda que a ofensa tenha se realizado sob a forma de declarações do entrevistado. Assim o STJ: "Civil e processual. Ação de indenização. Dano moral. Publicação em jornal de entrevista considerada ofensiva a membros de comissão de licitação. Demanda movida contra o entrevistado. Legitimidade passiva *ad causam*. Denunciação à lide da empresa titular do veículo de comunicação e do repórter responsável pela notícia. CPC, art. 70. Lei de Imprensa, art. 49, § 2º. Súmula n. 221-STJ. I. Se a ofensa à moral dos autores decorreu de notícia divulgada em jornal a respeito de fraude em licitação pública internacional, originada de declarações dadas à reportagem por representante de empresa vencida na concorrência, tem-se configurada a responsabilidade prevista no art. 49, parágrafo 2º, da Lei n. 5.250/1967, cabendo a denunciação à lide da repórter que produziu a matéria e a pessoa jurídica titular do diário que a publicou. II. Manutenção, todavia, no polo passivo, do entrevistado, que forneceu as declarações ofensivas que embasaram a matéria lesiva. III. Recurso especial conhecido e provido em parte" (STJ, REsp 261.802/MG, Rel. Min. Aldir Passarinho Junior, j. 19-10-2000, *DJU* 11-12-2000, p. 211). No mesmo sentido: "Responsabilidade civil. Danos morais. Ofensa irrogada em entrevista publicada em jornal. Ação proposta contra quem figurou, na matéria, como entrevistado. Ilegitimidade de parte passiva 'ad causam'. Art. 49, parag. 2., da Lei n. 5.250, de 09.01.67. É parte legítima passiva 'ad causam' nessas hipóteses a pessoa natural ou jurídica que explora o meio de informação ou divulgação, a quem é facultada por lei a ação regressiva contra o entrevistado para haver a quantia que foi compelida a desembolsar. Recurso especial conhecido e provido para julgar extinto o processo sem conhecimento do mérito (art. 267, inc. VI, do CPC)" (STJ, REsp 74.153/RJ, Rel. Min. Barros Monteiro, j. 14-10-1997, *DJU* 2-2-1998, p. 110).

[179] Não é esse, entretanto, o entendimento do STJ, conforme se observa no seguinte julgado: "Civil. Responsabilidade civil. Lei de Imprensa. Matéria paga. Ofensa à honra. Dano moral. Prazo decadencial. Inaplicabilidade. Não recepção pela Constituição de 1988. Doutrina. Legitimidade passiva. Autor da matéria. Orientação da segunda seção. Verbete. n. 284 da Súmula/STF. Recurso desacolhido. I – Ao unificar divergência jurisprudencial existente entre as duas Turmas que a compõem, a Segunda Seção desse Tribunal firmou entendimento no sentido de que todos aqueles que concorrem para o ato lesivo, decorrente da veiculação da notícia, ainda que paga, podem integrar o polo passivo da ação de responsabilidade civil ajuizada pelo ofendido (REsp 157.717/MS, j. 10-6-1998). II – O prazo decadencial previsto na Lei de Imprensa (Lei n. 5.250/1967, e arts. 49 e 56) não foi recepcionado pela Constituição de 1988. III – Ausente argumentação a demonstrar a apontada violação de dispositivos legais elencados, é de aplicar-se o enunciado n. 284 da súmula/STF" (STJ, REsp 120.615/RS, Rel. Min. Sálvio de Figueiredo Teixeira, j. 25-10-1999, *DJU* 27-3-2000, p. 106). No mesmo sentido: "Responsabilidade civil. Danos morais. Ofensa irrogada em texto publicitário (matéria paga). Legitimidade de parte da empresa que explora o meio de informação ou divulgação. Ainda que se trate de texto publicitário, a ação de responsabilidade civil decorrente da violação de direito deve ser dirigida contra a pessoa natural ou jurídica que explora o meio de informação ou divulgação, a quem se faculta a ação

Por fim, uma terceira hipótese que se amolda às excludentes de responsabilidade em direito brasileiro, o caso fortuito ou a força maior. Na hipótese de excludentes reconhecidas à imprensa, apresenta-se como excludente de força maior a obrigatoriedade de publicação de sentença judicial que implique causa de danos a terceiros.[180]

De outro lado, ainda em relação à ofensa à honra, é necessário considerar sobre os elementos que o caracterizam na hipótese de divulgação por veículos de comunicação social de fato verdadeiro relativamente à pessoa, cuja extensão do conhecimento de terceiros, bem como ao público em geral, determina ou agrava a diminuição do apreço social em relação a ela. Nesse caso, segundo a linha de raciocínio que desenvolvemos, não há de se reconhecer hipótese de danos em razão da divulgação do fato pela imprensa, uma vez que o conteúdo da proteção jurídica oferecida situa-se no marco de regularidade que se reconhece a tais condutas divulgadas.

Nesse ponto, apresenta-se o que se conhece como *segredo da desonra*,[181] o qual se caracteriza pela prerrogativa da pessoa de manter sob segredo aquilo que diga com sua dignidade pessoal, ainda que se trate de informações verdadeiras. Nesse sentido, seria reconhecido à pessoa o direito à uma proteção em relação a uma dignidade fictícia, mesmo contra-ataques da verdade, o que se admitiria pela restrição das possibilidades de uso da *exceptio veritatis* para excluir eventual responsabilidade por danos. Resulta, pois, a questão: é possível que um veículo de comunicação social, ao divulgar a verdade sobre algo ou sobre alguém, sem que isso importe na violação da privacidade ou da intimidade, venha a lhe causar dano à honra?

A resposta à questão subjaz outras duas considerações: é possível admitir a tutela da chamada honra objetiva sem qualquer espécie de relação de conteúdo com os atributos pessoais efetivamente possuídos pelo titular do direito? Em outros termos: é defensável a proteção de uma projeção externa de atributos que a pessoa não possua na realidade? A rigor, não. Porém, para que se forme juízo sobre a correção do fato divulgado, há de existir uma relação de pertinência entre o conteúdo informado e um interesse parcial ou geral justificável do público, afastando-se a possibilidade de divulgação meramente emulativa, sem utilidade prática, porém movida com exclusiva finalidade de constranger a vítima.

5.8. SITUAÇÕES ESPECIAIS DE PROTEÇÃO DA INTIMIDADE E DA VIDA PRIVADA

Em relação à proteção da intimidade e da vida privada, a doutrina brasileira construiu algumas limitações objetivas. Estranhas à prerrogativa do titular do direito de fixar o espaço de reserva dos seus assuntos pessoais, essas limitações apresentam-se em razão da preservação de outros interesses de igual importância.

O que a ordem jurídica protege é a oposição contra a ingerência arbitrária, a qual, entretanto, poderá ser mitigada em razão de interesses de natureza pública ou privada que mereçam mesmo grau de distinção pelo Direito.[182] René Ariel Dotti oferece nada menos do que dez

---

regressiva contra o autor do escrito para haver quantia que foi obrigada a desembolsar (arts. 49, par. 2., e 50 da Lei n. 5.250, de 9-2-67). Recurso não conhecido" (STJ, REsp 53.483/SP, Rel. Min. Barros Monteiro, j. 28-3-1995, *DJU* 22-5-1995, p. 14.413).

[180] PIZARRO, Ramón Daniel. *Responsabilidad civil de los medios masivos de comunicación*, cit., p. 294.
[181] DE CUPIS, Adriano. *Os direitos da personalidade*, cit., p. 139. Entre nós: CUNHA PEREIRA, Guilherme Döring. *Liberdade e responsabilidade dos meios de comunicação*, cit., p. 109.
[182] DOTTI, René Ariel. *Proteção da vida privada e liberdade de informação*, cit., p. 182-183.

exemplos do que considera exceções à proteção da vida privada,[183] além do consentimento do interessado. O consentimento do interessado, contudo, não deve ser tomado como exceção propriamente dita, mas como espécie de exercício do direito pelo titular, que retira da esfera de proteção do direito, nas situações que forem do seu interesse, determinadas informações ou elementos relativos à sua pessoa.

Nem todas são exceções que reconheçam a possibilidade de divulgação pela imprensa, porquanto a finalidade da exceção à proteção da vida privada opera em favor de determinado interesse específico, encerrando-se a concessão reconhecida na plena satisfação das razões que a justificaram.[184] Ou mesmo o fato de que determinadas exceções são demasiadamente permissivas, em cotejo com as garantias consagradas pelo Estado Democrático de Direito.[185] Entretanto, o que se deve examinar, no caso, é a existência de limites objetivos, autônomos em relação à vontade do titular do direito, e reconhecidos de forma excepcional, em razão de bens jurídicos protegidos, em regra, sob a justificativa genérica do interesse público.

No tocante à proteção da intimidade e da vida privada, o controle de proporcionalidade entre o exercício da atividade de imprensa e o conteúdo das informações que possam ou não ser divulgadas ao conhecimento do público é ainda mais difícil de ser estabelecido mediante critérios gerais. Assim como é certo que a *pessoa pública* e a *pessoa célebre* observam certa restrição no domínio das informações que devem ser protegidas sob o manto da intimidade e da vida privada, é igualmente correto se admitir que ela própria defina os domínios da sua vida que deixará apartada do público. No caso das pessoas públicas, no momento em que assuntos privados se associem de alguma forma a questões de natureza pública, porque vinculadas ao *exercício de funções públicas*,[186] ou à obtenção de vantagens ou desvantagens em razão desse

---

[183] São eles os seguintes interesses: da segurança nacional; da investigação criminal; da saúde pública; da História; sobre figuras públicas; da Administração Pública; da crônica policial ou forense; da crítica; da cultura; do exercício do direito de ação. DOTTI, René Ariel. *Proteção da vida privada e liberdade de informação*, cit., p. 194-220.

[184] Por exemplo, o caso da exceção em favor da saúde pública, que se deve reconhecer em hipóteses como a de doenças transmissíveis a adoção de determinadas medidas, no âmbito da vida privada do doente, que evitem sua proliferação. DOTTI, René Ariel. *Proteção da vida privada e liberdade de informação*, cit., p. 204.

[185] É o caso da exceção reconhecida em nome da segurança nacional, que tomada no sentido contemporâneo e em conformidade com o Estado democrático de direito, deve ser interpretada de modo que o exercício da liberdade de expressão não possa ser atentatório ao próprio sistema democrático que a assegura.

[186] A esse respeito, veja-se a conclusão do STF na decisão da ADPF 130/DF: "(...) A consagração do regime de liberdade da atividade dos meios de comunicação social não significa sua irresponsabilidade. Neste sentido assentou com precisão o Supremo Tribunal Federal ao decidir a ADPF 130/DF, que decidiu pela não recepção, pela ordem constitucional vigente, da Lei de Imprensa. Observa a decisão: '(...) PROPORCIONALIDADE ENTRE LIBERDADE DE IMPRENSA E RESPONSABILIDADE CIVIL POR DANOS MORAIS E MATERIAIS. Sem embargo, a excessividade indenizatória é, em si mesma, poderoso fator de inibição da liberdade de imprensa, em violação ao princípio constitucional da proporcionalidade. A relação de proporcionalidade entre o dano moral ou material sofrido por alguém e a indenização que lhe caiba receber (quanto maior o dano maior a indenização) opera é no âmbito interno da potencialidade da ofensa e da concreta situação do ofendido. Nada tendo a ver com essa equação a circunstância em si da veiculação do agravo por órgão de imprensa, porque, senão, a liberdade de informação jornalística deixaria de ser um elemento de expansão e de robustez da liberdade de pensamento e de expressão *lato sensu* para se tornar um fator de contração e de esqualidez dessa liberdade. Em se tratando de agente público, ainda que injustamente ofendido em sua honra e imagem, subjaz à indenização uma imperiosa cláusula de modicidade. Isto porque todo agente público está sob permanente vigília da cidadania. E quando o agente estatal não prima por todas as aparências

exercício, uma vez revelado interesse público na divulgação da informação, restringida estará a proteção da intimidade e da vida privada. Essa situação especial, contudo, não abrange os membros da família ou do círculo íntimo da pessoa célebre ou da pessoa pública, quando não haja demonstração de causa específica para extensão da situação excepcional a outros indivíduos que, embora tenham vínculos com a pessoa célebre ou pessoa pública, nem por isso poderão ser constrangidas a se submeter à mesma exposição.

Por outro lado, o âmbito das informações protegidas a título de proteção da intimidade e da vida privada também cede em relação à existência de procedimento oficial de apuração, fundamentado e regular, de fatos em que supostamente estejam envolvidos indivíduos que, em razão disso, tenham informações reveladas a seu respeito.[187] O aspecto sensível, nesse caso, poderá eventualmente dizer respeito à proteção da honra, especialmente em situações tais que a existência de um procedimento de apuração possa induzir a conclusões definitivas sobre a responsabilidade do indivíduo por atos criminosos ou irregulares, que depois se revelem infundadas. Essa restrição não abrange, contudo, a divulgação do fato em si, que seja desabonador ao seu protagonista, quando se restrinja a informar de modo veraz os acontecimentos.[188]

Outra questão diz respeito às restrições de divulgação da imagem de criança ou adolescente pelos meios de comunicação. Em face do princípio de proteção da criança e do adolescente é estabelecido que a tutela dos seus interesses é de responsabilidade dos pais ou, na falta deles, de quem seja nomeado pelo juiz. Portanto, sua proteção ocorre, ao menos *a priori*, no interior da família, razão pela qual se indica como parcela da proteção da criança e do adolescente o respeito a sua intimidade e vida privada no interior da vida familiar. A divulgação de imagens, informações ou qualquer outro elemento que diga respeito a criança ou adolescente, nesse sentido, é apta a violar a proteção da sua intimidade ou vida privada, e considerada violação direta aos direitos assegurados pelo Estatuto da Criança e do Adolescente, ensejando a responsabilização do veículo de comunicação,[189] exceto nas situações em que da

---

de legalidade e legitimidade no seu atuar oficial, atrai contra si mais fortes suspeitas de um comportamento antijurídico francamente sindicável pelos cidadãos'" (ADPF 130, Rel. Min. Carlos Britto, j. 30-4-2009, *DJ* 6-11-2009).

[187] TJRS, Apelação Cível 70029002441, 9ª Câmara Cível, Rel. Odone Sanguiné, j. 10-6-2009, *DJ* 22-6-2009. No mesmo sentido: TJRS, Apelação Cível 700293416141, Rel. Jorge Luiz Lopes do Canto, j. 27-5-2009, *DJ* 4-6-2009.

[188] Assim, por exemplo, quando o veículo de comunicação restringe-se a informar a prisão preventiva de alguém, ainda que os elementos de convencimento sobre a participação do preso em eventual crime não esteja caracterizada de modo definitivo. TJRS, Apelação Cível 70027466762, Rel. Tasso Delabary, j. 15-5-2009, *DJ* 29-5-2009. No mesmo sentido a notícia divulgada com fundamento em informações policiais, quando não acompanhada de comentários ou referências desabonatórias: TJRS, Apelação Cível 70026860411, Rel. Jorge Luiz Lopes do Canto, j. 26-11-2008, *DJ* 3-12-2008.

[189] "Agravo regimental no recurso especial. Civil e processual civil. Responsabilidade civil. Imprensa. Notícia publicada em jornal e programa de televisão apresentando o nome e a imagem de menor morto com atribuição da autoria de ato infracional. Fato vedado e tipificado como crime pelo Estatuto da Criança e do Adolescente (ECA). Princípio da proteção integral como exceção ao princípio da liberdade de informação. Obrigação de indenizar. Juros de mora. Responsabilidade extracontratual. Súmula 54/STJ. 1. Tratando-se de matéria veiculada pela imprensa, a responsabilidade civil por danos morais exsurge quando o texto publicado extrapola os limites da informação, evidenciando a intenção de injuriar, difamar e caluniar terceiro (REsp 1.390.560/SP, Rel. Min. Ricardo Villas Bôas Cueva, 3ª Turma, julgado em 3-10-2013, *DJe* 14-10-2013). 2. Caracterização automática do abuso do direito de informar na hipótese de publicação do nome e da imagem de menor morto, atribuindo-lhe autoria de ato infracional, violando o princípio da proteção integral da criança e adolescente, positivado nos artigos 143 e 247 do ECA. 4.

conduta dos pais resulte autorização prévia para realização da conduta por terceiro, sem que daí resulte prejuízo àquele a quem se destina a proteção.[190]

5.9. SITUAÇÕES ESPECIAIS DE PROTEÇÃO DA IMAGEM

O art. 17 do Código Civil estabelece cláusula geral de proteção do direito ao nome da pessoa. Dispõe a norma: "O nome da pessoa não pode ser empregado por outrem em publicações ou representações que a exponham ao desprezo público, ainda quando não haja intenção difamatória". Já se antecipou que o mesmo artigo não deve ser interpretado como pertinente exclusivamente ao direito ao nome, em sua concepção estrita. Segundo esta concepção estrita, o direito ao nome caracteriza-se como o direito subjetivo da personalidade que protege o conjunto de palavras com que se identifica e individualiza a pessoa na vida social e que todos têm o dever de respeitar.[191]

Há muito tempo se tem identificado no direito ao nome não apenas a designação, em palavras, da individualidade pessoal. Ao contrário, o nome, quando protegido pelo Direito, o é de forma a tutelar a identidade pessoal de cada indivíduo, diferenciando-o dos demais. E, nesse caso, a proteção da identidade pessoal tem no nome apenas um dos seus elementos distintivos, não o único.

Observa a doutrina que, tratando-se do direito à identidade pessoal, este se configura essencialmente pelo direito ao nome. Todavia, também a imagem exerce essa função, razão pela qual não pode ser considerada apenas sob o ângulo do resguardo pessoal.[192]

O direito de imagem é frequentemente associado à identidade pessoal,[193] sobretudo em tempos de valorização da imagem por intermédio dos meios de comunicação de massa. A imagem da pessoa – como representação física – é plenamente adequada à sua identificação em muitos casos,[194] quando a coletividade, por associação ou identificação de detalhes da fisionomia pessoal, elege dada característica física como pertinente a determinado indivíduo – o que ocorre, por exemplo, também com a divulgação de desenhos ou charges que identifiquem determinada pessoa.

No direito brasileiro, entretanto, a autonomia conceitual dos direitos de proteção da esfera moral da pessoa reporta à Constituição.[195] E esta, como já se afirmou, elege no art. 5º, X, os direitos à privacidade, à intimidade, à honra e à imagem. A interpretação das normas civis

---

Termo inicial dos juros de mora, na responsabilidade civil extracontratual, a partir da data do evento danoso. Súmula 54/STJ. 5. Agravo regimental desprovido" (STJ, AgRg no REsp 1.354.696/PR, Rel. Min. Paulo de Tarso Sanseverino, 3ª Turma, j. 23-10-2014, *DJe* 31-10-2014).

[190] TJRS, Apelação Cível 70028443067; Rel. Romeu Marques Ribeiro Filho, j. 3-6-2009, *DJ* 10-6-2009.
[191] LETE DEL RÍO. *Derecho de la persona*, cit., p. 278.
[192] DE CUPIS, Adriano. *Os direitos da personalidade*, cit., p. 165-166; BITTAR, Carlos Alberto. *Os direitos da personalidade*, cit., p. 120.
[193] Entretanto, segundo Regina Sahm, sua distinção é possível em vista da violação do direito, caso em que, em relação ao direito à imagem, o uso não consentido importa ofensa ao direito, enquanto no direito ao nome esse uso deve se vincular à mácula efetiva da pessoa que o intitula, imputando-lhe fato em seu desabono. SAHM, Regina. *Direito à imagem no direito civil contemporâneo, de acordo com o novo Código Civil*, cit., p. 190.
[194] Notadamente para utilização do prestígio pessoal de alguém, pela utilização do seu nome ou imagem. Conforme: RIGAUX, François. *Liberté de la vie privée*, cit.
[195] CALDAS, Pedro Frederico. *Vida privada, liberdade de imprensa e dano moral*, cit., p. 32.

de proteção da pessoa humana deve ser feita em consideração das normas constitucionais,[196] o que aliás não é novidade em nosso Direito.[197]

Daí por que se deve concluir que a proteção à identidade pessoal, ao não se resumir apenas ao nome da pessoa, deve abarcar também – como defende Ramón Pizarro – os aspectos religioso, ideológico, cultural, político e social, transmutando desde seu interior qualidades, caracteres e condições para individualizá-la em determinado sentido.[198] Ou, como afirma Capelo de Sousa, envolvendo também seu retrato moral.[199]

O art. 17 do Código Civil, ao estabelecer o direito ao nome da pessoa, para que tenha seu significado em conformidade com o texto constitucional, deve ser interpretado de modo extensivo em relação ao conteúdo da proteção indicada. Assim, embora se distinga do nome, embora a ele possa se associar,[200] a honra pessoal é igualmente protegida pelo art. 17 do Código. É intuitiva essa conclusão, considerando ainda a associação entre a tutela civil promovida pelo art. 17 e a proteção penal do mesmo bem jurídico, por meio do crime de difamação, previsto no art. 139 do Código Penal.[201]

Note-se que a proteção do nome se dá em relação à exposição ao *desprezo público*. Este se vincula – como já foi referido à exaustão – à reputação social da pessoa, o que remete diretamente ao conceito de honra objetiva. Seria desnecessário ao legislador do Código estabelecer proteção ao nome como mero sinal de identificação, se não fosse para sua proteção contra a utilização que afetasse o conceito do seu titular junto à comunidade. Até porque, em relação às regras de determinação e alteração excepcional do nome, permanece vigente a Lei n. 6.015, de 31 de dezembro de 1973 – a Lei dos Registros Públicos.

A noção de *desprezo público*, por si só, é considerada tímida para a adequada proteção da pessoa, que pode ser afetada em sua integridade psicossomática por conta da ofensa praticada de acordo com a situação caracterizada no art. 17 do Código. Entretanto, é de notar que a esfera de subjetividade da pessoa estará adequadamente protegida pelo art. 20 do Código Civil, por meio da expressa menção à honra, que nesse caso estará compreendida em seus dois sentidos essenciais.

---

[196] Como explica Gilmar Ferreira Mendes, "não raras vezes destinam-se as normas legais a completar, densificar e concretizar direito fundamental". Entende o constitucionalista, então, que "a intervenção legislativa não apenas se afigura inevitável, como também necessária. Veda-se, porém, aquela intervenção legislativa que possa afetar a proteção judicial efetiva. Dessarte, a simples supressão de normas integrantes da legislação ordinária sobre esses institutos pode lesar não apenas a garantia institucional objetiva, mas também direito subjetivo constitucionalmente tutelado. A conformação dos direitos individuais assume relevância sobretudo no tocante aos chamados direitos com âmbito de proteção estrita ou marcadamente normativo (*rechtsnormgeprägter Schutzbereich*), uma vez que é a normação ordinária que acaba por conferir conteúdo e efetividade à garantia constitucional". MENDES, Gilmar Ferreira; COELHO, Inocêncio Mártires; BRANCO, Paulo Gustavo Gonet (Coord.). *Hermenêutica constitucional e direitos fundamentais*, cit., p. 214-215.

[197] Carlos Maximiliano Pereira dos Santos, em sua clássica *Hermenêutica e aplicação do direito*, já assinalava: "Sempre que for possível sem fazer demasiada violência às palavras, interprete-se a linguagem da lei com reservas tais que se torne constitucional a medida que ela institui, ou disciplina" PEREIRA DOS SANTOS, Carlos Maximiliano. *Hermenêutica e aplicação do direito*. 19. ed. Rio de Janeiro: Forense, 2003, p. 251.

[198] PIZARRO, Ramón Daniel. *Daño moral*, cit., p. 418-419.

[199] CAPELO DE SOUSA, Raibindrath. *O direito geral e a teoria da Constituição*, cit., p. 246.

[200] AMARANTE, Aparecida I. *Responsabilidade civil por dano à honra*. Belo Horizonte: Del Rey, 1991, p. 91.

[201] Nesse sentido: LOTUFO, Renan. *Código Civil comentado*. São Paulo: Saraiva, 2003, v. 1, p. 71-72.

Observe-se, ainda, de outro modo, que a questão mais significativa em relação ao art. 17 está na exclusão da *intenção difamatória*. *Difamar*, conceitualmente, é ofender a reputação social de outrem. No caso da disposição em exame, essa ofensa se dá por meio de representação ou publicação. Ora, em que pese o significado da expressão *publicação* seja mais restrito, indicando o ato de tornar público, divulgando um fato passado, ou no sentido que lhe atribui a Lei de imprensa portuguesa, de 1999, como "reprodução impressa de textos e imagens disponíveis ao público",[202] a expressão *representação* remete a praticamente todas as demais formas de apresentação ao público. *Representa-se*, desse modo, uma situação real ou ideal, a qual pode se dar sem maior compromisso com a realidade, mas nem por isso isenta da capacidade de ofender outrem. É o caso, por exemplo, das representações artísticas.

Dois casos bastante conhecidos do Tribunal Constitucional Alemão traduzem a potencialidade de dano de representações artísticas. No primeiro, conhecido como o *caso da caricatura de Strauss*, o Tribunal distinguirá na obra artística entre sua aparência externa (significante) e a mensagem que propõe (significado), podendo ser interpretada de diversas formas. Identificou-se na hipótese a possibilidade de que a obra artística, em que pese o fato de que mantinha aparência externa distinta de qualquer evento da realidade, permitisse que o público identificasse fatos, pessoas ou situações reais.[203]

No segundo julgado, o famoso *caso Mephisto*, a que já se referiu, o Tribunal Constitucional Alemão reconheceu a possibilidade de o exercício da liberdade de criação artística ser causa de difamação, agredindo a honra e a respeitabilidade da pessoa humana. Na ementa da decisão, observam-se os critérios utilizados pelo Tribunal, ao afirmar que um conflito entre a garantia de liberdade artística e a esfera da personalidade protegida constitucionalmente, se deve solucionar de acordo com os critérios de ordem de valores dos direitos fundamentais, neste contexto "se deve ter em conta de maneira especial a dignidade da pessoa humana, garantida no art. 1, 1, da Lei Fundamental".[204]

Nesse caso, o voto vencido, do Conselheiro Stein, indicava, contudo, que o exercício da liberdade de criação artística jamais poderia dar causa à difamação, uma vez que a obra de arte indicaria àquele que com ela toma contato uma espécie particular de impressão, capaz, inclusive, de dissociar a significante e o significado da mensagem de qualquer fato da realidade.[205]

A exclusão da intenção difamatória, presente no art. 17, retira do suporte fático da norma, desde logo, o dolo. Este, todavia, é elemento subjetivo da conduta, em matéria de responsabilidade, apenas na sua previsão genérica do Código Penal (art. 139), sendo desde sempre divergentes os entendimentos[206] quanto à sua necessidade nos crimes contra a honra cometidos por intermédio da atividade de imprensa.

---

[202] BRITO CORREIA, Luis. *Direito da comunicação social*, cit., v. 1, p. 23.
[203] BVerfGE 75, 369; acórdão de 3 de junho de 1987, conforme: FERREIRA, Eduardo André Folque. Liberdade de criação artística, liberdade de expressão e sentimentos religiosos, cit., p. 229-285.
[204] BVerGE 30, 173, transcrita por SCHWABE, Jürgen (Comp.). *Cincuenta años de jurisprudencia del Tribunal Constitucional Federal Alemán*, cit., p. 174-175.
[205] Conforme: FERREIRA, Eduardo André Folque. Liberdade de criação artística, liberdade de expressão e sentimentos religiosos, cit., p. 257-259.
[206] Para Darcy Arruda Miranda, a difamação, a calúnia e a injúria só se punem a título de dolo. MIRANDA, Darcy Arruda. *Comentários à lei de imprensa*, cit., p. 335.

5.10. DANOS CAUSADOS PELOS ÓRGÃOS DE COMUNICAÇÃO SOCIAL

A responsabilidade das pessoas físicas e jurídicas que atuem em meios de comunicação social por danos que notícias, opiniões, críticas ou informações de qualquer natureza gerem a terceiros é subjetiva, exige a culpa para sua configuração e pressupõe a violação de algum dos deveres impostos à atividade, no marco de sua disciplina constitucional. Nesse sentido, admite-se a reparação de danos patrimoniais e extrapatrimoniais, conforme sejam as consequências do agir ilícito.

A imputação de responsabilidade, todavia, pressupõe que a informação divulgada seja falsa, ou parcialmente falsa. Ou quando se trate de informação verdadeira, não deva ser divulgada em razão de limites impostos pela ordem jurídica, como é o caso de informações protegidas pelo direito à intimidade e à privacidade, e ainda à imagem pessoal, que não deve ser objeto de publicação sem consentimento.

O dano extrapatrimonial, nesses casos, será presumido, podendo sua extensão ser examinada em vista das consequências concretas sobre a vítima. No caso de danos patrimoniais, a desvantagem econômica deverá ser demonstrada pela vítima, sendo indenizáveis os prejuízos que decorrerem diretamente da divulgação ilícita da informação. Trata-se do que a doutrina denomina por vezes dano patrimonial indireto, considerando a existência de consequências patrimoniais decorrentes da lesão a atributos da personalidade.[207]

5.11. LEGITIMIDADE PARA A AÇÃO REPARATÓRIA

A tradição do direito brasileiro é da necessidade da prova de dolo ou culpa para a caracterização da responsabilidade por fato próprio no exercício da liberdade de manifestação do pensamento e de informação pela imprensa. Nesses termos previa o art. 49 da Lei de Imprensa. Da mesma forma, é reconhecida a responsabilidade da empresa que explore a atividade de comunicação social, na hipótese de a ofensa ter sido cometida mediante publicação ou transmissão em jornal, periódico ou serviço de radiodifusão ou agência noticiosa pela reparação dos danos causados. No direito revogado, assistia-lhe expressamente o direito à ação regressiva (art. 50 da Lei de Imprensa). Nada obsta, no sistema geral do Código Civil, a ação de regresso, uma vez demonstrada a culpa do causador do dano. Essa é a regra do art. 932, III, do Código Civil, quando se trate da responsabilidade do empregador em razão dos danos causados pelo empregado. Demonstrada a culpa, tem o empregador, que responde objetivamente, ação regressiva contra o empregado que agiu com culpa.[208]

A discussão quanto à legitimidade passiva nas ações reparatórias de danos causados pelos órgãos de comunicação social mereceu destaque na jurisprudência. A técnica legislativa da Lei n. 5.250/67, não recepcionada pela Constituição de 1988, embora tenha consignado a responsabilidade do autor do escrito, do diretor de redação, editor, produtor, bem como do proprietário do órgão de comunicação, entre outros, o fazia de modo que esses só poderiam ser alcançados pela ação regressiva do responsável direto, qual seja, a empresa que explorava o meio de comunicação. O art. 50 da Lei de Imprensa referia: "A empresa que explora o meio de informação ou divulgação terá ação regressiva para haver do autor do escrito, transmissão ou notícia, ou do responsável por sua divulgação, a indenização que pagar em virtude da responsabilidade prevista nesta Lei". Nesse sentido, defendeu Rui Stoco que a legitimidade

---

[207] AMARANTE, Aparecida I. *Responsabilidade civil por dano à honra*, cit., p. 272-273.
[208] Assim também no direito português, conforme a lição de: REBELO, Maria da Glória Carvalho. *Responsabilidade civil pela informação transmitida pela televisão*. Lisboa: Lex, 1999, p. 162-163.

passiva do jornalista profissional, na hipótese em que tenha sido ele o autor ou responsável pela divulgação da notícia, só há de se admitir na hipótese em que, comprovada sua culpa ou dolo – fundamento da ação de regresso –, tenha arcado a empresa com as despesas da indenização.[209] Não seria o caso, entretanto, daqueles que se utilizem dos órgãos de comunicação social por meio de artigo assinado, entrevista concedida ou outros meios quaisquer pelos quais venham a expressar seu pensamento. Em todos esses casos, a hipótese seria de aplicação da cláusula geral de ilicitude subjetiva do Código Civil (art. 186).[210]

Outra, entretanto, a posição de Antônio Junqueira Azevedo, ainda no exame da Lei n. 5.250/67, para quem: "(...) posicionar-se pela ilegitimidade passiva dos jornalistas, pessoas físicas, não corresponde a um bom entendimento da própria lei. Nela, a norma, que prevê a responsabilidade das empresas jornalísticas e, inclusive, ação regressiva contra o autor do escrito (art. 50, da Lei de Imprensa), de forma nenhuma exclui a responsabilidade do autor. Não há nenhum preceito nesse sentido".[211] Na mesma linha sustentava Darcy Arruda Miranda,[212] para quem o sentido pretendido pela Lei de Imprensa era o de garantia da idoneidade financeira do legitimado passivo para suportar o pagamento da indenização.[213]

O Superior Tribunal de Justiça, ao editar a Súmula 221, firmou seu entendimento no sentido de que "são civilmente responsáveis pelo dano, decorrente de publicação pela imprensa, tanto o autor do escrito quanto o proprietário do veículo de divulgação",[214] afastando a aplicação da Lei de Imprensa, que depois viria a ser declarada como não recepcionada pela ordem constitucional fundada em 1988.[215] Da mesma forma, podem ser vítimas de danos causados pelo exercício da atividade dos meios de comunicação social tanto as pessoas físicas quanto as jurídicas.[216] Em

---

[209] STOCO, Rui. Lei de imprensa: sujeito passivo da ação de indenização. *Revista dos Tribunais*, São Paulo, n. 752, p. 42-46, 1998.

[210] STOCO, Rui. Lei de imprensa, cit., p. 45.

[211] AZEVEDO, Antônio Junqueira. Algumas considerações sobre a atual Lei de Imprensa e a indenização por dano moral. *Revista Justitia*, São Paulo, v. 177, p. 66-71, jan./mar. 1997.

[212] MIRANDA, Darcy Arruda. *Comentários à lei de imprensa*, cit., p. 745.

[213] AZEVEDO, Antônio Junqueira. Algumas considerações sobre a atual Lei de Imprensa e a indenização por dano moral, cit., p. 69.

[214] Assim se mantém a jurisprudência do STJ, conforme: AgRg no REsp 1.041.191/RJ, Rel. Min. Nancy Andrighi, 3ª Turma, j. 22-6-2010, DJe 3-8-2010.

[215] Entretanto, em se tratando de pessoa jurídica, *a priori*, é excluído o sócio como legitimado passivo: STJ, REsp 336.783/PR, Rel. Min. Ruy Rosado de Aguiar, j. 16-4-2002, DJU 10-6-2002, p. 216; STJ, REsp 57.072/RS, Rel. Min. Aldir Passarinho Junior, j. 10-4-2000, DJU 13-8-2001, p. 158. É de afirmar-se, entretanto, que a legitimação ampla do órgão e dos profissionais da imprensa não descaracteriza a responsabilidade do autor da ofensa, conforme decidiu o STJ: "Dano moral. Legitimidade passiva do autor da matéria jornalística. 1. O autor pode, quando identificado precisamente o responsável, contra este investir diretamente, sem prejuízo da investida judicial contra o periódico que divulgou a notícia. O autor do ataque à honra não pode escapar da ação de reparação de dano com alegação de não ter legitimação passiva, na cobertura do § 2º do art. 49 da Lei da Imprensa. 2. Recurso especial conhecido pelo dissídio, mas improvido" (STJ, REsp 122.862/RJ, Rel. Min. Carlos Alberto Menezes Direito, j. 3-3-1998, DJU 26-10-1998, p. 112). No mesmo sentido: STJ, REsp 122.128/RJ, Rel. Min. Eduardo Ribeiro, j. 10-3-1998, DJU 31-8-1998, p. 70. Porém, se entender conveniente, poderá a vítima acionar diretamente o jornalista: "Jornalista. Responsabilidade civil. Dano moral. O autor do escrito ofensivo responde diretamente, perante o lesado, pelos danos causados, sem prejuízo da responsabilidade da empresa jornalística" (STJ, REsp 57.033/RS, Rel. Min. Nilson Naves, j. 10-11-1997, DJU 20-4-1998, p. 73).

[216] "Recurso especial. Direito civil. Ação indenizatória. Responsabilidade civil. Danos morais. Pessoa jurídica. Súmula n. 227/STJ. Legitimidade ativa *ad causam*. Capacidade processual. Ofensa à honra objetiva de instituição de ensino superior. Extrapolação dos limites da liberdade de manifestação de pensamento e crítica. Entrevista concedida por médico psiquiatra. Questionamento acerca da potencial influência do abuso de drogas na prática de crime de homicídio. Afirmação do entrevistado de que a conduta de

relação à pessoa jurídica de direito público, contudo, a posição da jurisprudência encaminha-se no sentido de restringir sua legitimidade.[217]

Daí por que, em matéria de responsabilidade civil dos meios de comunicação social por danos, sua configuração só pode ser admitida quando comprovado que a causa da ofensa traduziu-se pela atuação direta da imprensa, independentemente da forma como esta se deu. Sendo o órgão de comunicação social o responsável pela lesão à honra, ilícita sua conduta, ensejando o dever de indenizar.

---

instituição autora é permissiva e incentivadora do uso de substância entorpecente. Montante indenizatório. Razoabilidade. Redução. Impossibilidade. Súmula n. 7/STJ. Alegação de ofensa a dispositivo da Lei de Imprensa. Não conhecimento. Não recepção pela Constituição Federal. 1. Ação indenizatória, por danos morais, movida por instituição de ensino superior de renome, a quem foi atribuída pelo réu, em entrevista concedida à emissora de rádio, parcela de responsabilidade pelo crime, de grande repercussão nacional, que vitimou o casal Richtofen. 2. Entrevistado que, ao ser questionado sobre a potencial influência das drogas nos desígnios homicidas dos jovens responsáveis pelo crime, desvia-se do que lhe foi perguntado e passa a tecer considerações desabonadoras a respeito de suposto comportamento permissivo e incentivador do uso de determinada droga por parte da instituição de ensino superior autora da demanda. 3. A pessoa jurídica, por ser titular de honra objetiva, faz jus à proteção de sua imagem, seu bom nome e sua credibilidade. Por tal motivo, quando os referidos bens jurídicos forem atingidos pela prática de ato ilícito, surge o potencial dever de indenizar (Súmula n. 227/STJ). 4. A garantia constitucional de liberdade de manifestação do pensamento não é absoluta. Seu exercício encontra limite no dever de respeito aos demais direitos e garantias fundamentais também protegidos, dentre os quais destaca-se a inviolabilidade da honra das pessoas, sob pena de indenização pelo dano moral provocado. 5. As afirmações de que a instituição de ensino recorrida tem 'a ideologia de favorecer o uso da maconha', consubstanciando-se em um 'antro da maconha', evidenciam a existência do ânimo do recorrente de simplesmente ofender, comportamento ilícito que enseja, no caso vertente, o dever de indenizar. 6. O Superior Tribunal de Justiça, afastando a incidência da Súmula n. 7/STJ, tem reduzido o montante fixado pelas instâncias ordinárias apenas quando abusivo, circunstância inexistente no presente caso, em que não se pode afirmar excessivo o arbitramento da indenização no valor de R$ 10.000,00 (dez mil reais) diante das especificidades do caso concreto. 7. Recurso especial parcialmente conhecido e, nesta parte, não provido" (STJ, REsp 1.334.357/SP, Rel. Min. Ricardo Villas Bôas Cueva, 3ª Turma, j. 16-9-2014, *DJe* 6-10-2014).

[217] REsp 1.258.389/PB, Rel. Min. Luis Felipe Salomão, 4ª Turma, j. 17-12-2013, *DJe* 15-4-2014.

Capítulo 6
RESPONSABILIDADE CIVIL DO TRANSPORTADOR

O transportador, no contrato de transporte, assume a obrigação de executá-lo de modo a realizar seu resultado útil, que é a deslocação espacial da pessoa ou coisa ao destino ajustado. Nesses termos, usa-se dizer que assume obrigação de resultado, indicando que se compromete com a finalidade útil, de modo que qualquer evento que impeça a consecução dessa finalidade insere-se *a priori* no âmbito de sua responsabilidade. Trata-se de fatores objetivos de atribuição de responsabilidade.[1] Assume, igualmente, a obrigação de incolumidade, razão pela qual deve assegurar a integridade do passageiro ou coisas transportadas, de forma a se imputar sua responsabilidade no caso de danos ou avarias. Obriga-se a transportar a pessoa assegurando sua integridade pessoal e patrimonial, abrangendo, igualmente, deveres acessórios de conforto e pontualidade. No transporte de coisa, responde por danos às coisas que transporta, assim como por seu extravio, a impedir a entrega.

Nesse sentido, é amplo o reconhecimento doutrinário, ademais do entendimento jurisprudencial consolidado, no sentido de que a responsabilidade do transportador pela violação de seus deveres contratuais enseja indenização por danos morais, a par dos danos materiais verificados.[2]

Muito se discutiu sobre a natureza da responsabilidade do transportador, assentando-se atualmente que se trata de responsabilidade contratual e objetiva.[3] Porém, também do transporte decorrem danos a terceiros. Nesse caso, pode ser que sejam as vítimas a consumidores – quando haja a incidência do art. 17 do CDC – ou mesmo quando for o caso do transporte de cargas, de natureza comercial, responsabilidade por ilícito.

São inúmeras as questões cujos esclarecimento e distinção são decisivos para bem compreender a responsabilidade do transportador e também da extensão dos seus efeitos. E, da mesma forma, quando com o contrato de transporte convivam outros contratos. Assim, por exemplo, quando exista mais de um transportador, em transportes denominados combinados ou sucessivos. Ou ainda quando haja um organizador da cadeia de contratos.

Havendo a distinção entre os contratos e os transportadores, a princípio não é de se identificar responsabilidade solidária entre eles. Questão relevante se dá, no regime do Código de Defesa do Consumidor, acerca da noção de combinação do transporte, em situações na qual os próprios transportadores se organizem entre si, ou ainda em situações em que haja um organizador da cadeia de contratos (agência de viagens, por exemplo). Nesse caso, mesmo

---

[1] MOSSET ITURRASPE, Jorge; PIEDECASAS, Miguel A. *Responsabilidad contractual*. Buenos Aires: Rubinzal Culzoni, 2007, p. 255.
[2] TEPEDINO, Gustavo; BARBOSA, Heloísa Helena; MORAES, Maria Celina Bodin de. *Código Civil interpretado*. Rio de Janeiro: Renovar, 2006, v. II, p. 532.
[3] PEREIRA, Caio Mário da Silva. *Instituições de direito civil*. Rio de Janeiro: Forense, 2011, v. III, p. 290.

sendo distintas e separáveis as obrigações de cada transportador, quando se possa identificar como espécie de cadeia de fornecimento, faz incidir regra de responsabilidade solidária imputada ao organizador, conforme a interpretação que se empresta aos arts. 7º, parágrafo único, 14 (fato do serviço) e 20 (vício do serviço) do CDC.

Outra situação peculiar é a que se refere à responsabilidade por danos causados pelo transporte oficial – que muitas vezes não é contrato, compreendendo o transporte realizado a serviço do Estado.[4] Sobre eles incide a norma de imputação de responsabilidade objetiva, constante do art. 37, § 6º, da CF/88, que estabelece: "As pessoas jurídicas de direito público e as de direito privado prestadoras de serviços públicos responderão pelos danos que seus agentes, nessa qualidade, causarem a terceiros, assegurado o direito de regresso contra o responsável nos casos de dolo ou culpa".[5] E se admite, no caso, a denunciação à lide do servidor contra quem o Estado pode reclamar em regresso.[6]

Do mesmo art. 37, § 6º, da CF/1988 resulta a responsabilidade objetiva do transportador em relação a terceiros não usuários, quando se tratar do transporte coletivo de passageiros.[7]

Em relação ao transporte de pessoas, é preciso distinguir, inicialmente, quando se trata de relação contratual ou não. Considerando as características do contrato, reclama-se sua onerosidade. Nesse sentido, é de referir que se observou algum debate no tocante à natureza da responsabilidade do transportador, no caso de transporte gratuito ou de cortesia, uma vez que não resulta comutativo na medida em que ausente a correspectividade de prestações. Dois eram os entendimentos.

Primeiro, de que se tratava de caso de responsabilidade contratual, entendendo pela incidência da regra de responsabilidade por contratos benéficos (art. 392 do CC/2002), segundo a qual aquele a quem não favoreça responde apenas por dolo.

Por outro lado, entendendo-se não ser o caso de contrato, mas de responsabilidade extracontratual, quanto aos que sustentam a interpretação diferenciada dessa regra, exigindo-se prudência especial do transportador, considera-se a atividade de condução de veículos como atividade de risco.[8] Refira-se, a esse respeito, que o Superior Tribunal de Justiça editou a respeito a Súmula 145, em que submete o transportador a responsabilização apenas quando

---

[4] MENDONÇA, Fernando. *Direito dos transportes*. São Paulo: Saraiva, 1990, p. 4.
[5] STJ, REsp 1.168.831/SP, Rel. Min. Benedito Gonçalves, 1ª Turma, j. 2-9-2010, *DJe* 13-9-2010.
[6] TJRS, Apelação Cível 70045581618, Rel. Mário Crespo Brum, 12ª Câmara Cível, j. 10-11-2011. Já o desvio de finalidade no uso do transporte oficial caracteriza improbidade administrativa: TJSP, Apelação Cível 0025181-30.2007.8.26.0625, Rel. Angelo Malanga, 3ª Câmara de Direito Público, j. 8-12-2011.
[7] "Constitucional. Responsabilidade do Estado. Art. 37, § 6º, da Constituição. Pessoas jurídicas de direito privado prestadoras de serviço público. Concessionário ou permissionário do serviço de transporte coletivo. Responsabilidade objetiva em relação a terceiros não usuários do serviço. Recurso desprovido. I – A responsabilidade civil das pessoas jurídicas de direito privado prestadoras de serviço público é objetiva relativamente a terceiros usuários e não usuários do serviço, segundo decorre do art. 37, § 6º, da Constituição Federal. II – A inequívoca presença do nexo de causalidade entre o ato administrativo e o dano causado ao terceiro não usuário do serviço público, é condição suficiente para estabelecer a responsabilidade objetiva da pessoa jurídica de direito privado. III – Recurso extraordinário desprovido" (STF, Recurso Extraordinário 591.874, Rel. Min. Ricardo Lewandowski, j. 26-8-2009, publ. 18-12-2009).
[8] Trata-se de entendimento tradicional na jurisprudência brasileira, conforme se percebe do caso julgado pelo TJRS, em 1966: "Responsabilidade civil. Transporte gratuito. A responsabilidade civil no transporte gratuito rege-se pelos princípios de responsabilidade delitual, não havendo presunção de culpa do transportador" (TJRS, Apelação Cível 30.907, 4ª Câmara Cível, Rel. Emílio Alberto Maya Gischkow, j. 28-12-1966). Veja-se, sobre o tema: TEPEDINO, Gustavo. *Comentários ao novo Código Civil*. Rio de Janeiro: Forense, 2008, v. X, p. 528.

incorrer em dolo ou culpa grave.[9] Entendimento esse que se afirmou antes do Código Civil, tanto mediante a compreensão de inexistência de contrato quanto de que se tratava, na espécie, de contrato unilateral.[10] Não se confunde, contudo, com os casos de transporte oficial, no qual, prestado pelo Estado ou em nome desse, incidem as regras de responsabilidade da Administração Pública, notadamente a responsabilidade objetiva a que se refere o art. 37, § 6º, da CF/88.

Afirmou-se, em relação ao transporte gratuito, entendimento de que se trata de hipótese de responsabilidade extracontratual. E, igualmente, o proprietário do veículo responde solidariamente, com o condutor que dá causa, culposamente, a danos em acidente automobilístico, em face do perigo reconhecido ao automóvel.[11] Outra orientação é a de que falece na hipótese nexo de causalidade que permita imputar, como regra, a responsabilidade ao proprietário, a qual, todavia, não encontra assento majoritário no direito brasileiro.

Destaque-se que é aparentemente gratuito e, portanto, não é desinteressado o transporte fornecido pelo empregador ao empregado, o qual se caracteriza, segundo jurisprudência consolidada, espécie de salário *in natura*.[12] A responsabilidade do transportador, nesse caso, é contratual, obrigando-se a transportar oferecendo segurança e conforto.[13]

6.1. CONTRATO DE TRANSPORTE COMO OBRIGAÇÃO DE RESULTADO E RESPONSABILIDADE DO TRANSPORTADOR

Ao assumir a obrigação de transportar pessoa ou coisa de certa origem a um destino, o transportador responde na hipótese de não atingir esse fim. Presta-se à deslocação de um lugar a outro. Daí distinguir-se corretamente entre o contrato de transporte e a locação de veículo, mesmo quando com o motorista, uma vez que neste último há transmissão onerosa da posse

---

[9] STOCO, Rui. *Tratado de responsabilidade civil*, cit., 7. ed. São Paulo: Ed. RT, 2007, p. 436.

[10] "Responsabilidade civil. Transporte de simples cortesia. No transporte benévolo, de simples cortesia, a responsabilidade do transportador, por danos sofridos pelo transportado, condiciona-se a demonstração de que resultaram de dolo ou de culpa grave, a que aquele se equipara. Hipótese em que se caracteriza contrato unilateral, incidindo o disposto no artigo 1057 do Código Civil" (STJ, REsp 38.668/RJ, Rel. Eduardo Ribeiro, j. 25-10-1993, *DJ* 22-12-1993).

[11] "Acidente de trânsito. Transporte benévolo. Veículo conduzido por um dos companheiros de viagem da vítima, devidamente habilitado. Responsabilidade solidária do proprietário do automóvel. Responsabilidade pelo fato da coisa. – Em matéria de acidente automobilístico, o proprietário do veículo responde objetiva e solidariamente pelos atos culposos de terceiro que o conduz e que provoca o acidente, pouco importando que o motorista não seja seu empregado ou preposto, ou que o transporte seja gratuito ou oneroso, uma vez que sendo o automóvel um veículo perigoso, o seu mau uso cria a responsabilidade pelos danos causados a terceiros. – Provada a responsabilidade do condutor, o proprietário do veículo fica solidariamente responsável pela reparação do dano, como criador do risco para os seus semelhantes. Recurso especial provido" (STJ, REsp 577.902/DF, Rel. p/ Acórdão Min. Nancy Andrighi, 3ª Turma, j. 13-6-2006, *DJ* 28-8-2006).

[12] Assim decide o STJ visando à incidência de contribuição previdenciária: STJ, REsp 389.550/RS, Rel. Min. Herman Benjamin, 2ª Turma, j. 4-12-2007, publ. 29-10-2008.

[13] "Responsabilidade civil. Transporte. Contrato com a empregadora da vítima. Honorários advocatícios. O transportador que celebra contrato com empresa para o transporte de seus empregados, não fornece ao passageiro um transporte gratuito e tem a obrigação de levar a viagem a bom termo, obrigação que assume com a pessoa que transporta, pouco importando quem forneceu o numerário para o pagamento da passagem. Deferida a indenização a título de responsabilidade contratual, os precedentes desta Turma deferem honorários calculados sobre as prestações vencidas e uma anualidade das vincendas. Recurso conhecido em parte e nessa parte provido" (STJ, REsp 238.676/RJ, Rel. Min. Ruy Rosado de Aguiar, 4ª Turma, j. 8-2-2000, *DJ* 10-4-2000).

do automóvel por certo tempo, mas não transporte.[14] A obrigação principal do contrato de transporte de passageiro ou coisa é obrigação de resultado.[15]

A distinção entre as obrigações de meio e de resultado deve-se, entre outros, a René Demogue, em seu *Tratado das obrigações*, com o interesse prático de identificar a quem melhor se devesse atribuir o ônus da prova, se ao credor ou ao devedor, para o fim de delimitar critérios para a imputação de responsabilidade por inadimplemento.[16] Segundo Demogue, a caracterização do inadimplemento da obrigação de meio apenas seria admitida se demonstrada a negligência do devedor. No caso da obrigação de resultado, bastaria a demonstração da sua não ocorrência, sendo desnecessária qualquer cogitação quanto ao comportamento do devedor. Essa distinção, contudo, assumiu grande relevo na classificação das obrigações em geral, e especialmente no âmbito dos contratos. Segundo o magistério de Francesco Messineo "la distinzione non mete in evidenza due diversi tipi di rapporto obligatorio, ma soltanto due diversi tipi di prestazione, sulla base del dato 'realizazzione effetiva dell' ínteresse del creditore' (obbligazione di resultato), ovvero del dato 'osservanza del dovere di normale diligenza' (obbligazione di mezzi). L'obbligazione, per se, sbocca sempre in un resultato".[17] Passa a se reportar, portanto, ao próprio conteúdo da prestação devida ao credor.

Dizer-se que o contrato de transporte é obrigação de resultado, nesse sentido, implica reconhecer que não se admite a execução da prestação apenas de parte do trecho entre origem e destino definidos, ou sem a segurança necessária, de modo que não chegue ao destino a coisa íntegra, mas avariada ou destruída. Assume o transportador obrigação de incolumidade da pessoa ou coisa transportada, caracterizada pela obrigação de assegurar sua integridade e, da mesma forma, de transportá-la até o seu destino. Certa doutrina observa seu fundamento no risco profissional.[18] O dever de custódia do transportador tem por fundamento o regime legal explícito do Código Civil (art. 749), regras gerais sobre a posse justa da coisa que se dá ao transportador, assim como os deveres anexos decorrentes da boa-fé objetiva.[19] Nesses termos é que o regime de responsabilidade do transportador considera-se como de responsabilidade objetiva, independentemente de culpa, em vista do inadimplemento da obrigação de resultado.

Igualmente, há obrigação do transportador, especialmente no contrato de transporte de pessoas, de assegurar conforto e presteza do transporte, nos termos do ajuste.[20] Assim, responde o transportador por vício do serviço, na medida em que determinadas facilidades ou

---

[14] Nesse sentido distingue a jurisprudência entre o contrato de transporte e o de locação de veículos, inclusive para descaracterizar a realização de transporte irregular, em desconformidade com a legislação e sem reconhecimento formal do Poder Público, quando couber (TJRJ, ApCiv 838832220098190001, 9ª Câm. Cív., Rel. Des. Claudia Pires, j. 17-1-2012, DJ 26-1-2012).

[15] MARQUES, Claudia Lima. *Contratos no Código de Defesa do Consumidor*, cit., 4. ed., p. 374; NERY JUNIOR, Nelson; NERY, Rosa Maria de Andrade. *Código Civil comentado*. 7. ed. São Paulo: RT, 2009, p. 704.

[16] DEMOGUE, René. *Traité des obligations en general*, cit., p. 398. No contrato de transporte, a presunção de culpa do transportador pelo inadimplemento é traço característico mesmo antes da sistematização das distinções entre obrigações de meio e de resultado, conforme ensina THALLER, E. *Traité élémentaire de droit commercial*. Paris: Arthur Rousseau, 1904, p. 589-590.

[17] MESSINEO, Francesco. *Manuale di diritto civile e commerciale*. Milano: Giuffrè, 1959, v. 3, p. 58.

[18] QUADRI, Gabriela I. Contrato de transporte. In: ARAYA, Miguel C. BERGIA, Marcelo R. (Dir.). *Derecho de la empresa y del mercado*. Buenos Aires La Ley, 2008, t. II, p. 470.

[19] TEPEDINO, Gustavo; BARBOSA, Heloísa Helena; MORAES, Maria Celina Bodin de. *Código Civil interpretado*, cit., p. 550.

[20] A jurisprudência é consolidada no sentido de reconhecer a obrigação de incolumidade do transportador: STJ, REsp 302.397/RJ, 4ª Turma, j. 20-3-2001, Rel. Min. Sálvio de Figueiredo Teixeira, DJ 3-9-2001. Esta abrange a segurança (STJ, REsp 217.528/SP, 3ª Turma, j. 15-2-2001, Rel. Min. Waldemar Zveiter, DJ 9-4-

itens de conforto na viagem sejam contratados e por falha da prestação não sejam oferecidos, sem prejuízo da existência de um padrão de prestação de serviço que deve ser assegurado em vista do dever de qualidade que deve observar o fornecedor.

Por outro lado, seja em relação à obrigação de incolumidade, seja em relação à existência dos padrões de conforto e presteza definidos na forma do contrato, a violação dessas obrigações pode ensejar dano ao consumidor, hipótese em que se caracteriza o fato do serviço. O aumento do volume e a importância dos transportes (facilitação de locomoção de pessoas e coisas) fazem com que, da mesma forma, os riscos de dano ao passageiro ou dono da coisa, mediante descumprimento das obrigações pelo transportador, deem causa ao aumento dos seguros sobre transporte. A responsabilidade do transportador é objetiva (independente de culpa), pelo descumprimento das obrigações legais e contratuais que lhe cabem, quais sejam: (a) obrigação de pontualidade; (b) obrigação de segurança; (c) obrigação de respeito ao itinerário previamente estabelecido (no caso do contrato de transporte de pessoas); (d) obrigação de conforto. E embora não seja exclusivo do contrato de transporte, diga-se, igualmente, o dever de urbanidade que se exige nos serviços em geral em relação aos prepostos do prestador, caso que, no transporte, há de se exigir de todos aqueles envolvidos na execução da prestação.[21]

Assim é que, nos termos que menciona Pontes de Miranda, pretende o contratante o "ciclo elaborativo do resultado".[22] Isso leva ao reconhecimento, no contrato de transporte, de uma obrigação de incolumidade, em relação ao passageiro ou à coisa transportada, significando não apenas a necessidade de que se transporte ao destino preestabelecido, como, igualmente, que assegure sua integridade, protegendo o que se transporta de danos ou avarias. É da natureza do contrato.[23] A obrigação de incolumidade inerente ao contrato de transporte é satisfeita não apenas com a manutenção da integridade da pessoa ou coisa, mas também no transporte de pessoas, com o dever de realizar o transporte com conforto.[24] Há obrigação de conforto, igualmente, no caso de atraso ou cancelamento da viagem, independentemente se há ou não responsabilidade do transportador pelo fato.[25] Não se chegando ao destino, ou não se atendendo à obrigação de incolumidade ou à pontualidade, há inadimplemento.[26] Nesse sentido se orienta também a jurisprudência, reconhecendo a obrigação de resultado.[27]

2001) e o conforto (TJSP, Apelação Cível 991090931719, 18ª Câm. de Direito Privado, j. 20-4-2010, Rel. Des. Rubens Cury, DJ. 10 5 2010), no caso do transporte de pessoas.

[21] Razão pela qual responde o transportador por atos de desrespeito e ofensas verbais desferidas por seu preposto a passageiros: TJRS, Apelação Cível 70042898601, 12ª Câmara. Cível, Rel. Des. Umberto Guaspari Sudbrack, j. 14-3-2013, DJ 20-3-2012.

[22] PONTES DE MIRANDA, Francisco Cavalcante. Tratado de direito privado. Atualizado por Bruno Miragem. São Paulo: RT, 2012, v. 45, p. 64.

[23] PINEAU, Jean. Le contrat de transport: terrestre, maritime, aérien. Paris: Thémis, 1986, p. 104.

[24] TJSP, Apelação Cível 991080911901, 18ª Câmara de Direito Privado, Rel. Min. Rubens Cury, j. 2-3-2010, DJ 31-3-2010.

[25] TJSP, Recurso Inominado 4.378, 3ª Turma, Rel. Min. Theodureto de Almeida Camargo Neto, j. 15-8-2008, DJ 29-8-2008.

[26] CASES, José Maria Trepat. Código Civil comentado. São Paulo: Atlas, 2003, v. VII, p. 126; TEPEDINO, Gustavo. Comentários ao novo Código Civil, cit., p. 444; GONÇALVES, Carlos Roberto. Direito civil brasileiro. Contratos e atos unilaterais. São Paulo: Saraiva, 2010, v. 3, p. 477; DINIZ, Maria Helena. Código Civil anotado. 14. ed. São Paulo: Saraiva, 2009, p. 520.

[27] "(...) O contrato de transporte constitui obrigação de resultado. Não basta que o transportador leve o transportado ao destino contratado. É necessário que o faça nos termos avençados (dia, horário, local de embarque e desembarque, acomodações, aeronave etc.)" (STJ, REsp 151.401/SP, 3ª Turma, Rel. Min. Humberto Gomes de Barros, j. 17-6-2004, DJ 1º-7-2004). No mesmo sentido: "Processo Civil. Ação de indenização. Acidente aéreo. Empresa que contrata companhia aérea para o transporte de passageiros.

Disso resulta, inclusive, o entendimento consagrado, no sentido de considerar não escrita a cláusula de não indenizar no contrato de transporte. Nesse sentido já afirmava a Súmula 161 do STF, editada em 1963. Da mesma forma, a rejeição da culpa de terceiro como causa de exclusão do dever de indenizar do transportador, ora previsto expressamente no Código Civil, já era objeto de entendimento consolidado na Súmula 187, editada pelo Supremo Tribunal Federal, em 1963. Não se admite, nesse particular, sequer a culpa de terceiro, por exemplo, quando se tratar de freada brusca do condutor do transporte coletivo para evitar lesão a transeunte.[28]

6.2. FUNDAMENTO DA RESPONSABILIDADE DO TRANSPORTADOR

O fundamento da responsabilidade objetiva do transportador por danos é tradicionalmente associado pela jurisprudência brasileira ao risco empresarial.[29] Define a doutrina a obrigação de incolumidade do transportador, cuja violação importa a responsabilidade. É obrigação de resultado, independentemente se transporte de pessoa ou de coisas.[30] Entende-

---

Queda do avião. Denunciação da lide à empresa contratada. (...) Na espécie, a ré, ao fretar o avião, com a respectiva tripulação (piloto inclusive), firmou contrato de transporte com a empresa aérea contratada. Assim, se a contratada não cumpriu a obrigação de transportar os passageiros incólumes, deve responder pelo seu descumprimento e garantir eventual condenação da contratante. III – Em outras palavras, tratando-se de obrigação de resultado, com cláusula de incolumidade, se o contrato não for cumprido nos termos em que estabelecido, sem que ocorram as causas excludentes de irresponsabilidade (v.g., caso fortuito, força maior e culpa exclusiva do contratante), obriga-se o transportador a compor os prejuízos suportados pelo passageiro ou pela contratante, no caso a ré. IV – A denunciação, na espécie, não introduzirá fato novo à controvérsia e nem dependerá da análise de cláusula contratual. Primeiro, porque tanto na ação principal quanto na lide secundária a questão controvertida decorre unicamente do acidente aéreo. Segundo, porque a responsabilidade do transportador também decorre da Lei (dentre outras normas, o art. 268 do Código Brasileiro do Ar)" (STJ, REsp 302.397/RJ, 4ª Turma, Rel. Min. Sálvio de Figueiredo Teixeira, j. 20-3-2001, *DJ* 3-9-2001).

[28] "Responsabilidade civil. Estado de necessidade. Ônibus. Freada que provoca queda de passageiro. – A empresa responde pelo dano sofrido por passageira que sofre queda no interior do coletivo, provocada por freada brusca do veículo, em decorrência de estilhaçamento do vidro do ônibus provocado por terceiro. – O motorista que age em estado de necessidade e causa dano em terceiro que não provocou o perigo, deve a este indenizar, com direito regressivo contra o que criou o perigo. Arts. 160, II, 1519 e 1520 do CC. Recurso não conhecido" (STJ, REsp 209.062/RJ, 4ª Turma, Rel. Min. Ruy Rosado de Aguiar, j. 22-6-1999, *DJ* 5-8-2002). No mesmo sentido: "Contrato de transporte. Ônibus urbano. Queda de passageiro no interior do coletivo. 1. Obrigação de indenizar, pois a responsabilidade da transportadora é objetiva. 2. Danos morais. Lesão à integridade física, com as dores consequentes, submissão a tratamentos e perturbação da tranquilidade física. Fatos que caracterizam dano moral a merecer compensação. 3. Arbitramento que deve ser feito com moderação, proporcionalmente ao grau de culpa, ao porte ou condições das partes, bem como a outras circunstâncias de relevo. 4. Concessão, no caso, de compensação no valor de R$ 10.000,00, pois além de outras lesões menores, a autora sofreu apenas fratura incompleta no punho, que se consolidou sem deixar sequelas. 5. Juros de mora incidentes a partir da citação, pois caso de responsabilidade contratual. Recurso da ré parcialmente provido, não provido o recurso adesivo da autora" (TJSP, Apelação 0121123-10.2010.8.26.0100, 11ª Câmara de Direito Privado, Rel. Des. Gilberto dos Santos, j. 7-2-2013, *DJ* 8-2-2013). Ainda: TJSP, Apelação 0104641-84.2010.8.26.0100, 11ª Câmara de Direito Privado, Rel. Des. Rômolo Russo, j. 7-2-2013, *DJ* 8-2-2013; e TJSP, Apelação 0002656-36.2008.8.26.0070, Rel. Des. Gilberto dos Santos, j. 7-2-2013, *DJ* 8-2-2013.

[29] STF, Recurso Extraordinário 113.555, Rel. Min. Carlos Madeira, 2ª Turma, j. 30-6-1987, publ. 4-9-1987.

[30] MARQUES, Claudia Lima. *Contratos no Código de Defesa do Consumidor*, 7. ed., cit., p. 473; NERY JUNIOR, Nelson; NERY, Rosa Maria de Andrade. *Código Civil comentado*, cit., p. 704; SILVA, Justino Adriano Farias da. *Contrato de transporte de coisas*. São Paulo: Aide, 1986, p. 103; GONÇALVES, Carlos Roberto. *Curso de direito civil*, cit., v. 3, p. 478; GOMES, Orlando. *Contratos*. 18. ed. Rio de Janeiro: Forense, 2009, p. 380.

-se, igualmente, por força da obrigação de incolumidade, em que há responsabilidade objetiva do empregador que promove o transporte do seu empregado.[31] Nesse sentido, a regra em relação à responsabilidade do transportador é sua natureza objetiva, independentemente de culpa, uma vez que assume o risco da atividade. Admite-se, todavia, a culpa concorrente como causa de redução de indenização.

Por outro lado, considerando-se como causas do dano o fato de terceiro e a conduta do próprio transportador, trata-se de concausas do dano.[32] Ressalvando-se, naturalmente, que, segundo majoritária doutrina, no âmbito das relações de consumo não se considera terceiro aquele que integra a cadeia de fornecimento, uma vez que se presume seu proveito econômico do contrato.[33]

Referia Pontes de Miranda a discussão doutrinária sobre se o caso de perda ou de avaria de bagagens de mão seria caso de responsabilidade contratual ou extracontratual do transportador.[34] A rigor, sendo bagagem, entende-se incluso no contrato de transporte e, nesse sentido, insere-se no contrato. Há vicissitudes quanto à prova de que a avaria ou o dano tenha se dado em razão do transporte, ou, ainda, em caso de furto, que tenha ocorrido durante a realização dos serviços. Caso em que atualmente se pode invocar a inversão do ônus da prova nas demandas que versem sobre relação de consumo, mediante verificação judicial da hipossuficiência do consumidor ou verossimilhança das alegações.

O fato de que, no contrato de transporte, a responsabilidade do transportador é ampla, recusando-se, inclusive, a admitir certas excludentes tradicionalmente admitidas nas normas gerais de responsabilidade não elimina que no exame do nexo de causalidade entre a execução do contrato e o risco imputável ao transportador em decorrência de sua atividade haja o exame da causalidade.

Ilustrativo das questões que cercam o tema é o caso de danos causados a passageiro que, após embarcar no veículo, aproveita-se de portas e janelas abertas ou com facilidade de o serem para atingir a parte superior (prática delitual e arriscada conhecida popularmente como "surf ferroviário"). E daqueles que rompem com janelas e portas devidamente fechadas para atingir o teto, ou o fazem mesmo sem embarcar no veículo. Na primeira situação descrita, cogita-se de falha do dever de segurança do transportador, enquanto nas duas últimas situações identifica-se hipótese de culpa exclusiva da vítima.[35] Outra situação é a do passageiro que, visando viajar sem pagar a passagem (denominado "pingente"), ingressa na estação ao ultrapassar obstáculos de maior ou menor dificuldade, correndo riscos de atropelamento pelas composições ferroviárias. Nesse caso, a tendência é de reconhecer situação em que a conduta da vítima concorre com a falta do dever pelo concessionário do transporte de fiscalizar e impedir o ingresso irregular à via. O mesmo se diga em relação ao passageiro que não se apresenta para viajar no horário estipulado e busca responsabilizar o transportador pelo inadimplemento da obrigação. É, situação na qual sua conduta será determinante e exclusiva para o não cumprimento do contrato, sendo afastada a responsabilidade do transportador.[36]

---

[31] TJSP, Apelação Cível 0097269-98.2007.8.26.0000, Rel. Jomar Juarez Amorim, 10ª Câmara de Direito Privado, j. 12-3-2008.
[32] TEPEDINO, Gustavo. *Comentários ao novo Código Civil*, cit., p. 518.
[33] MIRAGEM, Bruno. *Curso de direito do consumidor*, cit., 8ª ed. São Paulo: RT, 2019, p 726.
[34] PONTES DE MIRANDA, Francisco Cavalcante. *Tratado de direito privado*, cit., v. 45, p. 186.
[35] TEPEDINO, Gustavo. *Comentários ao novo Código Civil*, cit., p. 535.
[36] STJ, REsp 1354369/RJ, Rel. Min. Luis Felipe Salomão, 4ª Turma, j. 05/05/2015, DJe 25/05/2015.

6.2.1. A responsabilidade do transportador e o Código Civil

No Código Civil, a responsabilidade contratual do transportador é prevista em diversas disposições O art. 733 diz respeito à responsabilidade solidária dos vários transportadores, no caso de transporte cumulativo. O art. 734 estabelece a responsabilidade do transportador por danos causados às pessoas transportadas e suas bagagens, salvo por motivo de força maior. O art. 735 define que a responsabilidade do transportador por acidente com passageiro não é elidida por culpa de terceiro, o que se dá em vista da denominada obrigação de incolumidade do transportador. O art. 737 prevê a responsabilidade do transportador no caso de não atendimento aos itinerários e horários ajustados. O art. 738, parágrafo único, indica causa de redução da indenização quando haja culpa concorrente do passageiro em relação ao dano que venha a sofrer, em vista do desatendimento a normas regulamentares. O art. 750 dispõe sobre a responsabilidade do transportador no transporte de cargas, fixando os termos da responsabilidade, desde o momento em que recebe a coisa até sua entrega ao destinatário, salvo no caso quando esse não for encontrado, quando é depositada em juízo. O art. 753 dispõe sobre a responsabilidade do transportador pelo perecimento ou deterioração da coisa em razão da interrupção do transporte. E o art. 756 reafirma, em relação ao transporte de coisa, a regra de solidariedade dos transportadores no caso do transporte cumulativo.

As normas em questão, primeiramente, estabelecem o conteúdo da responsabilidade do transportador, que não pode ser afastada por cláusula contratual (art. 734), na mesma linha do que dispõe o art. 51, I, do CDC. Assim o art. 734 do CC/2002: "O transportador responde pelos danos causados às pessoas transportadas e suas bagagens, salvo motivo de força maior, sendo nula qualquer cláusula excludente da responsabilidade".

Dois aspectos merecem ser destacados em relação ao art. 734. Em primeiro lugar, registre-se que as noções de força maior e caso fortuito são equívocas em nosso direito. Não raro, são mencionadas conjuntamente com o significado estabelecido no art. 393, parágrafo único: "O caso fortuito ou de força maior verifica-se no fato necessário, cujos efeitos não era possível evitar ou impedir". A regra do art. 734, nesse sentido, é exceção legal ao estabelecido no art. 393, *caput*: "O devedor não responde pelos prejuízos resultantes de caso fortuito ou força maior, se expressamente não se houver por eles responsabilizado". No contrato de transporte só exclui a responsabilidade do transportador a força maior. Esta, todavia, vincula-se à noção de caso fortuito externo, a saber, o fato estranho à atividade do transportador, que se interpõe à atividade deste, dando causa ao dano.

O art. 735 do CC/2002, da mesma forma, limita a responsabilidade do transportador, definindo que esta não será elidida, no caso de acidente com o passageiro, no caso de culpa de terceiro. Porém, preserva-se, em relação ao transportador, a ação regressiva contra o culpado. Aqui se trata de responsabilidade contratual, de modo que responderá perante a vítima o transportador, que poderá ressarcir-se do que pagar ao terceiro a quem se impute a causa do dano.

A responsabilidade do transportador inicia-se com a entrega da mercadoria para transporte, antes do que não há de se falar em risco do negócio.[37] Nesse sentido, não se aplica tarifamento

---

[37] "Elementos suficientes para atribuir responsabilidade à transportadora. Teoria do risco. Inaplicabilidade. 1. Entendeu a Corte local que, embora seja objetiva a responsabilidade da fornecedora pelos serviços que presta, 'o fato que deu origem ao dano não se enquadra entre os riscos normais da atividade desenvolvida pela ré. Trata-se de hipótese diversa daquela em que a carga é extraviada quando já está sob a guarda da transportadora. A mercadoria sequer chegou a ser entregue a ela'. Por essa razão, considerando que a relação de consumo não chegou a ser estabelecida, o Tribunal *a quo* entendeu por bem afastar a teoria do risco. 2. O v. acórdão recorrido afirma, ainda, que não restou demonstrada a alegada participação de funcionários da agravada na fraude, o que só vem a corroborar a ausência de responsabilidade da

ou limite predefinido de indenização ao transporte de mercadorias.[38] E o prazo prescricional para reclamar danos é o do Código Civil,[39] quando não se tratar de relação de consumo.

Exclui-se, todavia, a responsabilidade do transportador por vício próprio da coisa, uma vez que o perecimento ou avaria não terá por causa o transporte.[40] Também o cumprimento das formalidades fiscais constitui obrigação do transportador, cujo não descumprimento importa responsabilidade.[41] Não por outra razão é que se reconhece ao transportador o direito de recusar a coisa desacompanhada dos documentos exigidos por lei ou regulamento (art. 747 do CC/2002).

Ocorrendo subcontratação entre o transportador contratual e o transportador de fato, há solidariedade entre eles pelo extravio de mercadorias.[42] A responsabilidade do transportador cessa apenas com a entrega efetiva da mercadoria ao destinatário.[43]

Também a obrigação do transportador de mercadorias é de fim, não de meio. Segue o que é característica própria do contrato de transporte.[44] Isso vale para os contratos regulados tanto pelo Código Civil quanto pelo Código Comercial, como é o caso do transporte marítimo de mercadorias. Afasta-se a responsabilidade do transportador no caso de força maior, o que, mesmo em vista da ausência de definição no Código Comercial, também nesse ponto orienta-se a doutrina à aplicação do Código Civil.[45] Nesse sentido, a regra em relação à responsabilidade do transportador é sua natureza objetiva, independente de culpa, uma vez que assume o risco da atividade. Admite-se, todavia, a culpa concorrente como causa de redução de indenização. Isso porque, no caso de extravio de mercadoria, a indenização é integral, afastando-se tarifamento previsto na legislação especial.[46]

É reconhecida a obrigação de incolumidade pela jurisprudência também no caso do transporte de cargas. Todavia, afasta a responsabilidade do transportador o roubo da carga em assalto, fato que caracteriza fortuito externo,[47] uma vez que não se considera o fato de

---

transportadora. 3. Para se entender de modo diverso, imprescindível seria a reapreciação do conjunto fático-probatório presente nos autos, o que é vedado nesta instância recursal, ante o óbice da Súmula 7/STJ. 4. Agravo regimental não provido" (STJ, Agravo Regimental no AREsp 9.158/SP, Rel. Min. Luis Felipe Salomão, 4ª Turma, j. 17-11-2011, DJe 25-11-2011).

[38] STJ, REsp 494.046/SP, Rel. Min. Sálvio De Figueiredo Teixeira, 4ª Turma, j. 27-5-2003, DJ 23-6-2003.
[39] STJ, REsp 744.741/PR, Rel. Min. Sidnei Beneti, 3ª Turma, j. 1º-12-2011, DJe 12-12-2011.
[40] SILVA, Justino Adriano Farias da. *Contrato de transporte de coisas*, cit., p. 114.
[41] MARTINS, Fran. *Contratos e obrigações comerciais*. Rio de Janeiro: Forense, 1999, p. 229.
[42] "(...) II. Se o transporte da carga é efetivamente feito por um único transportador, como no caso dos autos, esse transportador (transportador de fato) e a empresa contratada para promover o transporte internacional da mercadoria, que subcontratou a empresa aérea, (transportador contratual) são solidariamente responsáveis pelo extravio da mercadoria ocorrido durante o transporte (...)" (STJ, REsp 900.250/SP, Rel. Min. Sidnei Beneti, 3ª Turma, j. 2-9-2010, DJe 2-12-2010).
[43] "Transporte marítimo. Responsabilidade do transportador. Diferença de carga. O transportador responde perante o importador até a efetiva entrega da mercadoria, não se aplicando ao caso o disposto no DL 116/67, que regula as relações entre transportador e entidade portuária. Precedentes. Recurso conhecido e provido" (STJ, REsp 62.409/RS, Rel. Min. Ruy Rosado de Aguiar, 4ª Turma, j. 12-9-1995, DJ 30-10-1995).
[44] Alvim, Agostinho. *Da inexecução das obrigações e suas consequências*. São Paulo: Saraiva, 1955, p. 341.
[45] ASSIS, Araken de. *Contratos nominados:* mandato, comissão, agência e distribuição, corretagem e transporte. São Paulo: RT, 2005, p. 330.
[46] STJ, REsp 494.046/SP, Rel. Min. Sálvio de Figueiredo Teixeira, 4ª Turma, j. 27-5-2003, DJ 23-6-2003.
[47] "Civil. Ação indenizatória transporte de carga. Furto de mercadorias. Força maior. Art. 1.058 do Código Civil de 1916. Inevitabilidade não caracterizada. Art. 104 do Código Comercial. Dever de vigilância da transportadora. I. O entendimento uniformizado na Colenda 2ª Seção do STJ é no sentido de que constitui

terceiro conexo à atividade de transporte.[48] Contudo, responde por negligência se realiza parada desnecessária em área de maior risco de assaltos.[49]

6.2.2. A responsabilidade do transportador e o Código de Defesa do Consumidor

Conforme já se mencionou, aplica-se o Código de Defesa do Consumidor ao contrato de transporte quando se configurar a relação de consumo, mediante a presença de consumidor e fornecedor. Como regra, o transporte de pessoas configura relação de consumo,[50] de modo que as normas do CDC, segundo entendimento majoritário, inclusive prevalecem em relação a outras normas, em especial as de convenções internacionais que dispõem sobre transporte aéreo, em face do direito fundamental à reparação do dano.[51]

---

motivo de força maior, a isentar de responsabilidade a transportadora, o roubo da carga sob sua guarda (REsp 435.865/RJ, Rel. Min. Barros Monteiro, por maioria, j. 9-10-2002). II. Contudo, difere a figura do furto, quando comprovada a falta de diligência do preposto da transportadora na vigilância o veículo e carga suprimidos. III. Recurso especial conhecido, mas desprovido" (STJ, REsp 899.429/SC, Rel. Min. Aldir Passarinho Junior, 4ª Turma, j. 14-12-2010, DJe 17-12-2010). No mesmo sentido: "Responsabilidade civil. Contrato de transporte. Ação indenizatória. Roubo de carga, sob ameaça de arma de fogo, ocorrido durante o transporte rodoviário culpa da transportadora e da seguradora não demonstrada excludente da responsabilidade verificada ocorrência de força maior improcedência mantida apelo desprovido" (TJSP, Apelação 0017088-10.2006.8.26.0562, Rel. Dimas Carneiro, 37ª Câmara de Direito Privado, j. 5-2-2013, DJ 6-2-2013).

[48] "Agravo Regimental no Recurso especial. Roubo de carga. Demanda regressiva de seguradora contratada pelo proprietário dos bens em face da transportadora. Decisão monocrática provendo o reclamo da demandada, para isentá-la do dever de indenizar. Insurgência da autora – 1. A redefinição do enquadramento jurídico dos fatos expressamente mencionados no acórdão hostilizado constitui mera revaloração da prova – deliberação unipessoal em conformidade ao entendimento cristalizado na súmula n. 7 do STJ – 2. Subtração da carga, mediante ação armada de assaltantes – causa independente, desvinculada à normal execução do contrato de transporte, que configura fato exclusivo de terceiro, excludente da responsabilidade civil – entendimento consolidado neste superior tribunal de justiça – alusão, ademais, no aresto atacado, da adoção de providências concretas por iniciativa da transportadora visando à prevenção da ocorrência – 3. Recurso desprovido" (STJ, Agravo Regimental no REsp 1.036.178/SP, Rel. Min. Marco Buzzi, 4ª Turma, j. 13-12-2011, DJe 19-12-2011).

[49] "Civil. Responsabilidade civil. Transporte de mercadorias. Se o motorista de caminhão, transportando carga de terceiro, para o veículo desnecessariamente, em área sujeita a assaltos, o respectivo proprietário responde pela negligência do preposto. Recursos especiais não conhecidos" (STJ, REsp 145.614/SP, Rel. Min. Ari Pargendler, 3ª Turma, j. 17-5-2001, DJ 13-8-2001).

[50] "Processo civil, civil e consumidor. Transporte rodoviário de pessoas. Acidente de trânsito. Defeito na prestação do serviço. Prescrição. Prazo. Art. 27 do CDC. Nova interpretação, válida a partir da vigência do novo Código Civil. – O CC/16 não disciplinava especificamente o transporte de pessoas e coisas. Até então, a regulamentação dessa atividade era feita por leis esparsas e pelo CCom, que não traziam dispositivo algum relativo à responsabilidade no transporte rodoviário de pessoas. – Diante disso, cabia à doutrina e à jurisprudência determinar os contornos da responsabilidade pelo defeito na prestação do serviço de transporte de passageiros. Nesse esforço interpretativo, esta Corte firmou o entendimento de que danos causados ao viajante, em decorrência de acidente de trânsito, não importavam em defeito na prestação do serviço e; portanto, o prazo prescricional para ajuizamento da respectiva ação devia respeitar o CC/16, e não o CDC. – Com o advento do CC/02, não há mais espaço para discussão. O art. 734 fixa expressamente a responsabilidade objetiva do transportador pelos danos causados às pessoas por ele transportadas, o que engloba o dever de garantir a segurança do passageiro, de modo que ocorrências que afetem o bem-estar do viajante devem ser classificadas de defeito na prestação do serviço de transporte de pessoas. – Como decorrência lógica, os contratos de transporte de pessoas ficam sujeitos ao prazo prescricional específico do art. 27 do CDC. Deixa de incidir, por ser genérico, o prazo prescricional do Código Civil. Recurso especial não conhecido" (REsp 958.833/RS, Rel. Min. Nancy Andrighi, 3ª Turma, j. 8-2-2008, DJ 25-2-2008).

[51] STJ, REsp 245.465/MG, Rel. Min. Antônio de Pádua Ribeiro, 3ª Turma, j. 24-5-2005, DJ 20-6-2005.

No caso do transporte de coisas, pode haver relação de consumo, porém essa não é a regra. A princípio, o transporte de coisas desenvolveu-se como espécie de contrato empresarial. Pode ocorrer, contudo, de mediante a ausência de profissionalidade do contratante (remetente), ou mediante a equiparação a consumidor autorizada por lei em especial (art. 29 do CDC), cogitar-se da incidência das normas de proteção do consumidor. Assim, por exemplo, no contrato com empresa de mudanças por pessoa física, para transporte de coisas de um domicílio ao outro, entende-se pela aplicação do CDC, respondendo o transportador, segundo seu regime de responsabilidade pelo fato do serviço, pelas avarias ou o extravio das coisas transportadas.[52]

A cláusula excludente de indenização é afastada pelo art. 734 do CC/2002 e pelo art. 51, I, do CDC, que admite apenas a limitação de indenização, em situações justificáveis, ao consumidor pessoa jurídica. Da mesma forma, refira-se que, com fundamento no CDC, a solidariedade entre os transportadores é legal, uma vez que pertençam à cadeia de fornecimento.[53]

Aqui é de interesse distinguir-se entre o contrato de transporte, e respectiva responsabilidade do transportador, e a atividade de quem organiza cadeia de contratos que envolva o transporte. É o caso da organização de viagem turística, em que se tenha a agência de viagens como organizadora da cadeia de contratos.[54] Pontes de Miranda não deixava de notar, apesar de sua natureza atípica, a interligação dos diversos contratos integrantes dos serviços turísticos indicava-lhes caráter unitário.[55] Nesses casos, que como regra atualmente têm a incidência das normas do CDC, é o caráter unitário do contrato que vem merecendo da doutrina e da jurisprudência o reconhecimento da solidariedade do organizador da cadeia de contratos pelo inadimplemento de algum dos prestadores de serviço, especialmente do transportador.[56]

---

[52] TJRS, Apelação Cível 70010215390, Rel. Bayard Ney de Freitas Barcellos, 11ª Câmara Cível, j. 16-2-2005.

[53] TJSP, Apelação Cível 9223162-14.2005.8.26.0000, Rel. Paulo Pastore Filho, 17ª Câmara de Direito Privado, j. 31-1-2012.

[54] "Apelação cível. Transporte. Ação de indenização por danos morais. Falha na prestação de serviços. Espera de mais de doze horas em aeroporto. A agência de turismo responsável pela venda do pacote turístico responde pelos danos advindos dá má prestação dos serviços, ainda mais porque as passagens aéreas foram adquiridas por meio de contrato de prestação de serviços de turismo, firmado entre a autora e a CVC. A espera de mais de 12 horas, sem que a ré sequer proporcionasse alimentação ou acomodações adequadas e imediatas aos seus passageiros, evidencia que o serviço fornecido pela requerida apresentou defeito, merecendo a parte autora ser indenizada por esta razão. Correção monetária a contar do arbitramento (TJRS, verbete de súmula n. 362 do STJ). Juros de mora incidentes desde a citação (TJRS, art. 219 do CPC). Unânime. Rejeitaram a preliminar, conheceram, em parte, do recurso e, na parte conhecida, proveram parcialmente" (TJRS, Apelação Cível 70052359726, Rel. Katia Elenise Oliveira da Silva, 11ª Câmara Cível, j. 19-12-2012).

[55] PONTES DE MIRANDA, Francisco Cavalcante. *Tratado de direito privado*, cit., v. 45, p. 77-78.

[56] "PROCESSO. Rejeita-se a alegação de nulidade da sentença por vício de fundamentação – A r. sentença recorrida preenche todos os requisitos do art. 458, do CPC. PRESTAÇÃO DE SERVIÇO A operadora de turismo e agência de viagem respondem objetiva e solidariamente por todos os serviços ofertados em pacotes de turismo disponibilizados pela primeira e comercializados pela segunda, inclusive o do transporte (CDC, arts. 7º, § único, 14, 20 e 34) – O caso fortuito interno, dentre os quais se incluem os problemas técnicos do meio empregado para o transporte, não excluem a responsabilidade do transportador. RESPONSABILIDADE CIVIL Configurado o defeito do serviço prestado pela ré, consistente no descumprimento do contrato avençado com os autores, no que concerne ao roteiro do 'Cruzeiro dos Sonhos CVC', bem como do horário de retorno da embarcação 'M/V Pacific' a Recife no dia 09.11.2007, atraso este que foi resultou na perda, pelos autores, do voo que haviam adquirido, com destino à Guarulhos, e em atraso na viagem, por longo período, e não configurada nenhuma excludente de responsabilidade, de rigor, o reconhecimento da responsabilidade e a condenação da ré na obrigação de indenizar os autores pelos danos decorrentes do ilícito em questão. DANO MATERIAL Despesas com remarcação de bilhetes aéreos, reembolso da diferença do valor referente a uma diária da viagem

Nesse particular, devem ser estabelecidas algumas distinções. Em primeiro lugar, segundo entendimento majoritário, não responde pelo inadimplemento do contrato pelo transportador a agência de viagens que apenas vende a passagem.[57] Não é o caso, todavia, daquela que organiza pacote turístico, em que ressalta seu caráter unitário e respectiva responsabilidade solidária da agência.[58]

A reserva de passagem com equívoco dos dados do passageiro, de modo a impedir o transporte, gera danos de responsabilidade do transportador.[59] Responde, igualmente, o trans-

---

[57] de navio (pela exclusão do destino turístico da cidade de Fortaleza, diária adicional de estacionamento de veículo e gastos com refeições efetivados em decorrência do defeito do serviço fornecido pela ré são fatos geradores de danos materiais, porquanto implicaram em diminuição do patrimônio dos autores correntistas Montantes das condenações impostas por danos materiais pela r. sentença recorrida devem ser mantidos, visto que ausente argumento hábil para demonstrar o desacerto do MM Juízo sentenciante, uma vez que a apelante sequer apresentou impugnação específica às quantias fixadas, nem se propôs a demonstrar aritmeticamente excesso, na pretensão de reparação de danos materiais, de forma fundamentada, com indicação de valor entendido como correto. DANO MORAL O descumprimento de contrato com alteração unilateral de roteiro de pacote turístico, por culpa da agência de viagem, que resulta em perda de voo, implicando em atraso na viagem, por longo período, o que restou demonstrado nos autos, constituem, por si só, fatos geradores de dano moral, porquanto com gravidade suficiente para causar desequilíbrio do bem-estar e sofrimento psicológico relevante Indenização por danos morais fixada na quantia de R$ 10.000,00 para cada autor, com incidência de correção monetária a partir do arbitramento da indenização. JUROS DE MORA – Os juros simples de mora incidem na taxa de 12% ao ano (CC/2002, art. 406, c.c. CTN, art. 161, § 1º), a partir da citação (CPC, art. 219), por envolver responsabilidade contratual, o caso dos autos. Recurso desprovido" (TJSP, Apelação 0362762-33.2010.8.26.0000, Rel. Rebello Pinho, 20ª Câmara de Direito Privado, j. 4-2-2013, *DJ* 7-2-2013).

[57] "Civil. Processual civil. Recurso especial. Transporte aéreo. Inexecução dos serviços prestados. Não ocorrência da responsabilidade objetiva e solidária da agência de turismo. Caracterização da culpa exclusiva de terceiro. Incidência das hipóteses previstas no § 3º, I, II, do art. 14 do CDC. Ilegitimidade passiva *ad causam* reconhecida. 1. No pleito em questão, os autores contrataram com a empresa de turismo a compra e venda de passagens aéreas Brasília – Fortaleza, sendo que tal serviço, como restou demonstrado, foi regularmente prestado. Comprovado, também, que os autores não puderam utilizar os bilhetes da empresa TRANSBRASIL, em razão desta interromper seus serviços na época marcada, não efetuando, assim, os voos programados. 2. Não se tratando, *in casu*, de pacote turístico, hipótese em que a agência de viagens assume a responsabilidade de todo o roteiro da viagem contratada, e tendo, portanto, inexistido qualquer defeito na prestação de serviço pela empresa de viagens, posto que as passagens aéreas foram regularmente emitidas, incide, incontroversamente, as normas de exclusão de responsabilidade previstas no art. 14, § 3º, I e II, do CDC. Reconhecimento da ilegitimidade passiva ad causam da empresa de viagens, ora recorrente. 3. Recurso conhecido e provido" (STJ, REsp 758.184/RR, Rel. Min. Jorge Scartezzini, 4ª Turma, j. 26-9-2006, *DJ* 6-11-2006).

[58] "Responsabilidade civil. Agência de turismo. Pacote turístico. Serviço prestado com deficiência. Dano moral. Cabimento. Prova. *Quantum*. Razoabilidade. Recurso provido. I – A prova do dano moral se satisfaz, na espécie, com a demonstração do fato que o ensejou e pela experiência comum. Não há negar, no caso, o desconforto, o aborrecimento, o incômodo e os transtornos causados pela demora imprevista, pelo excessivo atraso na conclusão da viagem, pela substituição injustificada do transporte aéreo pelo terrestre e pela omissão da empresa de turismo nas providências, sequer diligenciando em avisar os parentes que haviam ido ao aeroporto para receber os ora recorrentes, segundo reconhecido nas instâncias ordinárias. II – A indenização por danos morais, como se tem salientado, deve ser fixada em termos razoáveis, não se justificando que a reparação enseje enriquecimento indevido, com manifestos abusos e exageros. III – Certo é que o ocorrido não representou desconforto ou perturbação de maior monta. E que não se deve deferir a indenização por dano moral por qualquer contrariedade. Todavia, não menos certo igualmente é que não se pode deixar de atribuir à empresa-ré o mau serviço prestado, o descaso e a negligência com que se houve, em desrespeito ao direito dos que com ela contrataram" (STJ, REsp 304.738/SP, Rel. Min. Sálvio de Figueiredo Teixeira, 4ª Turma, j. 8-5-2001, *DJ* 13-8-2001).

[59] "Apelação cível. Transporte. Reserva de passagem aérea com erro de grafia do nome do passageiro. Negativa de embarque. Tendo a companhia aérea sido contratada para realizar o transporte do autor,

portador pela venda de passagens em número superior à capacidade do veículo, o denominado *overbooking*,[60] ou ainda quando permite embarque do passageiro, transportando-o, contudo, sem a segurança e o conforto esperados.[61]

O prazo prescricional para exercício da pretensão de indenização por danos ao passageiro é o do art. 27 do CDC.[62]

6.3. O FORTUITO INTERNO E O FATO DE TERCEIRO EM RELAÇÃO À RESPONSABILIDADE CIVIL DO TRANSPORTADOR

O caso fortuito e a força maior são considerados excludentes de responsabilidade em vista de darem causa ao rompimento do nexo causal. Assim o art. 393 do CC/2002: "Art. 393. O devedor não responde pelos prejuízos resultantes de caso fortuito ou força maior, se expressamente não se houver por eles responsabilizado". Caracteriza-os, conforme o parágrafo único do art. 393, como o "fato necessário, cujos efeitos não era possível evitar ou impedir". Trata-se, portanto, de causa estranha à conduta do agente, que, por ser inevitável, é causa do dano, afastando, por conseguinte, o nexo causal que se lhe quer imputar. Os conceitos de caso fortuito e força maior associam-se às características de *necessariedade* e *inevitabilidade*.[63] Não exige, todavia, que seja imprevisível, embora possa resultar, em certas situações, que a imprevisibilidade quanto ao momento exato da ocorrência possa dar causa à sua inevitabilidade.

É consolidado na doutrina e na jurisprudência que, mesmo no regime do CDC, ante a ausência de menção específica ao caso fortuito e à força maior como causas de exclusão de responsabilidade do fornecedor, assentam-se como causas que afastam o nexo causal e derivam de critério geral característico do instituto da responsabilidade civil. Não é diferente

---

deve a mesma responder por eventual falha ou defeito na prestação do serviço. Evidenciado o defeito na prestação do serviço pela transportadora, porquanto emitiu bilhete aéreo com a grafia do nome do passageiro equivocada, o que acarretou a negativa de embarque, já que não localizada sua reserva. Dever de ressarcir as despesas com a aquisição de passagem em outra companhia reconhecido. Dano moral configurado. Indenização devida. Preliminar contrarrecursal afastada. Apelação do autor provida" (TJRS, Apelação Cível 70037144748, Rel. Luiz Roberto Imperatore de Assis Brasil, 11ª Câmara Cível, j. 6-10-2010).

[60] "Transporte aéreo. *Overbooking*. Indenização. O impedimento de voo por causa de *overbooking* é causa de dano extrapatrimonial que deve ser indenizado. Recurso conhecido e provido em parte" (STJ, REsp 481.931/MA, Rel. Min. Ruy Rosado de Aguiar, 4ª Turma, j. 17-6-2003, *DJ* 15-12-2003). No mesmo sentido: TJRS, Apelação Cível 70011560950, Rel. Orlando Heemann Júnior, 12ª Câmara Cível, j. 1º-9-2005.

[61] "Recurso especial. Ação de indenização por dano moral. Negativa de prestação jurisdicional. Não ocorrência. Indevida inversão dos ônus probatórios. Não verificação. Aplicação das regras de experiência sobre os elementos fáticos-probatórios. Possibilidade. *Overbooking*. Companhia que permite o embarque do passageiro e o acomoda na cabine dos pilotos. Dano moral. Verificação. *Quantum*. Redução. Necessidade. Juros de mora. Aplicação do princípio do *tempus regit actum*. Recurso especial parcialmente provido. (...) III – É possível aferir todo o constrangimento suportado pelo ora recorrido, que se iniciou perante os funcionários da companhia, para conseguir embarcar na aeronave, prosseguiu, na constatação de que seu assento por outra pessoa estava ocupado, e culminou com sua indevida acomodação na cabine dos pilotos, frustrando, inequivocamente, todas as expectativas naturais que o contrato de transporte pode gerar ao passageiro; IV – A despeito da reprovável conduta da empresa-aérea (venda de bilhetes em número superior à capacidade de assentos na aeronave), culminando com a indevida acomodação do passageiro na cabine de pilotos (procedimento, aliás, contrário às normas mais singelas de segurança), durante as duas horas de seu voo, conforme dá conta a sentença, tais fatos não ensejaram maiores consequências, a corroborar o elevado arbitramento pelo Tribunal de origem; (...)" (STJ, REsp 750.128/RS, Rel. Min. Massami Uyeda, 3ª Turma, j. 5-5-2009, *DJe* 15-5-2009).

[62] STJ, REsp 958.833/RS, Rel. Min. Nancy Andrighi, 3ª Turma, j. 8-2-2008, *DJ* 25-2-2008.

[63] STJ, REsp 599.546/RS, Rel. Min. Hélio Quaglia Barbosa, 4ª Turma, j. 13-2-2007, *DJ* 12-3-2007.

no caso da responsabilidade civil dos bancos, em que a jurisprudência se orienta para o mesmo entendimento.[64]

Ocorre que, há alguns anos, passou a jurisprudência a estabelecer distinção, na qualificação do caso fortuito, entre o que se convencionou denominar fortuito externo e fortuito interno, de modo que apenas o primeiro constituiria causa apta a afastar o nexo de causalidade entre a atividade do agente e o dano, e, consequentemente, sua responsabilidade. A definição de fortuito interno nesses termos estaria associada a um fato necessário e inevitável que se associa com a atividade do sujeito a quem se imputa responsabilidade. Ou, como ensina a doutrina, "inevitável e, normalmente, imprevisível que, entretanto, liga-se à própria atividade do agente. Insere-se, portanto, entre os riscos com os quais deve arcar aquele, no exercício da autonomia privada, gera situações potencialmente lesivas à sociedade".[65] Essa associação ou conexidade faria com que se pudesse formular conclusão lógica de que o dano só se deu porque existia a atividade que fomentou/promoveu maior probabilidade de sua ocorrência. Nesse sentido, sendo da própria atividade desenvolvida pelo agente que decorre o maior risco do dano, vindo este a se efetivar, não servirá a circunstância de que o fato é necessário e irresistível para excluir a responsabilidade. Ou, examinando de outro modo, será exigido, além da natureza necessária e irresistível do fato, igualmente que ele seja absolutamente estranho, externo à atividade do agente.

No direito brasileiro, há argumento de apoio a uma interpretação restritiva do fortuito em vista da atividade de risco, que é o fato de se reconhecer nela – ao menos nos casos concretos examinados pela jurisprudência – o exercício de atividade econômica.[66] Nesse sentido, embora não seja decisivo para identificação do fortuito interno, sustenta-se no denominado risco-proveito (*cuius commoda eius et incommoda*), a permitir também uma redistribuição dos custos desse risco, o que ocorre, a toda evidência, quando se tratar de responsabilidade do fornecedor.

Trata-se de entendimento que se orienta em acordo com tendência reconhecida na doutrina de mitigação da exigência de prova do nexo causal,[67] no tocante tanto ao reconhecimento de uma interpretação estrita dos fatos que admitem seu rompimento[68] quanto à admissão de presunção da causalidade.[69]

A rigor, a distinção parte da crítica da própria noção de força maior e de sua utilização pela lei, considerando as dificuldades de precisa distinção entre esta e o caso fortuito, sendo mais obra doutrinária do que legal,[70] e que atualmente teve decretada sua inutilidade práti-

---

[64] "Consumidor. Responsabilidade civil. Nas relações de consumo, a ocorrência de força maior ou de caso fortuito exclui a responsabilidade do fornecedor de serviços. Recurso especial conhecido e provido" (STJ, REsp 996.833/SP, Rel. Min. Ari Pargendler, 3ª Turma, j. 4-12-2007, *DJ* 1º-2-2008).

[65] TEPEDINO, Gustavo; BARBOSA, Heloísa Helena; BODIN DE MORAES, Maria Celina. *Código Civil interpretado conforme a Constituição da República*, cit., v. I, p. 706.

[66] Embora sejam identificadas exceções, como a seguinte decisão do TJRS: "Responsabilidade civil. Acidente de trânsito. Defeito mecânico. O defeito mecânico (fortuito interno), furo de pneu, não afasta a responsabilidade do proprietário do veículo. Apelo não provido" (TJRS, Apelação Cível 70008052227, Rel. Marcelo Cezar Muller, 12ª Câmara Cível, j. 3-3-2005).

[67] Essa tendência não é restrita ao direito brasileiro, conforme bem se percebe em: QUÈZEL-AMBRUNAZ, Cristophe. *Essai sur la causalité em droit de la responsabilité civile*. Paris: Dalloz, 2010, p. 325 e s. Entre nós, observe-se o registro de Gustavo Tepedino, na atualização da obra clássica e Caio Mário, *Responsabilidade civil*, cit., 10. ed., p. 117.

[68] SCHREIBER, Anderson. *Novos paradigmas da responsabilidade civil*, cit., p. 64 e s.

[69] Veja-se: MULHOLLAND, Caitlin Sampaio. *A responsabilidade civil por presunção de causalidade*, cit., p. 278 e s.

[70] Veja-se: PONTES DE MIRANDA, F. C. *Tratado de direito privado*. São Paulo: RT, 1984, t. 23, p. 78; ALVIM, Agostinho. *Da inexecução das obrigações e suas consequências*, cit., 4. ed., p. 330.

ca.⁷¹ Fala-se do caso fortuito interno em oposição ao caso fortuito externo que seria externo à atividade daquele a quem se imputará a responsabilidade.

O desafio, nesse caso, sempre foi o de mensurar hipótese de exclusão de responsabilidade em acordo com as premissas da responsabilidade objetiva, que, ao tornar prescindível a culpa e presente os demais pressupostos, concentra a matéria de defesa à presença ou não do nexo causal.

Por outro lado, uma crítica feita sobre a explicação de Agostinho Alvim para a identificação entre o fortuito externo e a força maior – como causas excludentes da atividade – é a verificação de que não resolve situações que envolvem a denominada responsabilidade objetiva agravada, hipótese em que se limitam ainda mais as excludentes de nexo causal, considerando que o dano deriva de *riscos inerentes, característicos ou típicos da atividade em questão*.⁷² É solução que a doutrina precisa de Giselda Hironaka, a partir da identificação de exposição a risco (*mise en danger, esposizione a pericolo*), bem denominou *responsabilidade pressuposta*, pela qual, inclusive, restringem-se outras hipóteses de exclusão de responsabilidade tradicionalmente admitidas, como é o caso mais notável da culpa de terceiro. Nesse sentido ensina a mestra de São Paulo que "o efeito liberatório só será admitido, então, se o fato de terceiro ou da vítima excluir, de maneira indubitável, o elo causal necessariamente existente entre o exercício da atividade perigosa e o dano produzido. Não bastará, contudo, que essas pessoas tenham apenas se imiscuído no exercício da atividade perigosa para que o agente seja liberado; terá sido necessário que as medidas para evitar a intromissão tenham sido tomadas à exaustão".⁷³ Ou, ainda, no caso de culpa de terceiro, como hipótese que não induz necessariamente a um afastamento da responsabilidade daquele que exerce atividade perigosa, senão que caracteriza a concorrência entre causas, entre o terceiro e aquele que deu causa ao risco, dando ensejo à solidariedade de ambos pela obrigação de indenizar a vítima.⁷⁴

É em decisão acerca da responsabilidade do transportador, ainda, que o STJ iniciou a discussão sobre a distinção entre o fortuito interno e o fortuito externo como excludente de responsabilidade do fornecedor. Segundo a linha de entendimento seguida pelo Tribunal até o início dos anos 2000, em especial pelo voto do Min. Ruy Rosado de Aguiar, o "assalto" (roubo) aos passageiros de um ônibus, durante a execução do transporte, não se considerava como causa apta a elidir a responsabilidade do transportador.⁷⁵ Esse entendimento, contudo, foi superado pela jurisprudência atual, que reconhece o roubo praticado por terceiros como espécie de fortuito externo, que afasta a responsabilidade do transportador.⁷⁶ Refiram-se, con-

---

[71] Assim: NORONHA, Fernando. *Direito das obrigações*, cit., 2010, p. 659.

[72] NORONHA, Fernando. *Direito das obrigações*, cit., 2010, p. 667. Ou, como refere Mulhlland, trata-se de uma causalidade provável. MULHOLLAND, Caitlin Sampaio. *A responsabilidade civil por presunção de causalidade*, cit., p. 308 e s.

[73] HIRONAKA, Giselda Maria F. Novaes. *Responsabilidade pressuposta*, cit., p. 309.

[74] Veja-se: TALLONE, Frederico Carlos. Culpa del tercero y el riesgo creado. Concurrencia causal. *Revista de Derecho de Danos*, 2003-2, Santa-Fé: Rubinzal Culzoni, 2003, p. 83 e s.

[75] "RESPONSABILIDADE CIVIL. Transporte coletivo. Assalto. Responsabilidade da empresa transportadora. O assalto a cobrador de ônibus não é fato imprevisível nem alheio ao transporte coletivo, em zona de frequentes roubos, razão pela qual não vulnera a lei a decisão que impõe à empresa a prova da excludente da responsabilidade pela morte de um passageiro. Precedente desta Quarta Turma (REsp 50.129/RJ, Rel. Min. Torreão Braz). Recurso exclusivamente pela alínea a, não conhecido" (STJ, REsp 175.794/SP, Rel. Min. Ruy Rosado de Aguiar, 4ª Turma, j. 5-11-1998, *DJ* 21-2-2000).

[76] "Agravo regimental. Ação de indenização. Assalto. Interior de ônibus. Responsabilidade da empresa. Excludente. Caso fortuito. Decisão agravada mantida. Improvimento. I. Fato inteiramente estranho ao transporte (assalto à mão armada no interior de ônibus coletivo), constitui caso fortuito, excludente de responsabilidade da empresa transportadora. II. O agravante não trouxe qualquer argumento capaz de

tudo, precedentes que, refletindo sobre a matéria, concluem que o perigo externo reconhecido como corriqueiro em determinadas cidades ou zonas não pode mais ser reconhecido como fato externo, ou exigidos deveres de precaução do transportador.[77]

Esse entendimento, contudo, não elimina a discussão quanto à própria natureza do fortuito interno. Atualmente, em relação às excludentes de responsabilidade, é controvertida a jurisprudência acerca da responsabilidade do transportador no contrato de transporte de pessoas. Em especial no tocante à admissão do caso fortuito e – especialmente – à distinção entre fortuito interno e fortuito externo para efeito de exclusão de responsabilidade. No caso do contrato de transporte, esses fatos seriam aqueles comumente observados na prestação do serviço, constituindo riscos pelos quais deve arcar o transportador. Assim posicionou-se o STJ, no sentido de que responde o transportador aéreo por atrasos decorrentes de fatos corriqueiros, ainda que inevitáveis, quando se caracterizem como fortuito interno.[78]

A divergência encontra-se na qualificação do fato como fortuito interno (risco inerente à atividade ou não). Assim é o caso do arremesso de pedra, considerado em certos julgados como fortuito externo e, consequentemente, excluindo responsabilidade.[79] E, no mesmo sentido, precedente jurisprudencial que entendeu como caso fortuito externo a situação em que um dos passageiros transportava uma bomba em sua bagagem de mão, causando danos aos demais. Afastou-se, no caso, o dever de indenizar do transportador.[80] Trata-se de fortuito externo que se consubstancia em fato exclusivo de terceiro.

A distinção aqui exige cuidado exame. Pode-se afirmar que o fato de terceiro pelo qual responde o transportador é aquele cuja exposição obteve em razão da conexidade com sua atividade.[81] Assim, por exemplo, o acidente com o veículo do transportador que tenha por

---

modificar a conclusão alvitrada, a qual se mantém por seus próprios fundamentos. Agravo improvido" (STJ, Agravo Regimental no Agravo 711.078/RJ, Rel. Min. Sidnei Beneti, 3ª Turma, j. 16-9-2008, *DJe* 30-9-2008). No mesmo sentido: STJ, Agravo Regimental 1.336.152/SP, Rel. Min. João Otávio de Noronha, 4ª Turma, j. 14-6-2011, publ. 20-6-2011.

[77] "Responsabilidade civil do transportador. Assalto no interior de ônibus. Lesão irreversível em passageiro. Recurso especial conhecido pela divergência, mas desprovido pelas peculiaridades da espécie. Tendo se tornado fato comum e corriqueiro, sobretudo em determinadas cidades e zonas tidas como perigosas, o assalto no interior do ônibus já não pode mais ser genericamente qualificado como fato extraordinário e imprevisível na execução do contrato de transporte, ensejando maior precaução por parte das empresas responsáveis por esse tipo de serviço, a fim de dar maior garantia e incolumidade aos passageiros. Recurso especial conhecido pela divergência, mas desprovido" (STJ, REsp 232.649/SP, Rel. p/ Acórdão Min. Cesar Asfor Rocha, 4ª Turma, j. 15-8-2002, *DJ* 30-6-2003).

[78] STJ, REsp 401.397/SP, Rel. Min. Nancy Andrighi, 3ª Turma, j. 27-6-2002, *DJ* 9-9-2002.

[79] "Civil. Responsabilidade civil. Transporte de passageiros. Arremesso de pedra, de fora do trem, causando lesões em passageiro, é ato de terceiro, estranho ao contrato de transporte, pelo qual a companhia transportadora não responde. Recurso especial conhecido e provido" (STJ, REsp 154.311/SP, Rel. Min. Ari Pargendler, 3ª Turma, j. 10-4-2001, *DJ* 28-5-2001).

[80] "Direito civil. Responsabilidade civil. Explosão de bomba em composição ferroviária. Fato de terceiro. Caso fortuito. O depósito de artefato explosivo na composição ferroviária por terceiro não é fato conexo aos riscos inerentes ao deslocamento, mas constitui evento alheio ao contrato de transporte, não implicando responsabilidade da transportadora. Recurso especial não conhecido" (STJ, REsp 589.051/SP, Rel. Min. Cesar Asfor Rocha, 4ª Turma, j. 23-3-2004, *DJ* 13-9-2004).

[81] "Responsabilidade civil. Estrada de ferro. Passageiro ferido em assalto. O fato de terceiro que não exonera de responsabilidade o transportador e aquele que com o transporte guarda conexidade, inserindo-se nos riscos próprios do deslocamento. Não assim quando intervenha fato inteiramente estranho, como ocorre tratando-se de um assalto" (STJ, REsp 35.436/SP, Rel. Min. Eduardo Ribeiro, 3ª Turma, j. 21-9-1993, *DJ* 4-10-1993).

causa determinante a imprudência do condutor de outro veículo não se considera causa excludente, o que, aliás, resta consignado no art. 735 do CC/2002. Também o fato do atraso que leva à perda do voo de conexão dever-se à necessidade de manutenção da aeronave não configura caso fortuito ou força maior para excluir a responsabilidade do transportador.[82] E o mesmo quando há extravio de bagagem no transporte aéreo que inviabiliza a fruição do prosseguimento da viagem em transporte marítimo da forma como pretendida razoavelmente pelos passageiros consumidores.[83]

Há também situações em que a conduta do seu preposto contribui, ao lado da conduta de terceiro, com o dano, hipótese que atrai a responsabilidade do transportador.[84]

A rigor se exigirá, seja para que qualifique essas causas de exclusão da responsabilidade do transportador, seja identificando nelas situação totalmente autônoma em relação ao transporte. Nessa hipótese, não se encontra o dano causado a passageiro por terceiro, quando o encadeamento de fatos que levam à sua ocorrência permite identificar conduta do preposto do transportador favorecendo o resultado final (embora não sendo o causador direto). Nesse caso, como não se discute sua culpa, mas simplesmente a contribuição causal que tenha dado à formação do estado de coisas que favorecerá a ocorrência do dano, é incogitável que se pergunte, sobre o preposto, quanto à capacidade de antecipar ou não os efeitos do ato. Esse parece ser o fundamento do STJ, ao decidir caso em que passageiro que se envolve em discussão com cobrador de ônibus em razão de alteração do itinerário é alvejado por tiro disparado por outro passageiro, após a deflagração de confusão no veículo a partir do atrito da vítima e do preposto do transportador.[85]

Da mesma forma, o rompimento de um cabo elétrico em um serviço de transporte ferroviário foi identificado como evento inesperado, mas previsível, inserindo-se no conceito de fortuito interno, de modo a não excluir a responsabilidade do transportador.[86] Ou ainda, a

---

[82] TJRJ, Apelação Cível 0189764-85.2009.8.19.0001, Rel. Marcelo Lima Buhatem, j. 11-1-2012.
[83] TJRS, Apelação Cível 70043070333, Rel. Ana Lúcia Carvalho Pinto Vieira Rebout, 12ª Câmara Cível, j. 30-6-2011.
[84] STJ, REsp 294.610/RJ, Rel. Min. Aldir Passarinho Junior, 4ª Turma, j. 26-8-2003, *DJ* 15-12-2003.
[85] "Civil e processual civil. Responsabilidade civil. Transporte de pessoas. Caso fortuito. Culpa de terceiro. Limites. Aplicação do direito à espécie. Necessidade de reexame de prova. Impossibilidade. 1. A cláusula de incolumidade é ínsita ao contrato de transporte, implicando obrigação de resultado do transportador, consistente em levar o passageiro com conforto e segurança ao seu destino, excepcionando-se esse dever apenas nos casos em que ficar configurada alguma causa excludente da responsabilidade civil, notadamente o caso fortuito, a força maior ou a culpa exclusiva da vítima ou de terceiro. 2. O fato de um terceiro ser o causador do dano, por si só, não configura motivo suficiente para elidir a responsabilidade do transportador, sendo imprescindível aferir se a conduta danosa pode ser considerada independente (equiparando-se a caso fortuito externo) ou se é conexa à própria atividade econômica e aos riscos inerentes à sua exploração. 3. A culpa de terceiro somente romperá o nexo causal entre o dano e a conduta do transportador quando o modo de agir daquele puder ser equiparado a caso fortuito, isto é, quando for imprevisível e autônomo, sem origem ou relação com o comportamento da própria empresa. 4. Na hipótese em que o comportamento do preposto da transportadora é determinante para o acidente, havendo clara participação sua na cadeia de acontecimentos que leva à morte da vítima – disparos de arma de fogo efetuados logo após os passageiros apartarem briga entre o cobrador e o atirador –, o evento não pode ser equiparado a caso fortuito. 5. Quando a aplicação do direito à espécie reclamar o exame do acervo probatório dos autos, convirá o retorno dos autos à Corte de origem para a ultimação do procedimento de subsunção do fato à norma. Precedentes. 6. Recurso especial provido" (STJ, REsp 1.136.885/SP, Rel. Min. Nancy Andrighi, 3ª Turma, j. 28-2-2012, *DJe* 7-3-2012).
[86] Neste sentido, decidiu o STJ que "não o suficiente, a incolumidade dos passageiros diante de eventos inesperados, mas previsíveis, como o rompimento de um cabo elétrico, encontra-se indubitavelmente inserido nos fortuitos internos da prestação do serviço de transporte, pois o transportador deve possuir

responsabilidade do transportador pelo assédio sexual sofrido por uma passageira, por parte de outro passageiro, em situação que foi reconhecida ofensa à cláusula de incolumidade que caracteriza o contrato de transporte.[87]

6.4. A RESPONSABILIDADE DO TRANSPORTADOR AÉREO E AS CONVENÇÕES INTERNACIONAIS

O Brasil é signatário da Convenção de Varsóvia, de 1929, para unificação de certas regras relativas ao transporte aéreo internacional, ratificada em 1931 e atualizada e complementada pelos protocolos de Haia (1955), Guatemala (1971) e Montreal (1975). Nesse sentido, observe-se que, pelo art. 1º, item 2, da Convenção de Varsóvia, considera-se transporte internacional aquele cujos ponto de partida e ponto do destino, existindo ou não interrupção de transporte, ou troca de aeronave, estejam situados no território de países distintos.

Tanto o Código Brasileiro de Aeronáutica quanto a Convenção de Varsóvia limitam situações e valores de indenização pelo dano a passageiros, bagagens ou cargas.

Com relação à aplicação ou não das convenções internacionais incorporadas no direito brasileiro, em especial as relativas à responsabilidade do transportador aéreo, conclui majoritária doutrina pela prevalência das normas do Código de Defesa do Consumidor e do Código Civil quando em antinomia com as normas da Convenção de Varsóvia e seus protocolos posteriores.[88] Hipótese comum de antinomia é a que consagra o direito básico do consumidor à efetiva reparação de danos, e a norma da Convenção de Varsóvia que fixa valor máximo de indenização. Esse modelo de indenização predefinida, por lei, foi afastado pelas Cortes brasileiras em face de sua incompatibilidade com a Constituição Federal de 1988. Nesse sentido, entende-se que o art. 732 do CC/2002 derroga formalmente a Convenção de Varsóvia, relativa aos transportes aéreos.[89] Nesse sentido, foi largamente majoritária a formação da jurisprudência brasileira.[90]

Desde o início da vigência do Código de Defesa do Consumidor, a jurisprudência, em relação aos contratos de transporte que se caracterizam como relação de consumo, aplicou prioritariamente o CDC sob a qualificação de prestação de serviços. O que em relação aos contratos de transporte de consumo já teve sua aplicação afastada pela jurisprudência pacífica do STJ, no tocante ao tarifamento da indenização devida na hipótese de danos causados pelo transportador, em face do regime do CDC.[91]

---

protocolos de atuação para evitar o tumulto, o pânico e a submissão dos passageiros a mais situações de perigo, como ocorreu com o rompimento dos lacres das portas de segurança dos vagões e o posterior salto às linhas férreas de altura considerável e entre duas estações de parada. 13. Recurso especial desprovido" (STJ, REsp 1786722/SP, Rel. Min. Nancy Andrighi, 3ª Turma, j. 09/06/2020, DJe 12/06/2020).

[87] STJ, REsp 1662551/SP, Rel. Min. Nancy Andrighi, 3ª Turma, j. 15/05/2018, DJe 25/06/2018.

[88] MORSELLO, Marco Fábio. *Responsabilidade civil no transporte aéreo*. São Paulo: Atlas, 2007, p. 433-434; TEPEDINO, Gustavo. *Comentários ao novo Código Civil*, cit., p. 464; MARQUES, Claudia Lima. *Contratos no Código de Defesa do Consumidor*, 7. ed., cit., p. 479.

[89] ASSIS, Araken de. *Contratos nominados*, cit., p. 213.

[90] STF, RE 351.750, Rel. p/ Acórdão Min. Carlos Britto, 1ª Turma, j. 17-3-2009, DJ 25-9-2009; STJ, REsp 235,678/SP, Rel. Min. Ruy Rosado de Aguiar, 4ª Turma, j. 2-12-1999, DJ 14-2-2000; AgRg no REsp 1.060.792/RJ, Rel. Min. Nancy Andrighi, 3ª Turma, j. 17-11-2011, DJe 24-11-2011.

[91] Exemplificativamente: "Agravo regimental. Transporte aéreo de mercadorias. Extravio ou perda. Ação de indenização. Convenção de Varsóvia. Código de Defesa do Consumidor. É firme a jurisprudência desta Corte no sentido de que a responsabilidade civil do transportador aéreo pelo extravio de bagagem ou de carga rege-se pelo Código de Defesa do Consumidor, se o evento se deu em sua vigência, afastando-se a indenização tarifada prevista na Convenção de Varsóvia. Agravo improvido" (STJ, AgRg no Ag

Contudo, recentemente, ao julgar o RE 636311/RJ, que teve reconhecida sua repercussão geral, o STF alterou este entendimento consolidado, passando a dar prevalência à incidência da Convenção de Varsóvia e dos limites que estabelece para indenização de danos materiais nos contratos de transporte aéreo, e afastando a incidência do Código de Defesa do Consumidor. Foi fixada pelo tribunal a seguinte tese: "Nos termos do art. 178 da Constituição da República, as normas e os tratados internacionais limitadores da responsabilidade das transportadoras aéreas de passageiros, especialmente as Convenções de Varsóvia e Montreal, têm prevalência em relação ao Código de Defesa do Consumidor".[92] Registre-se que este entendimento estabelece uma exceção à ampla reparabilidade dos danos reconhecidas até então pelo direito brasileiro, inclusive com a impossibilidade de limitação a priori. Deve ser considerado, contudo, como decisão excêntrica em vista do sistema de responsabilidade pelo fato do produto e do serviço estabelecido pelo CDC e, mesmo, do sistema de responsabilidade civil geral, disciplinada pelo Código Civil.

O fundamento da tese do STF, que representa uma restrição expressiva a ampla reparabilidade dos danos no direito brasileiro, encontra-se no art. 178 da Constituição Federal, que refere: "Art. 178. A lei disporá sobre a ordenação dos transportes aéreo, aquático e terrestre, devendo, quanto à ordenação do transporte internacional, observar os acordos firmados pela União, atendido o princípio da reciprocidade." Todavia, é inequívoco que a decisão em questão coloca sob dúvida a orientação contemporânea de reparabilidade dos danos, inclusive como resultado da interpretação do art. 5º, V, da Constituição que assegura o direito fundamental à reparação por dano moral, material e à imagem.

827.374/MG, 3ª T., j. 04.09.2008, rel. Min. Sidnei Beneti, *DJe* 23.09.2008). E da mesma forma: "Civil e processual. Agravo regimental no agravo de instrumento. Extravio de bagagem em transporte aéreo internacional. Convenção de Varsóvia. Tarifação não mais prevalente em face do CDC. Danos morais. Valor da indenização. Reexame de prova. Impossibilidade. Súmula n. 7 desta Corte. Agravo improvido. I. Após o advento do Código de Defesa do Consumidor, a tarifação por extravio de bagagem prevista na Convenção de Varsóvia não prevalece, podendo a indenização ser estabelecida em valor maior ou menor, consoante a apreciação do Judiciário em relação aos fatos acontecidos. II. A alteração dos valores arbitrados a título de reparação de danos extrapatrimoniais somente é possível, em sede de recurso especial, nos casos em que o valor fixado destoa daqueles arbitrados em outros julgados recentes desta Corte ou revela-se irrisório ou exagerado, o que não ocorre no presente caso. III. Alteração do valor arbitrado, no presente caso, implicaria em reexame de matéria fático-probatória, o que está obstado pela Súmula n. 7 desta Corte. IV. Agravo improvido" (AgRg no Ag 959.403/RJ, 4.ª T., j. 10.06.2008, rel. Min. Aldir Passarinho Junior, *DJe* 30.06.2008).

[92] "Recurso extraordinário com repercussão geral. 2. Extravio de bagagem. Dano material. Limitação. Antinomia. Convenção de Varsóvia. Código de Defesa do Consumidor. 3. Julgamento de mérito. É aplicável o limite indenizatório estabelecido na Convenção de Varsóvia e demais acordos internacionais subscritos pelo Brasil, em relação às condenações por dano material decorrente de extravio de bagagem, em voos internacionais. 5. Repercussão geral. Tema 210. Fixação da tese: 'Nos termos do art. 178 da Constituição da República, as normas e os tratados internacionais limitadores da responsabilidade das transportadoras aéreas de passageiros, especialmente as Convenções de Varsóvia e Montreal, têm prevalência em relação ao Código de Defesa do Consumidor'. 6. Caso concreto. Acórdão que aplicou o Código de Defesa do Consumidor. Indenização superior ao limite previsto no art. 22 da Convenção de Varsóvia, com as modificações efetuadas pelos acordos internacionais posteriores. Decisão recorrida reformada, para reduzir o valor da condenação por danos materiais, limitando-o ao patamar estabelecido na legislação internacional. 7. Recurso a que se dá provimento" (STF, RE 636331, Rel. Min. Gilmar Mendes, Tribunal Pleno, j. 25/05/2017, *DJ* 13/11/2017).

Capítulo 7
RESPONSABILIDADE CIVIL DOS BANCOS

A atividade bancária e as relações que estabelecem banco e cliente são massificadas, em escala, dando ensejo aos riscos daí decorrentes. Sua repercussão, do mesmo modo, faz-se sentir igualmente entre clientes com quem estabelecem relação contratual, e também entre terceiros, que podem ser afetados por falhas na oferta e execução dos serviços bancários.

Isso fez com que, nas últimas décadas, tenham se multiplicado casos nos quais falhas no exercício da atividade bancária sejam identificadas como causas de danos a clientes e terceiros, situações que vêm merecendo atento tratamento jurisprudencial.

Nesse particular, note-se a clara tendência de se qualificar, para fins de responsabilidade civil, as instituições financeiras mediante a incidência do Código de Defesa do Consumidor. Esse entendimento firma-se tanto no fato de os serviços bancários serem considerados objeto de relação de consumo (art. 3º, § 2º, *in fine*, do CDC) quanto na equiparação a consumidor de todas as vítimas do evento danoso, conforme permite regra expressa desse microssistema normativo (art. 17).

Por outro lado, o próprio Código Civil segue a tendência em destaque da responsabilidade civil, de objetivação da responsabilidade fundada no risco. Assim, o seu art. 927, parágrafo único, que dispõe: "Haverá obrigação de reparar o dano, independentemente de culpa, nos casos especificados em lei, ou quando a atividade normalmente desenvolvida pelo autor do dano implicar, por sua natureza, risco para os direitos de outrem". Ou o próprio art. 187 c/c art. 927, *caput*, de onde resulta a responsabilidade objetiva por danos causados em razão do exercício abusivo de prerrogativas jurídicas (abuso do direito).[1]

Admite-se, no sistema geral do Código Civil, a possibilidade de afastamento ou limitação da responsabilidade da instituição financeira, na hipótese de haver cláusula de limitação ou exclusão de responsabilidade. É o que ocorre, por exemplo, em eventuais danos que sejam reclamados pelo correspondente bancário em relação à pessoa jurídica que exerça essa atividade.[2] O mesmo, todavia, não se diga quando se trate de danos ao consumidor,

---

[1] Veja-se MIRAGEM, Bruno. *Abuso do direito*, cit., p. 185.

[2] "Apelação cível. Ação de indenização por dano moral e material. Contrato de prestação de serviços de correspondente bancário. Recebimento de contas. Valores transportados pela autora à agência bancária. Furto de malote fora do estabelecimento bancário. Culpa da instituição financeira afastada por conta de cláusula contratual que antevê a responsabilidade exclusiva da empresa autora pela guarda e segurança dos valores e documentos recebidos até a efetiva entrega ao banco. Por se tratar de fiel depositária dos valores recebidos, por força do liame contratual entre a parte, cabia à autora a obrigação de diligenciar por sua própria integridade e segurança, tomando providências para evitar o furto do malote que estava sob sua guarda e conservação, o que, de fato, inocorreu, pois a recorrente, desacompanhada de qualquer medida de segurança e proteção, conduzia sozinha os malotes no estabelecimento comercial, no mesmo horário, todas as manhãs. Apelação desprovida" (TJRS, 15ª Câm. Cív., ApCiv 70052823549, Rel. Ana Beatriz Iser, j. 20-3-2013).

situação que, ao ensejar a incidência do CDC e eventual responsabilidade do correspondente bancário segundo incipiente jurisprudência, pode dar causa à indicação de solidariedade da instituição financeira.[3]

Essa objetivação de responsabilidade, fundada no afastamento da culpa como pressuposto da imputação do dever de indenizar pelas sociedades empresárias e empresas no exercício de suas atividades, faz-se perceber tanto no Código Civil quanto no Código de Defesa do Consumidor. Em boa parte das vezes, decorre da violação de dever legal – tanto deveres gerais de não causar dano quanto aqueles de conduta específicos, como o dever de informação, o dever de cuidado ou o dever de lealdade, entre outros. Mas não se perdem de vista, igualmente, as situações em que se percebe a violação de deveres contratuais, principais ou acessórios, dando causa ao inadimplemento do contrato bancário. É o que ocorre quando descumprido o dever de custódia no depósito, ou o dever de manter disponível o recurso na abertura de crédito, por exemplo.

A incidência do CDC nas relações bancárias, contudo, permite igualmente examinar o fenômeno da responsabilidade civil dos bancos perante seus clientes consumidores a partir da distinção entre os dois regimes de responsabilidade do fornecedor definidos em lei. No direito do consumidor, não se distingue entre responsabilidade contratual e extracontratual, mediante identificação da origem do dever violado, se existente contrato ou não, mas sim quanto ao conteúdo do dever em questão. Funda-se a responsabilidade do fornecedor na violação de dever geral, denominado *dever de qualidade*, exigível de todos os que se dispõem a fornecer produtos e serviços no mercado. Significa dizer: todos os produtos e serviços ofertados no mercado devem oferecer a qualidade que legitimamente deles se espera.

Esse *dever geral de qualidade* distingue-se entre *dever de adequação* e *dever de segurança*.

Consiste o dever de adequação naquele que exige que os produtos e serviços sirvam aos fins que legitimamente deles se esperam. Ou seja, devem atender à utilidade deles razoavelmente esperada. Tomam-se em conta seu valor de uso, mas também seu valor de troca, tendo em conta a proteção do patrimônio do consumidor. Da violação do dever de adequação decorre o regime de responsabilidade por vícios do produto e do serviço (arts. 18 a 20 do CDC).

Já o dever de segurança consiste na exigência de que produtos ou serviços ofertados no mercado ofereçam a segurança esperada, ou seja, não tenham por resultado a causação de dano aos consumidores tomados individual ou coletivamente. O dever de segurança é noção que abrange, na visão mais atual, tanto a integridade psicofísica do consumidor quanto sua integridade patrimonial. Note-se que o art. 8º do CDC admite que se coloquem no mercado apenas produtos e serviços que ofereçam riscos *normais* e *previsíveis* em decorrência de sua *natureza* e *fruição*. Como regra, produtos e serviços oferecem riscos. Porém, não podem ser excessivos, ou potencializados, por falhas na atividade econômica desenvolvida pelo fornecedor. A identificação dessa peculiaridade do direito do consumidor é decisiva para compreender, mais adiante, o entendimento afirmado na jurisprudência quanto à responsabilidade civil dos bancos, especialmente em situações que envolvam a conduta de terceiros, e a limitação reco-

---

[3] "Apelação cível e recurso adesivo. Responsabilidade Civil. Indenização. Assalto a correspondente bancário de instituição financeira. Espaço físico localizado em agência dos Correios. Aplicação do Código de Defesa do Consumidor. Legitimidade da instituição financeira. Solidariedade. Responsabilidade objetiva. Dano moral. Ocorrência. Dever de indenizar. Comprovação do agir culposo da demandada – representado pela falha na segurança –, não se desincumbindo de provar algum fato extintivo, impeditivo ou modificativo de seu direito. Dano *in re ipsa*. Minoração do *quantum* indenizatório. Cabimento. Precedentes da Câmara. Recurso adesivo não conhecido. Sentença julgada totalmente procedente. À unanimidade, afastada a preliminar, deram parcial provimento ao apelo e não conheceram do recurso adesivo" (TJRS, ApCiv 70026865972, Rel. Luís Augusto Coelho Braga, j. 14-10-2010).

nhecida para recurso e interpretação das causas excludentes de responsabilidade. A violação do dever de segurança dá causa à responsabilidade do fornecedor pelo fato do produto e do serviço (arts. 12 a 14 do CDC).

Conforme já mencionado, a atividade bancária é qualificada como espécie de serviço pelo CDC. Nesse sentido, os regimes de responsabilidade serão por vício do serviço, nos termos do art. 20, ou por fato do serviço, nos termos do art. 14 desse Código. Em ambos os casos, trata-se de responsabilidade objetiva, ou seja, independente de culpa e fundada no risco decorrente da atividade da qual resulta vantagem econômica ao fornecedor (risco-proveito). E é responsabilidade solidária de todos os integrantes da cadeia de fornecimento, de modo que poderá responder a instituição financeira por danos causados por parceiros contratuais (correspondentes bancários, p. ex.), prestadores de serviços e, eventualmente, inclusive, por terceiros. Sobre esta última hipótese, diga-se que responde o banco, igualmente, por fraudes cometidas contra seus clientes, mesmo que por terceiros, sob o fundamento de que nessas situações a ocorrência do fato caracteriza o não atendimento do dever de segurança instituído por lei.

Por outro lado, há a configuração do fato do serviço independentemente da existência de relação contratual entre a instituição financeira e a vítima. Responderá a instituição financeira pelos danos causados tanto pela má execução de prestação contratual (por exemplo, extravio de talão de cheques ou de cartão enviado para a residência do cliente ou falha operacional que dá causa a saque indevido de valores de conta-corrente e causa insuficiência de fundos para pagamento de título ou cheque) quanto por falhas de sua atividade que venham a causar danos inclusive a terceiros não clientes (*bystanders*, terceiros vítimas equiparados a consumidores pelo CDC).

Nas relações em que incide o CDC, é reduzida a relevância quanto à circunstância de se tratar de relação contratual ou extracontratual, uma vez que os deveres impostos à instituição financeira e as consequências de sua violação, como regra, derivam da lei. Já no que se refere às relações em que o regime de responsabilidade é o do Código Civil, a distinção mantém sua importância.

7.1. FUNDAMENTO DA RESPONSABILIDADE CIVIL DOS BANCOS

O sistema de reparação de danos no direito brasileiro observa importante transformação após a Constituição de 1988. O reconhecimento do direito à reparação por danos morais e materiais em igualdade de condições e mesmo a possibilidade de sua cumulação[4] foram temas de gradual evolução jurisprudencial em nosso direito, sobretudo a partir da Constituição de 1988, estando hoje totalmente consagrados. Da mesma forma, a previsão expressa do direito fundamental de defesa do consumidor. Tudo informado pela proteção do princípio da dignidade humana e da solidariedade social, impôs sensíveis transformações que resultaram na compreensão atual sobre a extensão e os limites da responsabilidade civil dos bancos por danos causados a seus clientes.

O art. 944 do CC estabelece que a indenização se mede pela extensão do dano. Isso conduz a que se reconheça consagrado o princípio da reparação integral,[5] observadas as hipóteses em que se autoriza a redução da indenização (em especial, as situações contempla-

---

[4] Nesse sentido, a Súmula 37 do STJ: "São cumuláveis as indenizações por dano material e dano moral oriundos do mesmo fato".

[5] Veja-se: SANSEVERINO, Paulo de Tarso. *Princípio da reparação integral*, cit., p. 48 e s.

das pela denominada "indenização por equidade", presente no art. 944, parágrafo único,[6] e da causalidade – ou "culpa" – concorrente, do art. 945[7] do CC).

No âmbito do direito do consumidor, o direito básico estabelecido no art. 6º, VI, do CDC conduz ao reconhecimento do princípio da reparação integral. Define como direito básico do consumidor a *efetiva prevenção e reparação de danos patrimoniais e morais, individuais, coletivos e difusos*. Note-se que, com relação à identificação de quais os danos ressarcíveis no regime do CDC, foi ampla a previsão do legislador, fazendo referência aos danos materiais e morais, individuais, difusos e coletivos. E não são poucos os efeitos que daí se retiram. Não parece ter o legislador pretendido, ao se utilizar da expressão "efetiva reparação", reforçar a necessidade de reparação do consumidor, o que desde logo seria desnecessário, considerando a reparabilidade de danos consagrada pelo sistema geral de direito privado, no que diz respeito à responsabilidade civil. O direito à efetiva reparação, nesse particular, consagra em direito do consumidor o *princípio da reparação integral* dos danos. Ou seja, de que devem ser reparados todos os danos causados, tanto os prejuízos diretamente causados pelo fato quanto aqueles que sejam sua consequência direta.[8]

Note-se que, no caso da responsabilidade civil dos bancos, tem prevalência a aplicação do CDC, não sendo necessário investigar a presença dos elementos da relação de consumo, como se reclama na disciplina dos contratos bancários. Explica-se: nos contratos bancários, reclama-se a existência da relação de consumo, invocando o disposto no art. 3º, § 2º, do CDC, no entendimento jurisprudencial afirmado pela Súmula 297 do STJ, existe qualificação da atividade bancária como espécie de serviço objeto de relação de consumo – quando há de se fazer uma distinção. É preciso definir se, além de se tratar de relação contratual entre cliente e banco, o cliente ostenta qualidade que lhe permita ser identificado como consumidor, seja pela exegese do conceito de destinatário final (art. 2º) ou pela interpretação do art. 29, que autoriza a equiparação para fins de proteção contratual, atualmente interpretado segundo exigência de demonstração de vulnerabilidade *in concreto*, de subordinação entre o cliente e o banco.

Outra coisa é a relação jurídica que resulta da imputação de responsabilidade pelo dever de indenizar. Isso porque, neste caso a equiparação a consumidor, sendo irrelevante distinguir quem é ou não cliente do banco, decorre de mera constatação fática de que se trata de vítima de um dano cuja responsabilidade é do fornecedor. Em outros termos: enquanto, em matéria contratual, permite-se investigar a qualidade subjetiva do cliente bancário para efeito de promover sua equiparação a consumidor, no caso da obrigação de indenizar que resulta da responsabilidade civil dos bancos a questão apenas é se, na hipótese, se trata de vítima de dano causado por fato atribuível à atividade bancária. Há, no caso, equiparação a consumidor por força do art. 17 do CDC, sob o fundamento de que se trata de pessoa exposta aos riscos do mercado de consumo e, em especial, da atividade desenvolvida pelo banco. Assim, por exemplo, não se cogita questionar a aplicação do CDC nos danos causados, seja a clientes pessoas físicas ou grandes sociedades empresárias, pelas informações levadas indevidamente a

---

[6] Assim, o parágrafo único do art. 944 do CC: "Se houver excessiva desproporção entre a gravidade da culpa e o dano, poderá o juiz reduzir, equitativamente, a indenização". Sobre as críticas ao sentido e à aplicação da norma, remete-se ao estudo de MONTEIRO, Carlos Edson do Rego. Art. 944 do Código Civil: o problema da mitigação do princípio da reparação integral. *Revista da Procuradoria-Geral do Estado do Rio de Janeiro*, v. 3.

[7] Estabelece o art. 945 do CC: "Se a vítima tiver concorrido culposamente para o evento danoso, a sua indenização será fixada tendo-se em conta a gravidade de sua culpa em confronto com a do autor do dano".

[8] FABRE-MAGNAN, Muriel. *Les obligations*, cit., p. 903-904; COUTANT-LAPALUS, Christelle. *Le principe de la réparation intégrale en droit privé*, cit., p. 20.

registro pela instituição financeira em bancos de dados restritivos de crédito, ou pelo protesto indevido de título.

Naturalmente que outra disciplina será a da responsabilidade do banco por eventuais danos causados a seus funcionários – para o que é atraída a competência da Justiça do Trabalho – ou por ilícitos decorrentes de relações ou lesão a interesses de outras instituições financeiras – cuja natureza empresarial reclama a aplicação das normas do Código Civil no caso. Naquilo que diga respeito diretamente à prestação de serviços bancários, contudo, no âmbito da atividade típica de instituição financeira (art. 17 da Lei n. 4.595/64), a aplicação do CDC é impositiva, inclusive pela equiparação das vítimas do evento danoso a consumidoras. Constituem, por outro lado, as situações correntes, razão pela qual sob este prisma examinam-se, individualmente, os pressupostos da responsabilidade civil bancária, para, em seguida, serem examinadas situações específicas percebidas da casuística contemporânea.

7.2. RESPONSABILIDADE DOS BANCOS E RISCO INERENTE À ATIVIDADE BANCÁRIA

No caso da atividade bancária, observa-se clara tendência jurisprudencial de reconhecê-la como perigosa para o propósito de restringir as situações de exclusão do nexo causal sob a égide da distinção entre fortuito externo e interno. Nesse sentido, passa a reconhecer a jurisprudência certos eventos como inseridos em riscos inerentes à atividade bancária, de modo que por eles passa a ter de responder a instituição financeira.

Há a compreensão de que a atividade bancária, em especial por se caracterizar pela disponibilidade e liquidez de recursos financeiros e por sua movimentação sucessiva, tem por resultado maior grau de risco comparativamente a outras atividades.[9] Da mesma maneira, novas formas de relacionamento entre cliente e banco, em especial por intermédio de sistemas

---

[9] "Direito civil. Reparação do dano moral. Policial militar ferido dentro de agência bancária durante repressão a assalto, tendo sido atingido por tiro proveniente do revólver portado pelo vigia do banco. Treinamento e disponibilização de vigilantes promovidos por empresa terceirizada, e não pela própria instituição financeira. Irrelevância. Responsabilidade do banco. Danos causados ao policial atingido: tetraplegia. Dano de grande monta. Diferença fundamental entre o dano causado por esse tipo de sequela, que atinge a própria vítima, e o dano moral dos familiares em hipótese de morte de ente querido. Indenização que deve ser fixada em patamar compatível com a dor sofrida pela vítima, e com o potencial econômico da instituição financeira que causou a lesão. As agências bancárias apresentam risco inerente à sua atividade, de modo que a lei prevê de maneira minuciosa os procedimentos de segurança a que estão obrigadas, para resguardar os que se encontram em suas dependências contra a violência decorrente de assaltos. Os vigilantes que as instituições são obrigadas, por lei, a manter em suas agências podem ser treinados e contratados pelo próprio banco, ou por empresas terceirizadas. De um modo ou de outro, a instituição financeira permanece responsável perante terceiros por todos os danos causados no interior das agências. Na hipótese em que um vigilante de empresa terceirizada que trabalha em agência bancária promove disparos desnecessários durante procedimento de repressão a assalto e atinge, inadvertidamente, policial militar que trabalhava no combate ao crime em andamento, o banco deve responder pela lesão. A tetraplegia causada ao policial de 24 anos, que transforma inteiramente sua vida e o priva da capacidade para, sozinho, praticar atos simples como o de ir ao banheiro, de alimentar-se, de beber água, de tomar o filho pequeno no colo etc. é grave e não encontra paradigma em hipóteses de falecimento de entes queridos. Quando se indeniza um familiar em decorrência do evento morte, o dano que se visa a reparar é o do sofrimento pela perda de um terceiro, e não a morte propriamente dita. Já na tetraplegia, é a própria vítima que se busca indenizar. A constituição de capital não deve ser cumulada à inclusão da vítima em folha de pagamento. Tendo sido deferida a primeira, é imperioso que se afaste a segunda, sob pena de onerar demasiadamente o causador do dano. Recursos especiais conhecidos e parcialmente providos" (STJ, REsp 951.514/SP, 3ª Turma, Rel. Min. Nancy Andrighi, j. 4-10-2007, *DJ* 31-10-2007).

eletrônicos e, mais especificamente, da internet (*internet banking*),[10] corroboram a conclusão sobre o elevado risco inerente à atividade bancária.

É esse entendimento que, pela interpretação de certos eventos danosos a clientes/consumidores e terceiros vítimas e sua causa, deixa de admitir a possibilidade de exclusão da responsabilidade dos bancos mediante a demonstração de fato de terceiro.[11] Ou mesmo impõe interpretação restritiva quanto à noção de caso fortuito, distinguindo entre o *fortuito interno* e o *fortuito externo*, e conferindo apenas a este último a aptidão para exclusão da responsabilidade mediante quebra do nexo causal.

No desenvolvimento dessa linha de entendimento jurisprudencial é que recentemente se editou, no STJ, a Súmula 479, que afirma: "As instituições financeiras respondem objetivamente pelos danos gerados por fortuito interno relativo a fraudes e delitos praticados por terceiros no âmbito de operações bancárias".

Essa súmula orienta para uma maior abrangência das situações que ensejam a imputação de responsabilidade pelo dever de indenizar das instituições financeiras por delitos praticados por terceiros.[12] Contudo, ao mesmo tempo, suscita discussão relevante sobre os critérios

---

[10] "Responsabilidade civil indenizatória. Danos morais e materiais. Movimentações fraudulentas efetuadas em conta-corrente do autor, à sua revelia, mediante sistema de *internet banking*. Relação que se subsume ao direito consumerista (Súmula 297/STJ). Responsabilidade objetiva pelo vício do serviço só ilidível feita prova, pelo banco demandado, de que os lançamentos suspeitos decorreram de culpa exclusiva da vítima ou de terceiro (ou prova conclusiva de que a transferência para conta-poupança e o pagamento de conta foram feitos pela autora). O substrato probatório, ademais, aporta expressiva verossimilhança às alegações do autor. Inteligência do CDC, art. 14, § 3º; CC, art. 642; Súmula 28 do STJ. Eventual fraude cometida por falsário ignorado não é genuíno fato de terceiro, porque não elide o nexo causal (já que há obrigação contratual de zelar pela segurança das operações); é, quando muito, 'fortuito interno' à organização da atividade bancária. Risco do negócio. Ônus probatório de que não se desincumbiu o réu. Danos materiais configurados, correspondentes apenas ao que se perdeu (montante sonegado e consectários daí decorrentes) e ao que se deixou de lucrar. Parcialmente reformada a sentença nesse particular, que concedera ao autor reparação superior ao seu prejuízo real. Danos morais, por outro lado, não verificados no caso. Ônus de sucumbência a ser repartidos pelas partes. Apelação do réu parcialmente provida, prejudicado o exame do recurso do autor" (TJSP, ApCiv 991090657994, 22ª Câm. Dir. Priv., Rel. Fernandes Lobo, j. 11-4-2013).

[11] "Recurso especial representativo de controvérsia. Julgamento pela sistemática do art. 543-C do CPC. Responsabilidade civil. Instituições bancárias. Danos causados por fraudes e delitos praticados por terceiros. Responsabilidade objetiva. Fortuito interno. Risco do empreendimento. 1. Para efeitos do art. 543-C do CPC, as instituições bancárias respondem objetivamente pelos danos causados por fraudes ou delitos praticados por terceiros – como, por exemplo, abertura de conta-corrente ou recebimento de empréstimos mediante fraude ou utilização de documentos falsos –, porquanto tal responsabilidade decorre do risco do empreendimento, caracterizando-se como fortuito interno. 2. Recurso especial provido" (STJ, 2ª Seção, REsp 1.199.782/PR, Rel. Min. Luis Felipe Salomão, j. 24-8-2011, *DJe* 12-9-2011).

[12] "Direito civil. Responsabilidade civil. Bancos. Assalto. Cofres de aluguel. Responsabilidade objetiva. Dever de indenizar os danos materiais. Legitimidade ativa. Princípio da identidade física do juiz. 1. Afasta-se a alegada violação do art. 535, II, do CPC na hipótese em que o não acatamento das argumentações deduzidas no recurso tenha como consequência apenas decisão desfavorável aos interesses do recorrente. 2. O princípio da identidade física do juiz não é absoluto, sendo ultrapassado quando o juiz responsável pela instrução do feito for afastado por qualquer motivo. Em tal hipótese cabe a seu sucessor decidir sobre a repetição das provas colhidas em audiência caso não se sinta apto a julgar. 3. É de responsabilidade do banco a subtração fraudulenta dos conteúdos dos cofres que mantém sob sua guarda. Trata-se do risco profissional, segundo o qual deve o banco arcar com os ônus de seu exercício profissional, de modo a responder pelos danos causados a clientes e a terceiros, pois são decorrentes da sua prática comercial lucrativa. Assim, se a instituição financeira obtém lucros com a atividade que desenvolve, deve, de outra parte, assumir os riscos a ela inerentes. 4. Está pacificado na jurisprudência do Superior Tribunal de Justiça o entendimento de que roubos em agências bancárias são eventos previsíveis, não caracterizan-

para identificação das situações que caracterizem nível de risco tal que caracterize o fortuito interno. Exemplo disso é o do furto ou roubo do cliente por terceiro, logo após a saída da agência bancária (designada no jargão "saidinha de banco").[13-14]

---

do hipótese de força maior, capaz de elidir o nexo de causalidade, requisito indispensável ao dever de indenizar. 5. Recurso especial não conhecido" (STJ, REsp 109.3617/PE, 4ª Turma, Rel. Min. João Otávio de Noronha, j. 17-3-2009, *DJe* 23-3-2009). No mesmo sentido: "Processo civil. Responsabilidade civil. Recurso especial. Prova pericial. Princípio do livre convencimento motivado. Cheque com adulteração sofisticada. Falso hábil. Caso fortuito interno. Caracterização da responsabilidade objetiva da instituição financeira. Danos materiais e morais indenizáveis. 1. A finalidade da prova é o convencimento do juiz, sendo este o seu direto e principal destinatário. Por isso que, sempre que constatar que o acervo documental é suficiente para nortear e instruir seu entendimento, assiste-lhe o poder-dever de julgar a lide antecipadamente, sendo forçoso concluir que o seu livre convencimento é a bússola norteadora da necessidade ou não de produção de quaisquer provas que entender pertinentes ao julgamento da lide (art. 330, I, do CPC). Precedentes. 2. No que tange ao 'falso hábil', assim entendido aquele cuja falsidade é perceptível 'somente com aparelhos especializados de grafotécnica, por meio de gramafenia em que se detectem, e.g., morfogêneses gráficas, inclinações axiais, dinamismos gráficos (pressão e velocidade), pontos de ataque e remate, valores angulares e curvilíneos' (ALVES, Vilson Rodrigues. *Responsabilidade civil dos estabelecimentos bancários*. Campinas: Servanda, 2005. v. 1, p. 284), abrem-se três possibilidades: (i) a inexistência de culpa do correntista; (ii) culpa exclusiva do cliente; (iii) culpa concorrente. 3. 'As instituições bancárias respondem objetivamente pelos danos causados por fraudes ou delitos praticados por terceiros – como, por exemplo, abertura de conta-corrente ou recebimento de empréstimos mediante fraude ou utilização de documentos falsos –, porquanto tal responsabilidade decorre do risco do empreendimento, caracterizando-se como fortuito interno' (STJ, REsp 1.199.782/PR, 2ª Seção, Rel. Min. Luis Felipe Salomão, j. 24-8-2011 – sob o rito previsto no art. 543-C do CPC, *DJe* 12-9-2011). 4. No caso, não há se afastar a responsabilidade objetiva da instituição financeira quando inexistente culpa do correntista, por se tratar de caso fortuito interno, assistindo à recorrente o direito à indenização por danos materiais e morais. 5. Recurso especial provido" (STJ, REsp 1.093.440/PR, 4ª Turma, Rel. Min. Luis Felipe Salomão, j. 2-4-2013, *DJe* 17-4-2013).

[13] "Civil. Estacionamento comercial vinculado a banco. Oferecimento de vaga para clientes e usuários. Corresponsabilidade da instituição bancária e da administradora do estacionamento. Roubo. Indenização devida. I. Tanto a instituição bancária locadora da área como a empresa administradora do estacionamento são responsáveis pela segurança das pessoas e veículos que dele fazem uso. II. A exploração comercial de estacionamento, que tem por escopo oferecer espaço e segurança aos usuários, afasta a alegação de força maior em caso de roubo havido dentro de suas instalações. III. Precedentes do STJ. IV. Recurso especial não conhecido" (STJ, REsp 503.208/SP, 4ª Turma, Rel. Min. Aldir Passarinho Junior, j. 26-5-2008, *DJe* 23-6-2008).

[14] "Recurso especial. Ação de reparação por danos materiais e compensação por danos morais. Assalto na via pública após saída de agência bancária. Saque de valor elevado. Responsabilidade objetiva. Ausente. 1. Autora pleiteia reparação por danos materiais e compensação por danos morais em decorrência de assalto sofrido, na via pública, após saída de agência bancária. 2. Ausente a ofensa ao art. 535 do CPC, quando o Tribunal de origem pronuncia-se de forma clara e precisa sobre a questão posta nos autos. 3. Na hipótese, não houve qualquer demonstração de falha na segurança interna da agência bancária que propiciasse a atuação dos criminosos fora das suas dependências. Ausência, portanto, de vício na prestação de serviços. 4. O ilícito ocorreu na via pública, sendo do Estado, e não da instituição financeira, o dever de garantir a segurança dos cidadãos e de evitar a atuação dos criminosos. 5. O risco inerente à atividade exercida pela instituição financeira não a torna responsável pelo assalto sofrido pela autora, fora das suas dependências. 6. A análise da existência do dissídio é inviável, porque não foram cumpridos os requisitos dos arts. 541, parágrafo único, do CPC e 255, §§ 1º e 2º, do RISTJ. 7. Negado provimento ao recurso especial" (STJ, REsp 1.284.962/MG, 3ª Turma, Rel. Min. Nancy Andrighi, j. 11-12-2012, *DJe* 4-2-2013). Entendendo pela responsabilidade da instituição financeira, veja-se: "Agravo interno em apelação cível. Ação indenizatória. Assalto a cliente na saída de agência bancária após saque de elevada quantia. Relação de consumo. Responsabilidade objetiva. Defeito na prestação do serviço. Dever de segurança. Dano material e moral. Manutenção da decisão monocrática. Desprovimento do recurso. 1. Constata-se nítida relação consumerista, a ensejar a aplicação da responsabilidade objetiva da instituição financeira, por força do art. 17 da Lei n. 8.078/1990. 2. Com efeito, vale registrar que o fato de o roubo ter

No caso, distinguem-se duas situações: aquela em que o criminoso dispõe de informações específicas decorrentes de falha imputável ao banco (p. ex., a informação prestada por empregado do banco, cúmplice do crime, sobre o saque de certa quantia pelo cliente) e a outra na qual atua sem qualquer relação com o banco, apenas circundando as imediações da agência bancária em busca de oportunidade para o cometimento do delito. No primeiro caso, há vínculo causal específico e determinante entre o dano do cliente e a falha na prestação do serviço pelo banco. Na segunda hipótese, isso não ocorre. É reconhecido o dever do banco de oferecer segurança a seus clientes em suas dependências e mesmo em áreas externas à agência bancária, porém em sua administração (p. ex., estacionamentos). Contudo, nas hipóteses em que o furto ou roubo se dá fora do estabelecimento ou de área sob qualquer influência do banco, sem que se possa exigir deste qualquer providência adicional no sentido de oferecer segurança à clientela, a imputação a ele do dever de indenizar encontra evidente dificuldade, quanto mais se pretendida sua fundamentação na noção de risco inerente à atividade. Encontra-se, entretanto, na jurisprudência entendimento divergente sobre o tema, o que claramente expõe a dificuldade na precisão do que se considere risco inerente à atividade[15] e sua associação a critérios como previsibilidade e a possibilidade da adoção de providências mitigadoras e/ou preventivas.

---

ocorrido fora da agência bancária não isenta a instituição financeira pelos danos decorrentes do dever de segurança, eis que deve zelar pela segurança dos destinatários de seus serviços, principalmente quando efetuem operações que envolvam a retirada de valores elevados. Precedentes desta E. Corte. 3. É cediço que as operações financeiras realizadas em agências bancárias se procedem à vista de todos os presentes e, mesmo diante de uma movimentação bancária intensa, e de inúmeras ocorrências como estas 'saidinha de banco', não são adotados procedimentos mais cautelosos, a fim de resguardar o interesse dos usuários do serviço, como, por exemplo, a disponibilização de um tratamento com privacidade. 4. Nessa esteira, inclusive, foi editada, pelo Legislativo Estadual, a Lei n. 4.758, de 08.05.2006, com nova redação dada pela Lei n. 5.305, de 14.11.2008, que assim dispõe sobre a implantação de mecanismos de proteção nas agências bancárias. 5. Destarte, evidenciado está que o fato se deu exclusivamente em função da falta de privacidade e segurança no interior das agências bancárias. Dever de indenizar configurado" (TJRJ, 19ª Câm. Cív., ApCiv 0014202-41.2009.8.19.0202, Rel. Guaraci de Campos Cunha, j. 31-7-2012). Por outro lado, o mesmo TJRJ, em sentido diverso, e na linha do precedente do STJ, afastando a responsabilidade do banco, especialmente pelo reconhecimento de excludente de fato exclusivo de terceiro: "Apelação cível. Ação indenizatória. Relação de consumo. Assalto a cliente após a saída da agência. 'Saidinha de banco'. Ausência de responsabilidade da instituição financeira. Responsabilidade objetiva da instituição que não afasta o dever do autor de provar o fato constitutivo de seu direito, os danos e o nexo de causalidade. Manutenção da sentença. 1. Os bancos, como prestadores de serviços especialmente contemplados no art. 3º, § 2º, estão submetidos às disposições do Código de Defesa do Consumidor. 2. De acordo com o § 3º do art. 12 do CDC, o fornecedor de serviços somente não será responsabilizado quando provar a inexistência do defeito ou culpa exclusiva do consumidor ou de terceiro. 3. A sentença julgou improcedentes os pedidos autorais, eis que a responsabilidade objetiva dos bancos não exime a parte de comprovar o fato constitutivo de seu direito, os danos e o nexo de causalidade, o que não ocorreu na hipótese dos autos. 4. Compulsando os autos, é possível constatar que o autor, ora apelante, não comprovou qual dia, nem tampouco a agência para o qual se dirigiu, nem a data em que teria efetuado o saque do valor de R$ 5.000,00 que supostamente foi roubado, e, ainda, sequer há prova que o mesmo usou qualquer serviço do banco no dia que noticiou ter sido assaltado nas imediações da agência. 5. Conforme bem asseverou o magistrado de primeira instância, 'partindo-se dessas premissas e analisando-se as provas carreadas nos autos pelo autor, forçoso concluir que o processo é um vazio probatório'. 6. Portanto, não há como atribuir ao banco qualquer responsabilidade pelo suposto dano sofrido pelo autor. 7. Desprovimento do recurso" (TJRJ, ApCiv 0178997-17.2011.8.19.0001, 20ª Câm. Cív., Rel. Letícia Sardas, j. 25-4-2012).

[15] Em estudo sobre o parágrafo único do art. 927 do CC, concluiu Claudio Luiz Bueno de Godoy, com acerto, sobre a impossibilidade de uma definição abrangente sobre as atividades que, por importarem risco, definem a natureza objetiva da responsabilidade – GODOY, Claudio Luiz Bueno de. *Responsabilidade civil pelo risco da atividade*, cit. Remete-se especialmente às suas conclusões, p. 161 e s.

7.3. DEVERES FUNDAMENTAIS DOS BANCOS E A RESPONSABILIDADE DECORRENTE DE SUA VIOLAÇÃO

Embora não seja possível sistematizar todas as situações que podem dar causa à responsabilidade civil das instituições financeiras em face do exercício da atividade bancária, é de interesse, para a clareza da exposição, identificar situações típicas associadas a deveres específicos exigíveis, cuja violação importa dano.

No caso da atividade bancária, três deveres se destacam na relação entre a instituição financeira e seu cliente: os deveres de segurança, fidúcia e boa-fé. Examinamos a seguir, então, as principais situações em que, em decorrência da violação desses deveres, são reconhecidos danos indenizáveis, ensejando a responsabilidade da instituição financeira.

7.3.1. Responsabilidade por danos decorrentes da violação do dever de segurança

O dever de segurança imputável às instituições financeiras pode ser observado em duas dimensões. Constitui espécie de dever geral, decorrente da incidência do CDC às relações bancárias, assim como dever específico inerente a certos contratos bancários, em especial os de depósito e de locação de cofre, nos quais o dever de custódia do banco integra a causa contratual.

No caso do dever geral de segurança previsto no CDC, note-se que abrange a segurança pessoal e patrimonial dos consumidores. É, portanto, dever exigível tanto em relação à proteção da integridade psicofísica dos consumidores e terceiros que se relacionem de qualquer modo com a instituição financeira quanto em relação ao patrimônio do consumidor.[16] São indenizáveis os danos causados pela própria instituição bancária ou por terceiros a bens e direitos, independentemente de estarem vinculados ou não à prestação contratual específica exigível da instituição financeira.

O art. 14 do CDC estabelece a responsabilidade do fornecedor pelo serviço defeituoso, assim entendido aquele que "não fornece a segurança que o consumidor dele pode esperar". Daí emergem a responsabilidade objetiva e solidária do banco em relação a uma sorte de situações, como é caso dos danos causados em razão de: a) assalto a banco, pois o fato de envolver terceiro assaltante como causador direto do fato não exime a responsabilidade da instituição financeira,[17] seja em razão do dever legal[18] ou de dever de custódia específico em

---

[16] Nesse sentido, conforme a lição do mestre Sérgio Cavalieri, observe-se que a Lei n. 7.102/1983, aliás, ao mesmo tempo que disciplina os serviços de vigilância e transporte de valores dos estabelecimentos financeiros, reconhece e define padrões especiais de segurança às instituições financeiras. CAVALIERI, Sérgio. Responsabilidade civil das instituições bancárias por danos causados a correntistas e terceiros. In: GUERRA, Alexandre; BENNACHIO, Marcelo. *Responsabilidade civil bancária*. São Paulo: Quartier Latin, 2012, p. 90.

[17] "Recurso especial representativo de controvérsia. Julgamento pela sistemática do art. 543-C do CPC. Responsabilidade civil. Instituições bancárias. Danos causados por fraudes e delitos praticados por terceiros. Responsabilidade objetiva. Fortuito interno. Risco do empreendimento. 1. Para efeitos do art. 543-C do CPC, as instituições bancárias respondem objetivamente pelos danos causados por fraudes ou delitos praticados por terceiros – como, por exemplo, abertura de conta-corrente ou recebimento de empréstimos mediante fraude ou utilização de documentos falsos –, porquanto tal responsabilidade decorre do risco do empreendimento, caracterizando-se como fortuito interno. 2. Recurso especial provido" (STJ, REsp 1.199.782/PR, 2ª Seção, Rel. Min. Luis Felipe Salomão, j. 24-8-2011, *DJe* 12-9-2011).

[18] "Recurso especial. Assalto à instituição bancária. Morte da vítima. Indenização. Não configuração de caso fortuito ou de força maior. Previsibilidade. Recurso especial provido. 1. Cuida-se de recurso especial interposto por F.T.S. e outros com fulcro no art. 105, III, *c*, da CF/1988, em face de acórdão proferido pelo Tribunal de Justiça do Estado do Rio Grande do Sul que, em sede de apelação, por unanimidade

dado contrato;[19] b) inscrição indevida em sistemas de proteção ao crédito, ou a omissão do dever de retirar a inscrição regular no caso de pagamento pelo devedor;[20] c) desvio de recursos de conta-corrente; d) extravio de talão de cheques;[21] e) abertura indevida de conta-corrente

---

de votos, restou assim ementado: 'Apelação cível. Reexame necessário. Responsabilidade civil. Ação indenizatória por dano moral. Assalto à mão armada. Agência bancária. Falecimento do esposo/pai dos autores. Primeiro apelo. Ausência de nexo de causalidade entre o evento danoso e a conduta do réu, considerando que o roubo à mão armada corresponde à força maior, excludente de responsabilidade. Ao exame do caso concreto, verifica-se que não houve falha de segurança, sendo questão de fato que não restou comprovada, sendo esse ônus dos autores, que alegaram o fato. Segundo apelo, para majorar o valor da indenização, que resta prejudicado, em face da improcedência do pedido. Primeiro apelo provido. Segundo apelo prejudicado. Sentença modificada em reexame necessário'. 2. Em sede de recurso especial alega-se a necessidade de reforma do acórdão e restabelecimento da sentença, pois, conforme o entendimento deste STJ, é obrigação da instituição bancária no caso de morte por assalto, devendo ser afastada a afirmativa de caso fortuito e de força maior. 3. Restando incontroversa nos autos a ocorrência de assalto em agência bancária, que resultou na morte do genitor dos autores da ação indenizatória e, evidente a total ausência de oferecimento, pela instituição financeira, das mínimas condições de segurança aos seus clientes, afigura-se inafastável o dever de indenizar pelo Estado do Rio Grande do Sul (sucessor da extinta Caixa Econômica Estadual). *In casu*, o único guarda armado omitiu-se no cumprimento do dever que lhe era afeto, correndo a esconder-se no banheiro enquanto o gerente fugia pela porta dos fundos, deixando seus subordinados e os clientes completamente entregues à própria sorte. 4. Descabido, ainda, o argumento de que houve força maior a ensejar a exclusão da responsabilidade do recorrente. Em diversos precedentes deste Pretório, restou assentada a orientação de que, em razão da previsibilidade, o roubo não caracteriza hipótese de força maior, capaz de elidir o nexo de causalidade, indispensável à configuração do dever indenizatório. 5. Recurso especial provido" (STJ, REsp 787.124/RS, 1ª Turma, Rel. Min. José Delgado, j. 20-4-2006, DJ 22-5-2006).

[19] "Civil. Recurso especial. Ação de reparação por danos materiais e compensação por danos morais. Roubo de bens em cofre de banco. Responsabilidade civil objetiva. 1. Conforme a jurisprudência desta Corte Superior, no caso de assalto de cofres bancários, o banco tem responsabilidade objetiva, decorrente do risco empresarial, devendo indenizar o valor correspondente aos bens reclamados. 2. Em se tratando de instituição financeira, os roubos são eventos totalmente previsíveis e até esperados, não se podendo admitir as excludentes de responsabilidade pretendidas pelo recorrente – caso fortuito ou força maior e culpa de terceiros. 3. O art. 166, II, do CC não tem aplicação na hipótese, haja vista que trata de nulidade de negócios jurídicos por impossibilidade de seu objeto, enquanto a questão analisada no presente recurso é a responsabilidade civil da instituição financeira por roubo ao conteúdo de cofres locados. 4. Recurso especial não provido" (STJ, REsp 1.286.180/BA, 3ª Turma, Rel. Min. Nancy Andrighi, j. 3-11-2011, DJe 17-11-2011).

[20] "Consumidor. Inscrição em cadastro de inadimplentes. Quitação da dívida. Cancelamento do registro. Obrigação do credor. Prazo. Negligência. Dano moral. Presunção. 1. Cabe às entidades credoras que fazem uso dos serviços de cadastro de proteção ao crédito mantê-los atualizados, de sorte que, uma vez recebido o pagamento da dívida, devem providenciar o cancelamento do registro negativo do devedor. Precedentes. 2. Quitada a dívida pelo devedor, a exclusão do seu nome deverá ser requerida pelo credor no prazo de 5 dias, contados da data em que houver o pagamento efetivo, sendo certo que as quitações realizadas mediante cheque, boleto bancário, transferência interbancária ou outro meio sujeito a confirmação dependerão do efetivo ingresso do numerário na esfera de disponibilidade do credor. 3. Nada impede que as partes, atentas às peculiaridades de cada caso, estipulem prazo diverso do ora estabelecido, desde que não se configure uma prorrogação abusiva desse termo pelo fornecedor em detrimento do consumidor, sobretudo em se tratando de contratos de adesão. 4. A inércia do credor em promover a atualização dos dados cadastrais, apontando o pagamento, e, consequentemente, o cancelamento do registro indevido, gera o dever de indenizar, independentemente da prova do abalo sofrido pelo autor, sob forma de dano presumido. Precedentes. 5. Recurso especial provido" (STJ, REsp 1.149.998/RS, 3ª Turma, Rel. Min. Nancy Andrighi, j. 7-8-2012, DJe 15-8-2012).

[21] "Direito processual civil e do consumidor. Recurso especial. Roubo de talonário de cheques durante transporte. Empresa terceirizada. Uso indevido dos cheques por terceiros posteriormente. Inscrição do correntista nos registros de proteção ao crédito. Responsabilidade do banco. Teoria do risco profissional. Excludentes da responsabilidade do fornecedor de serviços. Art. 14, § 3º, do CDC. Ônus da prova. Segun-

em nome do consumidor, em razão do uso por terceiros de documentos falsos; f) clonagem/ falsificação de cartões magnéticos;[22] g) devolução de cheques mediante registro de motivo indevido;[23] entre outras causas.[24] Da mesma forma, refiram-se situações nas quais a responsabilidade da instituição se dê em razão de danos causados por seus próprios empregados, hipótese em que, na qualidade de empregadora, responderá objetivamente, nos termos do art. 932, III, do Código Civil.[25]

A inclusão indevida do cliente em banco de dados restritivos de crédito enseja sempre a responsabilização da instituição que procedeu à inscrição por danos extrapatrimoniais. Abrange, inclusive, a pessoa jurídica (Súmula 227/STJ). Todavia, note-se que a noção de

---

do a doutrina e a jurisprudência do STJ, o fato de terceiro só atua como excludente da responsabilidade quando tal fato for inevitável e imprevisível. O roubo do talonário de cheques durante o transporte por empresa contratada pelo banco não constituiu causa excludente da sua responsabilidade, pois trata-se de caso fortuito interno. Se o banco envia talões de cheques para seus clientes, por intermédio de empresa terceirizada, deve assumir todos os riscos com tal atividade. O ônus da prova das excludentes da responsabilidade do fornecedor de serviços, previstas no art. 14, § 3º, do CDC, é do fornecedor, por força do art. 12, § 3º, também do CDC. Recurso especial provido" (STJ, REsp 685.662/RJ, 3ª Turma, Rel. Min. Nancy Andrighi, j. 10-11-2005, DJ 5-12-2005).

[22] "Responsabilidade civil. Indenizatória. Cerceamento de defesa não configurado. Danos morais e materiais Movimentações fraudulentas efetuadas em conta-corrente e poupança do autor, à sua revelia, mediante operações por cartão magnético Os fatos narrados importam responsabilidade do fornecedor por 'fato do serviço', não por 'vício' dele, donde inaplicável o lapso decadencial do art. 26, CDC, bem como prazo prescricional do Código Civil, mas o lapso prescricional do art. 27 da lei de regência. Prescrição não consumada, no caso concreto. Provável 'clonagem' do cartão da vítima, desprovido de tecnologias que propiciam maior segurança. Responsabilidade objetiva pelo fato do serviço só ilidível feita prova, pelo demandado, de que os lançamentos suspeitos decorreram de culpa exclusiva da vítima ou de terceiro (ou prova conclusiva de que as transações eletrônicas foram efetivadas pelo autor). Prova que não é impossível. Inteligência do CDC, art. 14, § 3º; CC, art. 642. Eventual fraude cometida por falsário ignorado não é genuíno fato de terceiro, porque não elide o nexo causal (já que há obrigação contratual de zelar pela segurança das operações); é, quando muito, 'fortuito interno' à organização da atividade bancária. Súmula 479/STJ. Danos materiais configurados. Danos morais, por outro lado, não verificados. Sucumbência recíproca. Apelação parcialmente provida" (TJSP, ApCiv 91522591220098260000, 22ª Câm. Dir. Priv., Rel. Fernandes Lobo, j. 25-4-2013).

[23] "Direito civil e processual civil. Títulos de crédito. Cheque. Prazo de apresentação. Devolução de cheque prescrito por falta de fundos. Motivo indevido. Inscrição em cadastro de inadimplentes. Dano moral configurado. 1. O prazo estabelecido para a apresentação do cheque (30 dias, quando emitido no lugar onde houver de ser pago, e de 60 dias, quando emitido em outra praça) serve, entre outras coisas, como limite temporal da obrigação que o emitente tem de manter provisão de fundos em conta bancária, suficiente para a compensação do título. 2. Ultrapassado o prazo de apresentação, não se justifica a devolução do cheque pelos 'motivos 11 e 12' do Manual Operacional da COMPE. Isso depõe contra a honra do sacador, na medida em que ele passa por inadimplente quando, na realidade, não já que não tinha mais a obrigação de manter saldo em conta. 3. Tal conclusão ainda mais se reforça quando, alem do prazo de apresentação, também transcorreu o prazo de prescrição, hipótese em que o próprio Manual determina a devolução por motivo diverso ('motivo 44'). 4. No caso concreto, a devolução por motivo indevido ganhou publicidade com a inclusão do nome do consumidor no Cadastro de Emitentes de Cheques sem Fundo – CCF, gerando direito à indenização por danos morais. 5. Recurso especial provido" (STJ, REsp 1.297.353/SP, 3ª Turma, Rel. Min. Sidnei Beneti, j. 16-10-2012, DJe 19-10-2012).

[24] É reconhecido à instituição financeira um dever geral de vigilância, que se realiza também mediante o dever de identificar anomalias e irregularidades manifestadas em operações realizadas pelo cliente, conforme mencionam GAVALDA, Christian; STOUFFLET, Jean. Droit bancaire. 7. ed. Paris: Litec, 2008, p. 145. No mesmo sentido, porém distinguindo esse dever de vigilância em vigilância-monitoramento, vigilância-informação e vigilância-discernimento, BONNEAU, Thierry. Droit bancaire. 8. ed. Paris: Montchrestien, 2009, p. 318-320.

[25] REsp 1569767/RS, Rel. Min. Paulo de Tarso Sanseverino, 3ª Turma, j. 01/03/2016, DJe 09/03/2016.

inscrição indevida remete a hipóteses em que a dívida reputada ao cliente não existe, ou não tem o valor indicado no respectivo registro. No caso de haver a discussão judicial do débito, a jurisprudência atual se inclina por não afastar necessariamente a possibilidade de inscrição.[26] Todavia, é reconhecido ao juiz, no caso de pedido do autor em ação contra o banco questionando a existência ou o valor da dívida, examinar a verossimilhança das alegações e, entendendo-as adequadas, determinar, mediante antecipação de tutela, a suspensão da inclusão até a decisão do processo.

Da mesma forma, cumpre mencionar entendimento jurisprudencial que desqualifica a inscrição indevida em sistemas de proteção ao crédito como espécie de fato do serviço (art. 14 do CDC), dando definição mais restrita ao dever de segurança cuja violação encerra, para abranger apenas a proteção da integridade psicofísica do consumidor e, em consequência, aplicando para a responsabilização por danos causados as regras do Código Civil.[27]

No caso de o banco ser endossatário de título de crédito, será responsável, como regra, quando, tendo conhecimento sobre a falta de higidez do título, ainda assim realiza seu protesto.[28]

---

[26] "Recurso especial. Ação civil pública. Inclusão do nome de consumidor em cadastro de inadimplente. Discussão judicial do débito. Possibilidade. 1. Discussão acerca da possibilidade jurídica do pedido na ação civil pública haja vista o interesse individual homogêneo a ser tutelado pelo MP e da possibilidade de inclusão nos cadastros de devedores do nome de consumidores que litiguem em ações judiciais relativas ao seu respectivo débito. 2. Ausente a ofensa ao art. 535 do CPC, quando o Tribunal de origem pronuncia-se de forma clara e precisa sobre a questão posta nos autos. 3. A ausência de decisão sobre os dispositivos legais supostamente violados, não obstante a interposição de embargos de declaração, impede o conhecimento do recurso especial. Incidência da Súmula 211/STJ. 4. Na hipótese em que se visa à tutela de um determinado número de pessoas ligadas por uma circunstância de fato, qual seja a inclusão de seu nome nos cadastros de inadimplentes mantidos pelas recorrentes, em decorrência da existência de ações judiciais que discutem os débitos, fica clara a natureza individual homogênea do interesse tutelado. 5. Além de não se vislumbrar a impossibilidade jurídica dos pedidos condenatórios feitos pelo Ministério Público, sua legitimidade para a propositura da presente demanda, que visa à tutela de direitos individuais homogêneos, é clara. 6. Sendo verdadeiros e objetivos, os dados públicos, decorrentes de processos judiciais relativos a débitos dos consumidores, não podem ser omitidos dos cadastros mantidos pelos órgãos de proteção ao crédito, porquanto essa supressão equivaleria à eliminação da notícia da distribuição dos referidos processos, no distribuidor forense, algo que não pode ser admitido, sob pena de se afastar a própria verdade e objetividade dos bancos de dados. 7. A simples discussão judicial da dívida não é suficiente para obstacularizar ou remover a negativação do devedor nos bancos de dados, a qual depende da presença concomitante dos seguintes requisitos: a) ação proposta pelo devedor contestando a existência integral ou parcial do débito; b) efetiva demonstração de que a pretensão se funda na aparência do bom direito; e c) depósito ou prestação de caução idônea do valor referente à parcela incontroversa, para o caso de a contestação ser apenas de parte do débito. 8. Recursos especiais providos" (STJ, REsp 1.148.179/MG, 3ª Turma, Rel. Min. Nancy Andrighi, j. 26-2-2013, *DJe* 5-3-2013).

[27] "Civil e processual civil. Consumidor. Ação indenizatória. Inscrição indevida em cadastro de proteção ao crédito. Danos morais. Prescrição. 1. A relação jurídica existente entre o contratante/usuário de serviços bancários e a instituição financeira é disciplinada pelo Código de Defesa do Consumidor, conforme decidiu a Suprema Corte na ADIn 2.591. Precedentes. 2. O defeito do serviço ensejador de negativação indevida do nome do consumidor, ato ilícito em essência, caracterizando-se também infração administrativa (art. 56 do CDC c/c o art. 13, XIII, do Dec. 2.181/1997) e ilícito penal (arts. 72 e 73 do CDC), gerando direito à indenização por danos morais, não se confunde com o fato do serviço, que pressupõe um risco à segurança do consumidor. 3. Portanto, não se aplica, no caso, o art. 27 do CDC, que se refere aos arts. 12 a 17 do mesmo diploma legal. 4. Inexistindo norma específica quanto ao prazo prescricional aplicável ao caso, é de rigor a incidência do art. 177 do CC/1916. 5. Recurso especial conhecido e provido" (STJ, REsp 740.061/MG, 4ª Turma, Rel. Min. Luis Felipe Salomão, j. 2-3-2010, *DJe* 22-3-2010).

[28] "Direito empresarial. Títulos de crédito. Agravo regimental no agravo em recurso especial. Endosso-mandato. Título enviado para protesto pelo banco após ciência de sua irregularidade. Responsabilidade

A responsabilidade do banco decorre também da violação do dever de custódia que lhe é exigido no caso de depósitos ou locação de cofre de segurança. Observe-se que a locação de cofre, a despeito do *nomen juris* usual do contrato, tem por objeto um serviço,[29] consistente na transferência para uso do cliente/locatário/consumidor, de cofre, geralmente consistente em uma caixa localizada dentro de gaveta situada no interior do banco/agência bancária, destinada ao acondicionamento de bens e valores.[30] Conforme já se afirmou, "a natureza locatícia é combinada com o dever de guarda por parte da instituição financeira, caracterizando a custódia própria do contrato de depósito. Diga-se, aliás, em relação à locação de cofre pelo banco, que a doutrina dominante o identifica como contrato misto, conjugando disposições do contrato de locação de coisa e de depósito, especialmente em face da obrigação de custódia assumida pela instituição financeira".[31] Não se equipara a depósito, contudo, porque "a entrega de bens não é feita ao banco. Este sequer tem conhecimento do conteúdo dos cofres".[32]

Nesse sentido, na hipótese de furto, roubo ou extravio de valores depositados em conta, ou mantidos em cofre de segurança, submete-se à indenização.[33] Nesse caso, discute-se se

---

caracterizada. Precedentes. 1. No julgamento do REsp 1.063.474/RS, relatado pelo Min. Luis Felipe Salomão e submetido à sistemática dos recursos repetitivos (art. 543-C do CPC), a 2ª Seção do STJ decidiu que 'só responde por danos materiais e morais o endossatário que recebe título de crédito por endosso-mandato e o leva a protesto se extrapola os poderes de mandatário ou em razão de ato culposo próprio, como no caso de apontamento depois da ciência acerca do pagamento anterior ou da falta de higidez da cártula'. 2. No voto condutor do acórdão recorrido, há menção expressa à circunstância de que o banco 'teve efetiva ciência acerca da irregularidade da cambial antes do seu envio a protesto'. Alterar esse entendimento demandaria o reexame das provas produzidas nos autos, o que é inviável na via especial, a teor do que dispõe a Súmula 7/STJ. 3. Agravo regimental desprovido" (STJ, AgRg no AREsp 44.090/SP, 4ª Turma, Rel. Min. Antonio Carlos Ferreira, j. 7-2-2013, *DJe* 21-2-2013).

[29] Veja sobre a locação de serviço: PONTES DE MIRANDA, F. C. *Tratado de direito privado*. Parte especial. Rio de Janeiro: Borsoi, 1964, t. XLVII, p. 3 e s. (§ 5.038).

[30] No direito italiano, em que surge como espécie de contrato típico, dispõe o art. 1.839 do Código Civil "Cassette di sicurezza Nel servizio delle cassette di sicurezza (1321), la banca risponde (1176) verso l'utente per l'idoneità e la custodia dei locali e per l'integrità della cassetta, salvo il caso fortuito".

[31] MIRAGEM, Bruno. *Direito bancário*. 3ª ed. São Paulo: RT, 2019, p. 393.

[32] COVELLO, Sérgio. *Contratos bancários*. São Paulo: Saraiva, 1981, p. 348.

[33] "Recurso especial (art. 105, III, *a* e *c*, da CF). Ação de indenização de danos morais e materiais. Furto a cofre de banco. Inocorrência de caso fortuito. Aresto estadual reconhecendo a responsabilidade civil da instituição financeira. 1. Violação do art. 535 do CPC inocorrente. Acórdão local devidamente fundamentado, tendo enfrentado os aspectos fático-jurídicos essenciais à resolução da controvérsia. Desnecessidade de a autoridade judiciária enfrentar todas as alegações veiculadas pelas partes, quando invocada motivação suficiente ao escorreito deslinde da lide. Não há vício que possa nulificar o acórdão recorrido ou ensejar negativa de prestação jurisdicional, mormente na espécie em que houve exame explícito do tema reputado não analisado. 2. Tese de violação ao art. 5º da Lei de Introdução às normas do Direito Brasileiro (LINDB). Conteúdo normativo do dispositivo que não foi alvo de discussão nas instâncias ordinárias, e tampouco constou das razões de embargos declaratórios opostos. Ausência de prequestionamento a impedir a admissão do recurso especial. Súmulas 282 e 356 do STF. 3. Dever de indenizar. Insurgência voltada à pretensão de demonstrar a ausência dos pressupostos da responsabilidade civil. Aresto estadual que, fundado nas provas encartadas aos autos, concluiu pela responsabilização da casa bancária. Reexame do contexto fático-probatório que encontra vedação na Súmula 7/STJ. 4. Suposta violação ao art. 1.058 do CC/1916, correspondente ao art. 393 do CC/2002, que elenca a força maior e o caso fortuito como causas de exclusão da responsabilidade civil. Inocorrência. 5. Súmula 479/STJ. As instituições financeiras respondem objetivamente pelos danos gerados por fortuito interno relativo a fraudes e delitos praticados por terceiros no âmbito de operações bancárias. 6. A disponibilização de cofre em banco a clientes evidencia nítida relação contratual com multiplicidade de causas, defluentes da concorrência de elementos comuns aos ajustes de locação, de depósito e de cessão de uso, sem que qualquer dessas modalidades prepondere sobre as demais, decorrendo dessa natureza

heterogênea um plexo de deveres aos quais se adere naturalmente uma infinidade de riscos. 7. Por isso, mais do que mera cessão de espaço ou a simples guarda, a efetiva segurança e vigilância dos objetos depositados nos cofres pelos clientes são características essenciais a negócio jurídico desta natureza, razão pela qual o desafio de frustrar ações criminosas contra o patrimônio a que se presta a resguardar constitui ônus da instituição financeira, em virtude de o exercício profissional deste empreendimento torná-la mais suscetível aos crimes patrimoniais, haja vista a presunção de que custodia capitais elevados e de que mantém em seus cofres, sob vigilância, bens de clientes. 8. Daí por que é inarredável a conclusão de que o roubo ou furto perpetrado contra a instituição financeira, com repercussão negativa ao cofre locado ao consumidor, constitui risco assumido pelo fornecedor do serviço, haja vista compreender-se na própria atividade empresarial, configurando, assim, hipótese de fortuito interno. 9. Almejada redução do *quantum* indenizatório fixado a título de reparação por danos morais e materiais pelo Tribunal de piso. Exorbitância não evidenciada. Necessidade, para tal, de reconhecimento de revolvimento dos aspectos fáticos delineados nas instâncias ordinárias. Inadmissibilidade em sede de recurso especial, ante o óbice da Súmula 7 do STJ. 10. Inviável a análise do dissídio interpretativo invocado, porquanto sua comprovação não dispensa reexame do arcabouço fático dos casos confrontados. Incidência da Súmula 7 desta Corte. 11. Recurso especial desprovido" (STJ, REsp 1.250.997/SP, 4ª Turma, Rel. Min. Marco Buzzi, j. 5-2-2013, *DJe* 14-2-2013). "Direito civil. Responsabilidade civil. Bancos. Assalto. Cofres de aluguel. Responsabilidade objetiva. Dever de indenizar os danos materiais. Legitimidade ativa. Princípio da identidade física do juiz. 1. Afasta-se a alegada violação do art. 535, II, do CPC na hipótese em que o não acatamento das argumentações deduzidas no recurso tenha como consequência apenas decisão desfavorável aos interesses do recorrente. 2. O princípio da identidade física do juiz não é absoluto, sendo ultrapassado quando o juiz responsável pela instrução do feito for afastado por qualquer motivo. Em tal hipótese cabe a seu sucessor decidir sobre a repetição das provas colhidas em audiência caso não se sinta apto a julgar. 3. É de responsabilidade do banco a subtração fraudulenta dos conteúdos dos cofres que mantém sob sua guarda. Trata-se do risco profissional, segundo o qual deve o banco arcar com os ônus de seu exercício profissional, de modo a responder pelos danos causados a clientes e a terceiros, pois são decorrentes da sua prática comercial lucrativa. Assim, se a instituição financeira obtém lucros com a atividade que desenvolve, deve, de outra parte, assumir os riscos a ela inerentes. 4. Está pacificado na jurisprudência do Superior Tribunal de Justiça o entendimento de que roubos em agências bancárias são eventos previsíveis, não caracterizando hipótese de força maior, capaz de elidir o nexo de causalidade, requisito indispensável ao dever de indenizar. 5. Recurso especial não conhecido" (STJ, REsp 1.093.617/PE, 4ª Turma, Rel. Min. João Otávio de Noronha, j. 17-3-2009, *DJe* 23-3-2009). No mesmo sentido: "Processo civil. Responsabilidade civil. Recurso especial. Prova pericial. Princípio do livre convencimento motivado. Cheque com adulteração sofisticada. Falso hábil. Caso fortuito interno. Caracterização da responsabilidade objetiva da instituição financeira. Danos materiais e morais indenizáveis. 1. A finalidade da prova é o convencimento do juiz, sendo este o seu direto e principal destinatário. Por isso que, sempre que constatar que o acervo documental é suficiente para nortear e instruir seu entendimento, assiste-lhe o poder-dever de julgar a lide antecipadamente, sendo forçoso concluir que o seu livre convencimento é a bússola norteadora da necessidade ou não de produção de quaisquer provas que entender pertinentes ao julgamento da lide (art. 330, I, do CPC). Precedentes. 2. No que tange ao 'falso hábil', assim entendido aquele cuja falsidade é perceptível 'somente com aparelhos especializados de grafotécnica, por meio de gramafenia em que se detectem, e.g., morfogêneses gráficas, inclinações axiais, dinamismos gráficos (pressão e velocidade), pontos de ataque e remate, valores angulares e curvilíneos' (ALVES, Vilson Rodrigues. *Responsabilidade civil dos estabelecimentos bancários*. Campinas: Servanda, 2005. v. 1, p. 284), abrem-se três possibilidades: (i) a inexistência de culpa do correntista; (ii) culpa exclusiva docliente; (iii) culpa concorrente. 3. 'As instituições bancárias respondem objetivamente pelos danos causados por fraudes ou delitos praticados por terceiros – como, por exemplo, abertura de conta-corrente ou recebimento de empréstimos mediante fraude ou utilização de documentos falsos –, porquanto tal responsabilidade decorre do risco do empreendimento, caracterizando-se como fortuito interno' (STJ, REsp 1.199.782/PR, 2ª Seção, Rel. Min. Luis Felipe Salomão, j. 24-8-2011 – sob o rito previsto no art. 543-C do CPC –, *DJe* 12-9-2011). 4. No caso, não há se afastar a responsabilidade objetiva da instituição financeira quando inexistente culpa do correntista, por se tratar de caso fortuito interno, devendo o recorrente à direito à indenização por danos materiais e morais. 5. Recurso especial provido" (STJ, REsp 1.093.440/PR, 4ª Turma, Rel. Min. Luis Felipe Salomão, j. 2-4-2013, *DJe* 17-4-2013). E ainda: "Civil. Recurso especial. Ação de reparação por danos materiais e compensação por danos morais. Roubo de bens em cofre de banco. Responsabilidade civil objetiva. 1. Conforme a jurisprudência desta Corte Superior, no caso de assalto de cofres bancários, o banco tem responsabili-

pode haver cláusula de limitação de responsabilidade da instituição financeira no respectivo contrato de locação de cofre de segurança. A rigor, a limitação de responsabilidade é considerada abusiva, a teor do art. 51, I, do CDC. Todavia, considerando que não há controle ou conhecimento do banco em relação ao conteúdo depositado pelo cliente no cofre, questiona-se se por contrato se pode delimitar a prestação de segurança do banco, tratando-se a hipótese não como limitação de responsabilidade, mas, na fase antecedente, de formação do conteúdo da prestação condicionando o uso ou destinação do cofre.[34] O mesmo se diga em relação

---

dade objetiva, decorrente do risco empresarial, devendo indenizar o valor correspondente aos bens reclamados. 2. Em se tratando de instituição financeira, os roubos são eventos totalmente previsíveis e até esperados, não se podendo admitir as excludentes de responsabilidade pretendidas pelo recorrente – caso fortuito ou força maior e culpa de terceiros. 3. O art. 166, II, do CC não tem aplicação na hipótese, haja vista que trata de nulidade de negócios jurídicos por impossibilidade de seu objeto, enquanto a questão analisada no presente recurso é a responsabilidade civil da instituição financeira por roubo ao conteúdo de cofres locados. 4. Recurso especial não provido" (STJ, REsp 1.286.180/BA, 3ª Turma, Rel. Min. Nancy Andrighi, j. 3-11-2011, DJe 17-11-2011).

[34] Sustenta Carlos Klein Zanini que "a inserção no contrato de uma cláusula que estabeleça o valor máximo dos bens que possam ser guardados no cofre – semelhante àquela constante do art. 2º das NBU – não limita, de forma alguma, a responsabilidade do banco com relação aos objetos depositados. Pelo contrário. Esta predetermina, desde a assinatura do contrato, qual a extensão máxima que o negócio jurídico de depósito poderá atingir, o que se compreende, perfeitamente, dado o desconhecimento do banco com relação aos bens que lhe são confiados. Outro argumento que poderíamos esgrimir para sustentar esta posição é o de que se admite no contrato de cofre-forte, sem maiores discussões, a vedação à guarda de objetos que possam colocar em perigo o conteúdo dos demais cofres. Trata-se, nesse caso, de uma delimitação do objeto do contrato pacificamente aceita e que bem pode ser aproveitada como exemplo de situação análoga à da limitação do valor do conteúdo. Finalmente, a assunção pelo cliente de uma obrigação de não fazer no contrato de cofre-forte, isto é, de não guardar na caixa de segurança bens que superem o valor limite estabelecido no contrato, não pode ser descumprida impunemente. Fosse dado ao depositante beneficiar-se do 'teto' fixado no contrato, pagando uma remuneração proporcional a ele, para, a seguir, pleitear indenização em valor superior ao convencionado, estaríamos a premiar um comportamento de todo indesejável e incompatível com o direito. Isso sem falar, é claro, na violação que se perpetraria ao mandamento do *nemo venire contra factum proprium*. São estes, portanto, os argumentos que indicam não se tratar tal cláusula de limitação à responsabilidade do banco, mas, isso sim, de uma delimitação do objeto do contrato, com o que escaparia da incidência do art. 51, I, do CDC, sendo, pois, plenamente admissível e conveniente sua adoção nos contratos de cofre-forte em nosso direito". ZANINI, Carlos Klein. A natureza jurídica do contrato bancário de cofre de segurança e o regime da responsabilidade do banco. *Revista dos Tribunais*, v. 792, São Paulo: RT, out./2011, p. 11 e s. Na jurisprudência, veja-se: "RECURSO ESPECIAL. CONTRATO DE ALUGUEL DE COFRE. ROUBO. RESPONSABILIDADE OBJETIVA. CLÁUSULA LIMITATIVA DE USO. ABUSIVIDADE. INEXISTÊNCIA. DELIMITAÇÃO DA EXTENSÃO DOS DIREITOS E DEVERES DAS PARTES CONTRATANTES. RECURSO ESPECIAL IMPROVIDO. I – Os eventos 'roubo' ou 'furto', ocorrências absolutamente previsíveis, a considerar os vultosos valores mantidos sob a guarda da instituição financeira, que assume profissionalmente todos os riscos inerentes à atividade bancária, não consubstanciam hipóteses de força maior, mantendo-se, por conseguinte, incólume o nexo de causalidade existente entre a conduta negligente do banco e o prejuízo suportado por seu cliente; II – A cláusula limitativa de uso, assim compreendida como sendo aquela que determina quais seriam os objetos que poderiam (ou não) ser armazenados e sobre os quais recairiam (ou não) a obrigação (indireta) de segurança e proteção, não se confunde com a cláusula que exclui a responsabilidade da instituição financeira anteriormente mencionada; III – O contrato, ao limitar o uso do receptáculo posto à disposição do cliente, preceitua que a instituição financeira tem por obrigação zelar pela segurança e incolumidade do receptáculo posto à disposição do cliente, devendo ressarci-lo, na hipótese de roubo ou de furto, os prejuízos referentes aos bens subtraídos que, por contrato, poderiam encontrar-se no interior do compartimento. Sobre os bens, indevidamente armazenados, segundo o contrato, não há dever de proteção, já que refoge, inclusive, do risco profissional assumido; IV – O Banco não tem acesso (nem ciência) sobre o que é efetivamente armazenado, não podendo impedir, por conseguinte, que o cliente infrinja os termos contratados e insira, no interior do cofre, objeto sobre o qual, por cláusula contratual (limitativa de uso), o banco não se comprometeu a, indiretamente, pro-

aos bens entregues ao banco para a garantia de dívidas, mediante celebração do contrato de penhor. Neste caso, inclusive, qualquer cláusula que venha a restringir a responsabilidade da instituição financeira em razão do roubo, furto ou extravio do bem dado em garantia será considerada abusiva (Súmula 638, do STJ).[35] A razão evidente será a violação do dever de custódia do credor que recebe o bem em garantia, que é da natureza do contrato de penhor.

7.3.2. Responsabilidade por danos decorrentes da violação do dever de fidúcia

O dever de fidúcia é inerente às relações entre a instituição financeira e sua clientela. A confiança, já se mencionou em mais de uma oportunidade, é a base do sistema financeiro e, em especial, do sistema bancário.[36] Nesse sentido, a importância dos deveres de informação e esclarecimento e da conduta de boa-fé de ambos os sujeitos da relação jurídica bancária se destaca.

Por outro lado, a violação do dever de fidúcia dá causa à responsabilidade da instituição financeira. Na casuística jurisprudencial, essa situação emerge especialmente em vista da violação do dever de informação e esclarecimento.

O dever de informar na relação obrigacional, em especial nas relações de consumo, é instrumental, vale dizer, serve para delimitar o dever de esclarecimento, que de fato é exigível, consistente na conduta que conduza efetivamente à contraparte a quem se destina a informação, de modo que compreendam adequadamente seu conteúdo.[37] Essa distinção não se faz sem efeitos práticos. Impede que se diga cumprido o dever de informar pelo mero repasse da informação. Ou o repasse de grande quantidade de informações em pouco tempo. Ou de modo a não estarem destacadas informações relevantes das irrelevantes para determinado fim negocial. Refere o art. 30 do CDC que a informação deve ser clara e precisa. Já o art. 31 do mesmo Código, ao preencher o conteúdo da informação da oferta, indica, igualmente, que deve ser completa.

Esse exame pertinente ao direito do consumidor, considerando as relações jurídicas baseadas na confiança, pode ser tomado em relação ao universo das relações bancárias, independentemente de se caracterizarem como de consumo. O princípio da boa-fé aqui incide para dar origem a deveres de informação que expressam o dever de lealdade contratual: informações pré-contratuais sobre a natureza do serviço contratado e, no tocante a investimentos, sobre os riscos que envolvem, vantagens esperadas e condições de contratação.

Contudo, ocorrendo a violação desses deveres ao que se impute como causa de danos aos contratantes, cogita-se da responsabilidade da instituição financeira. Sua *expertise* nos serviços oferecidos à contratação é que lhe impõe o dever de informar. A ausência de informação que se verifique como causa do dano sofrido pelo cliente importa responsabilização. A jurisprudência reconhece tal situação em vista da ausência de informação sobre riscos de

---

teger. É de se ponderar, contudo, que, se o cliente assim proceder, deve arcar com as consequências de eventuais perdas decorrentes de roubo ou furto dos objetos não protegidos, não havendo falar, nesse caso, em inadimplemento contratual por parte da instituição financeira. Aliás, o inadimplemento contratual é do cliente que inseriu objeto sobre o qual recaía expressa vedação de guarda; V – Recurso Especial improvido" (STJ, REsp 1.163.137/SP, Rel. Min. Massami Uyeda, 3ª Turma, j. 14-12-2010, *DJe* 3-2-2011).

[35] "É abusiva a cláusula contratual que restringe a responsabilidade de instituição financeira pelos danos decorrentes de roubo, furto ou extravio de bem entregue em garantia no âmbito de contrato de penhor civil" (STJ, Súmula 638, 2ª Seção, j. 27/11/2019, DJe 02/12/2019).

[36] Vejam-se GIORGIANNI, Francesco; TARDIVO, Carlo-Maria. *Manuale di diritto bancario*. Milano: Giuffrè, 2009, p. 397.

[37] MIRAGEM, Bruno. *Curso de direito do consumidor*. 8ª ed. São Paulo: RT, 2019, p. 373.

investimento.[38] A regra é de que não responde a instituição financeira por perdas do cliente em operação de risco. Por isso, é que quando ficar demonstrado que a decisão de investir, em razão da qual se dá perda do capital pelo investidor, apenas se definiu pela omissão de informação da instituição financeira, cogita-se da sua responsabilização civil. Contudo, sob a condição de que deva restar demonstrado o nexo de causalidade entre a ausência da informação e o eventual prejuízo.[39] Trata-se de interpretação ponderada quanto à responsabilidade por omissão de informações pela instituição financeira, sob pena de, ao se admitir mera alegação quanto à falha do dever de informar, consentir a possibilidade de consagrar-se o indevido arrependimento do investidor em face de suas próprias opções, onerando indevidamente a instituição financeira e lesando a própria confiança que fundamenta a atividade do sistema

---

[38] "Instituição financeira. Gestão de fundos de investimento. Pesados prejuízos causados ao investidor. Relação de consumo, em razão da vulnerabilidade do investidor. Inversão do ônus da prova. Dever do administrador profissional de recursos alheios demonstrar que as perdas não decorreram de gestão temerária. Dever de justificar que as opções para a composição da carteira de títulos foram tomadas com base em critérios técnicos aceitos pelo mercado. Dever de informar o investidor da opção deliberada em apostar na persistência da âncora cambial, contra a expectativa geral do mercado, alertando da possibilidade de ganhos ou perdas significativas. Ação indenizatória procedente. Recurso parcialmente provido, para o fim de ajustar os juros moratórios e retirar a pena por litigância de má-fé" (TJSP, Câm. Dir. Priv., ApCiv 9158028-11.2003.8.26.0000, Rel. Francisco Loureiro). No mesmo sentido: "Apelação cível. Negócios jurídicos bancários. Ação indenizatória. Fundos de investimento Basa seleto. Preliminares afastadas. Súmula 297 do STJ. Aplicação do Código de Defesa do Consumidor às relações entre bancos e seus clientes. Dever de *informação*. Art. 6º, III, do CDC. Não provado, nos autos, que o banco teria informado o cliente dos *riscos* e das características do investimento efetuado. Dever do banco de devolver ao autor os valores bloqueados, com a devida atualização. Preliminares afastadas. Apelo desprovido. Unânime" (TJRS, ApCiv 70041262783, 11ª Câm. Cív., Rel. Antônio Maria Rodrigues de Freitas Iserhard, j. 16-11-2011). Veja-se ainda: "Apelação cível. Ação ordinária. Aplicação em fundos de investimento. Legitimidade passiva. Cerceamento de defesa. Preliminares afastadas. Transferência dos valores para terceiro. Intervenção judicial. Bloqueio das contas. Procedência da ação. Danos morais. Inocorrência. É parte passiva legítima a instituição financeira depositária dos valores, irrelevante se, por sua conta e risco, tenha repassado o investimento a banco diverso. Em se tratando de matéria exclusivamente de direito, viável o julgamento antecipado da lide. Considerando a aplicabilidade das regras do CDC aos contratos bancários e as peculiaridades do caso, incumbia à instituição financeira demonstrar a plenitude das informações ao demandante, principalmente quanto ao regime condominial do fundo, já que transferiu os valores investidos a banco diverso que passou a sofrer intervenção judicial, resultando no bloqueio dos valores. Cuidando-se de transtorno aceitável, embora injustificável, resultando, apenas, em repercussão econômica, não se vislumbra a ocorrência de danos morais. Apelos desprovidos" (TJRS, ApCiv 70020759395, 17ª Câm. Cív., Rel. Marco Aurélio dos Santos Caminha, j. 20-3-2008).

[39] "Recurso especial. Consumidor. Responsabilidade civil. Administrador e gestor de fundo de investimento derivativo. Desvalorização do real. Prejuízo do consumidor. Reconhecimento pela corte de origem, com base em prova técnica, da ausência de informações aos consumidores dos riscos inerentes à aplicação financeira. Súmula 7/STJ. Recurso não conhecido. 1. Em regra, descabe indenização por danos materiais ou morais a aplicador em fundos derivativos, pois o alto risco é condição inerente aos investimentos nessas aplicações. Tanto é assim que são classificados no mercado financeiro como voltados para investidores experientes, de perfil agressivo, podendo o aplicador ganhar ou perder, sem nenhuma garantia de retorno do capital. Como é da lógica do mercado financeiro, quanto maior a possibilidade de lucro e rentabilidade de produto oferecido, maiores também os riscos envolvidos no investimento. 2. Contudo, no caso em exame, o eg. Tribunal de origem, analisando prova técnica (processo administrativo realizado pelo Banco Central), anexada aos autos, reconheceu falha na prestação do serviço por parte do gestor dos fundos, tendo em vista a ausência de adequada informação ao consumidor acerca dos riscos inerentes às aplicações em fundos derivativos. 3. Nesse contexto, não há como revisar as conclusões da instância ordinária, em razão do óbice da Súmula 7/STJ. 4. Recurso especial não conhecido" (STJ, REsp 777.452/RJ, 4ª Turma, Rel. Min. Raul Araújo, j. 19-2-2013, *DJe* 26-2-2013).

financeiro em geral.[40] Todavia, no tocante à demonstração de que as informações adequadas foram prestadas ao cliente investidor, são duas as possibilidades. Quando se aplique o CDC, é evidente o dever do banco de provar que prestou todas as informações,[41] o que equivale a demonstrar a inexistência de defeito como causa de exclusão de responsabilidade (art. 14). De outro modo, contudo, pode haver a necessidade de que o cliente-investidor demonstre ter havido omissão de informação por parte da instituição financeira, a qual teria sido decisiva como causa do prejuízo que veio a ser experimentado, o que ocorre com regularidade no mercado de capitais.[42]

Da mesma forma ocorre no tocante à confiança do cliente na *expertise* da instituição financeira na gestão de investimentos e/ou do patrimônio. Pretende-se que assuma os riscos razoáveis e que aja segundo regras ordinárias de negócios, atuação pautada pela razoabilidade das decisões, consideradas as circunstâncias de mercado e fundadas expectativas futuras. Há, aqui, oportunidade de óbvia associação entre o respeito ao dever de fidúcia na relação contratual entre banco e cliente e o conceito construído no âmbito dos deveres dos administradores de sociedades, do *business judgement rule*. Segundo Menezes Cordeiro, o *business judgement rule* é um critério de exclusão de culpa do administrador no campo da responsabilidade por eventuais danos a que sua decisão tenha dado causa.[43] No dizer da doutrina, o

---

[40] "Comercial e financeiro. Aplicações em fundo mútuo. Investimento de alto risco. Perdas e danos. Impossibilidade. 1. Não se debitam à empresa de banco, administradora do fundo mútuo de ações, as perdas ocorridas com as aplicações de pessoas físicas e jurídicas. Investimento de risco, em que o investidor fica sujeito aos lucros ou às perdas, em um jogo próprio dos negócios desta natureza. A pulverização do investimento em várias empresas reduz o risco de perdas, mas não o elimina. 2. Ausência de assinatura em declaração de conhecimento dos riscos do investimento. Pessoa, no entanto, habituada ao trato de negócios que envolvem compra e venda de ações. Ausência de informações sobre o percentual cobrado pela empresa de banco para administração não gera o dever de indenizar as perdas ocorridas com as negociações envolvendo a carteira de ações. Demais disso, a diferença a mais que foi cobrada pela ré foi objeto de decisão favorável aos investidores. Inocorrência de ato ilícito a justificar o pagamento de indenização equivalente ao rendimento que deixou de auferir se tivesse mantido o investimento em CDBs. 3. Embargos improvidos" (TJRS, EI 70003443413, 3º Grupo Cível, Rel. Carlos Alberto Bencke, j. 7-12-2001).

[41] "Apelação cível. Aplicação em fundo de investimento. Pedido de restituição. Perda. Dever anexo de informação. Tendo o autor efetuado aplicação em fundo de investimento, tem direito subjetivo ao resgate do valor aplicado, o qual não é afastado pela alegação de que o investimento era de risco e que, face à instabilidade econômica, deve suportar a perda. Tinha o apelante, para confortar sua tese, o ônus da prova de ter informado ao apelado, de maneira clara, que o investimento era de risco, o que inocorreu no caso (art. 333, II, CPC). Dever anexo. O dever anexo de informação positiva decorre da obrigação principal e do princípio da boa-fé objetiva. Inteligência do art. 4º do CDC (Lei n. 8.078/1990) e das disposições do novo CC (arts. 422 e 423 da Lei n. 10.406/2002). Precedentes. Preliminares rejeitadas. Apelo parcialmente provido" (TJRS, ApCiv 70004363065, 16ª Câm. Cív., Rel. Genacéia da Silva Alberton, j. 29-10-2002).

[42] Nesse sentido, vale mencionar, embora relativo à relação envolvendo corretora de valores e sua atividade no mercado de capitais, ilustrativo precedente do TJRS: "Apelação cível. Corretagem. Ação de indenização por danos materiais e morais. Investimento financeiro. Compra de ações tipo BBAS 12 do Banco do Brasil S.A. Perdas sofridas pelo investidor. Ônus da prova. Caso concreto. A instituição financeira apenas disponibiliza carteira de investimentos no mercado de ações, não atuando como 'corretora' de bolsa de valores. Ausência de obrigação de indenizar por parte do banco. Má gestão financeira e negligência por ausência de informação não comprovadas. Negócio de risco, ao qual se submete o investidor por opção. Ônus sucumbenciais. Redimensionamento. Deram provimento à apelação e negaram provimento ao recurso adesivo. Unânime" (TJRS, ApCiv 70032876351, 15ª Câm. Cív., Rel. Otávio Augusto de Freitas Barcellos, j. 9-6-2010).

[43] MENEZES CORDEIRO, António. *Manual de direito das sociedades* – Das sociedades em geral. 2. ed. Coimbra: Almedina, 2007, v. 1, p. 928-929.

business judgement rule "tem por finalidade oferecer proteção às decisões de negócios bem informadas, constituindo uma espécie de 'porto seguro' para os administradores, que devem ser encorajados não apenas a assumirem cargos de administração, como também a correrem determinados riscos inerentes à gestão empresarial (...) a regra tem como objetivo ainda evitar que os tribunais e os próprios sócios substituam os administradores em seu mister".[44]

O mesmo há de se exigir na gestão de recursos de terceiros pelo banco, sendo a violação desse dever de fidúcia causa de responsabilidade especialmente no caso de operações temerárias ou arriscadas que se afastem da informação prestada ao investidor ao tempo da celebração do contrato.[45] Por outro lado, afasta-se a hipótese quando se demonstre tratar-se de clientes que

---

[44] EIZIRIK, Nelson et al. *Mercado de capitais* – Regime jurídico. 2. ed. Rio de Janeiro: Renovar, 2008, p. 420.

[45] "Processo civil e civil. Recurso especial. Ação de indenização por danos materiais e compensação por danos morais. Contrato bancário. Fundos de investimento. Janeiro de 1999. Maxidesvalorização do real. Prequestionamento. Ausência. Dissídio jurisprudencial. Cotejo analítico e similitude fática. Ausência. Preclusão. Ocorrência. CDC. Aplicabilidade. Súmula 297/STJ. Súmula 83/STJ. Excludente do nexo de causalidade. Art. 14, § 1º, do CDC. Inocorrência. Força maior. Art. 1.058 do CC/1916 [art. 393 do CC/2002]. Não ocorrência. Solidariedade. Integrantes da cadeia de consumo. Art. 7º, parágrafo único, do CDC. Aplicabilidade. Fundos de investimento. Atividade legalizada. Art. 1.479 do CC/1916 [art. 816 do CC/2002]. Inaplicabilidade. Rentabilidade. Fundos de investimento. Juros de mora. Não incluídos. Enriquecimento sem causa. Inocorrência. 1. A ausência de decisão acerca dos dispositivos legais indicados como violados, não obstante a interposição de embargos de declaração, impede o conhecimento do recurso especial. 2. O dissídio jurisprudencial deve ser comprovado mediante o cotejo analítico entre acórdãos que versem sobre situações fáticas idênticas. 3. O CDC é aplicável aos contratos firmados entre as instituições financeiras e seus clientes referentes a aplicações em fundos de investimento, entendimento esse que encontrou acolhida na Súmula 297/STJ. Incide na espécie, portanto, a Súmula 83/STJ. 4. A observância, na gestão do fundo, da conduta proba imposta pelo CDC a todas as relações de consumo, em especial a atenção ao dever de informação, tem o condão de amenizar até mesmo os prejuízos ocorridos em razão da maxidesvalorização do real, ocorrida em janeiro de 1999. Não há se falar, portanto, em ofensa ao art. 1.058 do CC/1916 [art. 393 do CC/2002]. 5. A má gestão, consubstanciada pelas arriscadas e temerárias operações com o capital do investidor, como na hipótese em exame, ultrapassa a razoabilidade prevista no art. 14, § 1º, II, do CDC, a justificar a excludente do nexo de causalidade, ainda que se trate de aplicações de risco. 6. Sendo a relação havida entre as partes de consumo, incide na hipótese o art. 7º, parágrafo único, do CDC, que estabelece a responsabilidade solidária entre os integrantes da cadeia de consumo. 7. A aplicação em fundos de investimento, realizada sob controle e fiscalização estatal, tem previsão expressa em lei e não se insere na previsão do art. 1.479 do CC/1916 [art. 816 do CC/2002]. 8. Os juros já englobados no retorno financeiro de um fundo de investimento, chamados juros compensatórios ou remuneratórios, não se confundem com os juros moratórios, cujo fundamento de incidência é diverso, qual seja penalizar aquele que demorou em cumprir a obrigação. Inexiste, portanto, violação do art. 884 do CC/2002. 9. Recurso especial de O.S.R.M. parcialmente conhecido e nessa parte improvido. Recurso especial de M.N.A.M. S/C Ltda. não provido" (STJ, REsp 1.164.235/RJ, 3ª T., Rel. Min. Nancy Andrighi, j. 15-12-2011, DJe 29-2-2012). No mesmo sentido: "Processo civil e civil. Recurso especial. Ação de indenização por danos materiais. Prequestionamento. Ausência. Dissídio jurisprudencial. Cotejo analítico e similitude fática. Ausência. Contrato bancário. Fundos de investimento. Dever de informação. Art. 31 do CDC. Transferência dos valores investidos para banco não integrante da relação contratual. Conhecimento do cliente. Mera presunção. Ausência de anuência expressa. Intervenção do Bacen no Banco Santos S.A. Indisponibilidade das aplicações. Responsabilidade do banco contratado. Ocorrência. Ressarcimento dos valores depositados. 1. A ausência de decisão acerca dos dispositivos legais indicados como violados, não obstante a interposição de embargos de declaração, impede o conhecimento do recurso especial. 2. O dissídio jurisprudencial deve ser comprovado mediante o cotejo analítico entre acórdãos que versem sobre situações fáticas idênticas. 3. O princípio da boa-fé e seus deveres anexos devem ser aplicados na proteção do investidor-consumidor que utiliza os serviços de fornecedores de serviços bancários, o que implica a exigência, por parte desses, de informações adequadas, suficientes e específicas sobre o serviço que está sendo prestado com o patrimônio daquele que o escolheu como parceiro. 4. O redirecionamento das aplicações do recorrente ao fundo gerido pelo Banco Santos S.A.

se caracterizam como profundos conhecedores do mercado, no qual realizam o investimento, e suscetíveis a correr os riscos inerentes.[46] Neste sentido é preciso o entendimento jurisprudencial ao concluir que "eventuais prejuízos decorrentes de aplicações mal sucedidas somente comprometem as instituições financeiras que os recomendam como forma de investimento se não forem adotadas cautelas mínimas necessárias à elucidação da álea natural do negócio jurídico, sobretudo daqueles em que o elevado grau de risco é perfeitamente identificável segundo a compreensão do homem-médio, justamente por se tratar de obrigação de meio, e não de resultado".[47] Nesse tema, inclusive, podem imbricar-se o sistema bancário e a disciplina do mercado de capitais, considerando que, em muitas situações, é por intermédio do varejo bancário que o cliente tem acesso a certa gama de investimentos próprios do mercado de capitais, em geral por corretora integrante de conglomerado financeiro.

configura-se operação realizada pela instituição bancária fora de seu compromisso contratual e legal, que extrapola, por essa razão, a álea natural do contrato. Essa situação não pode ser equiparada, a título exemplificativo, ao risco de que o real se desvalorize frente ao dólar ou de que determinada ação sofra uma queda abrupta na bolsa de valores, pois não se pode chamar de risco, a desonerar a instituição bancária de sua responsabilidade, o que foi sua própria escolha, elemento volitivo, com o qual o conceito de risco é incompatível. 5. Não estando inserida na álea natural do contrato a aplicação junto ao Banco Santos S.A. do capital investido pelo recorrente enquanto correntista da instituição financeira recorrida, a mera presunção de conhecimento ou anuência acerca desses riscos não é fundamento para desonerar a instituição bancária da obrigação de ressarcir ao consumidor-investidor os valores aplicados. Deve restar demonstrada a autorização expressa quanto à finalidade pretendida, ônus que cabe ao banco e do qual, na espécie, não se desincumbiu. 6. Recurso especial provido para condenar o recorrido a restituir ao recorrente os valores depositados. Ônus da sucumbência que se inverte" (STJ, REsp 1131073/MG, 3ª Turma, Rel. Min. Nancy Andrighi, j. 5-4-2011, DJe 13-6-2011).

[46] "Recurso especial. Fundos de investimento de alto risco. Perdas gerais no ano de 2002. Negativa de prestação jurisdicional. Inocorrência. Inversão do ônus da prova e nulidade do julgamento. Prequestionamento. Ausência. Documento intempestivamente acostado. Fundamento não atacado. Incidência do Código de Defesa do Consumidor. Violação do dever de informar. Inocorrência. Negligência e imperícia. Reexame de provas. Impossibilidade. 1. Os embargos de declaração foram corretamente rejeitados não havendo omissão, contradição ou obscuridade no acórdão embargado, tendo a lide sido dirimida com a devida e suficiente fundamentação. 2. É inadmissível o recurso especial quanto a questão que não foi apreciada pelo Tribunal de origem e ausente impugnação a fundamentos do acórdão recorrido, aplica-se a Súmula 283 do STF. 3. O Código de Defesa do Consumidor é aplicável aos contratos firmados entre as instituições financeiras e seus clientes referentes a aplicações em fundos de investimento, nos termos da Súmula 297/STJ. 4. No caso de aplicação em fundo de investimentos de alto risco, por investidores qualificados, experientes em aplicações financeiras, não há que se reconhecer direito a serem imunes a rendimentos significativamente menores em período de perdas gerais no setor, à invocação do dever de informar e de inversão do ônus da prova (expressamente afastada, no caso dos autos), sob a alegação de contradição entre os prospectos, que não deixam expresso o direito sustentado, e os regulamentos do fundo de investimentos, que claramente estabelecem a possibilidade até mesmo de perda total – não ocorrida, no caso, em que, a despeito da significativa queda de rendimento no período, obtiveram, os investidores, rendimentos elevados no período total de aplicação. 5. Afastamento, pelo Tribunal de origem, de violação do princípio da boa-fé objetiva, consignando-se, na origem, o conhecimento do risco de perdas pelos investidores. 6. O Tribunal de origem procedeu a detida análise do conteúdo fático-probatório dos autos para concluir que não houve prestação de serviço defeituoso por parte do recorrido ou adoção de condutas contrárias aos regulamentos dos fundos de risco, contratualmente aceitos pelos investidores, quanto a perdas ocorridas no ano de 2002. Dessa forma, para que se possa reconhecer a ocorrência de imperícia ou negligência, seria necessário o reexame do referido suporte, obstando a admissibilidade do especial as Súmulas 5 e 7 do STJ, sendo certo que esta Corte, no julgamento do recurso especial, considera os fatos tais como delineados pelo acórdão recorrido. 7. Recurso especial improvido" (STJ, REsp 1.214.318/RJ, 3ª Turma, Rel. Min. Sidnei Beneti, j. 12-6-2012, DJe 18-9-2012).

[47] STJ, REsp 1606775/SP, Rel. Min. Ricardo Villas Bôas Cueva, 3ª Turma, j. 06/12/2016, DJe 15/12/2016.

7.3.3. Responsabilidade por danos decorrentes da violação de deveres de lealdade e cooperação

Os deveres de lealdade e cooperação têm sua origem na boa-fé objetiva. Os contratantes devem se pautar por conduta de respeito às legítimas expectativas e ao patrimônio da contraparte, abstendo-se de realizar condutas que violem o equilíbrio de interesses próprios da relação negocial.

A contratação bancária desenvolve-se em muitas situações, como uma relação corrente de negócios, com multiplicidade de contratos e sua duração no tempo. Pode apresentar, em muitas situações, a catividade da relação diante da dependência econômica do correntista em relação aos serviços e operações que desenvolve com o banco. Embora isso ocorra como regra quando se trate de relação de consumo, não se dá apenas aí, mas, também, em diferentes graus, na relação entre bancos e pessoas jurídicas empresárias, independentemente de seu porte econômico.

Daí a relevância dos deveres de lealdade e cooperação, especialmente por parte da instituição financeira, os quais produzem efeitos tanto na limitação do exercício de liberdades e direitos no âmbito da relação com a clientela (a servir, por exemplo, como critério para determinação da abusividade de cláusulas contratuais), para evitar o conflito de interesses,[48] como para impedir e/ou responsabilizar a instituição financeira que coloque obstáculos para o exercício de direitos pela contraparte.

Entre as hipóteses reconhecidas pela jurisprudência, está a abusividade da cláusula--mandato, pela qual se autoriza o banco a celebrar negócio ou exercer direito, no seu exclusivo interesse,[49] em nome do cliente consumidor.[50] Essa atuação, quando dê causa a danos, gera a responsabilidade da instituição financeira.[51] Da mesma forma ocorre quando, no contrato bancário, se pretende que seja cumprido o conteúdo da publicidade pré-contratual, nos termos estabelecidos pelo CDC. No caso de descumprimento, pode o consumidor exigir o cumprimento específico da oferta, pleitear o abatimento do preço, ou resolver o contrato por inadimplemento, sem prejuízo de reclamar perdas e danos (art. 35 do CDC).[52] É o caso

---

[48] GAVALDA, Christian; STOUFFLET, Jean. *Droit bancaire*, cit., p. 141; FERREIRA, António Pedro de Azevedo. *A relação negocial bancária. Conceito e estrutura*. Lisboa: Quid Juris, 2005, p. 691.

[49] Note-se que, para caracterizar a abusividade, é necessário que tenha havido o exercício de direito pelo fornecedor para encontrar vantagem exclusivamente para si. Havendo interesse comum no exercício de direito pelo fornecedor, o STJ afasta a noção de abusividade. Nesse sentido: STJ, AgRg no REsp 860.382/RJ, 3ª Turma, Rel. Min. Vasco Della Giustina (desembargador convocado do TJRS), j. 9-11-2010, *DJe* 17-11-2010).

[50] STJ, AgRg no AgIn 767.313, 4ª Turma, Rel. Aldir Passarinho Junior, j. 11-12-2007, v.u., *DJU* 18-2-2008.

[51] "Age com abuso de direito e viola a boa-fé o banco que, invocando cláusula contratual constante do contrato de financiamento, cobra-se lançando mão do numerário depositado pela correntista em conta destinada ao pagamento dos salários de seus empregados, cujo numerário teria sido obtido junto ao BNDES. A cláusula que permite esse procedimento é mais abusiva do que a cláusula-mandato, pois, enquanto esta autoriza apenas a constituição do título, aquela permite a cobrança pelos próprios meios do credor, nos valores e no momento por ele escolhidos. Recurso conhecido e provido" (STJ, REsp 250.523, 4ª Turma, Rel. Ruy Rosado de Aguiar, j. 19-10-2000, *DJU* 18-12-2000).

[52] "Contrato bancário. Empréstimo. Contrato que não observa as condições da proposta aceita. Inadmissibilidade, pois é da lei que a proposta de contrato obriga o proponente, se o contrário não resultar dos termos dela, da natureza do negócio, ou das circunstâncias do caso (art. 427, CC). Irrelevância de a proposta ter sido feita por empresa intermediária do negócio, porquanto o fornecedor do produto ou serviço é solidariamente responsável pelos atos de seus prepostos ou representantes autônomos (art. 34, CDC). Cabimento da redução do contrato aos termos da proposta, uma vez que é direito do consumidor exigir o cumprimento forçado da obrigação, nos termos da oferta, apresentação ou publicidade (art.

em que o banco envia ao consumidor correspondência indicando novos limites de saque em conta-corrente (contrato de abertura de crédito), que depois não vêm a ser respeitados pela própria instituição financeira.[53]

Registre-se, ainda, que viola o dever de lealdade contratual a devolução de cheque prescrito mediante indicação incorreta de falta de fundos, gerando responsabilidade da instituição financeira pelo dever de indenizar.[54] O mesmo ocorre quando os valores disponibilizados por contrato de abertura de crédito são reduzidos sem prévia notificação do cliente, dando causa à devolução de cheques emitidos por ele, afetando sua credibilidade.[55]

[35, I, CDC). Dano moral. Inocorrência, no caso, visto que as repercussões ficaram apenas no campo financeiro. Autora, ademais, que contribuiu decisivamente para o desfecho em questão, porquanto no mínimo foi negligente, assinando o instrumento de contrato que trazia condições diversas, portanto não podendo se ver premiada em face da própria incúria. Recurso provido em parte, apenas para afastar a compensação por dano moral" (TJSP, ApCiv 0084305-05.2009.8.26.0000, 11ª Câm. Dir. Priv., Rel. Gilberto dos Santos, j. 4-6-2009).

[53] TJSP, ApCiv 0011783-34.2010.8.26.0003, Rel. Erson T. Oliveira, j. 13-3-2013.

[54] "Direito civil e processual civil. Títulos de crédito. Cheque. Prazo de apresentação. Devolução de cheque prescrito por falta de fundos. Motivo indevido. Inscrição em cadastro de inadimplentes. Dano moral configurado. 1. O prazo estabelecido para a apresentação do cheque (30 dias, quando emitido no lugar onde houver de ser pago, e 60 dias, quando emitido em outra praça) serve, entre outras coisas, como limite temporal da obrigação que o emitente tem de manter provisão de fundos em conta bancária, suficiente para a compensação do título. 2. Ultrapassado o prazo de apresentação, não se justifica a devolução do cheque pelos motivos 11 e 12 do Manual Operacional da COMPE. Isso depõe contra a honra do sacador, na medida em que ele passa por inadimplente quando, na realidade, não já que não tinha mais a obrigação de manter saldo em conta. 3. Tal conclusão ainda mais se reforça quando, além do prazo de apresentação, também transcorreu o prazo de prescrição, hipótese em que o próprio Manual determina a devolução por motivo diverso (motivo 44). 4. No caso concreto, a devolução por motivo indevido ganhou publicidade com a inclusão do nome do consumidor no Cadastro de Emitentes de Cheques sem Fundo – CCF, gerando direito à indenização por danos morais. 5. Recurso especial provido" (STJ, REsp 1.297.353/SP, 3ª Turma, Rel. Min. Sidnei Beneti, j. 16-10-2012, *DJe* 19-10-2012).

[55] "Dano moral. Cancelamento do limite do cheque especial sem prévia notificação. Descumprimento do dever de informar e falta de lealdade com o parceiro contratual. A retirada do limite do cheque especial, sem prévio aviso, acarretou a devolução de cheques que, com o limite, teriam sido compensados, gerando constrangimentos. A indisponibilização do crédito pelo banco, por ato unilateral, fere princípios do Código de Defesa do Consumidor. Descumprimento do dever de informar e falta de lealdade com o parceiro contratual. Presentes os requisitos ensejadores do dever de indenizar. Apelação provida" (TJRS, ApCiv 70010246064, 19ª Câm. Cív., Rel. Heleno Tregnago Saraiva, j. 15-3-2005).

Capítulo 8
RESPONSABILIDADE CIVIL DOS PROVEDORES DE INTERNET POR DANOS CAUSADOS A USUÁRIOS E TERCEIROS

O desenvolvimento da internet é um dos aspectos mais relevantes da veloz transformação social, política e econômica que experimenta a sociedade contemporânea. Desde seu advento, a rede mundial de computadores se integra com velocidade a inúmeras atividades do cotidiano, alterando profundamente o cotidiano das relações humanas.[1] Por tal razão, despertou desde logo o interesse dos juristas, seja em vista de seu impacto em relações sociais e jurídicas existentes, sejam novas questões que decorrem diretamente das inovações tecnológicas que proporciona, em temas como o comércio eletrônico, a proteção dos direitos autorais ou dos dados pessoais acessíveis por intermédio da internet. O exame de seus aspectos técnicos e sua repercussão no modo de vida da virada do século, e destes primeiros anos do século XXI, apontam para uma transformação cultural de hábitos e comportamentos de grandes proporções.[2] Sabe-se, contudo, que o desenvolvimento da internet é um novo capítulo de um conjunto de transformações tecnológicas radicas na experiência humana, a revolução tecnológica ou das comunicações, que possui, entre seus traços determinantes, o caráter permanente do desenvolvimento de inovações no campo da comunicação, da informática e da tecnologia da informação como um todo.

Diversas questões surgem a partir do desenvolvimento da internet – desde problemas de qualificação jurídica[3] até limites de aplicação e eficácia das normas legais que incidam sobre as relações estabelecidas por esse meio. Inicialmente, a doutrina identificou a internet como a *ilusão efêmera de um espaço de não direito* ("le ilusión éphémère de la zone de non-droit").[4] Atualmente, preocupa a compreensão da internet como um desdobramento da própria realidade[5] (realidade virtual), dando causa a "um permanente estado de perigo potencial de ocasionar danos, em determinadas situações em que a capacidade de controle sobre a informação é limitada".[6]

---

[1] LECLERC, Gérard. *A sociedade de comunicação*. Uma abordagem sociológica e crítica. Tradução de Sylvie Canape. Lisboa: Instituto Piaget, 2000, p. 65-85; CASTELLS, Manuel. *A era da informação*: economia, sociedade e cultura – a sociedade em rede. 3. ed. São Paulo: Paz e Terra, 2000. v. 1, cit., p. 38 e s.; FÉRAL-SCHUHL, Christiane. *Cyber droit*. Le droit à l'épreuve de l'internet. 2. ed. Paris: Dalloz, 2000, p. 1-6; LORENZETTI, Ricardo Luis. *Comercio electrónico*. Buenos Aires: Abeledo Perrot, 2001, p. 9 e s.

[2] CASTELLS, Manuel. *A era da informação*, cit., p. 38-41.

[3] Sobre o tema, veja-se o nosso: MIRAGEM, Bruno. O conceito de domicílio e sua repercussão às relações jurídicas eletrônicas. *Revista e de Direito Privado* 19/10-45, São Paulo: RT, jul./set. 2004.

[4] THIEFFRY, Patrick. *Commerce électronique*. Droit international et européen. Paris: Éditions Litec, 2002, p. 2.

[5] LÉVY, Pierre. *O que é o virtual?* Tradução de Paulo Neves. São Paulo: Ed. 34, 1996, p. 17.

[6] STIGLITZ, Gabriel. Responsabilidad civil por daños derivados de la informática. In: TRIGO REPRESAS, Félix (Org.). *Responsabilidad civil*. Doctrinas esenciales. Buenos Aires: La Ley, 2006, t. VI, p. 47-57.

No âmbito das relações humanas estabelecidas através da internet, a marca fundamental é a *ubiquidade*,[7] característica dos tempos atuais, tornando imprecisa a localização territorial de uma relação jurídica ou dos danos causados por meio eletrônico. Por tal razão, a doutrina especializada aponta, como elemento distintivo das relações estabelecidas por meio eletrônico, a *desterritorialização*.[8]

Um dos primeiros exemplos sobre essa questão se deu no direito francês, na decisão do Tribunal de Grande Instância de Paris no chamado *affaire Yahoo*. Tratava-se de caso em que associações civis (no caso, a *Ligue Internationale Contre le Racisme et L'Antisémitisme* – Licra – e a *Union des Étudiants Juifs de France* – UEJF) ingressaram com ação judicial por ter o site da Yahoo France disponibilizado, em suas *home pages* associadas, a venda de símbolos e objetos de apoio ao nazismo. A empresa Yahoo alegou, então, exceção de incompetência, sob o argumento de que o mero fato de pessoas em território francês terem acesso a essas *home pages* não determinava qualquer espécie de dano pelos quais pretendiam ser ressarcidas a Licra e a UEJF. Em decisão de 22-5-2000, posteriormente confirmada em 20-11-2000, o Tribunal de Paris concluiu pela competência de a justiça francesa decidir a questão.[9]

Por sua vez, a Yahoo, empresa com sede nos Estados Unidos, ingressou com ação neste país (*preliminary injuction*) para evitar que a decisão do caso na França fosse reconhecida pelo Poder Judiciário norte-americano. Tal demanda foi, então, julgada procedente em decisão de 7-11-2001, sob o argumento de que a decisão do Tribunal francês ofendia a Constituição norte-americana.[10]

No direito brasileiro, os tribunais vêm sendo desafiados de modo crescente por demandas relativas a danos causados por intermédio da internet. Nesse sentido, deve-se notar que a própria estrutura da rede de computadores, com a hospedagem de conteúdos por distintos provedores e possibilidade de acesso e interação pela coletividade de usuários ao redor do mundo, desafia a concepção tradicional de elementos nucleares da relação de responsabilidade civil, como a conduta/atividade, a causalidade e o próprio dano, cuja extensão será determinada pelo maior ou menor número de acessos que as informações tornadas disponíveis na rede de computadores possam ter.

8.1. ASPECTOS DISTINTIVOS DA RESPONSABILIDADE CIVIL POR DANOS NA INTERNET

Alguns aspectos essenciais da responsabilidade civil são desafiados pelas características da internet. Em primeiro lugar, a noção de conduta lícita ou ilícita é qualificada pela con-

---

[7] Segundo Leclerc, pela primeira vez na história existe uma espécie de contemporaneidade de todos os homens da terra, em um mundo síncrono, uma sociedade da ubiquidade. LECLERC, Gérard. *A sociedade de comunicação*, cit., p. 58.

[8] Como observa Lorenzetti, "este ciberespacio es autónomo, en el sentido de que funciona según las reglas de un sistema autorreferente (...) es pos orgánico, ya que no está formado por átomos ni sigue las reglas de funcionamiento y localización del mundo orgánico: se trata de bits. Tiene una naturaleza no territorial y comunicativa, un espacio movimiento, en el cual todo cambia respecto de todo, es decir, que el espacio virtual no es siquiera mirable al espacio real, porque no está fijo; no es localizable mediante pruebas empíricas como, por ejemplo, el tacto" LORENZETTI, Ricardo Luis. *Comercio electrónico*, cit., p. 13-14. No mesmo sentido, já referia: NEGROPONTE, Nicholas. *Being digital*. New York: Alfred A. Knopf, 1995, p. 165; SARRA, Andrea Viviana. *Comercio electrónico y derecho*. Aspectos jurídicos de los negocios en internet. Buenos Aires: Astrea, 2001, p. 81.

[9] VERBIEST, Thibault. *La protection juridique du cyber-consommateur*. Paris: Litec, 2002, p. 108.

[10] VERBIEST, Thibault. *La protection juridique du cyber-consommateur*, cit., p. 109.

formidade ou não à legislação nacional. Logo, dado o caráter desterritorializado da internet, havendo um país que admite determinada conduta e outro que a proíba, isso poderá ter reflexo na definição dos pressupostos da responsabilidade civil.

Da mesma forma, o nexo de causalidade é desafiado nas relações de internet. Isso porque, tratando-se de rede de computadores, pode haver aqueles que geram informações falsas, violam sigilo legal ou fazem uso indevido de dados ou imagens, atuando de modo ilícito. E há os que, tendo acesso a esse conteúdo, disseminam-no, por intermédio de sucessivas condutas de envio e publicação de diferentes modos.

Pergunta-se aqui: ambos podem ser considerados causadores dos danos que daí resultarem, sendo obrigados solidariamente pela indenização? E a própria noção de dano na internet terá sua extensão, por vezes, definida segundo a possibilidade ou o efetivo acesso a dados, imagens ou quaisquer outras informações indevidamente divulgadas, em prejuízo da vítima.

Questão antecedente à disciplina jurídica da internet foi saber se se tratava apenas de uma nova realidade para aplicação de normas e institutos jurídicos já existentes[11] ou se, por suas características, exigiria uma nova legislação.[12]

Da mesma forma, considerando certa espécie de ilícitos cometidos por intermédio da internet, como os que dizem respeito à divulgação de informações resguardadas por sigilo, ou mesmo falsas, que importem na violação da honra,[13] abalo de crédito, ou aquelas que, embora verdadeiras, afetem a intimidade, privacidade, ou imagem alheias, em vista do conteúdo ou do modo como essas informações são difundidas, quando na internet se observam enormes dificuldades de identificação do autor do ilícito. O envio de mensagens eletrônicas sucessivas, reencaminhadas pelos seus iniciais destinatários, e de modo repetido pelos sucessivos

---

[11] Conforme pontifica Rafael Ortiz, para quem "la electrónica no es sino un nuevo soporte y medio de transmisión de voluntades negóciales pero no un nuevo derecho regulador de las mismas y su significación jurídica; la reglamentación, por tanto, de las relaciones obligatorias entre los ciudadanos perfeccionadas, ejecutadas y consumadas por vía electrónica no tiene que acarrear necesariamente un cambio en el derecho preexistente, referente a la perfección ejecución y consumación de los contratos privados" ORTIZ, Rafael Illescas. *Derecho de la contratación electrónica*. Madrid: Civitas, 2001, p. 46-47.

[12] Assim propõe: WALD, Arnoldo. Um novo direito para a nova economia. Os contratos eletrônicos e o Código Civil. In: GRECO, Marco Aurélio; MARTINS, Ives Gandra da Silva. *Direito e internet*. Relações jurídicas na sociedade informatizada. São Paulo: RT, 2001, p. 9-30.

[13] "Reparação de danos morais. Criação de perfil falso em *site* de relacionamentos na Internet. 'Orkut'. Conteúdo ofensivo à honra e à imagem. Provedor que, interpelado pelo usuário sobre a fraude, nada promove para excluir a conta falsa nem fazer cessar a veiculação do perfil. Negligência configurada. Dever de reparar os danos morais a que deu causa, por permitir a perpetuação da ofensa e o agravamento da lesão à personalidade do autor. Não se olvida que o requerido é um provedor de serviços da Internet, funcionando como mero hospedeiro das informações postadas pelos usuários. Assim, dele não é razoavelmente exigível que promova uma censura preventiva do conteúdo das páginas de Internet criadas pelos próprios internautas, notadamente porque seria difícil definir os critérios para determinar quando uma determinada publicação possui cunho potencialmente ofensivo. O monitoramento prévio de informações, portanto, é inexigível. Em que pese isso, o provedor tem o dever de fazer cessar a ofensa, tão logo seja provocado a tanto, em razão de abusos concretamente demonstrados. No caso dos autos, mesmo tendo sido interpelado da ocorrência da fraude, o réu quedou-se inerte, nada tendo promovido por cerca de um mês. Permitiu fossem perpetradas, a cada dia, novas ofensas à honra e à imagem do autor, agravando ainda mais a lesão à sua personalidade. Foi negligente. Agindo com culpa, praticou ato ilícito, devendo responder perante o autor pela reparação dos danos causados. Dano moral configurado, ante a violação do direito fundamental à honra e à imagem (artigo 5º, X, da CF), possibilitada a perpetuação dessa ofensa e o agravamento da lesão, por ato omissivo da ré. Recurso *parcialmente provido*" (TJRS, Recurso Cível 71001373646, 3ª Turma Recursal Cível, j. 16-10-2007, Rel. Des. Eugênio Facchini Neto, *DJ* 22-10-2007). No mesmo sentido: TJRS, Recurso Cível 71001408160, 3ª Turma Recursal Cível, j. 26-2-2008, Rel. Des. Carlos Eduardo Richinitti, *DJ* 4-3-2008.

novos destinatários (e-mail viral), faz com que se torne pouco provável a identificação do responsável originário, ainda que não elimine a possibilidade de responsabilização de todos os que atuem decisivamente para ampliar o âmbito de repercussão do ilícito. O mesmo ocorre nos denominados "blogs", nos quais qualquer pessoa, com uma conta de e-mail, pode criar e administrar uma *home page* pessoal, a qual, em regra, aceitará a contribuição de outros tantos que se dispuserem a acessar e registrar manifestações pessoais (*posts*), que permanecem ostensivas para todos os que acessem a página dali por diante. Orienta-se a jurisprudência pelo reconhecimento do dever dos provedores de manter meios de identificação dos usuários dos sites que fazem publicar neles conteúdo próprio, cuja violação enseja, contudo, responsabilidade objetiva, por culpa *in omittendo*.[14] Tais circunstâncias apresentam problemas bem definidos no que diz respeito à determinação do nexo de causalidade entre a conduta e o dano.

Conforme sustentam Calderón e Hiruela, o dano causado por intermédio de meios informacionais, ao que denominam alguns autores dano informático, pode ser definido como: "toda lesión o menoscabo causado a un derecho subjetivo mediante la utilización de medios electrónicos destinados al tratamiento automático de la información, y que concurriendo determinados presupuestos, genera responsabilidad".[15]

Os problemas mais sensíveis em matéria de responsabilidade civil por danos causados por intermédio da internet, contudo, surgem quando o ato ilícito não apenas se realiza pelo meio virtual quanto por intermédio de outro meio qualquer, senão quando é justamente a circunstância de existir o meio virtual que facilita a causação do dano ou expande sua repercussão. Em outras palavras, o ato ilícito e o dano que dele provém não teriam se realizado, ou não teria assumido determinada extensão, se não o fosse por intermédio da internet. A esse respeito, correto é o magistério de Guilherme Martins, para quem a existência de relações em um ambiente aberto, em que os sujeitos muitas vezes são cobertos pelo anonimato e de comunicação por meio de protocolos, faz com que se deva abandonar "a visão individualista, baseada na presença de uma vítima concreta e de um responsável passível de identificação".[16]

---

[14] "Civil e consumidor. Internet. Provedor de conteúdo. Usuários. Identificação. Dever. Guarda dos dados. Obrigação. Prazo. Dispositivos legais analisados: Arts. 4º, III, do CDC; 206, § 3º, V, 248, 422 e 1.194 do CC/02; e 14 e 461, § 1º do CPC. 1. Ação ajuizada em 30.07.2009. Recurso especial concluso ao gabinete da relatora em 04.11.2013. 2. Recurso especial que discute os limites da responsabilidade dos provedores de hospedagem de blogs pela manutenção de dados de seus usuários. 3. Ao oferecer um serviço por meio do qual se possibilita que os usuários divulguem livremente suas opiniões, deve o provedor de conteúdo ter o cuidado de propiciar meios para que se possa identificar cada um desses usuários, coibindo o anonimato e atribuindo a cada imagem uma autoria certa e determinada. Sob a ótica da diligência média que se espera do provedor, do dever de informação e do princípio da transparência, deve este adotar as providências que, conforme as circunstâncias específicas de cada caso, estiverem ao seu alcance para a individualização dos usuários do site, sob pena de responsabilização subjetiva por culpa *in omittendo*. Precedentes. 4. Uma vez ciente do ajuizamento da ação e da pretensão nela contida – de obtenção dos dados de um determinado usuário – estando a questão *sub judice*, o mínimo de bom senso e prudência sugerem a iniciativa do provedor de conteúdo no sentido de evitar que essas informações se percam. Essa providência é condizente com a boa-fé que se espera não apenas dos fornecedores e contratantes em geral, mas também da parte de um processo judicial, nos termos dos arts. 4º, III, do CDC, 422 do CC/02 e 14 do CPC. 5. As informações necessárias à identificação do usuário devem ser armazenadas pelo provedor de conteúdo por um prazo mínimo de 03 anos, a contar do dia em que o usuário cancela o serviço. 6. Recurso especial a que se nega provimento" (STJ, REsp 1.417.641/RJ, 3ª Turma, Rel. Min. Nancy Andrighi, j. 25-2-2014, *DJe* 10-3-2014).

[15] Calderón, Maximiliano Rafael; Hiruela, María del Pilar. Daño informático y derechos personalíssimos. In: Ghersi, Carlos Alberto (Coord.). *Derecho de daños*. Buenos Aires: Abeledo Perrot, 1999, p. 367.

[16] Martins, Guilherme Magalhães. *Responsabilidade civil por acidentes de consumo na internet*. São Paulo: RT, 2008, p. 56-57.

8.2. INTERNET E RISCO

Tese doutrinária de largo desenvolvimento, mas que não foi admitida por jurisprudência e pela própria legislação, foi a de que a atividade desenvolvida na internet, em especial pelos provedores de conteúdo – que geram, e/ou divulgam informações, dados e imagens na internet – constituiria atividade de risco. Sustentava-se na premissa de que a atuação profissional na internet dava causa a um risco da atividade, de danos a direitos de terceiro.

Ainda é de se considerar que, como regra, tratando-se de situações em que a responsabilidade civil do agente regula-se em situações fora do ambiente da internet, segundo determinada disciplina legal, a mera extensão ou transposição da atividade para o ambiente virtual não serve para alterar seu regime legal. É o caso da responsabilidade civil dos meios de comunicação, cuja disciplina vem sendo reconhecida predominantemente pela responsabilidade subjetiva,[17] pela incidência da cláusula geral do art. 186 do CC/2002. Sem prejuízo de que, em situações específicas, aplique-se, ainda, o disposto no art. 187 do CC/2002, quando caracterizado o exercício abusivo de direitos.[18]

Sustentou-se que as atividades habitualmente realizadas na internet – em caráter profissional, no mais das vezes, pelo provedor de conteúdo – dão causa a risco de danos a terceiros. Nesse sentido, correta seria a aplicação da cláusula geral de responsabilidade por risco, assinalando o caráter objetivo dessa responsabilidade para o efeito de afastar a necessidade de demonstração da culpa do provedor de internet. Destaque-se, naturalmente, que, com isso, não estaria afastada a necessidade de demonstração das demais condições da responsabilidade civil (em especial, o dano e o nexo causal), mas aproximaria, sensivelmente, seu regime de responsabilidade do regime imposto aos fornecedores de serviço do Código de Defesa do Consumidor.

Além dos provedores de internet que se dedicam ao oferecimento de acesso, infraestrutura ou conteúdo, outros sujeitos das relações jurídicas estabelecidas na rede de computadores serão as pessoas naturais e jurídicas que se utilizam do ambiente virtual para o estabelecimento de relações com ou sem fins econômicos, ou seja, que compreendem a internet como extensão do espaço real de relacionamentos. Desde o ponto de vista da atuação organizada de agentes econômicos para o oferecimento de acesso à internet e de conteúdos a serem obtidos dentro do ambiente virtual, a internet se caracteriza como extensão da realidade concreta, não virtual. Nesse sentido, as relações de conteúdo econômico ou que tenham subjacentes interesses econômicos de pelo menos uma das partes são consideradas, mesmo na internet, realizadas no mercado de consumo.

Da mesma forma, ocorre quando o site que realiza anúncios ou permite o intercâmbio e a aproximação entre pessoas interessadas em manter relacionamentos negociais ou não participa dos resultados econômicos deste intercâmbio, seja *diretamente* – por intermédio da

---

[17] "Ação de indenização. Dano moral. Internet. Anúncio de serviços sexuais. Legitimidade ativa. Legitimidade passiva. Responsabilidade solidária. Lei de Imprensa. Aplicação. Caracteriza-se como dano moral o anúncio de cunho sexual divulgado em página da Internet, respondendo, solidariamente, todas as partes envolvidas, tanto o titular do portal quanto do endereço eletrônico. Havendo menção do nome do autor com o número de seu telefone comercial, sem possibilidade de identificação de homônimo, caracteriza-se a legitimidade ativa. Por analogia, aplicam-se as disposições da Lei de Imprensa à falta de legislação específica a regular a matéria, ainda mais em face da natureza das atividades desenvolvidas. Agravo retido não provido, preliminares rejeitadas e apelações não providas" (TJMG, ApCiv 1.0145.03.062723-9/001, Rel. Des. Alberto Aluízio Pacheco de Andrade, j. 22-5-2007, *DJ* 12-6-2007).

[18] Sobre o tema, veja-se o meu: MIRAGEM, Bruno. *Responsabilidade civil da imprensa por dano à honra*, cit., p. 128.

cobrança de "taxas de inscrição" ou de percentuais sobre os valores negociados – ou *indiretamente*, em vista da valorização e do prestígio de uma marca, ou conceito economicamente avaliável, bem como pela formação de um cadastro de destinatários potenciais de uma série de mensagens e informações de finalidade econômica ou promocional (*e.g.*, a formação de bancos de dados de consumidores).

Essa é a circunstância que coloca em um mesmo plano, tanto sites de relacionamento, nos quais se permite, de modo gratuito, a divulgação de perfis pessoais e toda a sorte de informações afetas ao âmbito de relacionamento virtual com as mais variadas finalidades sociais, quanto sites de leilão virtual, ou de intermediação de negócios, nos quais a finalidade básica é a aproximação entre interessados na celebração de contratos. Na circunstância da realização de danos por atos ilícitos realizados a partir da atividade destes sites, é de ser reconhecida a responsabilidade daqueles que aproveitem da sua exploração econômica.

Dois são os entendimentos possíveis. O primeiro situa o fundamento da responsabilidade no risco da atividade desenvolvida, que ademais está prevista expressamente no parágrafo único do art. 927 do CC/2002, o qual consagra a responsabilidade pelo *risco criado* ao estabelecer: "Haverá obrigação de reparar o dano, independentemente de culpa, nos casos especificados em lei, ou quando a atividade normalmente desenvolvida pelo autor do dano implicar, por sua natureza, risco para os direitos de outrem". E o segundo é de que, tratando-se de serviços objeto de uma relação de consumo, incidiria o regime da responsabilidade pelo fato do serviço (art. 14 do CDC), que presume o *risco proveito* de toda a cadeia de fornecedores vinculados à prestação de serviço. E, nesse sentido, igualmente, não importará para a incidência do art. 14 do CDC se a vítima do dano tenha sido parte ou não em determinada relação de consumo, uma vez que o art. 17 do CDC preceitua que se consideram consumidores equiparados todas as vítimas de um evento danoso causado por um acidente de consumo.

Todavia, a tese de identificação da internet como espécie de atividade de risco a ensejar a responsabilização objetiva dos provedores não foi acolhida pelo direito brasileiro. A jurisprudência nacional, seguida, adiante, pelo advento da Lei n. 12.965/2014, entende pela necessidade de que o provedor de internet tenha conhecimento específico do conteúdo gerado por terceiro, publicado/divulgado por seu intermédio, e se omita em adotar providências para torná-lo inacessível,[19] como condição para que se cogite de sua responsabilidade. Tal entendimento, conforme se vê a seguir, resulta na adoção da responsabilidade subjetiva dos provedores, mediante invocação da conhecida fórmula característica da teoria da culpa: só responderão *se saibam ou devessem saber* do caráter ilícito da informação divulgada.[20]

---

[19] "AGRAVO REGIMENTAL NO AGRAVO EM RECURSO ESPECIAL. AÇÃO INDENIZATÓRIA. DANO MORAL. VEICULAÇÃO DE CONTEÚDO DIFAMATÓRIO. RESPONSABILIDADE SOLIDÁRIA DO PROVEDOR. VALOR INDENIZATÓRIO. RAZOÁVEL. 1. Rever as conclusões do acórdão recorrido demandaria o reexame de matéria fático-probatória, o que é vedado em sede de recurso especial, nos termos da Súmula n. 7 do Superior Tribunal de Justiça. 2. Deve o provedor, ao ser comunicado que determinado texto ou imagem tem conteúdo difamatório, retirá-lo imediatamente, sob pena de responder solidariamente com o autor direto do dano. 3. A fixação da indenização por danos morais baseia-se nas peculiaridades da causa, e somente comporta revisão por este Tribunal quando irrisória ou exorbitante, o que não ocorreu na hipótese dos autos, em que o valor foi fixado em R$ 10.000,00 (dez mil reais). 4. Agravo regimental não provido" (STJ, AgRg no AREsp 305.681/RJ, Rel. Min. Ricardo Villas Bôas Cueva, 3ª Turma, j. 4-9-2014, *DJe* 11-9-2014). No mesmo sentido: STJ, AgRg no AREsp 229.712/RJ, Rel. Min. João Otávio de Noronha, 3ª Turma, j. 4-2-2014, *DJe* 14-2-2014; AgInt no AREsp 1194666/SP, Rel. Min. Marco Aurélio Bellizze, 3ª Turma, j. 27/02/2018, DJe 09/03/2018.

[20] "Agravos regimentais no Recurso Especial e no Recurso adesivo. Civil e consumidor. Responsabilidade civil. Provedor de internet. Relação de consumo. Incidência do CDC. Provedor de conteúdo. Fiscalização prévia do teor das informações postadas no site pelos usuários. Dano moral. Risco inerente ao negócio.

8.3. A RESPONSABILIDADE CIVIL DOS PROVEDORES NA INTERNET

Ao longo dos anos, uma série de atividades e interações humanas passaram a ser realizadas por intermédio da internet, incrementando sua participação na vida cotidiana das pessoas,[21] ao mesmo tempo dá conta do surgimento de novas situações que dão origem a riscos de dano, a exigir o exame da posição jurídica dos agentes que viabilizam estas interações, caso dos provedores de internet. Qualificam-se como provedores de internet pessoa física ou jurídica que realiza atividades consistentes em viabilizar o acesso, formação de conteúdo ou prestação de serviço por intermédio da rede mundial de computadores. Consistem em "pessoa natural ou jurídica que presta atividades relacionadas ao aproveitamento da rede, de forma organizada, com caráter duradouro e finalidade lucrativa, ou seja, a título profissional".[22]

A doutrina estabeleceu grande esforço para a identificação e a diferenciação das várias espécies de provedores, conforme sua atividade.[23] Assim, a distinção comum entre (a) os *provedores de conteúdo*, caracterizados como autores, editores ou outros titulares de direito que introduzem seu trabalho na rede, estando sujeitos à proteção, em conjunto com as empresas de *software*, das normas relativas aos direitos autorais; (b) *provedores de serviços*, identificados tanto com os provedores de acesso, que contratam e oferecem o meio de acesso à internet, quanto com os provedores de serviços e conteúdos que oferecem no ambiente da internet conteúdos a serem acessados ou prestam serviços a serem fruídos por intermédio da internet ou a partir desta, desenvolvendo-se ou concluindo-se o serviço fora da rede de computado-

---

Ciência da existência de conteúdo ilícito. Utilização pelo lesado da ferramenta de denúncia disponibilizada pelo próprio provedor. Falha na prestação do serviço. *Quantum* arbitrado com razoabilidade. Súmula 07 e 83/STJ. Agravos regimentais desprovidos" (STJ, AgRg no REsp 1.349.961/MG, Rel. Min. Paulo de Tarso Sanseverino, 3ª Turma, j. 16-9-2014, *DJe* 23-9-2014). No mesmo sentido: "AGRAVO REGIMENTAL NO RECURSO ESPECIAL. DIREITO ELETRÔNICO E RESPONSABILIDADE CIVIL. DANOS MORAIS. PROVEDOR DE BUSCA NA INTERNET SEM CONTROLE PRÉVIO DE CONTEÚDO. ORKUT. MENSAGEM OFENSIVA. NOTIFICAÇÃO PRÉVIA. INÉRCIA DO PROVEDOR DE BUSCA. RESPONSABILIDADE SUBJETIVA CARACTERIZADA. AGRAVO DESPROVIDO. 1. Este Tribunal Superior, por seus precedentes, já se manifestou no sentido de que: I) o dano moral decorrente de mensagens com conteúdo ofensivo inseridas no site por usuário não constitui risco inerente à atividade desenvolvida pelo provedor da internet, porquanto não se lhe é exigido que proceda a controle prévio de conteúdo disponibilizado por usuários, pelo que não se lhe aplica a responsabilidade objetiva, prevista no art. 927, parágrafo único, do CC/2002; II) a fiscalização prévia dos conteúdos postados não é atividade intrínseca ao serviço prestado pelo provedor no Orkut. 2. A responsabilidade subjetiva do agravante se configura quando: I) ao ser comunicado de que determinado texto ou imagem tem conteúdo ilícito, por ser ofensivo, não atua de forma ágil, retirando o material do ar imediatamente, passando a responder solidariamente com o autor direto do dano, em virtude da omissão em que incide; II) não mantiver um sistema ou não adotar providências, que estiverem tecnicamente ao seu alcance, de modo a possibilitar a identificação do usuário responsável pela divulgação ou a individuação dele, a fim de coibir o anonimato. 3. O fornecimento do registro do número de protocolo (IP) dos computadores utilizados para cadastramento de contas na internet constitui meio satisfatório de identificação de usuários. 4. Na hipótese, a decisão recorrida dispõe expressamente que o provedor de busca foi notificado extrajudicialmente quanto à criação de perfil falso difamatório do suposto titular, não tendo tomado as providências cabíveis, optando por manter-se inerte, motivo pelo qual responsabilizou-se solidariamente pelos danos morais infligidos à promovente, configurando a responsabilidade subjetiva do réu. Agravo regimental não provido" (STJ, AgRg no REsp 1.402.104/RJ, Rel. Min. Raul Araújo, 4ª Turma, j. 27-5-2014, *DJe* 18-6-2014).

[21] TEUBNER, Gunther. Digitale Rechtssubjekte, in *Archiv des Civilistische Praxis -AcP* 218; Tübingen: Mohr, Siebeck, 2018, p. 155.

[22] Martins, Guilherme Magalhães. *Responsabilidade civil por acidentes de consumo na internet*, cit., p. 281.

[23] Nesse sentido, veja-se: GALDÓS, Jorge Mario. Responsabilidad civil de los proveedores de servicios en internet. In: TRIGO REPRESAS, Félix A. (Org.). *Responsabilidad civil*. Doctrinas esenciales. Buenos Aires: La Ley, 2007, t. VI, p. 69.

res, pelo oferecimento de produto ou execução de serviço; e, por fim, (c) os *provedores de rede*, quais sejam, aqueles que fornecem a infraestrutura física de acesso, ou seja, as linhas de comunicação que permitem a conexão à internet, como as companhias telefônicas ou as empresas de serviços via cabo. Ou, ainda, distinções mais detalhadas como (a) os provedores de *backbone*; (b) os provedores de conteúdo e informação (*information providers* ou *content providers*); (c) provedores de acesso (*internet service providers*); (d) provedores de hospedagem (*hosting service providers*); e (e) os provedores de correio eletrônico.[24] Essas distinções são desafiadas, no direito brasileiro, pelo advento da Lei n. 12.965/2014 e pela classificação legal que determinou aos provedores de internet, exclusivamente, como *provedores de conexão* e *provedores de aplicações de internet*.

8.3.1. A responsabilidade dos provedores de internet a partir da Lei n. 12.965/2014 (*Marco Civil da Internet*)

Repercute sobre a classificação dos provedores de internet, bem como seu regime de responsabilidade, tal como vinha sendo compreendido pela doutrina e jurisprudência, o advento da Lei n. 12.965/2014, conhecida como Marco Civil da Internet. Este fez opção claramente enxuta ao prever apenas duas espécies de provedores de internet, cujo regime e extensão da responsabilidade por danos a terceiros disciplinam: os *provedores de conexão* e os *provedores de aplicações de internet*. O art. 5º, define, respectivamente, nos incisos V e VI, conexão de internet e registro de conexão. Conexão de internet é *a habilitação de um terminal para envio e recebimento de pacotes de dados pela internet, mediante a atribuição ou autenticação de um endereço IP*. Já registro de conexão consiste no *conjunto de informações referentes à data e hora de início e término de uma conexão à internet, sua duração e o endereço IP utilizado pelo terminal para o envio e recebimento de pacotes de dados*.

Consideram-se, por sua vez, aplicações de internet o conjunto de funcionalidades que podem ser acessadas por meio de um terminal conectado à internet (art. 5º, VII). Trata-se de definição larga, ademais porque permite reconhecer, por exclusão, como provedores de aplicação de internet todos aqueles que não realizem atividades definidas como de conexão (acesso) à rede, de modo que possam ser definidos genericamente como funcionalidades. Nesses termos, podem ser classificados como provedores de aplicações de internet, de modo indistinto, provedores de conteúdo em geral, como sites de notícias ou que contenham qualquer espécie de informação, sites governamentais, redes sociais, assim como fornecedores de produtos e serviços pelo meio virtual. É discutível se a opção legislativa demasiado generalizante prevalecerá diante das especificidades de cada um dos que oferecem conteúdo ou estabelecem relacionamentos variados – de natureza negocial ou não negocial – por intermédio da internet. O certo é que, nos termos como foram estabelecidas as definições legais do Marco Civil da Internet, sua interpretação e aplicação não prescindirá do apoio de outras normas já estabelecidas no sistema jurídico brasileiro.

Distingue, a Lei n. 12.965/2014, a responsabilidade do provedor de conexão (provedor de acesso) e do provedor de aplicações de internet (provedor de conteúdo). No caso do provedor de conexão, o art. 18 da citada lei estabelece que "não será responsabilizado civilmente por danos decorrentes de conteúdo gerado por terceiros"; ou seja, considerando que o provedor de conexão tem por função apenas promover o acesso à rede, mas não

---

[24] MARTINS, Guilherme Magalhães. *Responsabilidade civil por acidentes de consumo na internet*, cit., p. 281.

controla o conteúdo disponibilizado, não responderá pelas consequências que podem advir da sua divulgação.[25]

No caso do provedor de aplicações de internet, estabelece o art. 19 da mesma lei que "somente poderá ser responsabilizado civilmente por danos decorrentes de conteúdo gerado por terceiros se, após ordem judicial específica, não tomar as providências para, no âmbito e nos limites técnicos do seu serviço e dentro do prazo assinalado, tornar indisponível o conteúdo apontado como infringente, ressalvadas as disposições legais em contrário". Da mesma forma, isenta-se o provedor da adoção de um controle prévio do conteúdo das publicações, exigindo-se, contudo, que atue de modo diligente quando chegue ao seu conhecimento, pela própria vítima ou por terceiro, o caráter danoso e ilícito da publicação.[26]

Nesse caso, dado o conteúdo abrangente da definição de *provedor de aplicações de internet,* reunindo, sob esta classificação, atividades bastante diversas entre si, associam-se à tutela oferecida pelo regime de responsabilidade por danos a usuários e terceiros na internet outras normas específicas já existentes no sistema.

Ora, não se cogita que os sites que ofertem produtos e serviços a consumidores isentem-se do regime de responsabilidade previsto no Código de Defesa do Consumidor pelo simples fato de a Lei n. 12.965/2014, a rigor, colocá-los sob a égide da definição de provedores de aplicações de internet. Tampouco um jornal periódico, ou uma rádio que transmita simultaneamente por radiodifusão e internet estarão restritos aos termos do regime de responsabilidade definido no art. 19 da Lei n. 12.965/2014. Submetem-se ao, naturalmente, também ao entendimento firmado em relação às tensões entre a tutela da personalidade e seu regime constitucional, e a disciplina da liberdade de expressão e informação, próprio da responsabilidade civil dos meios de comunicação. Se assim não fosse, bastaria que alguém que se considerasse agravado

---

[25] A irresponsabilidade dos provedores de conexão é a regra também no direito comparado, conforme observa PEREIRA DE SOUZA, Carlos Affonso. Responsabilidade civil dos provedores de acesso e de aplicações de internet: evolução jurisprudencial e os impactos da Lei 12.695/2014 (Marco Civil da Internet). In: LEITE, George Salomão; LEMOS, Ronaldo (Coord.). *Marco civil da internet*. São Paulo: Atlas, 2014, p. 808.

[26] "RECURSO ESPECIAL. CIVIL E PROCESSUAL CIVIL. RESPONSABILIDADE CIVIL. INTERNET. DANO MORAL. CRIAÇÃO DE PERFIS FALSOS E COMUNIDADES INJURIOSAS EM SÍTIO ELETRÔNICO MANTIDO POR PROVEDOR DE INTERNET. RELAÇÃO DE CONSUMO. AUSÊNCIA DE CENSURA. NOTIFICADO O PROVEDOR, TEM O PRAZO DE 24 HORAS PARA EXCLUIR O CONTEÚDO DIFAMADOR. DESRESPEITADO O PRAZO, O PROVEDOR RESPONDE PELOS DANOS ADVINDOS DE SUA OMISSÃO. PRECEDENTES ESPECÍFICOS DOS STJ. 1. Pretensão indenizatória e cominatória veiculada por piloto profissional de Fórmula 1, que, após tomar conhecimento da existência de 'perfis' falsos, utilizando o seu nome e suas fotos com informações injuriosas, além de 'comunidades' destinadas unicamente a atacar sua imagem e sua vida pessoal, notificou extrajudicialmente o provedor para a sua retirada da internet. 2. Recusa da empresa provedora dos serviços de internet em solucionar o problema. 3. Polêmica em torno da responsabilidade civil por omissão do provedor de internet, que não responde objetivamente pela inserção no site, por terceiros, de dados ilícitos. 4. Impossibilidade de se impor ao provedor a obrigação de exercer um controle prévio acerca do conteúdo das informações postadas no site por seus usuários, pois constituiria uma modalidade de censura prévia, o que não é admissível em nosso sistema jurídico. 5. Ao tomar conhecimento, porém, da existência de dados ilícitos em 'site' por ele administrado, o provedor de internet tem o prazo de 24 horas para removê-los, sob pena de responder pelos danos causados por sua omissão. 6. *Quantum* indenizatório arbitrado com razoabilidade, levando em consideração as peculiaridades especiais do caso concreto, cuja revisão exigiria a revaloração do conjunto fático-probatório para sua modificação, o que é vedado a esta Corte Superior, nos termos da Súmula 07/STJ. 7. Precedentes específicos do STJ acerca do tema. 8. Recurso especial do autor desprovido e recurso especial da parte ré parcialmente provido para afastar a condenação relativa a criação de bloqueios e filtros em nome do autor" (STJ, REsp 1.337.990/SP, Rel. Min. Paulo de Tarso Sanseverino, 3ª Turma, j. 21-8-2014, *DJe* 30-9-2014).

com determinada notícia divulgada pelo site de um jornal na internet o notificasse para o fim de preservar sua responsabilidade por eventuais danos.

A intervenção judicial, na hipótese, caso se dê por cognição sumária, determinando a retirada do conteúdo, enfrentaria as dificuldades atinentes à distinção entre a tutela preventiva da personalidade e a censura indevida aos meios de comunicação. Por outro lado, sendo por intermédio de sentença, a relativa eficácia da providência de retirada do conteúdo ofensivo, dado o transcurso do tempo, destaca a importância da responsabilidade do veículo pelos danos eventualmente sofridos pela vítima. Contudo, para tal avaliação, é no mínimo duvidoso que o regime de responsabilidade do provedor, nesse caso, submeta-se à prévia notificação judicial. A incoerência de uma solução nesses termos se evidencia nos casos em que a mesma informação é publicada por veículos de comunicação social em sua forma tradicional (jornal impresso, rádio ou televisão) e reproduzida no respectivo *site*, inclusive se mantendo por mais tempo em destaque. Cingir-se o dano e seus regimes de responsabilidade, exigindo-se um procedimento em relação à informação gerado por terceiro e divulgada na internet, e outra em relação à divulgação tradicional, é incoerência que o sistema jurídico brasileiro não deve tolerar. Em outros termos: a indenização devida pela divulgação da mesma informação pela internet estaria condicionada a prévia ordem judicial de retirada, o mesmo não se exigindo em relação ao veículo de comunicação em sua divulgação tradicional. Parece óbvia a ausência de técnica e coerência de uma solução desse teor.

E o mesmo se diga – conforme já se mencionou – em relação a fornecedores de produtos e serviços na internet, que se submetem ao Código de Defesa do Consumidor. Nesse caso, é certo que a própria Lei n. 12.965/2014 tratou de preservar a vigência da legislação de proteção do consumidor (art. 2º, V, e art. 7º, XIII). Contudo, na distinção bipartida entre provedores de conexão e provedores de aplicações de internet, todos aqueles que não forneçam acesso à internet, como prestadores de serviços de telecomunicação diversos, a rigor definem-se como provedores de aplicações de internet. Estariam, por isso, submetidos ao regime de responsabilidade do art. 19 da Lei n. 12.965/2014? Parece evidente que a interpretação sistemática das disposições, em especial – nesse caso – pela preservação expressa do âmbito de aplicação da legislação de proteção do consumidor pela própria Lei n. 12.965/2014, deve eliminar maiores controvérsias. Porém, não deixa de destacar que, nesse caso, tem-se um provedor de aplicações de internet, cujo regime de responsabilidade não deve ser aquele definido pelo art. 19, da Lei n. 12.965/2014, senão uma relação jurídica na internet, cuja disciplina pertencerá ao Código de Defesa do Consumidor. Tal situação deverá desafiar, especialmente, a jurisprudência considerando não tanto a definição típica de consumidor, mas sim as situações de equiparação a consumidor, em especial a das vítimas de eventos danosos (art. 17, do CDC). Pergunta-se: quais critérios serão adotados para definir se determinado dano causado por intermédio de divulgação de informações em provedores de internet será considerado hipótese para equiparação da vítima a consumidor e atração da incidência do CDC? A remessa desses problemas simplesmente à casuística jurisprudencial – verificando-se as circunstâncias do caso – gera, certamente, dificuldades para o intérprete e, sobretudo, para os indivíduos que sejam parte da relação jurídica.

De parte da vítima, resulta a incerteza se deveria ou não ter demandado judicialmente para suspender a divulgação da informação, como determina o art. 19, ou se estará submetido ao regime de responsabilidade previsto no CDC. Para quem se impute ofensor, há evidente diferença no comportamento a ser adotado se submetido a um regime de responsabilidade subjetiva – como é o previsto no art. 19 da Lei n. 12.965/2014 – ou de responsabilidade objetiva previsto no CDC. A rigor, a tarefa do intérprete deve ser a de compatibilizar os respectivos âmbitos de aplicação das normas, considerando que ambas encontram-se em vigor no ordenamento. Todavia, é indisfarçável que a definição ampla da noção de *aplicações de internet* determina um desafio a sua interpretação jurisprudencial e doutrinária nos distintos usos admitidos à internet hoje e no futuro.

8.3.2. O dever de guarda dos registros e a responsabilidade por seu descumprimento

Elemento comum a ambos os provedores (de conexão e de aplicações de internet) será a obrigação de guarda dos registros relativos aos usuários dos serviços. No caso do provedor de conexão, o art. 13 da Lei n. 12.965/2014 estabelece: "Art. 13. Na provisão de conexão à internet, cabe ao administrador de sistema autônomo respectivo o dever de manter os registros de conexão, sob sigilo, em ambiente controlado e de segurança, pelo prazo de 1 (um) ano, nos termos do regulamento". No caso dos provedores de aplicações de internet, o art. 15 dispõe: "O provedor de aplicações de internet constituído na forma de pessoa jurídica e que exerça essa atividade de forma organizada, profissionalmente e com fins econômicos deverá manter os respectivos registros de acesso a aplicações de internet, sob sigilo, em ambiente controlado e de segurança, pelo prazo de 6 (seis) meses, nos termos do regulamento".

O inadimplemento do dever de guarda dos registros não gera *per se* a responsabilidade do provedor pelo dano causado por terceiros, cujos dados de identificação não estejam disponíveis em razão da falha que lhes é imputada. Apenas será responsável pelo dano sofrido por uma eventual vítima, neste caso, se das circunstâncias de fato resultar evidenciado que a ausência dos registros contribuiu com a causação do dano, e não apenas com o anonimato do seu autor. Todavia, é possível cogitar se a mera ausência de conservação dos dados do ofensor, inviabilizando o exercício da pretensão indenizatória pela vítima, determine um dano indenizável, cuja causa se possa imputar ao provedor.[27] Há óbices sensíveis a esse entendimento, uma vez que o dano originalmente sofrido se deu pela ação do ofensor original, que fez publicar ofensas. O provedor, ao não guardar os registros, viola dever, porém não decorre necessariamente da violação o surgimento de um novo dano, senão a impossibilidade de exercer a pretensão em relação ao dano anteriormente produzido.

Examinem-se agora, os pressupostos da responsabilidade dos provedores pelo conteúdo gerado por terceiros.

---

[27] "CIVIL E CONSUMIDOR. INTERNET. PROVEDOR DE CONTEÚDO. USUÁRIOS. IDENTIFICAÇÃO. DEVER. GUARDA DOS DADOS. OBRIGAÇÃO. PRAZO. DISPOSITIVOS LEGAIS ANALISADOS: ARTS. 4º, III, DO CDC; 206, § 3º, V, 248, 422 e 1.194 DO CC/02; E 14 E 461, § 1º DO CPC. 1. Ação ajuizada em 30.07.2009. Recurso especial concluso ao gabinete da Relatora em 04.11.2013. 2. Recurso especial que discute os limites da responsabilidade dos provedores de hospedagem de blogs pela manutenção de dados de seus usuários. 3. Ao oferecer um serviço por meio do qual se possibilita que os usuários divulguem livremente suas opiniões, deve o provedor de conteúdo ter o cuidado de propiciar meios para que se possa identificar cada um desses usuários, coibindo o anonimato e atribuindo a cada imagem uma autoria certa e determinada. Sob a ótica da diligência média que se espera do provedor, do dever de informação e do princípio da transparência, deve este adotar as providências que, conforme as circunstâncias específicas de cada caso, estiverem ao seu alcance para a individualização dos usuários do site, sob pena de responsabilização subjetiva por culpa *in omittendo*. Precedentes. 4. Uma vez ciente do ajuizamento da ação e da pretensão nela contida – de obtenção dos dados de um determinado usuário – estando a questão *sub judice*, o mínimo de bom senso e prudência sugerem a iniciativa do provedor de conteúdo no sentido de evitar que essas informações se percam. Essa providência é condizente com a boa-fé que se espera não apenas dos fornecedores e contratantes em geral, mas também da parte de um processo judicial, nos termos dos arts. 4º, III, do CDC, 422 do CC/02 e 14 do CPC. 5. As informações necessárias à identificação do usuário devem ser armazenadas pelo provedor de conteúdo por um prazo mínimo de 03 anos, a contar do dia em que o usuário cancela o serviço. 6. Recurso especial a que se nega provimento" (STJ, REsp 1.417.641/RJ, Rel. Min. Nancy Andrighi, 3ª Turma, j. 25-2-2014, *DJe* 10-3-2014).

8.4. CONDIÇÕES PARA A IMPUTAÇÃO DE RESPONSABILIDADE DOS PROVEDORES POR CONTEÚDOS GERADOS POR TERCEIROS NA INTERNET

Originalmente, a jurisprudência e a doutrina brasileiras distinguiam, quanto aos regimes de responsabilidade dos provedores de internet, as disciplinas do Código Civil e do Código de Defesa do Consumidor. Com o advento da Lei n. 12.965/2014, os deveres dos provedores de internet e a sua responsabilidade por danos causados passam a observar regime especial fixado por esta norma, no que se refere à responsabilidade por conteúdo gerado por terceiros.

A elaboração e a aprovação pelo Congresso Nacional desta lei, denominada *Marco Civil da Internet*, foram acompanhadas com grande entusiasmo, e de fato é inegável que apresente sensíveis conquistas para a proteção do acesso e utilização da internet. Todavia, seu processo de discussão e deliberação parlamentar pareceu desconsiderar um dado elementar em relação à internet, qual seja, de que conjuga, ao mesmo tempo, o exercício das liberdades de expressão e informação, e a liberdade de iniciativa econômica. Ou seja, há na internet, em vista da possibilidade de acesso e manifestação no ambiente virtual, situações associadas às liberdades de informação e expressão. Ocorre que também há as atividades desenvolvidas pelos provedores de internet que possuem – como regra – conteúdo mediata ou imediatamente econômico e, nesse sentido, fundado da livre-iniciativa econômica.

A distinção é relevante na medida em que, para homenagear a liberdade de informação e expressão, base do regime democrático e do Estado de Direito, a orientação do texto normativo claramente fez-se de modo a restringir as hipóteses de responsabilidade do provedor, por danos causados a terceiros. Temia-se que, sob o risco de responsabilização dos provedores, pudesse desenvolver-se risco de censura indevida de conteúdos publicados ou tornados disponíveis por intermédio da rede mundial de computadores. Deixou-se de considerar, contudo, que o uso da internet se dá também como espécie de atividade econômica que direta ou indiretamente promove a oferta de produtos e serviços no mercado de consumo. E, nesse ponto, a noção de risco-proveito que fundamenta a responsabilidade dos fornecedores, em vista de uma melhor capacidade que detém de distribuição dos custos na cadeia econômica, assim como a proteção das vítimas de fatos decorrentes da violação de direito em matéria de divulgação de produtos e serviços na rede de computadores, restou desconsiderada, inspirando-se o legislador em regra única, da Diretiva europeia 2000/31/CE, sobre comércio eletrônico.

Na Diretiva 2000/31/CE, contudo, resta afirmada a ausência de uma obrigação geral de vigilância por parte dos provedores de serviços de internet. Não há, segundo o art. 15 da referida norma, uma obrigação geral de vigilância dos provedores, consistente tanto na ausência de um dever de vigiar *as informações que transmitem ou armazenem* quanto o *de procurar ativamente fatos ou circunstâncias que indiciem ilicitudes*. Apenas se autoriza os Estados-membros, ao incorporarem as normas da Diretiva, que estabeleçam a obrigação para que os provedores informem prontamente às autoridades competentes, sobre as atividades empreendidas ou informações ilícitas prestadas pelos autores aos destinatários dos serviços por ele prestados, "bem como a obrigação de comunicar às autoridades competentes, a pedido destas, informações que permitam a identificação dos destinatários dos serviços com quem possuam acordos de armazenagem".

Nesse sentido, percebe-se a opção europeia de não reconhecer hipótese de responsabilidade dos provedores de serviços na internet, quando sua atividade diga respeito ao simples transporte ou à transmissão de informações pela rede mundial de computadores (art. 12 da Diretiva 2000/31/CE), que façam armazenagem temporária (*caching*) (art. 13 da Diretiva 2000/31/CE) ou, ainda, que realizem armazenagem em servidor, mas que não tenha o provedor conhecimento efetivo da atividade ou informação ilegal, ou na hipótese em que tenham conhecimento da ilegalidade, atuem com diligência no sentido de retirar ou impossibilitar o acesso às informações (art. 14 da Diretiva 2000/31/CE).

Em linhas gerais, percebe-se que a disciplina de direito comunitário exclui do dever de segurança ou vigilância do provedor, o conteúdo das informações, exigindo-lhe atuação específica apenas quando tome conhecimento da atividade ilegal que se realiza por seu intermédio (*atuação diligente*).

Com a vigência da Lei n. 12.965/2014, passa-se a identificar dois regimes de responsabilidade distintos. Primeiro, aquele relativo aos danos decorrentes de conteúdo tornado disponível pelo próprio provedor, elaborado por profissionais e/ou pessoas a ele vinculados, dando causa a responsabilidade por fato próprio. E outro regime de responsabilidade, que imputa ao provedor a obrigação de indenizar danos que decorram de conteúdo produzido por terceiros e divulgado por seu intermédio. No primeiro caso, sendo a atividade do provedor de conteúdo profissional, e visando ao desenvolvimento de atividade econômica no mercado de consumo, confirma-se a incidência do CDC e seu regime de responsabilidade pelo fato do serviço (art. 14). Tratando-se de atividade típica de imprensa por intermédio da internet, e da produção de conteúdos próprios pelo provedor que os divulga, o regime de responsabilidade parece ser o do Código Civil.

Já no que diz respeito a conteúdos gerados por terceiros e apenas divulgados pelo provedor de aplicações de internet, aí sim tem lugar a incidência do disposto no art. 19 da Lei n. 12.965/2014, que impõe regime de responsabilidade subjetiva, fundado na culpa, na medida em que o provedor só responderá se, tendo sido notificado judicialmente, "não tomar as providências para, no âmbito e nos limites técnicos do seu serviço, e dentro do prazo assinalado, tornar indisponível o conteúdo apontado como infringente".[28] Ou seja, é responsabilidade por omissão na adoção de providências para fazer cessar a repercussão de conduta (a publicação de conteúdo por terceiro) que sabe, em razão de notificação judicial, ser ofensiva a direito alheio.[29] E, por outro lado, também em relação ao conteúdo gerado por terceiros, quando

---

[28] Este já era o entendimento jurisprudencial anterior à lei, conforme se observa: STJ, REsp 1.193.764/SP, Rel. Min. Nancy Andrighi, 3ª Turma, j. 14-12-2010, *DJe* 8-8-2011; REsp 1.193.764/SP, Rel. Min. Nancy Andrighi, 3ª Turma, j. 14-12-2010, *DJe* 8-8-2011; e AgRg nos EDcl no REsp 1.284.096/MG, Rel. Min. Sidnei Beneti, 3ª Turma, j. 10-12-2013, *DJe* 19-12-2013.

[29] "CIVIL E PROCESSUAL CIVIL. RECURSO ESPECIAL. GOOGLE. YOUTUBE. AÇÃO DE REPARAÇÃO POR DANOS MORAIS. CONTEÚDO REPUTADO OFENSIVO. DANO MORAL. RESPONSABILIDADE SUBJETIVA DO PROVEDOR. NOTIFICAÇÃO JUDICIAL. DESCUMPRIMENTO. RESPONSABILIDADE SOLIDÁRIA COM OFENSOR. REDUÇÃO DO VALOR DA MULTA PELO DESCUMPRIMENTO DE ORDEM JUDICIAL. 1. Ação ajuizada em 31/10/2012. Recurso interposto em 14/10/2015 e atribuído a este gabinete em 25/08/2016. 2. O propósito recursal compreende as seguintes controvérsias: (i) a responsabilidade do recorrente por conteúdo gerado por terceiros em aplicação de internet por ele mantido; (ii) a configuração de dano moral e o valor de sua reparação; e (iii) eventual excesso no valor das multas diárias aplicadas sobre o recorrente. 3. Esta Corte fixou entendimento de que "(i) não respondem os provedores objetivamente pela inserção no site, por terceiros, de informações ilegais; (ii) não podem ser obrigados a exercer um controle prévio do conteúdo das informações postadas no site por seus usuários; (iii) devem, assim que tiverem conhecimento inequívoco da existência de dados ilegais no site, removê-los imediatamente, sob pena de responderem pelos danos respectivos; (iv) devem manter um sistema minimamente eficaz de identificação de seus usuários, cuja efetividade será avaliada caso a caso". Precedentes. 4. Aos provedores de aplicação, aplica-se a tese da responsabilidade subjetiva, segundo a qual o provedor de aplicação torna-se responsável solidariamente com aquele que gerou o conteúdo ofensivo se, ao tomar conhecimento da lesão que determinada informação causa, não tomar as providências necessárias para a sua remoção. Precedentes. 5. Segundo a jurisprudência desta Corte, pode-se definir danos morais como lesões a atributos da pessoa, enquanto ente ético e social que

digam respeito à divulgação, sem autorização de seus participantes, de imagens, de vídeos ou de outros materiais contendo cenas de nudez ou de atos sexuais de caráter privado, estabelece o art. 21 da Lei n. 12.965/2014 a responsabilidade subsidiária do provedor, quando após a notificação pelo participante ou seu representante legal, deixar de promover a indisponibilização do conteúdo. Trata-se de regra especial para o que se convencionou denominar *cyber revenge* (ou "vingança virtual"), frente à grande repercussão de fatos dessa natureza, especialmente envolvendo adolescentes. A rigor, como, bem define a jurisprudência, o cerne da proibição é a exposição não consentida da intimidade da pessoa, termos em que deve ser compreendida, segundo uma interpretação teleológica, a referência da lei a "cenas de nudez ou de atos sexuais de caráter privado".[30] Em relação a tal situação, contudo, a lei é restritiva ao extremo, definindo que responderá o provedor quando "deixar de promover, de forma diligente, no âmbito e nos limites técnicos do seu serviço" a indisponibilização do conteúdo. Remonta, assim, a uma responsabilidade subsidiária e subjetiva, de modo que responderá apenas naquilo que aquele que gerou o conteúdo deixe de responder diretamente.

Dois argumentos militam em favor da solução prevista pelo legislador, no exercício de sua liberdade de conformação legislativa: a) primeiro, que a admissão do juízo de legalidade pela provedor de aplicações de internet, permitindo a remoção de conteúdo a seu critério exclusivo e do notificante, pode dar causa à censura privada, com a violação da liberdade de

---

participa da vida em sociedade, estabelecendo relações intersubjetivas em uma ou mais comunidades, ou, em outras palavras, são atentados à parte afetiva e à parte social da personalidade. 6. O valor total fixado a título de astreinte somente poderá ser objeto de redução se fixada a multa diária em valor desproporcional e não razoável à própria prestação que ela objetiva compelir o devedor a cumprir, nunca em razão do simples valor total da dívida, mera decorrência da demora e inércia do próprio devedor. Precedentes. 7. Recurso especial conhecido e não provido" (STJ, REsp 1641133/MG, Rel. Min. Nancy Andrighi, 3ª Turma, j. 20/06/2017, *DJe* 01/08/2017). No mesmo sentido: AgRg no AREsp 681.413/PR, Rel. Min. Raul Araújo, 4ª Turma, j. 08/03/2016, *DJe* 17/03/2016.

[30] "CIVIL E PROCESSUAL CIVIL. RECURSO ESPECIAL. AÇÃO DE OBRIGAÇÃO DE FAZER E DE INDENIZAÇÃO DE DANOS MORAIS. RETIRADA DE CONTEÚDO ILEGAL. EXPOSIÇÃO PORNOGRÁFICA NÃO CONSENTIDA. PORNOGRAFIA DE VINGANÇA. DIREITOS DE PERSONALIDADE. INTIMIDADE. PRIVACIDADE. GRAVE LESÃO. 1. Ação ajuizada em 17/07/2014, recurso especial interposto em 19/04/2017 e atribuído a este gabinete em 07/03/2018. 2. O propósito recursal consiste em determinar os limites da responsabilidade de provedores de aplicação de busca na Internet, com relação à divulgação não consentida de material íntimo, divulgado antes da entrada em vigor do Marco Civil da Internet. 3. A regra a ser utilizada para a resolução de controvérsias deve levar em consideração o momento de ocorrência do ato lesivo ou, em outras palavras, quando foram publicados os conteúdos infringentes: (i) para fatos ocorridos antes da entrada em vigor do Marco Civil da Internet, deve ser obedecida a jurisprudência desta corte; (ii) após a entrada em vigor da Lei 12.965/2014, devem ser observadas suas disposições nos arts. 19 e 21. Precedentes. 4. A "exposição pornográfica não consentida", da qual a "pornografia de vingança" é uma espécie, constituiu uma grave lesão aos direitos de personalidade da pessoa exposta indevidamente, além de configurar uma grave forma de violência de gênero que deve ser combatida de forma contundente pelos meios jurídicos disponíveis.5. Não há como descaracterizar um material pornográfica apenas pela ausência de nudez total. Na hipótese, a recorrente encontra-se sumariamente vestida, em posições com forte apelo sexual.6. O fato de o rosto da vítima não estar evidenciado nas fotos de maneira flagrante é irrelevante para a configuração dos danos morais na hipótese, uma vez que a mulher vítima da pornografia de vingança sabe que sua intimidade foi indevidamente desrespeitada e, igualmente, sua exposição não autorizada lhe é humilhante e viola flagrantemente seus direitos de personalidade.7. O art. 21 do Marco Civil da Internet não abarca somente a nudez total e completa da vítima, tampouco os "atos sexuais" devem ser interpretados como somente aqueles que envolvam conjunção carnal. Isso porque o combate à exposição pornográfica não consentida – que é a finalidade deste dispositivo legal – pode envolver situações distintas e não tão óbvias, mas que geral igualmente dano à personalidade da vítima. 8. Recurso conhecido e provido" (STJ, REsp 1735712/SP, Rel. Min. Nancy Andrighi, 3ª Turma, j. 19/05/2020, *DJe* 27/05/2020).

expressão e de acesso à informação; e b) segundo, que tal circunstância, dadas as características da internet, poderia dar causa à aumento a judicialização de demandas, inclusive nas situações em que, atualmente, remoções de conteúdo são realizadas pelo próprio provedor de aplicações de internet, com fundamento em notificações privadas em que é notória a ilicitude da publicação.

De qualquer modo, a solução do legislador merece crítica ao afastar o critério fundante do regime de responsabilidade objetiva contemporânea, fundada no denominado risco-proveito: *cuius commoda eius et incommoda*. Ou seja, de que quem tem a vantagem econômica de determinada atividade deva responder pelos riscos de dano que dela resultem.

Desconsidera, a lei, o fato de que a disponibilização do conteúdo na rede, por intermédio do provedor de aplicações de internet, possa ser caracterizada, *per se*, como concausa para eventual dano a terceiro. Exige-se, assim, em proteção da liberdade de expressão e visando a evitar o que expressamente define como censura, a notificação por ordem judicial do conteúdo considerado lesivo a interesse de terceiro. É de observar, contudo, que a exigência de ordem judicial para reclamar providências, como regra geral de pressuposto para imputação de responsabilidade civil do provedor de internet, ao mesmo tempo que privilegia a liberdade de expressão, impõe à vítima um grave ônus, de recorrer ao Poder Judiciário para adoção de providência que a velocidade de difusão da informação pela internet recomenda que seja de grande rapidez, no sentido de impedir a disseminação do conteúdo ofensivo. Nesse sentido, aliás, a lei brasileira é menos rígida do que a norma comunitária europeia, que se resume a não impor uma obrigação geral de vigilância ao provedor (art. 15 da Diretiva 2000/31/CE).

Desse modo, decisões que, inicialmente, imputavam a provedores de aplicações de internet responsáveis por redes sociais o dever de reparar danos decorrentes de conteúdo ofensivo à personalidade,[31] deixaram de ter lugar no regime instituído pela Lei n. 12.965/2014, se não antecedido da notificação judicial.

Deve-se mencionar, ainda, que, segundo a lei brasileira, a ordem judicial que determine ao provedor a indisponibilidade do conteúdo ofensivo deverá conter, sob pena de nulidade, a "identificação clara e específica do conteúdo apontado como infringente, que permita a localização inequívoca do material" (art. 19, § 1º, da Lei n. 12.965/2014). Evidencia-se, assim, a opção legislativa na proteção dos interesses dos provedores, em detrimento dos riscos da atividade, eximindo aqueles que a desenvolvem, da responsabilidade dos danos daí advindos, quando se trate de conteúdo gerado por terceiros e divulgado pelos provedores de aplicações de internet.

Esse entendimento, ao trazer para a lei brasileira previsão da regra do *notice and takedown* já definido no Recurso Especial 1.193.764/SP, julgado pelo Superior Tribunal de Justiça, em certa medida visa a por fim à divergência quanto à responsabilidade dos provedores por atos de terceiros, concordando com quem advogava sua limitação.[32]

---

[31] "Reparação de danos morais. Acusações, ameaças e ofensas perpetradas pela ré contra a autora, através de página de relacionamento na Internet (Orkut). Prova suficiente a evidenciar a autoria das agressões. Danos morais configurados, diante da violação à honra e imagem da autora, possibilitada a perpetuação da ofensa diante do meio utilizado. Sentença confirmada pelos próprios fundamentos. Recurso desprovido" (TJRS, Recurso Cível 71001772623, Recursal Cível, 3ª Turma, Rel. Des. Eugênio Facchini Neto, j. 11-11-2008, *DJ* 17-11-2008). No mesmo sentido: TJRJ, ApCiv 0035977-12.2009.8.19.0203 1, Rel. Des. Roberto Guimarães, 11ª Câm. Civ., j. 8-2-2012, *DJ* 7-3-2012, *RDC* 82/451.

[32] Nesse sentido, vejam-se os casos invocados por: Leonardi, Marcel. Responsabilidade dos provedores de serviços de internet por atos de terceiros. In: Silva, Regina Beatriz Tavares da; Santos, Manoel Jorge Pereira (Org.). *Responsabilidade civil na internet e nos demais meios de comunicação*. São Paulo: Saraiva, 2007, p. 172.

Quando se trate da incidência do CDC para definição da responsabilidade do provedor em decorrência de danos causados por conteúdos que ele próprio venha a ser o gerador, a incidência da responsabilidade independente de culpa, em decorrência do risco negocial, admitirá, igualmente, hipóteses de exoneração da obrigação de indenizar as previstas no art. 14, § 3º, do CDC. São elas a demonstração pelo fornecedor, de que, tendo prestado o serviço, não existe o defeito, ou a culpa exclusiva do consumidor ou de terceiro. E, da mesma forma, deverá pautar a identificação do defeito como causa de responsabilização a ressalva legal prevista no § 2º do art. 14 do CDC, qual seja, a de que o serviço não será considerado defeituoso pela adoção de outras técnicas. O que remete, naturalmente, à conclusão, no que concerne aos serviços prestados pela internet, de que a atualização tecnológica dos serviços não tem por consequência a imputação de defeito aos serviços prestados sem o incremento decorrente de novos conhecimentos obtidos mediante pesquisa e desenvolvimento.

A qualificação e a identificação dos pressupostos da responsabilidade civil por ato ilícito em nosso sistema, contudo, não será o bastante para assegurar eventual responsabilização, sem que se considere o caráter supranacional da internet e a necessidade de adequar os preceitos estabelecidos pela lei brasileira aos modelos de tutela que assegurem sua efetividade, assim como precisa definição dos critérios para identificação da lei aplicável às respectivas relações jurídicas.

Registre-se, contudo, que o Supremo Tribunal Federal reconheceu repercussão geral ao Recurso Extraordinário 1037396/SP (tema 987), porquanto versando acerca de "discussão do sobre a constitucionalidade do art. 19 da Lei n. 12.965/2014 (Marco Civil da Internet) que determina a necessidade de prévia e específica ordem judicial de exclusão de conteúdo para a responsabilização civil do provedor de internet, websites e gestores de aplicativos de redes sociais por danos decorrentes de atos ilícitos praticados por terceiros". A decisão da Corte, neste caso, quando realizado o julgamento, naturalmente repercutirá sobre o regime de responsabilidade dos provedores de aplicações de internet.

8.5. O DENOMINADO *DIREITO AO ESQUECIMENTO* NA INTERNET

O desenvolvimento da internet acentuou o problema do denominado direito ao esquecimento, assim entendido como a exigência de adequação temporal dos registros de informações disponíveis para consulta pública, de modo a evitar constrangimentos, bem como evitar que impeça ou restrinja o livre-exercício de direito pela pessoa a quem a informação se refira. Conforme foi mencionado ao examinar-se o direito ao esquecimento como limite ao exercício da liberdade de informação dos meios de comunicação social, sua origem está associada a dois interesses fundamentais identificados na casuística que deu origem ao tema. A saber, o interesse da ressocialização de criminosos que já tenham cumprido a pena que lhe foi imposta e o de proteção da pessoa a respeito de informações vexatórias ou inverídicas relativas a fatos passados. Consagrado pelo Enunciado n. 531 da VI Jornada de Direito Civil do STJ ("A tutela da dignidade da pessoa humana na sociedade da informação inclui o direito ao esquecimento") e reconhecido pela jurisprudência em caso relativo à responsabilidade de veículo de comunicação social por programa de televisão que rememora fatos delituosos pelos quais pessoa acusada de cometimento do crime fora absolvida por negativa de autoria, sob o argumento de exposição à situação vexatória, a jurisprudência brasileira é reticente em relação ao seu reconhecimento no âmbito da internet.

Nesse sentido, observa-se a decisão do STJ no caso Xuxa *vs.* Google (Recurso Especial 1.316.921/RJ), pelo qual a conhecida apresentadora de televisão requereu a proibição de que o provedor de pesquisa permitisse, a partir da associação entre seu nome e a expressão "pedofilia", a indicação de sites relativos a filme comercial de que fora protagonista em sua juventude, no qual interpretava a personagem de uma prostituta que se envolvia com um menor de idade. A decisão do Tribunal, de relatoria da Min. Nancy Andrighi, entendeu que "os provedores de pesquisa não podem ser obrigados a eliminar do seu sistema os resultados derivados da busca de determinado termo ou expressão, tampouco os resultados que apontem para uma foto ou texto específico, independentemente da indicação do URL da página onde este estiver inserido. (...) Não se pode, sob o pretexto de dificultar a propagação de conteúdo ilícito ou ofensivo na web, reprimir o direito da coletividade à informação. Sopesados os direitos envolvidos e o risco potencial de violação de cada um deles, o fiel da balança deve pender para a garantia da liberdade de informação assegurada pelo art. 220, § 1º, da CF/88, sobretudo considerando que a Internet representa, hoje, importante veículo de comunicação social de massa".[33] Da mesma forma, distinguiu o papel de provedores de busca e de provedores de conteúdo, considerando que o Google, como espécie do primeiro, concentrava-se na catalogação de sites de busca, sem responsabilidade por seu conteúdo, não lhe cabendo restringir o acesso, de modo discricionário, ao conteúdo apontado como ilícito. A decisão em questão deixa larga margem de liberdade à atuação dos provedores de busca, uma vez que permite isentá-los de deveres de cuidado inerentes a qualquer atividade econômica, embora diretamente relacionadas à repercussão temporal e espacial do dano. É de registrar, contudo, que este entendimento afirma-se na jurisprudência, reconhecendo, como regra, a

---

[33] "CIVIL E CONSUMIDOR. INTERNET. RELAÇÃO DE CONSUMO. INCIDÊNCIA DO CDC. GRATUIDADE DO SERVIÇO. INDIFERENÇA. PROVEDOR DE PESQUISA. FILTRAGEM PRÉVIA DAS BUSCAS. DESNECESSIDADE. RESTRIÇÃO DOS RESULTADOS. NÃO CABIMENTO. CONTEÚDO PÚBLICO. DIREITO À INFORMAÇÃO. 1. A exploração comercial da Internet sujeita as relações de consumo daí advindas à Lei n. 8.078/90. 2. O fato de o serviço prestado pelo provedor de serviço de Internet ser gratuito não desvirtua a relação de consumo, pois o termo 'mediante remuneração', contido no art. 3º, § 2º, do CDC, deve ser interpretado de forma ampla, de modo a incluir o ganho indireto do fornecedor. 3. O provedor de pesquisa é uma espécie do gênero provedor de conteúdo, pois não inclui, hospeda, organiza ou de qualquer outra forma gerencia as páginas virtuais indicadas nos resultados disponibilizados, se limitando a indicar links onde podem ser encontrados os termos ou expressões de busca fornecidos pelo próprio usuário. 4. A filtragem do conteúdo das pesquisas feitas por cada usuário não constitui atividade intrínseca ao serviço prestado pelos provedores de pesquisa, de modo que não se pode reputar defeituoso, nos termos do art. 14 do CDC, o site que não exerce esse controle sobre os resultados das buscas. 5. Os provedores de pesquisa realizam suas buscas dentro de um universo virtual, cujo acesso é público e irrestrito, ou seja, seu papel se restringe à identificação de páginas na web onde determinado dado ou informação, ainda que ilícito, estão sendo livremente veiculados. Dessa forma, ainda que seus mecanismos de busca facilitem o acesso e a consequente divulgação de páginas cujo conteúdo seja potencialmente ilegal, fato é que essas páginas são públicas e compõem a rede mundial de computadores e, por isso, aparecem no resultado dos sites de pesquisa. 6. Os provedores de pesquisa não podem ser obrigados a eliminar do seu sistema os resultados derivados da busca de determinado termo ou expressão, tampouco os resultados que apontem para uma foto ou texto específico, independentemente da indicação do URL da página onde este estiver inserido. 7. Não se pode, sob o pretexto de dificultar a propagação de conteúdo ilícito ou ofensivo na web, reprimir o direito da coletividade à informação. Sopesados os direitos envolvidos e o risco potencial de violação de cada um deles, o fiel da balança deve pender para a garantia da liberdade de informação assegurada pelo art. 220, § 1º, da CF/88, sobretudo considerando que a Internet representa, hoje, importante veículo de comunicação social de massa. 8. Preenchidos os requisitos indispensáveis à exclusão, da web, de uma determinada página virtual, sob a alegação de veicular conteúdo ilícito ou ofensivo – notadamente a identificação do URL dessa página – a vítima carecerá de interesse de agir contra o provedor de pesquisa, por absoluta falta de utilidade da jurisdição. Se a vítima identificou, via URL, o autor do ato ilícito, não tem motivo para demandar contra aquele que apenas facilita o acesso a esse ato que, até então, se encontra publicamente disponível na rede para divulgação. 9. Recurso especial provido" (STJ, REsp 1.316.921/RJ, 3ª Turma, Rel. Min. Nancy Andrighi, j. 26-6-2012, *DJe* 29-6-2012).

impossibilidade de controle sobre o conteúdo catalogado,[34] ressalvado um caso em que o STJ entendeu que o rompimento do vínculo entre o nome da pessoa no provedor de pesquisa, sem a exclusão da notícia desabonadora "compatibiliza também os interesses individual do titular dos dados pessoais e coletivo de acesso à informação, na medida em que viabiliza a localização das notícias àqueles que direcionem sua pesquisa fornecendo argumentos de pesquisa relacionados ao fato noticiado, mas não àqueles que buscam exclusivamente pelos dados pessoais do indivíduo protegido".[35]

---

[34] "CIVIL E CONSUMIDOR. RECURSO ESPECIAL. 1. INTERNET. PROVEDOR DE PESQUISA. EXIBIÇÃO DE RESULTADOS. POTENCIAL OFENSIVO. AUSÊNCIA. DANO MORAL. AFASTADO. 2. RELAÇÃO DE CONSUMO. INCIDÊNCIA DO CDC. GRATUIDADE DO SERVIÇO. INDIFERENÇA. CORRESPONDÊNCIA ENTRE OS RESULTADOS E A PESQUISA. AUSÊNCIA. EXPECTATIVA RAZOÁVEL. FALHA DO SERVIÇO. CONFIGURAÇÃO. 3. OBRIGAÇÃO DE FAZER PERSONALÍSSIMA. DECISÃO JUDICIAL. INÉRCIA RENITENTE. MULTA COMINATÓRIA. FIXAÇÃO DE PATAMAR ESTÁTICO. INSUFICIÊNCIA RECONHECIDA. 4. RECURSOS ESPECIAIS PARCIALMENTE PROVIDOS. 1. Recurso especial em que se debate a responsabilidade civil decorrente da discrepância entre o resultado de busca e a alteração do conteúdo danoso inserido em sítio eletrônico, bem como a obrigatoriedade de atualização dos resultados de busca conforme o novo conteúdo disponível no momento da consulta. 2. Nos termos da jurisprudência desta Corte Superior, os provedores de pesquisa fornecem ferramentas para localização, dentro do universo virtual, de acesso público e irrestrito, de conteúdos relacionados aos termos informados para pesquisa. 3. Não contém aptidão para causar dano moral a exibição dos resultados na forma de índice, em que se relacionam links para páginas em que há conteúdos relacionados aos termos de busca, independente do potencial danoso do conteúdo em si ou dos termos da busca inseridos pelos internautas. 4. Os provedores de pesquisa podem ser excepcionalmente obrigados a eliminar de seu banco de dados resultados incorretos ou inadequados, especialmente quando inexistente relação de pertinência entre o conteúdo do resultado e o critério pesquisado. 5. A ausência de congruência entre o resultado atual e os termos pesquisados, ainda que decorrentes da posterior alteração do conteúdo original publicado pela página, configuram falha na prestação do serviço de busca, que deve ser corrigida nos termos do art. 20 do CDC, por frustrarem as legítimas expectativas dos consumidores. 6. A multa cominatória tem por finalidade essencial o desincentivo à recalcitrância contumaz no cumprimento de decisões judiciais, de modo que seu valor deve ser dotado de força coercitiva real. 7. A limitação da multa cominatória em patamar estático pode resultar em elemento determinante no cálculo de custo-benefício, no sentido de configurar o desinteresse no cumprimento das decisões, engessando a atividade jurisdicional e tolhendo a eficácia das decisões. 8. A multa diária mostrou-se insuficiente, em face da concreta renitência quanto ao cumprimento voluntário da decisão judicial, impondo sua majoração excepcional por esta Corte Superior, com efeitos ex nunc, em observância ao princípio da não surpresa, dever lateral à boa-fé objetiva processual expressamente consagrado no novo CPC (art. 5º). 9. Recursos especiais parcialmente providos" (STJ, REsp 1582981/RJ, Rel. Min. Marco Aurélio Bellizze, 3ª Turma, j. 10/05/2016, DJe 19/05/2016).

[35] Trecho da ementa decisão do STJ, neste caso, busca ressaltar a excepcionalidade da situação de suspeita de fraude em concurso para magistratura que associava o nome de então candidata, hoje já desempenhando outro cargo público: "(...) 3. A jurisprudência desta Corte Superior tem entendimento reiterado no sentido de afastar a responsabilidade de buscadores da internet pelos resultados de busca apresentados, reconhecendo a impossibilidade de lhe atribuir a função de censor e impondo ao prejudicado o direcionamento de sua pretensão contra os provedores de conteúdo, responsáveis pela disponibilização do conteúdo indevido na internet. Precedentes. 4. Há, todavia, circunstâncias excepcionalíssimas em que é necessária a intervenção pontual do Poder Judiciário para fazer cessar o vínculo criado, nos bancos de dados dos provedores de busca, entre dados pessoais e resultados da busca, que não guardam relevância para interesse público à informação, seja pelo conteúdo eminentemente privado, seja pelo decurso do tempo. 5. Nessas situações excepcionais, o direito à intimidade e ao esquecimento, bem como a proteção aos dados pessoais deverá preponderar, a fim de permitir que as pessoas envolvidas sigam suas vidas com razoável anonimato, não sendo o fato desabonador corriqueiramente rememorado e perenizado por sistemas automatizados de busca. 6. O rompimento do referido vínculo sem a exclusão da notícia compatibiliza também os interesses individual do titular dos dados pessoais e coletivo de acesso à informação, na medida em que viabiliza a localização das notícias àqueles que direcionem sua pesquisa fornecendo argumentos de pesquisa relacionados ao fato noticiado, mas não àqueles que buscam exclusivamente

Por outro lado, no direito europeu é relevante é a decisão do Tribunal de Justiça da União Europeia, oriundo da Espanha (Google Spain *vs.* AEPD e Mario Costeja González), em que o autor da ação opôs-se à veiculação pelo sistema de buscas na internet, de notícias datadas de 1998, digitalizadas do periódico impresso *La Vanguardia*, relativas a leilão de um imóvel de que era coproprietário com sua ex-esposa, em razão de dívidas que ela havia contraído, sem que houvesse sido demonstrada responsabilidade do ex-marido. O fato causou transtornos ao autor da ação, que pretendeu perante o Google a retirada desse conteúdo. Não tendo sido atendido, requereu providências da Agência Espanhola de Proteção de Dados, que lhe deu razão. Tendo havido recurso do Google ao Tribunal de Justiça da União Europeia, este decidiu, em 2014, pela existência do direito ao esquecimento sobre dados pessoais veiculados pela internet, decisão que vincula os Estados-Membros da União Europeia.

A rigor, no âmbito da proteção de dados pessoais, o uso e a divulgação dos dados, naturalmente, devem ser limitados a critérios de adequação temporal e finalidade, de modo a consagrar-se o direito ao esquecimento, cuja violação geral gera responsabilidade por eventuais danos que venha a causar. Nesse sentido, aliás, o art. 7º, X, da Lei n. 12.965/2014 (Marco Civil da Internet) estabelece como direito do usuário de internet a "exclusão definitiva dos dados pessoais que tiver fornecido a determinada aplicação de internet, a seu requerimento, ao término da relação entre as partes, ressalvadas as hipóteses de guarda obrigatória de registros previstas nesta Lei e na que dispõe sobre a proteção de dados pessoais".[36] As questões que permanecem sob discussão residem, em relação à internet, sobre quem tem o dever de promover a adequação, exclusão ou restrição de acesso sobre dados pessoais que não atendam aos critérios mencionados. E, nesses termos, a quem é imputável a responsabilidade no caso de desatendimento desses critérios, considerando as atividades que caracterizam os denominados provedores de busca e os provedores de conteúdo.

---

pelos dados pessoais do indivíduo protegido. 7. No caso concreto, passado mais de uma década desde o fato noticiado, ao se informar como critério de busca exclusivo o nome da parte recorrente, o primeiro resultado apresentado permanecia apontando link de notícia de seu possível envolvimento em fato desabonador, não comprovado, a despeito da existência de outras tantas informações posteriores a seu respeito disponíveis na rede mundial (...)" (STJ, REsp 1660168/RJ, Rel. Min. Nancy Andrighi, Rel. p/ Acórdão Min. Marco Aurélio Bellizze, 3ª Turma, j. 08/05/2018, DJe 05/06/2018).

[36] LOURENÇO, Cristina Silvia Alves; GUEDES, Maurício Sullivan Bahle. A internet e o direito à exclusão definitiva de dados pessoais. In: LEITE, George Salomão; LEMOS, Ronaldo (Coord.). *Marco civil da internet*. São Paulo: Atlas, 2014, p. 568.

Capítulo 9
RESPONSABILIDADE PELO TRATAMENTO IRREGULAR DE DADOS PESSOAIS

Com a edição da Lei nº 13.709, de 14 de agosto de 2018 – Lei Geral de Proteção de Dados (LGPD), e sua entrada em vigor após sucessivas postergações, em setembro de 2020, foi estabelecido ao lado de uma nova disciplina abrangente e sistemática[1] de proteção de dados pessoais. Inspirada no modelo europeu, especialmente no Regulamento Geral de Proteção de Dados (Regulamento 2016/679), sua disciplina tem repercussão nos mais variados âmbitos da vida de relações de natureza pública ou privada, considerando a importância tratamento de dados pessoais na sociedade da informação.

Considera-se dado pessoal a "informação relacionada a pessoa natural identificada ou identificável" (art. 5º, I, da LGPD). Dentre os dados pessoais, alguns serão objeto de maior tutela, em especial pela potencialidade de dano que seu tratamento irregular pode dar causa. Trata-se do dado pessoal sensível, definido por lei como o "dado pessoal sobre origem racial ou étnica, convicção religiosa, opinião política, filiação a sindicato ou a organização de caráter religioso, filosófico ou político, dado referente à saúde ou à vida sexual, dado genético ou biométrico, quando vinculado a uma pessoa natural".

A proteção de dados pessoais é projeção de direitos fundamentais consagrados. Relaciona-se com a proteção da vida privada e da intimidade (art. 5º, X, da Constituição da República), da dignidade da pessoa humana (art. 1º, III), e contra a discriminação (art. 3º, IV), como expressões da liberdade e da igualdade da pessoa. A Constituição da República, igualmente, assegura como direito fundamental a inviolabilidade do sigilo de dados (art. 5º, XII). Por tais razões sustenta-se a autonomia da proteção de dados pessoais, como direito da personalidade,[2] ou a especialização da proteção constitucional à vida privada e à intimidade dando origem a um direito fundamental à proteção de dados pessoais.[3] A Lei Geral de Proteção de Dados,

---

[1] Na ausência de uma lei geral, o tratamento de dados era objeto de normas setoriais, como o Marco Civil da Internet, o Código de Defesa do Consumidor, a Lei de Acesso à Informação e a Lei do Cadastro Positivo. Estas normas, contudo, regulavam o tema pontualmente, não tendo por escopo disciplinar o fenômeno da circulação de dados em toda a sua amplitude. DONEDA, Danilo; MENDES, Laura. Reflexões iniciais sobre a nova lei geral de proteção de dados. *Revista de Direito do Consumidor*. São Paulo, v. 120, p. 469-483, Nov-dez. 2018. p. 1.

[2] BIONI, Bruno Ricardo. *Proteção de dados pessoais. A função e os limites do consentimento*. São Paulo: Forense, 2019, p. 51 e ss.

[3] MENDES, Laura Schertel. *Privacidade, proteção de dados e defesa do consumidor. Linhas gerais de um novo direito fundamental*. São Paulo: Saraiva, 2014, p. 161 e ss. DONEDA, Danilo. O direito fundamental à proteção de dados pessoais. In: MARTINS, Guilherme Magalhães; LONGHI, João Victor Rozatti (Coord.). *Direito digital. Direito privado e internet*. 2ª ed. Indaiatuba: Foco, 2019, p. 35 e ss. Em sua tese doutoral Danilo Doneda registra interessante assertiva, apontando a trajetória pela qual o direito à privacidade sofre metamorfose da qual resulta a proteção de dados pessoais. DONEDA, Danilo. *Da privacidade à proteção dos dados pessoais*. Rio de Janeiro: Renovar, 2006, p. 3.

nesta linha, define em seu art. 1º, seu objetivo de proteção dos "direitos fundamentais de liberdade e de privacidade e o livre desenvolvimento da personalidade da pessoa natural."

Mesmo antes da edição da LGPD construiu-se, no direito brasileiro, por influência do direito comparado,[4] a noção de *autodeterminação informativa*, colocando sob a égide da decisão livre e racional da pessoa a quem os dados digam respeito (titular dos dados), o poder jurídico para determinar a possibilidade e finalidade de sua utilização, assim como seus limites. O exercício deste poder se define, sobretudo a partir da noção de consentimento do titular. No direito brasileiro, a exemplo de vários sistemas jurídicos estrangeiros, o consentimento para uso dos dados polariza a disciplina da proteção dos dados pessoais.[5]

Neste particular, registre-se que consente que responde afirmativamente a pedido ou proposta. Expressa estar de acordo com algo que se lhe apresenta. Esta noção de consentimento para coleta e uso dos dados é a regra que imediatamente se deduz do reconhecimento da autodeterminação informativa,[6] de modo que se deva admitir o uso dos dados apenas na hipótese de autorização legal ou da concordância do titular dos dados. Neste particular, é relevante a referência do Regulamento Geral de Proteção de Dados europeu, que se refere à "manifestação de vontade livre, específica, informada e inequívoca" (art. 7º). Todavia, além do consentimento há uma série de situações que autorizam o tratamento de dados, observados os princípios fixados na própria lei – em especial, neste tema, o da finalidade, da necessidade e da adequação.

No caso dos dados pessoais sensíveis, a LGPD define regras mais estritas para seu tratamento, exigindo o consentimento do titular ou seu responsável legal, "de forma específica e destacada, para finalidades específicas" (art. 11, I). Na ausência de consentimento, será admitido o tratamento de dados pessoais sensíveis apenas quando indispensáveis, estritamente às finalidades definidas na lei.[7] Os efeitos desta regra especial do art. 11 da LGPD,

---

[4] Em especial do direito alemão, a partir de decisão paradigmática do Tribunal Constitucional (Volkszählungsurteil), de 15 de dezembro de 1983, que julgou parcialmente inconstitucional a "Lei do Censo" na qual se consagrou o *Grundrecht auf informationelle Selbsbestimmung*, traduzido então como "direito de autodeterminação informativa", como projeção do direito geral de personalidade (. A decisão em questão era relativa a lei aprovada pelo Parlamento em 1982, que determinava as informações que deveriam ser coletadas para efeito da realização de censo populacional, e cuja recusa em fornecê-las submetia aquele que o fizesse a sanções. O Tribunal terminou por reconhecer o direito do indivíduo de poder decidir, ele próprio sobre o fornecimento e utilização de seus dados por terceiros, o que só poderia ser limitado por razões de interesse público, observada a proporcionalidade. Veja-se: SIMITIS, Spiros. *Die informationelle Selbstbestimmung – Grundbedigung einer verfassungskonformen Informationsordnung. Neue Juristische Wochenschrift*, 8. München: C.H. Beck, 1984, p. 398-405.

[5] SCHWENKE, Matthias Cristoph. Individualisierung und datenschutz..., p. 168 e ss.

[6] SIMITIS, Spiros (Hrsg). Bundesdatenschutzgesetz, 8. Auf. Baden-Baden: Nomos, 2014, p. 470 e ss. No direito brasileiro, Bruno Bioni refere-se ao consentimento como "protagonista" da proteção de dados: BIONI, Bruno. Proteção de dados pessoais..., p. 139. No mesmo sentido, sustentam: TEPEDINO, Gustavo; TEFFÉ, Chiara Spadaccini. Consentimento e proteção de dados pessoais na LGPD. In: TEPEDINO, Gustavo; FRAZÃO, Ana; OLIVA, Milena Donato. *Lei Geral de Proteção de Dados Pessoais e sua repercussão no direito brasileiro*. São Paulo: RT, 2019, p. 298.

[7] O art. 11, II, da LGPD, dispõe: "II – sem fornecimento de consentimento do titular, nas hipóteses em que for indispensável para: a) cumprimento de obrigação legal ou regulatória pelo controlador; b) tratamento compartilhado de dados necessários à execução, pela administração pública, de políticas públicas previstas em leis ou regulamentos; c) realização de estudos por órgão de pesquisa, garantida, sempre que possível, a anonimização dos dados pessoais sensíveis; d) exercício regular de direitos, inclusive em contrato e em processo judicial, administrativo e arbitral, este último nos termos da Lei nº 9.307, de 23 de setembro de 1996 (Lei de Arbitragem) ; e) proteção da vida ou da incolumidade física do titular ou de terceiro; f) tutela da saúde, exclusivamente, em procedimento realizado por profissionais de saúde,

incidente sobre o tratamento de dados pessoais sensíveis, de sua vez, pode ampliar-se, nos termos do seu § 1º, que dispõe: "Aplica-se o disposto neste artigo a qualquer tratamento de dados pessoais que revele dados pessoais sensíveis e que possa causar dano ao titular, ressalvado o disposto em legislação específica." A justificativa que informa a interpretação da regra deve compreender que eventual tratamento irregular de dados pessoais sensíveis envolvem, com maior frequência e intensidade, danos graves à personalidade dos titulares dos dados.

9.1. CONDIÇÕES PARA RESPONSABILIDADE DOS AGENTES DE TRATAMENTO

A responsabilidade pelos danos causados pelo tratamento irregular de dados se encontra disciplinada em capítulo próprio (Seção III, cap. VI). Em relação aos danos causados em razão do tratamento indevido de dados pessoais, é necessário que se compreenda a existência de um dever de segurança imputável ao segurador como agente de tratamento de dados (seja como controlador, seja como operador de dados), que é segurança legitimamente esperada daqueles que exercem a atividade em caráter profissional, e por esta razão presume-se que tenham a expertise suficiente para assegurar a integridade dos dados e a preservação da privacidade de seus titulares.

A responsabilidade dos agentes de tratamento decorre do tratamento irregular dos dados pessoais do qual resulte o dano. Exige-se a falha do controlador ou do operador, que caracteriza o nexo causal do dano. Contudo, não se deve perquirir se a falha se dá por dolo ou culpa, senão que apenas sua constatação é suficiente para atribuição da responsabilidade, inclusive com a possibilidade de inversão do ônus da prova em favor do titular dos dados (art. 42, § 2º).

Em relação aos danos causados em relação ao tratamento indevido de dados pessoais, é necessário que se compreenda a existência de um dever de segurança imputável aos agentes de tratamento (controladores e operadores de dados), que é segurança legitimamente esperada daqueles que exercem a atividade em caráter profissional, e por esta razão presume-se que tenham a expertise suficiente para assegurar a integridade dos dados e a preservação da privacidade de seus titulares. Daí porque a responsabilidade dos agentes de tratamento decorre do tratamento indevido ou irregular dos dados pessoais do qual resulte o dano. Exige-se a falha do controlador ou do operador, que caracteriza o nexo causal do dano. Contudo, não se deve perquirir se a falha se dá por dolo ou culpa, senão que apenas sua constatação é suficiente para atribuição da responsabilidade, inclusive com a possibilidade de inversão do ônus da prova em favor do titular dos dados, nas mesmas hipóteses de hipossuficiência e verossimilhança que a autorizam no âmbito das relações de consumo (art. 42, § 2º, da LGPD).

O art. 44 da LGPD define que "o tratamento de dados pessoais será irregular quando deixar de observar a legislação ou quando não fornecer a segurança que o titular dele pode esperar, consideradas as circunstâncias relevantes, entre as quais: I – o modo pelo qual é realizado; II – o resultado e os riscos que razoavelmente dele se esperam; III – as técnicas de tratamento de dados pessoais disponíveis à época em que foi realizado." A técnica legislativa

---

serviços de saúde ou autoridade sanitária; ou g) garantia da prevenção à fraude e à segurança do titular, nos processos de identificação e autenticação de cadastro em sistemas eletrônicos, resguardados os direitos mencionados no art. 9º desta Lei e exceto no caso de prevalecerem direitos e liberdades fundamentais do titular que exijam a proteção dos dados pessoais."

empregada na LGPD aproxima-se daquela adotada pelo CDC ao disciplinar o regime do fato do produto e do serviço, em especial na definição dos critérios a serem considerados para determinação do atendimento ao dever de segurança.

Note-se que a regra coloca em destaque a questão relativa aos riscos do desenvolvimento, uma vez que delimita a extensão do dever de segurança àquela esperada em razão das "técnicas de tratamento de dados disponíveis à época em que foi realizado". Isso é especialmente relevante considerando a grande velocidade do desenvolvimento da tecnologia no tratamento de dados, e os riscos inerentes, em especial as situações de vazamento e acesso não autorizado de terceiros aos dados armazenados pelo controlador ou pelo operador. Nestas hipóteses trata-se de definir em relação ao controlador e operador dos dados, se seria possível identificar um dever de atualização técnica imputável, e nestes termos, eventual adoção de novas técnicas que permitam o uso indevido do dado, especialmente por terceiros, venha a caracterizar espécie de risco inerente (fortuito interno), que não exclui sua responsabilidade pelos danos que venham a suportar os titulares dos dados; ou se delimitação quanto às técnicas disponíveis à época em que foi realizado o tratamento exclui eventual responsabilização do controlador e do operador pelo desenvolvimento tecnológico que permita obtenção de dados ou tratamento indevido por terceiros, desviado da finalidade originalmente prevista. Em outros termos, trata-se de situar, em relação à responsabilidade pelos danos causados em relação ao tratamento indevido de dados, qual o lugar dos riscos do desenvolvimento, considerando, neste caso, a própria previsibilidade de uma atualização e avanço técnico em atividades vinculadas à tecnologia da informação, mais veloz do que em outras atividades econômicas.

Os danos causados pelo tratamento indevido de dados pessoais dão causa à pretensão de reparação dos respectivos titulares dos dados pelos danos patrimonial e moral, individual ou coletivo. Responde pela reparação o controlador e o operador dos dados. Controlador de dados é a "pessoa natural ou jurídica, de direito público ou privado, a quem competem as decisões referentes ao tratamento de dados pessoais" (art. 5º, VI, da LGPD). Operador de dados é a "pessoa natural ou jurídica, de direito público ou privado, que realiza o tratamento de dados pessoais em nome do controlador" (art. 5º, VII, da LGPD). O controlar decide; o operador executa.

No caso do operador, segundo o regime estabelecido pela LGPD, responderá solidariamente pelos danos causados quando descumprir as obrigações definidas na lei ou quando não tiver seguido as instruções lícitas do controlador, "hipótese em que o operador equipara-se ao controlador" (art. 42, § 1º, I). Já os controladores que estiverem "diretamente envolvidos" no tratamento do qual decorram danos ao titular dos dados, também responderão solidariamente pela reparação (art. 42, § 1º, II). Deve-se bem compreender do que se tratam as situações em que o controlador dos dados esteja "diretamente envolvido", afinal, a ele cabe o tratamento de dados, diretamente, ou por intermédio dos operadores.

As condições de imputação de responsabilidade do controlador e do operador pelos danos decorrentes do tratamento indevido dos dados serão: a) a identificação de uma violação às normas que disciplinam o tratamento de dados pessoais; e b) a existência de um dano patrimonial ou extrapatrimonial (moral) ao titular dos dados. Para a imputação de responsabilidade de ambos não se exigirá a demonstração de dolo ou culpa (é responsabilidade objetiva). Da mesma forma, é correto compreender da exegese da lei, e em razão da própria essência das atividades desenvolvidas, que responderão solidariamente, de modo que o titular dos dados que sofrer o dano poderá demandar a qualquer um deles, operador ou controlador, individualmente ou em conjunto.

9.2. EXCLUDENTES DE RESPONSABILIDADE DOS AGENTES DE TRATAMENTO

As excludentes de responsabilidade dos agentes de tratamento (controlador e operador de dados), são expressamente previstas no art. 43 da LGPD. Também aqui percebe-se proximidade à técnica legislativa do Código de Defesa do Consumidor no tocante às excludentes de responsabilidade pelo fato do produto ou do serviço.

Dispõe o art. 43, da LGPD: "Art. 43. Os agentes de tratamento só não serão responsabilizados quando provarem: I – que não realizaram o tratamento de dados pessoais que lhes é atribuído; II – que, embora tenham realizado o tratamento de dados pessoais que lhes é atribuído, não houve violação à legislação de proteção de dados; ou III – que o dano é decorrente de culpa exclusiva do titular dos dados ou de terceiro". São hipóteses que a) rompem com o nexo de causalidade entre a atividade de tratamento de dados pessoais e o dano eventualmente sofrido pelo titular (inciso I e III); ou b) excluem a ilicitude da conduta do agente de tratamento (inciso II). Em todas as situações, contudo, afastam algum dos pressupostos de responsabilização.

A hipótese de demonstrar que não realizaram o tratamento de dados que lhes é atribuído compreende o afastamento daquele determinado controlador ou operador de qualquer atividade de coleta, produção, recepção, classificação, utilização, acesso, reprodução, transmissão, distribuição, processamento, arquivamento, armazenamento, eliminação, avaliação ou controle da informação, modificação, comunicação, transferência, difusão ou extração de dados, que tenha dado causa ao dano sofrido pelo titular.

No caso do inciso II do art. 43, trata-se da demonstração de atuação lícita do controlador ou operador de dados, independentemente da existência de algum prejuízo alegado pelo titular. Neste caso, merece destaque a norma do art. 7º da LGPD que dispõe sobre as hipóteses em que há permissão legal para a realização do tratamento de dados. Conforme já foi mencionado, a existência de consentimento do titular dos dados é o critério dominante (inciso I). Contudo, diversas outras hipóteses permitem a realização do tratamento. Nestes casos, deverão ser observados, especialmente, os princípios da finalidade, da adequação e da necessidade, previstos no art. 6º da LGPD. Por finalidade, define-se a "realização do tratamento para propósitos legítimos, específicos, explícitos e informados ao titular, sem possibilidade de tratamento posterior de forma incompatível com essas finalidades" (art. 6º, I); adequação, por sua vez, compreende a "compatibilidade do tratamento com as finalidades informadas ao titular, de acordo com o contexto do tratamento" (art. 6º, II); necessidade será a "limitação do tratamento ao mínimo necessário para a realização de suas finalidades, com abrangência dos dados pertinentes, proporcionais e não excessivos em relação às finalidades do tratamento de dados" (art. 6º, III).

As demais hipóteses previstas no art. 7º para a realização do tratamento de dados compreendem, dentre outras, a finalidade do cumprimento de obrigação legal ou regulatória pelo controlador (inciso II); o uso compartilhado pela administração pública, dos dados necessários à execução de políticas públicas previstas em leis e regulamentos ou respaldadas em contratos, convênios ou instrumentos congêneres (inciso III); a realização de estudos por órgão de pesquisa, garantida, sempre que possível, a anonimização dos dados pessoais (inciso IV). Da mesma forma, admite-se o tratamento de dados "quando necessário para a execução de contrato ou de procedimentos preliminares relacionados a contrato do qual seja parte o titular, a pedido do titular dos dados" (inciso V), para exercício regular de direitos em processo judicial, administrativo ou arbitral (inciso VI) ou para a proteção da vida ou incolumidade física do titular ou de terceiro (inciso VII). Segue a norma prevendo ainda, situações que merecem atenção e podem ser mais suscetíveis a interpretações divergentes, caso do tratamento de dados para a tutela da saúde, caso em que se restringe exclusivamente a procedimento realizado por profissionais de saúde, serviços de saúde ou autoridade sanitária (inciso VIII), ou "quando necessário para atender aos interesses legítimos do controlador ou de terceiro" (inciso IX).

Neste último caso, a questão essencial será determinar o que se possa identificar como "interesse legítimo" do controlador ou de terceiro. A própria hipótese que autoriza o tratamento ressalva situações em que prevaleçam "direitos e liberdades fundamentais do titular que exijam a proteção dos dados pessoais". A divergência sobre o que se deva considerar "interesse legítimo do controlador" já é observada no direito europeu, ao menos desde a Diretiva de Proteção de Dados de 1995 (Diretiva 95/46/CE)[8] e se renova frente ao Regulamento Geral Europeu sobre Proteção de Dados Pessoas (GDPR) – principal fonte inspiradora da lei brasileira. Como conceito indeterminado, o legítimo interesse do controlador deverá ter seu conteúdo adensado a partir da casuística e da regulamentação da lei, e observada a proporcionalidade na avaliação da conduta do controlador, em razão dos objetivos que pretenda atender com o tratamento e o grau de ingerência na esfera jurídica do titular dos dados.[9] Alguns exemplos podem ser mencionados, como o do tratamento de dados, mesmo sem o consentimento dos titulares que tenha por objetivo coibir fraudes; ou para realizar pesquisas ou relatórios sobre seu desempenho negocial; outros podem observar visões divergentes, como os que reconheçam o legítimo interesse no tratamento de dados com o propósito de realizar marketing direto direcionado ao titular dos dados, que pode ser tomado em confronto à legislação de proteção do consumidor. Em todas as hipóteses, contudo, será pressuposto o respeito aos princípios já mencionados da finalidade, adequação e necessidade, que incidem para delimitar a extensão em que será realizado este tratamento.

Por fim refira-se que é admitido o tratamento de dados para proteção do crédito (art. 7º, X, da LGPD), caso em que incidem em comum as normas da legislação específica (art. 43 do CDC e Lei 12.414/2011 – Lei do Cadastro Positivo).

A terceira hipótese de exclusão da responsabilidade dos agentes de tratamento é a da culpa exclusiva do titular dos dados ou de terceiro. Neste caso, o fato atribuído ao titular dos dados ou a terceiro será a causa preponderante na realização do dano, para a qual não pode ter contribuído, de modo direto ou indireto, a conduta de qualquer um dos agentes de tratamento. Neste particular, não podem controladores ou operadores que tenham participado do tratamento de dados de que resulte o dano, buscar excluir a responsabilidade imputada pelo art. 42 da LGPD, atribuindo a outro controlador ou operador a condição de terceiro.

9.3. RESPONSABILIDADE PELO TRATAMENTO IRREGULAR DE DADOS NAS RELAÇÕES DE CONSUMO

Tratando-se de danos a consumidores decorrentes do tratamento indevido de dados, contudo, o art. 45 da LGPD, ao dispor que "as hipóteses de violação do direito do titular no âmbito das relações de consumo permanecem sujeitas às regras de responsabilidade previstas

---

[8] Veja-se, na literatura nacional: BUCAR, Daniel; VIOLA, Mario. Tratamento de dados pessoais por legítimo interesse do controlador: primeiras questões e apontamentos. In: TEPEDINO, Gustavo; FRAZÃO, Ana; OLIVA, Milena Donato (Coord.). *Lei geral de proteção e dados e suas repercussões no direito brasileiro*. São Paulo: RT, 2019, p. 465 e ss.

[9] Veja-se: European Union Agency for Fundamental Rights; Council of Europe. Handbook on European Data Protection Law, 2018, p. 155 e ss.

na legislação pertinente", conduzem tais situações ao regime do fato do serviço (art. 14 do CDC). Neste caso, controlador e operador de dados respondem solidariamente assim como outros fornecedores que venham intervir ou ter proveito do tratamento de dados do qual resulte o dano. Incidem tanto as condições de imputação da responsabilidade pelo fato do serviço (em especial o defeito que se caracteriza pelo tratamento indevido de dados, ou seja, desconforme à disciplina legal incidente para a atividade), quanto as causas que porventura possam excluir eventual responsabilidade do fornecedor (art. 14, § 3º), que estão, porém, em simetria com o disposto no próprio art. 43 da LGPD.

Outro efeito prático da remissão do art. 45 da LGPD ao regime de reparação próprio da legislação de proteção do consumidor será a submissão de eventuais pretensões de reparação dos consumidores ao prazo prescricional previsto no seu art. 27 do CDC, de cinco anos contados do conhecimento do dano ou de sua autoria.

REFERÊNCIAS

AFFORNALLI, Maria Cecília Naréssi Munhoz. *Direito à própria imagem*. Curitiba: Juruá, 2003.

AFTALIÓN, Enrique R.; VILANOVA, José; RAFFO, Julio. *Introdución al derecho*. Buenos Aires: Abeledo Perrot, 1999.

AGUIAR DIAS, José de. *Cláusula de não indenizar*. Rio de Janeiro: Forense, 1976.

AGUIAR DIAS, José de. *Da responsabilidade civil*. 11. ed. Rio de Janeiro: Renovar, 2006.

AGUIAR DIAS, José de. *Da responsabilidade civil*. São Paulo: Saraiva, 1979. v. 1.

AGUIAR DIAS, José de. *Da responsabilidade civil*. São Paulo: Saraiva, 1979. v. 2.

AGUIAR JR., Ruy Rosado. A responsabilidade civil do Estado pelo exercício da função jurisdicional no Brasil. *Revista Ajuris*, v. 59, Porto Alegre: Ajuris, 1993.

AGUIAR JR., Ruy Rosado. *Extinção do contrato por incumprimento do devedor*. Resolução de acordo com o novo Código Civil. 2. ed. Rio de Janeiro: Aide, 2004.

AGUIAR JR., Ruy Rosado. A boa-fé na relação de consumo. *Revista de Direito do Consumidor*, v. 14, São Paulo: RT, abr./jun. 1996.

AGUIAR JR., Ruy Rosado. Responsabilidade civil do médico. *Revista dos Tribunais*, v. 84, n. 718, São Paulo: RT, ago. 1995.

ALBRECHT, Annette. *Die deliktische Haftung für fremdesVerhalten im französischen und deutschen Recht*. Eine rechtvergleichende Untersuchung unter besonderer Berücksichtigung der Bleick--Rechtsprechung der Cour de cassation.Tübingen: Mohr Siebeck, 2013.

ALCÂNTARA, Hermes Rodrigues de. *Responsabilidade médica*. São Paulo: José Kofino, 1971.

ALEXY, Robert. *Teoria de los derechos fundamentales*. Tradución de Ernesto Garzón Valdez. Madrid: Centro de Estudios Políticos y Constitucionales, 2002.

ALMEIDA COSTA, Mário Júlio. *Direito das obrigações*. 9. ed. Coimbra: Almedina, 2004.

ALPA, Guido et al. *Dirito privato comparato*. Insituti e problemi. 5. ed. Roma: Laterza, 2004.

ALPA, Guido. Il contratto in generale, I – Fonti, teorie, metodi, *Trattato di diritto civile e commerciale*, Milano: Giuffrè, 2014.

ALPA, Guido. *Il diritto dei consumatori*. Roma: Laterza, 2002.

ALPA, Guido. *Tratatto di diritto civile*. Milano: Giuffre, 1999. t. IV: La responsabilita civile.

ALPA, Guido; BESSONE, Mario. *Attipicità dell'illecito*, I. Milano: Giuffrè, 1980.

ALPA, Guido; BESSONE, Mário. *La responsabilità del produtore*. Milano: Giuffrè, 1987.

ALTERINI, Atílio. *Responsabilidad civil*. Buenos Aires: Abeledo Perrot, 1999.

ALVIM, Agostinho. *Da inexecução das obrigações e suas consequências*. 4. ed. São Paulo: Saraiva, 1972.

ALVIM, Agostinho. *Da inexecução das obrigações e suas consequências*. São Paulo: Saraiva, 1955.

AMARAL, Gustavo. *Direito, escassez e escolha*: em busca de critérios jurídicos para lidar com a escassez de recursos e as decisões trágicas. Rio de Janeiro: Renovar, 2001.

AMARANTE, Aparecida I. *Responsabilidade civil por dano à honra*. Belo Horizonte: Del Rey, 1991.

AMERICANO, Jorge. *Do abuso do direito no exercício da demanda*. 2. ed. São Paulo: Saraiva, 1932.

ANDORNO, Luis. La responsabilidad civil médica. *Revista AJURIS*, v. 59, Porto Alegre, 1993.

ANDRADE, André Gustavo Corrêa. *Dano moral e indenização punitiva*. Rio de Janeiro: Forense, 2006.

ANDRADE, Fabio Siebeneichler de. Responsabilidade civil do advogado. *Revista dos Tribunais*, v. 697, São Paulo: RT, nov. 1993.

ANDRADE, José Carlos Vieira. *Os direitos fundamentais na Constituição Portuguesa de 1976*. Coimbra: Almedina, 1987.

ANDRADE, Manuel da Costa. *Liberdade de imprensa e inviolabilidade pessoal*. Coimbra: Editora Coimbra, 1996.

ANTONMATTEI, Paul-Henri. *Contribution à l'étude de la force majeure*. Paris: LGDJ, 1992.

ANTUNES VARELA. *Das Obrigações em geral*. 10. ed. Coimbra: Almedina, 2000. v. I.

ANTUNES, Paulo de Bessa. *Direito ambiental*. 6. ed. Rio de Janeiro: Lumen Juris, 2002.

AQUINO, São Tomás de. *Suma teológica*. São Paulo: Loyola, 2005. v. 4.

ARAÚJO, Edmir Netto. *Responsabilidade do Estado por ato jurisdicional*. São Paulo: RT, 1981.

ARAÚJO, Luiz Alberto David. *A proteção constitucional da própria imagem*. Belo Horizonte: Del Rey, [s.d.].

ARAYA, Miguel C.; BERGIA, Marcelo R. (Dir.). *Derecho de la empresa y del mercado*. Buenos Aires La Ley, 2008. t. II.

ARENDT, Hannah. Verdade e política. In: *Entre o passado e o futuro*. 5. ed. São Paulo: Perspectiva, 2000.

ASCARELLI, Tulio. Processo e democrazia. *Rivista Trimmestrale di Diritto e Procedura Civile*, ano XII, Milano: Giuffrè, 1958.

ASSIS, Araken de. *Contratos nominados:* mandato, comissão, agência e distribuição, corretagem e transporte. São Paulo: RT, 2005.

ATHIAS, Jorge Alex Nunes. Responsabilidade civil e meio ambiente. Breve panorama do direito brasileiro. In: BENJAMIN, Antônio Herman V. (Coord). Dano ambiental: prevenção, reparação e repressão. São Paulo: RT, 1993.

AVRIL, Yves. *La responsabilité de l'avocat*. Paris: Dalloz, 1981.

AZEVEDO, Antônio Junqueira. Algumas considerações sobre a atual Lei de Imprensa e a indenização por dano moral. *Revista Justitia*, São Paulo, v. 177, p. 66-71, jan./mar. 1997.

AZEVEDO, Antônio Junqueira. Por uma nova categoria de dano da responsabilidade civil: o dano social. In: FILOMENO, José Geraldo Brito et al. *O Código Civil e sua interdisciplinariedade*. Os reflexos do Código Civil nos demais ramos do direito. Belo Horizonte: Del Rey, 2004.

AZEVEDO, Antônio Junqueira. Responsabilidade pré-contratual no Código de Defesa do Consumidor: estudo comparativo com a responsabilidade pré-contratual no direito comum. *Revista da Faculdade de Direito da USP*, São Paulo, v. 90, 1995.

AZNAR, Hugo. *Ética y periodismo*. Códigos, estatutos y otros documentos de autorregulación. Barcelona: Paidós, 1999.

BACACHE-GIBEILI, Mireille. *Droit civil*. Paris: Economica, 2007. t. V: Les obligations. La responsabilité civile extracontractuelle.

BACON, Francis. Maxims of the law. In: BACON, Francis. *The works of Francis Bacon*. London: J. Johnson, 1803. v. IV.

BADENI, Gregorio. *Libertad de prensa*. 2. ed. Buenos Aires: Abeledo Perrot, 1997.

BAILEY, Stephen. Public authority liability in negligence. The continued search for coherence. In: *Legal Studies*, v. 26, n. 2, June/2006.

BANDEIRA DE MELLO, Celso Antônio. *Curso de direito administrativo*. 16. ed. São Paulo: Malheiros, 2003.

BAR, Christian von; CLIVE, Eric; SCHULTE-NÖLKE, Hans (Eds.). *Principles, definitions and model rules of European Private Law*. Disponível em: <http://ec.europa.eu/justice/contract/files/european--private-law_en.pdf>.

BAR, Ludwig von. *Die Lehre vom Kausalzusammenhang im Recht, besonders im Strafrecht*. Leipzig: Verlag von Bernhard Lauchnitz, 1871.

BARBERO, Omar et al. *Abuso del derecho*. Buenos Aires: Universitas, 2006.

BARBOSA, Fernanda Nunes. *Biografias e liberdade de expressão. Critérios para a publicação de histórias de vida*. Porto Alegre: Arquipélago, 2016.

BARCELLONA, Pietro. *Diritto civile e società moderna*. Napoli: Jovene Editore, 1996.

BAROCELLI, Sérgio Sebastián. Cuantificación de daños al consumidor por tiempo perdido. *Revista de Direito do Consumidor*, v. 90, São Paulo: RT, nov./dez. 2013.

BARRELET, Denis. *Droit de la communication*. Berne: Staempfli Editions, 1998.

BARROSO, Luís Roberto. Colisão entre liberdade de expressão e direitos da personalidade. Critérios de ponderação. Interpretação constitucionalmente adequada do Código Civil e da Lei de Imprensa. *Revista Trimestral de Direito Público*, n. 6, São Paulo: Malheiros, 2001.

BARROSO, Luís Roberto. *Curso de direito constitucional contemporâneo*. São Paulo: Saraiva, 2009.

BARROSO, Luís Roberto. *Interpretação e aplicação da Constituição*. 3. ed. rev. e atual. São Paulo: Saraiva, 1999.

BDINE JÚNIOR, Hamid Charaf. Responsabilidade pelo diagnóstico. In: SILVA, Regina Beatriz Tavares da (Coord.). *Responsabilidade civil na área da saúde*. São Paulo: Saraiva, 2007.

BECK, Ulrich. *Sociedade de risco*. Rumo a uma outra modernidade. Tradução de Sebastião Nascimento. São Paulo: Ed. 34, 2010.

BENÍCIO, Hercules Alexandre da Costa. *Responsabilidade civil do Estado decorrente de atos notariais e de registro*. São Paulo: RT, 2005.

BENJAMIN, Antônio Herman V. et al. *Comentários ao Código de Proteção do Consumidor*. São Paulo: Saraiva, 1991.

BENJAMIN, Antônio Herman V. (Coord.). *Dano ambiental*: prevenção, reparação e repressão. São Paulo: RT, 1993.

BENJAMIN, Antônio Herman V. Responsabilidade civil pelo dano ambiental. *Revista de Direito Ambiental*, v. 9, São Paulo: RT, jan./mar. 1998.

BÉNOIT, Francis-Paul. *Le droit administratif français*. Paris: Dalloz, 1968.

BERNARDO, Wesley Louzada. *Responsabilidade civil automobilística*. Por um sistema fundado na pessoa. São Paulo: Atlas, 2009.

BETIOL, Luciana Stocco. *Responsabilidade civil e proteção do meio ambiente*. São Paulo: Saraiva, 2010.

BILBAO UBILLOS, Juan María. *La eficacia de los derechos fundamentales frente a los particulares*: análisis de la jurisprudencia del Tribunal constitucional. Madrid: Centro de Estudios Consitucionales, 1997.

BIONI, Bruno Ricardo. *Proteção de dados pessoais. A função e os limites do consentimento*. São Paulo: Forense, 2019.

BIRKMEYER, Karl von. *Über Ursachenbegriff und Kausalzusammenhang im Strafrecht*. Rostock: Rectoratsrede, 1885.

BITELLI, Marcos Alberto Sant'Anna. *O direito da comunicação e da comunicação social*. São Paulo: RT, 2004.

BITTAR, Carlos Alberto. *Os direitos da personalidade*. Rio de Janeiro: Forense Universitária, 1989.

BITTAR, Carlos Alberto. *Reparação civil de danos morais*. 3. ed. rev. e atual. São Paulo: RT, 1999.

BLOISE, Walter. *A responsabilidade civil e o dano médico*. Rio de Janeiro: Forense, 1987.

BODIN DE MORAES, Maria Celina. A caminho de um direito civil constitucional. *Revista de Direito Civil*, São Paulo, v. 65, jul./set. 1993.

BODIN DE MORAES, Maria Celina. *Danos à pessoa humana:* uma leitura civil-constitucional dos danos morais. Rio de Janeiro: Renovar, 2003.

BODIN DE MORAES, Maria Celina. Risco, solidariedade e responsabilidade objetiva. *Revista dos Tribunais*, v. 854, São Paulo: RT, dez. 2006.

BONA, Marco. Causalità materiale, causalità scientifica e causalità giuridica a confronto: quale ruolo ai consulenti tecnici nell'accertamento del nesso di causa? In: MONATERI, Pier Giuseppe. *Il nesso di causa nel danno alla persona*. Cesano Boscone: Ipsoa, 2005.

BONAVIDES, Paulo. *Curso de direito constitucional*. 7. ed. São Paulo; Malheiros, 1997.

BONNEAU, Thierry. *Droit bancaire*. 8. ed. Paris: Montchrestien, 2009.

BORDA, Alejandro. *La teoría de los actos propios*. Buenos Aires: Lexis Nexis, 2005.

BORDA, Guillermo. *Tratado de derecho civil*. Obligaciones. 9. ed. Buenos Aires: La Ley, 2008. t. I.

BORDIN, Fernando Lusa. Die Gerechtigkeit zwischen Generationen. *Revista da Faculdade de Direito da UFRGS*, Edição Especial da Cooperação Brasil-Alemanha, dez. 2007.

BORDON, Raniero. *Il nesso di causalità*. Torino: UTET, 2006.

BORGHETTI, Jean-Sébastien. *La responsabilité du fait des produits*. Étude de droit comparé. Paris: LGDJ, 2004.

BRANCO, Gérson Luiz. Aspectos da responsabilidade civil e do dano médico. *RT* 733/55, São Paulo: RT, 1996.

BRANCO, Paulo Gustavo Gonet. Aspectos da teoria geral dos direitos fundamentais. In: MENDES, Gilmar Ferreira; COELHO, Inocência Mártires; BRANCO, Paulo Gustavo Gonet (Coord.). *Hermenêutica constitucional e direitos fundamentais*. Brasília: Brasília Jurídica, 2000.

BRINZ, Alois von: Lehrbuch der Pandekten, 2. Aufl. Band 2, Erlangen: Andreas Deichert, 1879.

BRITO CORREIA, Luis. *Direito da comunicação social*. Coimbra: Almedina, 2000.

BRUN, Philippe. *Responsabilité civile extracontractuelle*. Paris: Litec, 2005.

BUCAR, Daniel; VIOLA, Mario. Tratamento de dados pessoais por legítimo interesse do controlador: primeiras questões e apontamentos. In: TEPEDINO, Gustavo; FRAZÃO, Ana; OLIVA, Milena Donato (Coord.) Lei geral de proteção e dados e suas repercussões no direito brasileiro. São Paulo: RT, 2019.

BUENO DE GODOY, Claudio Luiz. *A liberdade de imprensa e os direitos da personalidade*. São Paulo: Atlas, 2001.

BURI, Maximilian von. Über Causalität und *deren Verantwortung*. Leipzig: Gebhardt, 1873.

BUZAID, Alfredo. Da responsabilidade do juiz. *Revista de Processo*, v. 9, São Paulo: RT, jan./1978.

CACHAPUZ, Maria Cláudia. A ilicitude e as fontes obrigacionais: análise do art. 187 do novo Código Civil brasileiro. *Revista Trimestral de Direito Civil*, v. 22, Rio de Janeiro: Padma, abr./jun. 2005.

CAHALI, Yussef Sahid. *Responsabilidade civil do Estado*. 3. ed. São Paulo: RT, 2007.

CALABRESI, Guido. *The costs of accidents*. A legal and economic analysis. New Haven: Yale University Press, 1970.

CALAIS-AULOY, Jean; STEINMETZ, Frank. *Droit de la consommation*. 5. ed. Paris: Dalloz, 2000.

CALDAS, Pedro Frederico. *Vida privada, liberdade de imprensa e dano moral*. São Paulo: Saraiva, 1997.

CALDERÓN, Maximiliano Rafael; HIRUELA, María del Pilar. Daño informático y derechos personalíssimos. In: GHERSI, Carlos Alberto (Coord.). *Derecho de daños*. Buenos Aires: Abeledo Perrot, 1999.

CALIXTO, Marcelo Junqueira. *A culpa na responsabilidade civil. Estrutura e função*. Rio de Janeiro: Renovar, 2008.

CALIXTO, Marcelo Junqueira. *A responsabilidade civil do fornecedor de produtos pelos riscos do desenvolvimento*. Rio de Janeiro: Renovar, 2004.

CALIXTO, Marcelo Junqueira. O artigo 931 do Código Civil de 2002 e os riscos do desenvolvimento. *Revista Trimestral de Direito Civil*, v. 21, Rio de Janeiro: Padma, jan./mar. 2005.

CALIXTO, Marcelo Junqueira. *A culpa na responsabilidade civil*. Estrutura e função. Rio de Janeiro: Renovar, 2008.

CALVÃO DA SILVA, João. *Responsabilidade civil do produtor*. Coimbra: Almedina, 1990.

CAMARANO, Ana Amélia; ABRAMOVAY, Ricardo. *Êxodo rural, envelhecimento e masculinização do Brasil*. Panorama dos últimos 50 anos. Texto para Discussão n. 621. Rio de Janeiro: IPEA, 1998.

CAMMAROTA, Antonio. *Responsabilidade extracontractual*. Buenos Aires: Arayu, 1947. t. 2.

CANARIS, Claus Wilhelm. A influência dos direitos fundamentais sobre o direito privado na Alemanha. In: SARLET, Ingo Wolfgang (Org.). *Constituição, direitos fundamentais e direito privado*. Porto Alegre: Livraria do Advogado, 2003.

CANNATA, Carlo Augusto. Sul testo della Lex Aquilia e la sua portata originaria. In: VACCA, Letizia. *La responsabilità civile da atto illecito nella prospettiva storico-comparatistica*. Torino: G. Giapichelli Editore, 1995.

CANOTILHO, José Joaquim Gomes. *O problema da responsabilidade do Estado por atos lícitos*. Coimbra: Almedina, 1974.

CAPELO DE SOUSA, Raibindrath. *O direito geral de personalidade*. Coimbra: Editora Coimbra, 1995.

CARDWEL, Ronald E.; KING, Jessica J. O. Comprehensive environmental response, compensation, and liability act. In: *Environmental law handbook*. Plymouth: Bernan Press, 2014.

CARNEIRO DE FRADA, Manuel António de Castro Portugal. *Teoria da confiança e responsabilidade civil*. Coimbra: Almedina, 2004.

CARVAL, Silvie. *La responsabilité civile dans as fonction de peine privée*. Paris: LGDJ, 1995.

CARVAL, Suzanne. *La construction de la responsabilité civile*. Paris: PUF, 2001.

CARVALHO FILHO, José Carlos. *Manual de direito administrativo*. 23. ed. Rio de Janeiro: Lumen Juris, 2010.

CARVALHO FILHO, Milton Paulo. *Indenização por eqüidade no novo Código Civil*. 2. ed. São Paulo: Atlas, 2003.

CASES, José Maria Trepat. *Código Civil comentado*. São Paulo: Atlas, 2003. v. VII.

CASTAN TOBEÑAS, José. *Los derechos del hombre*. 2. ed. Madrid: Reus, 1976.

CASTANHO DE CARVALHO, Luis Grandinetti. *Liberdade de informação e o direito difuso à informação verdadeira*. Rio de Janeiro: Renovar, 1994.

CASTELLS, Manuel. *A era da informação*: economia, sociedade e cultura – a sociedade em rede. 3. ed. Sao Paulo: Paz e Terra, 2000. v. 1.

CASTRONOVO, Carlo. *La nuova responsabilitá civile*. 3. ed. Milano: Giuffrè, 2006.

CASTRONOVO, Carlo; MAZZAMUTO, Salvatore. *Manuale di diritto privato europeo*. Milano: Giuffrè, 2007. v. II.

CAVALIERI, Sérgio. *Programa de responsabilidade civil*. 3. ed. São Paulo: Malheiros, 2002.

CAVALIERI, Sérgio. *Programa de responsabilidade civil*. 7. ed. São Paulo: Atlas, 2007.

CAVALIERI, Sérgio. *Programa de responsabilidade civil*. 11. ed. São Paulo: Atlas, 2014.

CAVALIERI, Sérgio. Responsabilidade civil das instituições bancárias por danos causados a correntistas e terceiros. In: GUERRA, Alexandre; BENNACHIO, Marcelo. *Responsabilidade civil bancária*. São Paulo: Quartier Latin, 2012.

CAVALIERI, Sérgio; DIREITO, Carlos Alberto Menezes. *Comentários ao Código Civil*. Da responsabilidade civil. Das preferências e privilégios creditórios. Rio de Janeiro: Forense, 2004. v. XIII.

CERAMI, Pietro. La responsabilità extracontratuale dalla compiliazione di Giustiniano ad Ugo Grozio. In: VACCA, Letizia. *La responsabilità civile da atto illecito nella prospettiva storico-comparatistica.* Torino: G. Giapichelli Editore, 1995.

CHABAS, François. La perte d'une chance en droit français. In: GUILLOD, Olivier (Coord.). *Développements récents du droit de la responsabilité civile.* Zurique: Schulthess, 1991.

CHAGNY, Muriel; PEDRIX, Louis. Droit des assurances. Paris: LGDJ, 2009.

CHAPUS, René. *Responsabilité publique et responsabilité privée.* Les influences réciproques des jurisprudences administratif et judiciaire. Paris: LGDJ, 1954.

CHAVES, Antônio. Direito à imagem e direito à fisionomia. *Revista dos Tribunais,* v. 620, São Paulo: RT, jun./1987.

CHAVES, Antônio. *Responsabilidade pré-contratual.* Rio de Janeiro: Forense, 1959.

CHAVES, Antônio. *Tratado de direito civil.* São Paulo: RT, 1985. v. 3.

CHRISTANDL, Gregor. *La risarcibilità del danno esistenziale.* Milano: Giuffrè, 2007.

CHRISTIE, George C.; MEEKS, James E.; PRYOR, Ellen S.; SANDERS, Joseph. *Cases and materials on the law of torts.* Saint Paul: West Publishing Co., 1997.

CIRNE LIMA, Ruy. *Princípios de direito administrativo.* São Paulo: RT, 1987.

CIRNE LIMA, Ruy. *Sistema de direito administrativo brasileiro.* Porto Alegre: Sulina, 1953.

COELHO, Fábio Ulhôa. *O empresário e os direitos do consumidor.* São Paulo: Saraiva, 1994.

COELHO, Francisco Manuel Pereira. *O enriquecimento e o dano.* Coimbra: Almedina, 1999.

COING, Helmut. *Europäisches Privatrecht,* Band I. Älteres Gemeines Recht (1500 bis 1800). München: C. H. Beck, 1985.

COING, Helmut. *Europäisches Privatrecht,* Band II. 19. Jahrhundert. Überblick über die Entwicklung des Privatrechts in den ehemals gemeinrechtlichen Ländern. München: C. H. Beck, 1999.

COMPARATTO, Fábio Konder. *A afirmação histórica dos direitos humanos.* São Paulo: Saraiva, 2001.

CORSARO, Luigi. *Tutela del danneggiato e responsabilità civile.* Milano: Giuffrè, 2003.

COSTA JÚNIOR, Paulo José. *Nexo causal.* 3. ed. São Paulo: Siciliano Jurídico, 2004.

COULON, Cédric. L'influence de la durée des contrats sur l'évolution des sanctions contractuelles. In: DUTILLEUL, François Collart; COULON, Cédric. *Le renouveau des sanctions contractuelles.* Paris: Economica, 2007.

COUTANT-LAPALUS, Christelle. *Le principe de la réparation intégrale en droit privé.* Aix-Marseille: Presses Universitaires d'Aix-Marseille, 2002.

COUTINHO DE ABREU, Manuel. *Do abuso do direito. Ensaio de um critério em direito civil e nas deliberações sociais.* Coimbra: Almedina, 1983.

COUTO E SILVA, Almiro. A responsabilidade do Estado e problemas jurídicos resultantes do planejamento. *Doutrinas Essenciais de Direito Administrativo,* v. 3, São Paulo: RT, 2012.

COUTO E SILVA, Almiro. A responsabilidade extracontratual do Estado. *Revista da Procuradoria-Geral do Estado.* Cadernos de direito público. Porto Alegre: PGE, 2003.

COUTO E SILVA, Almiro. Responsabilidade pré-negocial e culpa *in contrahendo* no direito administrativo brasileiro. *Revista de Direito Administrativo,* n. 217, Rio de Janeiro: Renovar, jul./set. 1999.

COUTO E SILVA, Clóvis. *A obrigação como processo.* São Paulo: FGV, 2004.

COUTO E SILVA, Clóvis. Dever de indenizar. In: FRADERA, Vera (Org.). *O direito privado brasileiro na visão de Clóvis do Couto e Silva.* Porto Alegre: Livraria do Advogado, 1997.

COUTO E SILVA, Clóvis. O conceito do dano no direito brasileiro e comparado. In: FRADERA, Vera (Org.). *O direito privado brasileiro na visão de Clóvis Couto e Silva.* Porto Alegre: Livraria do Advogado, 1997.

COUTO E SILVA, Clóvis. O princípio da boa-fé no direito brasileiro e português. In: FRADERA, Véra (Org.). *O direito privado brasileiro na visão de Clóvis do Couto e Silva*. Porto Alegre: Livraria do Advogado, 1997.

COUTO E SILVA, Clóvis. O princípio da boa-fé no direito brasileiro e português. *Jornada Luso-Brasileira de Direito Civil*, 2. Estudos de Direito Civil Brasileiro e Português, Porto Alegre, 1980.

COUTO E SILVA, Clóvis. *O princípio da boa-fé no direito brasileiro e português*. I Jornada Luso-Brasileira de Direito Civil. 3. ed. São Paulo: RT, 1980.

COUTO E SILVA, Clóvis. *Principes fondamentaux de la responsabilité civile en droit brésilien et comparé*. Cours fait à la Faculté de Droit et Sciences Politiques de St Maur (Paris XII). Porto Alegre: UFRGS, 1988.

COVELLO, Sérgio. *Contratos bancários*. São Paulo: Saraiva, 1981.

CRAIK, George Lillie. *The pictorial history of England*: being a history of the people, as well as a history of the Kingdom. London: C. Knight, 1846.

CRICENTI, Giuseppe. *Il danno non patrimoniale*. 2. ed. Padova: Cedam, 2006.

CRUZ, Gisele Sampaio da. *O problema do nexo causal na responsabilidade civil*. Rio de Janeiro: Renovar, 2005.

CRUZ, Guilherme Ferreira da. *Teoria geral das relações de consumo*. São Paulo: Saraiva, 2014.

CUNHA PEREIRA, Guilherme Döring. *Liberdade e responsabilidade dos meios de comunicação*. São Paulo: RT, 2003.

CUNHA, Daniela Moura Ferreira. *Responsabilidade pré-contratual por ruptura das negociações*. Coimbra: Almedina, 2006.

DALL'AGNOL JÚNIOR, Antônio. Janyr. Distribuição dinâmica dos ônus probatórios, *RT* 788/92.

DAM, Cees Van. *European tort law*. 2. ed. Oxford: Oxford University Press, 2013.

DE CUPIS, Adriano. *Os direitos da personalidade*. Lisboa: Livraria Morais, 1961.

DEL CORRAL, Ildefonso L. García. *Cuerpo del derecho civil romano*. Barcelona 1897. Edição Fac-similar. Valladolid: Lex Nova, 2004.

DELGADO, José Augusto. Responsabilidade civil do Estado pela demora na prestação jurisdicional. *Revista de Processo*, v. 40, São Paulo: RT, out./1985.

DELLA GIUSTINA, Vasco. *Responsabilidade civil dos grupos*. Inclusive no Código do Consumidor. Rio de Janeiro: Aide Editora, 1991.

DEMOGUE, René. *De la reparatión civile des délits*. Étude de droit et de législation. Paris: Librarie Nouvelle de Droit et de Jurisprudence, 1898.

DEMOGUE, René. *Traité des obligations en general*. Paris: Arthur Rousseau, 1925. t. V.

DENARI, Zelmo. *Código brasileiro de defesa do consumidor comentado pelos autores do anteprojeto*. 8. ed. Rio de Janeiro: Forense Universitária, 2005.

DERANI, Cristiane. *Direito ambiental econômico*. São Paulo: Max Limonad, 1997.

DERIEUX, Emmanuel. *Droit de la communication*. 4. ed. Paris: LGDJ, 2003.

DEROUSSIN, David. *Histoire du droit des obligations*. Paris: Economica, 2007.

DESCAMPS, Olivier. *Les origins de la responsabilité por faute personnelle dans le Code Civil de 1804*. Paris: LGDJ, 2005.

DESSAUNE, Marcos. *Desvio produtivo do consumidor*. O prejuízo do tempo desperdiçado. São Paulo: RT, 2012.

DI PIETRO, Maria Sylvia Zanella. *Direito administrativo*. 20. ed. São Paulo: Atlas, 2007.

DIAS, Daniel. Mitigação de danos na responsabilidade civil. São Paulo: RT, 2020.

DIAS, João António Álvaro. *Dano corporal*. Quadro epistemológico e aspectos ressarcitórios. Coimbra: Almedina, 2001.

DIAS, Sérgio Novais. *Responsabilidade civil do advogado*. Perda de uma chance. São Paulo: LTr, 1999.

DÍEZ-PICAZO, Luís. *Derecho de daños*. Madrid: Civitas, 2000.

DÍEZ-PICAZO, Luís. Prólogo. In: WIEACKER, Franz. *El principio general de la buena fe*. Madrid: Civitas, 1986.

DINIZ, Maria Helena. *Código Civil anotado*. 14. ed. São Paulo: Saraiva, 2009.

DOMAT, Jean. *Les loix civiles dans leur ordre naturel, le droit public et legum delectus*. Paris, 1745. t. I.

DONEDA, Danilo. O direito fundamental à proteção de dados pessoais. In: MARTINS, Guilherme Magalhães; LONGHI, João Victor Rozatti (Coord.). *Direito digital. Direito privado e internet*. 2ª ed. Indaiatuba: Foco, 2019.

DONEDA, Danilo; MENDES, Laura. Reflexões iniciais sobre a nova lei geral de proteção de dados. *Revista de Direito do Consumidor*. São Paulo, v. 120, p. 469-483, Nov-dez. 2018.

DONEDA, Danilo. *Da privacidade à proteção dos dados pessoais*. Rio de Janeiro: Renovar, 2006.

DONNINI, Oduvaldo; DONNINI, Rogério Ferraz. *Imprensa livre, dano moral, dano à imagem e sua quantificação à luz do novo Código Civil*. São Paulo: Método, 2002.

DOTTI, René Ariel. *Proteção da vida privada e liberdade de informação*. São Paulo: RT, 1980.

DUGUIT, Leon. *Les transformations générales du droit privé depuis le Code Napoléon*. 2. ed. Paris: Libraire Félix Alcan, 1920.

DUPEUX, Jean-Yves; LACABARATS, Alain. *Liberté de la presse et droits de la personne*. Paris: Dalloz, 1997.

DUTILLEUL, François Collart; COULON, Cédric. *Le renouveau des sanctions contractuelles*. Paris: Economica, 2007.

DUVAL, Hermano. *Direito à imagem*. São Paulo: Saraiva, 1988.

ECO, Umberto. A estrutura do mau gosto. In: *Apocalípticos e integrados*. 6. ed. São Paulo: Perspectiva, 2001.

ECO, Umberto. *Obra aberta*. Tradução de Giovanni Cutolo. 8. ed. São Paulo: Perspectiva, 2001.

EIZIRIK, Nelson et al. *Mercado de capitais* – Regime jurídico. 2. ed. Rio de Janeiro: Renovar, 2008.

ENNECCERUS, Ludwig; KIPP, Theodor; WOLFF, Martin. *Tratado de derecho civil*. Tradução de Blas Pérez Gonzalez y José Alguer. Barcelona: Bosch, 1944. v. 2, t. II: Derecho de obligaciones.

ERPEN, Décio Antônio. Da responsabilidade civil e do limite de idade para aposentadoria compulsória dos notários e registradores. *Revista de Direito Imobiliário*, v. 47, São Paulo: RT, jul./1999.

ESCOBAR DE LA SERNA, Luis. *Derecho de la información*. Madrid: Dickynson, 1998.

ESPÍNOLA, Eduardo. *Sistema de direito civil brasileiro*. São Paulo: Freitas Bastos, 1945. v. 2, t. 2.

ETIER, Guillaume. *Du risque à faute*: evolution de la responsabilité civile pour le risque du droit romain ao droit comum. Scultess: Genève, 2006.

FABIAN, Cristoph. *O dever de informar no direito civil*. São Paulo: RT, 2002.

FABRE-MAGNAN, Muriel. *Les obligations*. Paris: PUF, 2004.

FACCHINI NETO, Eugênio. A responsabilidade civil no novo Código. In: SARLET, Ingo Wolfgang (Org.). *O novo Código Civil e a Constituição*. Porto Alegre: Livraria do Advogado, 2003.

FACCHINI NETO, Eugênio. Inovação e responsabilidade civil: os riscos do desenvolvimento no direito contemporâneo. In: SAAVEDRA, Giovani Agostini; LUPION, Ricardo (Org.). *Direitos fundamentais, direito privado e inovação*. Porto Alegre: Edipucrs, 2012.

FACCHINI NETO, Eugênio. Reflexões histórico-evolutivas sobre a constitucionalização do direito privado. In: SARLET, Ingo Wolfgang (Org.). *Constituição, direitos fundamentais e direito privado*. Porto Alegre: Livraria do Advogado, 2003.

FARAH, Elias. Advocacia e responsabilidade civil do advogado. *Revista do Instituto dos Advogados de São Paulo*, v. 13, São Paulo: RT, jan. 2004.

FARIAS, Edilson Pereira. *Colisão de direitos:* a honra, a intimidade, a vida privada e a imagem *versus* a liberdade de expressão e informação. Porto Alegre: Fabris, 1996.

FASSÓ, Guido. *Antichità e medioevo.* Storia della filosofia del diritto. 5. ed. Roma: Laterza, 2008, t. I.

FÉRAL-SCHUHL, Christiane. *Cyber droit.* Le droit à l'épreuve de l'internet. 2. ed. Paris: Dalloz, 2000.

FERIJEDO, Francisco J. Bastida; MENÉNDEZ, Ignacio Villaverde. *Libertades de expresión e información y medios de comunicación:* prontuario de jurisprudencia constitucional (1981-1998). Navarra: Aranzadi, 1998.

FERRAZ, Sérgio. Direito ecológico, perspectivas e sugestões. *Revista da Consultoria-Geral do Estado do Rio Grande do Sul,* Porto Alegre, v. 2, n. 4, 1972.

FERREIRA, António Pedro de Azevedo. *A relação negocial bancária. Conceito e estrutura.* Lisboa: Quid Juris, 2005.

FERREIRA, Aparecido Hernani. *Dano moral como consequência de indiciamento em inquérito policial.* São Paulo: Juarez de Oliveira, 2000.

FERREIRA, Cristiane Catarina Oliveira. *Liberdade de comunicação:* perspectiva constitucional. Porto Alegre: Nova Prova, 2000.

FERREIRA, Eduardo André Folque. Liberdade de criação artística, liberdade de expressão e sentimentos religiosos. *Revista da Faculdade de Direito da Universidade de Lisboa,* Lisboa, v. 42, n. 1, p. 229-285, 2001.

FERREIRA, Nuno. *Fundamental rights and private law in Europe.* The case of tort law and children. Oxford: Routledge, 2013.

FERRI, Giovanni B. Diritto all'informazione e diritto all'oblio. *Rivista di Diritto Civile,* anno XXXVI, Parte prima. Padova: Cedam, 1990.

FIGUEIREDO, Marcelo. *O controle da moralidade na Constituição.* São Paulo: Malheiros, 1999.

FISCHER, Hans Albrecht. *A reparação de danos no direito civil.* Tradução de Antonio Ferrer Correia. Coimbra: Armênio Amado Editor, 1938.

FOCAULT, Michel. *História da loucura.* Tradução de José Teixeira Coelho Neto. 6. ed. São Paulo: Perspectiva, 2000.

FORSTHOFF, Ernst. *Sobre medios y métodos de la planificación moderna,* Joseph Kaiser, Planificación, Madrid, 1974. v. I.

FORTUNA, Felipe. Prefácio de John Milton. *Aeropagítica:* discurso pela liberdade de imprensa ao parlamento da Inglaterra. Tradução Raul de Sá Barbosa. São Paulo: Topbooks, 1999.

FRADERA, Véra Maria Jacob. Responsabilidade civil dos médicos. *Revista Ajuris,* v. 55, Porto Alegre, jul. 1992.

FREITAS, Juarez. *O controle dos atos administrativos e os princípios fundamentais.* 2. ed. São Paulo: Malheiros, 1999.

FROTA, Pablo Malheiros da Cunha. *Danos morais e a pessoa jurídica.* São Paulo: Método, 2008.

FROTA, Pablo Malheiros da Cunha. *Responsabilidade por danos.* Imputação e nexo de causalidade. Curitiba: Juruá, 2014.

FROTA, Pablo Malheiros da Cunha. Eficácia causal virtual e a causalidade disjuntiva como fatores de erosão das teorias do nexo causal nas relações civis e de consumo. *Revista de Direito do Consumidor,* v. 93, São Paulo: RT, maio/jun. 2014.

GAILLARD, Émille. *Générations futures et droit privé. Vers un droit des générations futures.* Paris: LGDJ, 2011.

GALDÓS, Jorge Mario. Responsabilidad civil de los proveedores de servicios en internet. In: TRIGO REPRESAS, Félix A. (Org.). *Responsabilidad civil.* Doctrinas esenciales. Buenos Aires: La Ley, 2007. t. VI.

GAMA, Guilherme Calmon Nogueira da. Comentário ao art. 1767 do Código Civil. In: NANNI, Giovanni Ettore (Coord.) *Comentários ao Código Civil: direito privado contemporâneo.* São Paulo: Saraiva, 2019.

GARCEZ NETO, Martinho. *Prática da responsabilidade civil.* São Paulo: Editora Jurídica, 1971.

GARCÍA TORRES, Jesús; JIMÉNEZ-BLANCO, Antonio. *Derechos fundamentales y relaciones entre particulares:* la Dirittwirkung en la jurisprudencia del Tribunal Constitucional. Madrid: Civitas, 1986.

GARCIA, Enéas Costa. *Responsabilidade civil dos meios de comunicação.* São Paulo: Juarez de Oliveira, 2002.

GAVALDA, Christian; STOUFFLET, Jean. *Droit bancaire.* 7. ed. Paris: Litec, 2008.

GHERSI, Carlos Alberto (Dir.). *Derecho de daños y contratos.* Responsabilidades profesionales. Buenos Aires: Club del Libro, 1999.

GHERSI, Carlos Alberto. *La imputación. Responsabilidad civil.* 2. ed. Buenos Aires: Hamurabi, 1997.

GHERSI, Carlos Alberto. *Relación médico-paciente.* Mendoza: Ed. Cuyo, 2000.

GHERSI, Carlos Alberto. *Reparación de daños.* Buenos Aires: Editorial Universidad, 1992.

GIANNINI, Massimo Severo. *Instituizioni di diritto amministrativo.* 2. ed. Milano: Giuffrè, 2000.

GILEAD, Israel; GREEN, Michael D.; KOCH, Bernhard A. (Eds.). *Proportional liability:* anaytical and comparative perspectives. Berlin: De Grutyer, 2013.

GIORGIANNI, Francesco; TARDIVO, Carlo-Maria. *Manuale di diritto bancario.* Milano: Giuffrè, 2009.

GODOY, Claudio Luiz Bueno de. *Responsabilidade civil pelo risco da atividade.* São Paulo: Saraiva, 2009.

GOLDBERG, Richard. *Causation and risk in the law of torts:* scientific evidene and medicinal product liability. Oxford: Hart Publishing, 1999.

GOLDENBERG, Isidoro. *La relación de causalidad en la responsabilidad civil.* Buenos Aires: Astrea, 1989.

GOMES DA SILVA, Nuno José. *História do direito português.* Fontes do direito. Lisboa: Fundação Calouste Gulbenkian, 2006.

GOMES, Orlando. *Contratos.* 18. ed. Rio de Janeiro: Forense, 2009.

GOMES, Orlando. *Ensaios de direito civil e de direito do trabalho.* Rio de Janeiro: Aide, 1986.

GOMES, Orlando. Fontes e diretrizes do pensamento jurídico de Teixeira de Freitas. In: GOMES, Orlando. *Obrigações.* 15. ed. Rio de Janeiro: Forense, 2002.

GOMES, Orlando. *Obrigações.* 15. ed. Rio de Janeiro: Forense, 2002.

GONÇALVES, Carlos Roberto. *Direito civil brasileiro.* Contratos e atos unilaterais. São Paulo: Saraiva, 2010. v. 3.

GONÇALVES, Carlos Roberto. *Direito civil brasileiro. Responsabilidade civil.* 5. ed. São Paulo: Saraiva, 2010. v. 4.

GONZÁLEZ PEREZ, Jesús. *La degradación del derecho al honor:* honor y libertad de información. Madrid: Civitas, 1993.

GONZÁLEZ ZAVALA, Rodolfo M. Prueba del nexo causal. *Revista de Derecho de Daños,* 2003-2, Buenos Aires: Rubinzal Culzoni, 2003.

GORDILLO, Augustín. *Tratado de derecho administrativo.* 5. ed. Buenos Aires: Fundación de Derecho Administrativo, 1998.

GOUBEAUX, Gilles. *Traité de droit civil:* las persones. Paris: LGDJ, 1989. v. 1.

GOYARD-FABRE, Simone. Responsabilité morale et responsabilité juridique selon Kant. *Archives de Philosophie du Droit,* n. 22, Paris: Sirey, 1977.

GRARE, Clothilde. *Recherches sur la cohérence de la responsabilité délictuelle. L'influence des fondaments de la responsabilité sur la réparation.* Paris: Dalloz, 2005.

GRINOVER, Ada Pelegrini et al. *Código brasileiro de defesa do consumidor comentado pelos autores do anteprojeto*. 8. ed. Rio de Janeiro: Forense Universitária, 2005.

GROSSI, Paolo. *L'ordine giuridico medievale*. Roma: Laterza, 2004.

GROTIUS, Hugo. *Le droit de la guerre e de la paix*. Tradução de P. Pradier- Fódére. Paris: PUF, 2005.

GUEDES, Gisela Sampaio da Cruz. *Lucros cessantes*. Do bom-senso ao postulado normativo da razoabilidade. São Paulo: RT, 2011.

GUÉGAN-LÉCUYER, Anne. *Dommages de masse et responsabilité civile*. Paris: LGDJ, 2006.

GUERRA, Alexandre; BENNACHIO, Marcelo. *Responsabilidade civil bancária*. São Paulo: Quartier Latin, 2012.

GUERRA, Sylvio. *Liberdade de imprensa e direito de imagem*. Rio de Janeiro: Renovar, 1999.

GUILLOD, Olivier (Coord.). *Développements récents du droit de la responsabilité civile*. Zurique: Schulthess, 1991.

GUIMARÃES, Paulo Jorge Scartezzini. *A publicidade ilícita e a responsabilidade civil das celebridades que dela participam*. São Paulo: RT, 2001.

HABERMAS, Jürgen. *The structural transformation of the public sphere*: an inquiry into a category of bourgeois society. Cambridge: Polity, 1989.

HAGEMANN, Matthias. *Iniuria*. Von den XII-Tafeln bis zur Justinianischen Kodifikation. Köln: Bohläu Verlag, 1998.

HALPÉRIN, Jean-Louis. *Histoire du droit privé français depuis 1804*. Paris: PUF, 2001.

HARKE, Jan Dirk. *Römisches Recht*. München: C. H. Beck, 2008.

HASTIE, Reid; SCHKADE, David A; PAYNE, John W. Judging corporate recklessness. In: SUNSTEIN, Cass R. et al. *Punitive damages: how juries decide*. Chicago: The University of Chicago Press, 2002.

HATTENHAUER, Hans. *Conceptos fundamentales de derecho civil*. Tradução de Pablo Coderch. Barcelona: Ariel, 1987.

HAURIOU, Maurice. Les actions en indemnité contre l'État pour préjudices causés dans l'administration publique. *Revue de Droit Public*, v. 3, p. 51-65, 1896.

HEIDELBERGER, Michael. From Mill via Von Kries to Max Weber: Causality, explanation, and understanding. In: FEEST, Uljana. *Historical perspectives on Erklären and Verstehen*. Heidelberg: Springer, 2010.

HENRIOT, Jacques. Note sur le date et le sens de l'apparition du mot "responsabilité". *Archives de Philosophie du Droit*, n. 22, Paris: Sirey, 1977.

HERCULANO, Alexandre. *História de Portugal*. Lisboa: Casa de Viuva Bertrand e Filhos, 1853. t. 4.

HERRERA, Edgardo López. *Teoría general de la responsabilidad civil*. Buenos Aires: Lexis Nexis, 2006.

HESSE, Konrad. *Derecho constitucional y derecho privado*. Traducción Ignácio Gutiérrez Gutiérrez. Madrid: Civitas, 1995.

HIRONAKA, Giselda Maria F. Novaes. *Responsabilidade pressuposta*. Belo Horizonte: Del Rey, 2005.

HOLMES, Stephen; SUNSTEIN, Cass R. *The cost of rights*: why liberty depends on taxe. New York: Norton & Co., 1999.

HONORÉ, A. M. Causation and remoteness of damage. In: TUNC, André (Ed.). *Internatonal Encyclopedia of comparative law*. Torts. Tübingen J. C. B. Mohr (Paul Siebeck), 1983. v. XI, part I.

HUNGRIA, Nélson. *Comentários ao Código Penal*. 5. ed. Rio de Janeiro: Forense, 1982. v. 6.

IHERING, Rudolf Von. *Actio injuriarium des lésions injurieuses em droit romain et en droit français*. Paris: Librairie Marescq, 1888.

IHERING, Rudolf Von. *Culpa in contrahendo ou indenização em contratos nulos ou não chegados à perfeição*. Tradução de Paulo Mota Pinto. Coimbra: Almedina, 2008.

IHERING, Rudolf Von. *Das Schuldmoment im Römischen Privatrecht. Eine Festchrift*. Giessen: Verlag von Emil Roth, 1867.

IHERING, Rudolf Von. *El espiritú del derecho romano*. Madrid: Marcial Pons, 1997.

JABUR, Gilberto Haddad. *Liberdade de pensamento e direito à vida privada*. São Paulo: RT, 2000.

JOBIM, Márcio Félix. *Confiança e contradição*. A proibição do comportamento contraditório no direito privado. Porto Alegre: Livraria do Advogado, 2015.

JOSSERAND, Louis. *De l'espirit des droits et de leur relativité. Théorie dite de l'abus des droits*. Paris: Dalloz, 2006.

JOSSERAND, Louis. De la responsabilité du fait des choses inanimées. In: CARVAL, Suzanne. *La construction de la responsabilité civile*. Paris: PUF, 2001.

JOSSERAND, Louis. *De la responsabilité du fait des choses inanimées*. A. Rosseau, 1897.

JOURDAIN, Patrice. *Les príncipes de la responsabilité civile*. 7. ed. Paris: Dalloz, 2007.

JUKOVSKY, Vera Lúcia Rocha Souza. Estado, ambiente e danos ecológicos: Brasil e Portugal. *Revista de Direito Ambiental*, v. 11, São Paulo: RT, jul./set. 1998.

JUSTEN FILHO, Marçal. *Curso de direito administrativo*. 3. ed. São Paulo: Saraiva, 2008.

KAHNEMAN, Daniel; SCHKADE, David A.; SUSTEIN, Cass R. Shared outrage, erratic awards. In: SUSTEIN, Cass R. et alli. *Punitive damages. How juries decide*. Chicago: The University of Chicago Press, 2002.

KANT, Immanuel. *A metafísica dos costumes*. Tradução de Edson Bini. São Paulo: Edipro, 2003.

KANT, Immanuel. *Fundamentação da metafísica dos costumes*. Tradução de Leopoldo Holzbach. São Paulo: Martin Claret, 2002.

KANT, Immanuel. Que significa orientar-se pelo pensamento? In: *A fundamentação da metafísica dos costumes e outros escritos*. Tradução de Lepoldo Holzbach. São Paulo: Martin Claret, 2002.

KASER, Max; KNÜTEL, Rolf. *Römisches Privatrecht*. 20. Auflage. München: C. H. Beck, 2014.

KAYSER, Pierre. *La protection de la vie privée par le droit*. Protection du secret de la vie privée. 3. ed. Paris: Economica, 1995.

KELSEN, Hans. *A democracia*. 2. ed. São Paulo: Martins Fontes, 2000.

KFOURI NETO, Miguel. *Culpa médica e ônus da prova*. 4. ed. São Paulo: RT, 2002.

KFOURI NETO, Miguel. Graus da culpa e redução equitativa da indenização. *Revista dos Tribunais*, v. 839, São Paulo: RT, set. 2005.

KFOURI NETO, Miguel. *Responsabilidade civil do médico*. 6. ed. São Paulo: RT, 2007.

KNIJNIK, Danilo. *A prova nos juízos cível, penal e tributário*. Rio de Janeiro: Forense, 2007.

KÖTZ, Heinz. *Deliktsrecht*. 8. ed. Neuwied: Luchterhand, 1998.

KRIES, J. von, "Über den Begriff der objektiven Möglichkeit und einiger Anwendungen desselben", *Vierteljahrsschrift für wissenschaftliche Philosophie*, 12, 1888.

KUNKEL, Wolfgang; SCHERMAIER, Martin. *Römische Rechtsgeschichte*. 14. ed. Köln: Bölau, 2005.

LAMBERT-FAIVRE, Yvonne. *Droit du dommage corporel*. 5. ed. Paris: Dalloz, 2004.

LANAO, Jairo. *A liberdade de imprensa e a lei*: normas jurídicas que afetam o jornalismo nas Américas. Miami: Sociedade Interamericana de Imprensa, 2000.

LANGE, Hermann; SCHIEMANN, Gottfried. *Schadensersatz*. 3. ed. Tübingen: J. C. B.Mohr, 2003.

LAPALMA, Juan Carlos. Moral y buenas costumbres: um límite poco delimitado? In: BARBERO, Omar et al. *Abuso del derecho*. Buenos Aires: Universitas, 2006.

LARENZ, Karl. *Derecho civil. Parte general*. Tradução de Miguel Izquierdo y Macías-Picavea. Madrid: Editorial Revista de Derecho Privado, 1978.

LARENZ, Karl. *Derecho de obligaciones*. Tradução de Jaime Santos Brins. Madrid: Editorial Revista de Derecho Privado, 1958. t. II.

LARENZ, Karl. *Lehrbuch des Schuldrechts*, Bd. 1 – Allgemeiner Teil. 14. ed. Munique: Beck, 1987.

LARRAÑAGA, Pablo. *El concepto de responsabilidad*. Mexico: Fontamara, 2000.

LAUDE, Anne; MATHIEU, Bertrand; TABUTEAU, Didier. *Droit de la santé*. Paris: PUF, 2007.

LAWSON, F. H.; MARKESINIS, Basil S. *Tortius liability for unintentional harm in the common law and the civil law*. Cambridge: Cambridge University Press, 1982. v. I.

LEÃES, Luis Gastão Paes de Barros. *A responsabilidade do fabricante pelo fato do produto*. São Paulo: Saraiva, 1987.

LECLERC, Gérard. *A sociedade de comunicação*. Uma abordagem sociológica e crítica. Tradução de Sylvie Canape. Lisboa: Instituto Piaget, 2000.

LEITE, George Salomão; LEMOS, Ronaldo (Coord.). *Marco civil da internet*. São Paulo: Atlas, 2014.

LEMOS, Patrícia Faga Iglecias. *Meio ambiente e responsabilidade civil do proprietário*. São Paulo: RT, 2008.

LEONARDI, Marcel. Responsabilidade dos provedores de serviços de internet por atos de terceiros. In: SILVA, Regina Beatriz Tavares da; SANTOS, Manoel Jorge Pereira (Org.). *Responsabilidade civil na internet e nos demais meios de comunicação*. São Paulo: Saraiva, 2007.

LETE DEL RÍO. *Derecho de la persona*. 4. ed. Madrid: Tecnos, 2000.

LEVADA, Cláudio Antônio Soares. Responsabilidade civil do notário público. *Revista de Direito Privado*, v. 8, São Paulo: RT, out./dez. 2001.

LEVY, Daniel de Andrade. Uma visão cultural dos punitive damages. *Revista de Direito Privado*, v. 45, São Paulo: RT, 2011.

LÉVY, Jean-Philippe; CASTALDO, André. *Histoire du droit civil*. Paris: Dalloz, 2002.

LÉVY, Pierre. *O que é o virtual?* Tradução de Paulo Neves. São Paulo: Ed. 34, 1996.

LIEBMAN, Enrico Tulio. Do arbítrio à razão. Reflexões sobre a motivação da sentença. Tradução de Tereza Celina de Arruda Alvim. *Revista de Processo*, v. 29, São Paulo: RT, jan./1983.

LIMA, Alvino. *A responsabilidade civil pelo fato de outrem*. Rio de Janeiro: Forense, 1973.

LIMA, Alvino. *Culpa e risco*. 2. ed. São Paulo: RT, 1999.

LIMA, Cíntia Rosa Pereira de. Direito ao esquecimento e internet: o fundamento legal no direito comunitário europeu, no direito italiano e no direito brasileiro. *Revista dos Tribunais*, v. 946, São Paulo: RT, ago. 2014.

LIPMAN, Ernesto. A responsabilidade civil do advogado vista pelos tribunais. *Revista dos Tribunais*, v. 787, São Paulo: RT, maio 2001.

LLAMAZARES CALZADILLA, Maria Cruz. *Las libertades de expresión e información como garantia del pluralismo democratico*. Madrid: Civitas, 1999.

LÔBO, Paulo. *Comentários ao Estatuto da Advocacia e da OAB*. 4. ed. São Paulo: Saraiva, 2007.

LÔBO, Paulo. Responsabilidade civil do advogado. *Revista de Direito Privado*, v. 10, São Paulo: RT, abr. 2012.

LOCKE, John. *Dois tratados sobre o governo*. Tradução de Julio Fischer. São Paulo: Martins Fontes, 2002.

LODOVICI, Jacob Friedrich. *Sachsenspiegel oder das Sächsische Landrecht*, 1720 [visto em nova edição de 1750].

LONG, Marceau; WEIL, Prosper; BRAIBANT, Guy; DELVOLVÉ, Pierre; GENEVOIS, Bruno. *Les grands arrêts de la jurisprudence administrative*. 16. ed. Paris: Dalloz, 2007.

LOPES, João Batista. *A prova no direito processual civil*. São Paulo: RT, 2002.

LOPES, José Reinaldo de Lima. Raciocínio jurídico e economia. *Revista de Direito Público e Economia*, n. 8, Belo Horizonte: Fórum, out./dez. 2004.

LOPES, José Reinaldo de Lima. *Responsabilidade civil do fabricante e a defesa do consumidor*. São Paulo: RT, 1992.

LOPEZ, Teresa Ancona. *Dano estético*. São Paulo: RT, 2004.

LOPEZ, Teresa Ancona. *Princípio da precaução e evolução da responsabilidade civil*. São Paulo: Quartier Latin, 2010.

LORENZETTI, Ricardo Luis. *Comercio electrónico*. Buenos Aires: Abeledo Perrot, 2001.

LORENZETTI, Ricardo Luis. *Fundamentos do direito privado*. São Paulo: RT, 1998.

LORENZETTI, Ricardo Luis. *Responsabilidad civil de los médicos*. Buenos Aires: Rubinzal Culzoni, 1997. t. II.

LOTUFO, Renan. *Código Civil comentado*. São Paulo: Saraiva, 2003. v. 1.

LOURENÇO, Cristina Silvia Alves; GUEDES, Maurício Sullivan Bahle. A internet e o direito à exclusão definitiva de dados pessoais. In: LEITE, George Salomão; LEMOS, Ronaldo (Coord.). *Marco civil da internet*. São Paulo: Atlas, 2014.

LUNA, Everardo Cunha. Bons costumes. Direito penal. *Enciclopédia Saraiva de direito*. São Paulo: Saraiva, 1978. v. 12.

LUTZKY, Daniela Courtes. *A reparação de danos imateriais como direito fundamental*. Porto Alegre: Livraria do Advogado, 2012.

LUZZATTO, Giuseppe Ignazio. *Caso fortuito e forza maggiore come limite alla responsabilità contrattuale*. La responsabilità per la custodia. Milano: Giuffrè, 1938.

LYRA, Marcos Mendes. Dano ambiental. *Revista de Direito ambiental*, v. 8, São Paulo: RT, out./dez. 1997.

MAC CRORIE, Benedita Ferreira da Silva. *A vinculação dos particulares aos direitos fundamentais*. Coimbra: Almedina, 2005.

MACHADO, Jônatas E. M. *Liberdade de expressão*. Dimensões constitucionais da esfera pública não sistema social. Coimbra: Editora Coimbra, 2002.

MACHADO, Paulo Afonso Leme. *Direito ambiental brasileiro*. 8. ed. São Paulo: Malheiros, 2006.

MAGNUS, Ulrich. Causal uncertainty and proportional liability in Germany. In: GILEAD, Israel; GREEN, Michael D.; KOCH, Bernhard A. (Eds.). *Proportional liability*: anaytical and comparative perspectives. Berlin: De Grutyer, 2013.

MALAURIE, Philippe; AYNÉS, Laurent; STOFFEL-MUNCK, Philippe. *Les obligations*, 2. ed., Paris: Defrénois, 2005.

MANTEUCCI, Nicola. Opinião pública. In: BOBBIO, Norberto; MANTEUCCI, Nicola; PASQUINO, Gianfranco. *Dicionário de política*. Brasília: Editora da UnB, 1997. v. 2.

MARINONI, Luiz Guilherme. *Tutela inibitória*. 4. ed. São Paulo: RT, 2006.

MARINS, James. *Responsabilidade da empresa pelo fato do produto*. Os acidentes de consumo no Código de Proteção e Defesa do Consumidor. São Paulo: RT, 1993.

MARKENSINS, Basil. *The german law of torts*. A comparative introduction. Oxford: Clarendon Press, 1994.

MARMITT, Arnaldo. *Perdas e danos*. Rio de Janeiro: Aide, 1987.

MARQUES, Claudia Lima. A responsabilidade dos médicos e do hospital por falha no dever de informar ao consumidor. *RT* 827/11, São Paulo: RT, 2004.

MARQUES, Claudia Lima. *Contratos no Código de Defesa do Consumidor*. 4. ed. São Paulo: RT, 2002.

MARQUES, Claudia Lima. *Contratos no Código de Defesa do Consumidor*. 7. ed. São Paulo: RT, 2014.

MARQUES, Claudia Lima; BENJAMIN, Antônio H.; MIRAGEM, Bruno. *Comentários ao Código de Defesa do Consumidor*. 4. ed. São Paulo: RT, 2013.

MARTINE, G. As migrações de origem rural no Brasil: uma perspectiva histórica. *História e população* – estudos sobre a América Latina. São Paulo: Abep/Iussp/Celade, 1990.

MARTINS, Fran. *Contratos e obrigações comerciais*. Rio de Janeiro: Forense, 1999.

MARTINS, Guilherme Magalhães. *Responsabilidade civil por acidentes de consumo na internet*. São Paulo: RT, 2008.

MARTINS, Plínio Lacerda. O caso fortuito e a força maior como causas de exclusão da responsabilidade civil no Código do Consumidor. *Revista dos Tribunais*, v. 690, São Paulo: RT, abr. 1991.

MARTINS-COSTA, Judith. *Boa-fé no direito privado*. São Paulo: RT, 1999.

MARTINS-COSTA, Judith; PARGENDLER, Mariana. Usos e abusos da função punitiva (punitive damages e o direito brasileiro). *Revista do Centro de Estudos Judiciários*, n. 28, Brasília: CEJ, jan./mar. 2005.

MARTINS-COSTA, Judith; ZANETTI, Cristiano de Souza. Responsabilidade contratual: prazo prescricional de dez anos. *Revista dos Tribunais*, v. 979. São Paulo: RT, maio/2017.

MARTON, G. *Les fondements de la responsabilité civile*. Paris: Sirey, 1938.

MAURER, Hartmut. *Direito administrativo geral*. Tradução de Luis Afonso Heck. Barueri: Manole, 2002.

MAURER, Hartmut. *Elementos de direito administrativo alemão*. Tradução de Luis Afonso Heck. Porto Alegre: Sérgio Antônio Fabris, 2001.

MAZEAUD, Henri; MAZEAUD, Leon. *Traité théorique et pratique de la responsabilité civile*. 4. ed. Paris: Montchrestien, 1945. v. 1.

MAZEAUD, Henri; MAZEAUD, León; TUNC, André. *Tratado teórico práctico de la responsabilidad civil delictual y contractual*. Tradução de Luis Alcalá-Zamora y Castillo. Buenos Aires: EJEA, 1977. t. 2, v. 2.

MAZEAUD, Henri; MAZEAUD, León; TUNC, André. *Tratado teórico práctico de la responsabilidad civil delictual y contractual*. Tradução de Luis Alcalá-Zamora y Castillo. Buenos Aires: EJEA, 1962. t. 1, v. 2.

MCBRIDE, Nicholas J.; BAGSHAW, Roderick. *Tort law*. Essex: Pearson, 2005.

MEDAUAR, Odete. *Direito administrativo moderno*. 6. ed. São Paulo: RT, 2002.

MEDINA GUERRERO, Manuel. *La vinculacion negativa del legislador a los derechos fundamentales*. Madrid: McGrawHill, 1996.

MEIRELLES, Hely Lopes. *Direito administrativo brasileiro*. 20. ed. São Paulo: Malheiros, 1995.

MELLO, Marcos Bernardes de. *Teoria do fato jurídico. Plano da existência*. 12. ed. São Paulo: Saraiva, 2003.

MELLO, Rafael Munhoz de. *Princípios constitucionais de direito administrativo sancionador*: as sanções administrativas à luz da Constituição Federal de 1988. São Paulo: Malheiros, 2007.

MELO, Albertino Daniel de. *A responsabilidade civil pelo fato de outrem nos direitos francês e brasileiro*. Rio de Janeiro: Forense, 1972.

MENDES, Gilmar Ferreira. A proporcionalidade na jurisprudência do Supremo Tribunal Federal. In: MENDES, Gilmar Ferreira. *Direitos fundamentais e controle de constitucionalidade*. 2. ed. rev. e ampl. São Paulo: Celso Bastos, 1999.

MENDES, Gilmar Ferreira. Colisão de direitos fundamentais: liberdade de expressão e de comunicação e direito à honra e à imagem. In: MENDES, Gilmar Ferreira. *Direitos fundamentais e controle de constitucionalidade*. 2. ed. rev. e ampl. São Paulo: Celso Bastos, 1999.

MENDES, Gilmar Ferreira. *Direitos fundamentais e controle de constitucionalidade*. 2. ed. rev. e ampl. São Paulo: Celso Bastos, 1999.

MENDES, Gilmar Ferreira. *Jurisdição constitucional*. 2. ed. São Paulo: Saraiva, 1998.

MENDES, Gilmar Ferreira; COELHO, Inocência Mártires; BRANCO, Paulo Gustavo Gonet (Coord.). *Hermenêutica constitucional e direitos fundamentais*. Brasília: Brasília Jurídica, 2000.

MENDES, Laura Schertel. *Privacidade, proteção de dados e defesa do consumidor. Linhas gerais de um novo direito fundamental*. São Paulo: Saraiva, 2014.

MENDONÇA, Fernando. *Direito dos transportes*. São Paulo: Saraiva, 1990.

MENEZES CORDEIRO, António Manuel da Rocha e. *Da boa-fé no direito civil*. Lisboa: Almedina, 2001.

MENEZES CORDEIRO, António. *Da boa-fé no direito civil*. Coimbra: Almedina, 2001.

MENEZES CORDEIRO, António. *Manual de direito das sociedades* – Das sociedades em geral. 2. ed. Coimbra: Almedina, 2007. v. 1.

MENEZES CORDEIRO, António. *Tratado de direito civil português*. Coimbra: Almedina, 2010. v. II, t. III.

MENEZES VIEIRA, Ana Lúcia. *Processo penal e mídia*. São Paulo: RT, 2003.

MENGER, Anton. *El derecho civil de los pobres*. Madrid: Libreria General de Victoriano Suárez, 1898.

MESSINEO, Francesco. *Derecho civil y comercial*. Tradução de Santis Melendo. Buenos Aires: EJEA, 1971.

MESSINEO, Francesco. *Manuale di diritto civile e commerciale*. Milano: Giuffrè, 1959. v. 3.

MEULDERS-KLEIN, Marie-Thérèse. Vie privée, vie familiale et droits de l'homme. *Revue Internationale de Droit Comparé*, Paris, n. 4, p. 767-794, oct./déc. 1992.

MILARÉ, Edis. *Direito do ambiente*. São Paulo: RT, 2000.

MILL, Stuart. Da liberdade de pensamento e discussão. In: MORRIS, Clarence (Org.). *Grandes filósofos do direito*. São Paulo: Martins Fontes, 2002.

MILTON, John. *Aeropagítica*: discurso pela liberdade de imprensa ao parlamento da Inglaterra. Tradução de Raul de Sá Barbosa. São Paulo: Topbooks, 1999.

MINHAIM, Maria Alice. O consentimento do ofendido em face de bens jurídicos indisponíveis. *Revista Brasileira de Ciências Criminais*, v. 9, São Paulo: RT, 2008.

MIRAGEM, Bruno. A liberdade de expressão e o direito de crítica pública. *Revista da Faculdade de Direito da UFRGS*, Porto Alegre, n. 22, p. 8-30, set. 2002.

MIRAGEM, Bruno. *A nova administração pública e o direito administrativo*. 2. ed. São Paulo: RT, 2013.

MIRAGEM, Bruno. *Abuso do direito*. 2. ed. São Paulo: RT, 2013.

MIRAGEM, Bruno. *Contrato de transporte*. São Paulo: RT, 2014.

MIRAGEM, Bruno. *Curso de direito do consumidor*. 5. ed. São Paulo: RT, 2014; 7ª ed., 2018; 8ª ed. 2019.

MIRAGEM, Bruno. *Direito bancário*. 3ª ed. São Paulo: RT, 2019.

MIRAGEM, Bruno. Nota relativa à pandemia de coronavírus e sua repercussão sobre os contratos e a responsabilidade civil. *Revista dos Tribunais*, v. 1015. São Paulo: RT, maio/2020.

MIRAGEM, Bruno. O direito dos seguros no sistema jurídico brasileiro. Uma introdução. In: MIRAGEM, Bruno; CARLINI, Angélica (Orgs.) Direito dos seguros: fundamentos de direito civil, direito empresarial e direito do consumidor. São Paulo: RT, 2014.

MIRAGEM, Bruno. O artigo 1.228 do Código Civil e os deveres do proprietário em matéria de preservação do meio ambiente. *Revista de Informação Legislativa*, n. 168, Brasília: Senado Federal, out./dez. 2005.

MIRAGEM, Bruno. O conceito de domicílio e sua repercussão às relações jurídicas eletrônicas. *Revista e de Direito Privado* 19/10-45, São Paulo: RT, jul./set. 2004.

MIRAGEM, Bruno. Os direitos da personalidade e os direitos do consumidor. *Revista de Direito do Consumidor*, São Paulo: RT, v. 49, p. 40-76, jan./mar. 2004.

MIRAGEM, Bruno. *Responsabilidade civil da imprensa por dano à honra*. O novo Código Civil e a Lei de Imprensa. Porto Alegre: Livraria do Advogado, 2005.

MIRANDA BARBOSA, Ana Mafalda Castanheira Neves de. *Responsabilidade civil extracontratual*. Novas perspectivas em matéria de nexo de causalidade. Cascais: Principia, 2014.

MIRANDA, Darcy Arruda. *Comentários à lei de imprensa*. 3. ed. rev. e atual. São Paulo: RT, 1995.

MIRANDA, Jorge. *Manual de direito constitucional*. Coimbra: Editora Coimbra, 1998. v. 4.

MOITINHO DE ALMEIDA, L. P. *Responsabilidade civil dos advogados*. Coimbra: Editora Limitada, 1985.

MOMMSEN, Friederich. *Erörterungen aus dem Obligationenrecht*. C.A. Schwetschke, 1859. v. 2.

MONATERI, Pier Giuseppe. *La responsabilità civile*. Torino: UTET, 2006.

MONATERI, Pier Giuseppe; BONA, Marco. *Il danno alla persona*. Padova: Cedam, 1998.

MONFORT, Jean Yves. La publication d'informations interdites et le procès penal. In: DUPEUX, Jean-Yves; LACABARATS, Alain. *Liberté de la presse et droits de la personne*. Paris: Dalloz, 1997.

MONTEIRO FILHO, Carlos Edison do Rêgo. Artigo 944 do Código Civil. O problema da mitigação do princípio da reparação integral. In: *O direito e o tempo*: embates jurídicos e utopias contemporâneas – estudos em homenagem ao Professor Ricardo Pereira Lira. Rio de Janeiro: Renovar, 2008.

MONTEIRO FILHO, Carlos Edson do Rego. Art. 944 do Código Civil: o problema da mitigação do princípio da reparação integral. *Revista da Procuradoria-Geral do Estado do Rio de Janeiro*, v. 3.

MORAES, Paulo Valério Dal Pai. Os tabeliães, os oficiais registradores e o Código de Defesa do Consumidor. *Revista de Direito do Consumidor*, v. 61, São Paulo: RT, jan./2007.

MORAES, Walter. Direito à própria imagem. *RT* 443/64.

MOREIRA ALVES, José Carlos. *Direito romano*. 6. ed. Rio de Janeiro: Forense, 2000. t. II.

MOREIRA, Vital. *O direito de resposta na comunicação social*. Coimbra: Editora Coimbra, 1994.

MORIN, Alejandro. *Pecado y delito en la Edad Media*. Estudio de una relación a partir de la obra jurídica de Alfonso el Sabio. Córdoba: De Copista, 2009.

MORRIS, Clarence (Org.). *Grandes filósofos do direito*. São Paulo: Martins Fontes, 2002.

MORSELLO, Marco Fábio. *Responsabilidade civil no transporte aéreo*. São Paulo: Atlas, 2007.

MOSSET ITURRASPE, Jorge (Dir.). *Responsabilidade civil*. Buenos Aires: Hammurabi, 1997.

MOSSET ITURRASPE, Jorge. *El valor de la vida humana*. Santa Fé: RubinzalCulzoni, 1983.

MOSSET ITURRASPE, Jorge. La antijuridicidad. In: MOSSET ITURRASPE, Jorge (Dir.). *Responsabilidade civil*. Buenos Aires: Hammurabi, 1997.

MOSSET ITURRASPE, Jorge. *La relación de causalidad em la responsabilidad extracontractual*. Revista de Derecho de daños. La relación de causalidad en la responsabilidad civil. Buenos Aires: Rubinzal Culzoni, 2003.

MOSSET ITURRASPE, Jorge. *Responsabilidad por daños*. Buenos Aires: Rubinzal Culzoni, 1999. t. V.

MOSSET ITURRASPE, Jorge. *Visión jurisprudencial del valor de la vida humana*. Buenos Aires: Rubinzal-Culzoni, 1994. v. 1.

MOSSET ITURRASPE, Jorge; PIEDECASAS, Miguel A. *Responsabilidad contractual*. Buenos Aires: Rubinzal Culzoni, 2007.

MOSSET ITURRASPE, Jorge; PIEDECASAS, Miguel. *Responsabilidad precontractual*. Buenos Aires: Rubinzal Culzoni, 2006.

MOSSET ITURRASPE, Jorge. El abuso em le pensamiento de tres juristas trascendentes. Risolia, Spota y Llambías. Una situación concreta: el abuso y el derecho ambiental. *Revista de Derecho Privado y Comuntario. Abuso del Derecho*, n. 16, Buenos Aires. Rubinzal Culzoni, 1998.

MOTA PINTO, Carlos Alberto da. *Teoria geral do direito civil*. 3. ed. Coimbra: Editora Coimbra, 1996.

MOTA PINTO, Paulo. *Interesse contratual negativo e interesse contratual positivo*. Coimbra: Editora Coimbra, 2008. v. I.

MULHOLLAND, Caitlin Sampaio. *A responsabilidade civil por presunção de causalidade*. Rio de Janeiro: GZ Editora, 2009.

NALINI, José Renato. *Registro de imóveis e notas; responsabilidade civil e disciplinar*. São Paulo: RT, 1997.

NANNI, Giovanni Ettore (Coord.). *Comentários ao Código Civil*: direito privado contemporâneo. São Paulo: Saraiva, 2019.

NEGROPONTE, Nicholas. *Being digital*. New York: Alfred A. Knopf, 1995.

NERY JUNIOR, Nelson. Os princípios gerais do Código brasileiro de defesa do consumidor. *Revista de Direito do Consumidor*, v. 3, São Paulo: RT, set./dez. 1992.

NERY JUNIOR, Nelson; NERY, Rosa Maria B. B. de Andrade. Responsabilidade civil, meio ambiente e ação coletiva ambiental. In: BENJAMIN, Antônio Herman V. (Coord.). *Dano ambiental*: prevenção, reparação e repressão. São Paulo: RT, 1993.

NERY JUNIOR, Nelson; NERY, Rosa Maria de Andrade. *Código Civil comentado*. 7. ed. São Paulo: RT, 2009.

NIGRE, André Luis; ALMEIDA, Álvaro Henrique Teixeira. *Direito e medicina*. Um estudo interdisciplinar. Rio de Janeiro: Lumen Juris, 2007.

NIGRE, André Luis. Responsabilidade civil do médico. In: NIGRE, André Luiz (Coord.). *Direito e medicina:* um estudo preliminar. Rio de Janeiro: Lumen Juris, 2007.

NOBRE, Marcos. Desenvolvimento sustentável: origens e significado atual. In: NOBRE, Marcos; AMAZONAS, Maurício de Carvalho. *Desenvolvimento sustentável:* a institucionalização de um conceito. Brasília: Edições Ibama, 2002.

NOBRE, Marcos; AMAZONAS, Maurício de Carvalho. *Desenvolvimento sustentável:* a institucionalização de um conceito. Brasília: Edições Ibama, 2002.

NORONHA, Fernando. *Direito das obrigações*. São Paulo: Saraiva, 2003. v. 1.

NORONHA, Fernando. *Direito das obrigações*. São Paulo: Saraiva, 2010.

OERTEL, Cristoph. *Objektive Haftung in Europe*. Rechtsvergleichende Untersuchung zur Weiterentwiclung der verschuldensunabhängigen Haftung im europäischen Privatrecht. Tübingen: Mohr Siebeck, 2010.

OLIVEIRA, Ana Perestrelo de. *Causalidade e imputação na responsabilidade civil ambiental*. Coimbra: Almedina, 2007.

ONDEI, Emilio. *Le persone fisiche e i diritti della personalità*. Torino: Torinese, 1965.

ORTIZ, Rafael Illescas. *Derecho de la contratación electrónica*. Madrid: Civitas, 2001.

OSÓRIO, Fábio Medina. *Direito administrativo sancionador*. 2. ed. São Paulo: RT, 2005.

OSSOLA, Federico; VALLESPINOS, Gustavo. *La obligación de informar*. Córdoba: Advocatus, 2001.

PACHECO, Newton. *O erro médico*. Porto Alegre: Livraria do Advogado, 1991.

PANASCO, Vanderby Lacerda. *A responsabilidade civil, penal e ética dos médicos*. Rio de Janeiro: Forense, 1984.

PASQUALOTTO, Adalberto. A responsabilidade civil do fabricante e os riscos do desenvolvimento. *Revista da Ajuris. Responsabilidade Civil*. Porto Alegre: Ajuris, [s/d].

PASQUALOTTO, Adalberto. Os serviços públicos no Código de Defesa do Consumidor. *Revista de Direito do Consumidor*, v. 1, São Paulo: RT, 1993.

PASQUALOTTO, Adalberto. Responsabilidade civil por dano ambiental: considerações de ordem material e processual. In: BENJAMIN, Antônio Herman V (Coord.). *Dano ambiental*: prevenção, reparação e repressão. São Paulo: RT, 1993.

PECORARO-ALBANI, Antonio. *Il dolo*. Napoli: Casa Editrice Eugenio Jovene, 1955.

PEIXE, José Manuel Valentim; FERNANDES, Paulo Silva. *A lei de imprensa comentada e anotada*. Coimbra: Almedina, 1997.

PEÑA MORAES, Guilherme. *Direitos fundamentais:* conflitos e soluções. Niterói: Frater et Lebor, 2000.

PENNEAU, Jean. *La responsabilité du médicin*. 2. ed. Paris: Dalloz, 1996.

PEREIRA COELHO, Francisco Manuel. *O problema da causa virtual na responsabilidade civil*. Coimbra: Almedina, 1998.

PEREIRA DE SOUZA, Carlos Affonso. Responsabilidade civil dos provedores de acesso e de aplicações de internet: evolução jurisprudencial e os impactos da Lei 12.695/2014 (Marco Civil da Internet). In: LEITE, George Salomão; LEMOS, Ronaldo (Coord.). *Marco civil da internet*. São Paulo: Atlas, 2014.

PEREIRA DOS SANTOS, Carlos Maximiliano. *Hermenêutica e aplicação do direito*. 19. ed. Rio de Janeiro: Forense, 2003.

PEREIRA, Caio Mário da Silva. *Direito civil*. Alguns aspectos da sua evolução. Rio de Janeiro: Forense, 2001.

PEREIRA, Caio Mário da Silva. *Instituições de direito civil*. Rio de Janeiro: Forense, 2011. v. III.

PEREIRA, Caio Mário da Silva. *Responsabilidade civil*. 3. ed. Rio de Janeiro: Forense, 1993.

PEREIRA, Caio Mário da Silva. *Responsabilidade civil*. Atualizado por Gustavo Tepedino. 10. ed. Rio de Janeiro: GZ, 2012.

PÉREZ, Jesus González. *El principio general de la buena fe en el derecho administrativo*. 3. ed. ampl. Madrid: Civitas 1999.

PERLINGIERI, Pietro. *Il diritto civile nella legalitá constituzionale.*Napoli: Edizione Scientifiche Italiane, 1991.

PERLINGIERI, Pietro. *La personalità umana nell'ordinamento giuridico*. Camerino: Jovene, 1972.

PESSOA JORGE, Fernando. *Ensaio sobre os pressupostos da responsabilidade civil*. Coimbra: Almedina, 1999.

PIMENTA BUENO, José Antônio. *Direito público constitucional a análise da Constituição do Império*: do direito, das leis, e bibliografia do direito público. Brasília: Senado Federal, 1978.

PINEAU, Jean. *Le contrat de transport*: terrestre, maritime, aérien. Paris: Thémis, 1986.

PINTO MONTEIRO, António. *Cláusula penal e indenização*. Coimbra: Almedina, 1990.

PINTO MONTEIRO, António. *Cláusulas limitativas e de exclusão de responsabilidade civil*. Coimbra: Almedina, 2011.

PIZARRO, Ramón Daniel. *Daño moral*: prevención, reparación, punición, el daño moral en las diversas ramas del derecho. Buenos Aires: Hamurabi, 2000.

PIZARRO, Ramón Daniel. *Responsabilidad civil de los medios masivos de comunicación*: daños por noticias inexactas o agraviantes. Buenos Aires: Hammurabi, 1991.

PLANIOL, Marcel. Études sur la responsabilité civile. Revue critique de legislatión, 1905.

PLANIOL, Marcel. *Traité elémentaire de droit civil*. 2. ed. Paris: [s.n.], 1902. v. 2.

PLANIOL, Marcel; RIPERT, Georges. *Tratado práctico de derecho civil francés*. Tradução de Mario Diaz da Cruz. Havana: Cultural, 1946. t. 6.

PODESTÁ, Fábio Henrique. *Interesses difusos, qualidade da comunicação e controle judicial*. São Paulo: RT, 2002.

POLIDO, Walter A. Seguros de responsabilidade civil. Manual prático e teórico. Curitiba: Juruá, 2013.

PONTES DE MIRANDA, F. C. *Comentários à Constituição de 1967 com a Emenda n. 1, de 1969*. Rio de Janeiro: Forense, 1987. v. 5.

PONTES DE MIRANDA, F. C. *Tratado de direito privado*. Atualizado por Bruno Miragem. São Paulo: RT, 2012. v. 45.

PONTES DE MIRANDA, F. C. *Tratado de direito privado*. Atualizado por Rosa Maria de Andrade Nery. São Paulo: RT, 2012. v. 7.

PONTES DE MIRANDA, F. C. *Tratado de direito privado*. Atualizado por Rui Stoco. São Paulo: RT, 2012. v. LIII.

PONTES DE MIRANDA, F. C. *Tratado de direito privado*. Parte especial. Rio de Janeiro: Borsoi, 1964. t. XLVII.

PONTES DE MIRANDA, F. C. *Tratado de direito privado*. Rio de Janeiro: Borsói, 1971. t. 22.

PONTES DE MIRANDA, F. C. *Tratado de direito privado*. São Paulo: RT, 1984. t. 23.

POSNER, Richard A. *Catastrophe*. Risk and response. New York: Oxford University Press, 2004.

POSNER, Richard A. Guido Calabresi's The Costs of accidents. Reassessment. *Maryland Law Review*, 64, 12, 2005.

POTHIER, Robert. *Tratado das obrigações*. Campinas: Servanda, 2001.

POTHIER, Robert. *Treatise on the law of obligations or contracts*. Tradução de Willian David Evans. London: A. Strahan, 1806. t. I.

POUND, Roscoe. *An introduction to the philosophy of law*. New Haven: Yale University Press, 1982.

PRATA, Ana. *Cláusulas de exclusão e limitação da responsabilidade contratual*, Coimbra: Almedina, 1985.

PRATA, Ana. *Responsabilidade delitual nos Códigos Civis português de 1966 e brasileiro de 2002*. Separata de Estudos em homenagem ao Prof. Doutor José Lebre de Freitas. Coimbra: Coimbra Editora, [s.d.].

PRIEST, George S. A theory of consumer product warranty. In: CRASWELL, Richard; SCHWARTZ, Alan. *Foundations of contract law*. New York: Oxford University Press, 1994.

PROENÇA, João Carlos Brandão. *A conduta do lesado como pressuposto e critério de imputação do dano extracontratual*. Coimbra: Almedina, 1997.

PROSSER, William L. Privacy. *California Law Review*, v. 48, n. 3, agosto de 1960.

PUFENDORF, Samuel. *Of the law of nature and nations*. 4. ed. New Jersey: Lawbook Exchange, 2005.

PUGLIESE, Giovanni. *Studi sull' "iniuria"*. Milano: Giuffrè, 1941.

QUADRI, Gabriela I. Contrato de transporte. In: ARAYA, Miguel C. BERGIA, Marcelo R. (Dir.). *Derecho de la empresa y del mercado*. Buenos Aires La Ley, 2008. t. II.

QUÉZEL-AMBRUMAZ, Cristophe. *Essai sur la causalité en droit de la responsabilité civile*. Paris: Dalloz, 2010.

QUÈZEL-AMBRUNAZ, Cristophe. *Essai sur la causalité em droit de la responsabilité civile*. Paris: Dalloz, 2010.

RABUT, Albert. *De la notion de fauté en droit privé*. Paris: LGDJ, 1949.

RAGAZZO, Carlos Emmanuel Joppert. *O dever de informar dos médicos e o consentimento informado*. Curitiba: Juruá, 2007.

RAGAZZO, Carlos Emmanuel Joppert. Os requisitos e os limites do consentimento informado. In: NIGRE, André Luis. ALMEIDA, Álvaro Henrique Teixeira. *Direito e medicina*. Um estudo interdisciplinar. Rio de Janeiro: Lumen Juris, 2007.

RAISER, Ludwig. O futuro do direito privado. *Revista da Procuradoria-Geral do Estado*, Porto Alegre, v. 25, n. 9, 1979.

REBELO, Maria da Glória Carvalho. *Responsabilidade civil pela informação transmitida pela televisão*. Lisboa: Lex, 1999.

REIS, Clayton. *Os novos rumos da indenização do dano moral*. Rio de Janeiro: Forense, 2002.

RENAULT, Alain. Igualdade, liberdade, subjectividade. In: *História da filosofia política*. Lisboa: Instituto Piaget, 2001. v. 2: Nascimento da modernidade.

RIBAS, Antônio Joaquim. *Curso de direito civil brasileiro*. Brasília: Senado Federal, 2003. v. II.

RIGAUX, François. Liberté de la vie privée. *Revue Internationale de Droit Comparé*, Paris, n. 3, p. 539-563, jul./sept. 1991.

RINESSI, Antonio Juan. *El deber de seguridad*. Buenos Aires: Rubinzal Culzoni, 2007.

RIPERT, Georges; BOULANGER, Jean. *Tratado de derecho civil*. Buenos Aires: La Ley, 2007. t. 5: Obligaciones, 2ª parte.

RIZZARDO, Arnaldo. *A reparação nos acidentes de trânsito*. 10. ed. São Paulo: RT, 2009.

RIZZATTO NUNES. *Curso de direito do consumidor*. São Paulo: Saraiva, 2004.

ROCHA, Maria Isabel de Matos. Reparação de danos ambientais. *Revista de Direito Ambiental*, v. 19, São Paulo: RT, jul./set. 2000.

ROCHA, Sílvio Luís Ferreira da. *Responsabilidade civil do fornecedor pelo fato do produto no direito brasileiro*. São Paulo: RT, 1992.

ROITMAN, Horacio. *El seguro de la responsabilidad civil*. Córdoba: Lerner, 1974.

ROSENWALD, Nelson. *As funções da responsabilidade civil*. A reparação e a pena civil. São Paulo: Atlas, 2012.

ROYER-COLLARD. *De la liberté de la presse:* discours. Paris: Librairie de Médicis, 1949.

RÜMELIN, M. Die Verwendung der Causalbegriffe in Straf- und Zivilrecht. *Archiv für die civilistische Praxis*, 49, 1900.

SAAVEDRA, Giovani Agostini; LUPION, Ricardo (Org.). *Direitos fundamentais, direito privado e inovação*. Porto Alegre: Edipucrs, 2012.

SAHM, Regina. *Direito à imagem no direito civil contemporâneo, de acordo com o novo Código Civil*. São Paulo: Atlas, 2002.

SALEILLES, Raymond. *Les acidentes du travail et la responsabilité civile*. Paris: A. Rosseau, 1897.

SALEILLES, René. Note sus Civ., 16 juin 1896. In: CARVAL, Suzanne. *La construction de la responsabilité civile*. Paris: PUF, 2001.

SAN LUCA, Guido Clemente. *Libertá dell'arte e potere amministrativo:* l'interpretazione constituzionale. Nápoles, 1993.

SANSEVERINO, Paulo de Tarso Vieira. *Responsabilidade civil no Código do Consumidor e a defesa do fornecedor*. São Paulo: Saraiva, 2002.

SANSEVERINO, Paulo de Tarso Vieira. *Princípio da reparação integral*. Indenização no Codigo Civil. São Paulo: Saraiva, 2010.

SANTOLIM, Cesar. Nexo de causalidade e prevenção na responsabilidade civil no direito brasileiro e português. *Revista do Instituto de Direito Brasileiro*, Lisboa: FDUL, ano 3, n. 10, 2014.

SANTOS BRIZ, Jayme. *Derecho de daños*. Madrid: Editorial Revista de Derecho Privado, 1963.

SANTOS JÚNIOR, E. *Da responsabilidade civil de terceiro por lesão do direito de crédito*. Coimbra: Almedina, 2003.

SARAZA JIMENA, Rafael. *Libertad de expresión e información frente a honor, intimidad y propia imagen*. Pamplona: Arranzadi, 1995.

SARLET, Ingo Wolfgang; TIMM, Luciano B. *Direitos fundamentais, orçamento e reserva do possível*. 2. ed. Porto Alegre: Livraria do Advogado, 2013.

SARLET, Ingo Wolfgang (Org.). *Constituição, direitos fundamentais e direito privado*. Porto Alegre: Livraria do Advogado, 2003.

SARLET, Ingo Wolfgang. *Dignidade da pessoa humana e direitos fundamentais*. Porto Alegre: Livraria do Advogado, 2001.

SARLET, Ingo Wolfgang. Direitos fundamentais e direito privado: algumas considerações em torno da vinculação dos particulares aos direitos fundamentais. In: SARLET, Ingo W. *A Constituição concretizada*. Construindo pontes entre o público e o privado. Porto Alegre: Livraria do Advogado, 2000.

SARRA, Andrea Viviana. *Comercio electrónico y derecho*. Aspectos juridicos de los negocios en internet. Buenos Aires: Astrea, 2001.

SARTORI, Ivan Ricardo. Responsabilidade civil e penal dos notários e registradores. *Revista de Direito Imobiliário IRIB*, n. 53, São Paulo: RT, jul./dez. 2002.

SAUX, Edgardo Ignácio. Causalidad y responsabilidad de los grupos. Caso de autor anônimo y de autor identificado. *Revista de Derecho de Daños*, 2003-2, Buenos Aires: Rubinzal Culzoni, 2003.

SAVATIER, René. *Cours de droit civil*. Paris: LGDJ, 1949. t. 2.

SAVATIER, René. *Les metamorphoses economiques et sociales du droit prive d'aujourd' hui*. L'universalisme renouvelé des disciplines juridiques. Paris: Dalloz, 1959.

SAVATIER, René. *Traité de la responsabilité em droit français*. Paris: LGDJ, 1951. t. I: Les sources de la responsabilité.

SAVATIER, René. *Traité de la responsabilité civil em droit français*. Conséquences et aspects divers de la responsabilité. Paris: LGDJ, 1951. t. II.

SAVI, Sérgio. *Responsabilidade civil por perda de uma chance*. São Paulo: Atlas, 2006.

SAVIGNY, F. C. *Sistema de derecho romano actual*. Madrid: F. Góngora y Compañia, 1879. t. II.

SCHIEMANN, Gottfried. §§ 823-830, 840, 8420853 Unerlaubte Handlugen (Deliktsrecht). In: SCHMOECKEL, Mathias; RÜCKERT, Joachim; ZIMMERMANN, Reinhard. *Historisch-kritischer Kommentar zum BGB*, Band III Schuldrecht: Besonderer Teil §§ 433-853. Tübingen: Mohr Siebeck, 2013.

SCHMITT, Rosane Heineck. Direito à informação: liberdade de imprensa x direito à privacidade. In: SARLET, Ingo Wolfgang. *A Constituição concretizada*: construindo pontes entre o público e o privado. Porto Alegre: Livraria do Advogado, 2000.

SCHMOECKEL, Mathias; RÜCKERT, Joachim; ZIMMERMANN, Reinhard. *Historisch-kritischer Kommentar zum BGB*, Band III Schuldrecht: Besonderer Teil §§ 433-853. Tübingen: Mohr Siebeck, 2013.

SCHREIBER, Anderson. *Novos paradigmas da responsabilidade civil*. Da erosão dos filtros da reparação à diluição dos danos. São Paulo: Atlas, 2007.

SCHROEDER, Katryn. *Environmental law*. West Legal studies. Colorado: Delmar Cengage Learning, 2007.

SCHWABE, Jürgen (Comp.). *Cincuenta años de jurisprudencia del Tribunal Constitucional Federal Alemán*. Traducción Marcela Anzola Gil. Medelín: Gustavo Ibañez/Konrad Adenauer Stiftung, 2003.

SCHWENKE, Matthias Cristoph. Individualisierung und datenschutz. Rechtskonformer Umgang mit personenbezogenen Daten im Kontext der Individualisierung. Wiesbaden: Deutscher Universitäts-Verlag, 2006.

SEARLE, John R. *Intencionalidade*. Tradução de Júlio Fischer, Tomás Rosa Bueno. São Paulo: Martins Fontes, 1995.

SEBASTIÃO, Jurandir. *Responsabilidade médica*. Civil, penal e ética. Belo Horizonte: Del Rey, 2003.

SEBOK, Anthony J. What Did Punitive Damages Do - Why Misunderstanding the History of Punitive Damages Matters Today. Chicago-Kent Law Review, v. 78, 2003.

SERPA LOPES, Miguel Maria de. *Curso de direito civil*: obrigações em geral. 7. ed. Rio de Janeiro: Freitas Bastos, 2000. v. II.

SERRANO NEVES, Francisco de Assis. *Direito de imprensa*. São Paulo: José Bushatsky, 1977.

SESSAREGO, Carlos Férnandes. *Abuso del derecho*. Buenos Aires: Astrea, 1992.

SEVERO, Sérgio. *Danos extrapatrimoniais*. São Paulo: Saraiva, 1996.

SILVA JÚNIOR, Alcides Leopoldo. *A pessoa pública e seu direito de imagem*. São Paulo: Juarez de Oliveira, 2002.

SILVA, Américo Luís Martins da. *O dano moral e sua reparação*. 2. ed. São Paulo: RT, 2002.

SILVA, José Afonso da. *Curso de direito constitucional positivo*. 16. ed. rev. e aum. São Paulo: Malheiros, 1999.

SILVA, José Afonso da. *Curso de direito constitucional positivo*. 18. ed. São Paulo: Malheiros, 2001.

SILVA, José Afonso da. *Direito ambiental constitucional*. 2. ed. rev. São Paulo: Malheiros, 1995.

SILVA, Justino Adriano Farias da. *Contrato de transporte de coisas*. São Paulo: Aide, 1986.

SILVA, Luis Renato Ferreira da. *Reciprocidade e contrato*. Porto Alegre: Livraria do Advogado, 2013.

SILVA, Rafael Peteffi da. *Responsabilidade civil pela perda de uma chance*. São Paulo: Atlas, 2007.

SILVA, Virgílio Afonso. *A constitucionalização do direito*. Os direitos fundamentais nas relações entre particulares. São Paulo: Malheiros, 2008.

SILVA, Wilson Melo da. A culpa contra a legalidade, a culpa comum, e a responsabilidade civil automobilística no transporte de passageiros. *Revista da Faculdade de Direito da UFMG*, n. 13, Belo Horizonte, 1973.

SILVA, Wilson Melo da. *Responsabilidade sem culpa*. 2. ed. São Paulo: Saraiva, 1974.

SIMÃO, José Fernando. *Responsabilidade civil do incapaz*. São Paulo: Atlas, 2008.

SIMITIS, Spiros (Hrsg). Bundesdatenschutzgesetz, 8. Auf. Baden-Baden: Nomos, 2014.

SIMITIS, Spiros. *Die informationelle Selbstbestimmung – Grundbedingung einer verfassungskonformen Informationsordnung. Neue Juristische Wochenschrift,* 8. München: C.H. Beck, 1984.

SOARES, Flaviana Rampazzo. *Responsabilidade civil por dano existencial*. Porto Alegre: Livraria do Advogado, 2009.

SODRÉ, Eurico. Da imprudência culposa. In: *Doutrinas essenciais de direito civil*. São Paulo: RT, 2010. v. 4.

SOMMER SANTOS, Marco Fridolin. *Acidente de trabalho*. Entre a seguridade social e a responsabilidade civil. Elementos para uma teoria do bem-estar e da justiça social. 3. ed. São Paulo: LTr, 2015.

SOUSSE, Marcel. *La notion de réparation de dommages en droit administratif français*. Paris: LGDJ, 1994.

SOUZA PINTO, Paulo Brossard de. *O impeachment*. Porto Alegre: Globo, 1965.

SOZZO, Gonzalo. *Antes del contrato. Los cambios em la regulación jurídica del período precontractual.* Buenos Aires: Lexis Nexis, 2005.

SPINOZA, Baruch. *Ética*. Tradução de Tomaz Tadeu. Belo Horizonte: Autêntica, 2009.

STARCK, Boris. Domaine et fondement de la responsabilité sans faute. *Revue Trimestrelle de Droit Civil*, 1958.

STARCK, Boris. *Essai d'une theorie générale de la responsabilité civile considérée em as double fonction de garantie et de peine privée*. Paris: L. Rodstein, 1947.

STEIGLEDER, Anelise. *Responsabilidade civil ambiental*. As dimensões do dano ambiental no direito brasileiro. Porto Alegre: Livraria do Advogado, 2004.

STIGLITZ, Gabriel A.; ECHEVESTI, Carlos A. El daño resarcible. In: MOSSET ITURRASPE, Jorge. *Responsabilidad civil*. 2. ed. Buenos Aires: Hamurabi, 1997.

STIGLITZ, Gabriel A. Responsabilidad civil por daños derivados de la informática. In: TRIGO REPRESAS, Félix (Org.). *Responsabilidad civil*. Doctrinas esenciales. Buenos Aires: La Ley, 2006. t. VI.

STOCO, Rui. Lei de imprensa: sujeito passivo da ação de indenização. *Revista dos Tribunais*, São Paulo, n. 752, p. 42-46, 1998.

STOCO, Rui. *Tratado de responsabilidade civil*. 6. ed. São Paulo: RT, 2004.

STOCO, Rui. *Tratado de responsabilidade civil*. 7. ed. São Paulo: RT, 2007.

STOFFEL, Raquel. *A colisão entre direitos de personalidade e direito à informação*. São Leopoldo: Unisinos, 2000.

SUNSTEIN, Cass R.; HASTIE, Reid; PAYNE, John W.; SCHKADE, David A.; VISCUSI, W. Kip. *Punitive damages*. How juries decide. Chicago: The University of Chicago Press, 2002.

TALLONE, Frederico Carlos. Culpa del tercero y el riesgo creado. Concurrencia causal. *Revista de Derecho de Danos*, 2003-2, Santa-Fé: Rubinzal Culzoni, 2003.

TARTUCE, Flávio. *Direito civil*. 8. ed. São Paulo: Método, 2013. v. 2: Direito das obrigações e da responsabilidade civil.

TARTUCE, Flávio. *Manual de responsabilidade civil*. São Paulo: Método, 2018.

TARTUCE, Flávio. *Responsabilidade civil objetiva e risco*. A teoria do risco concorrente. São Paulo: Método, 2011.

TARUFFO, Michele. L*a motivazione della sentenza civ*ile. Padova: Cedam, 1975.

TAVARES DA SILVA, Regina Beatriz. Pressupostos da responsabilidade civil na área da saúde. In: TAVARES DA SILVA, Regina Beatriz (Coord.). *Responsabilidade civil na área da saúde*. São Paulo: Saraiva, 2007.

TEIXEIRA DE FREITAS, Augusto. *Consolidação das leis civis*. Brasília: Senado Federal, 2003. t. II.

TEIXEIRA DE FREITAS, Augusto. *Esboço do Código Civil*. Brasília: Ministério da Justiça, 1983. v. 1.

TEPEDINO, Gustavo (Org.). *Problemas de direito civil constitucional*. Rio de Janeiro: Renovar, 2000.

TEPEDINO, Gustavo. A responsabilidade médica na experiência brasileira contemporânea. *Revista Trimestral de Direito Civil*, v. 2, Rio de Janeiro: Padma, p. 41-75, abr./jun. 2002.

TEPEDINO, Gustavo. A responsabilidade médica na experiência brasileira contemporânea. In: *Temas de direito civil*. Rio de Janeiro: Renovar, 2006. t. II.

TEPEDINO, Gustavo. A tutela da personalidade no ordenamento civil-constitucional brasileiro. In: *Temas de direito civil*. Rio de Janeiro: Renovar, 1999.

TEPEDINO, Gustavo. *Comentários ao novo Código Civil*. Rio de Janeiro: Forense, 2008. v. X.

TEPEDINO, Gustavo. Notas sobre o nexo de causalidade. In: *Temas de direito civil*. Rio de Janeiro: Renovar, 2006. t. II.

TEPEDINO, Gustavo. *Temas de direito civil*. Rio de Janeiro: Renovar, 1999.

TEPEDINO, Gustavo; BARBOSA, Heloísa Helena; BODIN DE MORAES, Maria Celina. *Código civil interpretado conforme a Constituição da República*. Rio de Janeiro: Renovar, 2006. v. I.

TEPEDINO, Gustavo; BARBOSA, Heloísa Helena; MORAES, Maria Celina Bodin de. *Código Civil interpretado*. Rio de Janeiro: Renovar, 2006. v. II.

TEPEDINO, Gustavo; SCHREIBER, Anderson. Les peines privées dans le droit brésilien. L'indeminisation. Travaux de l'Association Henri Capitant. Journees Québécoises, t. LIV, 2004. Paris: Societé de Législation Comparée, 2007.

TEPEDINO, Gustavo; TEFFÉ, Chiara Spadaccini. Consentimento e proteção de dados pessoais na LGPD. In: TEPEDINO, Gustavo; FRAZÃO, Ana; OLIVA, Milena Donato. *Lei Geral de Proteção de Dados Pessoais e sua repercussão no direito brasileiro*. São Paulo: RT, 2019.

TEUBNER, Gunther. Digitale Rechtssubjekte. *Archiv des Civilistische Praxis -AcP* 218. Tübingen: Mohr Siebeck, 2018.

THALLER, E. *Traité élémentaire de droit commercial*. Paris: Arthur Rousseau, 1904.

THIEFFRY, Patrick. *Commerce électronique*. Droit international et européen. Paris: Éditions Litec, 2002.

THOMPSON, John B. *A mídia e a modernidade*: teoria social da mídia. São Paulo: Vozes, 1995.

THOMSON, Joe. *Delictual liability*. Edinburgh: Butterworths, 1999.

TIERNEY, Brian. The idea of natural rights. *Studies on Natural Rights, Natural Law and Church Law* 1150-1625. Michigan: Emory University, 1997.

TIERNEY, Brian. Villey, Ockham and the origin of the individual rights. In: TOURNEAU, Phlippe le. *La responsabilité civile professionnelle*. Paris: Economica, 1995.

TIERNEY, Brian. Villey, Ockham and the origin of the individual rights. In: TIERNEY, Brian. The idea of natural rights. *Studies on Natural Rights, Natural Law and Church Law* 1150-1625. Michigan: Emory University, 1997.

TOURNEAU, Phlippe le. *La responsabilité civile professionnelle*. Paris: Economica, 1995.

TRAEGER, Ludwig. *Der Kausalbegriff im Straf- und Zivilrecht*: Zugleich ein Beitrag zur Auslegung des B G B. Marburg: Elwert, 1904.

TUNC, André (Ed.). *Internatonal Encyclopedia of comparative law*. Torts. Tübingen J. C. B. Mohr (Paul Siebeck), 1983. v. XI, part I.

TUNC, André. Introduction. In: TUNC, André (Ed.). *Internatonal Encyclopedia of comparative law*. Torts. Tübingen J. C. B. Mohr (Paul Siebeck), 1983. v. XI, part I.

TUNC, André. *La responsabilité civile*. 2. ed. Paris: Economica, 1989.

TZIRULNIK, Ernesto; CAVALCANTI, Flávio de Queiroz B.; PIMENTEL, Ayrton. O contrato de seguro de acordo com o Código Civil brasileiro. 3ª ed. São Paulo: IBDS/Roncarati, 2016.

VACCA, Letizia. *La responsabilità civile da atto illecito nella prospettiva storicocomparatistica*. Torino: G. Giapichelli Editore, 1995.

VAZ, Caroline. *Funções da responsabilidade civil*. Da reparação à punição e dissuasão. Porto Alegre: Livraria do Advogado, 2009.

VENOSA, Sílvio. *Direito civil:* responsabilidade civil. São Paulo: Atlas, 2011.

VERBIEST, Thibault. *La protection juridique du cyber-consommateur*. Paris: Litec, 2002.

VIANNA, José Ricardo Alvarez. Erro judiciário e sua responsabilização civil. São Paulo: Malheiros, 2017.

VIEIRA, Ana Lúcia Menezes. *Processo penal e mídia*. São Paulo: RT, 2003.

VIEIRA, Iacyr Aguilar. A análise econômica da responsabilidade civil – viabilidade jurídica no sistema nacional e o princípio da reparação integral, *RT* 772/128.

VIEIRA, Patrícia Ribeiro. *A responsabilidade civil objetiva no direito de danos*. Rio de Janeiro: Forense, 2004.

VILLEY, Michel. *A formação do pensamento jurídico moderno*. Tradução de Claudia Berliner. São Paulo: Martins Fontes, 2005.

VILLEY, Michel. *Direito romano*. Tradução de Fernando Couto. Porto: Res Editora, [s.d.].

VILLEY, Michel. Esquisse historique sur le mot responsable. *Archives de Philosophie du Droit,* n. 22, Paris: Sirey, 1977.

VINEY, Geneviève. De la responsabilité personelle à la réparation des risques. *Archives de Philosophie du Droit*, n. 22, Paris: Sirey, 1977.

VINEY, Geneviève. *Introduction a la responsabilité*. Traité de droit civil. Jacques Ghestin (org.). 2. ed. Paris: LGDJ, 1995.

VINEY, Geneviève. *Introduction a la responsabilité*. Traité de droit civil sous la direction de Jacques Ghestin. 3. ed. Paris: LGDJ, 2008.

VINEY, Geneviève. *L'indemnisation des victimes d'accidents de la circulation*. Paris: LGDJ, 1992.

VINEY, Geneviève. *Le déclin de la responsabilité individuelle*. Paris: LGDJ, 1965.

VINEY, Geneviève; JOURDAIN, Patrice. *Les effets de la responsabilité*. Traité de droit civil sous la direction de Jacques Ghestin. 3. ed. Paris: LGDJ, 2010.

VINEY, Genevieve; JOURDAIN, Patrice. *Traité de droit civil*. Les effets de la responsabilité. 2. ed. Paris: LGDJ, 2001.

VINEY, Geniéviève; JOURDAIN, Patrice. *Traité de droit civil*. Les conditions de la responsabilité. 3. ed. Paris: LGDJ, 2006.

VOIDEY, Nadège. *Le risque en droit civil*. Aix-Marseille: Presses Universitaires d'Aix-Marseille, 2005.

VON PFISTER, Johann Christian; MÖLLER, Johann Heinrich. *Geschichte der Deutschen:* nach den Quellen. *Von den ältesten Zeiten bis zum Abgange der Karolinger:* mit zwei ethnographischen Charten. Hamburg: Perthes, 1829.

WAGNER, Heinz. *Individualistische oder über individualistische Notwehr Begründung*. Berlin: Duncker e Humblot, 1984.

WEINDENFELD, Katia. *Histoire du droit administratif: du XIV siècle à nos jours*. Paris: Economica, 2010.

WALD, Arnoldo. Um novo direito para a nova economia. Os contratos eletrônicos e o Código Civil. In: GRECO, Marco Aurélio; MARTINS, Ives Gandra da Silva. *Direito e internet*. Relações jurídicas na sociedade informatizada. São Paulo: RT, 2001.

WARREN, Samuel Dennis; BRANDEIS, Louis Dembitz. The right of privacy. *Harvard Law Review*, v. 4, n. 5, p. 193-220, 1890.

WARREN, Samuel Dennis; BRANDEIS, Louis Dembitz. *El derecho a la intimidad*. Madrid: Civitas, 1995.

WEINRIB, Ernest. *The idea of private law*. Cambridge: Harvard University Press, 1995.

WIEACKER, Franz. *El principio general de la buena fe*. Madrid: Civitas, 1986.

WINFIELD, Percy Henri; JOLOWICZ, John Antony; ROGERS, W. V. H. *Tort*. London: Thomson/Sweet & Maxwell, 2006.

WITTMANN, Franz Michael. *Bayerische Landes – und Rechtsgeschichte: Die Baiavarier und ihr Volksrecht*. München: Fleischmann, 1837.

ZANCANER, Weida. *Da responsabilidade extracontratual da administração pública*. São Paulo: RT, 1981.

ZANETTI, Cristiano de Sousa. *Responsabilidade pela ruptura das negociações*. São Paulo: Juarez de Oliveira, 2005.

ZANINI, Carlos Klein. A natureza jurídica do contrato bancário de cofre de segurança e o regime da responsabilidade do banco. *Revista dos Tribunais*, v. 792, São Paulo: RT, out./2011.

ZANNONI, Eduardo A. Cocausación de daños. Una visión panorámica. *Revista de Derecho de Daños*, 2003-2. Buenos Aires: Rubinzal Culzoni, 2003. p. 7-20.

ZANNONI, Eduardo. *El daño en la responsabilidad civil*. Buenos Aires: Astrea, 1987.

ZENO-ZENCOVICH, Vincenzo. Responsabilitá civile. In: ALPA, Guido et al. *Dirito privato comparato*. Insituti e problemi. 5. ed. Roma: Laterza, 2004.

ZENO-ZENCOVICH, Vincenzo; CLEMENTE, Michele; LODATO, Maria Gabriela. *La responsabilità profissionale del giornalista e dell'editore*. Padova: Cedam, 1995.

ZITELMAN, Ernst. *Irrtum und Rechtsgeschäft*: Eine psychologisch-juristische Untersuchung. Leipzig: Duncker & Humblot, 1879.

ZITSCHER, Harriet Christiane. *Introdução ao direito civil e alemão*. Belo Horizonte: Del Rey, 1999.

ZWEIGERT, Konrad; KÖTZ, Hein. *Introducción al derecho comparado*. Tradução de Arturo Aparício Vazquez. México: Oxford University Press, 2002.